D0913852

KRÖNERS TASCHENAUSGABE BAND 196

DEUTSCHE
LITERATURGESCHICHTE

VON DEN ANFÄNGEN BIS ZUR GEGENWART

VON

FRITZ MARTINI

18., neu bearbeitete Auflage

ALFRED KRÖNER VERLAG STUTTGART

CIP-Kurztitelaufnahme der Deutschen Bibliothek

Martini, Fritz

Deutsche Literaturgeschichte : von d. Anfängen
bis zur Gegenwart. – 18. Aufl. – Stuttgart :
Kröner, 1984
   (Kröners Taschenausgabe ; Bd. 196)
   ISBN 3–520–19618–2

Satz und Druck: Graph. Großbetrieb Fr. Pustet, Regensburg

Die literarische Welt hat das Eigene, daß in ihr nichts zerstört wird, ohne daß etwas Neues daraus entsteht, und zwar etwas Neues derselben Art. Es bleibt in ihr dadurch ein ewiges Leben, sie ist immer Greis, Mann, Jüngling und Kind zugleich, und da, wo nicht alles, doch das meiste bei der Zerstörung auch erhalten wird, so kommt ihr kein anderer Zustand gleich. Das macht auch, daß alle, die darin leben, eine Art von Seligkeit und Selbstgenügsamkeit erfahren, von der man auswärts keinen Begriff hat.

Goethe, 1797

VORWORT ZUR ACHTZEHNTEN AUFLAGE

Dem Umfang dieses Buches sind Grenzen gesetzt; daraus folgt, daß die hier vorgelegte Geschichte der deutschen Literatur bis in die Gegenwart nicht mehr sein kann und will als – soweit dies überhaupt möglich ist – ein sachlich orientierender Grundriß. Als dessen Programm zwischen dem Verlag und dem Autor verabredet wurde, in den Jahren nach dem letzten Kriege, in denen es an allem mangelte, konnte nicht vorausgesehen werden, daß über Jahrzehnte hinweg wieder und wieder neue Auflagen, und damit auch Ergänzungen, notwendig würden. An dem Ziel einer Einführung, einer Information und Überschau wurde festgehalten, auch wenn es angesichts der zeitgenössischen Literatur immer schwieriger wurde, es zu erreichen. Eine interpretierende Darstellung, zumal wenn sie, wie erforderlich, die Geistes- und Formengeschichte, die Gesellschafts-, Distributions- und Rezeptionsgeschichte einbeziehen sollte, würde leicht mehrere Bände derselben Buchreihe füllen. Spezialfragen müßten aufgegriffen werden, die wiederum nur spezialisierte Leserinteressen voraussetzen würden. Darauf mußte verzichtet werden, zumal die Forschung ständig in weiterer Bewegung geblieben ist und bleibt. Daß trotz seiner stets dem Fragmentarischen ausgesetzten Konzentration, trotz des Zwanges zum gewiß nicht stets unanfechtbaren Stichwort und zur vereinfachenden Skizzierung dieser Versuch nicht ohne Nutzen und Beifall blieb, erweist sich daran, daß Neuauflagen immer wieder nötig wurden. Auch diese 18. Auflage ist, wie bisher stets, etwas umfangreicher geworden. Ergänzungen und Erweiterungen ergeben sich aus dem Bemühen, das zeitgenössische literarische Leben, einige seiner Autoren – gewiß nicht alle –, einige neue Publikationen – auch hier ist bereits durch das individuelle Lesevermögen eine Schranke eingeschaltet –, einige seiner Veränderungen und Tendenzen, soweit sie dem Verfasser als symptomatisch erscheinen, einzubeziehen. Wie problematisch sein Versuch sein muß, in wenigen knappen Sätzen und Hinweisen über eine überaus vielschichtige, in Wandlungen befindliche Literatursituation zu orientieren, ist ihm bewußt. Daß mit der Annäherung zur Gegenwart die Darstellung ausführlicher wird, entspricht nicht lediglich dem zeitgenössischen Interesse, den Erwartungen des Lesers, sondern auch der Komplizierung der literarischen Situation, dem gleichzeitigen Nebeneinander des Verschiedenartigen. Es läßt sich nicht mehr chronologisch ordnen, nicht einmal mehr im Werk eines einzelnen Autors, das Vorgriffe und Rückgriffe enthält.

Breite und Auswahl sollen in einem Gleichgewicht bleiben; dies drängte den Wunsch zurück, an vielen Stellen ausführlicher zu werden. Auch mußte dem Begriff Literatur ein eingrenzender Rahmen gesetzt werden, obwohl er sich neuerdings als Begriff sprachlicher Kommunikation, als jegliche Art von durchformter Textsorte ungemein erweitert hat. Geistes- und bewußtseinsgeschichtliche Bezüge, Entwicklungen und Veränderungen in der Gattungs-, Formen- und Sprachgeschichte, die Bereiche der Trivialliteratur und ihre soziologischen Implikationen, die politischsozialen und kulturellen Entstehungs- und Wirkungsbedingungen, die Geschichte der Rezeption, der Kritik und der Leser konnten, wenn überhaupt, nur mit flüchtigen Hinweisen angedeutet werden. Denn eine zur ersten Orientierung bestimmte Zusammenfassung kann nicht offene Forschungsfragen aufnehmen und diskutieren, ohne auf Einzelnes einzugehen und seine Gewichtungen zu überprüfen. Sie kann sich ebensowenig eine gleichsam lexikalische Vollständigkeit der Autoren und ihrer Schriften vornehmen. Eine Literaturgeschichte ohne die Autoren, die Literatur schaffen, ist ein Irrweg – ebenso eine Literaturgeschichte ohne die Schöpfungen, in denen sie sich manifestiert. Auf die Autoren und die Werke ist die hier vorliegende Darstellung eingestellt; es wurde jedoch angestrebt, von den fördernden, die Entwicklungen bestimmenden Kräften, Strömungen nichts, was wesentlich erscheint, auszulassen – immer im Bewußtsein der einschränkenden Bindung an eine Subjektivität des Verständnisses, der wohl kein Geschichtsschreiber entgehen kann. Und noch eins muß bemerkt werden: es gibt Autoren, die zuerst ihren eigenen Namen, und Leser, die zuerst ihren Lieblingsschriftsteller suchen. Werden sie enttäuscht, bedeutet dies noch keine kritische Negation, vielmehr nur eine Aus- und Unterlassung im Zwang der straffen Selektion und aus Gründen der Begrenzung der Belesenheit des Verfassers.
Das Verzeichnis einiger neuerer Schriften zur deutschen Literaturgeschichte im Anhang soll dem Leser zur eingehenderen Kenntnis verhelfen. Es wurde in dieser neuen Auflage wiederum ergänzt und erweitert. Es nennt vorwiegend Veröffentlichungen, die bibliographisch und sachlich in das jeweils behandelte Thema einführen. Man darf am wenigsten hier, angesichts der von Jahr zu Jahr zunehmenden Fluten von Sekundärliteratur auch nur Ansätze zu einer Art von Vollständigkeit erwarten. Selbstverständlich ist, daß die vorliegende Darstellung dieser Literatur und vielem, was nicht angeführt wird, verpflichtet ist. Hinweise aus dem Kreis der Fachkollegen und der Leser waren, wie schon bisher, eine willkommene Förderung. Ihnen allen sei Dank gesagt.

Dezember 1983   *F. Martini*

INHALTSVERZEICHNIS

DIE ALTGERMANISCHE DICHTUNG

Erst mit dem Beginn der schriftlichen Überlieferung erhellt sich das Dunkel, das über den Frühformen der altgermanischen Dichtung liegt, die langsam, zäh in ihrer Beharrungskraft, aus den religiös-kultischen, kriegerischen und sozialen Gebräuchen entstanden sein werden, die auf sehr frühe Schichten der indogermanischen Gemeinschaft zurückweisen. Dichtung war da nicht Schmuck und Spiel, sondern Magie, Zauber, Beschwörung, eine aktive Kraft des verwandelnden und erhöhenden Wortes. Dichtung bezog sich im Ursprung auf den Mythos, auf das Sakrale. Ihre frühen Formen wurden in einer Zeit entwickelt, in der noch vor der Ablösung einzelner sprachlich-volklicher Gebilde eine Einheit des Germanentums bestand. Erst dort, wo sich das deutsche Dasein als ein von eigenen Zügen geprägtes Leben aus dem Kreis der umfassenden germanischen Völkerfamilie heraushebt, läßt sich von den Anfängen der deutschen Dichtung sprechen. Das Germanische blieb als Kraft und Spannung erhalten; aber mit ihm erschöpft sich nicht die Vielfalt und Weite des deutschen Geistes. Die Überlieferung der Antike und die Lehren des Christentums wurden in der gleichen Weise zu inneren Kräften des Geistes; sie wurden nicht nur von außen übernommen, sondern in stets neuer und schöpferischer Begegnung in das eigene Dasein einbezogen. So tritt das besondere deutsche Geistesleben seit früher Zeit in ein spannungsreiches Verhältnis von Nähe und Ferne zugleich zu der altgermanischen Überlieferung.

Von ihr berichten vor allem die Zeugnisse der griechischen und römischen Schriftsteller, an ihrer Spitze das nicht streng historische, sondern tendenziös gefärbte Gesamtbild der *Germania* des Römers T a c i t u s (ca. 55–120), im Jahr 1455 im Kloster Hersfeld gefunden, 1473 in Nürnberg gedruckt; ferner die zahlreichen Dichtungen des skandinavischen Nordens, vor allem in den altnorwegischen und altisländischen Zeugnissen der Sammlung der *Edda* (ca. 1220) und endlich die Hinweise und Zeugnisse aus dem Kreis brauchtümlicher Überlieferungen, die die Volkskunde gesammelt hat. In der Völkerwanderung (4.–6. Jahrhundert) spalteten sich die selbständigen Sprachzweige ab, lösten

sich die Stämme voneinander und entwickelten sich eigene frühe
Ausdrucksformen; aber lange blieb noch der Stil des germanischen Lebens eine Einheit, bis die Berührungen mit der politischen und geistigen Macht des römischen Imperiums eine tief
eingreifende Wandlung mit sich brachten.

Die älteste Dichtung der Germanen entwickelte sich aus dem
Gemeinschaftsleben, dem religiösen Kult und dem kriegerischen
Brauchtum. Sie ruhte in der Gemeinsamkeit des Glaubens, des
Rechtes und der Sitte. Die Dichtung, die in festen Rhythmen
mit einem gehobenen, feierlichen Ausdruck sprach und vielfach
von der Musik unterstützt wurde, hatte einen kultischen Sinn.
Skandinavische Felszeichnungen aus der Bronzezeit (ca. 1800 bis
800 v. Chr.) lassen erkennen, welche Rolle die Musik im Dienst
der Götter spielte. Sie war, ähnlich wie die Dichtung, eine Sprache
des Göttlichen; magische Kräfte gingen von ihr aus, und der
Zauber der rhythmisch gebundenen Rede und des gesungenen
Wortes, das oft durch den Tanz unterstützt wurde, muß, wie
von allen ursprünglichen Völkern, auch von den Germanen nachhaltig empfunden worden sein. Der offenbar seit dem 5. Jahrhundert n. Chr. gebräuchliche Ausdruck *leich* (in mittelhochdeutscher Form; got. *laiks*, altengl. *lac*, nord. *leikr* = Spiel) bedeutete
Musik, Tanz, Gesang und Opfer – dem griechischen *Choros* vergleichbar. Aus dem Jahr 579 n. Chr. wird der *leich* als ein Opfer-
reigen mit Gesang im religiösen Brauch bezeugt. Daneben traten
dichterische Formen hymnischer Art, Beschwörungen und Frucht-
barkeitssegen. Eine Preisdichtung mit regelmäßigen Wiederholungen, mit fester Gliederung und strengem Gleichlauf der
Verse läßt sich aus angelsächsischen und altnordischen Zeugnissen
erkennen. Auch zum Brauchtum der Eheschließung gehörte ein
gehobenes Sprechen; von Hochzeitsgesängen *(brutleich, hileich)*
berichtet Apollinaris Sidonius (ca. 475). Ähnlich wissen wir von
Liedern zum Preis der Toten, von chorischen Totenklagen. Es
wird von Kampfliedern berichtet, von Waffenweihe und Waffen-
zauber mit heiligen Sprüchen. Das dichterisch geformte Wort
übernahm eine wichtige Rolle bei allen Rechtshandlungen; Rechts-
erkenntnisse und Urteile wurden in einer rhythmisch gehobenen
Sprache festgehalten und dadurch dem Gedächtnis eingeprägt.
Denn im Zeitalter einer ausschließlich mündlichen Tradition
konnte die knappe, aber durch den Stabreim rhythmisch in sich
geschlossene Formel am längsten im Gedächtnis bewahrt werden.
Als ein Heilmittel und als Abwehrzauber war der Zauberspruch
sehr verbreitet – man sprach den Runen eine magische Wirkung

zu. Diese Zaubersprüche wurden wohl auch mit halber Stimme gesungen. Das althochdeutsche *liod* erscheint altnordisch als Zauberspruch; den Zauberer nannte man den *hliodersazo*. Auf den gleichen Ursprung deuten die Weissagungen, die Totenbeschwörungen und Losorakel, von denen Tacitus berichtet. Auch auf eine primitive Arbeitsdichtung läßt sich zurückschließen: beim Rudern, während der Arbeit am Amboß oder an der Handmühle, wenn man das Korn zerrieb, haben sich Lieder mit festem Takt entwickelt. Sie waren typische Gemeinschaftsgesänge. Schließlich lassen sich aus volkskundlichen Quellen nachbarliche Spott- und Neckverse zwischen den einzelnen Stämmen und Sippen, auch Liebeslieder *(winileod)* und dramatische Spiele anläßlich kultischer Jahreszeitfeiern, besonders in der Zeit der zwölf heiligen Nächte und im Frühjahr, erschließen.

Zwischen dem Vers und der Prosa schwankte die sogenannte Merkdichtung und der offenbar sehr beliebte Spruch. Alle diese Formen wurden in mündlichem Gebrauch entwickelt und weitergegeben. Stets handelte es sich um eine überpersönliche Gemeinschaftsdichtung, und stets beherrschte sie der S t a b r e i m. Er wurde so gebildet, daß ein gleicher anlautender Konsonant der betonten Silben oder ein vokalischer Anlaut, wobei alle Vokale untereinander staben konnten, die Worte rhythmisch, gleichsam von innen her verband. Der früheste überlieferte Vers auf dem goldenen Horn von Gallehus (Nordschleswig) in einer Runenschrift des 5. Jahrhunderts zeigt den Stabreim: Ek HlewagastiR HoltingaR horna tawido. (Ich, Hlewagast, Holts Sohn, habe das Horn gefertigt.) Dreimal kehrt der gleiche Anlaut h bei stark betonten Worten wieder. Nicht auf den Klang kam es dabei an, sondern auf die nachdrückliche lautliche Betonung. Sie gab der Wortfolge eine feste, oft formelhafte Ordnung. Im Hildebrandslied (vgl. S. 13) erscheint die reine Grundform der stabreimenden Langzeile. Immer ging sie von der natürlichen Wortbetonung aus, von einem inneren rhythmischen Gesetz. Diese Übermacht des Stabreims, die auch der spätere Sieg des Endreimes unter christlich-lateinischem Einfluß im altdeutschen Reimvers nur zurückdämmen, nicht gänzlich ausschalten konnte, weist auf ein Gesetz der germanischen und später der deutschen Sprache: im Gegensatz zu den romanischen Sprachen wird sie nicht nach einem musikalischen, sondern nach einem rhythmischen Prinzip geformt. Der Stabreim legte den stärksten Nachdruck auf die Stammsilbe und hob so die Bedeutung des Wortes betont heraus. Nicht eine harmonische Klanglichkeit bestimmt den Versbau, sondern es wird ein nachdrücklich gesteigerter Ton erstrebt – als Zeichen einer gesammelten Energie, einer starken inneren Spannung und eines entschiedenen, strengen Sprechens. Ebensowenig kennt man die regelmäßige Zählung von Hebungen und Senkungen; es herrscht eine freie, wechselnde Versfüllung. Im 19. Jahrhundert wurde der Stabreim historisierend erneuert (R. Wagner, W. Jordan); eine Romantik des Archaischen suchte in ihm Ausdruck. Der Stabreim war vor allem das Versmaß des Heldenliedes.

Das Heldenlied tritt beherrschend in den Mittelpunkt der altgermanischen Dichtung. Es ist wohl in den stürmischen, an Erlebnissen und Erschütterungen reichen Jahren der Völkerwanderung entstanden. Unaufhaltsam drängten die germanischen Stämme nach dem Süden und dem Südosten; schon vor Christi Geburt. Die Cimbern und Teutonen trafen 102 v. Chr. auf Marius, ihren römischen Besieger. Der Einbruch der Hunnen um 370 n. Chr. aus dem Osten verstärkte die allgemeine Völkerbewegung. Von den Eroberungen des Ostgoten Ermanarik, die sich vom Schwarzen Meer bis zur Ostsee hinzogen (ca. 375), bis zu der Herrschaft der Wandalen in Nordafrika (429–534), der Ostgoten in Italien unter Theoderich (gest. 526) und seinen Nachfolgern, der Westgoten in Spanien (ca. 450–711) und bis zu dem langobardischen Staat in Oberitalien (ca. 568–774) zieht sich eine lange Kette von blutigen, an Opfern reichen Kriegen. Staaten blühten auf und zerfielen in kurzer Zeit, bisher unbekannte Stämme traten kriegerisch in das Licht der Geschichte und gingen namenlos unter. Aus dem Lebensgefühl dieses Kriegertums, aus der Wucht und Tragik dieser Untergänge, aus der Bewunderung der Taten und aus der Trauer um die Anführer ist die germanische Heldendichtung entwickelt worden. Sie war eine Adelsdichtung, die für die Krieger in der Fürstenhalle bestimmt war und ihrer Stimmung entsprach. Seit der Zeit des Hunnenkönigs Attila (gest. 453) wissen wir von Hofdichtern und ihren Preisliedern. Sie galten der Führerschaft der Fürsten (*vuristo*), dem Ethos der Treue und der Opferbereitschaft ihrer Gefolgsleute. Zugleich hatte die Völkerwanderung durch die Berührung mit fremden Welten den geistigen Lebensraum der Germanen erweitert; sie trafen auf fremde Kulturen, auf die reiche Hinterlassenschaft des alten Rom. Sie waren bereit, von der Antike zu übernehmen – z. B. ist die Sage von Wieland dem Schmied, der mit von ihm selbst verfertigten Flügeln der Gefangenschaft entflieht, in einzelnen Motiven offenbar von der griechischen Ikaros-

Sage beeinflußt worden. Andererseits stärkte wohl auch diese
Berührung in den Germanen aus dem Gegensatz heraus das Bewußtsein ihrer eigenen Art. Zugleich begann die erste Berührung mit dem Christentum.

Unter den germanischen Stämmen ragten die Goten besonders
hervor: durch die Größe und Weite ihrer kriegerischen Unter-
nehmungen, durch ihre schweren Schicksale, aber auch durch die
Kraft und Ausbildung ihrer Sprache und durch ihr frühes Christentum. Unter ihrem Bischof U l f i l a (geb. ca. 311 auf der Krim,
Lehrer in der christlichen Gemeinde, Gesandter am Hof Kon-
stantins des Großen, Missionsbischof der Donaugoten, gest. ca.
383) traten sie zum Christentum in enge Beziehung. Ein genialer
Mann steht am Beginn des Eintritts der Germanen in die südlich-
christliche Kulturwelt; seine wortgetreue Übersetzung des Neuen
Testaments in das Gotische ist eine der größten Übersetzungs-
leistungen der Weltliteratur. Ist sie auch nur in Bruchstücken
erhalten – sie zeugt von erstaunlicher Offenheit und Kühnheit
des Geistes. Alles mußte er neu schaffen: an der Stelle der Runen
eine eigene Schrift, viele neue Worte und Begriffe, eine beweglich sich dem griechischen Text anschmiegende Grammatik, eine
fast dichterische Ausdruckskraft und Innigkeit der Sprache, galt
es doch, eine noch ferne und fremde Geisteswelt dem eigenen
Volk auch innerlich nahezuführen. Zur Bekehrung der Westgoten auf dem Balkan hat er sein Werk unternommen und uns
so das kostbare Denkmal germanischer Sprachgeschichte hinterlassen. Nur aus einer starken Erschütterung durch den neuen
Glauben – das arianische Christentum –, nur aus einer tiefen Erregung durch das Erlebnis der christlich-antiken Kultur ist diese
Leistung zu begreifen; sie erweist, wie befruchtend sich eine
solche, nun durch Jahrhunderte wiederholte Begegnung auszu-
wirken vermochte.

Auch die Stoffe der gotischen Heldenlieder führen in das 4. Jahrhundert. Aus einem Bericht des Gesandten Priscus (488) ist bekannt, daß es von dem Hofdichter, dem S k o p, verfaßte und
vorgetragene Lieder auf die Taten und Siege des Hunnenherr-
schers Attila gab, der darin gotischer Sitte folgte. Apollinaris
Sidonius erzählt, daß am Hofe des westgotischen Königs Theoderich II. (453–466) zu Tolosa zur Tafel Lieder gesungen wurden, die zu tapferen Taten begeisterten. Noch im 8. Jahrhundert
war bei den Friesen ein blinder Sänger, B e r n l e f, beliebt, der
von den Taten der Vorfahren und den Kämpfen der Könige zur
Harfe sang. Die Gestalt solcher Hofdichter ist aus der angel-

sächsischen Dichtung bekannt, aus dem Epos von Beowulf, aus
dem Widsith und aus Deors Klage. Der altenglische Sänger
Widsith erzählt: „Als wir beide mit heller Stimme vor unserem
Siegesherrn den Sang anhoben und die Harfe laut erklang, da
sprachen viele mutige Mannen, die es wohl verstanden, daß sie
niemals besseren Sang vernommen hätten." Der Dichter war zugleich ein Krieger; er trug das Schwert und die Harfe, wie später
im Nibelungenlied Volker das Schwert und die Geige besitzt.
So hatte der Dichter selbst an der Lebensstimmung teil, von der
er sang – es waren Größe und Heldentum, Ruhm und Treue,
Tugend der Herrn und der Gefolgsmänner. Denn dies war das
immer wieder abgewandelte Thema des Heldenliedes: von der
Größe des Helden und seiner Gefolgschaft im harten Schicksal
des Kampfes und auch im Untergang zu künden. Am Ende der
Lieder stand jene Bereitschaft zum Tode, die dem germanischen
Lebensgefühl die unbedingte, düstere und schwere Stimmung
gibt, und die auch in der deutschen Dichtung der Folgezeit oft an
entscheidenden Schicksalswenden heroisch und erschreckend wieder erscheint – eine dunkle Nähe zu dämonischen Mächten.
Es lassen sich mehrere typische Formen unterscheiden. Das Preislied galt dem Ruhm und der Ehre des Lebenden. Kunstvoll
wurde es im hohen und schönen Stil vorgetragen – so entfaltete
sich die artistisch raffinierte Wortkunst der nordischen Skalden.
Daneben trat das erzählende und an die Toten erinnernde Heldenlied, in dem sich Geschichte, Sage und Mythos verflochten
und das ein meist tragisches Geschehen in herber, stark vergeistigter und mehr andeutender als ausmalender Weise vortrug. In
der deutschen Überlieferung ist nur ein unschätzbares Bruchstück
erhalten: das *Hildebrandslied*.
Reichhaltiger ist die angelsächsische Überlieferung (Finsburgh-
lied, Beowulf, Walderefragmente). Eine stattliche Zahl von
Heldenliedern aus der heidnischen und christlichen Zeit enthält
die nordische *Edda* (gesammelt um 1220). Aus der Ferne und
Frühzeit der Mythen und Sagen flochten sich viele Motive in
die Lieder ein (Lindwurmkämpfe, geisterhafte Schatzhüter,
die magische Erweckung der Jungfrau, die Schwanenmädchen,
der Werwolf), aber in ihrer Mitte standen der Held und
das zum Mythischen verwandelte geschichtliche Ereignis. Wenn
es auch von der Phantasie des Dichters und der Nachfahren,
die das Geschehen mündlich weitererzählten und ausschmück-
ten, umgestaltet wurde – Umrisse der geschichtlichen Vorgänge lassen sich erkennen: z. B. der Freitod des Gotenherr-

schers Ermanarik, die Kämpfe Theoderichs, des Großen im Sagenzyklus um *Dietrich von Bern* oder die Niederlage der Burgunden im *Nibelungenlied*. Es läßt sich eine beträchtliche Zahl solcher Sagen nachweisen. Bis in das 4. Jahrhundert führt die Sage von dem Ostgoten *Widigoja* (Witige) zurück. Von der großen Hunnenschlacht wurde als einem Bruderkampf der Fürsten berichtet. Das unselige Ende des Gotenkönigs Ermanarik wurde zur Sage umgeformt – im nordischen *Hamdirlied* und in einem balladenhaften Lied *Van Koning Ermenrikes Dot* aus dem 16. Jahrhundert hat sie sich erhalten. Um Theoderich, der später den Namen Dietrich von Bern erhielt, sammelte sich ein Zyklus, dem auch das später wahrscheinlich in Bayern niedergeschriebene Hildebrandslied angehört. Von den Langobarden kamen die Sagen von *Rosimunds Rache* und vom *jungen Albuin*. Zwei Grundfabeln liegen der Nibelungensage zugrunde: die Geschichte von Siegfrieds Tod, mit Märchenmotiven verwoben, und die Geschichte vom Untergang der Burgunden am Hof des Hunnenkönigs. Ein Dichter in Hochburgund, vielleicht im 6. Jahrhundert, formte die Überlieferung von der Niederlage der Burgunden durch die Hunnen am Rhein (436) und dem Tode Attilas (453) zu einem frei gestalteten Heldenliede um, das sich in seinen wesentlichen Zügen in dem alten *Atlilied* der Edda erhalten hat. Wild, grausam und unheimlich ist die Stimmung dieser Sagen. Das *Brünhildlied* wurde mit stark mythischen Beimischungen wahrscheinlich erst in einer späteren Zeit, dem 7. Jahrhundert, gedichtet, als leidenschaftliche Zwiste im Reich der Merowinger blutige Spuren zogen. Aus dem Mythos stammt wohl auch die strahlende Gestalt *Siegfrieds*, des reckenhaften Kämpfers gegen Drachen und Zwerge, des Besitzers eines sagenhaften Goldschatzes – erst im 7. Jahrhundert, also verhältnismäßig spät, taucht sein Name bei den Franken auf. Märchen, Volkssage und Heldengeschichte verbanden und vermischten sich – die Geschichte aller Heldensagen deutet auf ein nur schwer entwirrbares Gewebe von Motiven. Auf die Kämpfe im Merowingerreich führt wohl auch das Lied vom *Wolfdietrich* zurück. In seine Gestalt ging offenbar die Erinnerung an die Söhne des gewaltsamen Frankenkönigs Chlodwig ein, des Bekehrers zum römisch-katholischen Christentum. Allerdings läßt sich hier schon die erste Auflösung des alten Heldenliedes spüren. Die andersartige, nicht mehr ausschließlich kriegerische Volkserzählung wertet nach moralischen Grundsätzen: das Gute siegt und die Bösen unterliegen.

Dem alemannischen Stamme dürfte die Sage von *Walthers Flucht*
aus Attilas Hofe entsprossen sein, die im 10. Jahrhundert der
St. Gallener Mönch Ekkehart (?) in lateinische Verse umgoß, und
die auch in den altenglischen Walderebruchstücken erhalten ist.
In Bayern, bei den Nachbarn der Ostgoten jenseits der Alpen,
wurde der große Theoderich zum beliebten Helden. Bis tief in
das Mittelalter hinein schlossen sich viele Dichtungen an seine
Gestalt an. Mythen und Sagen umrankten die rasch nachgebende
historische Überlieferung – ein Beweis, wie das Lied aus der
Fürstenhalle heraustrat und sich in der Volksphantasie fort-
pflanzte. Dietrich (Theoderich) wurde zum Helden von bunten,
spannenden und geheimnisvollen Abenteuern, zum Freund des
guten Hunnenkönigs Etzel (Attila) und zum Gefangenen und
Kämpfer gegen die Riesen. In Bayern wurden wohl auch die
Grundzüge des Nibelungenliedes gefunden, auf denen die umfangreiche epische Dichtung des 12. Jahrhunderts und das spätere, uns erhaltene Nibelungenlied des 13. Jahrhunderts aufbauten. Die Forschung hat in mühsamer, scharfsinniger Deutung
gezeigt, wie ein lange andauernder Umbildungsprozeß den Stoff
aus der düsteren, herben Tragik des frühen Typus, zwei große
Lieder verbindend, in das gemilderte spätere Empfinden und
Lebensgefühl umdeutete. Wohl blieben das Ethos der Ehre und
die Leidenschaft der Rache die Grundspannungen des Geschehens,
aber hinzu trat das mächtige Motiv der bis zum Untergang
opferbereiten Treue als der ethische Kern des neuen Nibelungenliedes. Sehr viel bleibt ungewiß, im Wechsel der gehäuften Hypo-
thesen. Die Form, in der sich die Überlieferung und Verwandlung der Nibelungensage vollzog, ist in allen ihren Einzelheiten
unbekannt.

Auch aus Thüringen ist der Inhalt eines Sagenliedes bekannt, das
auf die Zwiste der Thüringer und Franken im 6. Jahrhundert
zurückführt – es ist die Sage vom Verrat des Iring an seinem
Herrn Irminfried und von seiner freiwilligen Sühne. Das nörd-
liche Sachsen war wohl die Heimat der sehr alten Sage von *Wieland dem Schmied*. Mit der Erzählung von *Hilde und Hagen*
und von der unablässig sich erneuernden Schlacht der erweckten
Toten siedelt sich die Sage an den Küsten und auf den Inseln
der Ostsee an – sie leitet zu der dänischen Lieddichtung über.
In der frühen Zeit hatte die Hilde-Sage tragische Züge; erst das
spätere mittelhochdeutsche *Gudrunlied* gab ihr einen milden,
versöhnenden Abschluß. Der „Spielmann" des Mittelalters stand
dem Schicksalsernst germanischer Sagendichtung schon fern.

So mannigfaltig diese Stoffe auch waren: alle diese Lieder zeigten einen tiefen Ernst und eine Größe der Lebensstimmung. Alles wurde in ihnen zum Unbedingten und Gewaltsamen gesteigert. Sparsam waren die Schilderung und die Sprache. Nur das innerlich Entscheidende wurde betont. Nicht beim Detail der Anschauung verweilte der Dichter, sondern er wollte starke Spannungen herausarbeiten, indem er das Geschehen äußerst konzentrierte. In einer zugleich gehobenen und zusammengefaßten, durch den Stabreim rhythmisch stark akzentuierten Sprache drängte er zum sinnbildlichen Ausdruck. Der Umfang dieser Lieder war begrenzt. Die Geschichte bildete den Hintergrund, Mythen traten hinzu, aber es ist bezeichnend, daß in allen diesen Liedern, etwa im Vergleich zu dem griechischen Homer, die Götter fehlen.

Allein auf das Menschliche waren sie gerichtet. Auf sich selbst und seine innere Kraft ist der Held gestellt. Nicht die Fülle und die Farbigkeit der Welt sollten gezeigt werden, sondern eine große Seele in der Wucht und der Tragik ihres unentrinnbaren, frei bejahten und als notwendig erfüllten Schicksals. Nicht auf dem äußeren Geschehen lag das Gewicht, sondern auf dem inneren, geistigen Vorgang. Deshalb nahm der Dialog als die unmittelbare Aussprache des inneren Lebens einen beträchtlichen Raum ein. Auch das Hildebrandslied lebt fast allein aus der dramatischen Energie und seelischen Gespanntheit des Zwiegesprächs zwischen dem alten Vater und dem heißblütigen Sohn. Eine kühne Unmittelbarkeit, die den Hörer anpackt und in die Handlung hineinreißt, zeigen diese Wechselreden. Auf eine seelische Hochspannung richteten sich die Heldenlieder, die sich in ihrer rücksichtslosen und harten Unbedingtheit bis zum Maßlosen und Grausamen steigert – in dieser düsteren Erhabenheit zeigt sich auch eine zerstörerische Gefahr des germanischen Wesens. Wucht, nicht Schönheit, Spannung, nicht Harmonie, ein Gewaltsames, nicht das Maßvolle waren die treibenden Kräfte des Heldenliedes. Die Gestalt des durch die Kraft der Taten und der Seele gewaltigen Menschen trat, von einem starken äußeren und inneren Schicksal gehoben, in den Mittelpunkt; in ihr lag der Sinn des Geschehens. Immer war der Held einem tödlichen Geschick preisgegeben und zu ihm, unbeirrt durch ein erweichendes Gefühl, aus eigenem Willen bereit. Denn stärker als die Stimme des Herzens ist hier das kriegerische Gesetz und die Pflicht – es galt als höchster Ruhm, getreu und unerschüttert im Kampf zu fallen. Auch der Tod wird bejaht, wenn er als eine Erfüllung dieser heldischen Notwendigkeit erfahren wird. Schwer ist dieses

Leben, verschlossen, angespannt, hart gegen die anderen und gegen sich selbst. Es gibt keine Helle, kein Glück und keine gelöste Hingabe in den Heldenliedern; wo im späteren Nibelungenlied der Glanz junger Liebe erstrahlt, spürt man die Hand des Dichters aus der staufischen Zeit. Knapp, einsilbig war auch der Sprachstil dieser Lieder. Ihr Pathos lag nicht im Wort, sondern in den Ausmaßen des Schicksals, in der Gewalt des Erlebens und Erleidens und in der Verdichtung des geistig-seelischen Geschehens. Diese Sagenlieder wurden zu dem Ausdruck des germanischen Wesens – in seiner dunklen, schwermütigen Innerlichkeit, seiner Härte, in der Schwere und Einsamkeit seines Erlebens, in seiner Schicksalsbereitschaft und seiner Nähe zu abgründigen Mächten, die dem eigenen seelischen Gesetz und Verhängnis entwuchsen. Wo immer germanische Art im deutschen Schicksal, mächtig und unheimlich, ungebändigt durch antikes Maß und christliche Milde durchbrach, kehrten die Lebensstimmung und die Tragik des Heldenliedes wieder.

II

DAS SCHRIFTTUM DER FRÄNKISCHEN ZEIT

Eine andere Welt öffnet sich mit der Gründung des fränkischen Großreiches; aus der Vielfalt der gesonderten Stämme entwickelte sich allmählich, im langsamen und schwankenden Vollzuge, das eigene deutsche Dasein. Zunächst bestimmten und prägten die Franken sein Gesicht. Sie gründeten ein kriegerisches, den Westen und Osten vereinigendes Großreich; sie bekannten sich seit Chlodwig (481–511) zum katholischen Glauben, und sie öffneten sich, beweglich und weltklug, bereitwillig der Einwirkung der lateinischen Kultur. Im Ringen mit der römischen Weltsprache entfalteten sich die Keime eines deutschen Schrifttums, und es ist gewiß kein Zufall, daß eines der ältesten literarischen Denkmale unserer Sprache, die sogenannte *Malbergische Glosse*, deutsche Rechtsausdrücke in einer Übersetzung der *lex salica* bietet. Denn im Schutz des karolingischen Reiches vollzog sich das erste Aufblühen einer deutschen geistigen Kultur. In der Gestalt Karls des Großen (768–814) fand der fränkische Wille zum politischen Reich und zum geistigen Aufstieg seine höchste Entwicklung. Der Kaiser war, als Gründer eines gewaltigen Staates, auch der lenkende Anreger des literarischen Lebens. Jetzt wurde der Ausdruck *theodiscus* im Gegensatz zum Lateinischen und Romanischen als Bezeichnung für eine gemeinsame Volkssprache geprägt (zuerst 786); schon 830 sprach man von *nationes theotiscae*. Zugleich wurde das Christentum zu einer Macht; es drang nach und nach in das Bewußtsein der bekehrten Völker ein und wurde aus der Seele heraus ergriffen und nach der eigenen Art umgeformt. Denn der Vorgang der Bekehrung zog sich durch Jahrhunderte in immer neuen und stärkeren Ansätzen hin. Vor allem aus dem nördlichen Westen, aus Irland und Schottland kamen die Bekehrer. Das später weithin bestimmende Kloster St. Gallen wurde 613 durch Gallus gegründet. Welchen Anteil die Angelsachsen am Siegeszuge des Christentums auf deutschem Boden hatten, zeigt der Name des B o n i f a t i u s (Wynfried) (673–754), des Begründers von Fulda. Das Wort des Evangeliums kam jedoch nicht allein – mit ihm schritt der Einfluß der antiken Kultur

im Bau und Gefüge des Staates, in der bildenden Kunst, im mühsam sich entfaltenden Schrifttum.

Bereits um 760 entstand im bayrischen Freising der sog. *Abro-
gans*, das erste deutsch-lateinische Wörterbuch. Der Hof Karls
des Großen entwickelte sich zu dem beherrschenden Mittelpunkt,
an dem sich die geistigen Strahlungen aus dem Süden und aus
dem angelsächsischen Nordwesten fruchtbar trafen und verbanden. Als Leiter der Hofakademie wurde der Angelsachse A l c h -
w i n e (Alcuin, ca. 735–804) zum vornehmsten geistigen Berater
des Herrschers. Durch Übersetzung und Lehre suchte der Kaiser
für Ausbreitung des Christentums zu sorgen; eine höhere Bildung als bisher wurde von den Geistlichen verlangt. Gebete,
Katechismen, Beichtformeln wurden übersetzt und erläutert, die
Predigt wurde mit Eifer gepflegt; seit dem Anfang des 9. Jahrhunderts wurden die Psalmen übertragen. An Alchwines theologische Bemühungen schloß sich die noch mit großen sprachlichen Schwierigkeiten kämpfende deutsche Übertragung einer
theologischen Abhandlung des Isidor von Sevilla nach 770, vielleicht im oberelsässischen Kloster Murbach, an. Andere Übersetzungen folgten mit oft bedeutenden Leistungen. Karl der Große
selbst beschäftigte sich mit einer Grammatik des Deutschen; vor
allem aber blühte reich, wiederum unter Alchwines Führung, eine
lateinische Dichtung in verschiedenen Gattungen auf. Literarischer Ehrgeiz, vom Kaiser gefördert, schuf eine Fülle von Ansätzen, die keimhaft den Reichtum späterer Entfaltung enthielten. Es schien, als erblühe im fränkischen Reich ein neues Athen,
und triumphierend feierte man die Wiederkehr großer Dichtung.
„Neu wird das goldene Rom jetzt wiedergeboren dem Erdkreis."
Gewiß war dies alles nur eine erneuernde, abhängige und nach-
geformte Erbschaft, aber es lag im Eifer dieser Nachfolge auch
ein eigenes Versprechen. Noch war allein die lateinische Sprache
zur literarischen Schöpfung klassischen Stils fähig; sie war die
vielseitig ausgebildete, durchgeistigte und kunstvoll geschmiedete
abendländische Weltsprache. Es galt als höchster Ruhm, in ihr
der antiken Dichtung nahe zu kommen, leiteten doch die Franken ihre Herkunft während des ganzen Mittelalters von den
flüchtigen Trojanern ab, den sagenhaften Ahnherrn des alten
Rom. Doch auch heimisches Gut wurde nicht aufgegeben. Karl
fand für die Monate deutsche Namen, er ließ die alten Heldenlieder sammeln und aufschreiben („memoriae mandavit"), und
er förderte die Abfassung einer fränkischen Stammesgeschichte
durch P a u l u s D i a c o n u s (ca. 720–797). Die Sammlung der

Heldenlieder ging verloren – nur ein einziges Bruchstück bewahrte ein glückliches Geschick.

In klösterlicher Handschrift fand man in abgerissenen Versen ein altes Heldenlied, das *Hildebrandslied*. In einer seltsamen sächsisch-bayrischen Sprachmischung wurde es um 820 im Kloster Fulda nach einem älteren Original aufgezeichnet. Hier begegnet die Heldendichtung in ihrer ursprünglichen Art, voll Härte, mit dem unbedingten Willen zur Pflicht, Ehre und Schicksalsbereitschaft, tragisch düster und bei aller kargen Verhaltenheit mächtig gespannt. Nach einem Aufenthalt von 30 Jahren in der Fremde kehrt der alte Hildebrand, Dietrichs Gefolgsmann, zurück; nahe der Heimat trifft er den Sohn, Hadubrand, der ihn nicht erkennen will, ihn schmäht, zum tödlichen Kampf fordert, den der alte Held um der Waffenehre willen nicht verweigern kann, so furchtbar ihn die Gewißheit trifft, den Sohn erschlagen zu müssen. Der tragische Schluß ist nicht erhalten – eine spätere Bearbeitung, die im 14. Jahrhundert auftaucht, bog das Lied zur Versöhnung um und gab ihm volksliedhaften Klang. Eine große Dichtung, mächtig im Aufbau und Stil, in ihrem seelischen Pathos wie in der herben Sparsamkeit des Ausdrucks, in der Spannung der erregten Wechselreden wie in der bildhaften Kraft der Worte und des Rhythmus ist hier vor dem Untergang gerettet worden. Die Stabreimverse des kurzen epischen Liedes zeigen beispielhaft den Stil des Heldenliedes in seiner kargen, wuchtigen Gedrungenheit, zugleich die Vokalfülle der althochdeutschen Sprache.

> Ik gihorta dat seggen,
> dat sih urhettun   aenon muotin,
> Hiltibrant enti Hadubrant   untar heriun tuem
> sunufatarungo   iro saro rihtun,
> garutun se iro gudhamun   gurtun sih iro suert ana
> helidos, ubar hringa   do sie to dero hiltiu ritun.

> Ich hörte das wahrlich sagen, daß sich Streiter allein begegnen wollten, Hildebrand und Hadubrand zwischen zwei Heeren von Vater und Sohn; sie bereiteten ihre Kampfhemden, sie gürteten sich ihre Schwerter an, die Helden über die Brünnenringe, als sie zum Kampf ausritten.

Scharf heben sich die Charaktere, der kluge alte Vater und der stürmische, kampfbegierige Sohn von einander ab. Nur der Anfang und der Schluß sind beschreibend gehalten; die eigentliche Handlung entwickelt sich in einem dramatisch bewegten Dialog.

Vergeblich versucht der Alte, den Sohn zurückzuhalten und sich zu erkennen zu geben; er muß schließlich die höhnische Herausforderung des Unbelehrbaren um seiner Waffenehre willen annehmen. Fast formelhaft wirkt manchmal die Sprache; sie kehrt in verwandten altenglischen Dichtungen und im Heliand gleichartig wieder. Wohl wird der Gott des Christentums angerufen, aber dessen Geist hat das Lied nicht berührt. Erbarmungslos erfüllt sich das Geschick nach dem Gesetz der heldisch-tragischen Notwendigkeit. *Welaga nu, waltant got, wewurt skihit.* (Wehe, waltender Gott, Unheil geschieht jetzt.) Das Hildebrandslied ist ein Beispiel, wie die Heldensage dichterisch bewahrt wurde. Ihre spätere Lebensgeschichte zeigt, daß sie auch dann, wenn sie jahrhundertelang aus der Buchdichtung und damit der schriftlichen Überlieferung verschwand, nicht vergessen wurde. Um 1000 berichtet eine Quedlinburger Chronik, daß die Bauern gern von Dietrich sangen. Aber als der kriegerische Hofdichter der Fürstenhalle verstummte und der fahrende Spielmann an seine Stelle trat, ging der Geist der Heldensage verloren, die erst in der staufischen Zeit in einer anderen Form neues Leben empfing.

Ähnlich reichten die vorchristlichen Zaubersprüche, vom Volke treu und ehrfürchtig gehegt, noch tief in die christliche Zeit hinein. Als Beschwörungen gegen Krankheiten und Wunden bei Mensch und Tier, gegen Unheil und Gefahren von mancherlei Art wurden sie mündlich lange fortgepflanzt. Wieder hat ein günstiger Zufall zwei Zeugnisse in den sogenannten *Merseburger Zaubersprüchen*, aus einer wohl aus Fulda stammenden Handschrift des 10. Jahrhunderts, festgehalten. Mythische weibliche Gestalten helfen in der Schlacht, lähmen den Feind, fesseln die Gegner, befreien den Gefangenen.

> Eiris sâzun idisi   sâzun hera duoder,
> suma hapt heptidun   suma heri lezidun,
> suma clûbôdun   umbi cuoniouuidi:
> insprinc haptbandun   invar vîgandun!

> Einst ließen sich nieder weise Frauen, setzten sich hier und dort, einige hefteten die Haft, einige hielten Heere auf, einige klaubten an Fesseln: entspringe den Haftbanden, entfahre den Feinden.

In die heidnische Götterwelt führt der zweite Zauberspruch, der vom verrenkten Fuß des Rosses Phols (Balders) spricht und Wodan als Heilenden anruft.

> Bên zi bêna   bluot zi bluoda
> lid zi geliden   sôse gelîmida sîn!

Bein zu Bein, Blut zu Blut, Glied zu Glied, als ob sie zusammengeleimt wären.

Eine kunstvolle Form gibt der Sprache den Rhythmus und einen beschwörenden Sinn: Von magischen Formeln läßt sich sprechen: auch mit Anrufungen Christi, der Maria und der Heiligen. Denn auch christliche Sprüche zauberkräftigen Charakters bewahrte die Überlieferung, in denen eine germanische Frühform noch erkennbar ist (Wiener Hundesegen, Lorscher Bienensegen).

Nach dem Tode Karls des Großen trat das geistliche Schrifttum beherrschend in den Vordergrund. Ludwig der Fromme (814 bis 840) lehnte die altheimische und die antike Dichtung ab. Unter der Leitung des H r a b a n u s   M a u r u s, der 856 als Erzbischof von Mainz starb, wurde das Kloster Fulda zum geistigen Mittelpunkt. Hier wurde um 830 die lateinische Fassung einer *Evangelienharmonie* des Syrers Tatian wörtlich übersetzt; hier entstand auch nach 800 die bruchstückhaft erhaltene Stabreimdichtung vom Anfang der Welt, das sogenannte *Wessobrunner Gebet*. Die Handschrift wurde offenbar in Regensburg geschrieben. Ein starker Schwung des Gefühls und ein gehobenes Empfinden weiten phantasievoll den alten Liedstil; zugleich zeigen sich Berührungen mit dem germanischen Schöpfungsmythos der Völuspa (10. Jahrh. auf Island). Heidnische und christliche Motive fließen ineinander. An das Weltende führt das Gedicht vom göttlichen Gericht *Muspilli* (Weltbrand) aus einer anderen Regensburger Handschrift, die 829 Ludwig dem Deutschen (843–876) geschenkt wurde. Wieder handelt es sich um ein wahrscheinlich auf Fulda zurückweisendes Bruchstück. Auch das Muspilli steht den germanischen Sprachformeln und der stabreimenden Lieddichtung noch nahe. Einen ähnlichen Stil zeigt die angelsächsische religiöse Epik. Das Gedicht gemahnt erneut an den Weltuntergang der Völuspa, an alte mythische Vorstellungen voll unheimlicher Schrecken, an Weltenbrand und Götterdämmerung. Bräuche des germanischen Rechtslebens lassen sich in der Beschreibung des Jüngsten Gerichts erkennen; der Kampf zwischen Elias und dem Antichrist wird zu einem großen Waffengang. Eine angelsächsische Quelle ist erkennbar.

Aufrütteln wollte das Gedicht, erschrecken und warnen, ging es hier doch um die letzten Dinge: Höllenfahrt, Auferstehung und den entscheidenden Richterspruch Gottes. Muspilli heißt der vernichtende letzte Weltenbrand. Trotz der hohen dichterischen

Kraft dieser pathetischen Verse spürt man bereits einen leisen Verfall der Stabreimkunst; schon schiebt sich der neue Endreim auflockernd dazwischen.

sô inprinnant die pergâ
ênîhc in erdu
muor varsuuilhit sih
mâno vallit
stên ni kistentit.
verit mit diu vuiru.

poum ni kistentit
ahâ artruknent,
suilizôt lougiu der himil.
prinnit mittilagart,
verit denne stûatago in lant,
viriho uuîson.

Es entbrennen die Berge, kein Baum steht,
Nicht einer auf Erden, das Wasser vertrocknet,
Der Sumpf verschlingt sich, in Lohe verbrennt der Himmel,
Der Mond fällt, das Erdenrund brennt,
Kein Stein mehr steht, wenn der Gerichtstag ins Land
Fährt mit Feuer, die Menschen zu richten.

So bedeutend solche Dichtungen waren – als etwas ganz Neues wirkten die ca. 6000 Verse des *Heliand*, den um 830 ein unbekannter niedersächsischer Geistlicher im Auftrage Ludwigs des Frommen zur Verbreitung des christlichen Glaubens unter seinen Stammesgenossen schrieb. Das Epos war als eine große religiöse Dichtung eine gewaltige Leistung. Die Bemühung um eine deutsche Buchsprache, die sich in der Fuldaer Übersetzung des Tatian aussprach, wurde im Heliand und im Otfried fortgesetzt. Vielleicht entstammte der Dichter dem südöstlichen Sachsen; in Fulda hat er wohl sein Werk geschrieben. Er fand dort seine theologischen Quellen. Aber nicht die Gottesgelehrsamkeit war sein Ziel, sondern er sollte und wollte von der Größe der Botschaft Christi künden, für ihn als einen mächtigen Gefolgsherrn werben und ihn so dem heimischen Lebensgefühl nähern. Er schildert breit die Umwelt, er gibt ein vielfältiges Lebensbild, lebhafte Szenen. Diese epische Fülle folgt dem angelsächsischen Erzählstil. Kräftig heben sich die germanischen Züge heraus: die Treue und Ehre, der Kampf um das Mannestum, die Innerlichkeit der starken Herzen und das Heldische des Erlösers. Das Christentum hatte eine bisher in dem germanischen Charakter verhaltene Innerlichkeit gelockert und zur Sprache gebracht. Eine neue innere Ergriffenheit findet zuerst im Heliand den Ausdruck. Aus ihr heraus gewinnt auch der Versbau eine größere Freiheit, eine weitere Spannung und eine stürmische Bewegtheit. Die Kunst des Stabreims erreicht hier ihre größte Reife. In der Mitte steht Christus, andächtig verehrt, als starker Schirmherr der Getreuen, der tapferen Mannen. Germanisches Denken verband sich nicht leicht mit christlichem Fühlen: viel widersprach dem adligen Kriegergeist – die Feindesliebe, die Selbsthingabe und Demut Christi, die Lehre der Bruderschaft und des Friedens. Noch hatte der Dichter selbst an germanischer Art teil. Aber zugleich war er von der Macht des christlichen Glaubens tief ergriffen. Noch zeichnet die heldische Adelsdichtung Spuren ein – Christus ist der gebietende Herr der Völker, und das Verhältnis zu ihm gleicht dem alten Treuebund der Gefolgsmänner. Eine sehr persönliche Art des Gotterlebnisses gestaltet den Heliand. Sie ist ein frühes Zeichen eigenwilliger deutscher Frömmigkeit. Entschlossen ist dieses Christentum, tatbereit, erdenfroh trotz allen Jenseitsglaubens, denn als schöne Schöpfung Gottes wird das Irdische erfahren. So bot der unbekannte Verfasser, einer der großen Gestalter in deutscher Sprache, das Evangelium, Christi Opfergang und Lehre den Sachsen in einer trotz aller Neuheit vertrauten Sprache und Erscheinung, fest in alter Sitte und hingerissen von der Wahrheit und der Größe der christlichen Verkündigung. Scharf wandte er sich gegen die Sünden der Zeit – Fehde und Blutschuld, Geiz und Habsucht; deutlich betonte er die Würde des päpstlichen Auftrages, die Pflicht zu Mission und Glaubenslehre.

Nur geringe Zeit später stellte sich, ebenfalls auf Fulda weisend, neben den Heliand die sogenannte *Altsächsische Genesis*, die vom ersten Abfall von Gott, vom Ursprung des Bösen bis zur Ankunft Christi und seiner neuen Lehre führt. Ihr Dichter war wohl ein Schüler des Heliand-Verfassers; erhalten sind vorwiegend nur Teile einer angelsächsischen Übertragung. Doch dieser Schüler war selbst ein Meister: mit Phantasie, bildhafter Anschaulichkeit und aus starkem innerem Miterleben fügte er sein Gedicht zusammen.

Neben Fulda gewannen im Süden die Klöster Reichenau und St. Gallen wachsende geistige Bedeutung. In der gleichen Zeit entfalteten sich die Anfänge einer deutschen geistlichen Lieddichtung – das *Petruslied* aus dem 9. Jahrhundert steht als erstes Beispiel mit drei kurzen, einfach gebauten Strophen an der Spitze. St. Gallen folgte mit dem *Gallus-Lied*, Reichenau mit dem *Georgslied* zu Ende des gleichen Jahrhunderts. Volkstümlich ist der Ton dieser Lieder; sie waren für festlichen Gesang bestimmt. Auch geistliche Gedichte entstanden. Vor allem aber setzte der Süden im sogenannten O t f r i e d dem sächsischen Heliand wohl im bewußten Wetteifer eine zweite umfängliche und bedeutsame religiöse Buchdichtung entgegen. Ihr Verfasser hatte in Fulda unter Hrabanus Maurus die Theologie betrieben; im Kloster Weißenburg an der fränkisch-alemannischen Grenze hat er in der Schule gelehrt, nach Regensburg, Konstanz, St. Gallen führen Verbindungen. Er lebte in einem anderen Kulturraum als der Niedersachse, unter Einwirkung des Südens. Als älterer Mann schrieb er um 870 sein Werk – in Endreimen und in kurzer, zum Gesang geschaffener Versform. Rund 15 000 Halbverse umfassen die fünf Bücher seiner Evangelienharmonie. Auch in der Gliederung und im Stil blickt er zum Süden, auf die lateinisch-christliche Epik. Voll Stolz auf fränkische Größe widmete er seine Schöpfung Ludwig dem Deutschen. Denn den Franken soll nun, vielleicht im Wetteifer mit Rom und der slawischen Bibel der Cyrillos und Methodius, ihre große religiöse Dichtung gegeben werden. Aber man spürt klösterliche Luft; dem Volke fern, gelehrt und abgeklärt, ist Otfried der geringere Dichter. Eine allegorische und moralische Auslegung begleitet die Erzählung vom Leben Christi; christlich-neuplatonische Symbolik bestimmt den Stil. Nicht die Wirklichkeit packt, sondern ihre Deutung bewegt den Dichter. Er ist ein Lyriker, der die Stimmung, den schönen Klang, die gedämpfte Harmonie sucht. Das Erhabene, Heilige, Jenseitige erhebt und bewegt ihn – seine Sprache lebt aus dem Gefühl und dem Gedanken, und das Evangelium wird ihm zu einem lyrischen Bekenntnis. Auch der Endreim, der kurze Verse mit je vier gleichwertigen Hebungen abschließt, will den schönen Klang, die weiche Empfindsamkeit, eine ausgeglichene Wohlgestalt. Als der Herrliche und Triumphierende, als der vom Ruhm umstrahlte Kaiser des Himmels wird Christus gefeiert und neben ihm leuchtet Maria als himmlische Königin. Auf die göttliche Liebe deutet Otfrieds Erleben – das Christliche verbindet sich mit einem fast antiken Schönheitsverlangen. Weiche, innige, reine Töne vermag er aus der Sprache zu holen, z. B. in der Klage der Maria Magdalena am Grabe –

> Mir ist ser ubar ser   ni ubarwintu ih iz mer,
> ni wan es untar manne   iamer drost giwinne!
> Sie eigun mir ginoman   liabun druhtin minan,
> thaz min liabe herza   bi thiu ruari mih thiu smerza.

> Ich bin im tiefsten Schmerze / nie werde ich ihn überwinden. Niemals hier auf Erden / finde ich irgendeinen Trost. Sie haben mir entrissen / meinen geliebten Herrn, mein geliebtes Herz / Deshalb durchwühlt mich der Schmerz.

War der Stabreim der Rhythmus und Ausdruck heldischer Kraft, starker Gespanntheit, heftiger Erschütterungen – der vom Süden übernommene Endreim bedeutete Maß, Beruhigung, Melodie und Harmonie.

Auf das knappe, dramatisch bewegte altgermanische Preisgedicht deutet das bildhafte *Ludwigslied* zurück, das den Sieg des westfränkischen Königs Ludwig III. (ca. 863–882) über die Normannen bei Saucourt 881 besingt. Doch trotz altertümlicher Züge – Volkskönigtum, die Verherrlichung kriegerischer Tatlust, des Kampfwillens, Waffenruhms und unerschrockener Schicksalsbereitschaft – wirkt es eher als eine Art Heiligenballade: Gott schützt im Augenblick der äußersten Gefahr seinen gläubigen Streiter. Das Lied mag im Westfrankenreich entstanden sein, wo sich die adlige Oberschicht wohl noch der rheinfränkischen, d. h. deutschen Sprache bediente. In einer künstlichen deutsch-lateinischen Mischsprache ist ein ähnliches Zeitgedicht, *De Heinrico*, aus dem 10. Jahrhundert, abgefaßt. Jetzt wird auch allmählich der Endreim in die Volksdichtung eingedrungen sein, welche fahrende Spielleute pflegten und mündlich vortrugen. Aber seit Otfried gab es für lange Zeit keine große Dichtung in deutscher Sprache mehr; mit dem Verfall des Königtums endete auch die treibende kulturschöpferische Kraft. Nur die lateinische Dichtung führte noch zu bedeutenden Leistungen; das Kloster St. Gallen besaß in Notker dem Stammler (840–912) einen großen religiösen Lyriker und Musiker, dessen Sequenzen (Ausweitungen des Schlusses eines liturgischen Gesangsstückes, des Alleluia) in der Einheit von Wort und Melodie aus einem starken inneren Erleben und aus künstlerischer Phantasie aufwuchsen. Vielleicht dankt er Frankreich wesentliche Anregungen. Aber in der freien Entfaltung der Musik, in der Tiefe und Innigkeit der Worte und in der Inbrunst seines Glaubens hat man die Züge eines religiösen Empfindens eigentümlich deutscher Art gefunden, die Notkers Sequenzen noch im 16. Jahrhundert in das lutherische Gesangbuch eingehen ließen. Die Wirkung solcher Glaubensgesänge war ungemein groß. Sie übertraf noch die Leistung von Notkers Klostergefährten Tuotilo. An seine musikalisch-dramatischen Wechselgesänge in der Liturgie (sogenannte Tropen) knüpften die Anfänge des geistlichen Schauspiels an, das in der Oster- und Weihnachtszeit im Gottesdienst die heiligen Vorgänge durch Gesang, Handlung und Pantomime bildhaft den Gläubigen einprägte. Es hat sich später reich und mannigfaltig entwickelt. Allerdings ist umstritten, ob der berühmte Keim des Osterspiels, der Tropus *Quem quaeritis*, als Gespräch der Engel und Frauen an Christi Grab ursprünglich aus St. Gallen oder dem französischen Limoges herstammt. In St. Gallen und auf der Reichenau finden sich auch Reste einer Pflege der Reimversdichtung, als Festgesang für Laien bestimmt, ihrem Verständnis angepaßt: so das Gedicht von *Christus und der Samariterin* um 900. Das Bodenseegebiet zeichnet sich als ein produktiver Dichtungskreis ab. Dann jedoch beginnt die lange Zeit der Pause – auf fast 150 Jahre erstreckt sich das Verstummen der deutschsprachigen Dichtung in der Überlieferung, wenn man von der kirchlichen Gebrauchsliteratur absieht. Die Zeit der Ottonen, von Heinrich I. bis zu Otto III., ist, so erscheint es wenigstens, wenn nicht einschneidende Änderungen der Chronologie (Waltharius, Ruodlieb, Ecbasis captivi) notwendig werden, vornehmlich eine Zeit der lateinischen Dichtung im deutschen Sprachgebiet.

III

LATEINISCHE DICHTUNG UNTER DEN OTTONEN

Fast ausschließlich in lateinischer Sprache fanden die Dichtungen Ausdruck, die das Zeitalter der Ottonen begleiten. Mit dem Erstarken des Reiches und Kaisertums unter ihrer Führung schien eine neue, nun aber gegenüber der sogenannten karolingischen Renaissance bedeutend freiere Aufnahme der antiken Tradition einzusetzen. Man hat lange geglaubt, von einer ottonischen Renaissance sprechen zu können. Deutsche Stoffe erschienen jetzt im lateinischen Gewand. Die heimische Welt wurde sichtbar, und es fand sich ein freierer Mut zu eigenen Schöpfungen. Die Franken mußten seit Heinrich I. (919–936) die Führung an die Sachsen abtreten, die dem Reich zu einem neuen Aufstieg verhalfen. Es wuchs die Zahl der Klöster, das Ansehen der Bischofsitze und ihrer Schulen. Noch war vornehmlich die Geistlichkeit der Träger der Bildung, aber auch hochgeborene Frauen nahmen sich jetzt an kleinen Höfen der geistigen Erziehung an. Viktor Scheffel schildert in seinem „Ekkehard" die kluge Herzogin von Schwaben. Das Reich Ottos des Großen (936–973) brachte auch eine Ausdehnung des geistigen Raumes mit sich. Beziehungen zu der alten griechisch-orientalischen Kultur von Byzanz setzten ein. Die Fülle der außerdeutschen Welt zeichnete sich in ahnungsvollen Umrissen ab.

Erdenfroh waren diese Menschen, heiter und kräftig dem Leben zugewandt, freudig vom Reichtum und von der Wirklichkeit der irdischen Dinge ergriffen. Noch forderte der Glaube nicht die Abkehr von der lockenden, vielfältigen Schönheit der Welt. Aber die bisher als gesichert geltenden Datierungen sind ins Gleiten geraten. So, wenn der Waltharius wesentlich früher angesetzt wird, die satirische Tierfabel in Hexametern *Ecbasis captivi*, aus dem Kreis volkstümlicher Tierdichtung, bis um 1045 verschoben wird. Sie stammt aus Toul.

Die heimische Überlieferung der Heldensage und das Vorbild des römischen Epos, d. h. Vergils, vereinigen sich in dem lateinischen *Waltharius* des E k k e h a r t , eines Mönchs in St. Gallen. Doch sind neuerdings Autor (Geraldus?) und Datierung umstritten – unsicher ist, ob das Gedicht noch karolingisch entstand

oder unter dem Eindruck der Ungarnkämpfe Heinrichs I. Ein
alemannisches Lied (vgl. S. 8) gab den Anlaß: auch das Lied von
der Hunnenschlacht war dem Verfasser bekannt. Von der Flucht
Walthers und Hildegunds vom Hof Attilas erzählt er, wo sie als
Geiseln gefangen waren; von ihrer langen Wanderschaft, dem
Kampf am Rhein, dem Angriff Gunthers und dem Sieg Walthers
über elf Recken, von kurzer Nachtruhe und dem großen Drei-
kampf zwischen Gunther, Hagen und Walther am frühen Morgen, bis ein behagliches und fröhliches Mahl den Zwist beendet.
Noch sind die alten Mächte der Ehre, Treue, des Kriegertums
gegenwärtig, aber das Heldische wird in das Derbe und Humoristische mit leichter Ironie gewandt, und zu dem alten Helden-
ideal treten christliche Züge. Vor allem an der schwächlichen
Gestalt Gunthers spürt man die Entfremdung vom alten Stil.
Vom Epos Vergils haben diese leoninischen (d. h. gereimten)
Hexameter die Klarheit der Form, den bunten Realismus der
Beschreibung, die Fülle von anschaulichem Detail gelernt, welche
die vergeistigte Herbheit des ursprünglichen Heldenliedes verschmähte. Eine neue Art des dichterischen Sehens zeichnet sich
ab.
Gegen 970 widmete W i d u k i n d v o n C o r v e y der Tochter
Ottos I. seine lateinische *Sachsenchronik*, voll Stolz auf heimische
Geschichte und das sächsische Volk; auch von dem verschollenen
Heldenlied von Iring und Irminfried und von alten Volkssagen
weiß er zu berichten. Aus einem adligen sächsischen Geschlecht
stammt die erste deutsche Dichterin H r o t h s w i t h (geb. 935)
aus dem Kloster Gandersheim. Zwischen 955 und 970 schrieb sie
in gutem Latein ihre Legenden und ihre dramatischen Dialoge
nach dem Beispiel des römischen Komödiendichters Terenz;
auch verfaßte sie geschichtliche Dichtungen. Auf den spätgriechi-
schen Roman und byzantinische Einflüsse deuten ihre novellisti-
schen, erotisch gefärbten Stoffe und Motive; aber ihr Ziel war der
Erweis des Sieges göttlicher Liebe über alle irdisch-sinnliche
Leidenschaft, des Triumphes reiner Jungfräulichkeit. Märtyrer
sind jetzt die bevorzugten Helden, asketische Bekehrer, heilige
Jungfrauen. Um die Begriffe Sünde, Reue, Buße, Erlösung kreist
sie mit klösterlicher Strenge, aber neben diese fromme Spannung
zwischen Heilslehre und Sinnlichkeit tritt doch auch ein höherer
Glaube an die schöne Harmonie und Vollkommenheit dieser
irdischen Schöpfung Gottes. Vom Wesen des antiken Theaters
wußte sie nichts, aber die Kunst des heidnischen Römers hatte
sie bezaubert – allzu groß war die Macht seines Stils. Deshalb

setzte sie ihm ihre christlichen Dialoge entgegen; als Lektüre
waren sie gedacht, nicht als mimische Spiele. Das römische Drama
sah Hrothswith als eine besondere Kunstform des epischen Erzählens an, in dem auf dem Wechsel der Rede die geistige Wirkung beruht. Unverkennbar ist auch bei ihr noch die Nähe zu
der alten Adelsdichtung, wie sie sich ja auch dem königlichen
Geschlecht und seinem Ruhm nahe verbunden fühlte.

Neben kirchliche Hymnen und Sequenzen tritt die Form des
Tropus als eine in Musik gesetzte Prosaeinlage in die Liturgie.
Aus dem Anfang des 10. Jahrhunderts stammt der schon er-
wähnte Ostertropus Quem quaeritis. In *Sequenzen* verherrlichte
die lateinische Dichtung das Kaiserhaus; die politische Lyrik (ca.
1030, *Modi)* entfaltete reiche Formen, Macht und Glanz des
Reiches begleitend. Auch schwankhafte Stoffe nahm die Sequenz
auf, z. B. komische Kurzgeschichten in ironisch-feierlicher Form,
aus der ein schalkhafter Volkshumor herausschaut. In der sehr
ergiebigen Cambridger Handschrift, die aus der ersten Hälfte
des 11. Jahrhunderts stammt, findet sich der erste *Liebesdialog*
deutsch und lateinisch erhalten.

> suavissima nunna   choro miner minna
> resonant odis nunc silvae   nu singant vogela in walde.

> Liebste Nonne, prüfe meine Minne, nun erklingen die
> Wälder von Liedern, die Vögel singen im Walde. [Nach
> Kögel.]

Die gleiche Handschrift enthält historisch-panegyrische Modi,
Schwankerzählungen, Anekdoten und erotische Gedichte. Dies
alles deutet auf Weltfreude, eine heiter gebildete Gesellschafts-
schicht. Das Preislied auf Otto III. *(Modus Ottinc)* reicht in die
Jahre um 995 zurück. In Tegernsee entstand endlich, wahrscheinlich um 1050, der große Roman vom *Ruodlieb*, der in kühner
Wirklichkeitsfreude, reich an heimischen Zügen und wechsel-
voller Handlung, ein umfassendes Zeitbild gibt. Höfisches Leben
wird hier schon sichtbar. Ein klösterlicher Dichter beschrieb den
Lebensweg eines jungen Helden, der die Heimat verließ, einem
fremden König treu und erfolgreich diente und schließlich, zu
seiner Mutter zurückkehrend, zwölf Weisheitslehren als Gabe
empfing, deren Wahrheit er teilweise auf seiner Reise nachdrücklich erprobt. Daheim wirbt er um ein Edelfräulein, das
sich rechtzeitig als seiner unwürdig erweist. Das letzte Bruchstück des nur fragmentarisch erhaltenen Versepos führt in Kreise
der Heldensage und zeigt Ruodlieb als Sieger über einen Zwerg

mit der Hoffnung auf eine Königstochter und ein eigenes Reich. Ein Vorläufer des ritterlichen Epos bietet sich in diesem großen lateinischen Fragment, ein locker erzählter Roman; nicht ohne Einfluß spätgriechischer Erzählstoffe und nicht ohne byzantinische Einwirkungen. Denn schon tauchte der Orient als das Land der bunten Abenteuer auf. Aber gerade aus der Fülle und Anschaulichkeit des heimischen Lebens bekommt der Ruodlieb seinen Reiz. Schon läßt sich von einer Art von Bildungsroman sprechen: der christliche Held, der die Tugenden des Edeln und Freien in dieser Welt klug bewährt, ist das innere Ziel; christliches Ethos durchzieht die ganze Handlung. Höfische Lebensart zeichnet sich ab, Jagd, Schachspiel, Musik, Gesellichkeit und Liebe, doch ebenso das Bauerntum und Dorfleben, Volkstanz, Rechtsbräuche, die Landstraße und der Alltag. Hinter diesem Roman stand bereits eine entwickelte weltliche Kultur ritterlichen Geistes. Und auch das Latein dieses in seinem Kloster so weltfrohen Dichters hat eine deutsche Färbung. „Die erstaunliche Freiheit des Weltblicks, aus der die ebenso erstaunliche Plastik der Welterfassung hervorgeht, macht den Ruodlieb zum Gipfelwerk einer Zeit, deren Weltnähe und Weltfreude auch ihre übrige Dichtung verraten hatte." (De Boor.)

Das Latein und das Deutsche suchte N o t k e r d e r D e u t s c h e (952–1022) aus St. Gallen in seinen erklärenden Übertragungen spätrömischer philosophischer und christlicher Abhandlungen und Dichtungen unmittelbar zu verbinden. Biblische Werke, den Psalter, das Buch Hiob goß er in seine Mischsprache um. Sehr neuartig war dieses Unternehmen; Notker hatte als Lehrer erprobt, daß man „in der Muttersprache schneller begreift, was man in einer fremden Sprache entweder kaum oder nicht völlig begreifen kann". So arbeitete er die erste Literatur- und Wissenschaftssprache in einer klaren, faßlichen Form aus. Er war ein großer Sprachschöpfer und Grammatiker, der neue Ausdruckswege beschritt. In seiner *Rhetorik* zitiert Notker auch die wenigen rein deutschen Verse, die aus diesem ganzen Zeitraum erhalten sind. Sie zeigen, wie sich noch der Stil des alten Stabreims trotz des Endreimes erhalten hatte.

Sóse snél snéllemo   pegágenet ándermo
sô uuírdet slîemo   firsniten sciltrîemo

Wenn ein kühner Held einem anderen begegnet, dann wird schleunig der Schildriemen zerschnitten, d. h. dann kommt es alsbald zum Kampf. [Nach Golther.]

Vom volkstümlichen, gesprochenen Wort ging Notker aus – die
Weite der klösterlichen Wissenschaftspflege zeichnet sich bei ihm
deutlich ab. Noch hatte die asketische cluniazensische Reform
nicht den Blick von der Wirklichkeit der Welt fort nur auf das
Jenseits gezwungen. Mit ihr begann ein neues, streng kirchliches
und weltfeindliches Schrifttum. Von seiner Askese zeigt sich bereits Notkers Nachfolger W i l l i r a m, seit 1048 Abt von Ebers-
berg, in seiner Übertragung des *Hohen Liedes* berührt. Er nahm
darin eine religiöse Kernfrage auf, das Problem der Vereinigung
der Christenheit mit Gott – in der allegorischen Auslegung des
alten Liebesgesangs, welche die Kirche als Braut, Christus als
Bräutigam versteht. Noch verrät er in einer sehr gepflegten
Sprachform einen wissenschaftlichen Ehrgeiz; eine Neigung,
welche die Sünde und Buße predigenden Cluniazenser bald als
irdische Eitelkeit verfemten. In der gleichen Zeit lebt in St. Em-
meran der Mönch *Otloh*, dessen vermutlich nach 1067 abgefaßtes
Gebet man das „erste persönliche Gebet in deutscher Sprache"
nennen konnte. Und um 1070 wurde in dem jetzt cluniazensischen Kloster Hirsau der *Physiologus* verfaßt, eine theologisch-
allegorische Darstellung der Tierwelt, eine christliche Interpretation des naturhaften Daseins. Die Wirkung dieses Buches reicht,
wie etwa in der Symbolik des Einhorn, des Phönix, des Pelikan
bis in die Gegenwart. In Hirsau setzte seit 1069 auf deutschem
Boden die neue Kirchlichkeit der Cluniazenser Reform ein, die in
die großen politisch-geistigen Kämpfe des endenden 11. Jahrhunderts hineinführte, in eine Epoche verwandelter religiöser
Gesinnungen.

IV

GEISTLICHENDICHTUNG
UND VORHÖFISCHE LITERATUR

Das 11. und 12. Jahrhundert wurde zu einem Zeitalter tiefgreifenden religiösen Ringens, das die Dichtung fast völlig in seinen Bann zwang. Gewiß bedeutet die schriftliche Überlieferung nur einen einseitigen, durch die geistliche Schreib- und Vortragskultur bedingten Ausschnitt. Ungreifbar bleibt, was sich, nur an gelegentlichen Spuren und späterem Wiederauftauchen erkennbar, in mündlicher, volkstümlicher Überlieferung erhielt: es war gewiß nicht wenig – Heldensage, Schwank, Lied und Spruch, dazu die Flut orientalischer Sagen und Mären, die die Kreuzzugsfahrer als reiche und abenteuerlich lockende Ernte heimbrachten. Mit einem tiefen Ernst wurden vor allem die großen Fragen des Glaubens ergriffen, mußten sie doch jetzt aus eigenem Erleben aufgenommen und verarbeitet werden. Die Scholastik bildete sich seit Anselm von Canterbury (1033–1109) im Bemühen, den Glauben auch aus der Schärfe und Sicherheit der erkennenden Vernunft zu erfassen und zu vertiefen, immer universaler und subtiler aus. Alles Irdische wurde als Gleichnis und allegorisch-ausdeutbares Zeichen des Göttlichen verstanden; die Weltgeschichte wurde zum Gang und zur Offenbarung Gottes. Je erhabener und geistiger sich diese innere Schau des Glaubens aufschwang, um so nachdrücklicher und beklemmender wurde jedoch auch der Abstand des Himmlischen von dieser irdisch-geschöpflichen Wirklichkeit. Es vertiefte sich das Gefühl der Schuld, der Sünde; der Mensch stürzte in einen Zwiespalt zwischen dem fernen, fordernden Gottesreich und dieser kreatürlichen Lebenswelt, die als Not, Sünde und Abfall empfunden wurde. So mußte sich alle geistige Energie auf die Sorge um das Seelenheil sammeln. Die Abwendung vom Genuß des Irdischen erschien als die einzige Rettung. Aus dem Kloster Cluny in Südburgund kam über Lothringen die Lehre einer asketischen Weltverneinung nach dem Osten; sie prägte sich unter erbitterten Kämpfen, von den deutschen Königen unterstützt, auch dem deutschen Glaubensleben ein. Die Reform der Kirche und der Laienfrömmigkeit war ihr Ziel. Doch griff diese Bewegung über

den anfänglichen Kampf gegen die Verweltlichung der Kirche
weit hinaus. Das Kloster Hirsau im Schwarzwald wurde der Ausgangspunkt eines strengen Reformwillens; auch das breite Volk
wurde von ihm gepackt. Wanderprediger durchzogen aufrüttelnd
die Lande. Gerade den niederen Schichten wandten sie ihre Seelsorge zu – die Pflichten des Gehorsams, der Armut und Keuschheit, deren Geltung seit langem in den Klöstern und im Weltklerus gelockert worden war, wurden streng eingeschärft. Zugleich begann ein unheilvoller politischer Kampf, forderte doch
die in sich gesammelte und gestärkte Kirche die unbeschränkte
Macht über das Königtum und die politischen Gewalten. Nur
durch die Verachtung der Welt schien der Weg zu Gott und zum
ewigen Heil möglich zu sein. Damit verschwanden die Erinnerung
an die Antike, die Wissenschaft, die Pflege der schönen Form aus
dem Kulturbewußtsein. Ein schroffer Dualismus schied dieses
Leben vom Reiche Gottes. Das düstere Memento mori wurde
zum Gruß des von Bruno von Köln 1084 bei Grenoble gegründeten Karthäuserordens.
Zugleich wurde in solcher Jenseitssehnsucht der Boden für die
Mystik bereitet – besonders in dem jetzt in dem französischen
Kloster Citeaux gegründeten Zisterzienserorden, der den Kult
der Gottesmutter und die Botschaft einer unendlichen göttlichen
Liebe predigte, die den Menschen zum Ewigen führt. „Brich in
uns ein, du süße Liebe, du liebe Liebe, weite das Herz, breite die
Sehnsucht, den Schoß unseres Geistes dehne, mache unserer Seele
Wohnung räumiger, auf daß sie Gott als den bleibenden Gast
in ich aufnehme" (Hugo v. St. Victor). Aus dieser religiösen Inbrunst, deren Prediger Bernhard v. Clairvaux wurde, der glühende
Propagandist der Kreuzzugsidee, entstanden die ersten ritterlichen Morgenlandfahrten zur Befreiung des Heiligen Grabes von
den heidnischen Türken. Es war ein universales, abendländisches
Unternehmen – das höchste Zeichen eines opferwilligen Gottesdienstes, der dem Rittertum die religiöse Weihe gab.
Das religiöse Denken, das um die Wahrheiten des Glaubens ringt,
beherrscht das Schrifttum der Zeit. Bedeutsam steht das Lied des
E z z o *(Diu Urlôse)* aus Bamberg um 1060 am Beginn; es ist ein
aufrüttelnder Chorgesang, der die Offenbarung der göttlichen
Macht und Weisheit im großen Heilswerk der Liebe in einer
meisterhaft ebenmäßigen Gliederung der Strophen besingt. Die
Komposition stammt von dem Priester Wille. Gott erscheint als
das strahlende, rettende Licht über allem Dunkel, über der Sünde
und dem Tod.

> Do irscein uns der sunne   do irscein uns der gotes sun
> uber allez manchunne   mennisclichemo bilde:
> in fine seculorum   den tach braht er uns von dem himelen.
>
> Da erschien uns die Sonne / da erschien uns Gottes Sohn.
> Über alles Menschliche hinaus / in menschlicher Gestalt.
> Am Ende der Zeiten / Den (lichten) Tag brachte er uns
> vom Himmel herab.

Feierlich ernst ist der Ton des Liedes; er erinnert an den strengen und reinen Stil der romanischen Baukunst. Als Führer in unser *erbelant* wird Christus gefeiert.

Um 1085 oder 1105 muß das niederrheinische *Annolied* angesetzt werden, das als eine Preisdichtung dem politisch bedeutenden Erzbischof Anno (gest. 1075) von Köln gewidmet ist. Es diente um die Mitte des 12. Jahrhunderts der „Kaiserchronik" als eine Quelle. Hier entfaltet sich das Idealbild des herrschenden Priesters, des Staatsmannes und Heiligen, hineingestellt in die Einheit von Heilsgeschichte und Weltgeschichte, in die theologische Deutung des Irdisch-Politischen als Herrschaft der Kirche. Die sehr umfangreiche, hier in ihren vielen Zeugnissen nicht mehr vollständig zu umfassende geistliche Dichtung der cluniazensischen Epoche zeigt typische, oft sich wiederholende Formen. Es ging nicht um die persönliche Aussprache eines einzelnen Dichters, sondern mehr um eine gehobene Predigt der überpersönlichen, allgemeinen Glaubenswahrheiten. Es handelt sich um eine Heilsliteratur, die sich der eindringlichen, gehobenen Verssprache rhetorisch bedient. Oft ist die Glaubensenergie des Predigers stärker als der künstlerische Wille. Meist wird ein viertaktiger Vers mit ungleichmäßiger Silbenzahl gebraucht; er steht der liturgischen Sprechweise nahe. Der Umfang der Stoffe und Themen erstreckt sich sehr weit: das Dogma wird verkündet, das Alte und Neue Testament gibt die Themen, daneben treten Legenden, Sündenklagen, Bußreden und Gebete. Von verwickelten theologischen Erörterungen wie in der rheinfränkischen *Summa theologiae* (nach 1050) bis zu schlichten, mehr volkstümlichen Dichtungen reicht die Spannweite. Ein Geistlicher aus Kärnten (1. Hälfte des 12. Jahrhunderts) deutete in dem Gedicht *Von der Hochzeit* allegorisch die mystische Heiligung der Seele durch Gott in dem Gleichnis von der Brautwerbung und der Hochzeit eines reichen Mannes vom Gebirge, der ein edelgeborenes Mädchen im Tal zu sich hinaufhebt. Der gleiche Verfasser ließ vor einer bäuerlichen Hörerschaft in dem Gedicht *Vom Recht* Gott als das höchste Recht erscheinen – es bedeutet die rechte

Erfüllung aller sozialen Pflichten, die Ordnung der Stände und die Ebenbürtigkeit von Herr und Knecht im Gehorsam gegenüber den göttlichen Gesetzen. Früh drängte sich der christlichen Seelsorge das Problem der sozialen Unterschiede der Stände auf.

Die *Rede vom Glauben* des Hartmann (ca. 1150) predigt wortreich Buße und Askese; der niederrheinische Wilde Mann drängt, gegen die *girheit* kämpfend, auf die Abkehr von der Welt. Er fordert Barmherzigkeit als die Gewähr der heilsgewissen Gotteskindschaft. Von der biblischen Geschichte erzählt die *Wiener Genesis* (in Kärnten oder am Rhein ca. 1070 entstanden) mit starker Betonung des Bußgedankens; das gleiche Thema behandelt die spätere sog. *Vorauer Genesis*. Es handelt sich hier um den Beginn der mittelhochdeutschen Bibeldichtung. Eine andere, im Westen entstandene fränkische Dichtung, das *Lob Salomonis* (Anfang des 12. Jahrhunderts), feiert in ihrem Helden symbolisch den allmächtigen Schöpfer und Gesetzgeber aller Dinge: „der kunic bezeichinot den got, der disi werilt hat gibilidot". Vom Wunder des Glaubens berichten die Legenden *Judith* und *Drei Jünglinge im Feuerofen*. Sie sind die Beispiele eines triumphierenden Märtyrertums.

Aus dem Geist der bernardinischen Liebesmystik (vgl. S. 27) heraus schrieb Frau Ava, eine Einsiedlerin (Recluse) nahe dem Kloster Melk um 1127 und die erste deutschsprachige Dichterin, ihr *Leben Jesu*. Das Gedicht wird von einer persönlichen Laienfrömmigkeit bestimmt, die vor allem das Menschliche an den Leiden, den Wunden und dem Tode Christi begreift und sich dem Schmerz der Gottesmutter zuwendet. Die Sendung Christi wird vom Gefühl her nachempfunden – es ist deutlich, wie ein neues mystisches Erleben die Sprache zum Schwingen bringt. Am Schlusse des Gedichtes spricht Frau Ava mit schlichter Mütterlichkeit von ihren eigenen Söhnen.

Den seelischen Grundton dieser Dichtungen drückt am ausgeprägtesten das asketisch-düstere alemannische *Memento mori* (Mitte des 11. Jahrh.) aus. Alles Irdische erscheint darin als ein sündiger Abfall von Gott, als leere Vergänglichkeit. Der Tod ragt, die Gewissen rufend und quälend, als Sieger über die Welt. Nur die brüderliche Liebe und barmherzige *caritas* gegenüber den Armen und Bedrängten verspricht eine Erlösung. Die rhetorische Technik der Bußpredigt hat die in unablässigen Wiederholungen steigernde Sprache des Gedichts bestimmt.

Nû denchent, wîb unde man   war ir sulint werdan.
ir minnont tisa brôdemi   unde wânint iemer hie sîn.

si ne dunchet iu nie sô minnesam   eina churza wîla sund
ir si hân:
ir ne lebint nie sô gerno manegiu zît   ir muozent verwan-
delon disen lîb.

Jetzt gedenkt, Frauen und Männer, wohin ihr kommen sollt.
Ihr liebt diese Vergänglichkeit und glaubt, immer hier zu
sein. Sie erscheint euch so lieblich, aber nur eine kurze Zeit
ist euch bestimmt. Ihr lebt gern recht lange Zeit, dennoch
müßt ihr sterben.

Als ein Meister dieses erregenden, zerknirschenden Predigtstils
erscheint der Geistliche H e i n r i c h   v o n   M e l k (ca. 1160) in
seinem Gedicht *Von dem gemeinen leben und des todes gehügede,*
d. h. Erinnerung an den Tod, und in seinem *Priesterleben.* Er
entstammte vermutlich dem österreichischen Adel. H. v. Melk
steht bereits am Ende der Epoche. Gerade die Heftigkeit seiner
strafenden und Buße fordernden Zeitkritik weist auf eine nahe
Kulturwende hin. Klage und Anklage, Zorn und bittere Ironie
wechseln bildhaft anschaulich ab; sie sind auf konkreten Erfahrungen und Beobachtungen aufgebaut. Er greift alle Stände an –
den Zerfall der Klosterzucht, das Wohlleben des Weltklerus,
die Hoffart der Laienstände, die Laster der geizigen Bauern. Vor
allem richtet er sich gegen die weltfrohe Gesittung des Adels;
eine Edelfrau führt er an die Bahre ihres verfaulenden Ritters,
der einst voll hohen Mutes sang, dichtete und tanzte. Denn über
alle Schönheit und über allen Adel triumphiert der Tod. Er verwandelt irdischen Glanz in Asche und Verwesung. Dem Grauen
der Hölle stellt der Dichter das Licht des Paradieses entgegen.
Diese Bußpredigt steht am Abschluß der Epoche der Weltfeind-
lichkeit, die jetzt von einer neuen weltlichen Ritterkultur abgelöst wurde.

Jedoch neben diesem asketischen Pessimismus entwickelten sich
auch zartere, weichere, mehr dichterisch gestimmte Töne. Die
M a r i e n l y r i k entstand aus einem symbolisch-mystischen
Empfinden. Der Kult der Gottesmutter, der schon seit langem
in der griechisch-orthodoxen Kirche gebräuchlich war, eroberte
in der Liturgie, in der bildenden Kunst und in der Dichtung
einen breiten Raum. Viel floß in ihm zusammen: die germanische
Verehrung der Frau als der Hüterin von magisch-zauberischen
Kräften verband sich mit der Verkörperung der überirdischen
Liebe und Güte. Maria war das Vorbild einer innig-schlichten

Mütterlichkeit und das mystische Inbild einer erhabenen Reinheit. Der ritterliche Frauendienst huldigte ihr, und ihre Jungfräulichkeit wurde das andächtig verehrte Beispiel des leibhaft
vollzogenen Wunders. Das 12. Jahrhundert führte zu einer Hoch-
blüte der Marienverehrung; sie wurde die Schutzheilige der neu
gegründeten Mönchsorden, der Zisterzienser und Prämonstra-
tenser wie später auch des Deutschen Ritterordens. Es entstand
eine sehr umfangreiche lateinische Mariendichtung in der Form
der Sequenzen, darunter das unsterbliche *Salve regina* eines
Mönchs in dem Kloster Reichenau, H e r i m a n n (1013–1054).
In dem deutschsprachigen *Melker Marienlied* um 1130 entfaltet
sich das Bild der Gottesmutter zu verklärter Schönheit. In einer
Fülle symbolisch-mystischer Vergleiche und Umschreibungen
werden das Geheimnis und die Wunder der reinen Jungfrau und
der Gottesgeburt besungen. In die frühhöfische Zeit ragt schon
das gereimte *Marienleben (Driu liet von der maget)* des Augsburger Priesters W e r n h e r (um 1172) hinein – seine Fähigkeit
zur Wiedergabe seelischer Empfindungen, die Neigung zum
Innigen und Vertrauten ist offenbar mit der lyrischen Vergeistigung der Sprache durch den frühen höfischen Sang ermöglicht
worden.

Im Zusammenhang mit den Kreuzzügen und mit einer näheren
Berührung zwischen den sich langsam voneinander scheidenden
abendländischen Nationen hat im 12. Jahrhundert aus einem
ganz andersartigen Lebensgefühl heraus das w e l t l i c h e E p o s
zu seiner Entfaltung in deutscher Sprache gefunden. Heimische
Sagen nahm es auf, orientalische und spätgriechisch-byzanti-
nische Quellen öffneten sich, stoffliche und formale Vorbilder
aus dem französischen Westen drängten herzu. Dort hatte sich
die ritterliche Kultur wesentlich früher in ihrer Eigenart ausgebildet. Lange nahm man neben geistlichen Verfassern erzähl-
freudige, auf eine kräftige, lohnende Wirkung gerichtete Spielleute an; sie sollten sich vor allem der spannenden, ereignisrei-
chen, bunt ausbreitenden Abenteuererzählung gewidmet haben.
Allerdings ist sehr wenig über sie bekannt; vielleicht als Schauspieler, Sänger und Rezitatoren zogen sie zwischen den fürstlichen und ritterlichen Höfen hin und her, wenig geachtet, Fahrende ohne Heimat und Herkunft. Vom akrobatischen Gaukler
bis zu dem literarisch gebildeten Dichter umfangreicher Buch-
epen, der meist die Klosterschule besucht, Schrift und Sprachen
gelernt hatte, war aber der Schritt allzu weit. Die Verfasser dieser
Epen dürften eher im ritterlichen oder Klerikerstande zu suchen

sein. Wohl auch ritterliche Dichter, nicht Fahrende, hielten für
den Adel und die Großbauern des Südostens die Heldensage
lebendig. Die geistige Haltung, der Weltblick und das Ethos der
sogenannten Spielmannsepen weisen auf obere Schichten, auf die
Kreuzfahrer und, wie der *König Rother* (ca. 1160, vermutlich in
Regensburg), auf politische Absichten und Interessen.

War sein Verfasser nun ein Kleriker im Dienst des welfenfreund-
lichen bayrischen Hochadels oder ein Spielmann zwischen Herren-
hof und fahrendem Künstlervolk – dieser Versroman ist eine
sehr neuartige und bedeutende Schöpfung. Möglich ist es, daß er
eine langobardische Sage umgießend aufnahm oder die Geschichte des Normannenkönigs Roger II. von Sizilien umstili-
sierte. Was den Verfasser vor allem lockte, war die Welt des
Orients, der Kreuzfahrer und ihrer Abenteuer. Zweimal wird die
Braut, eine Tochter des Königs von Konstantinopel, entführt;
zweimal geschieht die gefährliche Heerfahrt. Der Ruhm der
Schönheit der „wunniglichen Jungfrau" drang bis zu Rother von
Bari, dem Herrn über die Normannenstadt; doch ihr strenger
Vater läßt alle Werber in den Kerker werfen, auch die Gefolgsleute, die Rother als Brautwerber voraussandte. Unter falschem
Namen, von vielen Recken und einer Schar von Riesen begleitet,
bricht nach Jahresfrist Rother selbst auf. Eine verschwiegene
Dienerin führt ihn in die Kemenate der Schönen, nachdem er ihr
listig einen goldenen und einen silbernen Schuh, nur für einen
Fuß, gesandt hatte. Diese rätselvollen Schuhe selbst anzupassen,
erscheint der Recke im Gemach der Umworbenen; die Liebe
flammt rasch auf, Rother verrät sein Geheimnis. „So stelle ich
denn alle meine Dinge auf Gottes Gnade und die deine. Wohlan,
deine Füße stehen in Rothers Schoß." Vor dem Abschied noch
erbittet Rother die Gunst, seine im Kerker abgezehrt darbenden
Getreuen sehen zu dürfen. Als sie sich zum Mahle versammeln,
nimmt der unerkannte Held seine Harfe und spielt, verborgen
hinter einem Vorhang, ein Lied, das er einst bei ihrem Abschied
sang. Erschütternd ist die jähe Freude der alten Freunde, das
Glück der alle Widerstände besiegenden Treue. Nachdem Rother
den Feind des Königs überwand, entflieht er zu günstiger Stunde
mit der Geliebten, aber nochmals wird sie ihm entrissen, nochmals nimmt er die Not der gefährlichen Heerfahrt auf sich.
Diese Wiederholung entspricht dem Erzählschema der Legendendichtung. Verkleidungen spielen eine große Rolle, Märchen und
fabulöse Geschichte vermischen sich, die hebräisch-byzantinische
Salomosage spielt hinein, ebenso die französische Heldendich-

tung. Heldentum und weltkluge, geschmeidige List verbinden
sich in Rother, der vielleicht in dem langobardischen König
Authari (584–590), vielleicht in Roger II. (1101–1154) seinen
geschichtlichen Ahnen hat. Hier zuerst prägt sich literarisch das
ritterliche Ethos aus: die Ehre, Zucht und *milte*, d. h. die Frei-
gebigkeit des vornehmen Sinns. Maß und Selbstbeherrschung,
Mannentreue und politische Klugheit sind das Ideal des neuen,
eine hohe Ehrgesinnung ausbildenden ritterlichen Standes. Hinzu
tritt die List, die Fähigkeit zum gewandten diplomatischen Spiel,
das mehr erreicht als unbeherrscht draufgängerisches Reckentum.
In Rothers Gefolgsleuten lebt die Treue, heldisches Kriegertum;
aber zugleich sind sie schlaue, welterfahrene Abenteurer. Christliche Kreuzzugsstimmung verbindet sich mit kräftiger, heiterer
Weltfreude, Ernst mit Scherz, Heldisches mit Humor. Die Liebe
ist eine natürliche Gemeinsamkeit der Herzen, nicht höfischer
Dienst. Daß am Schluß Rother zum Mönch, seine so mühsam
errungene Gattin zur Einsiedlerin wird, zeigt jedoch, wie auch
diese erste große weltliche Dichtung unter der Wirkung religiöser
Askese steht. Ein gepflegter Sprachstil bändigt die Lust am Erfinden und Fabulieren, an Prunk und Schmuck, an breiten Beschreibungen und kostbarem Detail. Zum ersten Male findet sich
hier, wohl von französischer vorhöfischer Epik angeregt, das
epische Mittel der breiten Beschreibung des höfischen Lebens,
wertvoller Kleider, Waffen, festlicher Aufzüge.
Auf hohe geistliche und höfische Kreise Bayerns als Leser weist
auch der aus welfischer Parteinahme heraus geschriebene *Herzog
Ernst* (Fassung A. ca. 1170), eine Art von historischem Roman,
der, fromm, heroisch und abenteuerlich zugleich, aus dem Erlebniskreis des Kreuzfahrertums heraus in die phantastisch aus-
geschmückte Welt des östlichen Mittelmeeres, des Kampfes gegen
die Heiden im Heiligen Lande führt. Das Reckentum, die *degen-
heit*, soll gefeiert werden – aber mit dem Blick auf christliches
Rittertum. Das Heldentum Herzog Ernsts, der sein Erbe verteidigt und alle *not* und *arbeit* der Fremde auf sich nimmt, lebt
aus dem Ethos der Mannentreue. Mit dem Verhängnis, schuldlos
aus dem angestammten Lande vertrieben zu sein, verbindet sich
die Kreuzfahrt als großes Abenteuer, das zu sagenhaften Fabel-
völkern führt, zu seltsamen Mißgeburten. Dem Kaiser bringt er
zuletzt den unvergleichlichen „Waisen“, den strahlendsten Edelstein der Kaiserkrone aus dem dunklen Felsen eines unterirdi-
schen Gebirgsstromes mit. „Er ist noch hiute wol bekant, ins
riches krone man in siht, von diu liuget uns daz buoch niht.“

Denn Wahrheit will der Erzähler des Herzog Ernst so wie der
des Rother vortragen. Die Geschichte vom Herzog Ernst erfuhr
im 13. Jahrhundert mehrere deutsche und lateinische Neufassun-
gen und wurde im 15. Jahrhundert zum Stoff eines Prosaromans.

Die Ausbreitung des Gottesstaates verfolgt die *Kaiserchronik*
(bis 1147) in über 17 000 Versen an der Geschichte der Kaiser
von Julius Cäsar bis zur Gegenwart Konrads III.; sie ist eine
umfangreiche Dichtung eines am Regensburger Hofe des welfischen Bayernherzogs Heinrich der Stolze bestallten höheren
Kanzleibeamten. Sagen, Legenden und mancherlei Erzählungen,
die *wistuom* und *ere* lehren, umgeben die Lebensläufe der Herrscher, unter denen Karl der Große als ideales Vorbild hervor-
leuchtet. Die historische Überlieferung und die phantasievolle
Fabel erscheinen als *warheit*, soweit sie Gott und sein Gesetz
sichtbar werden lassen. Am christlichen Ethos, am Ideal des welt-
durchdringenden Gottesreiches als einer mystischen Gemeinschaft
werden die christlichen und heidnischen Kaiser gemessen und
verworfen. Das Sehnsuchtsbild eines christlichen Imperiums
taucht auf, das Kaiser und Papst gemeinsam verwalten.

Neben diese umfänglichen ritterlich-politischen Dichtungen, die
das christliche Ethos mit dem neuen Kulturideal verbinden, treten
die Eindeutschungen französischer Epen. Ein gelehrter mittel-
fränkischer Kleriker, der Pfaffe L a m p r e c h t , übersetzte um
1120 das *Alexanderlied* (sog. Vorauer Alexander) des Alberich
von Besançon. Es ist das erste Beispiel eines Wettkampfes deutscher und französischer Dichtung, den gesteigert das *Rolandlied*
des Pfaffen K o n r a d in Regensburg um 1130 (oder auch 1170?)
fortsetzte. Vom Alexanderlied ist nur ein Bruchstück erhalten;
es ist um 1160 nach höfischem Stil im sogenannten *Straßburger
Alexander* erweitert worden. Wieder entfaltet sich hier hinter
der heldischen Gestalt des maßlosen Eroberers der abenteuerliche
Osten bis zum fernen Indien. Denn bis in das Grenzenlose, an
die Pforte des Paradieses dringt er vor, wo weise Asketen ihn,
an die Vergänglichkeit alles Irdischen gemahnend, aufhalten. Sie
predigen die *maze* als wahre fürstliche Tugend und wandeln
damit den titanischen Herrscher zum Vorbild des gerechten, klugen und milden Königs. Dichterisch die bedeutendere Leistung
ist jedoch das wiederum am Regensburger Welfenhof, fast gleichzeitig mit der Kaiserchronik gedichtete Rolandlied, dessen Selbständigkeit gegenüber seiner Quelle, dem französischen National-
epos, bemerkenswert ist. Das patriotische Pathos des Opfertodes

Rolands tritt jetzt zurück; der Held wird zum christlichen Ritter, zum Märtyrer, der wie ein Kreuzfahrer für Gott im Kampf gegen die Heiden den Tod auf sich nimmt. Der Waffendienst Rolands und seiner treuen Vasallen für Kaiser Karl wird symbolisch zum Kampf für den göttlichen Lehnsherrn; die Schlacht von Ronceval erscheint als ein Ringen zwischen den Mannen Gottes und seinen teuflischen Gegnern. Nicht um Ruhm, Ehre, irdisches Gut und die *douce France* geht es hier, sondern um die Ehre Gottes und der Christenheit, um das Heil der Seele. Freudig und erlösungsgewiß eilt der *miles christianus* dem Tode entgegen, der in seine ewige Heimat führt. Noch fehlt, trotz adliger Leser, dem Epos das ritterliche Hochgefühl der Stauferzeit und ein höfisches Stilbewußtsein; derb, kräftig und kunstlos ist der Ton, einer Predigt näher als dem adligen Weltbild. Aber in seiner Verschmelzung des Heldisch-Kriegerischen und des Christlichen hat das Epos bis auf Wolfram von Eschenbach und im Kreis des Deutschen Ritterordens nachgewirkt.

Neben diesen weitgreifenden Epen tritt trotz einer zeitbedingten Verwandtschaft in Stoff, Stil und Haltung die mehr volkstümliche Legendendichtung zurück. Auch sie bereicherte sich mit bunter Handlungsfülle, hellenistischen Romanmotiven, theologischen Allegorien und wundersamen Fabeleien, die die Phantasie ausgiebig erregten und dem volkstümlichen Wunderglauben reiche Nahrung zuführten. Immer wieder wirbt ein christlicher König unter atemberaubenden Gefahren um die Prinzessin im fernen Osten, geht es um Entführung und weite Fahrt. So die mittelfränkischen, rheinischen Dichtungen von O r e n d e l (ca. 1196, erhaltene Fassung, 14. Jahrhundert) und S t. O s w a l d (Ende des 12. Jahrh.), die an örtliche Heiligen- und Reliquienverehrung anknüpfen. Geistliche Dichter verbanden in ihnen kirchliche Überlieferungen mit volkstümlichen und phantasievollen Zügen; ihre Helden haben aber eine mönchisch-asketische Seele. Eine Buß- und Läuterungsfahrt ist auch die 9 Jahre dauernde Seereise des Hlg. B r a n d a n u s, die nur in einer späten Fassung des 13./14. Jahrhunderts erhalten ist. Gottes Wunderwelt wird hier seltsam genug ausgebreitet, und immer erneut muß der irische Mönch mit teuflischen Dämonen unheimliche Abenteuer bestehen. An die jüdisch-byzantinische Salomo-Sage schließt sich das ca. 1190 in Strophen abgefaßte, in Stoff, Geist und Sprache volkstümliche Gedicht von *Salman und Morolf* an (nur eine spätere Fassung um 1300 ist überliefert). Hier triumphiert die possenhafte Komik der nie besiegten Pfiffigkeit des

bäurischen Morolf, und komödienhafte Verkleidungen wechseln
in langer Reihe. Der Schritt zum Volksschwank mit seinem Lieblingsmotiv, dem Triumph des listigen Mutterwitzes des kleinen
Mannes, ist nur noch gering – die volkstümliche Sc wankerzäh-
lung, die bisher meist mündlich verbreitet wurde, wird im späteren 13. Jahrhundert auch von der literarischen Überlieferung aufgenommen.

Im 12. Jahrhundert entstand schließlich das lateinische liturgische Drama im Rahmen des Gottesdienstes: so Osterspiele in
mehreren Szenen, Antichristspiele wie der *Ludus de Antichristo*
(ca. 1160) aus Tegernsee in einem feierlich-rhythmischen Wie-
derholungsstil. Überraschend sind in ihm die politischen Anspielungen; Weltliches und Geistliches bilden eine Einheit, gesehen aus der Perspektive des Imperiums, der staufischen Idee
des kaiserlich-christlichen Weltreiches. In diesem Spiel, das wohl
dem bayrisch-welfischen Raum wie die „Kaiserchronik" und das
„Rolandlied" entstammt, kündigt sich das neue Zeitalter der
staufischen Dichtung an, die eine ritterliche Dichtung ist, welche
jetzt im Rang der Leistung die geistliche Dichtung ablöst.

V

DAS HÖFISCHE EPOS
DES STAUFISCHEN ZEITALTERS

Seit der Mitte des 11. Jahrhunderts herrschten die religiöse Dichtung, damit der geistliche Verfasser und das geistliche Thema; sie dienten der Verbreitung und Vertiefung des Glaubens. Um 1150 setzte eine bedeutende Wandlung ein – ein anderer Stand übernahm die Pflege der Dichtung. Das Rittertum war zu einer so selbstbewußten Kulturgesinnung erstarkt, daß es jetzt auch literarisch seine eigene Ausdrucksformen ausbildete. Es setzte die Epoche ein, die in der Entfaltung individueller schöpferischer Kräfte, in sorgsamer Pflege einer idealen Kulturgesinnung, mit reicher Aufnahme und Verarbeitung französischer Einflüsse eine überzeitlich große Dichtung gestaltete. Sie entwickelte ein hohes, adliges Menschenbild und erreichte eine äußerste Verfeinerung von Stil und Sprache. Wiederum hing dieser Aufschwung eng mit der politischen Situation des Reiches zusammen; im Dienst der staufischen Kaiser gewann das Rittertum seine Kraft, seinen Glanz, seine gesellschaftliche Gesittung und christlich-humane Sittlichkeit. Mit dem Ende der kaiserlichen Macht war seine Blütezeit vorbei. Im Gegensatz zu der religiösen Askese entwickelte sich in dem Rittertum des staufischen Zeitalters eine freiere Weltfreude, eine heitere und festliche Lebensbejahung, der Sinn für Schönheit und feine Sitte. Man liebte die gepflegte Geselligkeit und freute sich am Spiel der Phantasie; die Liebe wurde mit heiterer Anmut zu einer ästhetisch-gesellschaftlichen Kunst. Wie ein Wunder hat sich dieses Lebensgefühl entfaltet, bis der Tod Kaiser Friedrichs II. seine Voraussetzungen vernichtete, die Höfe veröden ließ und dieser letzthin doch literarisch-künstlichen Ritterwelt die Existenzmöglichkeit nahm. Seit der Mitte des 13. Jahrhunderts läßt sich eine andere, bedrängtere Lebensstimmung beobachten.

Drei Generationen können deutlich voneinander geschieden werden: Von 1160 bis 1180 wurden die Grundlagen dieser ritterlichen Kultur erarbeitet, von 1190 bis 1220 reichte die Zeit ihrer reifen Vollendung, von 1220 bis 1250 dauerte eine noch kulturbewußte, aber schon die Spuren einer inneren Auflösung verratende Nachfolge der klassischen Meister. Als die frühhöfische,

hochhöfische und späthöfische Zeit hat man diese Generationen-
folge bezeichnet, die trotz zeitlich nicht genau bemerkbarer Übergänge einen in sich gesetzhaft abgeschlossenen Ablauf zeigt.
In der Mitte der ritterlich-höfischen Dichtung steht das E p o s.
Es war eine Buchdichtung, die der Hofgesellschaft vorgelesen
wurde; durchweg in fließenden, beweglichen Reimpaaren, wie
sie der nordfranzösische Versroman als Vorbild anbot. Die alte
freie Silbenbetonung, wie sie vom Stabreimvers her noch dem
altdeutschen Reimvers geläufig geblieben war, wurde nun durch
das Prinzip der silbenzählenden Alternation abgelöst, das zwischen der Länge und der Kürze der Silben unterscheidet. Hebungen und Senkungen wechseln regelmäßig ab. Auch viele französische Worte drangen in die ritterliche Dichtung ein, die eine
eigene, sprachlich gereinigte und im Ausdruck veredelte Literatursprache ausbildete. An die Stelle der bisher gebräuchlichen
freien Reime tritt eine genaue dialektfreie Reimbindung. Das
höfische Epos will überall verstanden werden. Der Vers der
mittelhochdeutschen Blütezeit zeigt durchweg vier Hebungen mit
einsilbigen Senkungen und einen reinen, von der Mundart ge-
säuberten Reim. Nur der dichterisch urwüchsigere Wolfram
v. Eschenbach wagt, wie ein Beispiel zeigen möge, eine freiere
Versfüllung.

> Swenne aber er den vogel erschôz,
> des schal von sange ê was sô grôz,
> sô weinder unde roufte sich:
> an sîn hâr kêrt er gerich,
> sin lîp was clâr unde fier:
> ûf dem plân ame rivier
> twuog er sich alle morgen. [Parzival]

Wenn aber je er den Vogel erschoß / Der vorher so
schallend gesungen hatte / Da weinte er und schlug er
sich. / Er zerzauste sein Haar. / Sein Leib war rein und
stolz. / Auf der Wiese an dem Flusse / Wusch er sich an
jedem Morgen.

Heinrich von Veldeke ging in dieser neuen Sprach- und Verskunst
bahnbrechend voran. „Von Veldeke der wîse man, der rehte
rîme alrêste begân", wie Rudolf von Ems später dichtete. Im
engen Anschluß an die französische höfische Heldendichtung,
die auf keltischen und germanischen Grundlagen beruhte und
die der deutschen Entwicklung um etwa ein halbes Jahrhundert
voraus war, fand das deutsche ritterliche Epos seine Stoffe und
seinen Stil. Der Einflußstrom lief von Nordfrankreich über das

niederfränkische Gebiet rheinaufwärts. Eine Art Weltliteratur entstand – zwischen den Völkern und Literaturen vermittelte eine gemeinsame höfische Weltanschauung und ständische Gesittung. Hartmann von Aue, Wolfram von Eschenbach, Gottfried von Straßburg schulten sich an französischen Mustern; sie übersetzten sie sogar teils fast wörtlich, verwandelten aber andererseits auch den fremden Stoff und Stil auf ihre eigene Weise. Bei diesem Umarbeitungsprozeß schälten sich als besonders deutsche Züge heraus: eine seelische Vertiefung, ein größerer Ernst, die Betonung ideeller Motive, das Hervortreten des Lehrhaften, eine freiere Subjektivität und eine persönlichere Stimmlage, endlich das mühsamere Ringen um eine elegante und flüssige Form. Die gleichen religiös-sittlichen Fragen werden hier wie dort aufgenommen, aber der Deutsche nimmt sie ernster, innerlicher und verpflichtender; er betont das Willenhafte, die Notwendigkeit von Zucht und Maß. Ihm sind die Ritterlichkeit und der Glaube unbedingte Werte. Darin zeigt sich unbewußt eine besondere nationale Stimmung.

Die höfischen Epen wollten Vorbilder ritterlichen Daseins geben, nicht aber eine gelebte Wirklichkeit schildern. Sie erhöhen und verklären die Menschen und das Geschehen; sie lassen sie zu einem Beispiel mit verpflichtendem Anspruch werden. Erzieherisch wollen sie von ihm aus auf die Wirklichkeit einwirken.

Sie schildern eine dichterische Wunschwelt, in der Not und Alltäglichkeit verschwiegen werden und Reichtum und Glanz alles überfärben und verfeinern. Ein stofflicher Realismus wäre unhöfisch und ein Verstoß gegen den erlesenen Geschmack. Es wäre irrig, aus diesen Epen Aufschlüsse über die geschichtliche Wirklichkeit des ritterlichen Lebens entnehmen zu wollen. Sie spiegeln überhöht und vielfach sagenhaft eine streng aristokratische Welt – nur von ritterlichen Zielen, Gedanken, Gefühlen und Grundsätzen wird in diesen Epen gehandelt. Sie lassen keine andere soziale Wirklichkeit neben ihnen sichtbar werden; das Bäuerliche, Ungeformte und Zuchtlose erscheint in ihnen als Frevel und moralisch böse. Diese Dichtungen stellten große Ansprüche an ihre Hörer, aber ihr Umfang und ihre Verbreitung beweisen, wie sie dem Verlangen der ritterlichen Gesellschaft entsprachen.

Das höfische Reimpaarepos hatte sich im nördlichen Frankreich ausgebildet. Es brachte neben altertümlichen Heldenthemen und religiösen Motiven Liebesgeschichten in den verschiedensten Variationen. Als der erste nahm der seit etwa 1160 literarisch

tätige Heinrich von Veldeke die Form des Reimpaarepos auf. Er leitete den frühhöfischen Roman ein. Seine
belgisch-limburgische Heimat legte diese Vermittlertätigkeit
nahe. Es ist umstritten, wieweit man ihn als einen Niederländer bezeichnen kann. Doch ist es wahrscheinlich, daß es vor
ihm eine niederländische vorhöfische Dichtung gab, die er kannte.
Seine erste epische Leistung, in limburgisch-niederrheinischer
Sprachform, die Legende des lokalen Heiligen *Servatius*, war,
jedenfalls vor 1170 entstanden, dem Patron seiner Heimatstadt
Maastricht gewidmet. Ihr hat sich eine um 1190 in Bayern verfaßte epische Servatius-Legende angeschlossen. Um 1165 übertrug er in seiner *Eneid* einen anglo-normannischen *Roman d'Eneas*
– stofflich getreu, aber beweglich in der Form. „Er impfete daz
êrste rîs in tiutscher zungen." 1183/1190 beendigte er in Thüringen das umfängliche und erfolgreiche Unternehmen; nach dem
glanzvollen Mainzer Hoftag des Kaisers Friedrich Barbarossa.
In diesem Epos war alles gesammelt, was der ritterlichen Gesinnung entsprach: es bot einen Liebesroman aus der verwandten
Epoche des römischen Rittertums, dem man unbefangen die
eigenen Gebräuche und Kleider gab. Heroische Abenteuer und
kriegerische Taten wechseln mit breiten Schilderungen von
Kämpfen und prachtvollen Festen. Auch eine Art Psychologie
der Liebe wurde versucht. Dazu kam als eine folgenreiche Neuerung eine dialektfreie, allen Stämmen verständliche rheinische
Literatursprache. Mit Bedacht vermied Veldeke die bisher üblichen mundartlichen Ausdrücke und Reime. Indem er die Sätze
über das Reimpaar hinausgreifen ließ (sogenannte Reimbrechung),
gab er die Fähigkeit zu einer breit und schnell fließenden sprachlichen Bewegung.
Die Stoffe der antiken Heldensage übten zunächst auf die ritterliche Dichtung die größte Anziehungskraft aus – die Ritter dieser
Zeit fühlten sich als die direkten Nachkommen der griechisch-
römischen Kriegshelden und fanden in ihnen die Beispiele einer
gehobenen Bildung. Herbort von Fritzlar übertrug, H.
v. Veldeke folgend, zwischen 1210 und 1217 den *Trojanischen
Krieg* (Estoire de Troie) des Benoit de Sainte More für den
thüringischen Landgrafen Hermann. Es handelte sich um die Vorgeschichte der „Eneide". Um des Fremdartigen und Wunderbaren willen übersetzte 1210 der gelehrte Chorherr Albrecht
von Halberstadt die *Metamorphosen* Ovids (erhalten nur
in Jörg Wickrams Bearbeitung 1544). Mit der „Eneide" war der
höfische Geschichts- und Liebesroman in deutscher Sprache be

gründet – eine beträchtliche Reihe von ähnlichen Romanen ist, teilweise nur bruchstückhaft, erhalten: z. B. die Erzählung von der kindlichen, bis zum Tode getreuen Liebe der *Floris und Blancheflur* (ca. 1170), der hessische *Graf Rudolf* (ca. 1170), der noch altertümlich Liebe, Abenteuer und Kreuzzug verbindet, der ebenfalls hessische *Eraclius* (ca. 1203) des „gelerten" M e i s t e r O t t e – es ist eine legendäre, antik-byzantinische Sage nach einer französischen Quelle. In einer gereinigten mitteldeutschen Literatursprache schrieb schließlich ca. 1170 E i l h a r t v o n O b e r g, vielleicht ein Ministeriale am braunschweigischen Hof Heinrich des Löwen, vielleicht aber ein Rheinländer, den Roman *Tristrant und Isalde* (als Prosaroman 1484) nach einer französischen Quelle. Er nahm damit einen Stoff auf, der erst in der Folgezeit auf Grund einer späteren, höfisch bearbeiteten Quelle in Gottfried von Straßburg seinen klassischen Meister finden sollte.

Denn auf Hartmann von Aue, Wolfram von Eschenbach und Gottfried von Straßburg läßt sich der Begriff des Klassischen anwenden, wenn er eine Vereinigung von Idee und Gestalt, Gehalt und Form, ein menschlich Vorbildhaftes und die reine Gestaltung einer in sich geschlossenen, geistig durchformten Kultur bedeutet. H a r t m a n n, ein Ministeriale im Dienst der schwäbischen Herrn v o n O u w e, faßte das bisher Geleistete zusammen, um nun, noch mehr ein Übersetzer als ein ursprünglicher Gestalter, in gedämpfter Heiterkeit und Klarheit das Vorbild einer geadelten, anmutigen und durchgeistigten Sprache zu schaffen. Wenig ist über ihn bekannt. Er wurde wohl um 1160 in Eglisau geboren, er besuchte eine Klosterschule (Reichenau?) und starb um 1220, nachdem er an einer Kreuzfahrt (1189 oder 1197) teilgenommen hatte. „Ein ritter so geleret was, daz er an den buochen las swaz er dar an geschriben vant" – so stellt er sich selbstbewußt vor. Die geläuterte Form war jetzt das große Erlebnis; sie bedeutete den Aufstieg zu einer geistig-künstlerischen Kultur. Die Abfolge seiner Werke läßt erkennen, wie er sich erzog – immer müheloser und schmiegsamer wird die Sprache, immer reiner der Reim. Immer mehr ist er auf eine seelische Verinnerlichung, auf Zucht und Klarheit bedacht. Chrétien von Troyes, der aus keltischen Mythen- und Märchenstoffen die ersten Problemromane der Weltliteratur schuf, gruppiert um König Artus und seine sagenhafte Tafelrunde, gab ihm die Quellen. Um 1190 begann Hartmann seinen „Erec" – es folgten nach einer religiösen Erschütterung durch den Tod

seines Dienstherrn zwei höfisch-geistliche Legenden: „Gregorius"
und „Der arme Heinrich". Danach griff er erneut zu Chrétien,
den „Yvain" übertragend. Einige Lieder entstammen wohl seiner
Jugendzeit. Die Spannung von Genuß und Ehre, Ehe und
Ritterlichkeit gibt dem *Erec* das Grundmotiv. Der edle Artus-
Ritter, mit Enite vermählt, verliegt sich zum Gespött der anderen
Ritter in den Armen der Schönen und im Frieden seiner Burg.
Als selbst Enite den mangelnden Tatendrang des Gatten beklagt,
bricht er jäh auf – doch sie muß, mit der Pflicht zum Schweigen
als Treueprobe, Erec begleiten. Viele Abenteuer werden heldenhaft bestanden; Enite erweist sich in höchster Gattenliebe als
selbstlos und treu, bis endlich sich das entzweite Paar versöhnt –
die Liebe eint sich mit bewährter Ritterlichkeit. Auf die adligen
Gestalten sammelt sich des Dichters ganzes Interesse; neben breite
Beschreibungen prunkender Aufzüge, Kleider und Waffen tritt
das Bemühen, sie aus ihrer Innerlichkeit zu deuten: durch Monologe und Dialoge, durch ein verfeinertes psychologisches Sehen,
durch die Schilderung gemischter Empfindungen und durch eine
genaue Charakterbeschreibung. Oft reflektieren sie über sich
selbst. Alles aber ist in das überpersönlich Ideale gehoben. So
wird Hartmanns *Gregorius* (nach französischer Quelle) nach
schwerster, ihm unbewußter Verschuldung durch Blutschande zu
dem strengsten Asketen und Büßer, bis ihn endlich die göttliche
Gnade zum frömmsten Papst erhebt. Immer aber strahlt von ihm
ein angeborener, sieghaft bezwingender Adel aus; er wird spürbar schon an dem ausgesetzten, wunderbar geretteten Säugling,
an dem Klosterschüler, an dem triumphierenden Kriegshelden
und König – er gibt auch seiner Askese, als er sich an einen Felsen schmieden läßt, den heroischen Zug. Die Tragödie der Erb-
sünde wird bis in das Gräßliche gesteigert, aber neben der christlichen Schuld- und Bußgesinnung lebt das Adelsbewußtsein des
ritterlichen Dichters.
Heimatlicher, vertrauter, inniger und zeitnäher erscheint Hartmanns Dichtertum in der lyrisch gestimmten Legende vom
Armen Heinrich (nach der Kreuzfahrt von 1189?). Die Legende
bildet Hartmann zur neuen Form der Novelle. Er wollte in ihr,
im Gedächtnis an den Tod seines Dienstherrn, vor der unbedenk-
lichen Hingabe an die Weltlust warnen – einen unbekümmert
genießenden Ritter überfällt eine schwere Erkrankung, von der
ihn nur die reine, zum letzten Opfer bereite Hingabe eines
schlichten bäuerlichen Mädchens rettet. Ihre Liebe führt ihn zu
innerer Umkehr, zu Wandlung und Reue, denn in dieser erbar-

menden Liebe wird gleichsam Christus selbst gegenwärtig. In
der Todesbereitschaft des Mädchens leben zarter Eros und
gläubige Jenseitshoffnung, Treue zu dem adligen Herrn und
sanfte Schwärmerei. In der Art, wie das Mädchen gerettet und
der Ritter geheilt wird und beide vereint in glücklicher Harmonie trotz aller Standesunterschiede ein neues Leben beginnen,
liegt die Durchdringung des irdisch-weltlichen Daseins mit dem
frommen Ethos eines menschlich-gefühlhaft erlebten Christentums.

Bezeichnend sind die Veränderungen des *Iwein* (ca. 1200) gegenüber der Quelle bei Chrétien. Der Novelle folgt jetzt erneut die
große epische Form, „das strahlendste Werk der höfischen Klassik", das ebenbürtig neben den Parzival und den Tristan tritt.
Ein Märchen ist dieses Epos, aber gefüllt mit tiefem Gehalt: die
ritterliche Ehre findet ihre Erfüllung in der Treue, die eine
Bereitschaft zum Gehorsam, zur Demut in sich schließt. Der
Franzose läßt die eben verwitwete Schloßherrin dem Mörder
ihres Gatten rasch die Hand reichen. Daraus spricht eine skeptisch lächelnde Einsicht in die moralische Unzuverlässigkeit der
Frauenherzen. Diese ironische Unbekümmertheit lag dem ernsthaften deutschen Ritter nicht. Hartmann läßt Iwein und Laudine
langsam zueinander finden; sie verfallen endlich gleichsam wehrlos der Macht eines unwiderstehlichen Zaubers. Er scheut vor
dem frivolen Spiel zurück und läßt von innen her ihre Liebe
aufwachsen. Allerdings zieht der ungetreue Ritter bald zu neuen
Kämpfen und Abenteuern aus; er verscherzt damit die Gunst
seiner Gattin. Aber als er reuig zurückkehrt, gewinnt er nach
langem Bemühen auch ihr Herz zurück. Jedoch nur, nachdem
sich Iwein als ein christlicher Ritter, als der Schützer der Armen
und Unterdrückten bewährt und sich damit der wahren Ritterschaft würdig erwiesen hat, findet er wieder Laudinens Liebe.
Denn die Gattenliebe wird von Hartmann als etwas Heiliges,
tief Innerliches betrachtet. So gestaltete er die französische Liebes-
und Abenteuergeschichte zu einem ernsthaften psychologischen
Eheroman. Der „Iwein" bedeutet den höchsten Reifepunkt der
von Hartmann erstrebten ästhetischen Zucht der Form. Über
Veldeke hinaus schuf er eine gebildete, geistig geadelte Literatursprache. Sein Stil wurde das klassische Vorbild der mittelalterlichen höfischen Dichtung. Welchen Abstand zeigt dagegen der
Lanzelot (ca. 1195) seines auch landschaftlich ihm nahen geistlichen Zeitgenossen Ulrich von Zatzikhofen (aus dem
Thurgau) in seiner schlichten, derben Stilführung! Erst im Blick

auf ihn wird die Bedeutung dieser sprachlichen Formkultur bewußt.

Trotz des von Hartmann gegebenen großen Vorbildes lebt in
den Dichtungen von Wolfram von Eschenbach ein anderer Geist. Er ist der ursprünglichste, nachdenklichste und ideen-
reichste Dichter des staufischen Zeitalters – ein kühner, großer
Charakter. Sein Werk zeugt von einer geistigen Weite, urwüchsigen Laune, einer hohen Ritterlichkeit, von leidenschaftlicher
Beseelung und Kraft des Glaubens. Wenig ist vom Leben dieses
fränkischen Ministerialen bekannt. Er wurde um 1170 geboren;
der Name seines ritterlichen Geschlechts weist auf das Städtchen
Eschenbach, südöstlich von Ansbach. Er hatte Beziehungen zu
den Grafen von Wertheim, zu dem Landgrafen Hermann von
Thüringen und schrieb auf der Burg Wildenberg (Munsalvaesche)
bei Amorbach (Odenwald) Teile des *Parzival*, darunter die Grals-
szene. Das 6. und 7. Buch des „Parzival" hat er nach 1203 in
Thüringen verfaßt. Um 1201 wird er sich mit Walther, vielleicht
auch mit Morungen auf der Wartburg getroffen haben. Er selbst
erzählt von einer glücklichen Ehe, aber auch von seiner Armut.
Sein Grab in der Frauenkirche in Eschenbach, das von dem Deutschen Orden gehütet wurde, war noch im 17. Jahrhundert zu
sehen.

Wolfram betrachtete sein Werk nicht, wie Hartmann, als ein
Zeichen der Gelehrsamkeit, sondern als ein zur Ritterschaft ge-
hörendes Tun. Er wollte aus der Erfahrung der gelebten Wirklichkeit sprechen. „Disiu aventiure vert ane der buoche stiure."
Gottfried von Straßburg warf ihm als Willkür vor (vindaere
wilder maere), was aus dem eigenwilligen Selbstbewußtsein eines
schöpferischen Geistes entsprang. Weit tiefer als Hartmann durchdachte Wolfram die religiöse Grundfrage nach der Möglichkeit
einer sittlich-seelischen Harmonie zwischen Mensch und Gott;
seine Leistung war es, mit dem Artusroman die Idee eines ethischen und religiösen Wachstums des ritterlichen Menschen verschmolzen zu haben. Als Wolfram an die Übertragung des
Perceval von Chrétien von Troyes in den Jahren 1200 bis etwa
1220 ging, schuf er damit den ersten von innen heraus erfaßten
Entwicklungsroman der Weltliteratur. Sein ritterlicher, ethischer
und religiöser Gehalt kann in seiner Tiefe und Vielschichtigkeit
hier auch nicht einmal in Andeutungen geschildert werden; ebensowenig die eigenartige Kunst des Gefüges. Es ging Wolfram in
der Aventiure um den Ernst der Erkenntnis, um Wahrheit. Er
gab dem Werk des Franzosen eine neue „metaphysische" Atmo-

sphäre; er erweiterte es, wie man gesagt hat, „zum Bild des
metaphysischen Kosmos". Wolfram erfand allein den Beginn
und das Ende des Epos – die Geschichte von Parzivals Vater
und die Erhebung zum Gralskönigtum. Er gestaltete Chrétiens
Roman zum ritterlichen Epos vom verlorenen, reuigen und begnadeten Menschentum, in dem sich eine religiöse Erfahrung
überzeitlich symbolhaft vollzieht. Vom Parzival führt ein innerer Weg bis zu Goethes „Faust" – hier wie dort wird eine tragische und beseligende Grunderfahrung des deutschen Menschentums gestaltet. Der als Knabe einsam und von der Mutter
ängstlich gehütet aufgewachsene Parzival drängt glühend nach
dem Rittertum. Er bricht auf, er erfährt ritterliche Bildung und
Lehre, er versagt aber an dem Höchsten: als er angesichts der
Leiden des Gralkönigs Anfortas auf der Gralsburg die erlösende
Heilsfrage versäumt. Noch haftet er, nicht gereift, am äußeren
Bilde, unbewußt des ritterlich-höfischen Mysteriums des Gral,
in dem Gott gegenwärtig wird. Der Gral ist das Heiligtum einer
christlich-ritterlichen Brüder- und Kultgemeinschaft der Edelsten
und Vornehmsten, ein Zeichen höchster irdischer Würde und
göttlicher Gnade. Furchtbar trifft den gefeierten Artus-Ritter
der Fluch, das Heiligste verscherzt zu haben; er glaubt sich von
Gott selbst verstoßen, und verzweifelt sagt er sich von ihm los.
„Hat er haz, den wil ich tragen." Mit dem höfischen Ideal, das
ihm bisher das innere Maß war, zerbricht auch Parzivals religiöses Weltbild. Nichts bleibt ihm als die Liebe zu der fernen
Gattin Kondwiramur; und unwiderstehlich ruft in ihm die Sehnsucht nach dem verlorenen Gral. „Ich sen mich nach ir kiuschen
zuht, nach ir minne ich trure vil, und mer noch nach dem hohen
zil, wie ich Munsalvaesche mege gesehn, und den gral."
Lange irrt er als freudloser Einzelritter auf der Wanderschaft,
getrennt von der festlichen Gemeinschaft der Artus-Ritter, bis
er am Karfreitag in der Klause des Einsiedlers Trevrizent, des
Bruders des Anfortas, als ein durch Leid und Demut Heran-
gereifter die Botschaft von Gottes erbarmender Liebe empfängt,
zugleich den Sinn seiner Schuld und das Geheimnis des Grals
erfährt. Nicht blinde Unterwerfung ist der Sinn des Leidens,
sondern die einsichtige Fügung in das von Gott auferlegte Schicksal. Parzival ist jetzt über das ritterlich-weltliche Artus-Rittertum
hinausgewachsen, obwohl er nochmals in den alten Kreis zurück-
findet. Mit der beglückenden Botschaft, aus Gottes Huld zum
Gralskönig bestimmt zu sein, beginnt die Stunde seiner Erlösung; von dem Einsiedler Trevrizent gesegnet, stellt Parzival

endlich die erlösende Mitleidsfrage nach den Leiden des Gralkönigs. Neu mit Kondwiramur vereinigt, wird Parzival zum
Nachfolger des Königs, zum Herrn des Grals, der alle irdische
Freude mit der Ruhe der Seele vereinigt. Die Gnade Gottes hat
den Helden zu seinem Ziel geführt, weil sein ihm angeborener
sittlich-adliger Wille in aller Not des Schicksals die *staete* bewahrte, die Treue zu seinem höheren Streben. Was auch immer
ihm geschah – die Umwege und Leiden wurden zu dem inneren
Weg Parzivals zu Gott. Denn sein Werden, sein Irren und sein
Suchen, sein Verzweifeln und seine Läuterung, die ihn durch
alle Schichten des Höfischen, des Ritterlichen und des Menschlichen hindurchführten, sind ein Wachsen zu Gott hin gewesen.
Man darf in seinem Lebensgang eine Analogie zu der Heilsgeschichte der Menschheit sehen. Der dumpf ahnende und ver-
langende Knabe, der noch ganz Natur ist, wird in die Welt der
höfischen Gesetze eingeführt; aber seine höhere Berufung leitet
ihn durch die Prüfungen des Irrtums und des Leidens zu einer
erhabeneren Form der Freiheit, in der er seiner Gotteskindschaft
voll bewußt wird. Dies ist von Wolfram nicht gedanklich ausgesprochen, aber als ein tiefer und metaphysischer Sinn in die
bunte und verwickelte Handlung der höfisch-ritterlichen Abenteuergeschichte eingelegt. Der „Parzival" ist weit mehr als ein
Ritterroman – er ist ein philosophisch-religiöser Erziehungsroman aus einem Erlebnis der ritterlichen Berufung vor der
Welt und vor Gott. Und er ist dennoch ein Buch der Abenteuer
und der glanzvollen höfischen Welt geblieben. Es war Wolframs
Ziel, die Verwirklichung eines christlichen Rittertums tief ernst
zu nehmen; er wollte die ritterliche Tat und die christliche
Leidensbereitschaft so verbinden, daß Welt und Gott zum vollen
Einklang gelangen – „des libes vroude und der sele ruowe" –.
Der Gral wurde das mystische Symbol dieser Harmonie von
Gott und Mensch. Es ging ihm nicht um eine asketische Ent-
wertung des irdischen Daseins; sehr reich, farbig und bewegt
ist die Handlung des Epos, und die Gestalten drängen sich in
fast verwirrender Fülle. Humoristisch, selbst mit leichter Ironie
stellte er neben Parzivals Schicksalslauf die Gawan-Handlung.
Sie zeigt den erdenfrohen, glanzvollen, unternehmungslustig
schweifenden Artus-Ritter, der sich in spielerischer Minne und
kühnen Abenteuern auslebt. Gawan verkörpert als Ergänzung
und als Gegensatz das Höfische schlechthin, Parzival aber ragt
über es hinaus seit seiner ersten Kindheitsfrage:

der knappe sprach zer muoter sân
ôwê muoter, waz is got?
sun, ich sage dirz âne spot.
er ist noch liehter denne der tac,
der antlitzes sich bewac
nâch menschen antlitze.
sun, merke eine witze
und flêhe in umbe dîne not:
sîn triwe der werlde ie helfe bôt.

Der Knabe sprach zur Mutter / Ach, Mutter, was ist Gott? /
Sohn, ich sage es dir ohne Spott. / Er ist noch lichter als
der Tag / Der ein Antlitz annahm / So wie des Menschen
Antlitz. / Sohn, merke dir eine Weisheit. / Flehe ihn an in
aller deiner Not. / Seine Treue stets der Welt Hilfe bot.

Bis zu der Einsiedlerszene folgte Wolfram wesentlich, ähnlich
wie es Hartmann getan hatte, seiner französischen Quelle. Danach beginnen bedeutsame Abweichungen: vor allem in der Er-
klärung des Grals, bei der er sich auf einen sagenhaften Meister
Kyot berief. Vermutlich hat er diesen Gewährsmann erfunden,
um seiner Deutung eine geschichtliche Autorität zu geben. In den
Gralsrittern dachte er offenbar an den 1119 gestifteten Orden
der Tempelherren *(tempelaere)*. Wolframs Erfindung waren der
Priesterkönig Johannes in Indien, der Sohn des schwarz-weißen
Feirefiz, des Halbbruders Parzivals, und der Schwanenritter
Loherangrin, Parzivals Sohn, den die französische Sage nur in
anderen Zusammenhängen kennt.
Das Schicksal einer der vielen in den „Parzival" verwobenen
Gestalten gab dem Dichter den Anlaß zu einem zweiten Werk,
das in den sogenannten *Titurel-Fragmenten* ein Bruchstück geblieben ist. Sigune steht in dessen Mittelpunkt als eine jungfräuliche Witwe und fromme Einsiedlerin, die dem Verlobten,
der im Minnedienst für sie das Leben verlor, in einer mystischen
Ehegemeinschaft die Treue hält. Sie erwartet sehnsüchtig den
beide für immer vereinenden Tod. Für die gefühlhafte Innigkeit
einer zart erblühenden Jugendliebe schuf sich Wolfram ein
eigenes lyrisch-episches Strophenmaß. Er lehnte sich dabei an die
strophische Heldendichtung an. Vor oder neben der Dichtung
von der Liebe der Sigune und des Schionatulander schrieb er
als zweites großes Werk den *Willehalm* (ca. 1217–1220). Wieder
gab eine französische Dichtung, die vorhöfisch-heldische Legende
von der „Bataille d'Aliscans" (Ende des 12. Jahrh.), den Stoff.
Sie erzählte von Guillaume d'Orange, der 793 bei Narbonne die

aus Spanien einbrechenden Mauren zurückgewiesen hatte. Die
französische Sage feierte ihn als den Besieger der Heiden. Wolfram dichtete das in seinem Stil derb und oft komisch gehaltene
französische Gedicht im Auftrag seines Gönners, des thüringischen Landgrafen Hermann, um. Er verwandelte die Strophen
des Chanson de gestes in die höfischen Reimpaare
Er ging auch hier sehr frei mit seiner Quelle um, und wieder
gab er ihr einen allgemeinen ethisch-religiösen Gehalt. Der
Markgraf Willehalm von Oransche wird zum Vorbilde des
christlichen Ritters, und sein Verhältnis zu seiner Gattin Gyburg,
einer getauften Sarazenin, erscheint als ein leuchtendes Beispiel
der ehelichen Liebe und Treue. Zwei blutige Schlachten toben
zwischen den Christen und den Heiden, die die Entflohene zu-
rückerobern wollen. Aber Willehalms Kämpfe und Leiden gelten
nicht nur seiner Frau, sondern dem Gottesreich auf Erden. Er
ist fast ein Heiliger, aber ganz aus dem Menschlichen heraus wird
sein Leiden verstanden: als Schmerz um die im Heidenkampf
gefallenen treuen Gefolgsleute, als Sorge um die Gattin und ihre
seelische Qual, welche erleben muß, daß die Nächsten ihres
Blutes und ihres Herzens miteinander ringen. Solches Leiden adelt
die ritterliche Tat. Über dem ganzen Werk schwebt der Gedanke
einer alle Gegensätze versöhnenden Menschlichkeit, einer christlichen Humanität. Sie ehrt alle Geschöpfe Gottes – auch die
Heiden. Wenn auch der Kampf gegen die Heiden als gegen die
Mächte des Bösen unvermeidbar ist – Wolfram fordert, daß auch
sie geschont werden. „Swaz iu die heiden hant getân ir sult sie
doch geniezen lân, daz got selbe ûf die verkos, von den er den
lip verlos." So gestaltete er aus dem blutigen Glaubenskampf ein
Epos der Menschlichkeit.
Wolfram gab seinen Dichtungen eine eigenwillige Form. Gewiß
kannte er Hartmanns Stilkunst, aber er wollte nicht die höfische
Ordnung und einen gepflegten Wohllaut, sondern er suchte und
fand den einmaligen, charaktervollen, unmittelbaren Ausdruck.
Seine Sprache ist oft dunkel und rätselhaft, oft derb und erdnahe;
sie ist oft schlicht und klar, doch oft auch phantastisch und
fremdartig, sprunghaft und willkürlich. Immer war er bemüht,
der Sprache ein freies Leben und einen gesteigerten Ausdruck zu
geben. Das Überwirkliche wird körperhaft – die Wirklichkeit
wird hintergründig und geheimnisvoll; auch in seiner Sprache
vermählen sich das Göttlich-Geistige und das Irdisch-Sinnliche.
Neben einen grüblerischen, schweren Ernst tritt ein beweglicher
Humor; neben leidenschaftlicher Bewegung erscheint eine sanfte,

verständnisvolle Güte. Wolframs Verse sind rhythmisch überfüllt (vgl. S. 38), stark akzentuiert, knapp gedrängt – sein Ausdrucksverlangen band sich nur mühsam an die vorgeprägte, ihm nicht voll genügende Formensprache des höfischen Epos.

Ist bei Wolfram ein Ringen zwischen romanischer und germanischer Form zu erkennen, wie es so oft in der deutschen Dichtungsgeschichte wiederkehrt – bei Gottfried von Straßburg, dem geistlich gelehrten Künstler des Schönen und dem Romantiker der Liebe, siegte das westliche Formbewußtsein. Trotz seines wortreichen, oft spielerischen Stils war ihm die Klarheit das oberste Stilgesetz. Betont stellte er sein Dichten der Eigenart des von ihm kritisierten Wolfram gegenüber, wie denn der „Tristan" vielleicht absichtlich als ein Gegenbild des „Parzival" geschrieben wurde. Von Gottfrieds Leben ist nichts bekannt. Sein Beruf war nicht das ritterliche *schildes amt;* er stand, vielleicht im Dienst des Straßburger Bischofs, dem reichen elsässischen Stadtbürgertum nahe, das sich an der französischen Bildung der höfisch-ritterlichen Gesellschaft beteiligte. Die *moraliteit,* d. h. die höfische Anstandslehre, wird im „Tristan" sehr ernst genommen. Auch die Neigung zum Lehrhaften und Allegorischen ist auffällig, ebenso die Zahl der eingestreuten mythologisch-antiken Kenntnisse (Ovid, Vergil). Elegant, virtuos, empfindsam und vergeistigt, gestaltete er als Dichter der überschwenglichen, traumhaften Liebe ein ästhetisches Humanitätsideal, das sich ganz nach innen wandte und von innen heraus formte. Bei ihm verband sich die höchste Verfeinerung der höfischen Kultur mit einem seelischen Zartgefühl, das in sorgfältiger psychologischer Motivierung gerade das Irrationale des Lebens aufsucht und schildert. Gottfrieds unvollendeter Roman *Tristan und Isolde* (ca. 1210) folgte dem französischen „Roman de Tristan et Iseut" des anglo-normannischen Klerikers Thomas, entstanden um 1170 am englischen Hofe. Thomas hatte das ältere französische Gedicht (vgl. S. 41) unvollkommen bearbeitet. Es war ein an Abenteuern reicher, von dem höfisch-ritterlichen Lebensstil durchzogener Ehebruchroman, der nun von Gottfried in das Innerlich-Religiöse gesteigert wurde – freilich in eine Religiosität, die sich in ihrer Liebesmystik vom asketischen Dogma und von der Kirche weit entfernte.

Für seinen Oheim, König Marke von Kornwal, hat der junge Tristan im Zweikampf den Schwager des Königs von Irland, Morolt, getötet. Doch ihn traf dessen vergiftetes Schwert mit einer bösen Verwundung, die nur die Königin von Irland zu heilen vermag. Als ein Spielmann mit Namen Tantris sucht Tristan sie auf; er wird geheilt und unterrichtet ihre Tochter Isolde in der Musik. Als Brautwerber schickt ihn König Marke wiederum nach Irland, und er siegt heldenhaft über einen Drachen. Die Königin und ihre Tochter erkennen in ihm den Sänger; Isoldes Liebe wendet sich ihm zu, obwohl sie in ihm den Mörder ihres Oheims Morolt erkennen muß. Stärker als die Sippentreue ist ihre Leidenschaft. Wohl folgt sie Tristan als die Braut des Königs Marke, aber der Liebestrank ihrer Vertrauten, Brangäne, den beide auf der Fahrt kosten, führt sie in heißer Leidenschaft zueinander. Gottfried faßt den Trank nicht als einen dämonischen Zauber auf, sondern als das Symbol einer übernatürlich wirksamen Kraft in dieser irdischen Wirklichkeit. Der zauberische Trank gibt denen eine übernatürliche Liebeskraft, die sich rückhaltlos zu der Ganzheit der Liebe bekennen – zu ihrer Freude und ihrem Leid, ihrem Glück und Schmerz, zum Leben und zum Tod für die Liebe.

> Nu walte got! sprach Tristan.
> Ez waere tôt oder leben:
> Ez hat mir sanfte vergeben.
> ine weiz wie jener werden sol:
> dirre tôt, der tuot mir wol.
> solte diu wuneclîche Isôt
> iemer alsus sîn min tôt,
> so wolte ich gerne werben
> umb ein eweclîches sterben.

Jetzt walte es Gott, sprach Tristan / Es sei nun Tod oder Leben / Es hat mich schmerzlos vergiftet. / Ich weiß nicht, wie jener werden soll. / Dieser Tod, er tut mir wohl. / Sollte die wonnigliche Isolde / Immer so mein Tod sein / So wollte ich gern werben / Um ein ewiges Sterben.

In solchen Worten liegt eine Bereitschaft zum Schicksal der Liebe. Die Liebesbereitschaft der *edelen herzen* steht im Mittelpunkt des Romans. Gottfried schildert ein Ideal, um das er selbst im Leben umsonst geworben hat. Das Epos ist mit einer lyrischen Ergriffenheit geschrieben, die sich in die Seelenstimmung der Gestalten, auch des edlen, betrogenen Königs Marke tief einfühlt. Nur wo eine so grenzenlose Hingabe besteht, wird die Liebe zur läuternden Kraft und zur *reinen triuwe*. Gottfried feiert die absolute und ideale Liebe als eine leib-seelische Einswerdung – dies erinnert an die geistliche *unio mystica* in äußerster Vergeistigung erotischen Erlebens. „Wir zwei sin iemer

beide ein dinc an underscheide." Das Leben, die Not und das
Geschick des Paares werden in fast sakraler Sprachwendung der
„alleredelsten herzen brot" genannt; der Roman erscheint als die
reine Seelennahrung der Auserwählten, die das Verhängnis der
wahren Liebe zu tragen bereit sind. „Isot diu muoz iemer in
Tristandes herzen sin." Das Erleben und die Sprache der religiösen Liebesmystik Bernhards von Clairvaux gab hier dem
weltlich-höfischen, aber kühn bis zur äußersten Grenze geführten
Thema die seelische Höhenlage. Mit gewagter List betrügt das
Paar seit der Hochzeitsnacht den arglosen König Marke – die
Dienerin Brangäne tritt bei ihm an Isoldes Stelle. Durch ein
raffiniertes Spiel von List und Betrug wird der König getäuscht;
selbst das Gottesgericht läßt sich zugunsten der Liebenden wenden. Als der als Pilger verkleidete Tristan Isolde aus dem Schiff
an das Land trägt und stolpernd mit ihr fällt, schwört sie, nie
habe sie neben einem anderen Manne gelegen als Marke und
diesem Pilger. Als endlich das Spiel zu durchsichtig wird, werden
beide in eine Felshöhle im Walde verbannt, in die Minnegrotte,
deren phantasievolle Schilderung ein Höhepunkt mittelalterlicher
allegorischer Dichtung ist. Auf der Jagd überrascht der König
das Paar, aber da sie gewarnt wurden, liegen sie voneinander
abgekehrt, das blanke Schwert zwischen sich. Voll Reue ruft sie
der schwache König zurück, bis er sie endgültig entlarvt. Tristan
muß, nachdem er ewige Liebe geschworen, in normannisches
Land entfliehen. Dort trifft er Isolt Weißhand, und er verliebt
sich in sie trotz seiner Eide zur Treue an die frühere Geliebte;
der Mann besitzt nicht die alles opfernde Leidenschaft und Treue,
die die verlassene Isolde, die Gattin Markes, bewährt. Mit dem
Schwanken Tristans zwischen alter und neuer Liebesverzückung
bricht das Epos ab – innere Gründe mögen den Dichter gehindert
haben, es zu Ende zu führen.
Allein die hohe Minne herrscht in dem Roman; die Sitte und
der Glaube werden ihr untergeordnet, und selbst Gott ist hilf-
reich in Lug und Trug des Paares und wird zu ihrem Werkzeug.
Was jedoch die Idealität der Liebenden fragwürdig werden läßt,
tritt in den Hintergrund – eine außerordentliche Verweltlichung
des Höfischen und des Religiösen wird in Gottfrieds Dichtung
vollzogen. Aber schwankt Tristan auch oft zwischen der Liebe
und der Mannentreue – sein Heldentum wird nicht gemindert,
und eine Schuld des Paares erkennt Gottfried nicht an. Er bejaht ihr Liebesschicksal als eine höchste irdische Gewalt, und er
rechtfertigt höfisch und sittlich von ihr aus ihren Betrug. Die

Liebe wird zu einer göttlichen Kraft, und die oft von Gottfried gebrauchten Redewendungen aus der Sphäre der Mystik erheben sie bis zu religiöser Erhabenheit.

Das äußere Bild des Rittertums tritt in dem Roman zurück; der Blick richtet sich auf das innere seelische Leben. „Tristan und Isolde" wird zu dem ersten großen Beispiel eines von der Seele aus erlebten Romans. Eine lyrische Musikalität formt die vergeistigte, klangreiche, schwebend leichte und durchsichtige Sprache. Aus der Empfindsamkeit erhält sie ihre innere Weichheit und Süße. Dennoch wurde die sittliche Problematik des Stoffes durch Gottfrieds virtuose Formkunst, die er an romanischen und lateinischen Vorbildern, an der religiösen Mystik und an dem Minnesang geschult hatte, nicht überwunden, obwohl er über alles Anstößige und Frivole hinaus zu einer Idealität strebte, deren Unerfüllbarkeit im Wirklichen er schmerzlich empfand. Im Parzival und im Tristan, den beiden größten Romanen des deutschen Mittelalters, begegnen sich im höfischen Gewand mit äußerster Spannung zwei verschiedene Welten: bei Wolfram ein grüblerisches, eigenwilliges Gottverlangen, bei Gottfried eire von Schönheit und Eros trunkene Weltlichkeit. Sie bedeuteten die klassische Reife der hochhöfischen Dichtung.

Die jetzt breit einsetzende Epik der späthöfischen Zeit lebte aus diesem Erbe heraus; es gab die Vorbilder und war zugleich eine belastende Bindung. Die Sprache, der Vers und der Reim waren zu einer künstlerischen Höhe geführt worden, die eine Nachfolge leicht machte und den fertigen Ausdruck schon vorbereitet lieferte. Die Stoffe und Motive waren in der Kunst der Meister vorgezeichnet worden und konnten nur noch abgewandelt, nicht mehr überboten werden. Aber die realen Lebensverhältnisse des Zeitalters zeigten ein anderes Gesicht. Nach dem Zusammenbruch des staufischen Reiches begann eine verworrene Zeit; Unruhen und Kämpfe auf dem politischen, kirchlichen und sozialen Gebiet kündigten sich schon während der letzten Jahre Friedrichs II. an. Das ritterliche Kulturideal verlor den hohen Schwung, die *vröude* schwand, und immer wieder ertönte als Zeitklage eine düstere Prophezeiung des nun anbrechenden Zerfalls und Niedergangs. In seinem *Wigalois* (ca. 1204), einem ritterlichen Abenteuerroman nach französischer Quelle, klagte W i r n t v o n G r a f e n b e r g bereits über das Schwinden der alten ritterlichen Sitten, des Minnedienstes, der Gottesliebe und der Treue. An ihre Stelle sind Räuberei und Gewalt, das Verlangen nach Reichtum und Ruhm getreten.

ich bin wol innen worden
daz der werlde freude sinket
unde ir êre hinket.
daz prüevet in diu gîtekheit,
diu boesen muot und erge treit,
owê daz ist min herzeleit.

Ich bin wohl dessen inne worden / Daß die Freude der Welt
versinkt / Und ihre Ehre hinkt. / Das beweist ihnen die
Habsucht / Die bösen Mut und Arges bringt. / O weh, das
ist mein Herzensleid.

Immer unerreichbarer erschienen die großen Vorbilder; bedrückt
ermaß man an ihnen die eigene Schwäche. Die folgende Dichtung
fühlte sich zum Epigonentum verurteilt. Es ist stets das Schicksal
der Nachfolger klassischer Zeiten gewesen, nur noch wiederholen zu können und scheinbar reiche Erben ohne eine eigene
schöpferische Kraft zu bleiben. Gefährlicher war noch, daß auch
der Glaube an die innere Wahrheit des ritterlich-höfischen Ideals
verlorenging. Wenn sich jetzt aus der recht beträchtlichen Fülle
der überlieferten Dichtung noch einzelne eigenwüchsige Gestalten herausheben, verraten sie gerade den Übergang zu andersartigen, neuen Stoffen und Formen aus einem gewandelten
Lebensgefühl und aus veränderten gesellschaftlichen Lebens-
bedingungen.

Was immer an neuen Abenteuer- und Liebesromanen folgte,
beweist die gewaltige Wirkung der großen höfischen Dichter.
Schon in den Artus-Epen des bürgerlichen Heinrich von
dem Türlin (ca. 1220) zeigt sich aber, daß die geistige Kraft
der Gestaltung erlahmt und an ihre Stelle ein sammelndes Verbinden und äußerliches Häufen von bewährten Motiven tritt.
Ulrich von Türheim, aus schwäbischem Adel nahe Augsburg, führt wie ein gewissenhafter Handwerker die großen
Fragmente des *Willehalm (Rennewart)* und *Tristan* um 1230
wenig ebenbürtig zu Ende. Konrad Fleck schrieb (ca. 1220)
im Stil Hartmanns die Geschichte der rührenden Kinderliebe von
Floire und Blancheflur. Ulrich von dem Türlin (ca. 1261/
1269), aus Kärnten, entwarf eine Vorgeschichte des *Willehalm*
im Auftrage König Ottokars von Böhmen. Man suchte jetzt die
biographische Abrundung, die Anreicherung des Stoffes um
seiner selbst willen. Überall fehlte die Beseelung des höfischen
Ideals von einem echten Glauben aus. Ein bayrischer Dichter,
Albrecht genannt, schrieb um 1270 mit überladenem Prunk
als Nachfolger Wolframs den sogenannten *Jüngeren Titurel,* der

schon 1477 im Druck verbreitet wurde. In Bayern entstand um 1280/85 im Stil Wolframs das Gedicht von *Lohengrin*. Charakteristisch schließlich ist die Wandlung des S t r i c k e r, eines bürgerlichen Fahrenden von fränkischer Herkunft, der zwischen 1220 und 1240 in Österreich wirkte. Nach einer das Wunderbare häufenden und steigernden Erneuerung des *Rolandliedes* und nach dem ritterlichen Abenteuerroman *Daniel vom blühenden Tal* wandte er sich zeitgemäßen Stoffen und Formen zu – der kurzen realistischen Verserzählung und dem volkstümlichen Schwank (vgl. S. 56).

Zugleich fand die geistliche Epik eine neue Pflege; der höfische Stil gab Legenden und Märtyrergeschichten wie der *Kindheit Jesu* des Österreichers K o n r a d v o n F u ß e s b r u n n e n (ca. 1210), der Dichtung von *Tod und Himmelfahrt Christi und Mariae* des K o n r a d v o n H e i m e s f u r t (ca. 1220), dem *Hlg. Georg* des Bayern R e i n b o t v o n D u r n e (ca. 1235) eine biegsamere und ausdrucksreichere Sprache.

Die Veränderung des dichterischen Stils und Interesses verdeutlichen der Vorarlberger R u d o l f v o n E m s (zwischen 1220 und 1254) und K o n r a d v o n W ü r z b u r g (ca. 1230–1287) auf eindrucksvolle Weise. Beide waren Nachfolger Gottfrieds von Straßburg. Wenn aber Rudolf von Ems, der im Dienste der Grafen Montfort im Rheintal stand, in seiner Verserzählung *Der gute Gerhard* (ca. 1225) die Geschichte eines edlen Kaufmanns aus Köln schilderte, dessen Demut selbst den Kaiser beschämte, durchbrach er die ständische Gebundenheit des höfischen Romans. Eine fromme, aber unritterliche Askese feierte seine Legende von *Barlaam und Josaphat* (ca. 1230), in die er recht unpassend ein galantes Lob der Frauen einschob. Am staufischen Hofe entstand sein umfangreicher *Alexander*, in dem er zwischen Minneabenteuern und Fürstenlehren mit einer nun lückenlosen geschichtlichen *warheit* das Bild des gottergebenen Eroberers zu zeichnen suchte. Im Auftrage Konrads II. schrieb er, nach einem alle Motive wahllos häufenden höfischen Liebesroman *Wilhelm von Orlens*, seine riesige *Weltchronik* (ca. 1238), deren 33 000 Verse nur bis zu dem König Salomo reichen. Es war sein Plan, die gesamte Weltgeschichte von der Schöpfung bis zu seiner Gegenwart zu schildern. Er wollte die geschichtliche Wahrheit – sie sollte die Entwicklung des Gottesreiches auf Erden aufzeigen. Charakteristisch ist dieses wie zufällig erscheinende, unverbundene Nebeneinander von höfischem Roman und asketischer Legende, von Phantasie und Geschichte – die kommenden Zeiten

sollten gerade eine breite Entwicklung der kirchlichen und historisch-realistischen Literatur bringen. Und ebenso aufschlußreich
ist, wie sich eine ererbte und hochgezüchtete Formkultur mit der
nüchternen Sachlichkeit des gelehrten Wissens verbindet und wie
neben trockenen Belehrungen ein üppiger rhetorischer Schmuck
gehäuft wird.

Auch das umfangreiche Werk des Konrad von Würzburg
ist eine typische Bildungsdichtung. Er kam früh aus seiner fränkischen Heimat nach Basel, wo er in dem Adel und dem Stadt-
patriziat ein bildungsfreudiges Publikum fand. Enge Beziehungen
deuten auch auf Straßburg. Die höfische Literatur war sein großes
Ideal, aber sein eigenes Schaffen richtete sich auf seine unmittelbare Gegenwart. Seine Gelehrsamkeit, seine Betonung einer
kunstvollen, virtuos gehandhabten Formensprache, auch seine
Freude am Allegorischen erscheinen schon meistersingerhaft. Eine
andere Formgesinnung, der Stil der ‚wildekeit‘, der auf eine
Faszination durch das Besondere und Ausgefallene bedacht ist,
setzt sich durch und charakterisiert die Art des nachhöfischen
epischen Erzählens. Sie nimmt novellistische Züge an; es interessiert das Detail, das Episodische. Nicht mehr Vergil, vielmehr
der differenziertere Ovid ist Konrad von Würzburgs erzählerisches Vorbild. Es lassen sich mehrere Schaffensstufen bei ihm
unterscheiden. Dies deutet auf eine bewußte literarische Vielseitigkeit. Zuerst die Novellen *Herzmaere, Der Welt Lohn,
Otte mit dem Barte.* Sie wurden während des ganzen 14. Jahrhunderts die Muster der kürzeren Verserzählung, in deren Ausbildung Konrad mit dem volkstümlicheren Stricker wetteiferte.
Die Legenden *Silvester, Alexius, Pantaleon* (ca. 1275) verraten
den Untergrund der Frömmigkeit unter dieser höfischen Nachfolge. Denn erscheint die Dichtung hier auch vor allem als eine
gelehrte Kunst – Konrad hat seine Begabung als eine innere Berufung und Gnade Gottes erfahren. „Ich taete alsam diu nahtegal, diu mit ir sangen done, ir selben dicke schone die langen
stunden kurzet." Von der Legende her ist auch seine umfangreiche höfische Erzählung *Engelhard* bestimmt, die, dem „Armen
Heinrich" verwandt, eine sich in Hingabe und Opfer rührend
bewährende Freundschaft feiert. Wie jedoch das sichere Weltgefühl des staufischen Zeitalters erschüttert war und ein neuer
Zwiespalt zwischen dem Irdischen und dem Jenseits aufklaffte,
verdeutlicht sein allegorisches Gedicht *Der Welt Lohn,* das die
Frau Welt von vorn als eine reizvolle Schöne, von hinten dagegen
bedeckt mit Schlangen, Kröten und Geschwüren zeigt. Die Alle-

gorie *Die Klage der Kunst* wirbt für die wahre und würdige
Kunst bei mildtätigen vornehmen Gönnern, die *Goldene Schmiede*
preist die Gottesmutter und Himmelskaiserin mit einem funkelnden Geschmeide der dichterischen Bilder und Gleichnisse. Mit den
Werken seiner letzten Zeit, dem großen *Partonopier und Meliur*
(1277), einem Feenroman nach französischen Quellen, und dem
unvollendeten *Buch von Troye,* dem Trojanerkrieg (ca. 40 000
Verse) nach französischen und antiken Vorlagen ging Konrad
überlieferte Wege. Auch hier zog ihn mehr der Stoff als eine
umfassende Grundidee an. Als Novellenerzähler erreichte er seine
besten Leistungen; in ihnen wird nochmals die Fülle und Anmut
der mittelhochdeutschen Literatursprache erreicht, die virtuose
Beweglichkeit von Sprache und Reim und das elegante Spiel mit
dem Sinn und Klang der Worte.

Ein Meister der kurzen Verserzählung, die jetzt rasch zu literarischem Ansehen kam, war der S t r i c k e r (vgl. S. 54). Nach
französischem Beispiel goß er volkstümliche Schwänke und Kurzgeschichten in die höfische Versform; seine Stoffe waren allen
Schichten zugänglich und sprengten die ritterliche Exklusivität.
Voller Freude am Spiel von Spott und List, an der Torheit und
dem Narrentum der Menschen wird hier, Spannung und Móral
verbindend, ein Spiegel der täglichen Wirklichkeit in stilisierter
Form gegeben. Der Stricker schildert humorvoll typische Stoffe:
den Einsiedler, der des Fastens überdrüssig wird, den dummen
Bauern, den der Dieb köstlich betrügt, den Richter, den der
Teufel holt. Bei aller satirischen Laune, die gerade vor den Geistlichen nicht anhält, bleibt der Dichter im Rahmen des höfischen
Anstandes von Sitte und Sprache. Ein Held des Volkshumors
war seit jeher der listig seinen Willen durchsetzende Schalk, der
über die Starken und Mächtigen triumphiert. Viel echter Volkshumor lebt in Strickers Schwänken des *Paffen Amîs,* der seinen Bischof, den König von Frankreich, die Gläubigen und
die Kaufleute um ihrer Narrheit willen betrügt und trotzdem
schließlich ein frommer Abt wird. Hier zeichnet sich bereits die
bald stürmisch anwachsende polemische Satire gegen die Kirche,
die Geistlichkeit und ihren machtsüchtigen Mißbrauch des Glaubens ab. In zyklischer Form reiht der Stricker um den „Pfaffen
Amîs" eine bunte Fülle von listigen Streichen. Damit wird die
spätere Form des Eulenspiegel-Volksbuches vorausgenommen.

Aus der heimischen Volkserzählung, aus dem Westen und Osten,
auch aus der Legende kamen solche Novellenstoffe. Noch rein
aus ritterlichem Geiste wurde um 1210–1215 von einem Un-

bekannten die reizvolle Erzählung *Moritz von Craun* gedichtet. Im 13. und 14. Jahrhundert entwickelte sich, parallel den französischen Fabliaux, diese Erzählform mit fröhlich spottender Heiterkeit. Erotische Themen, drastische Eheszenen waren äußerst beliebt; das bürgerliche Publikum nahm sie offenbar gern entgegen. Zwischen dem ritterlichen Schwank, höfischer Sitte und geistlich-moralischer Lehre steht auch die bedeutendste Erzählung aus der 2. Hälfte des 13. Jahrhunderts, der *Meier Helmbrecht* des W e r n h e r d e r G a r t e n a e r e, der im Innviertel oder am Gardasee beheimatet war. Das Bauerntum wird hier als eine in sich gefestigte Welt mit einem starken Selbstbewußtsein und Rechtsgefühl gegen die verlotternde Welt des Adels gestellt. Die Gefahr der sozialen Auflösung wird an der Gestalt des eitlen, abtrünnigen Bauernsohnes, der zu den Straßenräubern übergeht, sichtbar. Das Gesetz der ständischen Pflichterfüllung und der sittlichen Bindung an den von Gott verliehenen Beruf wird nur dadurch behauptet, daß der Abtrünnige aus allen ständischen Ordnungen, aus dem Rittertum so wie aus dem Bauerntum ausgestoßen wird. In der Art, wie hier eine erlebte Wirklichkeit geschildert, zugleich der höfische Roman parodiert und dem bäuerlichen Volksleben ein Sittenbild mit starker dichterischer Kraft entnommen wird, verrät sich eine Zeitwende. Sie bedeutet nicht nur den Niedergang der Tradition, auch das Wachstum neuer Gestaltungsenergien. In dem „Meier Helmbrecht" werden die Volksschichten geschildert, denen bisher in der höfischen Epik kein Raum gegönnt war.

Der späthöfischen Zeit gehörte eine aufblühende Lehrdichtung an, die die erzieherischen Absichten der ritterlichen Kultur ausdeutete und ethisch festlegte. Der Roman liebte bereits didaktische Abschweifungen, um höfische Sitte einzuprägen. Diese Lehrdichtung sollte das ritterliche Ethos unterbauen und ihm ein sittliches Selbstbewußtsein geben. Eine vorbildliche Ritterlichkeit sollte sich mit christlicher Sittlichkeit vereinen. Ein Italiener, T h o m a s i n v o n Z e r c l a e r e (geb. ca. 1187), Domherr zu Aquileja, schrieb 1215/16 für Fürsten und Ritter ein moralphilosophisches Lehrbuch in deutscher Verssprache: „tiusche lant, enphahe wol, als ein guot husvrouwe sol, diesen dinen welschen gast, der din ere minnet vast." Er schrieb für die Deutschen, weil er ihnen die besten Kräfte zutraute. Die stoische Philosophie und die christliche Ethik gaben die Grundlagen seiner Lehren; um die christlich-ritterlichen Ideale der *staete*, *maze*, des *rehtes*, um die Bewahrung der göttlichen Weltordnung

in allen Ständen kreist sein Denken. Die Hofzucht und die
Minnelehre werden nicht vergessen. Zwischen 1220 und 1230
entwarf der W i n s b e k e (aus ostfränkischem Geschlecht) eine
Pflichtenlehre in der Form der Ansprache eines ritterlichen
Vaters an seinen Sohn. Die Liebe zu Gott, die Verehrung der
Kirche, ein hoher Minnedienst und die ritterliche Tapferkeit
erscheinen als die wesentlichen Erziehungsmächte. Die Harmonie
zwischen Gott und der Welt erstrebt ebenso der bürgerliche
Meister F r e i d a n k aus Schwaben in seiner *Bescheidenheit*
(Lebensweisheit) (1228/29). In spruchartigen knappen Zwei- und
Vierzeilern lehrt er, auf das Allgemein-Menschliche gerichtet,
Gott- und Lebenserkenntnis – „swer got und die welt kan behalten, derst ein saelic man". Er unterstreicht die göttliche Ordnung der Stände (Bauern, Ritter, Priester), er eifert gegen Habgier, Hochmut und Wankelmut, und er predigt die Bruderschaft
der Hohen und Niedrigen. „Ein man sol guot und ere bejagen
und doch got in sinem herzen tragen."

Überraschend taucht aber schon früh aus volkstümlichen alten
Erzählkreisen in dem *Reinhart Fuchs* des Elsässers H e i n r i c h
(ca. 1180), der einzelne französische Tiersagen zu einer größeren
Einheit verband, die gegenhöfische Satire und der Spott über
den Minnedienst auf. Eine ältere Fassung dieser beliebten Tier-
geschichten gab es offenbar bereits im 12. Jahrhundert; ihre
wirkungsvollste Zusammenfassung fanden sie erst in dem 1498
in Lübeck gedruckten niederdeutschen *Reinke de Vos.* Auch der
Stricker nahm jetzt in seinen *Herren von Oesterreich* mit kritischem Realismus eine verwandte Ironie gegenüber der höfischen
Idealkultur, vor allem dem Minnesang, auf – das Zeitalter einer
moralisch-kirchlichen und nüchtern-realistischen Bürgerlichkeit
brach an. Zu des Strickers bevorzugten Darbietungsformen gehört endlich das *Bispel,* eine kurze Reimpaardichtung moralisch-
satirischer Art. Gern wird mit einem allegorischen Bilde oder
Geschehen aus der Welt der Menschen oder der Tiere eine allgemeine Lehre verbunden, die die Erzählung zum exemplarischen
Fall erhebt. Antike und orientalische Tierfabeln dienten ebenso
wie Parabeln und christliche Predigtmärlein als Quelle. In seinen
Gäuhühnern wagte es der Stricker sogar, in den heftigen Kämpfen zwischen den freien Bauern und den ritterlichen Ministerialen im Österreich der ersten Hälfte des 13. Jahrhunderts, die
die Lebensrechte dieser Bauern ständisch zu beschränken suchten, für die Bauern drohend Partei zu nehmen. Soziale Unruhen
deuten sich da an, die im ausgehenden Mittelalter immer stärker

anschwollen und schließlich im Bauernkriege 1525, von der Umwälzung des Glaubens und des Ständesystems durch die Reformation unterstützt, zu einer tragisch ergebnislosen Revolution
des gemeinen Mannes gegen die herrschenden feudalen Schichten
führten.

Daß am Ende des 13. Jahrhunderts die Epen, welche höfische
Stoffe fortsetzen, durch Beschreibungen, Allegorien und mär-
chenhaftes Fabulieren in das unförmlich Breite anschwellen, daß
zugleich die kurzen Erzählformen zunehmen, deutet auf den
Verlust an künstlerischer Formgesinnung. In der Kurzerzählung
finden Legende, Novelle, Schwank und Fabel ihre Form, so z. B.
bei dem, hohem Adel entstammenden, *Herrand von Wildonie*
(ca. 1250). Das Lehrhafte wird stark herausgearbeitet; daneben
zeigt sich die Freude am Erotischen, Grotesken, Satirischen. Durch
die höfische Sprache bricht ein Realismus durch, welcher stilistisch
lockert, in das Derbe oder Didaktische verändert. Das Gesetz des
höfischen Maßes, das ein aristokratisches Gesetz war, schwindet.
Dies alles deutet auf Wandlungen der gesellschaftlichen Struktur und Gesinnung, die mit dem Ende des staufischen Reiches
eintraten. Die politische Vormacht des Adels war im Sinken,
Städtebünde bildeten sich, die Bauern und Bürger suchten im
Osten neuen Lebensraum. Seit der Wahl Rudolfs von Habsburg
1273 gewinnt das Kaisertum ein anderes Gesicht. Die Sang-
spruchdichtung am Ende des Jahrhunderts deutet auf viele Ver-
fallssymptome; die ritterliche Standesethik wird in das Bürger-
lich-Moralische aufgeweicht, auch die religiöse Thematik geht in
das Laientheologische und Didaktische über. Die höfische Glanz-
zeit wird zur romantischen Erinnerung.

VI

DER MINNESANG

Eine ebenso eigentümliche dichterische Aussprache des ritterlichen Lebensgefühls und Kulturideals wie das Epos war der **M i n n e s a n g**. Ihm, dem Sange, kam offenbar in der literarischen Schätzung der Zeit der oberste Rang zu; nicht dagegen dem Sprechen des epischen Erzählers. Jeder der höfischen Epiker war bemüht, sich auch als ein Sangesdichter auszuweisen; nicht aber umgekehrt. Die Meisterschaft im Sang war besonderen Rühmens wert. Es handelte sich hier im wörtlichen Sinne um einen Gesang, denn der Dichter war zugleich der Komponist und der Sänger, der seine Lieder selbst vortrug. Eng ist die Geschichte des Minnesanges mit dem Aufstieg, der Reife und dem Zerfall der höfisch-ritterlichen Kultur verbunden; um 1160 sprach Heinrich von Melk in seiner gegenhöfischen Bußpredigt ablehnend von ritterlichen Liebesstrophen *(trûtlied)*, und die realistisch-satirische Literatur seit 1250 parodierte vor allem das übersteigerte Minne-Ideal. In Nordfrankreich war es Sitte geworden, nach der Art der kunstvoll entwickelten Lyrik der Troubadours, deren Lieder ihrerseits über Spanien auf arabische Quellen zurückweisen, zu singen; von hier strahlten reiche Anregungen nach dem deutschen Osten aus. Im westlichen Deutschland, besonders am Rhein, fand diese stilisierte Kunst der Troubadours eine lebhafte Nachfolge; im östlichen Deutschland dagegen stand die ritterliche Lyrik stärker unter dem Einfluß des heimischen Volksliedes. Aus dem 12. Jahrhundert sind einige Lieder in einfachem Versbau und schlichter Reimführung erhalten, in denen ein Mädchen unverhohlen von ihren Gefühlen spricht. Sie wurden gesungen, wohl auch als Reigen getanzt, und entwuchsen vielfach dem Brauchtum ländlicher Feste. Das Mädchen ist fast immer in diesen alten Liedern die Werbende, nicht der Bursche. Ein Mädchen singt den in seiner schlichten Innigkeit noch heute ergreifenden Vers:

> dû bist mîn, ich bin dîn
> des solt dû gewis sîn.
> dû bist beslozzen

> in mînem herzen:
> verlorn ist daz slüzzelin:
> dû muost immer darinne sîn.

Du bist mein, ich bin dein / Des sollst du gewiß sein. / Du bist verschlossen / In meinem Herzen. / Verloren ist das Schlüsselein / So mußt du immer darin sein.

Der Kreis der Motive ist begrenzt: Liebesglück und Liebesleid, Sehnsucht, Trennung, Eifersucht, der Abschied am Morgen im sogenannten Tagelied. Vor dem österreichischen Freiherrn Dietmar von Aist (gest. 1171?) stammt wohl das älteste erhaltene deutsche *Tagelied* in seinem schlichten Wechsel von. Rede und Antwort:

> Slâfst du, friedel ziere?
> man weckt uns leider schiere:
> ein vogellîn sô wol getân
> daz ist der linden an das zwî gegân!
>
> Ich was vil sanfte entslâfen:
> nu rüefstu kint Wâfen.
> liep âne leit mac niht gesîn.
> swaz du gebiutst, daz leiste ich, friundin mîn.
>
> Diu frouwe begunde weinen.
> du rîtst, und lâst mich eine.
> wenne wilt du wider her zuo mir?
> owê du füerst mîn fröide samment dir!

Schläfst du, schöner Freund? / Man weckt uns leider allzu bald. / Ein Vöglein, das so hübsch ist, / Hat auf den Zweig der Linde sich gesetzt. / Ich war so lieblich eingeschlafen / Nun rufst du, Kind, zum Aufbruch. / Liebe ohne Leid kann es nie geben. / Was du gebietest, das tue ich, meine Freundin. / Die Frau begann zu weinen / Du reitest nun, läßt mich allein / Wann wirst du wieder zu mir kehren? / O weh, du führst mein Glück mit dir davon!

Zu dieser schlichten, in sich gerundeten heimischen Lyrik kamen Einflüsse aus der lateinischen Lyrik der sogenannten Vaganten hinzu, deren Lieder vor allem in den berühmten *Carmina Burana* (ca. 1230, vermutlich aus Benediktbeuren, 250 lateinische, 55 deutsche Gedichte und Anfänge) gesammelt sind. Es sind die Lieder einer fröhlich wandernden, gelehrten Jugend, die in einem an der antiken Dichtung geschulten Latein von Wein und Liebe, Frühling und Tanz, antiken Göttern, dummen Bauern und habsüchtigen Pfaffen sang und deren Übermut oft auch zu frechem Spott wurde. Neben Liebes-, Kneip- und Tanzliedern stehen politische Sprüche satirischer Art. In der sogenannten *Vagantenbeichte* finden sich die weinseligen berühmten Trinkerverse, die später G. A. Bürger in seinem Zechlied übersetzte:

Meum est propositum	Ich will einst, bei Ja und Nein!
In taberna mori,	Vor dem Zapfen sterben.
ubi vina proxima	Mit mir soll des Fasses Rest
morientis ori.	in der Gruft verderben.
tunc cantabunt laetius	Engelchöre weihen dann
angelorum chori	mich zum Nektarerben:
deus sit propitius	Diesem Trinker gnade Gott!
isti potatori.	Laß ihn nicht verderben!

Jedoch entscheidender für den ritterlichen Minnesang war das Lied der südfranzösischen T r o u b a d o u r s. Sie erfanden kunstvolle Melodien und Versformen, vielfältige klangreiche Reimverschlingungen, einen bewegten Wechsel der Strophen und Verszeilen von verschiedener Länge. Damit war eine schmiegsame, bildungsfähige Versform geschaffen, die sich einem größeren und vergeistigteren Erlebnisumfang anzupassen vermochte. Die Voraussetzungen eines persönlich gefärbten Liedes waren in dieser Form gefunden, zumal ihr eine betont künstlerisch-rhetorische Neigung immer neue Variationen und Stilfiguren entlockte. Wie das französische Epos übernahmen die deutschen Ritter auch diese Kunst der Troubadours, um sie nach ihrer eigenen Art umzudichten. Dort, wo die größten Leistungen erzielt wurden, verband man sie mit den Anregungen des Volksliedes. Dies geschah vor allem auf österreichischem Boden, während man in den westlichen Rheingegenden dem französischen Vorbild näher blieb. Bewahrte der ostdeutsche Sang mehr die alte freie Sprachbetonung und Hebungszählung, so band sich der rheinische Sang an das romanische Muster der strengen gleichmäßigen Silbenzählung. Auch die Musik dieser beiden Liedkreise war verschieden.

Die inneren Voraussetzungen dieser ritterlichen Lyrik gab der mit großem Kulturbewußtsein ausgebildete Minnedienst. Noch irrealer als das Epos wagte der Minnesang die äußerste vergeistigte Stilisierung und die Verwandlung der erfahrenen Wirklichkeit in typische Formen, die die nachträgliche Scheidung von persönlichem Erleben und höfischer Konvention sehr erschweren, ja, unmöglich machen. Diese Lyrik erscheint unpersönlich; sie ist ein gesellschaftliches Spiel und eine höfische Unterhaltung. Dennoch gaben ihr große Dichter einen tiefen, wie im Epos überzeitlich gültigen Ausdruck und Klang. Durchweg geht es um

die Huldigung an eine verheiratete Frau von hohem Stande, um
ein sehnsüchtiges Liebeswerben, um das Lob der Frauen und
eine inbrünstige, nie gestillte Klage. Die hohe Minne wollte nicht
die sinnliche Erfüllung, sondern ein empfindsam gesteigertes
Fühlen und ein sehnsüchtig ausharrendes Verlangen. Darin lag
der Unterschied zur niederen Minne, daß das Sinnliche vergeistigt und in der Geliebten ein unerreichbares Ideal verehrt
wurde. Der Minnedienst übernahm eine wichtige Aufgabe: er
erzog zu einer höfisch-sittlichen Veredlung der Sinne und des
Herzens. Der Dienst an der Herrin war ein Zeichen des Adels
und bedeutete eine Erhöhung der eigenen Seele und die Verfeinerung des inneren Menschen – je höher das Ziel war, um so
größer wurde die innere Spannung. Das Erotische wurde fast
mystisch erlebt, und die Leidenschaft mußte sich einer schönen
Form und idealen Haltung fügen. Die ritterlichen Tugenden
(staete, triuwe, zuht, ere) konnten sich im Minnedienst bewähren. Dieser Dienst gab *hohen muot*, eine unbedingte, weil ideale
Bereitschaft zu allem Hohen und Fernen, zu Abenteuer und Tat.
Diese Minne ist dem Triebhaften entgegengesetzt, *fons et origo
omnium bonorum* (Quelle und Ursprung alles Guten), wie es in
der Minnelehre *Tractatus de Amore* des A n d r e a s C a p e l l a -
n u s heißt. Der höfische Sang trat in eine innere Verwandtschaft
zum Gottesdienst; die erotischen und religiösen Sprachschichten
vermischten sich, und zugleich ergaben sich Parallelen zum feudalen Lehnsdienst. Immer suchte das Minnelied eine verschlei-
ernde, nur andeutende, eher allegorische als real zugreifende
Sprache und einen bei aller Glut und Trauer gedämpften Ton –
wie groß auch die Spannung zwischen Verlangen und Verzichten,
Leidenschaft und Abweisung, Hoffnung und Versagen im Realen
oder Fiktiven sein mochte. Der fiktive oder auch tatsächliche
Kampf gegen die Aufpasser, die Späher, Neider und Rivalen des
geheimen Liebesbündnisses lieferte zugleich eine unablässig abgewandelte, bewegte Motivbereicherung.
Aus dem Südosten, der auch die Heimat der Heldendichtung
wurde, kommen die ersten Zeichen von „Minnesangs Frühling",
die jedoch ausschließlich auf deutsche Ursprünge weisen. Vom
K ü r e n b e r g e r (ca. 1160), vermutlich aus bayrischem oder
österreichischem Adel, sind 15 volksliedhafte einstrophige Lieder
überliefert, die den umworbenen Liebeshelden zeigen, nach dem
die Frauen und Mädchen sich sehnen. Mann und Frau verbindet
die gleiche Sehnsucht: sie will den sinnlichen Besitz und die
Dauer der Liebe. Wohl handelt es sich um vornehme adlige

Kreise wie bei den Troubadours, aber der Typus der einfachen
Liedform entspricht dem Volkslied, das in das Ritterliche hin-
aufgehoben ist. In der Form des Wechsels folgen monologisch
die Geständnisse einander (sogenannte Rollenlieder). In wenigen
andeutenden Worten drängt sich ein tiefes Fühlen zusammen –
eine innige Kunst offenbart sich in schlichten, kurzen Strophen,
deren Form der Nibelungenstrophe entspricht. An das Nibe-
lungenepos erinnert auch das Lied vom Falken.

> Ich zôch mir einen valken   mêre danne ein jâr.
> dô ich in gezamete   als ich in wolte hân
> und ich im sîn gevidere   mit golde wol bewant,
> er huop sich ûf vil hôhe   und fluog in anderiu lant.
>
> Sît sach ich den valken   schône fliegen:
> er fuorte an sînem fuoze   sîdîne riemen,
> und was im sîn gevidere   alrôt guldîn.
> got sende sie zesamene   die gerne geliep wellen sîn!

Ich zog mir einen Falken / mehr als ein Jahr lang. / Als ich
ihn zähmte / wie ich ihn haben wollte / Und ich ihm sein
Gefieder / mit Gold schön umwand / Da hob er sich zur
Höhe / und flog in andere Land'! / Seither sah ich den
Falken / schön fliegen: Er führte an seinem Fuße / seidene
Riemen. / Und war ihm sein Gefieder / ganz rot von Gold. /
Gott lasse sie zusammenkommen / die liebend beieinander
wollen sein.

Noch im 16. Jahrhundert war dieses Lied in abgewandelter
Fassung als Volkslied bekannt. Das volkstümliche Liebeslied ist
beim Kürenberger auf die erste ritterlich-höfische Stufe gehoben
– noch ohne einen wesentlichen romanischen Einfluß. Auch der
schwäbische Ritter Meinloh von Sevelingen bedient sich
noch der alten einfachen Formen, aber er wendet thematisch
schon den Frauendienst im engeren ritterlichen Sinne an. Die
gleichzeitigen kurzen Spruchgedichte des Spervogel leiten
eine zweite Entwicklungsbahn ein – auf engstem Raum gibt er in
lyrischer Form der allgemeinen Lebenserfahrung, einer Sittenlehre und Sprichwortweisheit Ausdruck. Das heimische Lied und
die provenzalische Kunstlyrik begegnen sich bei Dietmar von
Aist, dem in schöner Verbindung von Liebe und Natur das
Tagelied gelingt – die Situation des am frühen Morgen nach der
Liebesnacht aufgeschreckten Paares, das sich schmerzlich voneinander trennt (vgl. S. 61). Friedrich von Hausen dagegen,
ein rheinfränkischer, aus der Nähe von Worms stammender
Freund Kaiser Friedrich Barbarossas, auf dessen Kreuzzug er

1190 verunglückte, zeigt die Auswirkung des französischen Vorbildes. Er war der Mittelpunkt eines Kreises aus südwestdeut-
schem Adel, dessen Angehörige in staufischen Diensten standen, durchweg zwischen 1180 und 1190 in Italien gewesen waren
und sich eng an die Troubadourkunst des südlichen und nördlichen Frankreich anlehnten. Jetzt entwickelte sich das mehr-
strophige Lied mit kunstvoll wechselndem Versbau in der gleichen Strophe, mit reicher rhetorischer Wortwahl und vielseitiger
Reimbindung. Neu waren vor allem: daktylische Zehnsilbler und
die Durchreimung der Strophe. Diese Lyrik ist das Gefäß eines
freieren, bewußt gepflegten Gefühls. Im Westen setzte diese
Strömung ein, die das Ethos und die Idealität des hohen Minnedienstes rein ausprägte. Heinrich von Veldeke ging mit
einigen Liedern voran. Im Umkreis des staufischen Kaiserhofes
fand die neue Kunst eine eifrige Pflege – Kaiser Heinrich VI.
hinterließ drei Lieder, die er mit 20 Jahren nach seiner Ritter-
weihe verfaßte, jubelnd von Liebe und kaiserlicher Herrlichkeit.
Neben ihm stehen der Schwabe Bernger von Horheim,
den Heinrichs Heerfahrt von der Geliebten trennte, der Alemanne
Graf Rudolf von Fenis (gest. ca. 1196) und der Rhein-
pfälzer Ulrich von Gutenburg. Er führte den *Leich* (ein
aus mehreren ungleichmäßigen Strophen gebautes Lied) aus der
geistlichen Dichtung in den Minnesang ein. „Van minnen komet
allet gut; di minne maket reinen mut, wat solde ich âne minne
dan?“, dichtete H. v. Veldeke. Höfische Freude verbindet sich mit
zarten Naturschilderungen.
Parallel der Epik setzte die große Zeit des Minnesanges um 1190
ein, in der das eben Errungene frei und schöpferisch ausgestaltet
wurde. Die Voraussetzungen waren eine gefestigte höfische
Kultur, die Ausbildung einer aristokratischen, gebildeten Dichtersprache, die Fähigkeit zum vergeistigten, schmiegsamen und
klangvollen Wort, der Sinn für Maß, Schönheit und geläuterte
Form. Der Thüringer Ministeriale Heinrich von Morungen (gest. 1222), der im Dienst des Markgrafen von Meißen
stand, hatte die provenzalischen und antiken Vorbilder (Ovid)
so in sich aufgenommen, daß er das deutsche Lied aus ihnen
heraus zu seiner künstlerischen Vollendung zu bringen vermochte. Der Motivkreis des hohen Minne bleibt bei ihm ge-
wahrt – aber in seinen Grenzen entfaltete er eine außergewöhn-
liche geistig-sinnliche Ergriffenheit, eine große Fülle von eigenen,
erlebnishaft vollen Tönen und Variationen. Hier spricht einer
der größten deutschen Lyriker. In der Spannung zwischen dem

höfischen Typus und persönlicher Erregung findet er seine eigene
Sprache. Sie erhält einen hymnischen Schwung – sinnliche Glut
schmilzt in die seelische Inbrunst ein.

> In sô hôe swebender wunne
> sô gestuont mîn herze an fröiden nie.
> ich var alse ich fliegen kunne
> mit gedanken iemer umbe sie,
> sît daz mich ir trôst enpfie,
> der mir durch die sêle mîn
> mitten in das herze gie –

> In so hoher, schwebender Wonne / War mein Herz in Freu-
> den nie / Ich kreise, als ob ich fliegen könnte / In Gedanken
> immer um sie. / Seit mir ihre Gnade wurde / die mir durch
> die Seele mein / mitten in das Herz traf.

Das Preislied überwiegt bei ihm die Klage. Die Freude gibt die
Grundmelodie. Eine fast religiöse Andacht vergleicht die Geliebte der Himmelskönigin. Eros und Glaube verbinden sich –
noch im Jenseits lebt die Minne fort: als der Ausdruck eines
grenzenlosen, verehrenden Werbens. Diesem Erlebnis entsprach
eine bisher unbekannte Klangfülle, Reimkunst und Bildkraft.
Heinrich von Morungen wußte um seine Berufung: „wan ich
durch sanc bin zer werlde geboren."
Neben dieser Leistung, die sich bewußt schon dem Selbstzweck
der Kunst zugewendet hat, sehr persönlich in der Gestaltung
und Spiegelung des Fiktiven, hinreißend in der Meisterschaft
des Bildens, erscheint die zyklische Lyrik des Reinmar von
Hagenau (ca. 1160–1205) völlig gesellschaftsgebunden. Er
kam aus dem Elsaß und brachte die neue Kunst nach Wien an
den Hof Herzog Leopolds. Von seinem Tode hat Walther von
der Vogelweide bald nach 1203 gesprochen. L. Uhland nannte
ihn den Scholastiker der unglücklichen Liebe. Als Meister des
französischen Stils wurde er von den Zeitgenossen sehr gefeiert.
Er kannte nur einen Ton, nur ein Thema – die elegisch trau-
ernde, schmerzlich sehnsüchtige, nie durch Freude und Erfüllung
erlöste Klage. Vergeblich ist sein Lob der edlen Frauen – „sô
wol dir wîp, wie reine ein nam". Allzu bewußt und reflektierend,
fast stolz auf seine Not, breitet er sein Minneleid in immer
neuen Variationen aus: „daz niht mannes siniu leit so schone
kan getragen." Reinmar war der höfische Gedankenlyriker, weich
und zart, empfindsam und vergeistigt. Es erscheint erstaunlich,
daß diese höchst nuancierte Formkunst in dem Wiener Adels-

kreise eine so starke Teilnahme fand. Bald allerdings raubte ihm ein Größerer, vermutlich sein Schüler, den Ruhm: W a l t h e r v o n   d e r   V o g e l w e i d e.

Bei ihm begegnet uns eine Dichtung mit eigener Stimme. Sie verrät wenig von seinem äußeren Leben, aber sie läßt seine innere Gestalt aufwachsen. Sie zeichnet einen Charakter, in dem sich viel verbindet: ein adlig stolzer Geist, ein unbeugsamer Mut, heftige Erregbarkeit, eine unstäte Umgetriebenheit und Daseinsnot, höfischer Sinn und eine warme Menschlichkeit, Lebensfülle und ein leicht bewegtes Herz, politisches Denken und ein nationales Bewußtsein. Er war dem Schönen und Guten zugetan und bewahrte in einem an Kämpfen und Enttäuschungen reichen Leben einen starken Glauben und eine glückhaft-sinnliche Weltfreude. Walther wurde um 1170 wohl in Österreich geboren; lange hat er am Wiener Hof in Reinmars Nähe gelebt. Sein stärkeres Temperament lehnte sich gegen ihn auf; bereits für den jungen Dichter ist der Wille zu Freude und Frohsinn typisch. „Nieman me froide tauc." In einer Auseinandersetzung mit dem älteren Elsässer fand Walther seinen Stil und Ausdruck: gegen die ätherische Vornehmheit der erlauchten Dame setzte er ein lebensvolles Mädchen, gegen eine nur geistige Verehrung die echte, blutvolle Herzensneigung, gegen die hartherzige Unzugänglichkeit eine zarte Hingabe. Er wandelte das ästhetische Spiel und den höfischen Schein zu Natur und Lebensfülle. Auf der Grundlage der heimischen Liebeslyrik, vielleicht auch unter der Einwirkung lateinischer Vagantenlieder, löste sich Walther von der westlichen Art des höfischen Sanges – bis zu jenem schönen Preislied an die deutsche Frau (ca. 1203), in dem sich eine ehrfürchtige Liebe mit nationalem Hochgefühl verbindet: „tugent und reine minne, swer die suochen wil, der sol komen in unser lant: da ist wünne vil: lange müeze ich leben dar inne." Deutlich lassen sich die Gedichte, in denen er noch Reinmars gedanklichem, künstlichem Stil folgt, von der Liedergruppe unterscheiden, in denen Walther voll Farbe und Bewegtheit aus eigenem Gefühl und mit einer bisher unbekannten Nähe zu der Geliebten singt. Welche Anmut und sinnliche Heiterkeit spricht aus den folgenden Strophen, die er einem Mädchen in den Mund legt:

Under der linden
an der heide
dâ unser zweier bette was,
da muget ir vinden
schône beide

gebrochen bluomen unde
   gras.
Vor dem walde in einem tal,
tandaradei
   schône sanc diu nahtegal.

Ich kam gegangen　　　　　　daz ich bin saelic iemer mê.
zuo der ouwe:　　　　　　　　Kuster mich? wol tûsent-
dô was mîn friedel komen ê.　　stunt:
Dâ wart ich enpfangen,　　　　tandaradei
hêre frouwe　　　　　　　　　seht, wie rôt mir ist der munt.

Unter der Linde / Auf der Heide / Wo unser beider Bett war, /
Da mögt ihr finden / Wohl beides / Zerknittert, Blumen und
Gras. / Vor dem Wald in einem Tal / Tandaradei / Schön sang
dort die Nachtigall.
Ich kam gegangen / Zu der Au: / Da war mein Freund schon ge-
kommen. / Da ward ich empfangen, / Stolze Frau! / Des werde
ich immer glücklich sein. / Küßte er mich? Wohl tausendmal: /
Tandaradei / Seht, wie rot ist mir der Mund.

Herzlich, schlicht, natürlich wird Walthers Sprache; seine Liebeslieder sprengten die höfische Konvention und füllten sich mit
einem Liebeserfahren, das aus dem Herzen spricht und nicht
mehr nur ständischen Gesetzen folgt. Hingabe und Vertrauen verbindet jetzt die Seelen der Liebenden. „Minne ist zweier herzen
wunne." Diese sogenannten *Mädchenlieder* Walthers sind nicht
mehr einer verheirateten Frau gewidmet. Aber gemeinsam mit
dem hohen Minnesang bleibt Walthers Liebeslyrik das ethische
Grundgefühl; als ein andächtiges Verehren, ein zartes Empfinden, als der Lobpreis der *triuwe* und *staete*, der *güete* und
kiusche. Das Gefühl weitet das Höfische zum Allgemein-Menschlichen, ohne doch seine Zucht und seine sittlichen Voraussetzungen
zu leugnen. Walthers sehr verfeinerte, graziöse Verskunst gibt
den natürlich-schlichten Motiven Anmut und sittlichen Adel. Mit
den ungefügen Tönen der Bauern wollte er nichts gemein haben.
In seinen Liedern gelang die Harmonie von Wort, Klang und Gehalt.

　　　Waz hât diu welt ze gebenne
　　liebers danne ein wîp,
　　daz ein sende herze baz gefröwen müge?
　　Waz stiuret baz ze lebenne
　　danne ir werder lîp?
　　în weiz niht daz ze allen fröiden hôher tüge,
　　swenne sô ein wîp von herzen meinet
　　den der ir wol lebt ze lobe.
　　dâ ist ganzer trôst mit fröiden underleinet:
　　disen dingen hât diu welt niht dinges obe.

Was hat die Welt zu geben / Lieberes als ein Weib / Das
ein sehnendes Herz mehr erfreuen möge? / Was hilft besser
zum Leben / Als ihr geliebtes Wesen? / Ich kenne nichts,
was höher zur höchsten Freude tauge / Als wenn ein Weib
so aus vollem Herzen liebt / Den, der ihr lebt zum Preise. /

Da ist herzliche Wonne, mit Freuden ausgeziert / Nichts gibt es Besseres in der Welt.

Zugleich hob Walther den einstrophigen *Spruch* der älteren Tradition und der Fahrenden in wesentlich kunstvolleren, reicher gegliederten Strophen zu einer gleichwertigen Sonderform der höfischen Dichtung. Sein Leben riß ihn in die politischen Kämpfe der Zeit hinein. Nach dem Tode des Herzogs Friedrich von Österreich mußte er den Sicherheit und Heimat gebenden Wiener Hof verlassen (1198). Arm, ohne Hilfe, ruhelos und auf die *milte* gnädiger Gönner angewiesen, wie Walthers sehr persönliche Bittstrophen zeigen, mußte er das Wanderleben des Fahrenden von Hof zu Hof auf sich nehmen. Sein Stolz setzte ihm hohe Ziele: er findet sich im Gefolge König Philipps von Schwaben, dann König Ottos IV., endlich bei Kaiser Friedrich II., in Eisenach bei Wolframs Gönner, dem Landgrafen Hermann von Thüringen, beim Markgrafen von Meißen, bei dem Bischof Wolfger von Passau (1203), dem Patriarchen von Aquileja, bei dem Reichsverweser Erzbischof Engelbrecht von Köln und auch zeitweilig wieder am Wiener Hofe. An die heimische Spruchdichtung anknüpfend gab er ihr das große Thema: Kaiser und Reich im staufischen Sinne. Eine politische Dichtung großen Stils gab es bisher nur im Latein des namenlosen A r c h i p o e t a (ca. 1160), der dem Kaiser Friedrich Barbarossa und dem Erzbischof Reinald von Dassel zur Seite stand. Von ihm stammte auch das oben zitierte, weltberühmte *Meum est propositum* (vgl. S. 62). Von dem staufischen Reichsgedanken mächtig ergriffen, vom Wissen um politische Pflicht und Verantwortung getragen, griff Walther, einem Prediger vergleichbar, in die großen Weltereignisse, den Kampf zwischen Kaiser und Papst, ratend, mahnend, scheltend ein. Er war stolz auf die Wirkung seiner Sprüche. Immer waren sie kurz, von energischer, leicht faßbarer Bildkraft, die sich dem Gedächtnis einprägte und das Gedanklich-Abstrakte vermied. Immer ging es ihm um die Macht, Idee und Größe des Reiches, auch wenn er mehrfach, von dem Wechsel der politischen Verhältnisse und von persönlichen Enttäuschungen getrieben, die Partei ändern mußte. Der Not und Verwirrung der Rivalitäten der Stämme und Könige setzte er ein sehnsüchtig umworbenes Bild einer geordneten Welt gegenüber. Mit heftigem Zorn bekämpfte er das politische Spiel des Papstes; gegen sein unchristliches Gebaren beschwor er die Gestalt des frommen Klausners, der die Reinheit der wahren Kirche und die Gemeinschaft des echten Glaubens verkörpert. Untreue und Gewalt

verdrängen den Frieden und das Recht; kaiserlos ist das Volk,
Not zeigt sich überall, Rom lügt und trügt.

> Ich hôrte ein wazzer diezen
> und sach die vische fliezen,
> ich sach swaz in der welte was,
> velt walt loup rôr unde gras,
> swaz kriuchet unde fliuget
> und bein zer erde biuget.
> daz sach ich, unde sage iu daz:
> der keinez lebet âne haz.
> daz wilt und daz gewürme
> die strîtent starke stürme,
> sam tuont die vogel under in;
> wan daz si habent einen sin:
> si dûhten sich ze nihte,
> si enschüefen starc gerihte.
> si kiesent künege unde reht,
> si setzent hêrren unde kneht.
> Sô wê dir, tiuschiu zunge,
> wie stêt dîn ordenunge!
> daz nû diu mugge ir künec hât,
> und daz dîn êre alsô zergât
> bekêrâ dich, bekêre.
> die cirkel sint ze hêre,
> die armen künege dringent dich:
> Philippe setze en weisen ûf
> und heiz si treten hinder sich.

Ich hörte ein Wasser rauschen
  und sah die Fische gleiten;
ich sah, was alles in der Welt war,
  Feld, Wald, Laub, Rohr und Gras,
was da kriecht und fliegt
  und das Bein zur Erde biegt.
Das sah ich, und ich sage euch das:
  Nicht eines darunter lebt ohne Haß.
Das Wild und das Gewürme,
  Die streiten starke Stürme.
Ebenso tun es die Vögel untereinander.
  Nur daß sie haben einen Sinn;
Sie würden sich selbst verachten,
  schüfen sie nicht ein starkes Gericht.
Sie wählen Könige und Gesetze,
  sie setzen die Ordnung von Herr und Knecht.
Wehe dir, deutsches Volk,
  wie steht es mit deiner Ordnung?

> Die Mücke hat nun ihren König,
> Aber deine Ehre zergeht.
> Bekehre dich, bekehre!
> Die Fürsten sind zu übermütig,
> Die kleinen Könige (Frankreich, England) bedrängen
>   Philipp, setze die Krone auf   [dich.
> und lasse sie sich bescheiden.

Niemals ging es Walther bei aller literarischen Aktivität nur um die Politik des Tages, sondern stets um die Idee des staufischen Weltreiches und seine innere Begründung.

Viel Pessimismus durchzieht die Gedichte des alten Sängers, obwohl sie noch an geistig-seelischer Weite und Dichte zunehmen. Es ist ein typisches Zeichen des gereiften Altersstils, daß das Gedanklich-Allgemeine stärker als bisher hervortritt. Wohl hatte er endlich um 1220 bei Würzburg von Friedrich II. das lange ersehnte Lehen erhalten – ergreifend ist der Jubel über den eigenen Besitz, „bi eigenem fiure erwarmen" zu können. Aber der Dichter, der in seinen ritterlichen Lehrsprüchen die *mâze,* die *zuht* und die *êre,* damit das Ideal einer christlichen Humanität feiernd, gelehrt hatte, sah nun mit Klage und Enttäuschung nach 1220 den Niedergang des hohen Sanges und der höfischen Freude und Zucht. Die Welt hatte vergessen, zu singen, zu tanzen und zu lachen. Sehr persönlich und bekenntnishaft ist die religiöse Entsagungsstimmung des alten Walther, sein Wissen um das Vergängliche und sein Abschied an die Frau Welt, die sich als trügerisch erweist. Dennoch hebt diese asketische Weltabsage den Sinn und Wert seines Lebenswerkes nicht auf. Eine religiöse Schwermut, die den Jüngsten Tag nahe glaubt, durchzieht die Spruchreihe, die mit den Kreuzzugsvorbereitungen Kaiser Friedrichs II. zusammenhängt: „nu sul wir fliehen hin ze gotes grabe". Dem gleichen Jahre entstammt seine breit dahinströmende, lebensmüde und doch vom ritterlichen Geiste getragene Elegie.

> Owê war sint verswunden alliu mîniu jâr?
> ist mir mîn leben getroumet, oder ist ez wâr?
> daz ich ie wânde ez waere, was daz allez iht?
> dar nâch hân ich geslâfen und enweiz es niht,
> nu bin ich erwachet, und ist mir unbekant
> daz mir hie vor was kündic als mîn ander hant.
> liut unde lant, dâ ich von kinde bin erzogen,
> die sint mir frömde worden reht als ez sî gelogen.
> die mîne gespilen wâren, die sint traege und alt.
> bereitet ist das velt, verhouwen ist der walt...

O weh, wohin sind verschwunden alle meine Jahre?
Habe ich mein Leben geträumt oder ist es wirklich wahr?
Was ich immer glaubte, daß es etwas wäre, war das etwas?
Da hätte ich nur geschlafen und weiß es nicht.
Jetzt bin ich erwacht, und es ist mir unbekannt,
Was mir davor bekannt war so wie meine eigene Hand.
Leute und Land, wo ich von Kindheit an erzogen wurde,
Sie sind mir fremd geworden, als wäre es alles nicht wahr.
Die meine Gespielen waren, sie sind nun müde und alt.
Beackert ist das Feld, gerodet ist der Wald...

Die Jugend, das Mannestum und das Alter haben in Walthers
Lebenswerk in Minnefreude, in dem politischen Kampf und in
der frommen Einkehr eine jeweils vollendete Ausprägung ge-
funden. Er ist neben Wolfram der größte Dichter des hohen
Mittelalters in Deutschland gewesen: in dem Ernst und der
Tiefe seines Erlebens, in dem Pathos und dem Ethos seines
Wirkens, in seiner geistigen Weite und seiner sinnlichen Fülle
und in der Kunst der Sprache.

Hartmann von Aue nahm in wenigen erhaltenen Liedern den
westlichen Minneton und die religiöse Kreuzzugsstimmung auf;
Wolfram von Eschenbach ging auch hier seine eigenen Wege.
Nach provenzalischen Anregungen entwickelte er breit das Tage-
lied mit den Erzählmotiven des nahenden Tages, der letzten
Liebkosungen, des wehmütigen Abschiedes und mit einem dra-
matischen Dialog zwischen dem Wächter, der Frau und dem
Ritter; hinzu trat bei ihm der Preis der ehelichen Liebesgemein-
schaft. Ein starker Ton schwingt in seinen wenigen erhaltenen
Liedern.

Aber auch im Minnesang folgte der reifen Form ein rascher Verfall. Die reiche, aber eigenwillige Lieddichtung des bayrischen
Ritters N e i d h a r t v o n R e u e n t h a l, die schon Walther
zornig erwähnt, führt die bald eintretende innere Auflösung und
Selbstzersetzung des höfischen Liedes vor Augen. Zwischen 1217
und 1237 nachweisbar, lebte Neidhart zunächst am herzoglichen
bayrischen Hof in Landshut, später beim Herzog von Österreich
in Wien. Der Minnesang war ihm vertraut; er verband ihn mit
einer kühnen, in ihren Einzelheiten kaum noch verständlichen
Parodie, mit derben Neck- und Liebesversen aus der heimischen
Volkspoesie, aus dem Kreis der brauchtümlichen Jahreszeitenspiele und aus der lateinischen Vagantendichtung. Die höfischen
Motive werden von Neidhart in das ironisch-drastische Gegenteil verkehrt. In seinen sogenannten *Sommerliedern* herrscht ein

erregtes Begehren, wilde Freude, ein unverhülltes Verlangen – in den sogenannten *Wintertanzliedern* wird eine schmerzliche Liebesklage mit dem groben, höhnischen Spott über rüpelige Bauern und über das eigene erotische Mißgeschick verbunden. Die ständische Satire richtet sich nicht nur gegen die Bauern, sondern auch, wenn die *geilen dörper* im Minnestreit und Werben über den Ritter siegen, gegen das eigene Ich und seine verlorenen Standesvorrechte. Der hohe Stil des höfischen Sanges wird von ihm virtuos und grell dissonierend mit dem Grob-Komischen und selbst Obszönen vermischt. Das Lachen wird zur zynischen Gebärde, und der Widerspruch von Motiv, Stoff, Sprache und Situation wird witzig gesteigert. Die große Wirkung dieser Verse im spätmittelalterlichen Schwank und Volkslied, die Neidhart zu einer legendären Gestalt umformte, beweist, wie sehr sie seiner Zeit entsprachen, die nach schneller Auflösung des Formgewissens der Reiz des sinnlichen Stoffes und der parodistisch spielerischen Ironie fesselte. Das Lied drängte zum Volksgrunde zurück, aus dem es sich herausentwickelt hatte. Aber das Bäuerlich-Volkstümliche wurde nun aus der Distanz eines überlegenen ständischen Bewußtseins heraus parodiert oder auch als ein sinnlich-derber Rausch genossen.

Wie sich die ritterlichen Formen verwandelten, zeigen die Tanzlieder des Tannhäuser (geb. ca. 1200 aus ritterlichem Geschlecht bei Nürnberg). Er nahm 1228 am Kreuzzug teil und lebte bis 1246 im Wiener, danach im bayrischen Hofdienst. Um 1267 ist er gestorben. Alles gerät hier in eine vitale sinnliche Bewegtheit. Den höfisch gemessenen Reigen löste jetzt ein schnelles, wildes Springen, wie bei der bäuerlichen Lustbarkeit auf dem Dorfanger, ab. Auch der Inhalt und die Sprache seiner Lieder zeigen bei allem Reiz der ausgelassenen, jauchzenden Lebensfreude im virtuosen Durcheinander von Ernst und Parodie, Übermut und Klage diese Auflösung. Witzig verspottete er die Vorl: be für Fremdworte im höfischen Sang.

> ein riviere ich dâ gesach
> durch den fôres ging ein bach
> zetal übr ein plâniure.
> ich sleich ir nâch, unz ich si vant, die schoenen creatiûre.
> bî dem fontâne saz diu klâre süeze von faitiure.

> Einen Fluß ich da sah / Durch den Forst ging ein Bach /
> Zum Tal über eine Wiese. / Ich schlich ihr nach, bis ich sie
> fand, die schöne Kreatur. / Bei dem Brunnen saß sie, klar
> und süß von Angesicht.

Neue Motive fand der späthöfische Sang über solche Steigerung und Vereinzelung der überkommenen Motive hinaus nicht. Wohl dichtete ein Kreis von schwäbischen Adligen um König Heinrich VII., den unglücklichen Sohn Friedrichs II., um die Mitte des 13. Jahrhunderts, wie G o t t f r i e d v o n N e i f e n, B u r k a r t v o n H o h e n v e l s oder der Augsburger Domherr U l r i c h v o n W i n t e r s t e t t e n u. a., von der hohen Minne. Aber sie lernten gleichzeitig die Tanzweisen niederer Minne von Neidhart, dem Tannhäuser und vom heimischen Volkslied, so daß sich bei ihnen eine Art von höfischem Dorflied entwickelte. Es variiert die Motive des bäuerlichen, derben Liebestreibens auf mannigfaltige Weise und feiert sie als eine Welt sinnlicher Freude und Freiheit. Auch da glückten noch viele reizvolle Gedichte, wie z. B. Neifens Wiegenlied der zum Tanz unter der Dorflinde verlangenden Mutter.

> Sol ich disen summer lanc
> bekumbert sîn mit kinden,
> so waer ich vil lieber tôt.
> des ist mir min fröide kranc.
> Sol ich niht zen linden
> reigen, owê dirre nôt!
> wigen, wagen, gigen, gagen.
> wenne wil ez tagen?
> minne, minne trûte minne, swîc
> ich wil dich wagen.

Soll ich diesen Sommer lang / Bekümmert sein mit Kindern? / Da wäre ich viel lieber tot. / Das nimmt mir alle Freude. / Soll ich nicht zur Linde / Tanzen, o weh, welche Not! / Wigen, wagen, gigen, gagen / Wann wird es werden Tag? / Liebes, trautes Liebes, schweig / Ich will dich wiegen.

Was hier als eine Parodie aus dem höfischen Bewußtsein heraus, was als Offenheit gegenüber dem alten heimischen Sang zu werten ist, läßt sich schwer unterscheiden. Deutlich aber wird, wie das ritterliche Lied aus einer überzüchteten und künstlichen Isolierung hinaus zu der Wirklichkeit des sinnlichen Lebens drängte.

Allerdings blieb auch eine Gegenwirkung nicht aus. Der Landeshauptmann der Steiermark, U l r i c h v o n L i c h t e n s t e i n (ca. 1198–1276), der eine bedeutende Rolle in den politischen Kämpfen der Zeit spielte, setzte gegen diese Formzerstörung bewußt das Ideal einer vergeistigten Minnedichtung. In formvollendeten Liedern, die sein eigenes Leben auf höfische Weise stilisieren, gab er eine Art von Selbstbiographie. In seinem

Frauendienst (1255), den Memoiren seines ritterlichen Minne-
lebens, neben die er eine Minnelehre in Versen, das Streit-
gespräch *Frauenbuch* (1257) – die Dialogform wurde jetzt beliebt – gesellte, soll das klassische Ideal des Minneritters bewahrt
werden. Doch unverkennbar ist die nur noch literarische, ästhetisch künstliche Gebärde. Für Lichtenstein ist der hohe Minnedienst nicht mehr ein lebenformendes Ethos, sondern ein artisti-
sches Thema, das in seiner Spannung gegenüber einer ganz
andersartigen Wirklichkeit die innere Unsicherheit verrät. Seine
Übersteigerungen ergeben fast groteske Züge. Das Erbe der
mittelhochdeutschen Sprachkultur mit seinem ästhetischen Reiz
und seiner melodischen Schmiegsamkeit blieb erhalten, aber die
gröbere reale Wirklichkeit stellte immer stärkere Ansprüche.
Steinmar von Klingenau (1251–1293) dichtete jetzt derb
realistische Schwänke, in denen der Knecht und die Stallmagd
an die Stelle des höfischen Paares treten. Er schrieb Trink-
und Herbstlieder, die die leiblichen Genüsse drastisch feiern.
Durch G. Kellers Züricher Novellen (vgl. S. 423) blieb sein Nachfolger, Johannes Hadlaub (ca. 1293–1340), wohlbekannt.
Er gab in lyrischen Versen autobiographisch Ereignisse seines
Liebeslebens mit bürgerlichem ,Realismus' zum besten. Trotz
seines großen Formgeschicks paßt das höfische Sprachgewand nur
noch ungenau zu ihnen. In der Schweiz entstand in einem
Kreise eifriger Förderer Hadlaubs die umfassendste lyrische Anthologie des Mittelalters, die *Heidelberger* sog. *Manessesche
Liederhandschrift*, ca. 1310 bis 1330 aus älteren Sammlungen zusammengestellt. Sie ordnet systematisch, nach ihrem sozialen
Rang, mehr als 100 Dichter und fügt jedem ein symbolisches
Bild bei, das seine Eigenart ungefähr andeutet. Gerade diese
künstlerisch prachtvolle Sammlung ist typisch für die Zeitlage;
wenn die lebende Schöpfung versiegt, schlägt die Stunde der auf-
bewahrenden, ehrfürchtig zurückblickenden Antiquare. Von
Steinmar führte der Weg zum Volkslied des ausgehenden Mittelalters, von Konrad von Würzburgs (vgl. S. 55) zierlicher,
blasser und preziöser Gedankenlyrik geht die Entwicklung zum
Meistersang weiter (vgl. S. 103). Wohl erschien im 14. Jahrhundert in Oswald von Wolkenstein (vgl. S. 105) nochmals ein
bedeutender lyrischer Dichter, aber das Erbe des Minnesangs
verlor sich allmählich im volkstümlichen und bürgerlichen Ge-
sellschaftsliede oder in der ehrgeizig gelehrten meistersinger-
lichen Dichtung eines Frauenlob (vgl. S. 104) und seiner kunst-
beflissenen, aber schwerfälligen und trockenen Nachahmer.

VII

DAS HELDENEPOS

Seitdem die epische Buchdichtung aus den Händen der Geistlichen in die Pflege des Rittertums übergegangen war, trat die literarische Überlieferung der H e l d e n s a g e in ein neues Stadium ein. Sie hatte mündlich wesentlich in der alten Liedform fortgelebt, bis im Zeitalter des höfischen Epos auch das Heldenlied in die breite Form des neuen Erzählstils umgegossen, von innen heraus aufgeschwellt und erweitert wurde. Das Ethos, der Stil und die Sprache des Heldenliedes waren altertümlich geworden. Dennoch starb es nicht aus; einige Zeugnisse aus späterer Zeit beweisen, daß es auch in der kurzen Liedform in der Volksdichtung weiterlebte. Aber um 1160 griff die neue epische Großerzählung nach den Stoffen der Heldensage. Im bayrisch-österreichischen Südosten entstanden damals die verlorengegangenen Epen vom Untergang der Burgunden und von Dietrichs Flucht. Um 1200 formte ein unbekannter Dichter, der ein Zeitgenosse Wolframs und Walthers war, aus der Sage von Siegfried und Brünhilde und aus der Sage vom Untergang der Burgunden an Etzels Hof eine einheitliche große Dichtung. Trotz mancher geistiger und formaler Berührungen mit dem höfischen Epos des deutschen Südwestens hob sich dieses gewaltige Werk entschieden von ihm ab. Bezeichnend ist, daß der Verfasser seinen Namen verschweigt: dem Heldenepos als einer festen Überlieferung entsprach eine Objektivität, hinter der alles Persönliche zurücktrat und vor der die Willkür des persönlichen Gestaltens als unpassend erschien. Die Fabel war fest überliefert, das Ethos war in der heimischen Tradition verankert. Die Sage lebte aus einer Objektivität heraus, die festgehalten wurde und der sich der Dichter unterordnete – auch dort, wo er ergänzte und änderte.

Aus der heimischen Überlieferung nahm dieser unbekannte Dichter des *Nibelungenliedes* seine strophische Versform (die sogenannte Nibelungenstrophe), die ihrerseits einen anderen Sprachstil forderte: an die Stelle der rasch beweglichen und pausenlos fließenden Reimpaare des höfischen Epos trat ein langsamer, rhythmisch stark betonter, durch Pausen feierlich gehobener

Sprachstil. Er wirkte altertümlicher und wuchtiger und entsprach
so dem Geist des Heldensangs. Die Nibelungenstrophe wurde
das beliebte Versmaß der jüngeren mittelhochdeutschen Volks-
epen (Ortnit, Wolfdietrich, Rosengarten). Sie kehrt beim Kürenberger (vgl. S. 63) und auch bei Walther wieder. Vier Lang-
zeilen bilden die Strophe – jede von ihnen setzt sich aus zwei
Halbzeilen zusammen. Die vorderen Halbzeilen sind vierhebig,
die ersten drei hinteren Halbzeilen sind dreihebig gebaut, während die vierte hintere (letzte) Halbzeile vierhebig ist und so
den Abschluß der Strophe stark betont.

> Sîfrit was küene   kreftic unde lanc
> den stein warf er verrer   dar zuo er wîter spranc
> von sînen schoenen listen   het er kraft genuoc,
> daz er mit dem sprunge   den künic Gunther truoc.

Siegfried war kühn / kräftig und lang. Den Stein warf er
weiter / dazu er weiter sprang. Dank seiner großen List /
hatte er Kraft genug, so daß mit dem Sprunge / er König
Gunther trug.

Der Satzbau ist schlichter, die Wortwahl ist altertümlicher; der
Dialog ist knapper und hintergründiger gehalten. Im höfischen
Epos konnte der Dichter seine Virtuosität der Form entfalten –
in der Heldenepik sollte das Geschehen durch sich selbst und seine
Größe wirken. Aber das Nibelungenlied zeigt trotzdem einen
starken Zuschuß höfischer Dichtungs- und Kultureinflüsse.
Noch immer ist die Vorgeschichte ungeklärt. Ein kürzeres Lied,
das sogenannte *Brünhildelied*, erzählte die Sagen von Siegfried
und Brünhild, von Gunthers Werbung und Siegfrieds List, vom
Zank der Frauen vor dem Dom von Worms und Brünhildes
Rache. Mancherlei Märchenmotive mischten sich hinein, die sich
besonders um Siegfrieds Gestalt sammelten, z. B. der unheil-
bringende Schatz, die Zwerge, die Tarnkappe, der Lindwurm;
dazu traten mythische Züge, die vor allem Brünhild zukamen
und die in der nordischen Sage weiter ausgeführt wurden (Wal-
küre, Waberlohe, Zaubertrank). Neben diesem Brünhildelied
existierte die sogenannte ältere *Der Nibelunge Nôt*, ein vor-
höfisches heldisches Epos aus der Mitte des 12. Jahrhunderts, das
nach älteren Sagenliedern vom Untergang der Burgunden am

Hof des Hunnenfürsten Attila (Etzel) durch die Rache Kriemhilds berichtete. In der nordischen *Thidreksaga* (Mitte des 13.
Jahrh.) ist in abgewandelter Form das ältere Nibelungenlied, das
von Siegfrieds Tode erzählte, vielleicht erhalten. Niederdeutsche
Kaufleute aus Soest und Bremen hatten in Skandinavien von
den deutschen Sagen berichtet. Ungefähr läßt sich die Entwicklungsgeschichte dieser beiden Sagenkreise seit ihrem vermutlich
fränkischen Ursprung verfolgen. Ein innerer Zusammenhang
zwischen ihnen muß zuerst im bayrisch-österreichischen Raum
gefunden worden sein; der Untergang der Burgunden wurde
hier als die Rache Kriemhilds für Siegfrieds frevelhafte Ermordung aufgefaßt. Der österreichische Dichter, der um 1160 das
ältere Epos (die sogenannte *Ältere Not*), das von der Einladung
Etzels bis zu der Katastrophe der Burgunden am hunnischen Hof
reichte, in strophischer Form schuf, hielt sich offenbar dem Geist
des alten Heldensangs noch nahe – er betonte das Tragisch-
Heroische, das Knappe und Wuchtige. Sein Nachfolger, der die
beiden Sagenkreise endgültig und großartig vereinte, war dem
höfischen Geist um 1200 weit näher. Dies zeigt vor allem der
erste Teil seiner umfangreichen Dichtung.

Ritterliche Bildung herrscht am rheinischen Burgundenhof; ein
verfeinertes Empfinden läßt aus der Liebe zwischen Siegfried
und Kriemhild fast einen Minneroman werden, und die Liebes-
sprache des frühen Minnesangs taucht auf. Die Wirkung der
neuen Epik zeigt sich darin, wie Kriemhilds seelische Entwicklung
verfolgt wird – es ist der Weg der liebenden, zarten und keuschen Jungfrau zur beseligten, stolzen Gattin und zur verzweifelten, im Schmerz wild aufbegehrenden Witwe. In dem Ausbruch
von Schmerz und Haß nach Siegfrieds Tode wächst sie allerdings
weit über das von Zucht und Maß gelenkte Menschenbild des
höfischen Ideals hinaus; da erhält ihre Gestalt das Pathos der
tragischen Heldensage.

Am Ende des ersten Teils und in der Gestalt der Brünhilde deutet sich jene bis zur Raserei gesteigerte dämonisch-unbedingte,
grausam vernichtende Stimmung an, die den zweiten Teil durchzieht; hier wird auch jenes düstere Schicksalsgefühl zuerst offenbar, das sich, mit großer dichterischer Kunst eingeführt, von
Beginn an im Traum und in ahnungsvollen Vordeutungen an-
kündigte. Schon der Frauenzank vor den Toren des Doms zu
Worms war eine meisterhafte Leistung des seelischen Ausdeu-
tens: ebenso das freie und heitere, von innen her erhellte Heldentum Siegfrieds, die schuldlos-schuldige Verstrickung Kriemhilds

in den Mord am Gatten durch den Verrat der Vorgänge in der Brautnacht Gunthers und Brünhilds und durch den Verrat des Geheimnisses der Verwundbarkeit Siegfrieds an Hagen. Gänzlich beherrscht diese Schicksalsstimmung den zweiten Teil – den großen Todesgang der Burgunden. Hagen tritt nun stärker hervor – so hart, unheimlich und düster wie Kriemhild, die Rächerin ihres Gatten. Beide leben in jener fast versteinerten, über alles Menschliche hinauswachsenden Unbedingtheit, die eine radikale Entscheidung erzwingt – auch um den Preis des eigenen Untergangs. Schon im ersten Teil drängte Kriemhild die mythische Brünhild in den Hintergrund; diese verlor in der Fassung des österreichischen Dichters um 1200 ihr heldisches Pathos, und sie sank mehr in das Abenteuerliche und fast Burleske hinab. Im zweiten Teil steht Kriemhild nun ganz als die treibende Kraft im Mittelpunkt. Sie ruft die Brüder, lockt Hagen zusammen mit ihnen in ihr Land. Sie reizt und jagt die Hunnen zum Kampf, sie treibt sie gegen die eigenen Brüder in den Tod. Sie stiftet den grausigen Saalbrand an. Unerbittlich bleibt sie von ihrem Rachewillen besessen – bis zu ihrem eigenen gewaltsamen Tode. Ähnlich wächst Hagen in das Übermenschliche hinein. Er weiß um das nahe Verhängnis und kämpft dennoch bis zu dem letzten Atemzuge. Er bejaht voll und rücksichtslos seinen Frevel an Siegfried, und noch im Tode triumphierend trägt er das Schicksal bis zu seinem blutigen Ende aus – treu seinem Gefolgsherrn und seinem eigenen Dämon, groß und entsetzlich in seiner Härte. Das gleiche Gesetz der Treue, der Waffenehre, der Schicksals- und Todesbereitschaft beseelt die anderen Gestalten. Mit einer großen Kunst stufte der Dichter die Charaktere ab – in Gunther, der sich von der Schwäche zum Heldenhaften wandelt, in dessen Brüdern und Gefolgsleuten wie in den Männern des Etzelhofes. Durch die Gestalt Kriemhilds und ihre allmähliche seelische Entwicklung schloß er die beiden Sagen zusammen; ihr Wesen und ihr Schicksal füllt das umfangreiche Epos jetzt vom Beginn bis zu seinem Ende aus. Je mehr sich ihre Gestalt steigert, um so furchtbarer wird das Geschehen um sie herum.

Es durchzieht den zweiten Teil ein Rausch des Sterbens, ohne Klage und Reue, auch ohne Gott und ein Jenseits. Vom Christentum ist das heldisch-tragische Pathos des Nibelungenliedes, wie schon Goethe bemerkte, nicht berührt. Nur Rüdeger von Bechlaren und Dietrich zeigen in dem zweiten Teil ein milderes Gesicht – an ihnen darf man die Hand des letzten Nibelungendichters erkennen, der der staufischen Ritterkultur näher stand

als seine vorhöfische Quelle, die „Ältere Not". Im inneren Kampf
zwischen dem Eid, den Rüdeger der Kriemhild geschworen hat,
und der Treuepflicht, die er den von ihm als Freunde in das
Land geleiteten Burgunden schuldet, ringt er um das Heil seiner
Seele. Was immer er tut – er muß schuldig werden. Im Kampf
gegen die Burgunden verletzt er nicht nur seine Ritterpflicht,
sondern er verliert im Treuebruch auch Gottes Huld. „Swelhez
ich nû laze unt daz ander began, so han ich boeslîche und vil
übele getan." Zeigen sich alle anderen hart und eindeutig – seine
weichere Innerlichkeit leidet an dem seelischen Zwiespalt und
fällt ihm zum Opfer. Man hat vermutet, daß Rüdegers Gestalt
etwas von der eigenen Art des unbekannten Dichters verrate –
ein vertraut Menschliches spricht in ihm inmitten der grausamen
Herbheit des Burgundenunterganges. Auch der Held Dietrich
verkörpert in seinen Versöhnungsversuchen, in seiner Trauer um
die Toten und in seiner beherrschten Ergebenheit in das Unentrinnbare (ez muose et also sîn) einen Geist der opferbereiten,
leidvollen Hingabe, der ohne eine christliche Seelenstimmung
nicht denkbar ist.

Aber entscheidend ist doch, wie sich der Dichter dem herben,
düsteren Geist der Sage anpaßte, wie er trotz seiner Zutaten
dem Tragisch-Heldischen nahe blieb. Die gewaltige Steigerung
des zweite.i Teils war nur aus einem solchen inneren Miterleben
möglich. Öffnete sich auch der erste Teil mit seinen breiten
Schilderungen des höfischen Zeremoniells, eines festlichen Glanzes, mit seinen oft getadelten „Schneiderstrophen", d. h. umfangreichen Kostümbeschreibungen und mit einigen grotesk-derben
Zügen dem Einfluß des höfischen Stils und der spielmännischen
Unterhaltungsdichtung, so bewahrte doch der zweite Teil das
Pathos des Heldischen. Die in ihn eingeschobenen Episoden, wie
etwa der Empfang in Bechlaren, steigerten nur die tragische
Handlung.

Konnte das Nibelungenlied auch nicht die Zahl der Handschriften von Wolfram von Eschenbachs Dichtungen erreichen –
der Umfang seiner handschriftlichen Überlieferung (ca. 30 Handschriften) auf Pergament und Papier deutet auf einen großen,
allerdings landschaftlich vorwiegend auf Tirol beschränkten
Leserkreis. Der unbekannte, viel umrätselte Dichter des Epos
hatte an der Donau gelebt; Beziehungen zu Passau lassen sich
erkennen. Die komplizierte Textgeschichte stellt viele Probleme;
welche von den älteren Fassungen A (Hohenems-Münchener
Handschrift, ca. 1270) und B (St. Galler Handschrift, ca. 1250)

den höheren Echtheitsrang hat, ist nicht endgültig entschieden. Die sogenannte Redaktion C (Hohenems-Donaueschinger Handschrift, ca. 1225) zeigt schon eine höfisch glättende jüngere Bearbeitung. An die Originalfassung des Epos schloß sich, als ein rückblickendes Nachspiel, die sogenannte *Klage* an. Sie spricht auch von einer lateinischen Nibelungendichtung aus dem 10. Jahrhundert, von der sonst nichts bekannt ist.

Das Ziel des höfischen Epos war eine ideale Kultur, sei es als Vollendung des ritterlichen Menschen durch *zuht* und *mâze*, sei es als eine christlich-ritterliche Humanität oder als eine Vergeistigung durch die Minne. Erhaben-tragische Schicksale waren der Inhalt der Heldendichtung; sie gestaltete Leidenschaften und Geschehnisse von einer übermenschlichen Wucht. Das Pathos lag bei ihr in der Unbedingtheit des Geschehens und der Charaktere. Neu war es im Nibelungenliede, wie durch die Verbindung der beiden Sagen sich das Motiv der inneren Entwicklung, vor allem Kriemhilds, eine innere seelische Handlung in das Geschehen einschob. Sie gab dem Epos jene Hintergründigkeit, auf der die letzte Unausdeutbarkeit Kriemhilds, Hagens, auch Siegfrieds, beruht. Sie ist das Zeichen der großen Dichtung, die eine unmittelbar gelebte Seinserfahrung gestaltet. So oft auch das Nibelungenlied später nachgedichtet wurde (von R. Wagner 1850/53, E. Geibel 1857, F. Hebbel 1862, W. Jordan 1868–1874, Paul Ernst 1909 u. a.), niemals wurde diese innere Größe der tragenden Gestalten wieder erreicht.

Neben das Nibelungen-Epos tritt das *Kudrun-Epos*, das ebenso im Südosten um 1230/40 als eine zweiteilige Erzähldichtung nach einem alten Heldenliede entstand (vgl. S. 8). Es erreichte sein Vorbild an dichterischer Größe und stofflicher Kraft nicht. Wir wissen wenig von seiner Vorgeschichte. Dem wiederum unbekannten Verfasser der „Kudrun" muß eine Hilde-Sage bekannt gewesen sein, die sich von dem Hilde-Lied unterschied, das der Pfaffe Lamprecht um 1170 nennt. In einer jiddischen Handschrift des 14. Jahrhunderts ist eine Dichtung *Herzog Horant* überliefert, die sich mit dem Hildeteil verwandt erweist. Soviel ist wohl gewiß: dort, wo ein altes Hilde-Lied den Stoff lieferte, ist das Kudrun-Epos reicher an Handlung und von kräftigerer Spannung als da, wo die eigentliche Kudrun-Handlung beginnt. Wie im höfischen Roman bildete die Liebes- und Entführungsgeschichte von Hilde und Hetel, Kudruns Eltern, die Vorgeschichte, die in dem Epos versöhnlich, nicht mehr tragisch, wie im alten Liede, endet. Es handelt sich um die typischen Motive der Braut-

werbung, Flucht, Verfolgung und des endgültigen Kampfes um
die Braut. Der Dichter nahm die Nibelungenstrophe auf, verband
sie aber mit der Titurelstrophe Wolframs (vgl. S. 47) zu einem
weicheren, gefühlhafteren Ton. Er folgte dem Beispiel des großen Nibelungendichters, dem Heldenlied und dem höfischen
Epos.

Auch hier wurde eine schmerzlich leidende und unbeugsam stolze
Frau zur Heldin. Aber sie steigert sich, so entschlossen ihre Haltung auch ist, nicht zu der Rachsucht der Kriemhild, sondern
nach einem standhaft trotzigen Ausharren neigt sie sich am
Schlusse versöhnungsbereit selbst ihrer ärgsten Feindin Gerlind
zu. Ihre Größe liegt in ihrer frauenhaften Leidensfähigkeit. In
ihr lebt der Stolz der Königstochter, deren Seele sich gegen alles
Nachgeben und erzwungene Gehorchen auflehnt. Das Wilde
und Gewalttätige des alten Stoffes ist in das Ritterliche umge-
bogen – trotz der grimmigen Reckenhaftigkeit des alten Wate,
trotz der heldischen Willenskraft Kudruns, der Bosheit Gerlinds
und blutiger Kämpfe. Das Schwergewicht liegt weniger auf der
unklaren Handlung als auf der Ausdeutung der seelischen Vorgänge; neben der großartigen inneren Entfaltung Kudruns steht
der ebenso innerlich gezeichnete, ritterlich liebende Hartmut.
Daß trotz eines stärkeren Realismus der Beschreibung das Ge-
schehnismäßige hinter dem Seelischen zurücktritt, beweist den
zunehmenden Einfluß des höfischen Romans auf die Sagendichtung.

Von einem um 1230 entstandenen Epos von *Walther und Hilde-
gund*, das die Nachfolge des lateinischen Epos Ekkeharts (vgl.
S. 21) antritt, sind nur knappe Reste erhalten. Reich gedieh die
Dietrich-Sage, obwohl sie den dichterischen Rang der „Nibelungen" und „Kudrun" nicht erreichte. Ein Dietrich-Epos, das
von seiner Flucht vor Ermanarich, von dem vergeblichen Kampf
in der Rabenschlacht (Ravenna) und von der Heimkehr des
Helden erzählte, ist verloren, obwohl von ihm zwei Fassungen
existierten (ca. 1160 und ca. 1250). Von ihm zeugen noch die
Dietrich-Epen, die im Laufe des 13. Jahrhunderts reich auf-
blühten.

Der *Wolfdietrich* (ca. seit 1230, vier Fassungen A, B, C, D), aus
der merowingischen Königsgeschichte entwickelt, liebt vor allem
die stoffliche Handlung und das Groteske; er entfernt sich damit
ebenso von der Heldensage wie vom höfischen Roman. Auch die
Legende wirkte auf ihn ein. Der Kampfesmut und die Mannentreue werden gefeiert – in der Gestalt des alten Berchtung er-

scheint ein leuchtendes Vorbild der alles opfernden Gefolgstreue. Mehr vom Märchen her ist der wenig ältere *Ortnit* (ca. 1225), der die Vorgeschichte erzählt, bestimmt, in dem der Zwerg Alberich dem Helden im Kampf gegen die Heiden zauberisch hilft und ihm auch bei einer gefährlichen Brautwerbung im Orient beisteht. Daraus spricht ebenso ein spielmännisch-vorhöfischer Einfluß wie eine nun erneut einsetzende Freude am grotesken Übertreiben, am Derben und Komischen. Aus der Mitte des 13. Jahrhunderts stammt schließlich die Erzählung von *Biterolf und Dietleib* aus der Steiermark. Wie im späthöfischen Epos überwog nun die äußere Handlung; die Stoffe vermischten sich willkürlich, so daß das Ethos, der Stil und die Form nicht mehr eine Einheit bildeten.

Ähnliches gilt von dem *Buch von Berne* (Dietrichs Flucht) und von der *Rabenschlacht*, als deren Verfasser oder Bearbeiter H e i n r i c h   d e r   V o g l e r, ein Österreicher, nach 1282 erscheint. Die Erzählung von *Alpharts Tod* (ca. 1250) zeigt die gleichen Stilzüge. Als nun gänzlich märchenhafte Abzweigungen von der Dietrich-Sage erweisen sich das Tiroler *Eckenlied*, in dem der Held einen Sturmriesen bekämpft, der *Sigenot* und schließlich, nach mündlicher Tiroler Überlieferung, die Dichtung von dem Zwergenkönig *Laurin* (ca. 1250), dem Herrscher über ein unterirdisches Zwergenreich und den Rosengarten, den die Sage oberhalb von Bozen legt. Ein volkstümlicher Wunderglaube, Märchen und Landschaftssagen, Abenteuer und groteske Schwänke verbinden sich zu einer bunten Fabelei – aber das heldische Ethos war geschwunden. Diese phantasievollen Romane dienten der heiteren Unterhaltung, nicht mehr der inneren Erziehung oder der seelischen Erhebung.

VIII

DIE LITERATUR
DES AUSGEHENDEN MITTELALTERS

Der Begriff des Spätmittelalters birgt eine Gefahr des Miß-
verständnisses; er deutet auf einen „Herbst des Mittelalters",
während tatsächlich der Zeitraum von 1250 bis 1450 auch ein
vielseitiges, reiches Wachstum der Kräfte, das stürmische Empor-
dringen neuer Volksschichten und geistig-religiöser Bewegungen
umschließt. Ein chaotisch verwirrtes, vielfarbiges Bild zeigt diese
von politischen, religiösen und sozialen Kämpfen, von Natur-
katastrophen und Seuchen erregte Epoche. Dem staufischen Zeitalter gab die ritterlich-höfische Kultur eine verpflichtende geistige
Einheit; jetzt schossen die Kräfte ohne festes Ziel nach allen
Seiten. In bürgerlichen Gewerbestädten mit blühendem Handel
sammelte sich das geistige Leben. Eine Umschichtung der kul-
turtragenden Bevölkerung, die auch den breiten Volksgrund
zur Sprache kommen ließ, gab der Dichtung ein anderes Gepräge. Ähnlich wie an der Spitze des Reiches ein Kaiser, fehlte
dem geistig-literarischen Leben die bestimmende Mitte. Um 1200
band wenigstens die mittelhochdeutsche Literatursprache die
Stämme und Landschaften zu kultureller Einheit; jetzt wucherten
Sonderentwicklungen in getrennten Kulturgebieten. Einte sich
im höfischen Ideal das Christentum mit ritterlicher Gesinnung,
so brachen nun Glaube und Welt, Seele und Leib in schroffer
und oft quälender Gegensätzlichkeit auseinander. Nur gewann
jetzt das Weltlich-Leibliche ein anderes Recht. Ein derber Lebenswille verlangte nach seinem urwüchsigen Ausdruck. Überwog auch vielfach das Gefühl einer Endzeit im Blick auf den
Zerfall höfischer Sitte, damit eine elegische Stimmung des Abschieds vom hohen Mittelalter und seiner geistig-religiös durchformten Symbolwelt, und das Bewußtsein einer Kulturkrise –
die neuen Kräfte gingen jung und unverbraucht daran, ein gewandeltes Weltbild zu formen. Ästhetischer Verfall auf der
einen Seite – auf der anderen Seite warteten neue Energien in
Stoff und Stil, in Gehalt und Form. Noch blieb alles dem Chaotischen nahe, voll Widerspruch bis in das einzelne Werk hinein,
reich an Spannungen und auch Übersteigerungen. Man schwankte
zwischen einer bewunderten, aber verlorenen Vergangenheit
und einer noch ungewissen Zukunft.

In der Mystik, Predigt und geistlichen Literatur, im Wuchern des Kirchenlebens mit seinem breiten Märtyrer- und Reliquienkult, in der religiös-sozialen Unruhe der Bauern setzte sich eine starke, oft schwärmerische Frömmigkeit durch. Sie drängte zur praktischen Seelsorge und beteiligte den Laien unmittelbarer als bisher am Glaubensleben. Aber ebenso drängte ein sinnliches, triebhaftes Lebensverlangen nach stürmischer Kundgabe. Solche Spannungen wurden vom Einzelnen sowie von dem ganzen geistigen Leben als Antrieb und als Not empfunden: zwischen geschöpflicher Getriebenheit und pessimistischem Jenseitsverlangen, zwischen Lust und Sünde, ursprünglicher Kraft und moralischer Unsicherheit, zwischen Lebensangst und Lebensgenuß schwankte das Lebensgefühl. Je mehr man sich dem Irdischen zuwandte, um so unheimlicher wurde die Gewißheit des Todes und des Buße fordernden letzten Gerichts. Fern rückten die Ideale der Zucht, der *maze* und *staete* – ein unruhiges, zwiespältiges Lebensgefühl suchte einen heftig gesteigerten Ausdruck. Solchen Zeiten gelingt keine Kultur der Form, die ein festes, voll ausgereiftes Ethos voraussetzt. Sie war das Zeichen einer sich selbst standesbewußt erziehenden ritterlichen Aristokratie gewesen; jetzt tritt ein volkstümlicher, kollektiver Zug hervor. Die Predigt, der Schwank, das Drama, der Meistersang und das Volkslied wandten sich an die Menge und wurden von ihr bestimmt.

Nicht mehr das einzelne Werk ist jetzt im dichtungsgeschichtlichen Überblick wichtig, sondern der Gattungstypus. Selten prägen sich, wie in der Mystik, schöpferische Gestalten aus. Die Erinnerung an die höfisch-ritterlichen Ideale wird als ein äußeres Formvorbild dem Stadtbürger moralisch nutzbar gemacht. Ein erzieherischer Wille strebt in die Breite, zum Praktisch-Alltäglichen. Volksliteratur wird auch, was die Adligen und Geistlichen noch darbieten. Die Führung übernehmen gelehrte Laien. Aus der Minnedichtung werden der Meistersang und das Volkslied, aus dem Epos wird das Volksbuch. Überall ist, auch wenn das Kirchliche stark betont wird, eine Verweltlichung zu spüren. In der Mystik wird die Autorität des Dogmas durch ein persönliches Erleben erschüttert, im religiösen Drama überwuchert die Freude an mimischen bunten Schau-Spielen. Durchweg führt die literarische Entwicklung zum Buch, zur Prosa, zur gelockerten freien Rede, zu Didaktik und Satire.

Wie sich in meist schlichten Reimpaaren der höfische Roman und die Heldendichtung zum Abenteuerlich-Fabelhaften und

Stofflich-Derben hin entwickelten, ist schon verfolgt worden
(s. S. 56). An die Stelle des Ethischen trat die Unterhaltung, an
die Stelle des Tragischen trat ein freundlicher Humor. Das umfangreiche Lied vom *Hürnenen Seyfried*, dessen Original um
1300 anzusetzen ist, zeigt beispielhaft dieses Absinken – bis zu
dem Volksbuch vom Gehörnten Siegfried von 1726. Ähnlich
wird das Hildebrandslied zur volkstümlichen Ballade mit ver-
söhnlichem Schluß verwandelt. In dieser Form übernahmen
breitere Schichten den ehemals exklusiven literarischen Besitz.
Wie die Manessesche Handschrift die Minnelyrik sammelte, so
faßte zu Ende des 15. Jahrhunderts Ulrich Füetrer in her-
zoglich bayrischem Auftrage in seinem umfangreichen *Buch der
Abenteuer* alle bekannten Ritter- und Heldengeschichten aus
historisch-stofflichem Interesse zusammen. Auf dem Wege des
Konrad von Würzburg (s. S. 55) schritten Johann von
Würzburg mit seinem *Wilhelm von Österreich* (1314, in
Prosa 1481) und der Wiener Arzt Heinrich von Neustadt
mit seinem umfangreichen *Apollonius von Tyrlant* im Anschluß
an den spätantiken Roman weiter. Sie mischten Wirklichkeit und
Phantasie, Abenteuer und Gelehrsamkeit, künstlichen Stil und
formale Nachlässigkeit. Das Schwergewicht der Erzählliteratur
verlagerte sich auf die schwankhafte und didaktische Kurzgeschichte, die, ähnlich wie der Roman, endlich bei dem Volksbuch
endete. Ihr Stoff und Stil zeigen typische Züge; volksmäßig derb,
sollen sie, mit Hervorhebung des Drastischen und selbst Obszönen, in erster Linie humorvoll unterhalten. Verraten ältere
Schwänke, wie *Die böse Frau* oder *Der Weinschwelg* (zwischen
1260 und 1280 in Tirol), noch die Nähe des höfischen Epos,
ähnlich wie die köstliche, trunkene *Wiener Meerfahrt* des sude-
tendeutschen Freudenleere – jetzt, im 14. und 15. Jahrhundert, überwiegt, bei oft französischer Quelle, der meist sehr gröb-
liche Reiz einer triumphierenden List, des Ehebruchs, des Betrugs
mit possenhafter Drastik und angehängter moralischer Nutz-
anwendung. Nur der Bayer Heinrich Kaufringer (um
die Wende des 14. und 15. Jahrh.) sei aus der Fülle der Überlieferung herausgehoben; er schrieb, bei typisch spätmittelalter-
lichem Nebeneinander von obszönen Schwänken und weltflüchtig-
pessimistischen Mahngedichten, auch eine sozialethisch gerichtete
Erzählung *Der verklagte Bauer*, die nach alten Märchenmotiven
den schlichten, armen und tapferen Helden des niederen gepeinigten Volkes über Lug und Trug kirchlich-politischer Machthaber
siegen läßt. Gerade im Schwank zeigte sich eine gewisse Kampf-

stellung des Volkes gegen die herrschenden Stände; sie wurde zu kräftig-derber Satire. Dies sprach sich schon in des Strickers *Pfaffe Amîs* aus, der jene zyklische Aufreihung einer ganzen Schwankserie um einen halb sagenhaften Helden zeigt, wie sie seit dem Ende des 15. Jahrhunderts sehr beliebt wurde. Starke Spannungen innerhalb des Gesellschaftslebens werden offenbar. Der *Neidhart Fuchs* zeigt den Minnesänger Neidhart von Reuenthal im Kampf mit übel verspotteten Bauern. Philipp Frankfurter aus Wien zeichnet um 1450 (1. Druck 1473) den geriebenen *Pfaffen von Kalenberg* im lustigen Handel mit dem Herzog, dem Bischof und seinen Bauern. Nach lateinischer Quelle entsteht die Geschichte vom klugen Bauern *Markolf* (in Reimund Prosafassungen seit dem 14. Jahrh.), der sogar den weisen König Salomon über das Ohr haut. Ein Volksbuch (1487) über Markolf in einer Prosa-Bearbeitung des 15. Jahrhunderts war sehr beliebt und verbreitet. In die Weltliteratur ging der *Eulenspiegel* ein, der wohl im 14. Jahrhundert in der braunschweigischen Gegend als Held witziger Streiche berühmt wurde und 1350 in Mölln (Holstein) gestorben ist. Der unzünftige kleine Handwerker bäuerlicher Abstammung spielt hier den reichen Zunftmeistern der Stadt boshafte Possen, indem er alles falsch versteht oder allzu wörtlich ausführt. Um 1500 spätestens wurden diese Schwänke gesammelt; der oberdeutsche Druck von 1515 in Straßburg, der auf ein verlorenes niederdeutsches Original zurückgeht, erzählt sie in schlichtem Ton. Aber in diesen schalkhaften Possen birgt sich eine tiefe Weisheit, und sie sprach aus ihnen zu allen Zeiten. Der ewige Widerspruch in allem Leben wird in Eulenspiegels Lachen zu tiefsinniger Erfahrung; ein freier, unbändiger Geist spielt kühn mit aller Wirklichkeit, er entdeckt alle die Widersprüche im täglichen Handeln und Reden und widerlegt sie aus ihrer eigenen Logik. Es ist niederdeutsche Art, daß das Lachen zur Satire, der Humor zur Groteske wird und in allem schalkhaften Spiel eine geheime Philosophie steckt. Bei Immermann, Grabbe, Raabe, Wilhelm Busch und de Coster kehrte Eulenspiegel wieder. Zu Ende des 16. Jahrhunderts entstand schließlich aus elsässischer Feder das *Lalebuch* (1579), das von einem oberhessischen Bearbeiter zum *Schildbürgerbuch* (1598) erweitert wurde. Damit wurde eine Tradition eingeleitet, die von Chr. M. Wieland über L. Tieck und G. Keller bis zu F. Dürrenmatt geführt hat. Das Volksbuch reiht in zu neuen Anreicherungen offenem Zyklus die närrischen Torheiten kleinstädtischer Bürger auf und gibt auf Grund volksläufiger, mündlich wandernder Lokalschwänke ein satirisches Bild köstlicher Dummheiten und Spießbürgereien.

Der Begriff Volksbuch darf noch weniger als der Begriff Volkslied wörtlich genommen werden. Von einem Romantiker, Josef Görres, wurde er 1807 geprägt. Seit dem 15. Jahrhundert entwickelte sich eine frühneuhochdeutsche Erzählprosa, die auf literarisches Bildungsgut zurückging, auf höhere Publikumsschichten, und erst langsam durch die Erfindung des Buchdrucks weitere Verbreitung fand. Wie beliebt sie wurde, zeigt ihr Anschwellen während des 16. Jahrhunderts und bis in das Barock hinein. Nicht das Volk war die Quelle von Stoff und Stil; aber diese Bücher richteten sich von früh an auf eine größere Verbreitung und wuchsen aus einer ständischen Abgeschlossenheit heraus. Die Geistlichkeit lieferte zur Erbauung und Unterhaltung frommer Laienkreise seit dem 14. Jahrhundert in volkstümlicher Sprache zahlreiche Legenden. Daneben traten seit dem 15. Jahrhundert sehr begehrte Reisebeschreibungen oft legendärer oder ritterlicher Herkunft. Unerschöpflich war der Erzählschatz des Orients; nur die nach lateinischer Vermittlung von Antonius von Pforr (gest. 1483) veranstaltete Übersetzung der indischen Pantschatantra als *Buch der Beispiele* sei hier genannt. Sagenhafte Geschichtserzählungen, wie der *Trojanerkrieg* von Hans Mair von Nördlingen (1392) oder das *Alexanderbuch* (Druck 1472) des bayrischen Arztes Johannes Hartlieb (gest. 1468) blieben nicht aus.

Vor allem beherrschte der ritterliche Abenteuerroman das Feld. Ähnlich wie bei der Entwicklung des höfischen Versromans bot Frankreich die Vorbilder. Es besaß längst einen ritterlichen Prosaroman. Daß auch er, trotz des gröberen Tons der *chansons de geste*, zunächst ein höfischer Besitz war, zeigen Name und Rang der deutschen Übersetzer. Um 1437 führte Gräfin Elisabeth von Nassau-Saarbrücken (gest. 1456), die halb deutscher, halb französischer Abstammung war, in einer ganzen Reihe von sehr verbreiteten und beliebten Romanen (*Huge Schepel*, erschien im Druck 1500, *Loher und Maller*, gedruckt 1513, *Herpin*, gedruckt 1514) die französische Erzählprosa in Deutschland ein. Der Sagenkreis um Karl den Großen wurde wieder einmal erneuert. Es folgte mit der Übertragung der Liebesgeschichte *Pontus und Sidònia* (gedruckt 1483) die in Schottland geborene, 1480 gestorbene Herzogin Eleonore von Österreich (Stuart). In der Hand der Frauen lag vorwiegend die Pflege der literarischen Bildung an den Höfen. Im 16. Jahr-

hundert erschienen nach ebenfalls französischen Quellen die
Haimonskinder (gedruckt 1535) und der *Oktavianus* (gedruckt
1535). Geringer ist die Zahl der Prosa-Auflösungen deutscher
Versromane, wie des *Wigalois* (gedruckt 1493) und *Tristan* (gedruckt 1484), oder der Geschichte des unschuldig Verfolgten, des
Herzog Ernst (gedruckt 1502). Auf den Orient wies der Abenteuerroman *Fortunatus* (gedruckt 1508); aus Frankreich kamen
Liebeserzählungen wie die *Melusine*, die der Berner Schultheiß
Thüring von Ringoltingen für den Markgrafen Rudolf
von Hochberg 1456 übersetzte, und die *Magelone* (gedruckt
1527). Schon früher wurde durch die ersten humanistischen Übersetzer die Novelle der italienischen Renaissance zugänglich.
Niclas von Wyle, Ratsschreiber in Nürnberg, danach in
Esslingen, zuletzt württembergischer Kanzler unter dem Grafen
Eberhard, (gest. ca. 1478), übertrug die Novelle *Euriolus und
Lukrezia* von Enea Silvio Piccolomini, später Papst Pius II., 1462
in ein schwerfälliges, der lateinischen Sprache angepaßtes Deutsch.
Seine *Translatzen* (Translationen, Teutschungen), die er 1461
bis 1478 veröffentlichte, umfassen 18 verschiedene humanistische
Traktate und Erzählungen, u. a. von Boccaccio. Das Interesse
wandte sich weltlicher Kultur und Weisheit zu. Wyle wollte
durch die grammatische Anlehnung reichere literarische Ausdrucksformen gewinnen, davon überzeugt, „daß ein jegliches
Deutsch, welches aus gutem, zierlichem und wohlgesetztem Latein gezogen und recht und wohl übertragen wäre, auch ein
gutes, zierliches, lobenswertes Deutsch heißen und sein müßte
und nicht gut verbessert werden könnte". Noch fehlte das Wissen um das eigene Gesetz jeder Sprache. Das Verdienst dieser
süddeutschen Frühhumanisten lag darin, daß sie die moderne
italienische Literatur und mit ihrer Hilfe die Antike vermittelten
und so ein neues Gebiet der Erzählliteratur erschlossen. In Ulm
gab der Nürnberger Patrizier Schlüsselfelder unter dem Pseudonym Arigo 1472 eine Übersetzung von Boccaccios *Decamerone*
heraus. Der Ulmer Stadtarzt und Leibarzt des Grafen Eberhard,
Heinrich Steinhöwel (1412–1478), der als Student in
Padua den italienischen Humanismus kennengelernt hatte, verfaßte eine beträchtliche Anzahl von Übersetzungen. Er war, im
Gegensatz zu Wyle, mehr auf die Sinnwiedergabe als wörtliche
Nachbildungen bedacht. Darunter befinden sich Novellen von
Boccaccio *(Griseldis, Guiscard e Sigismunda)* nach lateinischen
Fassungen von Petrarca und Aretino, moralische, historische
Schriften und die Fabeln des Äsop (1476/80). Durch Steinhöwel

wurden weiterhin Poggios *Fazetien* bekannt. Die Widmung der
Boccaccio-Übertragung *Von den synnrichen erluchten wyben*
(1473) an Herzogin Eleonore von Österreich zeigt, daß sich hier
ein höfisch-bürgerlicher Kreis mit gleichen literarischen Interessen gebildet hatte. Ein anderer Württemberger, M a r q u a r t
v o n S t e i n (ca. 1425–1496) übersetzte nach französischer Vor-
lage die moralische und zugleich erotische Exempelgeschichte
*Der Ritter von Turn, von den Exempeln der Gottesfurcht und
Ehrbarkeit* (Druck 1493). Hier ist die Übergangslage zwischen
mittelalterlichem und humanistischem Geiste besonders deutlich.
Wandlungen lassen sich ebenfalls in der religiösen Übersetzungsliteratur erkennen. H e i n r i c h H a l l e r (ca. 1455–1471 belegt),
Mönch im Kloster Allerengelberg (Schnals), ein reger Übersetzer geistlicher Schriften, zielte auf eine überlandschaftliche
Sprache, eine „schlechten gemainen teucz, die man wol versten
mag", und er hielt sich im Stil des Übertragens zwischen der
wörtlichen und der Sinnwiedergabe in der Mitte.

Trotz des anfänglich adligen und meist fremden Ursprungs dieser Romane und Novellen läßt sich dennoch am Begriff Volksbuch festhalten, wenn er nur weit genug gefaßt wird. Bürgerliches Lebensgefühl, handfest, wirklichkeitsnahe, behaglich und
weltoffen, spricht aus Weltbild und Sprache dieser Bücher. Das
Irdische wird freudig und herzlich bejaht. Wohl ringt die Sprache
noch mühsam um den rechten Ausdruck und verschnörkelt sie
sich oft in spätgotischem Rankenwerk; aber ihre derbe, umständ-
liche Gedrungenheit ist ein Zeichen der starken Lebenskraft.
Diese Bücher wurden zunehmend, befördert durch die Erfindung
des Buchdrucks um die Mitte des 15. Jahrhunderts, breiteren
Leserkreisen zugänglich, eine unaufhörlich fließende Quelle der
Rührung, Unterhaltung und Belehrung des bürgerlichen Volkes.
Es fühlte sich in ihnen angesprochen und verstanden.

Mit welcher Energie die deutsche Prosa einer eigenen Kunstform zustrebte, zeigt der zeitlich weit früher als alle diese Übersetzungen liegende Dialog des *Ackermann aus Böhmen* des J o -
h a n n e s v o n T e p l, der um 1351 geboren wurde, seit 1383
Rektor der Lateinschule und Stadtschreiber in Saaz war und
1414 als Notar in Prag starb. Der Hof Karls IV. in Prag hatte
enge Beziehungen zu dem italienischen Humanismus; sein Kanzler, Johann von Neumarkt (gest. 1380), begann, von Petrarcas
großartiger Rhetorik angezogen, eine Reform der Kanzleisprache
und erstrebte eine künstlerische, rhythmische, reich gezierte
Prosa. Von ihm wurde Johannes von Tepl angeregt. Sein Wille

zur großen rhetorischen Form und reichen, gepflegten Stilkunst verband sich eng mit der Tradition der heimischen, mittelalterlichen Dichtung. In der beliebten Form des Dialogs, des Prozesses stellte er den verzweifelt den Tod seiner Ehefrau beklagenden armen Ackermann dem mächtigen Herrscher Tod im Streit entgegen. Der Tod bleibt Herr als eine unbezwingliche, von Gott eingesetzte, in der Schöpfungsordnung notwendige Macht; aber auf den Armen, als gequälte Kreatur und begnadeten Fürsprecher des menschlichen Rechts, fällt alles Erbarmen. Ein mächtiges Gefühl und starke innere Leidenschaft durchziehen diesen Dialog, und seine Sprache wird bei aller Künstlichkeit, bei aller Virtuosität einer „geblümten" Stilfügung zum beseelten Ausdruck inneren Erlebens. Mensch und Tod ringen mit gereizter Erbitterung. Verfällt der Kläger auch der Vermessenheit der *superbia* im mittelalterlichen Sinne, so läßt sich doch in seiner Verteidigung des Irdischen gegen die zerstörende Gewalt des Todes ein neues Lebensgefühl ahnen. Gott entscheidet: „Ihr habt beide wohl gefochten; den zwingt Leid zur Klage, diesen die Beschuldigung des Klägers zur Wahrheit. Darum, Kläger, habe du die Ehre; Tod, du den Sieg: Jeder Mensch ist dem Tode das Leben, den Leib der Erde, die Seele mir zu geben verpflichtet." Der Mensch beugt sich dem göttlichen Gesetz, aber über seinem Gehorsam liegt die Gnade. Mehr als 30 Handschriften haben diese bedeutende Dichtung erhalten; schon um 1460 erschien sie im Druck.

Die zeitlos gültige Leistung des 14. Jahrhunderts wurde die Mystik. In dieser Zeit religiöser und politischer Zwiespälte, des Zerfalls selbst innerhalb der Kirche, dem Zeitalter des Totentanzes und der Flagellanten, erwuchs mit dem Schauer vor ständig nahem Sterben, zumal angesichts zunehmender Verflachung des Glaubens zu äußerlicher Werkgerechtigkeit, die Sehnsucht nach innerer Einung von Mensch und Gott, nach einer aus der Seele heraus erfahrenen Gotteserkenntnis. Die scholastische Theologie und Philosophie drohte, trotz großer Leistungen, im rationalen Begriff zur Erstarrung zu bringen, was von breiten Laienkreisen als Verlangen der Seele empfunden wurde. In Sekten und allerlei Gemeinschaften suchte das Laienvolk neben der Kirche ein eigenes religiöses Leben zu verwirklichen. Der neue Franziskaner-Orden (seit Anfang des 13. Jahrh. in Deutschland) führte zu einem mächtigen Aufschwung der Predigt. Franz von Assisi hatte ihr ein dichterisches Feuer, innige Herzlichkeit, einen per-

sönlichen Ton gegeben. Der große Bußprediger B e r t h o l d v o n
R e g e n s b u r g (gest. 1272) war nicht nur ein erschütternder
Redner, der das Alltägliche und Praktische mit dem Geist in-
brünstiger Andacht und religiösen Vertrauens in Gottes Güte
verband, sondern auch der große Meister mittelhochdeutscher
Prosa. Auch wenn die überlieferten deutschen Predigtaufzeich-
nungen von Schülern und Hörern stammen – sie sind ein Echo
seiner Sprachkraft. Alles ist hier kraftvolles Bild, vertraute Erfahrung, dramatisch geformt und rhetorisch mitreißend, zugleich
aber von jener Symbolik erfüllt, die in allem Wesen das Göttliche begreift. Dagegen stehen selbst die Predigten eines D a v i d
v o n A u g s b u r g (vor 1250), der sein Lehrmeister gewesen ist,
der „Schreibe" und Formel noch nahe. Die Predigt wird zu einer
wesentlichen Schule der Prosa, und sie hat diese große Einflußkraft auf die Sprachbildung und Sprachformung bis tief in das
18. Jahrhundert hinein bewahren können.
Ein genialer Prediger war Meister Eckhart, nur daß der Tiefsinn seiner spekulativen Schau weit über alles Volkstümlich-
Anschauliche hinaus in bisher in deutscher Sprache unentdeckte
Bereiche der Seele und des Geistes führte. Die Mystik war die
unmittelbare, tiefste und geheimnisvollste Antwort auf die Sehnsucht nach einer Befriedung des quälenden Zwiespalts zwischen
Diesseits und Jenseits, nach der Versöhnung von Gott und
Mensch. Sie gab eine Erfahrung göttlicher Ewigkeit im eigenen
„Seelenfunken" durch die *unio mystica*. Sie bedeutete eine Befreiung zu Gott hin, Erkenntnis und Erschütterung, Einkehr und
Beseligung, das Überwinden des scheinhaft-zufälligen Ich und
den Aufschwung zu einem Absoluten, dem göttlichen Jenseits.
Nicht zufällig bildete sich mystisches Erleben in Frauenklöstern
heraus, im exzentrischen und leidenschaftlichen Gefühlsleben
der Nonnen, die auf das Verhältnis der Seele zu Gott die Liebes-
sprache des biblischen „Hohen Liedes" übertrugen, von bern-
hardinischer Liebesmystik angeregt (s. S. 27). Als überragende
Frauen, die in prophetischer Ekstase aus göttlicher Erleuchtung
Visionen über Weltgeschehen und Glauben erlitten, hoben sich
schon im 12. Jahrhundert H i l d e g a r d v o n B i n g e n (1098
bis 1179) mit lateinischen Traktaten, Heiligenbiographien, vielen
Liedern und Briefen, und E l i s a b e t h v o n S c h ö n a u (1129
bis 1164) heraus; im 13. Jahrhundert schrieben die Nonne G e r -
t r u d (1256–1302) im thüringischen Kloster Helfta bei Eisleben
und ihre Mitschwester G e r t r u d v o n H a c k e b o r n (1241 bis
1298) von Offenbarungen im Zustand verzückter Entrückung.

Die Sehnsucht nach innerer Verschmelzung mit Christus fand allegorischen Ausdruck in der Form einer mystischen Hochzeit der Seele mit dem Erlöser. Die größte Gestalt unter den deutschen Mystikerinnen des Mittelalters wurde Mechthild von Magdeburg (ca. 1210–1282), deren Offenbarungsbuch *Das fließende Licht der Gottheit*, ursprünglich niederdeutsch abgefaßt, nur in hochdeutscher Übertragung durch Heinrich von Nördlingen (ca. 1344) erhalten ist. Aber auch in solcher sprachlichen Verwandlung zeugt es von gewaltiger dichterischer Sprachkraft, innerer Beseelung und Ergriffenheit des Wortes und von einer hinreißenden Macht des visionären Geistes. Eine inbrünstige Liebessehnsucht nach Christus nutzt die Formen des höfischweltlichen Minnesangs, hebt sie aber in das vergeistigt Allegorische hinauf, noch fern von jenem Schwärmerisch-Schwülen, Wundersüchtigen und Exaltierten, das der späteren Nonnenmystik des 14. Jahrhunderts anhaftet.

Liegt hier das Zentrum in der gefühlstiefen Erfahrung der *unio mystica* mit Christus, so führt bei den großen Dominikanern Seuse und Tauler, vor allem aber Meister Eckhart, die spekulative und intuitive Erkenntnis auf dem Wege tiefsinniger Seelenerfahrung und weltüberwindender Gottesschau zu der Einung der zum Grenzenlosen verlangenden Seele mit der Absolutheit Gottes. Um diese Männer scharten sich, oft mißverstehend, als Beichtkinder und fromme Schülerinnen mystisch bewegte Nonnen, wie Elsbeth Stagel mit ihrem *Leben der Schwestern zu Töß*, wie Christine Ebner (1277–1355) aus Kloster Engeltal bei Nürnberg mit ihrem in Wonnen der Wehmut schwelgenden Buch *Von der Gnaden Überlast*, wie Katharina von Gebweiler oder Adelheid Langmann, um nur wenige unter vielen zu nennen. Ihre Berichte von traumhaften Zuständen, Wundererfahrungen, religiösen Erschütterungen und mystischen Visionen liegen tief unter jener spekulativen Mystik, die, auf weit zurückgreifenden christlich-antiken Quellen beruhend, im Dominikanerorden, dem Orden der großen Gelehrten wie Albertus Magnus und Thomas von Aquin, Heimat fand. Meister Eckhart wurde der überragende Geist, tiefe Denker, sprachgewaltige Künder und Prediger dieser Mystik, die um einen Grundgedanken beharrlich kreist: die Geburt Gottes in der Seele. Fühlend und erkennend, mit großem Tiefenblick in seelische Erfahrungen und mit jener mystischen Intuition begabt, die alles Vielfältige im all-einen unendlichen Sein zusammenzuschauen vermag, suchte Eckhart die Wahrheit Gottes. Ihn

führte ein grüblerischer Erkenntniswille. Aus adligem Thüringer
Geschlecht (v. Hochheim), ca. 1260–1327, gelangte er im Domi-
nikaner-Orden zu hohen Ämtern. In Paris, der geistigen Metro-
pole des christlichen Abendlandes, weilte er als Lehrer; in Straßburg als schwärmerisch verehrter geistlicher Führer, in Köln auf
dem Lehrstuhl des Albertus Magnus. Seit 1326 verfolgte ihn die
Inquisition. 1329 verurteilte eine päpstliche Bulle eine Reihe
seiner Sätze. Doch sein Werk lebte: ein umfangreiches lateinisch-
scholastisches *Opus tripartitum*, eine Reihe deutscher Schriften,
wie die *Reden der Unterscheidung* und das *Büchlein der göttlichen
Tröstung*, endlich, in entstellten Nachschriften, seine *Predigten,*
die die Eckhart-Forschung vor schwierigste Aufgaben stellen. In
seinem überrationalen Denkschauen, das unermüdlich erkennend
erfassen will, was sich ekstatischer Intuition offenbarte, erfuhr
Eckhart die Immanenz des Göttlichen in der Seele. Bewußt
wandte er sich an breite Kreise: nicht die Theologie war sein
Ziel, sondern die Wahrheit Gottes. „Könntet ihr mit meinem
Herzen erkennen, so verständet ihr wohl, was ich sage, denn es
ist wahr, und die Wahrheit spricht es selbst." Die Wahrheit
war ihm so sehr das Höchste, daß „wenn Gott sich von der
Wahrheit kehren könnte, ich mich an die Wahrheit heften und
von Gott lassen wollte." Er sah die gleiche Artung der menschlichen Seele und des göttlichen Seinsgrundes, ihre unausdeutbare
Verbundenheit. In der Ablösung vom Unfrei-Geschöpflichen lag
die Einkehr in den metaphysischen Urgrund, die Rückkehr in
Gott. So schwierig und umstritten die Eckhart-Deutung noch ist,
so ungelöst bisher viele Einzelfragen blieben: deutlich ist das
Ziel, sich erkennend dem Erkennen des unendlichen Gottgeistes
zu vereinen – nicht in scholastischer Begrifflichkeit, sondern durch
die Versenkung in den eigenen Seelengrund und durch die Hingabe an „götlicher nature luterkeit". Aber „waz clarheit an götlicher nature si, daz ist unsprechlich". Angesichts dieses letzthin
Unaussprechbaren setzte Eckharts Ringen mit dem Wort und
der noch im Begrifflichen ungelenken Sprache ein, das ihn in die
Reihe der großen deutschen Sprachschöpfer einfügt. Der Wortschatz des Gedanklich-Übersinnlichen, des Abstrakten (vor allem
durch die Abstraktsuffixe -unge und -heit) wurde durch ihn gewonnen, damit die Sprache des Gedankens, der Ideen. Worte
wie Einfluß, Eindruck, Eigenschaft, Einheit, Bildung, Erhabenheit, Grund, Ursprünglichkeit, Zufall, innig, wesentlich, gelassen,
begreifen, fühlen und viele andere gehen auf diese mystische
Sprachschöpfung zurück. Daß der Mensch durch den Tod des

zufälligen, egozentrischen Ich zum wahren Wesen komme (man gedenke an Goethes „Stirb und werde!"), daß er sich selbst im Innersten erfahre (es ist des Angelus Silesius „Mensch, werde wesentlich!"), daß er sich durch Abgeschiedenheit und Gelassenheit in den eigenen Seinsgrund vertiefe, um aus ihm sich zum Göttlichen emporzuschwingen – dies alles bedeutete nicht eine Verneinung der Welt, war es doch Eckharts Gewißheit, daß Gott in der Welt sei. Die Welt ruht in Gott, alles Sein wird von ihm durchlebt. Diese Durchdringung von Gott, Welt und Seele erkennend zu begreifen und zu verkünden, war seine innere Aufgabe, der Sinn seiner Mystik – in ihr offenbarte sich eine Grundform der Innerlichkeit, die ihn allem deutschen Denken und Erleben von ähnlichem Rang verwandt sein läßt. Eckhart gehört zu den geistigen Schöpfern der Nation. Seit dem großen Kardinal Nicolaus von Cues (1401–1464) durchzieht die Reihe der Eckhart-Entdeckungen die deutsche Geistesgeschichte, ohne daß bisher ein volles Verstehen und Umfassen seiner Gestalt und Lehre möglich wurde.

Keiner seiner zahlreichen Schüler erreichte oder wagte auch nur die Höhe seines Denkens. An die Stelle seiner mystisch-metaphysischen und erkenntnishaften Spekulation trat die in der Gestalt Christi zentrierende Psychologie der mystischen Frömmigkeit. Der Dominikaner Heinrich Seuse (aus adligem Geschlecht v. Berg - v. Seuss, ca. 1295–1366), geboren am Bodensee, gestorben in Ulm, wo er sich seit 1348 aufhielt, der Minnesänger der Gottesliebe, gab sein Wesentliches nicht im mystischen Erkennen, sondern in der Kündung des Herzens, des Gefühls, der Liebe als Medium mystischen Erlebens; auf Bernhard und das Hohe Lied (vgl. S. 27) weist er zurück. Der Adel des Leidens Christi und des Mitleidens in seiner Nachfolge wurde ihm ein Weg zum Entwerden, zur mystischen Einigung; die Liebe, die im Leiden inbrünstig aufwächst, erschien ihm als Dienerin göttlicher Weisheit. Sein *Büchlein der ewigen Weisheit* (ca. 1328), das wie ein melodischer Minnesang tönt, war im Spätmittelalter ungemein verbreitet, verband sich hier doch christliches Mitleiden und Mitfühlen mit dem Zauber einer lyrisch getönten Sprache und einer bisher unerhörten seelischen Empfindsamkeit. Anders der große Straßburger Ethiker und Prediger Johannes Tauler (ca. 1300–1361). Ihm war mystisches Erleben ein Wirken, Bekennen, Bewähren, nicht Eckhartsche Erkenntnis oder liebendes Erfühlen. Um die sittliche Erziehung, die geistige Willensbildung des christlichen Menschen durch mystisches Erfahren

ging es ihm, um die Überwindung der äußeren Werkgerechtigkeit, des Eigenwillens, um die Lehre demütiger Gelassenheit in
der Nachfolge Christi. An Ernst, Kraft und Wucht treten seine
Predigten neben die des Berthold von Regensburg.

Die Predigt und die Mystik schufen aus der religiösen Ergriffenheit heraus eine neue Prosa, die seelische Weite, bildhafte Ausdruckskraft, rhetorische Bewegtheit und fast dichterische Fülle
besaß. Neben solchen Leistungen trat die geistliche Dichtung
zurück; ähnlich wie im höfischen Kreis die Abenteuer, sammelte
man hier die Legenden: im *Väterbuch* um 1280, im *Passional* um
1300. Der deutsche Ritterorden in Ostpreußen blieb lange konservativ: er entwickelte eine eigene Ordensdichtung religiös-
politischer Natur, wie es der Verbindung von Mönchstum und
Rittertum, von einer kriegerischen und missionarischen Tätigkeit
entsprach. Seine geistliche und seine geschichtliche Dichtung
entsprachen diesen Aufgaben: Marienverehrung, Verherrlichung
von Glaubenshelden, Übertragung biblischer Bücher einerseits,
Ordensgeschichte andererseits. Der Verfasser der eben genannten
Legendensammlungen stand dem Orden nahe und beeinflußte
seine Dichtung; seinem Vorbilde folgte z. B. eine Übertragung
des biblischen *Buch Esther*. Der Thüringer H e i n r i c h v o n
H e ß l e r gab zu Beginn des 14. Jahrhunderts im *Evangelium
Nicodemi* eine Erzählung der letzten Leidenstage Christi und
seiner Höllenfahrt und übertrug die *Apokalypse* – mit versifizier-
ter Auslegung. Unter großen Hochmeistern, wie L u d e r v o n
B r a u n s c h w e i g (1331–1335) und D i e t r i c h v o n A l t e n -
b u r g (1335–1341), wurde die Marienburg ein geistiges Zentrum;
auf Luder geht vielleicht die Übertragung der *Makkabäer*, die
als Vorbild des Ordensritters galten, in achtsilbigen Versen zurück. Er stellte auch bestimmte Vers- und Reimgesetze auf. 1331
wurde der *Daniel* übersetzt, 1338 eine poetische Paraphrase des
Hiob vollendet, wahrscheinlich durch T h i l o v o n K u l m ,
Bischof von Samland. C l a u s C r a n c übertrug die *Propheten*
mit stilistischem Geschick. Daneben traten Vers-Chroniken mit
der eigenen Ordensgeschichte, vor allem das große *Chronicon
terrae Prussiae* des P e t e r v o n D u s b u r g (1326), das N i k o -
l a u s v o n J e r o s c h i n mit dichterischer Kunst um 1340 in
deutsche Verse umgoß.

Doch die Versdichtung versiegte allmählich. Der Wirklichkeitssinn des Zeitalters bevorzugte die Prosa. Seit dem 14. Jahrhundert finden sich die ersten umfassenden Bibelübersetzungen, die
durch die Predigtsprache ermöglicht wurden. Seit dem 13. Jahr-

hundert hatte sich in Urkunde, Traktat, Chronik und Rechts-
leben die deutsche Sprache gegenüber dem Latein immer mehr
durchgesetzt. Der Sieg der Volkssprache bedeutete eine Wir-
kungsverbreiterung des Schrifttums, das, wo es konservativ dem
Vers treu blieb, wenigstens im Tonfall sich der Prosa näherte.
Bürgerliche Gesinnung drängte zur Lehrdichtung – von der anekdotischen Kurzgeschichte, dem *bîspel* in der Art des Stricker bis
zu Enzyklopädien des allgemeinen Lebens, die mit moralischer
Zeitkritik alle Stände behandeln, Sitte und Sittlichkeit, Kirche
und Bürgerhaus, Tischzucht und Liebesbräuche, Politik und
Mode. Die von Thomasin und Freidank begonnene didaktische
Moralsatire wird nun bürgerlich-ständisch, mit stark pessimistischem Grundton, fortgesetzt. In etwa 24000 Versen gibt um
1300 der *Renner* des H u g o   v o n   T r i m b e r g, der als Schulrektor in Bamberg lebte, konservativ und bürgerlich, höfischer
Eleganz denkbar fern, ein Lebensbild aller Stände mit zahlreichen
gelehrten Abschweifungen, predigthaften Ermahnungen und
enger christlicher Moral. Noch um 1420 entwirft der Thüringer
Domherr und Stadtschreiber J o h a n n e s   R o t h e einen verspäteten *Ritterspiegel* als eine umfangreiche Lehre der ritterlichen Lebensgesittung.
Vielfach wählte man die Allegorie, die sich als poetisch-philo-
sophische Bildungssprache ungemeiner Beliebtheit erfreute. Nach
dem Beispiel des Jakob de Cessolis schilderte der Schweizer Leut-
priester K o n r a d   v o n   A m m e n h a u s e n in seinem *Schach-
zabelbuch* 1337 im Bilde des verbreiteten orientalischen Spiels die
Sitten, Laster und Tugenden aller Stände. Wie sich das soziale
Leben von innen her auflöste, beschrieb mit pessimistischer Satire,
die in gesteigerten Gegensätzen das Abschreckende gemäß altem
Predigtstil häufte, ein asketischer Bußprediger in *Des Teufels
Netz*. 1494 erschien in Basel das letzte große Werk dieser Art
im Druck: S e b a s t i a n   B r a n t s *Narrenschiff*, das bereits vom
Humanismus beeinflußt ist. Brant, seit 1503 Stadtschreiber in
Straßburg, war ein ebenso gelehrter wie ernster Mann, dem es
um die Stärke des kaiserlichen Regiments und um die innere
Gesundheit seines Volkes ging. Er hatte die lateinischen Sitten-
sprüche des sogenannten Cato (1498) übersetzt, die alte Spruchsammlung des Freidank (vgl. S. 58) 1508 neu veröffentlicht. Im
„Narrenschiff" wählte er gut spätmittelalterlich einen allegorischen Rahmen: auf einem Schiff, das nach Narragonien steuert,
sammeln sich bunt durcheinander die personifizierten Narrheiten
aller Stände. Die Allegorie wird nicht zu Ende geführt – aus dem

großen Epos wird eine lockere Folge von moralisch-ironischen Strafpredigten, die zugleich zum Lachen reizen und zur Einkehr führen sollen. Was einst christlich-asketisch als Sünde und Frevel vor Gottes Ordnung gesehen wurde, erscheint nun in der moralisch aufgeklärten Satire als eine närrische Entartung, von der durch ein kritisches Lachen geheilt werden soll. Das Laster wird zur Torheit; ein intellektueller Spott löst die christliche Gewissenserschütterung ab. In der lockeren Art der Narrenparade, wie sie auch das Fastnachtspiel zeigt und wie sie den Stil der beliebten Flugblätter und Holzschnitte kennzeichnet, wird eine Revue aller Zeittorheiten vorgeführt (Modesucht, Eßlust, Jagdeifer, Ehebruch, Habsucht u. a.).

Typisch ist die spätmittelalterliche Freude an der Allegorie. Sie entspricht einem gelehrten Rationalismus. Phantasie und Abstraktion, Anschauung und tiefsinnige Spekulation, poetische Illusion und moralische Lehre, Prunk der Bilder und eine nüchterne Moral ließen sich in ihr verbinden. In der Allegorie konnte die Lehre über die nüchterne Wirklichkeit poetisch hinausgeführt werden. Konrad von Würzburg hatte sich ihrer reichlich bedient. In der Form der bunt ausgeschmückten und kunstvollen Minne-Allegorien erhielt sich ein höfisches Erbe, das jetzt ein bildungseifriges, noch nicht zu seinen eigenen Kulturformen gelangtes Bürgertum im Verlangen nach einer höheren Lebensgestaltung aufgriff. Mittels der Allegorie ließen sich scholastische Erkenntnisse anschaulich-populär ausdrücken; dies wurde ein bevorzugtes Thema des Meistersangs. Auch die immer schon beliebte Tierfabel ließ sich allegorisch verwerten: Ulrich Boners *Edelstein*, um die Mitte des 14. Jahrhunderts in Bern verfaßt, 1461 gedruckt, holte mit bürgerlicher Moral aus dem antiken Fabelvorrat des Äsop, der während des ganzen Mittelalters bekannt blieb, seinen Stoff. In den Mittelpunkt dieser weitschichtigen Stoff- und Formtraditionen stellte sich mit verwirrender Fülle um 1400 Heinrich Wittenwilers *Ring*, eine der nicht eben zahlreichen deutschen Dichtungen großen Humors. Wittenwiler lebte als bischöflicher Advokat zwischen 1387 und 1395 in Konstanz. Er war mit der Bildung und der Literatur der Zeit eng vertraut. Juristische Erfahrungen und mannigfaltige geistliche und praktische Kenntnisse verband er mit didaktischem Eifer und politischem Interesse. Vor allem lebte in ihm ein urwüchsiger Humor, wie er im alemannischen Stammesgebiet oft anzutreffen ist. Er verband das sehr beliebte, oft abgehandelte Stoffgebiet der närrisch-geschöpflichen Bauernsatire mit einer allge-

mein praktischen Gesittungslehre: in dem wirbelnden Spiel von
Scherz und Ernst, Lehre und Parodie wird in seinem Epos die
Disharmonie des Lebens überhaupt sichtbar. Auf der einen Seite
tobt eine triebhafte Daseinslust mit unbändiger Sinnlichkeit und
tölpeligen Torheiten; auf der anderen Seite sprechen gravitätisch
eine kluge Weisheit und praktische Lebenserfahrung und ein
frommer Glaube. Aber man traut diesem Ernst nicht recht:
allzu rasch wechseln beide Schichten, die der Dichter in der Handschrift mit bunten Farbstrichen mühsam und auch mißverständlich auseinanderhielt: rot bedeutete Ernst, grün Scherz. Ein tiefer
Pessimismus scheint sich in seiner Ironie zu verbergen, mit der
in diesem enzyklopädischen „Ring" des Lebens alles in Frage
gestellt wird. Aber über den Zwiespalt siegt doch eine unbändige
Lebenslust. Aus dem Reiz der Kontraste entwickelt sich der
parodierende Humor, der bis in das Phantastisch-Absurde mündet. Vielleicht gewinnt man von diesem rätselhaften Werk aus,
das nur in einer einzigen Handschrift überliefert ist und offenbar
recht unbekannt blieb, den deutlichsten Blick in die widerspruchsvolle Lebensstimmung des ausgehenden Mittelalters.
Das Handlungsgewebe des „Ring", das ein höchst komisches
Bauernturnier als groteske Imitation ritterlicher Bräuche, eine
derb sinnliche und tölpelige Bauernliebschaft, eine bacchantische
Dorfhochzeit und einen überdimensionalen Bauernkrieg schildert, an dem selbst die Sagenhelden und Hexen teilnehmen, weist
auf alte, wohl in mimischen Spielen vorgeführte Brauchtums-
stoffe. Solche im vorchristlichen Kultleben gepflegte Aufführungen waren durch die Kirche zwar zurückgedrängt, doch gleichwohl als Volksgut bewahrt worden. Sie hatten ihren sakralen
Sinn verloren und waren zum närrischen Spaß abgesunken. Jetzt,
im Spätmittelalter, als das Volk selbst literarisch empordrängte,
strömen sie reich in die Literatur ein: vor allem im Fastnachtsspiel, das bisher keiner schriftlichen Tradition gewürdigt worden
war.
Die Entwicklungsgeschichte des geistlichen Dramas, die von den
liturgischen Feiern zur Weihnachts-, Passions- und Osterzeit
ausging, hatte eine immer stärkere Belebung der zunächst streng
stilisierten religiösen Darstellung ergeben. Langsam wurde der
Text über kirchlich-hymnische Gesänge und liturgische Wechselreden hinaus erweitert. Dann traten einzelne Züge aus dem biblischen Bericht und realistische Episoden hinzu. Man begnügte
sich nicht mehr mit der kultischen Feier, sondern wollte etwas
Fesselndes und Unterhaltendes sehen und hören. Das Mimische

setzte sich, dem Volksempfinden entsprechend, gegenüber dem Sakralen durch. Schließlich wurde der Kirchenraum zu eng, und das sich sinnenkräftig entfaltende geistliche Schauspiel wechselte auf den bürgerlichen Marktplatz über. Es kam in die Hände von städtischen Spielgemeinschaften. Ihr Ehrgeiz veranstaltete große Massenaufführungen.

Das älteste voll entwickelte Spiel, das *Osterspiel von Muri* (Aargau, Mitte des 13. Jahrhunderts), das für eine ritterliche Gesellschaft in höfischer Kunstsprache abgefaßt wurde, zeigt bereits die Verkoppelung von geistlichen und weltlichen Szenen, die nun in der Folgezeit sehr stark wucherten und sich aus Brauchtum, Zeitsatire und bürgerlicher Wirklichkeit anreicherten. Eine oft possenhafte Handlung und die Kunst der Inszenierung drängten sich in den Vordergrund, so daß der Charakter einer geistlichen Dichtung gefährdet wurde. Feste Typen hatten sich längst ausgeprägt: Weihnachts- und Prophetenspiele (z. B. schon 1194 in Regensburg, 1204/05 in Riga), Osterspiele und Marienklagen (vor allem die meisterhafte *Bordesholmer Marienklage* des Mönches R e b o r c h, 1475), Legendenspiele, Passionsspiele und, seit dem 15. Jahrhundert in Deutschland, die sogenannten Moralitäten. Eine Fülle von Texten und Zeugnissen erzählt von lebhaftem Spieleifer in allen Gebieten. Seit dem 14. Jahrhundert nimmt die Überlieferung zu, die einerseits eine Verweltlichung des Liturgischen, andererseits ein dagegen gerichtetes Streben nach Verinnerlichung, nach seelsorgerischer Wirkung zeigt: so das *St. Galler Spiel vom Leben Jesu* ca. 1330, das sogenannte *Wiener Passionsspiel* ca. 1325 und das alemannische Fragment eines *Spiels von der Himmelfahrt Mariä*. Wohl blieb der alte schlichte Typus noch sehr lange, vor allem in abgelegenen ländlichen Gebieten, erhalten. Bayern war besonders konservativ, doch beruht das heutige Oberammergauer Passionsspiel in Text und Aufführungsstil auf einer Mischung aus dem barocken Jesuitentheater des 17. Jahrhunderts und aus dem gemäßigt realistischen Regiespiel des 19. Jahrhunderts. Durchweg führte die spätmittelalterliche Entwicklung zu bürgerlichem ‚Realismus' und massenhafter Steigerung: etwa bei dem sogenannten *Hessischen Weihnachtsspiel* (um 1450 in Friedberg), in dem zweitägigen *Frankfurter Passionsspiel* (um 1350), dessen Regiebemerkungen erhalten sind, in dem dreitägigen *Alsfelder Passionsspiel* von 1501, in dem sich robuste Sinnlichkeit und derbe Frömmigkeit vereinigen. Doch steigerte die mimische Eindringlichkeit des Spielens auch gerade die erregende Wirkung, die z. B. das be-

rühmte Spiel *Von den fünf klugen und den fünf törichten Jungfrauen* ausstrahlte, das 1322 von Geistlichen und Schülern in
Eisenach vor dem Landgrafen aufgeführt wurde und ihn so erschreckte, daß ihn der Schlag traf. Es mischte lateinische Hymnen
und deutsche Verse, die den vorangehenden deutschen Bibeltext
frei paraphrasierten. Eine starke religiöse Wirkung wurde hier
mit hohen künstlerischen Mitteln und einer ergreifenden Schilderung der Angst und Reue der törichten Jungfrauen erreicht.
Darin lag der ursprüngliche Sinn des religiösen Spiels: von Gott
zu künden, die Heilswahrheiten einzuschärfen, den Blick auf
das Jenseits zu lenken. Allerdings führte die geschichtliche Entwicklung immer mehr zum spielhaft Derben und Theatralisch-
Komischen.

Die gesamte Heilsgeschichte vom Sündenfall an führte das drei-
tägige *Fronleichnamsspiel von Eger* (15. Jahrh.) vor; große Passionsspiele erscheinen vor allem in Tirol (Sterzing, Hall, Brixen).
Eine Bozener Passions-Aufführung 1514 dauerte sieben Tage.
Norddeutschland tritt dagegen nicht an Spielfreude, aber an
Vielzahl überlieferter Texte zurück. Um so wertvoller ist das
1464 vollendete *Redentiner Osterspiel* aus dem Kloster Doberan
in Mecklenburg, das die traditionellen Motive in einer Auferste-
hungshandlung und einem Teufelsspiel sehr geschickt ausgestal-
tete und bei allem derben Realismus nicht den religiösen Ernst
vergaß. Offenbar in Goslar wurde in der zweiten Hälfte des
15. Jahrhunderts ein Fronleichnamsspiel von A r n o l d I m m e s -
s e n aus Einbeck aufgeführt, das in kühner, symbolreicher Gestaltung der Verherrlichung der Jungfrau Maria diente. In drei
Fassungen ist aus dem 15. Jahrhundert das Legendenspiel vom
Theophilus erhalten, in dessen Teufelsbündnis gern ein Vorklang
des „Faust" gesehen wurde. Ihm verwandt ist des Thüringers
D i e t r i c h S c h e r n b e r g Spiel von *Frau Jutten* (Ende des
15. Jahrh.). Die Legende schilderte die Geschichte der angeblichen Päpstin Jutta, die nach irdischem Leid und schwerer Strafe
durch den Tod auf die Fürbitte Marias hin begnadigt wird und
deren Reue das Drama ausmalt.

Diese Verbreitung des geistlichen Dramas erweist eine volkstümliche Neigung zum mimischen Theater, eine enge Verbindung
von Leben und Glauben und den Ehrgeiz auch kleiner Bürger-
gemeinden, durch großen Aufwand dem Ruhm ihrer Stadt zu
dienen. Die Stürme der Reformation und die lutherische Ablehnung der weltlichen Schaustellung der Passion Christi, die mindestens in protestantischen Gebieten dem religiösen Spiel ein Ende

setzten, ließen eine der volkstümlichsten und fruchtbarsten Kul-
turschöpfungen des Mittelalters absterben.

Daneben trat das weltliche Spiel zurück. Das *Fastnachtsspiel*, das
vor allem aus Nürnberg von H a n s R o s e n'p l ü t (bis ca. 1460)
und H a n s F o l z (1433 bis ca. 1515) überliefert ist, sich aber als
fester Gattungstyp in ganz Deutschland und in der Schweiz
verbreitet fand, war gänzlich ein Volksspiel, vom Volk für das
Volk in der Stube, auf der Gasse und vor allem zur Faschingszeit
aufgeführt. Es geht auf vorchristliche Fruchtbarkeitsriten in
Handlung und Figuren zurück; aber das ursprüngliche Brauchtum entartete, seines sakralen Gehalts beraubt, zum Grotesk-
Komischen, zu derbstem, obszönem ‚Realismus', der ein wildes
Narrentreiben entfaltete und darin auch sehr aktuelle, persönliche Satiren versteckte. Mit der Vermenschlichung der ursprünglich als Dämonen aufgefaßten Gestalten wurde die Handlung an
die zeitgenössische Wirklichkeit gefesselt; beliebt waren Motive
wie Ehebruch und Werbung, Streit- und Gerichtsszenen, Arzt-
spiele, revuehafte Narrenparaden. Dazu traten politische Satiren,
auch Stoffe aus Schwank und Sage. Nicht eine literarische Gestaltung war das Ziel, sondern die spannende, derb erheiternde
Unterhaltung im Kreis der Handwerker und Kleinbürger. Doch
wie sich aus dem höfischen Brauchtum in der Nachfolge heidnischer Jahreszeitenspiele ein gehobenes Spiel – im *Neidhartspiel
von St. Paul* Anfang des 14. Jahrhunderts – entwickelt hatte, so
brachte in Lübeck in der patrizischen Zirkelgesellschaft das Fastnachtsspiel auch ernste, leider textlich nicht erhaltene Aufführungen. Um so ausgelassener waren die mimischen Spiele der
hanseatischen Bergenfahrer in Skandinavien.

Der höfische Minnesang wirkte in den ländlichen Tanzweisen
der Tannhäuser, Neifen, Hohenvels (vgl. S. 73 f.) nach; er ging in
das bürgerliche Erzähllied des Züricher Hadlaub ein und be-
fruchtete das nun stark hervortretende Volkslied. Von der höfischen Spruchdichtung ging ein ähnlicher Weg zu der bürgerlichen Spruchdichtung, die nichts mehr vom ritterlichen Ethos
und politisch-moralischen Ideenreichtum eines Walther von der
Vogelweide zeigt, dafür aber aktuellen Zeitereignissen um so
näher rückt und zu einer Art von gereimter Zeitung wird, zum
Sprecher und Spiegel der öffentlichen Meinung. Durchaus bürgerlicher Gesinnung sind diese in stattlicher Zahl auftretenden
Spruchdichter; sie verbreiten eine praktische Moral und arbeiten
handwerksmäßig für klingenden Lohn. Der Österreicher B r u d e r
W e r n h e r (1230–1266) nimmt eifrig, auf vielen Wanderschaf-

ten, an den politischen Meinungskämpfen teil, R e i n m a r v o n
Z w e t e r (ca. 1200-1250), vermutlich ein Rheinländer und Schüler von Walther von der Vogelweide, zeigt sich als überzeugter
Anhänger des Kaisertums und in seiner redlichen, tüchtigen und
deutlichen Art noch Walthers großem Beispiel am nächsten. Der
M a r n e r, aus Schwaben, der um 1280 als alter Mann erschlagen
wurde, leitet in seiner betont gelehrten Spruchdichtung, die sich
gern gezierter Redeblumen bedient, zu der „geblümten" Sprachkunst des Meistersangs über. Besonders bevorzugt wurde das
gereimte Kampfgespräch. Schon im Minnesang gab es den sogenannten Wechsel, in dem Strophe und Gegenstrophe auf zwei
Personen verteilt wurden. Neidhart von Reuenthal wurde später
im Streit mit Scheltern vorgeführt, die ihm im Namen verspotte-
ter Bauern antworteten. Jetzt finden sich herausfordernde und
antwortende Streitgedichte der fahrenden Sänger S i n g u f (ein
Mitteldeutscher um 1257) und R u m e s l a n d aus Schwaben.
Vor allem wurde der Kampf des Heinrich von Meißen (ca. 1250
bis 1318 in Mainz) um rechte Frauenverehrung mit dem Fahrenden Regenbogen (Regden-Bogen) berühmt. Er trug Heinrich
den Beinamen Frauenlob ein. Alle diese Dichter wählten gern
einen ihren Beruf andeutenden Decknamen. Um die Mitte des
13. Jahrhunderts entstand der große zyklische *Wartburgkrieg*, in
dem die alten berühmten Dichter der höfischen Zeit im Wettkampf mit Heinrich von Ofterdingen vorgeführt wurden, von
dessen halb sagenhafter Gestalt sonst nichts überliefert ist. Aber
dieser Sängerkrieg war ein Rückblick und Abschluß. Die Zeit
des höfischen Sanges war endgültig vorbei. In sein Erbe teilten
sich Meistersang und Volkslied.
Seit dem 13. Jahrhundert nannten sich die bürgerlichen, meist
fahrenden Spruchdichter, die eine Unterweisung genossen oder
eine Singschule besucht hatten und auf die Kenntnis der sieben
freien Künste pochten, gern Meister im Unterschied zu ungelehrten Laien. M e i s t e r s a n g hieß, ein Lied zu einer vorhandenen Melodie zu dichten oder, wie es später üblich wurde, ein
Lied in einer festen Strophenform und dazu eine passende Sanges-
weise zu erfinden. Man knüpfte vor allem an die Spruchdichtung
an, denn wichtiger als die meist vom Minnesang übernommene
Form erschien der Inhalt, der vor allem Wissen und Lehre in
oft allegorischer Form übermitteln sollte. Geistliche Themen
traten in den Vordergrund, doch wurden auch geschichtliche und
aktuelle Stoffe besungen. Diese Dichtung war stolz darauf, eine
gelehrte Kunst zu sein, eine Art Wissenschaft. Aus Singbruder-

schaften, in denen sich sangesfreudige Laien sammelten und die
zunächst in nahem Zusammenhang mit der Kirche standen, hat
sich der Meistersang entwickelt. Das erregte religiöse Leben, das
sich überall im Spätmittelalter ausprägte, führte auch den Meistersang dazu, das Problem von Gott und Welt, Leib und Seele,
Geist und irdischer Geschöpflichkeit immer wieder ausführlich
abzuhandeln. Seine Haltung war konservativ; nur eine bestimmte
und traditionell festgelegte Reihe von Tönen durfte benutzt
werden. Eigene schöpferische Neuerungen waren lange streng
verpönt. Besonders Heinrich von Meißen, der sogenannte
F r a u e n l o b, wurde als Begründer meistersingerlicher Kunst
verehrt. Er war ein gelehrter, tiefsinniger, gern in vieldeutigen
Allegorien rätselnder Dichter, stolz auf sein Wissen, mit dem er
die großen Meister der höfischen Zeit zu übertreffen glaubte.
Mit seiner Poesie zwischen höfischem Stil und theologischer
Weisheit, zwischen virtuoser Künstlichkeit der Sprache und stark
pädagogischer Neigung bildet er den weit vorgeschrittenen
Übergang zu der neuen bürgerlichen Dichtung. Es überwog im
Meistersang der Gedanke der lern- und lehrbaren Kunst, der
technische Ehrgeiz, das intellektuelle Vermögen. Unmittelbar mit
dem göttlichen Willen brachten die Meistersänger ihr Wirken in
Zusammenhang. In der viele Meisterlieder umfassenden *Col-*
marer Handschrift (16. Jahrh.) heißt es:

> Ir frumen gesanges gesellen, ir solt niht enlan,
> ir solt mit edelsange ze himelriche gan.
> got wil gesanc in sinem hoechsten himel han...
> guot edelsanc ist ie und immer gote wol gevallen.
> guot edelsanc mit worte und ouch mit wise
> wol zieret und bekroenet allez, daz da ist.

> Ihr frommen Liedergesellen, ihr sollt es nicht lassen,
> Ihr sollt mit edlen Tönen zum Himmelreich empor.
> Gott will Gesang in seinem höchsten Himmel haben.
> Guter, edler Sang hat immer Gott wohlgefallen.
> Guter, edler Sang nach Wort und auch nach Weise
> Krönt und verschönt alles, was es gibt.

Grüblerisch ist diese Lyrik, sie neigt zur Abstraktion, sucht eine
geheimnisvolle und bildreiche Sprache; sie drückt sich gern in
Rätseln aus und lehnt sich oft an die Scholastik an, um bis in
tiefste Gründe des Göttlichen „hineinzubohren". Von der spätmittelalterlichen Neigung zur Allegorie ist auch der Meistersang
ergriffen. Möglichst künstlich wird der Vers gestaltet, obwohl in
Thema und Stil andererseits die Neigung zur Prosa unverkenn-

bar ist. Die Kunstformen sind ergrübelt und erstarrt. Offenbar ging die Entwicklung solcher Singschulen vom Rheinlande aus: Mainz, Straßburg, Worms stehen zeitlich an der Spitze, im 15. Jahrhundert folgten schwäbische und fränkische Städte, wie Nördlingen, Ulm, Augsburg, Nürnberg, im 16. Jahrhundert Frankfurt a. M., Freiburg i. B., Colmar, Esslingen. Dagegen scheint der Meistersang im nördlichen Deutschland gar nicht, im östlichen Deutschland (Breslau, Iglau) nur wenig Fuß gefaßt zu haben. Seit dem Ende des 14. Jahrhunderts gab es feste Vorschriften für Vers und Gesang (Tabulaturen). Eine große Rolle spielte das Wettsingen, das wohl in den Übungen religiöser Laienchöre wurzelte und den auf dem Katheder sitzend vortragenden Dichter einem Kreis von kritischen „Merkern" gegenüberstellte, die das Urteil fällten. Gerade weil strenge Gesetze die Bewegungsfreiheit einengten, kam es darauf an, die gegebenen Stoffe immer künstlicher, prunkvoller, tiefsinniger auszudrücken. Damit aber rückte der Meistersang dem unmittelbaren Leben fern; auch trotz der Reformen des H a n s F o l z in Nürnberg (vgl. S. 102), der zum Prinzip erhob, daß jeder Meister neue Töne erfinden und durchsetzen mußte. Zwar brachte noch H a n s S a c h s musikalisch-metrische Neuerungen und wurden im 16. Jahrhundert zeitnahe Stoffe aus Sage und Geschichte, Religions- und Türkenkriegen, aus der modernen italienischen Erzähldichtung und der Antike aufgenommen. Auch ein Zechsingen gab es mit Schwänken und Satiren bei fröhlichem Gelage. Aber die Humanisten sahen mit Verachtung auf dies Treiben der Handwerker, und das Volk blieb von den esoterischen, nur den Eingeweihten offenen Singschulen ausgeschlossen. Im 17. Jahrhundert brachen die meisten Schulen auseinander. Um 1875 wurde in Memmingen die letzte Schule durch eine neue „Leichenordnung" aufgelöst; ihre letzten Mitglieder, zwei Schneider und ein Schuster, hatten für Geld bei Begräbnissen gesungen.

In der Lyrik des Adels zeigte sich ebenfalls der Wandel des Lebensgefühls. Der sehr vornehme Vorarlberger H u g o v o n M o n t f o r t (1357–1423) ersetzte die umschwärmte Minnedame auf bürgerliche Art durch die eigene brave Ehefrau. Ein „geblümter" Stil verbindet sich bei ihm widerspruchsvoll mit nüchternem Gehalt. Unvergleichlich reicher quillt die lyrische Dichtung des genialisch ungestümen Tiroler Ritters O s w a l d v o n W o l k e n s t e i n (1367–1445). Er war ein Abenteurer, ein ungestümer Wanderer durch fast alle damals bekannten Länder, der sich lebensgierig an der Fülle der Welt nicht ersättigen konnte

und dennoch im lauten Weltgenuß vom Gefühl der Sünde ge-
quält wurde. Hier zuerst spricht ein Dichter unverhüllt von
seinen eigenen Erlebnissen; er will nicht mehr die hohe Form,
sondern greift mitten in volles, sprudelndes Leben hinein und
benutzt seine urtümliche und vielseitige Sprachkraft dazu, es
prall und echt zu spiegeln. Seine Lyrik ist die Biographie eines
unbändigen, abenteuerlich umgetriebenen, von Vitalität strotzenden Mannes und eine Sammlung aller nur möglichen Formen:
derbe Minne wird besungen, die Braut und die Ehefrau und die
willige ländliche Magd. Er feiert die Natur der heimischen Berge
und erzählt von Reisen und höfischen Festen, von Streit und
Gefangenschaft; er liebt das Groteske in Trink- und Schelt-
liedern, schreibt politische und moralische Gedichte und beichtet
offen seine Sünden. Das Volkslied stand ihm näher als der
höfische Sang. Der Reichtum und die Zerrissenheit des spätmittelalterlichen Lebensgefühls werden bei ihm sichtbar. Er
wagt die Sprache der Mundart, des Alltags, und mischt Fremd-
sprachen in virtuosem Spiel durcheinander. Ein derber Humor
erfreut sich, wie bei dem ihm dichterisch verwandten Wittenwiler, am tollen Spaß; aber auch der grüblerischen Schwermut
des um seine Erlösung bangenden Menschen vermag Oswald
starken Ausdruck zu geben.

Nur mit Vorsicht darf der Begriff V o l k s l i e d benutzt werden;
erst Herder (vgl. S. 228) hat ihn geprägt und die Romantiker
haben ihn dichterisch entwickelt. Eher läßt sich von einem bürgerlichen Gemeinschaftslied sprechen. Seit dem 14. Jahrhundert
häufen sich die Zeugnisse der Sangesfreude breiterer Massen;
die Lieder der mittelalterlichen Berufssänger werden Gemein-
gut, und ihre Texte verändern sich in der mündlichen Fort-
entwicklung. Das Lied wurde volkstümlich; Gehalt und Form
bekommen eine typische Prägung und gehen in den Gemeinbesitz über. Nicht ein persönliches Erleben drückt sich in ihnen
aus, sondern ein allgemeines, objektiviertes Empfinden eines
Standes, einer politischen Gemeinschaft, oder ein schlichtes
menschliches Gefühl wie z. B. im Liebeslied und Trinklied. Alle
Stände sind nun vertreten, wie Landsknechte, Bauern, Handwerker, Bergleute. Die Verfasser werden nicht genannt. Im Laufe
des 15. Jahrhunderts entwickelte sich in den Städten die Pflege
des mehrstimmigen geselligen Liedes. Zahlreiche Sammlungen,
an ihrer Spitze das *Liederbuch der Clara Hätzlerin* (1471), weisen auf einen bürgerlich-städtischen Lebenskreis. Das *Rostocker
Liederbuch* mit Melodien (ca. 1478) bietet 47 weltliche und

5 geistliche Lieder. Ausdruck eines Gemeinschaftsempfindens waren auch die sogenannten *Historischen Volkslieder*, die meist an aktuelle kriegerische Ereignisse anknüpften; sie erzählen nicht nur, was geschah, sondern sie sind aus der unmittelbaren Stimmung der Beteiligten heraus gedichtet. Es sind die Zeugnisse einer sehr lebendigen Anteilnahme, und sie sind oft, wie viele kriegerische Lieder der Schweizer Freiheits- und Parteienkämpfe, propagandistisch gerichtet. Zum Teil recht umfangreich und von Handwerkern und Soldaten gesungen, geben sie ein eindrucksvolles Bild der Volksstimmung in dieser unruhigen Zeit. Ihr Typus weist bis auf das geschichtliche Preislied der Karolingerzeit zurück. Auch Walthers Spruchdichtung beeinflußte sie, z. B. in ihrer allegorischen Bildsprache. Die historischen Lieder des 14. Jahrhunderts zeigen sich lyrisch-dramatisch stark bewegt; die Lieder des 15. Jahrhunderts stehen mehr dem Stil der Reimchronik nahe, der ungemein beliebten, reich überlieferten Form einer patriotisch-heimatlichen Geschichtsdarstellung in gebundener Rede.

Die stoffliche Erweiterung des Liedes zeigt sich auch in der Volksballade (*Zwei Königskinder, Schloß in Österreich, Herr von Falkenstein* u. a.). Durchweg herrscht ein gedrungener, anschaulicher, kräftiger Stil und bei aller Typik von Form und Sprache eine große Mannigfaltigkeit der Stoffe und Lebenskreise. Ebenso nahm das geistliche Volkslied, teils mit Hilfe der religiösen Spiele, breiten Aufschwung. Nur die große Tageweise des Grafen Peter von Arberg aus der Mitte des 14. Jahrhunderts (*O starker got, al unser not*) sei genannt; sie war in ganz Deutschland verbreitet. Kirchliche lateinische Hymnen wurden nun übersetzt, vor allem von dem Mönch Hermann (oder Johann) von Salzburg (Ende des 14. Jahrhunderts) und von Heinrich von Laufenberg (gest. 1460 in Straßburg), der auch eigene mystische Lieder für offenbar weibliche Kreise schrieb. Das *Salve regina*, das *Ave maris stella* wurde von ihm verdeutscht, auch legte er weltlichen Tonweisen geistliche Texte unter und mischte er Latein und Deutsch im gleichen Liede. Schon für das 14. Jahrhundert ist in solcher Mischsprache das herrliche Weihnachtslied *In dulci jubilo, nu singet und seit fro* bezeugt. Aus dem Jahre 1349 sind schließlich die Lieder der Geißler erhalten, die während der großen Pest als fanatische Büßer in großen Prozessionen durch die Städte zogen. Sie sangen auch das bekannte Wallfahrtslied *In gotes namen varen wir.*

IX

HUMANISMUS UND REFORMATION

Als ein Zeitalter vielfältiger, oft chaotisch zerrissener Auseinandersetzungen stellte sich das ausgehende Mittelalter dar. Das 16. Jahrhundert faßte sie in zwei großen Bewegungen zusammen: der Humanismus führte zu einer freien und weiten Kultur des Geistes und der Form, die Reformation griff tief in das religiöse Leben ein und straffte es zu neuem Bekenntnis. Denn auch die katholische Kirche war durch sie zu einer Sammlung ihrer Kräfte und zu einer Reform gezwungen. Während sich der Humanismus langsam entwickelte und mehr die Gemeinschaftsleistung eines großen Kreises von Männern war, die der Glanz und die Weisheit der Antike entzückte, lief die religiöse Auseinandersetzung in der genialen Gestalt Martin Luthers (1483 bis 1546) zusammen. Er hatte alle Zweifel und Erschütterungen eines um seinen Glauben ringenden Volkes durchlitten und trat nicht nur als kirchlicher Reformator in die Mitte des Zeitalters. Seine gewaltige Persönlichkeit ergriff alle Lebensbereiche und gestaltete sie um: der sozialen Ordnung wurde eine neue Begründung gegeben, die politischen Mächte gewannen durch die Säkularisierung der Kirche und die Stärkung des Landesfürstentums ein anderes Gesicht. Er gab ein neues Ethos des praktischen, täglichen Lebens, er gab der irdischen Wirklichkeit einen neuen Sinn und durchdrang Arbeit, Ehe, Recht und Sitte mit einer neuen, heiligenden Rechtfertigung. Indem er, alle Werkgerechtigkeit ablehnend, den Menschen vor Gott ganz in die Verlorenheit stieß und ihm zugleich im paradoxen „Dennoch" die unendliche Gnade Gottes wies, weckte er bisher nicht erlöste Kräfte der Innerlichkeit, des Ichbewußtseins, der inneren persönlichen Freiheit und Verantwortung. Seine Leistung wirkte, in ihrer Größe wie in ihren tragischen Irrtümern, auf alle folgenden Jahrhunderte mit prägender Kraft ein. Denn barg die katholische Lehre den Menschen gesichert in einer stufenweise geheiligten Schöpfungsordnung, so wurde jetzt der Mensch in einen tiefen Zwiespalt von irdischem Dasein und der Ewigkeit Gottes gestürzt. In dem Volksbuch vom Doktor Faust wurde dieser innere Konflikt zuerst wie in einem großen Symbol aufgefaßt; es zeigte die Tragödie des leidenschaftlich nach der Welt

und nach Erkenntnis verlangenden und so seine Seligkeit preisgebenden Menschen. Denn eben jenen Drang zur erkennenden
und genießenden Erfahrung des irdischen Daseins, jenes ‚faustische‘ Verlangen, das dieses Zeitalter mächtig packte, wollte
Luther von der Bibel umgrenzt wissen, außerhalb derer es keine
wahre Erkenntnis geben könne.

In der religiösen Ausschließlichkeit seines Weltbildes erschien
Luther den Humanisten trotz allem noch als ein Mensch des
Mittelalters. Dagegen sah er in einer nur weltlichen Erkenntnis
und Geistesmacht das Werk des satanischen Verführers und sün-
dige Vermessenheit. Um den Doktor Faust, der als ein markt-
schreierischer, sich großer Wundertaten rühmender Gelehrter
den Humanisten Trithemius, Mutianus, Melanchthon bekannt
war, sammelten sich viele Sagen von Magiern, Teufelsbündlern,
Zauberern. Die reale historische Persönlichkeit ist umstritten und
bleibt undeutlich. Der Name ist häufiger belegt, aber die historischen Umrisse sind schwer faßbar. Es ist ungewiß, ob Georg
Faust in Knittlingen (Württemberg) oder Helmstedt (bei Heidelberg) geboren wurde. Die Lebensdaten liegen ungefähr zwischen 1480 und 1539. Er hat, in einem ruhelosen, abenteuerlichen
Wanderleben – Kreuznach, Erfurt, Bamberg, Ingolstadt, Nürnberg, Kloster Maulbronn – viel von sich reden gemacht, offenbar
viel Aufsehen und Anstoß erregt, wohl auch willentlich und un-
willentlich mancherlei Gerüchte in Umlauf gebracht. Biographie
und Legende sind früh ineinandergeflossen. Als eine fromme
Warnung vor solcher Hybris und Teufelei wurde, nach einer
früheren vermutlich lateinischen Niederschrift, die ein deutscher
Text in einer Wolfenbütteler Handschrift zu belegen scheint, das
Volksbuch vom Doktor Faust von einem unbekannten Verfasser
1587 in Frankfurt a. M. bei dem Drucker Johann Spieß veröffentlicht. Unter dem Gesichtspunkt der lutherischen Orthodoxie
wird Faust religiös-moralisch verdammt. Seine Lebensgeschichte,
so heißt es in der Vorrede, sei „mehrerteils auß seinen eygenen
hinderlassenen Schriften, allen hochtragenden fürwitzigen und
Gottlosen Menschen zum schrecklichen Beyspiel, abschewlichen
Exempel und trewherziger Warnung zusammengezogen und in
den Druck verfertiget". Der Held dieses Volksbuches will alle
Gründe von Himmel und Erde erforschen. Mephistopheles führt
ihn in die Geheimnisse des Weltalls, der Hölle und der Sterne
ein, er geleitet ihn zum Kaiser und zum Papst und gibt ihm die
Macht zu vielen Wundertaten. Aber in grauenvollem Schrecken
endet sein sündig dem Satan verfallenes Leben. Der erste Druck

von 1587 kennt bereits die Hochzeit mit Helena und ihr plötz-
liches Entschwinden mit dem Kinde, auch den Famulus Wagner.
Im Nachdruck von 1590 wird die Episode in Auerbachs Keller
hinzugefügt. Das Volksbuch sollte abschrecken und warnen:
„Fausts Datum stand dahin, das zu lieben, das nicht zu lieben
war; dem trachtet er Tag und Nacht und nahm in sich Adlers-
flügel." Gerade diese titanische Vermessenheit feierte im gleichen
Jahrhundert der englische Dramatiker Christopher Marlowe
(1588) in seinem „Faust" aus dem neuen Lebensgefühl der
Renaissance heraus. Der Erfolg des deutschen Volksbuches zeigt,
in welchem Umfange es die Phantasie ergriff. Vielleicht spürte
man unbewußt das in ihm angelegte Sinnbild. Neue Fassungen
folgten rasch: 1599 von Widmann, 1674 von Pfizer, 1725
von dem Christlich Meynenden, moralisch bearbeitet.
Aus dieser Fassung lernte der junge Goethe den Doktor Faust
kennen. Vom 16. Jahrhundert bis zu seinem vollendeten „Faust"
wölbt sich ein großes geschichtliches Zeitalter: es ist die Epoche
des sich selbst bis in alle Tiefen erfahrenden, des sich gewaltig
entfaltenden und erschüttert erleidenden individuellen Selbstbewußtseins. Die Kulturepoche, die in der „Renaissance" für
Europa beginnt, in der Goethe-Zeit ihren Höhepunkt findet und
dann im 19. Jahrhundert zu Ende geführt wird, ist die Epoche
eines befreiten, nach seiner Autonomie verlangenden Individualismus. Das Ich als ein erkennendes und fühlendes Wesen löst
sich allmählich, in langem Ringen, aus den objektiven Autoritäten
des Glaubens und der Tradition: es lernt, sich frei zu fühlen und
ein moralisches Dasein aus eigener Vernunft und sittlicher Freiheit aufzubauen. Aber es erkennt zugleich die Problematik einer
autonomen Existenz, die Gefährdungen, die in die menschliche
Natur selbst eingelegt sind, seine Verführungen zur Selbstüber-
hebung, zur Leidenschaft, zum Maßlosen und zu einem Amoralismus. Faust wird zum Zeichen des durch sich selbst vernichteten
Menschen. Langsam tritt jetzt der einzelne Mensch mehr und
mehr in den Mittelpunkt des Denkens und des Weltbildes. Diese
irdische Welt wird immer mehr als das trotz seiner Begrenztheit
ganze Dasein genossen. Die Literaturgeschichte der folgenden
Jahrhunderte läßt stufenweise diese Verweltlichung des Lebensbewußtseins, diese Herausentwicklung des Subjektivismus, diese
Verpersönlichung aller Lebensinhalte beobachten. Bis sich in Goethes Spätwerk (vgl. S. 265 f.) ein neues Sozialdenken ankündigt,
das begreift, daß eine neue Epoche den Menschen diese individuelle Freiheit zu sich selbst bestreiten und sie in eine objek-

tive, soziale Gemeinsamkeit zurücknehmen wird. Die Literatur
des 19. Jahrhunderts führt einerseits dieses Individualbewußt-
sein bis zu einer an das Pathologische grenzenden Überreife; sie
öffnet andererseits den Blick für die Gebundenheit des Menschen
an überindividuelle Lebensgesetze und Gesellschaftsformen, an
ein kollektives Dasein. In Goethes Dichtung ist das ‚faustische‘
Zeitalter zu seiner Höhe geführt, kündigt sich aber auch bereits
die Wandlung an – Höhepunkt und Wendepunkt der europäischen Geistesgeschichte.

Im ausgehenden Mittelalter traten, abgesehen von der Mystik,
die Luthers Reformation im religiösen Bewußtsein vorbereitete,
die überragenden schöpferischen Gestalten zurück. Ein mehr
kollektives Denken und Fühlen herrschte vor. Jetzt prägen sich
führende, eigenwillige Charaktere aus. Neben Luther tritt Erasmus von Rotterdam als der europäische Sprecher eines christlichen Humanismus, tritt Ulrich von Hutten als unbändiger und
scheiternder Anwalt eines nationalen Humanismus von revolutionärer Tendenz. In Sebastian Franck, dem Mystiker und
Geschichtsphilosophen außerhalb aller Konfessionen, in Zwingli,
dem humanistischen und nationalen Reformator der Schweiz, in
Paracelsus, dem Mystiker der Naturkunde und Medizin, in Murner, dem leidenschaftlichen Polemiker der alten Kirche und
Prediger einer innerkirchlichen Reform, in Fischart, dem sprach-
gewaltigen pädagogischen Humoristen entwickelt sich die gleiche
Einzigartigkeit der großen Individualität. Daneben wirkt Hans
Sachs als typischer Sprecher des breiten Stadtbürgertums in
seiner problemlosen Rechtschaffenheit noch mittelalterlich-rück-
wärtsgewandt.

Nicht nur der Kampf der Konfessionen zerspaltet das Jahrhundert und nötigt die Dichtung zur Entscheidung zwischen den
Fronten. Ein tiefer Riß scheidet ebenso Bildung und Volk. Der
Humanismus wählte das Latein zu seiner Sprache. Es war nicht
nur die Sprache der Kirche und der Wissenschaften geblieben; seit der karolingischen und ottonischen Zeit gab es auch
eine große Leistungen hervorbringende lateinische Dichtung.
Sie wurde durch die neue Kenntnis der Antike, die von der
italienischen Renaissance ausging, erneut mächtig angeregt. So
rätselhaft es zunächst erscheint, daß schöpferische Männer, die
nicht nur Gelehrte, sondern Dichter waren, an der Fremdsprache
Genüge finden konnten, so leicht läßt sich dies aus dem Kultur-
willen und Stilbewußtsein ihrer Dichtung erklären. Noch war
das Latein dem Deutschen an Ausdrucksfülle und Formkraft, an

Beweglichkeit und Eleganz weit überlegen; zudem lockte es den nationalen Stolz der Humanisten, mit dem bildungsmäßig überlegenen Ausland ebenbürtig zu wetteifern. Das deutschsprachige Schrifttum der Zeit drängte, unter dem Einfluß der Reformation, zur sittlichen, pädagogischen, zur unmittelbaren praktischen Wirkung auf das breitere Publikum. Alle ästhetischen und wissenschaftlichen Bestrebungen zogen sich in das Latein zurück, in die Sprache einer durch die geistige Tradition geheiligten Bildung. Gerade wo sich der gleiche Autor des Lateinischen und des Deutschen bedient, zeigt sich der Unterschied der Wirkungsabsicht. Als Hutten seine Dialoge ins Deutsche übertrug, war er nicht mehr Humanist, sondern nationaler Agitator.

Man nannte das Studium der griechischen und römischen Schriftsteller *humanitatis studia.* Es bedeutete Bildung und Vervollkommnung des Menschen. Italien hatte in der Antike das Vorbild einer frohen, lebensoffenen, alle geistigen Kräfte befeuernden Kultur der irdisch-weltlichen Wirklichkeit gefunden. Der Deutsche konnte nicht wie der Südländer leben; fester lag in seinen gesellschaftlichen und kulturellen Zuständen wie in seinem Ernst und seiner religiösen Innerlichkeit das Erbe des Mittelalters verankert. Der deutsche Humanismus zeigt ein anderes Gesicht als die italienische Renaissance. Was er suchte, war die Form als Erlösung aus dem Zwiespältigen, war Wissen als Weg zur Erkenntnis, war Stoff als Bereicherung des Lebens. Um 1400 schulte sich die Prager Kanzlei am neuen Latein des Petrarca. In Bologna und Padua studierten Adels- und Bürgersöhne römisches Recht und antike Texte. Die ersten frühhumanistischen Übersetzer, wie N. v. Wyle, H. Steinhöwel (vgl. S. 89), suchten das Muster der lateinischen Sprache als eine Erziehung zu einer deutschen künstlerischen Prosa. A l b r e c h t v o n E y b (1420 bis 1475), aus fränkischem Adel, zu Pavia zum Juristen gebildet, seit 1459 Domherr im bischöflichen Eichstätt, ging schon weiter, wenn er seinen Übersetzungen von drei lateinischen Komödien (Plautus' *Menaechmi, Bacchides,* Ugolino Pisanis *Philogenia)* deutsche Namen einfügte. Er wollte das Fremde damit auch von innen heraus eindeutschen. 1459 wurde die Universität Basel gegründet, die sich fortschrittlich der humanistischen Studien annahm. Um 1500 war Straßburg ein Sammelpunkt. Eine kulturpatriotische Gesinnung zeigte hier der regsame J a k o b W i m p-f e l i n g (1450–1528) mit seiner *Germania* (1501). Seit dem Beginn des 16. Jahrhunderts wurde nach vielen Kämpfen gegen die Autorität der scholastischen Wissenschaft der Humanismus zu einer geistigen Macht, die nach den Kanzleien und Höfen, nach den Schulen der großen süddeutschen Handelsstädte sich auch die Universitäten erobert hatte und in ein Endringen mit der Kirche eintrat. Der unbestrittene Mittelpunkt des neuen Geistes wurde E r a s m u s v o n R o t t e r d a m (1466–1536), der erste Europäer neuzeitlicher Prägung.

An der Universität Basel fand der gebürtige Niederländer, der durch die Schule der *devotio moderna,* also der niederländischen mystischen Frömmigkeit aus Laienkreisen, gegangen war, nach vielen Studien und Reisen in Frankreich, England und Italien, durch den Papst von seinen klösterlichen Verpflichtungen frei gesprochen, seit 1521 eine verhältnismäßig gesicherte Wirkungs-stätte. Als in Basel die Reformation siegte, gegenüber der er sich mehr und mehr ablehnend verhielt, da sie seinem irenischen Reformwillen, seinem Ethos vergeistigter humaner Kultur und Wissenschaft und seiner Verehrung der Antike widersprach, wich er nach Freiburg im Breisgau aus. Dem skeptischen Philo-sophen der Weltweisheit war jede Form des religiösen Dogma-tismus zuwider. Die geistesgeschichtliche Bedeutung seines in Editionen, Übersetzungen, eigenen Schriften außerordentlich um-fangreichen Werkes, zu dem zahlreiche Briefe in alle Länder treten, läßt sich kaum überschätzen. Aus der Idee eines christ-lichen Humanismus, einer Philosophie Christi, die die Weisheit und zuchtvolle Form der Antike mit der Ethik des Christentums verband, suchte er eine Erneuerung des abendländischen Lebens. Die geistige Einheit des Abendlandes, die Verbundenheit aller geistigen Menschen durch die Kräfte des Christentums und der Antike waren ihm selbstverständlich. Sokrates und Christus ver-einten sich für ihn im Ziele einer durch Vernunft und Mensch-lichkeit geläuterten Bildung. Er glaubte den letzten Sinn der Bergpredigt auch in der Weisheit der griechisch-römischen Philo-sophie zu finden. Dieser Grundgedanke, kühn und umstürzend, eröffnete außerordentliche Perspektiven und wurde zu einem Fundament der europäischen Bildung. Ein Feind aller dogma-tischen Enge, war Erasmus ebenso ethischer Pädagoge wie ein Anwalt der kühlen skeptischen Vernunft. Mit seinen *Adagia* (1500), einer Sammlung von 4000 antiken Sprichwörtern, wollte er als Erzieher zu sprachlich-sittlicher Kultur wirken. In seinem *Enchiridion militis Christiani* (1502), dem Handbüchlein des christlichen Ritters, nahm er den Kampf gegen die veräußer-lichte Religiosität der verfallenden Kirche auf und lehrte er seine aufgeklärt-moralische Philosophie Christi. Nicht einen Umsturz wollte er, sondern innere Reinigung. Deshalb gab er, eine philologische Pioniertat, den griechischen Urtext des *Neuen Testaments* (1516) heraus, um zu den reinen Quellen des Glaubens zurückzuführen. Dieser Text diente als Grundlage der Bibelübersetzung. Die ironische Skepsis und lebendige, freie Weltoffenheit seines Geistes äußerte sich in dem bis heute gelesenen *Laus stultitiae (Lob der Torheit)* (1509), einer mit spottender Eleganz durchgeführten allegorischen Satire auf das Narrentum der Welt, die zwischen Scherz und Weisheit, Lächeln und bitterem Vorwurf in reizvollem Schweben bleibt. Die *Colloquia* (Gespräche) endlich aus dem Jahre 1518 entwickeln in der beliebten Form des Dialogs, der um alle möglichen Fragen des Lebens vom Essen und Wohnen bis zu Liebe und Glauben kreist, das Bild einer heiteren, geistreichen Menschlichkeit. Ein neuer Typus geistiger Lebensformung wurde durch Erasmus zuerst verwirklicht; darin lag seine Größe. Hatte er anfangs Luthers Tat begrüßt – vor der Dämonie dieses radikalen Bekenners mußte sein auf Harmonie, Toleranz, Maß und Form gerichtetes Denken zurückschrecken. Aristokrat der Bildung, Ästhet im Blick auf die Form und Ethiker im Bereich des Glaubens, konnte er sich nicht der zur Tat drängenden Energie der Reformation anschließen. Derart geriet er schließlich in den äußersten Gegensatz zu dem nur auf das Evangelium konzentrierten Luther, so verwandt er sich ihm auch anfänglich im grundsätzlichen Willen zur religiösen Reform gefühlt hatte.

Eine andere Seite humanistischer Bildung stellt C o n r a d C e l t i s (Konrad Pickel, 1459–1508), der fränkische Bauernsohn und „Erzhumanist", dar. Bei ihm ist alles voll quellenden Lebens, Abenteuer und Leidenschaft, eine neu erlebte Bejahung dieser irdischen Welt. Trotz seiner lateinischen Dichtung blieb er dem Volksleben nahe, und man darf den vielseitigen Dramatiker, Lyriker, Historiker auch als den ersten Volkskundler bezeichnen. Als er 1492 seine Antrittsrede an der Universität Ingolstadt hielt, stellte er drei Ziele auf: nach der wahren Erkenntnis der Dinge, nach der Erforschung der Natur, nach der Reinheit der römischen Sprache zu streben. Das war das humanistische Programm. Mit seinen vier Büchern *Amores*, die Liebeserlebnisse aus beschwingten Wanderjahren mit eindringlicher Beobachtung der Länder und Stämme erzählen, mit seinen sinnlich-leidenschaftlichen *Oden* stellte er sich an die Spitze neulateinischer Lyrik. Seine *Germania illustrata* (seit 1491) sollte die große Enzyklopädie Deutschlands werden. Für den Kaiserhof in Wien schrieb er prunkvolle allegorische Festspiele mit Musik, Tanz, Chor, derber Komik und höfischer Huldigung. Er veröffentlichte eine Ausgabe des Tacitus *(Germania*, 1500), versuchte ein Epos *Theodoricus* über Dietrich von Bern und wurde in Wien der Reformator des akademischen Studiums.

Von seinen Schülern seien nur J o a c h i m v o n W a t t (Vadianus), seit 1526 Bürgermeister in St. Gallen, der 1518 in *De poetica et carminis ratione* die erste ‚Literaturgeschichte‘ schrieb, und J o h a n n T u r m a i r (Aventinus), mit seinen *Annales Boiorum* (1517–1521), der größte Geschichtsschreiber des Humanismus, genannt. Die neulateinische Lyrik schloß sich an Celtis an; in der Abwandlung typischer Formen und Stoffe der antiken Lyrik, in der Eleganz und Weltoffenheit ihrer Themen, im Ausdruck eines bewegten persönlichen Lebensgefühls. Große dichterische Begabungen gingen in der lateinischen Sprache und in der engen Nachfolge eines Horaz, Ovid, Catull, Tibull der Entwicklung der deutschen Sprache verloren. Sie schieden aus der unmittelbaren sprachlichen Verbindung mit ihrem Volk aus. E o b a n u s H e s s u s (1488–1540), der dem Erfurter Humanistenkreis angehörte, pflegte die pastorale Ekloge, die Heroide, die Elegie und Ode und den Trauergesang mit erstaunlicher Schmiegsamkeit der Sprache, der Melodie und Versfügung. E u r i c i u s C o r d u s (1485–1535) leistete sein Bestes im Reisegedicht *(Hodoeporicon*, 1515). Verband sich bei diesen Dichtern eine froh beschwingte, stürmisch das Leben ergreifende Stimmung mit ästhetisch-gelehrter, in schöner Form beruhigter Bildung, so griff U l r i c h v o n H u t t e n (1488–1523) weit über einen in sich begrenzten poetisch-intellektuellen Bildungskreis hinaus. Der Sohn eines alten ritterlichen Geschlechts fränkischer Herkunft fühlte sich, nach schwieriger, konfliktreicher Jugend, als streitbarer politisch-geistiger Erwecker. Feurig ergriff er das antik-humanistische Lebensideal; aus ihm sprach eine von unendlichen Aussichten hingerissene Jugend. Es ging ihm, mit erregtem Patriotismus und heftiger politischer Anteilnahme, um eine radikale Reform des ganzen deutschen Lebens. Mächtig hatte ihn das Gefühl ergriffen, an einer großen Zeitwende zur kühnen Tat berufen zu sein. Der Kampf gegen die katholische Kirche war für ihn nicht nur, wie für Erasmus, der Kampf der vernunftgemäßen Bildung gegen dogmatischen Aberglauben, sondern eine politische Entscheidung gegen Rom. Hutten war ein geborener Revolutionär. *Perrumpendum est*, war sein Wahlspruch. Oder ähnlich: *Jacta est alea!* Jubelnd rief er 1518 dem Nürnberger

patrizischen Humanisten Pirkheimer in einem programmatischen
Brief zu: „O große Zeit der Wissenschaft, noch ist nicht der
Augenblick, sich zur Ruhe zu setzen, mein Willibald, die Geister
erwachen, die Studien blühen, es ist eine Lust, zu leben." Wie
von einem Dämon getrieben, durchwanderte er in trotziger Unruhe die deutschen Lande. 1512/13 war er als Student und Lands-
knecht in Italien. Eine früh ausbrechende Krankheit gab ihm das
Gereizte und Gewaltsame des Menschen, der sich vor einem
nahen Tode weiß. Sehr selbständig nahm er die antiken Vorbilder auf, vor allem die Dialogform des Lucian. Selbst so persönlichen Schriften wie dem *Phalarismus* (1517) gegen den Herzog von Württemberg, der seinen Verwandten erschlug, wie den
Gesprächen *Fortuna* (1519) und *Febris* (1519), in denen er von
der eigenen Armut und Krankheit spricht, gab er den großen,
kühnen Schwung. In *Arminius* (1529) rief er den alten Nationalhelden zur Rettung deutscher Freiheit auf, in den *Inspicientes*
(1520) ging es gegen die Politik des Papstes; ähnlich, aber noch
rücksichtsloser, im *Vadiscus* (1520). Seit 1517 übertrug Hutten
seine Dialoge in das Deutsche; 1521 stellte er vier davon zu dem
Gesprächsbüchlein zusammen. Der Humanist wurde, um breiter
Wirkung des Wortes willen, zum Volksschriftsteller. Eine Erneuerung des mittelalterlichen Kaisertums und einer freien Ritterschaft verkündend, zum Aufstand gegen Rom rufend, verwickelte er sich in aussichtslose Verschwörungen, ohne Sinn für
reale Kräfte, für feste Ziele und klares Maß. Erasmus und Luther
lösten sich von ihm; der Papst und der Kaiser verfolgten ihn.
Hutten wurde ein sehr deutscher Mythos in seiner ganzen Problematik: in der Unbedingtheit des die Existenz einsetzenden
Willens, in dem schwärmerischen Enthusiasmus für die große
Idee, in seinem fanatischen Verkennen der realen Mächte und in
dem dämonischen Hang zum tragisch-heroischen Selbstopfer.
Seine berühmten Worte – „Ich habs gewagt! Es muß gan oder
brechen!" – enthalten den Mut und Trotz dieses Lebenslaufes
und die Stimmung des lutherischen Zeitalters. Eine schlag-
sichere Herausforderung war auch der von ihm verfaßte zweite
Teil der „Epistolae obscurorum virorum".
Johannes Reuchlin (1455–1522), der bahnbrechende Übersetzer aus dem Griechischen und Kenner des Hebräischen, hatte
gegen die Verbrennung der jüdischen Schriften protestiert, die
der zum katholischen Glauben übergetretene Kölner Jude Pfeffer-
korn mit Hilfe des alten Klerus forderte. Die Kölner Dominikaner klagten Reuchlin wegen seiner wissenschaftlich-freien Ge-

sinnung der Ketzerei an. Reuchlin veröffentlichte 1514 die sich
zu ihm bekennenden Briefe berühmter Humanisten als *Epistolae
clarorum virorum*. Ihnen folgten, scheinbar als Antwort, 1515/17
die *Epistolae obscurorum virorum*, die schärfste humanistische
Satire gegen die entartete Scholastik. Mit barbarischem Latein
und in heuchlerischer Frömmigkeit schreiben hier Mönche und
Geistliche Briefe, die zunächst für echt gehalten wurden, sich
aber rasch als glänzende ironische Fiktion erwiesen. Vor allem
C r o t u s R u b e a n u s (Johannes Jäger, ca. 1480–1539), ein Thüringer Bauernsohn und Freund Luthers und Huttens, war der
Verfasser. Hutten schrieb den zweiten Teil, der in boshafter
Karikatur die Unsittlichkeit und Unbildung innerhalb der alten
Kirche anprangerte. Hutten erreichte, was er wollte – unversöhn-
lich standen jetzt die Fronten Humanismus und alte Kirche
gegeneinander; nur Erasmus hielt sich vorsichtig abseits.

In der Form des Briefes und des Dialogs bediente man sich wirk-
samer polemischer Waffen – die umfangreiche Flugschriften-
literatur der Reformation und der revolutionären Bauernbewe-
gung gab zahlreiche, oft aufreizende Dialoge in primitiven, für
den Tag bestimmten Drucken heraus. Historische oder symbolische Gestalten der beiden Parteien traten in erregtem, mimisch
belebtem Streit gegeneinander, verhöhnt und gefeiert, derb und
gelehrt, als Sieger oder Opfer im Kampf der religiösen Überzeugungen und sozialen Stände. Auch das theatralische Spiel
empfing von der Dialogform lebhafte Anregungen, wie es ihr
umgekehrt auch mimisch-possenhaft zum Vorbild diente. Eine
erstaunliche Fülle solcher meist anonymen Flugschriften beweist, wie diese Dialoge zum Ausdruck einer erregten öffentlichen Meinung wurden, die hier zum ersten Male in der deutschen Literaturgeschichte konkret greifbar wird. Das breite Volk
selbst gewann eine gewichtige Stimme.

Vor allem fand L u t h e r für das Volk das urwüchsige Wort.
Er zog alle Kräfte des Jahrhunderts in seinen Bann; nicht nur
die heftig gereizten politisch-sozialen Mächte (Landesfürstentum,
Bauernkrieg), auch den ihm wesensgemäß fernen Humanismus
und die katholische Kirche. Er stellte ι ιch der Sprache und Dichtung neue Aufgaben. Luthers Leistung für die Bereicherung und
Vertiefung des deutschen Sprachbewußtseins kann nicht über-
schätzt werden. „Wir gehn in großem Hunger des göttlichen
Worts", schrieb Martin Butzer 1521 in seiner evangelischen
Flugschrift „Neu-Karsthans". Zwar gab es längst deutsche Bibelübersetzungen (seit 1466 vierzehn hochdeutsche, seit 1480 drei

niederdeutsche Drucke). Aber diese Übersetzungen gingen von
der lateinischen Vulgata aus, nicht von dem hebräischen und
griechischen Grundtext, den Reuchlin und Erasmus zugänglich
gemacht hatten. 1517 begann Luther mit der Übertragung einiger Psalmen, 1522 erschien die erste Ausgabe des verdeutschten
Neuen Testaments; das Alte Testament folgte seit 1523. Das
ganze Werk war 1534 nach mühevoller Arbeit beendet. Luther
selbst sagt: „Ich habe mich beim Dolmetschen des befleißigt,
reines und klares Deutsch zu geben. Es ist uns wohl oft begegnet,
daß wir vierzehn Tage, drei, vier Wochen lang ein einziges
Wort gesucht und danach gefragt haben, und haben es dennoch
zuweilen nicht gefunden." Eine ungeheure Arbeit war geleistet,
mußte sich Luther doch selbst erst die Sprache für seine Bibel
schaffen: in der Verbindung von sachlicher Genauigkeit, von
religiöser Innerlichkeit und von Volkstümlichkeit des Worts.
Denn Luther wollte dem schlichten Volke verständlich sein.
„Man muß die Mutter im Hause, die Kinder auf der Gassen,
den gemeinen Mann auf dem Markt drumb fragen und den-
selbigen auf das Maul sehen, wie sie reden, und darnach dolmetschen, so verstehen sie es denn und merken, daß man deutsch
mit ihnen redet." Doch war es damit noch nicht getan. Die religiöse Sprache der Mystik, die Rhythmik des humanistischen Stils
waren Luther geläufig. Zugleich fand er in der ostmitteldeut-
schen Schrift- und Kanzleisprache den Lautstand, der in dem
mundartlich aufgespaltenen Deutschland am ehesten allgemein-
verständlich war. Entscheidend war seine schöpferische Sprachbegabung und sein Sinn für das von innen heraus lebende, beseelte, im Gefühl natürlich wachsende und zum Herzen sprechende Wort (*Sendbrief von Dolmetschen*, 1530). Als, um ein
Beispiel zu nennen, in Matth. 12,34 die wörtliche Übersetzung
die Wendung forderte: „Aus dem Überfluß des Herzens redet
der Mund", warf Luther ein: „Sage ich, ist das deutsch geredet?
Welcher Deutsche versteht solches? Überfluß des Herzens ist
kein Deutsch... sondern also redet die Mutter im Haus und der
gemeine Mann: Wes das Herz voll ist, des gehet der Mund über.
Das heißt gut deutsch geredt." Aus der Einheit mit dem Volksgrund, aus einem tief religiösen Erleben, aus dem Gefühl für
das treffende Wort und für die suggestive Ausdruckskraft des
Sprachrhythmus ist diese Bibelsprache hervorgegangen, die bis
zur Gegenwart für die deutsche Dichtung ungemein fruchtbar
wurde. Mit Luthers Bibel begann für sie eine neue Epoche.
Wann immer die Sprache nach innerer Erneuerung verlangte,

knüpfte man an Luthers Worte an. Geschah es doch selten genug in der deutschen Dichtungsgeschichte, daß ein Sprachkunstwerk nicht für eine exklusive Bildungsschicht, sondern für das breite Volk geschrieben wurde. Allerdings bedeutete diese Übersetzung zunächst einen lange nicht verheilten Riß; das katholische Schrifttum blieb von dieser protestantischen Sprache ausgeschlossen, und es hat einige Zeit gebraucht, an sie Anschluß zu finden. Seit der Reformation trat die katholische Dichtung, trotz mächtigen Aufschwungs im Barock, die sprachlich-dichterische Führungsstellung an den Protestantismus ab. Noch die deutsche Klassik, die bewußt an Luthers Bibelsprache anknüpfte (Klopstock, der junge Goethe), beweist dies; erst die Romantik fand hier den Ausgleich (Brentano, Eichendorff, Grillparzer). Andererseits aber ging gerade von Luthers Bibel eine Einigung des Volkes durch eine übermundartliche, neuhochdeutsche Schriftsprache aus, welche niemals durch die juristische Kanzleisprache der Amtsstuben und Urkunden erreicht worden wäre. Der Süden und der Norden des deutschen Sprachraumes lernten es allmählich, sich mittels einer in der Mitte des Gebietes geschaffenen Sprache zu verstehen.

Neben diese Übertragung, die die Bibel zum geistigen Eigentum des Volkes machte, trat die Fülle von Luthers gewaltig aufrührenden Rechtfertigungs- und Streitschriften, der deutsche *Katechismus* und seine *Kirchenlieder*. Auch in seiner theologischen und polemischen Prosa war Luther ein Sprachschöpfer, weil seine Sprache unmittelbar aus dem Geist und dem Charakter des Mannes erwuchs, nicht nur eine Mitteilung, sondern ein ursprünglicher, bekenntnishafter Wesensausdruck war. Diese Sprache zielte in ihrer kraftvollen, gedrungenen und bildhaften Energie, in ihrer oft heftig zuschlagenden Derbheit, in ihrem Ernst und ihrem grimmigen Humor, in ihrer jähen Erregbarkeit und in ihrem Gefühl für zarte seelische Stimmungen ebenso auf die Bewältigung des praktisch gegenwärtigen Lebens wie auf eine seelische Ergriffenheit. Die zwei großen Schriften des Jahres 1520 die eine neue religiöse, politische und soziale Weltordnung aufbauten, *An den christlichen Adel deutscher Nation von des christlichen Standes Besserung* und *Von der Freiheit eines Christenmenschen* waren Wegzeichen einer neuen Ausdruckskraft und Beweglichkeit der deutschen volkstümlichen Prosa. Die katholischen Gegner hatten nichts gleichartig entgegenzusetzen; es wurde von Luther selbst ironisch bemerkt, daß sie sich seines eigenen Sprachstils bedienten, um ihn zu bekämpfen.

Ein Dichter war Luther auf dem Gebiet des Kirchenliedes. Er schuf einen neuen Liedtypus: das evangelische Bekenntnis- und Gemeinschaftslied. 1524 gab er sein *Gesangbüchlein* heraus; durch fliegende Blätter waren Lieder von ihm schon vorher verbreitet. Auch der katholische Gottesdienst kannte an hohen Festtagen vor und nach der Predigt deutsche Lieder, aber sie gehörten nicht zu dem festen liturgischen Bestand. Luther lehnte sich vielfach an die Psalmen und lateinischen Hymnen an, aber er fand einen eigenen kraftvollen Rhythmus, den starken, kämpferischen Ton. Eine tiefe objektive Glaubensgewißheit durchzieht seine Lieder. Nicht ein Ich singt hier, sondern Luther dichtet aus dem Gefühl der um ihren Glauben ringenden, von ihm erfüllten, in ihm leidenden und jubelnden Gemeinde. Damit war der Lyrik eine neue Ausdrucksmöglichkeit gegeben; Luthers Lieder wurden in nicht abreißender Wirkung zum Gemeinbesitz des Volkes (*Ein feste Burg ist unser Gott*, im Anschluß an den 46. Psalm, *Aus tiefer Not schrei ich zu dir, Mit Fried und Freud ich fahr dahin, Vom Himmel hoch, da komm ich her*, im Anschluß an ein Volkslied). Der Jesuit Conzenius gestand später: „Diese Lieder Luthers haben mehr Seelen getötet als seine Bücher und Reden."

Auch dem Drama gab er einen neuen Anstoß. Luther wies in den Vorreden zu den biblischen Büchern Judith und Tobias ausdrücklich auf die dramatische Anlage dieser Stoffe. Das Drama übernahm in der religiös-pädagogischen Werbung für den Protestantismus und seine Sittenlehren eine wesentliche Aufgabe, ließ sich doch von ihm aus durch unmittelbare mimische Anschaulichkeit zu dem gelehrten und ungelehrten Volke von den Wahrheiten des Evangeliums, den biblischen Geschichten, den Parabeln Christi und der Moral des frommen Bürgers sprechen. Nicht zufällig wurde in einer so von Kämpfen erfüllten Zeit das Drama am lebendigsten von dem Wandel der literarischen Formen ergriffen. Ihm wandten sich die meisten Kräfte zu. Auch der Humanismus entdeckte an antiken Texten einen neuen Kanon von Regeln und Stoffen des dramatischen Spiels. In langsamer Ablösung von der mittelalterlichen Simultanbühne, die sich jedoch in katholischen Landschaften und abgelegenen Gegenden lange erhielt, entwickelte sich die neuzeitliche Sukzessionsbühne mit Vorhang, Akteinteilung, Auftritt und Abgang der Personen, geringer Anzahl der Spieler, zusammengefaßter Handlung und sparsamem Schauplatzwechsel und mit der Vorherrschaft des Wortes gegenüber der mimisch belebten Handlung.

Als Erbe des Mittelalters gab es das breite, von mimischen Episoden aufgelockerte geistliche Schauspiel und das derbe, an obszöne Possen grenzende Fastnachtsspiel. Jetzt vollzogen sich bedeutsame Wandlungen.

In der Schweiz, wo sich durch die Persönlichkeit Zwinglis (1484–1531) die Reformation mit dem Humanismus und einer nationalen Selbstbesinnung verband, erwuchs aus politisch bewegten Verhältnissen das weltlich-politische, patriotische Spiel. Es nahm die alten Sagen von der Gründung der Eidgenossenschaft und dem Volkshelden Tell auf und gestaltete aus ihnen ein Erziehungsspiel. Das *Urner Tellspiel* (ca. 1511) zeigte sich noch knapp, volkstümlich, schlicht in der Form; das Züricher Spiel *Von den alten und jungen Eidgenossen* (ca. 1513) wächst schon breiter aus. Noch umfangreicher werden um die Jahrhundertmitte die religiös-patriotischen Spiele des Schwaben Jakob Ruf (z. B. *Von des Herrn Wingarten*, 1539, *Etter Heini*, 1542). Die altertümliche Technik des fastnachtsspielmäßigen Revuestücks hat das sehr verbreitete Basler *Spiel von den zehn Altern der Welt* (ca. 1515) des Druckers Pamphilius Gengenbach (gest. 1524) bewahrt. Vom Kinde bis zum hundertjährigen Greis reicht die Kette der Lebensalter, denen ein weiser und frommer Einsiedler gute Ermahnungen spendet. Aber mit resigniertem Pessimismus läßt der Verfasser die Hoffnung auf eine Besserung der Menschen nur gering erscheinen. Von Gengenbach stammt, analog der eben genannten Moralität, eine Anzahl von ernsthaften Fastnachtsspielen wie z. B. *Die Gauchmatt der Buhler*, im Bautypus der mimischen Narrenrevue eine predigthafte Mahnung wider den Ehebruch, der ein wegen seiner obszönen Drastik beliebtes Thema des mimisch-komischen Fastnachtsspiels war. Bürgerlicher Moralismus nutzte jetzt die traditionellen Spielformen.

Wie in der spielfreudigen Schweiz lebten in Deutschland geistliches und weltliches Volksspiel, Humanistendrama und mimisch-satirisches Dialogspiel nebeneinander. Nur wenige, geschichtlich vorwärtstreibende Beispiele aus der ungemein bewegten, schwer überschaubaren Geschichte des Dramas und Theaters im 16. Jahrhundert können hier angeführt werden. Selbst wenn man die typischen Formen noch vereinfacht einteilt und alle Kreuzungen und Überschneidungen fortläßt, faltet sich das Bild in eine beträchtliche Reihe von Dramentypen auseinander, die sich nach Herkunft, Stoff, Stil und Wirkungsabsicht unterscheiden. Das mimisch-dialogische Kampfspiel entwickelte sich aus der Posse

und aus der polemischen Flugschrift während der Entscheidungs-
jahre der Reformation. Das ernste geistliche, protestantische
Spiel wurde als Veranschaulichung der Predigt und Lehre zum
Hauptanliegen dichtender evangelischer Geistlicher und Schul-
männer. Daneben trat das alte katholische Volksspiel im Süden
und Südosten konservativ zurück. Das ernste weltliche Spiel
verband mit religiöser Moral geschichtliche und politische Stoffe.
Die lateinische Komödie der Humanisten schloß sich an Plautus
und Terenz an und nahm volkstümliche Stoffe in die Zucht
klassizistischer Form. Der dramatische Schwank entwickelte sich
aus mimischer Typik zu volksnahem Realismus und erhielt oft
eine belehrend-moralische Tendenz. Das humanistische Schuldrama diente der akademischen Erziehung und steigerte sich
zum prunkvoll-allegorischen höfischen Huldigungsspiel. Das
Jesuitendrama wurde zur eindrucksvollen Propaganda des reformierten Katholizismus. Endlich brachten gegen Ende des Jahrhunderts die englischen Komödianten stofflich und in mimischer
Theatralik neue Anregungen.

Als der Ausdruck einer nach besserer religiöser und sozialer
Ordnung verlangenden Volksbewegung waren zahllose Flugschriften, oft mit Holzschnitten illustriert, verbreitet worden.
In ihrer Vielfalt, die sich von maßvoller Einsicht bis zu fanati-
scher Schwärmerei und revolutionärer Drohung, von humanistischer Dialogkunst bis zur primitiven klobigen Scheltrede erstreckt, spiegelt sich die Erschütterung des Volkes und der Glaube
an eine umstürzende Weltwende. Vor allem der Bauer als der
schlichte, unterdrückte, naiv-gläubige und nun aufbegehrende
Volksmann wurde ihr Held. Eng verbanden sich mit Luthers
Tat die sozialen Reformwünsche des Bauerntums, die in den
Bauernkriegen nach blutigen Opfern scheiterten. In dem *Karsthans*, vielleicht von Watt (1521), in dem *Neuen Karsthans*, vielleicht von Martin Butzer (1521), in dem Dialog zwischen Petrus
und einem Bauern von S t a n b e r g e r und vielen anderen, die
im gleichen Jahre herauskamen, zeigt sich bei allem Ernst eine
mimisch-witzige Schlagkraft, die weiterwirkend den Dialog des
konfessionellen Streitspiels beeinflußt. Ein Meister dieses
Kampfspiels, das sich aus handfestem Realismus, überzeugtem
Glauben, radikaler Kampfstimmung und volkstümlicher Posse
zusammensetzte, wurde der vielseitige Schweizer N i k l a s M a -
n u e l (1480–1530). Er war Maler, Architekt, Holzschnitzer,
Soldat und schrieb endlich als Landvogt seine ungemein lebensvollen mimischen Satiren gegen Rom, den Papst und die Mönche.

Vom Papst und seiner Priesterschaft wurde 1523 in Bern aufgeführt, 1525 folgte der *Ablaßkrämer*, 1526 *Barbali*, ein Dialog über das entartete Leben in den Klöstern. Das Spiel wurde zur religiös-moralischen Polemik und bezog aus ihr seine dramatische Wirkung. Hingegen ist Niklas Manuel nicht, wie lange angenommen wurde, der Autor des kräftiglich erotischen Fastnachtsspiels *Elsli Tragdenknaben*. Auf konservative Weise behielt Manuel den erzählerisch breiten mittelalterlichen Bühnenstil bei; er wollte auf das Volk erregend und anschaulich wirken.

Anders der größte protestantische Kampfdramatiker T h o m a s N a o g e o r g u s (Thomas Kirchmair, 1511–1563). Mit einem grimmigen Haß gegen alles Katholische schrieb er seinen lateinischen *Pammachius* (1538), ein leidenschaftlich-zürnendes Spiel gegen das römische Pfaffentum. Ein grelles, höhnisches Bild seiner Verworfenheit wird gezeichnet, der Papst wird zum Antichrist, zum Teufelsbündler. Seine eigene Gegenwart betrachtete Naogeorg als eine Endzeit, und im Kampf zwischen dem Satan (Papst) und Christus, an dessen Seite Theophilus-Luther steht, entscheidet sich für ihn endgültig das Schicksal der Welt. In straffer Form, nach den Gesetzen des humanistischen Bühnenstils, wird mit religiöser Leidenschaft ein ‚Ideendrama' gestaltet. Ähnlich griff Naogeorg in seinem *Mercator* (1540) das Motiv des „Jedermann" auf. Dem niederländischen Protestanten G n a p h ä u s gelang 1529 mit seinem *Acolastus*, der Parabel vom verlorenen Sohn, die oft dramatisiert wurde, ein echtes Drama nach antikem Vorbilde. In fünf Akten werden hier zum ersten Male das Schicksal und die Entfaltung eines einmaligen, persönlichen Charakters in einer typisierten Umwelt dargestellt – ohne konfessionelle Polemik, aus rein künstlerischer Tendenz. Anders die Parabel *Vam Verlorn Szon*, die in niederdeutscher Sprache B u r k a r d W a l d i s 1527 in Riga aufführen ließ. Am Gegensatz von Vater und Sohn ließ sich der Gegensatz von katholischer Werkgerechtigkeit und von der Rechtfertigung durch den Glauben im lutherischen Sinne veranschaulichen. Mit einem kräftigen Realismus, der das Volksleben breit schildert, verbindet sich bei schlichtem Aufbau eine religiöse Vertiefung. Ungemein vielfältig waren die Stoffe des protestantischen Spiels, das als religiöse und lebenspraktische Lehre neben den Gottesdienst und die Predigt trat. Es gehörte zum Schulunterricht, und fast jeder Schulmann hatte den Ehrgeiz, schlecht und recht, oft sich anlehnend und abschreibend, ein Drama zu verfertigen. Luthers Bibel gab die Stoffe, daneben die Reformationsgeschichte,

seltener die Politik. Sittliche Lehre verband sich mit bürgerlicher
Lebensanschauung. Viel blieb ungedruckt, wurden die Dramen
doch in erster Linie für die Aufführung geschrieben. Daraus
erwuchs ihre lebendige Beziehung zu dem jeweils gegebenen
lokalen Spielkreis, dessen Sitten, Mundart und Lebensverhältnisse sie spiegeln. Diesen aktuellen Realismus zeigt auch die von
einem streitbaren katholischen Geist bestimmte Verssatire *Ein
gemeine Bicht der Predikanten to Soest* (1534) eines nicht näher
bekannten Westfalen, der sich D a n i e l v o n S o e s t nannte.
In niederdeutscher Sprache, mit eingestreuten Liedern, gibt er
zornig und mit höhnischem Lachen ein ironisches Bild des gewaltsamen Sieges der Reformation in Soest. Katholische Dramen
waren selten; die literarisch vorwärtsstrebenden Energien lagen
in den Händen des jungen Protestantismus. Durchweg zeigen
sich, mehr oder weniger geschickt herausgearbeitet, folgende
Tendenzen: der Versuch eines persönlichen dramatischen Gestaltens aus individuellem Fühlen und Beobachten, das auch Ansätze zu einer psychologischen Entwicklung bringt. Eng damit
paart sich ein neuer Sinn für die realistische Darstellung der
Charaktere und Zustände, für eine motivierende Seelenschilderung mit besonderer Bevorzugung religiösen Erlebens. Gegenüber dem vorwiegend mimisch gerichteten Spiel des ausgehenden
Mittelalters setzt eine Vergeistigung des Stoffes, der Konflikte
und der Charaktere ein, der die Form des nach antikem Muster
gebauten Spiels mit seiner Betonung des Wortes, der Deklamation, entsprach. Vom lateinischen Theater (Plautus, Terenz,
Seneca) und vom griechischen Drama (Sophokles, Euripides,
Aristophanes) lernte man eine neue Technik des Aufbaus und
die Einteilung in Akte und Szenen. Der Zwickauer Pfarrer P a u l
R e b h u n (gest. 1546) wagte in seiner *Susanna* (1536) sogar ein
biblisches Kunstdrama mit antiken Versmaßen und Chorliedern
in kunstvollen Strophen. Neben biblische Stoffe trat die reli-
giös-moralische Allegorie, vor allem das einem alten englischen
Spiel entnommene Motiv des Jedermann, das in der Bearbeitung
durch Hugo v. Hofmannsthal unserer Zeit neu zugänglich wurde.
Es ist die Geschichte des reichen Mannes, der vergeblich, mitten
im Überschwang irdischer Lust vom Tode überfallen, Freunde
und Verwandte, Geld und Verstand, Schönheit und Macht um
Hilfe bittet und nur von seinen spärlichen guten Taten vor
Gottes Richterstuhl begleitet wird. Mit kraftvollem, genauem
Realismus zeichnete J o h a n n e s S t r i c k e r in seinem Spiel
De düdesche Schlömer (1584), das den gleichen Stoff behandelt,

das sündhafte Treiben des holsteinischen Adels. Er mußte diesen Mut mit dem Verlust seines Pfarramtes schmerzlich bezahlen. Gern legte man in die ernste Handlung possenhafte Bauernszenen ein, wie denn aus dem volkstümlichen Schwank wirksame mimische Stoffe bezogen wurden. Der Humanist J o h a n n e s R e u c h l i n gestaltete 1497 in seinem lateinischen *Henno* einen alten Schwank vom töricht-listigen Bauernknecht in der Form einer römischen Komödie. C o n r a d C e l t i s führte in seinem Spiel *Ludus Dianae* (1501) antike Götter, Nymphen, Faune in Chören und Tänzen auf die Bühne; er bereitete das barocke höfische Prunkspiel vor. Der Marburger H e r m a n n S c h o t t e n i u s wagte im *Ludus Martius* (1526) die Darstellung des Bauernkrieges mit dem Auftritt vielköpfiger Massen. C h r i s t o p h S t y m m e l i u s gab endlich, ebenfalls in lateinischer Sprache, in seinen *Studentes* (1545) am Thema des verlorenen Sohnes ein lebendiges Bild akademischer Lustbarkeiten. Der aus Augsburg stammende S i x t B i r k (1501–1554) ließ in Basel Dramen aufführen, die in lateinischer oder in deutscher Sprache abgefaßt waren. Wie es in der Schweiz üblich war, beschäftigten ihn vorwiegend politisch-staatliche Fragen, soziale und juristische Probleme, für die er die Stoffe aus dem Alten Testament und der Legende wählte. J o h a n n e s K o l r o ß formte in Basel 1532 in den *Fünferlei Betrachtungen* das Motiv des Totentanzes zum moralischen Drama um. Beide hatten in der kunstvolleren Behandlung des dramatischen Aufbaus (z. B. Chöre) vom antiken Drama gelernt. Vor allem sprach aus N i c o d e m u s F r i s c h l i n (1547–1590), dem überaus temperamentvollen und streitbaren, viel bekämpften Tübinger Humanisten, ein echter Theatraliker. Reich an Derbheit und Humor, stellte er in seinen lateinischen Dramen, wie u. a. *Hildegardis magna* (1579), *Julius Caesar redivivus* (1585), *Helvetiogermani* (1588), in der Mischung von Ernst und Komik, Patriotismus und witziger Satire eigene Erlebnisse in geschichtlicher Maske auf die Bühne. Er ließ Cäsar und Cicero mit Hermann dem Cherusker über den Verfall der deutschen Lebenszustände diskutieren. Satire und Moral, Unterhaltung und Lehre verbinden sich hier wie in allen Dramen des Jahrhunderts.

Dies gilt auch für das umfangreiche Schaffen des H a n s S a c h s , des Nürnberger Schuhmachermeisters (1494–1576). Nicht durch die Größe und Weite seiner Persönlichkeit ragt er hervor, nicht durch eine Beteiligung an den Zeitkämpfen, sondern seine Bedeutung liegt darin, wie er die Lebenskraft und tüchtige Gesinnung eines breiten handwerklichen Stadtbürgertums vertritt. Als Meistersinger, Schwankerzähler, Spruchdichter und Dramatiker fast unerschöpflich, hat er mit Sammlerfleiß und Geduld, volkstümlichem Humor und biederer Moral alle Stoffe in Verse gebracht, die dem Bürgertum der Zeit zugänglich waren. In mehr als 6000 Dichtungen aller Art reimte er biblische Geschichte, antike Stoffe, neuere politische, religiöse, soziale Ereignisse, Volksbuchstoffe, italienische Erzählliteratur, Schwänke, Legenden, Sagen – immer im gleichmäßigen Knittelvers, voll Anschauung, Lebenserfahrung, mit Humor und biederer Moral. Alles geht bei ihm in die Breite. Er beobachtet mit offenen, über die Fülle der irdischen Dinge und menschlichen Charaktere erstaunten Augen. In seinem Werk lebt noch der ganze Typenreichtum der mittelalterlichen Überlieferung; konservativ ist auch seine Sittenlehre.

Gerade diese lebensvolle, urwüchsige Rechtschaffenheit begeisterte den jungen Goethe an Hans Sachs im Gegensatz zu der abstrakten Gedanklichkeit der Aufklärung; sie verdeutlicht, wie zäh und kräftig sich das breite Bürgertum in diesem politisch und religiös problembelasteten Zeitalter, inmitten aller Unruhen und Gewissenskämpfe, bewahrte. Daß manche der Spiele von Sachs, wie *Das Kälberbrüten, Der fahrende Schüler im Paradeis, Der Teufel mit dem alten Weib*, bis heute auf der Laienbühne beliebt blieben, verrät, daß er in dieser Sphäre des humoristischen Volksspiels eine endgültige Form erreichte, in der Handlung, Situation, Typenzeichnung und Sprache sich zu einer seltenen mimisch-dramatischen Geschlossenheit vereinen.

Nicodemus Frischlin stand am Ende des Humanismus. An das, was das humanistische Spiel gelehrt hatte, knüpfte der Beginn einer neuen, sich großartig entfaltenden Entwicklung des religiösen Theaters, das J e s u i t e n d r a m a, an. Seine Blütezeit fällt allerdings erst in das folgende Jahrhundert des Barock. 1544 wurde die erste deutsche Ordensniederlassung in Köln gegründet. Die Gegenreformation erhob triumphierend und kämpferisch ihr Haupt. Früh begannen die Jesuitenschulen mit eigenen lateinischen Aufführungen. J a k o b   G r e t s e r (1562–1625), der erste bedeutende Dramatiker des Ordens, schuf in dem Drama von Erhöhung, Sündenfall und Verdammnis des Magdeburger Erzbischofs *Udo* (2. Fassung 1598) in lateinischer Sprache ein machtvolles, durch sein starkes religiöses Pathos erschütterndes Werk, in dessen Ernst und Strenge sich der Geist der Gegenreformation bekundete, der aus der Verteidigung zum Angriff überging und gerade am Schicksal des abtrünnigen Geistlichen das Rigorose seiner neuen religiösen Moral ausdrückte. Zunächst hatten sich im katholischen Lager keine Stimmen gefunden, die der Gewalt und Sprachkraft Luthers gewachsen waren. Es war die Tragik des Elsässers Thomas Murner (1475-1537), sich in einem hoffnungslosen Kampf aufreiben zu müssen. Sein Werk spiegelt in seiner Vielfalt und seinen inneren Widersprüchen die Zerrissenheit der Geister, die sich nicht zu einer eindeutigen Entscheidung bekennen konnten. Wenn er immer wieder zur Moralsatire und -didaktik im Stil der alten Reimdichtung griff, zeigte er sich ganz dem Spätmittelalter verhaftet; aber er war zugleich vom Humanismus berührt und selbst von der Notwendigkeit einer inneren Reform der Kirche überzeugt. Als Prediger wollte er mit allen Mitteln der ernsten sittlichen Anklage, der groben Satire und derben Posse auf das breite Volk wirken. Kühn, phantasievoll, gelehrt und witzig wagte er eine bittere Zeitkritik und eine mit allen Mitteln des Hohns und der Groteske wirkende Polemik gegen die Reformation. Er wollte, ähnlich wie Sebastian Brant, durch das Gelächter aufrütteln und vernichten. So schrieb er 1512 die *Narrenbeschwörung* als eine köstliche Parade aller Laster und Torheiten der Zeit, ähnlich die *Schelmenzunft* (1512) und die *Gäuchmatt* (1515), in der er mit bürgerlicher und christlicher Moral gegen die Narrheiten einer galanten Erotik focht. Aber bei allem drastischen Humor, bei aller närrischen Wortspielerei, bei allem Haschen nach oft recht gröblicher Wirkung lebte in Murner ein starkes religiöses Fühlen und die Verantwortlichkeit des Seelsorgers und Volksmannes, der sich mit aller Kraft einer als Gefahr empfundenen Zeitwende entgegenwirft. Aus innerer Not entstand sein Gedicht *Vom Untergang des wahren Glaubens*. Seine Gewalt über das Wort und seine grotesk-allegorische Phantasie triumphieren in dem vor nichts zurückschreckenden Gedicht *Von dem großen lutherischen Narren* (1522) in dem er den Reformator mit einem tötenden Gelächter zu vernichten hoffte. Zwischen Narrheit und Weisheit, Witz und Pessimismus schwankend, rastlos, ehrgeizig, viel befehdet, empfand er den Sieg des verhaßten Gegners endlich mit bitterer Resignation. Kirchenlied, Meisterlied, Spruch, einander formal sehr nahe, und das Volkslied waren die vorherrschenden lyrischen Formen. Der Schuhmacher Adam Puschmann (1532-1600) veröffentlichte 1596 seinen *Gründlichen Bericht des deutschen Meistersangs*, eine Tabulatur der Regeln. Sie schrieben gereimte Verszeilen vor, ungleichmäßig lange, oft sehr lange Strophen, die in zwei gleiche Stollen (Aufgesang) und einen längeren Abgesang dreigeteilt wurden. Man zählte in strenger Alternation von Hebung und Senkung die Silben, regelmäßig, ohne Rücksicht auf die natürliche Sprachbetonung. Wahrscheinlich gingen solche Tonbeugungen, die auch das Kirchenlied zeigt, auf die sie überdeckende Melodie zurück. Von dieser Regelmäßigkeit hebt sich die frei schwebende, fließende Betonung im Volkslied, sein kürzerer vierzeiliger Strophenbau ab, in dem wahrscheinlich Formen des frühhöfischen Minnesangs nachlebten. Das Volkslied, oft städtischen Ursprungs, Lied bestimmter Stände und sozialer Gruppen, blieb seinen seit dem 14. Jahrhundert entwickelten Stoffen und Formen treu und beeinflußte auch das Kirchenlied in wechselseitigem Austausch der Melodien (sog. Kontrafakturen). Die Verbreitung und Pflege des Volksliedes beweisen umfangreiche Sammlungen wie *Der Bergreihen* (1531), das *Ambraser Liederbuch* (1582), des Nürnberger Arztes G e o r g F o r s t e r *Frische Teutsche Liedlein* (ab 1539) oder das *Liederbuch* des P a u l v o n d e r A e l s t (1602). Trotz der Bemühungen des Hans Sachs blieb dem Meistersang eine weitere Entwicklung versagt. Um die Jahrhundertwende brachten italienische Musiker in München, Dresden und in den süddeutschen Handelsstädten neue Anregungen; das sogenannte Madrigal, das als Chorlied mit freiem Formbau und in engster Verbindung von Text und Musik dem Komponisten die Möglichkeit zu einem selbständigen musikalischen Ausdruck bot, gewann Einfluß und wurde rasch auf eigene Art verarbeitet. J a k o b R e g n a r t (ca. 1540–1600) lehnte sich als Dichter und Musiker in seinen *Kurtzweiligen teutschen Liedern* (1576) eng an die italienische Renaissance-Lyrik an und bereitete den Übergang zur barocken Liedform vor. Er übernahm die Villanelle (Bauernliedchen, mehrstimmig gesetzt), damit zugleich die Bildsprache der antiken Mythologie und die Motive der petrarkistischen Liebeslyrik, die in der Lyrik des 17. Jahrhunderts in Fülle nachwirkten. Mit diesem knappen, rein lyrischen Liedtypus beginnt die Geschichte des neueren Liedes in einer Form von Gesellschaftslyrik, die in den patrizischen Schichten des Stadtbürgertums Pflege fand und sich gegenüber dem Meistersang wie dem Volkslied abhob.

Aber das Schwergewicht der lyrischen Dichtung lag im 16. Jahrhundert noch in der neulateinischen Dichtung. Aus den von ihr ausgebildeten Stoff- und Formgruppen entwickelte sich in gewaltigem Aufschwung des Erlebnis- und Ausdrucksvermögens die

vielstimmige Lyrik des Barock. Der Meister dieser neulateinischen Lyrik war P e t r u s L o t i c h i u s S e c u n d u s (1528 bis
1560) mit seinen Elegien, Carmina und Eklogen. Bei ihm zuerst
findet sich, neben vielen äußeren Abenteuern und weiter Wanderschaft nach Italien und Frankreich, jene unmittelbare seelische
Aussprache, jenes oft schwermütige innere Fühlen, das auf eine
neue Epoche des individuellen Seelenliedes vorausweist. Wie sich
aus diesem Latein eine eigene deutschsprachige Kunstlyrik her-
ausentwickelte, verdeutlichen die deutschen Psalmenübertragun-
gen (1572) des P a u l u s M e l i s s u s - S c h e d e (1539–1602) nach
französischen Vorlagen. Mit ihm begann der Einfluß der französischen Renaissance-Lyrik – die lyrische Sprache öffnete sich
dem ausländischen Vorbilde, um sich an ihm zu schulen. Die Unterscheidung zwischen männlichem und weiblichem Reim, die Behandlung der Zäsur, das Verbot des Hiatus lernte Schede von
der französischen Lyrik. Er suchte die Silbenzählung mit den
spracheigentümlichen Akzentgesetzen in Übereinstimmung zu
bringen.

In der E r z ä h l l i t e r a t u r hatte, nicht zuletzt unter dem Einfluß Luthers, die Prosa endgültig gesiegt. Als Meister einer eigenwilligen, angespannt um den rechten, treffenden Ausdruck ringenden Prosa, erwiesen sich der große Arzt P a r a c e l s u s
(Theophrast von Hohenheim, 1493–1541) und, ihm in geistiger
Unruhe, mystischem religiösem Denken und grüblerischem Erkenntnisdrang nahe verwandt, S e b a s t i a n F r a n c k (1499 bis
1542). In ihnen verkörpert sich der ‚faustische‘ Grundzug des
Jahrhunderts, ein eigenwilliger, von religiöser Leidenschaft ge-
tragener Individualismus, der im Erlebnis der Freiheit des ringenden Geistes die Traditionen sprengt und sich einem immer
tiefer bohrenden Forschen und Fragen hingibt. Der ursprünglich
katholische Priester Sebastian Franck wurde lutherischer Prädi-
kant, empfand dann auch die reformatorische Lehre als dogma-
tische Fessel und lebte als Buchdrucker, Seifensieder, Schriftsteller
ein gehetztes, verfolgtes und kurzes Leben. Er war ein Christ
außerhalb des Dogmas und der Buchstaben; er war Mystiker,
der einer unmittelbaren Erleuchtung durch den Heiligen Geist
zu folgen glaubte. Ihn trug das Bewußtsein einer ursprünglich
religiösen Offenbarung. Als Historiker und Geograph suchte er
die Erscheinung Gottes in der Natur und der Geschichte, wenn
nur der Mensch fähig wäre, das Göttliche jenseits des Worts
im Geist zu empfangen. Darauf richteten sich seine *Geschichts-
bibel* (1531) und seine lateinisch-deutschen *Paradoxa* (1534),

denen 1534 ein *Weltbuch* als Universalgeschichte folgte. Franck zeigte sich nicht allein als der neben Luther größte deutsche Stilist des Jahrhunderts, auch als der erste deutsche Geschichtsphilosoph, der nicht nur Tatsachen, sondern ihren symbolischen Sinn und die Erscheinung Gottes in ihnen aufsuchte. Ironie und Pessimismus bestimmten sein Bild des irdischen Daseins. „Die Welt ist Gottes Fastnachtsspiel." Aus solcher Haltung übersetzte er des Erasmus *Laus stultitiae* und schrieb er sein *Kriegsbüchlein des Friedens* (1539) als frühestes deutsches Buch gegen den Frevel des Krieges, wie er sich auch – eine einsame Stimme in einer von geistigen Kämpfen aufgewühlten Zeit – für Toleranz und gegen die im Spätmittelalter häufigen Judenverfolgungen einsetzte. Er empfand sein eigenes Geschick, ein Verfolgter und Ausgestoßener zu sein, als das Verhängnis des wahren, aus reiner Offenbarung lebenden Christen, der seit je als Ketzer verdammt wurde. „Ich hielte vielmehr von einem verleugneten stillen Herzen, darin sich Gott spiegeln und erglänzen könnte." In ihm verkörpert sich jener Typus des Glaubensmystikers, der zur gleichen Zeit in Thomas Müntzer, Kaspar Schwenckfeld, Hans Denk erschien und im Barock fortwirkte.

Neben dieser von innen her entwickelten Prosa wirken die noch aus mittelalterlicher Übung fortlaufenden Reimdichtungen bei aller rechtschaffenen Tüchtigkeit altmodisch-beschränkt. Hans Sachs bevorzugte die kurze, oft schwankhafte Verserzählung mit angehängter Moral in seinen Spruchgedichten, die wiederum eine Enzyklopädie aller greifbaren Stoffe bieten: Novellen, Legenden, Schwänke, auch Allegorien, wie die *Wittenbergische Nachtigall* (Luther), oder *Baldanders* (ein Lieblingsmotiv des späteren Barock). Den „Baldanders" als Allegorie irdischer Vergänglichkeit und Wandelbarkeit läßt Grimmelshausen im „Simplizissimus" auftreten. Unterhaltung und Lehre verband die Fabel. Zwei Lutheraner, der Hesse E r a s m u s A l b e r u s (ca. 1500 bis 1553, seine *Fabeln* 1534) und der ebenfalls gebürtige Hesse B u r k a r t W a l d i s (*Esopus*, 1548), gaben mit reformatorischer Gesinnung, saftigem Realismus und persönlicher Gestaltung auf Grund des immer wieder gelesenen Äsop, den auch Luther übersetzte, Fabelsammlungen heraus. Waldis schrieb anschaulich aus dem Milieu von Riga, wohin er übergesiedelt war. Heimischer Hintergrund – Bauerntum und Hansestadt –, Anspielungen auf zeitgenössische Verhältnisse und eine starke Vermenschlichung der Tiere geben lebhafte Farben. Ähnlich dem Volkslied erfreute sich das Volksbuch, ohne den entwickelten Typus

zu ändern, einer weiten Verbreitung. Mit ihm hingen in erzählerischer Anschauungsfülle und behaglicher Lebensfreude die zahlreichen Schwanksammlungen zusammen, die einer humanistischen Anregung folgten. In Italien hatte sich neben der Novelle
eine Art von witziger Anekdote herausgebildet, die elegant ein
meist erotisches Ereignis erzählte; in jener geistreich-beweg-
lichen, gesellig-spielerischen Art, die dem Lebensgefühl der
Renaissance entsprach. In Deutschland hatte der Humanist
H e i n r i c h   B e b e l (1472–1518), schwäbischer Bauernsohn und
Tübinger Professor, lateinische Schwänke, sogenannte *Facetien,*
von Bauern, Pfaffen, Dirnen und Studenten witzig und in kunstvoller Form erzählt. Seinem Beispiel folgten viele Humanisten,
auch sein Landsmann und Amtsgenosse Frischlin. Noch breiter
entwickelte sich die deutschsprachige Schwankliteratur, teils im
Zusammenhang mit erheiternden und moralischen Predigtmärlein, teils aus dem Volksmunde. Selbst ein Mönch wie J o h a n -
n e s   P a u l i (ca. 1455–1530) scheute in seinem *Schimpf und
Ernst* (1522) – „nützlich und gut zur Besserung der Menschen" –
nicht vor derben Anekdoten zurück. In J a k o b   F r e y s *Garten-
gesellschaft* (1556), V a l e n t i n   S c h u m a n n s *Nachtbüchlein*
(1559), H. W. K i r c h h o f s *Wendunmuth* (1563 ff.) überwiegt
die Freude an der komischen Situation, am Spott über die Narren, besonders die Bauern, am Triumph schalkhafter List, am
groben Reiz erotischer Eindeutigkeiten. B a r t h o l o m ä u s   K r ü -
g e r sammelte in der Mark die Schwänke des närrischen *Hans
Klauert* (1587) aus dem Volksmunde.
Der Witz der Eulenspiegeleien wird in allen diesen Schwänken,
ob sie nun einen Typus wie den buhlerischen Pfaffen, den listigen
Bauern, die zänkische Ehefrau, den feigen Pantoffelhelden, einen
Einzelnen wie Eulenspiegel, Hans Klauert, Klaus Narr, oder eine
Stadtgemeinschaft wie die Schildbürger zum Helden haben, mit
unerschöpflicher Situations- und Charakterkomik abgewandelt.
Doch wird nirgends der ironische Tiefsinn des Eulenspiegel-
buches erreicht, das Johann Fischart in Verse umgoß (1572). In
Fischart und in Jörg Wickram treffen wir auf die bedeutendsten
Erzähler des Jahrhunderts. Mit seinem *Rollwagenbüchlein* (1555)
schloß sich der tätige Elsässer J ö r g   W i c k r a m (ca. 1520–1562)
an die Schwankliteratur an. Als Meistersinger (Singschule in
Colmar, 1549), als Verfasser von biblischen Dramen und Fast-
nachtsspielen, als Übersetzer erprobte er eine vielseitige Begabung.
Durch die Volksbücher und die Romane der Elisabeth von
Nassau-Saarbrücken angeregt, wagte er eine selbständige Roman-

dichtung. Mit ihr tritt er an die Spitze einer bedeutenden Entwicklung. Ritterlich-romantische Liebesgeschichten im Stil des
Volksbuches lieferte er in seinem *Ritter Galmy uß Schottland*
(1539) und *Gabriotto und Reinhard* (1551). Danach wandte er
sich einer realistischen Erzählhaltung zu, welche die zeitgenössische bürgerliche Umwelt zu spiegeln und sittlich zu durchdringen suchte. Man kann hier vom Beginn eines bürgerlich-
moralischen Erziehungsromans sprechen. Unverkennbar ist eine
soziale Tendenz: in *Der jungen Knaben Spiegel* (1554) als romanhafter Lehre der Folgen guter und schlechter Erziehung stellt er
einen strebsam und erfolgreich sich emporarbeitenden Bauernsohn neben den liederlichen Sprößling eines vornehmen Hauses.
Daß hier menschliche Schicksale als ein Werden dargestellt sind,
setzte Wickrams Prosa an den Beginn der Geschichte des psycho-
logisch-didaktischen Entwicklungsromans. Im *Goldfaden* (1554/
1557) verband er Abenteuer und soziale Moral, ritterliche Liebes-
romantik und bürgerliche Gesinnung, wenn der arme Hirtensohn
nach vielen Mühen die reiche Grafentochter ehelicht. Der Romantiker Clemens Brentano gab diesen Roman begeistert als
Ausdruck altdeutscher Art neu heraus. In seinem letzten Werk
Von guten und bösen Nachbarn entwickelte Wickram sogar das
Lebensbild einer Kaufmannsfamilie in drei Generationen und in
enger Wechselwirkung mit einer zeitgenössischen Umwelt. Noch
fehlt ihm der Blick für psychologische Tiefen. Das Geschehen
bestimmt den Aufbau; gedrängt, bildhaft, schlicht und fest in
der Fügung. Nicht Himmel und Hölle werden durchmessen, aber
sicher und lebenstüchtig steht der Mensch im Gesellschaftszusam-
menhang dieser bürgerlichen Welt.
Weit kühner war der Elsässer J o h a n n F i s c h a r t (1546–1590)
als grotesker Satiriker, humoristischer Pädagoge und unerschöpflicher Sprachvirtuose. Reisen nach Frankreich und Italien erweiterten seinen Gesichtskreis. Seine Beziehungen zum Calvinismus,
zu den Hugenotten erschlossen dem gelehrten Protestanten das
französische Geistesleben. Er war ein freier, unabhängiger Geist,
der seinem Reichtum an Bild- und Sprachphantasie, an Witz und
kombinatorischen Einfällen einen ungehemmten Lauf ließ und
in rastloser Eile ein bizarres Werk nach dem anderen in die
Welt hinausschickte. Man ist versucht, für seinen Stil der Parodie
und der Montage den Stilbegriff des Manierismus mit dessen
Faszination durch das Ungewöhnliche und Labyrinthische zu
verwenden. Fischart war ein Virtuose des Umbildens, damit eines
Erneuerns mittels der parodierenden Kontrafaktur. Er befeh-

dete ironisch-satirisch die Verirrungen, Torheiten und Laster seiner Zeitgenossen im Spiel der Demaskierungen. Eine Zeit, die ihm aus den Fugen erschien, ließ auch in ihm nicht die Fähigkeit oder den Willen zu einer festen Form aufkommen. In ihm erreicht jene didaktisch-satirische Dichtungslinie von Wittenwiler über Brant und Murner ihren äußersten Höhepunkt. Der große barocke Prediger Abraham a Santa Clara (Ulrich Megerle), ein gebürtiger Schwabe, setzte sie sprachgewaltig im 17. Jahrhundert fort (vgl. S. 157). Gegen die katholische Kirche und die Jesuiten schrieb Fischart in scharfer Polemik das *Vierhörnig Jesuiterhütlein* (1580), gegen die Unsitte der Kalenderwahrsagerei 1572 die witzige *Aller Praktik Großmutter*, für die Reform der Ehe ein *Philosophisch Ehezuchtbüchlein* (1578) auf der Grundlage des Plutarch und Erasmus. Er liebte die groteske und gelehrte Allegorie. In der *Flöhhatz* (1573) ließ er die Welt der Menschen aus der ironisch-komischen Perspektive der Flöhe sehen, die einen recht indiskreten Rechtsstreit mit den Weibern beginnen. Im *Glückhafft Schiff von Zürich* (1576) erzählte er witzig von der raschen Ruderfahrt der Züricher Bürger auf dem Rhein nach Straßburg mit einem heißen Hirsebrei. Ein patriotisches Lob der *hantfest* Arbeitsamkeit und *standhaft* Unverdrossenheit des reichsstädtischen biederen Bürgertums war das eigentliche Thema. „Arbeit und Fleiß, das sind die Flügel, sie führen über Strom und Hügel." Am tollsten steigerte sich sein grotesk-skeptischer Humor in der freien Benutzung des umfangreichen satirischen Romans „Gargantua" von Rabelais. *Affenteuerliche und Ungeheuerliche Geschichtsschrift vom Leben, rhaten und Thaten der for langen weilen Vollenwolbeschraiten Helden und Herrn Grandgusier, Gargantoa und Pantagruel, Königen inn Utopien und Ninenreich* nannte sich die erste Ausgabe (1575). Fischart verlegte die Handlung teilweise nach Deutschland und gewann so die Möglichkeit einer auch im sprudelnden Gelächter ernst gemeinten Zeitkritik. Er nannte selbst den Roman „ein verwirrtes ungestaltes Muster der heut verwirrten ungestalten Welt". Aus Gelehrsamkeit und Lebenserfahrung strömte ihm nicht nur ein riesiger Reichtum von Anspielungen aus Geschichte und Natur, Sage und Politik zu; sein übersteigerter Subjektivismus und die Lust am Fabulieren lockten ihn zum kühnsten Spiel mit dem Wort, dem er durch zahlreiche neue Bildungen und Verzerrungen einen grotesk-kauzigen Ausdrucksreichtum entlockte. In seiner Feder gewann die Sprache ein überquellendes, flutendes humoristisches Eigenleben. Spricht Rabelais einmal von *dancer,* so sprudelt Fischart: „da danzten, schupften, hupften, lupften, sprungen, sungen, hunken, reieten, schreieten, schwangen, rangen, plöchelten, fußklöpfeten, gumpeten, plumpeten, rammelten, hammelten, gaukelten, rädleten, burzleten, balleten, jauchseten, gigaten, armglocketen, handruderten, armlaufeten, warmschnaufeten (ich schnauf auch schier!)". Abschweifungen aller Art lösen das Thema in nächste und fernste Beziehungen auf. Die Spielkraft des Wortes führt Fischart über sein Jahrhundert hinaus, in die Nähe des Barock. Bei allem Eigensinn lag in dieser Sprachvirtuosität eine literarisch große Leistung. Die deutsche Sprache wurde sich ihres Reichtums an Ausdrucksvariationen, an semantischen Nuancen und Kombinationen, an lautlicher Sinnlichkeit, an volkstümlichem und mundartlichem Sprachgut bewußt. Fischart war für Muster, die aus dem Auslande kamen, offen. Dies entsprach der humanistischen Tradition seit den ersten Übersetzern Wyle, Steinhöwel u. a. und wurde programmatisch, zwecks Erziehung der deutschen Literatur zur europäischen Bildung, im 17. Jahrhundert fortgesetzt. Fischart hatte diese Adaption in produktiv freier Aufnahme, in Variation, Kontrafaktur, Parodie des schon von andern Gestalteten vollzogen. Weniger originell ging die Übernahme in jenen Werken vor sich, die in der Verbindung von Liebe und Staat, Heldentum und Zauberwesen und in der Darstellung der breiten Fülle des irdisch-wunderbaren Daseins über den religiös-sittlichen Horizont des Jahrhunderts hinausführten und die Großerzählung des Barock vorbereiteten. 1537 übertrug der Münchner Stadtschreiber Simon Schaidenreißer nach einer lateinischen Übersetzung die *Odyssee* in Prosa mit eingestreuten Versen; in bunter Ereignisfülle siegt die Beständigkeit des Weltfahrers. 1559 folgte die abenteuerliche spätgriechische Liebesgeschichte *Theagenes und Charikleia,* 1569/1595 erschienen die 24 Bände des *Amadis.* An dem umfangreichen Übersetzungswerk hat sich auch Fischart beteiligt; er übertrug den 6. Band. Herzog Christoph von Württemberg hatte die Verdeutschung in Auftrag gegeben. 1540/1548 war eine Übertragung aus dem Spanischen in das Französische erschienen, die dem Roman einen Weltruhm verschaffte und der die deutschen Übersetzer folgten. Das Spanien Philipps II. wird nun durch die Gegenreformation, die Jesuiten, durch eine neue katholische Mystik und einen imponierenden höfisch-absolutistischen Stil für eine geraume Zeit ein künstlerisch-geistiges Vorbild Europas. Diese Verlagerung des deutschen literarischen Imports von Italien nach Spanien war das Zeichen der Wandlung vom

Humanismus zum Barock. Wien und München, die katholischen
Höfe, übernahmen die geistige Führung. In seinem „Amadis von
Gaula" (ca. 1490) hatte der Spanier Montalvo ein groß angelegtes Traumbild ritterlich-heldischer und idealisch-sinnlicher
Kampf- und Liebesabenteuer gezeichnet. Die Welt der Artus-
Ritter tauchte wieder auf, mit ihr ein glitzernder Reigen von
Abenteuern und Zauberwesen, voll Sieg und Glanz, voll Liebe
und Schmerz, inniger Treue und leidvoller Hingabe. Aus aller
klirrenden und rührenden Romantik leuchtete ein heller, glück-
hafter Glaube an das irdische Dasein heraus. Und niemals bisher
hatte man so offen verfängliche erotische Situationen ausgemalt
und die Reize der Liebe gefeiert. Ein neuer tatfreudiger Lebenswille sprach aus dem Heldentum und aus der Sinnenfreude dieser
Wunder. Der Amadis wurde zum Lieblingsbuch der Zeit: er
wirkte tief auf den barocken Roman ein, und Goethe schrieb
noch 1805 an Schiller: „Es ist doch eine Schande, daß man so alt
wird, ohne ein so vorzügliches Werk anders als aus dem Munde
der Parodisten gekannt zu haben." Auf das barocke Zeitalter
weist auch, daß der Münchner Hofbeamte Ä g i d i u s A l b e r t i -
n u s (ca. 1560–1620) Schriften des spanischen Franziskaner-
bischofs Guevara als Muster einer gesellschaftlich-höfischen Erziehung übersetzte. Hier und am Amadis lernte man Anstand,
gesittete Formen, den galanten Ton und Wohlredenheit.
Auf das barocke Drama wirkte vorbereitend der Einstrom eng-
lischer Komödianten, die als berühmte Berufsschauspieler seit
1586 an deutsche Höfe eingeladen wurden und sich bis zum Beginn des Krieges 1618 vervielfachten. 1605 baute ihnen Landgraf
Moritz von Hessen in Kassel das erste feste Theater in Deutschland. Sie brachten Bearbeitungen von Shakespeare und Marlowe,
dazu Singspiele und derbste Possen. Hamlet und Faust wurden nun ebenso heimisch auf deutschen Bühnen wie obszöne
Pickelhering-Schwänke, wie sich der Narr, ihr Lieblingsheld,
nannte (Hanswurst). Die Engländer brachten einen neuen,
mimisch-spannungsreichen Bühnenstil, grellen Naturalismus, leidenschaftliche Akzente, entfesseltes Geschehen, rollendes Pathos,
lange Monologe, pomphafte Prosa. Bald zeigten deutsche Dramatiker wie J a k o b A y r e r (1543–1605) aus Nürnberg und
Herzog H e i n r i c h J u l i u s v o n B r a u n s c h w e i g (1564 bis
1613) den Einfluß des englischen Stils. 1593 hatte der Herzog
aus den englischen Spielern eine eigene Truppe gebildet. Er verfaßte für sie nicht weniger als elf Spiele moralischer Tendenz,
die vor der Hofgesellschaft aufgeführt wurden. Dem Typus des

Schuldramas wurden starke mimisch-theatralische Impulse gegeben, in denen sich barocker Stil vorbereitete. Bald nach der Jahrhundertwende spielten die Engländer auch in deutscher Sprache – mit drastischen Bühnenwirkungen, überhöhter Prosa und szenischem Pathos. 1620 erschien anonym die Sammlung *Englische Comedien und Tragedien*. Überall wird am Ende des 16. Jahrhunderts die Tendenz deutlich, in Thematik und Form den deutschen bürgerlich-humanistischen Konservativismus zu sprengen. Adam Puschmanns *Gründlicher Bericht des deutschen Meistersanges* (1571) bedeutete einen Abschied; mit dem Psalmengesang im calvinistischen Gottesdienst (A m b r o s i u s L o b w a s s e r s *Psalmenübersetzung* 1573) kam französische Versbehandlung (Silbenzählung, Alternation) nach Deutschland. Jakob Regnart vermittelte Formen und Melodien der italienischen Lyrik auf dem Wege über Wien und Innsbruck. Der Amadis prägte einen neuen Typus der Erzählprosa in großer Form aus. Das englische Theater drang in das humanistische und volkstüm'iche Spiel ein. Es wurde jedoch im 17. Jahrhundert durch glanzvollere Vorbilder abgelöst: durch die italienische Prunkoper, das barocke holländische Drama, das Jesuitendrama und schließlich im Übergang zum 18. Jahrhundert durch die klassizistische französische Tragödie. Und erst nach ihrer Überwindung wurde der Weg zu dem unverstümmelten Shakespeare gefunden, für den der Irrationalismus am Ende des 18. Jahrhunderts die Erlebnisvoraussetzungen geschaffen hat.

X

DIE DICHTUNG
IM ZEITALTER DES BAROCK

Der Wetteifer der Humanisten mit den europäischen Literaturen, ihre Empfängnisbereitschaft für die Vorbilder der Antike und des Auslandes, ihre Neigung zur kunstvollen Form, zur gelehrten Vielseitigkeit und Rhetorik gingen auf die Dichtung des Barock über, die zunächst in weitem Umfange als eine deutschsprachliche Fortsetzung der humanistisch-neulateinischen Bildungs- und Literaturbestrebungen betrachtet werden kann. Sie bedeuteten das endgültige Ende des Mittelalters und eine eingreifende Wandlung auch gegenüber dem 16. Jahrhundert. Die kurzen, vierhebigen Reimpaare eines Hans Sachs, die schlichte Prosa des Volksbuches starben ab. An ihre Stelle traten antike und romanische Formen: das Sonett, die Ode, der Alexandriner, das Epigramm. Wohl riß die Kontinuität nicht überall ab; das Kirchenlied, das Volkslied, die Unterhaltungs- und Erbauungsbücher widerstanden der Wandlung und gaben wertvolle Überlieferung zu neuem Wachstum weiter. Aber durchweg traten andere Dichtungsformen, andere Stoffe und Lebenserfahrungen, neue soziologische Voraussetzungen in der Stellung des Dichters und der Art seines Publikums dem 16. Jahrhundert gegenüber. An den Leistungen der gelehrten lateinischen Dichtung schulte sich die deutsche Sprache mit imposantem Gewinn. Daneben riefen Italien (Petrarca, Ariost, Tasso) Frankreich (Ronsard, Du Bellay, Calprenède), Spanien (Guevara, der Amadis, die Schelmenromane, Quevedo, Gongora), England (Sidney, Barclay), Holland (Heinsius, Grotius, Vondel) zu Übersetzungen und Nachahmungen auf. In der Schule der Weltliteratur sollte die deutsche Dichtung zu einer eigenen ebenbürtigen Ausbildung gelangen.
Jetzt wurden der fürstliche Hof, die gelehrte Akademie, das Jesuitenkolleg zu Sammelpunkten des literarischen Lebens. Das Landesfürstentum ging zum autokratischen Absolutismus über, der Staat und die Staatsräson zwangen den Menschen in ihren anspruchsvollen herrscherlichen Mechanismus hinein, und die Literatur trat in den Dienst der politisch-dynastischen Mächte und der triumphierenden katholischen Kirche. Nur wenige Städte,

die der Dreißigjährige Krieg verschonte, wie Hamburg, Danzig, Königsberg, Nürnberg, entwickelten ein von solchen höfischen Bindungen unabhängiges geistiges Leben. Ihr Bürgertum zeigt eine bisher unbekannte bewegliche, gebildete Weltoffenheit. Wohl ging vom Landadel vielfach eine gegenhöfische Bewegung aus; es fand sich auch eine volkstümlich gerichtete Dichtung, und mystisch erregte Geister zogen sich in kleine sektiererische Kreise zurück. Doch das Schwergewicht der Zeit lag in der repräsentativen, formbewußten und pathetischen Dichtung der Residenzen und Akademien, die sich schroff vom gemeinen Volk abtrennten. Thüringische Fürsten und Adlige gründeten 1617 in Weimar nach dem Vorbild der Accademia della crusca in Florenz die *Fruchtbringende Gesellschaft,* die nach großen Mustern die deutsche Sprache pflegen wollte: „die hochdeutsche Sprache in ihrem rechten Wesen und Stande, ohne Einmischung fremder Wörter, aufs möglichste und tunlichste erhalten und sich sowohl der besten Aussprache im Reden als auch der reinsten Art im Schreiben und Reimedichten befleißigen". Geistesaristokratie und Geburtsaristokratie sollten zusammenwirken. In zahlreichen ähnlichen Sozietäten trafen sich Gelehrte und Dichter. 1633 folgte in Straßburg die „Aufrichtige Gesellschaft von der Tanne", 1642 die „Deutschgesinnte Genossenschaft" in Hamburg (v. Zesen), 1656 der „Elbschwanenorden" in Lübeck (Rist), daneben seit 1644 der „Pegnesische Blumenorden" an der Pegnitz in Nürnberg (Harsdörffer), und endlich die „Königsberger Kürbishütte" mit Simon Dach. Eine stark intellektuelle Bewußtheit äußerte sich in der Freude am Experiment der Form, an virtuoser Sprachkunst, an geregelten Vorschriften, an gedanklichen und bizarren Spielereien. Die Dichtung will nicht die unmittelbare seelische Aussprache, sondern sie hat eine gesellschaftliche Funktion, sie repräsentiert in exemplarischer Rhetorik gesellschaftliche Inhalte und Formen, sie erzieht zu einem kunstvollen, geistreichen Stil von allgemeiner, öffentlicher Geltung.

Einen sprachlich, metrisch, thematisch und musikalisch neuartigen Liedtypus, der in der vornehmen Gesellschaft rasch Anklang fand und dessen Vorbilder aus Italien bezogen wurden, hatte seit 1576 Jakob Regnart von Wien aus eingeführt. Ein großer Musiker, H a n s L e o H a ß l e r (1564–1612), fand dazu eigene deutsche Töne und Texte; der Musiker J o h a n n H e r m a n n S c h e i n (1586–1630) ließ das Lied und seine Musik aus einer Einheit entstehen und gewann eine graziös-bewegliche Sprachkunst. An die Stelle schlichter Gefühle trat jetzt bei ihm ein gesellschaftlich geziertes und reflektiertes Kunstbedürfnis. Das *Schöne Blumenfeld* (1601) des Pfälzers T h e o b a l d H o c k (Höck) (1573–1658) versuchte, diese neue Kunst mit dem sittlich-patriotischen Geist des 16. Jahrhunderts zu vereinigen. Seine nicht umfangreiche Gedichtsammlung zeigt das zähe, mühsame Ringen eines ehrlichen, biedermännischen Ernstes mit einer noch schwierigen Eleganz und Geschmeidigkeit der Form. Durch Martin Opitz wurden diese Bemühungen in einer klar durchdachten und beherrschten Kunstform zur Reife gebracht.

Nicht zufällig steht ein literarischer Organisator großen Stils am Beginn der Dichtung des Barock. 1624 ließ der ungemein regsame Schlesier M a r t i n O p i t z (1597–1639) von Heidelberg aus, der Stadt humanistischer Lyrik und reformierten Glaubens, sein schmales *Buch von der deutschen Poeterey* erscheinen. Opitz lenkte, für mehr als ein Jahrhundert die Blickrichtung bestimmend, die Aufmerksamkeit auf die literarischen Leistungen des europäischen, insbesondere des holländischen Humanismus, seine Literaturtheorie und -praxis. Religiöse wie gesellschaftliche Gründe wirkten mit. Das reformierte Heidelberg unterhielt Beziehungen zum holländischen Calvinismus; der Humanismus war in den Niederlanden zur Kulturbewegung des wohlhabenden Bürgertums geworden. Opitz stützte seine Lehrpoetik auf die Poetik von Daniel Heinsius (1580–1655), eines Schülers des italienischen Poetologen J. J. Scaliger, auf seine „Neder-Duytsche Poemata" (1616). Er übersetzte Heinsius' *Lobgesang Jesu Christi* (1631) und *Lobgesang auf Bacchus*. Er entlehnte ihm die Formprinzipien der neuen Dichtkunst, die Bevorzugung des Alexandriners und das metrische Betonungsgesetz. In dem „Buch von der deutschen Poeterey" entwickelte er, auf die Poetik der Antike und Renaissance gestützt, die Vorschriften einer gereinigten Kunst und Sprache. Sie hießen ihm Klarheit und Harmonie, Zucht und Regel der Form, Disziplin der Vernunft und Witz der Erfindung. Ging auch das lebendige Dichten über diese Vorschriften weit hinaus, ihre Wirkung war bedeutend, da Opitz sie durch ein umfangreiches eigenes Schaffen unterstützte, das die Muster neuer Stoffe und Formen anbot. Entscheidend wurde seine Regelung der Akzentverhältnisse der Verse. Zwei Formen gab es bisher: alle Silben gleich zu zählen oder sie, nach antikem Vorbild, nach Länge und Kürze zu unterscheiden. Opitz erkannte, daß nicht die Länge oder Kürze, sondern der Akzent, das Tongewicht die deutsche Sprache beherrschen. Eine betonte Silbe der natürlichen Umgangssprache mußte auch eine betonte

Silbe der Verssprache sein. Damit war die natürliche Betonung als Regel der Versgestaltung eingeführt; es war für alle Zukunft die natürliche Sprachbetonung gesichert. Seit Opitz gab es eine geordnete metrische Verskunst. Sie brachte jedoch zunächst eine Schmälerung der lyrischen Möglichkeiten mit sich, da er, nur auf die Alternation zwischen betonter und unbetonter Silbe bedacht, lediglich den Jambus und Trochäus anerkannte, eine zweisilbige oder freie Taktfüllung ausschloß. Dies bedeutete einen Grenzstrich zwischen dem metrisch geregelten Kunstgedicht und dem Volkslied. Erst die *Anleitung zur deutschen Poeterey* (1663) des Wittenberger Professors der Poesie und Rhetorik A u g u s t B u c h n e r (1591–1661) lockerte die metrische Begrenzung zugunsten von Daktylen und Anapästen in der deutschen Sprache und gab ihnen die poetologische Legitimation. Der virtuose Verskünstler Philipp von Zesen erwies ihre formalen Möglichkeiten.

In einer weltmännisch gepflegten, rhetorisch pointierten Sprache legte Opitz Grundlagen der Entwicklung. Als Lyriker pflegte er das weltliche Lied, das sich zum Sololied entwickelte, das Sonett im Maß und Bau des Alexandriners, und das Epigramm. Seine Sammlung *Teutsche Poemata* (1624) wurde vorbildlich, auch wenn die Lyriker des fortschreitenden Jahrhunderts bald an Gelenkigkeit der Sprache und Strophen, an metrischer Vielfalt und rhythmischer Kunst ihn übertrafen. Zum Neuen in der formal höchst interessierten barocken Lyrik gehörte, schon bei Opitz, das Madrigal, das wechselnde Zeilenlängen, irreguläre Reimstellung und keine Strophengliederung zeigt. Auch auf dem Gebiet des Dramas wurde Opitz bahnbrechend. Er übersetzte aus humanistischem Bildungseifer die *Trojanerinnen* (1625) von Seneca und die *Antigone* (1636) von Sophokles, jedoch nicht nur, um Vorbilder eines Klassizismus zu vermitteln, sondern auch, um dem religiösen Drama Formen der human-sittlichen Selbstbehauptung aus dem Geist der Stoa entgegenzusetzen. Er legte ein Fundament des weltlichen Wortdramas. Schließlich leitete Opitz mit der Bearbeitung eines italienischen Textes von Rinuccini in der *Pastoral-Tragikomödie von der Daphne* (1627), komponiert von Heinrich Schütz, und einer *Judith* (1635), die deutsche Oper ein. Mit seiner Übersetzung von Sidneys *Arcadia* (1629) und seiner eigenen *Schäfferey Von der Nimfen Hercinie* (1630) begann der deutsche Schäferroman, mit der Übersetzung des *Argenis* von John Barclay (1626/1631) der politische Staatsroman. Opitz blickte weit voraus und über die aufgeregten Lei-

denschaften des Glaubenskrieges hinweg, wenn er in umfangreichen Lehrgedichten einen stoischen, überkonfessionellen Got-
tesglaubens vertrat und mit der Verdeutschung des Buches *Von
der Wahrheit des christlichen Glaubens* von Hugo Grotius ein
Handbuch vernunftgemäßer Gottesverehrung jenseits des Dogmas einführte. Sein *Trostgedicht in Widerwärtigkeit des Krieges*
(1633) lehrte ein standhaftes und gelassenes Ertragen in einer
wild umgetriebenen und erschütterten Zeit.

Der Dreißigjährige Krieg, in dem das Glaubensringen zu der
zerstörenden Leidenschaft politischer Machtkämpfe entartete und
der erbarmungslos alles in seinen Abgrund riß, wurde für die
Deutschen ein für lange Zeit entscheidendes Ereignis. Er bedeutete ein gemeinsames Schicksal trotz des mörderischen Zwiespalts der Konfessionen; er gab der Dichtung in den feindlichen
Lagern eine verwandte Stimmung, die die Enge der Glaubens-
bekenntnisse aufhob. Der Stil des Barock dagegen kam wesentlich
aus dem westlichen Süden. Spanien war der Mittelpunkt des
modernen geistig-künstlerischen Lebens geworden, der mächtige
Anregungen ausstrahlte. Der barocke Stil, der den Schmuck der
Bilder und vieldeutigen Allegorien, eine mystische Sinnlichkeit,
den Pomp und das Pathos liebte und der im sinnreich-antitheti-
schen Spiel des Geistes und im Reichtum der Farben und Töne
schwelgte, wurde zuerst in Spanien, wohl unter arabischem Einfluß, entwickelt. Das Jesuitendrama vermittelte den großartigen
und festlichen Stil der jetzt wieder angreifenden und im Siege
triumphierenden alten Kirche. Eine mächtige Propaganda für den
katholischen Glauben setzte in allen Ländern ein.

Nur sehr allgemeine Hinweise können die verwickelte geistesgeschichtliche Situation des Barock, an deren Ausbildung das
ganze Europa und bedeutende Einflüsse aus der Antike beteiligt sind, andeuten. Durch den Krieg, durch die gegenreformatorische Mahnung an die Macht und mystische Ewigkeit Gottes
ging das erdenfrohe Selbstbewußtsein der humanistischen Renaissance verloren. Überall klafften jetzt Abgründe auf – zwischen
Gott und Welt, Ewigkeit und Zeitlichkeit, Seele und Leib, Tod
und irdischem Glück, Askese und Weltlust, Wissen und Glauben.
Als ein unversöhnlicher Zwiespalt stellte sich alles Dasein dem
Menschen des 17. Jahrhunderts dar. Die Göttin Fortuna, immer
wieder angerufen, warf ihn in eine chaotische, unberechenbare,
sich ständig wandelnde Welt. Diese Welt erschien trotz ihrer
lockenden, glühenden Farben nur als Vergänglichkeit, als *vanitas*.
Sie wurde dem barocken Menschen zu einem dunklen, unheim-

lichen Traum. Immer ist seinem verlangenden und zugleich er-
schreckten Lebensgefühl der Tod gegenwärtig. Ein tiefer Pessimismus liegt über diesem Zeitalter, zugleich eine mystische Inbrunst, die aus Daseinsangst das Unfaßbare geistig zu bewältigen, das Rätsel Gottes und der Welt zu ergründen sucht.
Neben dem stoischen und fast schon glaubenslosen Rationalisten
Martin Opitz steht am Beginn des Jahrhunderts der von Visionen
bewegte, grüblerische Mystiker J a k o b B ö h m e (1575–1624).
Auch er war in Schlesien geboren.

Böhme konnte seinen tiefsinnig-gläubigen, dichterisch-mystischen
Erkenntnisdrang nicht in der Orthodoxie des dogmatisch erstarrten Luthertums beruhigen. „Unsere Theologi legen sich mit
Händen und Füßen darwider, ja, mit ganzem Vermögen, mit
Verfolgung und Schmähen, daß man nicht soll forschen am
tiefen Grunde, was Gott sei." 1612 begann er seine *Aurora oder
Morgenröte im Aufgang*, die als Philosophie der Menschheitsgeschichte um das Gegeneinander der guten und bösen, heiligen
und teuflischen Mächte ringt, deren gemeinsamen Ursprung
Böhme in dem göttlichen Urgrunde selbst sah. Gott ist ihm der
ewige Willensgeist, der in der Natur wirklich wird, ein Gott in,
nicht jenseits der Welt. In der Natur, in der menschlichen Seele,
in Gott selbst wird das Leben als immer vorhandener Streit des
Guten und Bösen ausgetragen; alles Sein ist rastloser Kampf der
Gegensätze, und der Mensch ist in dieses Ringen des göttlichen
Kosmos einbezogen. Er muß sich in ihm zur Erlösung, zu Gott
emporringen. Jakob Böhme sagt: „Denn so nur einerlei Wille
wäre, so täten alle Wesen nur Ein Ding, aber im Widerwillen
erhebt sich ein jedes in sich selber zu einem Sieg und Erhöhung;
und in diesem Streite steht alles Leben und Wachsen und dadurch wird die Göttliche Weisheit offenbar und kommt in eine
frohe Beschaulichkeit und zum Freudenreich: denn in der Überwindung ist Freude." Als eine überwältigende Vision ging dem
Görlitzer Schuster diese Erkenntnis auf; mühsam rang er um
eine bildhafte Sprache, die dem Unfaßbaren das Wort gab. Verbot ihm auch der lutherisch-orthodoxe Oberpfarrer von Görlitz
jede publizistische Wirksamkeit; in einer beträchtlichen Reihe
von dunklen und innerlich glühenden Schriften umkreiste Böhme
die mystischen Geheimnisse seiner Lehre. (*Beschreibung der drei
Prinzipien göttlichen Wesens*, 1618, *Vom himmlischen und irdischen Mysterio*, 1620, *Mysterium magnum*, 1623). Als Sprachschöpfer trat Böhme neben Meister Eckhart und Luther. Es ist
bezeichnend, daß immer wieder aus widerstrebend eigenwilligem

religiösen Erleben der deutschen Sprache entscheidende Neubildungen zuflossen.
Jakob Böhmes Schriften fanden Eingang in viele europäische Sprachen; zahlreiche Anhänger trugen seine Botschaft weiter und bewahrten, fern von Hof und Kirche und Akademie, das Erbe eines Gott und Welt umfassenden Erkenntnisdranges. Eine starke mystische, der Orthodoxie feindliche Welle durchzog, an altdeutsche Mystik, Paracelsus und Franck anknüpfend, das 17. Jahrhundert – von der allegorisch-theosophischen *Chymischen Hochzeit Christiani Rosenkreutz* (1616) und der lateinischen, mystisch-allegorisch verschlüsselten *Reipublicae Christianopolitanae descriptio* (1619), einer christlichen Gesellschaftsutopie, des schwäbischen Hofpredigers Johann Valentin Andreae (1586–1654) und der beschaulich-mystischen Religiosität der *Vier Bücher vom wahren Christentum* (1606/1610) des Johann Arndt (1555–1621) bis zu der kabbalistischen Mystik des Knorr von Rosenroth (1636–1689), des Verfassers von *Morgenglanz der Ewigkeit,* und der nun schon pietistischen Gefühls- und Herzensgläubigkeit von Ph. Jakob Spener (1635 bis 1705) und dem theosophischen, auf das individuelle Gefühlserlebnis gerichteten Pietismus eines Gottfried Arnold (1666 bis 1714), des Dichters der *Neuen Göttlichen Liebes-Funken* (1697) und Autors der wirkungsvollen *Unparteiischen Kirchen- und Ketzerhistorie* (1699/1715), der Ehrenrettung jener Christen, die außerhalb der Kirche ihren Heilsweg gesucht hatten.
In dieser protestantischen Mystik lag durchweg eine Abwehr der höfisch-öffentlichen Lebenssphäre, eine Flucht vor dem Zeitlichen in die stille Innerlichkeit des gläubigen Gemüts. Ganz anders verlangte das Jesuitentum, das in Ingolstadt, Wien und Köln seine ersten Sitze fand, nach breitem politisch-geistigem Einfluß. Sein lateinisches Schuldrama, als Kampf- und Erziehungsmittel, als Glaubenspropaganda und Sprachübung, entfaltete eine hinreißende Pracht, einen überwältigenden ästhetischen Zauber, ohne daß religiöse Strenge und Größe des dichterischen Wortes im Sinnengenuß der virtuosen Theatralik verlorengingen. In dem Schwaben Jakob Bidermann (1578 bis 1639) trat der größte Dramatiker des Ordens auf. Sein *Cenodoxus* (1602) überantwortete einen weltberühmten Pariser Gelehrten in seiner Eitelkeit dem verdammenden Richtspruch Gottes. Eine unbedingte Entscheidung zwischen Gott und Welt, Himmel und Hölle fordern diese Dramen; alle irdische Herrlichkeit empfängt ihren Sinn nur im Dienst Gottes, und die Welt

erscheint als eitle Vergänglichkeit, als ein gewaltiges *Memento mori*. Tiefen Ernst und komische Szenen stellte Bidermann wirkungskräftig nebeneinander, und alle Mittel szenischer Gestaltung bot er auf, um den asketischen Grundgedanken seiner religiösen Ideendramen leibhafte Fülle und sinnliche Farben zu geben. Immer handelt es sich um eine Begegnung äußerster Gegensätze. Bis zum Opernhaften wuchsen Prunk und ästhetischer Kulissenzauber auf Wiener Boden in den Dramen des Jesuiten Nikolaus Avancini (1612–1686), während der Benediktiner Simon Rettenbacher (1634–1706) konservativer und volkstümlicher eine schlichtere Form des religiösen Dramas fand. Obwohl das Jesuitendrama durch seine lateinische Sprache auf einen kleineren Bildungskreis beschränkt blieb, übte es eine bedeutende literarische Wirkung aus.

In dieser Verbindung des Glaubens mit dem Reiz der Sinne und Kunst zeigt sich ein typischer Grundzug barocken Stils. Wie in einer Ekstase hob er sich mit Anstrengung aller Ausdrucksmittel zur sinnlich-geistigen Anschauung des Göttlichen empor. Die Kunst sollte Gott und dem Glanz der Kirche so wie dem Fürsten und seiner Macht dienen. Sie sollte im Glauben und im Staat die sinnbildliche Verkündigung eines Absoluten, Göttlichen werden. Deshalb wurde dieser pompöse Stil im Prunk der Worte und Bilder zu gewaltiger Steigerung getrieben und bis zur Verzerrung überanstrengt. Er sollte die Repräsentation höchster Mächte sein, mitreißend wirken, in Erregung versetzen und so die Seelen in eine gesteigerte Empfindlichkeit bringen. Mystisches Erleben forderte, noch das Unsagbare in Bilder und Worte zu fassen. Mit dem sehr klug berechneten Aufgebot virtuoser Künstlichkeit verband sich eine pathetisch-irrationale Auflösung und Entgrenzung der Form. Damit war zu dem Rationalismus von Opitz ein Gegengewicht geschaffen.

Opitz gab der Dichtungssprache Zucht, Form und objektive Geistigkeit; er begriff das Dichten vor allem als ein Ausfüllen fester gattungsgebundener Formen mit witzigen, geistreichen und eleganten Empfindungen. Er liebte die begrifflichen, rational ausgewogenen Formen wie das Sonett und Epigramm in ihrem zugespitzten Spiel mit Gegensätzen. Darin lag die Leistung seiner *Teutschen Poemata* (1624). Eine Ursprünglichkeit des individuellen seelischen Ausdrucks gab es in dieser Dichtungsgesinnung nicht; aber sie verriet sich trotzdem als ein innerer Rhythmus des Gestaltens, wo ein echter Dichter am Werk war. Er füllte auch das gesellschaftlich-öffentliche, repräsentativ-welt-

männische Gedicht und seine geistreiche Rhetorik mit seiner ihm
eigentümlichen Form- und Sprachkraft.

Es wurden jetzt große Forderungen an die deutsche Dichtungssprache gestellt. Dem Stuttgarter G e o r g R u d o l f W e c k-
h e r l i n (1584–1653), der es bis zum englischen Parlamentssekre-
tär und politischen Ratgeber der Könige Jakob I. und Karl I.
von England brachte, gelang noch nicht voll die festliche Huldi-
gungs- und große Lehrode, die er nach französischem Muster
anstrebte. Er wollte eine hohe, weite und pathetische Form, eine
Art von rhetorisch-dekorativer Staatslyrik. In der letzten Ausgabe seiner *Geistlichen und Weltlichen Gedichte* (1648, erste Ausgabe: *Oden und Gesänge*, 1618) zeigt sich deutlich, wie Opitz
auf diesem Wege helfen konnte. Ihm folgte im engeren Anschluß
der Vogtländer P a u l F l e m i n g (1609–1640). Aber er durchbrach die kühle Distanz des Lehrmeisters und fand in seinen
Teutschen Poemata (1642) zu einem persönlich getönten und zugleich männlich festen Bekenntnislied von dichterischem Rang.
Das Erlebnis des Krieges, eine im Dienst des holsteinischen Herzogs unternommene abenteuerliche Reise nach Persien (von ihr
brachte A d a m O l e a r i u s [1603–1671] seine Übersetzung von
Saadis Rosenthal mit, die 1654 erschien), und die Trauer einer
scheiternden Liebe hoben seine Lieder und Sonette über den gesellschaftlichen Stil hinaus und gaben ihnen die Wahrhaftigkeit
einer inneren Bewegung. Die Schwermut der Zeit, gegen die er
mit stoischer Gelassenheit eine männliche Selbstzucht behauptete,
liegt oft über seinen Gedichten. Voll Anmut sind seine galanten
Verse, wie das berühmte Kußlied:

> Halb gebissen, halb gehaucht,
> Halb die Lippen eingetaucht.
> Nicht ohn Unterschied der Zeiten
> Mehr alleine, denn bei Leuten...
>
> Küsse nun einjedermann
> Wie er weiß, will, soll und kann;
> Ich nur, und die Liebste wissen,
> Wie wir uns recht sollen küssen.

Voll lebendiger Erfahrung sind seine Liebesgedichte, voll lutherischer Festigkeit seine religiösen Lieder *(In allen meinen Taten
laß ich den Höchsten raten)*, voll herber Gefaßtheit seine Be-
kenntnisgedichte, wie *Andacht* oder *An sich*.

Andacht.

> Ich lebe; doch nicht ich. Derselbe lebt in mir
> Der mir durch seinen Tod das Leben bringt herfür.

Mein Leben war sein Tod, sein Tod war mir mein Leben,
Nur geb ich wieder ihm, was er mir hat gegeben.
Er lebt durch meinen Tod. Mir sterb ich täglich ab.
Der Leib, mein irdnes Teil, der ist der Seelen Grab.
Er lebt nur auf den Schein. Wer ewig nicht will sterben,
Der muß hier in der Zeit verwesen und verderben.

An sich.

Sei dennoch unverzagt, gib dennoch unverloren,
Weich keinem Glücke nicht, steh höher als der Neid,
Vergnüge dich an dir, und acht es für kein Leid,
Hat sich gleich wider dich Glück, Ort und Zeit verschworen.

Was dich betrübt und labt, halt alles für erkoren,
Nimm dein Verhängnis an, laß alles unbereut;
Thu, was getan muß sein, und eh man dir's gebeut.
Was du noch hoffen kannst, das wird noch stets geboren.

Was klagt, was lobt man doch? Sein Unglück und sein Glücke
Ist ihm ein jeder selbst. Schau alle Sachen an.
Dies alles ist in dir, laß deinen eitlen Wahn,
Und eh du förder gehst, so geh in dich zurücke.
Wer sein selbst Meister ist und sich beherrschen kann,
Dem ist die weite Welt und alles untertan.

Fleming hatte in Leipzig Medizin studiert und in Leyden, wo er
wie so viele andere Deutsche einen Studienaufenthalt wählte, nur
wenige Wochen vor seinem frühen Tode das Doktorat erworben. In Leipzig sammelte sich ein Dichterkreis (Christian
Brehme 1613–1667, Gottfried Finkelthaus 1614 bis ca.
1647 mit *Deutsche Gesänge*, 1640, und *Lustige Lieder*, 1645),
der dem studentischen und bürgerlichen Gesellschaftslied mit
heiterer Sinnlichkeit und horazischem *Carpe diem* zugewandt
war. Eine persönliche Innigkeit des Fühlens spricht der protestantische Königsberger Schulrektor Simon Dach (1605–1659)
aus, dem, neben zahlreichen bezahlten Hochzeits-, Tauf- und
Begräbnisreimereien, eine Reihe von Gedichten gelang, in denen
eine gemütvolle, zarte, oft weltschmerzliche Empfindung lebt.
Berühmt wurde sein Lied *Der Mensch hat nichts so eigen.* (Die
durch Herder in das Hochdeutsche übersetzte *Anke von Tharau*
stammt nicht von ihm.) Musik und Dichtung waren in der Königsberger „Kürbishütte" eng verbunden. Der hier gepflegte Typus des lyrisch beseelten Gesellschaftsliedes baute auf einer niederländischen musikalischen Tradition auf. In der „Kürbishütte"
versammelten sich um Simon Dach die musizierenden und dichtenden Gefährten Robert Roberthin (1600–1648), der 1625
und 1632 in Holland gewesen war und Lieder von Didericus

Camphuisen (1586–1627) übersetzte, Heinrich Albert (1604 bis 1651, Johann Peter Titz (1619–1689). Er war durch einen Aufenthalt in Leyden mit den Dichtungen von Jacob Cats (1577–1660) bekannt geworden und hat zwei seiner Versnovellen (*Leben aus dem Tode oder Grabesheirat zwischen Gaurin und Rhoden* und *Knemons Sendschreiben an Rhodopen*) nachgedichtet. Mit Kraft und derber erotischer Lebenslust erscheint des Thüringers Caspar Stieler (1632–1707) *Geharnischte Venus* (1660). Er war ein Soldat des Krieges gewesen; Liebe und Krieg verbinden sich bei ihm in einem sinnlich-herzhaften Überschwang. In diesen Gedichten äußert sich jene dem Leben offene Weltlust, die auch in Grimmelshausens Roman vom „Simplicissimus" oft begegnet. Zugleich war Stieler ein Meister der Form; zum ersten Male wird hier ein Liederbuch geschaffen, das die einzelnen Lieder in Gruppen kunstvoll zusammenschließt und so bestimmte Einheiten wirkungsvoll darbietet. Auch diese Gedichte bewegen sich zwischen gesteigerten Antithesen; es sind die Gegensätze von Lebenslust und Todesnähe, Eros und Waffenlärm.

Zu einer großen künstlerischen Leistung führte dieses antithetische Verbinden von scheinbar unvereinbaren Gegensätzen in den umfangreichen Liedern des rheinischen Jesuiten Friedrich von Spee (1591–1635). Mannhaft kämpfte er gegen den Wahnsinn der Hexenprozesse; bei der Pflege von Pestkranken opferte er sein Leben. Erst 1649 wurde seine *Trutznachtigall* veröffentlicht. Mit mystischer Liebesinbrunst feiert er Gott in der zu allen Sinnen sprechenden, jubilierenden Schönheit der Natur – die Motive der beliebten, galant-spielerischen Hirtenromantik dienen ihm als religiöse Gleichnisse, und die typischen Themen der erotischen Liebeslyrik werden bei ihm in das Geistliche gehoben. Denn sein Dichten war Gottesminne, ein spiritualistisch-erotisches Sich-Sehnen in Schmerz und Seligkeit. Inbrünstige Glut wechselt mit schönen Naturbildern, mystische Verzückung mit bildhafter Anschauung einer blühenden, von Pflanzen und Vogelsang belebten Landschaft.

> Eya lasset uns spatziren
>   JESU viel geliebter mein
> Weil die gärten sich nun zieren
>   Weil die Blümlein offen seyn
> Weil die grüne wiesen lachen
>   Weil die pflantzen voller zweig
> Weil die vögel nester machen
>   Kinderbettlein zart und weich.

Es liegt eine entscheidende Wandlung darin, daß ein persönliches
Sprechen auch das religiöse Lied durchformt. Selbst bei dem
fest im Luthertum ruhenden P a u l G e r h a r d t (1607–1676),
dem größten protestantischen Lieddichter nach Luther, spricht
das Ich, nicht mehr das Wir der Gemeinde. Seine Lieder (z. B.
*Geh aus, mein Herz, und suche Freud, Befiehl du deine Wege,
Nun ruhen alle Wälder, Wach auf, mein Herz, und singe*) zeigen
trotz aller Leiderfahrung das zuversichtliche Beharren im Glauben und ein in der Gnade Gottes getrostes Verhältnis zur Wirklichkeit des irdischen Daseins. Alles Irdische wurde ihm zum
frommen Gleichnis Gottes. Denn Paul Gerhardt kannte nicht
jenen schroffen Dualismus von Seele und Leiblichkeit, nicht jene
kosmisch-mystische Verzückung zum Unendlichen hin, nicht
jenes Grüblertum, das die katholische Dichtung des Barock zeigt.
Leidbewußter Ernst und fester Glaube lassen zusammen mit
innerer, eigener Ergriffenheit überhaupt eine Reihe von bedeutenden protestantischen Liedern entstehen: *Wie schön leuchtet
der Morgenstern,* von P h i l i p p N i c o l a i (1556–1608), *Wer
nur den lieben Gott läßt walten,* von G e o r g N e u m a r k
(1621–1681), *Jerusalem, du hochgebaute Stadt,* von J. M. M e y -
f a r t (1590–1642). Durchweg tritt die spezifisch konfessionelle
Färbung zurück und überwiegt das allgemeinchristliche Fühlen.
Von dem reformierten J o a c h i m N e a n d e r (1650–1680)
stammt das herrliche Tedeum *Lobe den Herren, den mächtigen
König der Ehren.*
Der umfassendste Geist der religiösen katholischen Dichtung war
der mystische Logiker A n g e l u s S i l e s i u s (Johann Scheffler,
1624–1677). Als Mediziner unternahm er weite Bildungsreisen;
er kam, als ein gebürtiger Schlesier, mit dem Kreis um Jakob
Böhme in Fühlung, gelangte während seines Medizinstudiums
in Leyden mit Anhängern der Mystik in Kontakt und wechselte
in Breslau 1653 zum katholischen Glauben über. 1661 trat er in
den Franziskanerorden ein. Seine *Geistreichen Sinn- und Schluß-
reime,* später der *Cherubinische Wandersmann* genannt, erschienen zuerst 1657. Es war eine große Sammlung mystischer
Sprüche und Erkenntnisse in der straffen, antithetisch-geistreichen
und scharf zugespitzten Form von epigrammatischen Alexandri-
nerpaaren. Der Alexandriner, der bevorzugte Vers der französischen klassischen Tragödie, wurde im 17. Jahrhundert übernommen und seit Opitz viel benutzt. Bis in die Mitte des 18. Jahrhunderts reicht seine Herrschaft in der deutschen Literatur, zumal in größeren dichterischen Gebilden. Es handelt sich bei ihm

um ein alternierendes Metrum von 12 Silben bei stumpfem und
13 Silben bei klingendem Ausgang; etwa in der Mitte der Verszeile, nach dem 3. Fuß, zeigt er eine sogenannte Cäsur (Diärese).
Meist kennt er den gleichmäßig wechselnden Reim (aa bb). Die
mystisch-theosophische Spruchsammlung *Monodisticha sescenta
sapientium* des schlesischen Landadligen D a n i e l v o n C z e p k o
(1605–1660) hatte wohl Silesius zu dieser Form geführt. Sein
immer wieder abgewandeltes Thema ist die Einswerdung von
Gott und Seele, die Vernichtung von Raum und Zeit, die Heimkehr des Menschen zur Ewigkeit Gottes, die asketische Ablösung
vom Irdisch-Weltlichen bis zur vollkommenen Verwandlung in
Gott selbst. „Wenn der Mensch zu solcher vollkommenen Gleichheit Gottes gelangt ist, daß er ein Geist mit Gott und eins mit
ihm worden und in Christo die gänzliche Kind- oder Sohnschaft
erreicht hat, so ist er so groß, so reich, so weise und mächtig als
Gott, und Gott tut nichts ohne einen solchen Menschen, denn
er ist eins mit ihm", schrieb er in der Vorrede. Gott und die
Seele sind ihm allein Wirklichkeit, und die Wesenhaftigkeit des
Menschen lag für ihn in dem unendlichen Eingang in Gottes
Dasein.

> Mensch, wo du deinen Geist schwingst über Ort und Zeit,
> So kannst du jeden Blick sein in der Ewigkeit.
> Ich selbst bin Ewigkeit, wann ich die Zeit verlasse,
> Und mich in Gott und Gott in mich zusammenfasse.

Mit außerordentlich konzentrierender Gestaltungskraft und
streng logischem Aufbau sind diese Erfahrungen mystischer
Versunkenheit in Gott in die epigrammatisch und intellektuell,
oft spielerisch pointierte Form des Alexandriners eingezwungen.
Mystisches und Begriffliches vereint sich, Vision und Ratio;
tiefer Ernst spricht aus anscheinend geistreichem Spiel. Hinter
dem scharf und klar erfaßten Wort wird mystisch Unergründ-
liches gegenwärtig, eine innere Unendlichkeit, die sich in der
Verflechtung der Antithesen andeutet. Denn die Gegensätze sind
der höchste Ausdruck der alle Widersprüche in sich einenden
Gottheit. Auch die Ratio dient mystischer Erfahrung des Absoluten. In die Zukunft verweist, wie Silesius zwischen Luther,
Böhme und dem katholischen Glauben den eigenen Erlösungs-
weg jenseits der dogmatischen Autorität der Kirche sucht. Mit
der Sammlung *Heilige Seelenlust oder geistliche Hirtenlieder
der in ihren Jesum verliebten Psyche* (1657) gab er eine Reihe
religiöser Lieder *(Mir nach, spricht Christus, unser Held)*, die
vor allem im Pietismus breiten Nachhall fanden. In der Spannung

von Rationalem und mystischem Erfahren, die für diese Zeit
typisch ist, bewegen sich die *Geistliche Sonette, Lieder und Gedichte zu Gottseligem Zeitvertreib* (1662) der österreichischen
Dichterin C a t h e r i n a   R e g i n a   v o n   G r e i f f e n b e r g (1633
bis 1694), die sich zum Protestantismus bekannte. Sie ist die einzige dichtende Frau von Rang und Begabung in dieser Zeit. Ihre
Sonette bemühen sich, Frömmigkeit und ‚Kunst-Geist‘ zu vereinigen, von Gottes Wundern ‚rein‘, in vollkommener Form zu
singen. Dem Bewußtsein der Angst in dem ‚bestürmeten Lebens-
Lauff‘ antwortet die Sehnsucht nach dem Hafen Gottes. Kon-
struktive Form und individuelles Ausdrucksverlangen kommen
zum Ausgleich.

Diese persönliche, tief erlittene Not der erschütterten Seele fand
in A n d r e a s   G r y p h i u s' (1616–1664) düsterer, schwermütiger
Lyrik den pathetisch gesteigerten Ausdruck. Ein einsames, grüblerisches, schmerzlich klagendes Ich ringt hier um Gott und
Welt, um den Sinn dieses von sinnlosen Zufällen und brutalen
Gewalten gejagten, von Vergänglichkeit und Verwesung beständig bedrohten Lebens. In welchem Umfange trotz aller künstlich
repräsentativen Objektivierung der Form im Barock die persönliche lyrische Sprache begann, lehren seine Sonette, Oden und
Lieder. Der Krieg ließ zu einer furchtbaren Wirklichkeit wer-
den, was die gegenreformatorische Glaubensaskese einhämmerte:
daß alles Leben unberechenbar, ein ewiger Wandel sei, ein jäher
Sturz aus der Höhe in die Tiefe, ein beständig lauernder Tod.
Daß aller Reichtum nichtig, aller Ruhm eitel sei, daß die rasende
Zeit alles einem verschlingenden Schicksal wehrlos entgegen-
werfe. Der Weltenbrand war für die Menschen dieses Zeitalters
eine verzehrende Wirklichkeit. Das Drama und die Lyrik des
Andreas Gryphius wuchsen aus diesem Kriegserlebnis heraus.
„Indem unser ganzes Vaterland sich nunmehr in seiner eigenen
Asche verscharrt und in einen Schauplatz der Eitelkeit verwan-
delt, bin ich geflissen, die Vergänglichkeit menschlicher Sachen in
gegenwärtigen und etlich folgenden Trauerspielen darzustellen",
schrieb Gryphius zu Beginn seiner Tragödie „Leo Armenius".
Er wuchs unter den Schatten des Krieges auf. Früh starben die
Eltern, er floh vor den Schrecken der Ruinen, unternahm weite,
gelehrte Reisen nach Frankreich, Italien, Holland, unermüdlich
lernend und früh berühmt. Von 1637 bis 1643 hielt er sich in
Amsterdam und Leyden auf, wo er zu Vorlesungen an der Universität zugelassen wurde. In dem berühmten Verlag Elzevir erschienen, nach einem früheren Druck, den 31 sog. *Lissaer Sonet-*

ten von 1637, *seine Son- und Feyrtags Sonnete*, 1639 und, zusammen mit einer neuen Ausgabe der Sonette, das *Erste Buch der Oden* (1643). So wie der Dramatiker hat der Lyriker Gryphius den holländischen Jahren viel verdankt. Erst jetzt gewann er seiner lyrischen Sprache die Kunst epigrammatischer Zuspitzung (*Epigrammata*, 1643). Er kehrte 1647 nach Schlesien zurück und wurde 1650 zum Syndikus der Stände des Fürstentums Glogau ernannt. Er setzte sich unerschrocken für die protestantische Freiheit in dem jetzt habsburgisch-katholischen Schlesien ein. Der Epiker Gryphius begann mit zwei lateinischen Dichtungen (*Herodis Furiae, et Rachelis lacrymae*, 1634, und *Dei Vindicis Impetus et Herodis Interitus*, 1635) – in den biblischen Stoffen boten sich angesichts der Kriegsstürme sehr aktuelle Themen dar. In Leyden entstand 1643 (gedruckt 1648) die epische Dichtung vom leidenden Christus auf dem Ölberg *Olivetum*. Der Lyriker Gryphius wandte sich vor allem der machtvollen, gedanklich-feierlichen pindarischen Ode, dem alle Erschütterung in antithetische Rationalität einzwingenden Sonett und dem Kirchenlied zu. Er bildet das Wort und den Rhythmus in das Gewaltige und Gesteigerte. „Zentnerworte" suchte er, um der Gewalt seiner Ergriffenheit zu genügen. Pathetisch ausdrucksvolle Bilder, unaufhörlich flutende Gleichnisse, unerhörte Kontraste, mächtige Steigerungen geben seinen Oden und Sonetten eine wuchtige, erhabene Rhetorik. Düsternis liegt über ihnen.

> Die Herrlichkeit der Erden
> Muß Rauch und Aschen werden,
> Kein Fels, kein Erz kann stehn.
> Dies, was uns kann ergetzen,
> Was wir für ewig schätzen,
> Wird als ein leichter Traum vergehn.

Aus solcher Weltverzweiflung befreit nur der gläubige Aufblick zum rettenden Jenseits, der Glaube an den Tod als Durchgang zum Ewigen.

> Mein oft bestürmtes Schiff, der grimmen Winde Spiel,
> der frechen Wellen Ball, das schier die Flut getrennet,
> das wie ein schneller Pfeil nach seinem Ziele rennet,
> kommt vor der Zeit an Port, den meine Seele will.
>
> Oft, wenn uns schwarze Nacht am Mittag überfiel,
> hat der geschwinde Blitz die Segel schier verbrennet.
> Wie oft hab ich den Wind und Nord und Süd verkennet!
> Wie schadhaft ist der Mast, Steur, Ruder, Schwert und Kiel!

Steig aus, du müder Geist! steig aus! Wir sind am Lande.
Was graut dir für dem Port? itzt wirst du aller Bande
und Angst und herber Pein und schwerer Schmerzen los!

Ade, verfluchte Welt! du See voll rauher Stürme!
Glück zu, mein Vaterland! das stete Ruh im Schirme
und Schutz und Frieden hält, du ewig lichtes Schloß!

Am Jesuitendrama, an den Tragödien des holländischen Konver-
titen Vondel und an Seneca schulte Gryphius seinen dramatischen
Stil; der Protestant lernte von der katholischen Dichtung, deren
Stil der barocken Lebensstimmung mehr entsprach als die schlichtere und volkstümlichere Art des norddeutschen bürgerlichen
Protestantismus. Das 17. Jahrhundert ist eine Epoche der Re-
katholisierung gerade führender Geister (Angelus Silesius, Grimmelshausen, Herzog Anton Ulrich von Braunschweig). Das große
Thema von Gryphius' Drama ist die chaotische Erschütterung
der Welt und der tragische, mit dem Tode bezahlte Sieg des
Menschen über sie durch eine innere, gefaßte Entschlossenheit
zum Rechten und Guten, durch die unerschütterliche Beständigkeit des Gemüts und des Geistes. Über alle folternden Qualen,
über Tyrannei und Tod triumphiert der zu Gott aufblickende
und seiner inneren Stimme getreue Held. Christliche Marty-
riumsbereitschaft verbindet sich mit stoischer Gelassenheit, wie
sie die spätantike Philosophie und wie sie Seneca lehrte. In fünf
Akten, mit strenger Einheit der Zeit, mit Chören (sog. Reyhen)
und in kunstvoller Verssprache baut Gryphius seine Dramen
nach antikem Muster. Für den Dialog wählte er den rhetorisch
breiten, ausdrucksschweren Alexandriner, für die Chöre jambische
und trochäische Versmaße. Er schuf die große politisch-heroische
Tragödie, die an mächtigen geschichtlichen Beispielen, an großen
Männern und Frauen die Gewalttätigkeit dieser irdischen Welt
und den Sieg der gläubig-philosophischen Beständigkeit über sie
vorführt. In *Leo Armenius oder Fürstenmord* (1646) behalten
Leidenschaft und Gewalt noch die Übermacht; in *Catharina von
Georgien oder Bewährete Beständigkeit* (1657 gedruckt) widersteht die Glaubenstreue der Königin von Georgien allen Leidenschaften, die in Brunst, Gewalt und Foltern sich austoben. In
solcher Sittlichkeit liegen Größe und Ruhm.

Wir wissen, wo wir sind; wir sind, wir sind gefangen;
Doch unser Geist ist frei. Die Jahre sind vergangen,
In welchen wir geherrscht; doch steht die Tugend fest,
Die sich kein strenges Joch der Laster zwingen läßt.
Wir dienen, unbefleckt, wir leiden, sonder Schande.

Wir tragen, sonder Schmach; die Keuschheit lacht der Bande.
Gönnt uns, nun alles hin, dies einig Eigentum,
Den unversehrten Mut, den unbefleckten Ruhm!

Als Geist erscheint Catharina nach ihrem Tode ihrem Peiniger
Schach Abbas, um ihm den gerechten Untergang zu verkünden.
Allegorien, wie die Ewigkeit, schärfen den tieferen Sinn des
Geschehens ein; allegorisch-emblematisch ist die Bühne gestaltet.
„Der Schauplatz lieget voll Leichen, Bilder, Kronen, Szepter,
Schwerter. Über dem Schauplatz öffnet sich der Himmel, unter
dem Schauplatz die Hölle", so beginnt die Tragödie. Die jüngste
politische Gegenwart lieferte Gryphius den Stoff zu seinem
Ermordete Majestät, Oder Carolus Stuardus (1649) Dies Drama
feiert, mit der bei Gryphius üblichen historischen Quellentreue,
das standhafte Märtyrertum des englischen Königs, dessen Hin-
richtung durch Cromwell das damalige Europa sehr bewegte.
Dem legitimen Herrscher stand alles göttliche und irdisch-staat-
liche Recht bei; er stirbt für sein Recht. Darin zeigt sich Gryphius
als ein Fürsprecher des barocken Absolutismus. Ein Drama des
Rechts ist Gryphius' reifstes Trauerspiel *Großmütiger Rechts-
gelehrter, Oder Sterbender Aemilius Paulus Papinianus* (1659).
Der Jurist des römischen Kaisers Caracalla, der dessen Mord an
dem eigenen Bruder rechtfertigen soll, widersteht allen Ver-
suchungen und Drohungen, auch den Bitten der eigenen Familie.
Und er widersteht zugleich, als ein unbeugsamer Verteidiger des
Rechts, dem Angebot des revolutionär gesonnenen Heeres, den
Kaiser zu stürzen. Fast starr ist seine Haltung:

Ein unverzagt Gemüt steht, wenn der Himmel fällt,
Und steigt im Untergrund und trotzt die große Welt.

In der höchsten sittlichen Bewährung erfüllt er im tragischen
Untergang den göttlichen Auftrag des Rechts. Ein unbedingter
Wille erhebt sich in diesem Drama über das Chaos der blutigen
Wirklichkeit zu der Ewigkeit religiös-sittlicher Überzeugungen.
Es ist ein christlicher Heroismus, der das Schicksal duldend auf
sich nimmt und freiwillig zu Ende trägt. Protestantischer Geist
liegt in ihm. Je maßloser die Welt der Bösen tobt, um so erhabener wirkt das Ethos dieser Märtyrer und Bekenner, die den
Tod als eine Erlösung feiern. Gryphius hat die stärkste christliche Tragödie in deutscher Sprache geschaffen. Trotz des pathetischen Naturalismus der Leidenschaften und Folterqualen, trotz
starker Spiel- und Bühneneffekte, ist sein Stil auf das geistige
Sinnbild gerichtet – in allegorischen Tänzen und Zwischenspielen

und Geistererscheinungen werden überweltliche Mächte sichtbar.
Die deutsche barocke Tragödie fand bei ihm ihre reifste Gestaltung.

In *Cardenio und Celinde oder Unglücklich Verlibete* (gedruckt
1657) wagte er, entgegen dem seit der humanistischen Poetik
verordneten Gesetz, daß die Tragödie nur in der Sphäre der
Fürsten und Helden möglich sei, der Bürgerwelt nur das Lust-
spiel zugehöre, das erste deutsche Trauerspiel mit bürgerlichen
Personen, nach dem Stoff einer spanischen Novelle, die ihm in
Italien bekannt wurde. Er bemerkte selbst in der Vorrede, „die
Personen, so eingeführet, sind fast zu niedrig vor ein Trauer-
spiel". Es ist ein Drama der Liebesleidenschaft, ein Werk voll
Tod und Grauen und Grabesduft, dessen verwickelte Handlung
aus wilder Liebesraserei zu einem düsteren Memento mori ruft.
Zugleich schrieb Gryphius einige Lustspiele, die durch mimische
Lebendigkeit, Charakterbeobachtung und kraftvollen Humor die
Größe seines Dichtertums bestätigen. Im *Horribilicribrifax* (gedruckt 1663) steigerte er das prahlerische Maulheldentum feiger
Soldaten in das grimmig Groteske, karikierte er den gelehrt-
armseligen Schulmeister und wirbelte er sechs ideale und fragwürdige Liebespaare bunt durcheinander. In *Absurda Comica,
Oder Herr Peter Squentz* (gedruckt 1663) führte er in der Form
der holländischen „Klucht" possenhaft das närrische Treiben
kunstbegeisterter bäuerlicher Handwerker im Anschluß an Shakespeares ‚Sommernachtstraum' vor. In dem im schlesischen Dialekt
geschriebenen Zwischenspiel *Verlibtes Gespenst, Die gelibte
Dornrose* (1661), angeregt von der Fabel eines Schäferspiels „De
Leeuwendalers" des holländischen Dramatikers Vondel, gab er
in straffer Form und realistischer Zeichnung die einfache Geschichte eines bäuerlichen Ehehandels. Der Bauer Kornblume
gewinnt nach mancherlei Hindernissen gegen den Willen des
Vaters und Onkels seine geliebte Dornrose zur Frau. In der
Mundart und in der Charaktergestaltung zeigt der vornehme,
gelehrte Beamte Gryphius hier eine Vertrautheit mit bäuerlichem Leben, wie sie bei dem höfisch-akademischen Rangbewußt-
sein der barocken Dichtung selten erscheint.

Obwohl das Theater der barocken Neigung zum Repräsentativen, Rhetorischen, zum Pathos des gesteigerten Wortes und der
großen Gebärde, zum Prunk der festlichen Schaustellung weit
entgegenkam, ist die deutsche dramatische Dichtung des Jahrhunderts zahlenmäßig gering geblieben. Sie ist wesentlich auf
Schlesien, das Herzland barocker Dichtung, beschränkt. In Nord-

deutschland schrieb der Wedeler Pastor J o h a n n R i s t (1607
bis 1667) neben anderen Dramen wie *Irenaromachia* (1630) und
Perseus (1634) sein Schauspiel vom *Friedwünschenden Teutsch-
land* (1647) mit heftiger politischer Anklage und kräftiger,
mundartlicher Schilderung der Verwahrlosung des bäuerlichen
Volkes, das betrügerisch am Kriege verdiente. Auch als Kirchen-
lieddichter fand er einen kraftvollen Ton *(O Ewigkeit, du Don-
nerwort)*. Der große Philologe und Sprachforscher des Barock,
J u s t u s G e o r g S c h o t t e l (1612–1676) war mit seinem Spiel
Friedenssieg (1642) vorangeschritten. In Nürnberg wandte man
sich besonders dem geistlichen und allegorisch-schäferlichen Singspiel und, nach italienischem Muster, einer zart empfindsamen,
preziös-zierlichen, klangspielerischen Verskunst zu (*Pegnesisches
Schäfergedicht*, 1641, 1645, von Harsdörffer und Klaj). G e o r g
P h i l i p p H a r s d ö r f f e r (1607–1658) schrieb seinen berühmten *Poetischen Trichter* (1647/53) als ein Handbuch der Poetik;
er suchte die Ausbildung gesellschaftlicher Lebensformen durch
seine *Frauenzimmer-Gesprechsspiele* (1641/49) zu fördern und
verriet in seinem *Großen Schauplatz Jämerlicher Mordgeschichte*
(1650/52) das novellistische Interesse für die Psychologie des
Verbrechers. Zusammen mit J o h a n n e s K l a j (1616–1656) und
S i e g m u n d v o n B i r k e n (1626–1681) bemühte er sich um
eine Erweiterung der lyrischen Sprache durch malerische Bild-
und Klangwerte, durch ein musizierendes, Farben und Klänge
nachahmendes Dichten. Barocke Spielfreude führte zu einer virtuosen Beweglichkeit der lyrischen Sprache, deren Gewinn später
die Romantiker aufgriffen. Auch das Nürnberger Singspiel
strebte nach einer lyrischen Musikalität.
Die Oper entsprach als Verbindung von Wort, Gesang, Musik,
Tanz und Kulissenzauber, in ihrer stofflichen und formalen Beweglichkeit und in ihrem irrationalen Scheincharakter dem
barocken Empfinden. Die heroische Oper wurde zu dem höchsten
Glanzpunkt des Herrscherhofes. Man glaubte, in ihr als einem
Gesamtkunstwerk die antike Tragödie zu erneuern. Auf die Oper
steuerte das Jesuitendrama zu. Opitz gab ihr in der schäferlichen
Daphne (1627) und heroischen *Judith* (1635) erste Vorbilder,
Gryphius feierte in seiner Oper *Majuma* (1653) den Sieg des
Friedens über den Kriegsgott Mars. Die italienische Oper hielt
von Wien und München aus ihren triumphalen Einzug; Braunschweig und Hamburg wurden gegen Ende des Jahrhunderts berühmte Opernstädte. In Hamburg schrieb H e i n r i c h P o s t e l
(1658–1705) die Fülle seiner Libretti in einer rasch typisierten,

schablonenhaften Form, in der das Wort hinter der theatralisch-
gesanghaften Wirkung zurücktrat.

Im Gegensatz zur Oper blieb das Drama auf die Bühne des Schul-
theaters zurückgedrängt. Es erscheint seltsam genug, daß selbst
die blutrünstig-erotischen Dramen von Gryphius' nicht eben-
bürtigem, aber kunstreichem Nachfolger C a s p e r v o n L o h e n -
s t e i n (1635–1683) von Gymnasiasten dargestellt wurden. Er
steigerte in seinen exotischen und antiken Dramen (*Ibrahim
Bassa*, 1650, *Cleopatra*, 1661, *Agrippina*, 1665, *Epicharis*, 1665,
Ibrahim Sultan, 1673) alle Leidenschaften und brünstigen Begierden und Schrecken bis ins Maßlose; er überhäufte und über-
füllte die Sprache mit einer bilderreichen virtuosen Rhetorik
und setzte an die Stelle des Ideendramas seines großen schlesischen Landsmannes ein mehr psychologisch und ästhetisch gerichtetes Aktionsdrama, in dem das Verhängnis erbarmungslos
über alles andere triumphiert. Die barocke Antithetik ist zum
Äußersten getrieben, aber die Entscheidung für feste menschlich-
sittliche Werte geht verloren, und es bleibt ein sprachlich und
szenisch mit Pathos und Pomp übersteigerter Rausch. So rasch
und großartig sich das barocke Drama in dem Werk von Gryphius entfaltet hatte, so rasch verfiel es, und es bedurfte fast
eines Jahrhunderts, bis eine neue Entwicklung der deutschen
dramatischen Dichtung einsetzte.

Ähnlich wie die Oper wurde der Roman trotz seiner Ansätze im
Volksbuch, bei Wickram und im „Amadis", eine Schöpfung des
Barock. Er kam als eine umfassende, stoffreiche Großerzählung
dem barocken Welterleben entgegen. In ihm ließ sich der rasende
Ablauf der Zeit, das unberechenbare Auf und Ab der Schicksale,
das Chaos der Ereignisse, der abenteuerliche Weg des Menschen
in einer tumultuösen Welt zeigen. In ihm ließ sich auch jene
Abenteuerlichkeit aufhäufen, die barocker Lebenslust und der
Phantastik eines erregten Lebensgefühls entsprach. Die Erzählprosa des 16. Jahrhunderts wählte die kurze, gedrängte, novellistische Ereigniserzählung. Jetzt entwickelt sich ein psychologisches Begreifen und die sprachliche Fähigkeit zur Seelenschilderung; die irrationalen Hintergründe des Lebens treten in das
Bewußtsein. Als ein unheimlicher Traum erschien das irdische
Dasein. Der Elsässer Jurist M i c h a e l M o s c h e r o s c h (1601
bis 1669) schrieb seine *Wunderlichen und wahrhafftigen Gesichte
Philanders von Sittewald* (1642 ff.) in Nachahmung der Traum-
visionen (Suenos) des Spaniers Quevedo. Als ein Patriot und
christlich-bürgerlicher Moralist kämpfte er satirisch gegen alles

ausländische Modewesen, gegen den Sieg des gekünstelten Scheins über echtes Dasein. In einer lockeren Bildfolge entfaltete er eine Revue der närrischen Torheiten aller Stände, ihrer Laster und Täuschungen. Die alten Germanen sind ihm das Beispiel einer biederen Redlichkeit: „A la mode macht mir bang, weil der Teutschen Untergang in der neuen Sucht seinen Anfang sucht." Bei Moscherosch erscheint jene bürgerlich-volkstümliche, gegenhöfische Bewegung des 17. Jahrhunderts, die in der Lyrik bei Simon Dach, im Drama bei J. Rist, im Epigramm bei Friedrich von Logau, im Roman bei Grimmelshausen Ausdruck findet. An den Simplicissimus erinnert, daß der aus seinem Traum erwachende Philander die sündhafte Welt verläßt und als Katholik in ein Kloster geht. Denn der Mensch des 17. Jahrhunderts war auf der Suche nach einer über die Welt hinaus rettenden Erlösung: in mystischer Einigung mit Gott, in weltabgewandter Askese, im Kloster oder in der Einsiedelei oder in dem leidenden Heroismus stoischer Lebensphilosophie. Ein Meister der phantasierenden Sprache war der Wiener Hofprediger A b r a h a m a S a n t a C l a r a (Ulrich Megerle, 1644–1709), geboren im Hegau. Er liebte, um seine Hörer zu fesseln, das barocke Spiel mit der Allegorie, eine volkstümliche, oft groteske Drastik und stellte effektbewußt alle Mittel einer virtuosen Sprachkunst in den Dienst der religiösen Lehre. Oft scheinen sich die Grenzen zwischen dem Spaß und dem Ernst völlig zu verwischen. Zahlreiche Predigten und religiös-sittliche Traktate sind von ihm gedruckt und viel gelesen worden (z. B. *Merks, Wien, 1679, Auf, auf ihr Christen,* 1683).

Aus Spanien kam eine zweite bedeutende Anregung. Um 1615 ließ der Münchner Hofsekretär Ä g i d i u s A l b e r t i n u s (1560 bis 1620) seine Übersetzung des spanischen Schelmenromans *Der Landstörzer Gusman von Alfarache* erscheinen. Ein Vagabund durchzieht eine Welt von Abenteuern in ständigem Wechsel des bald glücklichen, bald mißgünstigen Geschicks. 1617 folgte N i k o l a u s U l e n h a r t s Übertragung der Novellen von Cervantes und des prachtvollen Schelmenromans *Lazarillo de Tormes.* Daneben trat durch Opitz der Schäfer- und Staatsroman (vgl. S. 140). Der „Amadis" hatte schon den Grundriß der höfisch-erotischen und heroischen Abenteuererzählung vorgezeichnet. Diese Anregungen verlangten nach Verarbeitung. Der sehr betriebsame Literat P h i l i p p v o n Z e s e n (1619–1689) gab neben zahlreicher geistlicher und weltlicher Lyrik 1645 in Amsterdam seine *Adriatische Rosemund* heraus, die, dem Schäferroman fol-

gend, ein persönliches Gefühlsleben in sehr gezierter und sentimentaler Weise darzustellen sucht. Ein Deutscher, Markhold,
liebt die Venetianerin Rosemund, aber ihre Ehe ist wegen des
Unterschieds der Konfessionen nicht möglich, und Rosemund,
die überschwenglich Liebende, siecht in einem „sterbeblauen"
Zimmer dem Tode entgegen. Die Allegorie, das Zeremonielle
und Ästhetisch-Empfindsame machen sich unerträglich breit;
dennoch war das Werk eine Leistung. Zesen wollte dem ausländischen, allzu „geilen und weichlichen" Liebesroman ein eigentümlich deutsches Werk entgegenstellen. „So halt ich dafür, daß
es wohl das Beste wäre, wenn man was Eignes schriebe und der
fremden Sprachen Bücher nicht so gar häufig verdeutschte, son-
derlich weil in den meisten weder Kraft noch Saft ist, und nur
ein weitschweifiges, unabgemessenes Geplauder in sich halten."
In die schäferliche Idylle und ihre arkadische Maskenwelt, die in
Lyrik, Drama und Roman gleich beliebt war, floh die Sehnsucht
nach Gefühl, nach Natur und Einfachheit, um so der von Kampf
und Leidenschaften erfüllten „politischen" Welt zu entgehen. Es
war eine romantisch-sentimentale, oft preziöse Sehnsucht; aber es
lag selbst in ihr noch eine Erlösung aus der Scheinhaftigkeit der
„politischen" Welt. Die Geschichte zweier biblischer Helden
schrieb Zesen in seinem *Assenat* (1670) und *Simson* (1679) zum
Staats- und Liebesroman großen Stils um.
Gegen den „Amadis" stellte der Braunschweiger Geistliche H e i n -
r i c h B u c h h o l t z (1607–1671) seinen riesigen, moralisch-erbau-
lichen, wild fabulierenden Roman *Des Christlichen Teutschen
Groß-Fürsten Herkules Und Der Böhmischen Königlichen Fräulein
Valiska Wunder-Geschichte* (1659). Der deutsche Fürst Herkules,
sein böhmischer Freund Ladisla und dessen Schwester Valiska
durchwandern eine lange Kette von Abenteuern, Kriegen, Ent-
führungen und Reisen bis in den fernen Orient. Auch die *Asiatische Banise oder Blutiges doch mutiges Pegu* (1689) von dem
Schlesier A n s h e l m v o n Z i g l e r (1663–1696) stellt sich im
Kampf des Helden Balacin gegen den bösen Tyrannen Chaumi-
grem um die peguanische Prinzessin Banise als ein abenteuerliches
Geflecht von Sensationen und Katastrophen dar, das dem Schema
des „Amadis" folgt und die Personen schablonenhaft idealisiert
oder verzerrt. In dieser Übertreibung der Effekte äußern sich
die barocke Phantasie des Ungeheuerlichen und Seltsamen, auch
wenn Zigler, wie Gryphius, mit Genauigkeit historische Quellen
und Reiseberichte aus dem Orient benutzte.
Erst von diesen Romanen aus läßt sich die Bedeutung der beiden

größten Erzähler des 17. Jahrhunderts ermessen: des Soldaten und Gastwirts, schließlich Schultheiß H a n s J a k o b C h r i - s t o p h v o n G r i m m e l s h a u s e n (1610 oder 1625–1676) und des auf allen Höhen der Gesellschaft und Bildung wandelnden welfischen Herzogs A n t o n U l r i c h v o n B r a u n s c h w e i g (1633–1714).

Aus dem anekdotischen Nebeneinander des spanischen Schelmenromans, dessen Typus ihm offenbar vor allem durch einen französischen Roman, die „Histoire comique de Francion" (1623) von Charles Sorel (1602–1647) vermittelt worden war (deutsch 1662, 1668), formte Grimmelshausen in seinem *Abenteuerlichen Simplicissimus Teutsch* (1668/69) den Roman eines sich entwickelnden und wandelnden Menschenlebens, das von außen und von innen her gesehen wird. Er schrieb die Geschichte eines Soldaten des Krieges und zugleich, in ihm, einer nach Erlösung verlangenden Seele, die nach Erdenlust und Weltabenteuer zu Gott einzukehren sucht. Seit dem Parzival wird hier zuerst wieder die innere Geschichte eines Menschen gegeben; diesmal allerdings in der Form einer Autobiographie. Dennoch decken sich Dichtung und Leben in dem Roman nicht. Grimmelshausen war ein fabulierender Erzähler, der sich von vielen Quellen anregen ließ und sie wörtlich übernahm. Aber auch das fremde Gut erhält den Stempel einer ungemein kraftvollen, urwüchsigen und zugleich grüblerischen Natur. Eine übersprudelnde Vitalität verbindet sich mit ernstem Erkenntnistrieb. Bei ihm überwiegt Natur, Erfahrung, Beobachtung und eigenes Dasein. In Gelnhausen geboren, kam er zwölfjährig nach Hanau. Dort raubten ihn 1635 vielleicht kroatische Truppen. Bald kaiserlicher, bald schwedischer Soldat, kam er 1640 in die Regimentskanzlei des kaiserlichen Oberstleutnants von Schauenburg, seit 1648 zu Oberst von Elter in Wasserburg (Inn). 1649 heiratete er. Danach findet er sich als Verwalter Schauenburgischer Güter, als Pferdehändler, Weinbauer, Gastwirt in Gaisbach a. d. Rench (Ortenau). Seit 1662 ist er Verwalter auf der Ullenburg bei Gaisbach. Jetzt begann wahrscheinlich seine schriftstellerische Tätigkeit. Seit 1665 war er Gastwirt in Gaisbach, seit 1667 bischöfl. straßburgischer Schultheiß in Renchen. Die zentrale Leistung eines erstaunlich umfangreichen erzählerischen Werkes wurde der „Simplicius Simplicissimus", dem die sogenannten simplicianischen Schriften folgten.

Die Welt des Krieges ist hier gegenwärtig – gesehen aus dem Lebensgefühl des barocken Menschentums. Alles ist unbeständig, blind regieren das Fatum und die Fortuna, der Wahn betrügt, und Baldanders ist die Allegorie des irdischen Daseins. Aber auch der Mensch ist dauernd im Wandel begriffen, ruhelos, gejagt vom Gegensatz des irdisch-kreatürlichen und des himmlischen Lebens. Der Lebenslauf des Simplicissimus ist in diese antithetische Spannung gebracht. Der Bauernjunge, dem die Eltern und die Heimat geraubt werden, lernt bei einem Einsiedler, an Gott zu glauben. Er wird in die Armee gepreßt, er erlernt zwischen Roheit und Lebensüberschwang, Lust und Elend des Soldatentums die „politische" Weltklugheit, steigt nach schweren Versuchungen und Bedrohungen zum Ruhm und kühnen Glück des Jägers von Soest auf. Dann kommt der Abstieg: Kriegsgefangenschaft, buhlerische Liebe, erzwungene Hochzeit. Religiöse Mahnungen tauchen auf. Die Reise nach Paris bringt den Gipfel der Lust, dann Krankheit, den Verlust aller Beute, neues erbärmliches Soldaten- und Plünderleben. Er ist dem Bösen (Olivier) verfallen. Doch auch der gute Freund (Herzbruder) erscheint wieder; eine Wallfahrt führt mit ihm zusammen in die Schweiz, das glückselige Land eines ungestörten Friedens. Simplicissimus wird katholisch – „worauf mir dann so leicht und wohl ums Herz ward, daß ich's nicht aussprechen kann". Wieder geht es in die Höhe. Der Hauptmann Simplicissimus lebt als Badegast in Griesbach im Renchtal; er heiratet ein Bauernmädchen, das sich und das Kind zu Tode säuft. Er steigt zu den Geistern in den Mummelsee und empfängt hier vom Seeprinzen die eindringlichste Mahnung: „Ach, möchte unser Geschlecht an eurer Stell sein; wie würde sich jeder befleißen, in dem Augenblick eurer nichtigen und flüchtigen Zeitlichkeit die Prob besser zu halten als ihr, denn das Leben, so ihr habt, ist nit euer Leben, sondern euer Leben oder Tod wird euch erst gegeben, wenn ihr die Zeitlichkeit verlaßt; das aber, was ihr das Leben nennet, ist gleichsam nur ein Moment und Augenblick, so euch verliehen ist, Gott darin zu erkennen und ihme euch zu nähern, damit er euch zu sich nemmen möge. Dannenhero halten wir die Welt vor einen Probierstein Gottes." Reuig wird Simplicissimus endlich Einsiedler im Schwarzwald. Nochmals treibt es ihn hinaus (im 6. Buch, 1669), er begegnet dem Baldanders, ein Seesturm verschlägt den Seefahrer auf eine einsame Insel, wo er endgültig, wie ein Robinson, ein der Welt fernes Einsiedlerleben führt, nur Gott und dem Heil seiner Seele zugewandt.

Lebensfülle drängt sich hier in einem Menschenleben zusammen; Wirklichkeit und Phantasie gehen ineinander über. Immer ertönt

das „Du bist morgen nicht wie heut". Mitten im Leben steht
dieser Mann, in seinem Glück und seiner Not. Immer treibt es
ihn in aller Erdenlust zum Fragen nach dem Dauernden, Über-
weltlichen, das Sicherheit und Erlösung bringt und Frieden und
Ewigkeit ist. Barock sind seine Lebenslust und seine asketische
Weltentsagung, der grelle Naturalismus und das rhetorische Ausdruckspathos seiner Sprache, die sich am mündlichen Erzählen
und am Muster des französischen moralistischen Abenteuer- und
Sittenromans bildete.

Grimmelshausen verbarg seinen Namen, wie man es gern mit
allegorischem Spiel in jener Zeit tat. Der Erfolg des Simplicissimus lockte ihn zu weiteren Ergänzungen, zumal sein Vorrat an
Gestalten und Stoffen keineswegs erschöpft war. Als „Simplicianische Schriften" führten sich die *Landstörtzerin Courasche*
(1670), *Der seltzame Springinsfeld* (1670) und *Das wunderbar-
liche Vogel-Nest* (1672) ein. Das erste Buch gab eine prachtvolle,
vielfarbige und oft sehr derbe Schilderung der abenteuerlichen
Kriegsmarketenderin; prall von Lebenswillen und Lebensgier,
die Verkörperung der „viehischen" Begierden. Das zweite Buch
zeigt das Leben des armen Landsknechts in den Niederungen des
Daseins mit breiter Schilderung des Krieges. Das letzte Werk
endlich verknüpft mehr anekdotisch und novellistisch einzelne
Szenen aus dieser wunderlichen Menschenwelt, durch die die
Eigentümer des zauberischen, unsichtbar machenden Vogelnestes
wandern. Durch Schwank und Abenteuer, Phantastik und Narrentum blickt der Ernst des christlich-moralischen Erziehers, der
warnen und helfen will und selbst im Spiel der Groteske auf die
Verwirrbarkeit des Menschen, seine Gefährdungen durch sich
selbst hinweist. Der Umfang von Grimmelshausens erzählerischem Schaffen ist mit diesen Schriften noch nicht beschrieben.
Er glich sich dem Typus des höfischen Romans mit biblischem
Stoffe (*Des Vortrefflich Keuschen Josephs in Egypten Erbauliche
... Lebensbeschreibung*, 1667), dem Typus des höfisch-erotischen
und abenteuerlichen Romans (*Dietwalts und Amelinden anmu-
thige Lieb- und Leidsbeschreibung*, 1670, *Des Durchleuchtigen
Printzen Proximi und Seiner ohnvergleichlichen Lympidae Liebs-
Geschicht-Erzählung*, 1672) an, er hatte bereits 1660 eine alle-
gorische Traumgeschichte in der Art von Moscherosch und Que-
vedo (*Traumgeschicht von Dir und Mir*) veröffentlicht, und er
nahm in vielen kleineren Schriften zu Interessen und Fragen der
Zeit, ob es nun um die Sprache oder die Mode, um Staat und
Ökonomie (*Ratio Status*, 1670, *Rathsstübel Plutonis oder Kunst*

Reich zu werden, 1672) oder die allgemeine Moral (*Der satyrische Pilgram*, 1667) ging. Die Prosa ermöglichte diese Offenheit zwischen erzählerischem und didaktischem Fabulier- und Lehrwerk.

Man ermißt Grimmelshausens erzählerische Kraft und Weite, vergleicht man ihn mit J o h a n n B e e r (1655–1700). Oberösterreicher, seit 1676 als Musiker am Hof in Sachsen-Weißenfels tätig, ließ er zwischen 1677 und 1685 21 Romane unter wechselnden Pseudonymen erscheinen. Der Typus der volkstümlichen Erzähliteratur wird in *Der Simplizianische Weltkucker* (1678), *Der berühmte Narrenspital* (1681), *Zenderii à Zenderiis Teutsche Winternächte* (1682), *Die kurtzweiligen Sommer-Täge* (1683) deutlich; derb, witzig, fabulierend, reich an Anschauung, in lockerer Episodenreihung, parodistisch und ohne Schutzblatt vor dem allzu Kreatürlichen, das als grober Reiz genossen wird. Das Erzählen hängt am Stofflichen, selbst Unflätigen. Das Abenteuerliche, an den Schelmenroman oder die Parodie des Politisch-Höfischen angelehnt, gewinnt keine geistige Vertiefung. Bedeutsam in seiner lebensoffenen Fabulierfreude, bezeichnet Beer doch eine Grenze der komisch-moralistischen „realistischen" Unterhaltungsliteratur. Erst bei Christian Weise (s. S. 174) vollzog sich ihr Übergang zur Bürgergesittung.

Einem anderen Publikum wandte sich aus anderer Lebensschicht Herzog A n t o n U l r i c h v o n B r a u n s c h w e i g zu. Seine beiden dickleibigen, mit einem gigantischen Aufgebot von Personen und Ereignissen arbeitenden Romane *Die durchleuchtige Syrerin Aramena* (1669/73) und die *Römische Octavia* (1677/79–1707, zuletzt 1712) bieten heroisch-galante Staats- und Liebesgeschichten, die um ihrer breiten politischen Erfahrung, ihrer genauen Kenntnis der staatlich-dynastischen Verhältnisse und des höfischen Gesellschaftslebens willen geradezu den regierenden Fürsten als Verfasser forderten. Hier geht es nicht um private Schicksale, sondern die Helden dieser Romane führen ein politisches Leben als Stellvertreter ihrer Völker und Staaten. Ihre Kämpfe und Leiden sind oder werden Weltgeschichte. Macht, Herrschaft, Ruhm, Liebe, der Triumph der Krone und des Glaubens sind die bewegenden Antriebe. Zugleich treten geschichtlich-mythologische Interessen, nationale Absichten, aktuelle politische Tendenzen hinzu. In der Verbindung von Politik und Erotik wurden diese Romane zu Lehrbüchern des höfisch-galanten Stils, preziöser Lebensführung. Der heroische Roman war ein europäischer

Erzähltypus – in den französischen *Romans de la longue haleine*
eines Calprenéde fand der welfische Herzog das Vorbild. Er
bediente sich der Mitarbeit von S. von Birken und der protestantischen Lyrikerin Catharina Regina von Greiffenberg. Das
beleuchtet die literarische Gemeinschaftsarbeit im 17. Jahrhundert. Philipp von Zesen hatte bereits den „Ibrahim" der Mlle. de
Scudéry übersetzt. Anton Ulrich wurde in seiner Jugend durch
den bedeutenden Sprachforscher J. G. Schottel unterrichtet, er
hatte sich lebhaft für religiöse Fragen interessiert, mit J. Arndt
und J. V. Andreae in Beziehung gestanden und gewann den
Philosophen Leibniz zum Freunde, dessen Weltbild sich in
den Romanen des Herzogs abzuzeichnen scheint. Er setzte sich
für eine nationale Bildung ein, focht mit zäher Energie heftige
politisch-dynastische Kämpfe durch und trat endlich zum katholischen Glauben über. Geistliche Lieder, Opern, Festspiele
gingen seinen Romanen voraus, die im Alter den Ertrag eines
starken, tätigen Lebens zur Ernte brachten.
Es ist nicht möglich, auch nur Grundzüge der Handlung beider Romane nachzuerzählen. Die *Römische Octavia,* die Leibniz
als ein Meisterwerk deutscher Dichtung bewunderte, umfaßt
6000 Seiten. In Babylon und Syrien spielt, nach offenbar freier
Erfindung, die *Aramena.* Aus allen nur erdenklichen politischen
Ereignissen, aus einer gewaltigen repräsentativen Fülle von Gestalten, aus vielen Verkleidungen, Verwechslungen, Namensver-
tauschungen wird das verwickelte Handlungsgewebe gesponnen.
Es ist ein Kreis von Herrschern und fürstlichen Frauen, ein Spiegel höfisch-politischer Größe. Aber der Herzog hat ihn aus eigener Erfahrung gezeichnet, nicht als Schablone, sondern mit reicher Kenntnis cäsarischer Charaktere und dynastischer Ereignisse. Spielt die „Römische Octavia" auch im kaiserlichen Rom
mit Germanien und Britannien im Hintergrund – diese geschichtliche Welt wird aus der barocken Perspektive gesehen,
und es ist bekannt, daß der Herzog viele historische Geschehe-
nisse aus verwandten Fürstenhäusern hineingearbeitet hat. Man
liebte den zugleich andeutenden und verhüllenden Schlüssel-
roman. Und beide „Geschichts-Gedichte" durchzieht als leitende
Erkenntnis der barocke Pessimismus, der das Leben als eine
ständige Bedrohung, als eine schicksalhafte Ausgesetztheit empfindet und ihm einen heroisch-unbedingten Lebens- und Ge-
rechtigkeitswillen des Menschen entgegensetzt.
Weit schwächer ist dagegen Casper von Lohensteins
Roman *Großmütiger Feldherr Arminius oder Hermann,* als ein

tapferer Beschirmer der deutschen Freiheit, nebst seiner durch-
lauchtigen Thusnelda in einer sinnreichen Staats-, Liebes- und
Heldengeschichte dem Vaterlande zu Liebe, dem deutschen Adel
aber zu Ehren und rühmlichen Nachfolge vorgestellet. 1683 starb
Lohenstein. Erst 1689 erschien, auf ca. 4000 Seiten, das unvollendete Werk. Hier wird jener patriotische Ehrgeiz deutlich, der
sich aus der Tragödie des Dreißigjährigen Krieges heraus in
den Sprachgesellschaften, in der Sprachreform, in deutscher
Geschichts- und Literaturpflege, in vielen Liedern äußerte. Im
Wettbewerb mit der „Octavia" wollte Lohenstein die Erinnerung an alte germanische Art beleben, indem er den Freiheitskämpfer zum barocken Staatshelden umgestaltete und mit dem
habsburgischen Kaiserhaus in enge Beziehung brachte. Ihm hatte
schon 1664 der österreichische W o l f g a n g   v o n   H o h b e r g
(1612–1688) ein riesiges Epos, *Der Hapsburgische Ottobert,* gewidmet, das alle typischen Requisiten aufbot: Schlachten, See-
kämpfe, Reisen Verkleidungen, einsame Inseln, Einsiedler,
Liebe und Verrat. Auf Lohensteins Roman trifft Eichendorffs
oft zitiertes Wort zu, das den barocken Roman „tollgewordene
Enzyklopädien" nannte. Denn Lohenstein schüttet in breiten
Dialogen ein gigantisches Wissen über Staaten und Geschichte,
Natur und Menschenleben aus. Die Wirkung dieser barocken
„Geschichts-Gedichte darf nicht unterschätzt werden; sie wurden bis tief in das 18. Jahrhundert hinein gelesen, wie Berichte
aus Wielands und Goethes Jugend zeigen. Langsam gewann
der Roman, in der Wertordnung der literarischen Formen kaum
beachtet, an Wirkungsbreite. Zwar starben die bisher dominierenden Typen des höfisch-historischen, pikaresken und schäferlichen Romans ab. Ein neuer Typus bildete sich an der Jahr-
hundertscheide heraus: der politisch-didaktische, auf Weltbildung gerichtete Roman von Christian Weise (vgl. S. 174) und
der galante, auf unterhaltende Weltlichkeit zielende Roman.
A u g u s t B o h s e - T a l a n d e r (1661–1742), den man mit seinen
vierzehn Romanen den ersten erfolgreichen und gut bezahlten
Unterhaltungsschriftsteller (S. Singer) nennen konnte, hat ihn
inauguriert. C h r i s t i a n   F r i e d r i c h   H u n o l d - M e n a n t e s
(1681–1721) hat ihn *(Die Verliebte und Galante Welt,* 1700;
Satyrischer Roman, 1706 u. a.) fortentwickelt. Allerdings war
diesem Romantypus, der ein Zeichen der verweltlichten Lebensauffassung wurde, keine lange Wirkungsdauer gewährt. Er
wurde abgelöst durch den bürgerlich-aufklärerischen Sittenbild-
Roman, der andere Leserschichten ansprach.

An Stoff und Stil des barocken höfisch-historischen Romans läßt sich erkennen, wie sich hier eine aristokratische Dichtung vornehm, geziert, gelehrt und kurios vom Volke abhebt; ein gesellschaftlicher Lebensstil sollte in ihr verwirklicht werden, der das Künstliche, Kostbare, Ungewöhnliche darstellt und übersteigert. Daß sich die solche Formen hervortreibende Erregung des Lebensgefühls bis in das religiös Ekstatische in wilder Metaphorik steigern konnte, zeigt die religiöse Lyrik wie *Himmlische Libes-Küsse*, 1671, und *Kühlpsalter*, 1684/86 des Schlesiers Q u i r i n u s K ü h l m a n n (1651–1689). Er war 1673 zu juristischem Studium nach Leyden gegangen und dort in Beziehungen zu mystisch-sektirerischen Kreisen in der Nachfolge Jakob Böhmes getreten. Sein radikales schwärmerisches Sendungsbewußtsein, das ihn von der Errichtung einer neuen Jesusmonarchie, die er zu verwirklichen berufen sei, träumen ließ, verwickelte ihn in Konflikte, die zur Ausweisung aus den Niederlanden führten. Er ging nach Lübeck, nach England und unternahm den so abenteuerlichen wie unglücklichen Versuch, den Sultan in Konstantinopel zu bekehren. 1684 wieder in Holland, gelang es ihm, die drei Teile des Kühlpsalter zum Druck zu bringen. In Russland, der letzten Station seiner Wanderschaft als Verkünder des mit ihm nahenden Gottesreiches, wurde er von der Geistlichkeit zum Feuertode verurteilt. An solcher Übersteigerung des Stils zu hyperbolischer Metaphorik, zur Häufung des Dekorativen, Affekthaften, zu grellem Naturalismus und überspitzter Künstlichkeit, die sich jetzt bemerkbar macht und zum Zeichen einer epigonalen Stilschwäche und Stilunsicherheit wird, hat die Dichtung von C h r i s t i a n H o f m a n n v o n H o f m a n n s w a l d a u (1617–1679) zwar gedämpfter, doch unverkennbar teil. Er entstammte dem bürgerlichen Patriziat in Breslau und trat, nach ausgedehnten Studienreisen in den Niederlanden, Frankreich, England und Italien in den politischen Dienst seiner Vaterstadt, zuletzt, seit 1677 als Präsident des Ratskollegiums. Mit dem Dramatiker und Erzähler Lohenstein ist er, vorwiegend Lyriker, der führende Repräsentant der sog. Zweiten Schlesischen Schule, des Manierismus des spätbarocken Stils, in dem die Stilformen des poetisch und gelehrt Ungewöhnlichen, Eleganten und Scharfsinnigen sich wuchernd verselbständigten. Hofmann veröffentlichte bei Lebzeiten wenig; nur eine Sammlung von Epigrammen (*Hundert in kurtz-langmäßigen Vierzeiligen Reimen bestehende Grabschrifften*, 1663) und *Deutsche Übersetzungen und Gedichte*, 1673. Eine größere

Sammlung vereinigte B. Neukirch in der 1695–1727 erscheinenden umfassenden Anthologie *Herrn von Hofmannswaldau und anderer Deutschen auserlesene und bißher ungedruckte Gedichte.* Gegen diesen ‚Schwulststil' wandte sich mit scharfer und verallgemeinernder Polemik die Poetik der Aufklärung. Die christliche Bußgesinnung und die erotischen Motive seiner religiösen Lieder und die schwülen erotischen Galanterien seiner Liebesgedichte kleiden sich in einen überladenen, virtuos berechneten Bilderschmuck; geistreiches Erfinden war ihm die Seele der Poesie. Eine mit Allegorien, Anspielungen und seltsamen, ausgefallenen Vergleichen überladene Sprache überspielt das Empfinden. Es ist der Sieg des Marinismus, jenes schwülstigspielerischen Stilprunks, den der Spanier Gongora und der Italiener Marino in die europäische Literatur eingeführt hatten. Das Erotische entartete zum Schlüpfrigen, das Pathos zum Bombastischen und das Künstlich-Vornehme wurde zu einer unerträglichen Geschraubtheit. Zusammen mit den Dramen Lohensteins prägten Hofmannswaldaus Gedichte und *Heroiden* (d. h. fiktive Versbriefe berühmter Helden der Weltgeschichte) jenen technisch raffinierten Schmuckstil aus, von dem her die Dichtung des ganzen Zeitalters lange in ungerechten Verruf geriet. Lohenstein und Hofmannswaldau standen beide am Ende der Epoche; im Widerspruch zu solcher Kunst entwickelte sich eine Bewegung, die zu einer bescheideneren ästhetischen Bildungs- und Dichtungsgesinnung, einem schlichteren Formwillen führte.

Sie hatte bereits in der gegenhöfischen Satire begonnen, in Moscheroschs Polemik gegen die modische Ausländerei und in seiner Lehre christlich-bürgerlicher, deutscher Redlichkeit (*Insomnis cura parentum,* 1643). Aus verwandter Haltung sind die dreitausend *Sinngedichte* (1654) des schlesischen Gutsbesitzers und Hofbeamten F r i e d r i c h v o n L o g a u (1604–1655) geschrieben. Mit moralischem Ernst und witziger Ironie beobachtet und kritisiert er das Leben der Zeit in allen seinen Gebieten. In sehr geistreicher Form, hinter deren oft spielerisch erscheinender Pointierung die Frömmigkeit und Redlichkeit eines freien, rechtlich fühlenden und national denkenden Geistes steht, entblößt er die Laster und Lügen einer von Schein, Trug und Pose lebenden Welt. Die tägliche Erfahrung und Beobachtung gab ihm reichlich Anlaß; lag doch hinter allem barocken Glanz und Prunk viel Not, Leid und Enttäuschung verborgen.

> Weißt du, was in dieser Welt
> Mir am meisten wohlgefällt?

> Daß die Zeit sich selbst verzehret
> Und die Welt nicht ewig währet

Aber aus diesem Pessimismus sprach eine weltüberlegene Gelassenheit, die in einem festen Glauben und in der sittlichen Ordnung von Pflicht und Dienst, Volk und Familie ruhte.

> Leichter träget, was er träget,
> Wer Geduld zur Bürde leget.

Gottfried Keller nahm Logaus schon fast rokokohaft zierlichen Scherz vom Kuß der Galathee in sein „Sinngedicht" (1881) auf. Lessing wandte im 18. Jahrhundert Logau ein liebevolles Interesse zu, angezogen von der Beweglichkeit seiner Sprache. „Seine Worte sind überall der Sache angemessen: nachdrücklich und körnicht, wenn er lehrt; pathetisch und vollklingend, wenn er straft; sanft einschmeichelnd, angenehm tändelnd, wenn er von Liebe spricht; komisch und naiv, wenn er spottet; possierlich und launisch, wenn er bloß Lachen zu erregen sucht."

Aus einer noch volkstümlicheren und schlichteren Lebensfrömmigkeit heraus erhoben der Schweizer Epigrammatiker J o h a n n - n e s G r o b (1643–1697), die niederdeutschen J o h a n n L a u r e m b e r g (1590–1658, *Veer Schertzgedichte*, 1652) und G o t t - f r i e d W i l h e l m S a c e r (1635–1699, *Reim dich, oder ich fresse dich*, 1673) und der schon im Übergang zu dem neuen Jahrhundert stehende C h r i s t i a n W e r n i c k e (1661–1725) in seinen *Epigrammen* (1697) ihre kritisch mahnenden und spottenden Stimmen. Aus ihnen spricht jene bürgerliche Volksschicht, die außerhalb von Hof und Akademie alter Sitte und Sittlichkeit treu geblieben war, spricht auch das von der barocken Kultur nur obenhin berührte Niederdeutschland. Aus der Leipziger Studentenbohème kam die genialisch witzige Satire des C h r i s t i a n R e u t e r (1665–1710?). Ein Kreis von sächsischen Lyrikern wie J. G. S c h o c h (1627 bis ca. 1688), D a v i d S c h i r m e r (1623 bis 1686), E. C h r. H o m b u r g (1605–1681) hatte dort einen eigenen, humoristisch-volkstümlichen Liedstil entwickelt. Chr. Reuter wagte den ausgelassenen Angriff gegen die Phantastik des barocken Romans, indem er ihn in seiner Lügengeschichte von den abenteuerlichen Weltfahrten des närrischen *Schelmuffsky* zur Groteske steigerte (1696). Haarsträubend sind die Erlebnisse des armen Handwerksburschen als galanter Kavalier, als Gast des Großmoguls und Papstes; unerhört komisch ist der Widerspruch von feierlichem Pathos und derbster Trivialität, von Pomp und Narrheit. Das massive und großartige Aufgebot des barocken Romans wird in dieser einfallsreich dahingeplauderten Satire zum grotesken Explodieren gebracht. Auch in der satirischen Komödie erwies sich Reuter, frei Molière benutzend, in der *Ehrlichen Frau zu Plissine* (1695) und der *Ehrlichen Frau Schlampampe Krankheit und Tod* (1696), in denen er an seiner Leipziger Hauswirtin Rache nahm, als ein Meister der übermütigen mimischen Posse.

Weit über Reuter hinaus tritt, an der Wende zum Durchbruch einer neuen Ausdruckssprache, die tragische Gestalt eines anderen gescheiterten Studenten, Johann Christian Günther (1695 bis 1723). 1715 schickte ihn sein Vater als Medizinstudenten nach Wittenberg. Der genial veranlagte, von Lebensdurst getriebene Jüngling fügte sich nicht in strenge Pflichten ein; der Vater verstieß ihn und die Hand der Geliebten wurde ihm versagt. Vergebens suchte er nach einem rettenden Halt; eine Anstellung am Dresdner Hof scheiterte, der Vater blieb hart, das ersehnte Liebesglück war ihm nicht gegönnt. Einsam und hilflos fand er nach jammervollem Elend in Jena einen frühen Tod. Sein Leben wurde zur Dichtung, die unter Qualen des Herzens gewonnen wurde. Wohl besang er mit herausfordernder Offenheit fröhlichen Lebensgenuß, sorgloses Vagabundieren, eine sinnlich beglückte Liebe und die heitere Freiheit einer sich auslebenden Jugend. Aber ergreifende Töne fand er im Ausdruck einer unerlösten Sehnsucht, vergeblichen Hoffens, schmerzlicher Enttäuschungen, bitterer Selbstanklage, sündenbewußter Demut vor dem Höchsten. Und stets gelang ihm für die jeweilige Stimmung der von innen her ihr zuwachsende Rhythmus. Er durchstieß mit dem Drang zum persönlich-realistischen, aus innerer Bewegung stammenden Bekenntnis die mittelbare Sageweise des Spätbarock; seine Gedichte sind die Beichte eines erschütterten Lebens. Das Rhetorische und Galante wird bei ihm verwandelt – zum Pathos weitergreifender Erregungen und zur Leidenschaft einer echten Liebe. Seine „Leonore" hat wirklich Leib und Seele. Darin weist er, dichtungsgeschichtlich vorausgreifend, in die Zukunft. Das Wort ist bei ihm nicht ein Schmuck, sondern eine Wahrheit, die wörtlich genommen werden will. Die einfachen Dinge gewinnen ein lange vergessenes, schlichtes und volles Leben. Wie ergreifend ist die Stimmungsfülle und sprachliche Einfachheit des Beginns eines seiner geistlichen Lieder:

> Der Feierabend ist gemacht,
> Die Arbeit schläft, der Traum erwacht,
> Die Sonne führt die Pferde trinken.
> Der Erdkreis wandert zu der Ruh,

> Die Nacht drückt ihm die Augen zu,
> Die schon dem süßen Schlafe winken.

Welche unmittelbare Erschütterung spricht aus den breiten Rhythmen seines umfangreichen Alexandrinergedichts „Als er durch innerlichen Trost bei der Ungeduld gestärket wurde":

> Verflucht sei Stell und Licht! – Ach, ewige Geduld,
> Was war das für ein Ruck von deinem Liebesschlage!
> Ach, fahre weiter fort, damit die große Schuld
> Verzweiflungsvoller Angst mich nicht zu Boden schlage.
> Ach, Jesu, sage selbst, weil ich nicht fähig bin,
> Die Beichte meiner Reu; ich weiß nicht mehr, wohin,
> Und sinke dir allein vor Ohnmacht in die Armen.
> Von außen quälet mich des Unglücks starke Flut,
> Von innen Schrecken, Furcht und aller Sünden Wut;
> Die Rettung ist allein mein Tod und dein Erbarmen.

Günthers Tragik lag darin, daß er in den Lebensformen der Zeit keinen Raum, kein Verstehen für die eigenwillige und gefährdende Kraft seiner Individualität fand; aber aus diesem Leid erwuchs eine neue Art des Dichtens. Die religiöse Heilssehnsucht seiner geistlichen Gedichte weist auf die individuelle Seelensprache des Pietismus; die Zerrissenheit seiner Seele und die Wahrhaftigkeit seiner Sprache weisen auf den Irrationalismus des Zeitalters des jungen Goethe voraus. Das eben war das Unerhörte: daß hier ein Mensch sein Leben selbst zur Dichtung werden ließ, daß die menschliche und poetische Existenz in eins zusammenflossen. Dies gab ihm den zwingenden Rhythmus in allen jenen Versen, die nicht mehr nur eine höfische oder bürgerliche Gelegenheitsdichtung waren, sondern ein Bekenntnis. Goethe erkannte in ihm seinen Vorläufer; berühmt wurde sein Wort – „er wußte sich nicht zu zähmen, und so zerrannen sein Leben und Dichten". Denn daß das übervolle dichterische Bekenntnis nicht zur Zerstörung, sondern zur geläuterten Form und Bildung wurde, hat erst Goethe in mühsamer Selbstzucht errungen. Einen anderen Übergang aus den artistischen Formen des Spätbarock zur verpersönlichten Sprache zeigen die Liebesgedichte *Anemons und Adonis Blumen* des schlesischen Gutsherrn Hans Assmann Freiherr von Abschatz (1646 bis 1699). Sie sind mit geistlichen und Kasualgedichten, einer Übersetzung von Guarinis *Pastor Fido* posthum 1704 in dem Sammelband *Poetische Übersetzungen und Gedichte* erschienen. Aus dem seit den Neulateinern geläufigen Motiv- und Formengut und nach romanischen Vorbildern spricht eine Innigkeit des

Stimmungstons, die das Galant-Geistreiche und Erotische auf-
lockert, dem intimeren Rokoko nähert. In den sechziger Jahren
entstanden, zu spät publiziert, entspannen sich diese Gedichte,
„feinste Blüten der deutschen Barocklyrik" (G. Müller), zu einem
persönlicheren Ton. Man glaubte in ihnen fast schon einen
Schritt zu Gelegenheitsgedichten im Sinne Goethes zu finden.

XI

VON DER AUFKLÄRUNG
ZUM STURM UND DRANG

Das 18. Jahrhundert wurde das Zeitalter der Aufklärung, des Pietismus, des Rokoko und einer neuen, tief eingreifenden Wendung zur griechischen Antike; es wurde zugleich, indem es die irrationalen und individuellen Kräfte des Menschen zur Sprache brachte und als ideales Ziel eine auf der Natur, der Vernunft und dem Gefühl gegründete weltliche Kulturgesinnung ausbildete, zur Zeit der Vorbereitung der deutschen klassischen Dichtung. Sie hat ebenso das Erbe der Aufklärung wie die Gefühlskultur des Pietismus, die sprachlichen Leistungen des Rokoko wie die Botschaft vom Vorbildlichen der Antike in sich aufgenommen. Die Aufklärung erzog zum Selbstbewußtsein des kritischen, analytischen Verstandes, zu praktischem und sozialem Denken. Sie hat dem deutschen Bürgertum die Maßstäbe einer vernünftig-moralischen Gesittung mitgeteilt, es zur Unabhängigkeit seines Denkens und seiner gesellschaftlichen Selbsterkenntnis erzogen. Eine dominierende Rolle bei dieser Erziehung übernahm, zusammen mit der Popularphilosophie, die Literatur. Es bildete sich in Zeitschriften, in den Bemühungen um ein Nationaltheater eine literarische Öffentlichkeit; das Bürgertum nahm mit bis zum Jahrhundertende wachsendem Interesse an der Literatur teil, die sich ihrerseits in Stoffen, Themen und Formen von ihm bestimmen ließ. Das Zeitalter der Aufklärung arbeitete ebenso, durch die Erziehung zum eigenen Denken wie durch die pietistische Erweckung des individuellen, vom persönlichen Gefühl und Gewissen bestimmten Bewußtseins, an einer Verselbständigung des Einzelnen und setzte derart Energien in ihm frei, die zu dem irrationalen Subjektivismus der letzten Jahrzehnte führten. Die bürgerliche Gesellschaft ließ sich von einem Optimismus des Fortschreitens der Vervollkommnung der menschlichen Gesellschaft durch die Erziehung von Verstand und Herz, Vernunft, Kenntnis und Gefühl bestimmen. Sie glaubte an die Progression und Perfektion sozialer und humaner Bildung. Doch erzeugte die Schärfung der kritischen Reflexion auch eine Gegenwendung, die sich in der Skepsis, einem Zivilisationspessimismus

äußerte, dem Voltaire (1694–1778) und J. J. Rousseau wirkungsvoll Ausdruck gaben. Am Ende des Jahrhunderts schien in der
Französischen Revolution die Aufklärung ihren triumphalen Sieg
erreicht zu haben. Aber diese Revolution brachte neue Energien
ins Spiel, eine Dynamik des Politischen, Nationalen und Revolutionären, deren Radikalismus sich mit den Idealen der bürgerlichen Humanitätsgesinnung nicht in Einklang bringen ließ. Der
die Rechte des naturhaft Ursprünglichen, von Gefühl und Genie
proklamierende Subjektivismus und Irrationalismus der geistig-
literarischen Revolution des Sturm und Drang hob die eben befestigten Ansprüche und Ordnungen der maßvollen Vernunft,
einer ästhetisch-sittlichen Harmonie und Kultur der geselligen
und schönen Formen auf.
Das 18. Jahrhundert war das Zeitalter einer in ihren wesentlichen
Zügen gemeinsamen europäischen Kultur; sie wurde bestimmt
durch gleichartig anerkannte Prinzipien der kritischen Vernunft,
der sozialen Moral, der Humanität und Toleranz. Lessing sprach
von der Erziehung des ganzen Menschengeschlechts, Wieland
von dem ideellen Staat der Weltbürger. Aber das Ende des
Jahrhunderts wurde zum Beginn eines neuen machtstaatlich-
nationalen Denkens. Das Jahrhundert wurde die Geburtszeit des
modernen Menschen und es ließ zugleich seine Problematik
ahnen. Zwar zog, zumal aus der deutschen geistes- und literaturgeschichtlichen Perspektive, das Jahr 1700 nach rückwärts eine
deutliche Grenze; aber was jetzt allgemeine, langsam sich in die
Breite auswirkende Überzeugung wurde (die Vokabel Aufklärung im weiteren Sinne taucht erst 1770 bei Wieland auf), – es
war im europäischen Bewußtsein seit dem 17. Jahrhundert vorbereitet worden. Mit dem kritischen Rationalismus des französischen Philosophen Descartes (1596–1650), mit der empirisch-
sensualistischen Philosophie und Psychologie der Engländer Locke
(1632–1704) und Hume (1711–1776), mit der Lehre einer das
Moralische und Ästhetische zusammenfügenden Weltbildung von
Lord Shaftesbury (1671–1713), mit der Naturrechtslehre des
Holländers Grotius (1583–1645), mit der überkonfessionellen
Glaubenslehre der barocken Theosophie und mit der philosophischen Weltkonzeption von Gottfried Wilhelm Leibniz (1646 bis
1716) begann die Entwicklung eines logischen Vernunftdenkens,
einer praktischen weltlichen Wissenschaft, eines antidogmatischen
Theismus und eines Denkens, das die kosmisch-göttliche Ordnung
mit der Erkenntnis- und Gefühlsordnung des Menschen in Harmonie verstand. Das Erbe des Barock lebte am sichtbarsten im

Stil des Rokoko fort, auch wenn er dessen pathetische Spannungen und Formen zu einer mäßigenden Harmonie und einer spielerischen Anmut dämpfte und verzierlichte.

Fruchtbarer für die geschichtliche Erkenntnis ist, die verschiedenen Zeitalter miteinander zu verbinden, als sie schroff voneinander abzulösen. Doch wird zunächst um die Jahrhundertwende eine Wandlung sehr deutlich. Gegen die erstarrte und dem Glaubensverlangen nicht mehr genügende Orthodoxie der Kirche gründete Philipp Jakob Spener (1635-1705) in Frankfurt a. M. seit 1670 seine *collegia pietatis* als Heilsversammlungen außerhalb der Kirche; ihm folgte in Leipzig und Halle A. H. Francke (1663-1727). Es ist der Beginn des *Pietismus*, der Gott und die Erfahrung des Ewigen in dem persönlichen Erleben, in der eigenen Brust des nach ihm verlangenden Menschen suchte und damit einen Individualismus der religiösen Gefühlsbewegung einleitete, der auch für die Dichtung ungemein fruchtbar wurde. Bis zur Gefühlsekstase, zum schmerzlich-wollüstigen Selbstgenuß steigerte sich diese aus der persönlichen Innerlichkeit heraus lebende Frömmigkeit. Graf Ludwig von Zinzendorf (1700-1760), der Gründer von Herrenhut und Wanderprediger von Schwaben bis nach Nordamerika, schrieb seine mystisch-empfindsamen, erotisch-todessüchtigen religiösen Lieder (*Sammlung Geist- und Leiblicher Lieder*, 1725; *Teutsche Gedichte*, 1735). Gottfried Arnolds (1666-1714) *Unparteiische Kirchen- und Ketzerhistorie* (1699/1700) betrachtete jede Verkirchlichung der Religion als eine Entartung des Glaubens und feierte, zum Urchristentum zurücklenkend, gerade die Ketzer als die Zeugen der Wahrheit und die Träger unmittelbarer Erleuchtungen. Noch in Goethes „Faust" klingt der Einfluß dieses kühnen Werkes nach. Zugleich entwickelte sich aus dieser Betonung der individuellen Gefühlbewegungen der Sinn für die Psychologie der Einzelseele und die Fähigkeit zu ihrer genauen Beobachtung und Analyse. Das Ich lernte, sich selbst bis in die innersten Erregungen hinein zu studieren.

Doch auch von anderer Seite aus wurde die Autorität der Kirche erschüttert. Der Zittauer Schulmann Christian Weise (1642 bis 1708) trat in einem umfangreichen, Lyrik, Dramen und Romane umfassenden Lebenswerk als der Sprecher des nach oben und zur Teilnahme am politischen Leben drängenden Bürgertums auf. Er warb für ein weltliches Erziehungsideal, er wollte natürlich, schlicht, praktisch und beweglich schreiben. Andere Maßstäbe galten jetzt für Dichtung und Bildung. Seine Lyrik

(*Überflüssige Gedanken der grünenden Jugend*, 1668) ist voll
Witz und Leben; sein Drama hatte das Ziel einer moralischen,
auf das praktische Weltverhalten und auf politische Klugheit
gerichteten Erziehung. Immer ging es in seinen etwa 60 Dramen
biblischen, geschichtlich-politischen und auch schwankhaften In-
halts um das Bild menschlicher Schicksalswege in dieser irdischen
Welt. Im *Masaniello* (1683) schrieb er die Tragödie des Fischers
Thomas Agnello, eines neapolitanischen Verschwörers; in *Die
unvergnügte Seele* (1688/90) gab er den Ansatz eines Charakter-
schauspiels. Ein neuer dramatischer Stiltypus zeichnet sich in
„Masaniello" ab. Ein kollektiver Vorgang, der aktuellen politisch-
sozialen Nähe entnommen, wird in der Breitenform des dramatischen Panoramas, mit Massenszenen, vielen Geschehnisepiso-
den, in Klassenschichten vorgeführt, die ein objektives, vollstän-
diges Bild der alltäglichen gesellschaftlichen Wirklichkeit in Neapel geben. Das sinnliche und sprachliche Detail wird wichtig. Ihm
entspricht der Verzicht auf weltanschauliche, thematische und
szenische Stilisierungen, auf Emblematik und Rhetorik. An die
Stelle der klassizistischen Konzentration tritt ein lockerer, illu-
strativer, erzählerischer Reihungsstil. Das Individuelle und Spezifische wird in seiner Besonderheit ernst genommen. Großer Wirkung erfreuten sich Weises Romane (*Die drei ärgsten Erznarren
in der ganzen Welt*, 1672; *Die drei klügsten Leute in der ganzen
Welt*, 1675; *Der politische Näscher*, ca. 1675). Im lockeren Nebeneinander von Sitten- und Charakterbildern wird das zeitgenössische Leben betrachtet: beherrschend ist die bürgerlich-diesseitige
Perspektive. Das Bürgertum wurde zum bestimmenden Bildungs-
träger des 18. Jahrhunderts, und die Höfe traten ihre geistig
führende Rolle an den bürgerlichen Schriftsteller, Schulmann, Be-
amten und Kaufmann ab. Wiederum folgte Deutschland hier
einer in Frankreich und England schon längst angebahnten sozialen Umschichtung des geistigen Lebens. „Klug" ist für Chr.
Weise, wer „sein Glück befördern, seine Affekte regieren und
sich vor seinen Feinden hüten kann." Denn – „ein Mensch lebet
darum in der Welt, daß er soll glückselig sein". Daraus sprach
kein religiöses oder heroisches Ideal mehr, sondern das praktische
Denken des Bürgers, der ein nützliches, gutes und erfolgreiches
Leben führen will. Nach einer natürlichen, sachlich-klaren Sprache
sucht nun auch die Lyrik. Der Brandenburger Staatsrat F r i e d -
r i c h v o n C a n i t z (1654–1699) gehört seiner Stellung nach
noch in die Sphäre des Hofes, aber seine *Nebenstunden Unter-
schiedener Gedichte* zeigen den Willen zu einer schlichten Prä-

gnanz, wie sie in Frankreich der gefeierte Anwalt eines ästhetischen Klassizismus, Boileau, gelehrt hatte.

Frankreich wurde jetzt das Land der großen Muster. Der Leipziger Dozent C h r i s t i a n   T h o m a s i u s (1655–1728) verkündete nicht nur die Ablösung von der Theologie und die Idee der
Selbstbestimmung der menschlichen Vernunft, sondern er wies
auch auf Frankreich als das Vorbild einer gewandten Lebensführung und des *bel esprit*. 1687/88 las er in deutscher Sprache
an der Universität über weltliche Ethik, über die „Grundregeln,
vernünftig, klug und artig zu leben". Aus Vernunft und Geschmack formte sich ein neues Bildungsideal. Die von Thomasius
1688 begründete Zeitschrift *Deutsche Monatsgespräche* wurde
das programmatisch für breitere Kreise bestimmte Organ einer
in Moralgesinnung und Vernunftfreiheit aufgeklärten Weltbildung. Sie steht an der Spitze vieler ähnlicher Zeitschriftengründungen, die um die Erziehung des Denkvermögens und Ge-
schmacks bürgerlicher Leserschichten bemüht waren. Es bildete
sich eine neue literarische Öffentlichkeit.

Die Grundzüge seines Weltbildes empfing das 18. Jahrhundert
von der großartigen, in Kühnheit, Weite und Lebensfülle gleich
fruchtbaren Philosophie von G o t t f r i e d   W i l h e l m   L e i b -
n i z. Er studierte in seiner Vaterstadt Leipzig und trat nach
rastlos tätigen Jahren 1676 als Gelehrter und Staatsmann in den
Dienst der Herzöge zu Hannover. Von seiner universalen Wirksamkeit auf allen Wissensgebieten sei hier nicht gesprochen; er
gab den Deutschen den Anschluß an die europäische Philosophie
und dachte sie in genialer Weise weiter. Entscheidend wurde,
daß er den Menschen als einen werdenden und strebenden Geist
begriff und von der Idee der Monade, der Entelechie her das
Leben als eine einheitliche dynamische Bewegtheit, als schaffen-
des und beseeltes Wirken geistiger Kräfte auffaßte. In der Monade ging ihm der Gedanke einer letzten, kleinsten und unteilbaren geistigen Einheit auf, die alles organische und unorganische
Dasein bildet und als wirkende geistige Kraft in eine schaffende
Bewegung setzt. Jede Monade sah er als ein in sich geschlossenes
Einzelwesen, begabt mit der Fähigkeit der Wahrnehmung und
des Begehrens, unterschieden allein durch den Grad dieser Fähigkeit, die vom bloßen verworrenen Empfinden bis zu höherer
Bewußtheit und Vernunft reicht. Er begriff als Gesetz der Monade, daß sie sich in fortwährender strebender Entwicklung be-
findet. Damit war dem Jahrhundert der entscheidende Gedanke
der Entwicklung im Sinne einer aufwärts- und vorwärtsdrängen-

den Läuterung der Erkenntnis und der Vervollkommnung gegeben, der Gedanke der sich entfaltenden und strebenden Individualität. Diese irdische Welt hatte nun in ihrem ganzen Umfange eine innere Ordnung erhalten, eine sinnvolle Zweckbezie-
hung im einzelnen und im ganzen – der Begriff der prästabilier-
ten Harmonie ließ die einzelne Monade für sich und zugleich im
Zweck- und Ordnungszusammenhang des Ganzen leben. Die
Körper werden zu Kräften, vom Unbewußten der untersten
Monade bis zu der höchsten Monade, die erkennend das All überschaut; sie ist die Seele des Alls, sie ist Gott. Von hier aus fand
Leibniz die Antwort seiner *Theodicee* (1710) auf die leidvolle
Frage des Barock nach der Wirklichkeit Gottes über dieser gebrechlichen Welt. Gott hat, so sagte Leibniz, als die höchste Vernunft, Weisheit und Güte die beste der Welten geschaffen, aber
der kleine Mensch übersieht aus seinem engen Lebenskreis heraus
nicht die Ordnung der ganzen Schöpfung. „Wartet, bis ihr sie
besser kennt, betrachtet darin besonders die Teile, die ein voll-
ständiges Ganze bilden – wie alle organischen Körper tun –, und
ihr werdet eine Künstlichkeit und Schönheit darin finden, die
über alle Vorstellungen geht."
Die Welt als die schöne Schöpfung Gottes – das rief die Dichter
auf, dieser irdischen Wirklichkeit nun alles Interesse zuzuwen-
den. Die Monade als ein von innen her erfahrendes Wesen: das
bedeutete die schöpferische Individualität des aus seiner Innerlichkeit heraus gestaltenden Künstlers. Zwischen Verstand und
Sinnlichkeit gab es keinen Abgrund mehr, nur eine stufenmäßige
Entwicklung vom Geiste hin. Der Verstand begreift das wahre
Wesen der Dinge. Und in jedem einzelnen Ding spiegelt sich
dem erkennenden Auge das Wesen des Ganzen. Natur und
Mensch werden die großen Themen der Dichtung, denn in ihnen
lebt Gott.
Aus der Philosophie Leibniz' läßt sich das Lebensgefühl des
Jahrhunderts verstehen, auch wenn es sich oft in rationalistischem
Nützlichkeitsdenken und praktisch-realistischer Moralgesinnung
allzu bürgerlich verengte. Von seinem Weltbild aus begreift man
die Zuversicht der Zeit, die an die Kraft der Vernunft, den Sinn
der irdischen Natur und ihre sinnvolle Ordnung, an das Evangelium des Fortschritts glaubte, der am Ende die Verwirklichung
eines Idealzustandes auf Erden versprach. In einem erkennenden
und tätigen Fortschreiten lag das Glück des Lebens, und in der
besten aller Welten war die Glückseligkeit des Menschen geradezu das natürliche und gottgefällige Ziel. Im Sinn des Lebens war

das irdische Glück vorgesehen. Es war jedoch nicht möglich ohne die sittliche Bindung an die Vernunft, an die Pflicht zur Erkenntnis. Darin lag das Ethos der Aufklärung. Allerdings blieb diese Zuversicht nicht ohne Gegenspannungen. Das kritische Bewußtsein, die rationale Analyse erkannten die Grenzen der Erziehbarkeit des Menschengeschlechts; die Satire führte zu einem Skeptizismus mit pessimistischen Tönungen, die sich im Verlauf des Jahrhunderts vermehrten. Die Empfindsamkeit löste eine gesteigerte Sensibilität aus, die zur Faszination durch die Stimmungen der Melancholie und des Leidens führte. Die Idee der Menschenbeglückung konnte, in ihren utopischen Erwartungen enttäuscht, leicht in Menschenfeindlichkeit und Menschenhaß umschlagen.

Die Natur wird geheiligt nicht nur als die Schöpfung, sondern als das erhabene Gleichnis Gottes. Von hier aus muß die umfangreiche Dichtung *Irdisches Vergnügen in Gott* (in neun Teilen, 1721–1748) des Hamburger Kaufmanns B a r t h o l d   H e i n r i c h B r o c k e s (1680–1747) verstanden werden. Mit sinnenhafter Freude an der Natur, mit liebevoller, wenn auch oft pedantischer Hingabe noch an die kleinsten Tiere und Früchte, mit ehrfürchtiger Andacht vor Sternen und Gewittern feiert er Gottes vernünftig-schönes Werk. Es erweist seine Güte dem Menschen zum Wohl und Nutzen auf mannigfache Weise. Mag auch Brockes' behagliche, problemlose Gelassenheit und sein Nützlichkeitsdenken, das etwa den Gemsbock als Beweis göttlicher Weisheit feiert, weil sich aus seinen Hörnern Spazierstockkrücken machen lassen, allzu bürgerlich und eng erscheinen, aus vielen lyrisch gestimmten Versen spricht bei ihm ein neues Naturgefühl, das die Dinge der irdischen Welt bejaht und genießt. Brockes gab der deutschen Sprache eine bisher unbekannte musikalische Tonfülle, melodische Beweglichkeit und lyrische Bildsinnlichkeit. Barocke Sprachtradition wurde in das Schlichte, Gedämpfte verändert. Denn Brockes blickte mit einem Auge noch zum Barock zurück; 1715 war seine Übersetzung des *Bethlehemitischen Kindermords* von Marino erschienen.

Noch war das Zeitalter nicht reif, Leibniz in seiner ganzen Tiefe zu fassen. Zugänglich wurde er in der begrifflich starren Form, in der ihn der von den Pietisten verfolgte, von Friedrich II. rehabilitierte Hallesche Philosoph Christian Wolff (1 9–1754) popularisierte. Er spürte nicht die irrationalen Kräfte in dieser Philosophie und brachte sie, als der erste systematische deutsche Denker, in ein logisches Begriffsnetz, das zum Muster einer rationalen Methode des Denkens und Lebens wurde. Bei ihm sind

die Vernunft und die Tugend allein auf das Nützliche, auf die
Glückseligkeit des Menschen in dieser nun klar und eindeutig
überschaubaren Welt gerichtet. Alles wird logisch, moralisch,
praktisch begründet, auch die Dichtkunst.

Darin wurde J o h a n n C h r i s t o p h G o t t s c h e d (1700–1766)
der Schüler von Wolff. Wiederum steht am Beginn der neuen
Dichtung, wie früher Opitz, ein Organisator großen Stils, aber
dieser Leipziger Professor ist diktatorisch veranlagt, kein schmiegsamer Weltmann, sondern ein Pädagoge mit starrem Willen. Er
war bei allem Ehrgeiz kein Dichter: trotz seiner republikanischen
„Originaltragödie" *Der sterbende Cato* (1732) und der Dramen
Agis und *Parisische* Bluthochzeit (beide 1745). (*Deutsche Schau-
bühne*, 1740/45). Er war ein Erzieher durch nüchterne und
gründliche Kritik; in ihr lag seine große Bedeutung und Wirkung, wie man auch später über seine enge und doktrinäre Pedanterie spottete. In Nachfolge der englischen moralischen
Wochenschriften (J. Addison und R. Steele, The Tatler 1709 ff.,
The Spectator 1711 ff. u. a.), die eine Kette von Imitationen
(zuerst in Hamburg „*Der Vernünftler*") auslösten und in ihnen
einen eigenen publizistischen Stil entwickelten, gab er zur Hebung
bürgerlicher Bildung zwei Zeitschriften, *Die vernünftigen Tad-
lerinnen* (1725/26) und den *Biedermann* (1727/29), heraus. Als
ein weithin einflußreiches Lehrbuch des richtigen und reinen
Deutsch auf dem Grunde der vorbildlichen meißnischen Sprache
schrieb er eine *Sprachkunst* (1748), die für die endgültige Bildung einer gemeinsamen Hochsprache in Süden und Norden
ungemein wichtig wurde. Die Dichtung war ihm eine Sache des
Lernens – *scribendi recte sapere est et principium et fons* (Vernünftig sein ist Grund und Quelle des rechten Stils). So entstand
sein *Versuch einer critischen Dichtkunst* (1730). In schroffer Abwendung vom barocken Stil wurde hier eine alles Wunderbare
und Unwahrscheinliche ablehnende Poetik geschaffen, deren Ziel
eine klare, deutliche, moralisch zweckmäßige, vom gesunden
Menschenverstand geleitete Dichtung ist. Ihr Prinzip ist die
Nachahmung, ihre Bestimmung ist das Spiel des Witzes als
Übung der scharfsinnigen Vernunft, ihre Form ist Ordnung und
Maß, ihr Ziel die sittliche Besserung. Gewiß lag darin eine be-
rechtigte Reaktion gegen das Barock; nur verfielen Gottscheds
Rezepte für Drama, Fabel, Lehrgedicht usf. nun dem anderen
Extrem. Horaz und der französische Kritiker Boileau (*L'Art
poétique*, 1674) waren seine Quellen, aber ihr Klassizismus
wurde zu einer eingeschränkten Doktrin. Frankreich wurde

ihm auch das Vorbild bei der Reform des deutschen Theaters. In der „Critischen Dichtkunst" forderte er nach antiken und französischen Quellen die drei Einheiten der Handlung, der Zeit, des Ortes für das Drama – sie bedeuteten: Einfachheit des Stoffes, zehn Stunden Handlungsdauer bei Tage (denn die Nacht „ist zum Schlafe bestimmt"!), keinen Wechsel des Schauplatzes im Spiel. Gegen die possenhaft entartete „Haupt- und Staatsaktion" des von den Wandertruppen improvisierten Sensationstheaters stellte er sehr richtig die Forderung eines aus dem Wort lebenden, in Stoff, Idee und Form geläuterten Dramas. Die klassische französische Tragödie war das große Beispiel – Gottsched übersetzte Racines *Iphigenie* und ließ durch seine Frau Adelgunde, geb. Kulmus (verheiratet seit 1735) Molière übertragen. Mit der Hilfe der Schauspielerin und Direktorin einer Theatergruppe Karoline Neuber (1697–1760) errichtete er seit 1727 eine Musterbühne, die das literarische Drama pflegte und den Hanswurst von den Brettern jagte. Der Hanswurst war die Lieblingsfigur des volkstümlichen Theaters; er vollführte, meist improvisierend, recht derbe Späße, die oft mit dem eigentlichen Spiel in keinem Zusammenhang standen und deren einziges Ziel das schallende Gelächter war. Die englischen Komödianten hatten ihn zum unentbehrlichen Bühnenrequisit gemacht, doch war seine Gestalt schon aus dem alten Fastnachtsspiel her geläufig und auch in der italienischen Commedia dell'arte sehr beliebt. Er mußte vor allem ausgeschaltet werden, um der Bühne den Ernst der moralischen Kunst zu geben. Das Theater wurde der Bildung gewonnen, es wurde ein kultiviertes Repertoire geschaffen, Bühne und Bürgertum traten in ein neues Verhältnis zueinander. Der Vers wurde rein und edel gesprochen, französische Hofkostüme gaben den Spielern eine elegante Erscheinung, und die Achtung des Schauspielerstandes wurde durch eine strenge sittliche Zucht gehoben. Literatur und Theater fanden wieder zueinander, und die Bühne bekam Ernst und Würde. Darin lag der Gewinn der Gottschedschen Theaterreform; ihr Mißgriff lag darin, daß ein akademisch gelehrtes Drama das lebendige, volkstümliche und anschaulich-bunte Spiel verdrängte und Gottsched für seine Bühne keinen deutschen Dramatiker von Rang fand. Er mußte sich mit Übersetzungen behelfen und sammelte alte Stücke, die er in seinem *Nötiger Vorrat zur Geschichte der deutschen Dramatischen Dichtkunst* (1757/65) vereinigte.

Rasch erwuchsen ihm Gegner – er hatte den Bogen überspannt. Nicht nur der Hanswurst kehrte 1740 auf die Leipziger Bühne

zurück, sondern seine eigenen Schüler lösten sich von ihm (die
Bremer Beiträger J. A. C r a m e r, J. E. und J. A. S c h l e g e l,
F. W. Z a c h a r i a e, C. F. G e l l e r t, J. A. E b e r t u. a., genannt
nach ihrer Zeitschrift *Neue Beiträge zum Vergnügen des Verstandes und Witzes*, 1744/59, veröffentlicht in Bremen). Vor
allem kam ein heftiger Angriff aus der Schweiz, der sich zu einer
langen Literaturfehde entwickelte. J o h a n n J a k o b B o d m e r
(1698–1783), der 1750 den jungen Klopstock, 1752 den jungen
Wieland zu sich nahm, gab in enger Zusammenarbeit mit J o -
h a n n J a k o b B r e i t i n g e r (1701–1776) in Zürich eine Reihe
von poetologischen Abhandlungen heraus, die zu Gottscheds
rationalistischem Klassizismus, seiner verengten Nachahmungs-
theorie in Widerspruch traten und eine neue, die weitere Entwicklung in Kunstauffassung und Dichtungspraxis bestimmende
Phase einleiteten. Einflüsse aus Italien und England drängten die
französische Vorbildlichkeit zurück. Die beiden Schweizer begründeten eine eigene Zeitschrift *Discourse der Mahlern* (1721/
1723); Schriften wie Bodmers *Von dem Einfluß und Gebrauche
der Einbildungs-Krafft* (1727), *Critische Abhandlung von dem
Wunderbaren in der Poesie* (1740), wie Breitingers *Critische Abhandlung von der Natur, den Absichten und dem Gebrauche der
Gleichnisse* (1740) und *Critische Dichtkunst* (1740) setzten eine
eingreifend veränderte Wertung des Emotionalen, des ,hertz-
rührenden Stils‘, des Wunderbaren, einer höheren Vernunft und
Einbildungskraft des Dichters, einer freieren poetischen Schreibart in originärer Bildlichkeit und Sprache durch. Die Dichtkunst
zielte auf die sinnlichen Empfindungen, Phantasie und Gefühl
des Lesers. Die Schweizer sahen den Reiz der Dichtung in ihrer
Wirkung auf das Gemüt. „Unruhe und Bewegung der Gemüts-
leidenschaften ist dem Menschen etwas so Natürliches und An-
genehmes, daß man sagen kann, die Menschen empfangen mehr
Beschwerde von einem leidenschaftslosen Leben als von den
Leidenschaften selbst“. Von Milton angeregt, den Bodmer (1732)
in Prosa übersetzte, wagten sie einen Schritt zum Recht des
Irrationalen, der dichterischen Phantasie im Kunstwerk. Durch
das malerische Bild in der Sprache glaubten sie die innere Anschauung zu erregen. Aber auch sie gaben Regeln, denn Bodmer
war überzeugt, „daß der schlimme Geschmack den fürchterlich-
sten Feind an der gesunden Phantasie habe, indem diese durch
das Mittel der Untersuchung, der Kritik alles prüfet und aus
einem vorsichtigen Mißtrauen gegen die betrügliche Empfindung
und den ungenügsamen Erfahrungen nichts für schön annimmt,

wovon sie nicht zulängliche Gründe angeben kann. Durch sie werden die Quellen des Schönen entdeckt." Doch fehlte ihm dieses vorsichtige Mißtrauen gegenüber seinen eigenen biblischen Epen (*Noah*, 1750, vollständig *Die Noachide*, 1765; *Jacob und Joseph*, 1751; *Joseph und Zulika*, 1753; mit Wendung zum Altdeutschen *Conradin von Schwaben*, 1771) und Dramen (*Electra*, 1760; *Ulysses*, 1760; *Julius Caesar*, 1763 u. a.). Verdienstlich waren seine Bemühungen um das mittelalterliche Epos und den Minnesang; 1757 gab er *Chriemhildens Rache und Klage* heraus. Er öffnete den Blick zur Weltliteratur.

Dichtung und Philosophie rückten im 18. Jahrhundert eng zusammen. Der bedeutende Schweizer Arzt und Naturforscher A l b r e c h t   v o n   H a l l e r (1708–1777) rang grüblerisch in großen Lehrgedichten, deren schwere Alexandriner von geistigem Pathos bestimmt sind, um die Antwort auf die höchsten Fragen des Zeitalters. Mit ihm beginnt jene machtvolle Gedankendichtung (*Über den Ursprung des Übels*, 1734, *Unvollkommenes Gedicht über die Ewigkeit* u. a.), die bei Schiller eine reife Vollendung fand. In den *Alpen* (1729) gab er in gedrängter Sprache ein vom Gefühl für das Erhabene und Schöne erfülltes „poetisches Gemälde" der Gebirgsnatur; er feierte die Reinheit der einfachen Sitten der bäuerlichen Hirten im Gegensatz zu der Verderbnis der Städte. Denn sein sittlicher Pessimismus sah die Problematik eines zivilisatorischen Fortschrittsglaubens, und Haller rang sich nur mühsam zu dem weltanschaulichen Harmoniegedanken der Aufklärung durch. Auch sein Liebesgedicht an Doris, seine Klageoden über den Tod seiner Gattin erreichen eine sonst ungewohnte Innigkeit und Tiefe.

> Ich liebe dich, allein aus allen Wesen,
> Nicht Stand, noch Lust, noch Gold, dich suchte ich:
> Ich hätte dich aus einer Welt erlesen,
> Aus einer Welt erwählt' ich jetzt noch dich!

„Kraft und Tiefe und ein pathetischer Ernst charakterisieren diesen Dichter", schrieb Schiller, „er ist groß, kühn, feurig, erhaben, zur Schönheit aber hat er sich selten oder niemals erhoben."

Schönheit in der Form spielerischer Anmut war das Ideal der A n a k r e o n t i k e r. Die kleinen Lieder von Wein und Liebe, die dem griechischen Dichter Anakreon zugeschrieben wurden, hatte 1554 der Franzose Henri Estienne veröffentlicht. Von den Lyrikern der Pléiade war Anakreon nachgebildet worden; ihrem Beispiel folgten in Deutschland Weckherlin, Opitz, Moscherosch.

Doch war erst jetzt der rechte Augenblick für seine Wirkung
gekommen. Neben den zweckbewußten moralischen Rationalismus der Aufklärung trat die tänzerische Grazie und sinnliche
Genußfreude des Rokoko. Darin verebbten die pathetischen
Spannungen des Barock zu einer geistreich-bewegten, elegant-
weltmännischen, formbewußten Gesellschaftspoesie, deren Publikum der Salon des *ancien régime* und ein reiches Bürgertum
waren und deren Ziel die oft kokette, witzige und fröhliche Unterhaltung war. Der Stil des Rokoko erzog nach französischem
Muster den Deutschen zu heiterer Beweglichkeit der Sinne und
des Geistes; darin lag seine Bedeutung gegenüber dem starren
sittlichen Ernst der Aufklärung, die den Prediger nun mit dem
doktrinären und moralischen Philosophen auszutauschen schien.
Allerdings wurde in Deutschland das Rokoko in der Dichtung
zur Sache bürgerlicher Geister, die das Moralisieren nicht lassen
konnten und sich zaghaft mit dem anmutigen Schein begnügten.
Der Wein und die Liebe wurden bei ihnen zu einer spielerischen
Fiktion, und der sinnlichen Heiterkeit wurde der Mantel der
Tugend umgehängt. In der Lyrik der Anakreontiker lebt sich
ein fröhlicher, harmloser Optimismus aus; „Tändeleien" wurden
zum Ausdruck eines ruhigen, friedlichen, in kleine Verhältnisse
eingeschränkten Bürgertums, das das Leben bescheiden genoß
und empfindsam umschwärmte. Die Gefühlsekstase des Pietismus
wurde um die Mitte des Jahrhunderts zur sanften und idyllischen
Schwärmerei verweltlicht, zu einer zarten und weichen Empfindsamkeit. Darin lag ein Gewinn für die Sprache: sie wurde locker,
geschmeidig, zu tänzerischer Musik und vieldeutiger, verhüllen-
der Schalkhaftigkeit erzogen. Sie wurde sinnlich subjektiviert in
Geist und Melodie. Es wurde jetzt möglich, dem Spiel des Witzes
und der Einbildung, geselliger Anmut und dem Klanglich-Melo-
dischen den sprachlichen Ausdruck zu geben. Das Bemühen,
mittels der Erziehung der Sprache, einer theoretischen und praktischen Bildung des Stils je nach Thema und Gattungsform, das
Fundament einer bedeutenderen Literatur zu schaffen, kam zuerst in der Lyrik – im anakreontischen geselligen Lied und in
der Oden- und Hymnendichtung von Klopstock – zum Erfolg.
Allerdings wurde die Kunst der barocken Formensprache vereinfacht, rationalisiert. Das führte zum Eindämmen der Klang-
und Rhythmenvielfalt, zur Regelmäßigkeit in Strophik und Metrum, bis zur Absage gegen den Reim und zur Annäherung von
Vernunft und Witz des Verses an die Prosa. Eine eigene Form
entwickelte sich im *Vers libre,* meist jambisch alternierend, mit

lockerer Reimstellung, ungleich langen Zeilen. Selbst in der anakreontischen Lyrik (Uz, Gleim) verzichtete man mitunter auf
den Reim; das Klangliche wurde dem Rhythmus eingebildet.
Die kleinen rhythmischen Einheiten (Kola) wurden als zierliche
Klang- und Toneinheiten akzentuiert. Besonders beliebt wurde
das achtzeilige Triolett nach französischem Vorbild.

Der Hamburger Kaufmann F r i e d r i c h   v o n   H a g e d o r n
(1708–1754) gab sich als ein behaglich eleganter Weltmann in
seinem *Versuch einiger Gedichte oder erlesene Proben poetischer
Nebenstunden* (1729), seinem *Versuch in poetischen Fabeln und
Erzählungen* (1738) und der Sammlung *Oden und Lieder* (1742).
Er liebte, wie es der französischen *poésie fugitive* entsprach, die
kleinen Formen, zierlichen Einfälle, witzigen Wendungen. Er
wählte seine Anregungen und Muster aus der antiken, französischen und englischen Literatur (Horaz, Lafontaine, Dryden). In
heiterer Anschaulichkeit sprach sich eine liebenswürdige Lebens-
klugheit aus. Auch das kleinste Gebilde wurde ihm zum schönen,
rein und anmutig gestalteten Kunstwerk; sei es das sangbare Lied,
eine Fabel oder eine poetische Erzählung wie *Johann, der mun-
tere Seifensieder*. Der neckische, zierliche Amor wurde zum Gott
der Anakreontiker.

> Du holder Gott der süß'sten Lust auf Erden,
> Der schönsten Göttin schöner Sohn,
> Komm, lehre mich die Kunst, geliebt zu werden;
> Die leichte Kunst, zu lieben, weiß ich schon.
> Komm ebenfalls und bilde Phyllis' Lachen,
> Cythere! gib ihr Unterricht;
> Denn Phyllis weiß die Kunst, verliebt zu machen,
> Die leichte Kunst, zu lieben, weiß sie nicht.

1746 erschien die Gesamtübersetzung des Anakreon durch J o -
h a n n   P e t e r   U z (1720–1796) und J o h a n n   N i k o l a u s   G ö t z
(1721–1781). Uz, ein Beamter in Ansbach, wagte in klingend-
melodischer Sprache selbst leicht frivole Themen, eine elegant-
epikureische Lebenslust. Sein Gedicht *An die Freude* begeisterte
noch Schiller; sein Lehrgedicht *Versuch über die Kunst, stets
fröhlich zu sein* (1760) – durch den Genuß der Natur, der
Kunst, der Sinnenfreude und durch die Ruhe des Gemüts, durch
Weisheit und Maß – spricht mitten aus dem Herzen der Anakreontik. Wie F r i e d r i c h   W i l h e l m   Z a c h a r i a e (1726 bis
1777) in seinem komischen Heldengedicht, der *Renommiste*
(1744), dem Engländer Pope folgte, so schrieb Uz einen *Sieg
des Liebesgottes* (1753) in dessen witziger, spielerisch-ironischer

Art. Bei J o h a n n G e o r g J a c o b i (1740–1814) wurde diese
Freude am duftigen Pastellbildchen und porzellanhaft zierlichen
Scherz schon fast zu einer affektierten Spielerei. Doch gelangen
ihm auch einige melodische, vom Gefühl vertiefte Lieder, die
auf Goethes Erlebnislyrik vorausdeuten. Unermüdlich fruchtbar
war der Halberstädter J. W. L u d w i g G l e i m (1719–1803),
der viel gerühmte Beschützer zahlreicher armer Musenjünger.
Er dichtete Lieder und Romanzen, träumte in Idyllen, folgte
Anakreon, Horaz (*Versuch in scherzhaften Liedern*, 1744 ff.),
entdeckte den altdeutschen Minnesang, schrieb im Stil des Koran
eine rhetorisch-lyrische Lehrdichtung *Halladat oder Das rote
Buch* (1774/81) und leitete, unter dem Eindruck des Siebenjährigen Krieges, einen neuen Typus der volkstümlichen patriotischen Lyrik ein: seine *Preußischen Kriegslieder in den Feldzügen 1756 und 1757, von einem preußischen Grenadier* (1758)
trafen geschickt, Ernst und Humor mischend, den biedermän-
nisch-treuherzigen Ton.

> Auf seiner Trommel saß der Held
> Und dachte seiner Schlacht,
> Den Himmel über sich zum Zelt,
> Und um sich her die Nacht.

Gleim näherte sich bereits dem Volkslied. Er erlernte aus der
englischen Balladendichtung die sog. *Chevy-Chase*-Strophe (vier-
zeilig, drei- und vierhebig im Wechsel, männl. Kreuzreim), die
später für die Ballade bevorzugt wurde. Er griff in seinen
Romanzen parodierend, aber zugleich durch die volkstümliche
Form angelockt, den Bänkelsang auf (Strophen mit eigener Kombination von Lang- und Kurzzeile), der bis tief in das 19. Jahrhundert in der literarischen Unterschicht, auf den Märkten,
Gassen noch lebendig war. F. Th. Vischer nahm ihn parodierend
in seinen *Schartenmayer*-Gedichten auf, der Erneuerung vorausgreifend, die unter französischem Einfluß in der Kabarettlyrik
vor und nach 1900 durch O. J. Bierbaum, F. Wedekind u. a. bis
zu Bertolt Brecht geleistet wurde.

Gleims Kriegslieder zeigen, wie sich unter dem Einfluß des Siebenjährigen Krieges die Thematik der bürgerlichen Dichtung weitete. Das beweist der preußische Offizier C h r i s t i a n E w a l d
v o n K l e i s t (1715–1759). Er starb, von Lessing schmerzlich
betrauert, an seinen Wunden nach der Schlacht von Kunersdorf.
Ein an sich zartes, lyrisch-weiches Gemüt, das sich aus dem öden
Kasernendienst hinaussehnte und in dem großen, malerisch breit
beschreibenden Lehrgedicht *Der Frühling* (1749) die Schönheit

der Natur als liebliche Harmonie der Sinne und Gefühle feierte, straffte sich im Erlebnis des Krieges. Er floh, sentimental verinnerlicht, in die elegische Idylle, aber er fand auch einen kriegerisch-heroischen Ton in den drei Gesängen von *Cissides und Paches* (1759). In seinem *Grablied* (1757) deutet sich an, wie das persönlich erlebte Bekenntnislied bei echter seelischer Ergriffenheit das Lehrgedicht mit seiner reflektierenden Allgemeinheit abzulösen beginnt. Daneben wirken Karl Wilhelm Ramlers (1725–1798) patriotische und mythologische Oden auf Friedrich II. und sein Kriegsglück trotz metrischer Virtuosität wie rhetorische Übungen ohne dichterischen Funken. Zu einem Meister leichter, zarter, duftiger Schäferdichtung wurde der Schweizer Maler und Dichter Salomon Geßner (1730–1788). Er stilisierte in rhythmischer Prosa, mit anmutiger Mythologie heitere Idyllen in bezaubernder Landschaft zum Einfältig-Festlichen – eine empfindsame Grazie hält alle Szenen in einer glückseligen Harmonie. Er hatte den Hirtenroman Daphnis und Chloe des griechischen Dichters Longos (ca. 3. Jahrh. n. Chr.), den noch Goethe 1831 als Meisterwerk rühmte, verdeutscht, bevor er seine eigenen ersten *Idyllen* (1756) veröffentlichte. Ein goldenes Zeitalter reinster Menschlichkeit zeichnete er in einer empfindsam erlebten Natur; erst zuletzt wurde realer das bäuerliche Leben der Schweiz sichtbar, das sein Landsmann Haller gefeiert hatte. Ein Jahr vor Geßners Idyllen erscholl J. J. Rousseaus Ruf zurück zum verlorenen Glück des Urzustandes der Menschheit in seinem *Discours sur l'origine et les fondements de l'inégalité parmi les hommes* (1755). Geßners Erzählung *Der Tod Abels* (1758) zeichnete diese Frühzeit des Menschen als eine verlorene und ersehnte Einfalt beseelten Lebens. Diese Sprache bedeutete eine neue Phase in der dichterischen Entwicklung der deutschen Prosa. Geßners Idyllen gewannen ihm einen internationalen Ruhm, wie ihn vor ihm kein deutscher Dichter erreicht hatte.

Wie der Rationalismus der moralischen Vernunft, der das erste Drittel des 18. Jahrhunderts durchzieht, durch die pietistische Pflege des inneren, subjektiven, seelischen Lebens und die leichte Grazie des Rokoko gelockert wurde, wie zugleich eine bürgerliche Innerlichkeit immer mehr und reiner zur Sprache kam, lehrt die Leistung des Leipziger Professors Christian Fürchtegott Gellert (1715–1769). Viele Anekdoten berichten von seinem Ruhm unter den Zeitgenossen, der sich vom königlichen Schloß in Potsdam bis zum einfachsten Bauernhaus erstreckte. Mit seinen *Fabeln und Erzählungen* (1746/48) wurde er, trotz Gottsched, zum für alle verständlichen, wahren *praeceptor Germaniae* in Dingen des moralischen und gesitteten Lebensverhaltens und einer Bildung von Herz und Verstand. Zwischen Prosa und Lyrik, zwischen Anschauung und Moral, Witz und Lehre, sittlicher und praktischer Welterfahrung angesiedelt, war die Fabel so recht eine Lieblingsgattung des Zeitalters. Sie bot eine kurze, elastische, geistvoll zugespitzte und psychologisch realistische Beispielerzählung aus dem irdischen Treiben. Gellerts empfindsame *Geistliche Lieder* (1757) blieben bis heute im Gesangbuch; *Die Himmel rühmen des Ewigen Ehre* wurde durch Beethovens Vertonung unsterblich. Aber Gellert war nicht nur der moralische und lebenskluge Berater des nach Bildung verlangenden Bürgertums, nicht nur die Verkörperung des vernünftigen, tugendhaften, gefühlvollen Menschen schlechthin. Er war keine harmonische, sondern eher eine innerlich gefährdete Natur. In seinem Roman *Das Leben der schwedischen Gräfin von G*** (1747/48) stellte er einem von gräßlichen Katastrophen bewegten Leben das Ideal passiver, leidender und zugleich berechnend lebenskluger Gelassenheit gegenüber; in einer seltsamen Mischung von Frivolität und pietistischem Moralismus. Es bezeugt Gellerts Modernität, daß er sich auf den Roman einließ. Er erwartete von ihm, angesichts der Entwicklung, die ihm in England Samuel Richardson mit seiner „Pamela, or Virtue Rewarded" (1740), seiner „Clarissa" (1747) und der „History of Sir Charles Grandison" (1753) gegeben hatte, eine Bildung von Verstand und Herz.

Der Roman wurde zur Aufgabe der Zeit. Allerdings brauchte es lange, bis in Deutschland eine gesellige Erzählprosa ausgebildet wurde und man sich vom schwerfälligen Kanzel- und Kanzleistil löste. Der Roman galt als eine ästhetisch minderwertige Form: als Verfallsform des Heldenepos in niedriger Schreibart, ohne Gesetze, zu eng mit dem Erotischen verquickt. Man sah in ihm einen moralisch fragwürdigen Konsumartikel, der nur dem Lesebedürfnis seine Existenz verdankte. Gottsched schrieb in der „Critischen Dichtkunst": „Ein Roman ist zwar, insofern er als ein Gedicht angesehen wird, mit unter die Gattungen der Poesie zu rechnen, er erlangt aber bei demselben nur eine von den untersten Stellen." Noch anläßlich von Wielands „Agathon" bemerkte 1768 ein Rezensent: „Überhaupt möchte man fast sagen, daß, um ein nützliches Muster den Menschen darzustellen, die Form eines Romans die unbequemste und die gefährlichste ist." Allmählich begann man, angesichts der französischen und englischen Romane den deutschen Roman zu vermissen. Thomas Abbt notierte anläßlich von Wielands „Don Sylvio von Rosalvo": „Wir Deutschen haben im Roman noch nichts aufgestellt, das eine eigene Gattung ausmachte. Kein großer Schade, wird mancher denken, wollte Gott, wir hätten gar keine Romane! – Wie man will; nur wenn wir ja welche haben sollen, so wäre es gut, daß wir auch Erfinder darin vorstellen." An Wieland knüpfte die erste umfangreiche Theorie *Versuch über den Roman* (1774) von F r i e d - r i c h v o n B l a n k e n b u r g an. Da war er als die Erzählform der bürgerlichen Welt erkannt, als die Darstellung der wirklichen Welt, der Psychologie und Bildung des inneren Menschen. Der Roman konnte bieten, was die Zeit forderte: eine realistische Beobachtung des irdischen Treibens, eine aus Erfahrung gespeiste, auf die inneren Entwicklungen gerichtete Menschenkunde und psychologische Seelen- und Gesellschaftsschilderung. J o h. H. M e r c k erörterte in der Abhandlung *Über den Mangel des epischen Geistes in unserm lieben Vaterland* 1778 die Gründe des Versagens des deutschen Romans. Er fand sie im Mangel an Wirklichkeitserfahrung, an leidenschaftsloser Beobachtung, an einem gemeinsamen nationalen Schicksal und in der Neigung zum Empfindsamen, Phantastischen. Man suchte lange die Vorbilder im Ausland.

Der 1719 erscheinende, bald übersetzte und viel nachgeahmte „Robinson Crusoe" des Engländers Defoe verband abenteuerliches Geschehen mit pädagogischem Sinn und gab das Beispiel einer diesseits- und zukunftsgläubigen Kulturphilosophie an dem Modell des idealen Staates auf der Robinson-Insel. J o h a n n G o t t f r i e d S c h n a b e l (um 1690–1750) folgte in seinen *Wunderlichen Fata einiger Seefahrer* (1731/43), die Tieck 1828 als *Insel Felsenburg* neu herausgab, mit reicher epischer Phantasie, mit Abenteuern und seltsamen Menschenschicksalen noch dem barocken Erzähltypus. Dennoch durchlebt das Werk ein anderer Geist. Etwa zwanzig Europäer wandern europamüde aus und treffen sich auf einer von der Natur reich gesegneten Inselgruppe, wo sie einen neuen, freien, patriarchalisch regierten Staat gründen. Durch den Reichtum des Bodens begünstigt, entfaltet sich ein idealer Staat: ohne Krieg, Glaubenszank, Verfolgungen. Das Paradies auf Erden scheint verwirklicht. Zwischen Utopie, Sozialkritik und Robinsonade gab Schnabel hier dem Aufklärungsglauben an die Vernunft und den moralischen Willen, eine neue Welt aus Einsicht und Sittlichkeit zu bauen, bei-

spielhaften Ausdruck. Wesentlich später erschienen A. v. Hallers
(vgl. S. 181) große Staatsromane (1771/74). An drei Beispielen
stellen sie die verschiedenen, geschichtlich und klimatisch bedingten Staatsformen dar, um ihre Vor- und Nachteile zu unter-
suchen: im *Usong* die asiatische Despotie, im *Alfred* die konsti-
tutionelle Monarchie, in *Fabius und Cato* als ideale Lösung die
Aristokratie – nicht als Adelsherrschaft, sondern als Regiment
der Besten und Tüchtigsten des Volkes. „Die Würden müssen
wie ein güldener Apfel mitten unter ein Volk geworfen werden;
nach ihnen muß jeder Bürger mit gleichem Rechte greifen können", hieß es da. Der Roman wird zum Zeugnis eines neuen
und kritischen politischen Interesses bürgerlicher Leserschichten,
ein Mittel politischer Bewußtseinserziehung. Wielands „Golde-
ner Spiegel" (1772) folgte auf der gleichen Bahn. Doch mußte
auch Wieland seine Vorbilder außerhalb der deutschen Literatur
suchen: bei Cervantes, Ariost, Voltaire, bei den Engländern
Henry Fielding und Lawrence Sterne. Da lernte er den Stil des
ironischen Erzählens und die Psychologie der natürlichen Entwicklung eines Menschen.
Dem Rationalismus der Frühaufklärung entsprach, als geistreich-
moralische Kritik, die Satire. In ihr ließ sich das Porträt der Zeit,
ihrer Irrtümer und ein Bild der Charaktere zeichnen, das typi-
siert genug blieb, um nicht als ein persönlicher Angriff zu
verwunden. Sie ließ in heiter pointierter Form das Richtige und
Harmonisch-Vernünftige am spöttisch-realistischen Zerrbild erkennen. Neben Zachariaes *Renommiste* trat der sächsische
Steuerbeamte G o t t l i e b W i l h e l m R a b e n e r (1714–1771),
vom Typus und Stil der moralischen Wochenschriften angeregt,
mit seinen behutsamen, jedoch scharfsichtigen und geistreichen
Satiren über gesellschaftliche Charaktertypen, Moden und Unsitten. Er entnahm sie der Beobachtung seiner Umwelt, Adel
und Bürgertum. Das politische Gebiet blieb noch ausgeschlossen,
weil zu gefährlich. Schärfer im persönlichen Ton war die an dem
Engländer Swift (aus Irland) geschulte Ironie von C h r i s t i a n
L u d w i g L i s c o w (1701–1760) mit seiner *Vortrefflichkeit und
Notwendigkeit der elenden Skribenten* (1734), geistreicher die
Epigrammatik des Göttinger Mathematikers A b r a h a m G o t t-
h e l f K ä s t n e r (1719–1800). Der Bochumer Arzt K a r l A r-
n o l d K o r t u m (1745–1824) gewann durch die volkstümlich-
ironischen Verse seiner *Leben, Meinungen und Taten von Hie-
ronymus Jobs, dem Kandidaten* (1784), die sehr ergötzlich von
den Narrheiten eines gescheiterten Theologen erzählen und da-

mit die Sitten der Zeit köstlich parodieren, eine bis heute andauernde Berühmtheit. Von der Typensatire lebte auch das Lustspiel des 18. Jahrhunderts.

Obwohl das Drama und das Theater seit Gottscheds Reform in den Vordergrund des Bildungsinteresses gerückt waren, gab es lange kein selbständiges deutsches Drama. Gottscheds klassizistischer Stil konnte sich nur schwer von den Stoff- und Formtraditionen des Barock lösen. Die hohe Tragödie blieb lange unter dessen Einfluß. Sie geriet damit in einen Widerspruch zu den progressiven Bewußtseins- und Literaturtendenzen der Zeit; das Tragische rückte einem Denken fern, das von einer allumfangenden Weltharmonie, der vernünftigen und moralischen Autonomie des Menschen ausging und an die Korrigibilität der Weltzustände durch die Aufklärung von Verstand und Herz und an dessen Reinigung von den Leidenschaften durch sittliche Erkenntnis glaubte. An die Stelle des Bezugs zu metaphysischen Mächten trat die Eingrenzung auf diese irdische, naturhaft, psychologisch und gesellschaftlich verstandene Welt. Es geht nicht mehr um die den Menschen durchdringenden Spannungen zwischen Himmel und Hölle wie im Barock, es geht jetzt um die Konflikte, die ihm als einzelner individueller Mensch, aus seiner Natur und im Zusammenstoß von Selbstwille und objektiver, moralisch-vernünftiger Weltordnung eingelegt sind. Das Dramatische wird im Zeichen von Aufklärung und Empfindsamkeit psychologisch-moralisch aufgefaßt. Die hohe Tragödie wird abgelöst durch das bürgerliche Trauerspiel. Das Lustspiel erhält als comoedia commovente, wie Gellert 1751 in seiner Leipziger Antrittsrede die neue Darbietungsform nannte und begründete, durch die Wirkung des Rührenden und durch Gesellschaftskritik einen höheren Anspruch, bildend auf Verstand und Herz Einfluß zu nehmen. Gottsched hatte das Lustspiel als Mittel verstanden, die Laster und Unsitten zu verspotten und durch das Lachen zu vernichten, das derart zum pädagogischen Lachen wurde – seit der Jahrhundertmitte wird zu seiner Aufgabe, die Guten und Edelmütigen zu belohnen, die Traurigkeiten als Schein aufzulösen und Heiterkeit durch die Herstellung einer gerechten Welt einzuflößen. An die Stelle des komischen Stiltypus tritt ein genrehafter und psychologischer Realismus der Charakter- und Sittenabbildung. Adelgunde Gottsched (vgl. S. 179) förderte mit Übersetzungen von Molière und eigenen Lustspielen (*Die Pietisterei im Fischbein Rocke* 1736, *Das Testament* 1745, *Der Witzling* 1745) diese Entwicklung. Johann

Elias Schlegel (1719–1749), der bedeutendste dramatische
Dichter in dieser Zeit und vor Lessing, verfaßte in *Der geschäf-
tige Müßiggänger* (1743) und *Der Triumph der guten Frauen*
(1746) Lustspiele, die auf ernsthafte Charakterporträts zielen.
In *Die stumme Schönheit* (1748) schrieb er, gegen die Regel in
Alexandrinern, mit köstlicher Spielwirkung von Sprache und
Versmaß, ein reizvolles Gesellschaftsspiel im Stil des bürgerlichen Rokoko. Vor allem nahm sich Gellert der „comédie lar-
moyante" an, die im engen Raum des bürgerlichen Alltags
Empfindsamkeit und Witz, Gefühlsprobleme und tugendhaft-
vernünftige Versöhnung zusammenstellte. Er bevorzugte bei
schmächtiger Handlung breite Charaktergemälde (*Die Bet-
schwester* 1745, *Die zärtlichen Schwestern* 1747 u. a.). Lessing
lobte seine getreuen Porträts; Gellert habe bewiesen, daß es nur
guter Augen bedürfe, um auch auf deutschem Boden „Original-
narren" zu erblicken. Aber erst Lessing blieb vorbehalten, aus
den Ansätzen der sogenannten sächsischen Komödie das große,
dichterische Lustspiel zu schaffen.
Schwieriger war, trotz des Musters der französischen klassischen
Tragödie des Corneille und Racine, die Situation der Tragödie. J. Elias Schlegel starb zu früh, um das richtig erahnte Ziel
zu erreichen. Trotz Gottsched setzte er sich bahnbrechend gegen
das französische Regeldrama für Shakespeare ein, für dessen
Seelenkenntnis und dramatische Technik er zuerst die Augen
öffnete. Er warb für ein deutsches Nationaltheater und verlangte
für die Tragödie heimische Stoffe. Noch blieb Schlegel an den
Alexandriner, an die drei Einheiten, an die rhetorische Deklamation, an den idealistischen Stil des von Gottsched propagierten
Klassizismus gebunden. Aber die Abfolge seiner drei Dramen
Hermann (1741), *Dido* und *Canut* (1746) zeigt im Konflikt von
tugendhafter Gemeinschaftsgesinnung und eigennütziger, wenn
auch großartiger Leidenschaft den Versuch einer tieferen seelischen Darstellung und einer freieren Bewegung auf der Bühne.
Wird doch in dem Nationaldrama „Hermann" sogar eine Schlacht
vorgeführt. Wie von J. E. Schlegel ein Weg zu Schillers Staats-
drama führt, so wurde auch der Student Goethe durch die
Aufführung des „Hermann" bei der Einweihung des Leipziger
Theaters zu seiner eigenen dramatischen Dichtung angeregt:
„Die Vorstellung lief sehr trocken ab, ungeachtet aller Tierhäute
und anderer animalischer Attribute… Ich glaubte einzusehen,
daß solche Stücke in Zeit und Gesinnung zu weit von uns ab-
lägen und suchte nach bedeutenden Gegenständen in der späteren

Zeit, und so war dieses der Weg, auf dem ich einige Jahre
später zu Götz von Berlichingen gelangte."

1748 erschienen in den Bremer Beiträgen die ersten drei Messias-
Gesänge von F r i e d r i c h G o t t l i e b K l o p s t o c k (1724 bis
1803). Sie wirkten wie eine Überwältigung und sprengten mit
gewaltigem Atem alle bisher gültigen Maßstäbe. Für Jahrzehnte
schuf Klopstock ein neues Bild des Dichters als des enthusiastisch
verkündenden, kosmische Weiten umfassenden erhabenen Sehers.
Das religiöse und das dichterische Erlebnis wurde in seinem
„Messias" zur Einheit; es steigerte sich zu einer jubelnden Vision,
zu dem Strom des sich frei in das Grenzenlose ergießenden Gefühls, das sich eine brausende und tönende, von feierlichem,
bewegtem Pathos erfüllte Sprache schafft. In der vom Pietismus
angeregten reimlosen Lyrik von I. J a c o b P y r a (1715–1744)
und S a m u e l G o t t h o l d L a n g e (1711–1781), die zusammen
Thirsis und Damons freundschaftliche Lieder 1745 herausgaben,
waren schüchterne Anregungen zum christlichen Epos und zur
reimlosen antiken Ode gegeben – an Klopstock wurde offenbar,
zu welcher dichterischen Befreiung die Gefühlslockerung des
Pietismus führen konnte.

Klopstock wurde in Quedlinburg geboren; er wuchs in Schul-
pforta auf und studierte in Jena. Dort begann der Jüngling mit
kühnem Ehrgeiz und dem Gefühl einer religiösen Berufung,
nachdem er den Plan eines national-geschichtlichen Epos verworfen hatte, das riesige Werk. Als Leipziger Student entschloß
er sich zur Form des Hexameters; es war der erste große Schritt
zu einer intensiven Aneignung der Antike. Die ersten drei Gesänge des *Messias* (1748) eröffneten mit dem Hexameter eine
neue epische Form. Zwar war der Hexameter schon in der humanistischen Literatur des 16. Jahrhunderts aufgenommen, von
Gottsched verwandt worden. Erst Klopstock durchdachte das
griechische Metrum zu seinen deutschen Möglichkeiten; er verfiel
allerdings schließlich einem Dogmatismus des Formbaus, der der
natürlichen Betonung der deutschen Sprache widersprach (sog.
falsche Spondeen) und noch Goethe („Hermann und Dorothea")
verwirrte. In diesem Dogmatismus wurde J. H. Voss Klopstocks
rigider Schüler.

1750 rief ihn der begeisterte Bodmer nach Zürich. Doch nicht ein
seraphisch schwärmender Jüngling erschien, sondern ein lebens-
lustiger, heiterer Daseinsfreude zugewandter und selbstbewußter
junger Mann, der ritt, schwamm, tanzte, trank und küßte. (Vgl.
die Ode *Der Zürcher See*, 1750). Er paßte nicht in die enge

Moralität dieses puritanischen Patriziats Zürichs. 1751 rief ihn
der dänische König Friedrich V. mit einem festen Jahresgehalt
nach dem Norden (wie später Schiller und Hebbel in größter
Not vom dänischen Hofe geholfen wurde). Im gleichen Jahre
erschien der 1. Band des „Messias". 1754 konnte Klopstock die
Cidli seiner Oden, Meta Moller, heiraten. Sie löste seine erste
unerwiderte Liebe zu *Fanny*, der Schwester eines Freundes, ab.
1758 starb Meta, seit 1770 lebte Klopstock, nach dem Tode des
Königs, in Hamburg; 1774 führte ihn eine Reise zu dem jungen
Goethe in Frankfurt. Ein herrischer, fast gewaltsamer und starrer Zug prägte das Antlitz des älteren Klopstock; mit Goethe
und Herzog Karl August, mit Friedrich dem Großen und Kant
stieß er heftig und unversöhnlich zusammen. Wie ein Fürst
wurde er 1803 in Ottensen zu Grabe getragen.

Der 1773 vollendete „Messias" hielt nicht, was sein Beginn ver-
sprochen hatte. Das Epos war zu groß geplant und angelegt.
Nicht vom Epischen, sondern vom Lyrischen aus muß es verstanden werden. Christi Leiden, Opfertat und Erhöhung waren
das Thema. Nicht mit dem religiösen Pessimismus des Barock,
nicht mit dem trüben Sündenbewußtsein des Pietismus oder aus
einem aufgeklärten Deismus heraus wurde der Messias gestaltet,
sondern mit jubelnden Fanfaren ertönt das Lied der beseligen-
den und erlösenden Unsterblichkeit. In dieser beglückten Hochstimmung liegt der wesenhafte Unterschied zu dem großen Epos
The Paradise lost des Puritaners Milton (1667), dessen Übersetzung durch J. J. Bodmer Klopstock viel Anregung verdankte.

> Sing, unsterbliche Seele, der sündigen Menschen Erlösung,
> Die der Messias auf Erden in seiner Menschheit vollendet,
>
> Und durch die er Adams Geschlechte die Liebe der Gottheit
> Mit dem Blute des heiligen Bundes von neuem geschenkt hat
> Also geschah des Ewigen Wille. Vergebens erhub sich
> Satan wider den göttlichen Sohn; umsonst stand Juda
> Wider ihn auf: er thats, und vollbrachte die große Versöhnung.

Das innere Thema des Messias ist die Ergriffenheit der fühlenden Seele; „tief in Entzückungen verloren" schwingt sie sich
im Strom der reinen gedankenvollen Empfindungen in das Unendliche auf. Alles wird Bewegung, Begeisterung, Andacht und
ehrfürchtige Hingabe an die beseligende Herrlichkeit des Göttlichen. Dieser Strom des Entzückens löst die leibhaft-körper-
liche Anschauung auf, er läßt ein geistiges Ordnen und Motivie-
ren außer acht, er häuft verschwimmende und verschmelzende

Bilder, die sich immer wieder ins Unendliche auflösen. Schillers Kritik traf den entscheidenden Mangel, der aber eben im Wesen des spirituellen Seelenepos bedingt lag und gerade auch dessen lyrisch-musikalische Größe ausmachte: „So eine herrliche Schöpfung die Messiade in musikalisch-poetischer Rücksicht ist, so vieles läßt sie in plastisch-poetischer noch zu wünschen übrig... Die Figuren in diesem Gedicht sind gute Exempel zu Begriffen, aber keine Individuen, keine lebendigen Gestalten... Man möchte sagen, der Dichter ziehe allem, was er behandelt, den Körper aus, um es zu Geist zu machen... Die Messiade ist mir als ein Schatz elegischer Gefühle und idealischer Schilderungen teuer, wie wenig sie mich auch als Darstellung einer Handlung und als episches Werk befriedigt." Aber das Einzigartige des Messias bleibt davon unberührt: die innere Spannung, die Erhabenheit einer dem Unendlichen geöffneten, musikalisch gestimmten Sprache, die Kraft von Wort und Rhythmus, die mit zarter Innigkeit, posaunenhaftem Forte und jubelndem Hallelujah wechselt. Darin lag das Hinreißende, daß hier zuerst eine umfangreiche Dichtung ganz aus innerem Erleben, aus dem sich selbst singenden Gefühl, aus einer mächtigen seelischen Bewegung geflossen war. Damit waren gegenüber der Aufklärung und dem Rokoko neue Sprachmöglichkeiten geöffnet, von denen mehr als eine Generation zu zehren vermochte; der junge Goethe, Schiller, Hölderlin sind ohne Klopstock nicht denkbar. Und kaum läßt sich ermessen, was Klopstock dem deutschen Wortausdruck neu gewonnen hat, wie mit ihm eine bisher ungeahnte Dynamisierung und Vergeistigung, eine festliche Erhabenheit und rauschende Musikalität der Sprache beginnt. Nicht zuletzt: als ein „Lehrling der Griechen" gewann er der deutschen Dichtung den Hexameter.

Der Kampf gegen den Reim in der Lyrik, im Drama und Epos war seit der Jahrhundertmitte zu einer Art literarischer Jugendbewegung geworden. Zu der Einwirkung des Pietismus, zu der mehr rationalen Verlagerung des Ausdrucks vom Klang zum Sinn trat der Einfluß antiker Lyrik, des Horaz, später auch der Edda. Klopstock nahm die Formen der griechischen sapphischen, alkäischen und asklepiadeischen Ode auf. Samuel Gotthold Lange hatte Horaz übertragen (1752), sich allerdings Lessings heftige Kritik zugezogen (1754). Klopstock gelang, den Stil und Ton der deutschen Ode zu schaffen. Er hebt sich mit wechselnden und starken Rhythmen, pathetischer Sprache, gedanklicher Spannung und Steigerung der Gefühlsdimensionen vom Liedhaften

ab. Er bereicherte damit nachhaltig die lyrischen Ausdrucksmöglichkeiten. Seine Voraussetzungen fand er in der Ästhetik der
Schweizer, in J. J. Bodmers Milton-Übersetzung (Prosa; 1732),
in der Lyrik von Pyra, Lange und A. von Haller. Klopstock übertraf seine Vorgänger durch die gedanklich-gefühlhafte Weite seiner Welt- und Glaubenserfahrung. Doch wäre unrichtig, ihn nur
aus dem Aspekt subjektiver Erlebnisdichtung zu verstehen. Seine
Themen waren auf überindividuelle Gehalte gerichtet: Freundschaft und Liebe, Gott und Natur, Vaterland und Heldentum,
Tod und Ewigkeit, das Erhabene der Schöpfung, die Einung von
Gott, Mensch und Welt. Er verstand sich als der heiligende,
seherische und hymnische Dichter, mit einer Würde von priester-
lichem Rang. Das war eine neue Auffassung des Dichterischen.
„Laß du dich kein Regelbuch irren, wie dick es auch sei... Frag
du den Geist, der in dir ist, und die Dinge, die du um dich siehst
und hörest, und die Beschaffenheit dess, wovon du vor hast zu
dichten; und was die dir antworten, dem folge." Klopstock
schrieb an J. H. Voss: „Ich betrachte überhaupt alles, was Kunst
heißt, nach der Wirkung." Dies nähert ihn der rhetorischen
Kunstauffassung, einer Wirkungsästhetik unter psychologischen
Vorzeichen. Durch Bodmer hatte er die Lehre von der „hertz-
rührenden Schreibart" kennengelernt, die der Ästhetiker Dubos
in seinen „Reflexions critiques sur la Poésie et sur la Peinture"
(1719) darlegte. In Klopstocks Aufsatz *Von der heiligen Poesie*
(1760) heißt es: „Aber sein (des Dichters) Zweck geht weiter,
als Eine Kraft der Seele, indess daß die andern schlummern, nur
zu erregen, sie sanft zu unterhalten und ihr einen stillen Beifall
abzulocken. Eine Absicht, welche auch Meisterstücke hervorgebracht hat! Er bringt uns... mit schneller Gewalt dahin, daß
wir ausrufen, uns laut freuen, tiefsinnig stehn bleiben, denken,
schweigen; oder blaß werden, zittern, weinen." Enthusiasmus
und Melancholie, Wortstrom und Verstummen wechseln. Die
Geliebte wird fast körperlich als Inbild idealer Tugend gefeiert.
Schwelgerisch genießt der Dichter Sturm und Wechsel der Gefühle, so daß der konkrete Augenblick entschwindet und sich die
Empfindung in das Grenzenlose steigert – aus flutender Bewegung der Einbildungskraft, des Herzens. Mit kühner Wortwahl und Wortstellung arbeitete Klopstock das Ungewöhnliche,
Hinreißende und Erhabene heraus. Er entdeckte die Ausdrucks-
macht der zur freien Bewegung gelangten Sprache.

Wie freut sich des Emporschauns zum Sternheer,
wer empfindet,
Wie gering er, und wer Gott, welch ein Staub er,
und wer Gott,
Sein Gott, ist! O sei dann, Gefühl
Der Entzückung, wenn auch ich sterbe, mit mir!

Seit 1754 kam er zu seiner größten Leistung, den *Hymnen* in *freien Rhythmen,* die das Strophenschema (reimlos, mit wechselnder Zeilenlänge und Strophenbildung, ohne regelmäßiges Metrum) aufgeben. Die freien Rhythmen, von Klopstock „Gesänge" genannt, wurden in der Einheit von Form, Ton und Gedanken zur Sprache eines Aufschwungs zum Erhabenen, das im strömend-mitreißenden Pathos schließlich zum Verstummen zwingt. Es war bedeutsam, wie Klopstock die Ansprüche und Eigengesetze des Lyrischen von der Formordnung der Prosa trennte. Aus der Bewegung von Gefühl und Gedanke und aus dem Rhythmus der Sprache baute sich jetzt das Gedicht auf. „Vielleicht würde es dem Inhalt gewisser Gesänge sehr angemessen sein, wenn sie Strophen von ungleicher Länge hätten und die Verse der Alten mit den unsrigen so verbänden, daß die Art der Harmonie mit der Art der Gedanken beständig übereinstimmte." Klopstock entdeckte die Ausdrucksqualität des lyrischen Verstummens. „Überhaupt wandelt das Wortlose in einem guten Gedicht umher, wie in Homers Schlachten die nur von wenigen gesehenen Götter." Die freien Rhythmen wurden die einzige originäre deutsche Erfindung im Formenkosmos der europäischen Lyrik. Die hymnische, nach Klopstocks Worten überschäumende und entzückte Haltung des Dichterischen hatte die eigene Form gefunden. Ihre Geschichte in der Folgezeit zeigt bei Goethe und Hölderlin noch steigernde Ausdrucksabwandlungen, im 19. Jahrhundert zwischen Platen, Heine und Nietzsche einen Formenzerfall, dem im 20. Jahrhundert seit Arno Holz bis zu Bert Brecht weitere Um- und Neubildungen gefolgt sind. Schwerlich läßt sich überschätzen, was Klopstock als Dichter des Messias, der Oden und Hymnen (erste Sammlung *Oden und Elegien* 1771) für die Ausbildung der neueren Dichtersprache bis hin zu R. M. Rilke bedeutet hat. Rhythmus und Klang, das Wortmaterial, die Syntax und Grammatik gewannen durch ihn fortzeugende Prägungen. Der junge Goethe schrieb: „Klopstocks herrliches Werk hat mir neues Leben in die Adern gegossen. Die einzige Poetik aller Zeiten und Völker, die einzigen Regeln, die möglich sind!... Denn hier fließen die heiligen Quellen bildender Empfindung

lauter aus vom Throne der Natur." Der klassische Schiller ur-
teilte: „keusch, überirdisch, unkörperlich, heilig wie seine Religion ist seine dichterische Muse, und man muß mit Bewunderung
gestehen, daß er, wiewohl zuweilen in diesen Höhen verirret,
doch niemals davon herabgesunken ist."

Dennoch lag in dieser gedankenvoll empfindenden Hochspannung die Gefahr der manierhaften Übersteigerung und rhetorischen Erstarrung. Klopstock kannte keine Entwicklung; er hielt
den erhabenen Gefühlston auch dann fest, wenn ihm nicht mehr
ein innerer Überschwang der Seele entsprach. Ihm gelangen unsterbliche Gedichte (*Die Frühlingsfeier, Wingolf, Der Zürcher
See*, das anakreontische *Rosenband, Der Eislauf, Der Tod, Das
Wiedersehn, Der Frohsinn, Die Genesung, Die Auferstehung*
u. a.), aber im Alter verfiel sein Stil der virtuosen Pose. Nach
1760 wandte er sich der Erneuerung der nordischen Götter-
sage, dem vaterländischen Gesang zu. In Dänemark wurden
ihm Bestrebungen zugeführt, die, wie schon im Barock, das
germanische Altertum neu in das Bewußtsein rufen wollten.
Gegen den klassizistischen Rationalismus der Zeit stellte er eine
mehr phantasievolle als historische Mythologie, die er für uraltes
Deutschtum hielt und aus skandinavischen und keltischen Quellen willkürlich zusammenlas. Mit H e i n r i c h W i l h e l m v o n
G e r s t e n b e r g (1737–1823), der 1766 das *Gedicht eines Skalden*
schrieb, begründete Klopstock die Bardenlyrik, die im Aufgebot
germanischer Götternamen, deutscher Eichen und alter Helden
schwelgte. (Von Klopstock: *Der Hügel und der Hain, Braga,
Kaiser Heinrich, Unsere Sprache, Hermann und Thusnelda* u. a.).
„Deiner wert zu sein, mein Vaterland" wurde nun zum Sinn
seiner Dichtung.

Schmerzlich entbehrte sein enthusiastischer Geist eine politisch-
nationale Einheit und Bildung, einen nationalen Stil und Gehalt
der Dichtung. Tief enttäuscht wandte er sich von Friedrich II.
ab, den er im Stil der altenglischen Ballade als Held der Nation
gefeiert hatte und der doch in seiner Schrift *De la littérature
allemande* (1780) seine Ablehnung der deutschen Dichtung unverhohlen aussprach. Auch diese vaterländische Begeisterung
Klopstocks blieb ein verschwimmendes, empfindsam-heroisches
Gefühl; nicht aus der Idee, nur aus einer sehr realen volklichen
Wirklichkeit konnte ein nationaler Stil geschaffen werden. Wohl
blieb Klopstocks Sehnsucht nach einer patriotisch-romantischen
Gesinnung aus nordischem Geschichtsgut und aus der Erneuerung der nationalen Geschichte nicht ohne Gefährten und Nach-

wirkung. Gleims Kriegslieder, Thomas Abbts (1738–1766)
Schrift *Vom Tode fürs Vaterland* (1761), die *Edda*-Ausgabe des
französischen Schweizers Mallet (1756), die *Five pieces of
Runic Poetry* (1763) des Engländers Percy, der *Ossian* (1760/
1763) des Schotten Macpherson beschritten den gleichen
Weg. Macpherson bot Gesänge eines altkeltischen blinden Dich-
ters aus dem 3. Jahrhundert n. Chr. an, die sich bald als geniale
Neudichtung auf der Grundlage einiger geringer Bruchstücke
entlarven ließen, was aber ihrer europäischen Wirkung keinen
Eintrag tat. Mit dem ihm eigenen Feuer schuf Klopstock drei
lyrische Dramen, *Hermanns Schlacht* (1769), *Hermann und die
Fürsten* (1784), *Hermanns Tod* (1787), in denen er ein patriotisches und lyrisch-musikalisches Festspiel schaffen wollte, das
Poesie, Gesang und Tanz als dramatische Urelemente verknüpfte.
Der Barde wurde ihm zum Symbol: zum Künder deutschen Geistes, zum urtümlichen Schöpfer von Gesang, Dichtkunst und
Sprache. In gewisser Weise griff er Richard Wagners Germanen-
opern voraus, aber er war seiner Natur nach, wie auch seine
biblischen Dramen (*Der Tod Adams* 1757, *Salomo* 1764) bewiesen, kein Dramatiker. Seine chorisch-hymnischen Weihespiele
blieben ohne dichtungsgeschichtliche Auswirkung. Die Zukunft
gehörte anderen Mächten.
Aus einer neuen Schau des griechischen Altertums kam ein unerhört fruchtbarer Anstoß. 1755 betrat Johann Joachim
Winckelmann (1717–1768) die Stadt Rom. Nach armseliger
Jugend und bitteren Jahren geistiger Knechtsdienste als kleiner
Schulmeister und ausgenutzter Sekretär hatte der Stendaler
Schuhmachersohn erreicht, was ihm schicksalhaft bestimmt
schien: in Rom der antiken Kunst unmittelbar zu begegnen. Er
war Katholik geworden, um diese Reise zu ermöglichen, die
seine Lebensaufgabe erschloß. 1764 erschien seine *Geschichte der
Kunst des Altertums*. 1755, noch in Dresden, war eine bedeutende kleine Schrift, *Gedanken über die Nachahmung der griechischen Werke* vorausgegangen. Als er, eine nun europäische
Berühmtheit, in die Heimat zurückkehren wollte, aber noch
unterwegs in das geliebte Italien umkehrte, fiel er einem Raub-
mord zum Opfer. Winckelmann war mehr als der Begründer
einer entwicklungsgeschichtlichen Kunstwissenschaft; er lehrte
eine neue Art, das Kunstwerk aus seinen inneren Voraussetzungen zu verstehen. An der griechisch-römischen Plastik entwickelte
er das Ideal einer geläuterten, in Leib und Seele harmonisch
geschlossenen Humanität, das der deutschen Klassik die ent-

scheidenden Voraussetzungen gab. Gegen barocke Spannungen
und christliche Jenseitigkeit richtete er in der berühmten Formel
„edle Einfalt und stille Größe" das Bild des in sich vollkommenen, im Irdischen vollendeten Menschen auf. Es bedeutete Kraft
und Schönheit, gebändigte Leidenschaft, eine edle, in reiner Bildung gefundene Einheit von Körper und Geist. In ihm schien
die naturhafte und geistige Form des Menschen eine Wirklichkeit geworden zu sein. Darin lag das Beglückende, daß es
diesen wahrhaft humanen Menschen, wie die Kunst auswies,
wirklich gegeben hatte und daß Griechenland seine Heimat war;
jenes Griechenland, auf dessen Tradition eine europäische Bildung bewußt aufbauen konnte. Seit Winckelmann war die Beschäftigung mit der Antike nicht mehr eine Sache der Gelehrten,
sondern eine innere Notwendigkeit für jeden, der sich um die
Bildung des Menschlichen bemühte. Angesichts der Wichtigkeit
dieser Wendung, auf der das hellenische Weltbild der deutschen
Klassik aufbaut, bleibt gleichgültig, wieweit Winckelmann historisch richtig sah und wieweit seine poetische Kunstdeutung, die
er in ein fast dichterisches Deutsch goß, im einzelnen an zeitbedingte, aufklärerische, rokokohafte und pietistische Vorstellungen gebunden blieb. Die Antike wurde nun zum Kanon der
Kunst. Erstarrte er auch schließlich zu einem abstrakten Klassizismus; für lange Zeit wurde er zu einer in „Nachahmung" und
Auseinandersetzung schöpferischen Kraft. Es war ein sicheres,
das Leibliche und das Geistige vereinendes Vorbild des Klassisch-
Schönen gegeben, und man sah und las die Kunst des Altertums
mit geöffneten Augen, mit den Sinnen und der Seele.
Ein Wettstreit großer Geister hatte nun eingesetzt, in dem alle
Strömungen des Jahrhunderts zusammenflossen. Klopstock und
Winckelmann waren größte Gegensätze. Zu ihnen traten G o t t -
h o l d E p h r a i m L e s s i n g, der vollkommene und zugleich
über sie hinauswachsende Sprecher der Aufklärung, und C h r i -
s t o p h M a r t i n W i e l a n d, der Dichter des Rokoko und vierte
Wegbereiter der Klassik. Daneben erscheint, beiden geistig ver-
wandt, der geniale Göttinger Physiker, Astronom und Psychologe
G e o r g C h r i s t o p h L i c h t e n b e r g (1742–1799), dessen
Aphorismen, die neue Entdeckungen der Seelenkunde darboten,
erst nach seinem Tode erschienen. Es sind auch in der Form
eigentümliche, von Skepsis, Geist, Witz und Tiefsinn geladene
Einblicke in die Geheimnisse und Rätsel der Seele. „Wo Lichten-
berg einen Spaß macht, liegt ein Problem verborgen" (Goethe).
Er war ein souveräner Beobachter, ein realistisch scharfsichtiger

Ironiker, der mit kritischer Hellsicht die Masken, Täuschungen und Wahngebilde durchschaute, mit klarem Verstande sezierte. Der Pietismus und die Aufklärung waren seine Denk- und Gefühlsgrundlagen: aber er gelangte mit einem radikaleren Bewußtsein über sie hinaus, wie er denn auch der Prosa im Essay und im Epigrammatischen schärfere Konturen, beweglicheren Witz, hellere Pointen gab. Er erzog die deutsche Sprache zu größerer Konzentration, Bestimmtheit und Schlagkraft, und er gab ihr Eleganz durch die belebte Rede, das satirisch Geistreiche, durch Paradoxie und Wortspiel. Lichtenberg machte eine Kunst des Essay möglich und regte damit zu einer neuen Form an. H e l f - r i c h P e t e r S t u r z, (1736–1779), wie Lichtenberg aus Darmstadt stammend, Diplomat in dänischen Diensten in London, Paris, zuletzt Oldenburg, hat ihr besondere sprachliche Kultur zukommen lassen (*Schriften*, 1779/82).

Der wirkungsreichste Bildner der deutschen Prosa wurde Lessing. Er verband mit der Schärfe und Helle des kritischen Bewußtseins, einer dialogischen, ja dramatisch angelegten Intelligenz eine männliche, kampffreudige Energie, ein polemisches Temperament, einen universalen Blick, eine sittliche und geistige Gewissenhaftigkeit, einen rastlosen Bildungstrieb und – trotz seiner Selbstkritik – eine dichterische Ader. Vielleicht war er der freieste Geist unter den Deutschen, wenn unter Freiheit der Mut zur eigenen Erkenntnis und zu der Entscheidung für eine erlebte Wahrheit verstanden wird. In dem Ethos seines geistigen Wirkens liegt eine unauslöschliche Wirkung; nicht in seinen einzelnen ästhetischen Einsichten, seinen kritischen Kunstlehren, seinen religiösen Gedanken und wissenschaftlichen Schriften, und vielleicht nicht einmal in seinen dramatischen Dichtungen, deren Lebenskraft noch die gegenwärtige Bühne beweist.

Ihm war ein unruhiges, nie befriedigtes oder gar glückliches Erdenleben beschieden. Der 1729 geborene Pfarrersohn aus Kamenz nahm in der Fürstenschule in Meißen die griechisch-lateinische Bildung der Zeit auf; als Student in Leipzig ergriff ihn die Freude am Theater. Als freier Schriftsteller, wie es bisher nur wenige wagen konnten, lebte er in der geistig aufstrebenden Hauptstadt Preußens, Berlin, und in der Stadt der modernen Literatur seit Gottsched, Leipzig. 1760 wurde er, der Literatur überdrüssig und von Schulden geplagt, Sekretär des Generals Tauentzien in Breslau. 1767 rief ihn das neu gegründete Hamburger Nationaltheater. Enttäuscht zog er sich bald zurück. 1770 öffnete sich eine neue Zuflucht als Bibliothekar in dem einsamen

Wolfenbüttel. Versuche, nach Mannheim oder Wien in einen größeren Wirkungskreis überzuwechseln, scheiterten. Endlich konnte
er heiraten (1776), doch schon 1778 wurde ihm die geliebte Frau
entrissen. In Einsamkeit und Verbitterung endete 1781 sein
Leben. „Vormals im Leben ehrten wir dich wie einen der Götter;
nun du tot bist, so herrscht über die Geister dein Geist", riefen
ihm Goethe und Schiller in den „Xenien" nach.

Mit dem Studium und der Schilderung von Charaktertypen begann der Lustspieldichter Lessing in Leipzig unter dem Einfluß
der sächsischen Komödie (vgl. S. 189). *Der junge Gelehrte* (1748)
behandelte sein eigenes Problem: von der Welt der Bücher
drängte der Jüngling zur konkreten Erfahrung des Lebens. Ihn
führte der gleiche rebellische Drang nach Freiheit, der den jungen Klopstock, Wieland, Herder, Goethe und, revolutionär gesteigert, Schiller zur Auflehnung trieb. 1749 folgten *Der Freigeist*
und *Die Juden*. Zum ersten Male erschien ein gebildeter Jude
auf der deutschen Bühne. Die Grundmotive des „Nathan" wurden jetzt schon berührt. Doch das erste selbständig vorwärts-
schreitende Drama Lessings, das erste voll ausgebildete „bürgerliche Trauerspiel" in deutscher Sprache, wurde *Miß Sara Sampson* (1755). Komische Verserzählungen, Anakreontika, Epigramme, Fabeln gingen voraus und nebenher, in denen er sich
dem spielerischen, witzigen Stil des Rokoko und der aufkläre-
rischen Moral anpaßte (*Kleinigkeiten*, 1751). Der junge Lessing
übte sich in allen Gattungen, um langsam das eigene Ziel zu
finden. Auch dramatische Pläne häuften sich; er löste sich von
Gottsched und las Shakespeare wie J. E. Schlegel. Aber seine „Miß
Sara Sampson" knüpfte an die Romane des Engländers Richardson und das bürgerliche englische Schauspiel (G. Lillo, *The London Merchant or the History of George Barnwell*, 1731) an. Der
Einfluß der englischen Literatur wird bei ihm wie bei Klopstock
im Gegensatz zu dem Übergewicht der französischen Kultur
deutlich. Das Bürgertum orientierte sich an dem soziologisch
verwandten englischen Geistesleben. Lessing schrieb ein bürgerliches Schauspiel, das in England, dem Lande eines selbstbewußten Bürgertums, spielt. Mellefont verläßt seine Geliebte Marwood
um Saras willen. Sie erreicht, daß er, schwach genug, sie unter
falschem Namen zu Sara bringt. Dort spricht sie für sich selbst,
für die verlassene Marwood. Endlich gibt sie sich, die Rivalin
tief demütigend, zu erkennen. Und sie rächt sich an ihr durch
Gift. Antike Stoffe („Medea") stehen dahinter. In Prosa wird
eine rührende, sittlich empfindsame Familientragödie vorgeführt.

Das Stück lockte viele Nachahmungen (u. a. J. G. B. Pfeil, *Lucie Woodvil*, 1756; J. W. von Brawe, *Der Freigeist*, 1757) hervor und begründete derart eine eigene Gattung, in der vor allem der Schauspieler und Theaterleiter F r i e d r i c h   L u d w i g   S c h r ö d e r (1744–1816) produktiv wurde.

Im Austausch mit dem Aufklärer F r i e d r i c h   N i c o l a i (1733 bis 1811), der nach kluger kritischer Wirksamkeit einen aufgeklärten Roman, *Das Leben und die Meinungen des Herrn M. Sebaldus Nothanker* (1773), schrieb und im Alter durch seinen Kampf gegen die Klassik, die Romantiker und gegen Kant lächerlich wurde, und mit dem jüdischen Philosophen M o s e s   M e n d e l s s o h n (1729–1786), dessen *Briefe über die Empfindungen* (1767) und *Phädon oder Über die Unsterblichkeit der Seele* zu den klassischen Werken der Aufklärung zählen, bemühte sich Lessing um eine neue Definition des Tragischen. Er lehnte das barocke Pathos des stoisch leidenden Helden und die Märtyrertragik der christlichen Tragödie ab; er lehrte als Grund des seelischen Vergnügens an tragischen Gegenständen, daß im Affekt der Mensch sich eines höheren Grades seiner Realität bewußt werde und daß die dramatische Katharsis (Reinigung) eine Verwandlung der von Aristoteles behaupteten Leidenschaften der Furcht (nicht „Schrecken" im Sinn der französischen Tragödie) und des Mitleids zu „tugendhaften Fertigkeiten" sei. Die Tragödie soll das Mitleid, aus dem Mit-Leiden heraus, zur Tugend wandeln. In der *Hamburgischen Dramaturgie* (1767/69) wurde dies ausführlich begründet.

Lessing wollte der Winckelmann der Poesie sein; durch das rechte, neue Verständnis der Antike sollte eine große Dichtkunst begründet werden. Seinen äußerst konzentrierten und gefeilten *Fabeln* (1759), mit denen er eine meisterhafte Poetik der Fabel verband, diente Äsop zum Vorbilde; bei dem sehr knappen Drama *Philotas* (1759), das den freiwilligen Tod für das Vaterland feiert, stand Sophokles Pate. Im Fragment seines *Faust* (17. Literaturbrief) strebte er die gleiche strenge, epigrammatische Gedrängtheit des Stils an. Von 1759–1765 erschienen seine *Briefe, die neueste Literatur betreffend;* sie sind das unübertreffliche Muster einer „produktiven Kritik" (F. Schlegel). In ihnen hob sich ein neuer Richtpunkt des Dramas heraus: Shakespeare wurde gegen die Franzosen ausgespielt. „Erstlich würde das Volk an jenem viel mehr Geschmack gefunden haben, als es an diesen nicht finden kann; und zweitens würde jener ganz andere Köpfe unter uns erweckt haben, als man von diesen zu rühmen weiß.

Denn ein Genie kann nur von einem Genie entzündet werden; und am leichtesten von so einem, das alles bloß der Natur zu danken zu haben scheinet und durch die mühsamen Vollkommenheiten der Kunst nicht abschrecket." Und noch kühner war der Satz: „Auch nach dem Muster der Alten ... ist Shakespeare ein weit größerer tragischer Dichter als Corneille, obgleich dieser die Alten sehr wohl und jener fast gar nicht gekannt hat." Auch die „Dramaturgie" überspringt den in Wahrheit tief klaffenden Unterschied zwischen Shakespeare und der antiken Tragödie. Shakespeare bedeutete jetzt eine verwandte Art, die Psychologie der menschlichen Leidenschaften, einen naturhaften Genius jenseits aller Regeln der Kunst. Er bewies, „daß das Große, das Schreckliche, das Melancholische besser auf uns wirkt als das Artige, das Zärtliche, das Verliebte." Damit griff Lessing weit über den Typus des bürgerlichen Trauerspiels hinaus. Doch auch Lessings Grenzen gegenüber Shakespeare müssen gesehen werden. Seine eigenen Dramen zeigen keine metaphysische Weite, keine Bindung an kosmische Mächte und an Schicksalhaftes. Die Konflikte erwachsen bei ihm aus einer rein menschlichen Ursächlichkeit, er kennt nur psychologisch-soziale Motive, und er betont die logische Kausalität des Geschehens durch eine genaue psychologische Begründung und die Bedeutung der Intrige. Lessing gibt eine oft spitzfindige Dialektik der Leidenschaften in klug berechnetem Aufbau. Darin lag seine Bindung an den Rationalismus. In „Miß Sara Sampson" bestimmen Liebe, Stand, Ehre, Familie das Geschehen, im „Philotas" wird die Wirkung des heroischen Opfertodes logisch berechnet. Ähnlich sind „Minna von Barnhelm oder Das Soldatenglück" (1767) und „Emilia Galotti" (1772) gebaut. Jedem dieser Dramen ging eine große kunsttheoretische Schrift voraus: 1766 *Laokoon oder über die Grenzen der Malerei und Poesie,* 1767/69 die *Hamburgische Dramaturgie.* „Scheidekunst" nannte man den Laokoon; Lessing zog hier scharf die Grenze zwischen den bildenden Künsten und der Dichtung. Viele europäische Vorgänger hatte er darin bereits (Du Bos 1719, Diderot 1750, Shaftesbury, James Harris 1744). Winckelmanns Griechenbild gab ihm entscheidende Anregungen. Körper durch die Mittel der Figuren und Farben räumlich im Nebeneinander darzustellen, kennzeichnete er als die Aufgabe der bildenden Kunst. Die Dichtung dagegen schildert Handlungen im Nacheinander der Zeit. Körperliches und Bildhaftes kann sie nur im Entstehen entwickeln, durch eine bewegte Handlung, die ein Werden und Wirken verdeutlicht.

Homer beschreibt den Schild des Achill, wie er entsteht. Damit war der malerisch beschreibenden Poesie und der dichtenden allegorischen Malerei, wie sie in der ersten Hälfte des 18. Jahrhunderts herrschten, ein Ende gesetzt. In einer glänzenden, dialogisch beweglichen Stilkunst wurde dies an einer Fülle von Beispielen vorgetragen und belegt.

Ein Bruchstück blieb auch die *Hamburgische Dramaturgie*. Der erste Versuch eines deutschen Nationaltheaters veranlaßte sie, doch ging Lessing rasch, über die Verhältnisse an dem Theater verärgert, von der Kritik zur Erörterung dramaturgischer Grundsätze über. Die richtige Interpretation der Sätze des Aristoteles stand im Mittelpunkt. „Die Tragödie ist die Nachahmung einer Handlung, die nicht vermittelst der Erzählung, sondern vermittelst des Mitleids und der Furcht die Reinigung dieser und dergleichen Leidenschaften bewirkt." Mitleid hieß hier ein erlebnishaftes Mitfühlen, wie es der sinnlichen Gegenwärtigkeit des Spiels entspringt. Das Theater gibt dem Menschen die Fähigkeit zum Miterleben des Geschehens, damit eine größere Weite und Intensität seines Erlebnisfeldes. Nicht ein absolut Gutes oder Böses kann er miterleben; um so mehr das wahrhaft Menschliche in seiner gesamten Vielfalt. Wieder spielte hier Lessing Shakespeare gegen Corneille und Voltaire aus; weit näher standen ihm unter den Franzosen Molières Komödien und Diderots bürgerliches Schauspiel. Er forderte die Einheit von Handlung und Charakteren, die Wahrscheinlichkeit und die genaue Motivierung des Geschehens, die Folgerichtigkeit der Vorgänge und die Freiheit gegenüber der Geschichte bei historischen Stoffen. Das Drama soll den Sieg der menschlichen Gestaltungskraft über den Stoff durch die Vernunft und den Willen verdeutlichen – „auf dem Theater sollen wir nicht lernen, was dieser oder jener einzelne Mensch getan hat, sondern was ein jeder Mensch von einem gewissen Charakter unter gewissen gegebenen Umständen tun werde". Ganz ähnlich bestimmte Wieland das Ziel seines großen Bildungsromans „Geschichte des Agathon".

Aus der Anschauung und der Umwelt des Siebenjährigen Krieges wurde *Minna von Barnhelm* geschaffen. Diese Beziehung auf eine aktuelle politisch-staatliche Wirklichkeit war gänzlich neu; Goethe nannte das Spiel die erste aus dem bedeutenden Leben gegriffene Theaterproduktion von spezifisch temporärem Gehalt, von vollkommen norddeutschem Nationalgehalt. Lessing erlebte bereits, was später mit tiefer, eingreifender Wirkung Kleist in Berlin mit seinem „Prinzen von Homburg" widerfuhr;

die Aufführung der „Minna von Barnhelm" in Hamburg mußte
auf preußischen Einspruch hin abgesetzt werden, da man die
Lebensnähe des Zeitbildes und eine Kritik an dem Staat und
seinem Herrscherhause fürchtete. Ein Preußentum, das das Staatliche mit dem Menschlichen vereinigt, ist hier zur dichterischen
Wirklichkeit geworden. Niemals bisher hatte ein Dichter die
ethischen Werte des Soldatentums so von innen heraus gesehen.
Nicht Typen, sondern lebendige Menschen werden gezeigt; nur
die Randfiguren sind typenhaft gezeichnet. Dem Lustspiel wurde
ein ernsthafter Gehalt gegeben, der an das Tragische grenzt.
Denn was Tellheim, der verkrüppelte, mittellose, verdächtige
Offizier durchlebt, ist mehr als eine Verirrung durch den Wahn
der Ehre: ein edler Mensch steht vor der Katastrophe seiner
Existenz. Er bewahrt seine Sittlichkeit. Daß er seine Haltung
unter dem Einfluß eines „Erkenntnisirrtums" (Schiller) übersteigert, daß die falsche Anklage zusammenfällt, eine rein und
adlig Liebende ihm die Treue bewahrt und der König sich als
gerecht erweist, rettet den Charakter des Lustspiels. Die große
Kunst des Aufbaus, der psychologischen Motivierung, des Sze-
nenwechsels, der Intrige, der Mischung von Humor, Komik und
Rührung, der Charakterzeichnung, der Konstruktion des Spiels
im Spiele und im Dialog kann hier nicht im Detail dargelegt
werden. Gegenüber der sächsischen Komödie war thematisch und
formal erstaunlich Neues, Eigenes geleistet. Daß dies Lustspiel
bis heute bühnenkräftig blieb, beweist, wie wenig die dramatische Substanz und Spielstruktur zeitgebunden war. Geist und
Grazie des Rokoko vereinigen sich in Minna, die im Kampf um
den Geliebten den gefährlichsten Spieleinsatz wagt, mit der Helle
des Verstandes und der Sprache des Herzens. In der Figur Tell-
heims gelingt die Verschmelzung von Ethos und Torheit des
übersteigerten Ehrbegriffs, der durch Witz und Liebe ins Menschliche zurückgeführt wird. Komödiantische Figuren werden zu
eigenen Charakteren: die gewitzte Franziska und der biedere und
treue Wachtmeister Werner übersetzen das Wesen ihrer Herrschaft in die tiefere ständische Schicht. Der Wirt des Gasthauses
und der spielsüchtige Franzose Riccaut sind altbewährte Lustspieltypen.

Den älteren Plan einer „Virginia" verlegt die *Emilia Galotti* in
eine italienische Hofwelt, mit der in leichter Maskierung die
bald darauf von Schiller angeklagte Mißwirtschaft des deutschen
Absolutismus gemeint ist. An der Hamburger Bühne hatte Lessing das lebendige Theater studiert; allzu lange waren die deut-

schen dramatischen Dichter bühnenfremd geblieben. Das Werk
ist rational bis in das Äußerste durchdacht – ein „Rechenexempel
dramatischer Algebra" nannte es F. Schlegel. Dennoch erreicht
es eine echte, lebensmäßige Tragik. Ein Prinz droht, Emilia, die
Beute einer klug und ruchlos angelegten Intrige, zu vergewal-
tigen; ihr Vater tötet sie, um sie vor Schande zu bewahren.
Darin, daß Odoardo die eigene Tochter morden muß, liegt nicht
das einzige tragische Motiv; tiefer dringt noch, daß Emilia, die
um die erotische Verführungskraft des Prinzen und ihre eigene
Gefährdung weiß, ihn dazu herausfordern muß. „Ich habe Blut,
mein Vater, so jugendliches, so warmes Blut als eine. Auch meine
Sinne sind Sinne. Ich stehe für nichts. Ich bin für nichts gut."
Dunklere Kräfte, als sie das aufgeklärte Vernunftvertrauen zugeben wollte, bedingen aus Trieb und Natur diese tragische
Situation. Nicht gegen den Fürsten konnte Odoardo den Dolch
zücken; er bleibt der Bürger, der leidend opfern muß und sich
frivoler Willkür nicht anders erwehren kann. Darin lag das
Pathos des politischen Dramas, obwohl es vor revolutionären
Konsequenzen noch zurückschreckt. Das politische Thema sprach
als Anklage deutlich genug; aber Lessing konnte noch nicht den
letzten Schritt des Schillerschen In tirannos wagen. Er blieb im
Raum der bürgerlichen Tragödie auf dem Hintergrund eines
entarteten Absolutismus. Die Gestalt der Marwood aus „Miß
Sara Sampson" ist in der von Liebe, Ehrgeiz und Rache ekstatisch erregten Orsina, der betrogenen Rivalin und Mätresse, zu
einer der glänzendsten Figuren des deutschen Theaters gesteigert. Straff, zwingend ist das Spiel gestaltet, ohne ablenkende
Nebenzüge; jede Gestalt ist in der symmetrischen und antitheti-
schen Architektur des Werkes unentbehrlich. Zu funkelndem
Glanz erhebt sich die epigrammatische, pointierte, bewegliche
Sprachkunst Lessings. Er sprach für die Würde des Menschen
gegen die Willkür der Despotie; darin lag ein bisher ungewohn-
ter gesellschaftlicher und humaner Gehalt.
Viele literarische Kämpfe hatte Lessing bisher durchgefochten.
Von Wolfenbüttel aus reizte er den gefährlichsten Gegner auf:
die lutherische Orthodoxie. Religiöse Fragen, die das Zeitalter
einer sich vollziehenden Ablösung von der Dogmatik der Kirche
lebhaft bewegten, hatten ihn seit langem gefesselt. Orthodoxie,
Pietismus und ein akonfessioneller religiöser Vernunftglaube
(Deismus) standen feindlich gegeneinander. Lessing wählte seine
eigene Position. Die katholische Kirche hatte sich in die Defen-
sive zurückgezogen. Sie konnte literarisch nur auf den Pas-

sionsspieldichter Ferdinand Rosner (1709–1778), einen
Ettaler Benediktiner, verweisen, der auch die volkstümlich-
barocke Grundlage für den modernen Text des Oberammergauer
Passionsspiels 1750 lieferte. Der Wiener Jesuit Michael Denis
(1729–1800) dichtete Klopstocks Bardenlieder nach und übersetzte Ossian (1768). Lessing wurde in Hamburg ein antidog-
matisches, radikal aufklärerisches Manuskript von Samuel
Reimarus (1694–1768) übergeben; er ließ es, ohne mit seinem
Inhalt voll übereinzustimmen, als *Fragmente eines Ungenannten*
seit 1774 erscheinen. Die „Fragmente" führten zu einer ungeheuren Erregung, wurde doch hier sogar die göttliche Natur
Christi bestritten. Der Hamburger Hauptpastor Goeze gab eine
heftige Antwort. Lessing erwiderte mit den sehr ironischen *Anti-
Goezes* (1778). Es ging um mehr als seine eigenen religiösen
Überzeugungen – es ging jetzt um die Freiheit der Wissenschaft
und Erkenntnis. Auch die Bibel wurde nun der historisch-philo-
logischen Kritik unterworfen, die deren Wert als unmittelbare
göttliche Offenbarung bestritt. Der braunschweigische Herzog
schützte Lessing, mußte ihm aber die weitere theologische Publi-
zistik unter dem Druck der Kirche untersagen. Mit *Nathan dem
Weisen* (1779) wich Lessing in die Dichtung aus. Es wurde kein
polemisches Kampfdrama, vielmehr ein dramatisches Gedicht in
edlen Blankversen. Man mag es auch ein Lehrdrama, ein Ideendrama nennen. Einer Novelle des Boccaccio entnahm Lessing
die berühmte Ringparabel mit neuer Wendung: die wahre
Religion wird an liebender Toleranz, Sanftmut, an Wohltun,
Verträglichkeit und inniger Ergebenheit in Gott erkannt. Der
Glaube beweist seine Wahrheit in der höchsten Sittlichkeit; in
der Gesinnung, der Frömmigkeit des Herzens, in der Reinheit
des Gefühls und im sittlichen Handeln liegt allein seine Wahrheit, nicht im Buchstaben und Dogma. Die Religion als eine kirchliche Macht und Gewalt erscheint als der Widersacher humaner
Gläubigkeit. Die Pflicht zum reinen und guten Menschentum ist
stärker als die Unterschiede von Rasse, Stand, Stamm, Nation
und Glauben. Der zur Weisheit gereifte Jude, der am schwersten
litt, wird zum Lehrer der Humanität an dem Sultan Saladin wie
an dem christlichen Tempelherrn. Der Gedanke der Humanität
tritt hier zuerst am reinsten auf; auf Kosten des Christentums,
das in dem Patriarchen die schärfste Kritik trifft. Lessing hat in
Nathan sein Lebensideal verkörpert: die versöhnliche Weisheit,
sittliche Wahrhaftigkeit und geistige Freiheit eines im Leid gereiften Daseins. Neben dem Juden sind die anderen Gestalten

mehr Typen geblieben; sie sind die Vertreter religiös-volklicher Gemeinschaften und Gesinnungsstufen. Von ihnen hebt sich der Adel Nathans ab, und er bildet sie läuternd zu sich empor. Aus dem moralischen und pädagogischen Vernunftglauben der Aufklärung erwuchs der Idealismus einer allgemein-menschlichen, weltbürgerlichen Sittlichkeit. Wie Lessing über die Grenzen der Aufklärung hinausblickte, erweisen seine Freimaurer-Gespräche, *Ernst und Falk* (1778/80), und *Erziehung des Menschengeschlechts* (1780). Am Freimaurertum fesselte ihn der Gedanke einer alle Schranken von Glaube, Nation und Stand überwindenden Gemeinschaft freier brüderlicher Geister als Inbegriff eines höheren Menschentums. Verständnis, Liebe, Frieden zu stiften war seine erhabene Aufgabe. In der Form des platonischen Dialogs, in These und Antithese wird die Idealität dieser humanen Erziehung auch an der Kritik der bestehenden Freimaurerei entwickelt. Zu einer religiösen Geschichtsmetaphysik weitet sich die zweite Abhandlung. Die Geschichte des Christentums als Weg vom Alten zum Neuen Testament und zu der zukünftigen reinen Sittlichkeit sieht Lessing als Erziehung durch die Weisheit Gottes. In einem unendlichen geistigen Werden ist die Menschheit begriffen; mit Hilfe irdischer Verheißungen führte Gott die Juden im Alten Bunde zur Sittlichkeit, im Neuen Testament erzog er sie durch die Verheißung des jenseitigen Heils. Auf der dritten zukünftigen Stufe wird der Mensch in voller Bewußtseinsreife fähig werden, das Gute um des Guten willen zu tun, nicht mehr nur aus Furcht und Hoffnung. Ein irdisch lebendiges Schaffen im Dienst des Göttlichen wird sich frei entfalten. Über die Erdenwelt greift der Gedanke der Seelenwanderung als Weg zu weiterer Vervollkommnung der Seele hinaus. Das aufgeklärte Denken mündet beim alten Lessing in einen metaphysischen Idealismus des unendlichen Werdens ein. „Die orthodoxen Begriffe der Gottheit sind nicht mehr für mich; ich kann sie nicht genießen. *Hen kai pan* (Eins und Alles). Ich weiß nichts anderes. Dahin geht auch dieses Gedicht", sagte Lessing zu F. H. Jacobi anläßlich des „Prometheus" Goethes. So fand er den Übergang zu dem Irrationalismus einer jüngeren Generation.

Klopstock, Winckelmann, Lessing, Lichtenberg – jeder hatte auf andere Weise die Grenzen der geistigen, künstlerischen und sprachlichen Welt von Pietismus, Aufklärung und Rokoko durchbrochen und geweitet und sich der ideellen und poetischen Welt der Klassik genähert. Falsch wäre, nur von Vorbereitungen zu sprechen: ihr Werk hat dafür ein zu großes eigenes Gewicht, seine geschichtliche und künstlerische Souveränität. Vorbereitungen dennoch, soweit, was sie geschaffen hatten, in der Klassik fortwirkte, ihr Voraussetzungen gab. So vielfältig er in seinen Wandlungen, den Zeitgenossen kaum verständlich und sogar verdächtig, war, Ch. M. Wieland hat eine analoge Entwicklung vom pietistischen Spiritualismus seiner Jugend über Witz und Spiel des Rokoko bis zur Schwelle der Weimarer Klassik zurückgelegt, der er, seit 1772 in Weimar ansässig, im mehrfachen Sinne den Boden vorbereitete. Mit ihm sprach seit langer Zeit wieder ein Dichter aus dem deutschen Südwesten. Verkörperte sich in Klopstock das Niedersächsische, Christoph Martin Wieland (1733–1813) ist typisch süddeutscher Art. Daher seine Nähe zu einer sinnlich-anmutigen Antike, zu den romanischen Dichtern, zu einem romantischen Mittelalter, zu französischem Esprit, daher auch jene Haltung von Maß und Besonnenheit, die er in vielen Schriften als ironischer Pädagoge bewährte. Bei ihm scherzt und musiziert mit spielerischer Heiterkeit die Grazie des Rokoko; er bändigt eine üppig schweifende Phantasie mit witziger Intellektualität. Bürgerliche Empfindsamkeit gibt ihm zugleich die innerliche, gemüthaft-moralische und behaglich-idyllische Stimmung. Er blieb dem Barock am nächsten, aber es wurde zu einem eleganten, zierlichen, sensiblen und spannungsloseren Rokoko. Bewußt wurde ihm die Dichtung zum Bekenntnis der eigenen Seelenproblematik – zugleich war er ein eifriger Erzieher in diesem Jahrhundert der großen Pädagogen, wie J. H. Pestalozzi (1746–1827), J. H. Campe (1746–1818), J. B. Basedow (1723–1790) u. a. Dem Adel führte er zur deutschen Dichtung, indem er mit dem französischen Salonstil virtuos wetteiferte. Dem Bürgertum gab er in seinen Vers-Epen und Romanen und durch seine literarische Zeitschrift *Der Teutsche Merkur* (seit 1773) eine überständische, weltoffene Bildung und durch zahlreiche politische Aufsätze die Möglichkeit einer politischen öffentlichen Meinungsbildung. Unablässig focht er ironisch gegen die Pfaffen, Pharisäer, Philister und Phantasten für eine freie, lebensfrohe, besonnene und harmonische Geistesbildung.

Wieland mußte sich selbst mühsam zu ihr durchringen. In der frommen Enge des schwäbischen Pietismus wuchs der Pfarrersohn aus Oberholzheim bei Biberach auf; auf der pietistischen Erziehungsanstalt Kloster Berge bei Magdeburg warf ihn die Begegnung mit dem französisch-englischen Rationalismus in schwere Gewissensnöte. Den Studenten führte eine schwärmerische Liebe zu Sophie Gutermann, später v. Laroche (vgl. S. 214), zu seinem

Lehrgedicht *Die Natur der Dinge* (1751), das Leibnizsche Philosophie mit platonischem Ideenenthusiasmus verband. J. J. Bodmer rief ihn 1752 nach Zürich. In der Schweiz entstand eine große Reihe religiös-empfindsamer Dichtungen, die Klopstock, Bodmer, englischen Vorbildern nachgedichtet waren: *Sympathien* (1755); *Empfindungen eines Christen* (1757) u. a. Lessing wurde deren schärfster Kritiker. Erstaunlich war Wielands frühreife Sprachbeherrschung; immer blieb er an der Grenze zwischen Rhetorik und Dichtung, Journalismus und Poesie. Beweglich und anpassungsfähig, machte er alle Strömungen und auch Moden der Zeit mit, ohne doch seiner inneren Natur untreu zu werden. In Biberach, wo er seit 1764 Kanzleidirektor war, wurde seine Wandlung sichtbar. Mit den *Comischen Erzählungen* (1765), die er für den benachbarten ehemaligen Minister in Mainz, Graf Stadion, schrieb, schuf er den elegant-geistreichen, frivol-koketten und ironisch-tänzerischen Stil des deutschen Rokoko. Er gewann der deutschen Sprache eine bisher ungeahnte Leichtigkeit, Musik und Anmut. Um was es ihm, wie den ganzen Zeitalter, ging, erzählt der Titel seines ersten humoristischen, dem „Don Quixote" von Cervantes nachgestalteten Romans *Die Abenteuer des Don Sylvio von Rosalva oder Der Sieg der Natur über die Schwärmerei* (1764). Dieser Roman steht an geschichtlich bedeutsamem Platz; mit ihm beginnt ein formal gelockertes, subjektiviertes und psychologisches wie auch ironisch doppelstimmiges Erzählen. Wieland bedeutet einen neuen Einsatz des Romans als Kunstform. Es ist der Roman, in dem ein „persönlicher" Erzähler von dem „persönlichen" Schicksal eines Helden, seiner Bildung in der Welt, einem als „persönlich" vorausgesetzten Leser erzählt. Dies war zwar nicht neu; aber Wieland, mit virtuoser Formsensibilität begabt, bereicherte die Stilmittel und die Technik. Eine Hilfe dafür empfing er vom englischen Roman, von H. Fielding und L. Sterne. Bereits J. J. Bodmer hatte entscheidende Anregungen aus Italien und England zugänglich gemacht. Wieland wurde ein Entdecker der Weltliteratur seit der Antike; er machte sie den deutschen Dichtern und ihrer Formensprache zum Vorbild. Goethes Begriff der Weltliteratur ist von Wieland vorausgenommen worden. Er wagte die erste Übersetzung von 22 *Dramen Shakespeares* (1762–1766); allerdings fast ausschließlich in Prosa. Trotz seiner Bearbeitung der Texte wurde dies für die Kenntnis Shakespeares in Deutschland und für das Drama des Sturm und Drang hochbedeutsam. Wieland führte zuerst den fünfhebigen reimlosen Jambus, den sog. Blankvers in sein

Drama *Lady Johanna Gray* (1758) ein. Das Drama wurde zum
Experiment einer Tragödie aus dem Geist der Empfindsamkeit.
Es löste den gereimten Alexandriner als typisches Versmaß der
Tragödie ab. Der Blankvers wurde zum Medium einer verinner-
lichten, intimeren Handlung und Sprache. Lessing folgte ihm
1779 mit „Nathan der Weise".

Thematisch gewichtiger als der „Don Sylvio von Rosalva" wurde
der in Biberach (1766/67) in erster Fassung angelegte Roman
Geschichte des Agathon (endgültige Fassung 1795). Es ist der
erste große, bekenntnishafte und psychologisch-philosophische
Entwicklungsroman seit dem „Simplicissimus", der erste deutsche
Roman, der die äußere romaneske Abenteuerhandlung vereinfacht und alles Gewicht auf die psychologische und moralische
Analyse eines „wirklichen" Lebens in einer griechisch-rokoko-
haften Welt von Priestern, Philosophen, Hetären und Staats-
konflikten legt. Kühn und neuartig war dieser realistische Blick
in geheime seelische Bezirke. Zwischen Tugend, Schwärmerei
und ideeller Spekulation einerseits und Natur, Sinnenlust, politischem Despotismus und egoistischem Glücksdenken andererseits steht der Held. Er wird das abhängige Kind der Umstände,
er verzweifelt an allem sittlichen Enthusiasmus, bis ihn, in der
letzten Fassung, der Bildungsidealismus des Archytas von Tarent
im klassischen Sinne zu einer harmonischen, Geist und Leib,
Wirklichkeit und Idee vereinenden Humanität erzieht. Es gibt
kein Jenseits in Wielands Dichtung. Sokratische Weltweisheit befreit aus aller wirklichkeitsfernen Schwärmerei, und das Bekenntnis zur Pflicht im Kantischen Sinne formt den Charakter. Lessing
nannte den „Agathon" den „ersten und einzigen Roman für den
denkenden Kopf von klassischem Geschmack". Lichtenberg
wurde nicht müde, Wielands Leistung zu bewundern. Aber sein
rationaler, psychologischer, gesellschaftskritischer und ironischer
Erzählstil blieb ohne rechte Weiterentwicklung. Seit Goethes
„Leiden des jungen Werthers" setzte eine lyrisch-musikalische
Rhythmisierung der Erzählsprache ein, ein Grenzüberschritt von
der Prosa ins Poetische; seit „Wilhelm Meisters Lehrjahre"
wurde eine Symbolstruktur zur Ausdruckssprache der Prosa, die
über den romantischen Roman hinaus sich als bestimmend durchsetzte. Das bedeutete eine Verlagerung der Romanthematik vom
Ironisch-Gesellschaftskritischen zur humanen Innerlichkeit und
zu deren innerseelischen Perspektiven.

Allgemeiner und theoretischer blieb Wielands großer Staatsroman *Der goldene Spiegel* (1772), den er als Professor an der

Erfurter Universität des Kurfürsten von Mainz (seit 1769) schrieb. In orientalischer Einkleidung, in leichter, fesselnd plaudernder Form werden aktuelle Staatsprobleme (Absolutismus, Priesterherrschaft, Demokratie) mit dem Ziel einer aufgeklärten, wohltätigen Monarchie dargelegt. Intensiv setzte sich Wieland mit Rousseaus Kulturpessimismus auseinander. 1772 wurde er Erzieher des späteren Herzogs Karl August, damit zum geistigen Vorbereiter des klassischen Weimar. Er blieb der Stadt, seit 1775 für schriftstellerische Arbeit gänzlich frei, treu; freundschaftlich an der Seite Goethes und Herders, dagegen Schiller, trotz anfänglich nahen Umgangs, ferner. In Weimar entstand 1773 der lyrisch-dramatische Operntext *Alceste* nach Euripides, der Goethes geniale Satire *Götter, Helden und Wieland* (1774) herausforderte und dennoch den klassischen Stil der „Iphigenie" vorbereitete.

Gerade an Wieland zeigte sich der Gegensatz zwischen dem jungen „Sturm und Drang" und der Aufklärung und dem Rokoko. Dennoch hatte er geholfen, diese Befreiung der Geister vorzubereiten. Als Rückkehr zur echten Antike wurde sein lehrhaft-humoristisches Versgedicht *Musarion* (1768) lebhaft gefeiert. Ein platonisch-idealistischer und ein stoisch-asketischer Philosoph werden von der schalkhaft-anmutigen Griechin Musarion zu Fall gebracht; ihren Geliebten Phanias, der nach allzu üppigem Lebensgenuß zum Menschenhasser wird, führt sie zu einem Lebens- und Liebesglück, das Freude und Maß, Schönheit und Vernunft, Anmut und Zufriedenheit verbindet. Es ist die heitere Idylle eines friedlichen Zeitalters. „Musarion" blieb zeitlebens Wielands sittliches Ideal.

> Die reizende Philosophie,
> Die, was Natur und Schicksal uns gewährt,
> Vergnügt genießt und gern den Rest entbehrt;
> Die Dinge dieser Welt gern von der schönen Seite
> Betrachtet, dem Geschick sich unterwürfig macht,
> Nicht wissen will, was alles das bedeute,
> Was Zeus aus Huld in rätselhafte Nacht
> Vor uns verbarg, und auf die guten Leute
> Der Unterwelt, so sehr sie Toren sind,
> Nie böse wird, nur lächerlich sie find't
> Und sich dazu, sie drum nicht minder liebet,
> Den Irrenden bedaurt und nur den Gleißner flieht;
> Nicht stets von Tugend s p r i c h t noch, von ihr
> [sprechend, g l ü h t,
> Doch, ohne Sold und aus Geschmack, sie übet;

> Und, glücklich oder nicht, die Welt
> Für kein Elysium, für keine Hölle hält,
> Nie so verderbt, als sie der Sittenrichter
> Von seinem Thron – im sechsten Stockwerk sieht,
> So lustig nie, als jugendliche Dichter
> Sie malen, wenn ihr Hirn von Wein und Phyllis glüht.

Diese Harmonie suchte Wieland stets und zumal im Bereich des Erotischen, im Konflikt von galanter Sinnenlust und empfindsamer Seelenliebe. Seine sinnlich-geistige, humoristische Phantasie wanderte durch vielerlei Gebiete: in dem heroisch-komischen Feenmärchen *Idris und Zenide* (1768) in Stanzen, die er dem italienischen Renaissance-Epiker Ariost nachdichtete, in dem bunten Gewebe des *Neuen Amadis* (1771), in dem spielerischen Arkadien der *Grazien* (halb Prosa, halb Vers, 1770). In Goethes Nähe, nach 1775, bekamen seine Verserzählungen einen natürlicheren und schlichteren Ton. Virtuos verwandelte er die verschiedensten Stoffe zu unterhaltsamen ironischen und pädagogischen Märchen. Mittelalterliche Rittersage erscheint im *Sommermärchen*, der Orient des „1001 Nacht" in der politischen Satire des *Schach Lolo* oder im *Wintermärchen*, der mittelalterliche Schwank in der *Wasserkufe*, die Volksballade in *Sixt und Clärchen*, die italienische Volkserzählung in *Pervonte*, die keltische Heldensage in *Geron der Adeliche*. Gegen „stockende Pedanterie, kleinstädtisches Wesen, kümmerliche äußere Sitte, beschränkte Kritik, falsche Sprödigkeit, platte Behaglichkeit, anmaßliche Würde", wie Goethes schöne Gedächtnisrede 1813 sagte, schrieb Wieland in Weimar in lockerer Folge die *Geschichte der Abderiten* (1774/81). Es war ein satirischer Ruf an das deutsche Bürgertum, sich aus der Enge philiströser Borniertheit zu einer freien, ästhetischen und weltzugewandten Bildung aufzuraffen. Abdera, das griechische Schilda, war Biberach, Erfurt, Mannheim, Zürich; in dem klugen, weitgereisten Philosophen Demokrit, der mit gelassener Ironie die Dummheit seiner Umwelt erträgt, meinte Wieland sich selbst. Voll köstlicher komischer Anekdoten und Erfahrungen ist das noch heute frische, aktuelle Buch. Er wollte nicht eine persönliche Satire, sondern das zeitlose, immer existierende Spießbürgertum sollte – wie später von Jean Paul, Keller, Raabe – hier getroffen werden. In der „Geschichte der Abderiten" schrieb Wieland sein ironisches Meisterwerk. Es gehört in den kleinen Kreis der großen humoristischen deutschen Romane.

In dem romantischen Epos *Oberon* (1780) faßte Wieland den

Farben- und Stimmungsreichtum seiner Versdichtung in reizvoll musizierenden und plaudernden Stanzen zusammen. Solange Poesie Poesie, Gold Gold, und Krystall Krystall bleibt, wird das Gedicht als Meisterstück poetischer Kunst geliebt und bewundert werden, schrieb Goethe an Lavater. Wie immer bei Wieland, gab die Weltliteratur den Stoff; er sammelte ihn aus einem altfranzösischen Ritterroman, aus dem Orient von „1001 Nacht", aus Shakespeare und Chaucer wie L. Sterne zusammen. Seine eigene Leistung war die vielstimmige, leichte Form, die Verinnerlichung des Geschehens, die in Hüon und Amanda eine reine Liebe über alle Schlingen der Leidenschaft, der Versucher und mannigfache Gefahren triumphieren läßt; war die polyphone Sprachmusik und bunte, humorvolle Phantastik der Ereignisse. Der „Oberon" stand der Oper nahe; in Wien, der Stadt des Barock und der Oper, fand Wieland, von Mozart bis zu Grillparzer, besonderen Widerhall.

Den Ausbruch der Französischen Revolution empfand Wieland als eine tiefgreifende Gefährdung der ästhetisch-humanen Kultur des Jahrhunderts. Als kluger Prophet und maßvoller Kritiker verfolgte er die politischen Vorgänge in vielen Aufsätzen und Dialogen. Zugleich zog er sich ganz in die Antike, die Heimat seines Geistes, zurück: als Übersetzer (Horaz, Lucian, Cicero u. a.) und Erzähler, doch fügten seine späteren, allzu redseligen Romane (*Peregrinus Proteus*, 1791, *Agathodämon*, 1799 u. a.) seinem literarischen Wirken keine neuen Kräfte zu. Er war durch die Entwicklung des Romans seit Goethe überholt worden. Immerhin bedeutete der Briefroman *Aristipp und seine Zeitgenossen* (1801) als historisches, polyperspektivisches Panorama der Zeit des Sokrates eine Leistung und die abschließende Darstellung seines Humanitätsideals. Mit den „Novellen" in *Das Hexameron von Rosenhain* (1805) versuchte er einen neuen, noch nicht geglückten Formenansatz. Die „Novelle ohne Titel" deutet stilistisch auf Kleist voraus. Resigniert erkannte er in den schonungslosen Angriffen der Brüder Schlegel das Ende seines Jahrhunderts. In Heinrich von Kleist begrüßte er, scharfsichtiger als Goethe, den kommenden Genius der deutschen Tragödie, der Antike und Moderne, Aischylos, Sophokles und Shakespeare zu vereinigen fähig sei.

Am beharrlichsten lebte der Geist der Aufklärung im Roman. England hatte die Muster realistischer Beobachtung und eines psychologischen Subjektivismus gegeben: H. Fielding in „Tom Jones" (1749), L. Sterne in „Tristram Shandy" (1760/67) und in der „Sentimental Journey" (1768), O. Goldsmith im „Vicar of Wakefield" (1766). Johann Timotheus Hermes (1738 bis 1821) lieferte in *Sophiens Reise von Memel nach Sachsen* (6 Bände, 1769/73) in der Form des Briefromans ein Bild der Nachkriegszeit und das Porträt einer empfindsamen Seele. 1773 ließ Christoph Friedrich Nicolai seinen *Sebaldus Nothanker* als aufgeklärten Feldzug gegen die Orthodoxie der Konfessionen erscheinen. Wielands Jugendgeliebte Sophie von Laroche (1731–1807) begann mit dem philanthropisch-sentimentalen Roman *Geschichte des Fräuleins von Sternheim* (1771) ihre umfangreiche Schriftstellerei für die Damen der Gesellschaft. In lockerer, humoristischer Tagebuchform schrieb Moritz August von Thümmel (1738–1817) seine *Reise in die mittäglichen Provinzen von Frankreich* (1791–1805); seine Selbstironie weist auf Heines „Reisebilder" voraus. Von einem an Abenteuern und Wanderungen reichen Leben wußte Johann Gottfried Seume (1763–1810) zu erzählen. Er hatte als armes Waisenkind Gönner gefunden; der Student der Theologie wurde als Soldat nach Kanada verkauft. Nach der Desertion war er preußischer Soldat, dann Sekretär eines russischen Ministers und schließlich Korrektor bei Göschen, dem großen Verleger. Von seiner Fußreise bis Sizilien berichtet sein überaus anschaulich erzählter *Spaziergang nach Syrakus* (1802), von Wanderungen in Rußland und Skandinavien das Buch *Mein Sommer im Jahre 1805* (1806). Er war ein freier, unabhängiger Mann und ein gut und lebhaft beobachtender Schriftsteller. J. H. Pestalozzi gab 1781/87 seinen großen Erziehungsroman *Lienhard und Gertrud* in schlichter Sprache und mit tiefem Erbarmen für das notleidende Landvolk heraus. Johann Gottlieb Schummel parodierte in seinem *Spitzbart* 1779 die schulmeisterlichen Weltbeglücker, vor allem Basedow. Eine glänzende Satire gegen das Narrentum geltungssüchtiger Junker gelang Johann Gottwerth Müller von Itzehoe (1743–1828) in seinem *Siegfried von Lindenberg* (1779). Empfindsamkeit, Ironie, Melancholie und soziale Satire verbinden sich in den eigentümlich verschlungenen *Lebensläufen in aufsteigender Linie* (1778/81) von Gottlieb von Hippel (1741–1796), dem Königsberger Bürgermeister und Freunde Kants. Vor allem entwickelte sich aus der Gefühlslockerung durch den Pietismus der psychologische Roman in der Form von Brief und Tagebuch, von Autobiographie und Seelenanalyse. Im Roman vollzog sich die Selbstentdeckung des Ich, das sich selbst in Bildung und Lebensbewältigung zum Problem wurde. Kurz nach 1800 prägte der Dorpater Ästhetiker Karl Morgenstern den Begriff „Bildungsroman" als Geschichte des inneren und äußeren Aufbaus eines auf sich beruhenden menschlichen Daseins. In kurzer Zeit drängten sich geistes- und dichtungsgeschichtlich bedeutsame Werke zusammen. Das Gewicht der beiden Romane von Goethes zeitweiligem Freunde Friedrich H. Jacobi (1743–1819), *Aus Eduard Allwills Papieren* (1775) und *Woldemar* (1777) beruht mehr im Seelenkundlichen und Geistesgeschichtlichen. Autobiographisches liegt zugrunde; in Allwill ist an ein maskiertes Porträt des jungen Goethe gedacht, der Jacobi faszinierte und erschreckte. Es geht um die Analyse des subjektivistischen, aus Gefühl und Herz lebenden Genies der Sturm- und Drang-Zeit, zugleich um die Problematik eines willkürlichen, zerrissenen Subjektivismus. Die Befreiung des Gefühlslebens und des Sinnlichen wird, in der Buchfassung des „Allwill" von 1792, als anarchische Bedrohung bekämpft. Aus dem Geist der Sturm und Drang geboren, wurde dieser Roman ein Kampf gegen den Sturm und Drang, gegen die „Genieseuche" und „Kotphilosophie" der Zeit. Der Liebes- und Eheroman „Woldemar" (als Buch 1794/96) knüpfte daran an; er löst das Problem der Doppelliebe, ein zeitgenössisches Problem, durch eine reine Harmonie der platonischen Seelenliebe. Eine Ethik des Gefühls wird den nur subjektiven Seelentrieben entgegengesetzt. Darin lag eine Annäherung an das klassische Humanitätsdenken. Aber Jacobi blieb einer religiös-pietistischen Gefühlsphilosophie verhaftet, die ihn Goethe entfremdete, aber noch Jean Paul und Friedrich Schlegel anzog. Der ältere F. H. Jacobi widmete sich der Philosophie; er prägte zuerst Terminus und Begriff des „Nihilismus". Bis zum Pathologischen wird die innere Unsicherheit einer gedrückten Seele in der autobiographischen Selbstanalyse des *Anton Reiser* (1785/90) von Goethes römischem Gefährten Karl Philipp Moritz (1757 bis 1793) gesteigert. Dies Buch nimmt einen gewichtigen Rang in der Geschichte der Psychologie und, als Kreuzungspunkt vieler Zeitströmungen, in der Geistesgeschichte ein. Darin, und wie hier eine Autobiographie bis in verborgene Seelentiefen eindringt und sich zum gesellschaftskritischen und pädagogischen Roman objektiviert, liegt eine künstlerische Leistung. Noch deutlicher wird der Einfluß der pietistischen Seelenanalyse, die einer Entdeckung des Ich und seiner Existenz gleichkommt, in *Heinrich Stillings Jugend* (1777) von Johann Heinrich Jung (1740–1817), einem armen Bauernsohn aus dem Siegerland, der

zu einem berühmten Augenarzt wurde und in der pietistischen
Erweckungsbewegung führende Geltung gewann. Das Dichterische dieser Autobiographie liegt in der frommen, naturnahen
und innigen Schilderung der Kindheits- und Werdejahre. Natur-
kräftiger, „einfältiger", gerade darum bezwingend ist die auch
zeit- und gesellschaftsgeschichtlich fesselnde Autobiographie des
Schweizer Bauernsohns Ulrich Bräker (1735–1798), 1789
unter dem Titel *Lebensgeschichte und natürliche Ebentheuer des
armen Mannes im Toggenburg* herausgegeben. Soziologisch bedeutsam ist, wie bei K. Ph. Moritz und diesen Männern aus einer
bisher vom Geistigen ausgeschlossenen Schicht Kräfte sich mühsam emporringen und literarisch eine Stimme gewinnen, ihre
soziale Welt entdecken. Was im 19. Jahrhundert zu sentimentaler Idyllik entfärbt wurde, ist bei Bräker seelenhafte Natur.
In eine andere, problematisch gewordene soziale Welt führt der
komische Roman *Herrmann und Ulrike* (1780) von Johann
Karl Wezel (1747–1819). Er verbindet eine aufgeklärte satirische Weltbeobachtung und Psychologie mit dem neuen naturhaften Lebensgefühl und einem humanisierten Bildungsideal. Ihm
war – Hegel nahm diese Formel später in seine Ästhetik auf –
der Roman zur „wahren bürgerlichen Epopoe" geworden. Zugleich wurde er zum Zeugnis der Seelenproblematik in sich gespaltener, empfindsamer Herzen, die um den Ausgleich einer
idealistischen Innenwelt mit der äußeren täglichen Wirklichkeit
ringen und im Zwiespalt von Phantasie und skeptischer Intellektualität bis zur Gefahr ironischer Selbstzerstörung getrieben
werden. Der Skeptizismus der Aufklärung, den Wielands Ironie
in das Versöhnliche einlenkte, mündet in Wezels Roman *Belphegor oder die wahrscheinlichste Geschichte unter der Sonne*
(1776), zu dem Voltaire das größere Vorbild bot, in die bitterste
Weltanklage, einen radikalen Gesellschafts- und Lebenspessi-
mismus ein.

So deutlich sich zunächst die großen geistigen Strömungen des
18. Jahrhunderts voneinander schieden, sie bewegten sich in der
gleichen Richtung: zu einem neuen Begriff der Individualität,
der inneren Entwicklung, des Naturhaften, zu einer frohgestimm-
ten Weltlichkeit (Matthias Claudius: „Daß ich bin! bin! und daß
ich dich, schön menschliches Antlitz habe"), zu einem irrationalen Lebensgefühl, das Mensch und Natur, Kultur und Natur,
Geschichte und Natur zur Einheit werden ließ. Und zugleich
vollzog sich der paradoxe Vorgang, daß die Entwicklung der
führenden Ideenkreise geradezu zur Aufhebung und Verneinung

dessen trieb, was das Jahrhundert als neue Überzeugungen gefestigt hatte. In Frankreich leiteten der empirische Skeptizismus und die politisch-soziale Aufklärung die große Revolution von Staat und Volk ein, in Deutschland fluteten die befreiten und erregten Seelenkräfte des Subjektivismus in die literarische Revolution des Sturm und Drang ein. Im Rausch eines entfesselten geistig-seelischen und sinnlichen Erlebnissturmes entlud sich hier in der Kunst, was in Frankreich zum Ausbruch eines neuen politisch-sozialen Zeitalters wurde. Im Widerspruch gegen die Aufklärung wurde eine rebellische Jugend ihrer eigenen Kräfte bewußt. An die Stelle der Regel trat jetzt die „originale" Natur; an die Stelle von Tugend und Witz traten die Kraft und das Genie. Statt Moral wollte man vitale Leidenschaften, statt Form den genialen Überschwang, statt Ordnung das fruchtbare Chaos, statt Gesellschaft das Volk, statt Maß die freie Willkür. Nicht die Norm sollte mehr herrschen, sondern eine schöpferische Freiheit, die keine Bindung und Regel anerkannte, vielmehr sich selbst ausleben und austoben wollte. Zwei Grundtypen lassen sich sondern. Einmal eine männlich-genialische, leidenschaftliche und trotzende, tragisch-pathetische und volksmäßig-naturhafte Haltung, z. B. Bürger, Schubart, Klinger, Heinse; ihr Ideal ist, wie noch für den jungen Schiller, das Kraftgenie, der Revolutionär in allen Bereichen des Lebens. Der andere Typus ist empfindsamer, schwärmerischer, innerlich gefährdeter und ausgesetzter – Hamann, Lenz, Jacobi, Lavater seien als Beispiele genannt. Herder und Jean Paul waren ihnen bei aller überlegenen Größe verwandt. Der junge Goethe barg in sich alle Möglichkeiten der Zeit. Gerade in dieser Epoche der Subjektivierung der Kunst muß jede Individualität als ihre eigene Mitte und als ihr eigenes Schicksal gesehen werden. Neben die Gemeinsamkeit ihres schöpferischen Kraftbewußtseins trat eine verwirrende Mannigfaltigkeit der Begabungen.

Noch im Übergang blieb H. W. von Gerstenberg (vgl. S. 196) der Herausgeber der *Schleswigschen Literaturbriefe* (1766/67), in denen zuerst in starker Formulierung, die von Lessing zum Sturm und Drang überleitete, von Shakespeare als dem dichterischen Genius schlechthin, und von der schöpferischen Natur des Genies gesprochen wurde. Gerstenbergs Drama *Ugolino* (1768) wagte für das schauerliche Ereignis des Hungertodes des Grafen Ugolino und seiner Söhne im Gefängnis von Pisa einen pathetischen psychologischen Naturalismus. Als Skaldendichter trat er neben Klopstock. Zu dessen Nachfolge bekannten

sich in schwärmerischer Verehrung die Lyriker des „G ö t t i n g e r
H a i n", die 1772 unter heiligen Eichen einen Freundschafts-
und Dichterbund gründeten, Wieland verfluchten und Deutschtum, Vaterland, Freiheit, reine Sitten und Opfermut gegen das
Rokoko und die skeptische Aufgeklärtheit der französischen Bildung retten wollten. Ein jugendlicher Idealismus verband diese
Studenten, die bald zu verschiedenen Wegen auseinandergingen.
Bürger und Claudius hielten sich in freundschaftlicher Entfer-
nung. 1769 wurde der *Göttinger Musenalmanach* von F. W. Got-
ter gegründet, 1774 erschien, von H e i n r i c h C h r i s t i a n B o i e
(1744–1806) herausgegeben, der berühmte Jahrgang des Alma-
nachs, der neben der Lyrik des Bundes auch Dichtungen von
Herder und Goethe und Bürgers „Lenore" brachte.

Ein tragisches Schicksal verdüsterte das Leben des großen Lyrikers G o t t f r i e d A u g u s t B ü r g e r (1747–1794), das, durch
eigene Charakteranlage und die Ungunst der äußeren Welt in
innere Zerrüttung geworfen, früh endete. Schwer lastete auf
ihm das erotische Doppelverhältnis zu seiner Frau Dorette und
zu deren jüngerer Schwester Auguste, seiner „Molly", die er,
Witwer geworden, heiratete, aber nach einem Jahr verlor. Eine
dritte unselige Ehe brachte nur Verzweiflung. Die *Reliques. of
Ancient English Poetry*, die der Bischof Percy 1765 herausgab,
und Herders Bekenntnis zum Volkslied gaben ihm, was seiner
Natur entsprach: die alte Form der Ballade voll starker Bewegung und innerer Leidenschaft, voll Energie und Rhythmus,
voll unheimlicher Stimmung und naturhafter Kraft. Sie barg das
Volkstümliche, Ursprüngliche, das er suchte und in dem *Herzens-
ausguß über Volkspoesie* (1776) schwärmerisch pries. Aber allzu
leicht glitt seine Sprache in eine improvisierende Willkür und
burschikose Derbheit ab. Sein Meisterwerk wurde die *Lenore*
(1774). Leben und Tod, Eros und Verderben vermählen sich in
unheimlicher Spannung. Hier und in dem *Lied vom braven Mann*
(*Gedichte*, 1778) oder dem *Wilden Jäger* (1778) gelang ihm die
große Form der Volksballade, die, wenn sie auch noch mit ihm
gemeinsame Züge aufweist, über den Bänkelsang hinausgreift,
den Gleim (1756) halb parodierend, halb als Rückgriff zur naiven
Volksdichtung aufgenommen hatte. Sinnlichkeit und Schmerz
leben ungestüm in den „Molly"-Liedern. Individuelles Fühlen
wurde, aus Bürgers leidenschaftlich angelegter Natur, zum Gehalt des lyrischen Sprechens. Auch seine Sonette und ländlichen
Lieder bedeuten ein Bekennen von sehr persönlicher Färbung.
Trotz des Einflusses Klopstocks auf die Göttinger Dichter voll-

zog sich bei ihnen eine Rückwendung zum Reim, zum festen Metrum. Für Bürger wurde die italienische Dichtung (Tasso, Ariost, Petrarca) bedeutsam. Er führte wie J. W. Heinse die Stanze in die deutsche Lyrik ein, und er vererbte seine Vorliebe für das Sonett durch A. W. Schlegel an die Romantiker. Damit erschloß sich eine größere Ausdrucksvielfalt, die der Auffassung des Lyrischen als Stimmungsausdruck entsprach. Dazu gehörte der Ton des Volkstümlichen, der Sinn für historische Färbungen der Versformen. Schillers Rezension der Bürgerschen Gedichte (1791), eines der großen kritischen Dokumente der Klassik, indirekt eine Verurteilung von Schillers eigener Jugenddichtung, wandte sich gegen solche Auflockerungen des Gedichts, gegen das Vordringen des lyrischen Ich, um, gemäß klassischer Dichtungsauffassung, ihm die typisierte Kunstsprache der zum Idealischen objektivierten Persönlichkeit entgegenzustellen. Diese Kritik trug zu Bürgers frühem Lebenszusammenbruch bei.

Solche Gaben hatte kein Jünger des Göttinger Hain aufzuweisen. Ludwig Heinrich Christoph Hölty (1748 bis 1776) trat zwar mit Bürger auf dem Gebiet der Ballade in Wetteifer, aber Rokoko und Empfindsamkeit blieben in seinem schwermütigen und innigen Sang von einer ländlich-friedlichen, schönen Natur als Stimmungen gegenwärtig. 1772/73 lernte Hölty den Minnesang kennen und er übernahm von ihm die sechszeilige Liedstrophe. Dies weist ebenso auf Goethes lyrische Formentwicklung voraus wie Höltys verinnerlichter Erlebniston. Arm und zart, erlag er früh der Schwindsucht. Aus dem Gefühl nahen Endes wuchs wohl seine melancholische Liebe zur Schönheit des Lebens auf, die sich wahr und tief empfindend deren Reizen öffnete:

> Stillen Trittes, o Voß, wandelt indes dein Freund
> Durch Gefilde der Ruh, lauschet der Nachtigall
> Und der Stimme des leisen
> Mondbeschimmerten Wiesenborns.
> Singt den duftenden Hain, welchen das Morgenrot
> Überflimmert mit Gold, oder den Frühlingsstrauß,
> Der am Busen des Mädchens,
> Mildgerötet vom Abend, bebt.

Was wahre Dichtung ist, läßt der Vergleich seiner Lyrik mit den Liedern im Ton des Minnesangs erkennen, die der Schwabe Johann Martin Miller (1750–1814), der Verfasser der rührseligen Klostergeschichte *Sigwart* (1776) und des volkstümlichen *Was frag ich viel nach Geld und Gut*, veröffentlichte.

Johann Heinrich Voß (1751–1826) war lebenskräftiger, ein spröder, eigenwilliger und streitbarer Norddeutscher. Er vergaß bald das klopstockisierende Pathos seiner Göttinger Lyrik und wurde zum gelehrten Altertumsforscher, zum Poeten des biederen, behaglichen Bürgertums mit seinen hexametrischen Idyllen *Der siebzigste Geburtstag* (1781) und *Luise* (1795). Gern wählte er Szenen aus vertrautem ländlichem Leben, und er gab ihnen, als Enkel eines Leibeigenen, auch einen sozial anklägerischen Ton und die plattdeutsche Mundart. Der Wille zum naturhaft-wahren Leben schlug bei ihm in eine bürgerliche Genremalerei mit philiströsem und pedantischem Realismus um. Seine bleibende Leistung wurde, trotz der offenbaren Künstlichkeit ihrer deutschen Hexameter und ihres metrischen Rigorismus, der sich gegen die Betonungsgesetze der deutschen Sprache verging, die Übersetzung des *Homer* (1781/93), deren Popularität seine zahlreichen anderen, z. T. mit Hilfe seiner Söhne ausgearbeiteten Übersetzungen antiker Autoren (Vergil 1789 ff., Ovid 1798, Horaz 1806, Theokrit 1808, Aristophanes 1821, Aischylos 1827) nicht mehr erreichten. Homer wurde durch ihn volkstümlich und ein deutscher Besitz. Als Sprecher eines aufgeklärten, freiheitlichen Luthertums polemisierte der Heidelberger Professor später heftig gegen die romantisch-katholische Dichtung und gegen den 1800 vollzogenen Glaubenswechsel seines Jugendgefährten Graf Friedrich Leopold von Stolberg (1750–1819), dem sein Bruder Christian von Stolberg (1748–1821) an Bedeutung nachstand. Der Aristokrat sang besonders laut das freiheitsdurstige „In tirannos"; er verdeutschte 1778 die Ilias Homers, er dichtete Balladen (1777/1782), Satiren in „Jamben" (1784) und übersetzte vier Tragödien des Aischylos (1802). Der antikisierenden Ode gab er im Gegensatz zu Klopstock eine schlichtere, bildhaftere, sinnlich vollere Form; als Lyriker weist er auf Hölderlin voraus. 1775 ritten die Brüder Stolberg im Wertherkostüm mit Goethe in die Schweiz.

Still im engen Kreise, blieb Matthias Claudius (1740–1815) am Rande des literarischen Lebens. Er war ein großer Dichter, der in schlichter Innigkeit den Stimmen der Natur, des Volkes, des eigenen gläubigen Gemüts lauschte und sie in einfachste, aber ergreifend zum Herzen dringende Verse faßte:

> Ach, es ist so dunkel in des Todes Kammer,
> Tönt so traurig, wenn er sich bewegt
> Und nun aufhebt seinen schweren Hammer
> Und die Stunde schlägt.

Ihm gelangen aus der Stille und Reife einer christlich humanen und frommen Gestimmtheit unsterbliche Gedichte, wie *Der Mond ist aufgegangen*, das *Wiegenlied*, *Der Mensch* oder die volkstümliche Heiterkeit von *Bekränzt mit Laub den lieben vollen Becher* und *Wenn jemand eine Reise tut*. Seine Zeitschrift *Der Wandsbecker Bote* diente der christlich-sittlichen Bildung des heimischen Volkes in betont volkstümlicher, kunstvoll naiver und ironisch abgetönter Prosa.

Heftiger äußerte sich der Ruf nach Freiheit, Leidenschaft, Volk und Natur im deutschen Südwesten. In Schwaben dichtete mit mächtigem Pathos C h r i s t i a n D a n i e l S c h u b a r t (1739 bis 1791), ein hochbegabter Lyriker und radikaler kritischer Publizist. In Augsburg und Ulm gab er die Zeitschrift *Deutsche Chronik* seit 1774 heraus, deren freiheitliche Gesinnung den Herzog Karl Eugen erbitterte. 1777 wurde Schubart auf den Asperg geschleppt: zu zehnjähriger grausamer Haft. 1785 und 1786 erschienen seine Gedichte gleichzeitig mit seinen Kompositionen. Er war ein genialer, ungestümer Improvisator, ein leidenschaftlicher Rhetoriker, dem zugleich einfältige, ursprüngliche Lieder aus dem schwäbischen Bauernleben glückten. Er schuf das große politische Gedicht wie z. B. das Abschiedslied der nach Amerika verschacherten Soldaten *(Auf ihr Brüder und seid stark)* und die *Fürstengruft* (1781). Schiller grüßte ihn als Märtyrer im Kampf gegen die Despotie. Er dankte ihm eine Anregung für die „Räuber" (Schubarts „Zur Geschichte des menschlichen Herzens" 1775); und er fürchtete, daß ihm von Herzog Karl Eugen das gleiche Schicksal quälender Gefangenschaft bereitet werden würde, wenn er sich nicht rechtzeitig zur Flucht aus der Heimat entschlösse.

In einer Gruppe um Goethe fand sich in Straßburg und Frankfurt zu kurzer Zeit ein Kreis zusammen, der den Begriff des Sturm und Drang, zwischen 1770 und 1780, für die Generation, die zwischen 1740 und 1750 geboren wurde, geprägt hat und innerhalb dessen sich an zwei Dramatikern die Grundtypen dieser Jugendbewegung ausprägten: an J a k o b M i c h a e l L e n z (1751–1792) und an F r i e d r i c h M a x i m i l i a n K l i n g e r (1752–1831). Hier wurde dem Regelzwang, dem Optimismus und dem Tugendglauben der Aufklärung am heftigsten der Kampf angesagt, wurde die Freiheit der Leidenschaften, der Triebe und Instinkte am lautesten verkündet. Das Verhängnis des Livländers Lenz war seine Nähe zu Goethe, dessen Genialität er als quälenden Vorwurf und Aufruf empfand. Er erlag, voll reiner, träumerischer Phantasie, aber ohne die ersehnte naturhaft-kraftvolle Weltverbundenheit, der Tragik einer maßlos gesteigerten Subjektivität, die zum Leben kein rechtes Verhältnis fand und sich selbst zerstörte. 1771 traf er in Straßburg auf Goethe. Er liebte nach ihm Friederike Brion, begeisterte sich wie er für Shakespeare, folgte ihm in Gedichten und dem autobiographischen Romanfragment *Der Waldbruder* und eilte endlich nach Weimar, wo Goethe 1776 den Ungebärdigen abweisen mußte. In geistiger Verstörung wurde er 1779 nach Riga gebracht, in Moskau fand man ihn tot auf der Straße. In den *Anmerkungen über das Theater* (1774) vertrat er das regellose kraftgenialische Drama der „Kerls"; in *Pandaemonium germanicum* (1775) gelang ihm eine glänzende Literatursatire. Seine Dramen entwickelten einen psychologischen und bis in das Groteske gesteigerten Realismus, eine scharfe soziale Anklage, eine atektonisch gelockerte, neue szenische Mittel durchprobende Form und eine pessimistisch-ironische Haltung. Im *Hofmeister* (1774) macht der Hauslehrer mehr aus Langeweile und haltloser Reizbarkeit als aus Liebe seine adlige Schülerin zur Mutter, der Vater zieht die Reuige aus einem Teich („O, du mein einziger teuerster Schatz! Daß ich dich wieder in meinen Armen tragen kann, gottlose Canaille!"), der Verführer entmannt sich in Gewissensnot und ehelicht dann doch eine Dorfschöne. (Neu bearb. von B. Brecht). In den *Soldaten* (1776) sinkt ein Bürgermädchen, durch Offiziere verführt, bis zur Straßendirne hinab. Ihr bürgerlicher Bräutigam tötet den ersten Verführer und sich selbst durch Gift. Es ist ein Gretchenschicksal, doch nicht als Tragödie, sondern als ein Schauspiel sinnlicher Verfallenheit stellt es sich dar, das, wie später Wedekinds Tragikomödie, nahe ans Groteske streift. Es gehört zu dem Neuartigen von Lenz' Drama, wie er die Motive, Stimmungen mischt, Heterogenes verknüpft und dennoch ein Ganzheitsbild des wirklichen Lebens erreicht. Die „Soldaten" sind seine bedeutendste Leistung; sie hat in Spielarchitektur, Szenen- und Dialoggestaltung fruchtbare Möglichkeiten gewandelter Form eröffnet und, über Georg Büchners „Woyzeck", nachhaltig die ‚offene' Form des modernen Dramas vorbereitet. Büchner zeichnete in einer genialen Erzählung die Leidensgeschichte des geistig hinsiechenden Lenz auf. Der Naturalismus (G. Hauptmann), B. Brecht erkannten ihn als Vorbereiter. Daneben erscheinen andere Dramen wie *Die beiden Alten* (1775), die das Motiv des gefangenen Vaters an Schillers „Räuber" weitergaben, *Die Freunde machen Philosophen*

(1776) mehr zeitgebunden, ebenso die Erzählung *Zerbin oder die neuere Philosophie* (1776) mit dem im Sturm und Drang oft abgewandelten Motiv der Kindesmörderin. Lenz' Lyrik findet dort eigene Stimme, wo die innere Not des leidenden Menschen unmittelbar zum Ausdruck gelangt. Wie ein Mädchen trotz christlich-bürgerlicher Zucht fällt und in Verzweiflung zur Mörderin wird, machte, von Lenz und von Goethe angeregt, H e i n - r i c h L e o p o l d W a g n e r (1747–1779) zum Thema des gut gebauten, psychologisch-realistischen Trauerspiels *Die Kindes-mörderin* (1776). Es gewann für das bürgerliche Drama ein neues soziales Mileu, das Kleinbürgertum, vermied aber, in der Figur des reuigen adligen Verführers, den sozialen Angriff.

Man kann Lenz' geistiger Labilität und seelischer Sensibilität, seinem bis zum Pathologischen ausgeprägten Subjektivismus als den anderen Typus dieser Generation F. M. Klingers kraftvolle, selbstbewußte Gestalt entgegenstellen. Goethe ermöglichte dem sehr begabten Sohn einer Frankfurter Waschfrau das Studium der Rechte; er wurde Theaterdichter einer Wandertruppe, nach vielem Wechsel, u. a. einem erfolglosen Aufenthalt bei Goethe in Weimar, Ordonnanzoffizier des Großfürsten Paul im russischen Heer, als General Chef des russischen Kadettenkorps und endlich Kurator der Universität Dorpat. Sein heftiges Temperament trieb in seinen Dramen zu äußerster Steigerung. Shakespeare wurde in das Exzentrische, genialisch Explosive gedeutet. In den *Zwillingen* (1776) nahm er das Motiv des Bruder-mords auf: Guelfo, der große Kerl voll Leben, Kraft, Ehrgeiz und Sinnlichkeit, tötet den empfindsam moralischen, bevorzugten Ferdinand. Der Vater tötet den mörderischen Sohn. Von hier und nur von allem von dem *Julius von Tarent* des J o h a n n A n t o n L e i s e w i t z (1752–1806) laufen Verbindungen zu Schillers „Räubern". Klingers Drama *Sturm und Drang* (1776) gab der ganzen Bewegung den Namen. In *Simsone Grisaldo* (1776) wird in mächtig bewegten politischen Konflikten ein Herkules an Tapferkeit, Treue, Vitalität und Frauengunst gezeigt, der jene überquellende Lebensfülle verwirklicht, die das Ideal des Dichters war. Die Romane, die er später schrieb *(Fausts Leben, Taten und Höllenfahrt,* 1791, *Geschichte Giafars des Barmeciden,* 1792, u. a.) wandten sich politisch-moralischen Tendenzen zu. Sie sollten das Panorama der Fragwürdigkeit dieser so herrlichen wie schrecklichen Wirklichkeit zeigen; über ihr den Sieg der eingeborenen moralischen Kraft durch ein reines tätiges Wirken des Menschen. Darin näherte er sich dem autonomen sitt-

lichen Pflicht- und Bildungsgedanken der Klassik. Ähnlich reifte
J o h a n n J a k o b W i l h e l m H e i n s e (1746–1803) dem Weltbild des Weimarer Goethe auf eigene Weise entgegen. Der Erfurter Schüler Wielands begann mit Grazien und griechischen
Hetären *(Laidion,* 1774), aber auch er wollte die Natur, die
Glut und Sprache starker Sinne – „der Mensch ist ein Raubtier,
und zwar das größte... Gesunde Nerven und gesunde Begriffe
zu haben, darin besteht die Glückseligkeit des Menschen". In
dem Roman *Ardinghello und die glückseligen Inseln* (1787) gab
er ein in Schönheit, Erotik, Leidenschaften und Kunst schwel-
gendes, sinnhaftes Renaissance-Bild, in *Hildegard von Hohen-
thal* (1795/96) schrieb er einen Roman der Musik und Oper.
Er übersetzte Tasso, Ariost, entdeckte Rubens, gab kunstvolle
Gemäldebeschreibungen und fand in seinen Tagebüchern und
Aphorismen zu einem philosophisch-biologischen Weltbild, das
sich mit Goethe berührte und auf F. Nietzsche vorauswies.
Zugleich entwickelte der „Ardinghello" die politisch-soziale Utopie eines naturhaft-urbildlichen Staates mit voller Freiheit der
sinnlichen und geistigen Kräfte.
Aus der Pfalz kam der Maler F r i e d r i c h M ü l l e r (1749 bis
1825). Er wanderte wie Heinse und Klinger nach Rom. Die
Stadt war seit Winckelmann die Bildungsstätte der nach Kunst,
Lebenshelle, Heiterkeit und Natur verlangenden Deutschen geworden. Voll von volkhaft-naturkräftigem Leben sind seine
Idyllen (*Die Schafschur,* 1775; *Das Nußkernen,* veröff. 1811);
an die Stelle zierlicher Schäfereien tritt mit malerischem Realismus und Mundart das derbe Volk. Seiner epischen Veranlagung
und seinem kraftgenialischen Pathos mißlang, trotz angestrengter
Versuche und einzelner runder Szenen, das Drama: in den
Bruchstücken seines *Faust* (1776/78, veröffentl. erst 1850) und in
Golo und Genoveva (1775/81, veröff. 1810). Wie Klinger sah
er den Faust als Kraftmenschen, als Lebensverschwender, der
untergehen muß, dem Satan verfallen. Sein Drama *Niobe* läßt
gegenüber Goethes „Iphigenie" begreifen, welche Reife des
Ethos und der Schönheit der Weimarer Klassik gelang.
Die Dichtung der Stürmer und Dränger ist nicht verständlich
ohne den Blick auf den jungen Goethe, der ihr schöpferischer
Mittelpunkt war und dessen Zauber und Reichtum sie auch
wider Willen erliegen mußten. Sein Werk deutet auf jenen weiteren geistigen Bereich, der mit gewaltigem Aufruf aller irrationalen Seelenkräfte in Mensch und Volk, Natur und Glaube,
Geschichte und Kultur von J o h a n n G o t t f r i e d H e r d e r

1744–1803) umschrieben wurde. Herder wurde seit jenem Zusammentreffen auf der Treppe des Straßburger Gasthofes „zum Geist" im September 1770 zu des jungen Goethe entscheidendem Lehrer; er brachte, wie ein genialer Seher, die intuitive Erkenntnis und Aussprache dessen, was diese Jugend als innere Befreiung ersehnte. Es war die Botschaft eines unmittelbaren, ursprünglichen, stark fühlenden Lebens. In dürftigsten Verhältnissen wuchs der Mohrunger Lehrersohn im fernen Ostpreußen auf; sein Vater war als Weber aus Schlesien ausgewandert. Besessen vom Trieb nach Erkenntnis, häufte der Knabe ein gewaltiges Wissen in nächtlicher Lektüre. Ein russischer Arzt wollte ihn in Petersburg Medizin studieren lassen; aber Herder zog als Theologe nach Königsberg, er hörte Kant und trat zu Hamann in nähere Beziehung. Er las Rousseau, Shaftesbury, Lessing, Winckelmann, Klopstock. 1764/69 wirkte er als Lehrer und Prediger an der Domschule in Riga. Hier entstanden, anonym herausgegeben, die ersten kritischen Schriften: *Über die neuere deutsche Literatur* (1767/68), *Kritische Wälder oder Betrachtungen, die Wissenschaft und Kunst des Schönen betreffend* (1769). Im Jahr 1769 verließ er Riga – ein Verlangen nach breiterem, wirkendem Leben führte ihn über Nantes nach Paris. Auf dem Schiff entstand das berühmte *Journal meiner Reise* (1769). Als Begleiter des Sohns des Fürstbischofs von Lübeck sollte er eine Europareise unternehmen. In Darmstadt traf er seine künftige Frau Caroline Flachsland im Kreis der „Empfindsamen"; in Straßburg stellte er sich auf eigene Füße. Als Konsistorialrat ging er 1771 zu dem Grafen von Lippe nach Bückeburg.

Einem vom frühen Lebenskampf verwundeten Göttervogel verglich er sich in einem Gedicht, das sein Verhältnis zu dem Studenten Goethe im Unterschied des Falken zum Specht spiegelt. Stärkste Gegensätze lebten in seinem sensiblen Geist: herber Stolz und Güte, Selbstvertrauen und Mutlosigkeit, Enthusiasmus und Bitterkeit, Liebe und Verachtung, Drang zum All und Hang zur Einsamkeit, Tatenwille und schwermütiges Grüblertum. Nie befriedigt, nie erfüllt, war sein äußeres und geistiges Leben im ständig ruhelosen Aufbruch begriffen, in titanischem Planen, Entwerfen: eine verschwenderische Fülle von Ideen verschenkte er nach allen Seiten. Er war der größte Anreger der deutschen Geistesgeschichte, der weit über die Sprachgrenzen hinaus wirkte. Dennoch gelang ihm nicht das endgültige Werk. So tief sich dem neueren Geistesleben Europas seine Gedanken einprägten; es blieb kein Buch von ihm als lebender und wirkender Besitz. Es war seine Tragik, daß andere gestalteten, was er dachte und empfand. Ein intuitives Empfinden erschloß ihm bisher unentdeckte Tiefen des menschlich-geschichtlichen Lebens. Die Seereise von Riga nach Nantes brachte den Durchbruch zum Selbstbewußtsein seiner Aufgabe. Er empfand, fühlte, begriff ahnungshaft den organisch-wachstümlichen Zusammenhang des Lebens; nicht mit dem zergliedernden Verstand, sondern mit einer seherischen Hingabe an die inneren Lebensgesetze des Daseins. Das Leben ist im Wachsen, Werden, ein vitaler Kräftestrom; auch die Geschichte der Menschheit untersteht dem biologischen Gesetz von Wachstum, Blüte und Vergehen. Er träumte von einer „Universalgeschichte der Bildung der Welt", die alles geschichtliche Werden in seiner Mannigfaltigkeit als den Weg zu reiner Humanität erkennt. „Hätten wir doch einen solchen Spiegel des Menschengeschlechts in aller Treue, Fülle und Gefühlung der Offenbarung Gottes." Zu dieser Erfahrung der geschichtlichen Wirklichkeit tritt Herders Erziehertum: zum „Prediger der Tugend des Zeitalters" fühlte er sich berufen, zum Bildner der reinen Humanität.

In England hatte E. Young in seinen *Conjectures on Original Composition* (1759) von der schöpferischen Freiheit des Genies, das in göttlicher Begeisterung dem Wesen der Natur, nicht den Regeln folgt, gesprochen und auf Homer und Shakespeare hingewiesen. Vor allem wurde J o h a n n   G e o r g   H a m a n n (1730 bis 1788) Herders großer Lehrer. Er war ein tiefsinniger, eigenwilliger Geist, dessen hieroglyphisch dunkle Schriften nur schwer verständlich sind. Als er, der dem Königsberger Kleinbürgertum entstammte, 1758 eine kaufmännische Reise nach London unternahm, traf ihn nach pietistischer Art ein religiöses Erlebnis, von dem er in seinen *Gedanken über meinen Lebenslauf* (1758/59) berichtet. Seine *Sokratischen Denkwürdigkeiten* (1759) brachten die Botschaft eines neuen, religiös verinnerlichten Lebens – mit Goethes Worten über Hamanns große Entdeckung: „Alles, was der Mensch zu leisten unternimmt, es werde nun durch Tat oder Wort oder sonst hervorgebracht, muß aus sämtlichen vereinigten Kräften entspringen: alles Vereinzelte ist verwerflich."

Dieser Satz erschöpft nicht die religiöse Tiefe dieser Schrift. Ihr ging es, im schärfsten Gegensatz zur Aufklärung, um die übernatürliche Wirklichkeit Gottes, um den Glauben als Einziges, womit „unser eigen Dasein und die Existenz aller Dinge außer uns ausgemacht" zu werden vermag. Hamann erstrebte die umfassende religiöse Erneuerung des Lebens. Doch Goethes Wort weist auf seine weckende Wirkung: gegen die rationalistische „Scheidekunst" stellte er ein ganzheitliches Fühlen. Aus religiösem Grund heraus wurde ihm die Poesie die Muttersprache des menschlichen Geschlechts *(Kreuzzüge des Philologen*, 1762). Den Menschen faßte er nicht vom Verstande her, sondern als ein Sinnen- und Gefühlswesen; das Wort begriff er als das irrationale Sinnbild eines allgegenwärtigen, göttlich-geistigen Kerns. Bildhaft ist ihm alles Erfahren; älter als die Schrift und die Rede sind die Malerei und der Gesang. „Sinne und Leidenschaften reden und verstehen nichts als Bilder." Alles Sprechen faßte Hamann als eine menschlich-schöpferische Analogie zur Schöpfung der Welt durch den göttlichen Logos auf. Der Dichter, der aus einer leidenschaftlich-sinnlichen Natur heraus spricht, tritt als Schöpfer in die Nähe Gottes, ihn nachahmend. In seiner ursprünglichen, sinnlichen und individuellen, nicht philosophisch-kritisch verdünnten Natur erfährt der empfindende Mensch unmittelbar die Wirklichkeit Gottes. „Laßt uns jetzt die Hauptsumme dieser neuesten Ästhetik, welche die älteste ist, hören: Fürchtet Gott und gebt ihm die Ehre, denn die Zeit seines Gerichts ist kommen, und betet an den, der gemacht hat Himmel und Erden."

Das Denken und Dichten, Fühlen und Erkennen, Wissen und Glauben wurde auch für H e r d e r eine unlösbare Einheit. Nichts sah er vereinzelt; alles floß in den lebendigen Strom der Kräfte des göttlichen und organischen Universums ein. Von Hamann übernahm er die Kritik gegen die kalte Vernunft der Aufklärung, die Lehre von der schöpferischen Freiheit der Individualität, vom Recht der fühlenden Sinne und der erlebnisvollen Leidenschaft, von der schaffenden Genialität und dem innigen Zusammenhange von Volksseele, Sprache und Poesie. Die Volksdichtung als die ursprüngliche, gefühlte, bildhafte Sprache der Primitiven wurde, noch radikaler als in Rousseaus Kulturpessimismus, gegen eine nüchterne Prosa des Verstandes ausgespielt. Durch Herder fielen die Schranken zwischen Dichtung und Volk. Das Genie war ihm Natur, außerhalb und gegen alle Gesellschaft. Er fand den Gedanken einer individuell nationalen Kultur. Der Aufenthalt in Frankreich bestärkte seinen Widerstand gegen die moderne rationalistische Zivilisation; sie erschien ihm als eine greisenhafte Altersdürre. In Straßburg wurden ihm vor dem Münster so wie dem jungen Goethe die Geschichte und der eigentümliche Stil des eigenen Volkes bewußt. Das romantische

Geschichtserleben wurde von Herder vorbereitet. Die Sprache
(*Über den Ursprung der Sprache*, 1770) faßte er als die unmittelbare Kundgabe des eigentümlich Menschlichen vom Laut
des sinnlichen Empfindens bis zu dem höchsten Denkvorgang.
Sie ist der Ausdruck der Seele – Mythos, Dichtung und Ursprache
werden zur Einheit.

In die kleine Schrift *Von deutscher Art und Kunst* (1773), die
Herder mit Goethe und mit Beiträgen des Osnabrücker Staatsmannes J u s t u s M ö s e r (1720–1794), dem Verfasser der ironisch überlegenen *Patriotischen Phantasien* (1774/78) und Lehrer
einer bäuerlich-genossenschaftlichen Sozialordnung auf stammhaft-
geschichtlichem Lebensgrunde, herausgab, rückte er einen Aufsatz
über Shakespeare und den *Auszug aus einem Briefwechsel über
Ossian und die Lieder der alten Völker* ein. Er feierte die Naturkraft Shakespeares, seine schöpferische Verlebendigung der Geschichte, seine nordische Artung. Zugleich prägte Herder, von
Macphersons gefälschtem *Ossian*, der Edda, Percys *Reliques* und
kurländischen Bauernliedern ausgehend, den Begriff des Volksliedes. Er sah es von der Ballade her, als „eine fortgehende, handelnde, lebendige Szene", roh, einfältig, zaubermäßig groß, mit
starkem, sinnlich-bildhaftem Wort und Rhythmus. Aus der Begeisterung entstanden, sei es voller Sprünge und Würfe, abgebrochen, ganz Gefühl. Damit setzte eine Wendung der deutschen
Lyrik ein; die Grundlagen der Lyrik Goethes wurden von Herder intuitiv geschaffen. 1778/79 gab er seine *Volkslieder* (seit
1807 *Stimmen der Völker in Liedern)* heraus, die Volkslieder
aller Nationen, aber auch Kunstlyrik aus Shakespeare und dem
Barock, aufreihten.

„Je wilder, d. i. lebendiger, je frei wirkender ein Volk ist...,
desto wilder, d. i. lebendiger, freier, sinnlicher, lyrisch handeln-
der müssen auch, wenn es Lieder hat, seine Lieder sein." Die
Vollkommenheit des Liedes „liegt im melodischen Gang der Leidenschaft oder Empfindung... Melodie ist die Seele des Liedes... Lied muß gehört, nicht gesehen werden."

Herder lehrte, geschichtlich zu begreifen: die griechische Tragödie, das englische Drama wachsen je aus ihrem eigentümlichen,
organischen und historischen Lebensgrunde hervor. Damit war
der aufgeklärte Glaube an absolute, meßbare Normen zerstört
und an seine Stelle die Mannigfaltigkeit der geschichtlich-natio-
nalen Wirklichkeit gesetzt, die für Herder in allen Wandlungen,
in allen ihren Epochen und Formen stets das Gesamtgesetz
des Universums, das Walten Gottes spiegelt. Mit Herder be-

gann der moderne geschichtliche Sinn, die Fähigkeit zur geschichtlichen Einfühlung. Aber er trieb Geschichtskunde als Theologe
um den „Gang Gottes durch die Nationen, Geist der Gesetze,
Zeiten, Sitten und Künste, wie sie sich einander gefolgt, zube-
reitet, entwickelt und vertrieben" haben, zu erkennen. Gott in
der Geschichte zu deuten, hieß, die Gedanken zu begreifen, „die
der Ewige uns in der Reihe seiner Werke tätlich dargelegt hat."
Oder: „Kein Mensch, kein Land, kein Volk, keine Geschichte des
Volks, kein Staat ist dem anderen gleich, folglich auch das
Wahre, Schöne und Gute in ihnen nicht gleich. Wird dies nicht
gesucht, wird blindlings eine andere Nation zum Muster genommen, so alles erstickt." Shakespeares Schöpfertum tritt ihm
in geheime Analogie zu Gottes Wirken: „wie vor einem Meere
von Begebenheiten, wo Wogen in Wogen rauschen, so tritt
vor seine Bühne! Die Auftritte der Natur rücken vor und ab;
würken ineinander, so disparat sie scheinen; bringen sich hervor
und zerstören sich: damit die Ansicht des Schöpfers, der alle im
Plane der Trunkenheit und Unordnung gesellet zu haben scheinet, erfüllet werde – dunkle kleine Symbole zum Sonnenriß
einer Theodizee Gottes."
Herder fand Gott in der Natur, in allem Lebendigen der Welt;
hier ist seine wahre Offenbarung. Die Schöpfungsgeschichte
die *Älteste Urkunde des Menschengeschlechts* (1774) deutete er
als einen dichterischen Mythos. Es war kein Wunder, daß der
Theologe Herder viel Anstoß erregte. *Est Deus in nobis* (Es ist
ein Gott in uns), setzte er als Motto über die 1774 vorbereitete
Schrift *Übers Erkennen und Empfinden in der Menschlichen
Seele*. In der noch vorläufigen Schrift *Auch eine Philosophie der
Geschichte zur Bildung der Menschheit* (1774) drückte er sein
neues Geschichtsbild aus, das nicht mehr an das Evangelium des
Fortschritts glaubte, der die eigene Zeit als Höhepunkt der
Menschheit feierte. Der alte Orient, Ägypten, Phönizien, Hellas,
Rom, das Mittelalter erscheinen ihm als je in sich vollkommene
Kulturepochen, die einander wie Wachstumsstufen ablösen: von
der Kindheit des mythengläubigen Ursprungs zur Schönheit des
griechischen Jünglingsalters, zur Reife des männlichen Rom. Zum
ersten Male wurde auch das abendländische Mittelalter bejaht
und als eigene Kultur ergründet. Herders weit ausgreifende
Erkenntnisphantasie gab den Tatsachen einen metaphysischen
Aspekt; er war Historiker in philosophisch-religiösem Sinne, und
niemals löste er ganz den inneren Widerspruch, Geschichte zugleich als naturhaft-nationale, individuelle Entfaltung und als

ein fortschreitendes Wachstum zu einer höchsten, von Gott
eingegebenen Humanität zu sehen. Denn „zur Humanität und
Religion ist der Mensch bestimmt".
1776 wurde Herder mit Goethes Hilfe als Generalsuperinten-
dent nach Weimar berufen. Er fand dort keine glücklichen Jahre.
Das Verhältnis zu Goethe schwankte zwischen Bruderschaft und
Feindseligkeit, Wieland hatte ihm nichts zu bieten, zu Schiller
ergab sich keine Brücke, der Herzog entzog sich seiner Seelsorge. Herder war zu groß für den kleinen Raum von Hof,
Kirche und Schule in Weimar. Eine Reise nach Rom 1788/89
enttäuschte ihn und seine Polemik gegen Kant verbitterte seine
letzten Jahre. Heftig wandte er, der so Wesentliches zum Hu-
manitätsbewußtsein der Klassik beigetragen hatte, sich gegen
das klassische Bildungsideal Goethes und Schillers. Nur in Jean
Paul trat ein Freund an seine Seite.
1778 erschien Herders *Plastik* – in der Auseinandersetzung mit
Lessing baute er eine Ästhetik auf der Psychologie der Sinne
auf; die Malerei spricht zum Auge, die Plastik zum Tastgefühl.
Auch die Bildhauerkunst, in den klaren Umrissen griechischer
Statuen, wird zur Sache des Gefühls, das körperlich und geistig
ist. Bildende Kunst war ihm Kunst des Raumes, die Musik
eine Kunst im zeitlichen Nacheinander der Töne; die Dichtung
wurde zur Sprache der Phantasie, der Seelenkraft. Widersprach
er hier Lessing, so führte er in *Gott. Einige Gespräche* (1787)
jenes letzte Bekenntnis Lessings zu Spinoza weiter, den er im
Sinne Leibniz' umdeutete. „Wir sind Menschen und als solche,
dünkt mich, müssen wir Gott kennenlernen, wie er sich uns
wirklich gegeben und geoffenbart hat. Durch Begriffe empfangen
wir ihn nur als einen Begriff, durch Worte nur als ein Wort;
durch Anschauungen der Natur aber, durch den Gebrauch unserer Kräfte, durch den Genuß unseres Lebens gewinnen wir
ihn als wirkliches Dasein voll Kraft und Leben." Das war ein
Pantheismus in Goetheschem Sinne. In den Gesetzen und Kräften der Natur, in denen der Tod nur ein Übergang zum neuen
Werden ist, spricht Gott. „Wir endliche Wesen, mit Raum
und Zeit umfangen, die wir uns alles nur unter ihrem Maß denken, wir können von der höchsten Ursache nur sagen: sie ist, sie
wirket; aber mit diesem Worte sagen wir alles. Mit unendlicher
Macht und Güte wirkt sie in jedem Punkt des Raumes, in jedem
Augenblick der forteilenden Zeit... kein edleres Geschäft also
kennt unser Geist, als der Ordnung nachzusinnen, die der Ewige
dachte. Jedes seiner Gesetze ist das Wesen der Dinge selbst, mit-

hin ihnen nicht willkürlich angehängt, sondern eins mit ihnen.
Ihr Wesen ist auf sein Gesetz, sein Gesetz auf ihr Wesen und
die Verbindung aller Wesen gegründet." Goethe fühlte hier
seine innersten Überzeugungen ausgesprochen.

Er hatte teil an Herders größtem Werk, den *Ideen zur Philosophie der Geschichte der Menschheit* (1784/91). In dem *Geist
der Ebräischen Poesie* (1782/83) war aus Sprache und Dichtung
das nationale Wesen gedeutet; in den „Ideen" geht es um die in
Klima, Staatsform, Religion, Geschichte lebendigen organischen
Wachstumskräfte, um die Einheit von Mensch und Natur, um
die naturhaften Gesetze der Menschheitsentwicklung. Der erste
Teil gibt eine Erdgeschichte, der zweite Teil den Überblick
über die Mannigfaltigkeit der Völker in ihrer geographisch-
klimatischen, leiblich-geistigen Eigenart. Viele Reiseberichte boten einen gewaltigen Stoff, vor allem G e o r g F o r s t e r s (1754
bis 1794) *Reise um die Welt,* in der er Cooks und seines Vaters
berühmte naturwissenschaftliche Weltumsegelung mit meisterlicher Sprachkunst beschrieb. Der dritte und vierte Teil der
„Ideen" schildert die Geschichte der Menschheit in der Völker-
geschichte bis zum Spätmittelalter. Immer bleibt bei Herder
trotz allem individuellen Sehen aus „Zeit, Ort und genetischem
Nationalcharakter" die theologisch-idealistische Betrachtung der
Geschichte als eine fortschreitende Erziehung zum reinen Menschentum, in dessen Bild sich Winckelmanns Humanität mit
Lessings christlicher Sittlichkeit verband. Einen wahren „Hu-
manus" nannte Goethe den Erzieher und Seelsorger Herder, der
an einer Stelle selbst ausspricht: „Die ganze Geschichte der Völker wird uns in diesem Betracht eine Schule des Wettlaufs zur
Erreichung des schönsten Kranzes der Humanität und Menschen-
würde." In den „Ideen" gelang ihm, entgegen dem bruchstückhaften, deklamatorischen, unruhigen und oft dunklen Stil der
früheren Schriften, das erste große geschlossene Werk in beruhigter, gedämpfter Sprache. Doch – auch sie blieben ein Fragment angesichts der Französischen Revolution und ihrer geistesgeschichtlichen Folgen, die Herders Geschichtsphilosophie nicht
bewältigen konnte.

Der alternde Herder vereinsamte. Seit 1795 war der Bruch mit
Goethe und Schiller unheilbar. Ein grundsätzlicher Zwiespalt
innerhalb der deutschen Bildung wurde an diesem Gegensatz
offenbar. In den umfangreichen *Briefen zur Beförderung der
Humanität* (1793/97) forderte Herder, der Klassik widerspre-
chend, eine gegenwartsnähere, volksnähere und nationale

Dichtung; wie es, ungedruckt geblieben, in der 10. Sammlung der
„Briefe" hieß: „In allem das große Gefühl hervorzubringen, daß
wir Ein Volk seien, Eines Vaterlandes, Einer Sprache. Daß wir
uns in dieser ehren und bestreben müssen, von allen Nationen
unparteiisch zu lernen, in uns selbst aber Nation zu sein." In den
Zerstreuten Blättern wandte er sich der orientalischen Dichtung
und indischen Weisheit zu, er schrieb über altdeutsche Literatur,
dichtete alte christliche *Legenden* nach (1796), übersetzte den
barocken Jesuitendichter Jakob Balde *(Terpsichore,* 1795). In
Vom Geist des Christentums (1798) predigte er ein bekenntnis-
freies Christentum, in der *Metakritik zur Kritik der reinen Vernunft* (1799) sagte er Kant den Kampf an. Sein Prinzip der
fühlenden Anschauung wehrte sich gegen die logische Begrifflichkeit Kants. Die Schrift *Kalligone* (1800) endlich wandte sich
offen gegen die hellenisch klassische Ästhetik Schillers und
Goethes. Noch immer entwarf dieser reiche Geist neue Grund-
risse: über Oper und Drama, Ästhetik und Geschichtsphilosophie,
Freimaurerei, Judenfragen, europäische Einheit; 1801/03 erschien
die von ihm allein versorgte Zeitschrift *Adrastea.* Nach seinem
Tode wurde die Übersetzung der Romanzen über den spanischen
Nationalhelden *Cid* (1805) gedruckt. Herder kehrte damit zu
seinem Jugendthema, der heroisch-ursprünglichen Volksdichtung
zurück, und er gab zugleich der Romantik in der Epostheorie
und in der Versform einen fruchtbaren Anstoß. Sie dankte ihm
mehr, als ihr selbst bewußt war.
„Was in einem solchen Geiste für eine Bewegung, was in einer
solchen Natur für eine Gärung müsse gewesen sein, läßt sich
weder fassen noch darstellen", schrieb Goethe. Bei der Gestaltung seines „Faust" hatte er auch an Herder und dessen titanische Erkenntnissehnsucht, an seinen Willen zum Ganzen, zur
Einheit und Fülle von Gott, Welt und Natur gedacht. Unermeßlich war seine Wirkung auf alle Kreise des geistigen Lebens:
in der Dichtung und Ästhetik, in den historischen Geisteswissenschaften, in der Theologie und Volkskunde, im Nationalgedan-
ken des 19. Jahrhunderts bis tief in die östlichen Völker hinein,
beriefen sich doch gerade die polnischen und tschechischen Natio-
nalbewegungen auf das Slawenkapitel in Herders „Ideen". Er
hatte eine ungemein befruchtende, lockernde, auslösende Kraft –
an der Dichtung des jungen Goethe wurde ihre Wirksamkeit
offenbar.

XII

GOETHE

Durch viele Wandlungen ist das Bild J o h a n n W o l f g a n g
v o n G o e t h e s (28. 8. 1749–22. 3. 1832) hindurchgegangen. Wir
sehen ihn nicht mehr als den olympisch erhabenen Jupiter, nicht
als den harmonisch glücklichen Hellenen, als den heiteren Lebens-
künstler, den Reaktionär oder ästhetisch-moralischen Egoisten,
auch nicht als den „Gelegenheitsdichter" im bürgerlich-positivi-
stischen Sinne. Vielmehr: je größer der zeitliche Abstand wird,
um so mehr wächst das Wissen um Goethes Universalität, um
die nicht nur von den Göttern geschenkte, sondern mühsam
errungene Ganzheit dieses Lebens. Goethe ist nicht allein der
große Dichter, ebenso der schwer mit sich und der Welt ringende Weise, der größte weltliche Lebenslehrer, den Europa gekannt hat. Er ist der dichterische und tätige Mensch schlechthin
geworden, der Begründer eines neuen Weltbildes, das für uns
heute noch gültig ist, ja, dem wir noch lange nicht voll entgegen-
gereift sind. In seiner ideellen und praktischen Universalität scheinen alle Gegensätze zur Einheit zu werden; er ist der große Ehrfürchtige und Versöhnende: von Natur und Geist, Dichten und
Denken, Idee und Wirklichkeit, Erd- und Menschengeschichte,
Individuum und Gesellschaft, Persönlichkeit und Gemeinschafts-
wesen. Alles Dasein erhält in seinem Denken ein dynamisches
und organisches Leben; niemand vor ihm und nach ihm blickte
so tief und klar in die Geheimnisse der Seele und der Dichtung.
Er gab ihr nicht allein einen neuen Sinn, indem er sie innig mit
dem Leben verband („Poetischer Gehalt ist Gehalt des eigenen
Lebens"); auch das Leben erhielt durch ihn aus sich selbst heraus
eine neue Heiligung. Sein Wesen schlechthin bedeutete eine Wandlung des Kulturbewußtseins. Das Genie offenbarte Sinn und Gesetz des Lebens. Darin fühlte er sich selbst als ein sprengender
„Befreier".
Goethe war der große Europäer, der das Erbe der Antike und
des Orients zu einer neuen Erkenntnis führte und der zwischen
dem Süden und Norden ebenso vermittelnd stand wie zwischen
dem Westen und Osten. Er war ein klar blickender Kenner des
deutschen Wesens und sein größter Erzieher – trotz jenes Ver-

sagens, das sein Volk seit über 100 Jahren so oft von ihm entfernt hat. Immer fand er die Mitte zwischen Extremen; eine
universale geistige Welt schloß sich in seiner Gestalt und seinem
Werk zusammen. Was den Menschen bedrängte, wurde von ihm
durchlebt und erkannt; mit jener souveränen, klaren Richtigkeit,
die nur dem Genius gegönnt ist. Immer blieb er im Konkreten,
drängte er zum Praktischen, denn das rechte, unbefangen tätige
Leben stand ihm über aller Spekulation. Er glaubte an den bildenden Sinn der besonnenen Tat. Sie wuchs aus einer schauenden
Weisheit, die sich bis in dunkelste Tiefen versenkte und die
neben dem Sein und dem Sollen, neben dem Möglichen auch
das Unendliche faßte. Keine Formel bezeichnet die Unerschöpflichkeit dieses bis in das Dämonische und Tragische vertieften
und zugleich zu höchster geistiger Bewußtheit erhellten Daseins,
das alle Versuchungen, Irrtümer und Abgründe kannte und bezwang. Gegensätze durchziehen sein Leben, das sich dennoch
im langen inneren Ringen zur Einheit bildete. Der Klassiker
Goethe hatte ein Chaos in sich zu bezwingen, das nicht nur
seine Jugend bedrängte, sondern ihn immer dem Ungeformt-
Nächtigen nahe sein ließ. Sein Reichtum war auch seine innere
Gefahr – der „Faust" wurde ihr Symbol. Gerade weil er um
die Tiefen des Lebens wußte, sich von zerstörerischen Spannungen gefährdet sah, suchte er die Gegenkräfte: in der Heiterkeit des Südens, in der Zucht der klassischen Form, in der
Schönheit der Antike, in den praktischen Forderungen sozialer
Wirklichkeit. Sein „Entsagen" war ein immer neu aufgegebenes
Bewältigen der im überschwenglichen Reichtum des Fühlens
und Wissens angelegten Gefahren. Sein Geist erhob sich in
hoher Bewußtheit über die Abgründe des Lebens – aber seine
Seele schwankte und rang im Sturm ihrer Erschütterungen. Er
lebte in einer Einheit mit dem naturhaft-irdischen Sein; Dichtung
und Naturwissenschaften, Kunst und Weisheit wurzelten im
gleichen Lebensgrunde, der sich dem All zugehörig wußte,
seinen Gesetzen eingeordnet. Dies war der Gehalt seiner klassischen Form: „Die hohen Kunstwerke sind zugleich die höchsten
Naturwerke, von Menschen nach wahren und natürlichen Gesetzen hervorgebracht". Hier gab es keine Trennung von Geist
und Natur, sondern das Kunstwerk wurde zum organischen Gebilde wie der Mensch und das Weltall. Es gehorchte dem Gesetz
der Notwendigkeit, die zugleich eine letzte „Richtigkeit" enthielt;
diese Bindung an das Naturhafte hat Goethe jene Vollkommenheit der „inneren Form" gegeben, die seine Jugend, seine Man-

nesjahre und sein Alter zur je vorbildlichen Erscheinung der menschlichen Lebensstufen werden ließ. Neben seine titanisch-lyrische Jugend, neben sein klassisch gebildetes, tätiges Mannestum tritt ein Alter, das schöpferisch neue Formen und Erkenntnisse, auf religiösem, sozialem und kulturkundlichem Gebiet, brachte, die weit über den Erlebnisraum des 19. Jahrhunderts hinausgriffen. Erst um und nach 1900 reifte das Verständnis für die „Wahlverwandtschaften", den „West-östlichen Divan", den zweiten Teil des „Faust".

Im Rückblick auf seine Jugend schrieb Goethe: „Als ich achtzehn war, war Deutschland auch erst achtzehn, da ließ sich noch etwas machen... Die deutsche Literatur war noch eine reine Tafel, auf die man mit Lust viel Gutes zu malen hoffte." In seinem dichterischen Werk gelangte zum Austrag, was der Blüte und Frucht wartete. Eine glückliche, an bedeutenden Ereignissen und geistigen Anregungen reiche Kindheit war dem wohlhabenden Frankfurter Bürgersohn zugedacht; der ernste, strenge, gebildete, aber pedantische und eigenbrötlerische Vater und die naturhafte, bewegliche, heitere, phantasiebegabte Mutter, „Frau Aja", gaben ein gutes Gleichgewicht. Die Briefe der Mutter sind Dokumente einer humorvollen und tätigen Ursprünglichkeit. Enge persönliche Beziehungen verbanden die Familie mit den führenden Männern der Reichsstadt; Goethes frühe, helle Wißbegierde sammelte Eindrücke und Erlebnisse in den verschiedensten Lebenskreisen. Zeitereignisse wie der Siebenjährige Krieg, die Einquartierung des französischen Königsleutnants Thoranc, die Krönung Kaiser Josefs II. (1764), weiteten das Blickfeld. Bürgerliche Behaglichkeit verband sich mit einer gediegenen Kultur und bewegtem Treiben.

1765 wurde der junge Goethe als Student der Rechte nach L e i p z i g, dem „Klein-Paris" der galanten Mode und modernen Literatur, geschickt. Hier herrschte ein anderer, freierer Lebensstil. Goethe paßte sich an; er schrieb anakreontische Gedichte, erotische Tändeleien im Stil Hagedorns, Wielands, nach französischen Mustern. In der Liebe zu der Wirtstochter Käthchen Schönkopf, in der Freundschaft zu Ernst Wolfgang Behrisch, dem Rechtsstudenten und späteren Hofbeamten, zeigte sich schon mehr: eine rasche, stürmische Leidenschaftlichkeit, ein selbstbewußtes Aufbegehren gegen die akademische und moralische Pedanterie der Gottsched, Gellert und anderer Professoren. 1767 entstand das Schäferspiel *Die Laune des Verliebt*en – in die Form des Rokostils drangen Erlebnisse einer eifersüchtigen,

reizbaren, ungestümen Liebe ein. „Und so begann diejenige
Richtung, von der ich mein ganzes Leben über nicht abweichen
konnte, nämlich dasjenige, was mich erfreute oder quälte oder
sonst beschäftigte, in ein Bild, ein Gedicht zu verwandeln und
darüber mit mir selbst abzuschließen, um sowohl meine Begriffe
von den äußren Dingen zu berichtigen, als mich im Innern deshalb zu beruhigen. Die Gabe hierzu war wohl niemand nötiger
als mir, den seine Natur immerfort aus einem Extreme in das
andere warf." Nach rokokohaften Anfängen in den Gedichten
des Buches „Annette", die Behrisch auswählte und deren Ab-
schrift sich erst 1895 fand, zeigten die anonym erschienenen
Neuen Lieder (1769) eine neue Bildkraft („Das Auge war vor
allen anderen das Organ, womit ich die Welt erfaßte"), ein sich
vortastendes neues Naturgefühl und ein bisher unbekanntes
inneres Durchleben der überlieferten Motive der Anakreontik.
Ein Freund Winckelmanns, Adam Friedrich Oeser, wies als Zei-
chenlehrer auf die Antike. 1768 kehrte Goethe, schwer erkrankt,
nach Frankfurt zurück. Wie immer bei ihm bedeutete die körperliche Erkrankung auch eine seelische Krise und Wendung.
In dem Gefühl eines nahen Todes öffnete er sich der pietistischen
Frömmigkeit der Mutter und ihrer Freunde, vor allem der
Susanna von Klettenberg; sie ist die „schöne Seele" aus dem
6. Buch des „Wilhelm Meister". Lavater nannte sie „die christ-
lichste Christin, die ich kannte." Goethe las mit ihr naturmystische
und alchemistische Schriften, nach den Spuren Gottes im Geheimnis der Natur suchend. Es war die erste Stimmung zum
„Faust", zugleich der Beginn seiner naturwissenschaftlichen
Studien. Er vertiefte sich in das Bild eines ursprünglichen, reinen
Christentums, das G. Arnolds „Ketzerhistorie" (vgl. S. 173) gab.
„Seine Gesinnungen stimmten sehr zu den meinigen". Auf Leipzig zurück wies das Lustspiel *Die Mitschuldigen*. Die Mischung
von Typen der Commedia dell'arte und gesellschaftlichen Mi-
lieufiguren in der Art des sächsischen Lustspiels ergab Unstimmigkeiten; gleichwohl entstand ein die theatralischen Mittel
überlegen ausnutzendes Spiel; nicht ohne soziale Anklage, deren
Ironie beweist, wie scharf er die Fragwürdigkeit der bürgerlichen Welt sah, die ihn in Leipzig umgeben hatte.
1770 begann eine Studienzeit in S t r a ß b u r g. „Der Himmels-
arzt hat das Feuer des Lebens in meinem Körper wieder gestärkt, und Mut und Freude sind wieder da." In Straßburg überwältigte ihn die Schönheit der Landschaft, das Bild eines starken,
vollen Volkslebens. Der Ruf Rousseaus zur Rückkehr zur Natur

entgegen der abgezirkelten Gesellschaftskultur des Rokoko und der Aufklärung wurde ihm nun zum sinnenhaften Erlebnis, das seine eigenen tieferen Kräfte entband. Am Münster ging ihm die Ahnung einer charaktervollen deutschen Kunst auf: Geschichte und Natur wurden ihm zur schöpferischen Erfahrung. H e r d e r war der entscheidende Lehrer, der diese Einheit von Natur und Geschichte deutete, auf den Wachstumsgrund des Volkes hinwies und in dem gewaltig flutenden Werden des Universums die Offenbarung göttlicher Kräfte erkennen ließ. „Was die Fülle dieser wenigen Wochen betrifft, welche wir zusammenlebten, kann ich wohl sagen, daß alles, was Herder nachher allmählich ausgeführt hat, im Keim angedeutet ward, und daß ich dadurch in die glückliche Lage geriet, alles, was ich bisher gedacht, gelernt, mir zugeeignet hatte, zu komplettieren, an ein Höheres anzuknüpfen, zu erweitern." Herder sprach ihm von der religiösen und dichterischen Schöpferkraft der empfindenden Seele, er zeigte ihm die Weite der Weltgeschichte, die sinnlich-bildhafte Sprache des Volksliedes und ließ ihn Dichter wie Homer, Ossian, Sophokles, Shakespeare als die Erscheinungen einer naturhaften Geniekraft sehen.

„Ich erkannte, ich fühlte aufs lebhafteste meine Existenz um eine Unendlichkeit erweitert", so beschrieb Goethe die Wirkung der ersten Lektüre Shakespeares. In der Schrift *Von deutscher Baukunst* rief er die Kunst Dürers und Steinbachs, des legendären Meisters des Straßburger Münsters, gegen die Regelmäßigkeit des Rokoko und des französischen Klassizismus auf, und feierte er die „wahre große Kunst", die nicht verschönern will, sondern aus dem Empfinden unmittelbar bildet. „Diese charakteristische Kunst ist nun die einzig wahre!"

„Genie ist eine Sammlung Naturkräfte", heißt es jetzt. Weit, mit leidenschaftlicher Ergriffenheit öffnete sich Goethes Seele. In der Liebe zu der Sesenheimer Pfarrerstochter Friederike Brion wurden ihm Natur, Landschaft, Volk zum gleichgestimmten Erlebnis; in ihr umfaßte er alles, Himmel und Erde. Pantheist war Goethe auch in der Liebe. Die Gestalt der Geliebten einte sich mit dem Göttlichen in Volk und Natur. Diese Erschütterung erweckte eine bisher ungeahnte, ursprünglich sinnenhafte und bewegte Dichtersprache; die Wandlung seiner Lyrik bezeugt seine Ergriffenheit. Von welcher leidenschaftlichen, sinnlich-geistigen Bewegtheit sind nun Rhythmus, Bild und Gehalt seiner Gedichte erfüllt! Ein ungestümes Lebensgefühl singt sich groß und frei aus.

> Es schlug mein Herz. Geschwind, zu Pferde!
> Und fort, wild wie ein Held zur Schlacht.
> Der Abend wiegte schon die Erde,
> Und an den Bergen hing die Nacht.
> Schon stund im Nebelkleid die Eiche
> Wie ein getürmter Riese da,
> Wo Finsternis aus dem Gesträuche
> Mit hundert schwarzen Augen sah.

Das fühlende Ich erweiterte sich zum All – alles war hier selige
Hingabe, Ahnung eines Unendlichen, Einklang mit den überpersönlichen Mächten: Liebe, Landschaft, Geschichte, Gott.

> O Lieb, o Liebe!
> So golden schön,
> Wie Morgenwolken
> Auf jenen Höhn!
> Du segnest herrlich
> Das frische Feld
> Im Blütendampfe
> Die volle Welt.

Dennoch griff in dieses Glück der inneren Befreiung, das den
Dichter zum Selbstbewußtsein seiner Kräfte kommen ließ, der
Schmerz einer notwendigen Verschuldung ein. Zu gewaltig war
das Gefühl seiner bis in das Unendliche greifenden Kräfte, um
sich im Frieden einer erfüllten Liebe zu beruhigen. Goethe mußte
sich von Friederike trennen – „hier ward ich zum erstenmal
schuldig". Wie tief dieses Schuldbewußtsein griff, zeigen Weis-
lingen, Clavigo, Faust.

1771 wurde Goethe, als Lizentiat beider Rechte, in Frankfurt
als Advokat zugelassen. Er opferte dem Amt wenig Zeit. Die
Straßburger Erlebnisse verlangten nach Gestaltung. In der Rede
Zum Schäkespears Tag huldigte er dem Genius des Dramas, in
der *Geschichte Gottfriedens von Berlichingen mit der eisernen
Hand* folgte er seinen Spuren. Die Selbstbiographie des schwäbischen Ritters (1480–1562) gab ihm den Stoff. Geschichte und
Gegenwart flossen ineinander; in dem eigenwilligen, kraftvollen
Ritter aus der Zeit des Faustrechts, die Justus Möser als Zeitalter eines starken nationalen Lebens verherrlicht hatte, sammelte sich der Aufruhrwille einer ihrer Kräfte bewußten Jugend. Wie ein epischer Geschichtserzähler breitete Goethe in
rasch wechselnden, kurzen Szenen ein an Gestalten überreiches
Bild des endenden Mittelalters aus. Der Ritter, der mit ur-
sprünglichem Gefühl, kernhaftem Rechtssinn, deutscher Aufrichtigkeit gegen den Mechanismus einer landfremden Staatsordnung,

gegen römisches Recht und höfischen Egoismus, gegen Verrat, Unterdrückung, Knechtsinn und Lüge kämpft, wird das tragische Opfer einer entarteten Zeit. Er wollte, ein Heiliger aller Tapferen, Lebensechten und Bedrängten, sich selbst helfen und mußte so an der Gesellschaft schuldig werden und als ein Einsamer untergehen. Es ist die Tragödie des Menschen, der für die Welt zu groß ist und sich ihr nicht einzupassen vermag. Goethe erkannte bald, unter Herders Kritik, die Mängel des allzu episch breiten Werkes. 1773 gab er ihm eine dramatisch straffere, kürzere Form. Damit war, von der Jugend begeistert begrüßt, ein erstes deutsches Drama mit nationalem Stoff, eigener freier Form, einem lebensvollen Ethos und geschichtlicher Wirklichkeitsfülle geschrieben. Eine neue Epoche begann mit ihm für die Bühne. Das Mittelalter wurde durch den „Götz" zur literarischen Mode, und ein neues nationales Geschichtsdenken knüpfte an ihn an.

In der Zeitschrift *Frankfurter gelehrte Anzeigen* entwickelte Goethe als Kritiker der Gellert, Geßner, des Ästhetikers J. G. Sulzer das Programm einer neuen Dichtung aus der Fülle hinreißenden Erlebens heraus; doch mächtiger drängte der Wille zu eigenen Schöpfungen. Neben den „Götz" traten die Entwürfe zu einem *Caesar, Sokrates, Mahomet* und *Prometheus* – ihr Thema war die Tragik des Titanen, der, um die Fülle seiner Erlebnisse mitzuteilen und in die Tat zu verwandeln, zur Menge hinabsteigen und an ihr scheitern muß. Er wollte in diesen Entwürfen, die nur im „Mahomet" und „Prometheus" zu Bruchstücken gediehen sind, von der Übermacht seines eigenen, dem Göttlichen weit geöffneten Gefühls zeugen –

> Wenn aus dem innerst tiefen Grunde
> Du ganz erschüttert alles fühlst...
> Im Sturm dein Herz erschwillt...
> Und alles klingt an dir und bebt und zittert...

Eine rastlose Unruhe trieb ihn, „gegen offene Welt und freie Natur gerichtet", zu beständigen Wanderungen: an Rhein und Main, nach Darmstadt zu dem kritischen und literarisch tätigen Freunde Johann Heinrich Merck (1741-1791) und zu dem Kreis der empfindsamen Hofdamen *(Elysium)*. Der Wanderer wurde ein bevorzugtes dichterisches Symbol dieser Jahre. In Sturm und Regen entstand die erste der großen Hymnen, *Wanderers Sturmlied*, in denen sich in freien Rhythmen mit gewaltiger Weite des Atems und Gefühls der Schwung der Seele auslebt, die dem Unendlichen offen ist und sich dem Göttlichen nahe

fühlt. Damit begann eine neue Epoche der deutschen Lyrik. Im
aufbegehrenden Trotz der freien Rhythmen des *Prometheus* sowie in der Hingabe an das All in der Hymne *Ganymed* werden
die einander ergänzenden Seiten im Wesen Goethes schon jetzt
sichtbar. Neben titanisches Selbstbewußtsein tritt das Verlangen,
sich grenzenlos dem All hinzugeben. Was in Klopstocks freien
Rhythmen eine geistige Empfindungssprache blieb, wird zur
sinnlichen Kraft, zu einer monumentalen Bildsprache verwandelt.
Leidenschaft und Glut der Seele finden ihre eigene Ausdrucksform. Sie konnte sich nicht mehr an die überlieferten Regeln binden: die Macht des Fühlens schuf sich eine dynamisch gefüllte,
ungemein bewegte Sprache und einen mächtigen Rhythmus. Aus
dem *einen* Erlebnisaugenblick des in seiner Ganzheit ergriffenen
Menschen erwuchs das Gedicht – darin lag sein neues Gesetz,
daß es von einer inneren Form bestimmt war. Sie bedeutet die
organische Einheit des Kunstwerks, das *einem* zentralen, alles
umschließenden Wachstumsgesetz gehorcht, wie Leben und Tun
des Menschen sich aus *einer* inneren Notwendigkeit aufbauen,
Stamm, Blatt und Blüte der Pflanze *einer* inneren Ordnung ent-
wachsen. So formte sich die dichterische Schöpfung aus der
einen inneren Gewalt des Erlebnisses. Zugleich wurde in diesen
Hymnen ein mythisches Erfahren möglich, das den Menschen
als von göttlichen Kräften umfangen begreift, hingegeben den
kosmisch-metaphysischen Gewalten. „Meine Lust am Hervor-
bringen war grenzenlos. Mein produktives Talent verließ mich
seit einigen Jahren keinen Augenblick; was ich wachend am Tage
gewahr wurde, bildete sich sogar öfters nachts in regelmäßigen
Träumen."
So entstand der *Ewige Jude* (1774), in dem der Erlöser Christus,
der Held des Erbarmens, von der irdischen Menge, der er sich
opferte, verkannt und zurückgestoßen wird. Auch dieses geniale,
im dämonischen Schöpferdrang hingeworfene Gedicht blieb ein
Fragment; die Fülle, in der sich Plan an Plan drängte, ließ ein
volles Ausreifen nicht zu. Spätestens mit den Bruchstücken
„Mahomet" und „Prometheus" wird im Sommer 1773 der erste
Faust-Monolog entstanden sein, in dem alles zusammenfloß:
zum unendlichen Lebensdrang des Titanen, der als ein Täter
und Erkennender, als ein Fühlender und als Schaffender die
Welt und das All zu durchdringen strebt. Als Knabe hatte Goethe
das Volksbuch des „Christlich Meynenden" (vgl. S. 110) gelesen;
in Frankfurt, vielleicht auch in Leipzig und Straßburg, sah er
das Puppenspiel vom Dr. Faust. Es ergriff ihn als symbolischer

Ausdruck seines eigenen Lebensgefühls. „Die bedeutende Puppenspielfabel klang und summte gar vieltönig in mir wieder." Wie der „Götz" wies der „Faust" auf die Wendezeit der Reformation – im gleichen Zeitalter entdeckte Goethe Hans Sachs als ein Urbild naturhaft-volklicher Biederkeit. Er nahm in *Der ewige Jude* seinen Knittelvers auf. Gottsched hatte ihn wiederentdeckt. Der Knittelvers meinte etwas archaisch Volkstümliches, Humoristisches und Naives. Goethe schrieb nach der Art des spätmittelalterlichen Fastnachtsspiels das satirisch-schwankhafte *Jahrmarktsfest zu Plundersweilern* (1773) und das *Fastnachtsspiel vom Pater Brey* (1773), das sich so gegen die religiös-erotisch Empfindsamen wandte wie der gleichartige *Satyros* (1773) gegen einen exaltierten Naturkultus. Indem er alte und volkstümliche Literaturformen aufnahm, vollzog er auf dem Gebiet des Spiels die gleiche historische Rückentdeckung wie G. A. Bürger und die Göttinger in der Lyrik. Er griff auf die Mundart, das alte Deutsch, vor allem auf Luthers Sprache, der bereits Klopstock viel verdankte, zurück. Herder hatte auf Luther als Sprachschöpfer verwiesen. „Er ists, der die deutsche Sprache, einen schlafenden Riesen, aufgewecket und losgebunden." Der junge Goethe zeigt in Lyrik und Drama eine reiche Mannigfaltigkeit der Versformen: vom Alexandriner bis zur Prosa, vom Freirhythmischen bis zum Knittelvers. Er vermochte der Form jeweils die eigene Prägung zu geben. So hat er schon im „Urfaust" dem Knittelvers eine ernsthafte, das Traditionelle sprengende Stimmung mitgeteilt.

„Von mir sagen die Leute, der Fluch Kains läge auf mir", schrieb Goethe 1773. Die bürgerliche Welt von Familie, Amt und Stadt war ihm zu eng. „Ich verschmachte." Den Sommer 1772 verbrachte er auf Wunsch des Vaters beim Reichskammergericht in W e t z l a r. Hier traf er Charlotte Buff, die Braut des Legationssekretärs J. C. Kestner. Wieder erschien ihm in ihr eine reine, in sich geschlossene Natur, die im Denken und Fühlen gesund und ganz war; das friedvolle Gegenbild der Idylle zu seiner dämonisch getriebenen, innerlich zerrissenen Lebensstimmung. Wieder einte sich mit dieser Liebe das Erlebnis der Natur und einer schlichten und schönen Alltäglichkeit. In tiefer Bewegung mußte er entsagen; aus Frankfurt schrieb er: „Meine arme Existenz starrt zum öden Fels" (1773). Zwei Jahre dauerte es, bis sich Goethe von dieser Erschütterung in dem Roman *Die Leiden des jungen Werthers* befreite, den er 1774 in drei Monaten niederschrieb. Die Neigung zu Maximiliane Brentano, der

Tochter der Sophie v. Laroche (vgl. S. 214), und die Nachricht
vom Selbstmord des jungen Wetzlarer Juristen Jerusalem traten
auslösend hinzu. Wieder wurde die Dichtung zum befreienden
Bekenntnis – in der Form des Briefromans, die in lockerer Fügung, als persönliches Geständnis dem Tagebuch vergleichbar,
aus dem jeweiligen bewegten Augenblick heraus dem Lyrischen
und Dramatischen offen war. Im qualvollen Widerstreit von
Leidenschaft und Wirklichkeit, Seelenfülle und Zwang der Umstände, im übermächtigen Rausch des Empfindens und der Liebe
zerstört sich Werther – „man fürchtet, sein Feuer werde ihn
verzehren", schrieb 1774 ein Freund über Goethe. Es ging in
dem Roman nicht allein um sein eigenes Schicksal; in Werther
wurde das Verhängnis einer übersteigerten subjektivistischen
Empfindsamkeit deutlich. Es war die Krankheit einer allzu ge-
fühlsseligen Zeit, die sich aus der Verweltlichung des Pietismus
entwickelt hatte. Es geht nicht allein um den unglücklich Liebenden, sondern um den von seinem Gefühl hingerissenen, im
Selbstgenuß einer inneren Unendlichkeit Kraft und Willen
einbüßenden Jüngling, der nicht zur Welt findet und hilflos
in den Stimmungen des Ichs versinkt. Vergeblich ist die Flucht
zur Naivität des Homer, in die Idylle, in ein Amt – es
bleibt für Werther nichts als der Weg in den Tod. Mit größter
künstlerischer Gestaltungskraft sind diese Briefe geschrieben;
die Landschaft und die Allnatur schwingen im Rhythmus des
seelischen Erlebens mit. Menschen, die aus dem Innersten der
Zeit sprechen, werden lebendig. Alles war hier Wirklichkeit.
Trefflich sagte Merck: „Deine unablenkbare Richtung ist, dem
Wirklichen eine poetische Gestalt zu geben; die anderen suchen
das sogenannte Poetische, das Imaginative zu verwirklichen, und
das gibt nichts wie dummes Zeug." Trotz der Briefromane der
Richardson, Rousseau, Sophie von Laroche bedeutete der „Werther" etwas völlig Neues. Dieser Roman war weitab von aller
Tradition geschaffen. Niemals hatte man solche Seelenerfahrung
gefunden, die von innen heraus gestaltet; niemals war die Gewalt des Gefühls so glühend und verhängnisvoll erlitten worden. Die junge Generation fühlte sich tief getroffen, während
die Älteren, wie Lessing, Kant, Lichtenberg, mißtrauisch ab-
wehrten. Nicolai wagte sogar die Taktlosigkeit einer Parodie
„Freuden des jungen Werthers" (1775). Rasch folgende Übersetzungen brachten Goethe europäischen Ruhm.
Er stand jetzt im Brennpunkt des literarischen Lebens. Ein be-
strickender Zauber ging von ihm aus. „Die Nachkommen wer-

den staunen, daß je so ein Mensch war" (Klinger). Zu den
Freunden Lenz, Klinger, Jung, Merck, Herder traten viele Be-
sucher. Der Züricher Theologe J o h a n n K a s p a r L a v a t e r
(1741–1801), in dessen *Aussichten in die Ewigkeit* (1768/78)
sich ein religiöser Enthusiasmus zu mystischer Christusgläubig-
keit steigerte und an dessen *Physiognomischen Fragmenten*
(1775/78), die den Charakter des Menschen als göttliches Gleichnis aus seinem Antlitz deuteten, Goethe mithalf, suchte und fand
seine Freundschaft. Hinzu kamen der Pädagoge J. B. Basedow,
der Düsseldorfer Gefühlsphilosoph F. H. Jacobi (vgl. S. 215)
und W. Heinse. Klopstock tauchte auf, die Brüder Stolberg ritten mit Goethe 1775 in die Schweiz. Im Ringen mit religiösen
Fragen wurde ihm der große jüdische Philosoph des 17. Jahrhunderts, Spinoza, zum geistigen Ratgeber. Sein „Deus sive
natura" ließ ihn, in dynamischer Umdeutung, Gott in der Fülle
und Weite der Welt, in der Natur und fühlenden Seele erfahren;
die Hingabe an diese Welt im Reichtum ihrer Kräfte und Erscheinungen bedeutete ihm die rechte Verehrung Gottes. In diesen Jahren fand er die Grundlagen seines Pantheismus, einer
„reinen, tiefen, angeborenen und geübten Anschauungsweise,
Gott in der Natur, die Natur in Gott zu sehen" (1811). Zugleich
aber bewies der literarische Revolutionär Goethe, daß er die
poetische Technik einer den Regeln gehorsamen Gestaltung beherrschte. Blieb Lessing zwar abweisend; seiner literarischen
Autorität konnte sich Goethe nicht entziehen. In den Dramen
Clavigo (1774) und *Stella* (1775) gab er wieder, obwohl stärker
verhüllt, ein Bekenntnis eigener Nöte und Erschütterungen,
aber er goß sie in die theatergerechte Form des regelmäßigen
Schauspiels. Im „Clavigo", der Tragödie des verlassenen Mädchens und des aus Ehrgeiz schuldigen Liebhabers, schwang die
Erinnerung an Friederike Brion mit wie in dem „Schauspiel für
Liebende", „Stella", sich Züge seines Verhältnisses zu seiner
Verlobten Lili Schönemann spiegeln, der reichen Bankierstochter
in Frankfurt, die den innerlich Widerstrebenden seit 1774 durch
ihre Anmut und gesellige Grazie gefesselt hatte.

> Herz, mein Herz, was soll das geben?
> Was bedränget dich so sehr?
> Welch ein fremdes, neues Leben!
> Ich erkenne dich nicht mehr.

Doch stärker als die Liebe war die Sehnsucht zur Weite und das
Gefühl unerschöpfter, nicht zu befriedigender Erlebnis- und
Entwicklungskräfte. „Dieser Zustand erstickt alle meine Kräfte.

Dieser Zustand raubt mir allen Mut der Seele, er engt mich ein!
Was liegt alles in mir? Was könnte sich nicht alles entwickeln!
Ich muß fort in die freie Welt!" (Stella).

Im Herbst 1775 lud der junge Herzog Karl August (1757–1828)
Goethe zu einem Besuch in Weimar ein. „Es hat sich entschieden" – mit diesem Gefühl folgte er in die nur 6000 Einwohner
beherbergende Residenz des kleinen, ärmlichen Herzogtums. „Da
wirds doch wieder allerlei Guts und Ganzes und Halbes geben,
das uns Gott gesegne." Mit sich nahm er die Fragmente des
„Egmont" und „Urfaust". Wurde der *Egmont* auch erst 1787
in Italien nach reiferer politisch-geschichtlicher Erfahrung beendet, er wurzelt in dieser Zeit eines dämonischen Schicksals-
gefühls, das sich vertrauend überpersönlichen Mächten hingab,
sicher im Selbstbewußtsein, im Gefühl der Berufung, im Ja zum
Leben und in der Wirkung auf die Umwelt. „Ich stehe hoch und
kann und muß noch höher steigen, ich fühle in mir Hoffnung,
Mut und Kraft. Noch hab' ich meines Wachstums Gipfel nicht
erreicht, und steh' ich droben einst, so will ich fest, nicht ängstlich stehn." Goethe wandelte die historische Gestalt nach seinen
Absichten: der ältliche, politisch zweideutige Familienvater wird
zum Helden des Volkes und der Freiheit, der Liebe und der
Waffen – ein Götterliebling, der nur der inneren Stimme folgt
und so, tragisch verblendet, an der feindlichen äußeren Welt
scheitert. Doch sein Tod wird zur Erfüllung: er ist ein Aufruf
an das ganze Volk und eine Prophetie seiner Befreiung von der
spanischen Despotie. Freiheit aber bedeutet hier nicht eine Revolution um einer besseren Zukunft willen, sondern die Bewahrung der alten, geschichtlich angestammten, mit der Natur des
Volkes verbundenen Rechte. In diesem Willen zur organisch gewachsenen Tradition liegt der Unterschied des Freiheitsideals im
„Egmont" zu dem des Schillerschen „Don Carlos". In Klärchen,
der heldenhaften Geliebten aus niederem Stande, sammelt sich
die Innigkeit und Treue eines gläubig reinen Herzens und einer
echten Natur. Egmont steht im Mittelpunkt des Dramas; nicht
der politisch-geschichtliche Kampf zwischen dem Absolutismus
und der Freiheit wie in Schillers „Don Carlos". Episch breit ist
das Zeitbild gehalten. Im „Egmont" zeigt sich Goethes neues
Erlebnis des Tragischen: es kennt nicht die Schuld im moralischen
Sinne, sondern es entwächst dem Wissen um ein inneres, schicksalhaftes Gesetz im Menschen. „Es glaubt der Mensch sein Leben
zu leiten, sich selbst zu führen, und sein Innerstes wird unwiderstehlich nach seinem Schicksale gezogen." Goethe kennt nicht

Schillers metaphysische Freiheit der Entscheidung; seine Tragik entwächst dem eingeborenen Gesetz des menschlich-dämonischen Seins. Daß das Drama zwischen Prosa und jambischer Versform wechselt, kennzeichnet den Übergang vom Sturm und Drang zur geformten Reife des klassischen Stils.

Umfassender war der *Faust* bestimmt, zum Sinnbild der gesamten Goetheschen Existenz zu werden, das mit ihr wuchs und sich entfaltete. In ihm war die Dämonie seines schöpferischen Unendlichkeitsdranges angelegt, sein schweifendes, nie befriedigtes Sehnen und Verlangen. Die Quelle allen menschlichen Lebens lag für Goethe in der Einzelseele, in der „Monade", die sich von innen heraus entfaltet und in solcher strebenden Entwicklung im natürlich-geistigen Zusammenhang mit dem Universum lebt. Das Tragische erwuchs für ihn aus der Bedrohung, die diese individuelle Seele von innen und außen her gefährden und überwältigen kann. Die Einzelseele war ihm eine letzte Einheit, ein letzter Wert, der mit dem Dasein gegeben ist; sie ist Ich und Natur. Bis zum „Faust" hin, der größten „Monade" und Entelechie, ist die Entfaltung und Bedrohung dieser Einzelseele ein Thema seiner Dichtung und ihr weltaufschließender Sinn. Er sah sie im versöhnenden Zusammenhang des Universums, an eine höchste seelische und kosmische Ordnung gebunden, die das Tragische nicht aufhebt, aber in einem letzten Aufschwung, in einer begnadenden Umarmung versöhnt.

Noch war nur eine lockere Folge von einzelnen, verschiedenartigen Szenen niedergeschrieben. Dieser erst 1887 aufgefundene *Urfaust* enthielt die ersten großen Monologe, die Beschwörung des Erdgeistes, das Gespräch zwischen Faust und Wagner, die Schülerszene, den Auerbachskeller, die Gretchenhandlung; noch ohne die ganze Valentinszene. Der Schluß im Kerker war in einer aufgewühlten Prosa geschrieben. In der Erdgeist-Beschwörung entlädt sich das über die Schranken der Wirklichkeit hinausverlangende Titanentum bis zur Verzweiflung des Scheiterns. Im Erdgeist verkörpert sich Goethes Welterfahrung, die alles Lebendige im mächtigen Rhythmus von Werden und Vergehen, von Liebe und Zerstörung, als ein schöpferisches Fluten begreift: in ihm konzentriert sich das Urgesetz der Welt, das Werden und Wandlung, ewigen Kreislauf, Polarität und Ganzheit bedeutet. In der Gretchenhandlung, deren Keime auf das Erlebnis des Prozesses gegen die Kindesmörderin Susanna Brandt in Frankfurt 1771/72 so zurückgehen wie auf das eigene Friede-

riken-Erlebnis und das Werther-Erlebnis in Wetzlar, gelang mit
wenigen Worten und Szenen die gewaltigste, in Schönheit wie
Schmerz ergreifende Dichtung: in der Liebe scheint sich alle
Fülle des Lebens zu offenbaren, doch gerade sie erliegt der Tragik, daß auch in der schönsten und heiligsten Gestalt sich das
Unendliche nicht einfangen läßt. Die alle Seelenkräfte ergreifende Liebe schenkt nicht Frieden, sondern läßt schuldig werden.

> Und ich, der Gottverhaßte,
> Hatte nicht genug,
> Daß ich die Felsen faßte
> Und sie zu Trümmern schlug!
> Sie, ihren Frieden mußt' ich untergraben...

Noch war Goethe seiner eigenen, umgetriebenen Zerrissenheit
zu nahe, um sie zu einer geschlossenen, überwindenden Dichtung
zu gestalten; Weimar bedeutete, bis zur italienischen Reise,
die erste Stufe einer geistig-seelischen Klärung.
In Herzog Karl August fand er einen ihm verwandten Menschen. Goethe schrieb später: „Eine dämonische Natur, voll unbegrenzter Tatkraft und Unruhe, so daß sein eigenes Reich ihm
zu klein war und das größte ihm zu klein gewesen wäre. Dämonische Wesen solcher Art rechneten die Griechen unter die Halb-
götter." In allem tollen Genietreiben, das die Umwelt entsetzte
und Klopstock zu einem moralischen Mahnbrief veranlaßte, hielt
Goethe den Leitgedanken fest, diesen Herzog zum Vorbild des
rechten Regenten zu erziehen. Hier fand er die Weite und Größe
der Aufgabe, nach der er verlangte. 1776 wurde er Geh. Lega-
tionsrat, 1779 Mitglied des Ministeriums, 1782 geadelt. Er sorgte
für das Liebhabertheater (*Triumph der Empfindsamkeit*, 1777,
Die Fischerin, 1782), arbeitete für den Park und die Bauten
leitete seit 1779 die Kriegs- und Wegebaukommission, seit 1782
die gesamten Staatsfinanzen. Überall war er reformierend tätig,
im Verkehrs- und Versicherungswesen, in der Organisation der
kleinen weimarischen Armee, in der Landwirtschaft, Industrie,
in der Reorganisation der Universität Jena – „meine Schriftstellerei subordiniert sich dem Leben". In einem Brief aus dem
Jahre 1780: „Das Tagewerk, das mir aufgetragen ist, das mir
täglich leichter und schwerer wird, erfordert wachend und träu-
mend meine Gegenwart. Diese Pflicht wird mir täglich teurer,
und darin wünscht ich's den größten Menschen gleich zu tun,
und in nichts Größerem."
Diese Verantwortung für das staatliche Gemeinwesen forderte,
sich an die Wirklichkeit des Tages, an seine Pflicht und Not-

wendigkeit zu binden. In dem Gedicht *Auf Miedings Tod* (1782) feierte Goethe am entsagend unermüdlichen Wirken des Theatertischlers Mieding ein Heldentum selbstloser Werktreue. In *Ilmenau* (1783) gab er ein Bild seiner erzieherischen Sorge für den Herzog: „Allein wer Andre wohl zu leiten strebt, / Muß fähig sein, viel zu entbehren." Praktische Aufgaben drängten zur Naturwissenschaft; Mineralogie, Geologie traten in sein Blickfeld. 1784 entstand die Abhandlung *Über den Granit*, die „mich von der Betrachtung und Schilderung des menschlichen Herzens, des jüngsten, mannigfaltigsten, beweglichsten, veränderlichsten, erschütterlichsten Teiles der Schöpfung, zu der Beobachtung des ältesten, festesten, tiefsten, unerschütterlichsten Sohnes der Natur geführt hat". Darin lag Goethes eigene Polarität: der Umgetriebene suchte die erhabene Ruhe der großen, schweigenden Natur. Paläontologie, Anatomie beschäftigten ihn; 1784 gelang die Entdeckung des Zwischenkieferknochens, der Mensch und Tier morphologisch in die organische Einheit des Naturlebens eingliederte. Seit 1785 fesselte Goethe die Botanik: „Es kommt mir alles entgegen und das ungeheure Reich simplifiziert sich mir in der Seele", schrieb er voll Freude in einem Briefe. Goethes Naturwissenschaft war ein erkennendes, intuitives Anschauen, das, verwandt der *scientia intuitiva* Spinozas, Gott in allen einzelnen Dingen als Kraft, als Notwendigkeit und Gesetz erkannte. „Das Dasein ist Gott" (1785). Spinoza las er mit Charlotte von Stein (1742–1827), an die ihn die sichere Überlegenheit einer adligen Weltdame und die reine, gütige Menschlichkeit einer leiderfahrenen Seele fesselten. Sie lebte das, dessen Goethe bedurfte: die Bereitschaft zum Entsagen, zur schönen, seelisch erfüllten Form, zur Einheit von Reinheit und geistigem Adel. In der Liebe zu ihr fand Goethe das Ideal einer reinen Menschlichkeit; es wurde der Grundtrieb der Dichtungen dieser Zeit. Ihrer Güte, Weisheit, Mäßigkeit und Geduld wollte er teilhaftig werden – „vollende Dein Werk, mache mich recht gut" (1781).
Für sie entstand 1776 das Gedicht *Warum gabst du uns die tiefen Blicke*:

> Tropftest Mäßigung dem heißen Blute,
> Richtetest den wilden, irren Lauf,
> Und in deinen Engelsarmen ruhte
> Die zerstörte Brust sich wieder auf.

An Charlotte v. Stein erinnert der bürgerlich-realistische Einakter *Die Geschwister* (1776). Jetzt wurde Goethes Lyrik stiller und vergeistigter. An die Stelle der stürmenden Leidenschaft tritt eine überschauende, tiefe Besinnung; Sinnlichkeit und Seelenfülle werden zur Einheit, eine innere Harmonie läßt im erfüllten Augenblick das Dauernde gewahren – „nicht als Traum und Schatten, sondern als lebendig-anschauliche Offenbarung des Unerforschlichen". Noch durchlebt das Gedicht das persönliche Gefühl, aber es spricht ein Gültiges und Allgemeines mit sinnenhaft-gegenständlicher Einfachheit symbolisch aus. *(An den Mond, Über allen Gipfeln ist Ruh, Wandrers Nachtlied.)* Auch wenn die freien Rhythmen der Frankfurter Zeit wiederkehren *(Harzreise, Grenzen der Menschheit, Das Göttliche, Gesang der Geister)*, werden sie ruhiger, reiner und gedämpfter. Maß und Gesetz geben eine innere Form. „Nach ewigen, ehrnen großen Gesetzen müssen wir alle unseres Daseins Kreise vollenden" – doch bleibt dem Menschen die Freiheit des sittlichen Handelns, das Wirken für die Humanität. Seele und Sinne vereinen sich zu schöner Harmonie in den Gedichten an Charlotte von Stein *(Nachtgedanken, Der Becher, An Lida)*. Daneben treten die kosmischen Schauer der Balladen *(Der Fischer, Der Erlkönig)*, die Schwermut der Harfner- und Mignonlieder *(Wer sich der Einsamkeit ergibt, Wer nie sein Brot mit Tränen aß, Kennst du das Land, Nur wer die Sehnsucht kennt)* – dunkle, ans Dämonische rührende Tiefen werden zu Sprache und Gedicht. Durchweg kennzeichnet Goethes Lyrik, in allem Reichtum der ererbten und umgebildeten Formen, ein fließender Rhythmus aus der Eigenform der deutschen Sprache. Er hat die „zugemessenen Rhythmen" als „hohle Masken ohne Blut und Sinn" vermieden, keine Formexperimente gepflegt, aber jeder Form das eigene Gepräge bis in die rhythmischen Tönungen gegeben. Am Maßstab Goethes wurde lange als die reine lyrische Form das Bekenntnis- und Stimmungshafte, die Füllung des Gedichts aus dem Erlebnis, dem seelisch Humanen und dessen Symbolbildern verstanden. Aber Goethes Lyrik zeigt sehr verschiedene Bewußtseinsstufen, eigene Verbindungen des Gefühlhaften und Gedanklichen, die ihn oft Schiller näher erscheinen lassen als dem romantisch Liedhaften. Von Schiller unterscheidet ihn, daß Gehalt und Form bei ihm jeweils einen inneren Bezug erhalten, in dem das Inhaltliche symbolischen Ausdruck durch die Form gewinnt. Bild, Sinn, Rhythmus und Tönung schließen sich zur Einheit. Das gilt auch für seinen Gebrauch der Stanze, der Terzinen *(Betrachtung auf Schillers Schädel,* 1826). Im Jahre 1784 entstanden *Die Geheimnisse* in feierlichen Stanzen. Goethes

Humanitätsideal wollte sich in dem allegorischen Epos, das die Religionen der Erde durch zwölf Rittermönche erscheinen lassen sollte, als verklärte höchste Weisheit ausdrücken. Das von Rosen umwundene Kreuz wurde ihr Symbol. Das Herder geistig sehr nahe Gedicht blieb jedoch ein Fragment. Erst im Alter griff Goethe zur Stanze in Abwandlungen zurück *(Zueignung zum Faust, Urworte Orphisch, Marienbader Elegie).*

Die reinste Gestaltung dieses Humanitätsglaubens wurde das Seelendrama *Iphigenie auf Tauris.* 1779 wurde eine Prosa-Fassung beendet, 1780 traten nach Wielands Rat freie Jamben an ihre Stelle, die 1786 mit Herders Hilfe in fünffüßige Jamben verwandelt wurden. Seine letzte Form fand das Werk 1786 in Rom. Der Blankvers wurde jetzt zur Versform des Dramas. 1787 gab Schiller seinem „Don Carlos", unter dem Einfluß von Wielands *Briefe an einen jungen Dichter* (1782; 1784) die gleiche Form. Sie hat sich für das Versdrama bis in das 20. Jahrhundert erhalten. Herder erkannte, daß sich der Blankvers „mehreren Denk- und Schreibarten anschmiege und ein hohes Ziel der Deklamation werden könne". Der Blankvers hebt als Vers über die Prosa hinaus, ohne im gleichen Ton zu erstarren, der für die dramatische Dialogstruktur tödlich würde. Schiller schrieb 1797 an Goethe: „Der Rhythmus leistet bei einer dramatischen Produktion noch dieses Große und Bedeutende, daß er, indem er alle Charaktere und alle Situationen nach Einem Gesetz behandelt und sie, trotz ihres innern Unterschiedes, in Einer Form ausführt, dadurch den Dichter und seinen Leser nötiget, von allem noch so Charakteristisch-Verschiedenen etwas Allgemeines, rein Menschliches zu verlangen... Er bildet auf diese Weise die Atmosphäre für die persönliche Schöpfung, das Gröbere bleibt zurück, nur das Geistige kann von diesem dünnen Elemente getragen werden."

Iphigenie auf Tauris wurde das Drama der eigenen inneren Läuterung Goethes – der von Furien qualvoll gejagte Orest findet durch die reine Menschlichkeit Iphigenies die Erlösung. Im Menschen selbst lebt das Göttliche, wenn er zur vollkommenen Harmonie zu gelangen vermag, in der sich Wahrheit, Reinheit und Güte zu einer Gestalt vereinen. Im ersten Teil des Dramas drängt sich das Grauen des dämonischen Verhängnisses über dem Geschlecht der Tantaliden; selbst Iphigenie, die Priesterin, wird von ihm ergriffen – aber im Geständnis der Wahrheit kehrt sie zur Einheit mit den Göttern zurück, besiegt sie innerlich den König der Taurier, entsühnt sie den Bruder vom Fluch

des Muttermordes. Auf dem Hintergrund unheimlicher, zerstö-
render Mächte erhebt sich das Bild der lautersten Humanität.
Die „Iphigenie" des Euripides hatte einen kultischen Mythos
gestaltet, der den Menschen durch die Allmacht der Götter schuldig werden läßt und begnadigt. Goethe läßt das Göttliche aus
der Innerlichkeit des Menschen aufsteigen – Christentum und
Antike fließen in dem ganz nach innen gewandten, an äußerer
Handlung armen Drama ineinander. Auch die melodisch schwebende, dem geistig Allgemeinen zugewandte Sprache bleibt in
der Höhenlage rein seelischer Spannungen. Ein zweites Drama,
Elpenor (1781), mit dem gleichen Ziel geläuterter Humanität,
wurde als Fragment abgebrochen – in der „Iphigenie" hatte
Goethe die unwiederholbare Aussprache des Humanitätsglaubens
erreicht. Die Wahrhaftigkeit wurde zur erlösenden Kraft. In Gestalt der liebenden Frau vollendet sich der Adel der Menschheit.
„Während wir anderen mühselig sammeln und prüfen müssen,
um etwas Leidliches mühsam hervorzubringen, darf er nur leis
an den Baum schütteln, um sich die schönsten Früchte, reif und
schwer, zufallen zu lassen", schrieb Schiller später. Seit 1780 beschäftigte der *Tasso* Goethe; Heinse hatte 1774 über den Dichter
Tasso im Sinne des Sturm und Drang geschrieben. 1789, nach der
italienischen Reise, wurde Goethes „Tasso" abgeschlossen. Das
Bild des Hofes von Ferrara in der Renaissance floß mit dem
Hof von Weimar und Goethes eigenen Erfahrungen zusammen.
Er verwandelte den Epiker der italienischen Renaissance zu
einem „gesteigerten Werther". Die Tragik des künstlerischen
Daseins fing er in ihm ein: eine leidenschaftliche Gefühls- und
Phantasiekraft, unfähig sich zu bezähmen und zu entsagen, stößt
schuldhaft mit der Wirklichkeit, die das sittliche Recht zu Maß,
Gesetz und Gehorsam hat, zusammen. Tasso scheitert an sich
selbst, er verstößt gegen die Ordnung des Staates und der Sitte,
er untergräbt in genialer Maßlosigkeit die eigene Existenz.
Antonio, der kluge Welt- und Staatsmann, ist der schauende und
tätige Mensch. Auch er ist einseitig, dort hart und starr, wo
Tasso sich ganz dem Gefühl hingibt. In der Prinzessin werden
Natur und Geist, Sitte und Gefühl zur Einheit – sie ist das reine,
schöne, adlige Maß: wieder wird eine Frau zur erlösenden Erscheinung. Aber die Dämonen im Künstler sind stärker; qualvoll
reißen sie den Abgrund auf, der den vom Fluch seines Genius
getriebenen Dichter von der Harmonie der höfischen Kultur
trennt. Und doch entwächst diesem Leiden die Gnade des Dichtertums, die Kraft zum Gesang.

Und wenn der Mensch in seiner Qual verstummt,
Gab mir ein Gott zu sagen, wie ich leide.

Der „Tasso" wurde die Tragödie der inneren Grenzenlosigkeit, des genialen Subjektivismus. Goethe legte seinem Helden das Bekenntnis seiner eigenen Gefährdung in den Mund und ließ ihn, wie es bisher noch nie geschehen war, von der Tragik des Künstlers sprechen. Daß er sie dichterisch zu gestalten vermochte, zeigt, wie er sie erlitt und zugleich überwinden konnte. Er gab der Tragödie als Atmosphäre die strahlende Helle und Schönheit der italienischen Landschaft. Aber die reine Innerlichkeit versagt an der Bewältigung des Wirklichen; darin liegt die Wendung des „Tasso" gegenüber der „Iphigenie". Sie liegt ebenso in der seelischen Aufrichtigkeit dieses Dramas, das Gericht hält – über den Dichter selbst, über das letzte Versagen der Liebe dieser Prinzessin (Charlotte von Stein), über das innere, im Menschen eingeborene Schicksal, das unentrinnbar vernichtet. „Ja, klage nur das bittere Schicksal an und wiederhole nur: auch Sie! auch Sie!" – das war die Klage des Menschen, der sich noch in seiner Liebe verlassen und preisgegeben fand.

Eine Entfremdung gegenüber dem in politische Reichsreformpläne allzu weitläufig verstrickten Herzog, der Überdruß an den lastenden Amtsgeschäften, die Sehnsucht nach schöpferischer Muße drängten Goethe zu dem Wunsch nach neuer Freiheit. Schwierig war das Verhältnis zu Charlotte von Stein geworden. Er bedurfte eines weiteren Raumes, einer größeren Wirklichkeit. Immer heftiger wurde die Sehnsucht nach Italien, dessen Zauber schon des Vaters Erzählungen in der Kindheit gegenwärtig werden ließen. Goethes südliche Natur verlangte nach langer Entsagung im engen, düsteren Norden nach Anschauung südlicher Kunst und Landschaft. „Die Begierde, dieses Land zu sehen, war überreif" (1786). Unter falschem Namen verließ er im Herbst des Jahres Karlsbad – über Bozen, den Lago di Garda, Verona, Venedig eilte er nach Rom. Von dort ging es nach Neapel und Sizilien (1787), dann nach Rom zurück. Im Juni 1788 war Goethe wieder in Weimar.

Wie eine Heimat öffnete sich ihm Italien. „Es ist mir, als ob ich hier geboren und erzogen wäre und nun von einer Grönlandfahrt, von einem Walfischfang zurückkäme." Goethe erfuhr in äußerster Spannung ein deutsches Kulturproblem: zwischen dem Norden und dem Süden in beständiger unerfüllter Sehnsucht leben zu müssen, teilhaftig an beiden Welten. Wie einst in Straßburg, doch nun mit bewußteren Sinnen und Gedanken, er-

lebte er in Italien die sinnliche Schönheit von Landschaft und
Volk. Das Volk, ein „notwendiges, unwillkürliches Dasein",
trat ihm als eine aus dem Ganzen wesenhaft lebende Naturkraft entgegen. In ihm wurde die Vergangenheit zeitlos, wurde
die Kunst zur Natur. Rom erschien ihm als die Einheit von
Kunst und Natur, Geschichte und Gegenwart, von Geist und
Sinnen. „Ich zähle eine wahre Wiedergeburt von dem Tage,
da ich Rom betrat" (1786). „Ich lebe eine neue Jugend" (1787).
An der antiken Plastik, an Raffael, Palladio, Michelangelo, an
den Ruinen der alten Theater und Tempel wurde ihm die Gnade
der Kunst offenbar. An den griechischen Statuen ergründete
er, Winckelmann nachfolgend, die Naturformen des Menschen –
das Höchste, was Menschen gemacht haben, wurde ihm hier leib-
haftig sichtbar. In Natur und Kunst suchte er von jetzt an im
Wandel der Formen das dauernde Wesen, das Gesetz und den
Typus. Jetzt entwickelte sich Goethes klassische Kunstanschauung, die für ihn mit den Gesetzen der Natur übereinstimmte.
Alles sah er in einer flutenden Bewegung (Heraklits *Panta rhei*),
aber allen Wandlungen wohnt das Gesetz des Typus inne, der
nach dem Prinzip der Polarität mit den Eigenschaften der Stabi-
lität und Versabilität (Beweglichkeit) die einzelnen Erscheinungen begründet und bildet. Alles Einzelne ruht und lebt in
der Harmonie des Ganzen, alle Bildekräfte stehen im zweck-
vollen Verhältnis zueinander. „Was ist das Allgemeine? Der
einzelne Fall. Was ist das Besondere? Millionen Fälle." In diesem
Wort aus den „Maximen und Reflexionen" fing Goethe später
diese seit Italien in ihm befestigte Erfahrung ein. Sein „gegenständliches Denken" blieb bei der Anschauung. „Man suche nur
nichts hinter den Phänomenen; sie selbst sind die Lehre." Auch
die Kunst war Mittlerschaft zwischen Idee und Erscheinung,
Geist und Natur; sie war zugleich ein sittliches Tun. Der Gedanke der Metamorphose der Pflanzen ging ihm auf – die „Idee
einer gesetzlichen, gleichmäßigen, wenn schon nicht gleichgestal-
tenden Umbildung des Pflanzenlebens von der Wurzel bis zum
Samen". In Sizilien suchte Goethe die Urpflanze – er fand ihr
Grundorgan im Blatt, dem einfachsten und mannigfaltigsten
Teile. Die Metamorphose ward ihm zum Urgesetz aller organischen Welt. Durch die Anschauung der südlichen Landschaft
wird ihm die Antike zur sinnlichen Erfahrung, er vertieft sich in
das Handwerk der Künste, er findet in einer geliebten Römerin
die zeitlose Schönheit und Lebenskraft des Südens. Alle „physischen und moralischen Übel" (1788) wurden in dieser heiteren,

freien, lebensglücklichen Weltlichkeit überwunden. „Täglich
werf ich eine neue Schale ab und hoffe, als Mensch wiederzukehren." Die Zwiespälte in Leib und Seele schienen befriedet – Goethe fühlt sich als ganzer Mensch. „Ich bin mir selbst
wiedergegeben." Lebensfülle eint sich mit Maß – „der Geist
wird zu einer Tüchtigkeit gestempelt, gelangt zu einem
Ernst ohne Trockenheit, zu einem gesetzten Wesen mit Freude." Eine irdische Ganzheit ist in tiefgreifender Wandlung und
Bestätigung erreicht.

Die *Römischen Elegien* (1788/90), in denen sich antike Form
und sinnliche Lebensfülle, Trieb und Geist, Sehen und Fühlen,·
Mythos, Geschichte und gelebte Gegenwart vereinen, in denen
alles „gesehen" und sicher geformt ist, verrieten den befrem-
deten Weimarer Freunden diese Wandlung. Darin, daß er die
Formen der antiken Lyrik aufnimmt, zeigt sich der Wille zum
Gesetzmäßigen, Dauernden. Verletzt zog sich Charlotte von Stein
zurück, als Goethe ein kleinbürgerlich-schlichtes Naturkind,
Christiane Vulpius, zur häuslichen Freundin wählte. In den
Venezianischen Epigrammen (1790), die nach einer zweiten,
weniger glücklichen Italienreise erschienen, sprach er vom Glück
dieser neuen vertrauten Liebe. Die Urformen des menschlichen
Lebens gab ihm Christiane: Weib und Kind, Haus und Vater-
schaft. Blieb sie auch ahnungslos am Rande seiner geistigen Existenz – ihr widmete er das Gedicht *Die Metamorphose der Pflanzen*. Aber auch von der geheimen Not dieser ungleichartigen
Verbindung spricht ein Gedicht, die Elegie *Amyntas*. Erst 1806
schloß er die Ehe mit ihr, der Mutter seines einzigen Sohnes
August (1789–1830). Sie hatte sein Haus während der französischen Plünderung mutig verteidigt. Christiane rettete ihn vor
völliger Vereinsamung nach der italienischen Reise: verstimmt
sah Goethe das Mißverstehen der Freunde, den Erfolg eines für
ihn längst überwundenen „Sturm und Drang" (Heinses Ardinghello, Schillers Räuber). „Ich bin hier fast ganz allein." Der
Naturwissenschaftler brachte lange den Dichter, den das Heimweh nach Italien quälte, zum Schweigen. Aber die zweite Reise
nach Venedig brachte auch die Erkenntnis, „daß ich auf keine
Weise mehr allein sein und nicht außerhalb des Vaterlandes
leben kann". 1791 übernahm Goethe die Leitung des Weimarer
Hoftheaters; er hat es zusammen mit Schiller in langjähriger
Arbeit zum Vorbild einer künstlerischen Bühne ausgebaut.
Mächtig erschütterte ihn der Ausbruch der Französischen Revo-
lution; sie bestätigte lange gehegte, düstere Ahnungen und

schien jetzt deutsche Lande mit Anarchie zu bedrohen. 1791 schrieb er den *Groß-Cophta*, ein Lustspiel um den Halsbandprozeß der Königin Marie Antoinette (1785), der ihm den Blick in den Zerfall von Hof und Staat schärfte. 1792/93 folgte er dem Herzog in den 1. Koalitionskrieg, zur Niederlage von Valmy – ablehnend blickte er auf eine aus den Fugen gerissene Welt. „Jedes Gewaltsame, Sprunghafte ist mir in der Seele zuwider, denn es ist nicht naturgemäß" (1825). Goethe erkannte eine Zeitwende: „Von hier und heute geht eine neue Epoche der Weltgeschichte an" (*Kampagne in Frankreich*, 1822). Dennoch mißlang ihm die aktuelle politische Auseinandersetzung durch das Mittel der Dichtung: unzulängliche Gelegenheitsarbeiten blieben das Lustspiel *Der Bürgergeneral* (1793) und das unvollendete Drama *Die Aufgeregten* (1793/94) im Stil des Dänen Holberg. Goethe floh in die Wissenschaft der Optik, er verbarg sich in den homerisch gelassenen Hexametern der heiter-ironischen „unheiligen Weltbibel" des *Reineke Fuchs* (1793). Den Hexameter hatte J. H. Voß ihm nahegebracht; 1796/97 schrieb Goethe die Idylle *Hermann und Dorothea*, in der nun das Erlebnis der Revolution die distanzierte Gestaltung fand. Hier erhielt Goethes Bürgerlichkeit den vollkommenen Ausdruck; nicht mit der hausbackenen Enge von Voß' „Luise", sondern mit der Weite eines an antiken Urformen und großen politisch-menschlichen Erfahrungen geöffneten Blicks, der im Bürgerlichen, selbst wo er dessen Bild mit leichter Ironie spiegelt, ein gesetzhaft Menschliches in seinen reinen Formen erkannte. Ein Bericht über die Vertreibung der Salzburger Protestanten im Jahre 1731 diente als Quelle der Handlung; die Revolution gab den weltgeschichtlichen Hintergrund. Das Zeitbild aus dem reichen, gefestigten Bürgertum des deutschen Südwestens umschloß ein Weltbild gewachsener, organischer Humanität. Das Heimatliche erhielt bei aller Natürlichkeit und Individualität das Gepräge reiner Naturformen im antiken Sinne. Die Not der Flüchtlinge ruft den behaglichen Bürger zum tätigen Wirken, zur Entfaltung seiner Menschlichkeit; indem er gibt, empfängt er doppelten Gewinn. Im kleinen Kreise offenbart sich die schlichte Größe der wahren Natur. Dieses Epos lehrt, wie tief der angeblich zeitferne klassische Goethe von den Erschütterungen der Zeit getroffen wurde, wie sich ihm eine zeitlos gültige Daseinserfahrung und Daseinsbewältigung im Sturm der Geschichte eröffnete und wie er dies Schicksal durch das die Lebensmächte erschließende Wort zu meistern vermochte.

Nur ein Fremdling, sagt man mit Recht, ist der Mensch hier
auf Erden;
Mehr ein Fremdling als jemals ist nun ein jeder geworden.
Uns gehört der Boden nicht mehr; es wandern die Schätze;
Gold und Silber schmilzt aus den alten heiligen Formen;
Alles regt sich, als wollte die Welt, die gestaltete, rückwärts
Lösen in Chaos und Nacht sich auf, und neu sich gestalten.
...und finden dereinst wir uns wieder
Über den Trümmern der Welt, so sind wir erneute Geschöpfe,
Umgebildet und frei und unabhängig vom Schicksal.
Denn was fesselte den, der solche Tage durchlebt hat!

Schiller nannte 1797 das Epos den Höhepunkt „seiner und unsrer
ganzen neueren Kunst".

In dem Drama *Die natürliche Tochter* (1799/1803) nahm Goethe,
durch die Autobiographie einer angeblichen bourbonischen Prinzessin angeregt, nochmals das Thema der Revolution auf. Im
Rückblick schienen sich die Verwirrungen zu gesetzmäßigen
Formen zu klären. Es ging ihm um die Gestaltung von Urformen
im klassizistischen Sinne, die das Zeithaft-Individuelle ausschalten und ein vergeistigtes Bild zu geben vermögen. Das Dramatische, das Anschaulich-Theatralische und das geschichtlich
Wirkliche wurde ausgeschaltet, um dem geistig Allgemeinen in
breiter Rede einen weiten Raum zu gönnen. Was jedoch im
verinnerlichten Seelendrama möglich war, mußte angesichts des
politischen Dramas versagen. So bedeutend das Werk als stilisierte gedankliche und sprachliche Leistung war – es ließ als
Drama unbefriedigt und zeigte die Gefahr eines kunsthaft ab-
strahierten Klassizismus. Nur der erste Teil der geplanten Trilogie wurde geschrieben. Verstimmt ließ Goethe den Plan fallen –
„die grenzenlose Bemühung, dieses schrecklichste aller Ereignisse
in seinen Ursachen und Folgen dichterisch zu gewältigen" (1823),
war ihm mißlungen.

Goethes Leben und Werk bedrängte in diesen Jahren die Gefahr der aufgenötigten und freiwilligen Einsamkeit. Die Freundschaft mit Schiller wurde für ihn eine Art von Erlösung, die sein
Schaffen neu belebte; durch ihn wurde ihm seine dichterische
Aufgabe als eine fordernde Pflicht bewußt. Lange wehrte Goethe
den revolutionären Pathetiker der „Räuber" ab. Er wußte nicht,
mit welcher Anstrengung Schiller dem Ideal einer klassischen
Lebens- und Kunstform zustrebte und in welchem Umfange er
selbst, als ein antiker, ganzheitlicher Mensch, Schiller als das
Ideal dessen vor Augen stand, was ihm selbst fehlte. Seit dem

Betreten Weimars 1787 warb Schiller stolz und eifersüchtig,
zwischen Liebe und Neid schwankend, um Goethe. In ihm sah er
jenen Einklang von Leben und Dichten, der ihm selbst zu seinem Schmerz versagt schien. Schiller erkannte scharf die wesen-
haften Unterschiede zwischen der Naturkraft des in sich harmonisch vollendeten Menschen Goethe und seiner eigenen Sehnsucht, aus dem Reich der spekulativen Idee zurück zur Wirklichkeit zu gelangen. Goethe wurde ihm zum Vorbild, ohne daß
er sich aber selbst an ihn verriet. Vielmehr wurde ihm im Verkehr mit Goethe der Sinn und Wert seiner andersartigen Anlage
bewußt. Darin lag die Bedeutung dieser seit 1794 geschlossenen
Freundschaft, daß zwei nach Alter, Herkunft, Natur, Bildung und
Schicksal wesensverschiedene Männer gerade aus dem Gegensatz
zu produktiver Gemeinschaft fanden, einander ergänzend, bildend, fördernd. Goethe führte Schiller zur Wirklichkeit, zur
Welt, zur Dichtung; Schiller führte Goethe zum geistigen Bewußtsein seiner überpersönlichen Sendung. Als Kritiker und
Schöpfer traten sie zusammen der Zeit entgegen. Goethe bekannte zu Schiller: „Sie haben mir eine zweite Jugend verschafft
und mich wieder zum Dichter gemacht, welches zu sein ich so gut
als aufgehört hatte" (1798). Schiller forderte und klärte mit rastlos antreibender Bewußtheit. „Wilhelm Meister" und „Faust"
wurden wieder aufgenommen. Für Schillers Zeitschrift „Die
Horen" (1795/97) schrieb Goethe in lockerer Rahmenerzählung
Die Unterhaltungen deutscher Ausgewanderten, in denen, ähnlich wie in Boccaccios „Decamerone", eine Gesellschaft aristokratischer Flüchtlinge vor der Revolution in die Erzählung
novellenartiger Geschichten verschiedener Herkunft ausweicht.
Das hier veröffentlichte *Märchen*, ein Meisterwerk phantasievoll-
geheimnisreicher Fabulierkunst, gab dem romantischen Kunstmärchen den Anstoß. Schillers „Musenalmanach für das Jahr
1797" brachte die gemeinsamen *Xenien;* in der pointierten Form
des antiken Distichons ein übermütig-erbarmungsloses Gericht
über die Literatur der Zeit. Eine Welt höchster Forderungen
schied sich in ihnen von allem Mittelmaß und allen Prätentionen.
Der Almanach 1798 sammelte die *Balladen:* den *Zauberlehrling*
nach Lucian, den *Schatzgräber*, vor allem die *Braut von Korinth*
und *Gott und die Bajadere*. In der „Braut von Korinth", in der
das urtümlich Dämonische zum mythischen Gehalt wird, rächt
sich antike Sinnlichkeit gespenstisch an der christlichen Askese;
in „Gott und die Bajadere" entsühnt liebend der Gott die
Sünderin. Das „Faust"-Motiv klingt an.

Es freut sich die Gottheit der reuigen Sünder,
Unsterbliche heben verlorene Kinder
Mit feurigen Armen zum Himmel empor.

Goethe gab der Ballade Züge des Liedhaften. Als er jedoch in der Phase der Hochklassik 1797 die genannten Balladen schrieb, wählte er eine genau geformte zweiteilige Strophe, darin eine eigentümliche Doppelperspektive mit streng geschlossener Versarchitektur.

Spätestens 1777 hatte Goethe einen autobiographischen Roman, *Wilhelm Meisters theatralische Sendung*, begonnen, in dem er das Problem einer künstlerisch harmonischen Bildung an den Bemühungen um eine deutsche Nationalbühne darstellen wollte. Das politisch einflußlose Bürgertum verlangte seit der Mitte des 18. Jahrhunderts, da Deutschland eine staatliche Einheit fehlte, nach einem Theater als dem Spiegel der geistigen Einheit der Nation und als dem Schauplatz einer weltmännischen Kultur. Hamburg unternahm mit Lessings Hilfe 1767 den ersten Versuch; Wien (1776), Mannheim (1779), Berlin (1786) folgten. Die erzieherische Aufgabe des Theaters als Darstellung der Leidenschaften und der moralischen Beispiele, eines gehobenen und gebildeten Menschentums, als Wirkungsraum des ganzen leiblichgeistigen Menschen wurde lebhaft diskutiert. Goethes eigener Kampf gegen die bürgerliche Enge in Frankfurt verband sich mit dem Bild des genialisch befreiten Schauspielerlebens „Wilhelm" Shakespeares. Immerfort lebt der junge Meister in einer Theaterwelt: den Knaben fesselt das Puppentheater, der Jüngling dichtet und theoretisiert, er wird aufgeführt, liebt eine Schauspielerin, spielt in einer Wandertruppe, vor dem Adel, entdeckt Shakespeare, wird Mitglied der berühmten Hamburger Bühne, Darsteller des Hamlet. Überall aber begegnen ihm Enttäuschungen trotz des Bewußtseins seiner Sendung, der „Schöpfer eines großen Nationaltheaters" zu werden. Die Schilderung eigener Erfahrungen Goethes gab dem Fragment einen realistischen, kräftigen und frischen Erzählton. Offen bleibt, wie er den Abschluß geplant hat. Sollte Wilhelm sein Ziel erreichen? Aber war dies angesichts der realen theatralischen Zustände in Deutschland möglich? Sollte er, worauf ironische Einwebungen deuten, an dessen Utopie scheitern? Und wohin konnte dann sein Weg führen? Vielleicht verurteilte Goethes eigene Ungewißheit die erste Fassung zum Abbruch.

Als Goethe 1794 das Werk neu aufnahm (1786 hatte er den 1910 aufgefundenen sog. *Urmeister* liegen gelassen), verwandelte sich

das Thema: es ging nicht mehr um das Theater, sondern um das
Problem der Bildung zu einem weltoffenen, harmonischen, urbildhaften Menschentum. Die sechs Bücher der „Theatralischen
Sendung" wurden zusammengezogen; sie bilden nun die ersten
vier Bücher der „Lehrjahre". An die Stelle des erzählerischen
Realismus tritt jetzt ein bewußteres, gedanklicheres Arbeiten. Die
ersten vier Bücher sind gegenüber der Urfassung stark umge-
arbeitet, obwohl die Fülle der Gestalten aus dem Theatermilieu
erhalten bleibt. Aus der Enge des zweckhaft-einseitigen Bürgertums drängt der junge Meister mit Hilfe des Theaters zu einer
freien, alle Fähigkeiten entwickelnden Tätigkeit. „Ich habe nun
einmal gerade zu jener harmonischen Ausbildung meiner Natur,
die mir meine Geburt versagt, eine unwiderstehliche Neigung."
Durch starke Eingriffe in die erste Fassung wird das Thema des
Theaters zurückgedrängt; es ist nur die erste Entwicklungsstufe
des rebellischen Phantasten Meister. Seine Entwicklung wird zum
Vorbild der menschlichen Ausbildung überhaupt. „Jeder wird im
Meister s e i n e Lehrjahre finden" (W. v. Humboldt). Die bildende Kraft des Lebens sollte an ihm sichtbar werden; der Stre-
bende und Irrende wird zur Vollendung geleitet. Meister wird
eher passiv gezeichnet, geleitet von Zufällen, Begegnungen und
vom Schicksal, das sich geheimnisvoll in der „Gesellschaft vom
Turm" verkörpert. Auch die zweite Stufe im 6. Buch, die Welt
einer reinen religiösen Innerlichkeit in den „Bekenntnissen einer
schönen Seele" (S. v. Klettenberg), in denen Natur und Seelen-
haftes aus dem Glauben heraus zur Einheit des Charakters wer-
d-n, bleibt nur ein Durchgang. Im Schloß des Oheims wird ein
weiterer Schritt vollendet: neben die religiöse Humanität tritt
die praktische und ästhetische Humanität als Einheit der Gestalt,
als Schönheit und Selbstvollendung. „Tief in uns liegt diese
schöpferische Kraft, die das zu erschaffen vermag, was sein soll."
Erst die letzte Stufe bringt das Ideal: ein sittliches, tätiges Wirken im Kreis der human-sozialen Gemeinschaft, in Verantwortung und Tun für alle. „Hier oder nirgends ist Amerika"; mit
diesem Motto Lotharios blickte Goethe weit in die Zukunft voraus. „Er tritt von einem leeren und unbestimmten Ideal in ein
bestimmtes, tätiges Leben, aber ohne die idealisierende Kraft
dabei einzubüßen… Ruhig und tief, klar und doch unbegreiflich
wie die Natur, so wirkt es und so steht es da, alles, auch das
kleinste Nebenwerk, zeigt die schöne Gleichheit des Gemüts,
aus welchem alles geflossen ist" (Schiller). Mit der Gewißheit
einer sittlichen Gestaltung des Lebens verbindet sich die ruhige

Ehrfurcht vor dem unerforschlichen Schicksal. In der Tragik des
Harfners, in der dämonischen Sehnsucht und Lebensfülle der
traumhaften Mignon werden zugleich die dunkleren Tiefen des
Daseins gegenwärtig.

An eine neue Schweizer Reise 1797 schloß sich die Herausgabe
der *Propyläen* an, in denen Goethe die bildende Kunst in strenge
klassische Ordnung nahm. Ihn beherrschte jetzt das Ideal der gesetzhaften Form; im Klassischen „ruht der Stil auf den tiefsten
Grundfesten der Erkenntnis, auf dem Wesen der Dinge, insofern uns erlaubt ist, es in sichtbaren und greiflichen Gestalten
zu erkennen". Goethe wollte durch die Kunst der ästhetisch-
ethische Erzieher eines neuen Menschentums sein. Wie in der
Natur ruht in der Kunst alles Sein im Typus, der die letzte,
wahre Wirklichkeit ist. In der *Achilleis* (1799) nahm Goethe
Stil und Sprache Homers auf; in dem biographischen Essay
Winckelmann und sein Jahrhundert (1805) schilderte er das
Klassische als höchste Reife irdischer Vollendung: „denn das
letzte Produkt der sich immer steigernden Natur ist der schöne
Mensch". Aus Goethes Feier von Winckelmanns heidnischer
Sinnesart sprach eine Polemik gegen die junge romantische Generation, ihr religiöses Kunstideal. Aber er deutete auch auf die
elegische Utopie solcher Vollendung. „Nur aus der Ferne, nur
von allem Gemeinen getrennt, nur als vergangen muß das
Altertum uns erscheinen." Goethe übersetzte Voltaire, er sorgte
zusammen mit Schiller für die Bildung eines „idellen" Theaters,
das Schönheit mit Würde verband. Weimars Bühne gab das
Muster eines Stils von antiker Idealität („Die natürliche Tochter", „Die Braut von Messina"). Drohte ein Erstarren des Klassischen zum Klassizismus? Goethe war wie Schiller dessen un-
verdächtig, denn er wußte, wie es im Winckelmann-Essay heißt,
„daß in der Kunst, wie im Leben, kein Abgeschlossenes beharre,
sondern ein Unendliches in Bewegung sei". Neues deutete sich an
– im Jahre 1805 schloß eine Lebens- und Schaffensphase ab.
Mitten aus produktiver – wenn auch nicht stets gleichgestimmter –
Gemeinsamkeit nahm der Tod Schiller fort – „ich ... verliere nun
einen Freund und in demselben die Hälfte meines Daseins."

Wieder folgte eine Epoche der Verdüsterung. Der Krieg zwischen Napoleon und den Preußen drang in den persönlichen
Lebenskreis ein. Weimar wurde besetzt, das eigene Haus war
in Gefahr. Im allgemeinen Ruin und in der Verwirrung der
öffentlichen Verhältnisse wollte Goethe um so entschiedener die
Freiheit des geistigen Lebens retten. Er arbeitete an der Farben-

lehre, vollendete „Faust, Erster Teil", plante ein religiös-histo-
risches Volksliederbuch der Deutschen. Mit großer Kunst der
bildreichen Sprache gestaltete er, vom Zeitwandel angeregt, in der
dramatischen Allegorie der *Pandora* (1808) das Auseinander-
brechen und die Vision der Versöhnung zweier Welten. In Prometheus, dem einseitigen Helden der Tat und des Willens, und
in Epimetheus, dem Menschen der träumenden, grüblerischen
Seele, begegnen einander Gegensätze menschlichen Seins. Waffen
klirren gegen den Geist. In der Pandora erscheint dem Epimetheus in seliger Selbstgenügsamkeit das Schöne; aber auch er
bleibt einseitig im reinen, tatenlosen Genuß. Sehnsüchtig blickt
er der entschwebenden Schönheit nach – eigene Bekenntnisse
Goethes finden, an der Schwelle des Alters, hier einen erschütternden Ausdruck.

> Wer von der Schönen zu scheiden verdammt ist,
> Fliehe mit abgewendetem Blick!
> Wie er, sie schauend, im Tiefsten entflammt ist,
> Zieht sie, ach! reißt sie ihn ewig zurück.

In den Kindern des Prometheus und Epimetheus finden, im tragischen Selbstopfer und in idealer Rückkehr (Stirb und Werde!)
die Gegensätze ihre Versöhnung: ein Zeitalter, das Tat und
Seele vereint, Wille und Glauben, soll die Zukunft versprechen.
Doch der diese Erfüllung ausdeutende zweite Teil der „Pandora"
wurde von Goethe nicht geschrieben.

Die Gestalten, die Handlung, die Sprache werden zu geistig-
allgemeinsten Symbolen: darin kündigt sich Goethes Altersstil
an. Der Übergang ins Alter bedeutete ihm eine tiefgreifende,
aufwühlende Krise, ein schwer erkämpftes Entsagen. Im Spiel
der *Sonette* (1807/08) verbarg sich eine neue, vergebliche, ab-
schiednehmende Liebe zu der jungen Minna Herzlieb in Jena;
in den *Wahlverwandtschaften* (1809) bildete er aus novellisti-
schen Anfängen einen tragischen Roman – eine der größten
epischen Dichtungen der Weltliteratur.

„Niemand verkennt an diesem Roman eine tief leidenschaftliche
Wunde, die im Heilen sich zu schließen scheut, ein Herz, das
zu genesen fürchtet", gestand Goethe später. In der Ehe stellt
sich die geordnete Welt der Sitte dar, doch mit unentrinnbarer
Gewalt wird sie zerstört durch die elementare Naturkraft der
Liebe. Im Begriff der Wahlverwandtschaft, der Sprache der
Chemie entnommen, deutet sich ihre naturhafte, dämonisch-
mystische Macht an. Charlotte bleibt entsagend, in reifer Bewußtheit dem überpersönlichen Gesetz der Ehe, die auch in sich

eine organische Weltordnung verkörpert, gehorsam; ihr Gatte Eduard erliegt dumpfer Getriebenheit – Ottilie, dem Zwang ihrer innersten Natur schuldlos folgend, sühnt, von der Härte des Schicksals getroffen, in beispielloser Entsagung – wie eine Heilige, „eine geweihte Person, die nur dadurch ein ungeheures Übel für sich und andre vielleicht aufzuwiegen vermag, wenn sie sich dem Heiligen widmet, das, uns unsichtbar umgebend, allein gegen die ungeheuren zudringenden Mächte beschirmen kann". Gelassen sinkt sie dem Tod entgegen – ein schuldlos-schuldiges Opfer. Die tiefe innere Bewegtheit des Romans ist zu einem gesetzhaft klaren Bau, der alles mit symbolischem Bezug erfüllt, streng gegliedert. Die geheimen Schicksalsfäden werden im Symbol sichtbar; Klarheit und Tiefe verbinden sich in dieser vollkommenen Prosa, die bildhaft und geistig ist, Aussage und Verhüllung. Das Alterswissen um das Gesetzliche gibt der Sprache ihr eigenes Gepräge.

Der Roman berührte sich mit der romantischen Naturphilosophie: in Friedrich Wilhelm Schellings (1775–1854) Schrift „Von der Weltseele" fand Goethe eine ihm nahe Anschauungsweise. „Natur ist der sichtbare Geist, Geist die unsichtbare Natur." Seit dem Tode Schillers hatte sich Goethe, trotz wesentlicher Gegensätze, der romantischen Bewegung sympathisierend genähert. Auch die Naturwissenschaft wurde ihm ein „Glaubensbekenntnis". 1810 vollendete er die umfangreiche *Farbenlehre*, die weit über ihr Thema hinaus eine Fülle von Lebensweisheit aus allen Gebieten umschließt und sich ebenbürtig seinen Dichtungen als Schöpfung eines universalen Geistes anschließt. Auch die langjährigen optischen Studien entsprangen der Einheit seines Weltbildes: „Licht und Geist, jenes im Physischen, dieser im Sittlichen herrschend, sind die höchsten denkbaren, unteilbaren Energien" (vgl. das Gedicht *Wiederfinden*, 1815).

Bei jener denkwürdigen Begegnung 1808 in Erfurt und Weimar hatte Napoleon Goethe aufgefordert, als Sprecher seines Ruhmes nach Paris zu kommen. Goethe lehnte ab; aber die Art, wie der von ihm als ein dämonisches, produktives Genie bewunderte Kaiser ihn als ebenbürtig anerkannte, gab ihm das Bewußtsein des überpersönlichen, geschichtlichen Ranges seines Daseins. Er begann sich selbst geschichtlich zu sehen; als gesetzmäßig wachstümliches Werden im Zusammenhang eines in sich geschlossenen Zeitalters. Darin lag das Außerordentliche von *Dichtung und Wahrheit* (1809/14; 1830/31), daß hier nicht allein eine Selbstbiographie in organischer Verwobenheit mit den Lebensmäch-

ten der Zeit, sondern auch eine überpersönliche Selbstdeutung
gegeben wurde, die sich als Kundgabe des Dämonischen verstand – d. h. der produktiven Kraft aller weltgeschichtlichen Erscheinungen. Es ging Goethe nicht allein um die Resultate seines
Lebens, sondern um eine höhere Wahrheit, um „Symbole des
Menschenlebens". Deshalb „Wahrheit" und „Dichtung" – Wirklichkeit und schöpferisches Deuten, das nach dem Sinn fragt,
nach den Grundformen, dem Typus des Mensch-Seins.

> Und keine Zeit und keine Macht zerstückelt
> Geprägte Form, die lebend sich entwickelt.

Dicht ist die sinnliche und geistige Atmosphäre eingefangen.
Alles ist Bild und Sinnbild, Kraft und Erscheinung. Mit der
Berufung Goethes nach Weimar hört die Selbstbiographie auf;
sie fand ihre Fortsetzung 1816/17 in der *Italienischen Reise*, 1822
in der *Kampagne in Frankreich*. Hinzu treten die *Reise in die
Schweiz im Jahre* 1797 und *Aus einer Reise am Rhein, Main und
Neckar* (1816). Der Briefwechsel mit Schiller (1828/29) und mit
dem Berliner Freunde K. F. Zelter (1758–1832), dem Maurer-
meister und Leiter der Singakademie, schließen sich als biographische Dokumente ebenso an wie die Aufzeichnungen der Gespräche mit Riemer (seit 1806), mit dem Kanzler v. Müller (seit
1808) und dem getreuen J. P. Eckermann (seit 1823).
Schillers Tod, die Erregung der nationalen Befreiungskriege,
die Annäherung an die Dichtung und die Philosophie der Romantiker lockerten Goethes klassizistisches Kunstbekenntnis.
Zwar konnte er in das Pathos der nationalen Bewegung nicht
einstimmen; der Weltbürger, der vom Bewußtsein der geistigen
Einheit Europas durchdrungen war, wollte nicht die Einseitigkeit eines völkischen Nationalismus bejahen. Frankreich blieb
ihm das Land hoher Bildung. „Wie hätte auch ich, dem nur
Kultur und Barbarei Dinge von Bedeutung sind, eine Nation
hassen können, die zu den kultiviertesten der Erde gehört und
der ich einen so großen Teil meiner eigenen Bildung verdankte."
Dennoch konnte er sich der anwachsenden nationalen Begeisterung nicht ganz verschließen. Er schrieb für das Berliner
Nationaltheater zur Friedensfeier 1814 das allegorische Festspiel
Des Epimenides Erwachen, er wandte sich der älteren deutschen
Dichtung zu („Nibelungenlied"), ließ sich von Sulpiz Boisserée
zur mittelalterlichen Kunst führen, wobei Herders Anregungen
in ihm wieder lebendig wurden. Während der Reisen 1814 und
1815 in das südliche und westliche Deutschland kehrte er in seine
Jugendlandschaften zurück – mit erneut geöffnetem Auge für

die Harmonie von Landschaft, Volk, Geschichte und Glauben. Die Lebensfülle des heimatlichen Volkstums schenkte ihm eine verjüngende, erlebnisoffene, neuen Erfahrungen aufgeschlossene Kraft. „Geniale Naturen erleben eine wiederholte Pubertät, während andere Leute nur einmal jung sind" (1828). Neben diese Entdeckung der Größe heimischer, mittelalterlicher Kunst trat die Wendung zum Osten. Im Sturmjahr 1813 hatte Goethe sich vor dem „ungeheuer Bedrohlichen" der Gegenwart in den „entferntesten" Gegenstand, chinesische Literatur und Geschichte, zurückgezogen. Herder hatte ihn einst zu der hebräischen Frühzeit, zum Koran, zu den Arabern, Persern, Indern geführt. Östliche Heerestruppen in Weimar 1813 gaben ihm die sinnliche Anschauung ferner Glaubens- und Lebensformen. Durch die Übersetzungen der Wiener Orientalisten Joseph von Hammer lernte er die Lyrik des Persers Mohammed Schemseddin, gen. Hafis, (1300–1389) kennen; Urformen des Menschen und seiner eigenen Erlebnisweise sprachen ihn an. In Hafis wurde ihm der Orient zum Erlebnis – als Ferne und Gegenwart, als das zeitlos Wahre, das Vergangenheit und Nähe in eins verschmelzen läßt. „Es ist alles so einfach und immer dasselbe." Westen und Osten, Mohammed und Christus, Timur und Napoleon, Goethe und Hafis, Suleika und Marianne von Willemer konnten als Offenbarungen des gleichen allwaltenden Weltgeistes ineinanderfließen. Das zeithaft Einzelne ging im Strom des Allebens unter und fand in ihm seine symbolisch-geistige Wahrheit. In Hafis fühlte Goethe sich selbst ins Zeitlose erweitert. In solchem allegorisch beziehungsreichen Spiel lag der Stil des Alters, aber er bedeutete höchste Lebensfülle, die in das weite Sinnbild gehoben ist. Alles Leben erscheint als Werden, Vergehen und Auferstehung *(Selige Sehnsucht)*, als unablässige schöpferische Wiedergeburt.

> Und so lang du das nicht hast,
> Dieses: Stirb und werde!
> Bist du nur ein trüber Gast
> Auf der dunklen Erde.

Eine neue Neigung, zwischen Zärtlichkeit und Spiel, Entsagen und Heiterkeit gab eine weitere Antriebskraft für den *West-östlichen Divan* (1819), der seit 1814 entstand. In der Frankfurter Bankiersgattin Marianne von Willemer (1784–1860) traf Goethe nicht nur eine ungewöhnliche Frau, auch eine Dichterin, die ihm verstehend zu folgen vermochte und deren Verse er dem eigenen Werk einfügte. Auch Clemens Brentano hatte um sie geworben. In Suleikas und Hatems Liedern bricht, bei scheinbar

literarischem Spiel, Leidenschaftliches durch – auch ihre gegenseitige Neigung wird zum Urbild der Liebe, „musterhaft in
Freud und Qual".

> Nur dies Herz, es ist von Dauer,
> Schwillt in jugendlichstem Flor;
> Unter Schnee und Nebelschauer
> Rast ein Ätna dir hervor.

In zwölf Bücher teilte Goethe den Divan. Im Buch „Suleika"
und „Hafis" lebt das Bekenntnis, im „Buch des Schenken" heitere
Weinseligkeit, das „Buch Timur" blickt auf Napoleon. Die
Bücher der Betrachtungen, des Unmuts, der Sprüche und der
Parabeln kristallisieren in spruchartiger Form die Altersweisheit
des Dichters. Das „Buch des Parsen" und das „Buch des Paradieses" (teils erst 1820) erheben sich zu religiöser Mythen- und
Symbolsprache. In fast sorgloser, aber universaler Freiheit bewegen sich Stil und Sprache; selbst eine mundartliche und saloppe
Ausdrucksweise wird gewagt, da die „innere" Form gesichert ist
und sie den scherzenden Übermut so wie die mystische Weisheit
an eine organisch-gesetzhafte Grundform des Erlebens zurück-
bindet. Goethes Verskunst entfaltet hier einen überwältigenden
Formenreichtum; sie wird von einem klaren Kunstbewußtsein
bestimmt. Dazu gehört die Korrelation von Strophe und gedich-
teter Gestalt, gipfelnd in den Suleikastrophen, ein geistreiches
Spiel der formalen und rhythmischen Symbolbezüge. Es bleibt
in Rhythmus und Bildsprache das Unendliche gegenwärtig; die
Weite des Ostens und die Zeitlosigkeit der eigenen Einsichten.
So weit griff diese Alterslyrik über das Kunstverstehen des Zeitalters hinaus, daß erst nach etwa 100 Jahren ihre Schönheit recht
begriffen wurde. In den beigefügten *Noten und Abhandlungen*
gab Goethe, die Orientalistik bedeutend anregend, die Geschichte
des vorderen Orients in einer Sprache, deren Reiz Heinrich
Heine meisterhaft umschrieb: „Diese Prosa ist so durchsichtig
wie das grüne Meer, wenn heller Sommernachmittag und Wind-
stille, und man ganz klar hinabschauen kann in die Tiefe, wo die
versunkenen Städte mit ihren verschollenen Herrlichkeiten sichtbar werden; – manchmal ist aber auch jene Prosa so magisch,
so ahnungsvoll wie der Himmel, wenn die Abenddämmerung
heraufgezogen, und die großen Goetheschen Gedanken treten
dann hervor, rein und golden wie die Sterne." Wie den Süden
hat Goethe den Osten für die deutsche Dichtung (Rückert, Platen,
Heine, Bodenstedt, Chamisso u. a.) gewonnen.
Die politischen Wirren im Gefolge der nationalen Erhebung

1813 griffen in seinen Lebenskreis ein (Wartburgfest 1817).
Über den Parteien stehend, galt er im Streit der Meinungen hier
als Fürstenknecht, dort als Schützer einer rebellischen Jugend.
Um so tröstlicher waren die huldigenden Stimmen des Auslan-
des. Überall in Europa erklang das Echo seines Wirkens. Lord
Byron widmete ihm 1823 seinen „Sardanapal" – Byron erschien
Goethe wie die Wiederkehr der eigenen Jugend. Nochmals
überwältigte ihn an der Schwelle des Greisenalters die Liebe zu
der blutjungen Ulrike von Levetzow in Marienbad. Bis in letzte
Tiefen griff der Zwang zum Verzicht; zum letzten Male waren
Schönheit, Liebe, Jugend gegenwärtig. In der *Marienbader Elegie*
(1823) wurde die Tragik dieses Entsagens zum erschütternden
Gedicht, in dem die Einsicht des Alters gegen die Gewalt der
Leidenschaft kämpft. Nochmals wird die Dichtung zu einer
unter Tränen sich emporringenden Befreiung.
Diese Stimmung der Entsagung in letzter Reife liegt über *Wilhelm Meisters Wanderjahren* (1807/21), deren vollständige Fassung erst 1828/29 vollendet wurde. Goethe wählte eine offene
Erzählform; die Einheit des Romans löste sich zur Reihe von
Einzelgeschichten auf. Wilhelm Meister selbst tritt zurück, dagegen schiebt sich die pädagogische Absicht, die sich der Zeit und
ihren Menschen zuwendet, in den Vordergrund. Die Lehre und
das Allgemein-Symbolische drängen das Anschaulich-Gestalt-
hafte zurück. Goethe gab das Eigenwillige der Form selbst zu:
„Mit solchem Büchlein aber ist es wie mit dem Leben selbst, es
findet sich in dem Komplex des Ganzen Notwendiges und Zu-
fälliges, Vorgesetztes und Angeschlossenes, bald gelungen, bald
vereitelt, wodurch es eine Art von Unendlichkeit erhält" (1829).
Nicht der Einzelne, sondern die tätige Gemeinschaft der Menschen steht mit weit ausschauendem Vorausblick in die Ent-
wicklungsziele des 19. Jahrhunderts im Mittelpunkt. Goethe begriff die Zeitwende zur Herrschaft der Massen, der Industrie,
des Verkehrs, der praktischen Wirklichkeit. Von der katholisch-
romantischen Welt des Mittelalters (die Novelle St. Josef der
Zweite) bis zum Sieg der Industrie (der Kampf der Frau Susanne
mit ihrem Verwalter) führt der weite Bogen des Romans. Alles
gerät in Bewegung, Amerika taucht am Horizont auf. Das Kollektive fordert das Individuum zum Dienst am Ganzen; nur der
Einseitige kann noch fruchtbar wirken. Im Wechselspiel von
Erhebung und Entsagung stellt sich die bewegte Ganzheit des
Lebens dar. „Gedenke zu wandern." Und: „Man muß von vorn
anfangen." Doch Goethe sah auch die Gefährdung einer so

verjüngten und alles Alte ablösenden Menschheit; ihr setzte er
in der „Pädagogischen Provinz" die Religion der Ehrfurcht als
Inbegriff der Frömmigkeit entgegen. Gegen die Krise der abendländischen Kultur, die er kommen sah, rief er zu einer Erziehung zu Werten, die aus dem Kreis des lediglich praktischen
Wirkens zum zeitlos Menschlichen führen, zum Innersten aller
Religionen.

Nicht darin, daß Wilhelm Meister zum Chirurgen wird, liegt der
Abschluß des Romans. Sein Resultat liegt in der Prophetie einer
neuen Wirklichkeit der Arbeit, der Gemeinsamkeit und in der
Lehre einer höchsten menschlichen Sittlichkeit, die mit dem Gesetz der Allnatur (Makarie) und dem ehrfürchtigen Wissen um
göttliche Mächte im Menschen zusammenfällt. Wenn irgendwo,
darf hier vom „Sehertum" des Dichters gesprochen werden;
Goethe gestaltete in den „Wanderjahren" die Ergebnisse seines
Lebens. Die Entsagung ist auch das Grundthema der zahlreichen
eingelegten Novellen; in ihrem Kampf gegen die Leidenschaft in
jeder Form schwingt Goethes eigene Erfahrung mit, die nun zu
einer weisen, überlegenen Einsicht gedämpft ist und oft nicht
der ironischen Distanz entbehrt.

Was in der Prosa des „Meister" nicht gesagt werden konnte,
ging in den *Faust* ein, der alle Wandlungen dieses universalen
Lebens, das Ganze des Goetheschen Welterlebnisses umfaßt.
Als ein Bekenntnis war er begonnen, dann abgebrochen worden.
In Italien nahm Goethe den Faustplan wieder auf (1788), doch
die Ausgabe des Fragments von 1790 zeigt nur die Dämpfung
einzelner Szenen und als neu die nordisch-phantastische „Hexen-
küche", „Wald und Höhle" und die Ergänzung der Paktszene
(„Und was der ganzen Menschheit zugeteilt ist..."). Schiller
forderte hartnäckig die Vollendung. Seit 1797 begann die neue
Arbeitsphase. „Zueignung" und „Vorspiel" entstanden, wohl
auch Teile des „Prolog im Himmel". Dennoch heißt es: „Ich
arbeitete ohne Trieb und Behaglichkeit." 1800 entstanden die
Trimeter der Helena-Szene (2. Teil) und die „Walpurgisnacht".
1806 war der erste Teil abgeschlossen (gedr. 1808). Das Selbst-
bekenntnis war zum symbolischen Drama der Menschheit geworden, ein Mysterium, das zum erlösenden Ende drängte.
Schiller fand als sein Thema „die Duplizität der menschlichen
Natur und das verunglückte Bestreben, das Göttliche und das
Physische im Menschen zu vereinigen." Goethe jedoch sah in
diesem Zwiespalt die schöpferische Kraft zu einer höheren
Entwicklung, in aller Schuld und Not den Weg zu einer höheren

Reife, wenn der Lebensdrang die Kraft zum rastlosen Bemühen
erhält und der Mensch nicht befriedet in die Ruhe hinabsinkt,
die kein Wandeln und Werden zuläßt. Der Zwiespalt zwischen
Faust und Mephistopheles, unendlicher Sehnsucht und binden-
dem Trieb, wird in Gottes Auge zu einer höheren Einheit; eine
letzte Harmonie der Welt in Gott, die auch das Böse zur Trieb-
kraft des Guten macht, wird Faust erlösen. Was dem glaubenslosen Satan als ein verworrenes Chaos erscheint, wird vor Gott
zum Läuterungsweg: „Ein guter Mensch, in seinem dunklen
Drange, ist sich des rechten Weges wohl bewußt." Des Satans
Verführung tritt in den Dienst Gottes. So wurde der „Faust"
zum Erlösungsdrama, das durch Schuld und Abgründe des Lebens zur Läuterung und transzendierenden Befreiung führt.
Denn auch das Verneinen wird zur positiven Kraft. In den neuen
Versen zwischen der Erdgeistbeschwörung und dem Pakt mit
Mephistopheles steigerte sich Fausts Titanentum, nun bewußter
und symbolischer, bis zur Vermessenheit des freiwilligen Todes.
Befreiend grüßen und retten ihn die Osterglocken, der Frühling,
die Kindheitserinnerungen, das ländliche Volk; aber Lebensgier
und Tatendrang treiben ihn zu dem Frevel des Teufelsbünd-
nisses.

> Werd' ich zum Augenblicke sagen:
> Verweile doch! du bist so schön!
> Dann magst du mich in Fesseln schlagen,
> Dann will ich gern zugrunde gehn!
> Dann mag die Totenglocke schallen,
> Dann bist du deines Dienstes frei,
> Die Uhr mag stehn, der Zeiger fallen,
> Es sei die Zeit für mich vorbei!

In dieser Zerstörung alles Daseins, dieser Verneinung des Sinns
jeder Dauer und Wirklichkeit liegt Fausts schwerste Schuld; das
Titanische wird, im Übermaß, zum Nihilismus der rasenden
Vernichtung. Im Rausch der Sinne, der Genüsse und der Schmerzen des irdischen Lebens sucht Faust den Ausweg: „Und was der
ganzen Menschheit zugeteilt ist, will ich in meinem innern Selbst
genießen." Es folgt die Gretchentragödie – in Einfachheit wie
Tiefe die erschütterndste Dichtung in deutscher Sprache. Das
am Schluß der Kerkerszene ertönende „Sie ist gerettet" weist
auf den Zweiten Teil des „Faust" voraus.
Wiederholt schien Goethe auf seine Beendigung verzichten zu
wollen. Seit Februar 1825 nahm er das letzte „Hauptgeschäft"
auf; 1827 erschien der 3. Akt als Einzeldruck, 1828 folgten weitere Bruchstücke. 1831 war der „Zweite Teil" vollendet; nach

Goethes Tod wurde er veröffentlicht. „Der Verstand hat mehr
Recht daran... Die Fabel mußte sich dem Ideellen nähern und
zuletzt darin entfalten... Die Behandlung mußte aus dem Spe-
zifischen mehr in das Generische gehen: denn Spezifikation und
Varietät gehören der Jugend an." Goethes Altersstil prägt Aufbau und Sprache des *Faust Zweiter Teil*. Zugleich entfaltet sich
die vielformige Verskunst, über die Goethe verfügte und die
jetzt wie eine gereifte, geläuterte Rückkehr zur Vielfalt der
Versformen seiner Jugenddichtung erscheint. Es geht in diesem
Altersstil um den symbolischen Ausdruck von Grundkräften des
Lebens, die dem Dämonischen nahe sind, doch auch in ideeller
Distanz von ihm bleiben. Das Wachstümliche, das Gesetzhafte,
eine ehrfürchtig betrachtende Ruhe sind die beharrlichen Grundzüge dieses Weltbildes (*Urworte, Orphisch*, 1817). „Das Sein
ist ewig; denn Gesetze / Bewahren die lebend'gen Schätze / Aus
welchen sich das All geschmückt" (*Vermächtnis*, 1829). Aus solcher Schau in die waltenden Lebensgesetze entstehen noch wunderbar gefüllte Gedichte: die Terzinen von *Schillers Reliquien*
1826, die Dornburger Gedichte 1828.
Durch die Berührung mit der mütterlichen Erde erwacht Faust
zu neuem Leben; mit der ersten Szene schon zeigt sich, daß die
ideelle Entfaltung seines weiteren Weges wesentlicher wird als
die dramatische Verkettung. Mit unermüdetem Tatendrang
durchschreitet er die höhere Welt des Kaiserhofes. Aus höfisch-
oberflächlichem Treiben findet er, nach Helenas Erscheinung verlangend, zu den mythischen Tiefen der „Mütter", die jenseits
von Raum und Zeit die Urbilder allen Lebens hüten. Hingerissen
erkennt er in Helenas Schönheit die klassische Versöhnung aller
Widersprüche, die höchste Harmonie von Leib und Seele, Wirklichkeit und Idee. Dem nordischen Titanen wird die griechische
Schönheit zur Erfüllung des Lebens. Homunculus, der vom
Famulus Wagner erfundene künstlich-geistige Mensch, führt,
nach Wirklichkeit und Leib verlangend, in die bewegte Schemen-
welt der klassischen Walpurgisnacht hinein. Sie ist von allegorischen Gestalten und Beziehungen überfüllt. Helena, auf der
Heimkehr von Troja, wird von dem mittelalterlichen Ritter
Faust in seiner Burg geborgen. Zeit und Raum sind gänzlich aufgehoben: alles wird zum Symbol. Das Glück seliger Einheit
scheint für Faust und Helene zeitlos. Das Klassische und das
Romantische feiern in der Phantasmagorie ein Fest der Versöhnung: in einem kurzen erfüllten Augenblick. Mit dem jähen
Tode Euphorions, ihres die mütterliche Schönheit und die väter-

liche Maßlosigkeit vereinenden Sohns, entschwebt auch Helena,
und der Traum der Erfüllung durch das vollkommen Schöne
versinkt. Nun ruft die Welt der großen Tat, das praktische wirkende Leben. „Erlange dir das köstliche Genießen, das herrische
Meer vom Ufer auszuschließen." Gewaltig gedeiht sein Werk,
aber Faust erliegt nochmals der Schuld – er erliegt der Versuchung der unbeschränkten Macht. Die beiden Alten, Philemon
und Baucis, fallen seinem maßlosen, herrscherlichen Willen zum
Opfer, die Sorge umschleicht ihn. Doch selbst der Erblindete,
dem die Schönheit der Welt abstirbt, ermattet nicht: im dienen-
den Wirken für die Gemeinschaft aller ruft das letzte Ziel. Eine
unendliche Erweiterung seines Ich erscheint ihm möglich.

> Eröffn ich Räume vielen Millionen,
> Nicht sicher zwar, doch tätig-frei zu wohnen...
> Im Innern hier ein paradiesisch Land:
> Da rase draußen Flut bis auf zum Rand!
> Und wie sie nascht, gewaltsam einzuschießen,
> Gemeindrang eilt, die Lücke zu verschließen.

Jetzt scheint die Erfüllung des Zieles nahe; der Sinn des Lebens
scheint erkannt und die Sehnsucht gestillt. Mephistopheles triumphiert höhnisch, aber die himmlischen Mächte befreien den Geläuterten zur Erlösung. Ihr hatte auch der Satan unbewußt ge-
dient. „In Faust selber", schrieb Goethe 1831, „eine immer höhere
und reinere Tätigkeit bis ans Ende, und von oben die ihm zu
Hilfe kommende ewige Liebe." Das Mysterium beginnt: in der
Sprache der Symbole der christlichen Kirche zeigt Goethe das
Wirken der göttlichen Gnade. Die himmlische Liebe führt in
einen unendlichen Raum fortschreitender Läuterung. In der
Liebe, dem ewig-weiblichen Prinzip innerer Erlösung, einen sich
Gretchen, Helena, die Gottesmutter zu einer gewaltigen Stufen-
folge; es ist jene mystische Liebe, die dem ringenden Menschen
helfend ihre Arme öffnet und ihn in die Ordnung des ewigen
Lebens eingehen läßt – zu neuer Entelechie und zu einem endgültigen Sein. „Und alles Drängen, alles Ringen / Ist ewige Ruh
in Gott dem Herrn." Faust hat, in Streben und Schuld, das Gesetz seines Wesens erfüllt. Sein Tod wird zur Wiedergeburt
durch die Gnade der himmlischen Liebe.

> Wer immer strebend sich bemüht,
> Den können wir erlösen.
> Und hat an ihm die Liebe gar
> Von oben teilgenommen,
> Begegnet ihm die selige Schar
> Mit herzlichem Willkommen.

Goethe hat den Faust II den Zeitgenossen nicht mehr zugänglich gemacht. Am 17. März 1832 schrieb er jenen Brief an
W. v. Humboldt über „diese sehr ernsten Scherze", in dem es
heißt: „Der Tag ist wirklich so absurd und konfus, daß ich mich
überzeuge, meine redlichen, lange verfolgten Bemühungen um
dieses seltsame Gebäu würden schlecht belohnt und an den
Strand getrieben, wie ein Wrack in Trümmern daliegen und von
dem Dünenschutt der Stunden zunächst überschüttet werden.
Verwirrende Lehre zu verwirrtem Handeln waltet über die
Welt." Die Jahre nach den Befreiungskriegen, die politische Ideologie der nationalen Burschenschaften, der liberalen Demokraten, des romantischen Restaurationskatholizismus erhoben Forderungen, denen Goethe nicht zu genügen schien. Nur in kleinen
Kreisen bildeten sich Inseln des Verstehens und der Verehrung;
besonders in Berlin im Salon der Rahel von Varnhagen. Das
Jubiläumsjahr 1849 im Schatten der Revolution bedeutete einen
Tiefpunkt der Anerkennung Goethes. Im „poetischen Realismus", der sich in Erlebnisweise und Stilform durch Goethe vor-
gebildet erkannte, setzte eine erneute Anerkenntnis des Dichters
und Lebensbildners ein (Stifter, Keller, Hebbel, Raabe). Der
bürgerliche Liberalismus begriff in Goethe sein eigenes Lebensideal, den Inbegriff einer humanen Kultur, und er deutete seit
ca. 1870, mit nationalmythologischer Verengung, Faust als Symbol des deutschen Menschentums. Daß noch immer nicht das
ganze Werk verstehend umfaßt werden konnte, erweist F. Th.
Vischers peinliche Parodie von Faust II, überhaupt die Fremdheit gegenüber Goethes Altersdichtung. In ihr waren die Grenzen des idealistischen Monismus, von dem her man sich Goethe
näherte, überschritten. Nietzsche bedeutete eine neue Weitung
des Gesamtverständnisses aus europäischer Perspektive; sie hat
sich bei Thomas Mann fortgesetzt, den ein bürgerlich-humaner
Konservativismus und die Faszination durch das Genial-Dämo-
nische, das „Elbische" und Artistische zu ihm zogen. Goethe
wurde seit 1900 der Rückhalt einer Dichtung, der es um die
dauernden Werte großen Menschentums, großer Kunst geht;
man verstand ihn unter dem Zeichen der Bewahrung des europäischen Erbes und des deutschen Menschentums (Hauptmann,
Hofmannsthal, George, R. Huch, Carossa, H. Hesse, R. A. Schröder u. a.). Die Naturwissenschaft nach dem Ende des Positivismus begriff die Bedeutung seiner Morphologie und Gestaltlehre.
Erst dem 20. Jahrhundert hat sich seine Universalität voll erschlossen.

XIII

SCHILLER

Goethe äußerte zu Eckermann, S c h i l l e r s eigentümliche Produktivität habe im Idealen gelegen; er unterwarf das Leben, sich selbst und seine Dichtung dem energischen Pathos einer höchsten Sittlichkeit, die Freiheit, Würde und Größe hieß. „Durch Schillers alle Werke geht die Idee der Freiheit, und diese Idee nahm eine andere Gestalt an, so wie Schiller in seiner Kultur weiterging und selbst ein anderer wurde. In seiner Jugend war es die physische Freiheit, die ihm zu schaffen machte und die in seine Dichtung überging, in seinem späteren Leben die ideelle." Er hatte die Anlage des großen Tatmenschen, der dem Wirklichen das Gesetz seines Willens mit forderndem Enthusiasmus einprägt. „Er ist so groß am Teetisch, wie er es im Staatsrat gewesen sein würde" (Goethe). Nicht allein „der Gedanke war das Element seines Lebens" (W. v. Humboldt), sondern ein unbedingtes Ethos: als Wahlfreiheit des Denkens und als sittliche Freiheit. Sein ethisches Sollen nährte sich aus reiner Humanität und religiösem Gewissen. Die sittliche Freiheit war das religiöse Grunderlebnis seines Lebens – in dieser Freiheit zeigte sich die schöpferische Macht des Geistes, der über alle Fragwürdigkeit und über alle bis zur letzten Not durchlittene Bedingtheit der irdisch-stofflichen Wirklichkeit triumphiert. Immer sah sich Schiller, in ungestümem Fortschreiten und reich an inneren Spannungen, vor einer radikalen Entscheidung. Das Humanitätsideal der Aufklärung erhielt bei ihm den tragischen Akzent, die willensmäßige Anspannung, eine dramatische Energie. Goethe sprach von Schillers aristokratischer Natur, die immer das Schwerste forderte und so noch das Täglichste adelte. Schiller verlangte nach dem Guten, weil er aus eigenem Erleben um das Dunkle und Böse wußte. Ein heftiger Ehrgeiz trieb den jungen Dichter, wie er selbst gesteht, zu „Größe, Hervorragung, Einfluß auf die Welt und Unsterblichkeit des Namens". Ein leidenschaftlicher sittlicher Idealismus spannte den reifen Dichter in langen, gequälten Krankheitsjahren in die verzehrende Fron der Pflicht zu seinem Werk. In Schiller vollendet sich die Innerlichkeit und heroisch-geistige Schwungkraft des deutschen Idealismus. Fast paradox mutet an, daß dieser einsame Tragiker zugleich bewußt auf die Wünsche seines Publikums blickte und schließlich der volkstümlichste Dichter wurde. Das Bürgertum des 19. Jahrhunderts, das ihn als Sprecher eines patriotisch-moralischen Sonntagspathos feierte, ahnte allerdings wenig von der Radikalität dieses revolutionären Geistes.

Der optimistische Idealismus dieses Bürgertums konnte nicht nacherleben, wie sich aus einem Dasein voller Kämpfe und Leiden, voll unter Opfern vollzogener Entscheidungen, aus einem tiefen Blick in das Fragwürdige, Verhängnishafte des Lebens, aus einem illusionslosen Realismus im Willen zum Erhabenen der Glaube an den dennoch sich behauptenden Adel des Menschen, an seine Bestimmung zum Göttlichen frei rang. Schillers Drama ist die Dichtung einer tragischen Humanität, die im Wissen um ein vom Schicksal gesetztes Scheitern gleichwohl dem Menschen die Kraft gibt, im Erleiden zu seiner Würde und Größe aufzusteigen; sich in innerer Überwindung zu jener Freiheit der Selbstbehauptung zu erheben, in der er zum göttlich Unbedingten findet. Schillers Tragödie ist immer auch eine Dichtung von der Erhabenheit des Menschen in seiner aus ihm selbst sich entfaltenden Teilhabe am Reich des Idealen, das ein Reich gültiger sittlich-metaphysischer Werte ist. Realismus und Idealismus sind hier nicht Antinomien, sondern sie bedingen einander, durchdringen einander, sind beide die Wirklichkeit, in deren Kampffeld der Mensch zugleich als ein Unterliegender und als ein Siegender gestellt ist. Die Tragödie bedeutete für Schiller, das Furchtbare des Lebens in seinen Spannungen aufzureißen und über ihm das Göttliche zu erfahren. Er schrieb 1797 an Goethe: „Man muß sie [die Leute] inkommodieren, ihnen ihre Behaglichkeit verderben, sie in Unruhe und in Erstaunen setzen. Eines von beiden, entweder als ein Genius oder als ein Gespenst muß die Poesie ihnen gegenüber stehen. Dadurch allein lernen sie an die Existenz einer Poesie glauben und bekommen Respekt vor den Poeten."

Er unterwarf sich seine Stoffe, die Wirklichkeit, seine Gestalten, um an ihnen zu zeigen, was sie sein sollen. Eine dialektische, frei prüfende und wählende, fast programmatische Bewußtheit liegt über allen seinen Arbeiten. Nicht um das naturhaft Notwendige ging es ihm, wie Goethe, sondern um das unablässige Ringen zwischen Idee und Wirklichkeit. Seine Gestalten wurden zu Helden, zur Verkörperung des geistigen Menschen jenseits von Zeit und Nation. Die religiöse Tiefe dieses Humanitätsideals unterschied sich weit von dem ästhetisch-ethischen Optimismus

der Aufklärung. Auch die Empfindung wurde zur Energie.
„Schiller ist ein Cherubim mit dem Keim des Abfalls und scheint
sich über alles zu erheben, über die Menschen, über das Glück
und über die – Moral" (Jean Paul). Zwischen Sinnlichkeit und
Freiheit blieb für ihn dem Menschen nur die willensmäßige Entscheidung; verächtlich wies er jeden Anspruch der Gewalt ab.

> Nur der Körper eignet jenen Mächten,
> Die das dunkle Schicksal flechten;
> Aber frei von jeder Zeitgewalt,
> Die Gespielin seliger Naturen,
> Wandelt oben in des Lichtes Fluren
> Göttlich unter Göttern die Gestalt.
> Wollt ihr hoch auf ihren Flügeln schweben,
> Werft die Angst des Irdischen von euch!
> Fliehet aus dem engen, dumpfen Leben
> In des Ideales Reich!
>
> („Das Ideal und das Leben", 1795.)

Darin lag eine Erlebnisweise, die jenseits dieser gebrechlichen
Wirklichkeit im reinen Reich des Geistes Erlösung findet; nicht
als Gnade im christlichen Sinne, sondern als eine vom Menschen
mit opferbereiter Anstrengung erkämpfte Erfüllung. In der Frei-
heit des Menschen zu sich selbst liegt seine Würde, die er im
Ringen gegen das Verhängnis der Gebundenheit erobern muß.
Schiller lebte in dramatisch gesteigerten Spannungen: zwischen
Wille und schmelzendem Gefühl, Energie und Empfindung,
Kampf und Idylle, Pathos und Dialektik, Phantasie und Intellekt,
Pessimismus und Theodizee. Immer war er, als Urbild des „sentimentalischen" Dichters, auf der Suche nach Wirklichkeit, nach
Einheit und Gestalt; sein leidenschaftlicher geistiger Subjektivis-
mus verlangte nach dem Objektiven, um sich an es zu binden,
durch es sinnenhafte Gestaltung zu finden.
Schillers Leben ist der angespannte Prozeß einer Selbstbildung,
die sich von Ziel zu Ziel spornte, im Ehrgeiz und Ethos höchster
Anforderungen. Diesen Willen trug die Leidenschaft eines Fühlens, das im Enthusiasmus des Herzens zu größten Aufschwün-
gen fähig war, bereit zur Hingabe, zum Selbstopfer als der anderen Form der Steigerung zu sich selbst. Aus der Dialektik von
Willen zur Größe des Menschen, sei es im sittlichen Heldentum
oder im Verbrecherischen, und von Nemesis als Wiederherstellung der Weltgerechtigkeit ergab sich ihm das tragische Schicksal, welches das Drama als Sinnbild des Welt-Seins darstellt. Der
Weg seiner Selbstbildung führte von der Innerlichkeit des Jünglings zu der ihrer Mittel bewußten, realistisch-objektiven Mei-

sterschaft des klassischen Künstlers. Er führte von der Sprache des Herzens zur Sprache durch die sinnbildliche Wirklichkeit der Geschichte, an der sich ihm die Realität eines Lebens im Verhängnis bewies.

Er suchte wie Goethe, nur aus entgegengesetzter Anlage heraus, die leib-seelische Harmonie des ganzen Menschen. Er fand sie, als Philosoph, in der Idee des Schönen, die, als „Freiheit in der Erscheinung", die Versöhnung von „Sinnenglück und Seelenfrieden", von Ideal und Leben stiftet. Gerade weil er um die Fragwürdigkeit der exaltierten Abstraktion wußte, um die Gefahren einer schwärmerischen Gedanklichkeit und weil sein metaphysischer Ideenglaube beständig über das Wirkliche hinauseilte, verlangte er nach der sinnenhaften Fülle der Antike. Sein Dichten war nicht ein „organisch" reifendes Bekennen und Erleben; im Kampf mit widerstrebenden Stoffen zwang er ihnen seinen Willen zur Form und zur Idee, zum erhabenen Ausdruck auf. Auch dem dichterischen Werk gegenüber blieb er in der Freiheit der dialektischen Entscheidung. Er war der *poietes*, der „Macher", dem manchmal die Technik und die reine Form des Werkes wichtiger waren als das durch die Dichtung gestaltete Leben.

> Wenn, das Tote bildend zu beseelen,
> Mit dem Stoff sich zu vermählen,
> Tatenvoll der Genius entbrennt,
> Da, da spanne sich des Fleißes Nerve,
> Und beharrlich ringend unterwerfe
> Der Gedanke sich das Element.
> Nur dem Ernst, den keine Mühe bleichet,
> Rauscht der Wahrheit tief versteckter Born;
> Nur des Meißels schwerem Schlag erweicht
> Sich des Marmors sprödes Korn.

In dem kleinen Marbach (Neckar) kam Friedrich Schiller (10. 11. 1759) zur Welt; 1764 wurde sein Vater, ein tätiger, begabter, sittlich strenger Mann, Hauptmann und Werbeoffizier in Lorch. 1766 zog er nach Ludwigsburg, in die Residenz des württembergischen Herzogs Karl Eugen, welcher ein höfisch-militärischer Absolutismus mit verschwenderischer Prunkentfaltung die Atmosphäre gab. Hier gewann der Knabe an der spätbarocken Oper erste Theatereindrücke. Doch in dem pietistisch frommen Elternhause waltete ein bürgerlicher Geist. 1773 zwang ihn der Herzog zum Besuch seiner Militär- und Beamtenschule auf dem Schloß Solitude, die 1775 zur Akademie in Stuttgart erweitert wurde. Es war ein harter Eingriff in Schillers Leben; an die Stelle der erstrebten Theologie trat die Jurisprudenz, seit 1775 das Studium der Medizin. Trotz militärischer Disziplin gab es Freiheit zu eigenen Arbeiten. Jakob Friedrich Abel führte ihn zur Philosophie, Psychologie und zu Shakespeare, und selbst die Dichtung des Sturm und Drang fand den Weg durch die Kasernenmauern. In Schillers späterem Rückblick auf die gewaltsame herzogliche Obhut erschien vielleicht manches bedrückender, als es gewesen und gemeint war. Abgeschlossen von der Außenwelt und der Familie, zu einem innerlich fremden Brotstudium genötigt, ohne Liebe, doch von schwärmerischen Freundschaften bewegt, wuchs der Feuergeist Schiller auf. Schon seine Entlassungsarbeiten, die verwegene *Philosophie der Physiologie* (1779), und, als diese auf Kritik stieß, die Schrift *Über den Zusammenhang der tierischen Natur des Menschen mit seiner geistigen* (1780) schlugen sein Grundthema an. Neben der Lehre vom Zusammenhang des Geistigen und Körperlichen, dessen Bedeutung er stark hervorhob, betonte er die bestimmende, den Körper zu sich emporbildende Kraft des Geistes. Im gleichen Jahre entstanden, nach scheiternden dramatischen Versuchen, angeregt durch eine Erzählung Schubarts (vgl. S. 221) in Stäudlins „Schwäbischem Magazin", auch durch das Motiv des gefangenen Vaters in J. R. M. Lenz' kurzem Dreiakter *Die beiden Alten, Die Räuber* (1781). Die zweite Auflage zeigte das Motto „In tirannos". Darin lag ein Leitwort des jungen Dichtertums. Mit Pathos wurde dem Zeitalter auf allen Lebensgebieten Kampf angesagt; die revolutionäre Leidenschaft des Sturm und Drang fand hier die grellste Aussprache. In Karl Moor steht das Kraftgenie da, wild und edel, stark und innerlich zerrissen; ein Räuber aus gekränkter Ehre, um einer gerechteren, besseren Welt willen. In seinem Bruder Franz entblößt sich das Laster; der aufklärerische Materialismus war in ihm zu der äußersten, atheistischen Konsequenz geführt. Der Triumph des Bösen wurde so stark herausgearbeitet, um eine höhere, moralisch-religiöse Rechtsordnung als letztes Ziel über dieser dunklen Wirklichkeit erscheinen zu lassen. Äußerste Gegensätze wurden gegeneinandergetrieben. In der Entscheidung steht der Mensch, zwischen Tugend und Laster, Stoff und Geist, Trieb und Gott. Die Entscheidung wird unentrinnbar gefordert: im freiwilligen Untergang vollendet sich Karl moralisch zum Helden einer höheren ideellen Wahrheit. Der genialische Verbrecher tritt am Ende der Tragödie aus der Bedingtheit dieser in Schuld und Sünde verstrickenden Welt durch seine freie Selbstopferung in die Rein-

heit des Sittengesetzes ein. Titanentum und Empfindsamkeit
stehen dicht beieinander; grell und laut sind die Akzente gesetzt.
Das Unwahrscheinliche von Handlung und Charakteren, die
begrifflich-dialektische Psychologie, das Pathetische und Gewaltsame der Sprache – diese Mängel werden belanglos angesichts
der dramatischen Wucht, dem religiösen Pathos, der theatralischen Wirkung dieses genialen Erstlingswerkes, in dem eine
glühende Seele in ihren eigenen Erschütterungen von denen einer
ganzen Jugend sprach. Der Erfolg der „Räuber" seit ihrer ersten
Mannheimer Aufführung 1782 führte den Ehrgeiz Schillers, der
die Mängel des Dramas in einer Selbstkritik (1782) offen auf-
zählte, zu gesteigerten Zielen und gab ihm das Bewußtsein seiner
Berufung. Er wagte, als geborener Dramatiker, auch in seinem
Lebensgange für sich selbst rücksichtslose Entscheidungen.
1780, nach Schillers Entlassung aus der Akademie, hatte der
Herzog den „begabten Eleven" zum schlecht bezahlten Feldarzt
eines armseligen Regiments ernannt. Ohne Urlaub war Schiller
zu der Mannheimer Aufführung gereist; eine politische Beschwerde aus Graubünden über die „Räuber" erhöhte den herzoglichen Zorn. Schiller wurde vom Herzog der Verkehr mit dem
„Auslande" und weiteres „Komödienschreiben" verboten. Ihm
drohte das Schicksal Schubarts. 1782 wagte er den entscheidenden Schritt; fahnenflüchtig entwich er nach Mannheim. Er wollte
sich keiner Gewalt beugen. „Wer sie uns antut, macht uns nichts
Geringeres als die Menschheit streitig: wer sie feiger Weise er-
leidet, wirft seine Menschheit hinweg." Während der Stuttgarter
Bohème-Zeit waren die Gedichte der *Anthologie auf das Jahr
1782* entstanden, in denen in sprachlich überhöhtem Pathos, im
Wechsel zwischen Pessimismus und Sinnlichkeit, universalem
Liebesenthusiasmus und Zynismus, zwischen Schwärmerei und
Kraftgebärde Schiller alle Stilmuster der Zeit steigerte und doch
eigene Töne und Motive fand. Der Unterschied zu Goethes
Jugendlyrik wird deutlich: der Ausgangspunkt ist die gedankliche Gefühlsbewegung, die zum Allgemeinen und Unbedingten,
zum Dialektischen und Sentenziösen und auf starke Wirkungs-
effekte zielt. Der Kern dieser Lyrik ist eine spekulative Welt-
und Seelenschau. Wie Goethe verfügte der junge Schiller über
eine Mannigfaltigkeit von Versformen und Strophenbildungen –
im Gegensatz zu den Typisierungen seiner klassischen Zeit. In
der Liebe (*Laura*-Lieder), in der Todesphantasie, im Hymnus
an die Freundschaft – immer erhebt sich Schillers Pathos zum
Grenzenlosen der Unendlichkeit.

Laura, über diese Welt zu flüchten
Wähn' ich – mich in Himmelmaienglanz zu lichten,
Wenn dein Blick in meine Blicke flimmt.

Die Hoffnung, in Mannheim mit dem „Fiesco" festen Fuß zu
fassen, schoß fehl. Mittellos mußte Schiller auf dem einsamen
Gut Bauerbach bei Meiningen, das einer Frau von Wolzogen
gehörte, Zuflucht suchen. Er begann die „Luise Millerin" und
Studien zum „Don Carlos". 1783 rief ihn der Intendant Freiherr
v. Dalberg als Theaterdichter nach Mannheim. 1783 erschien
Die Verschwörung des Fiesco zu Genua auf der Bühne. In diesem Drama ergriff Schiller zuerst das ihm gemäße Thema der
großen politischen Geschichte. Er schrieb die Tragödie des ehr-
geizigen Tatmenschen, der, anscheinend Recht und Freiheit der
Republik verteidigend, der Versuchung der Macht verfällt und
scheitert. Resigniert schließt das Stück, das, in der Sprache gedämpfter, im theatralischen Apparat realistischer und vielfältiger, neben den „Räubern" auf die Zeitgenossen wie ein Abstieg
wirkte. Wenige Monate später fand die Uraufführung der *Luise
Millerin* (der Titel *Kabale und Liebe* stammt von dem Schauspieler Iffland) statt. Lief der „Fiesco" noch wesentlich mit den
„Räubern" parallel; in „Kabale und Liebe" nahm Schiller, Lessing
folgend, den Typus des analytischen Dramas mit realistischer
Milieuzeichnung und gesellschaftlicher Aktualität auf. Noch schärfer war der Protest gegen den Absolutismus geworden. Aus bürgerlichem Lebenskreise heraus wurde ein radikaler politischer
Angriff gewagt. Wieder stehen Ruchlosigkeit und Tugend im
religiösen Sinne schroff gegeneinander, wieder verfällt der Gerechte dem schuldig machenden Irrtum und findet er zu einer
inneren Befreiung, in der er sich jenseits dieser gebrechlichen
Wirklichkeit zur reinen Form seines Wesens vollendet. Die
Liebe zwischen Ferdinand und Luise ist stärker als die gesellschaftlichen Mächte; tragen diese auch den Sieg in der Lebens-
wirklichkeit davon, werden auch die Liebenden, der Sohn des
allmächtigen Präsidenten und die Tochter des armen Musikers,
durch den Unterschied des Standes, höfische Intrigen, Eifersucht,
Kindespflicht und Täuschung bis in die tiefste Verwirrung getrieben – im Tode findet das geeinte Paar zu dem Recht seiner
Liebe, erhebt sich in ihnen das rein Menschliche über alle Gebundenheit. Neben die politische Welt der Kabale tritt der
Idealismus eines reinen Gefühls; neben die Tragödie enthusiastischer Seelen tritt ein Naturalismus von Milieu und Sprache. In
dem alten Musiker Miller zeigt sich der gedrückte, brave, hilflose

deutsche Bürger, in der Klage des Kammerdieners die Ruchlosigkeit eines egoistischen Herrschertums. Überhöhte Schiller auch im Idealischen wie im Frevelhaften seine Gestalten; in ihrem Schicksal wurden Grundspannungen des Zeitalters gegenwärtig. Wie immer bei Schiller wird die Intrige zum Anlaß einer ausweglosen Verstrickung, über die im Tode die Würde des Menschen triumphiert. Wie in den „Räubern" steht Gott als Richter über dem Geschehen und wird das Ende der Tragödie zum Weltgericht. Ein bürgerliches Trauerspiel mit rührselig-volkstümlicher Tendenz, wie es das Theater forderte, hatte Schiller liefern wollen. Das bürgerliche Rührstück war durch den *Deutschen Hausvater* (1780) von Otto von Gemmingen (1755–1836), durch die folgenden dramatischen Sitten- und Familiengemälde von Wilhelm Iffland (1759–1814) und August von Kotzebue (1761–1819) Mode geworden. Ihre realistischen Zeitspiele versorgten noch Goethes Weimarer Bühne mit zugkräftigem Repertoire. Aber Schiller hatte den Ton des revolutionären Dramas geschaffen, in dem die Sittengesetze fordernd und drohend die bestehende Welt verdammen. Wiederum erntete er einen gewaltigen Erfolg.

Dennoch brachte ihm Mannheim, wie früher für Klopstock, Lessing, Wieland, nur Enttäuschungen. Schiller gründete seine erste große Zeitschrift, die *Rheinische Thalia*, er trat zu Charlotte von Kalb (1761–1843), einer geistreich-nervösen, leidenschaftlich-empfindsamen Dame von Welt, in nähere Beziehungen. Sie wurde die Erzieherin für ihn, die er in diesen Jahren brauchte. Ihr, der späteren Förderin Hölderlins und der „Titanide" Jean Pauls, widmete er das Gedicht *Freigeisterei der Leidenschaft*. Als Schiller dem Herzog Karl August 1784 aus dem „Don Carlos" vorlas, dessen erste Bruchstücke 1785 in der „Thalia" erschienen, wurde er zum herzoglichen Rat ernannt. Dennoch hielt er sich auf Mannheims unsicherem Boden nicht. Erleichtert folgte er 1785 einer Einladung des Juristen Christian Gottfried Körner (1756–1831), der ihn in Leipzig-Gohlis und Dresden-Loschwitz nicht nur beherbergte, sondern als ein verständnisvoller und klarblickender Berater sein künftiges Schaffen begleitete und ihm jetzt in einer inneren Krise half, die sich in den Wandlungen des „Don Carlos" dichterisch manifestiert. Bei Körner fand Schiller jene enthusiastische und produktive Gemeinschaft der Herzen und Geister, jene „göttliche Berührung der Seelen", nach der er seit seiner Jugend verlangt hatte. In der Hochstimmung der Freundschaft schrieb er die Hymne *An die Freude* (1785), einen

Triumphgesang der Humanität und Brüderlichkeit. Sympathie, Freundschaft und Liebe umfassen als beseligende Kräfte die Gemeinschaft im All.

> Was den großen Ring bewohnet,
> Huldige der Sympathie!
> Zu den Sternen leitet sie,
> Wo der Unbekannte thronet...

Energie und Gefühl einen sich im chorischen Hymnus.

> Festen Mut in schwerem Leiden,
> Hilfe, wo die Unschuld weint,
> Ewigkeit geschwornen Eiden,
> Wahrheit gegen Freund und Feind,
> Männerstolz vor Königsthronen, –
> Brüder, gält' es Gut und Blut –
> Dem Verdienste seine Kronen,
> Untergang der Lügenbrut!

In Schiller vollzog sich in den Jahren bei Körner eine tiefgreifende Besinnung, deren einzelne Stufen noch immer wenig deutlich sind. Die Jahre zwischen Mannheim und Weimar haben eine Krise und Verwandlung bedeutet. Seine Jugenddramen waren, als Nachzügler, der letzte Ausbruch der Genie-Epoche. Die Szene war ihm zum rhetorischen Tribunal, die Bühne zur moralischen Anstalt geworden. In der gleichen Zeit befestigte Goethe die Lehre reiner Künstlerschaft im klassisch-antiken Sinne. Schiller fühlte das „Barbarische" seiner demagogisch-theatralischen Ausdrucksleidenschaft; er verlangte nach einer höheren Stufe der Bildung, nach der gereiften Form der „hohen" Tragödie, nach größerer Wirklichkeitserfahrung und strafferer geistiger Bewältigung des Stoffes. Als Grundzug seines Dramas blieb die unmittelbare Wendung an das Publikum, an dessen aktive moralische Anteilnahme. Er wollte mitreißend wirken und wählte entsprechend die rhetorische und ethische Spannung von Handlung und Sprache. Aber er wollte dieses Publikum nicht nur erregen, sondern zur reineren Anschauung des Erhabenen und Schönen emporführen.

Zunächst war der *Don Carlos* (1787) in Prosa, als eine rührende Familientragödie am Hofe im Stil des bürgerlichen Dramas, entworfen. Bereits in Bauerbach begann die Arbeit an ihm; während des Aufenthalts bei Körner verschob sich der Plan. Don Carlos, ein schwankender, schwer durchschaubarer Charakter,

den Schiller sehr frei der Geschichte nachformte, trat gegenüber
Marquis Posa zurück; der Jüngling wurde vom Manne abgelöst.
Schiller hatte Carlos Züge der eigenen Erlebnisse gegeben; in
der Idee politischer Freiheit, im Protest gegen die Mißhandlungen des menschlichen Herzens, wenn der Sohn die Liebe zu
seiner „Mutter" der Pflicht des Gehorsams opfern muß, in der
bei ihm oft wiederkehrenden Vater-Sohn-Spannung, im Idealismus der Freundschaft. Hinzu trat, daß er die Würde weltgeschichtlicher Ereignisse und Wandlungen begriff, die über das
Schicksal des einzelnen Herzens hinausgriffen. Der Historiker
regte sich in ihm. Zugleich wandelte sich der „Don Carlos" zum
philosophischen Ideendrama, in dem es um die Entscheidung
zwischen Despotismus oder Humanität, zwischen Knechtschaft
oder Freiheit des Menschengeschlechts geht. Marquis Posa wurde
zum Sprecher der Menschheit. Das Drama der unglücklichen
Liebe weitete sich zu dem Drama der Freundschaft, der politischen Ideen, der weltgeschichtlichen Entscheidung. In diesem
Wachstum liegt jedoch auch der Grund einer Unstimmigkeit des
Dramas, die zu seinem großen Umfang und einer sehr künstlichen, trotz Schillers Selbstinterpretation in den *Zwölf Briefen
über den Don Carlos* (Wielands „Teutscher Merkur") nicht klaren Intrigenhandlung führte. Schiller schied nicht mehr schroff
zwischen Gut und Böse; der Despot Philipp II. wurde, in der
Einsamkeit des Herrschers, zu einer monumentalen tragischen
Gestalt. Es war Schillers Art, seine Gestalten zum Ausdruck
wesenhafter allgemeiner Grundkräfte zu erheben, so daß ihnen
die Größe des Überpersönlichen, der Idee zu eigen wird. Für
den Freund und zugleich für die ganze Menschheit opfert sich
Posa; in seinem Tode triumphiert die Idee der moralischen
Freiheit, auch wenn am Schlusse scheinbar die düstere Macht
des Großinquisitors siegt. Der Enthusiasmus für Menschlichkeit,
für Freiheit und Glück der Völker und die Idee sittlich-heroischer Opferbereitschaft geben dem Drama ein Pathos, das in
den fünffüßigen Jamben der Verse die Sprache vergeistigt, ihr
Wohlklang, Schwungkraft und Harmonie mitteilt. Das Schöne
und das Erhabene, Würde und Hoheit vereinigen sich in dieser
dramatisch und empfindungsvoll hinreißenden, weit ausschwingenden Sprache, die bisher so nie erklungen war. Goethe sprach
später von einer „Christustendenz" in Schiller; sie fand hier in
Marquis Posa Gestalt. Der „Don Carlos" (Schiller schrieb Karlos)
wurde zum Wendepunkt seiner dramatischen Kunst.
Er verlangte nach einer inneren Klärung, nach dem Wetteifer

mit den anerkannten Schriftstellern der Nation und nach einem sicheren Ort im bürgerlichen Leben. 1787 ging er nach Weimar, um die Freundschaft Herders, Wielands, Goethes zu suchen. Er vertiefte sich in die Geschichte, um in ihr einen breiten, objektiven Lebensstoff, die großen Zeiten sittlicher Entscheidungen, das heroische Wirken des menschlichen Geistes zu finden. (*Abfall der vereinigten Niederlande*, 1788; *Geschichte des Dreißigjährigen Krieges*, 1791/93). Suchte Goethe im Wissen um die Natur die Gesetze – der Historiker Schiller suchte die Dokumente der geistig-sittlichen Energie, der formenden Kraft und Freiheit des Menschen. Diese Geschichtsbücher wurden zu großartigen philosophischen und sprachlichen Leistungen; zeitweilig glaubte er, als Geschichtsschreiber seine eigentliche Berufung zu erfüllen. Nur noch der sprachmächtige Schweizer J o h a n n e s v o n M ü l l e r (1752–1809), der Verfasser der *Geschichten der Schweizer* (1780–1807), konnte damals neben ihm genannt werden. 1789 erhielt Schiller eine unbesoldete Geschichtsprofessur in Jena. Seine Antrittsvorlesung *Was heißt und zu welchem Ende studiert man Universalgeschichte* wurde eines der großen Zeugnisse deutscher Geschichtsphilosophie. 1790 heiratete er Charlotte von Lengefeld. Doch noch brauchte es lange Zeit, bis sein Werben um den vorsichtig abwartenden Goethe erfüllt wurde (vgl. S. 253). Goethe wußte nicht, trotz Schillers eindringlicher Rezension der „Iphigenie" (1789), daß auch er auf dem Wege zur Antike in Winckelmannscher Prägung war. „Ich will bei mehrerer Bekanntschaft mit griechischen Stücken endlich das Wahre, Schöne, Wirkende daraus abstrahieren und mit Weglassung des Mangelhaften ein gewisses Ideal daraus bilden, wodurch mein jetziges korrigiert und vollends gegründet wird" (1788). In dem Gedicht *Die Götter Griechenlands* (1788) gab er im bildreichen Schwung seiner nun voll entwickelten Gedankenlyrik ein von schwermütiger Trauer erfülltes Preislied des verlorenen griechischen Daseins, in dem die Götter noch gegenwärtig waren und die Schönheit der Kunst zur Erlösung des Menschen aus allen Zwiespälten wurde. In der Antike fand der Mensch die Harmonie, wurde das Erhabene und Göttliche zur Natur und erfüllte sich die Sehnsucht des modernen, tragisch zwiespältigen Menschen. Neben das Pathos der Tragödie tritt, auch in seinen Dramen, bei Schiller immer wieder die melancholische Innigkeit der Elegie, der Sehnsucht und Trauer.

Siehe, da weinen die Götter, es weinen die Göttinnen alle,
daß das Schöne vergeht, daß das Vollkommene stirbt.

Auch ein Klaglied zu sein im Mund der Geliebten, ist herrlich,
denn das Gemeine geht klanglos zum Orkus hinab.

(*Nänie*, 1799)

Sein Roman *Der Geisterseher* (*Thalia*, 1787/89) blieb Fragment
und Brotarbeit, aber er zeigt eine auch in den Dramen vorhandene Seite Schillers: die Neigung zur spannenden, von Geheimnissen und Intrigen bewegten Kriminalgeschichte, die hier einen
schwachen, innerlich schwankenden Prinzen in die Netze einer
geheimen Verschwörerschaft verstrickt, wie sie Wielands und
Jean Pauls Romane, auch Goethes „Groß-Cophta" schilderten.
Wie bereits in der Erzählung *Der Verbrecher aus verlorener
Ehre* (1786), der Geschichte eines vielberedeten württembergischen Straßenräubers, die 1854 Hermann Kurz in „Der Sonnenwirt" ausgesponnen hat, erweist sich Schiller in *Der Geisterseher*
als ein meisterhafter Psychologe des ungewöhnlichen menschlichen Grenzfalls und als überlegener Erzähler. Der Roman, in
einem dekadenten Rokoko Venedigs angesiedelt, bedeutet einen
Ansatz zum kritischen Gesellschaftsroman; einen Höhepunkt der
Erzählkunst vor Goethes Symbolstruktur der Erzählprosa. Viele
Motive deuten auf Schillers Drama, nicht zuletzt sein Interesse
am kühnen Verbrechen, an der Politik und Intrige, an dem Be-
trüger, an der Macht von Kalkül, Kabale und Terror. Zugleich
schloß die Philosophie des „Geisterseher" eigene Weltanschau-
ungskämpfe in dieser Übergangszeit zwischen der idealischen
Weltspekulation seiner Jugend und der Begegnung mit Kants
Philosophie ein. Schiller schätzte die „Farce" ästhetisch gering;
dies trug zu dem Abbruch des Romans bei, der, rasch und oft
übersetzt, lange eine breite Publikumswirkung gewann. Dabei
war das stoffliche Interesse gewichtiger als ein Verständnis der
Kunst der Prosa, deren sich Schiller als Erzähler, wie später
als Geschichtsschreiber und philosophischer Schriftsteller, fähig
zeigte.

Geldnot und Krankheit umschatteten Schillers erstes Ehejahr.
Das körperliche Leiden, das ihm den frühen Tod bringen sollte
und das sich vielleicht schon in der Stuttgarter Zeit entwickelt
hatte, vereitelte ein intensives Schaffen. Wieder half, wie in
Mannheim Körners Einladung, ein glückliches Geschick. 1791,
auf die falsche Nachricht seines Todes, stifteten der Herzog von
Holstein-Augustenburg und der dänische Graf Schimmelmann
eine hohe Pension für drei Jahre. Ihr verdankte Schiller die Freiheit, sich in der Auseinandersetzung mit Kant zu reifer Bewußtheit seiner Kunst erziehen zu können.

„Ein Kunstwerk darf nur sich selbst, d. h. seiner eigenen Schönheitsregel, Rechenschaft geben und ist keiner anderen Forderung unterworfen." In dieser Grunderkenntnis Schillers verband sich Goethes Beispiel mit der klassischen Auffassung der Antike und der Ästhetik I. Kants. Körner hatte ihn seit langem auf den Königsberger Philosophen gewiesen. 1790 ließ I m m a n u e l K a n t (1724–1804) die *Kritik der Urteilskraft* erscheinen. Er gab, jenseits des aufgeklärten Rationalismus und Empirismus, eine Wissenschaftslehre, die eine neue Erkenntnistheorie, Moralphilosophie, Naturphilosophie und Ästhetik umschloß. Er hob Gott, Freiheit, Unsterblichkeit als Erfahrungen der Glaubensüberzeugung aus dem Bereich der beweisbaren logischen Erkenntnis heraus und verwarf das Glück als Ziel des sittlichen Handelns, um an seine Stelle als absolut Gutes die Lehre von der Pflicht zu stellen, die sich als der gute Wille kundgibt. Er betonte die Autonomie des Menschen, seine Freiheit zum sittlichen Handeln im Sinne der unbedingten Pflicht, die gegen die Neigung rigoros gefordert wird. Schiller unterzog sich der durch Jahre dauernden Beschäftigung mit Kant aus dem Willen, sich selbst, seine Anliegen als Ethiker, als Künstler, als Theoretiker der Kunst zu klären, damit er in objektiven Begriffen der Philosophie zu sicheren Fundamenten käme. Die Antike, die Geschichte, Kants Philosophie und das Bündnis mit Goethe waren Stufen der Bildung zum objektiven Künstler nach den Gesetzen der klassischen Ästhetik und Humanität, welche er in seinen philosophischen und kunsttheoretischen Schriften seit 1793 am einprägsamsten und gültigsten formuliert hat. Gegen die allzu strenge Pflichtlehre erhob Schiller den entscheidenden Einwand, daß eine vollendete Sittlichkeit allein in der harmonischen Versöhnung von Pflicht und Neigung möglich sei. In der „schönen Seele" fand er dieses Gleichgewicht im ästhetischen Sinne. In dem Aufsatz *Anmut und Würde* (1793) ergab sich solche innere Vollkommenheit in doppelter Erscheinung: in der Anmut vereinen sich geistige und leibliche Schönheit als ästhetische Harmonie; in der Würde triumphieren natürliche Neigung und sittliche Pflicht als zwanglose Einheit über alle Widerstände stofflich-sinnlicher Gebundenheit. In Anmut und Würde erscheint der wahrhaft gebildete Mensch; das Sittliche und das Schöne schließen sich zu vollendeter Humanität zusammen. In diesem glücklichen, alle Extreme ausschließenden Mittelzustande entfaltet sich das Spiel, das über alle Kräfte frei und gelöst verfügt und in dem das nur Zweckmäßige so wie das nur Sinnliche überwunden ist. Damit schien die Einheit der Gemütskräfte im antiken Sinne ideell begründet und dem eigenen, zum Einseitigen in Despotie und Anarchie drängenden Zeitalter (Französische Revolution!) das rettende Gegenbild aufgerichtet zu sein. In den *Briefen über die ästhetische Erziehung des Menschen* (1795) richtete Schiller an das Zeitalter die Lehre vom erzieherischen Sinn des Schönen, das den sinnlichen Menschen zur Form und zum Denken, den nur geistigen Menschen zur Sinnenwelt ausgleichend zurückführt. Der ästhetischen Kultur war so eine umfassende Erziehungsaufgabe übertragen: dem zwischen Physis und Abstraktion schwankenden Menschen das Gesetz der Form und der Mitte zu geben. In ihm gewann der Mensch die humane Freiheit; jenseits von Willkür und Zwang. Damit war der politische und moralische Bereich in diese ästhetische Erziehung hineingenommen; von der Schönheit als echter Kultur des harmonischen Menschen ließ sich das Formgesetz des politisch-staatlichen Gemeinschaftslebens empfangen. Der Dichter als der Erzieher zum Schönen trat die Führerschaft in allen Lebensbereichen an. Schillers Lehre bedeutete den Höhepunkt der klassischen Humanität. Kants Philosophie gab ihm die Grundlagen, aber er dachte weit über sie hinaus, und sein dichterisch-philosophisches Weltbild blieb nicht im Bereich der analytisch-logischen Erkenntnis, sondern drängte zur aktiven, sich entscheidenden Bildung des Zeitalters. Er gab dem Menschen die sittliche Autonomie zu dieser Entscheidung, die ihn aus eigener Erkenntnis mit dem Gesetz der göttlichen Vernunft übereinstimmen läßt. In der Abhandlung *Über das Erhabene* (1793) stellte er die geistige Freiheit des Menschen gegenüber seiner physisch-stofflichen Gebundenheit heraus. Im größten Leiden bewährt sich die Humanität. „Diese Entdeckung des absoluten moralischen Vermögens, welches an keine Naturbedingungen gebunden ist, gibt dem wehmütigen Gefühl, wovon wir beim Anblick eines solchen Menschen ergriffen werden, den ganz eigenen unaussprechlichen Reiz, den keine Lust der Sinne, so veredelt sie auch seien, dem Erhabenen streitig machen kann." Darin lag ein Grunderlebnis von Schillers späteren Dramen.

Aus der Auseinandersetzung mit Goethe entwickelte sich die Abhandlung *Über naive und sentimentalische Dichtung* (1795). In der Verschiedenheit von Goethes und seiner Natur, die Goethe als Gegensatz des Objektiven und Subjektiven oder von Anschauung und Idee umschrieb, erkannte Schiller die Polarität zweier grundlegender dichterisch-menschlicher Wesenheiten. In dem „Naiven" begriff er den natürlichen, wachstümlichen, in der

Wirklichkeit des Seins gleichsam unbewußt beruhenden antiken Menschen, in dem „Sentimentalischen" sah er das Wesen der überwiegenden Phantasie, Gedanklichkeit, Empfindung, jenes „modernen" Subjektivismus also, der vergeblich nach erfüllender Wirklichkeit sucht und sich in der Sehnsucht nach dem Unendlichen verzehrt. Mit kritischem Blick gab Schiller, von diesen Grundtypen aus, ein Bild der Dichtung und der Geistesgeschichte des 18. Jahrhunderts. Wiederum suchte er auch hier eine höhere Einheit, in der das Naive als bewußte Aufgabe begriffen und mit dem Adel des Geistes gestaltet wird. Es war die Aufgabe, die ihm in dem seit seinem berühmten Briefe vom 23. August 1794 geschlossenen Bündnis mit Goethe zur Forderung an seine eigene Dichtung wurde. „Unsere Richtung ging auf eins, welches unser Verhältnis so innig machte, daß im Grunde keiner ohne den anderen leben konnte" (Goethe). In Goethe bewunderte Schiller alles, was seiner Natur fehlte, ohne daß er doch seine eigene Art an ihn preisgab. Es galt nun, sein Ideenreich mit der Fülle leibhafter Erfahrung zu verbinden, das Naive und Sentimentalische in höherer Stufe des Modernen zu vereinigen, und das elegische Mißtrauen gegenüber der Reflexion durch ein neues Schaffen nach langer Pause zu besiegen. Auch auf Schiller traf Hölderlins Wort zu: „Die selige Einheit, das Sein im einzigen Sinne des Wortes, ist für uns verloren, und wir mußten es verlieren, wenn wir es erstreben, erringen sollten. Wir reißen uns los vom friedlichen *Hen kai pan* der Welt, um es herzustellen durch uns selbst."

1794, nach einer Reise in die schwäbische Heimat, begann Schillers Herausgabe der *Horen,* die ihn mit Goethe vereinte. Er gewann ihn auch für seinen *Musenalmanach* (1796–1800). W i l h e l m   v o n   H u m b o l d t (1767–1835), der spätere preußische Minister und Gründer der Universität Berlin (1810), gesellte sich als theoretischer Interpret und Kritiker zu ihnen. Als Ästhetiker, Staatstheoretiker, Sprachforscher und im unermüdlichen Einsatz für die klassische Humanitätsidee entfaltete er ein ungemein fruchtbares Schaffen, das durch seine später hohen politischen Ämter zu breiter Auswirkung kam. Schiller und Goethe fanden sich mit Humboldt in dem Ziel zusammen, eine gesetzmäßige Sprache der Dichtung im antiken Sinne und mit ihr eine deutsche Kultur von weltbürgerlicher Weite zu schaffen. Sie bildeten zusammen eine geistige Macht, wobei Schillers Energie die kämpferisch treibende und geschickt organisierende Aufgabe auf sich nahm. Er war entschlossen, im Vorgefühl eines kurzen Lebens

das Äußerste zu leisten. In einer Goethe fremden Weise ließ er
mit großer Willensanstrengung und in vielfach überlegendem
und diskutierendem Wählen ein Werk dem anderen rasch
folgen. Wie Goethes Dichtung plötzlich wieder reich und vielseitig hervorquoll, so wuchs auch Schiller von Werk zu Werk.
Zu der menschlichen Größe dieser Freundschaft trat ihre produktive Kräfte erschließende, auf die gesamte deutsche Bildung aus-
strahlende Energie. Von den ohne Scheidung des geistigen Eigen-
tums gemeinsam veröffentlichten *Xenien* wurde schon gesprochen
(vgl. S. 256). In der berühmten *Rezension von Bürgers Gedichten*
(1791) hatte Schiller sich von der eigenen Jugenddichtung los-
gesagt. Von der Philosophie und Geschichte kehrte er jetzt zur
Poesie zurück. Die Balladen der Jahre 1797/98 brachten bei
gleichbleibendem ethischem Schwung eine größere erzählerische
Nähe zur sinnenhaft geschauten Wirklichkeit. *(Ring des Poly-
krates, Bürgschaft, Hero und Leander, Die Kraniche des Ibykus.)*
Neben die Antike trat das von den Romantikern gefeierte Mittelalter, dessen Atmosphäre sich ihm jedoch entzog, so daß aus
seinem Stoffkreis die schwächsten Gedichte Schillers entstanden
*(Der Handschuh, Der Kampf mit dem Drachen, Der Gang zum
Eisenhammer).* Im *Lied von der Glocke* gab er, als Antwort auf
die Französische Revolution, ein bürgerliches Preislied als Gegenstück zu „Hermann und Dorothea". Es ist trotz seiner sentenziösen Rhetorik und oft bespöttelten Bürgerlichkeit eine bedeutende Leistung und ein spätes Dokument des Kulturoptimismus
des 18. Jahrhunderts. Durchweg herrscht jetzt in Schillers Lyrik
die sechszeilige und achtzeilige Strophe vor, die ihm den großen
Schwung, die weite Spannung und geistige Dimension von Bildwelt und Rhythmus erlaubte. In dem philosophischen Gedicht
Das Ideal und das Leben (1795) werden die Gegensätze zwischen
Idee und Wirklichkeit nach langem Widerstreit in der heroischen
Idylle am Ende erlöst. Nach allen Erdenlasten wird Herakles
zum Olymp erhoben.

> Bis der Gott, des Irdischen entkleidet,
> Flammend sich vom Menschen scheidet
> Und des Äthers leichte Lüfte trinkt.
> Froh des neuen ungewohnten Schwebens
> Fließt er aufwärts, und des Erdenlebens
> Schweres Traumbild sinkt und sinkt und sinkt.
> Des Olympus Harmonien empfangen
> Den Verklärten in Kronions Saal,
> Und die Göttin mit den Rosenwangen
> Reicht ihm lächelnd den Pokal.

Schillers Gedankenlyrik (*Die Götter Griechenlands*, 1788, *Die Künstler*, 1789, *Der Spaziergang*, 1795, *Die Worte des Glaubens*, 1795, die *Votivtafeln* u. a.) ist Lyrik aus dem Enthusiasmus der Idee, deren rhetorische Aufschwünge aus einem von Willen und Tat bewegten Gemüt in das Überirdische als die eigentlich wahre Welt zielen. Religiöse Erregung verbindet sich in ihnen mit gedanklichem Erkenntnisstreben; die Philosophie ist ein Bekenntnis des ganzen, von der Wirklichkeit des Geistes ergriffenen Menschen, der sich als der Schöpfer einer ideellen Wahrheit aus seiner enthusiastischen Innerlichkeit heraus erlebt. In diesem schöpferischen Vollzug vereinigen sich Herz und Vernunft, Gefühl und Geist.

> Was kein Ohr vernahm, was die Augen nicht sahn,
> Es ist d e n n o c h, das Schöne, das Wahre.
> Es ist n i c h t d r a u ß e n, da sucht es der Tor,
> Es ist i n d i r, du bringst es ewig hervor.

Kant und Goethe hatten Schiller zum Wissen um das Wesen der Kunst geführt; mit Goethe legte er die Gesetze dramatischer und epischer Dichtung fest und sorgte er für die literarische Bildung des Weimarer Theaters. Er studierte Aristoteles, die griechische Tragödie, übersetzte Racines *Phädra* (in reimlosen Jamben, 1804), bearbeitete Shakespeares *Macbeth* (1800) und kehrte zu seiner höchsten Pflicht, der Tragödie, zurück. War ihm wohl bewußt, daß sie schon die klassische Norm sprengte, der die Gelassenheit des Epos gemäßer ist als die Erschütterung des Tragischen? „Die Schärfe der Einbildungskraft, die alles auf einen Punkt hinführt, die Fähigkeit, auf einen gewaltigen Effekt hinzuarbeiten, die höchste Spannung in der Wirklichkeit hervorzubringen, und die erhabenste Lösung in der Idee daran zu knüpfen", darin sah Humboldt den Charakter des Schillerschen Dramas. Den alten Plan *Die Malteser*, die Tragödie eines geistigen und politisch-religiösen Männerbundes, ließ Schiller fallen, um in drei Jahren mit dem riesigen, an sich gänzlich unklassischen Stoff des *Wallenstein* zu ringen. Ihm glaubte er objektiver, distanzierter, interesseloser gegenübertreten zu können. Die Geschichte gab ihm den vielgestaltig bewegten Stoff, den er ästhetisch, ideell zu klären hatte. Die Prosa, die er anfänglich nach Shakespeares Beispiel wählte, goß er in eine lyrische Jambensprache um, die das Werk sehr verbreitete. Auf Goethes Rat entschloß er sich zu einer Trilogie: 1798 wurde *Wallensteins Lager* aufgeführt, 1799 wurden die *Piccolomini* und *Wallen-*

steins Tod beendet. Ein von Gestalten und Kräften überfülltes
Zeitalter sollte sichtbar werden; in dem „Lager" gelang Schiller
die seit den „Räubern" bewährte Kunst der bewegten Massen-
darstellung, nur daß er jetzt mit einer gewissen idealen Über-
höhung mehr das Typische als das Individuelle vorführt. Ernst
und Humor bleiben im Gleichgewicht. In den „Piccolomini" entfaltet sich mit starken dramatischen Akzenten das politische Ge-
triebe; Wallenstein bleibt als mächtige Gestalt im Hintergrund,
obwohl alles auf ihn zielt. Im dritten Teil vollzieht sich aus
Tragik von Charakter und Schicksal der Untergang. Im „Wallenstein" schrieb Schiller das erste historische Drama großen Stils
der deutschen Literatur. Er gab dem Helden, darin von Shakespeare beeinflußt, im Sternenglauben das geheimnisvoll Dämonische. Doch nicht aus seinen Tiefen entwickelt sich das Schicksal,
auch nicht aus einer heroisch-freien Entscheidung des Helden.
Wallensteins Tragik liegt vielmehr in seiner Entschlußlosigkeit,
in dem Zwang der Umstände, in der Sinnlosigkeit der politischen
Konstellationen. Schiller gestaltete eine Tragödie des Charakters,
nicht der Idee. „Der Wallenstein soll das ganze System des-
jenigen, was bei unserem Commercio in meine Natur hat über-
gehen können, in concreto zeigen und enthalten" (an Goethe).
In dem Widerspiel von Pessimismus und Idealität birgt sich ein
innerer Widerspruch der Trilogie. So wenig eindeutig wie
Wallensteins Verhalten, das sich in der Auffassung seiner Umwelt höchst verschiedenartig spiegelt, ist das Geschehen selbst.
Stärker als das moralisch Gute und Böse ist die eherne „unsitt-
liche" Weltordnung. Die Schönheit eines reinen Idealismus rettete Schiller in Max Piccolomini, der wohl seine strahlendste
Jünglingsgestalt ist. Das zarte schmelzende Gefühl führte er
durch die Liebe von Max und Thekla in die männlich-herbe
Atmosphäre des Dramas ein; als Gegensatz einer freien menschlichen Natur zu der verhängnisvollen „Staatsaktion". Sie wird
in den Untergang der realen Welt als schuldloses Opfer hinein-
gerissen; im Dunkel des Verhängnisses leuchtet in diesem geistigen Liebesbunde das Sittlich-Menschliche auf. Wallenstein
selbst ist, obwohl er vor dem Tode im Adel eines reifen Menschentums dasteht, keine Erfüllung gegönnt. Im tragischen Erlebnis der Nemesis endet sein Geschick. Auf den „Wallenstein"
zielen Schillers Worte in der Schrift *Über das Erhabene:* „Stirne
gegen Stirne zeige sich uns das böse Verhängnis! Nicht in der
Unwissenheit der uns umlagernden Gefahren – nur in Bekanntschaft mit denselben ist Heil für uns. Zu dieser Bekanntschaft

nun verhilft uns das furchtbar herrliche Schauspiel der alles zerstörenden und wieder erschaffenden und wieder zerstörenden
Veränderung – verhelfen uns die pathetischen Gemälde der mit
dem Schicksal ringenden Menschheit, der unaufhaltsamen Flucht
des Glücks, der betrogenen Sicherheit, der triumphierenden Ungerechtigkeit und der unterliegenden Unschuld, welche die Geschichte in reichem Maße aufstellt und die tragische Kunst nachahmend vor unsere Augen bringt."
Schiller war sich der Leistung dieses Dramas voll bewußt. „Wenn
Sie davon urteilen, daß es nun wirklich eine Tragödie ist, daß
die Hauptforderungen der Empfindung erfüllt, die Hauptfragen
des Verstandes und der Neugierde befriedigt, die Schicksale aufgelöst und die Einheit der Hauptempfindung erhalten sei, so
will ich höchlich zufrieden sein" (an Goethe 1799). Dennoch be-
ruhigte er sich nicht bei dem eben Erreichten. Rasch folgte das
völlig andersartige Trauerspiel *Maria Stuart* (1800). Er wählte
jetzt die weibliche Heldin, die als „physisches" Wesen Leidenschaften entzünden und zu einer allgemeinen tiefen Rührung
führen sollte. Hier ging es nicht um eine umfangreiche politisch-
historische Stoffmasse, sondern das letzte Stadium eines individuellen Schicksals. Damit war die Form des analytischen Dramas gegeben, das in wenige, zum Tode führende Tage das Verhängnis eines Lebens zusammendrängt. War hinter dem „Wallenstein" Shakespeare gegenwärtig, jetzt werden Anregungen aus
dem Drama des Euripides und des Racine verarbeitet. Damit
wird die Strenge des klassizistischen Stils erstrebt. Starke Spannungen drängen sich, Schlag auf Schlag vollzieht sich die Handlung: in der Entfaltung einer leidenden Seele, die zum Triumph
des inneren Adels der Heldin führt und ihr das Mitleiden zu-
leitet. Lyrisch-opernhafte Züge erhielt die Sprache in mächtigen
Schwüngen des Gefühls.

> Eilende Wolken, Segler der Lüfte!
> Wer mit euch wanderte, mit euch schiffte!
> Grüßet mir freundlich mein Jugendland!

Daneben tritt jene reflektierende, sentenziöse Bewußtheit der
Schillerschen Gestalten, die ihnen das rhetorische Pathos gibt,
jene Distanz von der organisch-unbewußten „Wirklichkeit", in
die Goethe seine Gestalten einhüllte. Im Thema von Leid und
Läuterung der königlichen Märtyrerin kehrte Schiller zum Typus des barocken Dramas zurück; nicht zufällig fand man in
der „Maria Stuart" eine der romantischen Bewegung verwandte

katholisierende Neigung. Wiederum wurde, in der englischen Königin Elisabeth, das Gewebe des politischen Machtdenkens zum schlechthin Unsittlichen, dem doch, wie allem geschichtlich Großen, tragische Züge anhaften. Elisabeth wird am Schlusse, im Augenblick ihres Triumphes, die Niederlage zuteil.

1799 zog Schiller von Jena nach Weimar, um Goethe und dem Theater näher zu sein. Hier entstand die *Jungfrau von Orleans,* deren Figur schon Shakespeare gestreift und Voltaire in einem komischen Heldengedicht *La Pucelle* mit aufgeklärter Ironie verspottet hatte. In der romantischen Jungfrau, Schäferin, Heldin und Märtyrerin der religiös-nationalen Idee fand Schiller eine Verkörperung reiner, von christlicher Gnade erhöhter Humanität.

> Das edle Bild der Menschheit zu verhöhnen,
> Im tiefsten Staube wälzte dich der Spott;
> Krieg führt der Witz auf ewig mit dem Schönen,
> Er glaubt nicht an den Engel und den Gott – –
> Es liebt die Welt, das Strahlende zu schwärzen
> Und das Erhabne in den Staub zu ziehn;
> Doch fürchte nicht! Es gibt noch schöne Herzen,
> Die für das Hohe, Herrliche entglühn.

Der Stoff der Legende, wie Schiller das geschichtliche Ereignis umdeutete, legte – im Unterschied zu dem Pyramidalbau seiner *Maria Stuart* – eine mehr epische Form nahe. „Jeder Stoff will seine eigene Form, und die Kunst besteht darin, ihm die anpassende zu finden. Die Idee eines Trauerspiels muß immer beweglich und werdend sein, und nur virtualiter in hundert und tausend beweglichen Formen sich darstellen", schrieb er in einem Briefe. Das Rührende des tragischen Schicksals einer großen Seele, die durch die naturhafte Liebe aus göttlicher Berufung zum Menschlich-Irdischen abfällt, sich damit, im Kampf um die Freiheit ihres Volkes, in das Irdisch-Gebrechliche verstrickt und sich zuletzt mit idealem Aufschwung aus ihm heraus als Märtyrerin zu ihrer Sendung erhebt, trat in den Mittelpunkt des dramatischen Vorgangs. Im Walten des Wunders wird die überirdische Welt über dem Kampf der Völker sichtbar. In der heroischen Jungfrau fand Schiller die Verkörperung der Kraft und Göttlichkeit der Menschenseele; in der Unschuld und in dem Enthusiasmus ihres Herzens lebt, wie in der Versuchung durch den naturhaften Drang der Frau zur Liebe, der Adel der Menschheit. Daß selbst die Liebe nicht als Erhöhung, sondern als ein Abfall aufgefaßt wird, zeigt die Hochspannung dieses sittlichen Humanitätsideals – vielleicht schon eine Überspannung. Schiller dichtete das Drama mit hingerissenem Gefühl: „Dich schuf das Herz! – Du wirst unsterblich leben." Mit großer theatralischer Kunst wird die Bühne mit dem Prunk des historischen Kostüms, mit bewegten, rasch wechselnden Massen- und Kriegsszenen belebt. Das Malerisch-Repräsentative verbindet sich mit der Innerlichkeit eines von göttlichen Kräften durchwalteten tragischen Geschehens. Sie wirken um so eindrucksvoller, je schmerzlicher die Heldin selbst ihren Fall in die sie auslöschende Leidenschaft der menschlichen Liebe empfindet. Die Unbedingtheit des moralischen Denkens Schillers nähert sich hier dem Religiösen.

Schroff im Gegensatz zu diesem „romantischen" Drama lenkte er in der folgenden *Braut von Messina* (1803) zum klassisch Antiken, zur Schicksalstragödie im Wetteifer mit Sophokles über. Im Verlangen nach der mythischen Tragödie, die jenseits alles Naturalismus aus der Weihe der Kulthandlung, aus den überpersönlichen Konflikten des Staatlich-Religiösen heraus lebt, wurde von Schiller die äußerste Form erzwungen. „Die ganz neue Form hat auch mich verjüngt oder vielmehr das Antikere hat mich selbst altertümlicher gemacht; denn die wahre Jugend ist doch in der alten Zeit." Die Prosa der Wirklichkeit wurde zugunsten des symbolischen Kunstwerkes aufgehoben. Unerbittlich geht das Schicksal seinen Gang, und wiederum dient das Geschehen auf der Bühne dazu, ein vorbestimmtes Verhängnis (Orakel und Fluch) der Katastrophe entgegenzuführen. Der Chor sollte, entsprechend der Urform der Tragödie bei Aischylos, musikalisch erhöhen und in begleitenden Wechselreden die ideale, vergeistigte Atmosphäre geben. Eine Art Gesamtkunstwerk in Rede, Musik und Bewegung schwebte Schiller vor. Dazu gehört der Wechsel zwischen Blankvers und den vielformigen Versmaßen des Chors nach dem Muster der antiken Tragödie, die ihm durch die Aischylos-Übersetzung (1802) des Grafen Friedrich Leopold Stolberg vertraut war. Eine Annäherung an das Opernhafte wird sichtbar – wie in der „Jungfrau von Orleans" und im „Wilhelm Tell". Schiller hielt für möglich, „die lyrischen Intermezzos des Chors... nach Gesangsweise recitieren zu lassen und mit einem Instrument zu begleiten". Auf das Chorische war auch seine Lyrik angelegt. Aber die ästhetische Theorie lähmte, trotz großer sprachlicher Kunst, die dichterische Unbefangenheit. Ähnlich wie in Goethes „Die natürliche Tochter" war hier ein Extrempunkt klassischer Stilisierung erreicht. Ein Übermaß an Konstruktivem wird in der Motivation deutlich; die Fäden von Schicksalstragödie und Charaktertragödie,

die Elemente von Antikem, Christlichem und Modernem ver-
wirren sich. Im Wettkampf mit Sophokles trug „der modernste
aller neueren Dichter", wie W. von Humboldt einmal den Freund
nannte, nicht den Sieg davon.

„Für Sie braucht man das Schicksal nur um Leben zu bitten",
schrieb ihm Humboldt. Schiller wußte sich seit langem dem Tode
nahe; mit ungeheurer Anstrengung, mit kürzesten Fristen rech-
nend, zwang er sich zu ruhelosem Schaffen. Aus der Höhe der
antiken Schicksalstragödie wechselte er zu dem fast aktuell politischen Drama des nationalen Freiheitskampfes über, das, voll
von sinnlicher Fülle und unmittelbarem naivem Leben, sein volks-
tümlichstes Werk wurde: *Wilhelm Tell* (1804). Es ist das Jahr
von Napoleons Kaiserkrönung! Goethe hatte ein Tell-Epos geplant; er versorgte den Freund, der die Schweiz nie gesehen
hatte, mit lebendigen Anschauungsberichten. Das Freiheitsthema
des Menschheitsdramas „Don Carlos" wurde zum Volksdrama,
in dem es um Würde und Freiheit einer unterdrückten Nation
geht. Die Schweiz galt dem 18. Jahrhundert als das Land repu-
blikanischer Freiheit, ehrwürdiger Sitten, friedlicher Bürgerlichkeit. Schiller arbeitete sich in die geschichtliche Wirklichkeit und
die eigentümliche Landschaft der Alpen ein – er wollte einen
treuherzigen, an den griechischen Historiker Herodot und an
Homer erinnernden Geist. Und wiederum dachte er an sein
Publikum. Er schrieb: „Sie sind auf solche Volksgegenstände ganz
verteufelt erpicht, und jetzt besonders ist von der schweizerischen
Freiheit desto mehr die Rede, weil sie aus der Welt verschwunden ist." Aber es bedeutete ein Mißverständnis, den „Wilhelm
Tell" mit den Ideen der Französischen Revolution zusammen-
zubringen oder nur als politisch-nationales Befreiungsdrama aufzufassen, das an die Stelle der Tragödie eine harmonische
Lösung setzt: im Sieg der Volksfreiheit über die Tyrannei, die
gegen alle natürlichen, humanen und göttlichen Ordnungen
frevelt. Die Zweiteilung zwischen dem Volksgeschehen und der
Tellhandlung darf nicht als Aufteilung zwischen dem politisch-
historischen Spiel und dem Familiendrama, in dem es um Vater
und Sohn geht, verstanden werden. Schiller hat als das wesenhaft „Poetische" des Schauspiels das Geschick Tells bezeichnet.
Er ist nicht nur die tätige Verkörperung von Volksnatur und
Volksfreiheit, sondern die Realisation des ästhetischen Menschen
in Schillers Sinne, der aus der Freiheit der ganzen, reinen Existenz in die Not und Schuld der Wirklichkeit gerissen wird. Der
Apfelschuß vergewaltigt ihn in seiner Menschlichkeit; er bringt

ihn in die Nähe des Mordes am eigenen Sohn. Indem er den
Mord an Geßler im Bewußtsein der gerechten Notwendigkeit
auf sich nimmt, überwindet er die Verstrickung in die schuld-
hafte Tat und stellt er das Humane wieder in sich her. Es geht
nicht nur um das politische, moralische Prinzip des nationalen
Rechts zur Freiheit, sondern um die ethische und „ästhetische"
Selbstbewahrung des Menschen in seiner Freiheit und Harmonie.
Der berühmte Monolog, selbst die oft kritisierte Parricidaszene
am Schluß stellen die Überwindung des Tragischen durch eine
Freiheit in und über der gewaltsamen Pflicht dar. Diese Freiheit
meint die Einheit des Menschen mit sich selbst; eine Freiheit, in
der der Mensch das Menschliche rettet. Daß Tell „durch die
verwickeltsten Verhältnisse mit kühner Einfalt und ruhiger Unschuld" zu gehen vermag, macht ihn zum Repräsentanten des
Menschen, auf dem sich der ästhetische Staat, konkretisiert in
der Befreiung der Eidgenossen, aufzubauen vermag. Das Tragische geht im „Wilhelm Tell" in die „Idylle" über: als „Begriff
eines völlig aufgehörten Kampfes sowohl in dem einzelnen Menschen als in der Gesellschaft, einer freien Vereinigung der Neigungen mit dem Gesetze, einer zur höchsten sittlichen Würde
hinaufgeläuterten Natur, kurz, es ist kein anderer als das Ideal
der Schönheit, auf das wirkliche Leben angewendet". Es geht in
Tell nicht nur um das moralische Problem, sondern um das Problem der existentiellen Freiheit. In Tells Autonomie erweist sich,
was zum Fundament und Wesen des ästhetischen Staates wird
und so das Menschlich-Humane und das Geschichtlich-Politische
zusammenfallen läßt, im Historischen das „Poetische" bewährt.
„Wilhelm Tell" stellt nicht nur Schillers inhaltlich und szenisch
wirkungsvollstes „Volksstück" dar; das Drama ist im Komplexen
seines ästhetischen und tragischen Bewußtseins verwurzelt, nur
von ihm aus in Thematik und Architektur verständlich. Es hat
zudem lyrische und epische Elemente, die seinem Drama inhärent
sind, besonders reich ausgespielt.
Schiller setzte zu einem neuen, noch großartiger gedachten Werk
an, als ihm am 9. 5. 1805 der Tod die Hand lähmte. Das Fragment des *Demetrius,* das Goethe vergeblich zu ergänzen suchte,
war auf dem Wege zu einer gewandelten tragischen Erfahrung.
In dem russischen Kronprätendenten Demetrius wollte Schiller
das Schicksal eines an sich reinen und guten Menschen zeigen,
der, schuldlos von der Machtgier der Verschwörer mißbraucht,
nicht mehr in das Reich des Sittlichen zurückkehren kann, sondern ihren ruchlosen Verstrickungen erliegt. Schiller plante ein

machtvolles szenisches Aufgebot, wobei er an die große Berliner
Bühne dachte, an die man ihn mit großzügigen Angeboten 1804
fesseln wollte. Mit den Bildern des polnischen Reichstages, der
Kämpfe und Feldlager, der Hochzeit des Zaren, der Feste und
der mörderischen Katastrophe hätte der repräsentative Stil seiner
politisch-historischen Tragödie im „Demetrius" eine erneute
Steigerung erhalten.

„Wenn man ihn nach acht Tagen wiedersah, so fand man ihn
anders und staunte und wußte nicht, wo man ihn erfassen
könnte", sagte Goethe lange nach Schillers Tode. Es läßt sich
nicht erraten, zu welchen Wandlungen Schiller das Erlebnis der
politisch-nationalen Bewegung der Napoleonischen Kriege geführt hätte, deren Ethos er in der „Jungfrau von Orleans" und
im „Wilhelm Tell" vorausgestaltet hatte. Zu ihm bekannte sich
die enthusiastische Jugend, und sein Idealismus wurde, trotz
erregt-spöttischer Ablehnung durch die Jenaer Romantiker, die
Schiller auch seinerseits schroff abwehrte, zu dem sittlichen Leit-
bild der Zeit. Hölderlin sowie Novalis wurden von ihm mit
gleicher Macht ergriffen, und das deutsche Drama konnte sich
auch im Widerstreben (Hebbel, O. Ludwig, Grabbe) bis zum
Naturalismus hin nicht dem Einfluß seines Werkes entziehen.
Sein spekulativer Idealismus wurde zur Gefahr, wenn er sich
von seinem religiösen Erlebnisgrunde löste und zum rhetorischen
Pathos oder zu leerer Schwärmerei entartete. Schiller nahm die
Idee des Vaterlandes in den Kreis der erhabenen Ideen Wahrheit, Schönheit, Erhabenheit, Freiheit, Liebe, Unsterblichkeit auf;
er band sie zugleich an eine religiöse Verpflichtung zurück, wie
ihm auch, im Gegensatz zum „Wallenstein", in seinen letzten
Dramen die Geschichte zum Vollzug einer göttlichen Weltordnung geworden war. Goethe faßte, tief betroffen von dem Tode
des Freundes und in neue Einsamkeit verstoßen, den Sinn seines
Werkes in dem *Epilog zu Schillers Glocke* zusammen:

> Er mochte sich bei uns, im sichern Port,
> Nach wildem Sturm zum Dauernden gewöhnen.
> Indessen schritt sein Geist gewaltig fort
> Ins Ewige des Wahren, Guten, Schönen,
> Und hinter ihm in wesenlosem Scheine,
> Lag, was uns Alle bändigt, das Gemeine.

Schillers Werk ist in einer Zeit weltgeschichtlicher Erschütterungen entstanden, die das Europa des Absolutismus aufhoben und
das Jahrhundert der Demokratie, der individuellen und humanen
Freiheit und der Revolutionen einleiteten. Er schuf in Deutsch-

land die große Form der politischen Tragödie, welche zugleich die Tragödie des handelnden und des leidenden Menschen, seiner Existenz zwischen dem Verhängnis und dem Göttlichen und damit eine metaphysische Tragödie ist. Im Sturz in die Vernichtung gewinnt der Mensch die seiner Menschheit eingeborene Bestimmung zum Adel der Größe; die Tragödie wird zur Theodizee, zum Beweis der Erhabenheit des Menschen, der sich zu sich selbst in der Autonomie seiner ethischen Freiheit bekennt. Das Jahr 1859 sammelte das liberale Bürgertum um Schiller als das Symbol der nationalen und demokratischen Freiheit, als Verwirklichung einer deutschen Humanität. Das spätere 19. Jahrhundert hat sein Bild so verzeichnet, daß Nietzsches Kampf gegen die Entartung des Bürgers auch zu einer Polemik gegen Schiller geworden ist. Er sprach mit bösem Spott von seinem „weichen, gutartigen, silbern glitzernden Idealismus, welcher vor allem edel verstellte Gebärden und edel verstellte Stimme haben will." Im Kampf gegen einen entleerten Bürgeridealismus wurde das Bild Schillers verfälscht. Der Naturalismus hatte zu Schillers Kunstauffassung, zu seinem Transzendieren des Psychologisch-Realistischen, zu seinem Gedanken- und Gefühlspathos keinen Zugang. Erst im Expressionismus wurden die dramatische Energie, die revolutionäre Leidenschaft, die Macht seines ethischen Forderns und das tragische Pathos seines Stils neu für die eigene Dichtung fruchtbar. Georg Kaiser und Bertolt Brecht gehören zu seinen Nachfahren. Offensichtlich bietet sich aus der Daseins- und Kunstproblematik des 20. Jahrhunderts, aus Fragen, die mit der Existenzphilosophie und einer neuen Ästhetik und Poetik zusammenhängen, ein Zugang zu Schiller. Es hat sich ein komplexeres Verständnis von Philosophie und Werk angebahnt, das die Meisterschaft des dramatischen Künstlers wie die Tragweite seiner ästhetischen, politischen und gesellschaftskritischen Einsichten und den Ernst seines tragischen Humanismus umfaßt. Schiller ist zum Gegenstand aktueller Auseinandersetzungen – nicht ohne Gefahr tendenziöser Mißverständnisse – geworden. Die Wandlungen der Auffassungen seit seinem Tode deuten auf die Unerschöpflichkeit seiner Dichtung und das Ungewöhnliche ihrer Wirkung. Die deutsche Literatur verdankt ihm Grundlagen der Ästhetik, der kritischen Poetik und die geschichtlich-politische, humane und metaphysische Tragödie. Die Geschichte der Tragödie wurde über das 19. Jahrhundert hinaus zur Geschichte einer beständigen Auseinandersetzung mit Schiller.

XIV

DIE GEGENKLASSISCHE DICHTUNG:
JEAN PAUL, HÖLDERLIN, KLEIST

Der Dichter des „Götz" und „Werther" gewann europäischen
Ruhm; der Goethe der „Iphigenie", des „Tasso", der „Wahlverwandtschaften" blieb einsam und unverstanden. Die „Räuber"
und „Kabale und Liebe" eroberten für Schiller die Bühne, aber
als der Dichter der politisch-historischen Ideendramen mußte er
mit Ifflands und Kotzebues Familiengemälden, nicht immer erfolgreich, um das deutsche Theater streiten. Das klassische Bil-
dungsprogramm der Weimarer Dioskuren fand ein geringes
Echo; der widerstrebende innere Reichtum des deutschen Geistes
wurde von ihm in eine allzu enge und starre Form gepreßt.
Schiller und Goethe selbst näherten sich, trotz mancher unüber-
brückbarer Gegensätze, der seit 1797 sich in Jena sammelnden
Romantik (die Brüder Schlegel, Novalis, Tieck, Schelling u. a.).
Sie wiesen jedoch drei große und einsame, je in ihrer Art einander ebenbürtige Geister ab, denen Weimar als Forderung und
Gegensatz zum Schicksal wurde: Jean Paul, Hölderlin, Heinrich
von Kleist. Sie mußten ihren eigenen Weg gehen, eine eigene
Welterfahrung in einem bis an letzte Abgründe führenden Rin-
gen und Suchen gestalten. Jean Paul, Hölderlin und Kleist konn-
ten sich nicht dem klassischen Maß beugen und in der klassischen
Harmonie Genüge finden; jeder von ihnen wurde von einer
inneren Unendlichkeit bedrängt, die sein Leben zersprengte
(Hölderlin, Kleist) oder sein Werk in das Grenzenlose auflöste
(Jean Paul). Goethes und Schillers Klassik wurde für sie zu einer
Entscheidung, die sie schmerzlich durchlitten und über die sie
hinauswachsen mußten. Sie stehen der Romantik nahe und lösen
sich zugleich von ihr, weil ihr die ganze Existenz umfassender
Ernst und ihre Größe sie zu der Einsamkeit des eigenen geistigen
Schicksals zurückwies. Sie hatten an dem Klassischen und an
dem Romantischen teil, ohne darin aufzugehen; ja, sie widerleg-
ten die Schöpfungen der Klassik und der Romantiker, indem sie
dem eigenen Genius gehorchten. An ihrem Werk werden der
geistige Reichtum dieses Zeitalters sowie die Gefahren deutlich,
die in solcher schöpferischen Fülle lagen.
Jean Paul gewann, weil er am stärksten in der literarischen Tra-

dition, in der Empfindsamkeit und im Rokoko wurzelte, in erheblichem Maße die Gunst des Publikums; Hölderlin und Kleist, die sich von der Gedankenerbschaft des 18. Jahrhunderts und der klassisch-romantischen Epoche ablösten und weit über die Erlebnismöglichkeiten der Zeitgenossen hinausgriffen, fanden, unverstanden und kaum erkannt, ein frühes Ende. Fast ein Jahrhundert brauchte es, bis ihr Werk den Deutschen zugänglich wurde, während Jean Paul, zeitlos und doch zugleich in seiner Sprache und seinem Empfinden allzusehr dem Zeitalter verhaftet, der Gegenwart ferner gerückt ist. Doch hat er so die Prosa des 19. Jahrhunderts beeinflußt wie, seit etwa 1900, Hölderlin und Kleist je die Vorbilder der hohen Lyrik und jenes Dramas wurden, das eine große Dichtung, nicht nur ein „Spiel" sein will.

„Goethe faßte alles bestimmt auf, bei mir ist alles romantisch zerflossen", gestand J e a n P a u l (Johann Paul Friedrich Richter, 1763–1825). In Wunsiedel (Ostfranken) wurde er in armselige, enge Verhältnisse hineingeboren. In der Einsamkeit des weltentlegenen Ortes häufte er wahllos ein gewaltiges, absonderliches Wissen. Mit der Wirklichkeit des Lebens wenig vertraut, aber an Träumen und sehnsüchtigen Idealen überreich, zog er 1781 als Theologiestudent nach Leipzig. Frühe Versuche, aus denen seine Enttäuschung und seine literarische Belesenheit weltschmerzliche, barock-kuriose Satiren werden ließen (*Grönländische Prozesse*, 1783; *Auswahl aus den Papieren des Teufels*, 1789), halfen ihm nicht aus bedrückender Geldnot. Vor seinen Gläubigern floh er 1784 in die Heimat zurück, um als Hauslehrer psychologische Erfahrungen, schwärmerische Freundschaften, einsame Empfindungen und polyhistorische Kenntnisse zu sammeln. Nach dem Roman *Die unsichtbare Loge* (1793) brachte der Roman *Hesperus* (1795) den ersehnten Erfolg, der ihm die kleinen Höfe und die literarischen Kreise weit öffnete und ihn zum Liebling der Damen machte. Mit ihm trat der Roman als bevorzugte Form in die deutsche Literatur ein; noch Schiller und selbst Goethe hatten dem Roman einen eigenen ästhetischen Rang bestritten. Jean Paul war der geborene Epiker, der die Fülle seiner Phantasien, Empfindungen, inneren Erfahrungen, Beobachtungen ungehemmt von straffender Form ausströmen lassen will. Durch ihn wurde der Roman zur Dichtung, die einem ungeheuren Reichtum des Empfindens entquillt und zugleich, volkstümlicher als Wielands antikisierende Erzählkunst, von der gelebten Wirklichkeit der Zeit ausgeht. Der englische Roman (H. Fielding,

L. Sterne) gab ihm wesentliche Anregungen; dessen Ironie, Psychologie und Detailkunst waren auch K a r l A u g u s t M u s ä u s (1735–1787) mit seinen *Volksmärchen der Deutschen* (1782/86) und K a r l J u l i u s W e b e r (1767–1832) mit seinem bizarren *Demokritos* (erschienen erst 1832/36) gefolgt. Doch so nahe Jean Paul dem sich an Sterne anlehnenden deutschen Roman des Jahrhundertendes (vgl. S. 214) steht, seine Genialität erschloß erst die Fülle von dessen Möglichkeiten. Ähnliches gilt für die von ihm entwickelte Erzählform der Idylle. Es gewann ihr, im Unterschied zu der reinen Stimmigkeit der klassischen Idylle, eine Vielschichtigkeit der Tönungen, ohne den Grundzug des Harmonischen aufzuheben. Selbst der Tod wird im Bewußtsein höherer Aufgehobenheit zum Idyllenmotiv. Das äußere Geschehen erscheint in seinen Erzählungen romanhaft verwickelt, fabulös verspielt und verschnörkelt: als Maske einer artistisch sorgsamen Kompositionsmethode. Ironie und Witz verknüpfen sich mit einer empfindungsreichen Andacht zu allem, was klein, bedrückt, mißachtet und abseitig ist. Der Humor gibt ihm die Perspektive zum Weiten und Hohen. So gelingt Jean Paul die Vereinigung des Skurrilen mit dem Ernsthaften, von Heiterkeit und Mitfühlen, Ironie und Ergriffenheit, überlegener Distanz und gefühlvoller Identifikation – stets mit einer Kunst sprachlicher Nuancierungen und Übergänge und mit einer expressiven Intensität der Metaphorik, wie sie bisher in der deutschen Prosa nicht erreicht worden war. In dem *Leben des Quintus Fixlein, aus 15 Zettelkästen gezogen, nebst einem Mußteil und einigen Jus de Tablette* (1796) und in den *Blumen-, Frucht- und Dornenstücken oder Ehestand, Tod und Hochzeit des Armenadvokaten F. St. Siebenkäs im Reichsmarktflecken Kuhschnappel* (1796/97) gab Jean Paul Idyllen, in denen die ärmliche Enge der Wirklichkeit durch die Unendlichkeit des Gefühls und der Phantasie durchleuchtet und verklärt wird. Fixlein, ein kleiner Lehrer an der Stadtschule, dem auch das Winzigste in seliger Bescheidenheit zum Freudenquell wird, findet, in den Ferien im heimatlichen Dorfe weilend, in dem armen adligen Fräulein Thienette seine Braut. Er feiert Hochzeit und den ersten Tauftag. Umfangreicher und dem Schmerzlich-Unerlösten nahe ist der „Siebenkäs"; der Humor nähert sich hier dem Tragisch-Grotesken. Zugleich gab Jean Paul eine nuancierte Kleinmalerei, der ihm der Roman des 19. Jahrhunderts (Keller, Gotthelf, Raabe) nacheiferte. Ein künstlerischer Mensch, den die phantasievolle Unendlichkeit seines Gefühls über alles Wirkliche hinwegträgt, ist in

„Siebenkäs" an die eigensinnig praktische Haushälterinnennatur
seiner Ehefrau gebunden, die ihn immer wieder in das Enge
zurückstößt. Endlich befreit ihn sein Freund, der genialisch un-
gebundene, ironische Leibgeber. Siebenkäs stellt sich scheintot, er
läßt sich zum Scheine begraben, um, unter anderem Namen, mit
einer anderen Frau ein neues Leben zu beginnen. Die Ironie
wird, wie oft, zu einer gewissen Grausamkeit. Niemals hatte ein
Dichter bisher so tief in Geheimnisse der menschlichen Seele
geblickt, ihren Reichtum und ihre dunklen Verlockungen auf-
gespürt.

Von der Bewegung des Gefühls aus schrieb Jean Paul seine
Romane; die barock übersteigerte, mit sensationellen Kolpor-
tagemotiven arbeitende Handlung bildete stets nur den Rahmen,
um seine Psychologie der menschlichen Seele frei zu gestalten;
jene Psychologie, die aus seinen eigenen Erschütterungen von
seraphischer, schwärmerischer Liebesverklärung bis zum grotesk-
schauerlichen Wahn ihre Nahrung zog. Diese Offenheit des
Fühlens verband ihn mit Herder, der ihn herausfordernd gegen
Goethe und Schiller ausspielte. Ihre klassische Strenge erschien
Jean Paul als eine Abgestorbenheit des Gefühls, damit des
Menschlichen und Göttlichen. Denn das Gefühl war ihm der
innigste Beweis Gottes im Menschen. Es bedeutete den Aufschwung zu dem Reich der Liebe, der Schönheit und des Erhabenen.

In dem *Leben des vergnügten Schulmeisterlein Maria Wuz*
(1793), Traumbild aus seiner Lebenserfahrung, spiegelt sich
vertrautes kleinbürgerliches Leben, erhellt von gütigem Humor,
der die so oft bei Jean Paul boshaft aufklaffenden Zwiespälte
zwischen der idealen Grenzenlosigkeit des Herzens und der trüben, lieblosen Nüchternheit des Wirklichen schließt. Im Kreis der
Armen fand er die Tugend des Empfindens, die er in der her-
zenskalten, frivolen Welt des Adels und der Residenzen vermißte. Eine erträumte Welt zeichnete der große Roman *Hesperus*
(1795) in empfindsam-ätherischen Gestalten, die das Universum
in dem Geliebten, in der Tugend und auch im wirklichen Leben
zu umarmen suchen. Die Liebe beherrscht das Dasein des Helden
Viktor und der zarten Klothilde. Unerhört wirken bis heute die
lyrische Zartheit und Beschwingtheit der Sprache: „Wie ein Verklärter an eine Verklärte neigte er sich zurückgezogen an ihren
heiligen Mund und nahm in einem leisen, andächtigen Kusse, in
dem die schwebenden Seelen nur von ferne mit aufgeschlagenen
Flügeln zitternd einander entgegenwehten, mit leiser Berührung

von den zerflossenen weichen Lippen die Versiegelung ihrer reinen Liebe." Der Roman wurde zum Trostbuch der leidenden und verkannten Seelen. „Komm, liebe müde Seele, die du etwas zu vergessen hast, entwede einen trüben Tag oder ein überwölktes Jahr oder einen Menschen, der dich kränkt, oder einen, der dich liebt, oder eine entlaubte Jugend oder ein ganzes schweres Leben; und du, gedrückter Geist, für den die Gegenwart eine Wunde und die Vergangenheit eine Narbe ist, komm in meinen Abendstern und erquicke dich mit seinem kleinen Schimmer." Daneben tritt, als anderes Extrem, ein phantastisch-willkürliches Spiel mit Form und Sprache, witzigen Einfällen und Abschweifungen, mit Metaphern und Bildern aus entlegensten Wissensgebieten. Die Erzählung springt von Einfall zu Einfall, vom „Dampfbad der Rührung" zum „Kühlbad der Satire". Gelang in den Idyllen noch eine Einheit der Form – in Jean Pauls Romanen wirbeln Situationen, Stimmungen, Lebensläufe, Assoziationen, das Elegische, Idealische und Groteske und Genrehafte verwirrend, unübersehbar durcheinander. Ungeheuer reich sind die Ausdrucksmittel seiner oft überladenen, oft ergreifend dichterischen Sprache, die im spielerischen Subjektivismus ihres Humors, im Drastisch-Komischen und in der malerischen Nuancierung ihrer Bildlichkeit bisher unerreicht blieb. „Klothildens Angesicht schwebte, wie durch Magie vorgerufen aus der zweiten Welt, dicht am Glase, und er konnte unvertrieben seine Schmetterlingsflügel um diese Blumen schlagen; er konnte frei in ihre großen Augen wie in zwei mit Tauglanz gefüllte Blumenkelche sinken. Er sah nie einen so reinen Schnee des Augapfels um die blaue Himmelsöffnung, die weit in die schönere Seele ging; und wenn sie das Auge in den Garten niederschlug, stand das große verhüllende Augenlid mit seinen zitternden Wimpern ebenso schön darüber wie eine Lilie über einer Quelle."

1796 kam Jean Paul nach Weimar, auf Einladung der Charlotte von Kalb. Den Eindruck dieser Begegnung mit den führenden Geistern der klassischen Dichtung fing der *Titan* (1800/03) auf, Jean Pauls größter Roman. Es war ein Buch gegen die Titanen, gegen den Geist der Zeit. Jean Paul schrieb in ihm einen Erziehungsroman, in den er die Fülle seiner Seelenkunde, den Reichtum seiner Sprachvirtuosität, die Unendlichkeit seiner Phantasie, die Schönheit seiner Landschaftsvisionen, die Tiefe seiner seelischen Erfahrungen einlegte. Auf der einen Seite stehen die Entarteten, der Fürst, sein Minister, seine Höflinge, auf der anderen Seite die aus der Empfindung lebenden Menschen. Ein seelisch unheilbar Erkrankter ist Roquairol, der Sohn des Ministers, der „früher in der Sonnenseite der Phantasie als in der Wetterseite der Wirklichkeit" stand. Als Schauspieler seiner eigenen Gefühle, dem das Dasein zum willkürlichen, durch nichts gebundenen Maskentreiben zügelloser Launen wird, erschießt er sich als Held eines allein für diesen Zweck von ihm geschriebenen Trauerspiels. Jean Paul wollte in dieser unheimlich-faszinierenden Gestalt die geistige Libertinage und ästhetische Virtuosität der Jenaer Romantiker entlarven. Dem Roquairol erliegt die ländlich-naive Rabette, Albanos Schwester, während Roquairols Schwester Liane, „eine reine Barockperle", nur noch Gefühl, ätherische Sehnsucht ist und ihr Leben wehrlos verhaucht. Albano ist Jean Pauls Urbild des hohen Menschen, der Gefühl und Lebenskraft vereint und in vielen Erlebnissen zu Bewährung und Einsicht reift; fähig, ein Fürst zu werden. Aus den Knabenspielen, der Schülerzeit und dem Hofleben wird er in die größere Welt, nach Italien und Rom geführt, wo er die rechte Lebensgefährtin findet, Idoine. Adel, Gefühl und Tatkraft einen sich in dem vorbildlichen Paare. Eine Fülle von eigenwillig ausgeprägten Charakteren drängt sich in dem verwickelten Handlungsablauf: der herrische, kalte Geist des Grafen Cesara, die titanisch-leidenschaftliche Linda, für die Charlotte von Kalb Züge lieh, der wohl Herders Gestalt verklärende Dian, der in sich unheilvoll zerspaltene Schoppe, der lieber seinen Steiß als sein Herz aufdeckt und in der grausigen Begegnung mit dem eigenen Ich zugrunde geht. Denn diese Zerspaltung des Ich in Leben und Wissen um das Leben, in das Da-Sein und das Spiel des Da-Seins, in Gefühl und sezierenden Intellekt war Jean Pauls eigene produktive Erfahrung. Er lebte nicht nur in einer doppelten Welt, er lebte doppelt in Empfindung und Ironie, im Wirklichen und in der Phantasie. Die seelische Problematik eines sich selbst erkennenden Subjektivismus, der das Ich beständig im Ich spiegelt, war ihm mit einer seelenkundlichen Spürsamkeit bewußt geworden, deren Tiefe erst die neueste Psychologie zu erfassen vermag. Im „Titan" verneinte er die Klassik so wie die Romantik, weil er in ihnen die Gefahr des ästhetisch unverpflichteten Spiels mit sittlichen Bindungen fürchtete. Er dachte in Roquairol auch an Goethe: „Er stürzte sich in gute und böse Zerstreuungen und Liebeshändel und stellte hinterher alles auf dem Papier und Theater wieder dar, was er bereute oder segnete, und jede Darstellung höhlte ihn tiefer aus." Aber auch der antiklassische Jean Paul rief die Antike als Heilmittel auf: „Die Alten wirken mehr durch ihre Taten als durch ihre Schriften auf uns, mehr auf das Herz als auf den Geschmack; ein gefallenes Jahrhundert um das andere empfängt von ihnen die doppelte Geschichte als die zwei Sakramente und Gnadenmittel der moralischen Stärkung."

Weil Johann Gottlieb Fichte (1762–1814), die Anregungen Kants zu einer neuen Metaphysik verarbeitend, in seiner *Wissenschaftslehre* (1794) das Ich zum schaffenden Prinzip der Welt, das alle Realität schlechthin setzt, erhoben hatte, wandte sich Jean Paul erbittert gegen ihn (*Clavis Fichtiana*, 1800). Er suchte aus eigener Bedrohung die Gegenkräfte gegen einen maßlosen Subjektivismus. Den Träumer und den Wirklichkeitsmenschen stellte er in den *Flegeljahren* (1804) als Brüder Walt und Vult gegeneinander. In einer begrenzten, heimatlich vertrauten Bürgerwelt spielt die humoristisch tiefsinnige Erzählung, die nicht vollendet wurde; vielleicht weil diesem Thema keine Lösung gegönnt ist. Der Mensch des Gefühls und der Mensch der Tat haben beide ihren eigenen Wert; ihr Schicksal ist, sich immer wieder suchen und fliehen zu müssen. Ihre Gemeinsamkeit würde Vollendung bedeuten. Aus der Doppelheit seines Ich heraus war es Jean Paul nicht möglich, sie dichterisch zur gültigen Gestaltung zu bringen. Das Fragmentarische des Romans ist ein deutsches Symbol.

Seit 1801 lebte Jean Paul in Meiningen, seit 1804 endgültig in Bayreuth, wo ihm die „Rollwenzelei" zur einsamen Arbeitsklause wurde. Seine späteren Erzählungen zeigen einen schärferen Humor, der sich in *Doktor Katzenbergers Badereise* (1809) bis zum Zynisch-Drastischen und in *Des Feldpredigers Schmelzle Reise nach Flätz* (1809) bis zum Grotesken steigerte. In dem Roman *Der Komet* (1820) nahm er, wie früher Wieland, nur mit ungleich größerer Erzählphantasie und dichtem Zeitrealismus, das Thema des „Don Quijote" von Cervantes auf. In der *Vorschule der Ästhetik* (1804) gab er nicht nur die Rechtfertigung seines eigenen Stils und Humors, auch ein Lehrbuch der Psychologie des Schönen und der Kunst, das sich trotz seiner ganz andersartigen Kunstauffassung ebenbürtig neben die ästhetischen Schriften der Weimarer Klassik stellt und die Erlebnisschichten des Humors und der Stimmung wie Erzählformen des Romans ergründet, die in ihnen ausgeschaltet waren. In der Erziehungslehre *Levana* (1807) entwickelte Jean Paul eine bis heute gültige Psychologie der Kinderseele. Die Napoleonischen Kriege veranlaßten ihn zu einer Reihe von politisch-nationalen Schriften.

(*Friedenspredigt an Deutschland*, 1808; *Dämmerungen für Deutschland*, 1809; *Politische Fastenpredigten*, 1816.) Prosa höchsten Ranges ist die *Selberlebensbeschreibung* (1826).

„Ein Stern ist untergegangen, und das Auge dieses Jahrhunderts wird sich schließen, bevor er wieder scheint", rief ihm Börne (vgl. S. 372) nach. Jean Pauls Einfluß prägte sich der romantischen Erzähldichtung und dem bürgerlich-humoristischen Roman des 19. Jahrhunderts ein. Stifter, Mörike, Keller, Raabe, Vischer habe von ihm gelernt. Sein witzig pointierter, ironisch-spielerischer Stil gab zugleich der Sprache des Feuilletons wesentliche Anregungen (Börne, Heine, Laube, Gutzkow). Börnes Prophezeiung erfüllte Stefan Georges erneuter Hinweis auf die hohe, malerisch-symbolische Wortkunst Jean Pauls, von der bereits die Romantiker gelernt hatten. 1913 schrieb H. von Hofmannsthal über seine Bücher: „In ihnen (ist) etwas vom tiefsten deutschen dichterischen Wesen wirkend, das immer wieder nach oben kommen wird: das Nahe so fern zu machen und das Ferne so nah, daß unser Herz sie beide fassen kann."

Ähnlich wie Wieland hatte Jean Paul, gleich seinem Helden Albano, „unter der einsamen und poetischen Bücherwelt eine höhere Zartheit gewonnen, als die Wirklichkeit lehrt". Dieses Schicksal teilte F r i e d r i c h   H ö l d e r l i n (1770–1843). In ihm lebte ein den Grundmächten des Daseins und der Kunst leidenschaftlich zugewandtes Dichtertum. Es wurzelte in einer Innerlichkeit, die sich in Tiefen eines religiös-visionären Welterlebnisses verlor, die auch von dem dichterischen Wort zuletzt nur im dunklen Raunen offenbart werden konnten. Ihm war ein einsames, leidvolles Schicksal beschieden; dennoch beugte er sich in ehrfürchtiger Feier den göttlichen Schicksalsmächten. „O Seele! Seele! Schönheit der Welt! du unzerstörbare! du entzückende! mit deiner ewigen Jugend! du bist; was ist denn der Tod und alles Wehe der Menschen? – Ach! viel der leeren Worte haben die Wunderlichen gemacht. Geschiehet doch alles aus Lust und endet doch alles mit Frieden. Wie der Zwist der Liebenden sind die Dissonanzen der Welt. Versöhnung ist mitten im Streit, und alles Getrennte findet sich wieder. Es scheiden und kehren im Herzen die Adern, und einiges, ewiges, glühendes Leben ist Alles!"

Hölderlin wurde in Lauffen am Neckar geboren. Früh verlor er den Vater. In zweiter Ehe heiratete die Mutter den Bürgermeister von Nürtingen. Hölderlin wurde für die Laufbahn des Theologen nach württembergischer Sitte bestimmt. In der Kloster-

schule zu Denkendorf, seit 1786 in Maulbronn, wuchs er auf; als
Theologe bezog er das Tübinger Stift, wo er 1790 Hegel, 1791
Schelling zu Freunden gewann. Rousseau, Klopstock, Schiller, Schubart, die Französische Revolution, die Philosophie Platons und
Kants und das *Hen kai pan* eines an Spinoza erfahrenen Pantheismus gaben entscheidende Jugendeindrücke. Vor dem Pfarramt
wich er zurück; sein grüblerischer Ernst konnte nicht die ideali-
stische Philosophie mit der alten christlichen Lehre vereinigen.
Schillers philosophische Lyrik wurde den frühen großen Hymnen
an die Ideale der Menschheit (Freundschaft, Liebe, Schönheit,
Harmonie, Jugend, Freiheit; 1791 erster Druck) zum Vorbild.
In ihnen zwang er einen enthusiastischen Ideenglauben in eine
ihm innerlich fremde Begriffssprache ein. Schiller verhalf dem
Landsmann zu einer Hauslehrerstelle (1793/94) bei Charlotte
von Kalb im thüringischen Waltershausen; danach ging Hölderlin nach Jena, um Dozent der Philosophie zu werden. Schiller
druckte schließlich 1794 das Fragment des „Hyperion" in der
„Thalia" ab. Doch dieser der eigenen, noch unbegriffenen Sen-
dung zugewandte Lyriker konnte sich weder der Metaphysik
Fichtes noch den Forderungen der Weimarer Klassik einordnen.
Daß Schiller ihn fallen ließ, gehörte zu Hölderlins schwersten
Erfahrungen. „Es fehlt mir weniger an Kraft als an Leichtigkeit,
weniger an Ideen als an Nuancen, weniger an einem Haupton
als an mannigfaltig gearteten Tönen, weniger an Licht als an
Schatten – ich scheue das Gemeine und Gewöhnliche im Wirk-
lichen zu sehr." 1796 kam er als Hauslehrer zu der Familie des
Bankiers Gontard in Frankfurt a. M. In der Frau des Hauses,
Susette Gontard, die er Diotima nannte, begegnete ihm mit einer
seine dichterische Sprache voll auslösenden Gewalt das innere
Wunschbild: „die Griechin". Denn im Griechentum, wie es
Winckelmann zu sehen gelehrt hatte, fand Hölderlin das Leben,
das er ersehnte: eine Menschlichkeit, die in Reinheit und Wirken, in Schönheit und leuchtender Heiterkeit dem Göttlichen
unmittelbar nahe ist und es lebendig verwirklicht. „An das Göttliche glauben / Die allein, die es selber sind." In der Natur, in
den Elementen, in Himmel und Äther, Erde und Strom, in allem
Schönen und Reinen und in der heilig geliebten Diotima wird
ihm, der einsam verachtend seinem Zeitalter fern blieb, die
Gegenwart des Göttlichen offenbar; mit sehnsüchtiger Trauer
hing sein Blick an der Überlieferung Griechenlands, in der ein
ganzes Volk naturhaft jene Einheit mit göttlichen Mächten lebte,
die der Gegenwart in der Zerspaltung von Natur und Geist,

Objekt und Subjekt, Empfinden und isolierender Bewußtheit
verloren war. Hölderlin erfuhr, jenseits nur persönlicher Bekenntnisdichtung, das Mythische als die Heiligkeit aller großen
elementaren Lebensordnungen. Des Dichters Sendung ist, durch
das Nennen und Feiern der Götter ihre waltenden Mächte in das
Leben zurückzurufen. In kurzen Oden mit antiken Strophenformen, in Preisoden nach Pindars Art und in Elegien wandte er
sich dem Anruf der Urelemente des Lebens zu – auch das Volk
wird zur Stimme Gottes *(Stimme des Volks)*. Immer aber bleibt
die Trauer der Einsamkeit, in ein dem Göttlichen fremdes Verhängnis des Zeitlichen hinein gebannt zu sein, das ruchlos zerstört, ehrfurchtslos entweiht. „Geh unter, schöne Sonne, sie ach-
teten nur wenig dein, sie kannten dich, Heil'ge, nicht." Der
Mensch wird aus dem Frieden des Alls in seine ruhelose Vereinzelung zurückgetrieben, hilflos der Not seines Daseins ausgesetzt.

> Schicksallos, wie der schlafende
> Säugling, atmen die Himmlischen;
> Keusch bewahrt
> In bescheidener Knospe
> Blühet ewig
> Ihnen der Geist,
> Und die seligen Augen
> Blicken in stiller
> Ewiger Klarheit.
>
> Doch uns ist gegeben
> Auf keiner Stätte zu ruhn,
> Es schwinden, es fallen
> Die leidenden Menschen
> Blindlings von einer
> Stunde zur andern,
> Wie Wasser von Klippe
> Zu Klippe geworfen,
> Jahr lang ins Ungewisse hinab.

Wie eine Mitte von Entwicklung und Werk Hölderlins erscheint
der Roman *Hyperion oder Der Eremit in Griechenland* (Bd. 1,
1779). Hölderlin beschritt von der Romankonvention unabhängige Wege. Er hat lange gebraucht, bis er die Form und eine
in Bildlichkeit und Rhythmik vollendete Sprache gefunden hatte,
in der er sein ganzes Innere, seine Perspektive zur Welt dar-
legen konnte. Thematik und Gehalt sind weiträumiger als im
„Werther" Goethes; es geht nicht nur um ein subjektives Ich,
sondern ein Leben, das Freundschaft und Liebe, Geschichte und

Gegenwart, Griechentum und Natur, Staat und Kampf, das
Volk, die Schönheit und das Göttliche umgreift. Die Differenzierung der Seelenzustände im beständigen, auf eine Einheit ver-
weisenden Wechsel hat hohe Grade erlangt. Die Zeitform der
Erzählung faßt Rückblick, Gegenwart und Zukünftiges, den
Lebensfluß und das Bleibende zusammen. Hölderlin erzählt aus
dem Augenblick mit der Überschau auf das immer Seiende und
Ganze. Er hat in der Vorrede gewarnt, den Roman philosophisch, nur gedanklich-moralisch oder nur ästhetisch-genieße-
risch aufzunehmen. Er bezeichnet als sein Thema: „die Auflösung der Dissonanzen in einem gewissen Charakter". Es geht
um beides: die Erfahrung der Widersprüche im Ich, in der Welt
und deren Überwindung im Einsgefühl mit dem Schicksal, der
Natur, dem Göttlichen. Resignation und Lebensglauben, Not
des Ich und Frieden des Ganzen vereinigen sich. In Tübingen
1792 begann die Arbeit; ein Fragment, in Waltershausen entstanden, erschien 1794 in Schillers „Thalia". Im gleichen Jahr legte
Hölderlin in Jena eine Versfassung an. 1795 entstand das Bruchstück „Hyperions Jugend" in Prosa. Weitere Arbeit folgte in
Nürtingen und Frankfurt. Eine neue Umarbeitung (Kürzung)
wurde auf Verlangen des Verlegers Cotta vorgenommen (1796).
In der Klang- und Bildfülle einer von Gefühl und Schönheit
durchströmten Sprache dichtete Hölderlin objektivierend seine
Sehnsucht nach einem erfüllten Dasein in griechischer Welt, das
Glück einer zum All einschwingenden Liebes- und Naturerfah-
rung und den Schmerz der Unerfüllbarkeit des Verlangens, im
Schönen, Hohen und Göttlichen beheimatet zu werden. Der elegisch einsame Jüngling findet in Alabanda den heroischen Freund;
in Diotima das reine Sein der Lebensmächte, eine Verwirklichung der Heilsmächte der Natur, des Schönen und der Liebe.
Hyperion bricht auf, dem von den Türken geknechteten Grie-
chenvolk die Freiheit zurückzuerkämpfen. Das Ideal eines geeinten, menschlichen Volkes, einer Wiederkehr des Zeitalters der
Griechen zerbricht im Gemetzel des Krieges. Die Geburtsstunde
des neuen Staates ist noch nicht da. Hölderlin hat das Feld des
Politisch-Staatlichen einbezogen. Das erinnert so an Wielands
„Agathon" wie die Resignation des Helden vor der Unveränder-
barkeit der politisch-staatlichen Welt. Hyperion überlebt die
Enttäuschung, den Tod der Geliebten, den Abschied des Freundes. Im Schmerz erfährt er sich in einer heiligenden Schicksals-
ordnung geborgen, von ewigen, versöhnenden Lebensgesetzen
umfangen. Der Verzweiflung am Zeithaft-Menschlichen, der die

berühmte Scheltrede an die Deutschen entstammt, folgt die Hinwendung zum göttlichen All-Leben der Natur. „O du, so dacht ich mit deinen Göttern, Natur! Ich hab' ihn ausgeträumt, von Menschendingen den Traum, und sage, nur du lebst, und was die Friedenslosen erzwungen, erdacht, es schmilzt, wie Perlen von Wachs, hinweg von deinen Flammen! ... Es fallen die Menschen wie faule Früchte von dir, o laß sie untergehn, so kehren sie zu deiner Wurzel wieder, und ich, o Baum des Lebens, daß ich wieder grüne mit dir und deine Gipfel umatme mit all deinen knospenden Zweigen! friedlich und innig, denn alle wuchsen wir aus dem goldnen Samkorn herauf." Als der zweite Band 1799 erschien, hatte Hölderlin eine tiefe Erschütterung durchlebt. Er mußte 1798 unter erniedrigenden Umständen das Gontardsche Haus verlassen und auf Diotimas heilige Schwesterschaft verzichten.

Das Drama *Der Tod des Empedokles* (1797 ff., Fragment) ist, lyrisch-hymnisch geartet, wohl nicht der Bühne zugedacht. In ihm füllte Hölderlin die Legende vom freiwilligen Tode des griechischen Naturphilosophen (5. Jahrh. v. Chr.) im Ätna mit eigenem Erleben. „Auch im tragischen dramatischen Gedicht spricht sich also das Göttliche aus, das der Dichter in seiner Welt empfindet, erfährt." In mehreren unterschiedlichen Fassungen rang er um den endgültigen Ausdruck. Der „Hyperion", ebenso Hölderlins Gedichte entstanden in vielfachen Abwandlungen. In Empedokles, der als Philosoph, Priester, Dichter, Volksführer eine symbolische Verkörperung der von Hölderlin als seine Aufgabe gefühlten Sendung ist, opfert sich eine große Seele dem göttlichen All in einer für alle geltenden Sühnetat. Er war den Göttern am nächsten, mißverstanden und verfemt vom Volke und in der Gefahr der Vermessenheit, sich selbst zum Göttlichen zu erheben. Er kehrt in die Natur zurück, um durch freies Opfer und in seliger Sehnsucht sich im Flammentode den Göttern hinzugeben. Hölderlin schuf, mit deutlicher Beziehung zu Christi Opfertod, eine religiöse Tragödie; es ist ein Werk, das nicht ein Bekenntnis des Ich, sondern die gleichnishafte Aussprache einer religiös-mythischen Erfahrung ewiger Lebensgesetze ist.

Immer mehr tritt in seiner späteren Lyrik das persönliche Leiden und Ersehnen zurück, immer mehr wandelt sich das Traumbild des verlorenen griechischen Daseins in das Mythisch-Zeitlose. Auch das Vaterländische wird in den Kreis der gefeierten Mächte einbezogen (*Der Main, Heidelberg*). Im *Archipelagus* (1800) entfaltet sich die Größe und Schönheit der blühenden Inselwelt

Ioniens; verklärt im trauervollen Blick auf die eigene Zeit, die den Genius verachtet, „der Kraft und Adel in ein menschlich Tun und Heiterkeit ins Leiden und Lieb' und Brüderschaft den Städten und den Häusern bringt" (Hyperion). Doch das Strophenmaß der Hexameter wurde zu eng; sprengende Visionen leiten zu den freien Rhythmen der späten Hymnen über. Von Homburg, wohin er aus Frankfurt ging, kehrte Hölderlin in die Heimat zurück; in das Jahr 1801 fällt eine rasch scheiternde Hauslehrerschaft in der Schweiz (Hauptwyl). In der schwäbischen Heimat entstanden die Ode *An die Deutschen* mit der Prophetie der Wiederkehr Gottes in der Seele des Vaterlandes, die Anfänge der Elegie *Brot und Wein* mit dem Mythos der vergangenen und der kommenden Götterzeit, die die Nacht als Zeit der Sammlung scheidet. Es entstand *Stuttgart* als mythische Heiligung des vaterländischen Bodens. Jetzt entwickelte sich Hölderlins Spätstil des schweigsamen Andeutens, des ehrfürchtig verhüllenden Sagens, einer nach innen gewandten seherhaften Stille, die Erschütterungen im Schweigen verbirgt. „Ich verhülle mein Leiden mir selbst, und ich hätte manchmal mir die Seele ausweinen müssen, wenn ich es aussprechen wollte." Die Elegie *Heimkunft* entfaltet Schweizer Eindrücke zu großen mythischen Bildern. Immer mehr wächst seine hymnische Lyrik in ein Reich von Visionen hinein, die von einer elementaren religiösen Ergriffenheit zeugen.

1801 brach Hölderlin zu seiner letzten Hauslehrerstelle in Bordeaux auf; während der bald erfolgten Rückwanderung zu Fuß durch Südfrankreich wurden die Zeichen geistiger Erkrankung spürbar. „Das gewaltige Element, das Feuer des Himmels und die Stille der Menschen, ihr Leben in der Natur und ihre Eingeschränktheit und Zufriedenheit hat mich beständig ergriffen, und wie man Helden nachspricht, kann ich wohl sagen, daß mich Apollo geschlagen." Vor dem Aufbruch schrieb Hölderlin einem Freunde: „...jetzt fürcht ich, daß es mir nicht geh' am Ende, wie dem alten Tantalus, dem mehr von Göttern ward, als er verdauen konnte." Es entstanden die großen Späthymnen; 1804 wurden die Übersetzungen nach Sophokles (*Ödipus, Der Tyrann* und *Antigone*) veröffentlicht. Übertragungen der Hymnen Pindars waren im Werden. Aber die Geisteskrankheit war nicht aufzuhalten; von 1804 bis zu seinem Tode war Hölderlin, zuerst in Homburg, dann in Tübingen, dem Leben entrissen. Noch dunkler, einfacher, schweigsamer und einsamer ist die Sprache der Späthymnen geworden; fast unverständlich dem, der nicht weiß, wie auch das einfache Wort bei ihm einen neuen, dichten, fast unsagbaren Sinn erhält. Hölderlins Dichten ist nun ein ringendes Enthüllen, das aus zeitloser Ferne mühsam den Ausdruck findet, die grammatisch-logischen Fügungen zerbricht und den Worten eine mythische Bedeutsamkeit gibt, die zum Grenzenlosen ausgreift und mehr verbirgt als ausspricht. Jedoch ist irrig, die freirhythmischen „Gesänge" – nach N. von Hellingrath „Herz, Kern und Gipfel des Hölderlinschen Werkes, das eigentliche Vermächtnis" –, die seit 1801 mit *Am Quell der Donau* einsetzten, nur als dithyrambische Symphonie der begeisterten Eingebungen, als ein Zerbrechen der dichterischen Sprache, als ein Stammeln vor dem Übermächtigen zu verstehen. Den Hymnen liegt ein gesetzmäßiger Bau, wie er Hölderlins an Pindar anknüpfender ästhetischer Theorie vom „Wechsel der Töne" entspricht, eine feste Ordnung in Strophik und Rhythmus zugrunde; Ausdruck einer Vereinigung von Dissonanz und Harmonie. Hölderlin sprach von einer Synthese von heiligem Pathos und Nüchternheit. „Da wo die Nüchternheit dich verläßt, da ist die Gränze deiner Begeisterung. Der große Dichter ist niemals von sich selbst verlassen, er mag sich so weit über sich selbst erheben als er will." Sein Kunstbewußtsein veranlaßte ihn, von einem gesetzlichen Kalkül zu sprechen, und „sonstiger Verfahrensart, wodurch das Schöne hervorgebracht wird". Allerdings: Gewicht und Weite des Gehaltes und diese Kunst von Bau, Sprache und Rhythmik machen eine Deutung der Hymnen, die nur von Wort zu Wort schreiten und sich aus ihrem gesamten Bild- und Bezugssinn innerhalb Hölderlins Dichtung entfalten kann, in einem knappen Überblick unmöglich. Wandlungen und Stufungen dieses Aufsingens und Aufsprechens zu den mythischen Mächten im Irdischen und Göttlichen *(Versöhnender der du nimmergeglaubt, Die Wanderung, Der Rhein, Germanien, Der Einzige, Patmos, Andenken, Der Ister, Mnemosyne* und die erhaltenen Entwürfe wie *An die Madonna, Die Titanen)* verlangen ein Höchstmaß interpretierender Behutsamkeit. Die erst 1954 aufgefundene, beendete Fassung der *Friedensfeier* bezeugt die schwebende Weite, festliche Höhenlage und Sprachkraft der späten Hymnik Hölderlins, zugleich die Schwierigkeiten ihrer Interpretation. Eine neue Schau der Beziehung des eigenen Volkes zum Griechentum taucht auf, Dionysos und Christus, Antike und Christentum fließen ineinander, im Schicksalswandel der Völker enthüllen sich göttliche Fügungen. Asien wird in diesen Mythos einbezogen. Als Seher und Sänger der zeitlosen Mächte,

als Künder des Göttlichen bewegt sich Hölderlin im Bewußtsein
der Sendung, daß ein Göttliches aus ihm, durch ihn spricht; nicht
achtend, ob man ihn zu hören bereit ist.

> Denn Opfer will der Himmlischen jedes.
> Wenn aber eines versäumt ward,
> Nie hat es Gutes gebracht.
> Wir haben gedienet der Mutter Erd
> Und haben jüngst dem Sonnenlichte gedient,
> Unwissend, der Vater aber liebt,
> Der über allen waltet,
> Am meisten, daß gepfleget werde
> Der veste Buchstab, und bestehendes gut
> Gedeutet. Dem folgt deutscher Gesang. (Patmos)

Das klassisch-idealistische Bildungsproblem war bei Hölderlin
zum religiösen Problem geworden; es wurde zum tragischen
Problem bei Heinrich von Kleist (1777–1811), der es
in der gleichen Weise als eine Erschütterung seiner gesamten
Existenz erfuhr. Goethe wies seine „Verwirrung der Gefühle",
seine pathologisch erscheinende Neigung zum Grausamen, Ent-
setzlichen ab; er erkannte das Abgründige dieser Natur, die sich
so wenig wie Hölderlin in die ästhetisch gebildete Ordnung der
klassischen Harmonie zu fügen vermochte. Rief Jean Paul gegen
Weimar die Fülle des frei schwebenden Gefühls und Humors
auf, löste Hölderlin sich von der Klassik durch die religiöse Erfahrung des Göttlichen in den elementaren Mächten der Wirklichkeit – Kleist schrieb gegen Schillers Ideenglauben und gegen
Goethes Erlösungsdrama die Tragödie der Verstrickungen in
einem Verhängnishaften, das in der Grenze des menschlichen
Erkennens, damit des menschlichen Daseins innerhalb einer unenträtselbaren Welt liegt. Jedoch: Kleist war nicht nur ein Tragiker. Er schuf das Lustspiel, das der Weimarer Klassik nicht
gelungen war, er bildete eine neue Form der Novelle und Kurzgeschichte, einen neuen Stil erzählerischer Komposition und
Sprache aus. Die Tragödie seines Lebens darf nicht verdecken,
wie vielfältig die inneren Dimensionen seines dichterischen Werkes und wie weitgespannt dessen Formen sind – zwischen Pathos
und Lyrik der „Penthesilea" und der virtuosen Spielstruktur des
„Zerbrochnen Krug", zwischen dem dramatischen Märchen des
„Käthchen von Heilbronn" und dem Spiel zwischen Traum und
Wirklichkeit in „Prinz Friedrich von Homburg", einer Meisterleistung der Szenengestaltung.
Die Familientradition bestimmte ihn zum Dienst in der preußi-

schen Armee. Der Sechzehnjährige nahm 1793 an der Belagerung von Mainz teil; 1797 war er Leutnant. 1799 wechselte Kleist aus dem öden Kasernendienst zum Studium der Philosophie und Mathematik über, bis ihn 1801 das sogenannte „Kant-Erlebnis" mit elementarer Gewalt traf. Er entnahm der Philosophie Kants oder, was nicht sicher geklärt ist, Fichtes die Einsicht, daß es keine absolute Erkenntnis gäbe. Darin liegt der Grundkern seines dichterischen Werkes: dem Rätselhaften einer gebrechlichen, allseitig verstrickenden Wirklichkeit, die an das Jetzt und Hier bannt, steht die Überzeugung gegenüber, daß in der menschlichen Seele eine Gewißheit des Gefühls und Erkennens leben muß. Beide Welten treten in einen Widerstreit: die innere Wahrheit läßt sich nicht mit der äußeren Geschehniswirklichkeit in Einklang bringen. Kleist konnte nicht dieser Wirklichkeit in ein Reich der Ideale entfliehen; er konnte sie ebensowenig mit der Wahrheit in Übereinstimmung bringen, die er als eine Gefühlsgewißheit in sich trug. Er verlangte leidenschaftlich, darin noch ein Erbe des Idealismus, nach der letzten moralischen Erkenntnis, die Sinn und Pflicht seines konkreten irdischen Lebens umschloß. Mit der Besessenheit, die nur dem schöpferisch-dämonischen Menschen eigen ist, rang er in immer neuen Entscheidungen, Krisen, jähen Abbrüchen um dieses Ergreifen seiner Lebensbestimmung. Ruhelosigkeit lag gleich einem Fluch über seinem kurzen, angespannten und gehetzten Leben, das selbst zu einer Tragödie geworden ist, bis er ihm verzweifelt und in einem mystischen Erlösungsgefühl mit der Pistole am Wannsee bei Berlin ein Ende setzte.

Der junge Kleist ging nach Paris, um an den Folgen der Revolution eine neue Menschheitsordnung aufzuspüren; er wanderte, bitter enttäuscht, in die Schweiz, um das Rousseausche Evangelium einer reinen Naturnähe als Landwirt zu leben. Er befreite sich von allen Traditionsbindungen. Als ihn der König von Preußen ungnädig entließ, schrieb er brüsk: „... wenn er meiner nicht bedarf, so bedarf ich seiner noch weit weniger. Denn mir möchte es nicht schwer werden, einen anderen König zu finden, ihm aber, sich andere Untertanen aufzusuchen." Er hatte den Mut, allein zu sein. In der Schweiz entstand, aus dem Konflikt von „Versehen und Erkennen", von Täuschungen und Wahrheit entwickelt, sein erstes Drama *Die Familie Schroffenstein* (erste Fassung *Die Familie Ghonorez*) (1803). „Ihr Weiber versteht in der Regel ein Wort in der deutschen Sprache nicht, es heißt Ehrgeiz", so hatte er seine Braut verabschiedet. Er schrieb ein

Schicksalsdrama; ähnlich wie Karl Philipp Moritz in seinem
„Blunt" (1781) und Ludwig Tieck in seinem „Karl von Berneck"
(1793). Aus einer Kette von Zufällen und Irrtümern fügt sich
ein grauenhaftes Geschehen zusammen, das, scheinbar lückenlos,
in Wahrheit eine furchtbare Täuschung ist, der auch die einzige reine Gefühlswirklichkeit zum Opfer fällt. Zwei feindliche
Familien morden sich gegenseitig und selbst ihre einander in
wahrer Liebe zugewandten Kinder. Shakespeares „Romeo und
Julia" klingt an, aber alles ist in das Besessene, Grausige, Spuk-
hafte gesteigert. Aus der schrecklichen Verwirrung der Seelen,
die das Unheil stiften, steigt das Schicksal herauf. Daneben lebt
eine Innigkeit und Zartheit des Fühlens, die, eben mit dieser
Besessenheit zusammen, die innere Spannung von Kleists Seelenanlage ausdrückt. In der Schweiz begann er den *Robert Guiskard*,
in dem er Goethe und Schiller niederringen und die antike Tragödie mit Shakespeares Drama vereinen wollte. In Paris ver-
brannte er, wenn die vielfach undurchsichtigen Zeugnisse dieses
Lebens nicht täuschen, 1803 das Manuskript. „Der Himmel versagt mir den Ruhm, das größte der Güter der Erde." Wieland
hat geurteilt: „Wenn die Geister des Aischylos, Sophokles und
Shakespeare sich zu einer Tragödie verbänden, so würde ein diesen Bruchstücken gemäßer Guiskard ans Licht treten und die
große, auch durch Schiller und Goethe noch offen gelassene Lücke
der deutschen Literatur ausfüllen." In dem ersten vollendeten
Akt, den Kleist 1807 wiederherstellte, liegt schon das ganze
Drama beschlossen vor: in der Gestalt des Normannenherzogs,
der, von der Pest befallen, Byzanz erobern will, aber der Krankheit erliegen wird. Das Dämonische ist hier zum Heroisch-Monu-
mentalen geworden; um die Figur des kriegerisch-politischen
Volksführers schart sich der Kreis der hoffenden und fürchten-
den Erben und als gewaltiger Chor das um Rückkehr flehende
Volk. Ein Drama, das bereits im ersten Akt das Äußerste an
Spannung und Schicksalsbedrohung gegeben hatte, konnte nicht
zu Ende geführt werden. Die Geschichte wird in den Mythos
der Größe und des Verhängnisses gesteigert. Das Dasein in der
Geschichte gehört zu den Existenzbindungen Kleists. Sie war
ihm Realität, nicht nur wie bei Schiller Symbol und Paradigma.
Darin spiegelt sich des Jüngeren gewandelte Wirklichkeitserfahrung. Sie zwang ihn in die politisch-nationalen Kämpfe der
Zeit hinein. Allerdings ist Kleists aktive Rolle in ihnen bisher
einigermaßen undeutlich geblieben.
Der freiwilligen Zerstörung des „Guiskard" folgten eine Lebens-

krise und fast besinnungslose politische Abenteuer für und gegen
Napoleon. 1805 fand Kleist in Königsberg ein kleines Amt an
der Domänenkammer. Jetzt entstanden die drei folgenden Dramen und die ersten Novellen. 1807 erschien, zum ersten Male als
ein Werk unter seinem Namen, der *Amphitryon*. Dem Lustspiel
Molières, dem er den Stoff dankte, gab er, jetzt ein Meister
seiner dichterischen Mittel, eine Vertiefung; er führte es in die
Nähe des Tragischen. Jupiter tritt, in Amphitryons Gestalt, an
die Stelle des Gatten der schönen Alkmene. In eine verzweifelte
Verwirrung des Gefühls wird sie gestürzt: zwischen dem rechten
Gatten und dem Gott. Aber ihr inneres Gefühl bleibt unverstört,
denn auch in dem Gott liebt sie den Gatten, auch wenn er ihr
erst in der Gestalt des Gottes in seinem vollen Glanz erscheint.
Kleist wagte in dieser Fassung des von Plautus und Molière
spielerisch behandelten Stoffes wiederum die äußerste seelische
Spannung. Bis zum Tragischen steigert sich der Widerspruch
zwischen der täuschenden Wirklichkeit und dem Gefühl, der sich
nicht rein auflösen läßt. Durch die von köstlichem Humor strot-
zende Parallelhandlung in der niederen Ebene des Dieners Sosias
vermochte er das quälend Bedrückende dieser Seelenerprobung
in eine gelöste Heiterkeit abzulenken. Derselbe Humor lebt sich
in unermüdlichen Erfindungen, in einer zugleich drastisch und
dialektisch hochentwickelten Komik in dem „niederländisch"-
volkstümlichen Lustspiel *Der zerbrochne Krug* aus, das 1808
Goethe in Weimar zu einer mißglückten Aufführung brachte.
Kleist schuf neben Lessings „Minna" und Gerhart Hauptmanns
„Biberpelz" das unvergängliche deutsche Lustspiel; mit an das
Groteske streifender Handlung, virtuoser Spielstruktur, plasti-
schen Charakteren, bildhaftem Realismus von Sprache und Gebärden. Dieser listige, derbe, sinnliche, verlogen-naive Dorf-
richter Adam, der das Mädchen bedrängte, den Topf zerbrach
und nun Richter und Ankläger, Verfolger und Verfolgter ist,
der beständig sein Gesicht wechselt und sich doch endlich im
eigenen Netze fängt, ist eine der größten Leistungen der dramatischen Weltliteratur. Auch dieser Realismus lernte von der
Antike: in dem „Zerbrochnen Krug" schuf Kleist, analog der
Struktur des *Ödipus* von Sophokles, ein klassisches Beispiel des
analytischen Dramenstils, der nicht primär Handlung, sondern
die Entfaltung eines vollzogenen Begebnisses bringt und damit
auf die künstlerische Gestaltung der Form das Hauptgewicht
legt.
Kleist pendelte, wie alle großen deutschen Dramatiker, zwischen

den Formmöglichkeiten der antiken Tragödie und Shakespeares –
wie Schiller, Goethe, Grillparzer, Hebbel, Grabbe, Hauptmann.
In *Penthesilea* (1808) und *Käthchen von Heilbronn* (1810) zeigt
sich das weiteste Ausschlagen in entgegengesetzter Richtung.
Dennoch gehören beide Dramen zueinander. Kleist bezeichnete
das „Käthchen" „als die Kehrseite der Medaille, ihren anderen
Pol, ein Wesen, das ebenso mächtig ist, durch gänzliche Hingebung als jene (Penthesilea) durch Handeln". Goethe erschien
die „Penthesilea" als Einbruch des Barbarischen in die Schönheit
der Antike; der Gestalt der Amazonenherrscherin hatte Kleist
die Leidenschaftlichkeit seines Fühlens gegeben, das, vor dem
Grausigen nicht zurückweichend, sich selbst zerstören muß, wenn
es sich nicht in verschwenderischer Hingabe zu erfüllen vermag.
Penthesilea liebt Achill; sie hat den Stolz, die Wildheit und
Keuschheit der Königin. Ungeheuerlich ist das Geschehen der
auf- und abwogenden Schlacht der Jungfrauen und der griechischen Helden. In furchtbarer Täuschung, im Zorn der Liebe
rasend, tötet Penthesilea den Geliebten; danach sinkt sie ihm,
vom namenlosen Schmerz zerstört, in den Tod nach. In der
Seele Penthesileas tobt das Dämonische, das sich bis zur Selbstvernichtung treibt. Hier geht es nicht um Ideen und Symbolė,
sondern das Tragische erwächst aus der Unbedingtheit, Ein-
maligkeit und Wirklichkeit dieser einen Seele und dieses einen
Schicksals. Das Äußerste nicht nur an innerer Glut, auch an
Meisterschaft der einmaligen, ganz aus dem inneren Gesetz des
Werkes gediehenen Form ist erreicht. Die eigenwillige Sprache
gewinnt ein Letztes an bildhafter, gespannter Ausdrucksenergie.
Rausch und Härte verbindet die Sprache des Dramas in unge-
wöhnlicher rhythmischer Fügung; was sich fast der Darstellung
entzog, wird mit gewaltsamer Steigerung des Sprachlichen in die
gestalthafte Anschauung gezwungen.
In Dresden (1807) war Kleist mit einem romantischen Künstler-
kreis in Austausch getreten. Mit der großzügig angelegten
Zeitschrift *Phöbus* (1808), die er gemeinschaftlich mit dem
romantischen Gesellschaftstheoretiker und Volkswirtschaftslehrer
A d a m M ü l l e r (1779–1829) herausgab, hoffte er, im Plane
Schillers Horen folgend, seiner Dichtung den Wirkungsraum zu
gewinnen. Das „Käthchen von Heilbronn" ist dem Mittelalter-
bild der Romantik verpflichtet: Zunftwesen, Femegericht, Rittertum, Burg, Wald, Höhle und Kaiserherrlichkeit. Wieder geht es
um eine besessene, grenzenlose Liebe, aber der Amazone tritt
das in seiner traumhaften Hingabe stolz und demütig beseligte,

jungfräuliche Kind gegenüber. Wunderbar gelang dem Dichter
der Ausdruck seelenhafter Zartheit, traumhafter Innigkeit. Käthchen ist Kleists glücklichstes Geschöpf; nachtwandlerisch unbeirrbar folgt sie dem Gebot ihrer Liebe, ihres Gefühls. Das
Drama durchdringt der Zauber des Magisch-Übernatürlichen,
mit dem sich die romantische Naturphilosophie und Seelenlehre
beschäftigte (Gotthilf Heinrich von Schubert, 1780–1860, „Ansichten von der Nachtseite der Naturwissenschaften", 1808). Das
Wunderbare eint sich in dieser Gefühlskraft mit dem triebhaft
Natürlichen weiblicher Hingabe. Kleist schrieb ein Volksschau-
spiel voll buntem, kräftigem Leben. Es geht von ihm die Kraft
reiner Poesie aus, welche die Liebenden über alle Hindernisse
und Täuschungen hinweg zu seliger Erfüllung vereint. Tiefen
der Seele werden berührt, an die, wie oft bei Kleist, kaum noch
das Wort, nur die stumme Gebärde rührt.
Er schrieb das Drama als Gefangener auf einem französischen
Fort, wohin man ihn 1807 unter dem Verdacht der Spionage
gebracht hatte. Der politische Kampf gegen Napoleon hatte ihn
ergriffen. In Napoleon haßte er den „der Hölle entstiegenen
Vatermördergeist", der den Völkern das Recht zur Freiheit, damit ihr heiligstes und innerstes Dasein raubte. Der junge Kleist
der Feldzüge 1793/95 hatte geschrieben: „Gebe uns der Himmel
Frieden, um die Zeit, die wir hier so unmoralisch töten, mit
menschenfreundlicheren Taten zu bezahlen." Jetzt rief er, nur
noch von *einem* Gedanken erregt, nach Rache, zum Kampf. Der
spanische Widerstand gegen Napoleon war ihm ein Hoffnungs-
zeichen; den gleichen Fanatismus des alles opfernden Krieges
gegen den Despoten suchte er in der *Hermannsschlacht* (1808)
unter den Deutschen zu wecken. Nicht mehr um die Dämonie
der einzelnen Seele geht es hier, sondern um das Schicksal einer
Volksgemeinschaft, die, durch einen überragenden Helden ge-
weckt, emporgerissen, zur äußersten Tat entfesselt und so gerettet wird. Hermann verkörpert das Dämonische und zugleich
listig Besonnene der unbedingten Tat, die die zerspaltenen Volks-
stämme eint, auf die eine entscheidende Aufgabe hinlenkt und so
Germanien von den Römern befreit. Erst neuerdings wurde erkannt, wie das Drama bis in Einzelzüge konkrete und aktuelle
Bestrebungen und Vorgänge des Jahres 1808, offenbar aus der
Kenntnis der Tätigkeit und Gedanken von Stein, Gneisenau und
Scharnhorst, verschlüsselt. Es erscheint fast wie ein „Lehrdrama"
des politischen Volksaufstandes und der ihn vorbereitenden
Diplomatie – ein Aufruf zum listigen und alles einsetzenden

Handeln, der vielleicht mehr an die politische Führerschicht in
Deutschland und Österreich als an das „Volk" gerichtet war.
„Ich schenke es den Deutschen"; es war ein gefährliches Ge-
schenk, auch wenn, um seine Gewaltsamkeiten zu beurteilen, die
wachsende Erbitterung dieser preußischen Leidensjahre einbezogen werden muß.

In dem Aufstand Österreichs gegen Napoleon (1809) glaubte
Kleist die Stunde des Volkskrieges gekommen; mit der Niederlage von Wagram brach er zusammen. Nach fast tödlicher
Erkrankung in Prag kehrte er 1810 nach Berlin zurück; er widmete der Königin Luise ein schönes Sonett, traf Gneisenau,
Arndt, Achim von Arnim, Fouqué, redigierte unter zunehmenden politischen Schwierigkeiten, im Kampf mit der Zensur die
Berliner Abendblätter (1810/11), in denen er seine Anekdoten
und sehr bedeutende kleine Abhandlungen veröffentlichte. Wiederum war Adam Müller Mitarbeiter. Als auch dieses Unternehmen an politischen Unstimmigkeiten scheiterte, war der letzte
feste Existenzboden verloren. Offenbar ist viel von den Schriften
Kleists in dieser Zeit, auch ein zweibändiger Roman, endgültig
verloren. In Berlin beendigte er sein letztes Drama *Prinz Friedrich von Homburg* (1809/10). Von ihm sagte Heine, es sei
„gleichsam vom Genius der Poesie selbst" geschrieben. Gedämpfter, verhaltener, innerlich gelöster als die früheren Tragödien ist
dieses brandenburgische Drama, das die Versöhnung mit der
Heimat, dem Staat, den Geschichte und Wirklichkeit bedeutete.
Der Traum von Ehrgeiz und Liebe und ein gefühlsmäßig rich-
tiges, aber befehlswidriges Verhalten in der Schlacht reißen den
Prinzen in das Verderben. Der Sieger bei Fehrbellin wird zum
Tode verurteilt; angesichts des Grabes bricht sein Vertrauen auf
die Güte des Kurfürsten zusammen, ergreift ihn fast ekstatisch
die Todesangst. Aber der Große Kurfürst, hart und weise zugleich, in dem sich der Staat als die überpersönliche, fordernde
und gerechte Macht verkörpert, führt ihn zur Selbsterkenntnis
seiner Schuld; der genialisch Eigenwillige begreift aus innerer
Läuterung die Notwendigkeit des Gesetzes. Aus der seelischen
Niederlage findet der Prinz zu würdiger Gefaßtheit; er überwindet sich selbst und ist damit zu hohen Aufgaben im Staate
berufen. Der Einzelne bejaht aus eigener Verschuldung und Einsicht den Sinn und das Gesetz der staatlichen Gemeinschaft.
Traum und Wirklichkeit, Tragik und Heiterkeit, Märchen und
Geschichte fließen hier ineinander; an die Stelle des Fanatismus
der „Hermannsschlacht" ist Weisheit getreten. Das Schauspiel

durfte nicht aufgeführt werden, da die Gestalt des angeblich
„feige" vor dem Tode erschreckenden Prinzen dynastischen Vorurteilen widersprach. Man begriff erst langsam (Heine, Hebbel),
daß hier dem Preußentum durch die Versöhnung des Staatlichen
mit der verstehenden, gütigen und auch ein wenig ironischen
Menschlichkeit des Kurfürsten und mit der traumhaften Gefühlskraft des Prinzen seine größte dichterische Gestaltung gegeben
worden war. Es schien, als habe Kleist einen inneren Weg zu
der von ihm als tiefst fragwürdig erfahrenen Wirklichkeit gefunden. Als auch dieses Werk scheiterte, die Stunde der politischen Befreiung endgültig versäumt schien, seine Familie ihn
nur noch als Verlorenen betrachtete, ging er freiwillig aus dem
Leben. Ähnlich wie die Briefe Hölderlins gehören seine Briefe
zu den erschütterndsten Dokumenten der deutschen Dichtungsgeschichte.

Um die gleichen Erfahrungen des Widerspruchs zwischen Wirk-
lichkeit und Erkenntnis kreisen Kleists Novellen. Er fand in
ihnen seinen eigenen lakonischen, gedrängten, dramatisch-reali-
stischen Erzählstil. Nur an den Spanier Cervantes läßt sich als
Vorfahren denken. Die Novelle wurde ihm zur Schwester der
Tragödie. Herb, sachlich, voll innerer Gespanntheit ist die oft
nachgeahmte, nie erreichte Erzählweise dieser Novellen. Das
Gefühl ist in einen spröden, aber innerlich unheimlich bewegten
Realismus zusammengepreßt. *Der Findling* zeigt abgründigen
Pessimismus; die Novellen *Die Verlobung in St. Domingo* und
das Erdbeben in Chili stehen im Zusammenhang der Liebes-
tragik, die in unheilvoller Verstrickung an die gebrechliche
Wirklichkeit die Gewißheit des Gefühls zerbrechen läßt. Im
Ansturm von Naturgewalten, Geschehnissen und verhängnisvollen Irrtümern des Bewußtseins werden Gefühl und Erkennen
der Menschen in die Irre geführt. In der *Marquise von O.* und in
Michael Kohlhaas (endgültige Fassung 1810) wird die Ehre einer
Frau, das Rechtsgefühl eines Mannes vergewaltigt. Immer bleibt
die tragische Antinomie des Lebens gegenwärtig. Mit der Radikalität der verletzten Überzeugung verlangt der brandenburgische Roßhändler Kohlhaas in gewaltsamer Selbsthilfe nach
seinem Recht; er begeht selbst, indem er die Rache durchführt,
schweres Unrecht an der Gemeinschaft, bis der brandenburgische
Kurfürst durch ein gerechtes Urteil sein Recht anerkennt. Nun
sühnt er, in freiwilliger Einsicht, sein Unrecht an der sozialen
Gemeinschaft mit dem Tode. Aus einem völligen Pessimismus
rang sich Kleist in seinen letzten Jahren zur Erkenntnis der

notwendigen und gerechten Wirklichkeit der staatlichen Ordnung durch. Er kannte nicht den Trost der absoluten, transzendenten Idee; seine Tragik entstand aus einer neuen Erfahrung
der Unentrinnbarkeit dieser im Hier und Jetzt aufgegebenen
Wirklichkeit. Darin zeigte er sich, fern der Klassik und auch der
Romantik, mit der ihn gleichwohl manche Züge verbinden, als
Angehöriger eines neuen Zeitalters, dessen Problematik so un-
bedingt wie von ihm von keinem seiner Dichter erlebt wurde.
Auch Kleist sprach, wie Hölderlins Mythenkündung, über die
eigene Zeit hinaus.

Es hat Jahrzehnte gedauert, bis der künstlerische Rang der von
ihm auf unverwechselbare Weise gestalteten Erzählprosa begriffen wurde; es brauchte ebenso lange Zeit, bis sein dramatisches Werk, das im 19. Jahrhundert zuerst Hebbel zu verstehen
vermochte, die Bühnen errungen hatte. Die Auseinandersetzungen über das rechte Verständnis von Kleists Werk sind noch
nicht zu einem Ende der Übereinstimmung gelangt. Thomas
Mann schrieb: „Goethe und Schiller sind vom Sturm und Drang
ihrer Jugendwerke eingelenkt ins Edel-Humane, Klassizistische,
Hochgesittete, die reine Schönheit. Die deutsche Klassik, Epoche
unserer höchsten Bildung, erblüht... Aber sagen wir die Wahrheit: Es ist Kleist allein, von dessen allem schönen Maß sich
verweigernden Werk – und ich denke insbesondere an dasjenige,
woran er scheiterte, das Guiskard-Fragment – die Macht ausgeht, die dramatische Ur-Erschütterung, der mythische Schauer,
der heilige Schrecken der antiken Tragödie."

XV

DIE ROMANTIKER

Jean Paul, Hölderlin und Kleist sprengten die Geschlossenheit
des klassischen Humanitätsideals und Kunstverständnisses: durch
den Subjektivismus des Empfindens, der Phantasie und des Humors im Roman, durch die mythische Erfahrung göttlicher Mächte
in einer neuen Weitung und Offenheit der lyrischen Sprache,
durch das Wissen um die Ausgesetztheit des Menschen im Widerspruch von Täuschung und Erkennen in einer unenträtselbaren
Wirklichkeit. Der klassischen Begrenzung zum Schönen trat eine
innere Affinität zum Unbegrenzbaren entgegen. Darin lag ihre
Verwandtschaft mit der Romantik, die sich in den letzten Jahren
des 18. Jahrhunderts in der kleinen Universitätsstadt Jena,
Goethe und Schiller zunächst sehr nahe, entwickelte. Hölderlins
sehnsüchtiges Wort: „Eins zu sein mit allem, was lebt, in seliger
Selbstvergessenheit wiederzukehren ins All der Natur, das ist der
Gipfel der Gedanken und Freuden, das ist die heilige Berges-
höhe, der Ort der ewigen Ruhe", gilt auch für das romantische
Erleben. Aber während Hölderlin nach einem letzten, göttlich-
elementaren Sein verlangte, suchten die Romantiker das Unendliche um seiner allseitigen Offenheit willen. Friedrich Schlegel
bezeichnete als den Anfang der Poesie, „den Gang und die Gesetze der vernünftig denkenden Vernunft aufzuheben und uns
wieder in die schöne Verwirrung der Phantasie, in das ursprüngliche Chaos der menschlichen Natur zu versetzen." Die Romantiker wandten sich gegen die bürgerliche Aufklärung, um die
traumhaft und ungebunden schöpferischen Kräfte des Menschen
zu befreien. „Romantisieren heißt, dem Gemeinen einen hohen
Sinn, dem Gewöhnlichen ein geheimnisvolles Ansehen, dem Bekannten die Würde des Unbekannten, dem Endlichen einen unendlichen Schein geben" (Novalis). Das unendliche Bewußtsein
wurde zum Organ der romantischen Welterfahrung. Die Romantik umfaßte und vermischte alle Gebiete: Dichtung und bildende
Kunst, Geschichte und Naturwissenschaft, Volks- und Seelenkunde, Philosophie und Medizin, Politik und Religion. Das Leben, das die Klassik zur dauernden Gestalt zu formen bemüht

war, wurde in die individuelle und grenzenlos flutende Bewegung zurückverwandelt. Klassisch ist das Gesunde, romantisch das Kranke, meinte Goethe mit einseitiger Schärfe. Aber diese Neigung zum Chaos, die nach Novalis durch alle Dichtung hindurchschimmern sollte, bedeutete auch eine gewaltige schöpferische Bereicherung, der sich der ältere Goethe nicht verschloß. Die Romantiker entdeckten die Mächte im Unter- und Unbewußten: Traum, Ahnung, Sehnsucht, das Magische, Zauberische und Gespenstische, den Magnetismus der Seele und die Geheimnisse der Mythen. Sie öffneten sich den inneren Stimmen der Natur, sie gaben ein neues Verständnis des geschichtlichen Lebens und folgten ihrem Ahnherrn Herder in der Erkenntnis der schöpferischen Individualität der Völker. Sie waren vom Recht und von der Freiheit des Individuellen überzeugt und lehrten zugleich, organische Zusammenhänge zu sehen. Fichte hatte das „Ich" als wollende und handelnde Persönlichkeit zum schaffenden Prinzip der Welt erhoben und ihm die Fähigkeit zuerkannt, aus seiner absoluten Innerlichkeit alle Realität schlechthin zu setzen („Wissenschaftslehre", 1794). Was hier als Aufgabe des angespannten Selbstbewußtseins des Ich gefordert wurde, verwandelte sich im dichterischen Fühlen der Romantik zu einer poetisch-magischen Selbstanschauung des Ich als Zugang zum Universum. Mit Fichte teilten die Romantiker die Grundanschauung, daß das Wesen des Menschen nicht in dieser Welt, nur im Unendlichen zur Erfüllung komme. Die Auflösung alles Festen in Bewegung, allen Seins in das Werden entsprach diesem Grundgefühl. Um das Ferne, Geheime, Unbestimmbare und Unsagbare rang der romantische Sprachstil. Die „blaue Blume" erschien als Symbol des Unendlichen, die Musik wurde zur innersten Stimmung der Dichtung. Aber es wäre irrig, wenn man die Romantik bloß als eine ästhetisch-philosophische Bewegung, als ein Dichten und Träumen aus der Phantasie abseits der Zeit und Wirklichkeit bewerten wollte. Vielmehr fühlten sich die Männer der Frühromantik in Jena von der Erschütterung der Zeit durch die Französische Revolution und ihre Folgen ergriffen. Ihr Wirken ist als eine Auseinandersetzung mit dem Zeitgeist, mit dem Problem einer zukünftigen Kultur, das auch ein politisches Problem war, zu verstehen. Von August Wilhelm Schlegel stammen berühmt gewordene Worte in einem Briefe des Jahres 1806 an seinen Freund Fouqué, den er unter dem Eindruck der Siege Napoleons schrieb. „Unsere Zeit krankt... an Schlaffheit, Unbestimmtheit, Gleichgültigkeit, Zerstückelung des Lebens in kleinliche Zer-

streuungen und an Unfähigkeit zu großen Bedürfnissen, an einem
allgemeinen Mit-dem-Strom-Schwimmen, in welche Sümpfe des
Elends und der Schande er auch hinuntertreiben mag. Wir be-
dürfen also einer durchaus nicht träumerischen, sondern wachen,
unmittelbaren, energischen und besonders einer patriotischen
Poesie. Dies ist eine gewaltsame, hartprüfende, entweder aus
langem, unsäglichem Unglück eine neue Gestalt der Dinge her-
vorzurufen oder auch die ganze europäische Bildung unter einem
einförmigen Joch zu vernichten bestimmte Zeit. Vielleicht sollte,
solange unsere nationale Selbständigkeit, ja, die Fortdauer des
deutschen Namens so dringend bedroht sind, die Poesie bei uns
ganz der Beredsamkeit weichen..."
Novalis nannte das „individuelle Kolorit des Universums" sein
„romantisierendes Element" und die Individualität das „romantische Element des Ich". Das Wesen des Unendlichen war zugleich höchste Individualität und alles ineinander spiegelnde
Grenzenlosigkeit. Dichtung, Kunst, Religion, Philosophie, Wissenschaft und Völkerleben erschienen als Austrahlungen eines
gemeinsamen Geistes, der zahllose Formen annimmt, aber auf
ein magisches Zentrum zurückweist. Nicht mehr die Plastik,
sondern die Musik war nun die wahre Kunst. Das romantische
Dichten vermischt die Formen: das Drama neigt zum Epos, die
Lyrik zum reinen Klang, die Erzählung zum Märchen. Aus der
Willkür des freien Formenspiels entwickelt sich eine neue Kunst
des Grotesken. „Die Scheidewand zwischen Fabel und Wahrheit,
zwischen Vergangenheit und Gegenwart ist gefallen, Glaube,
Phantasie und Poesie schließen die innerste Welt auf." Es gibt
keine Regeln der Poesie mehr. Oder, wie Friedrich Schlegel
definierte: „Die romantische Poesie ist eine progressive Univer-
salpoesie. Ihre Bestimmung ist nicht bloß, alle getrennten Gattungen der Poesie wieder zu vereinigen und die Poesie mit der
Philosophie und Rhetorik in Berührung zu setzen. Sie will und
soll auch Poesie und Prosa, Genialität und Kritik, Kunstpoesie
und Naturpoesie bald mischen, bald verschmelzen, die Poesie
lebendig und gesellig und das Leben und die Gesellschaft poetisch
machen, den Witz poetisieren und die Formen der Kunst mit
gediegenem Bildungsstoff jeder Art anfüllen und sättigen und
durch die Schwingungen des Humors beseelen. Sie umfaßt alles,
was nur poetisch ist, vom größten, wieder mehrere Systeme in
sich enthaltenden Systeme der Kunst bis zu dem Seufzer, dem
Kuß, den das dichtende Kind aushaucht in kunstlosem Gesang."
Alle Stoffe und Formen wollte die romantische Dichtung um-

fassen; sie war zugleich universal und individuell, phantastisch und ironisch. Indem sie die Grenzen und Gesetze der gegenständlichen Erfahrung aufhob, damit dem Bewußtsein und der Phantasie einen unendlichen Spielraum gab, schenkte sie dem individuellen Geist die Freiheit über den Dingen und die Fähigkeit zum unbegrenzten Spiel mit Stoffen, Stimmungen und dem eigenen Ich. So entstand die Form der „romantischen Ironie", die die Einsicht umschloß, daß sich das Unendliche nie in dieser begrenzten Wirklichkeit leben und erschöpfen läßt. Das Bewußtsein des Widerspruchs, die schwermütige Erfahrung, immer wieder an Grenzen zu stoßen, die Sehnsucht und das Heimweh nach dem Unendlichen, liege es in der mythischen Tiefe der Vergangenheit oder in der Utopie des Zukünftigen, in einer gleichsam unendlichen Progressivität, wurde zum Signum des romantischen Welterfahrens. „Nur in der Sehnsucht finden wir die Ruhe... Ja, die Ruhe ist nur das, wenn unser Geist nicht gestört wird, sich zu sehnen und zu suchen, wo er nichts Höheres finden kann als die eigene Sehnsucht" (F. Schlegel).

Was immer der Romantiker in der Welt suchte, war Schöpfung seiner Seele, eine Sehnsucht zu sich selbst und ein Weg nach innen – Traum, Erinnerung, Ahnung und Vision. Novalis nannte alle Philosophie ein „Heimweh". In seinem Roman „Heinrich von Ofterdingen" folgt auf die Frage: „Wo gehen wir denn hin?" die berühmte Antwort: „Immer nach Hause." Denn – „in uns oder nirgends ist die Ewigkeit mit ihren Welten, die Vergangenheit und die Zukunft". Darin lag die Poetisierung des ganzen Lebens, zugleich eine Erweiterung der subjektiven Einfühlungs- und Erlebniskraft, die alle erstarrten Überlieferungen neu belebte. Es entfaltete sich die Fähigkeit eines universalen geschichtlichen Verstehens; die Romantiker entdeckten das Poetische und historisch Eigentümliche der Vergangenheit, sie entwickelten eine einzigartige Übersetzungskunst, meisterhafte Leistungen der historischen Deutung, und wurden so die Geburtshelfer der neueren Geschichts- und Geisteswissenschaften. Sie erschlossen die Kunst des Mittelalters, die Volkspoesie in Liedern, Märchen, Sagen und Schwänken, ebenso die Weltliteratur bis zum fernen Indien. Sie begriffen, wie Schleiermacher in den „Monologen" sagte, „daß jeder Mensch auf eigene Art die Menschheit darstellen soll, in einer eigenen Mischung inner Elemente, damit auf jede Weise sie sich offenbare, und wirklich werde in der Fülle der Unendlichkeit alles, was aus ihrem Schoß hervorgehen kann". Man begriff, im Zusammenhang mit der

Französischen Revolution, die eigene Zeit als die Epoche der Auflösung und der Verheißung eines ungeahnten höheren Lebens.
„Wir erblickten den blühenden Frühling einer neuen geistigen
Zeit, den wir mit jugendlicher Heftigkeit frohlockend begrüß-
ten"; so beschrieb Henrik Steffens die Jenaer Aufbruchszeit.
Friedrich Schlegel hatte dem Antiken das Romantische als das
„Moderne" entgegengesetzt. Er begriff darin zugleich einen kri-
senhaften Zustand der Kultur und die Freiheit der Bewegung zu
einer zukünftigen Bildung von Kultur und Kunst. Das Idealbild
der Antike führte zur Kritik an der Subjektivität und Zerrissenheit, Ruhelosigkeit und Anarchie des Modernen. „Charakter-
losigkeit scheint der einzige Charakter der modernen Poesie,
Verwirrung das Gemeinsame ihrer Masse, Gesetzlosigkeit der
Geist ihrer Geschichte, und Skeptizismus das Resultat ihrer
Theorie zu sein." Aber er verstand als positiv Modernes „die
Transcendentale, die Abstracte und die Romantische Poesie",
deren Bestimmung zu einer progressiven Freiheit und Universalität, als Sprachwerdung des Geistes zu absoluter Individualität. Diese Progressivität verband sich ihm mit der Weltgeschichte
der Poesie als Schule der modernen Dichtung. Sein Begriff des
Modernen schloß die Wendung zum Historischen ein, die sich als
Sehnsucht nach dem Ursprunghaften, Archaischen und Mythischen im romantischen Bewußtsein ausprägte, als sein besonders
Charakteristisches erschien. Diese Sehnsucht nach den Ge-
schichtstiefen, in der Bildsprache der romantischen Dichtung
gegenwärtig, verklärte die Geschichte und schärfte den Widerspruch gegen eine eng und flach erscheinende Wirklichkeit. Jedes
unendliche Gefühl in Freude und Schmerz war heilig. Allen
romantischen Dichtern eignet das Unberechenbare jäher Gefühls-
stürze und Wandlungen, der rasche Wechsel von Enthusiasmus
und Schwermut, das Vagabundentum flüchtiger Launen, eine
hamlethafte Zerrissenheit. „Es gehört mit dahin, daß die selt-
samsten Absprünge von der höchsten Höhe zur tiefsten Tiefe
meinem Gefühl so gewöhnlich sind" (F. Schlegel). Die Rastlosig-
keit der exaltierten Seele fand keine Erlösung, denn die Wahrheit ergab sich nicht, wie in der Klassik, in dem Aufschwung der
Idee und im Schein des Schönen, sondern allein in der Grenzenlosigkeit des Unendlichen. Von hier aus ist die Dichtungsauffassung der Romantiker, ihre Wertung des Romans als „Univer-
salpoesie", ihr Bemühen um die Synthese der Formen und die
„Poesie der Poesie" und ihre Entdeckung zu verstehen, wie die
Sprache in ihren Spielmöglichkeiten selbst schon gleichsam Ur-

dichtung ist. „Die Sprache ist die wunderbarste Schöpfung des menschlichen Dichtungsvermögens, gleichsam das große, nie vollendete Gedicht, worin die menschliche Natur sich selbst darstellt" (A. W. Schlegel). Aus diesem Ahnen und Verlangen nach Unbegrenzbarem ist die geschichtliche, mythische und religiöse Wendung der Romantik zu verstehen. Die Welt des Archaischen und Ursprünglichen, des Traumes, der Imagination und der „absoluten" Poesie ließ sich nicht mit der zeitgenössischen Realität vereinen. Die Ironie gab „das klare Bewußtsein der ewigen Agilität des unendlich vollen Chaos" (F. Schlegel), aber kein Gesetz des Lebens, keine Bindung und Heimat. Die Übersteigerung der Innerlichkeit bedeutete eine Einsamkeit des Ich, das doch gerade nach unbegrenzter Gemeinschaft rief. In der Unendlichkeit Gottes wartete die einzige Erlösung – in der katholischen Kirche war die ästhetisch-symbolische und mystische Gemeinschaft gegeben. Gewiß führte auch der neue Sinn für die Werte der mittelalterlichen Kultur zu ihr hin. Aber die allgemeine Neigung der Romantiker zum katholischen Glauben entwuchs nicht nur einer historisch-ästhetischen Tendenz, sondern der religiösen Überzeugung, daß sich in ihm die Unendlichkeit Gottes im Irdischen öffne und offenbare. Die Kirche war die symbolische Erscheinung einer letzten mystischen Gemeinschaft im Glauben – in ihr wurde das Unendliche zur religiösen Erfahrung und Wirklichkeit. Die Romantik war von Beginn an eine religiöse Bewegung. „Der revolutionäre Wunsch, das Reich Gottes zu realisieren, ist der elastische Punkt der progressiven Bildung und der Anfang der modernen Geschichte. Was in gar keiner Beziehung aufs Reich Gottes steht, ist in ihr nur Nebensache" (F. Schlegel). Daher entsprach die mystische Sehnsucht zum Tode als Befreiung zum Unendlichen so stark romantischer Seelenverfassung. „Jede Hineinsteigung, Blick in das Innere ist zugleich Aufsteigung, Himmelfahrt, Blick nach dem wahrhaft Äußern" (Novalis).

Der treibende Geist der Jenaer Frühromantik war F r i e d r i c h S c h l e g e l (1772–1829), ein Neffe J. Elias Schlegels (vgl. S. 190). In seiner genialisch-unruhigen, geistreichen und sprunghaften Natur war der deutende und nachempfindende Intellekt stärker ausgeprägt als das dichterische Vermögen; seine Leistung lag in der Fülle der Anregungen, die er während seines umgetriebenen und wandlungsreichen Lebens freigebig ausstreute. Der Sohn eines protestantischen Geistlichen wandte sich zuerst, dem klassischen Weltbilde noch zugehörig, mit ausschließlicher Verehrung dem Griechentum zu (*Wert des Studiums der Griechen und Rö-mer*, 1794; *Geschichte der Poesie der Griechen und Römer*, 1798). In der Würdigung von Goethes „Wilhelm Meisters Lehrjahren" (1798), die er neben die Französische Revolution und Fichtes Wissenschaftslehre als die entscheidenden Zeichen einer neuen Epoche stellte, gelang ihm eine meisterhafte Leistung kritischer Interpretation und führte er das Werk des älteren Goethe dem Verständnis der Zeitgenossen näher. Seine eigentümliche Ausdrucksform fand er im zugespitzten, scharf geschliffenen Aphorismus: in den eine erstaunliche Gedankenfülle experimentierend ausschüttenden *Fragmenten* der Zeitschrift *Athenäum* (1798/1800), die er mit seinem Bruder August Wilhelm, mit Schelling, Tieck, Novalis als Mitarbeitern als das Organ des neuen, spekulativ-kritischen Geistes in Berlin und Jena herausgab. Hier wurde die Idee des unendlichen romantischen Werdens entwickelt, eine neue Religion gefordert, das ironisch Paradoxe zu geistreichem Begriffsspiel gesteigert. „Die Deutschen, sagt man, sind, was Höhe des Kunstsinns und des wissenschaftlichen Geistes betrifft, das erste Volk in der Welt. Gewiß; nur gibt es sehr wenige Deutsche." In dem Drama *Alarcos*, das Goethe in Weimar erfolglos aufführte, vereinte er spanische Leidenschaft mit antiker Formstrenge; der große spanische Dramatiker Calderon wurde jetzt als ein Shakespeare ebenbürtiges Genie erkannt. Aber Friedrich Schlegel war kein Dramatiker, wie denn überhaupt, abgesehen von Clemens Brentanos Lustspiel „Ponce de Leon" und vielleicht auch Eichendorffs Lustspielen, den Romantikern die Umgestaltung und Erneuerung des Dramas mißglückte. Lyrische und epische Elemente lösten seine Form auf. Friedrich Schlegel war auch kein Epiker, trotz seiner hohen Wertung des Romans als „Poesie der Poesie", trotz seines geistreichen Romans in der Form der Arabeske, *Lucinde* (1799), der Autobiographisches romantisch überhöht und symbolisiert. Schlegel provozierte in ihm so kühn wie witzig und tiefsinnig die bürgerliche Moral. Unbegrenzte Freiheit der Phantasie, das Mystische subjektiver Willkür, Ironie, Müßiggang, erotische Freiheit, ästhetisch-individuelle Sittlichkeit werden die Erziehungsmittel, „ein gebildetes Leben" zu leben. Auch das Sinnliche wurde in das Geistig-Romantische gehoben. „Nur in der Antwort seines Du kann jedes Ich seine unendliche Einheit ganz fühlen. Dann will der Verstand den inneren Keim der Gottähnlichkeit entfalten, strebt immer näher nach dem Ziele und ist voll Ernst, die Seele zu bilden wie ein Künstler das einzig geliebte Werk."

Sein Bruder August Wilhelm Schlegel (1767–1845) bewegte sich zuerst mit Gedichten und dem Drama *Ion* (1803) auf klassischen Pfaden, bis er sein geniales Übersetzertalent und seine ungemein bewegliche Formbegabung an der Übertragung *Shakespeares* (1797/1810, mit den Übersetzungen von L. Tieck, dessen Tochter Dorothea und von Wolf Graf Baudissin endgültig erschienen 1825/33) und zahlreicher romanischer und indischer Dichtungen erprobte. In seinen zu europäischem Ruhm gelangenden Vorlesungen *Über schöne Literatur und Kunst* (1801/04) und *Über dramatische Kunst und Literatur* (1809/11) gab er nicht nur erstmalig universale geschichtliche Überblicke, sondern auch eine scharfe Scheidung des Klassischen und des Romantischen als der Ausdruck christlicher Sehnsucht zum Unendlichen. In seinen Wiener Vorlesungen *Geschichte der alten und neuen Literatur* (1812) erklärte Friedrich Schlegel die Weltliteratur als Ausdruck nationaler Individualitäten, als Kundgabe des Völkerlebens; darin vollzog sich, im Protest gegen die napoleonische Herrschaft, die romantische Wendung zur organischen Volksanschauung.

Bei Friedrich Schlegel wird die innere Not des romantischen Lebensgefühls sehr deutlich: die Spannung zwischen einem gesteigerten intellektuellen Ichbewußtsein und dem Verlangen nach dem Zusammenfluß aller widerstreitenden Kräfte und Formen. Der Jenaer Romantikerkreis pflegte bewußt gemeinschaftliches Denken, Dichten und Lieben. Die Gemeinsamkeit bedeutete die Synthese der Gegensätze, Einheit und Individualität. 1801 veröffentlichte Dorothea Veit (1763–1839) Moses Mendelssohns (vgl. S. 201) Tochter, die 1804 Friedrich Schlegel heiratete, den Roman *Florentin;* bedeutender, ja genial in ihrer geschlossenen Naturhaftigkeit war August Wilhelm Schlegels zeitweilige Gattin Karoline (geb. Michaelis, 1763–1809), die später den Philosophen Schelling heiratete. Sie lebte die neue freie Herzenssittlichkeit der Romantiker, ganz dem eigenen Gefühl hingegeben, unbekümmert um Vorurteile. Obwohl sie nichts schrieb, war sie der innere geistige Mittelpunkt des Jenaer Kreises, und ihre Briefe gehören zu den wesentlichen Dokumenten der Frühromantik. Mit ihr beginnt die geistige Emanzipation der Frau, die im eigenen literarischen Schaffen oder durch die Atmosphäre ihres literarischen Salons Einfluß auf das Kulturleben gewann.

1793 kam der junge, literarisch schon früh sehr tätige Berliner Handwerkersohn Ludwig Tieck (1773–1853) mit seinem Freunde Wilhelm H. Wackenroder (1773–1798), dem Sohn

des juristischen Bürgermeisters von Berlin, auf einer Studienwanderung nach Nürnberg. Hingerissen entdeckten sie den Stimmungszauber der Stadt Albrecht Dürers, Hans Sachs', der alten
Reichsherrlichkeit und die Kunst und Frömmigkeit des deutschen Mittelalters. 1797 gab Tieck mit eigenen Zusätzen Wackenroders *Herzensergießungen eines kunstliebenden Klosterbruders*
heraus, ein geschichtlich folgenreiches, jugendlich-lyrisches Buch,
in dem von der Einheit von Kunst und Glauben und von der
göttlichen Weihe des Künstlers gesprochen und neben Dürer die
Malerei Raffaels als Vorbild religiöser Innerlichkeit des Künstlers
gefeiert wurde. 1799 ließ Tieck aus dem Nachlaß des früh verstorbenen Freundes, mit eigenen Zusätzen, die *Phantasien über
die Kunst* folgen. Neben die Malerei trat die Musik als eine
zugleich beglückende und zerstörende Erfahrung des Unendlichen. Wackenroder hatte den Herzensergießungen die Erzählung *Das merkwürdige musikalische Leben des Tonkünstlers
Joseph Berglinger In zwei Hauptstücken* eingelegt. Er sprach
hier von der Mehrdeutigkeit der Kunst: als Erhebung in das
Überirdische und als ein Verzehren der Lebenskräfte, der Wirklichkeitsbeheimatung in der Hingabe an Phantasie, Empfindung,
Traum. „Wer einmal den innersten süßesten Saft der Kunst
geschmeckt hat, der ist unwiederbringlich verloren für die tätige,
lebendige Welt."
Seit der Aufklärung, seit Bodmer und Klopstock, seit Herder
und dem jungen Goethe hatte sich eine mehr und mehr intensivierte Wendung zur deutschen Frühzeit, zumal zu dem lange
als finstere und barbarische Zeit geltenden Mittelalter vollzogen.
Jetzt schloß es sich zu einem historisch-poetischen Gesamtbild
zusammen, das Kunst, Gesellschaft und Institutionen auf den gemeinsamen Grund des Glaubens bezog. Dem Ideal der Antike
stellte sich, in das Volkstümliche und Patriotische eingebettet,
ein Kultur- und Kunstideal aus der Vergangenheit des eigenen
Volkes zur Seite und entgegen.
Die deutsche Vergangenheit wurde mit der Selbsterfahrung des
romantischen Erlebens, mit seiner Liebe zum unendlichen Werden, zur Musik und zur Innerlichkeit, zum Traum, zum Lyrischen und Gemüthaften so nachdrücklich identifiziert, daß sich
deutsches Wesen und romantische Gestimmtheit überhaupt zu
decken schienen. Die nationale Ideologie, eben jetzt in der Entdeckung der Individualität eines Volkscharakters durch Herder
verwirklicht, entfaltete sich aus romantischem Denken. Bis heute
scheint, mindestens im Ausland, das Deutsche im Romantischen

aufzugehen, was der Vielfalt des deutschen Wesens widerspricht.
Gerade die Frühromantik lebt aus der Tendenz zum Universalen,
Kosmopolitischen; Novalis entwarf die Vision der religiösen
Einheit Europas, und der Blick der Brüder Schlegel umfaßte das
ganze Abendland bis zu seinen Quellen in Antike und Orient.
Erst die spätere romantische Bewegung, der Heidelberger Kreis,
führte zu der Verengung ins Volklich-Heimatliche, Geschichtlich-
Stammestümliche, auf jene Einheit von Volksgeschichte und
Volkscharakter – als Reaktion auf die politische Entmachtung
durch Napoleon. Allerdings hat sich in der deutschen Romantik
der europäische Irrationalismus seit dem Ende des 18. Jahrhunderts schöpferisch am reichsten entfaltet. Was die Wirklichkeit
versagte, erblühte hier im produktiven Überschuß der Innerlichkeit, in der Sehnsucht in die Vergangenheit zurück und in die
Zukunft hinaus. Mit der Romantik beginnt der moderne Subjektivismus der Kunst, zugleich in der Gegenwendung das Fragen
nach objektiven Ordnungen aus der volklichen Gemeinschaft,
aus dem Mythos und dem Glauben. Dichtung erhält eine nationale und religiöse Bestimmung. Mit der Frage nach der Wahrheit der subjektiven Erkenntnis beginnt zugleich ein Bündnis von
Dichten und Denken, wie es sich in ganz neuartiger Durchformung bei Novalis entwickelt hat.
Dieser moderne Subjektivismus spiegelt sich in Tiecks literarischen Anfängen bereits in seiner Problematik. Tieck hatte für
den Aufklärer Nicolai (vgl. S. 201) Erzählungen (*Straußfedern*,
1795/98) verfertigt, ein Schicksalsdrama *Karl v. Berneck* (1793/95)
und einen Roman in Briefen *William Lovell* (1795/96) veröffentlicht. Er hatte eine Begabung für das phantastisch Schauerliche,
grausig Wunderbare, für Spuk und Zauber und Stimmungs-
malerei. Sein „William Lovell" war ein Entwicklungsroman; die
Geschichte eines jungen Menschen, der aus einem schwärmerischen Idealisten zu einem egoistischen, haltlosen Genießer und
Gespensterglaubigen wird und, durch Ausschweifungen und
Abenteuer innerlich zerrissen, einem rachsüchtigen Verbrecher
zum Opfer fällt. Das als Briefroman noch vom „Werther" abhängige Buch war der Ausdruck einer zeittypischen Krise. Aus
der Problematik des überreizten Subjektivismus rettete das Erlebnis der frommen Kunst- und Glaubensseligkeit des romantisch-
poetischen Mittelalters. Tiecks nächster Roman *Franz Sternbalds
Wanderungen* (1798), ein Fragment, folgte Goethes „Wilhelm
Meister". Diese Erziehungsgeschichte eines jungen Malers wird
zu einem lyrischen Stimmungs- und wanderseligen Vagabunden-

roman; voll von Kunst, Musik, Mittelalter, Waldweben und Sonnenuntergängen. Ein junger Maler trennt sich von seinem Meister (Dürer), zieht nach den Niederlanden, dann nach Italien, wo er mannigfaltige Kunst-, Lebens- und Liebeserfahrungen sammelt. Den vielen lyrischen Einlagen fällt in der locker reihenden Erzählung als den Stimmungsträgern besonderes Gewicht zu. Mit diesem Werk, an dem Goethe den rechten Gehalt vermißte, das F. Schlegel aber als süße Musik für die Phantasie feierte, begann eine lange Reihe von Künstlerromanen in der deutschen Literatur. Zum Episch-Lyrischen lösten sich Tiecks breite Mittelalter-Dramen auf: *Leben und Tod der heiligen Genoveva* (1800) und *Kaiser Octavianus* (1804). Legende und Phantasie, Orient und Okzident, die Religionen, Stände und Völker vermischen sich in märchenartigem Nebeneinander. Tieck war der vielseitigste Dichter unter den Romantikern. Er dichtete *Minnelieder aus dem schwäbischen Zeitalter* (1803) in freier Versform nach und schuf in seinen Märchen (*Der blonde Eckbert*, 1796; *Vom getreuen Eckart*, 1799; *Der Runenberg*, 1802) einen eigenen Märchentypus an der Grenze von Wirklichkeit und Traum, voll von Stimmung, Grauen und dunklen Mächten. In dem Waldzauber des „Blonden Eckbert" lebte sich die romantische Phantasie der Einsamkeit aus. Blieb er hier der Volkssage nahe, so wirbelte in den ironischen Literatursatiren gegen das Philistertum (*Der gestiefelte Kater*, 1797; *Prinz Zerbino*, 1799) Tiecks geistreicher Witz alle Wirklichkeit übermütig durcheinander; er entfaltete in diesen oft nachgeahmten Stücken die ganze Willkür der romantischen Spielfreude. Tieck griff damit der Entwicklung des modernen europäischen Theaters voraus, das den Reiz der grotesken Illusionsstörung liebt. In *Ritter Blaubart* (1796) wird das Märchen parodiert. Goethes „Märchen" (1795), auf das sich das romantische Kunstmärchen als das erste Vorbild stützen konnte, hatte dem Spiel der Phantasie tiefere philosophisch-symbolische Züge gegeben. Tieck blieb der Philosophie fern, er wollte die Nerven reizen und spannend erzählen.

Der ältere Tieck kehrte zu der Erzählweise der Novellen Goethes mit deutlich bürgerlich-biedermeierlichen Vorzeichen zurück. Er wandte sich von der romantischen Verzauberung ab und einem erzieherischen, auf die bürgerlichen Verhältnisse gerichteten Realismus zu. Aber die Novelle war für ihn nicht, wie für Kleist, eine gleichsam angeborene, innerlich notwendige Kunstform. Doch gibt es in der beträchtlichen Fülle seiner späteren Erzählungen reizvolle Stücke, wie *Des Lebens Überfluß*, die Geschichte

eines hungernden und frierenden Liebespaares, oder *Der Gelehrte*.
In dem umfangreichen *Aufruhr in den Cevennen* (1826) und dem
mit Unrecht vergessenen Roman aus der italienischen Renaissance
Vittoria Accorombona (1840) leitete er den im 19. Jahrhundert
mächtig aufblühenden historischen Roman ein. Hier gelang ihm
die Schilderung leidenschaftlicher Menschenseelen, während er
sonst in seinem Alter gerade romantische Gefühlssteigerungen
vermied und das Schlichte, Anspruchslose, Innige bevorzugte. Es
ist die Stimmung des bürgerlichen Biedermeier, die zum Realismus des 19. Jahrhunderts überleitete. Dieser bürgerlich-realistische und gern moralisierende Geist hatte seinen Erzähler schon
in Heinrich Zschokke (1771–1848) gefunden, der nach
einem bewegten Leben als Politiker in der Schweiz eine Heimat
fand und eine Fülle von Erzählungen mit Phantasie und flüssigem
Plauderstil veröffentlichte: zwischen aufgeklärter pädagogischer
Tendenz (*Das Goldmacherdorf*, 1817), romantischer Freude am
Geheimnisvoll-Schauerlichen *(Das Abenteuer einer Neujahrs-
nacht)* und einem von dem Schotten Walter Scott erlernten
historischen Realismus *(Addrich im Moos, Freihof von Aarau)*.
Er gewann einen ebenso großen Leserkreis wie die betriebsame
Benedictine Naubert (1756–1819) mit ihren historischen
und bürgerlichen Familienromanen.
Die reinste und tiefste Aussprache des frühromantischen Lebensgefühls gelang Novalis, wie sich Friedrich von Har-
denberg (1772–1801), der Sproß einer thüringischen, pietistisch gestimmten Adelsfamilie, nannte. Als Student in Jena fand
er aus dieser Tradition von Pietismus und Rokoko zu Schiller
und Fichte, in Leipzig (seit 1791) zog ihn F. Schlegel an sich.
Zunächst Jurist, wechselte er zu dem „romantischen" Beruf
des Bergmanns als Bergassessor in Weißenfels über. 1794 lernte
er Sophie von Kühn kennen; sie starb, ihm verlobt, 1797 mit
15 Jahren. Dieses Liebes- und Todeserlebnis bedeutete den
Durchbruch zu seiner eigenen Natur; er begriff die Liebe als
eine kosmische und seelische Elementargewalt und verlangte, aus
der Kraft des magischen inneren Bewußtseins, der Geliebten
nachzusterben, um sich mit ihr in höchster Vergeistigung im
Unendlichen zu vereinen. Der Name Sophie wurde ihm zum
Zeichen der Sophia als der göttlichen Weisheit, von der Jakob
Böhme gesprochen hatte. Seiner Mystik und einer mystischen
Naturphilosophie und Seelenlehre wandte sich Novalis, nach der
Wahrheit geheimer Naturkräfte suchend, zu. Der Glaube an
magische Geisteskräfte in der Natur verband sich mit einer neuen

Erfahrung des Christentums, dessen Erlösungsbotschaft ihm durch die Mittlerschaft des Todes der Geliebten zum Erlebnis wurde. Der Dichter war für Novalis dem Seher und Priester gleich. Das rationale Weltbild trennt Ursache und Folge als logische Abhängigkeit; im magischen Idealismus floß alles zusammen: jeder Teil erschien in der Wechselbeziehung mit dem Ganzen der Welt – bis zu den entferntesten kosmischen Erscheinungen. In magischen Zusammenhängen sah Novalis alles Dasein; damit war auch der Mensch an kosmisch-universale Lebensgesetze gebunden. Leben und Tod erschienen als eine Einheit, denn dieses Weltgefühl griff weit über die Grenzen des individuellen Lebens und der Erde hinaus, und der Mensch trat nur als Teilglied auf die Stufenleiter, die nach oben und unten in ein Unendliches mündet. Dieses magische Bewußtsein durch die Rückführung aller Dinge auf die Einheit ihres Wesensgrundes wiederherzustellen, war der Sinn der Dichtungen des Novalis.

In wenige Jahre drängt sich sein Schaffen zusammen; er war auch als Erzähler ein Lyriker, dem eine tiefempfundene, rhythmisch beseelte Sprache aus schwermütiger und träumerischer Innerlichkeit zu Gebote stand. Neben geistliche Lieder *(Was wär ich ohne dich gewesen, Wenn alle untreu werden)* treten einige vollendete lebensheitere Gedichte *(Bergmannslied, Weinlied)*, das einzigartige *Lied der Toten* („Lobt doch unsre stillen Feste") und vor allem die *Hymnen an die Nacht* (1. Prosafassung im „Athenäum", 1800, 2. Fassung in freien reimlosen Versen). Entgegen dem Tagesglauben der Antike wird die Nacht als das schöpferische Geheimnis des Lebens und des Todes, des Wunders und der Erlösungstat Christi hymnisch gefeiert.

„Da kam aus blauen Fernen / von den Höhen meiner alten Seligkeit im Dämmerungsschauer / und mit einemmale riß das Band der Geburt / des Lichtes Fessel. / Hin floh die irdische Herrlichkeit und meine Trauer mit ihr / zusammen floß die Wehmut in eine neue, unergründliche Welt / du Nachtbegeisterung, Schlummer des Himmels, kamst über mich. ... Es war der erste, einzige Traum / und erst seitdem fühl' ich ewigen, unwandelbaren Glauben an den Himmel der Nacht und sein Licht, die Geliebte."

Als *Blütenstaub* erschienen seine Fragmente 1798 im „Athenäum". Eine geistreiche Pointiertheit der Sprache verband sich hier mit mystischem Tiefsinn, mit genialer Intuition und dichterischer Visionskraft, die alles zu einer magischen Erfahrung verwandelt. Alle Lebensdinge werden besprochen und gestreift. „Wir träumen von Reisen durch das Weltall: ist denn das Weltall nicht in uns? Die Tiefen unseres Geistes kennen wir nicht. – Nach Innen geht der geheimnisvolle Weg. In uns, oder nirgends ist die Ewigkeit mit ihren Welten, die Vergangenheit und Zukunft." Die Poesie nannte er „die eigentliche Handlungsweise des menschlichen Geistes". „Die Poesie ist das echt absolut Reelle. Dies ist der Kern meiner Philosophie. Je poetischer, je wahrer." In dem für das „Athenäum" bestimmten Aufsatz *Die Christenheit oder Europa* gab er ein poetisch verklärtes Bild der christlichen Einheit und Sendung des Mittelalters. Die ähnliche, alles beseelende Gemeinsamkeit der Stände und Völker verkündete er für die Zukunft; als ein rückwärts gewandter Prophet, ohne den realistischen Scharfblick des alten Goethe in den „Wanderjahren" für die andersartige soziale Entwicklung des 19. Jahrhunderts.

Gegen den „Wilhelm Meister" wandte sich Novalis' Roman *Heinrich von Ofterdingen* – nicht nur ein in ein legendäres Mittelalter gelegter Bildungsroman des Künstlers, vielmehr ein Roman, der an der Symbolgestalt eines Menschen in sich entfaltenden Stationen das Universum der Kunst darstellt, das schließlich das Irdische transzendiert, in die spirituelle Allegorik und Magik des Märchens mündet. Denn in der Symbolik und alles ineinander spiegelnden, alles mit allem verwebenden Form des Märchens fand Novalis die eigentümliche Ausdrucksform seines magisch-mythischen Weltverständnisses. „In einem echten Märchen muß alles wunderbar-geheimnisvoll und zusammenhängend sein – alles belebt... Die ganze Natur muß auf eine wunderliche Art mit der ganzen Geisterwelt vermischt sein." In einer hellen, reinen Sprache, welcher die Traumkraft und ein innerer Rhythmus die Verzauberung geben, wurde der Künstler- und Erziehungsroman des wanderseligen Heinrich, dem Novalis den Namen eines sagenhaften Minnesängers gab, zum Märchen. „Die blaue Blume sehn' ich mich zu erblicken. Sie liegt mir unaufhörlich im Sinn, und ich kann nichts anders dichten und denken." Sie ist das Symbol der unendlichen Sehnsucht nach dem geheimnisreichen, alles vereinenden und ausstrahlenden Urgrund der Wirklichkeit. Heinrich reist mit seiner Mutter von Eisenach nach Augsburg. Dort werden sie festlich empfangen, der Zauberer Klingsohr und seine Tochter Mathilde tauchen auf. Verschiedenste Welten öffnen sich während der Fahrt: das Reich der Kreuzzugsritter, des Bergmanns, des ritterlichen Einsiedlers, des Orients; die Natur wird Geist, der Dichter zum Magier, das Irdische öffnet sich in das Unendliche. Es gibt keine Grenzen zwischen Leben und Tod, alle Dinge sprechen. Novalis suchte in den Sinnbildern des Romans, die einander wie Stufen und Phasen folgen, in der Geschichte der Selbsterfahrung des Künstlers die Befreiung aus der Enge des Wirklichen in die Erlösung durch Dichtung, Liebe und Glauben, die Symbole des magischen, von geheimen Kräften durchfluteten Urgrundes sind. Nur den ersten Teil, „Die Erwartung", konnte er beenden; der zweite Teil, „Die Erfüllung", wurde von Tieck 1802 im Bruchstück veröffentlicht. Das Fragmentarische ist Symbol aller romantischen Dichtung, das Unendliche entzog sich der abschließenden Gestaltung. Das romantische Dichten ähnelte der Einweihung in ein Mysterium, wie es das Märchen in Novalis' Erzählung *Die Lehrlinge zu Sais* (1798) berichtet; die Geschichte eines Menschen, der voll Sehnsucht den Schleier der Isis im Tempel zu Sais hebt und sich selbst und seine Liebe findet. Der letzte Schlüssel allen Daseins liegt im Geist; auch die Natur wird zur magischen Seele.

Novalis stand dem Naturphilosophen S c h e l l i n g (vgl. S. 261) nahe, der in *Von der Weltseele* (1798) über die gestufte Identität von Natur und Geist sprach und damit Goethes Naturbetrachtung nahekam. Er lehrte, metaphysisch-spekulativer als Goethe gerichtet, die Einheit der Natur durch die Weltseele als eine schaffende und bindende, in sich polare, allgemeine und vereinzelnde Kraft. Die Sonnenkraft erschien als die treibende, die Erdkraft als die bindende Energie im ewigen Kreislauf. Novalis verwandt war der Religionsphilosoph der Romantik F r i e d - r i c h   E r n s t   D a n i e l   S c h l e i e r m a c h e r (1768–1834), der den Mut hatte, F. Schlegels vielgeschmähten Roman „Lucinde" in einer eigenen Schrift zu verteidigen (*Vertraute Briefe über Schlegels Lucinde*, 1800). Ihm war wahre Religion nicht Moral oder Metaphysik, sondern ein unmittelbares, fühlendes Anschauen des Universums, eine mystische, dem erotischen Erleben verwandte Einigung mit Gott. Er lehnte den Glauben als geschichtliches Dogma ab und begriff ihn als seelisches Erfahren, als reines Gefühl (*Reden über Religion*, 1799). Die Unsterblichkeit faßte er als ein seliges Zusammenfließen mit dem Universum auf. Die mystische Tradition eines Meister Eckhart, Tauler und Jakob Böhme verband sich in der Romantik mit einer spekulativen, nach magischen und unterbewußten Tiefen forschenden Naturwissenschaft. Schelling nahe stand ein großer wahlverwandter Kreis: der Norweger H e n r i k   S t e f f e n s (1773–1845), dessen Selbstbiographie *Was ich erlebte* (1840/43) ein ausgezeichnetes Zeitbild gibt, der bayerische katholische Mystiker

Franz von Baader (1765–1841), der Naturphilosoph und
Mediziner Gotthilf Heinrich von Schubert (vgl. S. 315),
der Physiker Johann Wilhelm Ritter (1776–1810). Das
Reich des Unbewußten und Organischen wurde von der Naturwissenschaft, die der Dichtung wesentliche Anregungen gab,
ebenso umkreist wie von der romantischen Geschichtswissenschaft, die sich eine neue Auffassung der volklichen Gemein-
schaftskräfte, der Mythologie und des politisch-sozialen Lebens
erarbeitete. Die dem Gefühl und der Erkenntnis zugängliche
Welt, die der Rationalismus des 18. Jahrhunderts zu sehr verengt hatte, weitete sich in das Überirdische und Unterirdische.
In seinem *Gespräch über die Poesie* (1800) hatte F. Schlegel die
Stiftung einer neuen Religion und Mythologie gefordert. „Es
fehlt, behaupte ich, unserer Poesie an einem Mittelpunkt, wie es
die Mythologie für die Alten war." Darin sprach sich das Verlangen nach einer überpersönlichen Bindung aus, der es nicht
mehr um die Gestaltung der auf sich selbst gerichteten subjektiven „Persönlichkeit" ging, sondern um die Hingabe an eine
universale und organische Ganzheit. Schelling wandte sich in
seiner *Philosophie der Kunst* (1802/03) ausführlich einer neuen
Mythologie zu, F. Schlegel erforschte das Wesen des Mythischen
in der neue östliche Geschichtsräume und Literaturen öffnenden
Schrift *Über Sprache und Weisheit der Inder* (1808). Damit greift
die geistesgeschichtliche Bewegung von der im Jenaer Kreis ausgeprägten sogenannten „Frühromantik" zu der vor allem in
Heidelberg versammelten sogenannten „jüngeren Romantik"
oder Spätromantik über. Bei ihr traten das volklich-geschichtliche
und das religiöse Erlebnis, die Rückwendung zur Geschichte und
der Wille zur Regeneration entscheidend in den Mittelpunkt.
Ihre Wirkung prägte sich, volkstümlicher und mit nationaler
Färbung, tiefer dem deutschen Bildungsbewußtsein ein als der
geniale, intellektuell und intuitiv ausgreifende Subjektivismus
Schlegels und Novalis'.
Mit den Anregungen Tiecks und Wackenroders, mit dem Ruf
nach einem mythisch-religiösen Gemeinschaftsgeist und mit einem
Sinn für die Poesie von Landschaft und Geschichte verband sich
die patriotische Auflehnung gegen den Druck des napoleonischen
Imperialismus. Was die ältere Jenaer Romantik errang, ist für
die jüngere folgende Generation schon ein frei verfügbarer Besitz. Im Übergang blieb der einzige ausschließliche Dramatiker
der Romantik, Zacharias Werner (1786–1823). Er war,
wie Herder, später E. T. A. Hoffmann und J. von Eichendorff,

im deutschen Osten geboren. 1804/07 lebte er als Jurist in Berlin, dann fand er die zeitweilige Protektion Goethes. 1811 trat er in Rom zum Katholizismus über, 1814 wurde er zum Priester geweiht. Er war ein zerrissener, ruheloser Mensch, triebhaft und schwärmerisch, religiös und intellektuell, ein leidenschaftlicher und phantasievoller Erotiker, der in drei Ehen kein Glück fand. Sein gehetztes, bedrücktes Leben, das zwischen Sinnlichkeit und Sündenbewußtsein ekstatisch taumelte und erotische und religiöse Mystik in einen poetischen Rausch vermischte, floh endlich in den bergenden Schoß der Kirche. Im Widerspruch von magisch-mystischem Fühlen und theatralischer Virtuosität fand seine dramatische Begabung nicht zu einer festen ideellen und sprachlichen Gestaltungskraft. Das Symbolisch-Spekulative und ein dekorativer, oft greller Kulissenzauber brechen in seinen meist geschichtlichen Dramen disharmonisch auseinander. Sein erstes Drama, das die Vernichtung des Templerordens schildert, *Die Söhne des Tals* (1803) folgte Schillers „Don Carlos". *Das Kreuz an der Ostsee* (1806) nahm mit breiter lyrischer Rhetorik das Thema der Heidenbekehrung auf. In *Martin Luther oder Die Weihe der Kraft* (1807) gab er dem Reformator eine schwärmerische Frömmigkeit, in *Wanda* (aufg. 1808) steigert sich, Kleists „Penthesilea" verwandt, die Dämonie der Liebe zu mystischer Todeserotik. „Unser Dasein beruht auf dem Unbegreiflichen", sagte F. Schlegel. Dieses Erlebnis des aus Dämonie und Geheimnis herkommenden Schicksals durchzieht die romantische Dichtung. Aus ihm entstand, unter Goethes Einfluß, Werners technisch bestes Werk, das Schicksalsdrama *Der 24. Februar* (1810), das die grausige Geschichte eines unerkannt heimkehrenden Sohnes darstellt, der von seinen Eltern aus Habgier ermordet wird. Zahlreiche „Schicksalstragödien" folgten diesem Beispiel (A d o l f M ü l l n e r , *Der 29. Februar*, 1812, und *Die Schuld*, 1816, E r n s t v o n H o u w a l d , *Der Leuchtturm*, 1819, u. a.). In der *Mutter der Makkabäer* (1820) schrieb Z. Werner ein christliches Märtyrerdrama mit gräßlichen Bühneneffekten. Immer kreiste er um die Ekstase des Sinnlich-Übersinnlichen, um mystische Seelenliebe und christliche Opfermotive.

Das geschichtliche Drama der Romantik blieb der lyrischen Stimmung und epischen Breite von Sage und Legende nahe. Das zeigen, neben Tieck und Werner, auch Brentanos und Achim von Arnims Versuche. Durchweg tritt in der jüngeren Romantik das philosophische Interesse zurück, das Dichterische dagegen in enger Bindung an geschichtliche Stoffe und Formen in den Vor-

dergrund. Wenn der große Politiker der patriotisch-sozialen Freiheitsbewegung gegen Napoleon, Freiherr vom Stein, später sagte:
„In Heidelberg hat sich ein guter Teil des deutschen Feuers
entzündet, welches später die Franzosen verzehrte", so wies
er darauf, mit welcher Fruchtbarkeit diese poetische Wendung
zur nationalen Geschichte auf die bedrängte Gegenwart einwirkte
und daß aus der Erneuerung der Schätze von Lied, Sage und
Kunst ein neues Bewußtsein der volklichen Kraft und Einheit
aufstieg. Clemens Brentano (1778–1842), der Sohn von
Goethes „Maxe" (vgl. S. 214), war der genial improvisierende,
vielseitigste und phantasievollste Dichter der jüngeren Romantik.
Die Fülle seiner Begabung barg die Tragik innerer Zerrissenheit
im, wie er selbst bekannte, „unversöhnlichen Kampf mit dem
eigenen Dämon". Eichendorff sagte treffend, er sei nicht ein
Dichter, sondern selbst ein Gedicht gewesen, ein Volkslied, das
oft unbeschreiblich rührend, plötzlich, ohne Übergang, in sein
Gegenteil überwechselte und sich in überraschenden Sprüngen
fortbewegte. Sein Reich sei in den Wolken, nicht auf der Erde,
schrieb ihm die Mutter Goethes in das Stammbuch. Brentanos
Erstlingsroman *Godwi* (1801/02), an F. Schlegels Theorie des
Romans als Arabeske orientiert, überbot an Phantasie der Gestaltung und lyrischem Subjektivismus noch Jean Paul. Er nannte
ihn selbst „einen verwilderten Roman". Ein schrankenloses Gefühl tritt neben parodistische Selbstironie; die eingelegten Lieder
kündigen den großen Lyriker an. Für einen von Goethe ausge-
schriebenen Wettbewerb reichte er 1801 das Lustspiel *Ponce de
Leon* ein, das in einer von Witz und Geist funkelnden Sprache
vier Liebespaare nach vielen Intrigen, Verkleidungen und Wirrungen in den Hafen der Ehe einlaufen läßt. In Brentano verbanden sich Mystik und Humor, Sinnlichkeit und Religiosität,
Witz und Phantasie, Ironie und Kindlichkeit. Liebeserlebnisse
gaben ihm jeweils den schöpferischen Anstoß. Herrliche Lieder
voll Klang und Stimmung entstanden in den Jahren der Liebe
zu Sophie Mereau, deren eigenen Gedichtband (1800/02)
Schiller mit einleitenden Versen begleitete. Ergreifend schöne
Lieder dankte Brentano der späteren Liebe zu Luise Hensel
(1798–1876), der Dichterin von *Müde bin ich, geh' zur Ruh'*.
Brentano lernte vom Volkslied, er gab ihm einen schwebenden,
fließenden, von Glut und Schwermut bewegten Zauber. Sehnsucht,
Sinnlichkeit, träumerische Hingabe entgrenzen die Form und
lassen die Sprache zur Musik werden. Herder hatte das ursprüngliche Lied der Völker erneuert; Brentano sammelte jetzt mit dem

Freunde Achim von Arnim die Volkslieder des deutschen Mittelalters und gab sie überarbeitet in *Des Knaben Wunderhorn* (1806/08) heraus. Hier ertönten die Stimmen des Volkes aus allen Ständen und vielen Jahrhunderten mit der gleichen schlichten, volksmäßigen und christlichen Herzlichkeit. Eine neue Epoche deutscher Lyrik begann mit dieser Sammlung, die die Freunde Goethe widmeten. Die Vielfalt der Strophenformen, die Freiheit in den Taktierungen, im Metrischen und Rhythmischen, die man in den alten Liedern fand, ihr fließender Rhythmus, ihre Auflösung der Strophengliederung zu liedhaftem Klangflusse, ihre Kunst des Refrains – dies hat sich der romantischen und der Lyrik des 19. Jahrhunderts eingeprägt und eine neue Verskunst eingeleitet. Daneben gesellte sich die Freude an den romanischen Formen wie dem Sonett, der Terzine, dem Triolett, der Glosse in ihrer Kunst von Strophe, Reim, Klang; aus indischer Dichtung wurde das Ghasel abgelernt.

Auch der Reiz des mittelalterlich-volkstümlichen Erzählstils wurde neu entdeckt. In inniger, betont naiver Prosa folgte Brentano mit seiner *Chronika eines fahrenden Schülers* (Urfassung seit 1804) der Erzählweise der mittelalterlichen Legende und Chronik. Leider blieb, wie es der sprunghaften Art Brentanos entsprach, dieses in Hingabe, Sehnsucht, Leid und Kindlichkeit so romantische Werk ein Fragment, das erst nach starker Umarbeitung spät (1818) veröffentlicht wurde. Fast volksliedhaft geriet die melancholische *Geschichte vom braven Kasperl und dem schönen Annerl* (1817); die erste künstlerische „Dorfgeschichte" voller Stimmung und Schicksal. Brentano war ein genialer, im mündlichen Vortrag hinreißender Erzähler, aber er scheute vor Veröffentlichungen zurück. Seine zahlreichen *Märchen*, deren Niederschrift um 1820 begann, wurden erst spät dem Druck übergeben. Er schuf, von Grimms Märchen lernend, einen anderen Typus als Novalis. Nicht um eine symbolisch-philosophische Sinndeutung ging es ihm, sondern um ein zwischen Heiterkeit und Ernst, Spiel und Andacht, Geheimnis und Groteskem frei schwebendes Fabulieren, das tiefer und wahrer die Grundformen des Lebens deutet als die nüchterne Vernunft. Die *Rheinmärchen*, die alte Motive benutzen, und die *Italienischen Märchen* sind durchschlungen von der Perlenkette seiner bezaubernden Lyrik. 1811 brach er nach der 20. Romanze sein groß angelegtes lyrisch-episches Werk *Romanzen vom Rosenkranz* ab, in denen sich der Reichtum dieser lyrischen Magie in reicher Vielfalt der Töne und Stimmungen entfaltet. Die Romanze wurde nach spa-

nischem Vorbild von Herder eingeführt. Sie enthielt, im Metrum
des vierhebigen Trochäus, in ihrer Assonanzenfülle ein Höchstmaß von Klanglichkeit, von Sprachspielen und verlockte zu epischer Ausdehnung. Die Wirkung dieser versepischen Romanzen-
form Brentanos reicht bis zu K. L. Immermanns „Tulifäntchen"
und H. Heines „Atta Troll". Das Inhaltliche trat in Brentanos
„Romanzen vom Rosenkranz" hinter dem Sprachzauber zurück.
Die Geschehnisse bleiben schattenhaft: es geht um die Versuchung von drei „rosenhaften" Mädchen und ihrer Halbbrüder
zu sündiger Liebe, um Schuld und Buße ihres Vaters, des Malers
Kosme, um das dämonische Wirken des mit dem Höllengeist
verbundenen Oheims Apone, um die Erfindung des Rosenkranzes
als Erlösung von alter Schuld. Zwölf Jahrhunderte umfaßt das
Geschehen. Ähnlich wie in dem 1812 folgenden mythischen
Drama *Die Gründung Prags* (Libussa-Thema) liegt das Schwergewicht auf der Entfaltung lyrischer Bilder, Stimmungen, Farben
und Klänge, auf der Begegnung des Sinnlichen und Übersinn-
lichen. Die Spannung der Widersprüche, jene Ruhelosigkeit
zwischen extremen Lagen, die seiner Lyrik und seinem Erzählen (das Fragment *Der schiffbrüchige Galeerensklave vom
todten Meer*) die vielstimmige Dimension und die künstlerische
Ausdrucksintensität gaben, wurden mehr und mehr zu existentieller Gefährdung. Brentano flüchtete aus gehetzter Ruhelosigkeit des Ich zu einer Beheimatung im Überpersönlichen, im
christlichen Mysterium. Um 1817 fand er zum katholischen Glauben zurück; Luise Hensel widmete er in hoffnungsloser Liebe
eine Reihe seiner schönsten Lieder. Es entstand eines seiner ergreifendsten Gedichte, der *Frühlingsschrei eines Knechtes aus
der Tiefe:*   Meister, ohne dein Erbarmen
             Muß im Abgrund ich verzagen,
             Willst du nicht mit starken Armen
             Wieder mich zum Lichte tragen. –

             Einmal nur zum Licht geboren,
             Aber tausendmal gestorben,
             Bin ich ohne dich verloren,
             Ohne dich in mir verdorben.

Brentano verbrachte die Jahre 1819–1824 am Krankenbett der
stigmatisierten Nonne A. K. Emmerick in Dülmen, deren Visionen
er aufzeichnete und zu vielgelesenen Andachtsbüchern gestaltete.
„Du und ich sind außer aller Ordnung", schrieb er einmal seiner
Schwester B e t t i n a (1785–1859), der Gattin Achim von Arnims.
„Meine Seele ist eine leidenschaftliche Tänzerin, sie springt her-

um nach einer inneren Tanzmusik, die nur ich höre und die
anderen nicht", antwortete sie. Phantasie und Wirklichkeit verwoben sich in ihrem enthusiastischen Briefroman *Goethes Briefwechsel mit einem Kinde* (1835), in dem Briefbuch *Cl. Brentanos
Frühlingskranz* (1844) und in der Briefsammlung *Die Günderode* (1840). Enthusiastisch warb sie um und für den Weimarer
Apollo und Titanen, bis Goethe verstimmt abwehrte. Sie hatte
das Gespür für Größe: Sie gehörte zu den ersten, die Beethovens,
Hölderlins Rang erkannten. Später wandte sich ihr unruhiger,
warm und stark empfindender Geist in *Dies Buch gehört dem
Könige* (1843) und *Gespräche mit Dämonen* (1852) der sozialen
Frage zu. Ernster und schwerer war K a r o l i n e v o n G ü n d e -
r o d e (1780–1806) veranlagt, eine zarte, herbe Natur, die sich
in der Leidenschaft vergeblicher Liebe zu dem Heidelberger
Mythologen Georg Friedrich Creuzer früh verzehrte und freiwillig aus dem Leben schied. Die Tragik ihrer Liebe gab ihr
innig-schwermütige Gedichte ein (*Gedichte und Phantasien*,
1804), die oft an Hölderlins Art erinnern und eine große Begabung verraten, die nicht voll ausreifen konnte.
Clemens Brentano, auch Schelling, seiner Gattin Karoline (vgl.
S. 326) und selbst E. T. A. Hoffmann wurde ein eigenwilliges
Buch zugeschrieben, das 1804 anonym unter dem Titel *Nachtwachen des Bonaventura* erschien. Viele Einflüsse durchdringen
es. Der Verfasser, vielleicht F r i e d r i c h G o t t l o b W e t z e l
(1779–1819), knüpfte an Motive Jean Pauls an und steigerte ihre
bizarre Art bis ins Dämonisch-Groteske. Ein Findling, Kreuz-
gang genannt, ist der Held dieser „autobiographischen" Aufzeichnungen. Als Sohn eines Alchimisten und einer Zigeunerin
wächst er bei einem Schuster auf; er wird Bänkelsänger, Schauspieler, Hanswurst, endlich Nachtwächter, der nun mit Schwermut und Phantasie, mit Ironie und Zeitkritik von den Erlebnissen seiner nächtlichen Wanderungen, seinen bis zu Groteske
und Nihilismus pessimistischen Lebenserfahrungen und -reflexio-
nen berichtet. „Die Menschen sind, wenn sie handeln, höchst
alltäglich, und man mag ihnen höchstens, wenn sie träumen,
einiges Interesse abgewinnen."
Lange war A c h i m v o n A r n i m (1781–1831), der altem mär-
kischem Adel entstammte, Brentanos Weggefährte. Eine feste,
klare Männlichkeit, ein freier Sinn und Wille gaben ihm eine
menschliche Überlegenheit; als Dichter muß er sich ihm trotz
eines ähnlichen Reichtums an Phantasie und Gefühl und trotz
gleicher Neigungen unterordnen. Er begann mit einem Jugend-

roman *Hollins Liebesleben* (1802), der traurig elenden Liebesgeschichte zweier romantisch fühlenden, einem Mißverständnis
elend anheimfallenden jungen Menschen. Arnim schob die Erzählung in seinen 1810 erscheinenden breiten und verwickelten
teilweise spukhaft-phantastischen, teilweise realistisch-moralischen
Eheroman *Armut, Reichtum, Schuld und Buße der Gräfin Dolores*
ein, den Goethe scharf ablehnte: „Ich fürchte, aus dieser Hölle
ist keine Erlösung." Mit Brentano sammelte er Volkslieder; er
gab in Heidelberg die *Zeitung für Einsiedler* („Trösteinsamkeit")
1808 heraus, an der sich Brentano, Görres, Jacob Grimm lebhaft
beteiligten. Sie repräsentierte, wie einst das „Athenäum" den
Jenaer frühromantischen Kreis, die jüngere Heidelberger Romantik. Vom Studium der romantischen Naturwissenschaften (*Ariels
Offenbarungen*, 1804) fand Arnim zum deutschen Altertum, zur
Volksdichtung und mittelalterlichen Geschichte und Kunst. Als
Mitglied der „christlich-deutschen Tischgesellschaft" in Berlin seit
1808 (mit Brentano, Kleist, Adam Müller) war er an der gei-
stigen Vorbereitung der nationalen Freiheitsbewegung beteiligt.
Seine Dramen, wie *Halle und Jerusalem* (1811), nach dem Stoffe
von Gryphius' „Cardenio und Celinde" (vgl. S. 154), oder das
Puppenspiel *Die Appelmänner*, schrieb er für ein ideales Theater,
„das nirgend vorhanden ist" (an Goethe 1819). Er verband das
Volksmäßige, Mythische und Christliche in einer phantastischen,
oft allzu verwickelten und willkürlichen Art. Sein Roman *Die
Kronenwächter* (Bd. 1 1817, Bd. 2 1854) war der erste dichterische geschichtliche Roman mit realistischer Tendenz und weitem Ausmaße in der deutschen Literatur. Mit dem Blick auf die
Gegenwart entwarf er ein Bild der spätmittelalterlichen Städte-
herrlichkeit, die ein tüchtiges, frommes Bürgertum in vielen Gestalten bevölkert. Dahinter ist das staufische Kaisertum als Erbe
und Verpflichtung gegenwärtig; zauberische Kräfte umspielen
die verwickelte Handlung. Dieser Roman des faustisch-luthe-
rischen Spätmittelalters war eine ebenso bedeutende, zu Unrecht
vergessene Leistung wie Arnims im *Wintergarten* (1809) gesammelte Novellen, die alte Stoffe vielfach neu nacherzählten. Arnims
Komposition und Stil bestimmt ein assoziatives, nach allen
Seiten frei schweifendes Fabulieren, dessen Willkür seiner Wirkung Grenzen zog. Zwei Erzähldichtungen heben sich aus der
Fülle heraus: die grandiose phantastisch-historische Novelle
Isabella von Ägypten (1812) mit ihrem Panorama kurioser Gestalten und märchenhafter Vorgänge und *Die Majoratsherren*
(1820) – beide von gleich hohem Rang der Einfallsfülle, erzähle-

rischen Vielschichtigkeit und artistischen Komposition. Daß Arnim zu ihr durchaus fähig war, erweist die dem Stil von Kleist genäherte, im Historisch-Psychologischen etwas Dämonisches anspielende Novelle *Der tolle Invalide auf dem Fort Ratonneau* (1818). In Heidelberg lehrte J o s e p h G ö r r e s (1776–1848). In *Glauben und Wissen* (1805) entwickelte er, F. Schlegels Anregungen ausarbeitend, an der Mythengeschichte des Orients die übergeschichtlischen menschlichen und kosmischen Grundformen der Mythologie. In seiner *Mythengeschichte der asiatischen Welt* (1810) legte er sie ausführlich dar. Von hier führt über den Heidelberger Mythologen F r i e d r i c h C r e u z e r (*Symbolik und Mythologie der alten Völker*, 1810/12) ein Weg zu J. J. Bachofen und F. Nietzsche. „Im Orient müssen wir das höchste Romantische suchen" (F. Schlegel). In *Die deutschen Volksbücher* (1807) wies Görres, mit unerschöpflicher Beredsamkeit Brentanos, Arnims und der Brüder Grimm Bemühungen um die Rückentdeckung der geschichtlichen Volkskunst unterstützend, auf die Erzählformen der spätmittelalterlichen Prosa (vgl. S. 88 f.). Ein Wunder an Vitalität, Sprachgewalt und enthusiastischem Wirkungswillen, hatte Görres ursprünglich begeistert der Französischen Revolution zugestimmt, dann aber kühn und rücksichtslos in seiner Zeitung *Der Rheinische Merkur* (1814–1816) zum Aufstand gegen Napoleon gerufen. Er begründete den Stil und die Einflußkraft der modernen politischen Journalistik, so daß sie Napoleon erbittert als eine neue Großmacht bezeichnete. Görres' ähnlich rückhaltloser Kampf gegen die deutsche dynastische Reaktion nach Napoleons Sturz trieb ihn in die Verbannung in der Schweiz. Später wurde er, bei entschiedener Ablehnung der preußischen Vorherrschaft, ein führender Vorkämpfer des Katholizismus mit stark mystischer Tendenz (*Die christliche Mystik*, 1836/42). An Fülle und Bildkraft war seine Prosa einzigartig; er gehört, trotz Heines ironischem Vergleich mit „einem ungeheuren babylonischen Turm, worin hunderttausend Gedanken sich abarbeiten und besprechen und zurufen und zanken, ohne daß der eine den anderen versteht", zu den großen Prosaschriftstellern der deutschen Sprache.

Ruhiger, sachlicher und einheitlicher war das Wirken der Brüder J a c o b (1785–1863) und W i l h e l m G r i m m (1786–1859), mit denen die Wissenschaft von deutscher Sprache, Dichtung und Sage beginnt. Die Romantik gab ihnen den liebevollen Tiefblick und die universale Weite der Anschauung; das strenge Ethos einer selbstlosen Wissenschaft vermittelte ihnen die Fähigkeit zum klaren Durchdringen und mühsamen Erforschen eines gewaltigen Stoffgebietes. Es gab ihnen den Mut zu einer politischen Freiheitsgesinnung, als sie, gegen den Verfassungsbruch des Königs von Hannover 1837 protestierend, mit Dahlmann, Gervinus u. a. von ihrer Göttinger Lehrtätigkeit vertrieben wurden. 1812/15 gaben sie, stets gemeinsam arbeitend und sich fruchtbar ergänzend, die *Kinder- und Hausmärchen* heraus, in deren Vorrede es schön heißt: „Innerlich geht durch diese Dichtungen dieselbe Reinheit, um derentwillen uns Kinder so wunderbar und selig erscheinen; sie haben gleichsam dieselben bläulich-weißen, glänzenden Augen, die nicht mehr wachsen können, während die anderen Glieder noch zart, schwach und zum Dienst der Erde ungeschickt sind. So einfach sind die meisten Situationen, daß viele sie wohl im Leben gefunden, aber, wie alle wahrhaftigen, doch immer neu und ergreifend." Sie sammelten sie aus dem Volksmunde und schufen in der schlichten Stilkunst ihrer Nacherzählungen den Typus des Volksmärchens zu einer bündigen deutschen Form, auch wenn viele Stoffe auf ausländische, z. B. französische Überlieferungen zurückgingen. (In den „Contes de ma mère l'Oye" von Perrault 1697 finden sich bereits „Der gestiefelte Kater", „Dornröschen", „Rotkäppchen", „Aschenbrödel" u. a.) Sie wandten sich schon gegen den seither oft erhobenen Vorwurf der Grausamkeit mancher Motive: „Wir suchen die Reinheit in der Wahrheit einer geraden, nichts Unrechtes im Rückhalt bergenden Erzählung. – Übrigens wissen wir kein gesundes und kräftiges Buch, welches das Volk erbaut hat, wenn wir die Bibel obenan stellen, wo solche Bedenklichkeiten nicht in ungleich größerem Maß einträten: der rechte Gebrauch aber findet nichts Böses heraus, sondern, wie ein schönes Wort sagt, ein Zeugnis unseres Herzens. Kinder deuten ohne Furcht in die Sterne, während andere nach dem Volksglauben die Engel damit beleidigen." 1816/18 folgten die *Deutschen Sagen*, 1819/37 Jacob Grimms *Deutsche Grammatik*, 1828 seine *Rechtsaltertümer*, 1835 die *Deutsche Mythologie*, 1829 von Wilhelm Grimm die *Deutsche Heldensage* und schließlich seit 1852 das endlich im Jahre 1961 vorläufig beendete *Deutsche Wörterbuch*.

1803 hatte der Reichsdeputationshauptschluß die weltlichen Herrschaftsgebiete der katholischen Kirche aufgelöst; jedoch wie diese an äußeren Reichtümern verlor, gewann sie an Besinnung auf ihre eigentliche religiöse Aufgabe. 1806 brach mit dem Verzicht auf die Kaiserkrone durch Franz II. das alte Kaiserreich endgültig auseinander. Zur gleichen Zeit bildete sich aus der Romantik

heraus ein neuer sozialer Gemeinschaftswille in der Verbindung
von vaterländischem und christlichem Denken. F. Schlegel gelangte, ähnlich wie Görres und Kleist, in Paris zu einem nationalen Selbstbewußtsein, und seine Zeitschrift *Europa* (1808) rief
zu einer Erneuerung des Denkens aus der erzieherischen Kraft
der abendländischen Geschichte auf. Er feierte in Köln die
Malerei und Baukunst des christlichen Mittelalters. Ähnlich
waren Adam Müllers Dresdner *Vorlesungen über die deutsche
Wissenschaft und Literatur* (1806) und die wirkungsvollen Berliner *Reden an die deutsche Nation* (1807/08) von Johann Gottlieb Fichte gestimmt, der gegenüber seiner Jenaer „Wissenschaftslehre" eine starke Wandlung durchgemacht hatte. Bei ihm
wie bei Ernst Moritz Arndt (1769–1860) verband sich mit
dem nationalen Ethos die Betonung der christlichen Gesinnung.
Arndt schrieb sein Buch *Geist der Zeit* (1. Teil 1806) gegen die
Auflösung der natürlichen Kräfte des Volkes und des Gefühls
durch den Rationalismus, gegen eine allzu aufgeklärte Gegenwart, „arm, ohne Unschuld und ohne Geist, zu klug für die Erde,
zu feig für den Himmel." Arndt kämpfte für die sozialen Rechte
des Volkes, vor allem der vom Feudalismus bedrängten Bauern.
In den Jahren 1812/13 entstanden unter dem Eindruck der kriegerischen Volksbewegung seine einfachen, festen politischen Lieder, die nicht mehr um das individuelle Erleben kreisen, sondern
mit lutherischer Gedrungenheit der Ausdruck eines gemeinsamen
Fühlens und Wollens sind, in dem Tapferkeit und Frömmigkeit,
Ehre und Glaube das Ethos bilden. Von dem Sohn von Schillers
Freund, Theodor Körner (1791–1813), der als Lützower
Jäger fiel, erschien, neben sehr mäßigen rhetorischen Dramen,
nach seinem Tode die jugendlich-enthusiastische Sammlung *Leier
und Schwert* (1814), die Kriegertum und Schlachtentod mit Pathos
feierte. Romantisch träumerischer und religiöser erklangen die
Lieder des Kriegsfreiwilligen Max von Schenkendorf (1783
bis 1817). Verblaßt ist der Ruhm von Friedrich de la
Motte-Fouqué (1777–1843), dessen nordisch-mythologische
Dramen, wie z. B. *Sigurd der Schlangentöter* (1808/10) und dessen nordisch-mythologischer Roman *Der Zauberring* (1812) der
Breite ihrer empfindungsvoll fabulierenden Phantastik zum Opfer
fielen. Nur sein „allerliebstes Märchen" *Undine* (1811), wie
Goethe es nannte, das mit romantischem Wasserzauber biedermeierliche Idyllik verbindet und dem Heine „echten Lorbeer"
zusprach, hat sich als ein zartes, träumerisches Kunstmärchen erhalten. F. Schlegels vaterländische Lyrik wurde bald vergessen.

Er schrieb sie, 1808 zum Katholizismus übergetreten, im Dienste der österreichischen Freiheitsbewegung gegen Napoleon. In seiner letzten Zeitschrift *Concordia* (1820–1823), als publizistischer Sprecher der Heiligen Allianz Metternichs, und in seinen Altersschriften, wie *Philosophie des Lebens* und *Philosophie der Geschichte,* wandte er sich der Sorge für die katholische Erneuerung und Durchdringung des politisch-geistigen Lebens zu. Dagegen mußten den Restaurationstendenzen der Wiener Heiligen Allianz und der reaktionären Politik der Dynastien unter Metternichs Führung die eigenwilligeren Görres, Arndt und auch F r i e d r i c h   L u d w i g   J a h n (1778–1852), der Vater der neuen Turnerschaft, weichen. Sie waren zu den Wortführern des Freiheitsverlangens des Volkes geworden. Jahns Hauptwerk *Deutsches Volkstum* (1810) gesellte sich zu Fichtes „Reden" und Arndts „Geist der Zeit". Er prägte neu das Wort „Volkstum" als das „Gemeinsame des Volks, sein inwohnendes Wesen, sein Regen und Leben, seine Wiedererzeugungskraft, seine Fortpflanzungsfähigkeit. Dadurch waltet in allen Volksgliedern ein volkstümliches Denken und Fühlen, Lieben und Hassen, Frohsein und Trauern, Leiden und Handeln, Entbehren und Genießen, Hoffen und Sehnen, Ahnen und Glauben. Das bringt alle die einzelnen Menschen des Volkes, ohne daß ihre Freiheit und Selbständigkeit untergeht, sondern gerade noch mehr gestärkt wird, in der Viel- und Allverbindung mit den übrigen zu einer schon verbundenen Gemeinde." Christliches und Nationales, Volkstümliches und ein demokratisches Freiheitsdenken waren in dem Bewußtsein der Zeit eine Einheit auf idealistisch-romantischem Grunde. Er wurde aufgezehrt, je mehr sich dies Bewußtsein politisierte, auf reale und partikulare Tendenzen hin konkretisierte, derart diese Einheit auflöste, ja ihre Elemente zu gegenseitigem Konflikt brachte.
Daß ein naher Bezug zu volklicher Natur und heimatlicher Wirklichkeit sich mit heller humaner Vernunft, mit einem aufgeklärten Weltbürgersinn zu vereinigen vermag und nicht romantischer Irrationalität bedarf, um künstlerisch zu voller Wirkung zu gelangen – dies lehrt das lyrische und erzählerische Werk des alemannischen Dichters J o h a n n   P e t e r   H e b e l (1760–1826). Man möchte ihn eher, auf seine begrenzte Idyllenweise, dem Geiste der Klassik als der Romantik zuordnen, deren Generation er zugehörte. Die landschaftliche Randlage bedeutete geistige Phasenverschiebungen. Aus natürlicher Einheit mit Volk und Landschaft kommen Mundart und Rhythmus seiner anschaulichen, humoristisch-besinnlichen *Alemannischen Gedichte* (1803).

Er sprach für das Volk von den schlichten, greif- und sichtbaren
Dingen des Lebens, von Sagen und Schwänken – ein kluger, mit
dem Volke lebender Erzieher, der Scherz und Lehre, Frömmigkeit und Schalkhaftigkeit wohl zu mischen verstand. Er konnte,
sogar in der Mundart, den antiken Hexameter wagen wie Goethe
und J. H. Voß, da er seinen Einklang mit dem natürlichen Rhythmus der heimischen Sprache erfaßte. Als ein Meister der dichterischen Kurzerzählung erwies er sich in seinem pädagogisch gemeinten *Schatzkästlein des rheinischen Hausfreundes* (1811).
Hebel wählte Proteus zum Schutzgeist, den Gott der beständigen
Verwandlung. Er wurde für ihn zum Sinnbild des menschlichen
Lebens: als ewiger Wechsel von Freud und Leid, des Keimens
und Wachsens der Natur, des Auf- und Niederganges der Gestirne, des Rinnens der Zeit. Alles Leben erschien ihm als Gleichnis und Bild unendlicher Verwandlung. Und über ihm weitete
sich der getroste Ausblick in ein christliches Jenseits. Hebel war,
wie Matthias Claudius, ein Volkserzieher, aber er besaß die erzählerische Anschauungskraft des späteren Schweizer Epikers
Jeremias Gotthelf (vgl. S. 418), und er war ein bedeutender
Künstler der kurzen Prosa. Goethe sagte von seinen Gedichten,
daß er das Universum anmutig verbauere. Aufklärung, Klassisches und der Realismus des 19. Jahrhunderts verbanden sich in
seiner Dichtung, die im literarischen Leben der Zeit eine eigene
idyllische und naturhaft fromme Provinz darstellte.
Zu einer biedermeierlich-bürgerlichen Idyllisierung romantischen
Erlebens neigte, wie der junge Rückert, wie Uhland und Kerner,
der Schwabe W i l h e l m H a u f f (1802–1827) mit dem großen
Erfolg seines geschichtlichen Romans *Lichtenstein* (1826), seinen
Märchen *(Kalif Storch, Zwerg Nase, Das kalte Herz)* und seiner
volksliedhaften Lyrik *(Morgenrot, Morgenrot, leuchtest mir zum
frühen Tod)*. Seine Erzählungen *Jud Süß* und *Die Bettlerin vom
Pont des Arts* verraten eine Begabung für die künstlerische Novelle. In den *Phantasien im Bremer Ratskeller* schuf er ein in
Phantastik, Weinpoesie und Humor köstliches Werk. Dagegen
mißlang seinem genialisch auftretenden Landsmann W i l h e l m
W a i b l i n g e r (1804–1830), der allzu früh Gedichte und einen
Hölderlin nachgeformten Roman *Phaeton* herausgab, eine künstlerisch reife Leistung. In einem ebenfalls kurzen Leben schenkte
der Dessauer Handwerkersohn W i l h e l m M ü l l e r (1794 bis
1827) einem begeisterten Sangespublikum zahlreiche noch heute,
vor allem durch Franz Schuberts Vertonungen vertraute Lieder
von Liebe, Wein und Wanderlust *(Im Krug zum grünen Kranze,*

Wenn wir durch die Straßen ziehn, Aus des Meeres tiefem, tie-
fem Grunde, Ich schnitt es gern in alle Rinden ein).

Bei diesen Autoren wird bereits die Verdünnung der romanti-
schen Erlebnissubstanz spürbar, ihr Verrinnen in das Empfind-
sam-Stimmungshafte oder in das Literarische, das sich fester Formeln bedient und in das Konventionelle verflacht. Die Romantik
war eine Jugendbewegung; ihr Altern bedeutete Einbußen an
Unmittelbarkeit der dichterischen Gehalte und der Sprache. Diese
Gefahr bedrohte den späten Eichendorff, in dessen Jugend und
Reife das Romantische in seinem Zauber, auch seinen inneren
Konflikten nochmals zur Fülle poetischer Phantasie, Musik und
Traumkraft aufblühte. Die gleiche Gefahr bedroht E. T. A. Hoffmanns virtuose Erzählleidenschaft. Beider Kunst entwuchs dem
ausgeprägten Subjektivismus ihrer seelischen Anlage, welche
romantische Grundthemen mit der persönlichen Erlebnis- und
Ausdrucksform durchdrang. Beide gelangten am Ende der
romantischen Bewegung, schon in ihrer privaten Existenz als
Juristen und Beamte wie in Stilelementen ihres Werkes in den
bürgerlichen Realismus hinüberweisend, zu einer ungemein breiten Wirkung. Beide haben mit ihrem Werk anregend und typen-
prägend tief in das 19. Jahrhundert hineingewirkt. An ihnen
bildete sich die allgemeine Vorstellung des Romantischen; mehr
als an dem esoterischen Novalis und dem vielstimmigen Brentano. An ihrem Gegensatz verdeutlicht sich nochmals die innere
Polarität der romantischen Bewegung. Die Lieder des Freiherrn
J o s e p h v o n E i c h e n d o r f f (1788–1857) sind bis heute
lebendigster Besitz breiter Volkskreise geblieben (*Gedichte,*
1837). Er fand in Heidelberg die Freundschaft von Brentano und
Arnim, er kämpfte in den Freiheitskriegen als Lützower Jäger
und wurde – ein schon bürgerlicher Zug – ein gewissenhafter
hoher Beamter in Danzig, Königsberg und Berlin. Allerdings mit
der lächelnden Überlegenheit des künstlerischen Menschen!

> Aktenstöße nachts verschlingen,
> Schwatzen nach der Welt Gebrauch
> Und das große Tretrad schwingen
> Wie ein Ochs, das kann ich auch.

> Aber glauben, daß der Plunder
> Eben nicht der Plunder wär',
> Sondern ein hochwichtig Wunder,
> Das gelang mir nimmermehr.

Niemals verließ ihn das Heimweh nach dem Paradies seiner
Kindheit, dem von Wäldern umrauschten schlesischen Schlosse

Lubowitz. Das Erlebnis der verlorenen Kindheit wurde ihm Symbol der verlorenen poetisch-mythischen Urheimat des Menschen. Er suchte sie im Traum von der unverstörten Vergangenheit, in der Sehnsucht nach dem christlich Überwirklichen. Aus der Enge in die unendliche Landschaft, welche die Landschaft der Seele und Gottes Schöpfung, Gottes Wirklichkeit ist, bewegt sich der Rhythmus seines Dichtens. Eichendorff schuf jene romantische Stimmungs- und Seelenlandschaft mit Wald und Bergen, jubelndem Frühling, geheimnisvollem Mondschein, alten Burgen, einsamen Kapellen, Nachtigallen und fernen Klängen; eine Landschaft von Weite und Ahnungen, voll grenzenloser Sehnsucht. Denn hier ist die Seele auf der Wanderschaft, die dem gläubigen Katholiken eine Pilgrimschaft zu Gottes Frieden war. Diese Lieder sind rein und voll in der Sprache und im Gefühl, einfach und innig, ohne Leidenschaft, ohne scharfes Sehen einzelner Dinge. Die verdämmernden Fernen, die wehenden Töne, die zarten Farben, die stillen Dinge kehren immer wieder; die Landschaft wird zu einer inneren, glückhaften oder schwermütigen Verzauberung geführt. Über allem liegt der Friede des christlichen Gemüts, dem im Zeitlichen das Ewige still begegnet und das sich im Göttlichen geborgen weiß. Eichendorff kennt, obwohl auch er um die inneren Spaltungen der romantischen Existenz zwischen Ruhelosigkeit und Ruhesehnsucht, Sinnlichem und Spirituellem, Willkür des Subjektiven und Bindung an überpersönliche Ordnungen, Dämonie und Einfalt, Verführung und Idylle wußte, nicht die Zerrissenheit eines Brentano, Werner, Hoffmann; er philosophiert nicht, sondern er dichtet aus einer träumerischen Seelenstimmung heraus. Volksliedtöne sind in die bei aller Einfachheit große Stilkunst seiner Lieder eingeschmolzen Das persönlichste Erleben wird für alle gültig mit durchsichtiger Schmiegsamkeit von Melodie und Bild ausgedrückt (*Vom Grund bis zu den Gipfeln, Wem Gott will rechte Gunst erweisen, O Täler weit, o Höhen, In einem kühlen Grunde, Es rauschen die Wipfel, Wer hat dich, du schöner Wald* u. a.). Liebe, Natur, Wanderlust, Heimat und Heimweh sind die vorherrschenden Themen, daneben heitere Lieder, Sprüche, die *Totenlieder,* nationale und geistliche Lieder, wie das *Morgengebet.*

> O wunderbares tiefes Schweigen,
> Wie einsam ist's noch auf der Welt!
> Die Wälder nur sich leise neigen,
> Als ging der Herr durchs stille Feld.

Ein Lyriker ist Eichendorff auch als Erzähler. Sein Roman
Ahnung und Gegenwart (1815) gibt ein vielschichtiges Bild der
Jahre vor der Volkserhebung. Er führt den Helden durch das
Waldleben, die Gesellschaft der Residenz, zu dem Volksaufstand
in Tirol und nach seinem Zusammenbruch in die Einsamkeit
zurück. Das Beispiel von Goethes „Meister" ist in eine lyrische
Bilderwelt verwandelt. In Graf Friedrich lebt ein fester, frommer Sinn, in Gräfin Romana die lockende Sinnlichkeit des Südens.
Einlagen von Liedern bringen die Stimmung des Ganzen zum
Erklingen; daneben zeigt sich Eichendorff als ein kritisch-ironi-
scher, religiös-nationaler Erzieher. Immer bleibt das eigene Erleben die Grundlage: „Friedrichs Seele befand sich in einer kräftigen Ruhe, in welcher allein sie imstande ist, gleich dem unbe-
wegten Spiegel eines Sees, den Himmel in sich aufzunehmen. Das
Rauschen des Waldes, der Vogelsang rings um ihn her, diese
seit seiner Kindheit entbehrte grüne Abgeschiedenheit, alles rief
in seiner Brust jenes ewige Gefühl wieder hervor, das uns wie in
den Mittelpunkt alles Lebens versenkt, wo alle die Farben strahlen, gleich Radien ausgehen und sich an der wechselnden Oberfläche zu dem schmerzlich-schönen Spiel der Erscheinung gestalten." Auf Goethes Spuren wandelt der an Abenteuern, Schau-
spielern, Räubern, Studenten, Malern und Dichtern reiche, von
Liedern durchsungene Roman *Dichter und ihre Gesellen* (1834).
In der Novelle *Aus dem Leben eines Taugenichts* (1826) formte
er das von Licht und Klang, glückseligem Vagabundentum, Liebe
und Sehnsucht erfüllte Wunschbild eines träumerisch-schweifen-
den Lebens. Im scheinbar freien Phantasiespiel der Erzählung
birgt sich ein reifer Kunstverstand. In *Schloß Durande*, in *Das
Marmorbild* (1826) sind dunklere Mächte mit versöhnendem
Gottvertrauen geschildert. Die Spannungen, die Eichendorffs
Welterfahrung durchziehen, werden hier schon fast allegorisch-
formelhaft. In *Krieg den Philistern* (1824) und *Die Freier* (1833)
glückten seinem ironisch-heiter fabulierenden Spieltemperament,
das auch dem „Taugenichts" die erzählerische Grazie gab, Lustspiele, die im Romantischen ein Fluidum des Rokoko bewahren.
Seine späteren Versepen *Julian* (1853), *Robert und Guiskard*
(1855) münden in den breiten Strom der Versdichtungen ein,
der die erste Hälfte des 19. Jahrhunderts durchzieht. Kritisch-
historische Schriften (*Über die ethische und religiöse Bedeutung
der neueren romantischen Poesie in Deutschland*, 1847, *Geschichte
der poetischen Literatur Deutschlands*, 1857 u. a. m.) zeichneten
ein Bild der vergangenen Romantik und bekräftigen den reli-

giösen Impuls, aus dem heraus Eichendorff Aufgabe und Sinn der Romantik, ja, aller Dichtung in einer zunehmend glaubenslosen, ihm entfremdeten Zeit verstand. Der Dichter war ihm der poeta religiosus.

> Das Leben hat zum Ritter ihn geschlagen,
> Er soll der Schönheit neid'sche Kerker lichten!
> Daß sich nicht alle götterlos vernichten,
> Soll er die Götter zu beschwören wagen.

Neben der Dichtung Eichendorffs erscheint E r n s t T h e o d o r A m a d e u s H o f f m a n n s (1776–1822) umfangreiches Erzählwerk wie ein spukhaft-grotesker, dämonischer Traum. Er galt lange, vor allem im Ausland, als der größte deutsche Erzähler; in Frankreich, Rußland, England und Amerika gewann er Ruhm und Einfluß (Baudelaire, E. A. Poe). Goethe lehnte ihn heftig ab. Jean Paul erkannte in ihm den Geistesverwandten. Ein bewegtes Wanderleben führte den gebürtigen Königsberger, der aus Verehrung zu Mozart den Vornamen Amadeus annahm, zugleich einer der ersten Beethoven-Enthusiasten war, als Kapellmeister nach Bamberg, als Kammergerichtsrat nach Berlin, wo er sich während der Demagogenprozesse Jahns (1820) annahm. Er war ein bewährter Beamter, ein universal begabter Musiker, der selbst Opern komponierte, Regie führte; er war ein wegen seiner boshaften Karikaturen gefürchteter Zeichner und ein Dichter, der ohne eine genialische Bohème und viele Getränke nicht zu arbeiten vermochte. Die Wirklichkeit als bürgerlicher Alltag und das Traumland als Reich der Verzauberungen, der Gespenster und phantastisch-unheimlichen Visionen brachen in Ironie und Märchen auseinander. Alles Irdische war ihm mit Geistern gefüllt, die sich in gute und böse Dämonen scheiden. Die Tradition der französischen, durch Wieland vermittelten Märchen des Rokoko floß ihm mit romantischem Pandämonismus, mit einer durch Novalis und G. H. v. Schubert vertieften mystischen Erlösungslehre zusammen. Hoffmann schied zwischen den poetischen Menschen, die das Wunderbare im Leben erfühlen, damit den wahren Zusammenhang der Dinge, und jenen, die als Philister in platter Alltäglichkeit verharren. Im Glauben an das Walten ungreifbarer Mächte im Leben der Menschen stand seine Novellistik der romantischen Schicksalstragödie nahe. Die spekulativ-allegorische Phantastik seiner Kunstmärchen, Form eines kulturellen Spätstils, unterscheidet sich weit von der mythischen Einfalt des Volksmärchens. Von diesen Kunstmärchen führt die Linie weiter zu Keller, Storm, Hofmannsthal und noch Kafka.

Im Widerstreit von Grimasse und Traum, von Wahn und Enthusiasmus der Seele lag der Grund seiner Zerrissenheit; die Phantasie führte in ein bizarres, abgründiges, von groteskem Humor und schmerzlicher Tragik durchlebtes Reich, das sich mitten in der nüchternen, biedermeierlichen Wirklichkeit öffnet. Er war ein Artist des Unheimlichen, der bewußt seine Traumbilder auskostete und sie zugleich ironisch spiegelte. Alle Wirklichkeit wurde mehrdeutig; das Magisch-Dämonische brach erschreckend und verzaubernd in die Alltagswelt ein. Hoffmanns Ironie und Lust am Grotesken deutet auf Jean Paul zurück; langsam fand er den Weg von der „schneidenden" Satire zum Humor, der Versöhnendes bedeutet. Das oft von ihm variierte Doppelgänger-Motiv, breit in die folgende europäische Literatur einwirkend, spricht von einer „modernen" Bewußtseinspaltung des Menschen. Der Erzähler Hoffmann führte sich mit den *Phantasiestücken in Callots Manier* (4 Bde. 1813/15) ein; darin fand sich der berühmte *Ritter Gluck*, das Märchen *Der Goldene Topf*, die Geschichte des armen Studenten Anselmus, der in der Dresdner Alltags- und Bürgerwirklichkeit in eine Welt des Gespenstischen und Zauberischen gerät und die Tochter des gütigen Magiers erhält. Das Märchen steigt aus der Tageswelt auf; seiner Phantastik liegt die tiefere Wirklichkeit des Mythus zugrunde. Vor allem beglaubigt und schafft Hoffmanns Erzählweise diese Märchenwelt. Der Roman *Die Elixiere des Teufels* (1815/16) verbindet den Typus des Schauerromans, in der Trivialliteratur seit langem beliebt, mit Hoffmanns Wissen um das Unheimlich-Nächtige und Zerstörerische in der menschlichen Natur, um Sündenverfallenheit und Wahnsinn. Die *Lebensansichten des Katers Murr nebst fragmentarischer Biographie des Kapellmeisters Johannes Kreisler in zufälligen Makulaturblättern* (1820/22), fragmentarisch geblieben, bedeuten sein erzählerisches Gipfelwerk. In das Porträt des Kapellmeisters Kreisler, das er wiederholt gestaltete, legte er seine eigene Empfindungsfülle, seine Schwermut und Zerrissenheit bis an den Rand des Wahnsinns; in dem Kater Murr ironisiert er den selbstgefälligen Spießbürger. Die Kontrastthematik führt zu gegenseitigen Spiegelungen. Hoffmanns Tiergestaltungen (der Hund Berganza, der Kater Murr, der Meister Floh), in denen er das Menschliche aufdeckte, korrigierte und entlarvte, haben über Heine, Scheffel und Keller bis zu Franz Kafka hin viele Nachfolger gefunden. Der Reichtum seiner Erzählphantasie lebte sich in einer Vielzahl von verschiedenartigen Erzählformen aus, die er in *Nachtstücke* (1817) und in dem Zyklus *Die Serapionsbrüder* (1819/21) sammelte. Neben die kindliche Anmut des Märchens *Nußknacker und Mäusekönig* tritt das Schauerliche und Abgründige wie in *Der Sandmann* oder *Der Magnetiseur;* neben das Porträt des Sonderlings wie in *Rat Krespel* tritt die psychologische Kriminalnovelle *Das Fräulein von Scuderi* mit tiefem Blick in die Dämonie des Künstlerschicksals. Der Künstler wird zum Opfer seiner Kunst. Andere Erzählungen wie *Meister Martin der Küfner und seine Gesellen* (eine Anregung für R. Wagners *Die Meistersinger*) oder, zuletzt und fragmentarisch, *Der Feind,* siedelte Hoffmann in einem idyllisch verstandenen Spätmittelalter an. Die angesichts des nahenden Todes entstandene Lebensliebe und Lebensverklärung in *Des Vetters Eckfenster* weist in die Sphäre biedermeierlichen Erzählstils. Obwohl bei atemloser Produktion das Niveau seiner Erzählungen ungleichartig ist, obwohl in Variationen sich Motive und Gestalten wiederholen – Hoffmann gehört zu den bedeutendsten Erzählern in der Vielstimmigkeit seines Fabuliertemperaments, seiner Phantasiespiele und, in gelungenen Schöpfungen, durch die Kunst seiner Erzählarchitektur. Dazu gehören seine großen Kunstmärchen von dem *Goldenen Topf* über *Klein-Zaches* (1819) und *Prinzessin Brambilla* (1821) bis zu *Meister Floh* (1822). Ihre Entwicklung läßt erkennen, wie an die Stelle von romantischer Ironie und Phantastik mehr und mehr die personal immanenten Kräfte von Humor und Innerlichkeit treten, er den Übergang zum psychologischen Realismus des 19. Jahrhunderts findet. Hebbel notierte 1842 im Tagebuch: „Hoffmann gehört mit zu meinen Jugendbekannten, und es ist recht gut, daß er mich früh berührte; ich erinnere mich sehr wohl, daß ich von ihm zuerst auf das Leben, als die einzige Quelle echter Poesie, hingewiesen wurde." Für Storm blieb er durch das ganze Leben ein Begleiter. Wagner empfing wesentliche Anregungen. Baudelaire nannte die „Prinzessin Brambilla" einen Katechismus der hohen Ästhetik. Robert Schumann setzte in den „Kreisleriana" das Lebensgefühl des Dichters in Musik. Jacques Offenbach entnahm seinen Erzählungen die Motive zu seiner Oper „Hoffmanns Erzählungen" (1880). So prägte Hoffmann, der letzte schöpferische Romantiker, wie Eichendorff, das populäre Bild der romantischen Bewegung, deren dichterische Entdeckungen sich dem europäischen Geistesleben einprägten. Im Expressionismus wurde Hoffmann neu entdeckt. Der französische Surrealismus, Künstler wie Alfred Kubin und Paul Klee bezeugen seine Wirkung.

XVI

DIE DICHTUNG DES 19. JAHRHUNDERTS

I

Von der Romantik zum Realismus

Zwei Grundmächte durchziehen das geistige Leben des 19. Jahrhunderts als Resultate der Epoche der Französischen Revolution und der Napoleonischen Kriege: einmal die nationale Strömung als Auswirkung der Romantik und der Freiheitskriege, die schließlich nach langen politischen und geistigen Auseinandersetzungen zu dem machtstaatlichen Denken des Bismarckschen Reiches führte; dann die soziale Strömung, die, an das politische Selbstbestimmungsrecht des Volkes anknüpfend, sich mit dem Auftreten von bisher in solchem Umfang unbekannten Massen des Volkes verband. Wilhelm v. Humboldt beobachtete 1815, daß sich eine neue Art von Menschen auspräge, die mehr an die Wirklichkeit gebunden seien als seine oder Goethes Generation, welche ein Leben über der Wirklichkeit, in der Idee, zu führen vermochte. Mit solcher Ausprägung eines praktisch-tatfrohen Sinns, von dem Goethes „Wanderjahre" sprachen, erlahmte das Bedürfnis nach einem Reich der absoluten Ideen und Ideale. Die Menschen wollen nur noch Schnelligkeit und Reichtum, klagte Goethe gegenüber dem Freunde Zelter. Die Entfaltung der Technik (Dampfmaschine, Eisenbahn) veränderte das Weltbild; die Industrie beschleunigte das Wachstum der Bevölkerung, das völlig neue soziale Probleme ergab. Das wissenschaftliche Denken wandte sich einem praktischen Positivismus zu; der Kult des Individuellen mußte der Anteilnahme am öffentlichen, politisch-sozialen Gemeinschaftsleben, einem neuartigen Staats- und Klassendenken weichen. Die Enttäuschung angesichts der dynastischen Restauration nach den Kriegen 1813/15 verband sich mit dem Selbstbewußtsein des wirtschaftlich erstarkenden bürgerlichen Mittelstandes und mit dem Verlangen nach einer Verfassung, die dem Volke eigene Rechte einräumte. „Die Massen avancieren" (Hegel). Alles geriet in Bewegung; was die Tradition geheiligt hatte, wurde in Frage gestellt. Hegels Lehre vom evolutionären Fortschreiten des Lebens und Denkens unterstützte philosophisch den Zweifel am Bestand absoluter Werte. „Es

gibt nichts, was nicht wird, was damit nicht eine vermittelnde Aufgabe zwischen Sein und Nicht-Sein hat" (Hegel). Schärfer formulierte Friedrich Engels: „Die dialektische Philosophie löst alle Begriffe endgültiger absoluter Wahrheit und eines endgültigen absoluten Zustandes des Menschen auf, die damit Hand in Hand gehen. Somit ist nichts endgültig, absolut, heilig. Sie enthüllt den vergänglichen Charakter von Allem und in Allem." Ein anderes Verhältnis zur Zeit als progressive Bewegung setzte sich unter dem Schlagwort „modern" durch. A r t h u r S c h o -
p e n h a u e r (1788–1860) lehrte in seinem, eine neue Lebensstimmung einleitenden Buche *Die Welt als Wille und Vorstellung* (1818; Bd. 2 1844) auf der Basis eines antiidealistischen Pessimismus eine Philosophie des Willens.

Allerdings erst nach der Enttäuschung durch die Revolution von 1848, unter dem Zeichen eines resignierten Geschichtspessimismus und der Flucht in die Innerlichkeit, da sich das politische Handeln versagte, kam seine Philosophie zur breiten Auswirkung. Was Künstler wie Wagner, Herwegh, Hebbel, Raabe, Busch zu ihm hinzog, war, daß er an einer Metaphysik festhielt, welche der positivistische Agnostizismus in der Begrenzung auf die empirische Erfahrungswelt preisgegeben hatte. Feuerbachs optimistische und ethische Diesseitigkeit, Schopenhauers metaphysischer Pessimismus und demaskierende Psychologie waren antinomische weltanschauliche Fundamente des dichterischen Realismus seit der Revolution von 1848. Sie umschreiben seine inneren Spannungen. Der bürgerliche Humanismus wurde zunehmend in die Verteidigungsstellung gedrängt. Jacob Burckhardt schrieb schon 1846: „Ehe die allgemeine Barbarei ... hereinbricht, will ich noch ein rechtes Auge voll aristokratischer Bildungsschwelgerei zu mir nehmen, um dereinst, wenn die soziale Revolution ausgetobt hat, bei der unvermeidlichen Restauration tätig sein zu können ... Untergehen können wir alle; ich aber will mir wenigstens das Interesse aussuchen, für welches ich untergehen soll, nämlich die Bildung Alteuropas." Rudolf Haym bemerkte 1857: „Wir befinden uns augenblicklich in einem großen und fast allgemeinen Schiffbruch des Geistes und des Glaubens an den Geist überhaupt ... Das ist keine Zeit mehr der Systeme, keine Zeit mehr der Dichtung oder der Philosophie. Eine Zeit stattdessen, in welcher dank der großen technischen Erfindungen des Jahrhunderts die Materie lebendig geworden zu sein scheint." Trotz der gegen Hegel gerichteten Tendenz dieser Worte zeigen sie an, wie R. Haym von Hegels Philosophie und Ästhetik be-

stimmt wurde. G e o r g   W i l h e l m   F r i e d r i c h   H e g e l (1770
bis 1831) hatte in einem umfassenden philosophischen System
nochmals die klassisch-romantische Geisteswelt zusammengefaßt
und zugleich, indem er sie vor das Bewußtsein einer veränderten
historisch-gesellschaftlichen Situation stellte, kritisch zur Reflexion
gebracht und ihre Grenzen bezeichnet. Knappste Andeutungen
müssen genügen. Wenn Hegel die Realisation des objektiven
Weltgeistes in den Entwicklungsstufen der Weltgeschichte begriff, den Staat als die Manifestation des Weltgeistes auffaßte
und die Verwirklichung der Idee in der Folge von These, Antithese, Synthese und neuem Widerspruch, derart als ein dialektisch fortschreitendes Bewußtsein der Freiheit zu begreifen
lehrte, vermittelte er ein Bewußtsein der Vernunft der Wirklichkeit und ihrer Progressivität, das vielen Folgerungen freie
Bahn öffnete. Ein konservatives Staatsdenken konnte ebenso an
ihn anknüpfen wie ein revolutionäres Geschichtsdenken, das im
Sozialismus von Karl Marx und Friedrich Engels die theoretischen und praktischen Auswirkungen hatte. Die aktivste Gruppe
in der jungen geistigen Generation, die linksliberalen Hegel-
schüler, trugen seine Denkmethoden und Denkresultate, sie fort-
entwickelnd, in die verschiedensten Gebiete, mit polemischer
Wirkung vor allem in die Theologie und die Politik hinein. Die
von Hegel ausgelöste Anspannung kritischer Reflexion verknüpfte
sich mit dem Bedürfnis nach der Revolutionierung der geltenden
Anschauungen und Wertsetzungen angesichts einer Veränderung
der Wirklichkeit, die dazu nötigte, die Konsequenzen der geschichtlichen Entwicklung seit der Französischen Revolution zu
ziehen. Hegels Ästhetik (*Nachgelassene ästhetische Vorlesungen,*
1835) begriff die Kunst in ihrer historischen Position und stellte
aus ihr die provozierende These auf, sie habe aufgehört, „das
höchste Bedürfnis des Geistes" zu sein. Er wies auf die Problematik der Schönheit angesichts der Wahrheit, auf die Problematisierung der Kunst angesichts der bürgerlich-industriellen
Gesellschaft, die in der Trennung von isolierter Subjektivität des
Einzelnen und institutionalisierter gesellschaftlicher Praxis ihren
Ausdruck findet. Die Situation der Entzweiung durchprägt Staat,
Gesellschaft, Wirtschaft und Wissenschaft; sie isoliert das Individuelle im Privaten und Partikularen und beendet die Möglichkeit einer Kunst der Totalität, des poetischen Weltzustandes,
der die alten, klassischen Formen des Epos und des Dramas ermöglicht hatte. Die Kunst lebt nicht mehr in der Einheit mit der
geschichtlichen Welt, sie tritt ihr subjektiviert, reflektierend, in

Freiheit gesetzt, gegenüber. Reflexion und Kritik werden Ingredienzien der Kunst; ihr gesellschaftlicher Bezug war seit der Französischen Revolution unabweisbar. Hegel setzte zugleich die Kunst von vorbestimmten Inhalten und Gattungsformen frei, und er sprach ihr den Sinn zu, die konkrete Bildung des Menschlichen, den Reichtum von dessen äußerer und innerer Welt mit allen Mitteln der Darstellung auszudrücken – unter dem Prinzip der mit der gegenwärtigen Welt vermittelten Subjektivität. Insbesondere wurde der Roman zum Ausdruck der zur Prosa geordneten, erstarrten Wirklichkeit, der gegenüber er bestrebt sein muß, das Poetische zurückzugewinnen, das ihn als Kunst legitimiert. Der Roman wird Darstellung des Widerspruchs in der modernen Existenz – sei es in den Formen des Tragischen oder der Resignation in den bestehenden Verhältnissen, sei es in den vermittelnden Formen des Humors oder durch den Ersatz der prosaischen Wirklichkeit durch eine individuell-seelenhafte, damit poetische Wirklichkeit, die, wie es F. Th. Vischer in seiner Hegel nachfolgenden *Ästhetik* (1846/57) formulierte, „der idealen Bewegung noch freien Spielraum" ließ. Vischer zufolge mußte der Roman „die poetische Lebendigkeit" dort jetzt suchen, „wohin sie sich bei wachsender Vertrocknung des Öffentlichen geflüchtet hat; im engeren Kreis der Familie, dem Privatleben, in der Individualität, im Innern." Hegel hat derart die thematischen und formalen Möglichkeiten des sich jetzt entfaltenden realistischen Romans in seinem komplexen Verhältnis zur Wirklichkeit vorgezeichnet; auch dort, wo diese Erzähler Geltungen der ästhetischen Theorie zugunsten der individuellen künstlerischen Praxis ablehnten.

Der bürgerliche Liberalismus versuchte, das geistige Erbe der Goethezeit mit diesem neuen politisch-sozialen Realdenken zu verbinden, Kultur und Staat in einen Einklang zu bringen. Aber Weltbürgertum und Nationalstaat waren auseinanderstrebende Gegensätze, und die Reichsgründung durch Bismarck bedeutete radikal den Sieg des Machtgedankens und eines politisch-staatlichen Realismus. Damit verschob sich im Verlaufe des 19. Jahrhunderts die nationale Idee immer mehr von einem kulturellen und menschheitlichen Sendungsbewußtsein (Herder, Schiller, Romantik) zu einem nationalpolitischen Machtstreben, das in seiner Konsequenz den Verlust des romantischen Erbes bedeutete. Es wurde mehr und mehr als Fluchtort aus der gegebenen und anerkannten Wirklichkeit in eine unverbindliche Emotions- und Scheinwelt des poetisch Schönen aufgefaßt.

Neben das bürgerlich-demokratische Denken, das im Sinne friedlicher Evolution das geistige Leben beeinflußte, trat, von K a r l M a r x (1818–1883) vorwärtsgetrieben und geistig begründet, eine revolutionäre Bewegung als Willensausdruck des „vierten Standes", die alle Autoritäten bekämpfte, damit auch antichristlich war. Sie verlangte den gewaltsamen Umsturz und bestimmte alles Geistige als Ausdruck und Funktion (sog. „Überbau") der geschichtlich-politischen Realität der Gesellschaft und ihrer Wandlungen. Betont antiidealistisch wurde der Kampf der Gesellschaft als das Fundamentale des Lebens verstanden. Die Konsequenzen dieses materialistisch-sozialistischen Geschichtsdenkens für die Bestimmung der Literatur als Funktion der Gesellschaftslage wurden erst gegen Ende des Jahrhunderts, mit dem Naturalismus sichtbar. Sie deuten sich jetzt schon darin an, wie die Literatur im 19. Jahrhundert zunehmend die soziale Gebundenheit und Verantwortung des Menschen ernst nimmt und ihr die Struktur der Gesellschaft zum Problem wird. Während der bürgerliche Liberalismus einerseits die Freizügigkeit des Denkens und Handelns proklamierte, trieb andererseits die Technisierung des Lebens die Kräfte der nüchternen Berechnung, des harten Willens, der planmäßigen Organisation und des praktischen Erfolgsdenkens übermäßig heraus. Es setzte damit eine Störung des Gleichgewichts ein, die, in der fühlbaren Dissonanz von Ideal und Wirklichkeit, zu einer reizbaren Nervosität und einem weltanschaulichen Pessimismus führte. Sein philosophischer Anwalt wurde Schopenhauer, der mit dem fortschreitenden Jahrhundert allmählich immer mehr Gehör erhielt. Zugleich fand der skeptisch rationale Geist der Aufklärung neuen Boden; er führte zu einem Aufschwung der kritischen und experimentierenden Wissenschaften und damit zu großen Leistungen. Er griff selbst das Christentum an und zerstörte die Glaubensfundamente. L u d w i g F e u e r b a c h (1804–1872) betrachtete Gott nur noch als ein vom Menschen geschaffenes Wunschbild, als seine höchste Illusion; er lenkte den Blick auf eine positivistische Wirklichkeitsbejahung und soziale Ethik und lehnte den Unsterblichkeitsglauben entschieden ab. D a v i d F r i e d r i c h S t r a u ß (1808 bis 1874) schied in seinem *Leben Jesu* (1835) die menschlichhistorische Persönlichkeit von dem Christus des Glaubensmythos.

Die Tradition der Klassik – als Bereitschaft zur Idee, als der Wille zum Typischen, zu ewig gültigen Formen, als kosmopolitisches Denken und aristokratisches Bewußtsein – stirbt ab

oder erstarrt zur leeren Gebärde. Das Erbe der Romantik – der
Drang zum Unendlichen, die Stärke und Reinheit des Fühlens,
das universale poetische Bewußtsein und die Hingabe an das
Religiös-Transzendente – geht unter inneren Kämpfen verloren.
Das christlich-humane Bildungsideal muß hinter der Anerkennung
der praktischen Tat und Leistung zurücktreten. Die Kultur geht
mehr in die Breite, nicht in die Höhe; ein rascheres Lebenstempo
führt zu einem bewegteren geistigen Austausch, zu einem akti-
vierten literarischen Betrieb. Die Großstadt formt den neuen
Typus des „Literaten", während sich die dichterisch schöpferischen Geister in die Einsamkeit zurückziehen, von der Gefahr
des Provinzialismus bedroht. Der Roman wird, als die Ausdrucksform realistischer Wirklichkeitserfahrungen, bevorzugt;
neue Kurzformen, wie die Novelle, der Reisebericht, das Feuilleton, gewinnen breite Entfaltung. Literarische „Zweckformen"
gewinnen lebhafte Verbreitung und vermehrte Bedeutung. Ihre
Funktion liegt in erster Linie in der Bewußtseinsklärung ver-
mehrter Leserschichten. Zeitschriftengründungen häufen sich.
Die geistige Einheit des Kulturlebens geht verloren; verwirrend
kreuzen und überschneiden sich gegensätzliche Tendenzen. Neben
christliche Gläubigkeit tritt ein radikaler Atheismus, neben Schopenhauers Pessimismus ein optimistischer technischer Fortschritts-
glaube, neben nationalen Machtstolz der internationale Klassen-
gedanke, neben den Historismus der Wille zur progressiven Aktualität, neben die literarische Entdeckung der Werte des Heimat-
lich-Bäuerlichen die Welt der Großstadt und Industrie. Die
Kirche widmet sich der Politik, die Philosophie dient dem Materialismus (J a k o b M o l e s c h o t t, *Der Kreislauf des Lebens*,
1852; L u d w i g B ü c h n e r, *Kraft und Stoff*, 1855); die Literatur wird Polemik und Diskussion. So glanzvoll und mitreißend
der Aufschwung der äußeren Zivilisation ist, so großartig ihre
Leistungen und Entdeckungen sind – das feste kulturelle Gefüge
wird von außen und innen bedroht. Wohl wehrt sich die Dichtung gegen den allgemeinen geistig-sittlichen Relativismus, aber
auch sie kann sich der inneren Gefährdung nicht entziehen. Gerade die bedeutendsten Schriftsteller kämpften, selbst mit dem
Opfer des persönlichen Erfolges, um die Bewahrung der Traditionen und suchten, mittels Umbildungen, zwischen dem Alten
und dem Neuen, im Übergang zwischen dem vergehenden Überlieferten und den Forderungen einer unaufhaltsamen Zukunft
einen Ausgleich zu finden. Das Bewußtsein einer Spätzeitlichkeit
geht mit dem Bewußtsein einer sich neu formenden Wirklichkeit

eine komplexe, bei den einzelnen Autoren, ja selbst in ihren einzelnen Werken verschiedenartige Verbindung ein.

Die erste Jahrhunderthälfte, bis zu der gescheiterten bürgerlichen Revolution von 1848/49, wird zum Spannungsfeld intensiver weltanschaulicher, politischer und gesellschaftlicher Auseinandersetzungen auf dem Hintergrund der Enttäuschung der politischen Freiheitsbewegung seit 1813, der revolutionären europäischen Bewegungen, zumal der Pariser Julirevolution 1830, die in Deutschland wie ein Fanal wirkte. Diese Jahrzehnte sind der Kampfplatz zwischen politischen, gesellschaftlichen und kirchlichen Restaurationen im Zeichen der Metternichschen Heiligen Allianz und der bürgerlich-liberalen Volksbewegung, der sich die jungen aktiven und kritisch-progressiv denkenden Energien zugesellten, die ihre öffentliche Repräsentation unter dem Sammelnamen des „Jungen Deutschland" fanden. Restauration und Revolution – man kann, mit aller Vorsicht, diese sehr allgemeinen Begriffe auch auf die literarischen Fronten beziehen, die sich abzeichnen, ungeachtet aller jener Übergänge und Zwischenlagen, die, wie der sehr umstrittene Begriff des „Biedermeier", doch immer wieder zögern lassen, eindeutige Gliederungen einzuführen. Einer Gruppe von Autoren, die sich programmatisch, mit neuen Stoffen, Inhalten und Formen in den Dienst der aktuellen, fortschrittlichen Tendenzen und Erfahrungen stellt, tritt eine andere Gruppe gegenüber, die sich, mit einem mehr konservativen, das klassisch-romantische Erbe fortbildenden Kunstverständnis, dem Bereich des Dichterischen jenseits und über der Zeit zuwendet. Beide Gruppen befinden sich in der Auseinandersetzung mit diesem Erbe; die eine mit kritischer Reflexion, die sich gegen Last und Zauber des Alten wehrt, ohne sich ihm dennoch ganz entziehen zu können – die andere, ohne den Abbruch zu wollen, im Ringen gegen das Bewußtsein eines Epigonentums und unter dem Ansturm einer stark gewandelten Zeitlage, der sie sich, sowenig sie Stimme dieser Zeit sein will, nicht entziehen kann. Sie gerät in eine Gebrochenheit zu dem, was sie bewahren will, die, wo große dichterische Begabungen sprechen, ihrerseits produktiv wird. Allgemein wird die Erkenntnis eines historischen Übergangs, der die Formen und Sprache der Dichtung und Literatur verändert; wie entschieden diese Veränderungen sich vollziehen, zeigt sich bei jedem Autor auf eine andere Weise, mit anderen Akzentsetzungen im Stofflichen, Gedanklichen und Formalen, mit anderen Radikalisierungen von Umbildung oder Nachfolge. Dies Übergangsbewußtsein wird ungemein produktiv: die neuen Formeneinsätze, die bis über die Jahrhundertgrenze gewirkt haben (z. B. H. Heine, Chr. D. Grabbe, G. Büchner, A. v. Droste) sind in der ersten Jahrhunderthälfte gefunden worden, während nach der Mitte mehr ein Ausgleich, eine Dämpfung eintritt, welche, mit anders geartetem Traditionsverhältnis, zur Basis der gereiften realistischen Erzählkunst wurde und, im Gegensatz zu der Offenheit des literarischen Stils in den früheren Jahrzehnten, größere Geschlossenheit und Rundung zeigt. Die Jüngeren wie die Späteren wurden in ihrem Kunstwillen vom Ziel einer anderen Nähe zwischen Wirklichkeit und Literatur bestimmt; wie vielfältig dieser „Realismus" jedoch bei den einzelnen Autoren ausgestaltet wurde, läßt sich jeweils nur vom einzelnen Werk her bestimmen. Was Hegel von der Freisetzung des Subjektiven von vorbestimmten Inhalten und Formen gesagt hatte, fand jetzt in der Mannigfaltigkeit individueller Stimmen die Bestätigung. Sie fordert, in diesem Jahrhundert mehr auf das Individuelle als eine einheitliche epochale Stilbestimmung zu sehen. Und es gibt kaum einen Autor, in dessen Werk sich nicht die Spannungen und Widersprüche, die Krisen und Übergänge dieser Jahrzehnte abzeichnen.

Von hier aus muß Adalbert von Chamisso (1781–1838) verstanden werden, der, gebürtiger Franzose und durch die Revolution seiner Heimat beraubt, als preußischer Offizier zwischen den Gegnern stand. Er nahm als Naturwissenschaftler 1815/18 an einer Weltreise teil, die er literarisch beschrieb. Sein berühmtes, in alle Sprachen übersetztes Märchen vom verkauften Schatten, *Peter Schlemihls wundersame Geschichte* (1814), fand viele Deutungen. In realistisch-bürgerlichem Stil wird gelassen von einem unerhörten, spukhaften Geschick berichtet – darin liegt der Abstand vom romantischen Kunstmärchen. In dem Elend des Mannes ohne Schatten spiegelt sich wohl das Wissen um die Fragwürdigkeit der romantisch-schwerelosen und heimatlosen, der nur poetischen Existenz, eine Absage an die Romantik. Fast unglaublich erscheint es, daß dem französischen Emigranten Chamisso eine dichterisch eigene Lyrik (*Gedichte*, 1831 und 1841) in der deutschen Sprache gelang *(Frauenliebe und -leben, Riesenspielzeug, Schloß Boncourt, Salas y Gomez).* Vom Zart-Kindlichen bis zum Grausamen reicht ihr Stimmungsumfang. Romantisch ist noch die Neigung zu gesteigerten Motiven; aber aus gewandeltem Geiste spricht die Gelassenheit des Vortrages. Daß Chamisso in Humor und Tragik die zum Epischen neigende Verserzählung bevorzugte, deutet auf die gleiche

Verschiebung des Lebensgefühls. In seiner *Alten Waschfrau* schlug er zukunftweisend das soziale Thema an. Romantisches Fühlen verband sich mit bürgerlich-idyllischer Beruhigtheit im Kreis der schwäbischen Dichter. Neben Hauffs und Waiblingers vom Tode früh beendetes Schaffen (vgl. S. 345) tritt das umfängliche Lebenswerk von Uhland und Kerner und das bescheidenere Bemühen von Schwab, Pfizer und Mayer. L u d - w i g U h l a n d s (1787–1862) dichterische Schaffenszeit war früh abgeschlossen; nur noch wenige Dichtungen, wie die Ballade *Das Glück von Edenhall*, erschienen nach 1819. Er gewann breiteste Volksschichten; er wurde als der größte Dichter der Zeit aus romantisch-demokratischem Einverständnis gefeiert. „Der einzige Dichter, von dem ich ganz gewiß weiß, daß er auf die Nachwelt kommt, nicht als Name, sondern als fortwirkende, lebendige Persönlichkeit" (Hebbel). Eine bürgerlich schlichte Festigkeit und Männlichkeit verband er mit religiös-poetischer Innigkeit, gelassenem Humor und stillem Ernst. Allem Bildungshaft-Ästhetischen fern, war er in Geschichte und Natur seiner schwäbischen Heimat fest verwurzelt, ohne landsmännischer Enge zu verfallen. Ihm war alles Vortreffliche kräftig an die nationalen Elemente verpflichtet, zu denen die Geschichte gehörte wie die Sprache und Landschaft, Sitte und Volksart der Heimat. Als Politiker vertrat er die Rechte des freien Bürgertums in den württembergischen Verfassungskämpfen und im Frankfurter Parlament. „Es wird kein Haupt über Deutschland leuchten, das nicht mit einem vollen Tropfen demokratischen Öls gesalbt ist" (anläßlich der Kaiserwahl 1849). Als Gelehrter vertiefte er sich in Arbeiten über altfranzösische und deutsche Literatur und Sage; er verfaßte eine bahnbrechende Arbeit über Walther von der Vogelweide. Mangels dramatischer Erlebniskraft versagten seine historischen Dramen *Herzog Ernst von Schwaben* (1818) und *Ludwig der Bayer* (1819). Seine eigentümlich lyrisch-epische Begabung fand dagegen in der Ballade ihren eigenen Ausdruck; die Vertrautheit mit Sagen und Mythen gab ihm eine Fülle prachtvoller Stoffe, die er in schlichter Sprache zu reifen Kunstwerken formte. Vorzüglich beherrschte er die sprachlich-rhythmischen Mittel, ohne sie über den stets klaren und festen Gehalt hinauswuchern zu lassen *(Der blinde König, Des Sängers Fluch, Das Schloß am Meer, Taillefer, Graf Eberhard, Bertram de Born)*. In seinen lyrischen Gedichten (zuerst 1815) tritt die persönliche Erlebniskraft zurück, das Volksliedhafte in den Vordergrund *(Nachtreise, Die Kapelle, Frühlings-*

glaube, und vor allem *Ich hatt' einen Kameraden).* Goethe sagte: „Schwaben ... hat nur Einen Dichter der Art wie Uhland."
Eigenwilliger und ursprünglicher war J u s t i n u s K e r n e r (1786 bis 1862), der romantische Geisterseher in Weinsberg, der sich als Arzt in die Geheimnisse des menschlichen Seelenlebens vertiefte, Geister beschwor und so die Pfade der romantischen Natur- und Seelenkunde beschritt. In der *Seherin von Prevorst* (1829) zeichnete er die Visionen einer somnambulen Neurasthenikerin auf. Sein *Bilderbuch aus meiner Knabenzeit* ließ das vergehende Rokoko Ludwigsburgs erstehen, seine *Reiseschatten* waren eine letzte romantische Fabelei. Phantasievoller, psychisch differenzierter als Uhland, hat Kerner nur eine kleine Reihe ursprünglicher Gedichte (erschienen im Jahr 1826) hinterlassen *(Wohlauf, noch getrunken, Der Wandrer in der Sägemühle).* Zu seinem patriarchalischen Hause im Duft von Obst und Wein pilgerten Tieck, Arnim, W. Müller, Lenau, Mörike und viele andere wie in einen Zufluchtsort der „guten alten Welt" beschwingter Poesie.
Als Uhlands Schüler rühmte sich G u s t a v S c h w a b (1792 bis 1850), dem einige bekannte Balladen *(Der Reiter und der Bodensee, Das Gewitter),* vor allem aber die pädagogisch bewährten Nacherzählungen der *Sagen des klassischen Altertums* glückten. Der Stuttgarter K a r l G e r o k (1815–1890) gehörte mit seinen *Palmblättern,* einer Sammlung religiöser Gedichte, lange zu den meistgelesenen Lyrikern. H e r m a n n K u r z (1813–1873) ging von anfänglicher Lyrik zu politischem Journalismus über. Seine beiden Romane *Schillers Heimatjahre* (1843) und *Der Sonnenwirt* (1854) schufen den Typus des geschichtlich-heimatlichen Kulturromans, der dem historisch-realistischen Sinn des späteren Jahrhunderts entsprach und Kulturgeschichtliches mit dem Psychologischen geschickt verband. Die humorvolle Novelle *Die beiden Tubu*s verdient aus der allzuwenig bekannten Fülle seiner schwäbischen Erzählungen hervorgehoben zu werden.
Aus diesem literarisch regsamen Schwabenkreise, zu dem noch die Lyriker G u s t a v P f i z e r (1807–1890) und J o h a n n G e o r g F i s c h e r (1816–1897) gehören, ragt E d u a r d M ö r i k e (1804–1875) in das Zeitlose hinauf. Sein Leben verfloß im Schein der Idylle; sein inneres Dasein zeigt den Ausgleich dunkler Spannungen zur in sich schönen Harmonie der Dichtung. In Ludwigsburg geboren, studierte er, wie fast alle schwäbischen Dichter, Theologie. Nach mancherlei Umwegen und Ausweichversuchen wurde er 1834 Pfarrer in Cleversulzbach. Neun Jahre hielt Mö-

rike aus; dann begann, vom Zwang zur Kanzel und Seelsorge
frei, ein von Sorgen bedrücktes, einsam versponnenes Leben in
Mergentheim, Schwäbisch-Hall und Stuttgart, wo er 1851–1866
am Katharineninstitut Literatur lehrte. Die Größe seiner reinen,
in Schönheit, Plastik und Innigkeit einzigartigen Gedichte wurde
bei Lebzeiten Mörikes nur von wenigen verstanden. Sein Jugend-
roman *Maler Nolten* (1832) war anfänglich als Novelle geplant;
er folgte Goethes „Meister" und der Romantik, aber der Bildungsroman wurde zu einer Dichtung voll schmerzlicher, mühsam verhaltener Leidenschaft und mit tragischem Ausgang. Besser
als das realistisch-psychologische Erzählen lag seinem Verfasser
das Erfinden von Mythen und Märchen; in ihnen, den Schatten-
spielen und Liedern, die diesen nochmals romantischen Roman
durchziehen, liegt sein dichterischer Wert. Auch die spätere Umformung, an der Mörike bis 1874 arbeitete, hat daran nichts ge-
ändert. Mancherlei verbindet sich in Mörikes sparsamer, aber
vollendeter Lyrik (1. Ausgabe 1838): romantisches Träumen
und Weben in Sagen und Mythen, anmutiges anakreontisches
Spiel, eine an antiker Lyrik gebildete Grazie und Harmonie des
Schönen – „was aber schön ist, selig scheint es in ihm selbst."
An Goethe gemahnt die Fülle und Sinnenkraft der Anschauung,
des Naturerlebens; leidenschaftliche Bewegtheit, wie in den *Pere-
grina-Liedern*, tritt neben einen liebevoll-ironischen Humor,
neben behaglich plaudernde Idyllik und ergreifend schlichte
Volksliedtöne. Nichts ist hier gewollt, übersteigert, erkünstelt;
alle diese Gedichte haben ihren eigenen, innerlich notwendigen
und wahrhaften Ton. Nicht ein Ich singt sich selbst, sondern es
ist wirklich der Frühling, die Liebe, die Sehnsucht, der Wind
oder der Feuerreiter, der in dieser aller künstlerischen Mittel gewissen Lyrik zum Ausdruck kommt. „Frühling läßt sein blaues
Band / Wieder flattern durch die Lüfte." Mörike gelang das
Volkslied so rein wie das antike Versmaß, weil beides ihm als
ein Erbe zugekommen war, das er aus kunstvoll eigenem Durch-
bilden vollendete. Abgewandt von den Problemen der Zeit,
spann er sich in einen engen Lebenskreis ein, den er dichterisch
voll beseelte und in dessen kleinsten Dingen ihm das Zeitlos-
Schöne sichtbar wurde. Er war in der Sprache Plastiker und
Musiker zugleich; alles wurde ihm zur Natur, alles zugleich zu
seelischer Erfahrung, die still reifte, um im Wohllaut der Sprache
Gestalt zu finden.

Es träumt der Tag, nun sei die Nacht entflohn;
Die Purpurlippe, die geschlossen lag,
Haucht halb geöffnet, süße Atemzüge:
Auf einmal blitzt das Aug', und wie ein Gott, der Tag
Beginnt im Sprung die königlichen Flüge.

Den geliebten Mozart, hinter dessen zarter, oft schalkhafter Anmut er die schwermütige Schönheit des Leidens fühlte, zeichnete
Mörike in der Künstlernovelle *Mozart auf der Reise nach Prag*
(1855), die in ihrer südlichen Grazie wie seelischen Tiefe einzigartig ist. Welche meisterhafte Prosa! „Mozart löschte ohne weiteres die Kerzen der beiden neben ihm stehenden Armleuchter
aus, und jener furchtbare Choral ‚Dein Lachen endet vor der
Morgenröte‘ erklang durch die Totenstille des Zimmers. Wie
von entlegenen Sternenkreisen fallen die Töne aus silbernen
Posaunen, eiskalt, Mark und Seele durchschneidend, herunter
durch die blaue Nacht." Voll Heiterkeit ist die von Mörike
erfundene Geschichte vom *Stuttgarter Hutzelmännlein* mit der
Einlage der *Historie von der schönen Lau*, die wie eine echte
alte Volksage klingt. Und voll Humor ist die Verserzählung aus
bäuerlichem Treiben in leicht ironisch spielenden Hexametern
Idylle am Bodensee (1846). Zum Schauerlich-Romantischen
lenken mit behaglichem Plauderton die Erzählungen *Der Bauer
und sein Sohn* und *Der Schatz* zurück.

Gottfried Keller nannte Mörike „den Sohn des Horaz und
einer feinen Schwäbin". Die Vereinigung mit schwäbischer Erdkraft, Gelassenheit und Heiterkeit suchte N i k o l a u s L e n a u
(Niembsch von Strehlenau, 1802–1850) vergeblich. Er empfing
ein krankhaftes Seelenerbe von den Eltern; in seiner ungarischen
Heimat bildete sich seine düstere, leidenschaftliche Phantasie
an der Einsamkeit der Steppe und Heide, am verwegenen und
melancholischen Vagabundentum der Zigeuner und an der Besessenheit und Schwermut ihrer Musik. Wie ein exotischer Lord
Byron erschien er der bürgerlichen Welt. Der Engländer hatte
den literarischen Stil des modernen subjektivierten Weltschmer-
zes bestimmt, der sich in der europäischen Dichtung der Zeit
ausprägte. Nirgends fand Lenau eine Heimat, nirgends unter
vielen Frauen eine beglückende Liebe. Ein Stimmungsmensch
ohne Willen, suchte er vergeblich in Amerika (1832) und in
Schwaben den sichernden Hafen. Sein Pessimismus und seine
innere Zerrissenheit steigerten sich zuletzt bis zum Wahnsinn.
„Ich glaube, einen Dämonen des Unglücks in mir zu beherber-
gen." Seine *Gedichte* (1. Ausgabe 1832, *Neuere Gedichte* 1838)

brachten ihm, weil sie so stark der Zeitstimmung entsprachen,
viel Ruhm; seine Schwermut läßt ihm die Natur zur trauervollen
Seelenlandschaft werden, in deren Gewittern und nächtlichen
Wäldern, schweren Wolken, einsamen Steppen, Trauerweiden,
Nebel und Todesmeer sich seine Düsternis spiegelt. Viel Musik
ist in diesen Versen, deren Monotonie, zumal wenn sie zu be-
wußtem Effekt wird, jedoch ermüdet. Wohl bricht oft jähe Leidenschaft durch im stampfenden Czardas, im Tosen der Elemente,
im Brausen der aufgejagten See.

> Nein, sie lebt! sie lebt! der Töchter Kummer
> Hat sie aufgestört aus ihrem Schlummer,
> Und sie springt vom Lager hoch empor:
> Mutter – Kinder – brausend sich umschlingen,
> Und sie tanzen freudenwild und singen
> Ihrer Lieb' ein Lied im Sturmeschor.

Doch meist zerstört eine allzu ichhafte und sentimentale Selbst-
bespiegelung das reine Empfinden der Landschaftsstimmung.
Lenaus philosophisch-historische und dramatisch-lyrische Verserzählungen (*Faust*, 1836; *Savonarola*, 1837; *Die Albigenser*, 1842;
Don Juan, 1844, unvollendet) zeigen, bei großem Ehrgeiz, das
Verhängnis seines geistigen Nomadentums. Er nahm alle Ideen
und Bekenntnisse der Zeit auf, um sie enttäuscht wieder fallen zu
lassen – ein typischer Sohn des in sich zerrissenen Zeitalters, der
im Kampf der Widersprüche nicht die Kraft zur Entscheidung
fand.
Nur in der Geborgenheit einer bürgerlich-idyllischen Beschränkung ließ sich noch ein gesichertes Weltbild bewahren. F r i e d -
r i c h R ü c k e r t (1788–1866), aus dem fränkischen Schweinfurt,
war Gelehrter und Dichter wie Uhland, aber während der
Schwabe seine Dichtungen einer strengen Zucht und Auswahl
unterwarf, legte Rückert in unheimlicher Fruchtbarkeit immer
neue Gedichtbände vor. „Ich denke nie, ohne zu dichten." Viel
Minderwertiges erstickt bei ihm die echten lyrischen Gebilde,
und Grillparzer prophezeite richtig, daß die sieben Mageren bei
ihm die sieben Fetten fressen würden – „und es wird nichts
übrig bleiben". Dennoch ist sein lyrisches Vermögen stärker, als
es angesichts solcher Massenproduktion wahrscheinlich erscheint.
Es finden sich Gedichte von schlichter Schönheit:

> Du bist die Ruh,   Ich weihe dir
> Der Friede mild,   Voll Lust und Schmerz
> Die Sehnsucht du,   Zur Wohnung hier
> Und was sie stillt,   Mein Aug und Herz.

Mit *Geharnischten Sonetten* stimmte er 1814 in die nationale Kriegslyrik ein. 1815 ging er als Redakteur nach Stuttgart in Uhlands Nähe. 1826 wurde er Professor für orientalische Sprachen in Erlangen, 1841 in Berlin. Seit 1848 lebte er auf einem Landgut bei Coburg. In der Fülle seiner Liebesgedichte *(Liebesfrühling)*, Kindergedichte, Kindertotenlieder, Hausgedichte ist manches von künstlerischer Eigenkraft und dauerndem menschlichem Gehalt – trotz vieler blasser Formeln, leerer Reime und spielerischer Formkunststücke, zu denen seine Versgewandtheit und Sprachbegabung ihn verführte. Er neigte zum virtuosen Formspiel ohne zwingenden Gehalt und zu allzu lehrhafter Tendenz. Das große, viele Lebenserfahrungen bergende Lehrgedicht *Die Weisheit des Brahmanen,* das Rückert indischer Lebensbetrachtung nachformte, umfaßte ca. 3000 Sprüche in gereimten Alexandrinern. Ausgedehnte Sprachkenntnisse ließen ihn auf Goethes Spuren zum Nachdichter und Übersetzer orientalischer Lyrik werden (aus dem Sanskrit, dem Hebräischen, Äthiopischen, dem Persischen des Firdusi, dem Arabischen des Hariri u. a. m.), wobei er sich schmiegsam der fremdartigen Formensprache der Ghaselen, Makamen usf. anpaßte. Das „alte Wahre", das allen Völkern und Zeiten gemeinsam ist, wollte Rückert zu ewiger Gegenwart führen. Der biedermeierliche poetische Hausvater wurde in seiner weltfernen Innerlichkeit zum universalen Dolmetscher der Weltliteratur, wie sie Goethe vorgezeichnet hatte. Geibel, Graf Schack, Bodenstedt u. a. folgten Rückert auf diesen exotischen Wegen.

Wie das Lied der Romantik die Sprache eingestimmt und beseelt hatte, zeigen einzelne, bis heute wohlvertraute Gedichte von Männern, deren übrige Werke verschollen sind. A u g u s t K o p i s c h (1799–1853), der Maler, Dichter und Reisende, schrieb neben guten Novellen die altbekannten Gedichte *Der Nöck, Die Heinzelmännchen, Der Mäuseturm, Des kleinen Volkes Überfahrt.* Von dem Berliner Kunsthistoriker F r a n z K u g l e r (1808 bis 1858) stammt *An der Saale hellem Strande.* E r n s t v o n F e u c h t e r s l e b e n (1806–1849), ein berühmter Wiener Irrenarzt und Freund Grillparzers und Stifters, gab nicht nur seine vielgelesene *Diätetik der Seele* (1838), auch das berühmte *Es ist bestimmt in Gottes Rat.* Von dem Vogtländer J u l i u s M o s e n (1803–1867) stammt das Andreas-Hofer-Lied *Zu Mantua in Banden,* von dem Österreicher N e p o m u k V o g l (1802–1866) das sentimentale *Ein Wanderbursch mit dem Stab in der Hand* und *Herr Heinrich sitzt am Vogelherd.* Der Tiroler H e r m a n n

von Gilm (1812–1864) schrieb das ebenso bekannte *Allerseelen
(Stell auf den Tisch die duftenden Reseden).*
Über ein Rückert verwandtes, aber im Gegensatz zu ihm klassizistisch strenges Formtalent verfügte A u g u s t   G r a f   P l a t e n -
H a l l e r m ü n d e (1796–1835). Er richtete, Aristokrat und Priester des Klassisch-Schönen, seine Dichtung nicht auf das Bürger-
lich-Menschliche, sondern er verstand sie als Sendung zu höch-
stem Dienst und Adlerflug. Nach Pagendienst und Kadetten-
haus, unglücklichen Leutnantsjahren und arbeitsamer Studenten-
zeit in Würzburg und Erlangen, wo er Schelling hörte, gab er
1821 ein Bändchen *Ghaselen* heraus. Er fand Jean Pauls und
Goethes Anerkennung. Doch schon 1826 verließ er Deutschland,
um die folgenden Jahre fast ausschließlich im südlichen Italien zu
verleben. Mit leidenschaftlich gereiztem Ehrgeiz setzte er sich,
dem klassischen Antikenideal verschworen, das Ziel der makel-
losen Form. Aber seine Zeit glaubte an andere Pflichten des
Dichters, und so zerrieb sich Platen im heftigen, einsamen Widerspruch gegen eine verhaßte Umwelt, der ihn auch seine schmerzlich erlittene homoerotische Neigung entfremdete. Unerfüllbar
blieb seine leidenschaftliche Liebe zum Schönen – halb Tristan,
halb Don Quixote, der in tragischem Narrentum dem Urbild
seiner Träume nacheilt. „Einst – werdet ihr, wiewohl zu spät,
mich bitten / Und rufen dann die Kunst und ihren Meister",
rief er den von ihm bitter geschmähten Deutschen zu, deren
Sprache er doch eine oft einzigartige künstlerische Vollendung
zu geben vermochte.

> Wer die Schönheit angeschaut mit Augen,
> Ist dem Tode schon anheimgegeben,
> Wird für keinen Dienst der Erde taugen,
> Und doch wird er vor dem Tode beben,
> Wer die Schönheit angeschaut mit Augen!
>
> Ewig währt für ihn der Schmerz der Liebe,
> Denn ein Tor nur kann auf Erden hoffen,
> Zu genügen einem solchen Triebe:
> Wen der Pfeil des Schönen je getroffen,
> Ewig währt für ihn der Schmerz der Liebe!
>
> Ach, er möchte wie ein Quell versiechen,
> Jedem Hauch der Luft ein Gift entsaugen
> Und den Tod aus jeder Blume riechen:
> Wer die Schönheit angeschaut mit Augen,
> Ach, der möchte wie ein Quell versiechen.

Schwermut und Sehnsucht durchziehen Platens Lyrik; er war ein
subjektiver Elegiker trotz seiner klassischen Oden, Eklogen und

Idyllen, seiner streng geformten und wohllautenden *Venetianischen Sonette.* Wohl prägt sein Kunstwissen diesen an größten Vorbildern geschulten Gedichten zu sehr den Stempel des erlesen Bildungshaften auf, aber die antike oder orientalische Form wurde von innen ergriffen: sie war Kunstwerk und Bekenntnis. 1821 erschienen die *Lyrischen Blätter,* 1828 aus Italien die *Vermischten Gedichte.* 1822 wurden der *Spiegel des Hafis,* 1823 die *Neuen Ghaselen* veröffentlicht. Platen suchte den Adel der Form in einer Zeit zu retten, der das Gefühl für ihre Werte verlorenging. Er war gleichsam ein König im Exil; „meine Töne sind zerbrechlich wie das Glas, an das ich klinge". Er floh in die Idee des Erhaben-Schönen, weil ihm die Wirklichkeit widerstand. Vom Reichtum seines Formvermögens zeugen seine Balladen (*Pilgrim vor St. Just,* 1819; *Grab im Busento,* 1820), seine politischen Lieder, in denen er sich auf die Seite der unterdrückten Freiheit stellte und den Kampf der Polen gegen die russische Tyrannei, wie Uhland, Grillparzer, Holtei, Freiligrath, Grün, Pfizer u. a., besang. Regte sich doch in dieser Teilnahme am polnischen Aufstand (1830/31), wie vorher im Philhellenismus, das im Vaterlande unterdrückte deutsche Freiheitsverlangen als Beginn einer eigenen politisch-liberalen Lyrik. Durch seine satirischen Literaturkomödien, die er selbst überschätzte, zog sich Platen boshaften Spott zu. Tiecks Anregungen (vgl. S. 329) verband er mit dem Vorbild der Komödien des Aristophanes. Der *Schatz des Rhampsinit* (1824) richtete sich gegen die deutsche Philosophie, *Die verhängnisvolle Gabel* (1826) gegen die Schicksalstragödie, *Der romantische Ödipus* (1828) gegen Immermann und Heine, der in den „Bädern von Lucca" vernichtend antwortete. Wieder fand der alte Goethe das rechte Wort: „Ein begabter Mensch und ein Talent verfolgt das andere; Platen ärgert Heine und Heine Platen, und jeder sucht den anderen schlecht zu machen, da doch zu einem friedlichen Hinleben und Hinwirken die Welt groß und weit genug ist und jeder schon an seinem eigenen Talent einen Feind hat, der ihm hinlänglich zu schaffen macht" (zu Eckermann, 1830).

Vielleicht keine Erscheinung der Weltliteratur wurde bis in die jüngste Gegenwart so leidenschaftlich umstritten wie H e i n r i c h H e i n e (1797–1856). Mörike nannte ihn einen „Dichter ganz und gar", sprach aber auch von der „Lüge seines ganzen Wesens"; Gottfried Keller nannte ihn den „großen Herzverleugner". Unbestreitbar bleibt sein Dichtertum und seine gewaltige Wirkung auf die literarische Entwicklung des 19. Jahrhunderts in

der Lyrik, der Prosa und im Feuilleton. Selbst so andersartige
Geister wie Raabe oder Bismarck huldigten dem Lyriker und
Prosaisten als dem größten Anreger und erregendsten literarischen
Ereignis dieser geistig bewegten Zeit. „Vergessen die Herren
denn ganz, daß Heine ein Liederdichter ist, neben dem nur
Goethe genannt werden darf, und daß das Lied gerade eine
spezifisch deutsche Dichtungsform ist?" (Bismarck). Heine wurde,
faszinierend und provozierend, die Repräsentation des ‚modernen' Geistes. „Der allgemeine Charakter der modernen Literatur
besteht darin, daß jetzt die Individualität und die Skepsis vor-
herrschen. Die Autoritäten sind niedergebrochen... Die Poesie
ist jetzt nicht mehr objektiv, episch und naiv, sondern subjektiv,
lyrisch und reflektierend." Er sprach in solcher Situationsbestimmung der Kunst von sich selbst. Er begriff sich in dieser Zeit der
„mysteriösen Übergangskrise" als ein historisches Epochensignal;
das Individuelle wurde historisch und künstlerisch exemplarisch;
seine Kunst wurde zum Schnittpunkt zwischen der alten und der
neuen Welt.

In Düsseldorf kam Heine zur Welt: mit 19 Jahren mußte er als
Lehrling in das Hamburger Bankgeschäft eines reichen Onkels
eintreten. So wenig wie Brentano war er zum Kaufmann geschaffen. 1819 studierte er in Bonn bei A. W. Schlegel, dann in
Göttingen und Berlin, wo er Fouqué, Chamisso, Hoffmann,
Grabbe traf. 1821 kam die erste Liedersammlung heraus. Sie
verriet ein großes Formtalent mit stark romantischen Anklängen.
Ein Drama *Almansor* mißglückte. 1825 ließ Heine sich taufen;
ohne den Übertritt zum christlichen Glauben wäre dem Juden
die Laufbahn des Advokaten, die er nach vollendetem juristischem Studium zeitweilig plante, verschlossen geblieben. Heine
selbst sprach ironisch vom „Entrébillet zur europäischen Kultur".
1826 machte ihn der 1. Band der *Reisebilder* zu einem berühmten
Schriftsteller. Er war ein verspäteter Romantiker; nicht nur in
der Neigung zur träumerischen Phantasie des Gefühls, vor allem
in seiner genialischen Subjektivität, seinem ironischen Spiel mit
den Formen und Stimmungen, das noch sich selbst zu parodieren
vermag und echten Schmerz jäh durch einen Witz auflöst. Er
besaß ebenso eine stimmungsoffene Einfühlungskraft in die
Natur und in den Zauber der Sage wie die geistige Freiheit des
intellektuellen Menschen. Seine scharfe, ununterdrückbare Spott-
sucht scheute nicht davor zurück, auch sich selbst zu verwunden.
Immer blieb er im wechselnden, erregenden Spiel von Ja und
Nein, zwischen Phantasie und Träumerei des Gefühls, lebens-

kluger Erfahrung und Zynismus, zwischen Begeisterung und Pessimismus, Liebe und Haß gegenüber dem Leben und dem deutschen Wesen. Sein *Buch der Lieder* (1827) umfaßte den beredten Schmerz einer jungen, enttäuschten Liebe, Traumbilder, das „Lyrische Intermezzo" (1822/23), die Lieder aus der Harzreise und den Nordsee-Zyklus, in dem er als erster das Meer als eine mythische Landschaft für die Dichtung eroberte. Hier fand Heine in freien Rhythmen eine neue, zukunftweisende Sprache.

> Sternlos und kalt ist die Nacht,
> Es gärt das Meer;
> Über dem Meer, platt auf dem Bauch,
> Liegt der ungestaltete Nordwind,
> Und heimlich, mit ächzend gedämpfter Stimme,
> Wie'n störriger Griesgram, der gutgelaunt wird,
> Schwatzt er ins Wasser hinein,
> Und erzählt viel tolle Geschichten,
> Riesenmärchen, totschlaglaunig...

Heine rief die Poesie und märchenhaft-geheimnisvolle Atmosphäre des Rheins *(Loreley)* und des Harzgebirges in das Gedicht, schuf lyrische Balladen, wie *Belsazar, Die beiden Grenadiere, Die Wallfahrt nach Kevlaar,* und traf mit faszinierender Kraft des Nachempfindens den Klang des Volksliedes. Er war ein Meister, „metrischen Wortzauber auszuklügeln", aber er bevorzugte, im Gegensatz zu Platen, die zugleich einfache und schwierigste Sprache der rein musikalisch-rhythmischen Lyrik. Heine liebte den Ruhm und genoß es, der gefeierte Sänger der Liebe und Freiheit zu sein, der zugleich betören und spotten, verzaubern und verhöhnen konnte. In den *Reisebildern* (1826 bis 1831) schuf er einen ungemein beweglichen, alle Kontraste ausschöpfenden, geistreich-spielerischen Prosastil, der für die Kunst des Feuilletons bis heute vorbildlich blieb und eine neue Epoche der auktorialen, impressionistischen Erzählkunst einleitete. Naturschwärmerei, heiteres Vagabundentum, die Verspottung der Philister, Kritik und Satire verbanden sich in provokativer Art in seinem brillanten Plauderstil. Die *Harzreise* und die ersten Tage der *Italienischen Reise* bilden den Höhepunkt: „Mir war's oft, als sähe ich ein wunderschönes Jünglingsantlitz über jene Berge hervorlauschen. – Einst sogar, in der goldenen Abenddämmerung, sah ich auf der Spitze einer Alpe ihn ganz und gar, lebensgroß, den jungen Frühlingsgott; Blumen und Lorbeer umkränzten das freudige Haupt, und mit lachendem

Auge und blühendem Munde rief er: Ich liebe dich, komm zu
mir nach Italien!" Heine war ein gläubiger Romantiker und ein
lebemännisch blasierter Skeptiker, der auf allen Saiten souverän
zu spielen wußte: von der großen Dichtung bis zum gefallsüchtigen Effekt, in dem er aber auch noch alle Mitbewerber um
viele Längen schlägt. „Ich liebe sogar das Deutsche mehr als alles
auf der Welt, ich habe meine Lust und Freude dran, und meine
Brust ist ein Archiv deutschen Gefühls, wie meine zwei Bücher
ein Archiv deutschen Gesanges sind." Auch dies war Wahrheit
und Ironie zugleich.

1828 ging Heine nach Italien, 1831 zog er als politischer Berichterstatter der Augsburger Allgemeinen Zeitung nach Paris. Nicht
freiwillig! Metternich hatte ihn warnen lassen, und 1835 verbot
der Bundestagsbeschluß, der auch Gutzkow, Laube, Mundt,
Wienbarg traf, seine gesamten Schriften. In *Ideen, Das Buch
Le Grand* (1826) hatte er von der kommenden Revolution, vom
Traum der Demokratie und von einem geeinten freien Europa
gesprochen. Im 3. Band der „Reisebilder" *(Bäder von Lucca)*
feierte er die Pflicht der Zeit zur Emanzipation des freien Geistes von der deutschen Reaktion auf allen Lebensgebieten. Heine
wurde in Paris zum Journalisten, der nach Deutschland über
französische Zustände berichtete und die Franzosen über deutsche Philosophie, Literatur, Religion aufklärte. Zwischen 1828
und 1842 entstanden die *Neuen Gedichte*, zugleich die Aufsätze
Zur Geschichte der neueren schönen Literatur in Deutschland
(1833, später *Die romantische Schule*), in denen er sich als geistvoller Kritiker erwies. Mit dieser Vermittlung übernahm Heine
eine europäische Aufgabe; er suchte zwei Völker einander geistig
zu verknüpfen, die wenig voneinander wußten. Lediglich Madame
de Staël war mit ihrem teilweise von Goethe und Schiller inspirierten Buch „De l'Allemagne" (1810) vorangegangen. Die
literarischen Salons Frankreichs öffneten sich dem eleganten
Weltmann. Er fand Beziehungen zu den führenden französischen
Schriftstellern (Victor Hugo, Balzac, Musset, George Sand).
Heine liebte Paris und besang seine schönen Frauen in spielerisch
heiteren Versen. Aber zugleich entstanden in der mondänen
Großstadtatmosphäre seine nordischen Balladen *(Ritter Olaf,
Harald Harfagar, Schlachtfeld bei Hastings)* und politische Dichtungen, in denen eine bittere Enttäuschung, Heimweh und Sehnsucht lebten. Auch hier war das widerspruchsvolle Ja und Nein
ein echtes Erleben dieser in sich gespaltenen Natur. „Denk ich an
Deutschland in der Nacht, dann bin ich um den Schlaf gebracht."

Die Not der schlesischen Weber, die später zu Gerhart Hauptmanns Volks-Drama führte, rief ihn zu sozialer Lyrik (1847).

> Das Schiffchen fliegt, der Webstuhl kracht,
> Wir weben emsig Tag und Nacht –
> Altdeutschland, wir weben dein Leichentuch,
> Wir weben hinein den dreifachen Fluch.
> Wir weben, wir weben!

Aus Deutschland erwartete er den Anbruch geistiger Freiheit,
eines weltfreudigen Hellenentums, einer europäischen Zukunft.
Zwei Reisen in die Heimat verdankten die Versdichtungen
Deutschland, ein Wintermärchen und *Atta Troll* ihre Entstehung.
In dem ersten Gedicht entlädt sich eine souverän freie politische,
zum Umsturz herausfordernde Satire, im „Atta Troll", dem
„letzten freien Waldlied der Romantik", gab Heine ein lyrisch-
phantastisches und ironisches Epos, zugleich sein vielleicht eigen-
tümlichstes künstlerisches Bekenntnis. Gegen alle Tendenzpoesie
und Parteidichtung erhebt sich sein Künstlerstolz. Antike Sinnenfreude ringt mit romantischer Phantasie; großartig ist die Vision
der nächtlichen wilden Jagd. Literarische Polemik verbindet sich
mit dem Märchenzauber.

> Ja, mein Freund, es sind die Klänge
> Aus der längst verschollnen Traumzeit,
> Nur daß oft moderne Triller
> Gaukeln durch den alten Grundton.

Ein Schlaganfall führte zu qualvollem Krankenlager, der „Ma-
tratzengruft" (1848). In trostlos langer Leidenszeit entstanden
die Gedichte des *Romanzero* (1851). Sie schweifen durch alle
Weltzeiten der Menschheits- und Glaubensgeschichte, zugleich in
die Zukunft, von der Heine eine neue soziale Ordnung erwartete,
die er, Ästhet und Aristokrat des Geistes, doch auch fürchtete.
Ein bitterer Pessimismus demaskiert die Träume des Lebens,
deutet auf die Niederlage des Edlen und Schönen, den Triumph
des Niedrigen als höhnisches Weltgesetz. Daß immer das Kleine
das Große besiegt, ist jetzt aus eigener Enttäuschung und Müdigkeit Heines ein Grundthema dieser Lyrik aus seiner Leidenszeit.
Er suchte seinen Gott in der Rückkehr zum alten Judentum. Aber
auch alle Fülle des Lebens taucht nochmals in der Sehnsucht auf,
gesteigert und umschattet vom nahen Tode. Und noch ist er der
sich selbst behauptende souveräne Subjektivist, noch arbeitet der
Formkünstler an Glanz und Treffsicherheit der geschliffenen
Form. Hier gibt es kein Spiel mehr, sondern Ernst und Verzweiflung und auch Güte, Mit-Leiden und die Sehnsucht nach einem

helfenden Glauben. „Ein Lebendigbegrabener schreit durch die
Nacht" (Heine). Aus Bitterkeit ringt sich eine reife Gefaßtheit
herauf, und immer noch vermag er träumerisch zu fabulieren
(Bimini, Prinzessin Sabbath, Präludium). Aus dem Nachlaß erschienen die *Letzten Gedichte und Gedanken* (1869) und erst 1884
die Bruchstücke der *Memoiren*, die Heine seit langem geplant
und vorbereitet hatte, eine Komposition von Dichtung und
Wahrheit, in der sich die faszinierende Vielschichtigkeit seiner
produktiven Existenz spiegelt. Märchen und Wirklichkeit werden zu einander transparent; das Historische spiegelt sich im
Subjektiven.

Heine war trotz seines jugendlichen *Almansor* und des *William
Ratcliff*, einer blutig gespenstischen Schicksalstragödie, kein Dramatiker; er war auch, trotz der fragmentarischen Novelle *Der
Rabbi von Bacharach*, die das Schicksal der Juden im Mittelalter
schildert, kein Epiker. Dennoch hat auf die Dauer seine Wirkung
als Erzähler die des Lyrikers übertroffen; er schuf Sprache, Stil
und Technik einer modernen Prosa, die dem gegenwärtigen
Augenblick und der subjektiven Stimmung geöffnet, leicht, spannend, geistvoll und beweglich zu plaudern vermag. An seine
„Reisebilder" knüpfte eine neue Gattungsreihe an (Laube,
Gutzkow, Mundt, Pückler u. a.). Diese Prosa entsprach in ihrer
beweglichen, behenden und vielseitigen Aktualität den Bestrebungen dieses Zeitalters, in dem die Literatur an die Bewegtheit
des Tages, den Umtrieb der Weltanschauungen und Parteien,
die krisenreiche Entwicklung eines neuen Weltbildes engsten
Anschluß suchte und selbst Aktivität auf Kosten ihrer dauernden
Form beanspruchte. Allerdings: bei Heine wurde auch die Polemik zum Kunstwerk.

Mit ihm trat der ältere L u d w i g B ö r n e (1786–1837) in Wettstreit. Er wuchs im Ghetto der Stadt Frankfurt auf; aus dieser
Jugend stammt sein leidenschaftliches Verlangen nach Gerechtigkeit und der Freiheitswille des Unterdrückten. Er wurde Mediziner und, nach der rechtlichen Gleichstellung der Juden durch
Kaiser Napoleon, Jurist, verlor aber sein kleines Amt 1815 unter
dem Druck der Restauration. 1818 ließ er sich taufen; 1830 eilte
er, anläßlich der Juli-Revolution, nach Paris, wo er der Mittelpunkt der deutschen Emigranten wurde. Er war ein Journalist
und Moralist, dem über der Kunst des Wortes das Ethos der
Gesinnung und des Charakters stand. Deshalb stieß ihn die vielstimmige Subjektivität Heines ab – „was ich geschrieben, wurde
mir von meinem Herzen vorgesagt. Ich mußte." Reizvoller Hu-

mor lebt in seinen an Jean Paul geschulten Plaudereien *Die Post-schnecke, Der Eßkünstler*, Zorn und Bitterkeit des Ausgestoße-nen in *Der Roman* (1823). Er war ein glänzender Stilist, der in seiner Gedenkrede auf den verehrten Jean Paul (1825) eine ebenso meisterliche Prosa schrieb wie in den umfangreichen, als Zeitdokumente gewichtigen *Pariser Briefen* aus den Jahren 1832/34 und in seinen geistreichen *Aphorismen*. Als Kritiker und Polemiker wollte er nicht ein Zuckerbäcker, sondern ein Apo-theker sein. Noch mehr als bei Heine kam seine Bitterkeit gegen Deutschland aus der Tragik einer enttäuschten Zuneigung. „Käme ein Gott zu mir und spräche: ich will dich in einen Fran-zosen umwandeln mit allen deinen Gedanken und Gefühlen, mit allen deinen Erinnerungen und Hoffnungen, ich würde ihm ant-worten: ich danke, Herrgott; ich will ein Deutscher bleiben mit allen seinen Mängeln und Auswüchsen." Aus Börne spricht die revolutionäre Stimmung des Vormärz, die jetzt weitgehend die Literatur in den Bann der Politik zwang und die Kunst des Wortes als ein Mittel des politischen Kampfes verstand. Im Zorn Börnes gegen Goethe sprach sich das gewandelte politisch-moralische Verhältnis zur Dichtung aus.

2

Das „junge Deutschland"

Paris war seit 1830 der Hauptort des modernen Geistes gewor-den. Hier entwickelte sich ein der Zeit zugewandter realistischer Roman, eine Prosadichtung voll Aktualität und Tendenz, eine flammende politische Lyrik und im Saint-Simonismus ein soziales Programm von revolutionär erscheinender Schlagkraft. Die lite-rarische Jugend Deutschlands wandte sich seit der Juli-Revolu-tion 1830 mit einem heftigen Ruck den politisch-geistigen Tages-fragen zu, um eine „Literatur der Bewegung" und der Gesinnung neu zu schaffen. Seit den Befreiungskriegen, seit Fichtes Aktivis-mus und der Burschenschaft bahnte sich diese Politisierung des geistigen Lebens an. 1831 starb Hegel, 1832 Goethe. Diese Jahre wurden symbolische Endpunkte. Die Dichtung blieb nicht die be-stimmende Kraft; der neue Realismus des Denkens wandte sich der Welt in ihrer Breite und ihrem Detail, dem Wirklichen und Aktuellen in seiner ganzen Vielfalt zu, gab aber den Glauben

an eine ideelle Einheit der Dinge auf. Was Heine und Börne als
Aktivierung des Wortes erstrebten, schien erreicht. „Praktischer
Staatszweck war alles, der literarische Ausdruck nur Hilfsmittel
hierfür, an sich und in anderer Beziehung gleichgültig" (Laube).
Goethes angeblich unpolitische Haltung wurde erbittert ge-
schmäht, dagegen der politische Gehalt der Philosophie Hegels
stark herausgearbeitet. Die *Halleschen Jahrbücher* (seit 1838)
vertraten die „neuerdings eingetretene Phase der Reformation,
die freie Bildung unserer geistigen Wirklichkeit". Es handelte
sich um eine europäische Bewegung: in Italien wurde *La Giovine
Italia* von Guiseppe Mazzini 1830 gegründet, in Frankreich wurde
der Saint-Simonismus zur Parole, aus England ertönte das Freiheitspathos des Lord Byron. Aber die deutschen literarischen
Revolutionäre, die unter dem Sammelnamen „Junges Deutschland" mißverständlich und unfreiwillig zusammengefaßt wurden,
waren der Vergangenheit stärker verhaftet, als sie selbst es ahn-
ten und zugeben wollten. Sie suchten, revolutionär gestimmt,
neue politisch-gesellschaftliche Stoffe und Formen, aber sie blieben ideologische Theoretiker im Programm ihres literarischen
Aktivismus. Ihr sehr lebhaftes schriftstellerisches Schaffen wurde
zur Politik der Gedanken; sie wollten kein Primat der Ansprüche
der Kunst, und der Zeitkampf, eine Literatur der Zwecke und
Tendenzen verpflichtete sie mehr als sie. Die Möglichkeiten wie
die Problematik einer politischen Dichtung werden an ihren
Schriften beispielhaft deutlich.

Vorausgegangen war die Gründung der „Deutschen Burschenschaft" (1815), gegen welche die Karlsbader Beschlüsse (1819)
mit bornierter Hartnäckigkeit zu Felde zogen. Selbst Arndt, Stein,
Blücher, Yorck wurden verdächtigt. Das unterdrückte nationale
und soziale Freiheitsverlangen wandte sich in der philhelleni-
schen Dichtung dem Kampf der unterdrückten Griechen gegen
die Türken zu, in der Polendichtung dem Aufstand der Polen
gegen Rußland. Gefühlvolle Begeisterung ersetzte die versagte
eigene Tat. Die Pariser Revolution (1830) entfesselte in Deutschland den Versuch einer wenigstens geistigen Rebellion; auf dem
„Hambacher Fest" (1832), an dem besonders studentische Jugend teilnahm, wurden voreilig die „vereinigten deutschen und
europäischen Freistaaten" gefeiert. Schon 1835 folgte der Bundestagsbeschluß, der die gesamten vorhandenen und zukünftigen
Schriften der führenden Schriftsteller Heine, Gutzkow, Laube,
Wienbarg, Mundt verbot. Der einflußreiche Stuttgarter Kritiker
Wolfgang Menzel (1798–1873), ein ehemaliger Burschenschaftler

und engstirniger Feind Goethes, an dem er Nationalgefühl und Tugend vermißte, hatte den Stein ins Rollen gebracht. Der österreichische Politiker Graf Münch-Bellinghausen formulierte: „Die schlechte Literatur, die hier gemeint ist, läßt sich wesentlich als antichristlich, gotteslästerlich und alle Sitte, Scham und Ehrbarkeit absichtlich mit Füßen tretend bezeichnen." Immermann sagte treffend: „Das Unglück unserer Zeit besteht darin, daß die Regierten mehr Geist besitzen als die Regierenden." Der Geist griff mit allen Mitteln sprühender Polemik die bestehenden Zustände um der neuen, besseren Wirklichkeit an. Witz, Satire und Parodie wurden seit Börne und Heine die Sprache des freiheitlichen Denkens. Ihnen folgte der sozialistische Journalist und Lyriker G e o r g W e e r t h (1822–1856), Freund und Kampfgenosse von Karl Marx und Friedrich Engels, in seinen Feuilletons, Reiseskizzen, die englisches und deutsches Arbeiterelend darstellen, und in den sarkastischen Arabesken der Porträtkarikaturen aristokratischer Gauner in *Leben und Taten des berühmten Ritters Schnapphahnski* (1848). Der parodierende Schelmenroman fand wie in Heines *Aus den Memoiren des Herren von Schnabelewopski* (1834), dieser komplexen Mischung von Fabulieren, Autobiographie, Satire und Ernst, eine Erneuerung. Die Faszination, die das Spiel des Witzes ausübt, wird zum Mittel aggressiver Wirkung. Das Lachen demaskiert und vernichtet.

Pathetisch verkündete L u d o l f W i e n b a r g (1802–1872) als Privatdozent in Kiel in seinen *Ästhetischen Feldzügen* (1834): „Die Schriftstellerei ist... kein Spiel schöner Geister, kein unschuldiges Ergötzen, keine leichte Beschäftigung der Phantasie mehr; sondern der Geist der Zeit, der unsichtbar über allen Köpfen waltet, ergreift des Schriftstellers Hand und schreibt im Buch des Lebens mit dem ehernen Griffel der Geschichte." Bildung, Wissen, Schönheit, Geschichte waren ihm tote Überlieferungen; er rief „jene geschichtslosen Menschen, die nichts hinter sich sehen als ihre eigenen Fußstapfen und nichts vor sich als Raum, freien Spielraum für ihre Kraft". Er proklamierte eine Literatur des Willens, der Zwecke; für Gutzkow war die Literatur die neue Form der Erziehung des politischen Bewußtseins. Aber diese Schriftsteller waren zu individualistisch, zu romantisch-idealistisch, zu theoretisch und pathetisch, um wirklich neue Ausdrucksformen zu finden. Sie sprachen einerseits von der Demokratie, predigten andererseits einen schrankenlosen Individualismus. „Die Millionen Selbstherrscher sind das äußerste

Ziel der Zivilisation – nicht unbedingte Gleichheit, aber unbe-
dingt gleiche Befugnis zu allem, das ist die Losung des neuen
Jahrhunderts." Heine hatte geschrieben: „Jetzt gilt es die höchsten Interessen des Lebens selbst, die Revolution tritt in die
Literatur." Das Theater sollte zur Rednerbühne werden, das Buch
zum Leitartikel; „Journale sind unsere Festungen" (Heine). Die
soziale Frage drängte sich in den Vordergrund des Interesses, und
der Mensch wurde nicht mehr als Individuum, sondern von der
kollektiven Gesellschaft her gesehen und verstanden. Gutzkow
verkündete: „Der Zweck unserer Zeit ist der Bürger, nicht mehr
der Mensch." Gegen die Autorität der Kirche und der Monarchie rief man zur Emanzipation des Geistes und des Fleisches.
Heine stellte gegen ein weltfeindliches Nazarenertum einen sin-
nenfreudigen Hellenismus. Die Lyrik wurde durch den kritisch
beobachtenden Realismus der Prosa abgelöst.

Der Berliner Karl Gutzkow (1811–1878) war ein begabter,
ruheloser Schriftsteller, der sich auf allen Gebieten bewegte. Er
besaß eine sensible Witterung für alles Aktuelle, Entwicklungs-
fähige und auch Krisenhafte. Sein kritischer Intellekt, stärker ausgeprägt als die künstlerischen Anlagen, repräsentiert einen neuen
Typus des emanzipierten Autors. Sein Roman *Wally, die Zweif-
lerin* (1835), der Wolfgang Menzels Empörung erregte und dem
Bundestag das Stichwort zu seinem zitierten Verdammungsurteil
gab, läßt die Heldin Wally ihr Tagebuch mit zweiflerischen Gedanken über Gott und Unsterblichkeit füllen. Sie nimmt sich das
Leben, weil sie trotz ihres religiösen Verlangens zu keinem Glauben findet. In ihrem Verehrer Caesar tritt ihr der moderne
skeptische Intellektuelle gegenüber. Das Buch erscheint heute
recht harmlos, moralischer als F. Schlegels „Lucinde" und im
Stil äußerlich Jean Paul verwandt. Auch Theodor Mundts
(1808–1861) Reisenovelle *Madonna, eine Heilige* (1835), die eine
böhmische Schulmeistertochter sich vom bigotten Katholizismus
zu freierer Lebensauffassung bekehren läßt, folgt im Stil Jean
Paul und Heine. Als 1842 das Verbot aufgehoben wurde, eroberte
Gutzkow mit zahlreichen Dramen die Bühne; sie sind meist vergessen. Am meisten lag ihm das geschichtliche Lustspiel wie *Zopf
und Schwert* aus der preußischen Geschichte, wie *Das Urbild des
Tartuffe* aus Molières Leben und *Der Königsleutnant* aus Goethes
Jugend. Eine Tragödie der Überzeugung schuf er mit rhetori-
schem Pathos und aus eigener Erfahrung in *Uriel Acosta* (1847).
Gutzkow war ein anregender nervöser Geist mit enormer Ar-
beitskraft. Neben seine vielen Novellen stellte er in angestreng-

tem Fleiß den großen Zeitroman, der den Roman des bürgerlichen Liberalismus (Auerbach, Freytag, Spielhagen, Heyse) vorbereitete und dem Beispiel der französischen Riesenromane (E. Sue) folgte. In *Die Ritter vom Geiste* (1850/51, 9 Bände) und dem *Zauberer von Rom* (1858/61) bildete er den Typus des Romans des „Nebeneinander", der in „hundert sich kaum berührenden Existenzen" die Breite des modernen Gesellschaftslebens erschöpfen soll. Darin lag eine wichtige Förderung der Romantechnik, auch wenn Gutzkow zu seinem Zeitbilde von 1848 in den „Rittern vom Geist" und zu seinem polemischen Bilde der Weltmacht der römischen Kirche im „Zauberer von Rom" die Präzision und Energie der konkreten Beobachtung und psychologischen Erfahrung fehlte, die in Frankreich Balzac besaß. Auch in der Idee herrscht Unsicherheit; Gutzkow zeichnete einen Bund der Geistigen jenseits der gesellschaftlichen Schranken und über aller Gewalt. „Mit der Isolierung ist es nichts, mit der breiten Masse und Zahl auch nichts, die Elite muß sich finden; aber rascher finden, rascher erkennen als bisher und sicherer handeln." Noch wurde die künstlerische Form nicht bewältigt, noch drängte sich das Gedankliche vor die Erfahrung des Lebens. Hebbel notierte: „Es geht ihm in den Dramen wie im Roman; die Ideen sind allerdings gewichtig, aber das poetische Talent ist ihnen nicht gewachsen, und so ist es, als ob Kornsäcke auf der Kaffeemühle durchgemahlen werden sollen." Jedoch gehören Gutzkows gesellschaftskritische Romane in ihrer formalen Intention wie in ihrem Inhalt zu den geschichtlich aufschlußreichsten Dokumenten der bürgerlichen Entwicklung nach 1848, dem Krisenjahr des Liberalismus, dem im Politisch-Staatlichen wie Geistigen zunächst eine ratlose Resignation, die Lähmung der bürgerlichen Energien, eine ermüdet abwehrende Flucht in die Innerlichkeit folgte. Grillparzer, Stifter, Wagner, Hebbel, Reuter, Scheffel, Fontane u. a. haben diese Wendung vom fortschrittlichen Liberalismus zur Resignation und antirevolutionären, realistischen Geschichtlichkeit des Denkens in verschiedenen Stufen der Intensität durchlebt. Das Bürgertum wurde erneut von der Politik und dem Aktivismus des Geistes abgedrängt. Wie tief der Zusammenbruch der liberalen Hoffnung, eingepreßt zwischen Monarchismus und Kommunismus, das gesamte Volksleben traf, wie sich die Zeit selbst in der Krise allgemeiner Auflösung fühlte, lassen Gutzkows „Ritter vom Geiste" verstehen. Einer Novelle gab Gutzkow den alarmierenden Titel *„Die Nihilisten"* (1853).

Ein neuer Typus des aktuellen, unternehmerischen Schriftstellers wird deutlich. Gleiches gilt für den ebenso fruchtbaren H e i n - r i c h L a u b e aus Sprottau (1806–1884). Er wurde 1835 infolge des Bundestagsbeschlusses zu sieben Jahren Gefängnis verurteilt, die er in 1½ Jahren als Gast des Fürsten Pückler auf Schloß Muskau bequem absaß. 1848 war er Mitglied des Frankfurter Parlaments, von 1849 bis 1867 Leiter des kaiserlichen Hofburg- theaters in Wien, das er zu europäischem Ansehen führte. Der emanzipierte Schriftsteller schloß Frieden mit der etablierten Gesellschaft. Geschichtlich wesentlich ist sein Gesellschaftsroman *Das junge Europa* (1833/37), ein Panorama der freisinnigen Tendenzen und Ideologien der jungen Generation, die jedoch am Ende in eine resignierte Bürgerlichkeit einlenkt, derart sich selbst kritisch widerlegt. Laube folgte der durch Heine ausge- lösten Mode der Reisebeschreibung im geistreichen, subjekti- vierten und akzentuiert witzigen Skizzen- und Feuilletonstil (z. B. *Französische Lustschlösser,* 1840) und wechselte dann, wie Gutzkow, zum Drama über, das ihm lange, dank geschickter Bühnentechnik und dem Zeitgeschmack entsprechender Stoffe, die Bühnen sicherte. Er dramatisierte die Kultur- und Literatur- geschichte: *Die Karlsschüler* (1846) spiegeln Schillers Jugend- ko flikte, *Prinz Friedrich* (1854) gibt den Konflikt des jungen Kronprinzen Friedrich mit seinem Vater wieder, *Gottsched und Gellert* (1847) führt lustspielhaft den literarischen Generations- konflikt im 18. Jahrhundert vor. Historische Stoffe standen bis zu einem *Demetrius* (1869) reichlich zur Verfügung. Der Roman *Der deutsche Krieg* (1865 ff.) führte im breiten Bilderstil mit liberaler Tendenz zum Dreißigjährigen Krieg zurück. Gutzkow und Laube dienten den Repertoirebedürfnissen des Theaters wie, in der vorausgegangenen Generation, E r n s t R a u p a c h (1784–1852), den Heine köstlich ironisiert hatte, mit seinen 117 Bühnenstücken, die er effektvoll und deklamatorisch zusammen- fügte. Allein der Geschichte der Hohenstaufen widmete er einen Zyklus von 16 Dramen, eine Art theatralischer Chronik. Die schöpferischen Dramatiker dieser Jahrzehnte, Christian Dietrich Grabbe und Georg Büchner, mußten hingegen durch Jahrzehnte warten, bis sie von der Kritik und Bühne entdeckt wurden. Denn ihnen widersetzten sich die Autorität der Tradition und die Routine der Theaterpraxis; die jungdeutschen Dramatiker blie- ben bei allem oppositionellen Anspruch künstlerisch im Rahmen der Konventionen.

An die kriegerisch-nationale Lyrik der napoleonischen Zeit (vgl.

S. 343 f.) knüpfte eine politische Lyrik an, die das Verlangen nach Einheit, Freiheit und Recht des Volkes mit dem Protest gegen die reaktionären Mächte, gegen Tyrannei und Polizei, und mit sozialer Anklage verband. Viel Rhetorik, Tendenz und Journalistik durchzieht diese Lieder; sie waren aus der Empörung des Tages geboren und an die Stimmungen und Parolen des Tages gebunden. Viel ideales Wollen lag in ihnen, das aber seiner Ziele nicht sicher war und politischen Realismus durch lautes Pathos ersetzte. Das politische Lied wurde zum Ventil eines Revolutionswillens, der sich auf das Wort zurückgeworfen sah und ihm allen Nachdruck zu geben suchte. Bewußt hob man sich von der klassisch-romantischen Vergangenheit ab: „Ein Kunstwerk war für euch das Leben / Uns war es nichts als eine Tat" (Kinkel). Es sei nicht vergessen: viele dieser Dichter setzten mutig und opferwillig ihre Existenz auf das Spiel. Wie diese politischen Dichtungen aus einem allgemeinen Gemeinschaftsgefühl heraus entstanden, zeigt sich darin, daß gerade Unbekannten die wirkungsvollsten Lieder glückten: so J. B. Thiersch, *Ich bin ein Preuße* (1830); Max Schneckenburger, *Die Wacht am Rhein* (1840); Nikolaus Becker, *Sie sollen ihn nicht haben* (1840). Der Österreicher Anastasius Grün (Graf Anton Alexander von Auersperg, 1806–1876) ging mit seinen das System Metternichs angreifenden *Spaziergängen eines Wiener Poeten* voran. „Freiheit ist die große Losung, deren Klang durchjauchzt die Welt." Seine Verserzählungen, wie die *Nibelungen im Frack* oder *Schutt*, scheiterten an seinem allzu bilderreichen Sprachstil. Dem revolutionären Sozialismus nahe stand der ungestümere Ungarndeutsche Karl Beck (1817–1879), von dem auch das berühmte *Lied von der schönen blauen Donau* (Johann-Strauß-Walzer) stammt. Gewaltiges Aufsehen erregte das Pathos der *Gedichte eines Lebendigen* von dem ehemaligen Tübinger Stiftler Georg Herwegh (1817 bis 1875), der, aus Preußen verwiesen, in die Schweiz floh, wo sich ein beträchtlicher Emigrantenkreis sammelte. „Drum die Fahne der Empörung trug die Poesie voran." Seine lyrisch-rhetorische Formbegabung war mit diesem Werk erschöpft. Nur 1863 gelang ihm noch das mitreißende Bundeslied des Allgemeinen deutschen Arbeitervereins.

> Mann der Arbeit, aufgewacht
> Und erkenne deine Macht!
> Alle Räder stehen still,
> Wenn dein starker Arm es will.

Herwegh blieb bis zum Lebensende in der radikalen Opposition; er beharrte bei einem preußenfeindlichen Republikanismus und machte jene Versöhnung mit dem kaiserlichen Deutschland Bismarcks nicht mit, zu der sich Freiligrath, Wagner, F. Th. Vischer u. a. entschlossen. F r a n z D i n g e l s t e d t (1814–1881), der als gefeierter Leiter des Wiener Burgtheaters starb, beteiligte sich an der Vormärz-Lyrik mit den *Liedern eines kosmopolitischen Nachtwächters* (1840). Ähnlich mühelos wie bei Rückert sprudelten die politischen und idyllischen Verse des Breslauer Professors A u g u s t H e i n r i c h H o f f m a n n (von Fallersleben, 1798–1874), der wegen seiner harmlosen *Unpolitischen Lieder* (1840/41) abgesetzt und zum Wandersänger wurde. Er besang alles: Liebe, Wein, Frühling und Winter, die Kinder und die Vagabunden, die Fürsten und die Philister, und schrieb 1841 auf Helgoland das dichterisch nicht gerade vollendete *Deutschland Deutschland über alles* nieder. Reizvoll blieben seine Kinderlieder *(Alle Vögel sind schon da, Ein Männlein steht im Walde, Die Sterne sind erblichen)*.

Alle diese Lyriker überragte F e r d i n a n d F r e i l i g r a t h (1810 bis 1876). Die Phantasie des jungen Kaufmannes schweifte in exotische Fernen auf der Suche nach einer farbenreichen, wilden und naturwüchsigen Welt. Chamisso, Lenau hatten ähnlich den Reiz der abenteuerlichen Ferne genossen und gestaltet. In weiten Rhythmen und verwegenen Reimen spiegelte er phantasievoll Mohrenfürsten, Wüstenpalmen, Löwen und Giraffen; eine neue Bilderwelt war im realistischen Nachklang der Romantik mit kühner Rhetorik für die deutsche Lyrik heraufgezaubert. „Spring an, mein Wüstenroß aus Alexandria." 1838 erschienen seine frühen *Gedichte*. 1844 verzichtete er auf einen königlichen Ehrensold; im gleichen Jahre erschienen Freiligraths politische Gedichte, *Ein Glaubensbekenntnis*. Er floh nach Belgien, in die Schweiz, kehrte 1848 zurück, mußte aber 1851 von neuem in die Verbannung nach London gehen, von wo er nach schweren Jahren zurückkehrte. Rechtsgefühl und feste Überzeugung trieben ihn zur Politik – „solange der Druck währt, unter dem ich mein Vaterland seufzen sehe, wird mein Herz bluten und sich empören, sollen mein Mund und Arm nicht müde werden." Er feierte die Freiheit, er rief zum Kampf der unterdrückten Massen *(Ça ira, 1846)*, er dichtete ergreifende soziale Gedichte *(Von unten auf, Requiescat, Aus dem schlesischen Gebirge, Die Auswanderer)*. „Die Verse tun's nicht allein, es will auch ein Ding dabei sein, das man Charakter nennt."

> Schwarz-Rot-Gold,
> Pulver ist schwarz,
> Blut ist rot,
> Golden flackert die Flamme.

Mit der Leidenschaft des politisch-sozialen Empfindens verband sich bei Freiligrath ein Wissen um die sprachformende Kunst, um Rhythmus und Versbau.

> Wir sind die Kraft! Wir hämmern jung das alte morsche
> Ding, den Staat,
> Die wir von Gottes Zorne sind bis jetzt das Proletariat!
> Dann schrei' ich jauchzend durch die Welt! auf meinen
> Schultern stark und breit
> Ein neuer Sankt Christophorus, trag ich den Christ der
> neuen Zeit!
> Ich bin der Riese, der nicht wankt! Ich bin's, durch den
> zum Siegesfest
> Über den tosenden Strom der Zeit der Heiland Geist sich
> tragen läßt.

Nur selten ist bei ihm die rhetorische Agitation stärker als die dichterische Anschauung und Gestaltungskraft. Zusammen mit Karl Marx gab Freiligrath „Die neue rheinische Zeitung" heraus. Daß dieser revolutionäre Protest aus einem gepeinigten nationalen Empfinden heraufwuchs, bewies später seine *Trompete von Gravelotte*, 1870, eines der besten Lieder aus dem Kriege 1870/71.

Aus dieser politischen Lyrik sprach das Bewußtsein eines gewandelten Zeitalters, das in der Einwirkung auf die Gestaltung des öffentlichen gemeinsamen Lebens, nicht mehr in der Kultur der individuellen Seele den Sinn der Dichtung erblickte. Nach dem unglücklichen, bitter enttäuschenden Jahre 1848 erlahmte die revolutionäre Lyrik allmählich; eine andere Tendenz folgte ihr im Zusammenhang mit der von Bismarck bestimmten politischen Entwicklung, die nun vor allem von dem Glauben an die Reichseinheit, an ein Sendungs- und Herrschaftsbewußtsein, an den nationalen Machtstaat gelenkt wurde. Das nationalstaatliche Denken nahm einen bedrohlichen Aufschwung. Grillparzer notierte mit seherischem Scharfblick das erschreckend zur Wahrheit gewordene Wort: „Der Weg der neueren Bildung geht von Humanität durch Nationalität zur Bestialität."

3

Drama und Theater

Die Literatur in Österreich war lange in einer produktiven Entwicklung gehemmt. Erst Franz Grillparzer im Drama, Adalbert Stifter im Erzählen bedeuten ebenbürtige Anschlüsse an die gesamtsprachliche literarische Entwicklung; um die Zeit der Jahrhundertwende 1900 gewinnt dann die österreichische Literatur (Hugo von Hofmannsthal, Rainer Maria Rilke, Georg Trakl, Franz Kafka, Robert Musil, Hermann Broch, Arthur Schnitzler, Karl Kraus, Franz Werfel) eine führende Position. Aus kirchenpolitischen Gründen hatte sich die Aufklärung literarisch verspätet; erst Kaiser Joseph II. (1780–1790) half ihr zur Auswirkung. Zwar entwickelte Philipp Hafner (1735 bis 1764) barocke Spieltradition und Stegreifspiel zum literarischen Theater; die Autorität der französischen Tragödie des 17. Jahrhunderts blieb, wie die *Dramatischen Unterhaltungen eines k.k. Offiziers* (1772) zeigen, die Kornelius Hermann von Ayrenhoff (1733–1819) publizierte, trotz Shakespeare und dem deutschen Sturm und Drang, gültig. Der Lyriker Michael Denis (1729–1800) paßte sich zwar der Bardenmode an, er übersetzte Ossian, jedoch konservativ in Hexametern. Johann Baptist von Alxinger (1755–1797) bewegte sich mit Versepen (*Doolin von Mainz*, 1787) in Bahnen Wielands. Diese Verzögerung ließ eine der deutschen Klassik analoge Entwicklung nicht aufkommen; auch gegenüber der Romantik blieb Österreich im wesentlichen rezeptiv. Dieser Traditionalismus zeichnet sich ebenso in dem Wiener Kreis der christlichen Spätromantik unter dem Schutz von Clemens Metternich wie darin ab, daß Grillparzer und Stifter mehr als ihre Zeitgenossen Traditionen des 18. Jahrhunderts, der französischen Tragödie wie der Aufklärung und Klassik in ihr Werk aufnahmen. Franz Grillparzer (1791–1872) reifte an den von Goethe eroberten Bildungsmächten; er erzog sich an Lessing, Kant, Schiller und öffnete sich den Stimmungen der Romantik. Er erarbeitete für Österreich das gesamte klassisch-romantische Humanitäts- und Bildungsbewußtsein. Zugleich führten seine geistigen Lebenswurzeln tief in die barock-katholische Tradition der Kaiserstadt Wien und in die volkstümlich-geschichtlichen Spiel- und Dichtungstraditionen seines Stammes zurück. Er umfaßte eine universale Bildung, er lebte mit seinem Volke, und er war ein intensiv aufmerkender, wenn auch schweigsamer Beobachter seines zwiespältigen Zeitalters, an das er in seiner Erlebnisweise trotz ablehnender Skepsis und eines oft bitteren Pessimismus gebunden blieb. Grillparzer wuchs in Wien auf; von der Mutter erbte er eine nervöse Reizbarkeit bis zum Pathologischen, Schwermut bis zum Trübsinn und eine übermäßig entwickelte Sensibilität. Goethes „Tasso" empfand er als eine Darstellung seiner eigenen Not. Zwischen Schöpferrausch und selbstquälerischer Erschlaffung, zwischen Stolz und Schwäche fand er nicht zu der ersehnten Harmonie des Selbstbewußtseins. Er studierte Shakespeare, die griechischen, französischen Tragiker, das spanische Drama Calderons; er wollte, wie Zacharias Werner und Kleist, mit Schiller wetteifern, denn Schillers geschichtliche Tragödie stand als bekämpftes und als unerreichbar verehrtes Vorbild über dem dramatischen Schaffen des Jahrhunderts. Grillparzers nach mehreren jugendlichen Versuchen zuerst aufgeführtes Drama *Die Ahnfrau* (1817) folgte, „in einer Art von Fieberrausch" entstanden, der romantischen Schicksalstragödie mit Räubern, Gespenstern, Dolchen und grausiger Stimmung. Erstaunlich ist die Reife und Eigenart der dichterischen Sprache, der Grillparzer in dem rasch folgenden, gänzlich anders gearteten Drama *Sappho* (1818) klassische Schönheit gab. Er näherte sich dem von Goethe geschaffenen Typus des Seelendramas. An die „Iphigenie" gemahnt diese klassizistische Tragödie der genialen Frau mit dem liebenden Herzen, die, als berühmte Dichterin, nicht mehr Frau sein darf. Ihr Geliebter, der Fährmann Phaon, wendet sich von der alternden Dichterin ab; ihr Ruhm fesselt ihn nicht. Verzweifelt stürzt sie sich ins Meer. Es war das Thema des „Tasso": „Der Lorbeerkranz ist, wo er dir erscheint, ein Zeichen mehr des Leidens als des Glücks." Alle Dramen Grillparzers sind Bruchstücke eines persönlichen Bekenntnisses; wie innerlich alt und gereift erschien schon der junge Dichter der „Sappho", dieser Tragödie der Entsagung, der Sehnsucht nach dem Leben („Und Leben ist ja doch des Lebens höchstes Ziel"), der Künstlereinsamkeit und der lyrischen Liebesverzauberung. Weich und süß war die Sprache der Jamben; zugleich wußte dieser Dramatiker sehr genau um die Forderungen der Bühne. Byron notierte 1821: „Die Nachwelt wird ihn kennen." Das nächste Werk, die Trilogie *Das goldene Vließ* (Auff. 1821) brachte einen weiteren Aufstieg. Euripides, Seneca, Corneille, Klinger waren Grillparzers Vorgänger in der Behandlung des Stoffes; Schiller hatte seine Bearbeitung geplant.

Wie es bisher nur Shakespeare vermochte, steigerte er die dämonische Gestalt der von dem Griechen Iason aus ihrer barbarischen Heimat Kolchis entführten Medea bis ins Ungeheure.
Iason verläßt sie, die für seine Liebe den Vater verraten und
den Bruder ermordet hat, um einer neuen Liebe zu der griechischen Königstochter Krëusa willen. In grausiger Verzweiflung
tötet Medea die Nebenbuhlerin und die eigenen Kinder, die vor
ihrer Leidenschaft zurückschrecken. Haß und Liebe vereinen sich
tödlich in dieser Rache. Grillparzer wollte einen Mythos gestalten. Das Goldene Vließ der Sage war ein tückisch vernichten-
der Dämon gewesen. Die Wendung zu der andersartigen Men-
schenauffassung des 19. Jahrhunderts und zu seinem andersartigen tragischen Empfinden zeigt sich darin, daß Grillparzer, wie
in der „Sappho", das Schicksal nicht von außen, sondern aus dem
Verhängnis der eingeborenen Seelenanlage entfaltet. Er war ein
tief und klar sehender Psychologe, der das Geschick des Menschen in seiner eigenen Seele, nicht über ihm und außerhalb
seiner erkannte. Seine in das Unbewußte schauende Lebenserfahrung erwuchs aus einer oft peinigenden Selbstbeobachtung, aus
dem schmerzlichen Wissen um Abgründiges in der Seele des
Menschen. Fern war er dem heroisch-sittlichen Idealismus Schillers.

> Was ist der Erde Glück? – Ein Schatten!
> Was ist der Erde Ruhm? – Ein Traum!

Darin klingt barockes Welterleben nach (vgl. S. 141) und spricht
der grüblerische Weltschmerz des beginnenden 19. Jahrhunderts,
der eine europäische geistige Erkrankung war (Byron, Musset,
Puschkin, Leopardi). Er ist ein Grundmotiv der Dramen Grillparzers: Ausdruck der Entsagung, der Müdigkeit, des Unglaubens an sich selbst, des Zweifels, der in die Ruhe der Idylle, des
reinen Herzens, der stillen Innerlichkeit flieht. Man mag von
einer Lebensstimmung des „Biedermeier", auch vom dichterisch
vertieften Ausdruck eines spezifisch österreichischen Lebensgefühls sprechen, das bei F. v. Saar, H. von Hofmannsthal wiederkehrt, ohne damit doch das Ganze dieses Daseinserlebnisses
zu umfassen.

> Eines nur ist Glück hinieden,
> Eins: des Innern stiller Frieden
> Und die schuldbefreite Brust.
> Und die Größe ist gefährlich
> Und der Ruhm ein leeres Spiel;
> Was er gibt, sind nicht'ge Schatten,
> Was er nimmt, es ist so viel.
>
> („Der Traum ein Leben")

Napoleons Sturz hatte der Zeit die Fragwürdigkeit der Größe gewiesen. Grillparzers politische Einsicht ließ ihn die Schatten des nahenden Untergangs der habsburgischen Monarchie erkennen. Er bedeutete ihm den Untergang der humanen europäischen Kultur, die sich mit dem mittelalterlich-katholischen Reichsgedanken verband. Schicksalhaft bedingt ist alles Leben; dieses Schicksal ist die durch ihr Da- und So-Sein verhängte innere Schuld der Seele. Darin lag eine neue Erfahrung des Tragischen. Zugleich wurde Grillparzer von dem neuen Nationalbewußtsein, dem Gefühl für Gemeinschaft und Geschichte, von dem Wissen um die Verflochtenheit des Einzelnen mit Staat und Volk ergriffen. Er sah die Geschichte nicht mehr als Kampfplatz der Ideen, sondern als konkretes Gewebe realer Mächte und Menschen, als Schicksal seines Vaterlandes. Darin näherte er sich Kleist, dem Dichter des „Prinzen von Homburg". In *König Ottokars Glück und Ende* (1823) schrieb er, seinen dramatischen Stil erneut wechselnd, ein von Patriotismus bewegtes, dem Herrscherhaus Habsburg huldigendes historisches Schauspiel; nicht aus dem Glauben an die Krone, sondern an die Sendung Österreichs, die sich im Kampf gegen Napoleon bestätigt hatte. Grillparzer stand auf der Seite eines patriotisch-humanen Liberalismus; schon bei diesem Werk hatte er mit einer engstirnigen Zensur zu kämpfen, die erst 1825 die Aufführung gestattete und ihm fortan Leben und Schaffensfreude verbitterte. 1828 folgte *Ein treuer Diener seines Herrn* – fast bis zur Selbstvernichtung hält der Statthalter Bancbanus seinem König Andreas II. von Ungarn die Treue. Es ging Grillparzer um „den Heroismus der Pflichttreue", das Thema einer konservativ bürgerlichen Weltanschauung.

Mit dem Trauerspiel *Des Meeres und der Liebe Wellen* (1831) kehrte er zur Antike zurück. Die Erzählung des griechischen Dichters Musäus (5. Jahrh. n. Chr.) vom heroisch-empfindsamen Liebestod der Hero und des Leander am Strande des Bosporus war oft nachgestaltet worden (vgl. Schillers Ballade). Hier gelang dem Dichter ein trotz seiner verinnerlichten Einfachheit bühnenwirksames Spiel, zugleich seine schönste, von einem berauschenden Zauber der Sprache erfüllte Liebesdichtung. Aus Glück und Schmerz, Leidenschaft und Keuschheit wird die Tragödie der Liebe gewoben. Voll weicher Klänge ist die lyrisch bewegte Sprache, als ob die innere Musik der Wiener Art und Landschaft zum Wort geworden wäre.

> Ein Flüstern und ein Rauschen hier und dort.
> Die ganze Gegend schien erwacht, bewegt:

> Im dichtsten Laub ein sonderbares Regen,
> Wie Windeswehn, und wehte doch kein Wind.
>
> – – – – – – – – – – –
>
> Das Meer stieg rauschend höher an die Ufer,
> Die Sterne blinkten, wie mit Augen winkend,
> Ein halb enthüllt Geheimnis schien die Nacht.
> Und dieser Turm war all des dumpfen Treibens
> Und leisen Regens Mittelpunkt und Ziel.

Solche Wortmusik kehrt erst bei Hugo von Hofmannsthal wieder. Einzigartig ist, wie der Seelenkenner Grillparzer in der Priesterin Hero sich die Liebe entfalten läßt, wie sich ihre Wandlung zur Hingabe, Leidenschaft, zarten Sehnsucht und Sinnlichkeit vollzieht, in ihrem Tode ihre Glut zu heroischem Opfer auflodert. Diese Fähigkeit zur Liebe blieb in des Dichters Leben selbst unerlöst. Fast ein halbes Jahrhundert lang lebte er neben Kathi Fröhlich, einer schönen, begabten Wienerin, ohne daß beide das erlösende Wort fanden. Auch hier war Entsagung sein Geschick, dem er sich in Trauer ergab.

> So standen beide, suchten sich zu einen,
> Das andre aufzunehmen, ganz in sich;
> Doch all umsonst, trotz Ringen, Stürmen, Weinen,
> Sie blieb ein Weib, und ich war immer ich.

Grillparzers Drama spiegelt die dichterische Fülle des österreichischen Kulturraumes. Zu der Schönheit der antiken Form trat das heimisch-vaterländische Geschichtsspiel. Aber damit nicht genug: das spanische Theater des Barock regte, zusammen mit dem Bühnenzauber des Wiener Volksspiels, das Schauspiel *Der Traum ein Leben* (1834) an; nach Calderon und einer Erzählung von Voltaire. Es ist ein Traumspiel, ein dramatisches Märchen. Der junge Rustan, der im ungeduldigen Tatendrang ein stilles Glück und ein liebendes Mädchen verlassen will, erlebt im Traum das Verhängnis seines Ehrgeizes, das ihn aus großen Taten, die zu frevlerischen Untaten werden, jäh in den Abgrund stürzt. Erschreckt und geläutert kehrt der Erwachte in den von Liebe und Unschuld beseelten Frieden eines engen, namenlosen, doch glücklichen Daseins zurück. Das dekorative Zauberwesen der Bühnenkunst verbindet sich mit der Spannung der Aktion, mit zarter Liebesstimmung und müder Lebensweisheit und wiederum mit einer mimisch bewegten, musikalisch-vielstimmigen Sprache. Erneut wandelten sich Grillparzers Stil und dramatische Technik in dem Lustspiel *Weh dem, der lügt*, dessen Aufführung 1838 eine Katastrophe heraufbeschwor. Sein Mißerfolg entfrem-

dete Grillparzer endgültig der Bühne und ließ ihn einer Bitterkeit des „Verkannt-Seins" verfallen, die ihn bis an den Rand des
Selbstmordes trieb. Sein Ehrgeiz hatte sich bisher zäh gegen
Metternichs Zensur durchgekämpft; von jetzt an verbarg er
seine Dramen im Schreibtisch. Zurückgesetzt als Beamter im kaiserlichen Archiv, gescheitert in der Liebe, schrieb er die Verse
in sein Tagebuch:

> Was je dem Menschen schwer gefallen,
> Eins ist das Bitterste von allen,
> Vermissen, was schon unser war,
> Den Kranz verlieren aus dem Haar,
> Nachdem man sterben sich gesehn,
> Mit seiner eignen Leiche gehn.

In diesen Tagebüchern, die mit Hebbels Tagebüchern an Gedankenfülle und Selbsterkenntnissen wetteifern, findet sich aber
auch der Satz: „Einer meiner Hauptfehler ist es, daß ich nicht
den Mut habe, meine Individualität durchzusetzen."
In „Weh dem, der lügt" schrieb Grillparzer die Komödie, in
der der Doppelsinn der Sprache selbst thematisch wird. In der
Frankenchronik des Gregor von Tours fand er die Geschichte
von dem Küchenjungen Leon, der, ohne eine offene Lüge, aber
um so listiger, den Neffen seines Bischofs aus der Gefangenschaft der Barbaren herausschwindelt. Es ist ein Märchenlustspiel
zwischen drastischer Komik und lächelnder Weisheit, geschickt
für die Bühnenwirkung gebaut, deren Gesetze Grillparzers Theatersinn, wie er selbst bemerkte, aus „innerer Notwendigkeit"
befolgte. Mit Lessings „Minna", Kleists „Zerbrochnem Krug",
Hauptmanns „Biberpelz" gehört Grillparzers Komödie zu den
besten deutschen Lustspielen, die nicht eben zahlreich sind.
Drei vollendete Dramen fanden sich in seinem Nachlaß. *Die Jüdin
von Toledo* (1824/36) war von dem Spanier Lope de Vega angeregt. Der spanische christliche König Alfonso verliert beinahe
seine Frau und sein Reich über der Leidenschaft zu der schönen
Jüdin. Seine Freunde ermorden das dämonisch faszinierende Geschöpf, und angesichts ihrer Leiche verläßt den König seine erotische Besessenheit. Grausamkeit liegt in diesem Schluß – es ist
die Grausamkeit des realen Lebens. Das Menschliche wird geopfert – die sinnlich naturhafte Jüdin so wie der genialisch abenteuernde Alfonso, der jetzt nur noch König ist, hart und stark
wie der Staat, den Gott einsetzte und den die Kirche geheiligt
hat. In der *Libussa* (vollendet 1848) nahm Grillparzer, wie Brentano, den Mythus von der Gründung Prags auf; nicht mit dem

phantasievollen, lyrisch-epischen Stil des Romantikers, sondern
als ein kulturphilosophisches Drama, in dem letzte Mächte aufeinander stoßen: Weib und Mann, Liebe und Vernunft, Gefühl
und Recht, Hingabe und männliche Tat. Aus solcher Spannung
wächst ein Volk auf – wiederum entfaltet sich das für Grillparzer
typische Problem des Verhältnisses von Individuum und Gemeinschaft. In einer großen Vision verkündet Libussa, den kosmischen
Mächten seherhaft verbunden, am Ende der Zeiten die hohe
Zukunft des slawischen Volkes. Es fällt ein tiefes Wort über das
Verhängnis des eigenen „blaugeäugten" Volkes: „Blind, wenn
es handelt, tatlos, wenn es denkt!" In *Ein Bruderzwist in Habsburg* (um 1848) griff er zur Geschichte des Kaiserhauses zurück.
Es ist eine Tragödie der Willensschwäche, aus der die Sehnsucht
nach Stille und Frieden, jenes echt Grillparzersche Mißtrauen
gegenüber der entfesselten Tat spricht. Denn schwer ist das
Handeln „als eine Wirklichkeit, die stimmen soll zum Kreis der
andern Wirklichkeiten". Tief dringt dieses Drama in die Rätsel
der Geschichte, der menschlichen Seele und ihrer Zwiespälte ein.
In diesen Alterswerken schuf Grillparzer die politische Tragödie
als tief pessimistische Warnung vor der Auflösung des alten
humanen Europa, des geheiligten staatlich-ständischen und
menschlich-sittlichen Gefüges, die er in der Revolution von 1848
erschüttert als Aufstand gegen alle Ordnungen erlebt hatte – sehr
ähnlich Stifter und J. Burckhardt. Der Dichter wurde für Grillparzer wie für Stifter zum einsamen Hüter der dauernden Wert-
ordnungen des Lebens gegen den willkürlichen Subjektivismus
einer auf Macht und Masse gestellten Gesellschaft des Realismus.
Viele Fragmente, eine *Esther*, ein *Hannibal*, ein *Faust* fanden
sich in dem umfangreichen Nachlaß, unter der Fülle bedeutender
kritischer und politischer Aufzeichnungen.
Grillparzers spröde, gedankliche Lyrik zeigt die innere Zerquält-
heit dieses Lebens. „Meine Gedichte sind meine Biographie."
Lyrische Selbstbekenntnisse birgt die Sammlung *Tristia ex Ponto*;
daneben finden sich bedeutende politische Gedichte und so geistreiche wie bittere *Epigramme*. Die Novelle *Das Kloster bei
Sendomir* (1828) mit ihrem gesteigerten dramatischen Abschluß
nähert sich dem Stil Kleists; in *Der arme Spielmann* (1848) schuf
er ein Bekenntniswerk vertiefter Seelenschilderung, ergriffen
vom „tiefen Sinn der scheinbar leichten Arbeit, der Gewalt der
absolut reinen Seele über die Welt". Seine fragmentarische *Selbstbiographie* setzt sich in seinen *Tagebüchern* fort, zu denen zahlreiche Aufzeichnungen über das Drama und die Dichtung ge-

hören. Eine Fülle von Einsichten in das Wesen und die dauernden Gesetze der Kunst ist in ihnen enthalten.

An den Erzählstil Heinrich von Kleists erinnern die Novellen *Die Marzipanliese* und *Das Haus an der Veronabrücke* (1856 ff.) von Friedrich Halm (Eligius Frh. v. Münch-Bellinghausen, 1806–1871). Er war der Neffe des berüchtigten Autors des Bundestagsbeschlusses 1835 (vgl. S. 375). In blasser Schiller-Nachfolge blieben seine rhetorischen, kulturphilosophischen Gedankendramen *Der Sohn der Wildnis* (1842), *Der Fechter von Ravenna* (1854) und *Wildfeuer* (1864). Sie eroberten gleichwohl das Theater, das sich Grillparzers Genialität lange verweigerte. Der unermüdliche, durch Jahrzehnte viel gespielte Dramatiker des liberalen und biedermeierlichen Bürgertums Wiens wurde Eduard Bauernfeld (1802–1890). Von 1828–1892 gab es nicht weniger als 1100 Bauernfeld-Aufführungen am Burgtheater. Grillparzer half ihm bei den ersten Lustspielen. Viele Stoffe griff Bauernfeld auf, aber vor allem spiegelte er mit leichten politischen Spitzen das Leben des gehobenen und freisinnigen Bürgertums. Die Kritik an der Gesellschaft und Eheprobleme gaben das Thema, das in der gleichen beweglichen Mischung von Humor und sittlichem Ernst abgewandelt wurde (*Bekenntnisse*, 1834; *Bürgerlich und romantisch*, 1835; *Aus der Gesellschaft*, 1867). Es gelang Bauernfeld, einen bühnensicheren, unterhaltsamen und oft auch geistreichen Typus des Unterhaltungsstückes zu schaffen, in dem das Schwergewicht auf der Konversation, nicht auf der Handlung liegt.

Die Bühne und der Dichter waren in Wien eng verbunden. Die Schau- und Hörfreude der Wiener Bürger half zu einer festen, nicht abreißenden Tradition seit dem Barock und der italienischen *Commedia dell' arte*. Joseph Anton Stranitzky (ca. 1676–1726) hatte für Mozart, Grillparzer, Raimund und Nestroy den Weg bereitet; als Schöpfer eines festen Stegreiftheaters, einer neuen komischen Charaktermaske und einer Volksbühne, auf der Schauspieler und Dichter eine Einheit waren. Das Stegreifspiel wurde die Volkskunst des Wiener Theaters. Joseph Felix von Kurz (1717–1784) schuf später das komische Singspiel und die Zauberoper. Dies Erbe des Barock blieb bei Ferdinand Raimund (1790–1836), dem Klassiker des Wiener Volksstücks, auf der Bühne lebendig. Er schöpfte aus der gleichen Tradition wie Grillparzer, aber er war weniger gebildet, Schauspieler und Theaterdirektor und dem Volke näher. Seine Dramen haben das Temperament des bunten, bildfreudigen

Volkstheaters *(Der Diamant des Geisterkönigs, Der Bauer als
Millionär, Alpenkönig und Menschenfeind, Der Verschwender).*
Er gab dem Feen- und Zauberspiel durch seelischen Gehalt und
erzieherische Tendenz die ethische Tiefe. Biedermeierlicher
Realismus und allegorische Zauberei verbinden sich auf künstlerische Art. Sein elegischer Pessimismus, der Raimund endlich
zum Selbstmord trieb, widerspricht nicht einem Humor, der mit
Rührung und Märchenphantasie verknüpft wird. Scharfzüngiger
war der Schauspielerdichter J o h a n n N e p o m u k N e s t r o y
(1802–1862), den man den „Wiener Aristophanes" genannt hat.
Meisterhaft parodierte er Hebbels „Judith", Wagners „Tannhäuser" – die ironische und derb lebenskräftige Posse bekam in
seinen Spielen einen komplexen gesellschaftskritischen und künstlerischen Gehalt. *(Der böse Geist Lumpazivagabundus,* 1833;
Einen Jux will er sich machen, 1842; *Der Zerrissene,* 1844; *Freiheit in Krähwinkel,* 1848 u. a. m.). Indem Nestroy das Wiener
Bürgertum – Kleinadel und Kleinbürger – mit sich selbst kon-
frontierte, demaskierte er es, ohne es jedoch zu negieren. Die
Gesellschaftssatire gab seinem Humor Schärfe; die Idylle wurde
zum ironischen Panorama der Zeit. Er war ein Virtuose in der
Mischung der Stimmungen und Töne, ein Meister in der Handhabung witzig-aggressiver Wortspiele und Wortpfeile, des dialogischen Sprachspiels. Auch dies war Wiener Tradition – bis zu
Karl Kraus und H. C. Artmann. Spiel- und Sprachsatire fanden
ähnlich in Berlin kräftige Entwicklung – unter verwandten gesellschaftlichen Voraussetzungen; jedoch volkstümlicher, in journalistischer Prosa bei Adolf G l a ß b r e n n e r (1810–1876), dem
Verfasser (unter dem Pseudonym Brennglas) der Serien *Berlin,
wie es ist und – trinkt* (1832/50) und *Buntes Berlin* (1837/53).
Der Breslauer K a r l v o n H o l t e i (1798–1880) entwickelte die
musikalische Bühnenposse, ohne jedoch die überlegenen Wiener
Vorbilder zu erreichen. Holtei verfügte über ein leichtes, flüssiges
Talent zu allen Formen. Von seiner Lyrik blieb das *Mantel-Lied*
(„Schier dreißig Jahre bist du alt") lebendig, in seinen Romanen,
wie *Die Vagabunden* (1852), spielt viel Humor, und seine Selbstbiographie *Vierzig Jahre* ist eine Fundgrube zum literarischen
Zeitgeschehen. Nur ein mundartliches Possenspiel im übrigen
Deutschland reicht an die Wiener Volksbühne heran: das köst-
liche Porträt des *Datterich* (1841), des die Spießbürger listig
ausbeutenden Schelms, von dem Darmstädter E r n s t E l i a s
N i e b e r g a l l (1815–1843), der früh ein Opfer der Politik und
des Alkohols wurde.

Bei Darmstadt, in Goddelau, wurde G e o r g B ü c h n e r (1813 bis 1837) geboren, der durch genialen Beginn ein großes dichterisches Werk versprach. Erst zur Zeit Hauptmanns und Wedekinds wurde er richtig verstanden und gewürdigt: als Schöpfer eines neuen tragischen Weltgefühls und des Realismus der geschichtlichen und sozialen Tragödie. Aus Hessen stammten die Führer und Sänger der rebellischen Burschenschaft, die Brüder L u d w i g und K a r l F o l l e n, die in die Schweiz flohen. Der Student der Medizin in Gießen ergriff leidenschaftlich Partei für die Sache der Freiheit des armen Volkes. Der liberalen Rhetorik unklarer Ideale stellte er die Forderung einer praktischen sozialen und ökonomischen Revolution gegenüber. Er hatte in seinen Straßburger Studienjahren (seit 1831) von Frankreich gelernt. Büchner gründete in Gießen 1834 mit Freunden die geheime „Gesellschaft für Menschenrechte" als Kernzelle eines Umsturzes in Hessen; er verteilte 1834 den Aufruf „Der Hessische Landbote" mit dem berühmt gewordenen Motto „Friede den Hütten, Kampf den Palästen" unter den Bauern. 1835 flüchtete er vor der Verhaftung nach Straßburg. In den Wochen der Verfolgung schrieb er das Drama, das eine neue Phase des politischen Dramas in Thema wie Stil einzuleiten bestimmt war: *Dantons Tod* (1835, erste Aufführung Berlin, 1902), sein großes Revolutionsstück. Ein politisch-soziales Drama – und mehr, ein Drama der Desillusionierung der Geschichte, des menschlichen Daseins, ein Drama der Weltverzweiflung und des Weltmitleids, eine Tragödie von der Ohnmacht, dem getäuschten Glauben und dem Elend der menschlichen Kreatur. Dies war eine Sicht der Wirklichkeit, die die traditionellen Ideale und Ideologien ungültig machte und Büchners neuen Stil, gewandelte Sprache bestimmte. Viel enttäuschter Lebensekel liegt darin, ein an Shakespeare geschulter Witz, ein glaubensloser Realismus und ein explodierendes Lebensverlangen. In einer götterlosen Zeit näherte er sich dem „Nihilismus"; es gab für ihn keinen Trost, keine Erlösung, und wie mit Marionetten spielte ein fernes, blindes Weltgesetz mit den Menschen und ihren Schicksalen. Die Entheiligung und Sinnentleerung des Lebens, die sich im 19. Jahrhundert vollzog, war gnadenlos erkannt und mit Erschütterung erlebt. Es war sein Thema und sein Bekenntnis, in einer Welt ohne Gott leben zu müssen und trotzdem in ihr zu bestehen; mit dem heroischen Pessimismus der Stärke, der den chaotischen Mächten standhält und das Leben zu lieben vermag, wie immer es sei. Wörtlich übernahm er in „Dantons Tod" vielfach den Dialog aus den amtlichen Geschichtsquellen; der Kampf zwischen Robespierre und Danton, dem brutalen Doktrinär und dem liberalen Aristokraten, in dem noch Byrons Weltschmerz lebt, wurde zum Fund eines neuen Realismus der „offenen Dramenform". In der knappen Novelle *Lenz* (1839), die das Schicksal des unglücklichen Straßburgei Gefährten des jungen Goethe in der Krise seiner geistigen Erkrankung zeigt, gab er eine psychologische und dichterische Studie der inneren Spaltung und Auflösung einer menschlichen Seele. Büchner wollte die hüllenlose Wirklichkeit, um durch sie zur Barmherzigkeit, zur Tiefe und Schönheit des Leids zu führen. „Man muß die Menschheit lieben, um in das eigentümliche Wesen eines jeden einzudringen; es darf einem keiner zu gering, keiner zu häßlich sein, erst dann kann man sie verstehen." Der kritisch-pessimistische Desillusion gesellt sich als anderer Aspekt das Ethos einer Welt- und Lebensfrömmigkeit, einer liebend-mitleidenden Menschlichkeit. In ihm liegt ein entscheidendes Element von Georg Büchners Dichtertum.

Das Tragische, das Komische – es sind Aspekte der gleichen Wirklichkeit; Schwermut, Tiefsinn und Heiterkeit, das Groteske, das ins Absurde überschlägt, lyrisch Traumhaftes, Satire, Narrheit, Marionettenspiel und romantisches Schwärmen der Phantasie – dies alles und mehr gibt im Wechsel nuancierter Übergänge Büchners Lustspiel *Leonce und Lena* die Vielheit der Tönungen. Die innere Vielschichtigkeit der Romantik wird nochmals durchgespielt, aber mit einer Konzentration und Intensität des dichterischen Vermögens, die Brentanos „Ponce de Leon" nicht erreicht hatte. Alles ist bewußter, pointierter geworden, schärfer akzentuiert, Resultat einer Umbildung, wie sie nur das produktive Genie zu leisten vermag. In den Fragmenten des *Woyzeck*, an denen Büchner noch in Zürich, wo er 1836 Privatdozent der Naturwissenschaften geworden war, arbeitete – nach einem aktuellen Kriminalfall, szenisch-formal und sprachlich durch „Die Soldaten" von Lenz (vgl. S. 222) vorbereitet – zeigt sich eine völlig neue Technik des kurzen Bildstils, der Situation an Situation in rascher Folge reiht, eine neue Technik sprachlicher Führung, die in knappster Andeutung, fast nur mit Sprachgesten, die Verdichtung des Atmosphärischen und die Vielschichtigkeit der psychischen Tönungen erreicht. „Woyzeck" ist die Tragödie des Ärmsten der Armen, dem alles genommen wird; er bringt die treulose Geliebte um und geht ins Wasser. Ein pflanzenhaft wehrloser, zertretener Mensch erliegt der dumpfen, brutalen

Wirklichkeit. Eine furchtbare Anklage steigt aus den knappen Szenen auf. Sie ruft nach Demut und Erbarmen. Von der Erhebung der Massen, des „vierten Standes", erwartete Büchner eine neue religiöse und gesellschaftliche Ordnung. Er verfiel aber nicht dem bürgerlichen Ideenoptimismus, sondern aus Trieb und dunklem Müssen leben alle seine Gestalten. Die Geschichte ist Schicksal; sie kennt nicht das Freiheitspathos Schillers, nicht die Schönheit und Erlösung in der Idee. Darin lag eine umstürzend neue Konzeption des Dramas und die endgültige Abwendung vom Idealismus, aber auch eine neue Möglichkeit humaner Erfahrung aus der Betroffenheit der einsamen menschlichen Existenz.

Büchner blieb der nervösen Aktualität der Jungdeutschen so fern wie Christian Dietrich Grabbe (1801–1836). Der psychisch schwer belastete, unselig zerrissene Westfale kämpfte mit berserkerhafter Anstrengung gegen seine Zeit, um in ihr das Bild des Heroischen zu retten, dessen Fragwürdigkeit er selbst doch einsah. Der Klassik und Romantik fern, wollte er ein Drama der Wirklichkeit, des Volkes, der Nation. „Viele nennen mich genial, ich weiß indes nur, daß ich e i n Kennzeichen des Genies besitze, den Hunger." Er genoß wohl auch die ihn umspinnende Legende des unseligen Titanen; in das Gigantische wuchs sein Wollen, aber er scheiterte am Leben; nicht zuletzt durch eigene Schuld. Sein kleines Amt in Detmold mußte er verlassen; vergeblich suchte ihm Immermann als Leiter des Düsseldorfer Theaters zu helfen. Durch Höhen und Abgründe des Selbstbewußtseins mußte er irren, ein Heldenschwärmer und Zyniker, ein Dichter und ein Schauspieler seiner selbst. Bis ins Groteske häuft sich das Blut- und Mordpathos seiner Jugendtragödie *Herzog Theodor von Gothland* (entst. 1822).

> Zerstörend, unerbittlich, Tod
> Und Leben, Glück und Unglück an
> Einander kettend, herrscht
> Mit alles niederdrückender Gewalt
> Das ungeheure Schicksal über unsern Häuptern.

Diese Erfahrung wehrloser Ausgesetztheit an das verschlingende Schicksal ist ein Grundmotiv des Grabbeschen Dramas. Die Geschichte wurde ihm zum Verhängnis, die Idee zum Schatten oder zur Phrase. Stärker als aller Ideenglaube war ihm die Macht der konkreten Wirklichkeit. Es ist ihr Gesetz, daß, was groß ist, der Masse, in der sich die Kleinen sammeln, erliegt. Heldentum findet keinen Raum mehr; es scheitert an dem Kollektiv, am niedrig und selbstisch Gemeinen, am rollenden Verhängnis der Zeit. Grabbes historisches Drama spiegelt die verwandelte Wirklichkeitserfahrung seines Jahrhunderts, ob es sich um Rom, das Mittelalter oder um das eben abgelaufene Geschick Napoleons handle. Das Tragische wird mit dem Dasein in der Geschichte identisch. Es demaskiert das Absurde in ihrer Realität. Bei Grabbe sind, wie bei Büchner, die Grenzen zwischen Tragik und Groteske aufgehoben.

Ein Ausflug in das Grotesk-Tiefsinnige des weniger romantischen als stammhaft niederdeutschen Humors, der einst im „Eulenspiegel" Posse und Ironie großartig mischte, war das im gleichen Jahre wie der „Gothland" 1822 niedergeschriebene Spiel *Scherz, Satire, Ironie und tiefere Bedeutung.* Wie alle Spiele Grabbes entwickelt es sich nicht voll bei der Lektüre, sondern auf der Bühne. „Tiefere Bedeutung": das ist die quälende und höhnische Einsicht in die Sinnlosigkeit von Welt und Leben. Tieck gab das formale Vorbild und Lenz' Der Hofmeister (vgl. S. 222) wirkte nach; aber ein anderer, tragisch gestimmter und zynisch gereizter Geist lebt in dieser Komödie. Mit *Marius und Sulla* (1823) wandte sich Grabbe seinem eigentlichen Gebiet zu: die Wirklichkeit der Geschichte wird zur Erfahrung des tragischen Scheiterns der großen Helden der Tat am Schicksal, an der stumpfen Masse, am Widersinn der Welt. Die Geschichte ist das sinnlose Gegenspiel gegen den menschlichen Willen. Dennoch wandte er sich ihr ausschließlich zu, damit sie in einer götterlosen Zeit den Mythos ersetze. Im heroischen Durchleiden der Geschichte findet der Grabbesche Held seine tragische Würde. Wuchtige Volksszenen gelangen ihm, aber sein realistischer Stil neigte zu sehr zu epischer Breite. Das Gedankliche lag Grabbe fern; deshalb mißglückte die geistige Durchdringung des Riesenstoffes *Don Juan und Faust* (1829), mit dem er Mozart und Goethe zusammen übertreffen wollte. Dennoch hat das Drama, das beide Helden in der Liebe zu einer Frau, Donna Anna, gegeneinander führt, eine großartige Bühnenwirkung. Mit zwei Hohenstaufenstücken, *Friedrich Barbarossa* und *Heinrich VI.* (1829), folgte Grabbe einer Zeitmode, die das nationale Geschichtsdrama gewaltsam erzwingen wollte. *Marius und Sulla* (1827) blieb ein groß angelegtes Bruchstück. Die bedeutendste und eigenwilligste dramatische Leistung Grabbes ist das Drama *Napoleon oder Die hundert Tage* (1831). Es ist die Tragödie des Endes Napoleons; in einem episch angelegten Bilderstil, der durch die gestaltenreiche Welt des Kaisers und seiner Gegner führt, monumental in der Anlage, aber ohne Kraft der Zusammenfassung. Eine gewaltsame Energie lebt in großen Kampf- und Volksszenen; der einzelne Mensch ist nur noch Teil und Glied des kollektiven Ganzen. Napoleon ist der tragisch Einsame, ein Opfer überindividueller Geschichtsmächte. Grabbe kennt keine Helden im Schillerschen Sinne, keine Erlösung durch die Idee. Darin lag eine entscheidende Wandlung der dramatischen Form und Sprache. Ähnlich ist der *Hannibal* (1835) gebaut; wieder gestaltete Grabbe in ihm die Tragödie des an der dumpfen und kleinherzigen Masse mit lakonischer Verzweiflung scheiternden Helden. „Der Teufel fechte, wo Kaufleute rechnen." Viel eigene Bitterkeit liegt in dem Werk. Grabbe steigerte sein eigenes Scheitern in solchen Kriegshelden zur weltgeschichtlichen Tragödie.

Sein letztes Werk, *Die Hermannsschlacht* (1838) floh in die bergende westfälische Heimat zurück. Er wollte, in letzter Anstrengung und trotz Kleist, das deutsche Nationaldrama schreiben. Seine Germanen werden zu niedersächsischen Bauern; auch sie lassen zuletzt ihren Helden im Stich. Grabbe formte nicht ein Weihespiel wie Klopstock, nicht eine politische Agitationsdichtung wie Kleist, sondern einen geschichtlichen Mythos aus den triebhaften Kräften des Volkes, dem Schauer seiner Wälder, der Irrationalität seines Schicksals. Es blieb sein Grundthema, daß der große Mensch an irdischer Vergänglichkeit, an der Enge des Zeitgeistes, an der Stumpfheit der Menge elend scheitert. „Ja, aus der Welt werden wir nicht fallen. Wir sind einmal darin" – daraus sprach das Lebensgefühl des 19. Jahrhunderts in seiner unmetaphysischen Diesseitigkeit. G. Büchners und Chr. D. Grabbes dramatische Formensprache sprengt die Ästhetik des klassischen Dramas. Eine gewandelte Wirklichkeitserfahrung ließ eine andere Form der Szene, des Stils entstehen. Aus ihr sprach eine Entidealisierung der Welt, eine Vereinsamung des Menschen, ein Zerfall der logischen Handlungsabläufe, eine Tendenz zum Epischen und zum Panorama, zur Stationentechnik. Unbewußtes wurde zu Bild und Sprache. An die Stelle der zielstrebigen Entwicklung trat das Fatum des Kreislaufes. In der Skepsis gegenüber einer Vernunft der Wirklichkeit geriet das Drama an den Rand des „Nihilismus", doch trennte es davon der Schmerz der leidenden Kreatur und das verzweifelte Fragen und Fühlen des Menschen im Dunkel der Welt. Die Figuren bekamen Marionettenhaftes, zwischen Grausigem und Groteskem – Sprache eines verstörten Daseins. In der jetzt zunehmend einsetzenden Form der Tragikomödie flossen Schmerz

und Lachen ineinander. Solche Umgestaltungen des Dramas bedeuteten eine Revolution, gegen die sich die Bühne lange wehrte.
Erst gegen das Jahrhundertende wurden Büchner und Grabbe
durch Hauptmann, Wedekind, dann die Expressionisten neu entdeckt und wirkungsreich. Sie nahmen epische Gestaltungsformen
Bert Brechts voraus. Ihre Gestaltung der Tragödie signalisierte
den Ablauf der Epoche des Idealismus, während sich der spätere
Hebbel seit „Herodes und Mariamne" bewußt, wenn auch mit
Brüchen und Störungen, erneut der klassischen Tradition anzuschließen suchte, um die Form der metaphysischen Tragödie
zu bewahren.

Eine Behandlung des Werkes von R i c h a r d   W a g n e r (1813
bis 1883) überschreitet die Grenzen, welche der literaturgeschichtlichen Betrachtung gezogen sind. Zwar betonte Wagner sein
originäres Dichtertum; er entwarf eine eigene Sprachtheorie, die
auf romantische Vorstellungen von einer Ursprache zurückgriff,
einer Sprache des noch vom Verstand ungebrochenen sinnlichen
Fühlens; er erneuerte im Zusammenhang damit den Stabreim.
Aber die Kombination von Wort und Musik nahm dem Dichterischen seine ästhetische Autonomie, seine eigenen Ausdrucks-
werte. Allerdings war Wagners Oper von *Die Feen* (1833) bis
zum *Parsifal* (1877–1882) jeweils eine eminent geistesgeschichtliche Aussage. Wagner knüpfte nicht nur an die zeitgenössische Literatur, vor allem an H. Heine und E. T. A. Hoffmann
an (*Der fliegende Holländer*, 1841; *Tannhäuser*, 1842/45; *Die
Meistersinger von Nürnberg*, 1867), er ließ sich nicht nur
von der germanistischen Erneuerung der germanisch-keltischen,
mittelalterlichen Sagenwelt entscheidend anregen (*Lohengrin*,
1845/47; *Tristan und Isolde*, 1854/59; *Ring des Nibelungen*,
1848/74; *Parsifal*, 1877/82), um auf diese Weise das romantische
Verlangen nach einer neuen Wirklichkeit des National-Mythischen zu erfüllen. Sein Opernwerk und die es begleitenden zahlreichen theoretischen Dokumentationen und polemischen Schriften (*Kunst und Revolution*, 1849; *Das Kunstwerk der Zukunft*,
1850; *Oper und Drama*, 1851; *Staat und Religion*, 1864 u. a. m.)
sind wesentlich beeinflußt von den zeitgenössischen philosophischen Strömungen, zumal von L. Feuerbach und A. Schopenhauer,
von den politischen Zeitbewegungen in einem für das bürgerliche
Bewußtsein dieser Jahrzehnte typischen Wechsel von der revolutionären Barrikade in Dresden 1848 zur Anerkennung des nationalstaatlichen Kaiserreichs nach 1871. Allerdings war Wagners
politisch-gesellschaftliche Kritik im radikalen Liberalismus des

Vormärz wie gegen die kapitalistische bourgeoise Gesellschaft in den Gründerjahren wesentlich eine Stellungnahme des Künstlers. Der Musiker wandte sich in einer auch literaturgeschichtlich interessanten Kritik gegen das intellektualisierte und subjektivierte Drama der Zeit, gegen den Roman als die Sprache einer ins Teilhafte verstofflichten und im Mechanisch-Rationalen erstarrten Wirklichkeit. Er traf mit dieser Kritik die Problemlage von Drama und Roman in seinem Jahrhundert. Wagner glaubte, ihr mittels des Gesamtkunstwerks der Oper begegnen zu können, das mehr als eine ästhetische Funktion erhielt. Der Mythos sollte die verlorene Religion ersetzen; das Theater sollte zum Kern einer volklichen Gemeinschaft werden (Bayreuther Festspielhaus 1876 als Weihetheater der Nation). Die Musik sollte, als sinnliche Sprache des Gefühls, zum Absoluten hin öffnen und den gemeinsamen Grund des volklichen Lebens schaffen. Diese Auffassung des Mythos entnahm Wagner Schopenhauer und der Romantik: als Erlösung eines entgötterten Zeitalters durch die Musik und deren Sprache in der Oper. In und durch Wagner hat die Romantik während des 19. Jahrhunderts die stärkste Ausstrahlung erreicht. Aber sein Werk läßt sich nicht auf eine Formel bringen. Denn er schloß ebenso an die antike Tragödie, ihre Interpretation durch die deutsch-klassische Ästhetik an; er war stark von den jungdeutschen Strömungen ergriffen worden, die antiklassische und antiromantische Positionen bezogen. Wagner war ein eklektizistischer Epigone; zugleich ein kühner Neuerer. Er war im spezifischen Sinne „deutsch" und hat dennoch die größte internationale Wirkung bis heute bewahrt, ja er gilt vielfach als die genialste Potenz der Deutschen in seinem Jahrhundert. Genie und Schauspieler, Doktrinär und Lyriker, verträumter Ekstatiker und berechnender Artist, revolutionär und konservativ, modern-raffiniert und altertümelnd, Romantiker und Intellektueller, Mythenschöpfer, Psychologe und Ästhet – solche Gegensätze können gehäuft werden. Sie lassen in seinem Werk wie seinem Leben die Problemlage des Jahrhunderts erkennen. Darin liegt der Grund seiner Ausstrahlung in die Bereiche der Literatur hinein. Friedrich Nietzsche, zunächst von Wagner enthusiasmiert und seinem Sendungsbewußtsein ergeben, sprach später von seiner Dekadenz, die sich im Archaischen verkleidete. Denn mit dieser Musik begann ein verführerisches Nuancieren der sinnlich-mystischen Nervenreize mittels des Raffinements narkotischer Klänge der „unendlichen Melodie". Thomas Mann hat in „Tristan" (1902) die faszinierende und gefährliche Wir-

kung dieser Musik, ihrer Betörungen und Abgründigkeiten nachgestaltet; Thomas Mann hat zugleich bewußt werden lassen,
welche formalen Anregungen von Wagners Leitmotivik und
Psychologisierung der Musik auf die Literatur ausgehen konnten.
Aber sein Mittelalter war ein mythisierendes Theater. Wagner
hat gegenüber dem „Realismus" in der dichterischen Lyrik und
Erzählkunst die andere Neigung dieser Jahrzehnte zum Monumentalen, Pompösen, Kulissenhaften, zum Archaischen und
Ästhetischen sehr deutlich gemacht. Dennoch läßt sich nicht leugnen, daß er im Bereich des Genialen beheimatet war; auch in
seinen Überspannungen und Irrtümern. Eben dies ließ ihn nach
H. Heine zu dem deutschen Künstler der Zeit werden, der im Für
und Wider die internationale Diskussion provoziert hat.

Ausgeprägt eigene Artung, gemischt zwischen Genialem und
Überanstrengtem und Gewaltsamem, zeigen Schicksal und Werk
F r i e d r i c h H e b b e l s (1813–1863). Er wirkte so fremdartig
wie Büchner und Grabbe in einer biedermeierlich-bürgerlichen
oder politisch-tendenziösen Umwelt. Hart, gewaltsam, trotzig
sind seine Züge, schwer, bohrend, grüblerisch ist sein Dichten,
Kampf, Leid und Schuld durchfurchten sein Leben. Auch er
fühlte sich, wie Grabbe, dem Proletariat nahe und rang um so
verbissener um Größe, Höhe und produktive Unabhängigkeit.
Ein Bild seiner dürftigen Knabenjahre in Wesselburen (Holstein) zeichnet, allerdings mildernd und, nach dem Vorbild Jean
Pauls, ins Idyllische getönt, seine Selbstbiographie *Meine Kindheit*. „Nie verwinde ich das wieder, nie, und darum habe ich
auch nicht das Recht, es zu verzeihen." Er erkämpfte sich buch-
stäblich seine Bildung; es sind die Lehrjahre in Hamburg (1836
bis 1839), die Studienjahre in Heidelberg und München. Um
seines Werkes willen ließ er sich von der armen Näherin Elise
Lensing in Hamburg erhalten; als die Freiheit errungen war, hat er
sie verlassen. Ein Stipendium des dänischen Königs Christian VIII.
erlaubte Reisen nach Paris und Italien (1843-1845). In Wien
fand er in der Schauspielerin Christine Enghaus 1846 eine Lebensgefährtin, die seine Düsternis aufhellte und sein einsames Werk
verstand.

„Ich glaube nie an etwas, was die Kunst erleichtert." In der
Überzeugung seiner Sendung hat Hebbel mit ungeheurem Ernst
sein Drama gestaltet. „Ich bin immer so, wie die meisten Menschen nur im Fieber sind." Daher das Übersteigerte, Titanen-
hafte, Radikale dieser Dichtung. Unablässig prüfte, beobachtete
er sich in Auseinandersetzungen mit dem Ich und der Welt in

seinen *Tagebüchern* (seit 23. 3. 1835). Ein bohrender Verstand, der alles gedanklich zu bewältigen strebte, stand einer äußerst reizbaren, verletzlichen und sehr zarten Innerlichkeit des Gefühls gegenüber. Fortgesetzt lag er im Kampf mit sich selbst, und seine tragische Grunderfahrung war die Einsamkeit und die Ausgesetztheit des Ich, das nicht moralisch schuldig wird, aber als ein Ich die metaphysische Schuld tragen muß, ein Ich zu sein. Die dramatische Schuld entspringt nicht erst aus der Richtung des menschlichen Willens, „sondern unmittelbar aus dem Willen selbst, aus der starren eigenmächtigen Ausdehnung des Ichs" (*Mein Wort über das Drama*, 1843). Das Weltganze, die überindividuelle Ordnung muß sich, um sich zu erhalten, gegen das Individuum durchsetzen und es vernichten; nur so kann sich – darin liegt die tragische Grundspannung – sein höheres Gesetz erfüllen. Alles menschliche Dasein ist bestimmt, Opfer zu sein, und dem dialektischen Prozeß der Weltgeschichte anheimgegeben. Wert steht verneinend gegen Wert. Niemals gelangt menschliches Dasein zur Erfüllung seiner selbst, zur Vereinigung mit der reinen Idee. Über dieser Hebbelschen Welt gibt es keine erlösenden Götter mehr; das Göttliche selbst ist in sich problematisch, dialektisch geworden; es kann sich erst durch die fortgesetzte tragische Entzweiung in der Welt wiederfinden und muß in ihrem Leiden beständig neu geboren werden. Immer wieder zeigt Hebbels Drama, „wie das Individuum im Kampf zwischen seinem persönlichen und dem allgemeinen Weltwillen, der die Tat, den Ausdruck der Freiheit, immer durch die Begebenheit, den Ausdruck der Notwendigkeit, modifiziert und umgestaltet, seine Form und seinen Schwerpunkt gewinnt". Allein Hebbel unter den Dramatikern des 19. Jahrhunderts formulierte eine tragische Weltanschauung als gedankliches System; in diesem Willen zur geistigen Rechtfertigung seiner Tragödie war er Schiller verwandt. Aber er gestaltete nicht Ideen, sondern Individuen, deren Schicksal ihre besondere, unwandelbare Seelenanlage ist; er sah den Menschen zu einem Untergehen verurteilt, aus dessen Schmerzen ihn nichts befreite, auch wenn sich über seinem Ende das Ganze des Weltschicksals als tragische Ordnung schloß. Hegels These der dialektischen Entfaltung der göttlichen Vernunft und Schopenhauers Pessimismus bestätigten Hebbels tragische Philosophie. Sie hat sich früh in ihm, unter Bildungseindrücken seiner einsamen, autodidaktischen Jugend durch die spiritualistische Mystik G. H. v. Schuberts und durch den atheistischen Diesseitsrealismus Feuerbachs entwickelt

und auch Anregungen durch Schelling aufgenommen. In dieser
Begegnung von Dichtung und Philosophie weist Hebbel auf die
geistige Situation vor 1848 zurück; er ist ein pessimistischer Nach-
fahre des metaphysischen Idealismus, zugleich in Psychologie
und Geschichtsdenken dem neuen Realismus zugeordnet. Er gab
dem Drama die Würde einer Weltanschauung. Und er suchte
das Bewußtsein eines trotz allem sinnvollen Weltganzen über
dem tragischen Opfer des Einzelnen durch das Moment der Idee,
in der das Leben seine verlorene Einheit wiederfindet, zu retten.
In Hebbels Tragödie deutet sich das Vielschichtige der Zwischenzeit, des Übergangs zwischen metaphysischer Klassizität und
pessimistischem psychologischem Realismus an; bis in formale,
stilistische Einzelzüge hinein. Der Radikalismus seines tragischen
Weltaspektes, sein Realismus der Geschichte, seine Psychologie
der gottfernen Einsamkeit, der Bestimmung des Großen zum
Scheitern, seine Gesellschaftskritik weisen auf Nietzsche, Ibsen,
das Problem des Nihilismus voraus. Er war der letzte metaphysische Tragiker, der letzte, der, in einer ihr mehr und mehr
ungemäßen Zeit, nochmals die Tragödie im Stil der klassischen
Tradition, wenn auch unter Brüchen und Störungen, schrieb
und auf den Mythos bezog, den er nur noch gedanklich zu kon-
struieren und historisch zu deuten vermochte.

Mit der Hilfe von Uhland gab Hebbel 1842 zuerst *Gedichte*
heraus, eine grüblerische, von dunklen Stimmungen umschattete
Lyrik. Die moritatenhafte Schauerballade entsprach seinem dramatischen Impuls; im Typus des Erlebnis- und Stimmungsgedichts
gelingt nur selten die Einigung von Gefühl und Gedanklichkeit.
1839 entstand sein erstes Drama *Judith*. Er neigte in seinen Stoffen zum Ungeheuerlichen, das auf die äußerste Spitze treibt.
Judith rettet ihr Volk vor dem Tyrannen Holofernes, aber sie
erliegt dem Manne in ihm und muß ihren Tod verlangen, um
nicht ein Kind zu gebären. In der Leidenschaft der Rache für
die Schändung, nicht in heldischer Tat für ihr Volk ermordet
sie ihn. Sie überschreitet die Grenzen ihres Geschlechts und muß
als Weib unterliegen. Das Gesetzhafte (ihr Weib-Sein) ist stärker
als der Wille des Individuums. Im Schicksal Judiths wird die
Einsamkeit, die Gottverlassenheit des Menschen gerade in seinem
Willen zur Größe des Opfers, im Verlangen nach unbedingter
Sinngebung seiner Existenz offenbar. Das Tragische ist dem Dasein immanent; es gibt in ihm und über ihm keine Erlösung zur
Transzendenz des Glaubens oder der Idee. „Das Drama vergegenwärtigt uns das bedenkliche Verhältnis, worin das aus dem

ursprünglichen Nexus entlassene Individuum dem Ganzen, dessen Teil es trotz seiner unbegreiflichen Freiheit noch immer geblieben ist, gegenübersteht." Gegen Tiecks „Genoveva" ließ Hebbel seine *Genoveva* (1841) folgen; es war eine unglückliche Stoffwahl, denn das Tragische und die realistische Psychologie des Verführers Golo, in dem viel von Hebbels eigener radikaler Natur mitschwingt, widersprachen der Legende. Mit *Maria Magdalene* (1843) schuf Hebbel die erste moderne bürgerliche Tragödie. Das Neue bestand darin, „daß das Tragische nicht aus dem Zusammenstoß der bürgerlichen Welt mit der vornehmen ... abgeleitet ist, sondern ganz einfach aus der bürgerlichen Welt selbst, aus ihrem zähen und in sich selbst begründeten Verharren auf den patriarchalischen Anschauungen und ihrer Unfähigkeit, sich in verwickelten Lagen zu helfen". Hebbel kannte die stickige Atmosphäre des Kleinbürgertums; er schrieb ein bürgerliches Drama, das sich gegen die bürgerliche Moral wandte. Darin lag der Unterschied zum älteren bürgerlichen Drama, wie etwa zu Schillers „Kabale und Liebe." Alle Gestalten leben unter dem Zwang der gleichen Verhältnisse, in der sklavischen Abhängigkeit von Vorurteilen und Rücksichten. Ein starrer Ehrbegriff vernichtet sie alle. Sie scheinen im Recht und werden doch durch die Schuld des Ganzen, von dem sie sich nicht zu lösen vermögen, vernichtet. Der Mensch kann dem Verhängnis der „Gesellschaft" nicht entrinnen; es lag darin ein soziales Wissen, mit dem Hebbel den Weg zum Naturalismus Ibsens und Hauptmanns öffnete. Meisterhaft ist die Logik des inneren Aufbaus, das Zwingende der geistigen und technischen Gestaltung, so niederdrückend die Handlung bis zu Meister Antons berühmtem Schlußwort „Ich verstehe die Welt nicht mehr" abrollt.

In *Herodes und Mariamne* (1847/49) kehrte Hebbel zur geschichtlichen Tragödie zurück; von neuem nahm er einen biblischen, dem Mythos nahen Stoff auf. Wiederum stehen, wie in „Judith" und „Genoveva", Mann und Weib einander als unversöhnbare Gewalten gegenüber. Ihre Liebe treibt sie qualvoll auseinander. Die ichsüchtige Liebe des Herodes verhängt zweimal aus Eifersucht den Tod über Mariamne, seine Gattin, um ihrer Treue auch nach dem eigenen Tode gewiß sein zu können. Er will, was nur freiwillig gegeben werden kann, durch Gewalt und List erzwingen. Dagegen empört sich die Würde der Frau. Freiwillig würde sie alles für ihn opfern; nicht als Beute und Objekt seines Willens. Bei dem ersten Male verzeiht sie; als er beim

zweiten Abschied verblendet wiederum den Todesbefehl gibt,
bricht in ihr alles zusammen. Mit grausamer Unbedingtheit
zwingt sie ihn, als er glücklich zurückkehrt, sie zu töten. „Du
sollst das Weib, das du erblicktest, töten, und erst im Tod mich
sehen, wie ich bin." Herodes verfällt verzweifelter Reue. Zwei
groß geartete, unbedingte Seelen gehen an ihrem Stolz, ihrer
Härte, ihrer maßlosen inneren Leidenschaft zugrunde. Im Willen
zum Absoluten, der über alles Menschliche hinaustreibt und doch
gerade darin den Adel des Menschen erfahren läßt, ist in schick-
salhafter Notwendigkeit das tragische Scheitern mitgegeben. Mit
äußerster Konzentration treibt Hebbel die Wucht des tragischen
Vorganges heraus; an diesem Trauerspiel wird deutlich, wie das
Entscheidende seines Dramas in der Psychologie, nicht in dem
gedanklichen Überbau der weltgeschichtlichen Entscheidung
durch die Ablösung eines alten Zeitalters durch ein neues Zeitalter liegt. Denn die Schlußszene, die auf das kommende Christentum vordeutet, ist äußerlich angefügt, nicht von dem tragischen Vorgang her notwendig.

Neben Kleists „Prinz von Homburg" ist Hebbels *Agnes Ber-
nauer* (1851) aus dem Erlebnis der Revolution 1848 heraus das
Drama des Staates geworden, dessen höheres Recht das Individuum vernichtet, auch wenn es schuldlos seine Ordnung ins Wan-
ken bringt. In dem oft behandelten Stoffe verwandelte Hebbel
das geschichtlich überlieferte Ereignis zur Tragödie des außer-
gewöhnlichen Menschen und zur Bewährung der Staatsidee, auch
wenn dieser die letzte metaphysische Gültigkeit fehlt. Das schöne
Augsburger Bürgermädchen fesselt den bayrischen Thronfolger;
der Staat gerät, dadurch seines Erben beraubt, in größte Gefahr.
Alles wird von dem alten weisheitsvollen Herzog Ernst versucht,
den Mord an der Schuldlosen zu verhüten. Doch als sie sich, im
Stolz ihrer Liebe und Unschuld, weigert, ein Unrecht dieser
Liebe und Ehe anzuerkennen, bleibt nur die Gewalt übrig. Die
Notwendigkeit der Gemeinschaft vernichtet das Individuum, das
gegen ihre Gesetze verstößt – das Leid, so schmerzlich es ist,
wird zum Emporsteigen der Menschheit in der Erkenntnis der
Notwendigkeit. Es gibt in Hebbels Tragödie kein Gut oder Böse
im moralisch absoluten Sinne; gut ist jeder Kampf für die
eigene Überzeugung, schlecht nur der Verzicht und damit das
Versagen vor der Notwendigkeit der Entscheidung, selbst wenn
sie in den Tod führt. In seiner Härte liegt das Ethos des Hebbelschen Menschen. Revolutionär seiner Natur nach, war Hebbel
durch die Ereignisse der Revolution 1848 zu einem Gegner des

Umsturzes, zum Anwalt eines konservativen Staatsdenkens geworden.

Aus diesem Ethos der Unbedingtheit läßt sich die dialektisch zugespitzte, quälende Tragik von Hebbels technisch-sprachlich vollendetstem Drama *Gyges und sein Ring* (1856) verstehen. Der griechische Historiker Herodot erzählte von dem lydischen König Kandaules, der die Schönheit seines Weibes Rhodope den Augen seines Gastfreundes Gyges preisgab. In tiefster Seele verletzt, verlangt Rhodope, daß diese frevlerische Preisgabe ihrer Reinheit und Würde gerächt werde. Kandaules muß fallen; nach ihrer Vermählung mit Gyges tötet Rhodope sich selbst. Die äußerste Steigerung dieses seelischen Stolzes beruht auf einem vergänglichen geschichtlichen Sittengebot; es verbietet der Rhodope, unverschleiert von einem anderen als ihrem Gatten gesehen zu werden. Hier mitzuvollziehen fällt dem modernen Zuschauer schwer, auch wenn Hebbel den geschichtlich gebundenen Vorgang als Symbol dauernder menschlicher Konflikte gesehen wissen wollte. An Kandaules wird sichtbar, wie sein Tod zugleich das Zeichen des Anbruchs eines neuen Weltalters sein soll; er selbst sieht die Notwendigkeit seines Untergangs ein, er erhebt sich zur Einsicht in den Sinn seines Schicksals. Ein magischer Ring setzt die Handlung in Bewegung, aber das Schicksal entsteigt düster und groß „einzig der menschlichen Brust".

Hebbels Fähigkeit, auch einen riesigen Stoff auf die Grundstimmung des Heroisch-Düsteren, Tragisch-Unbedingten zu konzentrieren, gab ihm den Mut zur dramatischen Bewältigung der Nibelungensage in der Trilogie *Der gehörnte Siegfried, Siegfrieds Tod, Kriemhilds Rache* (1861). Seit der Rückentdeckung der Heldensage durch die Romantik, der Bodmers und Klopstocks Bemühungen vorangingen, mißglückten zahlreiche Versuche, der Sage ein gegenwärtiges Sprachgewand zu geben. Das Problem der dichterischen Erneuerung der nationalen Mythologie wurde viel diskutiert. Raupach und Geibel (*Brunhild*, 1857) wagten die Dramatisierung des Nibelungenstoffes; ihr Versagen reizte Hebbel ebenso wie F. Th. Vischers Behauptung, daß er sich überhaupt nicht dazu eigne. Eine innere Wahlverwandtschaft trieb ihn zu dem gigantischen Thema. Sieben Jahre arbeitete er an dieser Aufgabe. Schon darin, daß er die verschiedenen Schichten des Epos, vom Heidnisch-Mythischen bis zum Christlich-Ritterlichen, ungeschieden übernahm, lag ein innerer Zwiespalt; ebensowenig ließ sich der Geist der Sage mit der tragischen Weltanschauung Hebbels in Einklang bringen. Was in dem alten

Epos ursprünglich und aus dem Stil der germanischen Frühzeit
archaisches Erbe war, wurde nun, in einer andersartigen Zeit,
von einem einsamen Willen zu angestrengt beschworen und trotz
vieler dichterischer Stellen zu einem gewaltsamen Pathos gezwungen. Das Werk hat die Bühne nicht erobert; trotz der Weimarer Uraufführung durch Dingelstedt, die für den vor dem
Tode stehenden Dichter der Beweis seiner Aufnahme in die
Reihe der Klassiker war – sowenig auch die Nibelungen-Trilogie
dem Ethos und der Ästhetik des klassischen Idealismus entsprach.
Denn gerade die barbarisch-dunklen Kräfte von Rache und Vernichtung, die hier aufgerufen wurden, waren von jenen Bildungsmächten eingedämmt worden, die Antike und Christentum
dem deutschen Volke geschenkt hatten.

Hebbels Lustspiele *Der Diamant* (1841) und *Der Rubin* (1849)
litten unter dem Konstruktiven seiner Gedanklichkeit; seinem
Scherz haftete zuviel an Spekulativem an. Seine kleineren Spiele,
wie das *Trauerspiel in Sizilien, Julia* und *Michel-Angelo*, blieben
ohne dichterische und theatralische Wirkung. Hebbels *Erzählungen und Novellen* (1855) folgten Kleist und Jean Paul ohne
eine eigene starke epische Begabung. Sie sind jedoch charakteristische Vorläufer der Kurzgeschichte im 20. Jahrhundert. In
dem Epos *Mutter und Kind* (1859), das Goethes „Hermann und
Dorothea" und Mörikes „Idylle am Bodensee" in der hexametrischen Form verwandt ist, mißlang die künstlerische Intention.
Hinter einer Welt bürgerlicher Liebe, Barmherzigkeit und Ar-
beitstreue taucht die Anklage der „roten Gespenster", die soziale
Drohung auf. Hebbel stellt ihr das Ethos der Familie entgegen.
Eine verborgene Kulturkritik war in allen Dichtungen Hebbels
gegenwärtig. Aber er vermied die zeitbezogene Tendenz und
preßte seine Not in die Symbole und Gestalten seiner Tragödie.
Erst die letzten Lebensjahre brachten ihm die Erfüllung seines
Gebets.

Die Du, über die Sterne weg,
mit der geleerten Schale
aufschwebst, um sie am ew'gen Born
eilig wieder zu füllen:
Einmal schwenke sie noch, o Glück,
einmal, lächelnde Göttin!
Sieh, ein einziger Tropfen hängt
noch verloren am Rande,
und der einzige Tropfen genügt,
eine himmlische Seele,
die hier unten in Schmerz erstarrt,
wieder in Wonne zu lösen.

Ach, sie weint Dir süßeren Dank
als die anderen alle,
die Du glücklich und reich gemacht;
laß ihn fallen, den Tropfen!

Vergeblich wetteiferte der Thüringer O t t o L u d w i g (1813 bis 1865) mit Hebbel. Nach einer trüben Jugend und kurzem Musikstudium widmete er sich in zäher, unermüdlicher Arbeit der Aufgabe des großen Dramas, ohne doch (neben noch unsicheren Jugendarbeiten wie *Die Torgauer Heide, Das Fräulein von Scudery*, das Lustspiel *Hans Frei*) mehr als zwei Stücke vollenden zu können. *Der Erbförster* (aufgeführt 1850) folgte als bürgerliches Trauerspiel der „Maria Magdalena"; es ist die Tragödie eines verirrten, bis zur Besessenheit gesteigerten Rechtsgefühls. Die hartschädelige Beschränktheit des seinen Wald verteidigenden Försters, Zufälle und Verwechslungen führen dazu, daß er statt des Sohnes seines Feindes die eigene Tochter, dessen Braut, erschießt. Neu war der landschaftliche und psychologische Realismus dieses Dramas aus dem mittleren Bürgertum. Mit der Tragödie *Die Makkabäer* (1851/52) wagte Ludwig wie Grillparzer und Hebbel einen großen geschichtlich-mythischen Stoff, den er jedoch durch zu viele Motive überlastete und undurchsichtig machte. Der Makkabäer Juda führt die unterjochten Juden zum Kampf gegen die Syrer. Dem Gesetz der Sabbatheiligung ergeben, lassen sich die Juden ohne Gegenwehr niedermetzeln. Diese erleidende Gottesfurcht jagt die Syrer in Entsetzen, und sie verweigern den Kampf „mit solchem Feind..., den solch furchtbar gewaltiger Gott erfüllt, daß er, was menschlich im Menschen ist, den Sinn für Schmerz verzehrt." Das jüdische Volk ist der untragische Held der Tragödie. Darin, wie in dem atmosphärischen Realismus des Milieus, setzte Ludwig eine von Schillers „Tell" angebahnte Entwicklung fort. Unermüdlich griff er jedoch Schillers „subjektivistisch-idealistische" Tragödie an, um Shakespeare als Meister und Vorbild des dramatischen Realismus zu deuten.

Während eines langen Ringens um die Erkenntnis der Gesetze und Technik des Dramas *(Shakespeare-Studien)*, das reiche gedankliche Frucht trug, erlahmte Ludwigs dramatische Schaffenskraft. Er türmte zahlreiche Versuche in immer neuen Ansätzen auf, mit unendlicher Mühe, ohne sich in grüblerischer Selbstkritik genug tun zu können. Er suchte den Weg zum Drama durch die theoretische Überlegung und verlor dabei die Sicherheit des dichterischen Gestaltens. Es lag eine gewisse Tragik

darin, daß er seine Begabung als Epiker nicht begriff. Unter
dem treffenden Titel *Thüringer Naturen* (1857) erschien die
humorvolle ländliche Erzählung *Heiterethei* (1855) mit ihrem
Widerspiel *Aus dem Regen in die Traufe*. Eine heitere Erzähllaune versenkte sich hier mit liebevoller Beobachtung des Details
in das vertraute heimatliche Leben. In *Zwischen Himmel und
Erde* (1856) gestaltete er im Umkreis kleinstädtischen Bürgertums ein tragisches Geschick einiger verketteter Menschen. Das
Erzählen nimmt jetzt den tragischen Gehalt in sich auf, den die
Form des Dramas nicht mehr verarbeiten konnte. Die psychologische Genauigkeit dieses analytisch Schritt für Schritt aus
kleinsten Zügen Charaktere und Handlung aufbauenden Erzählens, die Rückführung des Menschen auf seine seelische Gebundenheit, die Entwicklung des Tragischen aus der Übersteigerung
des Guten, die Sachlichkeit des Beobachtens bedeuteten Entdeckungen für die Kunst des Romans und näherten Ludwig trotz
der Abhängigkeit von Dickens bereits Dostojewskij. Ludwig
führte den vieldeutigen Begriff des „poetischen Realismus" ein,
mit dem die deutsche Erzählkunst des 19. Jahrhundets eng verbunden blieb. Er meinte damit die innere Übereinstimmung von
Realem und Ideellem, Zufälligem und Wesenhaftem, Individuellem und Typischem, subjektivem Erlebnis und objektivem Gehalt. Wahrscheinlich übernahm er die Formel „poetischer Realismus" von Schelling (14. Vorlesung über die Methode des akademischen Studiums). Wirklichkeit und Wahrheit, Sinnliches und
Geistiges sollen zwischen den Grenzformen Idealismus und Naturalismus zur Versöhnung der Mitte finden. Der Realismus
wird zum künstlerischen Stil der Weltanschauung der Immanenz,
die alles sinnlich Seiende aus seiner ihm eigenen Innerlichkeit
und inneren Notwendigkeit verstand. Er entspricht dem bürgerlichen Ethos der Mitte, der Versöhnung innerhalb der Antinomie
der Welterfahrung. In diesem Glauben an die Wahrheit des Geistigen in der Wirklichkeit des Zufälligen gestaltete sich die Weltanschauung des Realismus. Neben O. Ludwig hat F. Th. Vischer
(*Kritische Gänge* 1844 und *Ästhetik* 1846–1857) seine ästhetische
Theorie, Hegel folgend, entwickelt. Der „poetische Realismus",
literatursoziologisch gegründet in der bürgerlichen Gesellschaft
und Geistigkeit, wurde seit der Zeit um 1848 zu der bestimmenden Stilform. Es war ein Stil der Vermittlungen in jener geschichtlichen Situation, die Hegel (vgl. S. 355) als Entzweiung
zwischen der individuellen Innerlichkeit und der erstarrten
Praxis prosaischer Weltzustände beschrieben hatte. Der Roman,

der dominierend und in bedeutender künstlerischer Ausgestaltung die literarische Führung erhielt, nahm solche Spannung in sich auf und versuchte sie zu überwinden, dem Anspruch der Wirklichkeit gerecht zu werden und, nach Gottfried Kellers Wort, die „Reichsunmittelbarkeit der Poesie" gegen sie zu behaupten: vor allem mittels des Humors als einem Freiheitsraum der poetischen Gestaltung gegenüber der Bindung an das Empirische der abständigen, vernüchterten Wirklichkeit.

4

Der „poetische Realismus"

Die politisch-ideologischen Kämpfe der Zeit, der Sozialismus und die Emanzipation der Frau, Christentum und Kirche, Adel und vierter Stand, Hegel und Saint-Simon hatten die typischen Themen und Gedanken des jungdeutschen Zeitromans geliefert. Trotz ihrer programmatischen Anstrengungen haben nicht die jungdeutschen Erzähler dem kommenden Roman die fruchtbaren Anregungen gegeben. Der abseitige, schwerblütige K a r l L e b - r e c h t I m m e r m a n n (1796–1840) schuf, nach lange vergeblichem Bemühen, das bahnbrechende Erzählwerk, in dem sich Leben und Dichtung, Wirklichkeit und Ethos im poetisch-realistischen Sinne vereinten. Es ist der westfälische Bauernroman *Der Oberhof*, den er seinem großen satirischen Zeitroman *Münchhausen* (1839) einlegte. Immermann entstammte dem preußischen Beamtentum, er hatte bei Waterloo mitgekämpft und lebte seit 1826 als Landgerichtsdirektor in Düsseldorf, wo er zeitweilig das Theater leitete und Grabbe freundschaftlich half. Er stand zwischen den Zeiten; das Erbe der Klassik und Romantik, selbst der Aufklärung, war noch in ihm mächtig. Aber er erkannte die Wandlungen des Zeitalters, den Ansturm sozialer Fragen, die Umschichtung des gesellschaftlich-wirtschaftlichen Lebens. Nach *Gedichten* (1820) schrieb er eine Reihe von Dramen, die dichterische Stimmungen verraten, aber dramatische Notwendigkeit und Bühnenwirkung vermissen lassen. Sein *Trauerspiel in Tyrol*, später *Andreas Hofer* genannt (1828), befreite sich nicht genug vom Gewicht der geschichtlichen Realität; in der Trilogie *Alexis* (1832) bewältigte er nicht den gewaltigen Rohstoff aus der russischen Zarengeschichte. Er löste sich nicht vom Vorbild Shakespeares und Schillers, neigte aber auch zur billigen Technik der Müllner und Kotzebue.

Tiecks satirischer Art folgte er mit *Tulifäntchen* (1830), einem
reizvollen Epos, das sich selbst parodiert, damit die Romantik
verabschiedet. Mit Goethes „Faust" wetteiferte er in der Tragödie der Doppelseele *Merlin* (1832). Viel spekulativ-allegorische
Metaphysik war in die alte keltische Sage hineingepreßt. Immermann machte Merlin zum Sohn des Satans und einer vergewal-
tigten Jungfrau; aus der Dämonie dieses Widerspruchs sollte
sich eine Erlösungsdichtung entfalten, die jedoch weder Erlösung
noch überhaupt eine Lösung bietet und sich in gnostisch-neu-
platonischen Gedanken und einem romantischen Irrgarten von
Artushelden verliert. Philosophie und Dichtung, Pathos und Ver-
ständigkeit, Phantasie und Prosa, Kunstverstand und Intuition
lagen bei Immermann im Widerspruch. Nur langsam fand er
zu einer eigenen Form in der Erzählung. Viele Jahre lang arbeitete er an dem großen Roman *Die Epigonen* (1836), einer
scharfblickenden Studie der Auflösung der alten Gesellschaftsformen. Der Roman wurde ein wichtiges Zeitbuch. „Wir sind,
um mit einem Wort das ganze Elend auszusprechen, Epigonen
und tragen an der Last, die jeder Erb- und Nachgeborenschaft
anzukleben pflegt." In der Handlung des Romans kam er vom
Vorbild von Goethes „Meister" nicht los; aber ihm war bewußt,
daß die soziale Umwälzung, die das Feudalsystem durch eine
bewegliche Geldherrschaft ablöste und damit die Lebensbedin-
gungen des gebildeten, aber politisch einflußlosen Bürgertums
gefährdete, zum Schicksal der Zeit wurde. 1838/39 folgte der
Roman *Münchhausen*, in dem er den mythisierten Lügenbaron
zum Symbol des Schwindelgeistes einer aus den Fugen geratenen
Zeit machte. Jean Paul folgte er im allegorisch-satirischen Spiel
der humoristischen Erzähllaune, reich an Spitzen gegen die Romantiker, gegen Görres, Kerner, den literarischen Weltreisenden
Fürst Pückler, die „Europamüden", das moderne Journalwesen
und vieles andere mehr. Satire und Ironie, Narrengroteske und
Humor fanden eine von köstlichen Einfällen sprudelnde fabulöse
Entfaltung. Der „Münchhausen" wurde zu einem der wenigen
deutschen humoristisch-gesellschaftskritischen Romane von Rang.
Immermann legte ihm als Gegenbild die Erzählung *Der Oberhof*
ein, in dem er gegen eine allgemeine Auflösung und Selbsttäu-
schung die Kräfte und Werte des Heimatlichen, eines naturhaft-
redlichen Bauerntums darstellte. Obwohl Immermann sprachlich
von Konventionen und Klischees nicht freikam, derart künstlerisch hinter dem überragenden Schweizer Erzähler zurückblieb:
es gibt neben Gotthelfs Bauerngestalten wohl keinen kraftvolle-

ren, „richtigeren" Bauern als den Hofschulzen. Nicht das Romantisch-Poetische, das rousseaumäßig Naturhafte, das Idyllische spiegelt sich in dieser Bäuerlichkeit, obwohl dies alles noch hereinspielt, sondern die gediegene, vom Menschen sinnlich-anschaulich gelebte Einheit von Landschaft und Sitte, Arbeit und Ethos, Geschichte und Stammestum. Auf der Suche „nach allgemein gültigen Unterlagen des volklichen Daseins, nach organischen, objektiven Lebensformen" entgegen der weltanschaulichen Zerrissenheit der Zeit war eine neue Erzählkunst gefunden. Sie verband sich bei Immermann mit einer Sozialkritik, die die Mächte des Geldes, der Industrie, der sozialen Forderungen in die Dichtung einbezog.

In dem abgelegenen, ständisch und religiös konservativen Westfalen, dem Land der Schlösser und Bauernhöfe, war eine Einheit von Dichtung, heimatlicher Landschaft und Geschichte möglich. Aus altem katholischem Adel stammte A n n e t t e v o n D r o s t e - H ü l s h o f f (1797–1848). In der väterlichen Wasserburg Hülshoff bei Münster, in dem einsamen Witwensitz ihrer Mutter in Rüschhaus und auf der Meersburg am Bodensee, dem Besitz ihres als Germanist bekannten Schwagers Freiherr von Laßberg, verbrachte sie ein stilles, nach außen ereignisloses Leben. Aber in dem kränklich zarten Leib wuchs und glühte eine leidenschaftliche, tiefe und eigenwillige Seele. Sie empfand, trotz scheuer Zurückhaltung, ihr Dichtertum als eine Sendung.

> So hört denn, hört, weil ihr gefragt:
> Bei der Geburt bin ich geladen,
> Mein Recht, so weit der Himmel tagt,
> Und meine Macht von Gottes Gnaden.

Eine späte Liebe zu L e v i n S c h ü c k i n g (1814–1883), dem Verfasser realistischer westfälischer Romane, ließ in dem Winter 1841/42 die meisten ihrer wertvollsten Gedichte entstehen, die 1844 erschienen, nachdem die erste Sammlung *Gedichte* (1838) kaum beachtet worden war. Annette von Droste ist nicht nur die größte deutsche Lyrikerin, einzigartig auch in der Weltliteratur des 19. Jahrhunderts. Mit sinnenhafter Erlebniskraft nimmt sie alles Leben und Weben in der heimatlichen Natur und Landschaft auf. Die kleinsten Dinge, Farben, Töne erlauschte sie und bannte sie in eine Sprache, die, aller Literaturschablone fern, unbekümmert um strenge Regeln des Metrums und Reimes, ihren eigenen starken Rhythmus, eine machtvolle und innige Schwingungskraft hat. Sie suchte nicht ihr eigenes Erleben in der

Natur, sondern sie rief die Natur selbst als vielstimmige, viel-
gestaltige Wirklichkeit der Dinge in das Gedicht.

> Dunkel, Dunkel im Moor,
> Über der Heide Nacht,
> Nur das rieselnde Rohr
> Neben der Mühle wacht,
> Und an des Rades Speichen
> Schwellende Tropfen schleichen.
>
> Unke kauert im Sumpf,
> Igel im Grase duckt.
> In dem modernden Stumpf
> Schlafend die Kröte zuckt,
> Und am sandigen Hange
> Rollt sich fester die Schlange.

Herb, streng, eher düster ist ihre Sprache – voll untergründiger
Visionen und Ahnungen. Oft floh sie vor der Unheimlichkeit
ihrer spukhaften Träume und vor dem Ansturm einer zurückge-
drängten Wildheit der Seele in die Idylle der Familie und die
Sicherheit des ererbten Glaubens, um den sie in *Das Geistliche
Jahr* (1851) mit Bangnis und Sehnsucht rang. Diese Gedichtfolge,
Ausdruck innerer Verstörungen und Zweifel im Ernst der be-
jahten Glaubensbindung, ist für Jahrzehnte die letzte große
Dichtung aus christlicher Religiosität in Deutschland. Annette
von Droste besaß die Stammeseigentümlichkeit des „Zweiten
Gesichts", das in der Landschaft ein dämonisches Weben der
mythischen Urkräfte, in der Vergangenheit des Hauses und der
Heimat, ja, in der eigenen Seele die Stimmen und Leidenschaften
verjährter Schicksale ahnen und erleben ließ.

> Wenn im Busen die Toten dann,
> Jede Leiche sich streckt und regt,
> Leise, leise den Odem zieht,
> Die geschlossne Wimper bewegt,
> Tote Liebe, tote Lust, tote Zeit,
> All die Schätze, im Schutt verwühlt,
> Sich berühren mit schüchternem Klang,
> Gleich den Glöckchen, vom Winde umspielt...

Neben die Landschaftsgedichte treten Balladen, in tiefe Seelengründe blickende Bekenntnisse *(Das Spiegelbild)*, treten nächt-
liche Visionen, Worte reifer Weisheit und auch ein spielender
Humor. Die Droste verschmähte die Musik der Gefühle – ein
starker, spröder Rhythmus gibt ihrer sinnenhaft vollen und
eigenwilligen Sprache den naturhaften Ton. Erst in unseren

Tagen wurde die herbe Größe dieser Lyrik ganz verstanden.
A. v. Droste wußte um die Bedeutung des einen, einzig und allein
treffenden Wortes; in langer Arbeit ließ sie ihre Gedichte reifen.
Auch ihre Verserzählungen *Die Schlacht im Loener Bruch* und
der *Spiritus familiaris des Roßtäuschers* (1844) sind in ihrer
Verwobenheit von Geschichte, Landschaft, Spuk und Schicksalsmächten bis heute – im Gegensatz zu der übrigen mannigfaltigen,
romantisierenden Versepik des Jahrhunderts – lebendig geblieben. Zu den klassischen deutschen Novellen gehört ihre *Juden-
buche* (1842); eine westfälische Dorfgeschichte, die zwischen
psychologischem Realismus und Mysterium des Unheimlichen,
zwischen breitem Detail und andeutendem Sagastil, zwischen
Milieustudie und dämonisch Balladenhaftem eine Art epischer
Schicksalstragödie ist. Der Roman *Bei uns zu Lande auf dem
Lande* blieb ein Bruchstück.

Mit dem fortschreitenden Jahrhundert verlagerte sich das
Schwergewicht der Dichtung auf die Erzählkunst. Damit verband
sich, den Einfluß der Romantiker und Jean Pauls zurückdäm-
mend, die Möglichkeit eines neuen Verständnisses Goethes. Vor
allem aus England (Scott, Dickens, Thackeray) kamen die
Anregungen zu einem historischen und bürgerlich-realistischen
Roman; erst gegen das Jahrhundertende wurden für Deutschland
die großen französischen Erzähler der Gesellschaft (Stendhal,
Balzac, Flaubert) fruchtbar. Der weltanschauliche Realismus, der
einer ethischen Diesseitsstimmung entsprach, suchte die Versöhnung der Spannungen von Ideal und Wirklichkeit und ein
Bild des konkret gelebten Lebens, in dem sich Phantasie und
Anschauung, Idee und Erfahrung, das Kleine und das Große,
Innerlichkeit und praktisches Tun zusammenschließen. Von innen
her wird die Wirklichkeit gesehen; so blieb die Sprache und
Stimmungskraft eines oft lyrisch getönten Erlebens bewahrt.
Diese beseelte Wirklichkeit wurde besonders im Bezirk der
heimatlichen Landschaft und Geschichte, im bürgerlichen Lebenskreis, in der eigenen begrenzten Erfahrungs- und Erinnerungs-
welt gefunden. Das Individuelle der Stämme und Landschaften
trat in das Bewußtsein; schilderte man die Großstadt, so zog
man sich gern in die Behaglichkeit und Enge der bürgerlichen
Familie zurück. Die Engländer hatten die Freude am Kleinleben,
am intimen Detail gelehrt. Jeder Dichter lebte auf eigene Art
seine Form findend im für sich abgeschlossenen Kreise. Die große
Erzählkunst des 19. Jahrhunderts in deutscher Sprache (Stifter,
Keller, Gotthelf, Raabe, Fontane) ist in Stoff, Sprache und Stim-

mung landschaftlich gefärbt und auf einen begrenzten Lebenskreis gerichtet. Während in Frankreich (Stendhal, Balzac, Flaubert, Hugo, Maupassant) oder in England (Scott, Dickens, Thackeray) sich eine gesellschaftliche Erzählkunst in einheitlicher Tradition für die gesamte Nation entwickelte, gelang es dem deutschen Roman nicht recht, über das Provinziell-Eigenbrötlerische in eine gesamtdeutsche oder europäische Weite vorzudringen. Erst langsam traten diese Erzähler in das Bewußtsein der Nation ein; eine Wirkung über die deutschen Sprachgrenzen hinaus blieb ihnen trotz ihrer Kraft und Kunst versagt. Jeder von ihnen begann seinen Weg auf eigene Weise, ohne Bindung an eine gemeinsame Kunstübung als überlieferte und bewährte Technik der Erzählgestaltung. Denn erst jetzt setzte sich gegenüber der Offenheit der Romanform in der ersten Jahrhunderthälfte ein Stil und Sprache durchbildender Kunstanspruch an ihn durch. Seine Darstellungsmittel wurden komplexer, kunstvoller ausgebildet. Jeder der bedeutenden Erzähler prägte ein eigenes Erzählverfahren aus. Dies macht eine generelle Stilformel für den Realismus unmöglich. Durchweg gilt für ihn, daß man einen Anspruch der Wirklichkeit anerkannte; wie man ihm gegenüber das Eigenrecht des poetischen Umbildens, den Kunstcharakter des Erzählens durchsetzte, geschah auf sehr verschiedene Weise. Was sich als Realismus bei Adalbert Stifter oder Theodor Fontane, bei Gottfried Keller, Jeremias Gotthelf oder Wilhelm Raabe, bei Theodor Storm oder Conrad Ferdinand Meyer darstellt, ist unterschiedlich. In keinem Falle läßt sich ihr Realismus mit der Wiedergabe des Faktisch-Empirischen gleichsetzen. Die Erzähler zielen auf eine poetische Wirklichkeit, deren Gültigkeit daran gemessen wird, welche Dimensionen, weniger der gesellschaftlichen, mehr der humanen Existenz, mit allen ihren Spannungen, zu einer künstlerischen Sinn-Einheit gebracht werden. Ihre Grenzen lagen in dem bürgerlichen und, mehr noch, individuellen Bewußtsein des Autors. Es deutet bei Stifter und Gotthelf noch auf eine metaphysische Dimension aus religiösem Impuls; es hat sich bei Keller, zunehmend bei Raabe und Fontane, mit wiederum verschiedenem Bezug auf die gesellschaftlich-historische Wirklichkeit, in das Individuelle, in den eigenen konkreten Lebensumkreis zurückgezogen. Diese Erzählkunst umschließt den dichterisch wertvollsten Ertrag des späteren 19. Jahrhunderts, verrät aber auch die Gefahren, die den deutschen Roman aus einer bürgerlichen Verinnerlichung, Individualisierung und Provinzialisierung bedrohten und ihm die europäische Auswirkung abgeschnitten haben. Der Zwiespalt zwischen einer Kultur der Ideen und einer Kultur der Wirklichkeit, der sich im Pessimismus, Weltschmerz, im Geniekult und jungdeutschen Tendenzfanatismus der ersten Jahrhunderthälfte ausgedrückt hatte, wurde nun durch einen Humor überwunden, der die Schmerzen versöhnlich mildert und zu diesem Leben im Bewußtsein seiner inneren Bedrohtheit ein Ja zu sprechen vermag.

In Österreich entstand, neben Grillparzers und Halms Novellen, in A d a l b e r t S t i f t e r s (1805–1868) Erzähldichtung eine neue Hochform der Prosa. Erst nach dem Ersten Weltkriege wurden ihr dichterischer Wert und ihr humaner Sinn voll erkannt. Nietzsche gab den ersten Hinweis auf Stifters klassischen Stil. Ähnlich wie Grillparzer gewann Stifter das Erbe Goethes für Österreich, um es auf eine gedämpftere, engere, innigere und ethisch betontere Art fortzuführen. Er verband den bürgerlich beruhigten, auf die Bildung des individuellen Bewußtseins gerichteten ästhetisch-sittlichen Humanismus des deutschen Idealismus seit Herder mit seiner angestammten katholischen Gläubigkeit. Geistiger Aristokratismus und ein bäuerlich-heimatliches Grundgefühl, Seinsvertrauen, Überzeugung vom höchsten Bildungssinn der Kunst, der Glaube an die sittliche Wahrhaftigkeit des Schönen und ein zunehmender Pessimismus gegenüber Zeit und Zukunft schichten sich in Stifters Persönlichkeit und Werk ineinander. In Oberplan an der Moldau (Böhmerwald) kam er zur Welt; im Umgang mit Landschaft, Volk und Märchen wuchs er auf. Immer wieder kehrte seine Dichtung in dieses Kinderland zurück. Stifter studierte in Wien, malte, las Jean Paul und diente als Hauslehrer in aristokratischen Häusern. Später lebte er als Schulinspektor in Linz, wo er seine pädagogische Weisheit nur unter Schwierigkeiten fruchtbar machen konnte. Von Jean Paul war seine erste Erzählung *Kondor* angeregt; im *Hochwald* verband sich mit romantischem Ruinenzauber eine Beschwörung der Waldheimlichkeit; nicht als romantische Träumerei, sondern mit sinnenhaft vollerem Sehen und Fühlen. In der von einem herben Schicksalsglauben bewegten, tragischen Erzählung vom Juden *Abdias* deutet sich ein Wissen um das Unheimliche des Lebens an, das Stifter, weil er um seine Verführungs- und Zerstörungskräfte wußte, meist verdeckt hat. Er suchte, als Schutz, das Schlichte, Stille, eine ethische Bändigung aller Leidenschaftlichkeit, eine harmonische Schönheit, die „Einfalt sittlicher Größe und Güte“. Sein symbolisches Erzählen machte Menschliches und Dingliches transparent zu Grundordnungen des Seins. In der

Sammlung *Studien* (1844/50) gab er nach innen gewandte Erzählungen heraus, die starke Gefühle zu sanfter Gelassenheit beschwichtigen und mit bisher unerhörter Nuancierung die Bilder der Landschaft und das Innenleben der Menschen schildern. In der Vorrede zu der Sammlung *Bunte Steine* (1853), die, nach Vorfassungen, bereits einen gedämpfteren, objektivierteren Stil und eine betont erzieherische Sinngebung zeigt, beschrieb er selbst, offenbar als eine Antwort als das Chaos, das sich für ihn in der Wiener Revolution 1848 aufgetan hatte, seine ästhetisch-sittliche Eigenart: „Das Wehen der Luft, das Rieseln des Wassers, das Wachsen der Getreide, das Wogen des Meeres, das Grünen der Erde, das Glänzen des Himmels, das Schimmern der Gestirne, halte ich für groß: das prächtig einherziehende Gewitter, den Blitz, welcher Häuser spaltet, den Sturm, der die Brandung treibt, den feuerspeienden Berg, das Erdbeben, welches Länder verschüttet, halte ich nicht für größer als obige Erscheinungen, ja, ich halte sie für kleiner, weil sie nur Wirkungen viel höherer Gesetze sind... So wie es in der äußeren Natur ist, so ist es auch in der inneren, in der des menschlichen Geschlechts. Ein ganzes Leben voll Gerechtigkeit, Einfachheit, Bezwingung seiner selbst, Verstandesgemäßheit, Wirksamkeit in seinem Kreise, Bewunderung des Schönen, verbunden mit einem heiteren, gelassenen Streben, halte ich für groß: mächtige Bewegungen des Gemüts, furchtbar einherrollenden Zorn, die Begier nach Rache, den entzündeten Geist, der nach Tätigkeit strebt, umreißt, ändert, zerstört und in der Erregung oft das eigene Leben hinwirft, halte ich nicht für größer, sogar für kleiner, da diese Dinge so gut nur Hervorbringungen einzelner und einseitiger Kräfte sind wie Stürme, feuerspeiende Berge, Erdbeben." Wie im Sanften, Kindlichen, Schwachen eine widerstehende innere Kraft tödliche Gewalten bezwingt, wird in diesen locker und dennoch sehr kunstvoll gefügten Erzählungen zum Grundthema in Variationen.

Stifter entwickelte sich zu diesem „sanften Gesetz" einer bürgerlich-sittlichen Bewahrung des klassischen Humanitätsideals aus zunächst mehr lyrisch bewegten und emotional erregten Anfängen. Er erkämpfte es gegen eine eigene innere Bedrohung, die ihn nach schmerzhaften Leiden im Selbstmord enden ließ. Er betonte die geschichtlichen Bindungen des Menschen (*Narrenburg, Nachkommenschaften, Die Mappe meines Urgroßvaters*), er knüpfte an den Erziehungsroman an (*Hagestolz*), feierte die Heiligkeit der Familie und entsagender Liebe (*Brigitta*) und stellte der von ihm abgelehnten Zeitbewegung die Ehrfurcht vor den beharrenden und bewahrenden Mächten im Natur-, Sitten- und Menschenleben entgegen.

Im *Nachsommer* (1857), einem der klassischen deutschen Bildungsromane nach Goethes „Meister", ließ er einen jungen Menschen in gepflegter, ästhetisch und sittlich gehobener Umwelt zwischen Stadt und Land, Adel und Bürgertum zum Vorbild einer schönen und sittlich gereiften Menschlichkeit aufwachsen. Zeitnah und zeitfern war dieses in gelassener Breite erzählende Werk: die Kräfte der klassischen Humanität waren, gedämpft und verklärt durch das weichere, mildere Lebensgefühl österreichischen Menschentums, zurückgerufen. Sie werden in Entsagung und Erfüllung einer andersgearteten Wirklichkeit entgegengestellt. Im *Witiko* (1865), einem breit geschriebenen geschichtlichen Epos in ungebundener Rede, wendet sich der Erziehungsgedanke dem Volksganzen, der „Darstellung der objektiven Menschheit als Widerschein des göttlichen Waltens" zu. In der Zeit der „Staatswerdung" Böhmens und der Herzöge von Babenberg im 12. Jahrhundert entfaltet sich das Wachstum der mittelalterlichen Kultur am schweren Kolonistenwerk. Es ging Stifter auch hier um das Typische, Gesetzhafte, um das innere Werden eines vorbildlichen Menschen und mit ihm eines Recht, Natur und Ordnung verwirklichenden Volkes in langsamer Entfaltung. Großartig, wie immer bei ihm, ist die Schilderung der wilden, unbetretenen Natur und der vom Menschen durchlebten und gestalteten Landschaft. Der „Witiko" ist Stifters große politische Antwort gegen die Entwicklung der Zeit; so wie er ihm im „Nachsommer" das utopische Erziehungsbild zur Humanität entgegengehalten hatte. Das Bemühen, die Geschichte in einen epischen Mythos von der Wirklichkeit des Wahren und Gerechten im Irdischen zu verwandeln, hat zu einer Stilisierung der Form geführt, die trotz oft großer Schönheit etwas Gewaltsames und Mühsames erhält. Die drei Fassungen der *Mappe meines Urgroßvaters* lassen Stifters Selbsterziehung zur Klassizität eines zum reinen Sein hin objektivierten Sprechens verfolgen. Seine letzten Erzählungen (*Der fromme Spruch, Der Kuß von Sentze*, 1866) streifen an die Grenze erstarrender, fast sich selbst parodierender Formelhaftigkeit des Stils. Die Arbeit an der letzten Fassung der „Mappe" unterbrach der Tod.

Ein zweiter österreichischer Erzähler blieb lange unbemerkt: C h a r l e s   S e a l s f i e l d (Karl Postl, 1793–1864). Rebell und

Republikaner, entfloh er 1823 dem Prager Kreuzherrnstift zu
einem erlebnisvollen Vagabundenleben in Amerika, von wo aus
er mit *Austria as it is* (1828) die politische Diktatur Metternichs
heftig anprangerte. Seit 1832 lebte er in der Schweiz. Mit dem
Willen zu Realismus, zu politisch demokratischer Erziehung
und in genau und farbig gesehenen Landschaftsschilderungen
zeichnete er das Bild des sich ausprägenden Amerika. Er schilderte die Kämpfe der Indianer, der Südstaaten, die heroische
Geschichte der Siedler und Staatengründer in der Neuen Welt.
In dem von Leben strotzenden *Kajütenbuch* (1841) gab er ein
aus der Fülle der Erfahrungen gesättigtes Bild, wie sich aus
der Mischung der Rassen, den Bedingungen des Landes, dem
Freiheitswillen selbstbewußt-trotziger Pioniere, den Lebensformen der Händler, Farmer, Waldläufer ein Ideal des freien Staates entwickelt. Darin lag auch ein neuer Romantypus, den Sealsfield den „Volksroman" nannte, in dem „die Sitten, der Charakter eines Volkes vorzugsweise den Stoff der Bearbeitung bilden".
F r i e d r i c h G e r s t ä c k e r (1816–1872) durchwanderte als Matrose, Heizer, Holzknecht, Farmer, Silberschmied, schließlich als
Begleiter des Herzogs von Coburg fast die ganze Welt. Reiseberichte und abenteuerliche Erzählungen und Romane, wie die
äußerst spannenden, noch als Jugendlektüre beliebten *Flußpiraten
des Mississippi* (1848), waren das literarische Ergebnis dieser
neuen Offenheit für die Weite der Welt.
Neue Verkehrsmittel erschlossen bisher unbekannte Fernen. Seit
Heine war das Reisebuch literarische Mode geworden. Halb
blasierter Globetrotter, halb spürsamer Journalist, wanderte
der extravagante, auf Abenteuer der Sinne und des Geistes be-
gierige F ü r s t H e r m a n n z u P ü c k l e r - M u s k a u (1785 bis
1871) kreuz und quer durch Europa und in den Orient. Er war
Aristokrat und Demokrat zugleich – „der Tiers-é t bekommt
überall das Übergewicht, wie billig, denn es ist sein Zeitalter.
Das unsere ist vorüber." Die eleganten, kapriziösen Reisebücher
des fürstlichen Schriftstellers fanden ein begeistertes Publikum.
(*Briefe eines Verstorbenen*, 1830; *Semilassos vorletzter Weltgang
in Europa*, 1835; *Aus Mehmet Alis Reich*, 1844, u. a.). Der
fruchtbare Reiseschriftsteller F r i e d r i c h W i l h e l m H a c k -
l ä n d e r (1816–1877) versuchte mit *Europäisches Sklavenleben*
(1854) einen sozialen Roman, in dem ihm R o b e r t P r u t z
(1816–1872) mit seinem wesentlich ernsthafteren *Engelchen*
(1851) vorangegangen war. Die exaltierte Gräfin I d a H a h n -
H a h n (1805–1880) setzte sich in zahlreichen Romanen nach Art

der Französin George Sand für die freien Rechte der Frau und eine Reform der Ehe ein (*Aus der Gesellschaft*, 1838; *Gräfin Faustine*, 1841, u. a.), bis sie nach unruhigem Wanderleben als bekehrte Weltdame ein Mainzer Kloster gründete, wo sie ebenso zahlreiche, sentimentale Bekehrungsromane schrieb. Mit ihr wetteiferte F a n n y L e w a l d (1811–1889), die sich den gleichen Eheproblemen fortschrittlich zuwandte. An Jean Pauls Art erinnert das rührend innige *Buch der Kindheit* von B o g u m i l G o l t z (1801–1870), dessen prächtiger Humor in dem Reisebuch *Ein Kleinstädter in Ägypten* (1853) einen Ausdruck fand.

Die Geschichtswissenschaft des Jahrhunderts (Ranke, Droysen, Niebuhr, Raumer, Mommsen u. a.), die romantisches Schauen in realistische Forschung verwandelte, gab für Novelle und Roman große Anregungen. 1843 veröffentlichte der Pfarrer W i l h e l m M e i n h o l d (1797–1851) seine *Bernsteinhexe*, die er im Stil der Chronik des 17. Jahrhunderts verfaßt hatte. Ihm gelang die erstrebte Fiktion, hier einen alten Bericht über einen historischen Hexenprozeß aufgefunden zu haben. Darin lag, entgegen dem Subjektivismus der jungdeutschen Erzählsprache, eine neue Stilrichtung. Ihr Ziel war das objektive, sachliche Erzählen, das sich in den Geist ferner Zeiten versetzt und ihre eigene Atmosphäre, Stimmung und Sprache zu neuer Lebendigkeit bringt. Der Schotte Walter Scott war mit zahlreichen, rasch übersetzten Büchern der große Lehrmeister des europäischen Geschichtsromans geworden.

In Deutschland trat W i l l i b a l d A l e x i s (Willibald Häring, 1798–1871) seine schwächere Nachfolge an. Er ahmte zunächst täuschend die Art Walter Scotts nach (*Walladmor*, 1823). Denn vorwiegend an den englischen, nicht an den französischen Roman knüpfte die deutsche Romanentwicklung des 19. Jahrhunderts an. Alexis entdeckte die Poesie der märkischen Geschichte; die vaterländische Begeisterung verband sich mit bürgerlichem Liberalismus. Er begann mit der Zeit des Preußenkönigs Friedrich in *Cabanis* (1832), schilderte nach der Revolution 1848 in *Ruhe ist die erste Bürgerpflicht* (1852) den Niederbruch Preußens nach 1806, in *Isegrimm* (1854) die Franzosenzeit in der Mark. Er erzählte leicht, mit viel Gefühl für die melancholische Schönheit der märkischen Landschaft und mit fröhlichem Humor, der in *Die Hosen des Herrn von Bredow* (1846) ein bis heute ergötzliches Spiel treibt. An die Stelle romantischer Geschichtspoesie tritt ein noch immer stimmungsvolles, aber klar gesehenes psychologisches und soziales Geschichtsbild.

Mit jungdeutschen Tendenzen vermischte B e r t h o l d A u e r -
b a c h (1812–1882) die Dorfgeschichte. Er sollte Rabbiner werden, wechselte zur Literatur über und gewann nach einem
Roman über *Spinoza* (1837) mit den *Schwarzwälder Dorfge-
schichten* (1843/53) einen populären Erfolg. Da er sprachlich
und thematisch zu sehr an die bestimmte Zeitlage gebunden
blieb, mußte er, trotz einer so eindringlichen Erzählung wie
Diethelm von Buchenberg, der Geschichte eines bäuerlichen
Brandstifters, im Gedächtnis der Nachwelt hinter Jeremias Gotthelf zurücktreten.

Seit jeher hatten aus der Schweizer Dichtung eine sachliche,
breite Wirklichkeitsnähe, ein gesunder, urwüchsiger Geist, eine
klare Vernunft und herzliche Volkstümlichkeit gesprochen. Von
dem großen Pädagogen Pestalozzi bis zu dem Pfarrer J e r e -
m i a s G o t t h e l f (Albert Bitzius, 1797–1854) führt eine innere
Verbindung. Mit bäuerlichem, erdfestem Stammeserbe verknüpfte sich bei Gotthelf eine eifernde christliche Gesinnung und
ein sprachmächtiges, mythenschaffendes Erzählertum. Er wurde,
wie Stifter, spät in seiner Bedeutung entdeckt; seine mundartliche Sprache hemmte seine Verbreitung, gibt aber seinem Erzählen das Ursprüngliche, die dichte Atmosphäre, die sprachliche
Fülle und Wärme. Im Zorn wie im Humor, in der Satire wie in
der christlich-humanen Seelsorge, im Vitalen wie Seelischen gehört er zu dem Volke, von dem er spricht; zugleich ist er sein
überlegener Psychologe und Kritiker, der es bis in die Falten
des Herzens durchschaut. Gotthelf ist einer der größten sozialen
Schriftsteller in deutscher Sprache; und sein Werk wurzelt noch
in einem unverstörten, auf Praxis drängenden Christentum lutherischer Prägung. Als ein Volkserzieher, der zwischen Bauern
lebte, sie genau kannte und der mit ihren Sorgen und Freuden
eins war, griff er zur Feder. Er war ein mit allen Registern großer Rhetorik ausgerüsteter Prediger in seinem Erzählen; zugleich
brach mit gewaltiger Phantasie, Sprachkraft und Lebenserfahrung
darin eine epische Genialität durch. „Mein Schreiben ist ein
Bahnbrechen, ein wildes Umsichschlagen nach allen Seiten hin
gewesen." Er wählte seinen Dichternamen nach dem Helden seines ersten Buches *Der Bauernspiegel* (1836). Es folgte eine lange
Reihe von Romanen, die meist im engsten Lebenskreise seiner
Emmenthaler Bauern bleiben. (*Uli der Knecht*, 1841; *Geld und
Geist*, 1843; *Anne Bäbi Jowäger*, 1843/44; *Die Käserei in der
Vehfreude*, 1850.) Alles ist voll strotzenden Lebens, voll eigen-
wüchsiger Kraft. Herb und derb, überquellend von Anschau-

ung und Lebenserkenntnis, vergißt Gotthelf nicht das kleinste
Detail, und dennoch erhebt er sich zum Ewig-Menschlichen in
Humor und Tragik. Der christliche Moralist eiferte gegen den
liberalen Zeitgeist, gegen Gottlosigkeit und Unfrömmigkeit,
gegen die Verstädterung des Lebens; er verteidigte ein naturhaft
einfaches, vor dem Glauben gerechtes Leben. Er war der Dichter
des arbeitsamen bäuerlichen Alltags und wußte zugleich, „daß
durch das Sichtbare ein geheimes Unsichtbare sich ziehe, ein
wunderbares Band die Menschen unter sich verknüpfe, auf un-
erklärliche Weise mit der Natur nicht nur sie in Verbindung
bringe, sondern auch mit einer höheren Welt, daß zwischen den
Gestaltungen der Materie und den Äußerungen aller Kräfte
gegenseitige Einflüsse und Wirkungen stattfinden, von denen die
Sinne nichts wahrnehmen". Aus solchem Wissen um das Dämo-
nisch-Urtümliche entstand seine das Bäuerliche zum Mythischen
weitende Erzählung *Die schwarze Spinne* (1842) und die Reihe
seiner Geschichtserzählungen. Von Gotthelf führt ein Weg zu
dem großen Schweizer Mythendeuter Johann Jakob Bachofen
(1815–1887). „Hätte ich alle zwei Tage einen Ritt tun können,
so hätte ich nie geschrieben. Begreife nun, daß in mir ein wildes
Leben wogte, von dem niemand eine Ahnung hatte. Dieses Leben mußte sich entweder aufzehren oder losbrechen auf irgend-
eine Weise. Es tat es in der Schrift. Und daß es nun ein förm-
liches Losbrechen einer lange verhaltenen Kraft, ich möchte
sagen, der Ausbruch eines Bergsees ist, das begreift man natürlich
nicht." Trotz seiner oft schroffen Einseitigkeit, seines Kanzel-
rednertums, seiner Intoleranz der Zeit gegenüber wurde er der
Nationaldichter der bäuerlichen Schweiz. „Nichts Geringeres
haben wir in Gotthelfs Werken als einen reichen und tiefen
Schacht nationalen, volksmäßigen, poetischen Ur- und Grund-
stoffs" (Keller). Ein gewaltiges Erzähltemperament führte zu
einer seither nicht wieder erreichten dichterischen Höhe des
Bauernromans. Sein christlich-politischer Konservativismus hielt
ihn in der Lebensstimmung der Generation vor 1848 fest, während Gottfried Keller in Gesinnung und Werk den seit etwa
1848 einsetzenden Hochrealismus repräsentiert: geradezu die
Klassik des poetischen Realismus.
Gottfried Keller (1819–1890) unterschied sich von ihm
durch seine geistige Weite, sein Bewußtsein der Form, eine helle
Diesseitigkeit, heitere Laune, Grazie der Phantasie und seine
stadtbürgerliche Herkunft. Er wurde der Erzähler des Schweizer
Bürgertums, zeitzugewandt, gemäßigt und rechtschaffen in sei-

nem Gefühl für das gerundet Menschliche. Seine Züricher Jugendjahre waren von äußerer und innerer Lebensnot beschattet; 1840 ging er nach München; als Maler erlitt er dort kläglich Schiffbruch. Wie Stifter fühlte er sich anfänglich zum Landschaftsmaler berufen. 1842 kehrte er arm und beruflos nach Zürich zurück. 1846 erschienen die ersten *Gedichte*. Sie entstanden aus den Kampfparolen des demokratischen Liberalismus, beeinflußt von den deutschen politischen Emigranten in der Schweiz. Zugleich fand in ihnen ein ungestümes Fühlen, das in der zu Bild und Seele verwandelten Natur Ruhe, Festigkeit und kosmisch-göttliche Weite suchte, seine eigene Sprache. Diese Lyrik ist Erlebnis- und Bekenntnisdichtung, wie es der Tradition seit Goethe, dem Volkslied und der Romantik entsprach, die erst bei Theodor Storm zu Ende läuft. Keller fügte aus Eigenem das sinnlich Bildhafte, gegenständlich Naturhafte, das Erzählerische und auch leicht Pädagogische hinzu. Der seelische Raum ist gegenüber Goethe enger geworden, das Menschliche vertrauter und bewußter. Keller blickte, wie alle Deutschschweizer in jener Zeit, nach Deutschland. Von 1848 bis 1850 konnte er, dank eines Staatsstipendiums, in Heidelberg, danach bis 1855 in Berlin studieren. Er nannte die Stadt in ingrimmiger Dankbarkeit seine „Korrektionsanstalt". Seines Weges ungewiß, hatte er Jean Paul gelesen, politische Lieder gegen die Reaktion gedichtet, mit den verbannten deutschen Demokraten in Zürich verkehrt, sich von den Revolutionsstürmen begeistern lassen. In Heidelberg wurde der Philosoph der optimistischen, aktiven Diesseitsgläubigkeit, Feuerbach (vgl. S. 356), sein entscheidendes Erlebnis; er nahm ihm den Kindheitsglauben, aber er öffnete ihm die Augen für die Schönheit der irdischen Welt und gab ihm, mit dem Verzicht auf die Unsterblichkeit, eine tiefe Erdenfreude. Es war eine endgültige Wendung vom Subjektiv-Romantischen zur sinnenhaft ganzen Wirklichkeit. „Die Welt ist mir unendlich schöner und tiefer geworden, das Leben ist wertvoller und intensiver, der Tod ernster, bedenklicher und fordert mich nun erst mit aller Macht auf, meine Aufgabe zu erfüllen und mein Bewußtsein zu reinigen und zu befriedigen, da ich keine Aussicht habe, das Versäumte in irgendeinem Winkel der Welt nachzuholen." Keller fand den Weg zu Goethe, dem er in bildhafter Phantasie und humaner Sittlichkeit verwandt war. „Alles Edle und Große ist einfacher Art"; das könnte Goethe gesagt haben. In Berlin entdeckte Keller, nicht ohne Einfluß Gotthelfs, seine epische Begabung. In eigenwilliger Einsamkeit schrieb er hier, nachdem er lange vergeblich sich um das Drama bemüht hatte, den „Grünen Heinrich", den 1. Band der „Leute von Seldwyla". 1861 wurde er zum Staatsschreiber des Kantons Zürich ernannt; hinter dem Amt mußte das Dichtertum zurücktreten. Erst der Beamte im Ruhestand begann mit neuer, zur Altersweisheit gemilderter Kraft; neben die zweite Fassung des „Grünen Heinrich" traten im Alter, sehr langsam gereifte Pläne, die „Sieben Legenden", „Züricher Novellen", das „Sinngedicht", der kritische Roman „Martin Salander" und die feilende, objektivierende Arbeit an der Gesamtausgabe der „Gedichte" (1883).

Hinter knurriger, oft schwermütiger Versponnenheit barg Keller ein weiches, gütiges, enttäuschtes Herz. Der Junggeselle wurde der begnadete Gestalter der Frauen. Der *Grüne Heinrich* (1854/ 55) war das Buch seiner Jugend. Sein geistiger Spielraum ist enger als Stifters „Nachsommer"; der Roman ist persönlicher, bekenntnishafter, reicher an dinglicher Sinnlichkeit, in der Fülle der individuellen Lebensbezüge, in Gestalten und Problemen; er ist lockerer in der Komposition, unausgeglichener in der sprachlichen Durchformung. Es war ein Bildungsroman, wie er seit Goethes „Meister" oft genug entworfen wurde; es war zugleich ein Künstlerroman – bereits Balzac hatte in *Recherche de l'Absolu* vom tragischen Scheitern eines jungen Künstlers erzählt. Keller kannte Jean Paul, den Hyperion, Heinrich von Ofterdingen, Maler Nolten. Er schrieb mit dichterischer Verkleidung seine Autobiographie – Wahrheit und Dichtung flossen ineinander. Ein einsamer, nach innen gewandter junger Mensch wächst in einer von Gestalten und Dingen vielfältig belebten Bürgerwelt einem ungewissen Ziel entgegen. Es sollte zunächst ein Roman eines weltfernen, romantischen Subjektivismus werden, aber Keller schrieb ihn als eine Abrechnung gegen sich selbst. Einzigartig sind die Bildkraft, die Plastik der Charaktere und Vorgänge, die Durchsichtigkeit und Tiefe seines Erzählstils. Keller war Beobachter und Traumdeuter. Er blieb im Realismus dem freien Fabulieren, dem Märchenhaften offen. Phantasie und Erfahrung kommen zu glücklichem Gleichgewicht. Der Roman endete tragisch: der grüne Heinrich stirbt, in die Heimat zurückgekehrt, in selbstquälerischer Reue über die Vernachlässigung seiner Mutter, die ihm alles geopfert hatte. Der ältere Dichter lehnte diese erste Fassung heftig ab. „Die Hand möge verdorren, welche sie die alte Fassung wieder zum Abdruck bringt." 1879 ging er neu an das Werk. Die erste Fassung begann in der dritten Person; jetzt wurde es eine Ich-Erzählung. Die Kindheits-

geschichte trat an den Anfang, die schöne Judith kehrte aus
Amerika zurück, und Heinrich bleibt einem bescheidenen resignierten Leben der Pflicht erhalten. Die Form des Romans
wurde fester, klarer, sachlicher. Subjektives Wesen entwickelt
sich aus Anlage, Fähigkeit und Umwelt; es bedarf der Erziehung
durch die bindende Tradition, die verpflichtende Gemeinschaft,
durch die strenge Ordnung, um für einen sinnvollen Dienst am
Gemeinschaftsleben fähig zu werden. Das Mütterlich-Frauenhafte
bedeutet Liebe, Sorge, Opfer; zu erziehen vermag allein der
Vatergeist der Arbeit, der Stadt und des Staates. In diesem
Resultat war der „Grüne Heinrich" beispielhaft für den Kultur-
wandel der Zeit und das Wirklichkeitsbewußtsein eines kraftvollen Bürgertums.
Aus der Mischung von Humor, Heimatliebe, Hingabe und ironischer Distanz entstanden die *Leute von Seldwyla* (1856, 1874)
mit ihren zehn heiter-ernsten Novellen aus dem Leben der
närrisch-leichtsinnigen Kleinstadt. Märchen, Heimaterzählung
und satirischer Schwank gehen ineinander über, Phantasie und
Wirklichkeit fließen zusammen. Mit ironischer Überlegenheit
und liebevollem Verstehen wird das Bild eines deutschen kräh-
winkeligen Philistertums entrollt. Wieland, Jean Paul und Gotthelf waren vorangegangen, aber Keller besaß etwas von der
Güte, Geduld und Gelassenheit des reifen Goethe. In *Romeo
und Julia auf dem Dorfe* – er schrieb die Novelle heimwehkrank
in Berlin – entstand eine der schönsten deutschen Erzählungen:
die tragische Geschichte zweier Liebenden, die das Recht zu
ihrer Liebe in einer feindlichen Umwelt mit dem Tode bezahlen.
Einzigartig ist hier Kellers Tiefenschau in Geheimnisse und Abgründe der menschlichen Seele bis ins Unbewußte hinein. Die
Schuld der Väter, das Moraldenken ihrer Umwelt treibt sie in den
Tod; zugleich bewahren sie ihre Freiheit zur eigenen sittlichen
Entscheidung, zum Naturrecht ihrer Liebe. Gedanken Feuerbachs
haben sich zu großer symbolischer Dichtung entfaltet, die aus
der Innigkeit des wahren Lebens aufwächst und im irdisch Bedingten auf das Unbedingte eines in sich ganzen Menschentums
hinweist. Die Vermischung von Wirklichkeit und Symbolik, von
Anschauung und Geistigkeit hat die Klassizität erreicht, die realistischer Dichtung möglich wurde. Sinnlichkeit, Knappheit und
Fülle vereint der im Bildlichen symbolische Stil.
Keller umfaßte den Kreis des Menschlichen in Humor und Tragik, Ernst und Heiterkeit, Traum und Wirklichkeit. Wie ein
romantisches Zauberspiel erscheint die Erzählung *Spiegel, das*

Kätzchen; in den *Züricher Novellen* (1877) wuchs die Liebe zur heimatlichen Geschichte mit bürgerlicher Lebenspädagogik und poetischer Fabulierfreude zusammen. Keller grübelte nicht über Gesetze der Novellenform, sondern ließ seine bildhafte Phantasie sorglos und dennoch sicher schweifen. Mittelalterlichen Legenden gab er im parodierenden Spiel der liebevoll-zarten und ironischen Erzähllaune in den *Sieben Legenden* (1872) eine andere Wahrheit. Christentum und Antike vereinten sich hier mit Anmut und heiterer Toleranz. Eine im Rahmen zusammengefaßte Novellensammlung ist das *Sinngedicht* (1881); der Rahmen wird selbst zur Novelle. Ein junger Naturforscher entflieht dem dunklen Laboratorium, um Logaus Sinngedicht (vgl. S. 166) in munteren Abenteuern zu erproben, bis „das schöne und liebliche Problem" anmutig sich auflöst. Das Irdische wird dichterisch verklärt und bleibt an das Menschlich-Wirkliche gebunden, dessen schmerzliche Wirrnisse hindurchklingen. Jede dieser Erzählungen wandelt das gleiche Thema der Begegnung von Mann und Weib mit tiefem Wissen um die Geheimnisse liebender Seelen ab. Keller war ein „Frauenlob" *(Der Landvogt von Greifensee).* Verse von Goethe segnen im „Sinngedicht" das gelungene Experiment. „Da ein paar Kanarienvögel mit ihrem schmetternden Gesange immer lauter drein lärmten, war eine Art von Tumult in der Stube, von welchem hingerissen Lucie und Reinhart sich küßten. Lucie hatte die Augen voll Wasser, und doch lachte sie, indem sie purpurrot wurde von einem lange entbehrten und verschmähten Gefühle, und Reinhart sah deutlich, wie die schöne Glut sich in dem weißen Gesichte verbreitete."

Kellers letzter Roman *Martin Salander* (1886) wurde, als Buch der Sorge um die innere Auflösung der bürgerlichen Sittlichkeit, schwerfälliger. Der Gegensatz zwischen der gesellschaftlichen Realität und Kellers poetischer Humanität und Humor hemmte die künstlerische Gestaltung – trotz der Vielzahl der Einfälle und Episoden, die die Souveränität seines Erzählvermögens bestätigen. Aber das Fabulieren stieß auf Grenzen, die die Bedrückung des Gesellschaftskritikers und -pädagogen zog. Keller war unzufrieden. „So geht es, wenn man tendenziös und lehrhaft sein will", gestand er resigniert. F. Th. Vischers pessimistische Prophezeiung, „Keller wird nie sehr populär werden, einfach weil er wirklich ein Dichter ist", ging nicht in Erfüllung. Nach dem Verebben des konsequenten Naturalismus wurde Keller der verehrte Ahnherr der neueren Erzähldichtung (R. Huch, H. Hesse, W. Schäfer, E. Strauß). Er hatte gezeigt, wie sich die klare, bild-

hafte Sicht der Wirklichkeit mit einer unerschöpflichen Phantasie,
Fabulierfreude und Innerlichkeit des Herzens verbinden läßt,
wie das Tiefe im Einfachen zu liegen vermag und wie eine
innere Heiterkeit aus der Freiheit des Geistes, künstlerischer Souveränität erwächst. Für ihn gilt Goethes Wort: „Die wahre
Poesie kündet sich dadurch an, daß sie als weltliches Evangelium
durch innere Heiterkeit, durch äußeres Behagen uns von den
irdischen Lasten zu befreien weiß, wie ein Luftballon hebt sie
uns mit dem Ballast, der uns anhängt, in höhere Regionen."
Gänzlich in der bürgerlichen Welt der fleißigen, erfolgreichen
Arbeit wurzeln die Romane von G u s t a v F r e y t a g (1816 bis
1895). Weil Freytag das eigentlich Dichterische fehlte, gewann
er als leicht faßlicher Schriftsteller die Gunst der Zeitgenossen.
„Immer hatte mich das Leben des Volkes, welches unter seiner
politischen Geschichte in dunkler, unabläßlicher Strömung dahin-
flutet, besonders angezogen, die Zustände, Leiden und Freuden
der Millionen kleiner Leute." Darin lag der Zug zum sozialen
Thema und zur Kulturgeschichte der Nation. Freytag war Journalist, Gelehrter und bürgerlicher Liberaler, der seine Erhebung
in den Adel ablehnte. Für seinen Kaufmannsroman *Soll und
Haben* (1855), der den allzu tugendhaften Anton Wohlfahrt
durch alle Gesellschaftsschichten hindurch zu Besitz und Ansehen
führt, lernte er von Scott und Dickens. Schwächer war sein Ge-
lehrtenroman *Die verlorene Handschrift* (1864). In den vielbändigen *Ahnen* (1872/80) verfolgte er an der Generationsreihe
einer Familie den Werdegang des deutschen Volkes vom 4. Jahrhundert bis ca. 1848; was er hier in der Form des historischen
Romans gelehrt aufstapelte, sammelte er in den *Bildern aus
der deutschen Vergangenheit* (1859/67) zu einem kulturgeschichtlichen Lesebuch. Seine Dramen sind vergessen; nur das
Lustspiel *Die Journalisten* (aufgeführt 1852) bewahrte einen
leidlich frischen Humor. Für Freytags *Technik des Dramas*
(1863) gilt Geibels Wort: „Wissen ist gut, doch Können ist
besser."
Geschichte, Heimatkunde und Volkskunde verband W i l h e l m
R i e h l (1823–1897) mit flüssiger, anschaulicher Erzählgabe und
bürgerlich-idyllischer Redlichkeit in seinen *Kulturgeschichtlichen
Novellen* (1856). Seine große Leistung war die Begründung der
modernen Volkskunde als Wissenschaft (*Naturgeschichte des
deutschen Volkes*, 1851/55). Ähnlich schrieb M e l c h i o r M e y r
(1810–1871), ein Bauernsohn aus dem schwäbischen Riesgau,
seine anziehenden, nur allzu philosophisch überhauchten *Erzäh-*

lungen aus dem Ries (1856–1870). Aus dem galizischen Osten kam Karl Emil Franzos (1848–1904), der mit scharfem Blick und sicherer künstlerischer Form vom Leben der Juden im östlichen Europa berichtete (*Ein Kampf ums Recht*, 1881; die Erzählungen *Die Juden von Barnow, Vom Don zur Donau*). Das Bauernleben der Tiroler Hochgebirge führte in zahlreichen, skizzenhaft plaudernden Wanderbüchern und Versnovellen der Innsbrucker Geologieprofessor Adolf Pichler (1819–1900) in die Literatur ein. Nur langsam löste sich sein realistischer Sinn vom Erbe der klassisch-romantischen Formensprache in Blankvers und Verserzählung Theodor Mügge (1806–1861) verband den kulturhistorischen Tendenzroman mit dem exotischen Kulturbild in der Art von Sealsfield (*Vogt von Sylt*, 1851; *Erik Randal*, 1856). Der liberale, zeitkritische Gesellschaftsroman, an dem sich seit Gutzkow die Gräfin Hahn-Hahn, Fanny Lewald, Auerbach, Schücking, Freytag u. a. beteiligt hatten, wurde mit aktuellen Tendenzen und demokratischer Gesinnung, aber mit geringem künstlerischem Vermögen von Friedrich Spielhagen (1829–1911) zur breitesten Wirkung geführt. Romanhafte Verwicklungen, typisierte Charaktere, soziale Zeitkritik und politische Polemik verbanden sich in seinen zahlreichen, mit Pathos und porträthafter Wirklichkeitsnähe geschriebenen Romanen (*Problematische Naturen* 1860; *In Reih und Glied*, 1866; *Hammer und Amboß*, 1869; *Sturmflut*, 1876 u. a.). Ihre historische Bedeutung liegt darin, wie sie soziologisch und psychologisch die Geschichte des Bürgertums von der gescheiterten Revolution 1848 bis in die Krisen nach der Reichsgründung 1871 verfolgen und, mit allerdings nicht hinreichenden Mitteln, den kritischen Gesellschaftsroman zu schaffen suchen, der in Frankreich und England zu großer Form und europäischer Wirkung gelangt ist. Spielhagens theoretische Erörterungen der Kunstgesetze des Romans (*Theorie und Technik des Romans*, 1883; *Theorie und Technik der Epik und Dramatik*, 1898) waren symptomatische Versuche einer Ästhetik des realistischen Romans. In der irrigen Lehre von der Objektivität des Erzählens, die den Roman dem Drama ebenbürtig zu machen suchte, band er sich an eine technische Dogmatik, der sich selbst sein eigenes Schaffen nicht gefügt hat. Den Typus des „Professorenromans" vertrat der Rechtshistoriker Felix Dahn (1834–1912), der seine geschichtlichen Kenntnisse und Forschungen in Romanen verarbeitete (*Kampf um Rom*, 1876; *Odhins Trost*, 1880). Größter Beliebtheit beim breiten Lesepublikum erfreuten sich lange die „ägyptischen" Romane

des Ägyptologen G e o r g M o r i t z E b e r s (1837–1898). Sie
waren voll von Spannung, Konflikten und Gelehrsamkeit und
kamen geschickt dem historischen Interesse der Zeit entgegen,
das gutgläubig den Schein für Wahrheit nahm.

Jeremias Gotthelf hatte in seinen Romanen zur Mundart ge-
griffen, weil er ein ihm nahes Publikum, das er darstellte und
für das er schrieb, unmittelbar in seiner Sprache wiedergeben und
ansprechen wollte. Der Mecklenburger F r i t z R e u t e r (1810
bis 1874) führte seine Mundart in die Literatursprache ein. Sie
wurde das Medium, die Wirklichkeit, von der er erzählte, bis in
ihre Tönungen hinein zu treffen – eine Wirklichkeit, die, bei
aller Gesellschaftsironie und -satire (z. B. die bittere Verserzählung *Kein Hüsung*, 1858), durch fabulierenden Humor erhellt
und versöhnt wird. Reuter brauchte Zeit, böse Lebenserfahrungen in ihm aufzulösen. Er wurde 1833 als Jenaer Burschenschaftler verhaftet und 1836 in Preußen wegen angeblicher demokratischer Konspiration zum Tode verurteilt; nach sieben Kerker-
jahren ließ man ihn frei. Schwere Jahre kümmerlicher Gelegen-
heitsarbeit folgten, bis seine ersten plattdeutschen Gedichte
Läuschen un Rimels (1853) und die meist autobiographisch getreuen Romane *Ut de Franzosentid* (1859), *Ut mine Festungstid*
(1863) und *Ut mine Stromtid* (1862/64) dem nun begeistert
gelesenen niederdeutschen Erzähler Ehren, Orden und ein Vermögen einbrachten. Reuter bewies, daß es eine ursprünglich-
kraftvolle Volkssprache, eine „Philosophie" und einen Humor
des Volkes gab; er rebellierte gegen den heimischen Feudaladel
und schrieb wie im mündlichen Erzählton, mit sorglosem Subjektivismus der Gestaltung. Alles wurde seinem scharfen Auge
zur runden, vollen Figur; sein Humor versöhnte ihn mit seinem
Lebensleid und gab auch seinem Weltbild eine versöhnliche Zuversicht, nach der die Leichtsinnigen gebessert, die Guten belohnt, die Herzlosen ausgelacht werden. Eine gütige Menschlichkeit, schlicht und treffend, spricht aus Ernst und Heiterkeit von
Reuters ironisch-idyllischen Erzählungen.

Die Mundart erschloß eine unverbrauchte, literarisch noch nicht
verblaßte Sprachwelt; sie bedeutete Realismus der Landschaft,
Volksnatur, Stimmung und Dinglichkeit aus der Unmittelbarkeit
der sprachlichen Substanz. Der Stil des Realismus schloß die
literarische Entdeckung des Mundartlichen ein, die im Stammestümlichen, Volkstümlichen, Unverbildeten, Naturhaften neue
Werte erfahren ließ. Nicht zuletzt das Mundartliche scheidet die
Volksdichter wie Gotthelf, Reuter, Groth, Anzengruber von der

dörflichen Bildungsliteratur B. Auerbachs und seiner zahlreichen Imitatoren.

Lange hatte das niederdeutsche Schrifttum geschwiegen; jetzt trat es in Lyrik und Prosa originär, produktiv in das literarische Bewußtsein ein. Damit öffnete sich eine bisher verschlossene Lebenswelt. Zu dem mecklenburgischen Landwirt trat der mecklenburgische Seefahrer. J o h n B r i n c k m a n n (1814–1870) aus Rostock veröffentlichte sein gemütliches Seemannsgarn abspinnendes Buch *Kaspar Ohm un ick* (1855) im reinen Plattdeutsch, während Reuter sich noch dem Hochdeutschen angenähert hatte. Köstlich ist das hier breit entwickelte Bild der Abenteuer des alten Seefahrers aus dem 18. Jahrhundert.

Spröder, schweigsamer, verträumter und empfindsamer war der Holsteiner K l a u s G r o t h (1819–1899). Mit eisernem Fleiß arbeitete sich der Sohn eines bäuerlichen Müllers in dem Landstädtchen Heide, in dessen Nähe Hebbels Heimatdorf lag, in die Höhe; er wurde Lehrer, zuletzt Professor in Kiel. Seine plattdeutsche Gedichtsammlung *Quickborn* (1852) in dithmarscher Mundart war ein Ereignis, zog mit ihr doch die Sprache, der die landläufige Ästhetik bisher nur die niederen literarischen Bereiche der Posse zudiktiert hatte, in die Kunstlyrik ein. Was die mundartlichen Idyllen von J. H. Voß und J. P. Hebel eingeleitet hatten, wurde nun zum Siege geführt: die Volkssprache wurde zum Ausdrucksmittel einer künstlerischen, persönlichen Erlebnis- und Erzähllyrik. Das Schlichte, Herzliche, Gemüthafte, Kindliche und Trauliche wurde Groths dichterische Sphäre. (Die Reihe *Vœr de Gœrn, Min Modersprak, Min Jehann, Lütt Matten de Has.*) Ihm fehlten die Bildfülle und die anschauliche, aus dem Augenblick plaudernde Erzählgabe Reuters; sein Gebiet war die idyllische, sangbare Lyrik, deren Musikalität durch den Vokalreichtum der niederdeutschen Sprache unterstützt wird.

> Ick wull, wi weern noch kleen, Jehann,
> Do weer de Welt so grot!
> Wi seten op den Steen, Jehann,
> Weest noch? bi Nawers Sot.
> An Heben seil de stille Maan,
> Wi segen, wa he leep,
> Un snacken, wa de Himmel hoch
> Un wa de Sot wul deep.

In weiser Beschränkung versuchte Groth es nicht, den Erfolg des „Quickborn" zu überbieten. Er fand bis heute keine ebenbürtige Nachfolge. Seine Verserzählung *De Heisterkroog* er-

reichte nicht die naturhafte Innigkeit seiner Lyrik. Von seiner
Jugend erzählt *Ut min Jungsparadis.*

Leichter, oft übermütig klingen die oberbayerischen mundartlichen Lieder von F r a n z v o n K o b e l l (1803–1882) und K a r l
S t i e l e r (1842–1885), die Gedichte des Wieners F r a n z C a -
s t e l l i (1781–1862) und die *Lieder in obderennsscher Mundart*
(1837) von F r a n z S t e l z h a m e r (1802–1874).

> Dahoam is dahoam,
> Wannst nöt furt muaßt, so bleib;
> Denn d'Hoamat is ehnta
> Da zweite Muadaleib.

Neben dieser Lyrik, in der die Landschaft selbst Stimme zu ge-
winnen scheint, wird die Problematik einer Bildungslyrik deut-
lich, die sich in zeitfernem Schönheitskult der Pflege ererbter
Kunstideale widmete. Sie entstand, wie schon bei Platen, aus der
Abwehr der aktuellen Tendenzdichtung, die den Lyriker zum
Agitator und Journalisten zu machen schien.

Hier ging es um die Bewahrung der klassischen Tradition, um
die Vorstellung vom Eigenwert der schönen Kunstformen, um
die Überzeugung vom Erhaben-Feierlichen, von Adel und Würde
der Kunst. In ihr suchte man eine höhere Wirklichkeit in der
Objektivität der geläuterten Form wiederherzustellen, die über
das nur Materielle, nur Reale hinaushob. Der Ernst dieser Kunst-
gesinnung vermochte sich gleichwohl nicht den produktiven Er-
lebniszügen der Zeit, ihrem Realismus, Psychologismus und
Liberalismus zu entziehen. Zugleich zeigen sich Tendenzen zu
einem pathetischen Dekorationsstil, einer effektvollen Theatralik,
die in die Nähe der Historienmalerei, der Oper Wagners, nahe
zu Hamerling oder Böcklin und Feuerbach führt. Dichterisch
ungleich bedeutender sind die gleichzeitigen Bemühungen um
die autonome Form im beginnenden Symbolismus in Frankreich.
Doch darf nicht bei aller Kritik an dem Münchner Dichterkreise
vergessen werden, daß J. Burckhardt, C. F. Meyer zu ihm in Beziehungen standen; in welchem Umfange er mindestens für kurze
Zeit die künstlerische Kultur der Zeit zu repräsentieren schien.
Neben den Symposien am Hof des Königs, die Weimars Tradition fortzusetzen bestimmt waren, sammelte sich im „Krokodil",
wie früher in Berlin im „Tunnel über der Spree", eine Zahl von
Dichtern und Schriftstellern, deren Haupt Emanuel Geibel wurde,
der die lyrischen Formen in strenge Zucht nahm. (*Münchener
Dichterbuch*, 1862.)

Zweck? Das Kunstwerk hat nur einen:
Still im eignen Glanz zu ruhn;
Aber durch ihr bloß Erscheinen
Mag die Schönheit Wunder tun. (Geibel)

Darin lag das Verhängnis dieses epigonalen Klassizismus, daß
er zu einer von den lebendigen dichterischen Impulsen abge-
schnittenen Programmdichtung wurde, deren Formenvielfalt
und universale Weite trotz eines betonten ästhetisch-sittlichen
Anspruchs zum nur noch ästhetisch-virtuosen Spiel wurde. E m a -
n u e l G e i b e l (1815–1884), seit 1852 Mittelpunkt des Münchner Dichterkreises um König Maximilian, war zwar der Lieblingsdichter der Zeit, aber seine glatte, immer edel erhöhte und
harmonisch abgeklärte Lyrik (*Gedichte*, 1840, u. a.) ist mit ihrem
idealistisch-dekorativen Schwung längst verblichen – trotz einiger
Volksliedtöne *(Der Mai ist gekommen, Wer recht in Freuden
wandern will, Und dräut der Winter noch so sehr)*. Seine vaterländische Lyrik (*Heroldsrufe*, 1871) ist patriotische Rhetorik
(„Dreißig Jahre getreu rief ich nach Kaiser und Reich"); seine
Dramen (*Brunhild*, 1857; *Sophonisbe*, 1868) sind jambische Kunst-
stücke ohne innere Notwendigkeit. Nur das Lustspiel *Meister
Andrea* (1855) hat reizvolle Spielkomik bewahrt. Bedeutsam war
Geibels Übersetzertätigkeit (*Spanisches Liederbuch*, 1852, mit
Paul Heyse, *Französische Lyrik*, 1862, mit Leuthold, *Klassisches
Liederbuch*, 1875), wie denn der Münchner Dichterkreis die
Vorbilder seines fast priesterlichen Schönheitskultes aus allen
europäischen Literaturen sammelte: aus der Antike, der Klassik
Goethes, dem Orient, der französischen Lyrik, der italienischen
und spanischen Lieddichtung. Fast ausschließlich Norddeutsche
vereinigte der kunstfreudige bayerische König um sich. F r i e d -
r i c h B o d e n s t e d t (1819–1892) gewann kurzen Ruhm durch
die dem Orient abgelauschte Spruchweisheit der *Lieder des
Mirza Schaffy* (1851) – eine schwache Nachfolge von Goethes
„West-Östlichem Divan". G r a f A d o l f F r i e d r i c h v o n
S c h a c k (1815–1894) war ein guter Kenner europäischer und
orientalischer Kunstdichtung (*Gedichte*, 1867; *Lotosblätter*, 1882),
ein gewandter Übersetzer und bedeutender Kunstsammler. H e r -
m a n n L i n g g (1820–1905) ahmte viele Töne nach und scheiterte völlig mit seinem riesigen Epos *Die Völkerwanderung* in
achtzeiligen Reimstanzen. W i l h e l m H e r t z (1835–1902)
übersetzte Wolfram von Eschenbach und Gottfried von Straßburg, auch französische Troubadours, und gab in der Verserzählung *Bruder Rausch* ein anspruchsloses, humoristisch-idyllisches

Bild von Kloster- und Geisterromantik. Der Bedeutendste und
Unglücklichste in diesem Kreise war der Schweizer H e i n r i c h
L e u t h o l d (1827–1879), ein Schüler Jacob Burckhardts, der,
zwischen Ehrgeiz und Ohnmacht, Kunstidealismus und Lebens-
ekel, sich um so leidenschaftlicher an die Göttin Schönheit, den
Glanz und die Formen des Südens und der Antike klammerte.
Seine *Gedichte* (1879) zeigen, ähnlich der Lyrik Platens, eine
Kunst der Form (Sonett, Ghasel, Ode), viel Schwermut, Sehn-
sucht und ein selbstquälerisches Epigonenbewußtsein. Leutholds
Verserzählung *Penthesilea* und sein Epos *Hannibal* blieben dekorative Rhetorik.

Als ein Liebling des Glücks erschien der ungeheuer produktive
und erfolgreiche P a u l H e y s e (1830–1914). Lieder, Novellen,
Dramen drängen sich in einem ununterbrochenen Schaffenspro-
zeß; allzu leicht fiel ihm das poetische Handwerk, dem er sich,
beruflos, frei von äußeren Pflichten, widmen konnte. Mit dem
Münchner Dichterkreis teilte er die Verehrung des Südens, einer
klassischen Form und eines schönen Stils; ihm war ein harmo-
nisch-idealer Lebensoptimismus gemäß. Der Aristokrat des Geistes vermied Niederungen und Schmerzen des wirklichen Lebens.
Sein Thema war die Liebe; als ein psychologisches Problem
rätselvoller, gespaltener Seelen. Er schrieb über hundert technisch
gut geformte Novellen, die vielfach auf italienischem Boden, in
einer Welt von Kunst und Schönheit spielen. Seine erste und auch
beste Novelle *L'Arrabiata* (1855) las er Viktor von Scheffel auf
Capri vor. Ein freudiger Diesseitsglaube, eine freizügige Welt-
bejahung auch unter Entsagungen, die Verteidigung der starken
Seele in ihrem Recht zur Selbsterfüllung, Freiheit des Glaubens
und Denkens im aufgeklärten Liberalismus, sozialer Altruismus
und versöhnliche Innerlichkeit des Herzens sind die wesentlichen
weltanschaulichen Themen Heyses. Er repräsentiert den sittlichen
Positivismus der verinnerlichten, subjektivistisch-liberalen Lebensgesinnung. Obwohl er bewußt dem Typus der altitalieni-
schen Novelle (Boccaccio) nachstrebte, deren Struktur er theoretisch erläuterte (Falkentheorie), gelang ihm keine dichterische
Situations- oder Charaktergestaltung. Mit erstaunlicher Elastizität versuchte er sich an allen Stoffen von der Chronik bis zum
modernen Reiseabenteuer in der Eisenbahn, auch in der lyrisch
gehaltenen Versnovelle. Wohl gelang ihm oft eine geistreich an-
mutige Plauderei, eine farbensatte Schilderung, ein überraschend
pointiertes Spiel und ein phantastischer Einfall; aber er blieb an
der Oberfläche, und seine Sprache kam von einem gleichmäßigen

edlen Bildungsstil nicht los. In den späteren Romanen (*Kinder der Welt*, 1873; *Im Paradiese*, 1876) ging er zu Zeit- und Gesellschaftskritik über, aber ihm fehlte der Sinn für die besondere Atmosphäre, und seine damals aufreizend „modern" wirkende Offenheit erscheint als recht harmloses Wagnis. Seine Glätte und Idealität war dem bürgerlichen Geschmack am Jahrhundertende gemäß, so daß schon ein Romanschluß, der eine wilde Ehe brachte, empörend wirken konnte. Erfolglos blieben seine mehr als zwei Dutzend Tragödien, Schauspiele und Lustspiele – ihm fehlte jede dramatische Anlage. Seine Lyrik reicht vom sangbaren Volkslied bis zur artistischen Kunstdichtung; vielleicht zeigen die *Totenlieder* nach dem Tode von drei Kindern echte persönliche Ergriffenheit, obwohl auch ihre Sprache poetisch abgegriffen und dekorativ klingt. Als Übersetzer italienischer Dichtung (Alfieri, Manzoni, Leopardi, Giusti u. a.) hat er die deutsche Sprache noch dem fremdartigsten Ausdrucksstil anzupassen vermocht. Heyse überlebte seinen Ruhm. Der Naturalismus richtete sich unter M. G. Conrads Führung vornehmlich gegen seinen ästhetisch-bürgerlichen Schönheitsoptimismus, wie mit ähnlicher Schärfe die Brüder Hart gegen den pathetischen Zeitroman Spielhagens vorgingen. Gleichwohl: Heyse erhielt 1910 den Nobelpreis – zur Zeit des beginnenden Expressionismus.

Der Kritik des Naturalismus fiel auch V i c t o r v o n S c h e f f e l (1826–1886) anheim, doch blieb ihm das breite Lesepublikum lange treu. In Italien schrieb er 1852 das Versbuch *Der Trompeter von Säckingen*, das bis 1905 175 Auflagen erlebte; eine gefühlvolle, minnigliche Geschichte von Liebe und Trompetenblasen, die in ihrer Harmlosigkeit, trotz einzelner schöner lyrischer Einlagen, heute leer klingt. Dieses Versepos steht an geschichtlich typischer Stelle. Das von der Revolution 1848 enttäuschte Bürgertum floh in eine sehr verdünnte und verflachte Romantik zurück, in eine empfindsame Innerlichkeit der spielerischen Gefühle. Zu Dutzenden entstanden lyrisch-epische Versidyllen, die wie eine halb realistische, halb romantische Wiederkehr von Wielands Versepik im geselligen Rokokostil erscheinen. Man muß sich den Abstand von Heines „Atta Troll" zu dieser lyrisch-gemüthaften Idyllenpoesie vergegenwärtigen, um die flache, problemlose Verbürgerlichung der literarischen Erfolgsbücher in der zweiten Hälfte des 19. Jahrhunderts zu ermessen. Die Vergangenheit war zu Kulissenzauber und einer dekorativen Festmaske geworden. Neben dem „Trompeter" waren O t t o R o q u e t t e s (1824–1896) *Waldmeisters Braut-*

fahrt, Gottfried Kinkels (1815–1882) *Otto der Schütz,*
Oscar von Redwitz' (1823–1891) *Amaranth,* Robert
Hamerlings (1830–1889) *Ahasverus in Rom* die in Gold-
schnitt und gepreßtes Leder gefaßten Lieblinge des Publikums.
Während die Jahre nach 1871 das Anwachsen von Macht, Reichtum, Technik und Zivilisation brachten und das kaiserliche Reich
wie eine Erfüllung der nationalen Geschichte erschien, wurden
die Ansprüche an Literatur und Kunst immer oberflächlicher.
Man suchte leichte Unterhaltung, schönen Schein, eine dekorative
historische Romantik und gefühlsselige, problemlose Idyllik oder
pikante Anekdoten und elegante Konversation. Zwischen der
Wirklichkeit und dieser spätbürgerlichen Unterhaltungsliteratur
gab es keine Berührung mehr. Etwas höher im Niveau lag die
katholisierende Verserzählung *Dreizehnlinden* (1878) von Friedrich Wilhelm Weber (1813–1894). Wilhelm Jordan
(1819–1904) erzählte auf „nordische Art" in einem „modernen
Wechselbalg" (G. Keller) die *Nibelunge* (1867/74) neu und erklärte von seinem Versepos *Demiurgos* (1852/54) nicht eben
bescheiden, daß er „trachte, das in voller, bewußter und all-
seitiger Durchführung zu sein, was die Poesie Goethes in naiver
Weise zu sein begonnen hatte"! Den Realismus des historischen
Romans verband Scheffel in seinem *Ekkehard* (1855) mit Minne-
romantik, Burgzauber und philologischer Literaturkenntnis. Als
Dichter übermütig-ironischer, weinseliger Studentenlieder (*Gau-
deamus,* 1868) gewann er eine problematische „Klassik". Scheffel
verfiel trotz rauschender Erfolge mit zunehmendem Alter einem
düsteren Pessimismus, der ihn bis an die Schwelle geistiger Um-
nachtung führte.

Wilhelm Raabe (1831–1910) kämpfte nach anfänglichem
Erfolg lange vergeblich um Anerkennung. Der verschlossene,
grüblerische, eine tragische Lebensstimmung nur mühsam und
langsam im Humor ausgleichende Niedersachse fügte einsam und
zeitabgewandt ein stattliches Erzählwerk zusammen. Die Jahre
1862–1870 verbrachte er in einem angeregten Schriftstellerkreise
in Stuttgart; danach führte er in Braunschweig ein äußerlich ereignisloses, gänzlich seinem Werk zugewandtes Leben. Er war
deutsch in seiner Innerlichkeit und Versponnenheit, seiner sittlichen Tiefe, seiner behaglich und spielerisch plaudernden Breite,
in der Enge des von ihm umfaßten Lebenskreises und in seiner
symbolhaft versteckenden Sprache. Seine Erzählungen sind nicht
leicht lesbar, aber sie strahlen starke seelische Kräfte aus. Trotz
mancher Beziehungen zu Jean Paul, Dickens und Goethe schrieb

er einen eigenen, unverwechselbaren Stil. Er entdeckte das stille
Heldentum der kleinen und enterbten Menschen, den Segen eines
nach außen bescheidenen, aber innerlich festen und reinen Lebens.
Er spottete über die hartherzige Enge der Philister und bekannte
sich zugleich zu dem unzerstörbaren Geiste einer humanen Bürgerlichkeit. Er beschrieb die unheilvoll zerrissene Geschichte
seines Volkes mit der Sehnsucht nach einer starken und freien
Einheit der Nation, aber mit entschiedener Ablehnung jedes
Chauvinismus und Zentralismus der Macht. Mit bitterer Ironie
befehdete er den triumphierenden Materialismus und den stram-
men Preußengeist des Reiches nach 1870/71. Er wußte um die
Fragwürdigkeit des menschlichen Daseins und befreite sich aus
einem düsteren Pessimismus durch einen unter Tränen lächelnden, wehmütigen und doch oft eulenspiegelhaft spöttischen Humor. Der Humor war für ihn, wie für Jean Paul, die Sprache des
Herzens, das trotz Pessimismus und Ironie das Leben mit Liebe
umfängt und die Zwiespälte versöhnen will. Der Humor gab ihm
die Möglichkeit, über der Enge und der Angst der Wirklichkeit
eine Freiheit zu bewahren, die für den Erzähler eine poetische
Freiheit des Fabulierens, der Phantasie und des Erzählspiels bedeutete. Er fühlte sich als ein Seelsorger der Zeit – auf fast verlorenem Posten. Seine Einsamkeit war jedoch nicht nur ein
kritischer Protest gegen die Zeitgenossenschaft – sie war die
Bedingung seines Erzählens, das mit großem Kunstverstand, in
geduldiger Kunstarbeit den eigenen Stil immer differenzierter
und komplexer herausarbeitete – bis zu souveräner Handhabung
in seinem Reifewerk, das mit der parodistisch-ernsthaft-heiteren
Idylle „Horacker" 1876 einsetzte. Seine Stärke lag in der Gestaltung der Charaktere, nicht der Handlung. Er verwandelte
das Stoffliche in symbolische Anschauung, in ein inneres Sinn-
gewebe, das dem begrenzten Ausschnitt aus der Realität weite
Dimensionen einlegte, mittels der Art des Erzählens in Digres-
sionen, Anspielungen, Zitaten, mehrschichtigen Bildern und
Bildverweisen eine Perspektive auf die Ganzheit des Lebens gab.
Raabes Erzählwerk ist in der Vielfalt der Produktion, zu der er
sich als freier Schriftsteller genötigt sah, künstlerisch nicht gleichmäßig; er brauchte Zeit und mancherlei Experimente, bis er
seiner erzählerischen Kunstmittel sicher wurde. Er mußte, im
Alter, auch jenen Abstand gegenüber den eigenen inneren Spannungen gewinnen, der ihm ermöglichte, sie innerhalb jener Subjektivierung, in der die Kunst und die Grenze seines Erzählens
liegt, zu objektivieren. Seine Bücher sind aus einem reichen

Innenleben erwachsen, das viele Spannungen in sich barg; sie sind zugleich das Zeugnis eines experimentierenden, kritischen Geistes, der den Niederungen der zeitüblichen Belletristik sein Erzählen als Leistung der dichterischen Kunst entgegensetzte. Die *Chronik der Sperlingsgasse* (1857) zeigte als Präludium die Grundstimmung und erzählerische Grundform seines Werkes: als Erinnerungserzählung, die Raum und Zeit transparent macht und im engen Bereich eine Vielheit von Lebensperspektiven sammelt. Der Blick aus dem Gassenfenster überschaut eine Welt. Raabe paßte sich zunächst der Belletristik der Zeit an; drei Romane wurden Experimente zu sich selbst hin: *Der Hungerpastor* (1864) lehnte sich an den Typus des Bildungsromans an, jedoch ohne Sicherheit einer praktischen Bildungsidee. *Abu Telfan oder die Heimkehr aus dem Mondgebirge* (1867) orientierte sich am gesellschaftskritischen Roman, endete aber in Resignation und Idylle. *Der Schüdderump* (1870) machte den Pestkarren zum Symbol des Daseins, den hilflosen Tod beseelter Menschlichkeit zum Signum der Welt. Dem Wissen um Elend und Angst der Kreatur (*Krähenfelder Geschichten*, 1879) stellte Raabe als Kehrseite die Satire, Ironie, Posse gegenüber, die, in geglückten Erzählungen wie *Der Dräumling*, 1871, vor allem *Horacker* (1876) zur Heiterkeit des Humors wurde. Seit 1871 richtete Raabe seine Werke als Dokumente der Bewahrung des Humanen gegen eine gesellschaftlich-kulturelle Entwicklung, die er als vernüchterten Materialismus ablehnte: kein einseitiger Laudator der Vergangenheit, kein einseitiger Widersacher des Neuen, dessen Entwicklung er als unaufhaltsam erkannte, aber bemüht, dem Zeitalter Werte des Alten zu erhalten. *Deutscher Adel*, 1880, *Das Horn von Wanza*, 1881, *Prinzessin Fisch*, 1882, *Pfisters Mühle*, 1884, *Unruhige Gäste*, 1886, *Im alten Eisen*, 1887, sind die künstlerisch besten Erzählungen vor dem Einsatz der Alterswerke, in denen sich seine Erzählkunst mit der Vielschichtigkeit und virtuosen Differenzierung ihrer Mittel entfaltet hat. Neben zwei Romane, die, im weiten Abstande vom belletristischen Typus des historischen Romans, sich der Geschichte zuwandten (*Das Odfeld*, 1889; *Hastenbeck*, 1898) gesellen sich – als Konzentration aller seiner Motive und Tönungen, von ihm selbst als innere Autobiographien aufgefaßt, Objektivierungen seines kritischen Weltblicks und des von ihm erkannten menschlichen Welterleidens wie Weltüberwindens – *Stopfkuchen* (1891), die Geschichte eines Ausgestoßenen, der sich über den Philistern seine Burg und Idylle bereitete, *Die Akten des Vogelsangs* (1896), die Tragödie der Desillusion der Phantasie, endlich das Fragment *Altershausen* (1911), die Geschichte eines alten Mannes, der in die Kindheit zurückwandert, um aus dem Schein zur Wirklichkeit des Lebens zu gelangen. Stopfkuchen, Velten Andres, der Geheimrat Feyerabend, es sind Ausprägungen menschlicher Existenzlagen, die in Raabes gesamtem Erzählwerk typenhafte Geltung haben und in denen sich die von ihm vielfältig variierte Problematik des Daseins in dieser Welt und Zeit verdichtet. Thema und Form haben in diesem Alterswerk künstlerisch die reifste Gestaltung erhalten. „Es kommt für den wirklichen Menschen die Zeit, wo er in den Werken der Autoren nicht mehr die Kunst, das Ästhetische sucht, um sich selbst Raum zu schaffen im Sturm des Lebens, sondern die Fingerzeige, wie jene sich in dem großen Kampfe zurechtgefunden haben." Ethos und Künstlertum bilden bei Raabe eine unauflösliche Einheit.

Raabe in Pessimismus, Humor und Zeitkritik nahe verwandt ist der eigenwillige Niedersachse W i l h e l m B u s c h (1832–1908). Er lebte lange als Maler und Zeichner in München, bis er sich in die Einsamkeit seines Heimatdorfes Wiedensahl (Hannover) zurückzog. H e i n r i c h H o f f m a n n (1809–1894) war ihm mit dem unsterblichen *Struwwelpeter* (1846) vorangegangen. Busch übertraf ihn in der Kunst der knappesten dichterischen und malerischen Zeichnung, die mit sparsamstem Ausdruck die größte Wirkung erzielt und im grotesken Spiel einen geheimen Tiefsinn ahnen läßt. Er ist einer der wenigen großen deutschen Epigrammatiker, ein schonungsloser Kritiker der bürgerlich-engen Scheinwelt, die hinter äußerer Sitte nur Unmoral birgt und in ihrer satten Selbstzufriedenheit die Fragwürdigkeit des Menschlichen entblößt. Dieser scheinbar kindliche Humorist war in Wahrheit ein grausamer Satiriker, dessen Pessimismus an der Erziehung des Menschengeschlechts sich in der Zeichenschrift des Grotesken verbarg. Er stand Schopenhauer und Darwins Positivismus nahe. Aber Busch fand die Möglichkeit, über die Unvollkommenheit zu lachen; darin lag das Versöhnende seines Humors. Er erfand seine eigene Sprache, seine eigene Versform, um alles zu einem fast mathematisch klaren, linienhaften Ausdruck zu bringen, der Leichtigkeit und Prägnanz verbindet.

> Das Gute – dieser Satz steht fest –
> Ist stets das Böse, was man läßt.
>
> Enthaltsamkeit ist das Vergnügen
> An Sachen, welche wir nicht kriegen.

Seine komisch-grotesken Typen wurden Allgemeinbesitz (*Max und Moritz* 1865, *Hans Huckebein* 1867, *Der Heilige Antonius* 1870, *Die Fromme Helene* 1872, *Knopp-Trilogie* 1875 ff.). Doch darf daneben nicht seine grüblerisch-ironische Prosa *Eduards Traum* (1891), *Der Schmetterling* (1895) und seine zarte, verinnerlichte Lyrik *Kritik des Herzens* (1874) vergessen werden.

Über einen derben, satirischen, angriffslustigen Humor verfügte der streitbare schwäbische Ästhetiker Friedrich Theodor Vischer (1807–1887). Er galt mit seiner vielbändigen, an Hegel orientierten *Ästhetik* (1846/57) lange als der größte Kritiker nach Lessing und als das Gewissen der Künste und Literatur der Zeit. Keller nannte ihn „den großen Repetenten deutscher Nation für alles Schöne und Gute, Rechte und Wahre". In den eigensinnigen Roman *Auch Einer* (1879), der viel Autobiographisches enthält, legte er eine Pfahldorfgeschichte ein, die den historischen Roman witzig verspottete. Er wagte den Sprung ins Groteske und ließ sich dabei von Jean Pauls Autorität schützen. Vischers Kampf gegen die „Tücke des Objekts" schreckte auch vor dem Absurden nicht zurück. Geflügelt wurde sein Wort vom „Moralischen, das sich immer von selbst versteht". Er war ein kampfbereiter Kulturerzieher von allzu betontem, allzu engem Nationalempfinden. (*Epigramme aus Baden-Baden*, 1867). Schwächer sind seine sehr persönlichen Gedichte (*Lyrische Gesänge*, 1882); ein Fehlgriff war seine Parodie von Goethes Faust, der *Dritte Teil des Faust* (1862, neu bearb. 1886), der zwar eine überquellende komische Wortvirtuosität entfaltet, sich aber an der Größe der Goetheschen Altersdichtung peinlich vergreift.

Idylle, Humor und eine feine, gescheite Erzählkunst vereinen der Roman *Leberecht Hühnchen* (1882) von dem Berliner Ingenieur Heinrich Seidel (1842–1906), der zudem in schalkhaften Satiren alte Schwänke neu reimte, und die behagliche *Familie Buchholz* von Julius Stinde (1841–1905), ein Bildnis des alten Berlin.

Theodor Storm (1817–1888) stand mit dem jugendlichen Lyrismus seines *Immensee* (1852) noch unter der Wirkung der Romantik. Wie bei der Droste, bei Keller, Stifter, Gotthelf, Raabe wuchsen ihm Landschaft, Geschichte, Volk und Seele zu einer inneren Einheit zusammen, die seinen Novellen die atmosphärische Stimmung gibt. Die Heimat Schleswig-Holstein war dem Friesen aus Husum, der von 1853 bis 1864 als ein von den Dänen Verbannter in Potsdam und Heiligenstadt leben mußte, unentbehrlich. Er fühlte sich in der Ferne im Exil, im „Ausland". Die

Heimat prägte seiner Dichtung den träumerisch-stillen und herb-
leidenschaftlichen Charakter ein, der seinen späten Novellen
die innere tragische Spannung gibt. Die Novelle war ihm eine
hohe Kunst. „Die Novelle ist die strengste und geschlossenste
Form der Prosadichtung, die Schwester des Dramas; und es
kommt nur auf den Autor an, darin das Höchste der Poesie
zu leisten." Storms Phantasie war noch dem Reich der Sagen
und Märchen *(Regentrude, In Bulemanns Haus,* 1863/64) und
des Spuks nahe, der in seiner großartigsten und letzten Erzählung *Der Schimmelreiter* (1888) bis zum Mythischen aufwuchs.
Von den lyrischen und idyllischen Erzählungen seiner Jugend
fort, die aus Perspektiven der Erinnerung und der „guten alten
Zeit", aus Stimmungen von Familie, Heimat und Liebe leben
(Auf der Universität), entwickelte er sich im Alter zu hand-
lungsstarken, dramatisch gespannten Novellen, die in die Vergangenheit zurückkehren und eine eigene Erzählform zwischen
Erinnerung und Wirklichkeit, Mythos und Wahrheit, Sage und
Erlebnis erreichen. Der Mensch im Kampf mit dem aus seiner
verschlossenen, einsamen Seele aufsteigenden dunklen, oft unentrinnbar verkettetem Schicksal; das ist das Grundthema dieser
gereiften Erzählkunst, deren, bei wechselndem Niveau, stärkste
Leistungen *Aquis submersus* (1877), *Renate* (1878), *Carsten
Curator* (1878), *Hans und Heinz Kirch* (1882), *Eekenhof* (1880)
und der angesichts des nahen Todes als psychologisch-dämo-
nische Schicksalserzählung gestaltete *Schimmelreiter* sind. Wie
bei Raabe und Fontane liegt das künstlerische Gewicht im Erzählwerk des Alters.
Storms Dichtertum lebte in einer zeitfernen, auf die eigenen
Erfahrungen beschränkten Abgeschlossenheit. Er hatte gesagt:
„Ich arbeite meine Prosa wie Verse" – auch in der Lyrik stellte
er den höchsten Kunstanspruch. Alles Epische und Reflektierende
schaltete er in ihr aus. Seine sinnliche, leidenschaftliche Natur
wurde, wie er selbst bekannte, durch ein Vergänglichkeitsge-
fühl gesteigert, das in dem entschlossenen Nicht-Christen zu
einem oft düsteren Pessimismus führte. „Die leise Furcht, daß
im letzten Grunde doch nichts Bestand habe, worauf unser Herz
baut: die Ahnung, daß man am Ende einsam verweht und ver-
lorengeht; die Angst vor der Nacht des Vergessen-Werdens,
dem nicht zu entrinnen ist", ließ ihn nicht frei. Das „Es war
einmal" durchzieht alle seine Erzählungen. Der Lyriker Storm
verlangte für das reine Gedicht „die höchste Gefühlsregung"
im „schlagenden Ausdruck", daß „die Atmosphäre dieses Gefühls

in künstlerischer Form" festgehalten, damit also ganz Bild, Anschauung, Rhythmus und Musik werde. Eine erlebte Bildsituation wird knapp, schlicht, mit starker reiner Stimmung zusammengefaßt; Miniaturbilder, die vom Einfachsten eines täglichen Erlebens ausgehen, werden auf ihre Grundstimmung gebracht. Alles ist hier sinnliche Gegenwart, Melodie, Schwermut und verhaltene Leidenschaft.

> Wer je gelebt in Liebesarmen,
> Der kann im Leben nie verarmen:
> Und müßt' er sterben fern, allein,
> Er fühlte noch die sel'ge Stunde,
> Wo er gelebt an ihrem Munde,
> Und noch im Tode ist sie sein.

Oder, von Storm als das einzige Sommerlied gepriesen:

> Klingt im Wind ein Wiegenlied,
> Sonne warm herniedersieht,
> Seine Ähren senkt das Korn,
> Rote Beere schwillt am Dorn,
> Schwer von Segen ist die Flur –
> Junge Frau, was sinnst du nur?

Wenige kräftige politische Lieder zwang ihm die Trauer um die Heimat ab; daneben spielt ein reizvoller Humor in *Schneewittchen*, *Sommermittag* oder *Von Katzen* und stehen Sprüche wie die Verse *Für meine Söhne:*

> Wenn der Pöbel aller Sorte
> Tanzet um die goldnen Kälber,
> Halte fest: du hast vom Leben
> Doch am Ende nur dich selber.

Die Geschichte wurde, fern jener allzu gefälligen Butzenscheibenromantik in der Art Scheffels und der Verserzähler J u l i u s W o l f f (1834–1910) und R u d o l f B a u m b a c h (1840–1905) für C o n r a d F e r d i n a n d M e y e r (1825–1898) das entscheidende Erlebnis. In einer Welt der Größe, der Macht und des Rausches, vor allem der italienischen Renaissance, fand der einsame, von Krankheit der Seele ständig bedrohte Schweizer Patriziersohn das Ziel seiner Sehnsucht. Seine Erzählkunst und seine Lyrik, aus denen ein hohes ästhetisches und aristokratisches Kulturverlangen sprechen, durchziehen starke innere Spannungen und Widersprüche. Erst 1864 erschien anonym ein Bändchen Gedichte, das *20 Balladen* umfaßte. 1882 folgte eine größere Ausgabe. 1866 begann die Vorbereitung seiner ersten Großerzählung *Jürg Jenatsch* (1876). In Paris und Italien empfing er maßgebliche Eindrücke von der bildenden Kunst, besonders Michelangelo. Im Gegensatz zu Keller blickte er nach dem romanischen Süden, aber die Reichsgründung 1870/71 entlockte ihm die Versdichtung *Huttens letzte Tage* (1871) als ein Bekenntnis zum deutschen Geiste. „Der große Krieg, der bei uns in der Schweiz die Gemüter zwiespältig aufgeregt, entschied auch einen Krieg in meiner Seele. Von einem unmerklich gereiften Stammesgefühl jetzt mächtig ergriffen, tat ich bei diesem weltgeschichtlichen Anlasse das französische Wesen ab, und, innerlich genötigt, dieser Sinnesänderung Ausdruck zu geben, dichtete ich *Huttens letzte Tage*." Gerade weil ihn Schwäche, Einsamkeit und eine verletzliche Lebensunsicherheit bedrohten, rief es C. F. Meyer zu den tragisch-heroischen Gestalten der Geschichte, die jenseits von Moral und bürgerlichem Maß eine höhere Art des Menschentums verwirklichen, nach der er sich aus seiner engen Zeit heraussehnte. „Am liebsten vertiefe ich mich in vergangene Zeiten, deren Irrtümer ich leicht ironisiere, und die mir erlauben, das Ewig-Menschliche künstlerischer zu behandeln, als die brutale Aktualität zeitgenössischer Stoffe mir nicht gestatten würde." Aus dem Mittelalter, der Renaissance, dem Barock nahm er seine durch die Distanz ästhetisch erhöhten Gestalten und Stoffe, die, reich an Handlung und Konflikten, in seinen Novellen zum Szenisch-Monumentalen konzentriert werden. (Zwischen 1872 und 1891: *Das Amulett*, der humoristische *Schuß von der Kanzel*, *Der Heilige*, *Plautus im Nonnenkloster*, *Gustav Adolfs Page*, *Die Hochzeit des Mönchs*, *die Richterin*, *Angela Borgia* und, wohl die größte Leistung, *Die Versuchung des Pescara*.) Er kreiste um die tragische Einsamkeit des großen Menschen, um die Spannung von Macht und Verhängnis, von Leidenschaft und Gerechtigkeit, des Ethischen und Ästhetischen, wie sie auch der große Schweizer Historiker J a c o b B u r c k h a r d t (1818–1897) erfuhr, in dessen Humanismus sich klassisches Erbe mit bürgerlichem Konservatismus zu kulturphilosophischer Weisheit verband. Meyers Kunstsprache wählte und formte bildhafte Symbole, knappe, klare und geschliffene Sätze, hinter deren kühler Sicherheit sich ein inneres Beben voller Empfindung und Schwermut verbarg. Er ließ das Gedankliche zur Anschauung oder im szenischen Dialog zu Charakter und Gebärde werden. Und er griff zum dekorativen Faltenwurf, um die innere Bewegung zu verbergen. „So bin ich unter einer ganz objektiven und außergewöhnlich künstlerischen Form im Innern ganz individuell und subjektiv."

Seine Lyrik ist hohe Kunst, vollendete Form, ein ästhetisches
Bekenntnis wie bei Storm, nur daß C. F. Meyer das Gefühlhafte zurückdrängt, um das Innerliche zu Bild und Symbol,
zum festen Umriß werden zu lassen. Mit ihm beginnt, nach
dem individuellen Seelenliede der von Goethes Lyrik beherrschten Epoche und nach der gefühlhaften Musik des romantischen
Volksliedes, ein neuer Abschnitt der lyrischen Dichtung, den
Stefan George und R. M. Rilke auf verschiedene Weise bestimmten.

In Meyers Lyrik vollzieht sich ein Übergang von der Erlebnislyrik zur symbolistischen Bildlyrik, eine Objektivierung der lyrischen Sprache, die sich von der volkstümlichen Liedtradition,
ihrem fließenden Rhythmus abhebt und eine neue Akzent-
beschwerung, die das Wort mit stärkerem Bedeutungsgehalt auf-
lädt, erreicht. Die persönliche Erlebnisstimmung tritt zurück;
das Bild verfestigt sich zu Eigenleben, in dem sich die Bedeutun-
gen verhüllen. Die Bewegung der Seele wird in „plastischer"
Form gebändigt. In langjähriger Arbeit, die Fassung an Fassung
reihte, hat Meyer seine Bildmotive zu symbolischen Prägungen,
seinen Versrhythmus und seine lakonisch-bildhafte Form herausgearbeitet.

> Aufsteigt der Strahl und fallend gießt
> Er voll der Marmorschale Rund,
> Die, sich verschleiernd, überfließt
> In einer zweiten Schale Grund;
> Die zweite gibt, sie wird zu reich,
> Der dritten wallend ihre Flut,
> Und jede nimmt und gibt zugleich
> Und strömt und ruht.

In seiner Pflege des Schönen stand C. F. Meyer dem Münchner
Dichterkreis nahe; in seiner Wertung des „großen" Menschen
dem Stil der Gründerjahre und Nietzsche. Ästhetische Lebens-
schau und ethische Lebensverantwortlichkeit, romanische Weltlichkeit und deutsche Innerlichkeit, Amoralismus des kühnen
Lebens und christliches Verlangen nach sittlicher Gerechtigkeit des Weltganzen lagen in seinem an Antinomien reichen
Werk im beständigen Konflikt. Er war der Dichter der neu-
heidnischen Renaissance, zugleich ein gläubiger Christ. Als ein
Sohn des 19. Jahrhunderts wußte er um die tragisch bindende,
unentrinnbare Wirklichkeit des Schicksals. Es erschien ihm in
der Form des kalvinistischen Prädestinationsglaubens. Seine Novelle drängte zum Drama, aber Lyrismus und Fatalismus banden
sie ans Epische zurück. Denn noch im Handeln sind Meyers

Gestalten Erleidende. Auch als Lyriker wollte er nicht sein „Ich" entblößen; im bildhaften Vorgang sollte alles mittelbar erfahren werden. „In der Poesie muß jeder Gedanke sich als sichtbare Gestalt bewegen." Der Bildhauer Michelangelo gab ihm das Gesetz seines Stils. So wurde Meyer zum Dichter der Ballade als des episch-dramatischen Sanges historischer Größe, übermenschlicher Schicksale, voll gedrängter Spannung, starker Gebärden. Eine meisterhafte Leistung architekturaler Komposition wurde seine endgültige, in unablässiger Arbeit objektivierte Gesamtausgabe der *Gedichte* (1882 ff.).

Ein Impressionismus der rhythmischen Anschauung kündigt sich an, den allerdings ein strenges Maßgesetz der Form bindet. Dem Lyriker Meyer gehört vielleicht noch mehr als dem Erzähler die Zukunft. Ähnlich wie Storm hatte er eine äußerste Reife erreicht, über die keine Entwicklung mehr hinausführt.

Ähnlich spät wie C. F. Meyer reifte T h e o d o r F o n t a n e (1819 bis 1898) zu der Vollentwicklung seiner dichterischen. Kräfte. Die Mitgift südfranzösischer Vorfahren verschmolz in ihm mit einer märkischen, ja Berliner Geistesart, die ihn im Alter jugendlich, zeitzugewandt, ironisch-beweglich hielt. Er ging vom Apothekerladen zur Journalistik über, lebte als Berichterstatter lange in England und wurde als Kriegsberichter im Kriege 1870/71 von den Franzosen gefangengesetzt *(Kriegsgefangen,* 1871). Als ein im Greisenalter einzigartig produktiver, von Werk zu Werk reifender Schriftsteller beschloß er sein Leben in Berlin, der Stadt, die die Atmosphäre seiner Romane bestimmte. Fontane begann, von England angeregt, mit Balladen. 1850 erschienen die Acht Preußenlieder unter dem Titel *Männer und Helden.* 1851 folgte die erste Sammlung der *Gedichte,* 1861, nach einzelnen Drucken in dem Jahrbuch „Argo" des Tunnelkreises, die Sammlung der *Balladen.* Er war ein Mann der Tatsachen, um die sein reicher Geist ironisch-nachdenklich und mit hohem Stilbewußtsein spielte. Dem Lyriker Fontane lagen nicht die musikalischen Schwingungen des Gefühls, sondern atmosphärisch dicht gesehene Naturstimmungen, vor allem in virtuoser Behandlungstechnik die anekdotischen Stoffe balladesker Geschichte und Gegenwart. Er unterschied, nach dem Stoffe, seine nordischen, englisch-schottischen (z. B. *Archibald Douglas, Die Brück'* *am Tay)* und märkisch-preußischen Balladen (*Prinz Louis Ferdinand,* die Porträts der Generale Friedrichs d. Gr.). Ihm lag nicht die dämonisch-numinose (Goethe, Droste), nicht die moralisch-symbolische Ballade (Schiller), nicht die Gespenster- (Bür-

ger) oder Schicksalsballade (Meyer), sondern er gestaltete historische Anekdoten. Im Stil der altenglischen Volksballade war
ihm G r a f M o r i t z S t r a c h w i t z (1822–1847), ein Mitglied
des Berliner Dichterkreises „Tunnel über der Spree", dem auch
Fontane und Heyse angehörten, vorangegangen *(Das Herz von
Douglas)*. Preußisches Kriegertum hatte im gleichen Kreise
F r i e d r i c h S c h e r e n b e r g (1798–1881) mit klirrendem Pathos besungen. Fontane dämpfte das Pathetische und die Sentimentalität; er entwickelte einen Impressionismus des Stils, in dem
die Stimmung des Einzelbildes das Metrum und die Sprache diktiert, Episches und Dramatisches sich verbinden, alles auf Anschauung gestellt ist, auf Handlung und Bewegung.
Gänzlich anders der späte Erzähler Fontane: verhalten, ironisch-
lebensweise, skeptisch-resigniert und lebensoffen. Er war ein
Meister der Beobachtung, des lebendigsten Gesprächs, der geistvollen Nuancen. Auch er stand am Ende einer Entwicklung: als
konservativer Liberaler, als der ironische Geschichtsschreiber des
preußisch-märkischen Adels, als scharfer, oft pessimistischer und
geradezu bissiger Kritiker der Zeit, in deren Realität er sich doch
resigniert ergab, als Mitglied einer Gesellschaft, deren innere
Fragwürdigkeit ihm bewußt war. Er zog sich in die Resignation
vor den Tatsachen und Verhältnissen zurück – „Die Sitte gilt
und muß gelten... Und weil es so ist, wie es ist, ist es am besten,
man bleibt davon und rührt nicht daran." Er gewann unter
Kämpfen gegen sein lebhaftes, reizbares Temperament, unter
bitteren Enttäuschungen und Fehlschlägen, kaum verstanden in
seiner Hellsicht und skeptischen Überlegenheit, eine weitsichtige,
gedämpfte Weisheit, die Distanz hält, überlegen bleibt, mit Humor und Menschlichkeit. „Ich habe das Leben immer genommen,
wie ich's fand, und mich ihm unterworfen. Das heißt, nach außen
hin; in meinem Gemüte nicht." Fontane glaubte nicht an das Absolute, Ideale – immer war die Wirklichkeit ganz anders. In ihm
wurde der Relativismus der Zeit seiner selbst bewußt. Von Fontane führt ein unmittelbarer Weg zu Thomas Mann weiter. Im
Alter fand er seine eigenste Erzählform und deren bedeutende
Stilkunst. Mit einem umfangreichen Roman aus der preußischen
Kampfzeit vor 1813, *Vor dem Sturm* (1878), begann die Reihe
seiner späteren Romane. Die *Wanderungen durch die Mark
Brandenburg* (1862/82) gingen voraus, in denen Fontane, angeregt durch Eindrücke in England und Schottland, die er in Jahren
journalistischer Tätigkeit jenseits des Kanals gesammelt hatte,
fasziniert durch das Geschichtliche und seine Anekdotik, ein ver-

gessenes Land in seiner kargen, spröden Schönheit und in der
Fülle seiner originellen Gestalten und historischen Denkmale in
Erinnerung brachte.

In der Erzählung *Schach von Wuthenow* (1883) verband sich
mit dem Geschichtlichen eine scharf und sachlich beobachtende
Psychologie der Liebe, Ehre und Gesellschaft, wie sie bisher nur
der französische Roman geboten hatte. Fontane erfaßte Mensch
und Gesellschaft im Wechsel zwischen Altem und Neuem mit
pointierter Psychologie und Zeitanalyse. Mehr balladesk sind die
Novellen *Grete Minde* und *Ellernklipp* gebaut. Sie blieben Zwi-
schenwerke. Fontane wandte sich dem zeitgenössischen gesellschaftskritischen Roman zu. Er gab, ein passionierter psychologischer Beobachter, der im Individuellen das Typische erkannte,
Porträts von Menschen der Gesellschaft, ihrer durch sie, durch
Bewußtsein und Milieu, ausgelösten Konflikte. Er hielt erzählerisch ironische Distanz, ohne doch eine unmittelbare Teilhabe zu
verleugnen. Es kam ihm auf ein allseitiges Verstehen an, ohne
Wertakzente auszulassen. Er ersetzte zunehmend die Handlung
durch einen beweglichen, von Esprit geladenen, durch psychologische Nuancierung beseelten Dialog. In einem natürlichen,
scheinbar alltäglichen und doch durch kluge Stilisierung gelenkten
Tonfall entwickeln die sprechenden Personen sich selbst. Mit
Fontane begann eine neue Technik des Romans, die für viele
folgende Erzähler, Thomas Mann an der Spitze, die hohe Schule
der Erzählkunst wurde. In *L'Adultera* (1882) geht es um eine
aktuelle Ehescheidung in der Berliner Gesellschaft, in *Irrungen,
Wirrungen* (1888) gab Fontane die Geschichte zweier Liebenden,
die sich aus Rücksichten des verschiedenen Standes trennen müssen. In *Frau Jenny Treibel* (1892) zeichnete er mit Ironie und
Humor das Porträt eines neureichen Spießbürgertums. In *Effi
Briest* (1895) bricht eine Ehe zusammen, die um der Konvention
willen, nicht aus Liebe geschlossen wurde. Mit meisterlicher Gestaltungskraft wird der Konflikt aus der Psychologie der Menschen und der Gesellschaft entwickelt. Noch sind die alten Formen der Gesellschaft da, aber sie sind ohne Wahrheit, ohne einen
verpflichtenden Sinn; einsam sind diese Menschen geworden und
sie enden in der Resignation. Die Auflösung der Gesellschaft
wird in diesen Schilderungen sichtbar. Der „politische" Roman
Der Stechlin (1899), ein in seiner breiten und persönlichen Form
typisches Alterswerk, vereinigt die Altersweisheit Fontanes mit
der Weite einer humanen Urbanität, die eine innere Freiheit
zum revolutionär Neuen mit der Rücksicht auf die Geltung der

gesellschaftlichen Form verband. Mit Fontane bekam der deutsche
Roman, trotz seiner engeren Berliner und märkischen Stoffe,
seit Goethe wieder einen europäischen Stil. Er war in der Souveränität eines Lebensblicks begründet, der Ironie, Kritik,
Weisheit und Humanität vereinte. Als ein geistreicher und
vorurteilsloser Theaterkritiker erkannte Fontane den jungen
Naturalismus an; er wurde von den Jüngeren den gefeierten
Franzosen (Zola) und Russen (Turgenjew) an die Seite gestellt.
Durch ihn wurde in den folgenden Jahrzehnten der Gesellschaftsroman möglich, zu dem sich bisher nur schwache Ansätze
gezeigt hatten. Illusionslos genoß er sein „bißchen" Ruhm.

> Eine kleine Stellung, ein kleiner Orden
> (Fast wär ich auch mal Hofrat geworden),
> Ein bißchen Namen, ein bißchen Ehre,
> Eine Tochter „geprüft", ein Sohn im Heere,
> Mit siebzig 'ne Jubiläumsfeier,
> Artikel im Brockhaus und im Meyer ...
> Altpreußischer Durchschnitt, Summa Summarum,
> Es drehte sich immer um Lirum, Larum,
> Um Lirum, Larum, Lö'felstiel,
> Alles in allem – es war nicht viel.

Aus der engumgrenzten heimatlichen Geschichte empfing der
historische Roman bei L o u i s e   v o n   F r a n ç o i s (1817–1893)
Motive und Gestaltung. Sie erzählte in *Frau Erdmuthens Zwil-
lingssöhne* (1872) den kursächsischen Roman der Befreiungskriege; in *Die letzte Reckenburgerin* (1871) schuf sie eine Frauen-
gestalt, in deren angeborenem, streng-pflichtgetreuem Herrscher-
tum viel von ihrer eigenen Art und von der Tradition einer
adligen Selbstzucht aus altem Geschlecht liegt. Bewundernd
blickte   M a r i e   v o n   E b n e r - E s c h e n b a c h   (geb. Gräfin
Dubsky, 1830–1916) zu ihr auf. Sie gestaltete die Welt des
österreichischen Hochadels in Wien und auf den Landschlössern,
aber aus einer ebenso genauen Kenntnis auch das Wiener Kleinbürgertum und die mährischen Bauern. Sie verfügte über einen
Reichtum an Menschenerfahrung, an künstlerischen Erzählmit-
teln und verband einen milden Humor mit einer Güte und
Menschlichkeit, die sich vor allem den Armen und Unterdrückten
zuwandte. In *Das Gemeindekind* (1887) schrieb sie eine Erziehungsgeschichte – „die Güte, die nicht grenzenlos ist, verdient
den Namen nicht". Es war ihr Ziel, „überzeugend darstellen zu
können, was sie allein gesehen, einen edlen Zug im Angesicht des
Verworfenen, einen Blitz des Geistes im Auge des Einfältigen".

Ähnlich wie die Droste setzte sie sich gegen den Widerstand der eigenen Familie als Schriftstellerin durch; sie fand, wie Louise von François, die Hilfe von J u l i u s R o d e n b e r g (1831–1914), der weniger durch seine historischen und bürgerlichen Romane als durch seine vorzügliche Herausgeberschaft der „Deutschen Rundschau", an der auch Keller, Storm und C. F. Meyer lebhaft mitarbeiteten, einen sehr bedeutenden literarischen Einfluß gewann. In der „Deutschen Rundschau" sammelten sich die führenden Erzähler des sogenannten „poetischen Realismus". Seit 1876 *(Boẑena)* erschienen die Erzählungen der Ebner-Eschenbach *(Dorf- und Schloßgeschichten*, 1884; *Neue Dorf- und Schloßgeschichten*, 1886), darunter die gefühlvolle Tiererzählung *Krambambuli*. Es ging ihr um die Lehre menschlicher Liebe, Geduld und Güte. „Es gäbe keine soziale Frage, wenn die Reichen von jeher Menschenfreunde gewesen wären." In „Aphorismen" sammelte sie ähnliche Aussprüche einer versöhnlichen, auch ironischen Lebensweisheit.

Novellen aus Österreich (1876) nannte F e r d i n a n d v o n S a a r (1833–1906) seine melancholisch-empfindsamen Erzählungen, aus denen jene Schwermut spricht, die schon bei Grillparzer begegnete, und die zu der pessimistischen Stimmungskunst des späteren Wiener Impressionismus überleitet. In *Die Steinklopfer* schilderte er am Schicksal eines schlichten Arbeiters soziales und menschliches Leiden. „Begreift ihr das Warum, das Wie und Was?" In den *Wiener Elegien* (1893) spricht sich dies für die österreichische Kaiserstadt typische Lebensgefühl in melancholisch gedämpften Hexametern aus, die um eine versinkende Kultur der Schönheit und Menschlichkeit trauern. „Tot ist die Kunst .... Und hin und wieder nur / Weit abseits vom Markt / Zucken verendend / Noch ihre letzten disjecta membra." Saar wußte um das nahe Ende des alten Österreich, seiner Aristokratie und seiner idyllisch-schönen Lebensformen. Deshalb erzählt er stets aus der Erinnerung; seine Novellistik war ein beständiges Abschiednehmen; sie zeigte die Schicksale ermüdeter, am Leben versagender Menschen.

Lebensfrischer war der Steiermärker P e t e r R o s e g g e r (1843 bis 1918), der vom Schneidergesellen zum Dichter wurde und, verbunden mit seinem bäuerlich-heimatlichen Lebenskreis, zu einem fruchtbaren regionalen Erzähler aufwuchs – vom Dorfschwank bis zum ernsten Erziehungsroman. Seine Erzählungen *(Schriften des Waldschulmeisters*, 1875; *Der Gottsucher*, 1883; *Jakob der Letzte*, 1888; *Martin der Mann*, 1891) sind volks-

tümliche, pädagogische Heimatkunst und von einer Heiterkeit
durchzogen, aus der ein gemüthafter Lebensglaube spricht.
Rosegger blieb stofflich und thematisch in der begrenzten Idylle.
„Die irdische Wahrheit ist ernst genug, aber sie verträgt es recht
gut, von dem Sonnenschein der Poesie beleuchtet zu werden,
ohne daß sie unwahr wird. Die Welt ist reich an Niedertracht
und sie ist reich an Größe und Schönheit. Nur darauf kommt
es an, was wir Poeten liegen lassen oder aufheben."

Mit den aktuellen religiös-politischen und gesellschaftlichen
Problemen des Jahrhundertendes rang der Wiener L u d w i g
A n z e n g r u b e r (1839–1889). Die Uraufführung seines *Pfarrers
von Kirchfeld* (1870) brachte ihm nach sorgenvollen Jahren
späten Ruhm. Er wurde der Dramatiker des Kulturkampfes, des
Wiener Volkes und der österreichischen Bauern. Anzengruber
leitete vom Realismus Hebbels und Ludwigs zum Naturalismus
über, aber er blieb zugleich dem Stil des Wiener Volksstücks
und Singspiels nahe. Er griff zum Dialekt, fügte Lieder ein und
verband ein wirksames Bühnentalent mit oft sehr zeitgemäßen,
kritischen Tendenzen. Er bekämpfte die Engherzigkeit des Bürgertums, den modernen Kapitalismus, eine lügnerische Schein-
frömmigkeit und Intoleranz der Kirche. Als Dramatiker fühlte er
sich als Volkserzieher, der aufrütteln, zur Besinnung und Gewis-
sensbefragung hinführen will. Mit epigrammatischem Witz und
psychologischer Beobachtung gestaltete er die Brüchigkeit einer
konventionellen Moral in *Das vierte Gebot* (1878) mit einer
berühmten Anklage gegen falsche Erziehung; in dem *Pfarrer von
Kirchfeld* und den *Kreuzelschreibern* (1872) lieferte er bäuerliche Parteistücke aus dem religiös-politischen Kulturkampf. Eine
lebhafte Handlung, viel Humor und derbe Volkswirklichkeit
zeigen seine Lustspiele *Der G'wissenswurm* (1874) und *Doppel-
selbstmord* (1876). In *Der Meineidbauer* (1871) entstand ein
bäuerliches Seitenstück zu Shakespeares Richard III. War auch
der bäuerliche Dialekt nicht immer getroffen: Anzengruber vertiefte das Volksstück durch eine oft schonungslose Psychologie,
und er gab ihm eine ernste erzieherische Mission. Damit nahm
er die Ziele des naturalistischen Dramas voraus, als dessen Vorläufer er von der folgenden Generation viel gespielt wurde. Der
Epiker in dem Roman *Der Sternsteinhof* (1884) oder in der Erzählung *Der Schandfleck* (1877) zeigt sich auf der Höhe der realistischen Erzählkunst. Er wählte den Lebenskreis der Bauern,
weil er nach ursprünglichen Menschen verlangte, „ohne daß ich
notwendig habe, die Kulturschminke des modernen Menschen

erst abzukratzen." Anzengruber wurde in Stoff und Sprache der volkstümlichste Dramatiker des späteren 19. Jahrhunderts.

Diese Lebensnähe fehlte E r n s t   v o n   W i l d e n b r u c h (1845 bis 1909), dem Enkel des Hohenzollernprinzen Louis Ferdinand. Er wurde als der patriotische Dramatiker, als Nachfolger Schillers und Kleists gefeiert, aber seine Beredsamkeit, die sich bis zum Schlagwort verirrte, schuf keine überzeugenden Gestalten, keine dramatische Handlung. Die Rhetorik seiner Heldenlieder *Vionville* (1874) und *Sedan* (1875), die er seit den *Karolingern* (1882) auf das geschichtliche Drama übertrug, war mehr ein Zeichen persönlicher Begeisterung als dichterischer Kräfte. Der Patriotismus war ihm eine Religion, der er gläubig diente. In *Der Mennonit* eiferte er gegen den Pazifismus, in *Das neue Gebot* gegen das Zölibat, in *Der neue Herr* (1891) schien sich der Konflikt Wilhelms II. mit Bismarck zu spiegeln. Am besten glückte das märkische Geschichtsspiel *Die Quitzows* (1888). In der *Rabensteinerin* (1907) setzte Wildenbruch die spätmittelalterliche Stadt, ihren Gewerbefleiß und ihre Kultur gegen das räuberische Rittertum. In der Gestalt des kriegerischen Weltkaufmanns sprach er im Sinne der wirtschaftlichen Expansionsbestrebungen des kaiserlichen Reiches. Sein geschichtliches Drama zielte tendenziös auf die Gegenwart. „Deutschland war politisch reif geworden. Nur für ein politisch reifes und zugleich hoffnungsstarkes Volk kann der Dichter historisch-politische Dramen schaffen." („Das deutsche Drama", 1898). Aber die Zeit des idealistisch-heroischen Dramas war vorüber; ein lebensechter, schmerzlich erkämpfter Ideenglaube war zur glatten, billigen Phrase geworden. Wildenbruch wich, wie viele Schriftsteller des endenden Jahrhunderts, in eine Scheinwelt aus, in einen Historismus, der dem Lebensgefühl des neuen Deutschen Reiches entsprechen sollte, aber nur in der Oberflächlichkeit des Epigonentums blieb. Wildenbruch wurde von dem Naturalismus verdrängt, der sich ehrlicher und kritischer zu einer illusionslosen Wirklichkeit bekannte. Vergeblich versuchte er, in der *Haubenlerche* (1891) und *Meister Balzer* (1893) mit dem sozialen Drama zu wetteifern. Seine Lyrik und seine Erzählungen (*Das edle Blut*, 1892) verfielen nach kurzem Ruhm der Vergessenheit.

XVII

VOM NATURALISMUS
BIS ZUM ERSTEN WELTKRIEG

Am Ende des 19. Jahrhunderts zeichnete sich im geistigen Leben
Europas ein Krisenbewußtsein ab. In Deutschland hatten der
Sieg und die Reichsgründung von 1870/71 zu einem Aufschwung
der Wirtschaft und des staatlichen Machtdenkens geführt, dessen
geistige und politische Problematik einsichtigen Geistern nicht
verborgen blieb. Bereits die Dichtung des späteren 19. Jahrhunderts hatte die Neigung zur resignierten Abkehr von einer stürmischen, zum Betrieb und zur Phrase veräußerlichten Entwicklung gezeigt; Kellers, Raabes, F. Th. Vischers, Fontanes, Burckhardts Alterspessimismus entstand aus der Sorge um die Bewahrung einer an geistige Werte gebundenen Rechtlichkeit. Sie erkannten, was schon 1848 viele geängstigt hatte, im akuten Ausbruch: das Erlöschen einer humanen, auf ideelle Werte gerichteten Bürgerkultur, die auf das Erbe des Idealismus zurückwies.
In der Autonomie des Staatlichen, im Kapitalismus der Industrie,
im ökonomischen Pragmatismus von Wirtschaft und Technik, im
Machtdenken des Nationalismus, im Aufstand der Massen, im
Erfolgsdenken der Gründerjahre, im Pathos des Fortschritts, im
seichten Bildungsoptimismus der positivistischen Aufklärung, in
einem flachen Lebensvertrauen sahen sie die Krisen aller Grundlagen einer humanen Kultur. Das deutsche Bürgertum schien
seine besten Traditionen preiszugeben; es erlag der Ideologie des
Fortschritts oder erstarrte in der Enge materiellen Denkens. Der
Enthusiasmus über die nationale Einheit und Stärke in der
Reichsgründung schlug in eine „Reichsverdrossenheit" um, die
erkennen ließ, daß entscheidende Fragen ihrer Lösung fern blieben. Ein Dokument dieses Gesellschaftspessimismus ist der Briefwechsel von Fontane mit Georg Friedländer 1884 bis 1898 (1953).
„Was blieb da dem einsamen Poeten in seiner Angst und seinem
Ekel, in seinem unbeachteten Winkel übrig, als in den trockenen
Scherz, in den ganz unpathetischen Spaß auszuweichen, die Schel-
lenkappe über die Ohren zu ziehen und die Pritsche zu nehmen?
– Es ist übrigens immer ein Vorrecht anständiger Leute gewesen,
in bedenklichen Zeiten lieber für sich den Narren zu spielen, als
in großer Gesellschaft unter den Lumpen mit Lump zu sein"

schrieb Raabe im Vorwort seines „Christoph Pechlin", das er der
zweiten Auflage 1890 vorausschickte. Ähnlich wie aus den Alters-
romanen Fontanes sprach hier eine skeptisch-resignierte, in das
Innerliche zurückgezogene Weisheit. Anders mußte die Jugend
antworten, die vom gleichen Gefühl innerer Unstimmigkeiten
und nahender Katastrophen erregt wurde. In den letzten Jahrzehnten des 19. Jahrhunderts vollzog sich eine latente innere
Revolution im deutschen Volkskörper, die das geistig-literarische
Leben in das Chaos der Verwandlungen hineinriß. Großstädte
wuchsen in übersteigertem Tempo auf, Berlin wurde der Brennpunkt neuer Energien. 1869 schrieb der Philosoph des Unbewußten, Eduard von Hartmann: „Wir leben ... in einer Zeit so
großer Umwälzungen, wie dieselben seit der Renaissance und
Reformation nicht dagewesen sind." Die Industrialisierung führte
zur Zunahme der Arbeitermassen, die in der revolutionären Sozialdemokratie ihre Führung fanden (seit 1875 „Sozialistische
Arbeiterpartei Deutschlands"). Die materialistische Geschichtsauffassung von Karl Marx, der Atheismus Ludwig Feuerbachs
hatten sich mit dem Positivismus der Naturwissenschaften (Dar-
win, Haeckel) verbunden. Die Welt wurde als soziales Kräfte-
spiel betrachtet, als eine von Stoff und Kraft bestimmte, sich im
rücksichtslosen Lebenskampf entwickelnde Wirklichkeit. Das
kulturelle Leben des Bürgertums neigte zu einem unfruchtbaren
„Historismus", von dem keine geistig produktiven Wirkungen
ausstrahlten. Dieser Historismus bedeutete eine Flucht in die
Unverbindlichkeit einer romantisch-abenteuerlich oder idyllisch
behaglich gesehenen Vergangenheit. Man schmückte sich, da die
eigene kulturschöpferische Kraft ausblieb, mit historischen Stilformen in einer bunten und dekorativen Maskerade. Ein anderes
Verhältnis zur Geschichte zeigten die großen Erzähler, wie Raabe,
Keller, C. F. Meyer, und die Historiker, wie Burckhardt. Ihnen
ging es um die Bewahrung eines dauernden geistigen und nationalen Besitztums, um die Erhaltung einer Tradition, die für sie
das Wesen der menschlichen Kultur bedeutete. Wenn sie vom
geschichtlichen Leben sprachen, zielten sie auf die Gegenwart
und ihr Geschick.

Die einzelnen Lebenskreise isolierten sich voneinander; das Gefühl einer Kulturzersetzung löste den Glauben an eine sinn-
gebundene Einheit des Daseins ab. Im radikalen Protest gegen
die bestehenden Zustände suchte die junge Generation eine Da-
seinsordnung zu finden, die, anders als der überlieferte, von ihr
verkannte Realismus des 19. Jahrhunderts, dieser höchst proble-

matischen Wirklichkeit ungeschminkten Ausdruck lieh. Sie wollte
das Mißverhältnis zwischen der geistigen und tatsächlichen Welt
aufheben und die Literatur den Fragen der Zeit öffnen. Am
Jahrhundertende wurden die Programme und Leitworte der
ersten Jahrzehnte erneuert. Es war schwer, diesen neuen Stil zu
finden, waren diese jungen Revolutionäre doch ringsum vom
pathetischen Sieges- und Fortschrittsstolz einer sich stark und
gesegnet fühlenden Nation umgeben und mit einem im konventionellen bürgerlichen Geschmack befestigten Bildungserbe belastet. Sie glaubten nicht mehr an seine zur billigen Phrase gewordenen Ideale.

In welchem Umfang es um gemeinsame europäische Erfahrungen
ging, zeigt die Wirkung der ausländischen Dichtung, in der diese
literarische Jugend die Stoffe und den Stil ihres Ausdruckswillens
fand. Der französische Roman hatte mit Schärfe und Intensität
des Wirklichkeitssinnes längst die gesellschaftlichen Probleme der
Zeit ins Auge gefaßt und kritisch analysiert (Balzac, Flaubert).
Man hatte in Frankreich den Mut zu einer desillusionierenden
Psychologie des modernen Lebens besessen, als der deutsche
Roman noch einen verinnerlichten und versöhnenden Diesseits-
glauben aus der Kraft des Poetischen verteidigte. Emile Zola
(1840–1902) war mit radikaler Konsequenz zu einer wissen-
schaftlich-psychologischen Aufnahme der täglichen Wirklichkeit,
vor allem der Großstadt, geschritten. Er ließ sich von zwei
Grunderkenntnissen leiten: daß alles menschliche Dasein erstens
zwangsläufig an die Bedingungen seiner Umwelt und zweitens
seiner Herkunft gebunden sei. Damit war der Glaube an eine
ideelle und sittliche Freiheit aufgegeben und der Mensch in seine
soziale Situation und sein psycho-biologisches Erbe geklammert.
Er wurde das berechenbare Produkt seines Milieus und seiner
Vorfahren. Vererbung und Anpassung galten als Grundmächte
des gesellschaftlichen und individuellen Daseins. Zolas 20 Bände
umfassende „Histoire sociale et naturelle" einer Familie *Les
Rougon-Macquart* (1871–93) schilderte Lebensschichten, die
man bisher literarisch ausgeschaltet hatte: das Elend der Arbeiter-
viertel, der Bergwerksklaven, der Großstadtkneipen, Bordells
und Hospitäler. Er bewies nicht nur eine bis ins kleinste Detail
genaue Beobachtungsgabe, auch ein soziales Mitleid, das anklagen,
aufregen und bessern wollte. In diesem Naturalismus der Dichtung fand Zola die Wahrheit und Aktualität der Kunst *(Le
roman expérimental,* 1880).

Dieses soziale Ethos schien der Russe Leo Tolstoj (1828 bis

1910) durch sein Leben zu verwirklichen. Auch seine Romane (*Krieg und Frieden*, 1865; *Anna Karenina*, 1876) zeigten eine bisher unbekannte Intensität der psychologisch nuancierten Beobachtung. Er schilderte nicht mehr das losgelöste Individuum, sondern Massenschicksale in Gesellschaft und Volksleben. Der Einzelne wird vom kollektiven Dasein aus gesehen. Entscheidender war, daß der reiche Graf, glänzende Offizier und berühmte Autor zum Ideal der urchristlichen Einfachheit zurückkehrte, zum arbeitsamen Bauernleben und zu dem freiwilligen Opfer für die Armen; daß er allem Besitz, überhaupt der westlichen ästhetischen Kultur als einer Lüge den Kampf ansagte und so jenen Kulturpessimismus realisierte, der in der jungen Generation den Überdruß an allem Bildungserbe als einer Verfälschung der Wirklichkeit entstehen ließ. Der Russe F. M. D o s t o j e w s k i j (1821–1881) erschien als ehemaliger politischer Häftling, als Psychologe erschütterter und brüchiger Seelen, als grüblerisch religiöser Prophet einer untergehenden Kultur wie der berufene geistige Führer der Jugend. „Noch niemals war Europa mit solchen feindlichen Elementen durchsetzt wie heute. Es scheint ganz unterminiert, mit Pulver geladen zu sein, und wartet nur auf den Funken." Er entdeckte die Not seelisch belasteter Menschen und rang aus religiösem Bewußtsein um ein tiefer durchgeistigtes, christliches Leben. Gegen die bürgerliche Moral und ihre konventionellen Lügen wandten sich die gesellschaftskritischen Dramen des Norwegers H e n r i k I b s e n (1828–1906); er bildete die Technik eines analytischen Dramas aus, das die Fragwürdigkeit der geltenden Sittlichkeit beleuchtete und gegen alle unwahren Allgemeinheiten die Kraft des aus seiner freien Überzeugung lebenden Menschen stellte. Nicht seine Geschichts- und Weltanschauungsdramen (*Nordische Heerfahrt*, 1858; *Brand*, 1866; *Peer Gynt*, 1867), sondern seine pessimistisch-ironischen Gesellschaftsstücke gaben das Beispiel eines neuen Dramas. „Das ganze Geschlecht ist auf falscher Fährte, das ist die Geschichte" (*Stützen der Gesellschaft*, 1877; *Nora*, 1879; *Gespenster*, 1881; *Wildente*, 1884). Der Schwede A u g u s t S t r i n d b e r g (1849 bis 1912), dessen Wirkung erst später einsetzte und zum Expressionismus hinüberführte, durchschritt in zahlreichen dramatischen und epischen Dichtungen alle geistigen Möglichkeiten der wandlungsreichen Zeit: vom Naturalismus zum Sozialismus, dann vom autonomen Individualismus und von religiöser Skepsis bis zur Mystik, zu der auch der alte Ibsen einkehrte (*Wenn wir Toten erwachen*, 1900). So verschiedenartig diese europäischen

Dichter waren: es verband sie der Widerspruch gegen den Zeitgeist, der Kampf gegen alle Illusionen, das Wissen um menschliches Elend und der Mut, das bürgerliche Lebensbehagen zu
zerstören.

Ein neuer „Sturm und Drang" schien zu beginnen; zunächst im
Roman, der dem neuen Lebensgefühl am meisten entsprach und
die geringsten Kunstforderungen stellte. Die Brüder H e i n r i c h
(1855–1906) und J u l i u s (1859–1930) H a r t erklärten sich in
ihren *Kritischen Waffengängen* (1882 ff.) als Anhänger des Naturalismus in der Art Zolas, aber ohne dessen Vorliebe für die
desillusionistische Elendsschilderung.

Tödlich trafen sie die bürgerlich-liberale Romantik eines Spielhagen, den klassizistischen Schönheitskult von Geibel und Heyse.
M i c h a e l G e o r g C o n r a d (1846–1927) gründete die Zeitschrift „Die Gesellschaft" als Organ junger Dichtung und versuchte mit Zeitromanen aus dem Münchner Leben (*Was die Isar
rauscht*, 1887) die Nachfolge Zolas. C o n r a d A l b e r t i (1862
bis 1918) wandte sich mit gleichem Stoff- und Stiltendenzen dem
Berliner Leben zu (*Der Kampf ums Dasein*, 1888). „Ich will
euch sagen, was wir brauchen! Ein Sedan brauchen wir, in dem
wir die Rolle der Franzosen spielen, ein neues Jena, das uns auf-
risse von dem stinkenden, verfaulten Lotterbett, auf das uns die
Bourgeoisie geworfen!... damit dieses Gesindel, das seit 1870
im Vaterland herrscht, Jobber und Unteroffiziere, erfährt, daß
es noch etwas Höheres gibt als Börsenschwindel und Exerzier-
drill!", heißt es in seinem sozialen Roman *Die Alten und Jungen*
(1889). M a x K r e t z e r (1854–1941) schrieb mit starker Sympathie für die Sozialdemokratie die anklagenden Romane *Meister
Timpe* (1888) und *Das Gesicht Christi* (1897), in denen er vom
Zusammenbruch des Handwerks durch die Fabriken und den
Kapitalismus sprach und Christus als Heiland in eine entartete,
egoistische Gesellschaft hinabsteigen ließ.

Doch nicht im Roman, sondern im Drama fand der deutsche
Naturalismus seine eigene Form. Er wollte die Wirklichkeit;
nicht ein schönes Kunstwerk, sondern das Leben ohne Hülle und
falsche Scham. Seine Stoffwahl bestimmte ein sozialer Pessimismus, der auf die Niederungen des Lebens blickte. H. Conradi
verkündigte keineswegs ironisch: „Man gewöhne sich bitte daran,
allenthalben als das Selbstverständliche von der Welt nur Dreck,
Moder, Schweiß, Staub, Kot, Schlamm und andere Parfums zu
erwarten." H e r m a n n C o n r a d i (1862–1890) war der radi-

kalste, auch politisch aggressive Vorkämpfer des Naturalismus. Seine *Lieder eines Sünders* (1887) erregten erhebliches Aufsehen, sein Roman *Adam Mensch* (1889) brachte ihn in Konflikt mit dem Staatsanwalt. Diese Brutalität der Wahrheit war ein Angriff gegen das Bürgertum; ihr dienten die Stilmittel des Dialekts, einer genauen Milieuschilderung, krasser Gegenständlichkeit. Sie bedeuteten eine völlig neue Form und Sprache des Dramas, die Arno Holz in seinem Programm des „konsequenten Naturalismus" ausarbeitete. Er erklärte ihn durch die Formel, die Kunst habe die Tendenz, Natur zu sein. Sie werde Natur nach Maßgabe ihrer jeweiligen Reproduktionsbedingungen und deren Handhabung. Es kam ihm vor allem auf die Erneuerung der Wortkunst an.

A r n o H o l z (1863–1929) folgte zunächst in seinem eine Opposition einleitenden Gedichtband *Das Buch der Zeit, Lieder eines Modernen* (1886), trotz neuer sozialer Themen, Einflüssen von Heine und E. Geibel. Seine Schrift *Revolution der Lyrik* (1899) setzte radikale Entwicklungsakzente. Holz wurde zum doktrinären Streiter gegen die Konventionen des Reims, des Verses, des „poetischen" Vokabulars, gegen das Klischee lyrischer Erhöhungen, für eine rhythmische „Natürlichkeit" der Sprache, die sich aus der Prosa bildete. Mit Energie erprobte er eine neue Technik des Erzählens in Prosa, die er, über Zolas Naturalismus hinausgehend, theoretisch ergrübelt hatte, mit J o h a n n e s S c h l a f (1862–1941) zusammen im Buche *Papa Hamlet* (1889), das unter dem Pseudonym Bjarne P. Holmsen herauskam. Es enthielt Skizzen, die ein Stück Leben mit äußerster Präzision wiedergaben: aus dem vierten Stock eines Berliner Mietshauses, aus dem Studentenleben und niederer Künstlerbohème. Ein „Sekundenstil" war gefunden, der die kleinsten Bewegungen, Geräusche, Schattierungen verzeichnete. Eine radikale Präzision der analytisch-ironischen, in ihrer Sachlichkeit expressiv gesteigerten Form der Prosa wurde durch Holz mit scharfem Kunstverstand herausgearbeitet. Die Kunst wurde den Wandlungen der Gesellschaft zugeordnet, als Teilausdruck des aktuellen Zeitgeistes verstanden und aktiviert. Sie wurde zur Kritik der Gesellschaft verengt. In *Familie Selicke* (1890) ließen Holz und Schlaf eine dramatische Studie aus dem kleinbürgerlichen Alltag folgen, in der im losen Nebeneinander der Szenen eine äußerste Genauigkeit der Wirklichkeitsaufnahme erreicht wurde. Doch auch Grenzen dieses Stils wurden rasch sichtbar: ihm gelang das zuständliche Schildern, die protokollarische Nachschrift der Wirklichkeit, nicht aber ein inneres Gestalten, das auswählen, fortlassen, steigern und verdichten muß. Das Theaterstück *Traumulus* (1904), das Holz mit O s k a r J e r s c h k e (1861–1928) schrieb, wich bereits vom konsequenten Naturalismus ab; ebenso die Dramen seines großen geplanten Zyklus *Berlin. Die Wende einer Zeit,* aus dem drei Werke erschienen: *Sozialaristokraten* (1896), *Sonnenfinsternis* (1908), *Ignorabimus* (1913). Das dichterische Vermögen von Arno Holz lag im Streit mit seinem Kunstgewissen, das dem experimentierenden Bewußtsein großen Raum ließ. Daran scheiterte sein *Phantasus* (in mehreren Fassungen 1898–1926), sein lyrisches Hauptwerk, dem er seit Jahrzehnten seine reiche schöpferische Phantasie gewidmet hatte. Er wollte ein Weltbild geben, in unzähligen Farbenbrechungen und Verwandlungen: einen Spiegel des Kosmos, der vom Rasiermesser bis zu den Planetensystemen, vom Grashalm bis zu kosmischen Urgewalten, durch alle Zeitalter und von zarter Stimmung bis zur Groteske, vom Visionären bis zum photographierten Alltag führt. Dieses Riesenwerk, ein „Non-Plus-Ultra-Poëm", steht am Beginn jener lyrischepischen Monumentalschöpfungen, die bei zur Linde und Däubler wiederkehren. Holz erstrebte eine Revolution der Lyrik. Hier gibt es nicht mehr Reime, Strophen, Verse und Wortmusik, nur den natürlichen und innerlich je notwendigen Rhythmus, der von der „Natur" des Ausgedrückten, im Gegensatz zu jeder Stilisierung, die Form empfängt. Darin lag der äußerste Protest gegen alle Konvention, aber auch eine eigene sprachbildende Kraft, die viele Entwicklungsmöglichkeiten bis zu dem Expressionismus in barg. Deutlich wird in der Formensprache der Zerfall der Welt in das zusammenhanglos Vielfältige, zugleich eine neue dynamische Sachlichkeit des Sehens und Benennens, eine Unmittelbarkeit der rhythmischen Gebärde. Aus dem Verlust an objektiver Form, aus dem Impressionistisch-Okkasionellen der Stimmungen drohte neben neuer lyrischer Durchdringung der Sprache auch ein Abgleiten zur nüchternen Prosa, zum entfesselten Wortschwall, wie denn Holz eine geheime Verwandtschaft zu der barocken Rhetorik eines Fischart oder Abraham a Santa Clara zeigt.

Fern
liegt ein Land!
In dunklen Nächten
rauschten schwermütig seine Eichen.
Bleiche brodelnde Nebeldünste
würgten sein letztes bißchen Sonnenglück.

Meine arme zitternde Seele,
sehnsuchtskrank, im ersten eisigen Frostgrimmen, erschauerte,
erstarrte vor Trauer,
erstarb
in Finsternis.
Weiche Flocken deckten mein Grab.

In zahlreichen theoretischen Schriften (*Das Werk*, 1924/25) hat
Holz seine Revolution der Lyrik verteidigt. Über welche virtuosen Sprachkünste er verfügte, beweisen seine amüsanten Paro-
dien barocker *Freß-, Sauff- und Venuslieder* „benebst angehänck-
ten Buß-Thränen" im *Dafnis* (1904) und die grotesk-spielerische
Blechschmiede (1902 ff.).

An der Entwicklung von Holz wird deutlich, daß der Naturalismus für schöpferische Geister einen Durchgang, nicht die Erfüllung bedeuten konnte. Das verwirrende Spiel der geistigen
Strömungen seit dem Jahrhundertende ließ bei reich angelegten
Dichtern das Beharren in einer festen Stilhaltung nicht mehr zu;
sie wurden von vielen Möglichkeiten angezogen und bargen
viele wechselnde Spannungen. Dies gilt für das überaus vielseitige Werk G e r h a r t H a u p t m a n n s (1862–1946). Bei ihm
sind nicht nur im Sinne Goethes das Leben und das Werk eine
Einheit; er umfaßte die Möglichkeiten und Zwiespälte der Zeit
in ihrem breitesten Umfange, ohne doch dem eigenen Lebens-
gesetz entfremdet zu werden. Er nahm viele Anregungen auf
und gestaltete sie oft erst zu ihrer endgültigen Form. Er erlitt
alle Probleme und suchte sie in rastlosem Bemühen dichterisch
zu bewältigen. Ohne Hauptmann wäre der Naturalismus ein
Zwischenspiel geblieben; in seinen Dramen fand er die reife
Auswirkung, wie er andererseits auch dem jungen Dichter erst
den eigenen Stil ermöglichte. Hauptmann, der Sohn eines Gast-
hofbesitzers im schlesischen Obersalzbrunn, mußte bis zu seinem
ersten Drama *Vor Sonnenaufgang* (Uraufführung durch die Berliner Freie Bühne 1889) einen langen, unsicher tastenden Weg
zurücklegen, den seine Autobiographie *Das Abenteuer meiner
Jugend* (1937) schildert. Der Schulzeit in Breslau folgten land-
wirtschaftliche Lehrjahre in herrnhutischer Umgebung, eine Hun-
gerzeit an der Breslauer Kunstschule, um Bildhauer zu werden.
Naturwissenschaftliche Studien in Jena wurden abgebrochen, eine
Reise nach Rom brachte keine Resultate. Ein Epos *Promethiden-
los* (1885) folgte trotz stark sozialer Tendenzen abgenutzten
klassizistischen Wegen. Seit 1885 trat Hauptmann vom nahen
Erkner aus mit dem jungen Berliner Dichterkreis in Fühlung.

Er traf mit August Bebel zusammen. Wilhelm Bölsche (1861–1939), der Naturwissenschaftler und Schriftsteller, hatte gerade seine naturalistische Poetik *Die naturwissenschaftlichen Grundlagen der Poesie* (1887) veröffentlicht. Hauptmann schrieb soziale Gedichte in der Art von Holz, dessen „Papa Hamlet" ihn entscheidend anregte. Mit der märkischen Novelle *Bahnwärter Thiel* (in der „Gesellschaft" 1888) war er auf dem gleichen Wege der intensiv beobachtenden, sozial gefärbten Zustandsschilderung. Diese Novelle gehört in der Symboldichte ihres Erzählens und darin, wie in ihr die späteren Grundmotive Hauptmanns von der unerlösbaren tragischen Zerspaltenheit der Welt anklingen, zu seinen künstlerisch reifsten Leistungen. In ihr wurde zuerst die moderne technische Welt zum gestalteten dichterischen Thema.

Hauptmann suchte bereits mit seinem ersten Drama *Vor Sonnenaufgang* trotz der Brutalität des Stoffes über das nur Naturalistische hinauszukommen. Den seelisch und körperlich entarteten Parvenüs im schlesischen Kohlengebiet, die im Dunst von Schnaps Geilheit und im moralischen Schmutz vegetieren, stellte er die versklavten, hungernden Arbeiter gegenüber. An ihre Seite tritt der sozialistische Agitator und Idealist Alfred Loth. Aber, vom Gesetz der Vererbung erschreckt, läßt dieser die Geliebte, die Tochter des Schnapsbauern, damit seine „Lebensaufgabe" im Stich. Zwei Welten werden aneinandergefügt, ein innerer Stilbruch zwischen dumpfer Wirklichkeit und einem sozial empfindsamen Idealismus deutet sich an, den Hauptmann nur selten überwunden hat.

Er erstrebte nicht die dramatische Handlung im alten Sinne, sondern eine fast protokollarische, milieugetreue Zustandsschilderung, die eine starke, oft lastende Atmosphäre verdichtet. Sie verbindet sich mit einer Psychologie, die den Menschen unentrinnbar und willenlos an sich selbst und seine Triebe, an seine Umwelt heftet und ihm damit jede Freiheit der Entscheidung nimmt. Hauptmanns Gestalten werden erleidende Geschöpfe und Opfer dunkler Gewalten; sie haben die Kraft verloren, sich selbst zu formen, und gehen an sich selbst, ihrer Existenz zugrunde. Er wurde aus eigenem Leiden der Anatom der endenden bürgerlichen Gesellschaft. Dem Stil Ibsens näherten sich die Dramen *Das Friedensfest* (1890) und *Einsame Menschen* (1891). Es sind Diagnosen des bürgerlichen Zerfalls; ohne letzte Antwort auf die sich drängenden Fragen. „Für meine Natur kann ich nichts", sagt der weiche, nervöse Stimmungsmensch Vockerat in *Einsame Menschen*. Er ist ein Unverstandener, der sich nach Gesundheit,

eigenem freiem Leben sehnt und nicht die Willenskraft hat, diese
Sehnsucht zu verwirklichen. Die Verhältnisse, seine Eltern und
Frau sind stärker als er; die allein ihn verstehende Studentin
Anna Mahr muß gehen, er ertränkt sich. Eine Familienkata-
strophe wird geschildert, die Tragödie des dem Alltag geopferten
geistigen Menschen. „Ich lege dieses Drama in die Hände der-
jenigen, die es gelebt haben", schrieb Hauptmann auf ein Wid-
mungsblatt. Er schilderte die Konflikte seiner bürgerlichen Umwelt, über die ein neuer Menschentyp hinausstrebte.

In Hauptmanns Dichtertum lebt eine soziale Mitleidsmoral aus
christlicher Innerlichkeit; sie gab seinem naturalistischen Stil die
lange überhörte Tiefe. Ein Weltschmerz aus christlichem Erlebnisgrunde fand bei ihm die soziale Wendung. In dem Schauspiel
Die Weber (1892) schuf er die Tragödie einer Masse, den ver-
hungernden schlesischen Heimarbeiter, denen die Maschinen das
Brot nehmen. Heine hatte für sie das Weberlied gedichtet (vgl.
S. 371). Hier geht es nicht um einen einsamen Menschen, sondern
um eine Klasse, eine durch die gleiche Not zur Einheit gewordene
Volksschicht – damit war ein entscheidender Schritt in der Geschichte des Dramas gewagt. Sie duldet, verzweifelt, schreit auf,
rottet sich gegen ihre Ausbeuter zusammen und muß endlich der
Macht unterliegen. Ein hoffnungsloser Pessimismus angesichts
der Brutalität der Wirklichkeit liegt über dem Drama. Hauptmann wollte nicht die politisch-soziale Agitation; er schrieb eine
Tragödie leidender, armseliger, triebhaft gejagter Menschen. Dem
revolutionären Moritz Jäger und dem roten Bäcker stellte er in
dem christlich-pflichtgetreuen alten Weber Hilse das Ethos der
gläubigen Resignation gegenüber. Er dichtete aus der Erschütterung über menschliches Leid und aus der Hoffnungslosigkeit
menschlicher Not heraus.

In *Kollege Crampton* (1892) gab Hauptmann den Versuch einer
naturalistischen Komödie mit tragischen Akzenten; der ver-
bummelte, alkoholisierte Akademieprofessor mit dem weichen
Herzen, den vielen Plänen und seinem Philisterhasse wird vor
dem Abgrund gerettet, aber nicht aus seiner inneren Not befreit.
Im *Biberpelz* (1893) gelang eines der besten deutschen Lustspiele,
das vor allem von der glänzenden Charakteristik der Mutter
Wolffen lebt, einer derben, fleißigen, sorgenden, listig skrupel-
losen Waschfrau, die tüchtig und bedenkenlos den Kampf gegen
die Armut auf sich nimmt. Sie ist nur Gegenwart, Willen, schlaue
und zähe Tatkraft. „Wer halt nich wagt, der gewinnt ooch nich.
Und wenn de erscht reich bist und kannst in der Eklipage sitzen,

da fragt dich kee Mensch nich, wo de's her hast." Sie ist klüger
als alle, unendlich gescheiter vor allem als der dünkelhafte, preu-
ßisch stramme und arrogante Amtsvorsteher Wehrhahn. „Der
Mann is Ihn' aber tumm… nee, horndumm. Ich seh' durch mei
Hihnerooge mehr, wie der durch sein Glaasooge, kenn' Se mer
glooben… Das kann ich Ihn' sagen, wenn's druff ankommt: dem
stehl ich a Stuhl unterm Hintern weg." Eine ähnlich gerundete
Komödie ist Hauptmann trotz der Fortsetzung in *Der rote Hahn*
(1901) und trotz der *Jungfern von Bischofsberg* (1905), die von
persönlichen Erlebnissen im schwiegerväterlichen Hause erzählen,
nicht wieder gelungen.

Eine Überraschung bereitete 1893 die dramatische Traumdich-
tung *Hanneles Himmelfahrt*. Obwohl Hauptmann Grundzügen
seines dramatischen Stils – der lockeren Form, dem beinahe zufälligen Lebensausschnitt, der Betonung des Seelischen auf
Kosten der dramatisch strengen Linie, dem mangelnden Abschluß – treu blieb, ging er bei jeder neuen Schöpfung von einer
neuen Lebenserfahrung aus. Der naturalistische Stil bedeutete
auf die Länge eine Fesselung seines Ausdruckswillens. In *Hanneles Himmelfahrt* setzte er gegen die Elendsatmosphäre eines
schlesischen Gebirgsdorfes die Innerlichkeit der visionären
Träume der mißhandelten Hannele; die kindliche und religiöse
Phantasie der Sterbenden erfüllt den Raum mit geisterhaften
Schatten und Bildern. Die Gegensätze in Hauptmanns Dichtung
wurden sichtbar – dieselbe Sehnsucht, aus der bisher schon alle
seine tragischen Gestalten lebten, führt zu Hanneles lyrischer
Verzauberung. Vers und Monolog, die der Naturalismus verfemt hatte, kamen zu neuer Wirkung.

Lange arbeitete Hauptmann an dem folgenden Werk, der Tragödie des Bauernkrieges, *Florian Geyer* (1895). Er wollte das
geschichtliche Drama für den naturalistischen Stil gewinnen und
eine soziale Volksbewegung schildern, die aus christlichem Ethos
und menschlichem Leiden aufwuchs und an feindlicher Übermacht zerbrach. Er vertiefte sich in ausgedehnten Studien in die
Geschichte, Atmosphäre und Sprache der Reformationszeit. In
der Mitte des umfangreichen Spiels steht der adlige Bauernführer
Florian Geyer. Er ist kein Held im alten Sinne, mehr der heraus-
gehobene Sprecher der vielköpfigen Masse, der er vergeblich
seinen Willen einzuprägen sucht. Das Werk wurde zur Tragödie
der deutschen Zwietracht. Es hat sich nach seinem Mißerfolg bei
der Uraufführung 1896 und auch nach einer Bearbeitung von
1904 auf der Bühne nicht recht durchsetzen können.

Auf dem in „Hanneles Himmelfahrt" gefundenen Wege schritt
Hauptmann in der balladenhaften, düster endenden *Elga* (1896)
weiter, die er Grillparzers „Kloster bei Sendomir" (vgl. S. 388)
nachdichtete. Zur Märchendichtung wurde *Die versunkene Glocke*
(1896). Es ist in symbolischer Sprache die Tragödie des Künstlers, dem das Werk versinkt. Tückische Gewalten stoßen die
Glocke des Glockengießers Heinrich in den See, lebensmüde und
verzweifelt verläßt er Weib und Kind, um „aus der Kraft der
Höhen", von der Elfe Rautendelein geliebt, ein neues Werk zu
schaffen. Die Reue ruft ihn zum Tal zurück, wo ihn nur Hohn
und Leid trifft. Wieder steigt er zum Berg hinauf, aber der
Zaubertrank, der ihm die alte Kraft und Rautendelein zurück-
schenkt, bringt ihm den Tod. Viel Symbolhaftes aus alten Mythen
hatte Hauptmann hineingewebt, Anklänge an Goethes Faust, an
Nietzsches Übermenschen. Hier zeigte sich eine Schwäche seines
Dichtertums, dem der reine Ausdruck des Ideellen mißlang.
Um so eindrucksvoller wurden die erdhaft-gespenstischen Mär-
chenzüge, jene untergründigen Zauber- und Spukgestalten, die
er heimischen Sagen entnahm, denen er traumhaft verbunden
blieb. In ihnen fand er die Symbole seines grüblerischen, tief
verinnerlichten, den kosmischen und landschaftlichen Mächten
nahen Lebensgefühls. Zu dem heute verblaßten Erfolg der „Versunkenen Glocke" trug die Zeitstimmung bei, die der naturalistischen Elendsmalerei müde war und sich mit träumerischer Phantasie den rauschhaft-visionären Stimmungen der sogenannten
„Neuromantik" (vgl. S. 503) zuwandte. Der von ihr angeregten
Rückkehr zur Geschichte und Legende und ihren ästhetisch-reli-
giösen Neigungen folgte Hauptmann in der Neudichtung der mittelhochdeutschen Versnovelle von Hartmann von Aue (vgl. S. 42)
Der arme Heinrich (1902), die so wenig dramatische Züge bot
wie später die *Winterballade* (1917), eine Umdichtung einer Erzählung von Selma Lagerlöf („Herrn Arnes Schatz").
Wie für Hauptmann das Schwergewicht auf dem Seelischen lag,
auf der inneren psychologischen Entwicklung, lehren die Dramen
Fuhrmann Henschel (1898) und *Rose Bernd* (1903), beide wiederum in naturalistischer Technik. Der alternde, redliche schlesische Fuhrmann wird durch die tückische Niedertracht seiner
Magd, die er nach dem Tode seiner Frau heiratete, zum Tode
getrieben; wehrlos wird er das Opfer ihrer brutalen Gemeinheit.
Hauptmanns lebensechte, bis in das kleinste Detail von Umwelt,
Sprache und Seelenzeichnung getreue Darstellungskunst ist, wie
in „Rose Bernd", der Tragödie der gefallenen und gehetzten

Bauernmagd, gegenüber den früheren Werken noch gewachsen. „Ich hab's woll gemerkt in mein'n Gedanken, daß das und war uf mich abgesehen... ane Schlinge ward mir gelegt, und in die Schlinge da trat ich halt 'nein... Schlecht bin ich gewor'n, bloß ich kann nischt dafier. Ich bin ebens halt aso 'neingetapert." Familienstücke im naturalistischen Stil wurden *Michael Kramer* (1900) und *Gabriel Schillings Flucht* (1907, erschienen 1912). Das erste zeigt den Kampf eines durch Selbstzucht gereiften Künstlers um seinen genialen, verkommenen Sohn, den er von sich stößt, nach dessen Freitod er aber dem Verlorenen eine erschütternde Totenrede hält. Das zweite schildert die Tragödie des willenlosen Künstlers zwischen zwei Frauen, in denen sich der Gegensatz bürgerlicher Ordnung und freier Bohème verkörpert. Ein Nachzügler des Naturalismus wurde die überaus bühnenwirksame Berliner Tragikomödie *Die Ratten* (1911). Der Stoff ist fast kriminalistisch, dem Thema des „Fuhrmann Henschel" und der „Rose Bernd" verwandt. Wie ein Symbol der nahen politischen Katastrophe des Reiches wirkte die große Mietskaserne mit ihren verkommenen, vom Leben zerdrückten Bewohnern.

Die Ostseeinsel Hiddensee bietet für „Gabriel Schillings Flucht" den Hintergrund. Dort hatte Hauptmann neben dem schlesischen Wiesenstein die Wahlheimat gefunden. Doch rief es ihn aus der geheimnisvoll-spukhaften Mystik des Nordens zu der gestaltfrohen Heiterkeit südlicher Landschaften. In die Symbolwelt märchenhafter Sagen- und Spukmenschen des Riesengebirges tauchte *Und Pippa tanzt* (1906) tief ein, zu tief, um in der Fülle der Beziehungen szenisch deutlich zu werden. Pippa ist das „Symbol der Schönheit in seiner Macht und Vergänglichkeit... in glitzerndem, feinschillerndem zerbrechlichem Glase"; sie ist das Sehnsuchtsziel aller Alters- und Kulturstufen: vom Glashüttendirektor bis zu dem mythisch-elementaren alten Huhn, der ihre Seele zerdrückt, von dem sehnsüchtigen Jüngling Hellriegel bis zu dem abgeklärten Greis Wann, der sie vergeblich zu bergen sucht. „Ich dachte an eine Vermählung des deutschen Genius in Gestalt des Michel mit dem Ideal südländischer Schönheit, wie es sich in Pippa verkörpert." Damit nahm Hauptmann, wie einst Goethe, die Spannung zwischen Norden und Süden als dichterisches Thema auf. Mit dem Roman *Der Narr in Christo Emanuel Quint* (1910), den die Novelle *Der Apostel* (1890) vorbereitete, wandte sich Hauptmann epischem Schaffen zu; erzählerische Züge hatte schon sein dramatischer Stil gezeigt. Der Roman vereint typische Motive: die Umwelt der schlesischen Heimat, die Kritik an der

bürgerlichen Gesellschaft, das gepeinigte Leben des armen Volkes mit der Sehnsucht nach Wiedergeburt urchristlicher Nächstenliebe und Erlösungshoffnung. Sie verkörpert sich in dem gläubig verzückten Tischlersohn, der das Leben Christi wiederholen will; umringt von fanatischen Jüngern, bekämpft und verehrt, verhöhnt, eingekerkert. Er wird zum Märtyrer einer entgötterten Zeit, dem sein Ziel entrissen wird und der einsam im Gebirge umkommt. Zwischen religiöser Ergriffenheit und pathologischem Wahn schwankt Emanuel Quint, zwischen dem Ruf zum Glauben und der Skepsis der psychologischen und analysierenden Studie schwankt dieser bedeutende, in sich zwiespältige Roman. Er verdeutlicht die Widersprüche in Hauptmann selbst – die Widersprüche des Zeitalters zwischen aufgeklärtem Positivismus und religiösem Verlangen. „Hier soll nicht verurteilt, sondern soweit wie möglich begriffen und ganz verziehen werden."
Von christlicher Jenseitigkeit fort führt in jähem Umschlag die schwelgerisch farbenglühende Erzählung *Der Ketzer von Soana* (1918). Ein Priester, der ein Mädchen liebt, wird durch sie zum Manne, zum echten Menschen. Der Eros durchlebt das Buch, die rauschhaft beseelte südliche Landschaft, die von Sonne und Schönheit strahlt und das sinnliche Wunder der Schöpfung feiert. Diese Rückkehr in die Reiche der Natur ist nicht nur ein Symptom der vom Ersten Weltkrieg erschütterten Zeit, nicht nur eine utopische Flucht in ein anderes, kosmisches Jenseits: in dieser Erzählung kehrt erneut ein Ketzer, ein Gottsucher zu Gott ein. Gott wird für ihn wirklich in den Urkräften des Lebens – das fruchtbar strömende, berauschende Leben in Wald und Blume, Tier und Mensch erscheint als Gott. Aus der gleichen Nähe zum südlichen, antiken Dasein entstand das Reisebuch *Griechischer Frühling* (1907). Hauptmann entwickelt hier seine Deutung der Tragödie als kultisches Blutopfer des Menschen. Homer folgte er in dem Drama *Der Bogen des Odysseus* (1914). Er gab der Rückkehr des Odysseus nach Ithaka tragische Züge – nur langsam darf nach Abenteuern, Schuld und Frevel der Leidende in den Frieden der Heimat einkehren. Dem klassischen Stoff lieh Hauptmann eine düstere Stimmung. 1913 forderte man von ihm ein nationales Festspiel in deutschen Reimen zur 100jährigen Wiederkehr der Leipziger Schlacht gegen Napoleon. Er wählte die Form des romantisch-ironischen Possenspiels, das durch das Pathos des offiziellen Geschichtsruhmes hindurch auf die Kehrseite des Geschehens, auf die reaktionäre Nachgeschichte der Freiheitskriege hinwies und für friedliche Geistestaten warb. Es war eine

prophetische Warnung. Der Weltkrieg bedeutete für den Dichter ein tiefes Mitleiden mit der gequälten Menschheit. Aus dem würdigen Durchgang durch die tödliche Prüfung erwartete er die seelische Wiedergeburt zur Freiheit und Menschlichkeit. Die nun folgenden Werke kreisen um diese Sehnsucht nach der Erneuerung des Menschen. Weite Welträume, exotische Fernen, Phantasie und Utopie wurden die Reiche, in denen seine Erlösungssehnsucht eine gewandelte Welt erträumte. Wie tief Hauptmann durch den Krieg betroffen war, verrät die 1915 beendete, bis 1942 vom Druck zurückgehaltene „bitterste Tragödie der Menschheit", *Magnus Garbe,* das Drama vom mörderischen Glaubenswahn. Verzweiflung am Sinn der europäischen Kultur durchzieht die lyrisch gestimmten Versdramen *Der weiße Heiland* (1920) und *Indipohdi* (1921) – Passionsdramen des Träumers und Denkers, Symbole der Sehnsucht über diese Welt hinaus. In „Indipohdi" (deutsch „Niemand weiß es") tritt Prospero aus Shakespeares „Sturm" wieder auf. Für die Krone tauscht er die Schale des Bettlers mit der reinen blauen Flamme ein. Buddhistische Selbstverlorenheit wird spürbar. Hermann Hesse war zur gleichen Zeit auf dem inneren Wege nach Indien und zu seiner religiösen Philosophie des Nirwana. Aus dem Grauen über „diese blutige Riesenmühle Schöpfung, die grausam mörderisch die Frucht zermalmt", erhebt sich der Ruf nach Erlösung im Erlöschen.

> O, reine Priesterin, nimm weg die Welt,
> Und schenke mir das Nichts, das mir gebührt!
> Ich fühle dich, ich sinke in dich: Nichts!

Der Erzähler Hauptmann drängte jetzt den Dramatiker zurück. Das Drama *Dorothea Angermann* (1926) war eine Wiederholung abgewandelter Motive, die Dramatisierung der Wieland-Sage (vgl. S. 5) *Veland* (1925) blieb im Romantisch-Balladesken. 1912 war, als Buch der geistigen Zeitkrise, der tief pessimistische Amerika-Roman *Atlantis* erschienen; in die romantische Sehnsucht, die um eine Wiedergeburt des Menschlichen kreist, stimmte der Roman *Die Insel der großen Mutter* (1924) ein. 1928 folgte als Abrechnung mit der Zeit das Epos *Till Eulenspiegel* in Hexametern, der klassischen Form des deutschen Epos seit Goethe. Als Landstreicher, Kampfflieger, Gaukler und Magier wandert Eulenspiegel in verworrener Handlung durch das alte und neue Deutschland, durch alte Mysterien und neue Politik. Es ist ein modern gebildeter, faustischer und proteushafter Eulenspiegel, nicht der ironisch-schalkhafte Held des niederdeutschen Volksbuches. Im Alter begann Hauptmann, ähnlich wie Goethe, sich geschichtlich zu sehen. Das ländliche Liebesgedicht in Hexametern *Anna* (1921) entstammt eigenen Jugenderinnerungen; die traumhafte *Spitzhacke* (1931) führt zum Vaterhaus zurück. Das *Buch der Leidenschaft* (1929) berichtet indiskret und mit empfindsam übersteigerter Erregung von eigenen Ehekämpfen. Das Erinnerungs- und Entwicklungsbuch *Im Wirbel der Berufung* (1936) führt in romanhafter Erzählung in die Stürme der ersten dichterischen Zeit und in die Welt der Bühne. Das Hamlet-Thema steht, wie in Goethes Wilhelm Meister, im Mittelpunkt. *Das Abenteuer meiner Jugend* (1937) schildert die Werdejahre des dumpf und ziellos ringenden Jünglings. Bereits mit dem Drama *Vor Sonnenuntergang* (1932), das dem Schicksal des Alterns tragische Töne gibt, schien bewußt ein Abschied genommen, ein Leben vollendet zu sein. Doch der alte Hauptmann setzte in unermüdlicher Wandlungsfähigkeit zu neuen Formen an. 1900 hatte er Shakespeare das köstliche, ungemein bühnenwirksame Lustspiel *Schluck und Jau* nachgedichtet; jetzt gestaltete er die Vorgeschichte des Hamlet, der ihn als Ausdruck der eigenen inneren Problematik fesselte, zu einem romantisch-abenteuerlichen, nicht geglückten Schauspiel *Hamlet in Wittenberg* (1935). 1939 kamen, stilgeschichtlich verspätet und wenig erfolgreich, die neuromantischen Symbolkomödien *Ulrich von Lichtenstein* und *Die Tochter der Kathedrale* heraus. Shakespeare und das Fastnachtsspiel lieferten den Formtypus. Unverkennbar wurde dieses allzu fruchtbare Schaffen mit einem gewissen Versagen der Selbstkritik bezahlt. Hauptmann vernachlässigte, zumal in seinen Erzählungen, die Kultur der Sprache und verfiel wiederholt Klischees und Kitsch. Um so kraftvoller heben sich seine letzten Dramen um Iphigenie und ihr Geschlecht ab. (*Iphigenie in Delphi, Iphigenie in Aulis, Agamemnons Tod, Elektra,* 1941/48). Sie bilden die Tetralogie vom Untergang der ʻAtriden. Hauptmann schien an Goethe anzuschließen; aber er stellte seiner idealmodernen Humanität an dem griechischen Stoffe das chthonischkosmische Urdrama entgegen, das den Menschen hineinreißt. „Tragödie heißt: Feindschaft, Verfolgung, Haß und Liebe als Lebenswut! Tragödie heißt: Angst, Not, Gefahr, Pein, Qual, Marter, heißt Tücke, Verbrechen, Niedertracht, heißt Mord, Blutgier, Blutschande, Schlächterei." Er gab dem antiken Stoff eine psychologisch ausdeutende und zugleich urtümlich-titanenhafte Stimmung und Tragik. Er lenkte zu Aischylos, zum Archaischen zurück. Hauptmanns Grundthema, daß alles Dasein schlechthin Widerspruch sei, unauflösliche Entzweiung, der selbst

die Götter erliegen und aus der es keine Erlösungen gibt, es sei
denn in der Ekstase der Vernichtung, ist hier, in der Erschütterung unter den Leiden und Dämonien des Zweiten Weltkrieges,
gewaltig wiederholt und am archaischen Griechentum in das My-
thisch-Archetypische gesteigert. Der Mensch im Traum, im Rausch,
in der Ekstase, im Griff der Dämonen – dies war für Hauptmann die Wahrheit der menschlichen Existenz. Von hier aus
hat er 1939 in zwei Fassungen die letzten Monate im Leben
J. J. Winckelmanns zu fassen versucht: in seiner Lage zwischen
Griechentum und Christlichkeit, Schönheit und Dämonie – wiederum verwandelnd auf Goethes Spuren folgend. F. Thieß hat
das Fragment *Winckelmann* bearbeitet (1954).
Umfang und Fülle dieses Lebenswerkes erscheinen überwältigend.
Eine beträchtliche Zahl von abgeschlossenen Dichtungen, Fragmenten und Entwürfen wurde nicht genannt; auch in ihnen
werden viele verschiedene Wege beschritten. So rastlos und widerspruchsvoll Hauptmanns Schaffen zwischen Stoffen, Stimmungen
und Formen hin und her pendelte; er gehorchte einem seelischen
Wesensgesetz, das sich während eines langen Lebens in vielen
Erscheinungen kundgab, aber keine eigentliche Entwicklung
erfuhr. Daß alles Leben Schmerz sei – diese Grunderfahrung
kehrt bei diesem Romantiker des nach innen träumerisch gerichteten Gefühls immer wieder. Die Vielgestalt seines Lebenswerkes zeigt, wie Hauptmann, tief beunruhigt und nie zur letzten Klärung gelangend, um die pessimistischen Lebensfragen
kreiste, die ihm sein Zeitalter des endenden Bürgertums auf-
drängte. Er hat viel von dem universalen Bildungsbesitzt dieses
Bürgertums empfangen, viel von seiner Verwirrung und seiner
Ratlosigkeit. Er hat sich wohl auch dem Wechsel der literarischen
Zeittendenzen williger angepaßt, als der Geschlossenheit seines
Werkes gut war. Dennoch hat er sein Wesensgesetz bewahrt:
Menschlichkeit und Mitleiden. In seinem Dichten überwiegt das
Gefühlhafte und hingegeben Empfangende, während die Sphäre
des Intellekts zurücktritt. Thomas Mann hat diese Eigentümlich-
keit, als er ihn im „Zauberberg" als Mynheer Peeperkorn zeich-
nete, ironisch herausgehoben.
Vom Naturalismus empfing der junge Hauptmann die günstig-
sten, seiner Eigenart entsprechenden Schaffensvoraussetzungen;
er reifte weit über dessen begrenzte Stilmöglichkeiten hinaus.
Eine solche Entwicklung blieb dem Westpreußen M a x H a l b e
(1865–1944) versagt. 1893 hatte er mit dem Drama *Jugend*,
der Tragödie einer jungen, durch Brutalität und lebensfeindliche

Askese zerstörten Liebe, einen sehr großen Erfolg. Lyrisch-romantische Weichheit gab dem naturalistischen Stil eine innere Weite. Trotz des Dramas *Mutter Erde* (1897), das einen Mann zwischen zwei Frauen, zwischen der Lebenskraft der bäuerlichen Heimat und der seelenlosen Großstadt zugrunde gehen läßt; trotz des atmosphärisch unheimlichen Bauerndramas *Der Strom* (1903) hat Halbe einen ähnlichen Erfolg nicht wieder erreicht. Er kam von der Erdenschwere des Naturalismus nicht los. 1933 und 1935 folgten, nach mehreren Romanen, seine Lebenserinnerungen *Scholle und Schicksal* und *Jahrhundertwende*.

Aus dem Naturalismus heraus schuf der Hamburger F r i t z S t a v e n h a g e n (1876–1906) das niederdeutsche Mundartspiel tragischer Färbung. Seine *Mudder Mews* (1904), seine Bauernkomödie *De ruge Hoff* (1906) zeigen eine Kunst der Menschengestaltung aus elementaren Triebschichten heraus. Der frühe Tod Stavenhagens beraubte das Drama der Zeit einer seiner größten Hoffnungen. In Hauptmanns Gefolge blieb der Kölner E m i l R o s e n o w (1871–1904) mit seinem rheinischen Bergarbeiterdrama *Die im Schatten leben* (1912) und seiner im sächsischen Erzgebirge spielenden Komödie *Kater Lampe* (1906). Der Tiroler Arzt K a r l S c h ö n h e r r (1867–1943) hat zwar viele Dialektgedichte, Schwänke, geschichtliche, soziale Dramen, Märchen geschrieben – sein großer Erfolg blieben die Komödie *Erde* (1907), das historische Drama *Glaube und Heimat* (1910) aus der Tiroler Gegenreformation und die psychologische Tragödie *Der Weibsteufel* (1915). Schönherr hatte, wie Anzengruber, Wiener Theaterblut; er verstand es, seine Wirkungen sicher zu wählen. Er hatte ebenso einen starken Sinn für wuchtige, tiefe Menschen, für Urgefühle und elementare Mächte – sei es der Lebensdrang in „Erde", der alles opfernde Glaubenstrotz in „Glaube und Heimat", sei es die geschlechtliche Dämonie der Frau im „Weibsteufel". Das Spiel mit nur drei Personen (ebenso in der *Kindertragödie*, 1919) stellte an den dramatischen Techniker Anforderungen, die er geschickt erfüllte.

Lange schien der Ostpreuße H e r m a n n S u d e r m a n n (1857 bis 1928) mit Hauptmann zu wetteifern. Die revolutionäre „Freie Bühne", die sich nach französischem Vorbild in geschlossenen Aufführungen, damit vor der Zensur gesichert, des jüngsten Dramas annahm, führte kurz nach „Vor Sonnenaufgang" Sudermanns *Ehre* auf. Die sozialen Schichten der Großstadt, Vorderhaus und Hinterhaus, wurden gegeneinander ausgespielt; im Vorderhaus herrschen die Scheinwerte des repräsentativen

Glanzes, im Hinterhaus drängt man gierig nach oben. Sudermanns Kritik von Staat und Gesellschaft war bürgerlich-liberal
gemäßigt; er schrieb mit virtuoser Theatergewandtheit, geringer
Selbstkritik und kolportagehafter Spannungstechnik zugkräftige
Bühnenstücke, die „die Probleme anknabberten" und dem ernsten Konflikt um das Aufregenden, Rührenden und Unterhaltsamen willen auswichen. Er kritisierte das neureiche Bürgertum
(*Sodoms Ende*, 1891), die alte, sittlich engstirnige Aristokratie
(*Heimat*, 1893); aber es ging ihm zuerst um die sensationelle
Wirkung. Sudermann verband den Typus des bürgerlichen Schauspiels in der Art Ifflands und Kotzebues mit dem eleganten
Konversationston des französischen Gesellschaftsdialogs und mit
naturalistischer Stiltechnik. So eroberte er die deutschen und
ausländischen Bühnen – bis nach Japan hin. Die gleiche Theater-
geschicklichkeit, die sich einem durchschnittlichen Publikumsge-
schmack anpaßte und seine Stoffe für den späteren Film anreizend
erscheinen ließ, wandte Sudermann auf biblische Dramen, Mär-
chenspiele, historische und vaterländische Stücke an, die durchweg vergessen sind. Als Erzähler stand er mehr im Gefolge eines
F. Spielhagen als unter dem Eindruck neuer epischer Lebenserfahrungen. Viel Atmosphäre seiner ostpreußischen Heimat zeigt
der Roman *Frau Sorge* (1887), der die Geschichte eines ver-
schüchterten, mißhandelten Bauernsohns erzählt. Er zündet in
der Stunde der Gefahr, um Vater und Geliebte zu retten, den
Hof an und bekennt sich vor Gericht frei und stolz zu seiner
Tat. In die Sturmzeiten der ostpreußischen Geschichte führt der
Katzensteg (1889) – der adlige Freiheitskämpfer nimmt die
Schande seines Vaters, des Landesverräters, auf sich; schweigend,
mit aller Welt zerfallen und von ihr verfemt. Sudermann weiß
packend zu erzählen, aber Handlung und Konflikte seiner Romane beruhen meist auf künstlichen Voraussetzungen. Wohl seine besten Leistungen bleiben die *Litauischen Geschichten* (1917)
eine Darstellung des schönsten Ostpreußens, und *Der tolle Professor* (1926), die Tragödie des geistigen Menschen im Reiche
Bismarcks. Erinnerungen an eine sparsame und dennoch flotte
Königsberger Universitätszeit spielen hinein. Das alte Ostpreußen
schilderte Sudermann im *Bilderbuch meiner Jugend* (1922) mit
lebendigen, fröhlichen Farben.
Die soziale Satire im naturalistisch desillusionierenden Stil brachte
dem Theater wirkungsvolle Bühneneffekte. Wagte man keine
revolutionären Angriffe, so nahm man bewährte Lustspieltypen
mit zeitkritischer Tendenz auf. M a x   D r e y e r (1862–1946),

ein geschickter Theatraliker wie Sudermann, verfaßte den *Probekandidaten* (1899); der sozialistisch gesinnte, kleinbürgerlichlehrhafte Otto Ernst (1862–1926) erntete mit *Flachsmann als Erzieher* (1901) einen Erfolg. Neben dem Lehrer wurde der Offizier eine beliebte Bühnengestalt, vor allem durch Otto Erich Hartlebens (1864–1905) *Rosenmontag* (1900): ein junger Offizier kann von einem armen Proletariermädchen nicht lassen. Er bricht das dem Oberst gegebene Wort und geht, bedrängt von der Familie, den Kameraden, der Karriere und einer reichen Pflichtverlobung, mit ihr in den Tod. „Ich kann nicht mehr leben in dieser Welt, und eine andere hab ich nicht." In solcher Melodramatik spiegelt sich das romantisch-sentimentale oder oft auch burschikose *In Philistros* Hartlebens, das ihm z. B. die witzige Erzählung *Vom gastfreien Pastor* eingab, der ahnungslos während der Synode im Bordell übernachtet. Man hat seine humorvoll erzählten kurzen Novellen der Erzählkunst des französischen Meisters erotischer Psychologie, Guy de Maupassant, vergleichen können. Hartlebens nicht tief, aber stark gefühlte Lyrik zeigt viele Stimmungen: Liebe, Wein und Scherz, soziale Auflehnung, Weltuntergangsthemen und lebensfrohes Heidentum, studentische Burschikosität und Todesmelancholie. Er liebte die antiken Formen, die horazische Ode, das musikalische Sonett, erlesene Bilder und klangvolle Worte. Darin blieb er trotz seines modernen Lebensgefühls im Bann der Formkultur des klassizistischen Münchner Dichterkreises.

Im engen Zusammenhang mit dem Naturalismus nahm der Roman sozialkritische Themen auf. Der Oberlausitzer Wilhelm von Polenz (1861–1903) forderte, „ohne Scheu vor Schmutz und Ekel hinabzusteigen in die Abgründe des modernen Lebens". Im *Büttnerbauer* (1895) schilderte er die Tragödie eines durch den Kapitalismus vernichteten Bauerntums, in *Der Grabenhäger* (1897) nimmt er das Problem des adligen Großgrundbesitzes auf und entwickelt er das sozialistische Ideal einer für alle freien Dorfsiedlung. Clara Viebig (1860–1952) schilderte mit kraftvoller, genauer Beobachtung die schwermütige Landschaft der Eifel und ihre im zähen Lebenskampf gehärteten Menschen (*Kinder der Eifel*, 1897; *Das Weiberdorf*, 1900; *Das Kreuz im Venn*, 1908). Probleme der Massenpsychologie tauchen in ihrem historischen Roman *Die Wacht am Rhein* (1902) und in ihrem Gegenwartsroman im deutsch-polnischen Ostgebiet *Das schlafende Heer* (1904) auf. Sie wagte die Kritik der falschen deutschen Ostpolitik. In die Schulhäuser des proletarischen Ostens von Berlin führte ihr Roman *Die mit den tausend Kindern* (1929). Clara Viebig warf geschlechtliche Fragen auf, sie sprach von den Problemen des Frauenberufes und seinen sozialen Auswirkungen. Die geistige Revolution wandelte die Stellung der Frau, doch blieben die Romane von G a b r i e l e R e u t e r (1859–1941) *Aus guter Familie* (1895) oder *Das Tränenhaus* (1909) und von H e l e n e B ö h l a u (1859–1940), wie *Der Rangierbahnhof* (1896) und *Das Halbtier* (1899), noch zwischen bürgerlicher Idyllik und jenem Selbständigkeitsdrang, den die Frauenrechtsbewegung zu verwirklichen strebte. Vom Standpunkt der Frau aus verfocht B e r t h a v o n S u t t n e r (1843–1914) in dem großen Roman *Die Waffen nieder* (1889) die Notwendigkeit des Friedens und die Verfemung des Krieges. Inmitten einer siegestrunkenen Welt war das Buch ein kühnes Bekenntnis. Vom russischen Leben erzählte die in Petersburg geborene, geistvolle L o u A n d r e a s - S a l o m é (1861–1937) in ihren Romanen *Ma* (1901) und *Im Zwischenland* (1902). Aus ihrem Umgang mit Nietzsche und Rilke entstanden zwei kluge Bücher. Sie gab dem Roman im Blick auf Rußland eine neue Weite, während H e l e n e V o i g t - D i e d e r i c h s (1867–1961) in *Schleswig-Holsteiner Landleute* (1898), in *Nur ein Gleichnis* (1910) u. a. von ihrer herben nördlichen Heimat und deren meist bäuerlichen Alltagsschicksalen erzählte.

Das landschaftlich-heimatliche Leben gewann durch die Stilmittel des Naturalismus einen die Formen des realistischen Romans fortführenden, atmosphärisch echten und vollen Ausdruck. L u d w i g T h o m a (1867–1921) schilderte seine ironisch gesehenen und in ihrer derben Komik geliebten bayrischen Bauern mit ungemein lebendigen Zügen. Seine Romane *Andreas Vöst* (1905), *Der Wittiber* (1911) und seine in *Agricola* (1897) gesammelten Erzählungen zeigen ihn als den Meister saftiger, humorvoller Volksgeschichten. Daneben entwickelte er eine köstliche politisch-soziale Satire, vom Humor der *Lausbubengeschichten* (1904) bis zu der karikierenden Ironie des *Briefwechsels eines bayrischen Landtagsabgeordneten* (1909) und den aggressiv-satirischen Komödien *Die Medaille* (1901), *Die Lokalbahn* (1902) und *Moral* (1909). Satirisches Temperament und politisches Engagement schieden ihn nachdrücklich von dem sentimentalen Konservativismus der Heimatkunst, die Idyllen beschrieb, während er aktuelle Konflikte mit souveräner Ironie zur Sprache brachte. Mit verwandter satirischer Laune schrieb der Bayer J o s e f R u e d e r e r (1861–1915) die reizvolle Lumpenkomödie *Die Fahnenweihe*

(1895); als düstere Anklage gegen politisch-religiösen Terror entstand sein Roman *Ein Verrückter* (1894).

Johannes Schlaf (1862–1941) löste sich bald vom Naturalismus, um im grüblerischen Bau einer neuen Weltanschauung der verwirrten Zeit feste Ziele zu setzen. In das noch streng naturalistische Drama *Meister Oelze* (1892) nahm er eine an Dostojewskij erinnernde Psychologie des Mörders auf. Er besaß eine zarte, mit allem Lebendigen mitschwingende Sensibilität. „Die Welt so vor sich hinzuträumen", darauf richteten sich seine Gedichte in Prosa *In Dingsda* (1892) und *Frühling* (1894). Den Einfluß Dostojewskijs, d'Annunzios und Huysmans' nahm er in seine drei Romane um den zukünftigen deutschen Menschen (*Das Dritte Reich*, 1900; *Die Suchenden*, 1901; *Peter Bojes Freite*, 1902) auf; er wehrte sich gegen die „Dekadenz" im *Toten Punkt* (1909), aber seine schwere Gedanklichkeit ließ das Dichterische zurückweichen und versperrte die Wirkung dieser Schriften, von denen ein Übergang zu den philosophischen Abhandlungen Schlafs führt, die von der Theosophie zu Schelling, Nietzsche und Maeterlinck geleiten. Noch während der Triumphzeit des Naturalismus schrieb der Ibsen-Propagandist Ludwig Fulda (1862 bis 1939) ein politisches Märchenspiel *Der Talisman* (1892). Er war romanischem Geist nahe, französischer Konversation und galantem Rokoko. Am wirksamsten wurden seine witzig-anmutigen Molière-Übersetzungen. Ernst von Wolzogen (1855 bis 1934), der Rezitator, Komponist, Regisseur und Leiter des von ihm 1901 in Berlin gegründeten literarischen „Überbrettl", des „Bunten Theaters", schrieb zahlreiche humoristische Gesellschaftsromane (*Der Kraftmayr*, 1897) und Lustspiele wie die witzige Tragikomödie *Lumpengesindel* (1892), die auf die Brüder Hart gemünzt war. Unerschöpflich in seiner Fruchtbarkeit, gewann er ein großes Publikum und starke Bühnenerfolge, die vor allem seinem beweglichen Humor zu verdanken waren.

Der Sprachstil des Naturalismus hatte der Lyrik wenig zu geben. Wohl wurden bisher verpönte Stoffe gewagt, aber das lyrische Sprechen konnte sich nicht an das Programm der Wirklichkeitspsychologie binden. Die Neuerungen von Arno Holz zeigen, wie hingegen die lyrische Sprache von der Stilbewegung des Impressionismus befruchtet wurde. Dies gilt auch für Detlev von Liliencron (1844–1909). Ähnlich wie bei Hauptmann und Holz wird bei ihm deutlich, wie fruchtbarer es ist, in dieser Zeit der sich überschichtenden Stilströmungen in der Interpretation von der individuellen, ihr eigenes Wesen aus-

lebenden Gestalt auszugehen. Wie jung und modern Liliencron
fühlte, entnimmt man der Tatsache, daß sein Leben zeitlich mit
dem Wilhelm Raabes ziemlich genau zusammenfällt. Naturalist
war Liliencron, soweit sein vitales Temperament entgegen allem
Bildungserbe das Natürliche, Ungekünstelte, Originelle, Sinnlich-
Individuelle, unmittelbar Alltägliche ohne Rücksicht auf Würde
und Schönheit in das Gedicht aufnahm. „Es flutet und braust seit
Anfang unseres Jahrzehnts; eine neue Dichtergeneration stürmt
mit fliegenden Fahnen vorwärts", schrieb er 1885 über Holz'
Buch der Zeit. Der Offizier, der in den Kriegen 1866 und 1870/71
gekämpft, wegen seiner Schulden den Dienst aufgegeben hatte,
der sich in Amerika abgeschunden und nun ein bedrücktes Leben
zwischen verhaßten kleinen Verwaltungsämtern, Gläubigern und
der Sehnsucht nach einem starken, freien, ritterlichen Leben verbrachte, liebte kriegerische Bilder. Sein dem sinnlichen Augenblick hingegebener Dichtungsstil folgte nicht der Detailschilde-
rung der Naturalisten; knapp, bestimmt, mit wenigen Strichen
entwirft es rhythmisch und sinnlich erlebte Momentaufnahmen,
lyrische Skizzen, die die Worte sparen und deshalb um so lebens-
voller und schlagender wirken. Seine *Adjutantenritte und andere
Gedichte* (1883) waren etwas beispiellos Neues. Er hört, sieht,
schmeckt die Wirklichkeit – sie löst sich, wie in der impressionistischen Malerei, in flimmernde, bewegte Striche und Punkte
auf. In Liliencrons Lyrik gibt es kein ästhetisches Ausmalen, kein
Reflektieren, keinen moralischen Idealismus.

> Vorne vier nickende Pferdeköpfe,
> neben mir zwei blonde Mädchenzöpfe,
> hinten der Groom mit wichtigen Mienen,
> an den Rädern Gebell.
> In den Dörfern windstillen Lebens Genüge,
> auf den Feldern fleißige Spaten und Pflüge,
> alles das von der Sonne beschienen
> so hell, so hell.

Bild wird rhythmisch an Bild gereiht. Das Bild wird oft zum
Symbol – Liliencron war nicht nur der sinnliche, stürmische Dies-
seitsgläubige, sondern von Schwermut, Einsamkeit und Todesnähe umschattet. In vielen Verkleidungen erschien ihm der Tod;
oft spricht aus seinem Dichten eine träumerische Melancholie. In
ihm pochte und drängte das herrische Erbe des Feudaladels;
durch eine von Kampf und Sieg, Jagd und Tanz, Mut und Eleganz träumende Phantasie tröstete er sich über die Misere seines
entwurzelten Lebens hinweg. Der *Poggfred* (1896, erw. 1908),

das „kunterbunte Epos", sammelte seine enttäuschten Lebenswünsche und Traumbilder. Seine Balladen lieben das Rasseln und
Klirren geschwungener Waffen, seine Liebesgedichte feiern den
flüchtigen Genuß, seine Zeitgedichte klagen die Stumpfheit des
satten Bürgertums an und wenden sich den Armen zu, um im
gleichen Atem auf Kaiser und Reich und Siegesfahnen zu schwören. Daneben finden sich elegisch-innige Naturgedichte, Bekenntnisse einer sehnsüchtigen, ruhelosen Einsamkeit, wie in der folgenden Siziliane (viermal gleich reimende Verspaare).

> Nur ein paar Birken, Einsamkeit und Leere,
> Ein Sumpf, geheimnisvoll, ein Fleckchen Heide;
> Der Kiebitz gibt mir im April die Ehre,
> Im Winter Raben, Rauch und Reifgeschmeide,
> Und niemals Menschen, keine Grande Misère,
> Nichts, nichts von unserm ewigen Seelenleide.
> Ich bin allein. Was einzig ich begehre?
> Grast ihr für euch und mir laßt meine Weide!

Trotz betonter Zwanglosigkeit in Stoff- und Wortwahl, trotz
einer saloppen und ironischen Modernität des Ausdrucks suchte
Liliencron strenge Formen wie die Stanze oder Siziliane. Er
arbeitete unermüdlich, um das einzigartige, treffende Wort, die
atmosphärische Stimmung zu finden. Seine Gedichtbände (*Haidegänger*, 1891; *Nebel und Sonne*, 1900; *Bunte Beute*, 1903) sind
die Resultate zäher Bemühungen. Dennoch begann mit ihm eine
Zersetzung des lyrischen Ausdrucks durch das Burschikose, nur
Gegenständliche und Alltägliche, durch ironische Fremdworte
und Jargonwendungen, gegen die sich Stefan George später entschieden wehrte. Und in dem Mangel an geistig-ideellem Gehalt
lag eine Verengung des Dichterischen, an der Liliencrons epische
und dramatische Bemühungen scheiterten. Seine *Kriegsnovellen*
aus den Erfahrungen des Krieges 1870/71 heraus bekamen eine
vitale Energie und Gegenständlichkeit, aber sie neigten zu übersteigerten Effekten, die in anderen Novellen an das Groteske
streifen. Seine Romane (z. B. *Leben und Lüge*, 1908) sind, wie
seine Novellen, Bekenntnisse seines wirklichen und erträumten
Lebens, Heimatschilderungen aus Landschaft und Geschichte heraus. Aus ihnen spricht die gleiche lebenstrunkene und von zornigem Pessimismus gequälte Seele, die in einer bürgerlich-engen
Vernunftwelt nach Freiheit rief.

> Frei will ich sein.
> Meinen Jungen im Arm, in der Faust den Pflug,
> Und ein fröhlich Herz, und das ist genug...
> Frei will ich sein!

Von Liliencron lernte der Lübecker Gustav Falke (1853 bis
1916), aber er hatte in zarten Stimmungsgedichten auch Eigenes
empfindungsvoll zu sagen (*Mynheer der Tod*, 1891). „Der Gleich-
takt zwischen Wunsch und Pflicht, Herddämmerglück, Herd-
dämmerlicht" war seine lyrische Welt. In *Die Stadt mit den goldenen Türmen* (1912) erzählt Falke von Lübeck und seinem
eigenen Leben. Aus schlichtem Erleben stammt die Lyrik des
Schwaben Cäsar Flaischlen (1864–1920); ähnlich wie Arno
Holz fand er neue Formen des frei wechselnden, gesetzlosen
Rhythmus (*Von Alltag und Sonne*, 1898). Vergessen sind seine
Dramen; der Roman in Briefen und Tagebuchblättern *Jost Seyfried* (1904) spricht vom Lebenskampf des Künstlers in einer
Wendezeit. „Neue Menschen gilt es zu werden! neue Seelen gilt
es zu schaffen, neue Lebenswerte! Dann findet sich die neue
Kunst von selber!" Voll erdseliger Heiterkeit sind seine schwäbischen Dialektgedichte *Vom Haselnußroi* (1892). Otto Julius
Bierbaum (1865–1910), der regsame literarische Vagabund
auf allen Gebieten, erntete mit seinen Überbrettl-Liedern (*Irrgarten der Liebe*, 1901) einen großen Erfolg. Wie Liliencron
liebte er das Burschikose und Populäre, doch auch die Masken
von Rokoko und Anakreontik. Er spielte mit Gefühlen, und
Formen, mit Problemen und Träumen. Wie Hartleben verspottete er die Bürger. Er schilderte die Bohème (*Stilpe. Ein Roman
aus der Froschperspektive*, 1897) und gab einen zum Grotesken
gesteigerten Zeitroman heraus (*Prinz Kuckuck, Leben, Taten,
Meinungen und Höllenfahrt eines Wollüstlings*, 1907, in drei
Bänden). Als Herausgeber entwickelte Bierbaum, zeitweilig am
Pan (1895 ff.), an der *Insel* (1899 ff.) beteiligt, einen neuen Typus
der literarisch-künstlerischen Zeitschrift. Er beteiligte sich an der
Übernahme des französischen Kabaretts (Chat noir 1881 auf dem
Montmartre), 1901 zuerst in Berlin als „Überbrettl" von ihm
und Ernst von Wolzogen eingerichtet; im gleichen Jahr wurden
in München, im Kontakt mit der Zeitschrift „Simplicissimus",
die „Elf Scharfrichter" unter Mitwirkung Wedekinds begründet.
Aus dem Kabarett entwickelte sich ein Liedtypus mit ironischer,
parodistischer und sozialer Thematik, eine Neubelebung des
Bänkelsangs (von Bierbaum und Wedekind bis zu Bert Brecht),
ein Typus des politischen Chanson (bis zu K. Tucholsky, W. Meh-
ring, B. Brecht, E. Kästner u. a.). Liliencron, Dehmel, R. A. Schröder beteiligten sich. Bierbaum gab 1900 eine Sammlung *Deutsche
Chansons* heraus, Beginn einer Tradition, die über Chr. Morgenstern zur Form der lyrischen Groteske und Parodie geführt hat.

Die Dichtung erhebt, seit Nietzsche, seit dem Einfluß des französischen Symbolismus, den Anspruch, eine weltanschauliche, bald mehr mystisch-spekulative, bald psychologisch-erotische, bald sittlich-soziale oder kosmisch-religiöse Glaubenskündung zu sein. Der Verlust an metaphysischen Bindungen objektiver Artung treibt in den Subjektivismus persönlicher Weltanschauungskonstruktionen teils emotionaler, teils gedanklicher Struktur, in denen sich der Vitalismus der Lebensphilosophie mit mystischen Traditionen seit der Antike mischt. Die Unruhe und Unsicherheit der Zeit sucht in der Dichtung, im Glauben an die Wandlungskräfte des Wortes den Ausdruck und die Auswege, die gleichwohl im persönlichen Entwurf und Bekenntnis, im Psychologischen und Fragmentarischen bleiben. Bei Richard Dehmel wird dies im Pathos des Lyrischen, in der Gebärde des sinnlich-übersinnlichen Verkünders zuerst sehr deutlich.

R i c h a r d   D e h m e l (1863–1920) stand Liliencron freundschaftlich nahe. „Ich wurzele zwischen Nietzsche und Liliencron"; damit war ein weiter Raum umschrieben. Bei ihm überwog das grüblerisch Gedankliche, das der Symbole, hymnischer Aufschwünge, kühner Bilder bedarf und den gefühlhaft-gegenständlichen Eindruck zurücktreten läßt. Die Kunst war ihm Schöpfung, kein Abbild des natürlichen Lebens. Er sagte sich vom Naturalismus los, denn der Künstler war ihm „der Seher des allmächtigen Lebens", der Gestalter visionärer Leitbilder. Dehmel neigte zum Mystischen, zur Metaphysik; darin lag eine von ihm ausdrücklich formulierte Wendung des lyrischen Selbstverständnisses. Er nannte seine Lyrik (*Erlösungen*, 1891; *Aber die Liebe*, 1893; *Lebensblätter*, 1895; *Weib und Welt*, 1896) eine Seelenwanderung in Gedichten. Er bejahte das Triebhafte bis zum Ekstatischen, er wollte es zugleich adeln, geistig gestalten. „Zerdenkt ... fühlend, was in euch schreit." Der Eros wurde sein entscheidender Impuls, als Trieb und Brunst und als religiöse Verklärung.

> Ich habe mit Inbrünsten jeder Art
> mich zwischen Gott und Tier herumgeschlagen.
> Ich steh und prüfe die bestandne Fahrt:
> nur Eine Inbrunst läßt sich treu ertragen:
> zur ganzen Welt.

Aus dieser Weltliebe erwuchsen seine sozialen Gedichte (*Vierter Klasse, Zu eng, Bergpsalm, Traum eines Armen, Der Arbeitsmann*), in denen sich das Persönliche zum Menschlichen schlechthin weitet.

> Wir haben ein Bett, wir haben ein Kind,
> mein Weib!
> Wir haben auch Arbeit, und gar zu zweit,
> und haben die Sonne und Regen und Wind,
> und uns fehlt nur eine Kleinigkeit,
> um so frei zu sein, wie die Vögel sind:
> Nur Zeit.

Kunst der Sprache, der eigene Rhythmus und eine starke Melo-
dik standen Dehmel zur Verfügung; er neigte zur ekstatischen,
auch dekorativen Steigerung und deutete damit wie mit seiner
pathetisch-didaktischen Gedanklichkeit auf den Expressionismus
voraus. „Siege oder Niederlagen: Immer gilt es, neu zu wagen."
Dehmel fühlte sich als antibürgerlicher Revolutionär in geschlechtlichen Dingen. Sein kitschiger, aber kunstvoller „Roman"
in lyrisch-pathetischen Romanzen *Zwei Menschen* (1903), den
er als sein Hauptwerk betrachtete, entwickelte diese Liebesmeta-
physik in einer rauschhaft-rhetorischen Steigerung der Sprache.
Kriegsfreiwilliger von 1914, gab der schon betagte Dichter ein
von starker Begeisterung zu schmerzlicher Enttäuschung ab-
klingendes Kriegstagebuch *Zwischen Volk und Menschheit* (1919)
heraus.

An Dehmel wird der Antrieb spürbar, der von den Schriften
F r i e d r i c h   N i e t z s c h e s (1844–1900) ausstrahlte. Auch nicht
andeutungsweise kann hier die Energie und geistesgeschichtliche
Problematik seines verwirrend in allen Farben schillernden, eben-
so verführerischen wie fruchtbaren Werkes umfaßt werden. Dem
Philosophen Nietzsche ging es nicht um Logik und Erkenntnis-
lehre, nicht um ein metaphysisches oder ethisches System; seine
Schriften stellten sich als eine gewaltige Sammlung kühnster
Aphorismen dar, die durch eine einzigartige Wortkunst faszinie-
rende Prägnanz erhalten. Er begann mit dem Protest gegen das
bürgerliche Bildungsphilistertum (David Friedrich Strauß), den
Historismus und die Ideologie des Sozialismus, um gegen die
Menge den einzelnen großen Menschen als Sinn der Kultur zu
stellen (*Unzeitgemäße Betrachtungen*, 1873/76). Er sprach vom
tragischen Mythos, der aus der rauschhaften Schöpferkraft des
Dionysischen das Leid zur Vision der Schönheit verwandelt (*Die
Geburt der Tragödie aus dem Geist der Musik*, 1872). „Mit dem
Wort dionysisch ist ausgedrückt... ein verzücktes Ja-Sagen zum
Grundcharakter des Lebens, als dem in allem Wechsel Gleichen,
Gleichmächtigen, Gleichseligen; die große pathetische Mitfreudig-
keit und Mitleidigkeit, welche auch die furchtbarsten und frag-

würdigsten Seiten des Lebens gutheißt und heiligt, der ewige Wille zur Zeugung, zur Fruchtbarkeit, zur Wiederkehr; das Einheitsgefühl der Notwendigkeit des Schaffens und Vernichtens." Nietzsche war der einsame Revolutionär gegen das christlich-demokratische Europa, ein Zweifler und Zerstörer bis zum Zynismus, der gegen sich selbst wütete und am leidenschaftlichsten forderte, was er selbst nicht sein konnte. Er traf sich am schmerzlichsten in den Worten: „Unsere ganze europäische Kultur bewegt sich seit langem mit einer Tortur der Spannung, die von Jahrzehnt zu Jahrzehnt wächst, wie auf eine Katastrophe los; unruhig, gewaltsam, überstürzt; einem Strom ähnlich der ans Ende will."

Er löste sich von dem anfangs schwärmerisch verehrten Richard Wagner, als dieser im „Parsifal" sich zum Christentum bekannte. Er bekämpfte, ein Romantiker, alles Romantische; er zerstörte mit schonungsloser Psychologie den Glauben an Moral und Kunst, er lehnte sich gegen alle Tugenden, Werte und den Glauben auf; in einer selbstquälerisch tragischen Übersteigerung, an der er zerbrechen mußte. Gegen den Fortschrittsglauben und Spezialistengeist des 19. Jahrhunderts forderte er einen sinngebenden geistigen Mittelpunkt der Kultur, die Geburt des schöpferisch-genialen Führermenschen, absolute Kulturmächte, unberührt von der Masse, der Zivilisation und dem Rationalismus. Trotz seiner radikal antichristlichen Haltung rief er nach neuen Göttern. Er verlangte eine Entwicklung, die sich gegen den Altruismus zu einem Egoismus der Kraft bekannte und die Ungleichheit gegenüber einer herdenhaften Gleichheit aller bejahte. Sein wirksamstes Buch *Also sprach Zarathustra* (1883/85), in einer berauschenden rhythmischen Prosa, verkündete das Ideal des Übermenschen, dessen Härte aus einer dionysischen Vision, einer musikalischen Trunkenheit erlebt wurde. Ein Einsamer wagte den Weg aus der Enge und Behaglichkeit der Zeit in schwindelnde Höhen einer grenzenlosen, heroisch gespannten Freiheit. Diese Grenzenlosigkeit wirkte faszinierend auf die Zeit ein; Nietzsche erschien nicht nur als Prophet des Umsturzes, er öffnete auch der unmittelbar, jenseits der Dinge und ihrer Bindungen fühlenden menschlichen Seele ihr Recht und ihre Sprache. So bedeutete er eine Wendung zum Irrationalen, zum Pathos des Geistes.

Aus der Prosa des Zarathustra entwickelte er den Zyklus seiner freirhythmischen *Dionysos-Dithyramben* (entst. 1888, veröff. *Gedichte und Sprüche*, 1898), „welche er sich selbst zusang, daß er seine letzte Einsamkeit ertrüge". Die Ablösung vom „göttlichen Gequiek" von Reim und Klang zum Freirhythmischen erscheint der Revolution der Lyrik durch Arno Holz parallel. Nietzsche gab der Sprache visionäres Pathos; es wurde gebrochen durch eine dialektische Gedanklichkeit, ein Schweben zwischen Bildpoesie und dialektischer Analyse. Für Klopstock, Goethe, Hölderlin war in ihren Hymnen der Dichter zum Künder des Göttlichen erhoben; jetzt hieß es bei Nietzsche „Nur Narr! Nur Dichter!" Der hymnische Aufschwung brach sich in der Schwermut und schauspielerischen Pointe des Vergeblichen.

Das „Leben" wurde ihm zum Selbstwert, als eine sich im unablässigen Verwandeln und Steigern, im unbegrenzten Werden und in zyklischer Wiederkehr verwirklichende tragisch-festliche Erfüllung seiner selbst. Dieses Leben in allen Tiefen, Reizen, Verführungen, Dekadenzen und Täuschungen, in seinem Rausch und Glanz, seiner Bosheit und Provokation wollte Nietzsche zum Bewußtsein seiner selbst bringen. Die antinomische Einheit von Leben und Geist wird ihm zur Antinomie von Dichten und Erkennen; Philosophie wird Dichtung, Kunst wird Vision und Artistik des Intellekts – im Ästhetischen erkennt Nietzsche die einzige metaphysische Tätigkeit, die dem Menschen im Zusammenbruch aller Substanzen und Inhalte, in der Demaskierung aller ideellen, religiösen und sittlichen Werte geblieben ist. Nietzsches Wirkung, gewiß nicht zuletzt eine Wirkung seiner provozierenden, funkelnden Sprachkunst, durchdrang die folgende Dichtung bis über den Expressionismus hinaus. Er war das „Erdbeben der Epoche" (G. Benn), an dem sich die moderne Geistigkeit in Nachfolge und Widerspruch orientierte und von dem die Formensprache der Dichtung entscheidende Impulse empfing. Er gab der Kunst, die Schranken des Realismus durchbrechend, eine innere Weite, eine metaphysische Schwingung. Indem er das Ererbte und das Geltende sprengte, gab er, in das Nichts stürzend und zugleich neue geistig-emotionale Horizonte öffnend, Raum zu neuer Schöpfung. Indem er alles radikal in Frage stellte, zwang er zu neuen Entscheidungen.

Er gab keine eindeutigen Ziele; schon 1891 heißt es in der „Gesellschaft" (vgl. S. 452), sein Werk sei „ein packendes Schauspiel, aber keine weisende Lehre, Flammen lodern, aber keine Sterne leuchten".

> Ja! Ich weiß, woher ich stamme!
> Ungesättigt gleich der Flamme,
> Glühe und verzehr ich mich.

Licht wird alles, was ich fasse,
Kohle alles, was ich lasse:
Flamme bin ich sicherlich!

Die Vielschichtigkeit dieses Werkes löste eine über die deutschen Sprachgrenzen hinausgreifende Wirkung aus, zumal in ihm ein Dichter sprach, der über eine verführerische Gewalt der Sprache verfügte. Man entnahm seinen glänzenden Aphorismen nicht nur viele wirkungsvolle Schlagworte, sondern erfuhr von ihm wieder, welche Möglichkeiten der hymnischen Musik, der funkelnden Antithese, des lyrischen Schwungs, der scharfen geistigen Präzision, der Leuchtkraft und der souveränen Intelligenz die deutsche Sprache bot. Nietzsche war Impressionist als Philosoph wie als Lyriker; seine Gedichte zeigen ein nuanciertes Gefühl für Bewegung und Wechsel von Licht, Farbe, Klang, für sich wandelnde Schwingungen und Stimmungen. Spiel, Hingabe, leidendes Genießen, ein mit allem fühlendes Medium ist die Seele des Dichters.

Sils Maria.

Hier saß ich, wartend, wartend, – doch auf nichts,
Jenseits von Gut und Böse, bald des Lichts
Genießend, bald des Schattens, ganz nur Spiel,
Ganz See, ganz Mittag, ganz Zeit ohne Ziel...

Ein neues Bild des Heroischen und Tragischen, ein neues Wissen um die Abgründe der Seele und die Weite des Geistes war hier einer leidenschaftlich hingerissenen Jugend gewiesen. Thomas Mann sprach Nietzsche die Geltung eines Goethe zu, der ähnlich ein ganzes Zeitalter geprägt hatte; Stefan George bekannte sich zu ihm wie Ricarda Huch, Alfred Mombert oder Gottfried Benn. Der Expressionismus läßt sich nicht ohne Nietzsches Vorgang begreifen. In seinem Schicksal zwischen Aufschwung und Zusammenbruch, Rausch und Ironie, Schwäche und Kraft, Vision und boshaftem Intellekt, Musik und Dämon, Psychologie und Mythos, Genie und Wahnsinn schien sich die Situation des modernen Geistes wie in einem symbolischen Modell zu spiegeln, seine abgründige Gefährdung, seine artistischen Raffinements, seine mitreißende Strahlungskraft und seine nihilistische Skepsis. Das Problem des „Faust" schien im „Zarathustra" verwandelt und in der Sprache einer anderen Zeit erneuert und parodiert. Die Differenziertheit und Sensibilität der modernen Seele wurde durch Nietzsche sichtbar – zugleich erhob sich durch ihn aus der Dekadenz der Ruf nach der dionysischen Kraft neuer Bejahung eines diesseitig-vitalen Lebensgefühls. Sein Aristokratismus riß

CARL SPITTELER

die Kluft zwischen Individuum und Gemeinschaft, die das 19. Jahrhundert als ungelöstes Problem an das 20. Jahrhundert weitergab, noch tiefer auf. Nietzsches Formeln wurden zu Formeln der ihm folgenden Dichtung; seine Sprache in Lyrik und Prosa setzte ihr ein formales Niveau.

Mit der Aufnahme Nietzsches durch die literarische Jugend war der Naturalismus überwunden. Unabhängig von ihm war bereits in der Schweiz ein eigentümlich zeitfremdes dichterisches Werk entstanden, das bis heute in Deutschland relativ unbekannt blieb. In seinem Roman *Conrad der Leutnant* (1898) schloß sich C a r l S p i t t e l e r (1845–1924) zwar dem naturalistischen Stil an; in Luzern schrieb er den autobiographischen Roman *Imago* (1906), dessen erotisch gefärbte Träume die Psychoanalyse befruchteten, so daß der Wiener Arzt Sigmund Freud (1856–1939) seine psychoanalytische Zeitschrift nach Spittelers Roman „*Imago*" nannte. Auch von Nietzsche her führen Verbindungen zu Freuds Analyse des Unterbewußtseins. In „Imago" dämpfte die Ironie das Pathos Spittelers, das zum Epos drängte, zum riesenhaften mythischen Gebilde. Durch Jacob Burckhardt lernte er den italienischen Renaissance-Epiker Tasso kennen, dessen Vorbild ihn zum Epos in gereimten Jamben ermunterte. In *Prometheus und Epimetheus* (1881) läßt er Epimetheus in die niedere Welt der tugendsamen, praktischen Menschenliebe hinabsinken, Prometheus aber unter tragischem Erleiden in das Übermenschliche, das freie Reich der Seele emporsteigen. Er allein vermag das Göttliche (Pandora) zu begreifen. Darin lag eine innere Verwandtschaft zum „Zarathustra", nur daß Spitteler mit einem Aufgebot mythischer Vorstellungen arbeitete, deren Gedanklichkeit mythischem Erleben widerspricht. Der *Olympische Frühling* (1900/06, 2. Fassung 1910) war als eine epische Komödie angelegt, als freies Spiel, in dem Bilder aller Götterwelten aus der Antike, dem Christentum und dem Osten sich mit modernen Erscheinungen mischen und eine reiche Phantasie die historischen Zeiten aufhebt, um Walhall und den Olymp einander begegnen zu lassen. Ein ins Kosmische ausgeweiteter Pessimismus liegt über dem Werk; das Menschliche kehrt in seiner Fragwürdigkeit im Leben der Götter gesteigert wieder. Trotz seiner Bildkraft blieb das kühne Epos ein Irrtum; das Mythische war dem Zeitalter fremd geworden und konnte durch ein subjektiv echtes Pathos nicht neu geschaffen werden. Daran scheiterte auch Spittelers Variation seiner ersten Prometheus-Dichtung in *Prometheus der Dulder* (1924). Seine Autobiographie *Meine frühesten*

Erlebnisse (1914) rückt ihn in die erste Linie jener Kunst psychologischer Seelenanalyse, die seit Nietzsche und Freud zum Thema des Romans wurde.

Aus dem Naturalismus entwickelte sich, von Nietzsche angeregt und über ihn auf den französischen Symbolismus zurückweisend, der symbolistische Impressionismus als eine entschiedene Gegenbewegung. Diese Formel bezeichnet nur ungenau, zu sehr auf das Stilistische verengt, was sich hier als gewandeltes Erlebnis der Welt aus dem Subjektiv-Sinnlichen und Ästhetisch-Metaphysischen, aus einem sensiblen Psychologismus und der Traumkraft der Phantasie, schließlich der imaginativen Spielkraft der Symbole darstellt. Die Übergänge waren fließend; Holz oder Hauptmann gehen vom Naturalismus in diese neue Lebensstimmung über. Der Individualismus des 19. Jahrhunderts geriet in das Stadium der Überreife, in die Hypostase des Subjektivismus, der sich als Neuschöpfung der Welt aus dem Ichbewußtsein verstand. Alles geriet in fließende Bewegung, suchte Grenzen zu lösen. Der Wiener Kritiker H e r m a n n B a h r prägte in der Schrift *„Zur Kritik der Moderne"* (1890) den Satz, die Kritik müsse sich an die Bewegung des Schönen gewöhnen, was hieß, alle Maßstäbe zu unablässigen Wandlungen der Formen hin aufzulösen, Kunst nur noch als ein freies Spiel aller Möglichkeiten und Gegensätze zu genießen. Die Dichtung der jetzt anbrechenden Zeit war reich an schöpferischen Versuchen. Sie stellte sich seit Nietzsche in der Situation der Krise selbst in Frage. In der Fülle der Experimente wurde der Weg zur Neuschöpfung frei, welche in ihren Formen weitgehend die klassische Ästhetik ungültig machte. Dehmel hatte schon 1892 in der „Gesellschaft" geschrieben: „Das künstlerische Schaffen ist... Umwertung von Rohstoffen, nicht bloße Wiedergabe, Ausbreitung des rohen Stoffes selber, und der Rohstoff des Künstlers ist... die Welt der Erscheinungen im Spiegel seiner Sinne." Der Bruder Gerhart Hauptmanns, C a r l H a u p t m a n n (1858–1921), hatte zunächst naturalistische Dramen im schlesischen Dialekt (*Marianne*, 1894; *Ephraims Breite*, 1898) geschrieben, aber seine Betrachtungen und Gedichte (*Aus meinem Tagebuch*, 1900) wandten sich vom Naturalismus ab. Ihm war der Künstler ein Schöpfer und Deuter aus dem Mysterium des Daseins. „Ideen befreien, Leidenschaften fesseln." Er suchte den symbolischen Ausdruck (die dramatische Dichtung *Die Bergschmiede*, 1902; *Des Königs Harfe*, 1903). „Ich fahnde allenthalben nach Seele." Sein Roman einer vom Leben geschundenen Fabrikarbeiterin,

Mathilde (1902), entwickelte aus dem Alltag und seiner Not ein
Vorbild tapferer Schicksalsdemut; in *Einhart der Lächler* (1907)
zeichnete er ein an Kämpfen, Verzweiflungen und Triumphen
reiches, einsam-eigenwilliges Künstlerleben. Es war ein Schlüssel-
roman, der das Leben des expressionistischen Malers Otto Müller,
der Zigeunerblut in sich hatte, zeichnete. Aus Leid und Arbeit
gewinnt Einhart die Kraft, dieses Dasein zu bejahen, zu deuten
und zu verklären, ein Lächelnder noch im Sarge. Suchende Romantik sprach aus dem Roman.

Der Belgier J. K. Huysmans (1848–1907) stellte gegen Zola in
dem Roman „Là-bas" (1891) das Programm eines spirituellen
Naturalismus; er forderte den „Ausblick über die Sinne in ferne
Unendlichkeiten", die Schilderung von „Seelenstürmen". Das
Ausland ging voran: in Frankreich führten Baudelaire (1821 bis
1867), Verlaine (1844–1896), Rimbaud (1854–1891) bisher unbekannte seelische Stimmungen in die Lyrik ein; sie erlebten mit
größter Sensibilität und in furchtbaren Zusammenbrüchen die
Ausgesetztheit und Differenzierung des modernen Menschen.
Der Däne Jens Peter Jacobsen (1847–1885) entfaltete in seinen
Romanen eine Kunst der müden, nach innen gewandten Stim-
mungen, der zarten Gebärden und schwermütigen Halbtöne.
Der Engländer Oscar Wilde (1856–1900) wurde in seinen gesellschaftlichen Konversationsspielen und seinen Erzählungen
der Sprecher einer geistreich-ästhetischen Eleganz, einer snobist-
ischen Ironie und nervösen Überfeinerung der Sinne. Der Italiener
Gabriele d'Annunzio (1863–1938) mischte eine morbide Deka-
denz mit einer rauschhaften, glühenden Ekstase der sinnlichen
Eindrücke und seelischen Erregungen. Die Visionen des Belgiers
Emile Verhaeren (1855–1916) führten in Abgründe des Grauens
und des Todesbewußtseins, das sich von persönlicher Gestimmtheit zum Krisenbewußtsein der ganzen Zeit ausweitete. Die
Wirkung Dostojewskijs und Strindbergs setzte jetzt erst voll ein.
Ein neuer Aristokratismus des Geistes verlangte nach Aussprache,
der die Dekadenz und die Ekstase liebte, ebenso eine einsame
Verfeinerung des Selbstbewußtseins. Man suchte die Schönheit, den Rausch, die Magie der Farben; man vertiefte sich in
die subtilen Sensationen und gab sich dem Mysterium der Liebe
und des Todes mit einer schmerzlichen Lust und Sehnsucht hin.
Die Melancholie wurde zum Zeichen des seelischen Adels. Man
folgte dem Reiz des geheimnisvollen, flüchtigen Augenblicks,
der vorüberwehenden Stimmungen und der zarten Nuancen.
Damit verband sich eine schmiegsame, melodische Verfeinerung

des dichterischen Wortes, das zum Klang, Traumbild, zum farbigen Symbol, zu huschenden Schatten wurde. Der Belgier
Maurice Maeterlinck (1862–1949) wurde als Dramatiker zum
Dichter des „leisen feinen Übergangs, der Schwingungen, des
halben Klangs." Man suchte die Einzigartigkeit des individuellen
und intensiven Augenblicks, in dem sich das einer unendlichen
Empfängnisbereitschaft geöffnete Lebensgefühl als Rausch und
Schmerz, Ekstase und Hingabe zusammendrängt. Man erschloß die magischen Stimmungen ferner und fremder Kulturen,
den ästhetischen Zauber der Geschichte und alten Dichter, die
Dämmerungen der Urzeiten und die Weisheit Indiens. Das Seltsame, Unerklärbare, das die Nerven erregt, die Sinne fesselt und
das Lebensgefühl zum Unendlichen erweitert, wurde zum Er-
lebnisfeld einer verinnerlichten und traumhaften Phantasie. Otto
Julius Bierbaum sprach 1893 in der „Gesellschaft" vom sieghaften
Vordringen „dieses psychologischen, persönlichen Zuges, der am
besten als der lyrisch-subjektive zu bezeichnen ist und der, dem
Innerlichen zugewandt, die gute Schule des Naturalismus zwar
nie verleugnet, sich aber doch von ihrem Äußerlichkeitskult
emanzipiert und Seelenoffenbarung über alles setzt."
In Wien fand dieser „Impressionismus" seine durch die Kultur
der österreichischen Lebensatmosphäre vorbereitete Entwicklung.
Der Kritiker H e r m a n n B a h r (1863–1934), Anwalt einer
radikalen Modernität, schrieb 1891 über die *Überwindung des
Naturalismus*. Er feierte in rascher Wandlung die Dekadenz, die
Symbolisten und Mystiker, den Menschen des *fin de siècle* und
schließlich den Expressionismus. Was den Zeitgenossen in der
Abfolge der Stilwandlungen als unvereinbare Jagd der Widersprüche erschien, enthüllt sich im geschichtlichen Abstand als ein
ineinandergleitender, historisch-psychologischer und formaler Zusammenhang, als ein Prozeß sich gegenseitig bedingender und
herausfordernder Entfaltungen und Abbrüche. Von Bahrs zahlreichen Dramen blieb das graziöse Lustspiel *Das Konzert* (1900)
ein lebendiger Bühnenbesitz; in seinen Romanen suchte er die
geistigen Spannungen der Zeit einzufangen – der geplante Zyklus eines auf viele Bände berechneten Zeitbildes wurde nach
Bahrs Wandlung zum Katholizismus *(Himmelfahrt,* 1916) abgebrochen. Ein Chronist der Zeit war P e t e r A l t e n b e r g (1859
bis 1919), ein Bohémien Wiener Art, der in impressionistischen
Skizzen und Aperçus die täglichen, stillen Dinge mit flüchtigen,
sicher treffenden Strichen zeichnete (*Wie ich es sehe,* 1896; *Was
der Tag mir zuträgt,* 1900; *Bilderbögen des kleinen Lebens,* 1909,

u. a.). „Ja, ich liebe das abgekürzte Verfahren, den Telegramm-
stil der Seele! Ich möchte einen Menschen in einem Satz schildern,
ein Erlebnis der Seele auf einer Seite, eine Landschaft in einem
Worte."

Vom Naturalismus löste sich der Wiener Arzt A r t h u r S c h n i t z -
l e r (1862–1931). Seine frühen, in elegantem, graziösem Dialog locker gefügten Spiele (*Anatol*, 1893; *Liebelei* 1896) spiegeln
die Wiener Atmosphäre in ihrer Mischung von Melancholie und
heiterer Anmut, von Skepsis und weltmännischer Ironie, von
Sentimentalität und Schwermut. Er besaß einen äußerst entwickelten Sinn für die innere Stimmung von Milieu und Geschehen, für die zarten, leisen Bewegungen der Seele und der
Dinge. Daraus sprach die Eindrucksoffenheit und hellhörige Reizbarkeit des Impressionismus. Die Handlung trat in seinen Dramen hinter der eleganten, lässigen Beweglichkeit des pointierten,
vieldeutigen Dialogs zurück. Deshalb liebte er die kleinen Formen: den Einakter und die Erzählung. Immer geht es um
das Problem der Liebe im erotischen Sinne – aus der Psychoanalyse Freuds bezog er wesentliche Anregungen; er führte in
unterbewußte Seelenschichten ein (*Traumnovelle*). Auch in
„Liebelei", der Geschichte der Liebe des reichen Bürgersohns
zum armen süßen Wiener „Madl", geht die Wirkung mehr von
der Stimmung als vom Konflikt aus; es ist eine Stimmung, die
zwischen Skepsis und Zärtlichkeit, müder Melancholie und stiller
Rührung schwankt.

> Also spielen wir Theater.
> Spielen unsre eignen Stücke.
> Frühgereift und zart und traurig,
> die Komödie unsrer Seele,
> unsres Fühlens Heut und Gestern,
> böser Dinge hübsche Formel,
> glatte Worte, bunte Bilder,
> halbes, heimliches Empfinden,
> Agonien, Episoden...

– so Hofmannsthal in seinem Prolog zum „Anatol" Schnitzlers.

Schein und Wirklichkeit, Ernst und Spiel fließen ineinander; in
der Groteske des *Grünen Kakadu* (1899), in den zehn Dialogen
des *Reigen* (1896/97), in den größeren Schauspielen *Der Schleier
der Beatrice* (1901) und *Der einsame Weg* (1903). Immer löst
sich Gegenwärtiges in die Erinnerung, die Täuschung, die Verwandlung und in Träume auf. „Das Leben ist die Fülle, nicht
die Zeit. / Und noch der nächste Augenblick ist weit." Schnitz-

lers frühe Dramen erscheinen wie dialogisierte Novellen. Spätere
Spiele wie z. B. *Professor Bernhardi* (1912) zeigen die sichere
Technik des theatererfahrenen Künstlers. Die Gattungsgrenzen
haben sich gelockert; Schnitzler formte seinen Novellen und Erzählungen dramatische Impulse ein. Das Erzählerische vergegenwärtigt sich in der Szene, im Gestischen der Sprache. In *Lieute-
nant Gustl* (1901) entfaltet sich bei einem Minimum von äußerer
Handlung die Kunst seiner behutsamen Seelenschilderung. Hier
wie in *Fräulein Else* (1924) bedient sich Schnitzler einer Technik des episch ausdeutenden Monologs, der sog. inneren Rede.
Nach dem Vorgang in G. Büchners „Lenz", auch in Otto Ludwigs
Prosa, war in der inneren oder „erlebten" Rede eine Möglichkeit
entdeckt, die halb artikulierten, traumartigen Bewegungen und
Antriebe in der Seele, die einsamen, nur halb bewußten Regungen, die pausenlos flutenden Assoziationen der verdeckten Innerlichkeit sprachmimisch einzufangen und derart mit äußerster
Vergegenwärtigung eine innere Geschichte des Menschen zu
geben. Die „innere Rede" wurde ein wesentliches Ausdrucksmittel des neuzeitlichen europäischen Romans, die Form einer
geradezu mikroskopischen Psychologie des Unterbewußten (Marcel Proust, Virginia Woolf, James Joyce u. a.).
Aus Schnitzlers Werk sprach das Endgefühl des Kulturbewußtseins. „Das Wesen unserer Epoche ist Vieldeutigkeit und Unbestimmbarkeit. Sie kann nur auf Gleitendem ausruhen und ist
sich bewußt, daß es Gleitendes ist, wo andere Generationen an
das Feste glaubten. Ein leiser, chronischer Schwindel vibriert in
ihr" (Hofmannsthal). Die Dekadenz wurde als neue Romantik
genossen, als festlich-schöner Untergang, als ästhetischer Rausch
des Sterbens. Renaissance und Rokoko gaben dem „Schleier der
Beatrice" und dem „Grünen Kakadu" die Umwelt – auch sie
waren einst Augenblicke einer erlesen-festlichen Kultur gewesen.
Der Wiener R i c h a r d B e e r - H o f m a n n (1866–1945), der als
Emigrant in New York starb, dichtete mit prunkvoll-melodischer
Sprache alte Kulturen und Mythen aus Griechenland und dem
Orient nach, die in das Zeitlose des Traumes erhoben wurden.
Sein Roman *Der Tod Georgs* (1900) war eine Dichtung von
dem Mysterium des Todes und der Verbundenheit des Men-
schen mit allem, was ihn umgibt, aus dem er kommt und in
das er übergeht. In der Form des innern Monologs setzt die
Darstellung der subjektiv-relativen Zeitlosigkeit des inneren Er-
lebens ein. In dem Spiel *Der Graf von Charolais* (1904) erneuerte
Beer-Hofmann aus neuromantischem Empfinden ein altes Drama

der Shakespeare-Zeit; in dem Zyklus *Die Historie vom König David* (1918 ff.) lenkte er vom kostbar-dekorativen Spiel der melodischen Worte und fremdartigen Erschütterungen aus angestammtem, jetzt innerlich erneuertem Judentum zu religiös-mythischen Bindungen an das Göttliche. Ein neues religiöses Drama begann sich abzuzeichnen.

Ein Romantiker des aristokratisch-erlesenen Stils ist der Wiener Lyriker R i c h a r d v o n S c h a u k a l (1874–1942), dessen Lyrik (*Ausgewählte Gedichte*, 1904; *Gesammelte Gedichte*, 1918) dandyhafte Eleganz und eine musikalisch schwingende Innerlichkeit vereinen. Er ist der Nachdichter gegebener Formen, der auch in seinen letzten Bänden (*Gezeiten der Seele*, 1926; *Herbsthöhe*, 1933) ein reiches Erbe mit hohem Kunstbewußtsein verwaltete.

Als Österreicher im spezifischen Sinne Wiener Kultur fühlte und bejahte sich A n t o n W i l d g a n s (1881–1932). Seine weichen, formbewußten Gedichte (*Sonette an Ead*, 1913) blieben im Stimmungsklang des Impressionismus; seine Dramen (*Liebe*, 1916; *Dies irae*, 1918) schwankten zwischen Prosa und Vers, bürgerlichem Alltag und Phantastik, anklagendem Naturalismus und Expressionismus. Einen Stilbruch zeigt auch sein naturalistisches Epos in Hexametern *Kirbisch oder Der Gendarm* (1930), eine in ihrer Atmosphäre sehr österreichische Satire über Zustände während des Weltkriegs.

Zum seelischen Anatomen der untergehenden Donaumonarchie (Kakanien) wurde R o b e r t M u s i l (1880–1942) mit seinem Roman *Der Mann ohne Eigenschaften* (1930/33, Gesamtausgabe 1952). Sein erstes Buch *Verwirrungen des Zöglings Törleß* (1906), eine Knabengeschichte, setzt auf den Pfaden Bergsons und Freuds dort ein, wo Seele und Geist körperlich werden und das Unbewußte als Wirklichkeit zum Schicksal wird. Der gigantische, dennoch fragmentarische „Mann ohne Eigenschaften" stellt in seiner verschlüsselnden Handlung, seiner hohen philosophischen und psychologischen Gedanklichkeit große Anforderungen; er ist die schärfste Analyse des Geistes der Zeit, subtil, tiefsinnig, reich an ironisch-schwermütiger Einsicht, aber trotz der Breite und Intensität der Diskussion ohne Lösung geblieben. Der Roman wird zur Geistesgeschichte einer Endzeit. Zerfall der Welt – aber als Diagnose zur Wandlung hin. Sachlichkeit, gedanklich-sprachliche Präzision in enzyklopädischer Kulturkritik und zugleich eine Irrationalität, die auf eine Art psychischer Mystik zugeht, Hofmannsthal und Broch aus österreichischer Grundanlage verwandt – dies charakterisiert auch

Musils kleine Prosa wie *Die Vereinigungen* (1911), die Novellen *Drei Frauen* (1924). Er ist einer der bedeutendsten, zugleich esoterischen Prosaisten der europäischen Literatur vor und nach dem ersten Weltkriege. Demaskierung der Zeit mit nüchterner Leidenschaft: dieses Lebenswerk Musils birgt starke moralische Energien, ähnlich dem Werk H. Brochs. In einer Vorrede zu dem „Mann ohne Eigenschaften" heißt es: „Ich widme diesen Roman der deutschen Jugend. Nicht der von heute ... sondern der, welche in einiger Zeit kommen wird."

Die Leistung Musils erinnert daran, was Österreich im 20. Jahrhundert an Wahrhaftigkeit der kritischen Einsichten, an schöpferischen Wagnissen der Form, an Reichtum des Dichterischen der deutschen Literatur gegeben hat: Hofmannsthal, Rilke, Trakl, Werfel, Kafka, Broch, Karl Kraus – im Abstand auch Schnitzler, Zweig, selbst Weinheber. Es ist eine Literatur, die im Erfahren der Gefährdung von Mensch und Gesellschaft und aus dem Suchen nach Überwindungen hervorwuchs. Selbst dort, wo es mehr um Tagesliteratur geht wie bei A l e x a n d e r L e r n e t - H o l e n i a (1897–1976), bleibt ein urbanes, elegant-geistreiches und humanes Niveau bewahrt, überschattet von der Melancholie des Zusammenbruchs der alten Monarchie. (*Ljubas Zobel*, 1932, *Die Standarte*, 1934). In seinen besten Büchern hat B r u n o B r e h m (geb. 1892) in fesselnder romanhafter Reportage die Geschichte dieses Zusammenbruchs geschildert *(Apis und Este, Das war das Ende, Weder Kaiser noch König*, 1931/33).

Das innere Wesen des österreichischen Menschentums, seiner Geistigkeit und seiner seelischen Artung ist wie im Abschied von einer zerbrechenden Welt in einer großen künstlerischen Persönlichkeit voll zur Entfaltung gelangt. In dem Wiener Dichterkreis des ästhetisch-psychologischen Impressionismus wurzelte als die überragende dichterische Kraft H u g o v o n H o f - m a n n s t h a l (1874–1929). Er wuchs über ihn zu europäischer Weite hinaus. Sein Leben war trotz einer gesicherten Existenz, großer Erfolge und trotz des Umgangs mit den führenden Geistern der Epoche tragisch umschattet. Es war sein Schicksal, der Erbe einer erlesenen, vielschichtigen Kultur zu sein, mit der er rang, die er zu bewahren und gegen deren Übergewicht er dem eigenen schöpferischen Vermögen Ausdruck zu geben suchte. Der junge Hofmannsthal erschien in seiner Frühreife gleich einem Wunderkind; seinen Tod bezeichnete man als den bis auf weiteres definitiven Abschluß der deutschen Bildungskultur. Dieses Wort umschließt seine Größe und sein Verhäng-

nis. Er lebte im katholisch-barocken Erbe Wiens; er verdankte
der Mutter italienisches Blut, und er war, wie viele Österreicher,
ein Europäer von umfassender Bildung, der die Schönheit und
Stimmungen vieler alter Kulturen als Erinnerung und Traum
aufnahm. Seine geistige Heimat waren das Mittelalter und das
Barock, Venedig und Florenz, Spanien, die Antike und der Orient.
Der jugendliche „Loris" (unter diesem Pseudonym gab der sieb-
zehnjährige Schüler seine ersten Dichtungen heraus) dichtete mit
verzaubernder Wortkunst lyrische Dramen (*Gestern* 1891; *Der
Tod des Tizian*, 1892; *Der Tor und der Tod*, 1893), in denen
die Melancholie der Zeit, eine traumhafte Distanz vom Leben,
eine mystische, rauschhafte Hingabe an den Tod gegenwärtig
sind. Eine klassisch strenge Verhaltenheit des Stils verband sich
mit weicher, sehnsüchtiger Musikalität. In seiner erlesenen Prosa,
in der er zahlreiche Essays formte, schrieb Hofmannsthal 1907
vom Dichter: „Er ist der Zuseher, nein, der versteckte Genosse,
der lautlose Bruder aller Dinge, und das Wechseln seiner Farbe
ist eine innige Qual; denn er leidet an allen Dingen, und indem er
an ihnen leidet, genießt er sie… Dies Leidend-Genießen, dies ist
der ganze Inhalt seines Lebens. Er leidet, sie so sehr zu fühlen…
Denn dies ist das einzige Gesetz, unter dem er steht: keinem
Ding den Eintritt in seine Seele zu wehren, und was der Mensch
ist, ein lebendiger, der die Hände gegen ihn reckt, das ist ihm,
nichts fremderes, der flimmernde Sternenstrahl, den vor dreitausend Jahren eine Welt entsandte und der heute das Auge ihm
trifft, und im Gewebe seines Leibes das Nachzucken uralter, kaum
mehr zu messender Regung. Wie der innerste Sinn aller Menschen
Zeit und Raum und die Welt der Dinge um sie her schafft, so
schafft er aus Vergangenheit und Gegenwart, aus Tier und
Mensch und Traum und Ding, aus Groß und Klein, aus Erhabe-
nem und Richtigem die Welt der Bezüge."
Von hier aus erschließt sich die kleine, zu höchster Reife ge-
diehene Zahl seiner eine neue lyrische Sprache schaffenden Gedichte.

Terzinen

Wir sind aus solchem Zeug, wie das zu Träumen,
Und Träume schlagen so die Augen auf
Wie kleine Kinder unter Kirschenbäumen,

Aus deren Krone den blaßgoldnen Lauf
Der Vollmond anhebt durch die große Nacht.
…Nicht anders tauchen unsre Träume auf,

Sind da und leben wie ein Kind, das lacht,
Nicht minder groß im Auf- und Niederschweben
Als Vollmond, aus Baumkronen aufgewacht.

Das Innerste ist offen ihrem Weben,
Wie Geisterhände im versperrten Raum
Sind sie in uns und haben immer Leben.

Und drei sind eins: ein Mensch, ein Ding, ein Traum.

„Eine Ahnung des Blühens", heißt es in seinem *Gespräch über Gedichte*, „ein Schauder des Verwesens, ein Jetzt, ein Hier und zugleich ein Jenseits, ein ungeheures Jenseits", muß aus jedem Gedicht sprechen. „Jedes vollkommene Gedicht ist Ahnung und Gegenwart, Sehnsucht und Erfüllung zugleich." Lyriker war Hofmannsthal auch in den *Kleinen Dramen*, 1897 (*Der Kaiser und die Hexe, Das kleine Welttheater, Der weiße Fächer*). In *Der Abenteurer und die Sängerin* einte er die Farbenglut des Venedig des 18. Jahrhunderts mit der modernen Psychologie subtiler seelischer Affekte. Ein Grundthema wird deutlich: der Konflikt zwischen unbegrenzbarer Wandlung und dem Ethos der Treue. Er veröffentlichte 1901 als Abschied von seiner Jugend jenen *Brief des Lord Chandos*, in dem sich tiefer als irgendwo sonst die Krise des Dichterischen um die Jahrhundertwende auf persönliche und überpersönliche Weise ausdrückt. Es ist eine Krise der Sprache, vollzogen im Umschlag aus der Überfülle des Grenzenlosen in die Leere der Vergeblichkeit des nur ästhetisch-subjektiven Erlebens. Von jetzt an verstummte der Lyriker Hofmannsthal. Es begannen problematische, zeitbedingte Nachdichtungen des antiken Dramas. Er schrieb in der *Elektra* (1904) und in *Ödipus und die Sphinx* (1905) Sophokles in das Dämonisch-Besessene um. Es war sein Verhängnis und seine Gabe, immer wieder das Kunstwerk nochmals zum Kunstwerk erhöhen zu müssen, nachdichtend und nachdeutend. Im *Jedermann* (1911), dem Spiel vom Sterben des reichen Mannes, erneuerte er aus alter christlicher Religiosität das Mysterienspiel des Mittelalters vgl. S. 99). Dem Dramatiker des spanischen Barock, Calderon, folgte er in dem *Großen Welttheater* (1922). Beide Werke wurden durch ihre Salzburger Aufführungen für das moderne Theater bedeutsam. Für Richard Strauß schrieb Hofmannsthal mit erstaunlicher Anpassungsfähigkeit und Klangfülle des Wortes unter anderem die Texte zum *Rosenkavalier* (1911) und zur *Ariadne auf Naxos* (1912). Voll tiefsinniger Grazie ist das Lustspiel *Cristinas Heimreise* (1908). Das Motiv des Konflikts zwi-

schen dem Abenteurer, der sich der Faszination des Augenblicks
hingibt, und der Liebe, die die Wahrheit des bestehenden Seins
will, hat weitere, tiefere Dimensionen erhalten, die das Gefüge
des Lustspiels sprengten. Bis vor 1900 reicht Hofmannsthals bedeutende Prosa zurück. In dem *Märchen der 672. Nacht* (1905)
zeichnete er in einem symbolisch vielschichtigen und sorgfältigst
stilisierten Sprachgewebe voll Schönheit und Dunkel die seelische
und existentielle Fragwürdigkeit eines nur ästhetischen Lebensverhaltens parallel dem Chandos-Brief. Die *Reitergeschichte* wurde, wie *Das Erlebnis des Marschalls von Bassompierre* ein Meisterwerk impressionistischer Erzählkunst. Der Plan eines umfassenden Bildungsromans *Andreas oder die Vereinigten*, der in
vielen Entwürfen auf das Ziel einer Selbstfindung und Verfestigung des ganzen Menschen gerichtet war, blieb ein Fragment,
das eine außerordentliche sprachliche Vollkommenheit und
Tiefe aufweist (mit den Entwürfen erst 1932 veröff.) Hofmannsthal rang um die Verwandlung des Menschen zu neuer Substantialität der Existenz. Dies wurde der Sinn seiner Dichtung in den
späteren Lebensjahren nach dem Ende seiner alten österreichischen Welt. In dem Lustspiel *Der Schwierige* (1912) ließ er nach
dem Zusammenbruch mit reifer Besinnung auf das Gültige und
auf das Fragwürdige noch einmal die Gestalt des alten österreichischen Aristokraten erstehen, dessen Lebenswelt mit dem Sturz
des habsburgischen Kaisertums verging. Mit tiefer Erschütterung
erlebte Hofmannsthal den Weltkrieg nicht nur als Ende der
Donaumonarchie, sondern der lebendigen und geschlossenen Kultur Europas überhaupt. Das Spätwerk des Dichters ist der Ausdruck des Bemühens, im Chaos neue Ordnung zu finden und das
Menschliche zu retten. 1923 notierte er im Tagebuch: „Wenn
unsere Epoche eine des Untergangs sein soll ... wie vieles ist
noch da, unverbraucht, in ursprünglicher Reinheit. Es muß gedacht werden, daß auch das untergehende Rom voll solcher
intakter Lebenskeime war – und daß es ein Schicksal gibt, ein
von außen Herantretendes. Mit diesen Gedanken sind wir schon
dort, wo man sich über alles erheben kann." Und noch deutlicher
heißt es 1921: „Ohne Taten und Leiden der Individuen entsteht
kein Mythos; daher bedurfte es der Vorgänge seit 1914, damit
die Mächte sich zum Mythos gestalten." Immer tiefer rang Hofmannsthal um die mythische Gestaltung überpersönlicher, ver-
bleibender Werte. Schon das *Bergwerk von Falun* (1899) führte
zur mystischen Entgrenzung der Sehnsucht zum All. Doch was
dort Inbrunst und magischer Traum eines Einzelnen blieb, wird

nun zur mythischen Sprache, die auf die Gemeinschaft der Menschen gerichtet ist. In dem Märchen *Die Frau ohne Schatten* (als Libretto 1916, als Erz. 1919) wird in vielsinnigen, bunten Symbolen die Erneuerung der Ehe als Ethos der Entselbstung, der metaphysische Sinn der Mutterschaft gedeutet. In dem *Salzburger Großen Welttheater* (1922) geht es um die Befriedung des sozialen Kampfes durch die Bindung an die göttliche Ordnung. In der Ergriffenheit durch das Leiden ging ihm die Erkenntnis auf: „Das Überpersönliche war wieder das Wirkliche." Alle Werke Hofmannsthals seit 1917 sind aus religiöser Verinnerlichung, mit dem Blick auf das Zeitlose geschrieben. Aus dem Schwanken und Fragen seiner Jugend fand er zu gültigen Bindungen durch das Christentum, durch eine europäische Mythologie. „Es gibt eine gewisse zeitlose europäische Mythologie: Namen, Begriffe, Gestalten, mit denen ein höherer Sinn verbunden wird, personifizierte Kräfte der moralischen und mythischen Ordnung. Dieser mythologische Sternenhimmel spannt sich über das gesamte ältere Europa." Dort aber, wo er die letzte Frage erhob, blieb fast ein Jahrzehnt lang ein vergebliches Ringen um die Antwort: in der Tragödie *Der Turm* (1925 ff.). 1927 heißt es im Tagebuch: „Der Turm: Darzustellen das eigentlich Erbarmungslose unserer Wirklichkeit, in welche die Seele, aus einem dunklen mythischen Bereich, hineingerät." Hofmannsthals Tod brach das groß angelegte Werk, das, Calderon stofflich verpflichtet, aus einem geschichtlichen Drama zum symbolischen Passionsspiel des Zeitalters geworden ist, vor der völlig befriedigenden Vollendung ab; er hat in immer neuen Anläufen, in mehreren Fassungen nicht die letzte Lösung der Tragödie finden können. Es liegt über den letzten Jahren von Hofmannsthals Leben eine still getragene Schwermut.

Diese Wendung vom subjektiven, bis zum preziösen stilisierten Ästhetizismus zur Schau überpersönlich-gültiger Gemeinschaftsmächte wird auch für die Lyrik Stefan Georges und Rainer Maria Rilkes zum Gesetz der Entwicklung. Der bei Bingen am Rhein geborene S t e f a n G e o r g e (1869–1933) lehnte den Naturalismus ab, um der Dichtung ihre Schönheit, Würde und priesterliche Reinheit zurückzugewinnen. Er wollte nicht irgendwie neue Ausdrucksweisen, sondern den hohen Stil schlechthin, der seinem Wesen entsprach, das er mit asketischem Ernst zum Zeitlos-Gültigen erzog und mit allem Großen identifizierte. Ihm unterwarf er mit rücksichtslos gespanntem Willen sein eigenes Leben, seinen Freundeskreis, sein Werk. In der Ver-

neinung des Zeitalters folgte er Nietzsche; gleich ihm suchte
er das menschliche Urbild des Großen, das ein Göttliches verkörpert und Norm und Gericht über die Zeit ist. Gegen den
Relativismus stellte George das Pathos der Zucht und Form,
das Ideal des Dienstes und Opferns. Er wollte Vorbilder der
Haltung; er lehrte die Verehrung des schöpferischen Menschen
und erneuerte ein zugleich dämonisch und olympisch gesehenes
Hellenentum und die katholische Welt des Mittelalters. Gegen
Nutzen und Fortschritt rief er einen Traum von Schönheit und
Würde herauf, der trotz artistisch-prätentiöser Übersteigerung
einen schöpferischen Impuls für das Geistesleben der Zeit um-
schloß. Die in wenigen Jahrgängen seit 1892 erscheinenden
„Blätter für die Kunst" wurden das Dokument dieses exklusiven
Kulturbewußtseins.
In George erhob der Dichter, nicht ohne Gewaltsamkeit, Über-
anstrengung und eine historisierende Klassizität der esoterischen
Gebärde, den Anspruch, als Priester, Seher und Lehrer im
Mittelpunkt der Kultur zu stehen. Der junge George wurde
maßgeblich von den französischen Symbolisten angeregt (Rim-
baud, Verlaine, Mallarmé). Nach ihrem Beispiel legte er der
Sprache das Gesetz der Schönheit auf. Das nur Persönliche,
Erlebnishafte wird ausgeschaltet. Georges dem ästhetischen
Traum und Symbol zugewandtes Frühwerk (*Hymnen, Pilger-
fahrten, Algabal*, 1890/92; *Die Bücher der Hirten und Preisge-
dichte, der Sagen und Sänge und der hängenden Gärten*, 1894/95)
weitete sich in dem Gedichtband *Das Jahr der Seele* (1897),
der Natur und Mensch zu überindividueller Einheit vermählt.
George umfaßte wie Hofmannsthal, den er zeitweilig an sich zu
fesseln suchte, einen europäischen Horizont; er fand Gleichge-
stimmte, wie den Holländer Verwey, den Belgier Gérardy, er
übersetzte ihm verwandte Schöpfungen von Dante bis zu dem
Engländer Dowson, zu d'Annunzio und Baudelaire. Er erneuerte
das Andenken an Jean Paul und vor allem Hölderlin. Mit wachsender Reife schloß sich der Kreis seines Dichtens um das
deutsche Schicksal. Der junge George suchte festliche Schönheit
des Gedichts nach französischem Vorbilde. Seine Sprache wurde
distanziert zum Großen, Weihevollen, es erhielt thematisch und
formal kultische Züge. Eine zeitgenössische Tendenz zum Zyklus
hat George mit genauer Zahlenoperation durchgeführt. Satz,
Wort und Rhythmus, die Strophe und die Verszeile wurden
blockhaft verknappt. Die Reimworte wurden schwer betont. Sein
Gedicht gab Urbilder des Lebens, der Geschichte in einer

aristokratisch-statuarischen Form. Er schloß auch Rauschhaftes
und Gefühlhaftes in die Strenge und Härte ein. Der Zyklus vom
„Algabal" wurde die fremdartigste, artistisch-dekadente, über-
züchtete Dichtung Georges; im „Jahr der Seele" näherte er sich
am meisten dem Bekenntnisgedicht, der Stimmungslyrik. Er gab
dem Wort die Tendenz zum Heroischen, zur großen Gebärde,
zum feierlichen Rhythmus, zum Mythischen: „zurück ins Land
der Träume und der Legende".

> Des sehers wort ist wenigen gemeinsam:
> Schon als die ersten kühnen wünsche kamen
> In einem seltnen reiche ernst und einsam
> Erfand er für die dinge eigne namen –
> . . . .
>
> An deren klang und kraft er sich ergetzte.
> Sie waren wenn er sich im höchsten schwunge
> Der welt entfliehend unter träume setzte
> Des tempels saitenspiel und heilge zunge.

Aus dem Romanischen und der antiken Heiterkeit des Südens
kehrte George als Richter der Zeit in das Vorkriegsdeutschland
ein – ein Priester des Worts, in dessen zürnender Strenge viel
katholisches Erbe lag. Aus der Kraft, die ihm seine Härte gegen
sich selbst, sein Leiden an der Zeit und sein Wissen um gültige
Formen gab, kam nicht nur seine verachtende Anklage (*Der
siebente Ring*, 1907), auch seine Feier eines beispielhaften Menschentums, dem er im *Stern des Bundes* (1914) die Gesetze gab.
In seiner Mitte steht die mythische Vergöttlichung des Maximin,
in dem er nach griechischer Art die leibhafte Erscheinung dieses
ersehnten Menschenbildes verehrte und der ihm begegnete, als
er schon an seinem Volk verzweifelte: „Schön wie kein bild und
greifbar wie kein traum." In dieser Vergöttlichung eines irdischen Menschen, diktiert aus dem Willen eines persönlichen, in
seinen Ursprüngen nicht enträtselbaren Erlebnisses, drückt sich
bis an die Grenze der Hybris etwas Zeittypisches aus: das Verlangen nach dem Mythos aus der Setzung des Ich, das aus sich
selbst die Ordnung schafft, an die es glaubt. Heidnisches und
Christliches durchdringen sich in dem Maximin-Erlebnis mit
dem Subjektivismus eines Menschentums, das sich kraft der Dichtung, ihre Sendung in das Religiöse steigernd, in die Mitte der
Welt setzt und ihr Sinngefüge deutend aus dem Anspruch des
Ich bestimmt. Nicht von einzelnen Gedichten her, sondern vom
Kern dieses Maximin-Erlebnisses aus wird die Zeitverhaftung

Georges deutlich, so sehr er sich in das Zeitlose gestellt hat und
die Zeitgenossen in seinen souveränen Anspruch hineinzog.

> Nun wird wahr was du verhießest:
> Daß gelangt zur Macht des Thrones
> Andren bund du mit mir schließest –
> Ich geschöpf nun eignen sohnes.

Im Gedanken von Führer und Gefolgschaft, eines heroisch-
ethischen Aristokratismus sammelte George einen Freundeskreis:
u. a. Ludwig Klages, Friedrich Gundolf, Friedrich Wolters, Karl
Wolfskehl, Ernst Bertram, Melchior Lechter, Graf Claus Stauf-
fenberg (der am 20. Juli 1944 das Attentat auf Hitler unternahm) um sich, durch den er eine Erneuerung der Kultur er-
hoffte. Der Erste Weltkrieg war die Bestätigung seiner Prophetie; sein Wort blieb als Wahrheit gültig, von der er nichts zu-
rückzunehmen hatte. An ihm bildete sich seit 1918 eine Jugend.
Einer entgötterten Welt hatte er als Führer im geistigen Reich,
als erweckender Seher den Zusammenbruch verkündigt; jetzt bekannte er sich zu umgreifenden Mächten des volklichen Schicksals, zu Erde und Blut und geistigen Ordnungen. „Ein volk ist
tot, wenn seine götter tot sind." „Land, dem viel verheißung
noch innewohnt – das drum nicht untergeht" (*Das neue Reich*,
1928).
Bangt nicht vor rissen, brüchen, wunden, schrammen,
Der zauber, der zerstückt, stellt neu zusammen.
Jed ding wie vordem heil und schön genest
Nur daß unmerkbar neuer hauch drin west.

Georges Dichtung war der Versuch, mittels des Dichterischen
der Zeit neue Gesetze zu geben, „in der das große wiederum
groß ist". Er glaubte an die magische Verwandlungskraft der
Dichtung. Es war die Tragik seines von außen unbeirrbaren,
innerlich oft düster umschatteten Lebens, daß das Jahr 1933,
für das er manches, aber im gänzlich anderen Sinne Vorberei-
tendes gesagt hatte, ihn am Ziel seines Werkes verzweifeln und
in der Schweiz seine Grabstätte finden ließ. Er wollte nicht auf
deutschem Boden begraben werden. An Georges Lyrik, neben
der seine Prosa (*Tage und Taten*, 1903) nur geringen Raum
einnimmt, an seiner „reinen, klangvollen, strengen und schönen
sprache" erzog sich ein Wissen um den bildenden Sinn, um
Ernst und Ethos des Dichterischen.
George hämmerte seine Verse in Erz und Marmor; er bevorzugte die monumentale Form des Spruchgedichtes. In äußersten
Gegensatz zu ihm tritt R a i n e r M a r i a R i l k e (1875–1926).

Früh wich er dem von der Familientradition bestimmten Offi-
ziersberuf aus; Prag, seine Heimatstadt, bot den Umweltraum
seiner ersten, volksliedhaft zarten, schwermütig-musikalischen
Gedichte (*Leben und Lieder*, 1894; *Larenopfer*, 1896). „Mich
rührt so sehr Böhmischen Volkes Weise / Schleicht sie ins Herz
sich leise / Macht sie es schwer." Die klangvoll-innige, schwe-
bendem Gefühl hingegebene, einsame Melancholie dieser träumerischen Verse entsprach der Zeitstimmung. Aber es war Rilkes
Schicksal, „keine Heimat zu haben in der Zeit". Eine lyrische Romanze, jugendstilhaft überhöht, ist die *Weise von Liebe und Tod
des Cornets Christoph Rilke* (entstanden 1899), aus der mit be-
rauschender Musik das jugendlich sehnsüchtige Lebensverlangen
und Todesbewußtsein spricht. Rußland wurde für Rilke 1899/
1900 ein so entscheidendes Erlebnis wie der romanische Südwesten für George. Hier fand er, von Tolstoi ergriffen, das ersehnte Menschentum; „jeder voll von Dunkel wie ein Berg, jeder
bis zum Halse in seiner Demut stehend, ohne Furcht, sich zu
erniedrigen und deshalb fromm. Menschen voll Ferne, Unsicherheit und Hoffnung, Werdende." Das *Stundenbuch* (1899/1903)
wurde zum Zeugnis eines Gottverlangens, das Gott grenzenlos
in allen Kreaturen und Verwandlungen aufspürt und umwirbt.
Von schwelgerischem Reichtum war die in allen Akkorden tönende Sprache dieser hymnischen Gebetsdichtung. „Gott immer
höhere Formen zu geben, einen immer reicheren Zusammenhang
zwischen ihm und dem scheinbar Unbelebten herbeizuführen,
Gott ins Leben hinabsinken und das Leben zu Gott emporblühen
zu lassen", heißt es in einem der Briefe Rilkes. Er wandte sich
dem christlichen Ethos, dem Unscheinbaren, Verachteten, den
Leidenden zu. „Denn Armut ist ein großer Glanz aus Innen."
In der norddeutschen Landschaft Worpswede lernte Rilke die
Nähe zu den Dingen in ihrer Stille und ihrem Eigen-Sein: „ich
lernte... wie schlicht alles ist und wurde reif, vom Schlichten
zu sagen". Es entstanden die Bände *Buch der Bilder* (1902) und,
nach dem Pariser Aufenthalt bei dem Bildhauer Rodin, die *Neuen
Gedichte* (1907). Rilke gab sich der inneren Wirklichkeit der
Dinge hin, der „anschaubaren Innerlichkeit der Dinge", sei es die
griechische Plastik, seien es die Magier und Propheten des Alten
Testaments oder das Tägliche des Lebens. „So ist die Lyrik die
seligste der Künste. Innerhalb eines Gedichts kann ein wachsen-
des Gefühl leicht ansteigend durch viele Dinge gehen: durch
Landschaften, durch Wolken, durch ein Glas mit Rosen, durch
ein Zimmer mit schweigenden Menschen, durch ein Klavier, an

dem ein fremdes Mädchen sitzt, durch einen Dolch, der auf
dunkelgrünem Samt leise leuchtet von Zeit zu Zeit, durch ein
Meer, an welchem jemand weint, durch eine Kindheit, durch
eine Allee im Spätherbst, an einem Brunnen vorbei, in einem
wilden, wirren, welken Garten... durch alles das, und noch un-
sagbar vieles, kann ein Gefühl in e i n e m Gedicht wie durch
Bilder steigen." 1908 erschien *Der Neuen Gedichte anderer Teil.*
Alles Dasein ist Wandlung, Übergang; immer öffnen sich bei
Rilke die Umrisse zum Grenzenlosen, wie auch seine zugleich
schlichte und höchst kunstvolle Sprache an das Unsagbare rührt.

> Zwei Becken, eins das andre übersteigend
> aus einem alten runden Marmorrand,
> und aus dem oberen Wasser leis sich neigend
> zum Wasser, welches unten wartend stand,
>
> dem leise redenden entgegenschweigend
> und heimlich, gleichsam in der hohlen Hand,
> ihm Himmel hinter Grün und Dunkel zeigend
> wie einen unbekannten Gegenstand;
>
> sich selber ruhig in der schönen Schale
> verbreitend ohne Heimweh, Kreis aus Kreis,
> nur manchmal träumerisch und tropfenweis
>
> sich niederlassend an den Moosbehängen
> zum letzten Spiegel, der sein Becken leis
> von unten lächeln macht mit Übergängen.

Aus der Erfahrung Rußlands erwuchsen Rilkes von leichtem
Humor umspielter *Geschichten vom lieben Gott* (1904); aus dem
Erlebnis der Großstadt Paris entstand der vor keinem Grauen
zurückschreckende, seelenbiographische Roman *Aufzeichnungen
des Malte Laurids Brigge* (1910) mit seiner gequälten Frage:
„Ist es möglich, daß man trotz Erfindungen und Fortschritten,
trotz Kultur, Religion und Weltweisheit an der Oberfläche des
Lebens geblieben ist?" Maltes Tagebücher, Erinnerungen und
Monologe, Zeichen einer eingreifend gewandelten Prosa und eines
neuen Typus des reflektierenden Romans, der um der Innener-
zählung willen auf Fabel, Milieu und Weltbreite verzichtet,
kreisen um ein zentrales Thema: die Frage nach der Verwirklichung seiner Existenz in der Einsamkeit des ganz zu sich selbst
hin gesammelten Lebens, das die Bedingung des Künstlertums,
damit der unmittelbaren inneren Wahrheit des Daseins im Ich
ist, welches sich immer wieder zu verlieren droht. Auf dieses
Existenzerlebnis außerhalb des Allgemeinen und der „Zer-

streuung" richtete sich auch die Sorge um den „eigenen Tod":
als Reife des eigenen, in das Unendliche einströmenden Lebens.

> Der Tod ist groß.
> Wir sind die Seinen
> Lachenden Munds.
> Wenn wir uns mitten im Leben meinen,
> Wagt er zu weinen
> Mitten in uns.

Für George bedeutete die Dichtung eine kulturschöpferische
Tat; Rilke lehnte einen zeitbezogenen Sinn seiner Dichtung als
Aufgabe und Wirkung ab. „Das Kunst-Ding kann nichts ändern
und nichts verbessern, sowie es einmal da ist, steht es den Menschen nicht anders als die Natur gegenüber, in sich erfüllt, mit
sich beschäftigt (wie eine Fontäne), also, wenn man es so nennen
will: teilnahmslos", heißt es in den Briefen an eine junge Frau.
Wie für Hofmannsthal wurde für Rilke der Weltkrieg eine Zeit
des Leidens und doch fand er aus ihm zur steigernden letzten
Reife. Die *Fünf Gesänge* (1914) in denen sich Rilke Hölderlin
näherte, die *Duineser Elegien* (1923) und die *Sonette an Orpheus* (1923) sind die schwer deutbaren, in letzte Tiefen und
Gesichte versunkenen Schöpfungen dieser Jahre. Orpheus, der
mystische Sänger, ist das Symbol der in das Göttlich-Reine ein-
kehrenden Offenheit zur Welt, zum All. Der Sinn der Duineser
Elegien und der Sonette an Orpheus ist es, das Dasein des
Menschen als eines Singenden, das heißt Rühmenden zu entfalten
und zu feiern. Darin wird der Sinn des Gesangs erreicht, dessen
Aufgabe es ist, den drängenden Auftrag der Erde zu erfüllen.

> Erde, ist es nicht dies, was du willst: unsichtbar
> in uns erstehn? – Ist es dein Traum nicht,
> einmal unsichtbar zu sein? – Erde! unsichtbar!
> Was, wenn Verwandlung nicht, ist dein drängender
> Auftrag?   (9. Elegie)

Auf einem langen Wege fand Rilke die Antwort auf die Frage
nach seiner inneren Sendung. Sie hieß, die seelenlos gewordenen
Dinge im inneren Gefühl in das Göttliche zu verwandeln. Es ist
ein im Singen und Rühmen geschehendes Verwandeln der Dinge
in den Weltinnenraum, das Unsichtbarmachen der Welt in uns,
in unserem Gefühl, damit sie in uns bewahrt werde. Denn das
war Rilkes schmerzliche Erfahrung, daß in dieser gegenwärtigen
Wirklichkeit die Kräfte des Herzens nicht die Dinge beleben,
daß Welt und Leben immer geringer werden. „Jede dumpfe

Umkehr der Welt hat solche Enterbte / denen das Frühere nicht
und noch nicht das Nächste gehört" (7. Elegie).

> ... Und immer geringer
> schwindet das Außen. Wo einmal ein dauerndes Haus war,
> schlägt sich erdachtes Gebild vor, quer, zu Erdenklichem
> völlig gehörig, als ständ es noch ganz im Gehirne.
> Weite Speicher der Kraft schafft sich der Zeitgeist, gestaltlos
> wie der spannende Drang, den er aus allem gewinnt.
> Tempel kennt er nicht mehr. Diese, des Herzens Ver-
> schwendung
> sparen wir heimlicher ein. Ja, wo noch eins übersteht,
> ein einst gebetetes Ding, ein gedientes, geknietes –,
> hält es sich, so wie es ist, schon ins Unsichtbare hin.

Erlebbare Dinge sind durch das Tote verdrängt. „Alles Erwor-
bene bedroht die Maschine, solange / sie sich erdreistet, im Geist,
statt im Gehorchen, zu sein." Rilkes Klage und Sang entsteht
aus dem Bewußtsein, daß es noch Verzauberungen und Ursprung
gebe; auf uns, so heißt es in einem Briefe, ruht die Verantwortung; „Nicht allein ihr Andenken zu erhalten, sondern den
humanen und larischen, das heißt den göttlichen Wert der
Dinge." Verwandlung der Dinge, daß sie eine ganze Wirklichkeit werden, in der Diesseits und Jenseits ein heiles Dasein
bilden, eine höhere Ganzheit der Welt im reinen Bezug: das
ist der Auftrag des Dichters für Rilke. „Denn unsere Aufgabe
ist es, diese vorläufige, hinfällige Erde uns so tief, so leidend
und leidenschaftlich einzuprägen, daß ihr Wesen in uns unsichtbar wiedererstcht." In einer Zeit, da die Welt den wirklichen
Sinn zu verlieren droht, erfährt ein Dichter ihr tieferes Sein, ihr
Angefüllt-Sein mit dem Göttlichen, ihre Bestimmung zu dauerndem Dasein, und er stellt dies in seinem Wort vom Verwandeln
der Dinge und ihrem Aufgehen im reinen Bezuge dar. Durch ihn
erhalten sie Dauerndes. Ähnlich wie bei Hölderlins Späthymnen
kann gegenüber diesen Gedichten nur eine von Wort zu Wort
folgende Ausdeutung ausreichen. Die Klage führt zum eigensten
Inne-Sein, zur mit überströmendem und zitterndem Glück erfahrenen Einheit mit den kosmischen Mächten, mit dem Tode,
mit Gott und mit dem Ewig-Reinen.

> Ach, das Gespenst des Vergänglichen,
> durch den arglos Empfänglichen
> geht es, als wär es ein Rauch.
> Als die, die wir sind, als die Treibenden,
> gelten wir doch bei bleibenden
> Kräften als göttlicher Brauch.

Das Ganze des Seins in die geöffnete und hingegebene Seele, in den Innenraum des Gefühls zu nehmen; darin fand Rilke ein Rettendes in heilloser Zeit. Das europäische Krisenbewußtsein, die inbrünstige Sehnsucht nach dem e i n e n gültigen Sein, nach der Läuterung der Seele und der Geborgenheit eines das Irdische und das Unendliche umfassenden Glaubens fand in Rilke die leise, in den folgenden Katastrophen immer stärker vernommene Stimme.

> Aber auf einmal bricht
> der große Herzschlag heimlich in uns ein,
> so daß wir schrein –,
> und sind dann Wesen, Wandlung und Gesicht.

Es folgten, mit intensiver Zuwendung zur französischen Dichtung, die Übersetzungen Paul Valérys, eigene französische Gedichte und die späten Gedichte, in denen Rilke von jenem inneren Ja zum menschlichen Dasein zeugt, das er in der Preisgabe gefunden, erhalten hatte. Die Fragen und Symbole der Elegien bleiben der Inhalt dieser späteren Lyrik: zwischen dem Transzendenten und dem Hiesigen, dem Furchtbaren und dem Tröstlichen, immer im Offenen, preisgegeben und eingebettet. So das letzte große Gedicht „Nicht Geist, nicht Inbrunst wollen wir entbehren" (1926). Es bleibt die über Abgründen schwebende Gewißheit der Überwindungen, des Ausgleichs und der Verwandlung.

In der Dichtung Hofmannsthals, Georges und Rilkes zeichnet sich ein schöpferischer Reichtum ab. Doch ist mit ihren Namen die Fülle der lyrischen Stimmen in dieser Zeit nicht begrenzt. Aus der Verflechtung einer endenden Epoche mit dem Ringen um eine neue Welt- und Selbsterfahrung des Menschen entstand ein großes, wenn auch kurzes Zeitalter der Kunst. Zur Lyrik gesellte sich eine bedeutende künstlerische Entwicklung der Prosa.

Neben den Meistern entfaltete sich eine Fülle schwächerer, aber eigener Stimmen. R u d o l f B o r c h a r d t (1877–1945) blieb als Übersetzer Dantes und mittelalterlichen Poesie trotz seiner Lösung vom George-Kreis im Banne von dessen Formkunst und als Lyriker wie als Essayist ein bedeutender Gefährte Hofmannsthals. (*Reden*, gesammelt 1955). M a x D a u t h e n d e y (1867 bis 1918) war ein Romantiker der Farben und Düfte, der sich nach suchenden Anfängen (*Ultra Violett*, 1893) zu einer träumerischen, von exotischem Zauber erfüllten Landschaftsdichtung entwickelte. Im Volkslied oder derben Bänkelsang zeigte er sich als typischer Impressionist, dessen Visionen von Landschaft und

Liebe aus der Flut sinnenhafter, huschender Eindrücke ent-
stehen und mit ihnen traumhaft versinken. Allzu leicht fiel diesem
„Rhapsoden des seligen Überflusses" (Dehmel) das Dichten.
Neben zahlreiche Lyrikbände (*Ausgewählte Lieder*, 1914) treten
Novellen und Erzählungen, die der zigeunernde Weltreisende
Dauthendey im fernen Osten, dem Märchenlande des modernen
Romantikers, spielen ließ und die eine zärtliche Poesie natur-
haften Lebens ausströmen (*Lingam*, 1909; *Die Acht Gesichter
am Biwasee*, 1911). Seine Autobiographie schrieb Dauthendey
in *Der Geist meines Vaters* (1912) und *Gedankengut aus meinen
Wanderjahren* (1913).
Verwandt erscheint der junge Christian Morgenstern
(1871–1914) mit zarten, leicht hingetupften Bildgedichten. Er
widmete sein erstes Werk *In Phantas Schloß* (1895) „dem Geiste
Friedrich Nietzsches." Berühmt wurde Morgenstern durch die
groteske Phantasie seiner humoristisch-tiefsinnigen *Galgenlieder*
(1905), denen *Palmström*, *Palma Kunkel*, der *Gingganz* folgten.
Darin rückte er Wedekind nahe. Doch darf nicht der grüblerisch-
religiöse Dichter vergessen werden, der um die mystische Berührung mit dem göttlichen Urgrund in der Tiefe der eigenen
Seele rang (*Einkehr*, 1910; das Bekenntnisbuch *Stufen*, 1918;
die *Epigramme und Sprüche*, 1920). Morgenstern schloß sich der
Anthroposophie Rudolf Steiners (1861–1925) an, dessen
religiöse Erneuerungsbewegung und Kulturreform ein Symptom des religiösen Verlangens war, das sich im ersten Jahrzehnt des neuen Jahrhunderts allgemein und außerhalb der
Konfessionen abzeichnete. Man fand zur Mystik des Mittelalters,
des Orients, vor allem Indiens; man suchte nach einem neuen
Verhältnis zum Transzendenten. Jene Tiefen des Seins, auf die
Rilke hindeutete, wurden fragend umkreist. Dieser religiös-
mythische Grundzug charakterisiert den Dichterkreis um die
Zeitschrift „Charon" (1904), die sich mit Formfragen der Lyrik
intensiv beschäftigte und deren Herausgeber Otto zur Linde
(1873–1938) in einigen umfangreichen philosophischen Dichtungen (*Die Kugel*, 1906/09, 2. Teil 1923), in visionären Ge-
dichtreihen wie *Thule Traumland* (1910) und in dem *Charon-
tischen Mythos* (1913) aus Denken und Schauen einen nordisch-
urweltlichen Mythos entwarf. Vom Mythos aus suchte er eine
Wandlung der Zeit anzubahnen, ohne gewahr zu werden, daß
sich ein Mythos nicht aus der Phantasie, Philosophie und mystischen Vision eines einzelnen Menschen ersinnen läßt.
Ähnlich wie bei Otto zur Linde reichte bei dem hymnischen

Lyriker Alfred Mombert (1872–1942) die Gestaltungskraft nicht für die Ziele aus, die er als visionärer Mythenkünder anstrebte. Der empfindsam-künstliche, zugleich spiritualistische und dekorative Jugendstil, der von Bildkunst und Kunstgewerbe auf Lyrik und Prosa übergriff und in der frühen Dichtung Georges, Rilkes wie im Frühexpressionismus der Heym, Sorge, Döblin spürbar wird, war auch eine Gefahr für Mombert. Sein dionysisch-dithyrambisches Höhenpathos steht Nietzsche nahe und leitet zu den ekstasisch-kosmischen Visionen des Expressionismus über. „Sonne und Mond sind mein einziger Verkehr / Vielleicht noch das Feuer, vielleicht noch das Meer." Seine Gedichte (*Die Blüte des Chaos*, 1905; *Der himmlische Zecher*, 1909) sind Träume, die ein trunkener Geist ins Monumentale und Unendliche steigert. Ihr Klang und ihre Bilder berauschen, aber ihr Sinn bleibt dunkel. Auch Mombert suchte ein Bleibendes zu fassen, das sich ihm intuitiv offenbarte und das er als Bildloses und Unsagbares in die umschreibende symphonische, in breiten Wellen fließende Symbolsprache seiner Lyrik und Dramen einzufangen suchte. Diese Dramen (*Äon der Weltgesuchte, Äon zwischen den Frauen, Äon vor Syrakus*, 1907/1911) sind gleichsam magische Gestaltungen einer im Übermenschen verdichteten Welterlösung. Ein tragischer Irrtum blieb bei Mombert wie bei Theodor Däubler der Versuch, aus einem jenseitig-einsamen, individuellen Erleben der Epoche eine neue irdisch-kosmische Religion zu geben. Die dreibändige Ausgabe der *Dichtungen* erschien 1963; eine Briefsammlung von 1893–1942 war 1961 vorangegangen.

Daran scheiterte auch die schwer zugängliche Lyrik von Rudolf Pannwitz (1881–1969), der sich als Philosoph, Dichter und Kulturforscher bemühte, angesichts des Zusammenbruchs der europäischen Kultur ein gewandeltes Menschentum aus der Innerlichkeit der Seele zu bilden. 1947 wurde sein 1917 erschienenes gewichtiges Buch *Die Krisis der europäischen Kultur* neu herausgegeben. Theodor Däubler (1876–1934) gehört mit seinem kosmogonischen Epos *Das Nordlicht* (1910, neue Fassung 1921 f.), mit seinem Willen zur großen epischen Form und seinem romantischen Klassizismus in diesen Zusammenhang, obwohl seine Lyrik in vielen Zügen zum Expressionismus einbiegt. Italien war sein größtes Erlebnis (*Hymne an Italien*, 1916). Aus dem Zwiespalt zwischen Sonne und Erde entwickelte er den phantastischen Mythos seines „Nordlicht". „Die Erde birgt in sich noch viel Sonne, die mit uns, gegen die Schwere verbunden, selbst wieder zur Sonne zurück will. Überall. Sogar im Eis. Gerade dort, an den Polen, wo die Nacht am tiefsten, am längsten." Seiner urtümlichen Sprachgewalt gelangen zarte, traumhaft verinnerlichte und glühende Gedichte (*Der sternhelle Weg*, 1915; *Das Sternenkind*, 1917). Daneben finden sich großartige südliche Landschaftsschilderungen (*Sparta*, 1923; *Der heilige Berg Athos*, 1923). Schwach blieb sein Roman *L'Africana* (1928). Däubler war ein Sprachschöpfer von Rang, aber ihm fehlte der Wille zur Auswahl und Bändigung. Sein Werk blieb ein Torso, in dem Großartiges neben Banalem und Verworrenem steht.

Anders nahm sich R u d o l f A l e x a n d e r S c h r ö d e r (1878 bis 1962) in Zucht. Der Bremer Patriziersohn wurde einer der Begründer der „Insel", er stand Hofmannsthal, wie R. Pannwitz, nahe. Aus ehrfürchtigem Traditionsbewußtsein verbindet er humanistische Kulturgesinnung mit christlich-lutherischem Ethos. 1912 erschienen seine *Gesammelten Gedichte* und die Übersetzung der *Odyssee*, 1913 seine *Deutschen Oden* als Zeugnisse hoher politischer Dichtung. Damit trat eine lange Pause ein, bis 1930 die geistlichen Lieder *Mitte des Lebens* erschienen. Er wollte nicht neue Formen, sondern blieb im Erbe einer verpflichtenden Überlieferung, sei es die antike Ode oder das sanghafte Volkslied, seien es Homer oder Horaz, das kunstvolle romanische Sonett oder das protestantische Kirchenlied des 16. und 17. Jahrhunderts. Aber diese vorgebildeten Formen empfangen aus einem echten Dichtertum ihre Bewegung und Fülle – sie sind nicht kunsthandwerklich nachgebildet, sondern Ausdruck eines tiefen und vollen Fühlens. R. A. Schröder wurde ein Erzieher zu Würde und Adel der dichterischen Gesinnung. Er gab der Zeit das religiöse Gedicht zurück. Den Spaltungen der Zeit abgeneigt, in der Humanität des alten Bürgertums beheimatet, diente sein Werk der Bewahrung verbindlicher Werte einer freudigen und ehrfürchtigen Weltoffenheit, einer Klassizität der geformten Schönheit. Seine Übersetzungen des Homer, Vergil und Horaz bewahrten ein geistiges Erbe der Antike als Verpflichtung zu europäischer Humanität. Seine Essays (*Reden und Aufsätze*, 1939) kommen in Reife und Klarheit der Hofmannsthalschen Prosa nahe. Mit sorgfältiger Auswahl stellt sich Schröders Lyrik in den Sammlungen *Die geistlichen Gedichte* (1950) und *Achtzig Gedichte* (1951) dar. Schröders *Gesammelte Werke* wurden 1953/63 in sieben Bänden zusammengefaßt.

Ähnlich wie Schröder sprach E r n s t B e r t r a m (1884–1957) aus der Kraft der geistig-volklichen Traditionen. Er formte, vom

Vorbild Georges erzogen, Spruchgedichte, die historische und
geistige Mächte deuten, eine symbolische Wesensschau geben und
erziehen sollen; deutsche Geschichte und Kunst wird in strenger
Form der Sprache zum Mythos (der Zyklus *Straßburg,* 1920;
Nornenbuch, 1925 u. a.). Unverkennbar ist ein romantischer Zug.
Er erhielt aus den härteren Spannungen des beginnenden Jahrhunderts, aus einer bewußteren und gefährdeteren Lage der Kultur die Tendenz zum Pathetischen, zum gewaltsam Fordernden
und Erregten. Der Glaube an den Geist gewinnt im Widerstand
gegen den zivilisatorischen Materialismus, gegen die metaphysische Schutzlosigkeit des modernen Subjektivismus, durch die
Öffnung neuer Daseinsdimensionen einen gereizteren, aktivisti-
schen Charakter. Ernst Lissauer (1882–1938) bereitete das
visionäre Pathos der expressionistischen Lyrik vor, ob er von
dem Rhythmus der Erde (*Der Acker,* 1907), von Kampf und
Sieg in den balladesk-heroischen Gedichten *1813* (1913), von
der Mystik der Musik (*Gloria Anton Bruckner,* 1921) oder aus
religiöser Ergriffenheit im Ton der Psalmen (*Der inwendige
Weg*) sang. Darin lag eine Überwindung des Zeitstils, „des Stoff-
menschen der letzten Jahrzehnte", um „einen neuen Typus des
geistlichen Menschen zu erschaffen; den Gemeingeist, der stets
nur in den Pfingstzeiten der Völker gewirkt hat, als währende
Kraft einer wesentlichen Minderheit zu verewigen; an einer neuen
Religion zu bauen, die ist: ein Tun in immerwährender Verantwortung vor dem immer anwesend unendlich Wirkenden".
Ein ruheloser Wanderer war Alfons Paquet (1881–1944);
er schrieb und dichtete über Amerika, China, Palästina, das kom-
munistische Rußland und den Rhein (*Der Rhein als Schicksal,*
1920) und warb mit beredsamer Hingabe für die Idee eines geeinten Europa. Seine Lyrik, von der Hymnik Walt Whitmans
angeregt (*Auf Erden,* 1906; *Held namenlos,* 1912), leitete in
Bildern und Rhythmen zu dem pathetisch-visionären Stil des
Expressionismus über, mit dem er den Glauben an die verwandelnde Kraft der dichterischen Verkündigung teilte. „Wir
leben im großen Karfreitag der Völker und erwarten die Auferstehung."

> Durch das Trübe zu schauen, zur Reinheit zu dringen,
> das ist das Leben,
> Dessen die Erde uns würdig hält; selber hält sie dem
> Himmel stille.

Die Ballade fand aus erneuerter Romantik, aus erneuertem
Willen zur Tradition und ihrer Festlichkeit, aus Liebe zu ihren

Träumen und farbigen Bildern, aus der Abwehr der zeithaften Realitäten reiche Pflege. Der Thüringer B ö r r i e s F r e i h e r r v o n M ü n c h h a u s e n (1874–1945) ging mit geschichtlichen Stoffen und ritterlichem Lebensgefühl voran; virtuos beherrschte er die Skala der Stimmungen von zarter Innigkeit über burschikosen Humor bis zum feudalen Stolz und gespenstischen Schauer. In gegenständlicher Anschauung und rhythmischer Beweglichkeit ging er über seine Vorgänger Strachwitz (vgl. S. 442) und Fontane (vgl. S. 442) noch hinaus (*Ritterliches Liederbuch*, 1903; *Herz im Harnisch*, 1911). Ursprünglich der Sozialdemokratie und dem Atheismus zugeneigt, bejahte er später betont den Adel und seine Tradition. Aber er dichtete auch ein Buch hebräischer Balladen (*Juda*, 1900). Er liebte das Männlich-Abenteuerliche, Kampfesmut und Todesbereitschaft, den Glanz und den Spuk ferner Zeiten. Mit pointierter, oft zu virtuoser Kunst der atmosphärischen Zeichnung verwob er Handlung und Innenleben. Im Abstand wird das Epigonale dieser historisierenden Balladenkunst spürbar.

Aus dem Leben ihrer westfälischen Heimat nimmt L u l u v o n S t r a u ß u n d T o r n e y (1873–1956) die Stoffe ihrer Balladen (*Reif steht die Saat*, 1919; *Erde der Väter*, 1936). Bei ihr überwiegt das Elegisch-Innerliche. Balladesk sind ihre historischen Erzählungen (*Sieger und Besiegte*, 1909) und ihre holzschnittartig herben Romane (*Lucifer*, 1907; *Judas*, 1911, vor allem der ekstatisch bewegte Wiedertäufer-Roman *Der jüngste Tag*, 1921) geformt. A g n e s M i e g e l (1879–1964) dichtete aus innigster Verbundenheit mit ihrer ostpreußischen Heimat, deren Landschaft, Geschichte und Sagen ihre Balladen spiegeln.

> Sang ich, mir selber kaum deutbar,
> Was Schatten und Erde mich lehrten,
> Sang ich Liebe und Tod –
> Sang ich mein eigenes Geschick.

Ihre Sprachkraft liegt im Mystisch-Visionären, im Gefühlhaften, das sich in den Tiefen der Märchen und Volksweisheit, im Zauber der Landschaft daheim weiß (*Gesammelte Gedichte*, 1927; *Herbstgesang*, 1932 u. a.). Meisterlich gelingt ihr der rhythmische Ausdruck, die Vergegenwärtigung dämonischer Schauer (*Die schöne Agnete*). Münchhausen gestand: „Ich bin nicht wert, die Riemen ihrer Schuhe zu lösen, sie ist... der größte lebende Balladendichter." Um mythische Erhöhung der geschichtlichen Überlieferung geht es in ihrer Prosa (*Geschichten aus Alt-Preußen*, 1926). Diese Romantik des Geschichtlichen floß in ein konservatives Heimatgefühl, in einen Irrationalismus des nationalen Eigenwillens ein. Die vaterländische Gesinnung in dieser verspäteten Romantik idealistischer Prägung, gestärkt durch die Sehnsucht nach überpersönlichen Ordnungen der Lebenswerte, glaubte, in ihrem Idealismus verraten und schmerzlich getäuscht, in der Ideologie des Nationalsozialismus eine Verwirklichung zu finden; nicht erkennend, wie gerade hier die alten Lebenswerte geopfert wurden. Über Agnes Miegel liegt eine Tragik der Täuschung, die viele Zeitgenossen traf.

Im Gegensatz zu der reichen Formentfaltung in der Lyrik blieb das Drama des romantisierenden und symbolistischen Impressionismus, abgesehen von den Dichtungen Hofmannsthals, obwohl auch in ihrer dramatischen Struktur Probleme sich aufdrängen, ohne dauernden Erfolg. Dem Impressionismus entsprach eine Faszination durch Schönheit und Kunst, der rauschhaften Hingabe des Ich an erlesene Stimmungen, eine neue Grenzenlosigkeit des Fühlens, das die Romantik als wesensverwandt entdeckte. Man wandte sich der Geschichte, der Erneuerung der Sagen, Mythen und Legenden und exotischen Fernen zu. Man wagte das Ungewöhnliche, Fremdartige, Kostbare in Stoff und Sprache. Verfeinerte lyrisch-musikalische Stimmungen durchziehen die Dichtung um 1900. Von der älteren Romantik trennte die überentwickelte Differenzierung der Seele und des Gefühls, eine relativistische Skepsis, eine Melancholie und Ichverlorenheit, die in verzaubernden Träumen ihre Heimat suchte. Man zog sich aus der fordernden täglichen, als banal verfemten Wirklichkeit in die Reiche einer subtilen Phantasie zurück, politisch-sozialen Gedanken in überreifem Schönheitskult abgewandt. Die bürgerliche Kultur näherte sich mit einer schönen, aber trotz ihrer heroischen Gebärde müden Kunst ihrem Ende. Aus solchem Lebensgefühl konnte kein neues Drama erwachsen. Nur bei Hauptmann und Hofmannsthal verband sich den neuromantischen Stimmungen eine überzeitliche, an menschliche Seinsgründe rührende Lebensproblematik. Das romantische Drama mit Kostüm, Maske, buntem Bühnenzauber, geschichtlichen Motiven und Traumspielen verdrängte um 1900 das naturalistische Drama und seine Elendsmalerei. Shakespeare wurde neu entdeckt, die Oper beeinflußte das Sprechdrama; Max Reinhardt (Direktor des Deutschen Theaters Berlin 1905/20; 1924/32) schuf einen farbfrohen, bewegten Bühnenstil. Das Ausland ging mit Wildes „Salome" (1893/94) und Maeterlincks Märchenspielen voran. Aber diese Dramen hatten keine Lebenskraft. E d u a r d S t u c k e n (1865

bis 1936) blieb in seinem Dramenzyklus aus der keltischen Grals-
sage ein träumerischer Archäologe und Kunstgewerbler. Er bot
viel Wissen und eine große Sprachkunst auf, ohne doch zu einer
unmittelbaren, historisch und innerlich notwendigen Themen-,
Konflikt- und Sprachgestaltung zu gelangen. In *Die weißen Götter*
(1918/22) schrieb er aus der Zeit der Eroberung Mexikos durch
Cortez einen in seiner historischen Stimmungskraft bedeutenden
Roman. Ähnlich gestaltete er in dem Roman *Im Schatten Shakespeares* (1929) das Zeitalter der Königin Elisabeth, in *Guiliano*
(1933) die Epoche der Renaissance. E r n s t H a r d t (1876–1947)
löste sich vom Einfluß Georges, als er sich dem Drama zuwandte.
Mit dem Einakter *Ninon de Lenclos* (1905) und seinem größten
Erfolg *Tantris der Narr* (1907), einer Umdichtung von Gottfrieds „Tristan" (vgl. S. 49), bog er in die Neuromantik, zu ihrer
„sinnbeschwerten, gleichniswollen" Sprache ein. Er konnte sich
in nervös verfeinerter Psychologie und im schwelgerischen Wort-
prunk des ästhetisierenden Jugendstils nicht genug tun.

> Ein elfenbeinern Gleißen ist dein weißer Leib
> Aus Maienmondlicht, aufgebaut zu einem Wunder
> Der Herrlichkeit – Ein wilder Garten ist dein Leib,
> Wo Purpurfrüchte gluten und betäuben.
> Dein Leib ist eine Kirche aus Basalt,
> Ein Elfenberg, in dem die Harfen klingen,
> Ein jungfräuliches Schneegefield...

Diese Sprachüberfüllung ist rauschhaft-dekorativ, nicht dramatisch. Ähnlich lehnten sich K a r l V o l l m ö l l e r (1878–1948)
und L e o G r e i n e r (1876–1928) übersteigernd in zahlreichen
lyrisch-epischen Dramen an einen ästhetisch-ornamental mißver-
standenen Stil Hofmannsthal an. Der Rheinländer H e r b e r t
E u l e n b e r g (1876–1949) übertraf sie an Temperament, Phantasie und Sprachglut, die in vielen balladesk-lyrischen Bühnen-
spielen Ausdruck fanden. Er faßte den Menschen vom Gefühl
her, das aus Blut und Traum übermächtig ausbricht und die Form
zersprengt, oft zu wilden, maßlosen Taten führt. Er griff zur Geschichte (*Kassandra*, 1903; *Simson*, 1910), zum Märchen (*Ritter
Blaubart*, 1905), zu den „tragischsten und unheimlichsten Fragen unserer Menschlichkeit" ...„zwischen Menschen und Rätsel".
Er stilisierte seine Gestalten in das Gewaltsam-Leidenschaftliche,
seine Sprache in das Dekorativ-Bildhafte, vom „horror vor der
alltäglichen Ausdrucksweise unseres gewöhnlichen Lebens" gepackt. Seine subjektivistische Phantastik und Leidenschaftlichkeit rissen ihn über die Gesetze der dramatischen Form hinaus;

deshalb verweigerte sich auf die Dauer die Bühne allen seinen Versuchen. Eine ironische Lebenskenntnis spricht aus dem Roman *Katinka die Fliege* (1911); gegen den Krieg richteten sich *Krieg dem Kriege* (1913 und 1918) und *Um den Rhein* (1927). Er bewegte sich, dem Titel seines Wanderbuchs *Wir Zugvögel* (1923) gemäß, auf allen Gebieten und erreichte mit seinen anekdotischen *Schattenbildern* (1910/17), die bedeutende Menschen aller Zeiten und Nationen mit historischer Blickschärfe sprechen lassen, seinen größten Erfolg.

Der Badenser Emil Gött (1864–1908) versuchte, als Bauer, Dichter und Philosoph die Lehren Tolstois und Nietzsches zu vereinen. Cervantes gab ihm das Lustspiel *Der Schwarzkünstler* (1890) ein; in *Edelwild* (1901) wandte er sich dem Versdrama zu. Seine *Tagebücher und Briefe* (1914) sprechen vom Ringen und Suchen eines geistigen Menschen in einer bedrängten Wendezeit. Prophetisch blickte er in eine unheimliche, quälende Zukunft. „In meinem Geiste schossen wie Giftpilze Gesichter einer wüsten Zukunft auf. Herrgott, wenn diese Menschenrudel, Menschenknäuel noch so weiter anschwellen und etwas mehr Licht und Feuer fangen, gerade so viel um ihr ganzes Elend zu sehen, die Aussichtslosigkeit ihres Lebens zu verstehen und es darum verachten zu lassen! Ach, die Klassenkämpfe, die Rassenschlächtereien der Zukunft! … Welche Scheußlichkeiten mag die Menschheit noch auszubaden haben... bis neue heiligende Ideen oder zwingende Gewalten über sie gekommen sind."

Dem romantischen Spiel „mit hübschen Formeln, bösen Dingen, glatten Worten, bunten Bildern" stellte sich eine Rückbesinnung auf die klassische Tradition der strengen Form im sogenannten Neuklassizismus entgegen. Auch dies war traditionalistische Romantik, ein zeitferner Versuch zur Wiederherstellung verpflichtender ethischer Gehalte und ästhetischer Formen, eine Flucht aus einer Unsicherheit der eigenen Existenz heraus. Eine Flucht auch vor der Wirklichkeit der Zeitenergien – eine andere Form der Krise also. Paul Ernst (1866–1933) leitete diese Bewegung mit theoretischen Schriften ein (*Der Weg zur Form*, 1906; *Ein Credo*, 1912). Er setzte sich mit dem *Zusammenbruch des Idealismus* (1919) als dem geistesgeschichtlichen Vorgang der Zeit auseinander. Er war als Theoretiker glücklicher denn als Dramatiker. Als Sozialdemokrat und Naturalist hatte er begonnen; nach einem neuromantischen Zwischenspiel um 1900 arbeitete er in zahlreichen Dramen an einer Objektivität des Stils und des Konflikts mit Betonung der heroisch-sittlichen, idellen Werte, die ihm im Verhältnis von Führer und Gefolgschaft, Herrschaft und Dienst beschlossen lagen. Damit trat er in Gegensatz zu einem demokratischen Humanismus, ob er seine Stoffe der Antike (*Demetrios*, 1905), der mittelalterlichen Reichsgeschichte (*Canossa*, 1908), der Heldensage (*Brunhild*, 1909) oder der preußischen Geschichte (*Preußengeist*, 1915; *York*, 1917) entnahm. „Nicht in der Einsicht liegt unser Wesen als Menschen, sondern darin, daß wir Werte erblicken, die uns das Herz brennen machen." Ernst sagte dem weltanschaulichen Relativismus des Impressionismus ab, um objektive, gültige Regeln der Sittlichkeit zu gestalten. Die theoretische Blässe, die seinen Dramen anhaftet, überwand er in seinen besten epischen Leistungen, den an der Novelle Boccaccios geschulten deutschen und italienischen Novellen, die seit 1902 in zahlreichen Bänden erschienen. In den *Spitzbubengeschichten* (1920) spielt ein leichterer Humor als in seinen Lustspielen (*Der heilige Crispin*, 1912). Daneben trat eine Reihe teils autobiographischer, teils historisch-heimatlicher Romane (*Der schmale Weg zum Glück*, 1903; *Der Schatz im Morgenbrotstal*, 1928). Neben dem Zeitroman *Grün aus Trümmern* (1923) gab Paul Ernst aufschlußreiche *Jugenderinnerungen* und *Jünglingsjahre* (1929/30) heraus. Ein Irrweg wurden zwei umfangreiche Epen *Der Heiland* (1930), der auf ein vorkirchliches Evangelium zielt, und die Geschichte der mittelalterlichen Reichsidee *Das Kaiserbuch* (1922/36). Beide erstickten in der Fülle des Stoffes die Möglichkeiten dichterischer Formung. Der Kulturphilosoph und der Dichter lagen in Paul Ernst beständig im Streit.

Ausgeglichener wirkt das Schaffen von Wilhelm von Scholz (1874–1969), der ihm gedanklich nahestand, aber trotz seines klassizistischen Formideals zur Mystik neigte und aus ihr fruchtbare Anregungen empfing. Seine *Gedanken zum Drama* (1905) entschieden sich für den von Eulenberg heftig bekämpften Hebbel, aber seine Tragödie des Rassenschicksals *Der Jude von Konstanz* (1905) stand eher dem romantischen Geschichtsdrama nahe. Der zu edler Humanität gereifte Jude zerbricht am Zwiespalt der Rassen und Bekenntnisse. In der Mystik des Mittelalters fand Scholz die geistige Heimat. Wenn sein Denken um das Problem von Zufall und Schicksal kreiste, um den Einbruch des Unberechenbaren in menschliches Dasein, so war dies der theoretische Ausdruck jenes mystisch-magischen Grunderlebnisses, das in dem *Wettlauf mit dem Schatten* (1922) und der *Gläsernen Frau* (1924) dramatischen Ausdruck fand. Scholz

nannte dies „symbolischen Realismus"; dem Bewußtsein ent-
zogene Zwischenwelten der Seele durchdringen die Wirklichkeit.
Von hier aus gestaltete er seine im Spätmittelalter spielenden
Romane *Perpetua* (1926) und *Der Weg nach Ilok* (1930).
Neben eine sicher gestaltete Lyrik (*Der Spiegel*, 1902; *Das Jahr*,
1927; *Lebensjahre*, 1939) tritt die Reihe der Wanderbücher
(*Wanderungen*, 1924) und *Erinnerungen* (1934/39). Ähnlich
denen von Max Halbe oder P. Ernst führen sie in die Kulturgeschichte der bürgerlichen Endzeit bis zum Weltkriege ein. Stets
verbindet sich bei Scholz ein strenger Formsinn mit dem romantischen Hang zu Geheimnissen der Seele, zum Nächtlichen im
Leben.

Dennoch haftete ihm wie Paul Ernst eine gewisse Lebensferne,
eine zu betonte Rückwendung in das Geschichtliche an. Um so
kühner forderte F r a n k W e d e k i n d (1864–1918) seine Zeit
heraus; der schweifende Revolutionär, romantische Schwärmer
und ironischer Pessimist, der zugleich ein ethischer Erzieher und
ein grotesker Marionettenspieler war, warf alle Bürgerlichkeit
mit Peitschenhieben über den Haufen. Kühn, bis zum Mono-
manischen unbeirrbar, gab er dem Drama neue Gehalte und
Formen. Was bei anderen Gebärde und Gesinnung blieb, wurde
bei ihm ein aktives, von Spannungen geladenes Leben, von dem
noch der Expressionismus reichlich gezehrt hat. Er lernte vom
Naturalismus, nahm soziale Tendenzen auf, aber schon sein
erstes, viel umkämpftes Werk *Frühlings Erwachen* (1891) griff
in seinem symbolisch-gespenstischen Schluß, der berühmten
Kirchhofszene, weit über den Naturalismus hinaus. Es ist die
Tragödie der zur Geschlechtsreife erwachten Kinder, die, unge-
führt, von den Eltern erschreckt und bedroht, beim Erwachen
junger Triebe in Angst und in den Tod getrieben werden. Eine
leidenschaftliche Anklage gegen die stumpfe, lügnerische Prü-
derie der bürgerlichen Erziehung wurde erhoben. Das Drama
bewegte sich zwischen dem Lyrischen und dem Grotesken, das
in Wedekinds späteren Dramen immer stärker hervortritt. Er
schuf sich in lockerer Bildfolge und Dialogform einen neuartigen,
von Lenz und Büchner vorbereiteten dramatischen Stil. Die geschlechtliche Liebe als ursprüngliche, elementare Kraft, als Aufstand gegen die Gesellschaft, als Ruf nach Freiheit war das große
Thema im *Erdgeist* (1895) und in seiner Fortsetzung, der *Büchse
der Pandora* (1904). Gegen Hauptmanns Mitleidsmoral und wil-
lenlose Charaktere stellte der „Tierbändiger" Wedekind in Lulu
den Geschlechtsdämon Weib, der herrschen will und mörderisch

in den Abgrund reißt, um endlich selbst in ihm zu versinken. Etwas Besessenes, quälend Bohrendes geht von dieser Welt der Abenteurer, Hochstapler, Künstler, Dirnen, Gaukler aus (*Marquis von Keith*, 1900). Wedekind lebte zwischen ihnen und rief zugleich nach Schönheit, Güte und Glauben. Durch die Groteske führte er die bürgerliche Moral ad absurdum; sein Pessimismus wurde zum polemischen Humor, aus dem der Moralist spricht, der die Menschheit reformieren will. Er meinte sich selbst im verjagten Narrenkönig *Niccolo* (1901/07), der zu Dirnen, Komödianten, Gauklern flieht; in *Hidalla oder Die Moral der Schönheit* (1904), in der *Zensur* (1909) finden sich viele solcher Bekenntnisse. „Die Wiedervereinigung von Heiligkeit und Schönheit als göttliches Idol gläubiger Andacht, das ist das Ziel, dem ich mein Leben opfere, dem ich seit frühester Kindheit zustrebe." Wedekind entwickelte sich nicht; seine zahlreichen Dramen (*Totentanz*, 1906; *Musik* 1908) blieben Wiederholungen des Grundthemas. Als er zum Vers und heroisch-antiken Stoff (*Simson*, 1914; *Herakles*, 1917) überging, versagte er. Denn so provokativ seine Stücke auf der Bühne wirkten – Wedekind vermochte es nicht, seine Sprache dichterisch zu gestalten, die eine schwerfällige, ungeschickte und hölzerne Grammatik zeigt. Er war ein exzentrischer Revolutionär des Theaters, dessen marionettenhaft-typisierende Charakterzeichnung, mystischer Realismus und dessen Dämonie des Grotesken dem Expressionismus vorausgriff. Thomas Mann sprach von der „grund-unheimlichen, kalt-superlativischen Rhetortik" Wedekinds – er schwankte zwischen grüblerisch-pathetischer Intellektualität und einem romantischen Weltglauben, dessen Enttäuschung zur satirischen Bitterkeit umschlug. Wenig bekannt wurden seine Erzählungen (gesammelt 1914). Seine witzig herausfordernden Bänkellieder beherrschten die Bühne des literarischen Kabaretts, zu dessen Gründern Wedekind mit Ernst von Wolzogen (*Berliner Überbrettl*, 1901) gehört. Er gründete erfolgreich 1901 die „Elf Scharfrichter" in München. Mit Wedekind begann die Zeit des Antitraditionalismus auf dem Theater. G. Kaiser, C. Sternheim, B. Brecht lernten von ihm; nicht von Gerhart Hauptmann.

Die Revolution der Formen ergriff die Sprache und Formen des Erzählens. Seit Nietzsche entwickelte sich, von der in das Massenhafte anwachsende Unterhaltungsliteratur deutlich abgehoben, eine neue Struktur der Prosa – bei Arno Holz, in Rilkes „Malte Laurids Brigge" und bei Hofmannsthal. Jedoch hat der deutsche Roman nicht jenes geistige und formale Niveau erreicht, das sich in der europäischen Literatur durch J. P. Jacobsen, Knut Hamsun, Henry James, Virginia Woolf, Marcel Proust u. a. mit neuen Entdeckungen auf dem Gebiet der Seelenkunde und epischen Technik darstellte. Auch Thomas Mann, der bewußt bei den großen französischen und russischen Erzählern lernte, hatte Mühe, sich aus der deutschen realistischen Tradition des 19. Jahrhunderts herauszulösen, die tief in das 20. Jahrhundert hineinreicht. Das „Wagnis der Sprache" forderte eine Anstrengung vom Roman, von der Kunst der Prosa. Zwar floß ihr eine reiche Stoff- und Gedankenmasse aus der Großstadt und Technik, aus einer neuen Psychologie und den sittlichen und sozialen Reformtendenzen der Zeit zu. Der Naturalismus hatte mit dem Programm der analytischen Beobachtung einen Kreis von Stoffen und Problemen bestimmt; aber er verleugnete das Recht der Erfindung und Phantasie. Er mußte überwunden werden, um vielfältigeren Strömungen Raum zu geben. Eine Zersplitterung der literarischen Richtungen setzte ein, die aber wieder den Reichtum individueller Ausdruckswege ermöglichte. Aus der sogenannten Neuromantik entwickelte sich der geschichtliche und mythische Roman; die Heimatkunstbewegung, die Friedrich Lienhard programmatisch einleitete, zog sich auf die Schilderung des provinziellen Stammeslebens zurück. Sie führte damit zu einer noch größeren geistig-seelischen Verengung, als sie im Realismus des 19. Jahrhunderts bereits erfolgt war. Nur langsam entwickelte sich ein Romantypus, der das Erbe des Realismus, vor allem Fontanes, mit europäischen Anregungen in Thematik und Optik verband (Thomas Mann) oder radikaler zur Gesellschaftssatire vordrang (Heinrich Mann). Nicht zufällig begann der neue Geschichtsroman mit dem epischen Werk einer Frau, die dem Irrationalen offen war, zugleich sich zu der gegenständlichen Erzählkunst des 19. Jahrhunderts bekannte: R i c a r d a H u c h (1864–1947). Von Nietzsche kam ihr freier, aristokratisch-ideenhafter Individualismus, der Sinn für tiefes und leidenschaftlichschönes Leben; von Burckhardt kam ihr Sinn für die Farbenfülle der Geschichte, vor allem der italienischen Kultur. Mit geradezu männlicher Gestaltungskraft entwarf Ricarda Huch monumentale Bilder eines heroisch gesteigerten geschichtlichen Lebens (*Die Verteidigung Roms*, 1906; *Der Kampf um Rom*, 1907, um den italienischen Freiheitshelden Garibaldi). Aber lyrische Stimmung und historisches Wissen gehen nicht immer bruchlos ineinander. Wie aus der Vorahnung des nahen Weltkrieges zeichnete sie mit erstaunlicher Quellenkenntnis und

Durchdringung eines gewaltigen historischen Materials an Gestalten und Ereignissen in *Der große Krieg* (1912/14) die Schrek-
kenszeit des Dreißigjährigen Krieges. Durch alle Schichten und
Völker, von Höfen und Kirchen und Universitäten bis zum Treiben der Landsknechte und der Not des armen Volkes führt das
um das Schicksal eines Zeitalters kreisende Buch. Ein monumen-
tales Bild wird entworfen, das keine Einzelschicksale mehr kennt,
nur die Dynamik eines umfassenden Verhängnisses. Und wie
aus dem vorgreifenden Erlebnis des nahenden Weltkrieges war
das Wort gesprochen, das sie dem Jesuiten und Lyriker F. von
Spee (vgl. S. 147) in den Mund legte: „Das eine hatte er erfahren: unermeßlich weit war die Erde von Gott; und wenn sie
nun, so fragte er sich zuweilen schaudernd, unerreichbar weit
von ihm wäre?"
Wiederholt schilderte sie große Revolutionäre (*Das Leben des
Grafen Federigo Confalonieri*, 1910; *Wallenstein*, 1915; *Michael
Bakunin und die Anarchie*, 1923). Ricarda Huch kehrte nicht
nur mit psychologisch tiefblickender und farbenreicher Sprachkunst in die Geschichte zurück; sie lebte mit allen Strömungen
ihrer bewegten Zeit. In den *Erinnerungen von Ludolf Ursleu
dem Jüngeren* (1893), ihrem ersten Buch, schrieb sie die Geschichte einer sterbenden hanseatischen Bürgerfamilie – nicht
mit dem Wirklichkeitssinn Thomas Manns, sondern mit romantischem Stimmungszauber, mit lyrischer Musik der Sprache und
aus einem Lebensgefühl heraus, das zwischen Traum, Leidenschaft und müder Resignation schwankt. Sie liebte die adlige
Form, hochgezüchtete Kulturmenschen. Auch in *Vita somnium
breve* (späterer Titel *Michael Unger*, 1913) erzählt sie von der
ästhetisch-festlichen Dekadenz einer bürgerlichen Familie. Ihr
bester Roman *Aus der Triumphgasse* (1902), der in das Elend
der ärmsten Bevölkerung Italiens hineinführt, wird zugleich ein
Märchen von der rätselhaften Schicksalsfülle des Lebens, das wie
eine Vision erscheint. Das fast musikalisch erlebte Buch wurde
„zur großen Klage des Lebens um seine Schönheit und seine
Vergänglichkeit und seine Blindheit" und zu einer Verklärung
noch des Schmutzes und des Niedrigen. Der erste Weltkrieg
führte Ricarda Huch zu religiösen Fragen (*Der wiederkehrende
Christus*, 1926). Ihre philosophisch-historischen Interessen äu-
ßerten sich in bahnbrechenden Darstellungen der Romantik
(1899/1902), in Studien über Keller, Luther, Stein, in ihren
späteren Geschichtsbüchern wie *Römisches Reich Deutscher Nation* (1934) oder *Das Zeitalter der Glaubensspaltung* (1937).

Wahrheit und Symbol mischen sich, von einer tragischen oder
beseligten Grundstimmung geeint, in Ricarda Huchs Romanen;
es geht ihr um die Bewahrung der freien edlen Menschlichkeit
über den Niederungen. Je reifer sie wurde, um so mehr sicherte
sie sich die kühle, objektivierende Distanz des gestaltenden
Bewußtseins. Um so tiefer und voller klingt aber ihr frauen-
haftes Gefühl in ihrer reifen und reinen Lyrik (gesammelt 1930)
auf. Von ihrer Jugend erzählt sie im *Frühling in der Schweiz*
(1938).

In Italien fand wie Ricarda Huch I s o l d e K u r z (1853–1944),
die Tochter von Hermann Kurz (vgl. S. 361), fruchtbarste Anregungen. Einflüsse Gottfried Kellers und Conrad Ferdinand
Meyers sind deutlich, wie sich diese Erzählergeneration überhaupt, im Gegensatz zu den Naturalisten, der älteren deutschen
Tradition anschloß. Ihre *Florentiner Novellen* (1890) wählten
die festliche Zeit der Renaissance; auch ihr lag das Heroisch-
Tragische, das Pathos südlicher Leidenschaften. In der gleichen
Epoche spielten die *Nächte auf Fondi* (1922), im modernen Italien die *Italienischen Erzählungen* (1895). Ihre besten Novellen
bietet der *Ruf des Pan* (1929). Ihr größter Erfolg, der Frauen-
roman *Vanadis* (1931), enthält viele autobiographische Züge; bei
ihr ist jene autobiographische Tendenz stark ausgeprägt, die der
neueren deutschen Erzählkunst das besondere Gepräge gibt
(Hesse, Mann, Carossa, Wiechert u. a.). Von Herkunft und
schwäbischer Heimat erzählen mit leicht ironischem Blick *Von
dazumal* (1900), *Aus meinem Jugendland* (1918), *Meine Mutter*
(1927), *Pilgerfahrt nach dem Unerreichbaren* (1938). Wie
Ricarda Huch bewahrte sie eine sichere Kunst der Form.

Dem geschichtlichen Roman widmete sich aus der Atmosphäre
des österreichischen katholischen Barock heraus die tempera-
mentvolle, oft fast ekstatisch erregte E n r i c a v o n H a n d e l -
M a z z e t t i (1871–1955). Ihre Welt war das Kloster der kul-
turbewußten Benediktiner (*Meinrad Helmpergers denkwürdiges
Jahr*, 1900), die gejagte Zeit der Gegenreformation (*Jesse und
Maria*, 1906), der Kampf der Konfessionen, den sie aus religiösem Gefühl deutete. Über dem Konfessionellen stand ihr die
Kraft der reinen christlichen Humanität (die Quedlinburger
Trilogie *Frau Maria*, 1929/31). In zahlreichen Romanen schildert sie die Geschichte Steiermarks und Österreichs vom Barock
bis in das frühe 19. Jahrhundert. Wie Ricarda Huch zeigt Enrica
von Handel-Mazzetti bei genauestem geschichtlichem Detail
eine intuitive Einfühlungskraft und bildhaft-symbolische Plastik

der Sprache. Mit ihrem Werk begann nach langem Schweigen eine neue, religiös bewußte und gleichzeitig künstlerisch freie Entfaltung von Dichtung aus katholischer Glaubensgesinnung.

In den Erlebniskreis der Neuromantik führen die Schaffensantriebe von Stefan Zweig. Er wurde in Wien 1881 geboren. 1942 nahm er sich, ein Opfer der erzwungenen Heimatlosigkeit, im Schmerz um das Schicksal Europas als Emigrant in Südamerika das Leben. Er begann frühreif als Übersetzer Verhaerens und mit eigener, an Hofmannsthal geschulter Lyrik (Silberne Saiten, 1901). Seine dramatischen Spiele bewegten sich im Kreis der das Kostbare und Ungewöhnliche suchenden Neuromantik (Tersites, 1907, das 1917 in der Schweiz uraufgeführte Antikriegsdrama Jeremias). Seine eigenste Begabung war die sorgsam gefeilte, mit nuancierter Prosa geformte Novelle, die eine Psychologie des Unbewußten an leidenschaftlichen Schicksalen mit durchsichtiger, gegenständlicher Sprachkunst erprobt (Amok, 1922; Verwirrung der Gefühle, 1927). „Nur das Seltene erweitert unsern Sinn, nur am Schauer vor neuer Gewalt wächst unser Gefühl. Immer ist darum das Außerordentliche das Maß aller Größe. Und immer – auch in den verwirrendsten und gefährlichsten Gestaltungen – bleibt das Schöpferische Wert über allen Werten, Sinn über allen Sinnen." Den durch Freud geschulten Psychologen fesselte das Rätsel dämonischer Schöpferkräfte; er umkreiste es in zahlreichen, aus geistigem Miterleben geschriebenen Essays über Hölderlin, Kleist, Nietzsche (Der Kampf mit dem Dämon, 1925), Balzac, Dickens, Dostojewskij (Drei Meister, 1919), Casanova, Stendhal, Tolstoi (Drei Dichter ihres Lebens, 1928). Ihnen schlossen sich später Biographien über Marie Antoinette (1932), Erasmus von Rotterdam (1934), Maria Stuart (1935), Amerigo (1942) u. a. m. an. Zweig war Europäer in seiner geistigen Weite und seiner künstlerischen Erlebniskraft, zugleich der Sohn einer sterbenden bürgerlichen Kultur, deren Zerfall die Tragik seines Lebens bedeutete. Von der durch zwei Weltkriege zerstampften Epoche einer freien geistigen Humanität berichtet sein Erinnerungsbuch Die Welt von gestern (1942). In seinem letzten Roman Ungeduld des Herzens (1939), der Geschichte der Liebe eines reichen verkrüppelten Mädchens zu einem jungen, sich ihr entziehenden Offizier, kehrte er in die Heimat, das Österreich vor 1914 zurück. Auch hier zeigt er sich als Deuter der „Verwirrung der Gefühle".

Gegen den Naturalismus, gegen das Aristokratentum der Neuromantiker und die sogenannte Dekadenz des Impressionismus lief der Elsässer Friedrich Lienhard (1865–1929) Sturm, um zum beharrend-volklichen Lebensgrund der Dichtung zurückzuführen. Er bekämpfte die geistige *Vorherrschaft Berlins* (1900) und forderte eine Heimatdichtung, die in Volk, Stamm und Landschaft wurzelt. Zwar mißglückten seine Dramen aus der deutschen Sage und Gemütswelt (*König Artus, Wieland der Schmied, Wartburg*), aber seine Polemik fand im Roman starken Widerhall. Lienhard gab in *Der Spielmann* (1913) eine scharfe Anklage gegen den Materialismus der Zeit, wie sie aus allerdings anderen Voraussetzungen heraus Heinrich Manns *Untertan* (1914) mit politischer Zuspitzung erhob. Bereits 1912 war der Badenser Hermann Burte (Herman Strübe, 1879 bis 1960) mit seinem *Wiltfeber* (1912), einem Protest gegen den neudeutschen Scheinidealismus, aufgetreten.

Ein politisches und kulturphilosophisches Schrifttum rief zur Umkehr in der gleichen Richtung. Daraus sprach angesichts des materiellen Fortschrittsoptimismus und der erfolgsgläubigen Veräußerlichung des kaiserlichen Reiches unter Wilhelm II. ein Bedürfnis nach echterem Ausdruck deutschen Wesens; nur vollzog sich in der nationalen Innerlichkeit und Prophetie dieser Schriften, die bald nach der Reichsgründung von 1871 eingesetzt hatten und zunächst als Opposition gegen das Bismarcksche Reich und seine kulturelle Verfassung gemeint waren, eine in der Zukunft irreführende gefährliche Verengung und Romantisierung des deutschen Selbstbewußtseins. Die Schriften von Paul de Lagarde, von Julius Langbehn (*Rembrandt als Erzieher*, 1890), von dem Wagnerianer und Engländer H. St. Chamberlain (*Die Grundlagen des 19. Jahrhunderts*, 1899), von Arthur Moeller van den Bruck (*Die Deutschen*, 8 Bde., 1904 ff.; *Der preußische Stil*, 1915; *Das dritte Reich*, 1923) strebten entgegen der Spezialisierung und Atomisierung der Zeit zum Bewußtsein überindividueller Bindungen, die aber in zunehmender Verabsolutierung von Blut und Rasse, Stamm und Landschaft, Volkstum und Volksgeist universale Kräfte des deutschen Wesens aus dem Erbe von Christentum und Antike ausschlossen. Ihr Ziel war eine völkisch-seelische Revolution aus konservativem Geiste, aus der „Rasse", der deutschen Artung und Eigenkultur heraus. Lienhards Roman *Oberlin* (1910) schilderte das Elsaß der französischen Revolutionsjahre und gewann so zum Heimatlichen den geschichtlichen Horizont hinzu. Der erfolgreichste Popularisator einer romantisierend-idyllischen Heimatkunst wurde Ludwig Ganghofer (1855–1920) mit der Vielzahl seiner bayerischen Gebirgs- und Geschichtsromane; ein Lieblingsautor Kaiser Wilhelms II. und des Bürgertums. Ihm traten in Österreich Rudolf Greinz (1866–1942) und Rudolf Hans Bartsch (1873–1952) an die Seite. Dagegen machten die Naturalisten die heimatliche Wirklichkeitsschilderung zum Ausgangspunkt menschlich und zeitkritisch umfassender Fragen. Dies gilt auch für den Schlesier Hermann Stehr (1864–1940).

Schlesien war im Barock die Heimat der Mystik gewesen. Dieses mystische Grüblertum, das sich bei Stehr mit düsterer Wirklichkeitserfahrung und religiösem Erlösungsverlangen verbindet, durchzieht alle seine Romane und Erzählungen. Wie Hauptmann als Dramatiker erzählte Stehr als Epiker mit herbem Realismus der Sprache von Schicksalen armer gequälter Menschen in den Hütten und Fabriken seiner Heimat; aber er suchte in ihnen das Licht der Seele, den Weg aus irdischer Verstrickung zum Himmlischen zu befreien. In der Beichte ihrer inneren Krisen (*Drei Nächte*, 1909; *Peter Brindeisener*, 1924) begreifen und überwinden sie ihr Schicksal, indem sie sich ihm ergeben und seine innere Notwendigkeit bejahen. Er gestaltete triebhaft verfangene, seelisch erkrankte und in dumpfer Ausweglosigkeit leidende Menschen, in denen die Sehnsucht nach innerer Erlösung ruft. Immer blickt bei ihm die mystische Ahnung eines jenseitigen Reiches hindurch. Stehr begann mit schlesischen Novellen (*Auf Leben und Tod*, 1898), er gestaltete in seinem ersten Roman (*Leonore Griebel*, 1900) die Tragödie einer pathologisch überreizten Frauensehnsucht, in *Der begrabene Gott* (1905) den Verzweiflungsschrei der zerquälten Kreatur, die Gott, damit das Tiefste der eigenen Sehnsucht zerstört. Das Leben verkrüppelt den Menschen – „wir Menschen unserer Zeit sind Wesen der Zusammenbrüche". In dem Märchen *Das letzte Kind* (1903), den Erzählungen *Der Geigenmacher* (1926) und *Meister Cajetan* (1931) prägt sich ein Grundzug Stehrs stark heraus – jene Nähe zu übermenschlichen, mythischen Mächten, zum Unbegreifbaren innerer Schicksalsverflechtungen (*Mythen und Mären*, 1929). Zum Bekenntnis seines eigenen Ringens um Gott wurde der große Roman *Der Heiligenhof* (1918). Die westfälische Landschaft gibt die tragende Umwelt; die Geschichte des blinden Bauernmädchens, das ihren lebensgierigen Vater zur Einkehr ruft, geheilt, diese Welt verlassen muß, ist der Weg von der Selbstvergottung des Menschen zu einem in die Stille der Seele versunkenen Glauben. „Wem die Welt nicht Seele wird, findet durch sie niemals zu Gott." Im Christentum und in der östlichen mystischen Weisheit sah Stehr die Kräfte einer religiösen Wiedergeburt, wie sie das innere Anliegen der Zeit war. Schwächer geriet seine Trilogie *Nathanael Mächler* (1929/33), die die Geschichte einer schlesischen Familie von 1848 bis 1918 erzählt; auch hier wandern die Menschen zwischen Tat und Traum „sich selber unbegreiflich".

Enger sind Stoffkreis und Erzählgabe des Holsteiners T i m m K r ö g e r (1844–1918). Seine Novellen (*Der Schulmeister von Handewitt*, 1893; *Leute eigener Art*, 1904; Gesamtausgabe 1914) berichten vom sehnsüchtig erinnerten bäuerlichen Leben, von der Schwermut der Wiesen und Moore, von Märchen und Sonderlingen des Nordens. Bewußter, wendiger und gefälliger war der schreibfleißige holsteinische Pastor G u s t a v F r e n s s e n (1863 bis 1945). Er verbindet das heimatlich Volkstümliche mit einem lehrhaften und bildkräftigen Predigtstil und mit den Reizen des spannenden Unterhaltungsromans. *Jörn Uhl* (1901), die Geschichte eines jungen Bauern im Ringen um den alten Erbhof, vorher schon *Die drei Getreuen* (1898) wurden Riesenerfolge.

Jede deutsche Landschaft fand jetzt ihren aus heimatlicher Verbundenheit schlicht und meist idyllisch erzählenden Chronisten. Dem Sturm und Drang der Zeit stand H e r m a n n L ö n s (1866 bis 1914) nahe, dessen sprudelnde Erzähllaune in der beichtenden Selbstdarstellung *Das zweite Gesicht* (1911) eigenwillige Wege ging. Im *Wehrwolf* (1910) gibt er dem Bauerntum des Dreißigjährigen Krieges eine düstere, barock-ekstatische Wucht. Löns lebte in der Verbundenheit mit Wald und Tier, Sumpf und Heide. Aus der abenteuernden und lyrischen Liebe zum naturhaften Sein erwuchsen seine Beobachtungsbücher und Tierdichtungen (*Mein grünes Buch*, 1901; *Mümmelmann*, 1909, u. a.). Manche Gedichte von ihm wurden anonymes Volksgut. Die Jugendbewegung erkor ihn, den Gefallenen des Weltkrieges, zum Lieblingsdichter. Ähnlich wurde G o r c h F o c k (Jakob Kinau, 1880–1916), der Finkenwärder Fischersohn, mit *Hein Godewind* (1912) und *Seefahrt ist not* (1913) zum Erzähler aus der Atmosphäre von Heimat und Abenteuer im Gebiet der Küste und auf See.

Nur selten wurden, entgegen der einseitigen Bevorzugung der bäuerlichen oder kleinstädtischen Umwelt, die gehobene Gesellschaft oder die Großstadt zum Thema oder Milieu gewählt. Der Roman der Heimatkunstbewegung, die im konservativen Bürgertum breites Echo fand, schrak bei seiner Neigung zum Gemüthaften und Irrationalen vor der harten, spröden Wirklichkeit der modernen Technik und Zivilisation zurück; ihm fehlte auch die Bindung an eine verbindliche gesellschaftliche Kultur von europäischem Zuschnitt. Die Romane des baltischen Grafen Eduard Keyserling (1855–1918) mit ihrer Eleganz des Dialogs, Urbanität eines aristokratischen Milieus und ihrer schwermütigen Endstimmung und Überreife aus sterbendem, dem Leben entfremdetem Adel gehören dieser Kultur zu (*Beate und Mareile;* 1903; *Wellen,* 1911; *Fürstinnen,* 1917, u. a.). In ihnen fand der skeptisch verfeinerte Stil des Impressionismus eine reife Entwicklung. Noch näher an Fontane rückte der Historiker des Bürgertums, Georg Hermann (Georg Hermann Borchard, 1871 bis 1943), mit seinen elegisch-idyllischen Berliner Romanen (*Jettchen Gebert,* 1906/08) heran. Im Berlin um 1840 nimmt er zugleich das Problem des Judentums zwischen bürgerlicher Kultur und dem polnischen Osten auf. Der Reiz des Biedermeier wird in diesem Roman entdeckt: als zartes Spiel von zierlichen, humorvoll genossenen Nuancen, als Zauber des Kleinen und Geruhsamen. Rudolf Huch (1862–1943), Ricardas Bruder, protestierte aus dem Geist eines an Goethe erzogenen Bürgertums gegen die modernen Mächte: Nietzsche, Hauptmann und Maeterlinck (*Mehr Goethe,* 1899). Er nahm den satirischen Kampf gegen die Spießer der Kleinstadt auf (*Die Rübenstedter,* 1910) und deutete in dem Entwicklungsroman *Familie Hellmann* (1908) die psychische Erkrankung einer dekadenten Bürgerlichkeit. „Ich habe kein elementares Gefühl in meiner Natur. Doch, eins kenne ich. Das ist die Schwermut. Elementare Schwermut." Sie durchzieht die Entwicklungsromane von Friedrich Huch (1873 bis 1913). Er war ein Vetter von Ricarda Huch, aus vornehmem braunschweigischem Bürgergeschlecht. Mit ihr teilte er das Gefühl für Kultur, die Sensibilität und psychologische Blickschärfe. In *Peter Michel* (1901), der Geschichte eines Schustersohns und Schulmeisters, erzählte er mit ironisch-grotesker Komik vom deutschen Gemüt, das die Welt nicht zu meistern vermag. In *Mao* (1907) schilderte er die Tragik einer Knabenseele, deren Traumphantasie von der Wirklichkeit zerstört wird und an der Lebensangst zerbricht. Das gleiche Thema nahmen Wedekind, Thomas Mann, Hesse, Strauß auf. Huch sah die Problematik eines alternden Bürgertums (*Geschwister,* 1903); in *Pitt und Fox* (1909) schrieb er mit kräftiger ironischer Komik eine Satire gegen den Erfolgstypus der Zeit, in *Enzio* (1911) gab er den ebenso zeittypischen Roman des an seiner seelischen Überfeinerung, Willenslosigkeit und Einsamkeit scheiternden Künstlers.

Alle diese Erzähler verband die beunruhigte Einsicht in die see-lische Erkrankung des Bürgertums, das nach außen unter Wil-helm II. mit lautem Gepräge seine Triumphe und Leistungen feierte. Selbst Frenssens „Hilligenlei" hatte von ihr gesprochen: „weil der Untergrund unsres Lebens falsch ist; darum, weil wir kein rechtes Weltgefühl, keine rechte Religion haben". Schon Sudermanns „Frau Sorge" sah im freiwilligen Opfer des Eigen-tums die Möglichkeit innerer Befreiung; der „Jörn Uhl" von Frenssen fand durch die Zerstörung seiner bürgerlichen Exi-stenz zu seiner Seele zurück. Stehr lehrte die Demut vor dem verhängten Schicksal. In dieser Epoche eines Lebensbewußtseins, das sich kritisch von der Tradition ab und suchend neuen, gül-tigeren Lebensmächten zuwandte, wurzeln die verschieden ge-arteten großen Erzähler der Zeit: Thomas Mann und sein Bruder Heinrich Mann und, mehr der Tradition verhaftet, mehr ver-innerlicht, Hermann Hesse. Jeder bedeutet eine Welt und einen Stil für sich. Dennoch lassen sich gleiche Grundmotive in ihrem Werk erkennen, deren Wachstum und Breite die innere Ge-schichte des deutschen, vielleicht auch des europäischen Geistes während seiner schwersten Bedrohung enthält.

Thomas Mann (1875–1955) stammte aus einem alten Bürger-geschlecht Lübecks. Die kühle und klare, beherrschte und welt-männische Haltung des norddeutschen Hanseatentums hat er nie verloren. Das Erbe seiner südamerikanischen Mutter gab ihm zugleich die Anlage reizbarer Sensibilität, die Phantasie, Musik und verletzlichen Nerven. Er hat diese Leiden und Leidenschaf-ten der Seele früh gebändigt und seiner kritischen Kunst dienst-bar gemacht. Nietzsche, Wagner, Schopenhauer waren ihm ent-scheidende Erlebnisse; er begriff von ihnen aus die Problematik des geistigen, schöpferischen Menschen und der Kunst in der bürgerlichen Welt und die Fragwürdigkeit dieser bürgerlichen Ordnung. Seine ersten Erzählungen *Der kleine Herr Friedemann* (1898) standen im Zusammenhang der Dekadenzstimmung von Jugendstil und Neuromantik, fielen aber bereits durch einen überaus sorgfältig geformten Stil auf. Im Zwiespalt von Geist und Leben war Manns bevorzugtes Thema angeschlagen. Eine gemeinsame Reise nach Italien hatte Heinrich Mann der süd-lichen Ekstase der Renaissance zugeführt; der kühlere Psychologe Thomas Mann suchte den Menschen und sich selbst. Der Roman des Verfalls einer Familie (*Buddenbrooks*, 1901) war eine Ein-kehr zu sich selbst, zu den eigenen Ahnen. Drei Generationen einer wohlhabenden Lübecker Kaufmannsfamilie führen im lang-

samen Abstieg von gesundem Lebenswillen zu nuancierter, vergeistigter Verfeinerung und Schwächung. In dem Knaben Hanno,
dem einsamen Träumer, liegen alle Nerven bloß; gerade das
Außerordentliche ist dem Tode anheimgegeben. Trotz seines
Pessimismus wurde der Roman ein behagliches, den Reiz der
alten Bürgerlichkeit mit Liebe und Humor, geduldiger Breite und
köstlichem Detail ausbreitendes Buch. Tiefe Ironie liegt darin,
daß gerade in der geistig unbedeutenden Toni das zähe, gesunde,
dauernde Leben aushält, während die geistig-künstlerischen Menschen wie der Senator und Hanno sich in Musik und Kunst, Pessimismus und Müdigkeit auflösen. Den jungen Thomas Mann
fesselte primär nicht das Politisch-Soziale; er sah die Welt vom
Seelisch-Menschlichen her. Er ist ein Moralist, der um alle Prüfungen, Abgründe, Verirrungen weiß und sie mit kühl distanzierter und innerlich betroffener Psychologie analysiert. Mit den
„Buddenbrooks" ging er auf Fontanes Weg weiter zum europäischen Roman.

Um den Konflikt von Geist und Leben, Künstlertum und Bürgerlichkeit kreisen die Erzählungen der Sammlung *Tristan* (1903);
aus *Tonio Kröger* spricht ein Heimweh nach bürgerlicher Gesundheit, das schlechte Gewissen des Künstlers, der sich vom
„Leben" lösen muß, von seiner herzlich-naiven Unbefangenheit. Mann empfand als Not des Künstlers, „das Menschliche
darzustellen", ohne „am Menschlichen teilzuhaben". Im „Tonio
Kröger" heißt es: „Ich werde nie... begreifen, wie man das
Außerordentliche und Dämonische als Ideal verehren mag. Nein,
das ‚Leben', wie es als ewiger Gegensatz dem Geiste und der
Kunst gegenübersteht, – nicht als eine Vision von blutiger Größe
und wilder Schönheit, nicht als das Ungewöhnliche stellt es uns
Ungewöhnlichen sich dar; sondern das Normale, Wohlanständige
und Liebenswürdige ist das Reich unserer Sehnsucht, ist das Leben
in seiner verführerischen Banalität! Der ist... kein Künstler,
...dessen letzte und tiefste Schwärmerei das Raffinierte, Exzentrische und Satanische ist, der die Sehnsucht nicht kennt nach dem
Harmlosen, Einfachen und Lebendigen, nach ein wenig Freundschaft, Hingebung, Vertraulichkeit und menschlichem Glück, –
die verstohlene und zehrende Sehnsucht... nach den Wonnen der
Gewöhnlichkeit." Darin war ein vielstimmiges Grundmotiv
Manns angeschlagen – mit jener immer gegenwärtigen, gegen
sich selbst gewandten Ironie, die alle seine Bücher durchzieht.

Ein Seitenweg blieb der Dreiakter *Fiorenza* (1906); der wache,
distanzierte Skeptiker war nicht zum Dramatiker geschaffen. Der

Roman *Königliche Hoheit* (1909) zeigte ihn auf der Höhe strenger Kunstform. Eigene Erfahrungen sind in die märchenhaft
und atmosphärisch echt erzählte, ironisch-graziöse Geschichte
des einsamen Prinzen in der kleinen Residenz einverwandelt,
der die Hand der Tochter des amerikanischen Millionärs gewinnt.
Hoheit und Liebe verbinden sich – „ein strenges Glück". Wieder
war ein Symbol gestaltet: „in dem Schicksal meiner drei fürstlichen Geschwister... malt sich symbolisch die Krise des Individualismus, in der wir stehen, jene geistige Wendung zum Demokratischen, zur Gemeinsamkeit, zum Anschluß, zur Liebe". In der
Novelle *Der Tod in Venedig* (1912) sprach Mann mit einer
zur geläuterten Kunst geformten Sprache vom Schicksal des
Künstlers, der alternd und müde, im Rausch des Südens das leibhafte Kunstwerk, einen schönen Knaben in vollkommener Harmonie des Leibes findet und in der Liebe zu ihm dem Tode an-
heimfällt. Wieder erscheint die tragisch-gefährliche Einsamkeit
des Künstlers, abgründig, frevlerisch, ein dämonisches Schicksal
aus Glut und Tod. Man spürt das Zittern der eigenen Ergriffenheit Thomas Manns, auch wenn die Sprache künstlerisch distanziert. Mann hat selbst vom Wagnis seines Stils gesprochen:
„Es ist nötig, daß man irgend etwas Außermenschliches und
Unmenschliches sei, daß man zum Menschlichen in einem seltsam
fernen und unbeteiligten Verhältnis steht, um imstande und überhaupt versucht zu sein, es zu spielen, damit zu spielen, es wirksam und geschmackvoll darzustellen. Die Begabung für Stil, Form
und Ausdruck setzt bereits dies kühle und wählerische Verhältnis zum Menschlichen, ja eine gewisse menschliche Ver-
armung und Verödung voraus. Denn das gesunde und starke
Gefühl hat keinen Geschmack. Es ist aus mit dem Künstler, so-
bald er Mensch wird und zu empfinden beginnt." Aber daneben
tritt Manns Wort von seiner „Bürgerliebe zum Menschlichen,
Lebendigen und Gewöhnlichen. Alle Wärme, alle Güte, aller
Humor kommt aus ihr". Diese Liebe zum Menschlichen bedeutete ihm eine mehr als künstlerische Verpflichtung; wie sein geistiges Verantwortungsgefühl und sein Kampf gegen das verführerische Chaos des romantischen Grenzenlosen.
In den Erzählungen *Das Wunderkind* (1903) und *Schwere Stunde*
(1905), die Gestalt Schillers zeichnend, ging es um die Thematik
der Künstlerexistenz. Politisch-patriotische Ergriffenheit im Ersten
Weltkrieg veranlaßte kulturphilosophische und geschichtliche
Studien – von *Friedrich und die große Koalition* (1915) über die
Betrachtungen eines Unpolitischen (1918) bis zu der Rede *Von*

deutscher Republik (1922) führen mancherlei geistig-politische
Wandlungen. Dennoch liegt ein Gemeinsames zugrunde: es geht
Mann nicht um Politik, Macht und Programme, sondern um eine
geistig-sittliche Humanität, um eine europäische Universalität und
die Autorität des Geistes aus dem Erbe von Christentum und Antike, des Idealismus und einer an Goethe erhöhten Bürgerlichkeit.
Mann ist konservativ, ein Bewahrer des erprobten Besitzes auch
als Anwalt der Demokratie und Republik, als deren Inhalt er das
Bekenntnis zur Humanität betrachtete. Sein Künstlertum war
ihm Pflicht zum objektiven Geist.

Im *Zauberberg* (1924) unternahm Thomas Mann die Analyse
der Zeit – sie führte zum umfänglichen, beziehungsreichen Ge-
sprächsroman. Ein Hamburger Patriziersohn, Hans Castorp, gerät in Davos in ein Sanatorium; über sieben Jahre bleibt er, selbst
erkrankt, in dieser abgeschlossenen Welt. Das Haus, seine Kran-
ken, ihre zahllosen Diskussionen sind Symbole des tödlich erkrankten Europa vor dem Weltkriege; um Krankheit und Tod
des einzelnen wie der Kultur kreisen die Gespräche. Neben den
demokratischen Aufklärer und Voltaire-Schüler Settembrini, den
Humanisten, tritt feindlich der autoritätsgläubige, antiindivi-
dualistische Jesuitenzögling Naphta, der Anhänger der Diktatur
und Inquisition. Den gefühlhaften Instinkt des naturhaft-sinn-
lichen Lebens vertritt Peeperkorn, dämonisch verführende, maßlose Weiblichkeit die Madame Chauchat. Es wird viel diskutiert;
wichtiger als das Resultat erscheint der Kampf der Geister. Alles
ist fragwürdig, möglich und unwirklich zugleich geworden, alles
ist im rastlosen Fließen begriffen. Der Ausbruch des Krieges
beendet das gespensterhafte Treiben – der Erzähler läßt offen,
welche Entscheidung es bedeutet. Nicht eindeutige Werte stehen
am Ende des Buches, aber die sittlichen und politischen Entscheidungen, um die es geht, sind mit großer Klarheit formuliert.
Die „Buddenbrooks" belebt eine frische Bildkraft der Sprache,
„Königliche Hoheit" bändigt ein kühles gedankliches Formen,
im „Zauberberg" plaudert Mann mit ironischer, lässiger Breite,
scheinbar willkürlich, dennoch mit sicherer Kunst. Noch geschlossener, aber schon überspitzt, ist dieser Erzählstil in der
Novelle *Unordnung und frühes Leid* (1925) entwickelt. Die
kühle Distanz des Sprachstils ist eine in der deutschen Literatur
seltene Erscheinung; sie bedeutet bei aller ironischen Vergeistigung jedoch keine Leugnung der inneren Lebensnähe. Eine
meisterlich geformte Novelle bot er in dem „tragischen Reiseerlebnis" *Mario und der Zauberer* (1930), einer im gleichsam

privaten Reiseerlebnis parabolisch enthaltenen politischen Warnung in letzter Stunde.

1933 ging Mann ins Exil (zuletzt Schweiz). 1934 und 1936 erschienen noch in Deutschland die ersten Bände des großen Alterswerkes *Joseph und seine Brüder*. 1943 folgte nach langer Arbeit mit *Joseph der Ernährer* der letzte (vierte) Band. Aus der kurzen Erzählung des Alten Testaments formte Mann einen über 2000 Seiten umfassenden Roman. Er gestaltete einen Mythos mit unerschöpflicher psychologischer Nuancierungskunst und breitem geschichtlichem Detail. Deutlich ist hier die neue Wandlung zum Typischen, Gesetzhaft-Überindividuellen. „Die Mythologen unter den Bibelforschern behandeln die Gestalten der Schrift als legendär und ihre Geschichten als Ausprägungen mythischer Vorstellungen und mythischer Motive. Meine Idee war es, die Gestalten real zu nehmen, sie aber im Mythos leben und sich selbst als seine Verkörperung fühlen zu lassen." Wieder taucht in der Lebensgeschichte Josephs das alte Motiv auf: der Gegensatz zwischen Geist und Leben, der Weg aus bindender Ordnung in Einsamkeit, Gefährdung und Not; aber Josephs Schicksal führt in die Höhe, zu neuen menschlichen Ordnungen hinauf. „Als Erzähler bin ich zum Mythos gelangt – indem ich ihn freilich, zur grenzenlosen Geringschätzung der nichts als Seelenvollen und Möchtegern-Barbaren, humanisiere, mich an einer Vereinigung von Mythos und Humanität versuche, die ich für menschheitlich zukünftiger halte als den einseitig-augenblicklichen Kampf gegen den Geist, das Sich-Beliebt-Machen bei der Zeit durch eifriges Herumtrampeln auf Vernunft und Zivilisation."

Die gleiche Souveränität der Erzählphantasie spricht aus der Erzählung *Das Gesetz* (1944), die um Moses kreist, der eigener innerer Gefährdung den leidenschaftlichen Glauben an das Gesetz, an das Heilige und Reine abringt. An den Besuch der gealterten Charlotte Kestner (vgl. S. 241) bei Goethe in Weimar knüpft eine romanhafte Biographie Goethes, *Lotte in Weimar* (1939) an, die in vielfältiger und kunstvoller Brechung die Gestalt des alten Dichters in den Gesprächen Riemers, Adele Schopenhauers, August von Goethes entfaltet, endlich den Dichter selbst im langen Monolog und im Kreise des Hauses erscheinen läßt. Mancherlei bleibt problematisch: der archaisierend gekünstelte Stil, das Schwanken zwischen Zitat und Darstellung, ein allzu spürsames Psychologisieren, eine spielerisch-monotone Breite und eine zu sehr in die eigenen geistigen Anliegen umdeutende Zeichnung des Weimarer Titanen. Die Enttäuschung des Ver-

bannten spricht aus dem Buch, das ein Bekenntnis zu europäischer Humanität aus deutschem Geist ist, auch wenn es kein
Monument errichten, sondern mit subtiler Psychologie das Problem der schöpferischen Genialität angesichts der menschlichen
Normalität aufwerfen und die „Wirklichkeit" Goethe unter
das Mikroskop des Seelenkenners nehmen will. Ein neues Interesse am Mythisch-Symbolischen ließ die indische Legende *Die
vertauschten Köpfe* (1940) entstehen; 1947 wurde der bisher
letzte große, wieder um das deutsche Schicksal ringende Roman
*Doktor Faustus, das Leben des deutschen Tonsetzers Adrian
Leverkühn, erzählt von einem Freunde,* beendet. Es ist in seinem
seelischen Gehalt, seiner Kulturphilosophie, seiner Leidenschaft
für die Musik, seiner oft eigenwilligen Sprache und schwer
durchsichtigen, gleichwohl höchst überlegt komponierten Form
ein sehr deutsches Buch; es ist eine Heimkehr in die Wesens-
gründe und Geschichte seines Volkes, die vielleicht Mann erst
in der Ferne ganz offenbar wurden. Im Schicksal des dämonisch
begnadeten und verdammten Tonkünstlers Leverkühn, der im
Erbe von noch mittelalterlichem Kleinstädtertum und lutherischer
Gläubigkeit aufwächst und um den herum sich der Zerfall der
bürgerlichen Kultur nach dem ersten Weltkriege vollzieht, spiegeln sich Reichtum und Verhängnis des deutschen Menschen.
Während der Katastrophe des letzten Krieges schreibt der hu-
manistisch-bürgerliche Freund, aus dessen Randbemerkungen
Thomas Mann selbst spricht, mit ehrfürchtiger Liebe und angst-
vollem Erschauern die an Nietzsches Biographie angelehnte
Geschichte eines großen Musikers nieder, dessen Werk in einer
apokalyptischen Klage gipfelt; es ist die Klage um das Geschick
seiner Zeit. Mann macht es dem Leser nicht leicht; eine Fülle von
Wissen und Weisheit ist hier aufgehäuft und die Sprache geht
oft ungewohnte Wege. Alle Grundmotive seines Schaffens laufen
in diesem Alterswerk zusammen, das ein tragischer Roman, ein
stilisierter Mythos des deutschen Wesens und ein Bekenntnis zugleich ist. In Ergriffenheit über das Unheil dieses Künstlerlebens
und das Geschick seines Volkes klingt es aus: „Wann wird aus
letzter Hoffnungslosigkeit, ein Wunder, das über den Glauben
geht, das Licht der Hoffnung tagen? Ein einsamer Mann faltet
seine Hände und spricht: Gott sei euerer armen Seele gnädig,
mein Freund, mein Vaterland."
Dieses tief ernst gemeinte Buch von der Tragödie des deutschen
Wesens war in seiner Umdeutung des Faust-Themas im Gegensatz zu der geläufigen deutschen Ideologie ein gewaltiger Wurf,

eine an Wagnissen reiche Ideenschöpfung, die in der von Mann gewählten Form des Romans trotz seiner vielstimmigen Strukturierung kaum bewältigt werden konnte. Den artistischen Glanz seiner virtuosen Spielkraft mit dem Wort ließ er in der Umdichtung der Gregorius-Legende des höfischen Epikers Hartmann, *Der Erwählte* (1951) aufleuchten. In der heiteren, von geistvollen und amüsanten Einfällen übersprudelnden, durch die gelenkige Kunst der Form wieder zu humanem Maß zurückgehaltenen Parodie der frommen Überlieferung konnte sich seine spielende Erzählphantasie frei entfalten: frei auch im Spiel mit der Sprache und den Sprachen. Die Ironie wurde durch die Gegenlage des ernsten Themas gehalten. Offenbar ein Mißgriff war die Erzählung *Die Betrogene* (1953), in welcher selbst diese Kunst der Peinlichkeit einer unglücklichen Stoffwahl erlag. Wie sehr Thomas Mann in der spätbürgerlichen Welt vor und nach 1900 beheimatet ist, verdeutlicht der 1954 erschienene 1. Band der *Bekenntnisse des Hochstaplers Felix Krull*. Die früheren fragmentarischen Fassungen erfahren eine Fortsetzung im Typus des ironisch-parodistischen Schelmenromans. Die Teile brechen auseinander. Die älteren Teile erhalten aus der Demaskierung des wilhelminischen Spätbürgertums, aus der neuen Variation des alten Themas vom Schauspieler und Hochstapler des Lebens ihr künstlerisches Gewicht. Die neueren Teile lassen die Parodie autonom werden, ein sich übersteigerndes Spiel, das, trotz vieler faszinierender Glanzleistungen des ironischen Gestalters, in die Nähe der Kolportage gerät. Hier scheint eine Grenze überschritten zu sein. Jedoch gehört zum Erstaunlichen des Gesämtwerkes Manns bei gleicher Fundamentalthematik die unerschöpfbar erscheinende Überraschung mit dem Unerwarteten. In *Altes und Neues* (1953) sind Essays, Kritiken, Reden gesammelt. Hier findet sich auch der bedeutsame Vortrag *Die Kunst des Romans* (1939). Mann liebte die subtile Analyse des eigenen Werkes – am ausgedehntesten in den autobiographisch vielschichtigen Bekenntnissen *Die Entstehung des Doktor Faustus, Roman eines Romans* (1949), denen 1926 die *Pariser Rechenschaft* vorausging. Rückschau und Selbstinterpretation bietet die Rede *Meine Zeit* (1950). Das Ich des Dichters erfährt sich als symbolische Repräsentanz des Zeitschicksals, es findet sich selbst in den Ahnen, zu denen es sich bekennt: als Sohn eines humanistisch-sozialen Liberalismus.

Thomas Mann blickte während des Exils angestrengt nach Deutschland. Der Band *Adel des Geistes* (1945) zeigt ihn als Mei-

ster des literarischen Essays, als Anwalt einer aus hohem geistigem Erbe lebenden europäischen Humanität. Goethe, Chamisso,
Platen, Fontane, Wagner, Tolstoj – sie waren Erlebnisse und
innere Begegnungen. Seit 1930 warnte er vor einer neuen Konzentration des nationalstaatlichen Machtwillens; er sah den Zusammenbruch Deutschlands voraus, er rief zur Umkehr und er-
innerte in Rundfunkansprachen 1940/45, in Aufsätzen und Reden
an die geschichtliche Substanz des deutschen Geistes. Schon 1938
schrieb er in *Dieser Friede:* „Fürchtet Euch nicht! Wahrheit und
Vernunft mögen im Äußeren unterdrückt sein für eine schwarze
Weile, – in uns bleiben sie ewig frei, und aus der heiteren Höhe
der Kunst mag der Geist des siegenden Unsinns spotten, nicht
allein und verlassen, sondern im sicheren Bunde mit allen
Besten." Die Weite dieses Geistes, eine Synthese des Erbes der
deutschen Klassik und des europäischen Realismus mit dem
Geist des dialektisch-tragischen 20. Jahrhunderts, verdeutlicht
die *Nachlese 1951–1955* (1956). In dem hier veröffentlichten
Versuch über Schiller, Manns Stuttgarter und Weimarer Rede
zum 150. Todestag kurz vor dem nahenden Lebensende, darf
man auch eine die Grenzen überschreitende Versöhnung mit
Deutschland lesen: im Antlitz des tragischen und nationalen
Dichtertums Schillers, im Zeichen „universeller Teilnehmung
nach dem Vorbild seiner hochherzigen Größe". In das gleiche
Jahr fällt die *Ansprache in Lübeck* – auch sie ein Symbol der
Heimkehr jenseits der Dissonanzen, mit der sich der Ring des
reichen, schöpferischen und antwortenden Daseins von Thomas
Mann geschlossen und vollendet hat. Zeugnisse dieses produktiven Lebens sind nicht zuletzt die mit großer Sprachkunst gestalteten *Briefe,* die Erika Mann herausgegeben hat.
Enger, eindeutiger und rücksichtsloser, künstlerisch sorgloser
war sein Bruder H e i n r i c h M a n n (1871–1950). Er begann mit
den fabulös karikierenden Romanen *Im Schlaraffenland* (1900),
der das Berliner Börsen- und Journalistentreiben parodiert,
und *Jagd nach Liebe* (1903/04), der in Münchner Künstlertreiben
mit greller Erotik und durchsichtiger Porträtmalerei hinein-
leuchtet. Er bevorzugt das Pathetisch-Gesteigerte auch in der Ironie, eine scharfe Zuspitzung der Motive und Szenen. Vom rauschhaften Farbenprunk Italiens, von der verschwenderischen Phantastik d'Annunzios beeinflußt war sein großer Roman *Die Göttinnen oder Die drei Romane der Herzogin von Assy* (1902/03).
Heinrich Mann liebte „Menschen der Entzweiung, des Raubes
und der heißen plötzlichen Liebe", die Abenteurer „stolz und

düster nach Größe, blutbefleckt, frei und unverwundbar". Die romanische Kultur der Sinne und Ekstasen fesselte ihn. In *Zwischen den Rassen* (1907) gestaltete er den Zwiespalt zwischen Norden und Süden; mit Liebe und menschlicher Wahrheit schilderte er gedämpfter italienische Charaktere in *Die kleine Stadt* (1909). In *Professor Unrat* (1905) entwarf er die erste ironisch-pathetische Karikatur deutscher Zustände im Reich Wilhelms II. Vom neuromantischen Rausch der Nerven und einem komödiantenhaft-amoralischen Ästhetentum (die Bekenntnisnovelle *Pippo Spano*) wandte er sich als schonungsloser und gereizter Kritiker des machtgierigen Nationalismus und des selbstsicheren Bürgertums politischen Satiren zu: *Der Untertan* (1911), *Die Armen* (1917), *Der Kopf* (1925). In dieser Trilogie, die durch die Schicht des Bürgertums, des Arbeitertums und der „Führenden" schreitet, griff er die gesellschaftlichen Zustände des wilhelminischen Reiches erbarmungslos an. 1927 folgte *Mutter Marie*, 1928 *Eugenie;* es sind schlichtere Romane aus der Gesellschaft der Republik. Gegen ihre Mißstände und Spekulanten richtete sich, wiederum in das Groteske und fast Gespenstische gesteigert, *Die große Sache* (1930). „Nach dem Kaiserreich betrachtete ich die Republik und hielt von ihr ziemlich genau so viel, wie sie wert war", heißt es in Manns Erinnerungsbuch *Ein Zeitalter wird besichtigt* (1945). Seine Erzählphantasie führte ihn in die Nähe des Expressionismus. Er trat radikal auf die Seite eines politisch-agitatorischen Schriftstellertums der westlich-demokratischen Zivilisation. Thomas Mann prägte in einer heftigen Polemik gegen seinen Bruder den Begriff des „Zivilisationsliteraten", dem die Bindung durch eine Ehrfurcht vor der organisch gewachsenen geistigen Tradition fehlt. 1933 verließ er Deutschland. In der Emigration in Frankreich entstanden die großen Geschichtsromane *Die Jugend des Königs Henri Quatre* und *Die Vollendung des Königs Henri Quatre* (1935/38). Der französische König um die Wende des 16. und 17. Jahrhunderts wird als der erste regierende „Abgesandte der Vernunft und des Menschenglücks", als der erste große Demokrat und Volkskönig geschildert. Aus dem Nein seiner früheren Bücher lenkte Mann hier in ein gelösteres Ja; zugleich war der Roman in Stoff und Sprache das Bekenntnis zu seiner geistigen Heimat, der französischen Kultur. Zahlreiche Novellen begleiten die Entstehung der großen Romane Heinrich Manns; weniger glücklich waren seine Dramen (das Revolutionsstück *Madame Legros*, 1913; das Napoleonstück *Der Weg zur Macht*,

1918). Wie sein Bruder veröffentlichte Heinrich Mann viele
geistreich pointierte Essays (Flaubert, Goethe und Voltaire, Zola,
Rousseau) und politische Betrachtungen (*Macht und Mensch*,
1920; *Geist und Tat*, 1931; *Es kommt der Tag*, 1936). Er schrieb
den ironisch-kritischen Zeitroman aus europäischer Gesinnung.
„Euer Volk liebend könnt ihr die Menschheit nicht hassen. Seinem eigenen Volke zugeneigt ist der allein, der auch zwischen
den Völkern von Liebe weiß."
Dem psychologischen Zeitroman widmete sich J a k o b W a s -
s e r m a n n (1873–1934). Er war ein Romantiker bunter Verwicklungen und Träume, in dem noch orientalische Phantasie
lebte; er war zugleich der sehr kritische Beobachter seiner pro-
blemreichen Epoche. Dostojewskij gab ihm wesentliche Anregungen. Sein entscheidendes Erlebnis war sein Konflikt als Jude
in Deutschland; als ein Jude, der sich als Deutscher fühlte. Er begann mit dem in seiner fränkischen Heimat spielenden, halb geschichtlichen, halb modernen Roman *Die Juden von Zirndorf*
(1897), dessen Vorspiel aus dem Ghetto des 17. Jahrhunderts
Aufsehen erregte. Hier bereits ist sein Held ein Prophet und
Träumer, der auf Abenteuer geht, um menschliche Niedertracht
bis zur äußersten Grenze zu erfahren. *Die Geschichte der jungen
Renate Fuchs* (1900) sprach allzu romanhaft, entgegen der aktuellen Frauenemanzipation, vom Glück der Frau durch den Mann,
dem sie ihre Seele hingibt. Die Braut des Herzogs flieht vor der
Hochzeit, fällt bis zur Prostituierten, um endlich von dem Geliebten, der ein Prophet der Menschenliebe ist, erlöst, einen Sohn zu
empfangen. Weiche Romantik verbindet sich mit psychologischer
Blickschärfe; trotz der herben Wirklichkeit blüht ein Wunderglaube auf. Im *Moloch* (1902) beschrieb er objektiver die Geschichte eines zähen Kampfes gegen das Unrecht der Gesellschaft; der Romantiker Wassermann wurde zum Moralisten, der
sich für das Menschliche verantwortlich weiß. Jetzt treten die
Menschen in den Vordergrund, die aus heiliger Überzeugung, in
leidenschaftlichem Rechtsgefühl den Kampf mit der Gesellschaft
aufnehmen. In den *Masken Erwin Reiners* (1910) scheitert der
Millionär und Frauenjäger an der Unschuld der gehetzten Beute;
Caspar Hauser (1908), der Roman von der „Trägheit des Herzens", wird zum Symbol bedrängter Unschuld in einer ruchlosen
Welt. *Das Gänsemännchen* (1915) schildert die Tragik des armen,
gequälten Künstlers in der Enge einer fränkischen Stadt (Nürnberg), die stumpf und dumm im Behagen vegetiert. Vom Menschlichen her kommt bei Wassermann die Anklage gegen die bür-

gerliche Vorkriegswelt. Er glaubte an das Menschliche. „Wie auch sonst die Menschen beschaffen sind, wenn er in ihre Augen sieht, ergreift es ihn mit überirdischem Gefühl. In allen Augen ist das Gleiche: das gleiche Feuer, die gleiche Angst, das gleiche Bitten, die gleiche Einsamkeit... der gleiche Tod; in allen ist Gottes Seele." *Christian Wahnschaffe* (1919), der große Bildungsroman, wurde sein Hauptwerk. Der fürstlich reiche bürgerliche Jüngling wandelt sich zum Sozialisten, der sich aller Güter entäußert, ähnlich wie Franziskus von Assisi. Der Reiche steigt von den Höhen des Glücks und harter Herrschaft zu den Armen hinab, um seine Menschenliebe zu bewähren: verkannt, verhaßt, wird er fast zum Heiligen. Aber Wassermann häufte unwahrscheinliche Spannungen, mondäne Sensationen. Er blieb im Stil der Belletristik und fand nicht zum unmittelbaren dichterischen Bilde. Am besten in Spannung, Idee und Charakteren ist *Der Fall Maurizius* (1928) geschrieben, in dem der Sohn des Staatsanwalts verzweifelt mit glühendem Herzen für den Sieg der Gerechtigkeit kämpft. In *Etzel Andergast* (1930) folgte die Fortsetzung, die das deutsche Leben und die Jugend nach dem Weltkriege umfaßt. Wassermann lernte viel von der Psychoanalyse; er gab von ihr aus die Diagnose der europäischen Krankheit, aber er glaubte auch an das magische Vermögen der Seele, Natur und Geist wieder zu vereinen und das Irrationale dem Leben zurückzugewinnen. Der Gesellschaftsroman wurde ihm zum pädagogischen Weg der Neuordnung des Menschendaseins. In der Schweiz erschien 1934 postum *Joseph Kerkhovens dritte Existenz*. Dieser Roman spiegelt das Ringen zwischen dem Taumel der Zeit und innerer Läuterung, den Kampf um den rettenden Glauben, das Suchen und Ahnen Gottes. Wassermanns Werk trug die Gewißheit, daß mitten im Chaos der modernen Zivilisation die Welt zum Kosmos des Glaubens werde. Er hat den Zusammenbruch dieser Gewißheit nicht mehr erlebt. „Die Verzweiflung über Deutschland lastet berghoch auf meiner Brust – die Frage ist: überlebt man's?"

Aus dem episch-lyrischen Erbe der alemannischen Heimat heraus, im Zauber ihrer Landschaften und Städtchen, begann H e r m a n n H e s s e (1877–1962) sein träumerisch nach innen gewandtes Schaffen. Dem Zeitgetriebe feindlich, zog er sich seit 1912 in die Schweiz zurück. Er entstammte dem schwäbischen Pietismus, in den die Welt Indiens durch die Missionstätigkeit des Vaters hineinreichte. Zwischen dem Westen und Osten bewegt sich Hesses Suchen nach einem reinen, in sich gestillten und erfüllten Menschentum. Er brach aus der Ordnung von Elternhaus und Seminar aus; oft kehren seine Bücher zu entscheidenden Kindheitserlebnissen zurück (*Unterm Rad*, 1905). Im Protest gegen das Bürgertum vollzog sich ein Generationsschicksal; Hesse hat es gleich vielen durchlebt. Er begann mit *Romantischen Liedern* (1899) voll zarter Stimmung, schauender Versunkenheit. *Peter Camenzind* (1904), der Roman eines suchenden einsamen Vagabunden, endete mit einem stillen, resignierten Gastwirtsleben. Der Bildungsroman einer jungen Seele fesselte die Zeitgenossen; ein Lyriker sprach aus beseelten Landschaftsbildern, aus einer Einheit mit der All-Natur. „Ich weiß, daß ich eigentlich kein Erzähler bin. Wir Erzähler von heute treiben alle eine Kunst von übermorgen, deren Formgesetze noch nicht da sind. Was man eigentlich Erzählung nennt, ist die Darstellung von Geschehen zwischen handelnden Menschen, während wir jetzt ein Bedürfnis fühlen, den einsamen Einzelnen darzustellen." Hesse fand das persönliche Formgesetz; jedes seiner Bücher ist ein Bekenntnis der Einsamkeit, die sich eins weiß mit den stillen Dingen: Landschaft, Wolken, Kind, Heimat, Erde. Die Erzählungen *Diesseits* (1907) kehren mit melancholischer Ironie in Jugendzeiten zurück; ähnlich die Altersschicksale in *Nachbarn* (1908). Idyllische Poesie liegt über dem traumhaften Vagabundentum des *Knulp* (1915), dessen einsames Wandern ein wortloses Dichtertum ist. Von Kampf und Lebensleid des Künstlers, des Musikers und des Malers erzählen der Entwicklungsroman *Gertrud* (1910) und der Eheroman *Roßhalde* (1914).

> Seltsam, im Nebel zu wandern!
> Einsam ist jeder Busch und Stein,
> Kein Baum sieht den andern,
> Jeder ist allein.

> Voll von Freunden war mir die Welt,
> Als noch mein Leben licht war;
> Nun, da der Nebel fällt,
> Ist keiner mehr sichtbar.

> Wahrlich, keiner ist weise,
> Der nicht das Dunkel kennt,
> Das unentrinnbar und leise
> Von allen ihn trennt.

> Seltsam, im Nebel zu wandern!
> Leben ist Einsamsein.
> Kein Mensch kennt den andern,
> Jeder ist allein.

Der Weltkrieg brachte schwere Erschütterungen; 1916/17 kam Hesse, nach bedrohlicher Nervenkrise, in Berührung mit der Psychoanalyse. Sie prägte sich dem *Demian* (1919) ein, dem Buch seiner scheinbaren Wandlung, das unter dem Pseudonym Emil Sinclair erschien. Wieder ist es die Geschichte eines sich selbst suchenden jungen Menschen – „das eigene Schicksal zu finden, nicht ein beliebiges, und es in sich auszuleben, ganz und ungebrochen". Das Leiden unter bürgerlicher Enge, die Not des Geschlechtlichen, das Magische von Mythen und Mysterien, das Wissen um den Krieg – in allem sprach Hesse zu einer ergriffenen Jugend. Hier war von ihr gefordert: „Wahrer Beruf für den Menschen ist nur: zu sich selbst zu kommen." 1913 erschien das Reisebuch *Aus Indien;* viele blickten damals aus der Krise Europas heraus nach dem Osten. „Aber wir selbst sind anders... wir haben längst das Paradies verloren, und das neue... liegt in uns und in unserer eigenen nordländischen Zukunft" (Hesse). In *Siddharta* (1922) formte er in den Läuterungsweg des suchenden Brahmanensohnes sein eigenes Suchen und Finden ein; in symbolische Mystik führte, als Vorläufer des „Glasperlenspiels", die *Morgenlandfahrt* (1932). „Das Lächeln der Einheit über den strömenden Gestaltungen", die Erkenntnis der unsichtbaren Einheit ewiger Metamorphosen des Lebens schien in der erlösenden Weisheit des „Siddharta" erreicht. Aber in der leidenschaftlichen Erzählung von *Klingsors letztem Sommer* (1920) brach ein schöpferischer Zwiespalt zwischen Kunst und sinnlichem Leben, ein tief gequälter Pessimismus aus. Der Gebundenheit an das Wirkliche sucht der Maler Klingsor durch den wilden Rausch der freien Phantasie und Seele zu entfliehn. „Wir fahren in einem Wagen überm Abgrund, und die Pferde sind scheu geworden. Wir stehen im Untergang, wir alle, wir müssen sterben, wir müssen wieder geboren werden, die große Wende ist für uns gekommen." In *Klein und Wagner* (1919) endete tödlich ein gespaltenes und verirrtes Schicksal, im *Steppenwolf* (1927), einem dämonischen Bekenntnisbuch, entblößte sich ein seelisches Chaos, eine bis zur Selbstauflösung verblutende Zerrissenheit. Darin, „daß sie bekenntnishaft ihre eigene Not und die Not ihrer Zeit mit möglichster Aufrichtigkeit ausspricht", sah Hesse den einzig verbliebenen Sinn der Dichtung. Harry Haller im „Steppenwolf" vereint in sich alle Gegensätze von der Bestialität bis zum Heiligen; er sucht qualvoll sein Ich, ohne sich von sich selbst und durch sich selbst erlösen zu können. „Der Gott, an den wir glauben müssen, ist in uns innen. Wer zu sich selber nein sagt, kann zu Gott nicht ja sagen." Hesse mußte dieses Nein oft sagen; es ist sein Schicksal, „zwischen vielen Gegensätzen zu schweben und bereit zu sein, wenn das Wunder ihn ereile, unzufrieden zu sein und Unrast zu leiden". Überraschend wirkte 1930 *Narziß und Goldmund* mit seinem ernsten zwischen Traum und Wirklichkeit bunt und reich schwebenden Mittelalter. Es ist ein Künstlerroman mit autobiographischen Zügen, aber ohne diese innere Verzweiflung. Die Sehnsucht nach Freiheit, die Hesses Werk durchzieht – als selige Vagabundenschaft, als Traum und Abgeschiedenheit, als heftiges Trotzen, als Glut und Schwermut – ergießt sich hier in die farbige Fülle der Welt. 1943 erschien das letzte große Werk, *Das Glasperlenspiel*. Dies testamentarische Buch, das den großen Bogen vom goetheschen Bildungsroman zum östlichen Mysterium schließt, das Prophetie und Zeitkritik zugleich ist, nimmt alle seine Motive in Altersreife auf, einen universalen geistigen Raum umfassend. In einem geistigen Ordensstaat, der „kastalischen Provinz", die in das Jahr 2000 verlegt wird, sammelt sich, fern der Tageswelt, ein Kreis asketisch der höchsten Zucht des Geistes, dem Glasperlenspiel zugewandter Menschen. Aber der Spielmeister Josef Knecht, um dessen Gestalt sich die Erzählung schließt, drängt über diese exklusive, in sich von Erstarrung bedrohte Utopie einer reinen Geistigkeit hinaus; indem er in das Weltleben eintritt, erlischt er in jähem Tode. Immer wieder enden Hesses Erzählungen mit solchem raschen Untergang. Mancherlei Fragen hinterläßt das Buch: nach der gelebten, tathaften Schicksalsbewährung seines Helden, nach der Leistung der kastalischen Provinz für das Leben draußen, nach Recht und Sinn dieser Aristokratie des Geistes, nach seinem ethischen Gehalt für die Zeit, die, fern solchem Ideal, um die Existenz der europäischen Kultur ringt. Auch dieses Buch ist, wie alle Werke Hesses, ein Durchgang, eine Stufe in der Wandlung des Menschen – aber eher eine Resignation als eine letzte Antwort auf Fragen der Zeit.

Diese Schriften umringt eine Fülle von oft sehr persönlichen Tagebüchern, Reiseberichten wie die graziös-ironische *Nürnberger Reise* (1927) und von Äußerungen zur Zeit und zum deutschen Problem, das er aus der Ferne mit Sorge und Bitterkeit verfolgte. Hesses Lyrik durchlebt volksliedhafte Innigkeit und einsam verträumte Schwermut. Oft bindet sich erfahrene Weisheit zu Bekenntnis und Spruch. Die symbolische Sprache des Erlebnisgedichts, die Form der reflektierenden lyrischen Meditation weisen auf klassisch-romantische Traditionen zurück. Sol-

che Bindung zieht der Wirkung des Erzählers wie Lyrikers
eine Grenze.

Aus dem Südwesten kam Emil Strauß (1866–1960). Sein
Freund Hein (1902) war die Tragödie des einsamen Knaben,
des Kampfes der Generationen, des erwachenden Künstlers um
seine Sendung gegen eine in Zweck und Sitte erstarrte Zivilisation. „Der Teufel hole euch alle mit eurem besten Wissen
und Gewissen, wenn ihr nicht einen Funken Gefühl habt für
die Unantastbarkeit der reinen Natur." Emil Strauß sprach hier
von Glück und Gefahr der Musik aus eigener Erfahrung. Der
Protest gegen Europa trieb ihn nach Brasilien (*Menschenwege*,
1899); mit heimatlichem, an Keller erinnerndem Humor verbindet *Der Engelwirt* (1900) Schwabentum und Südamerika.
Strauß liebte das Idyllische, Versponnene; auch in seinem Pforz-
heimer geschichtlichen Roman *Der nackte Mann (1912)*. An
Probleme der Nachkriegszeit führt der umfangreiche Bildungs-
und Siedlerroman *Das Riesenspielzeug* (1934) heran; schwächer
fiel der allzu langsam schreitende *Lebenstanz* (1940) aus. Eine
reife und schöne Form gewann die Novelle *Der Schleier* (1920),
die Geschichte einer Frau, die durch verzeihende Güte und innere
Größe den entfremdeten Gatten zurückgewinnt. Der Rheinländer Wilhelm Schäfer (1868–1952) verband mit erziehe-
rischem Sinn das Landschaftliche und Geschichtliche zum Bild
der überindividuellen geistig-seelischen Volkskräfte. Ähnlich
wie Strauß suchte er die Objektivität gemeinschaftlicher Bindungen, den beharrenden und sichernden Lebensboden in den
Gegebenheiten von Volk, Geschichte und Landschaft. Er wehrte
sich gegen die Atomisierung des modernen Lebensgefühls. „Allein
vermöchten wir das Grauen, aus dem ewigen Weltall durch
unser menschliches Bewußtsein für eine flackernde Sekunde ab-
gesondert zu sein, nicht auszuhalten, wir würden vor Schreck
daran verdorren; nur weil wir gleich den Halmen im Feld da-
stehen, können wir miteinander auf den Schnitter warten und uns
doch wiegen im Wind und wärmen in der Sonne und den Saft
der Erde trinken für unsere Frucht." Er schrieb in rhythmisch
betonter Prosa die Biographie des Malers Stauffer-Bern (1911),
des Pädagogen Pestalozzi (*Lebenstag eines Menschenfreundes*,
1915), des Schweizer Reformators Zwingli (1926), wie ihn überhaupt mit der Kultur der Schweiz enge Beziehungen verbanden.
Der Roman *Der Hauptmann von Köpenick* (1930) schilderte
jene Vorkriegsepisode des zum Hauptmann verkleideten Schu-
sters, der die Stadtkasse von Köpenick beschlagnahmte, als Sym-

bol der Auflehnung gegen lebenslange Demütigungen. In eine
episch-mythische Form brachte er, wenig glücklich mit archaisie-
renden Stilmitteln, die Geschichte von *Theoderich, König des
Abendlandes* (1939). Die entscheidende Leistung wurden seine
Anekdoten, deren Prosa er eine rhythmisch-symbolische Sprachform gab (endgültige Ausgabe der *Anekdoten* 1943). Schäfer erzog sich an Hebel, Kleist und Keller, fand aber die eigene gegenständliche und sinnbildhafte vertiefte Erzählweise, die oft den
motivisch schmalen Ausgangspunkt zu stark belastet. Auch in
größeren Erzählungen (*Halsbandgeschichte*, 1910; *Winckelmanns
Ende*, 1925; *Hölderlins Einkehr*, 1925) erwies er sich als Deuter
geschichtlicher Schicksale.

Zu einer pathetischen, an den expressionistischen Sprachstil ge-
mahnenden Steigerung trieb der Österreicher W a l t e r v o n
M o l o (1880–1958) seine geschichtlich-biographischen Romane,
die er dramatisierend in Bewegung und Szene setzte. In vier
Bänden gestaltete er Schillers Lebenskampf (1912/16). In der
Trilogie *Der Roman eines Volkes* (1924), der das große Zeitalter
Preußens schildert, nimmt *Fridericus* den ersten Band ein. Molo
neigt zur Ekstase, zur Sensation und flimmernden, sprachlich gehetzten Kinotechnik, wie auffälliger noch seine späteren Romane
um Luther (*Der Mensch Luther*, 1928), Friedrich List (*Ein
Deutscher ohne Deutschland*, 1931), Prinz Eugen (*Eugenio von
Savoy*, 1936), Kleist (*Geschichte einer Seele*, 1938) zeigen. Der
Typus des biographischen Romans, der eine historische Gestalt
psychologisch und politisch ausdeutet, erfreute sich seit den
zwanziger Jahren steigender Beliebtheit und griff auf den Film
über.

Als Buch und Film wurde *Der Golem* (1915) des Wieners
G u s t a v M e y r i n k (1868–1932) ein gewaltiger Erfolg. Aus
jüdischem Mythos, aus der düsteren Romantik des alten Prag
beschwor er die Dämonie des künstlichen Übermenschen. Meyrink griff zum Schauer des Satanischen, zum Spuk unheimlicher
Geheimwissenschaften; er steigerte die Realität ins Phantastische.
Das grüne Gesicht (1916) ruft Ahasver, den Ewigen Juden, als
Prophetie des Weltuntergangs herauf. Das alte Prag wurde die
Stadt der Mystik, magischer Träume. K a r l H a n s S t r o b l
(1877–1946) ließ phantastisch-visionäre Erzählungen, ebenso
den modernen Studentenroman *Die Vaclavbude* (1902) in Prag
spielen. Seine zahlreichen späteren Romane kehren in die Geschichte Böhmens ein, vor allem der große Kulturroman *Die
Fackel des Hus* (1929). Den Prunk und die Gottessehnsucht eines

mystischen Barock in Prag beschwor in *Tycho Brahes Weg zu Gott* (1916) M a x B r o d (1884–1968). In der Renaissance spielt sein *Rëubeni, Fürst der Juden* (1925), der Roman eines kriegerischen Zionisten des 16. Jahrhunderts. Die neuromantische Neigung zu Traum und Leidenschaft und zur Geschichte ging hier mit einer Steigerung des seelischen Lebens zusammen, die auf den Expressionismus vorausdeutete, von dem sich Brods spätere Erzählprosa wieder entfernt hat. Seit 1939 in Israel ansässig, wandte er sich in Romanen wie *Der Meister* (1952) und *Armer Cicero* (1955) einer religiösen Thematik zu. Max Brod ist der Herausgeber und Interpret der Werke seines Jugendfreundes Franz Kafka; die Prager Jugendjahre blieben sein bevorzugter Erzählvorwurf (*Rebellische Herzen*, 1957; *Jugend im Nebel*, 1959). Ähnlich hat der um eine halbe Generation jüngere Erzähler und Essayist J o h a n n e s U r z i d i l (1896–1970) in *Die verlorene Geliebte* (1956), dem *Prager Tryptichon* (1960) und anderen Erzählungssammlungen (*Das Elefantenblatt*, 1961, *Entführung*, 1964) in die Atmosphäre dieser für die Literatur um und nach 1900 bedeutenden Stadt zwischen den Völkern und Sprachen, zu ihrer geistigen Gespanntheit und ihrem dichterischen Zauber zurückgeführt.

A l b r e c h t S c h a e f f e r (1885–1950) teilte mit George und Rilke den Sinn für Adel, Klang und Schönheit des Wortes. Er formte das antike Erbe zu deutschem Besitz um, indem er die *Griechischen Heldensagen* (1929/30) neu erzählte, Homers *Odyssee* (1927) in reimlose Trochäen übertrug. In Dichtungen und Essays weckte er die klassisch-griechische Welt; als „Versroman in drei Kreisen" wurde Wolframs *Parzival* ausgedeutet (1922). In Verserzählungen, Legenden, Mythen und Novellen, die vorwiegend antikes oder christlich-humanistisches Erbe erneuern, ebenso in großen Romanen erweist sich Schaeffer als ein kultivierter Epiker aus dem Geist der Neuromantik. Seine Werke stehen in zyklischem Zusammenhang, der im *Helianth* (1912, letzte Fassung 1928) mündet. Diese rhythmisch sorgsam geordneten „Bilder aus dem Leben zweier Menschen von heute und aus der norddeutschen Tiefebene" sind ein Bildungsroman in einer irrealen, märchenhaft gesteigerten Welt. Ein Suchender tastet sich auf vielen Wegen, Schuld auf Schuld häufend, langsam zur Selbstbesinnung durch. Die Schuld wird zur inneren Läuterung. Aus der Fülle der übrigen Romane Schaeffers seien die Schlüsselerzählung *Elli oder die sieben Treppen* (1919) und der Zyklus der Abenteuer des *Josef Montfort* (1918) mit seiner Mischung von Spuk und Symbol,

Romantik und Modernität, Sachlichkeit und Arabeske genannt. Schaeffers Erzählen ist repräsentativ für die Situation des Übergangs zwischen Tradition und Verwandlung, welche den Jahrzehnten zwischen Nietzsche und dem Ende des Ersten Weltkrieges das vielschichtige Gepräge gibt. Aus der Begegnung von Überlieferung und Neuschöpfung entstand die Fülle großer Begabungen, die Mannigfaltigkeit der künstlerischen Formen, die rasche Bewegung der Stile, die produktive Unruhe und innere Spannung, die über dieser Generation liegt. Im Besitz eines gewaltigen Erbes und hoher künstlerischer Ansprüche, mußte sie die Krise einer kulturellen Spätzeit bestehen und zu überwinden suchen; zuletzt immer in der Frage, die in ein Offenes, noch Unbekanntes hineinwies und deren Betroffenheit durch den Schwund an verbindlichen Ordnungen und Werten noch nicht durch die Sicherheit zu einer Zukunft hin ausgeglichen werden konnte. Es sei denn in Postulaten und Prophetien, deren Anspruch sich die auseinanderbrechende Wirklichkeit entzog. Daß gerade diese Situation der inneren Krise produktive Kräfte auslöste, ist offenbar. Vielleicht wird einmal die Zeit seit Nietzsche als eine nach der Weimarer Klassik und der Romantik zweite „große Zeit" der deutschen Dichtung bewertet werden; ähnlich von Problemen überschüttet, ähnlich unruhig in der Existenz wie in den Formen. Es ist hier ein großer geschichtlicher Zusammenhang seit der Renaissance zu Ende gekommen; in den politisch-sozialen, religiösen und philosophischen Bewegungen, in den wissenschaftlichen und zivilisatorisch-technischen Impulsen, in den Krisen und Entdeckungen im Seelischen wie im Künstlerischen ringt ein anderes Menschentum um den Ausdruck seines Welt- und Selbstverständnisses. Nietzsche war jenes Erdbeben der Epoche, das auch in der Dichtung alles in die Unruhe der Bedrohung, des Aufbruchs, der Zweifel und neuen Fragen brachte, in eine Unruhe, welche die Frage nach der Bestimmung und den Formen der Kunst von Grund auf neu und mit sehr antinomischen Antworten aufwerfen mußte.

Die Literatur dieser Jahrhundertwende blieb ersichtlich thematisch und formal trotz eingreifender Neuorientierungen unter den Nachwirkungen des 19. Jahrhunderts. Sie hat es gleichsam zu Ende geführt: weltanschaulich, gesellschaftlich und in den künstlerischen Gestaltungsweisen. Was im Realismus noch zu spannungsvoller Einheit zusammengehalten wurde, brach im Naturalismus als Verdinglichung und Vereinzelung des Tatsächlichen und Verlust eines übergreifenden Zusammenhangs der

Dinge einerseits, im Impressionismus und psychologischen Symbolismus als Subjektivierung der Lebensaspekte und Formensprache andererseits auseinander. Beides hat die Problemlage des spätneuzeitlichen Menschen in sich aufgenommen, die unter gründlich gewandelten Gegenstands- und Formerfahrungen das 20. Jahrhundert ererbt und fortgeführt hat. Die Ablösung von der Generation des Realismus war unter dem vieldeutigen Programmwort der „Moderne" erfolgt. Es hat in den letzten Jahren vor dem Ersten Weltkrieg seine Schlag- und Überzeugungskraft verloren und erschien jetzt als eine Vokabel der verbürgerlichten Spätzeit. In diesen Jahren beginnt die expressionistische Bewegung, mit der, nicht nur in Deutschland, mit entschiedener Ablösung von der bürgerlichen gesellschaftlichen und ästhetischen Tradition, in einer alle Bereiche ergreifenden „Kunstwende", die Literatur des 20. Jahrhunderts ihre erste, noch experimentierende, vielspältige Selbstgestaltung gefunden hat und von der bis in die jüngste Gegenwart die aktiven, künstlerisch entscheidenden, substantiellen Impulse im Verhältnis zur Gegenstandswelt, zur menschlichen Selbsterfahrung, zur dichterischen Imagination und zur Bestimmung und Bildung der Formen ausgegangen sind. Allerdings nicht im Sinne ästhetischer Normen und Konventionsbildungen; vielmehr in außerordentlicher Streuung und Variation der subjektiven Ausdrucksgestaltungen. Diese Vielheit ist bereits für die sog. expressionistische Bewegung charakteristisch.

XVIII

VOM EXPRESSIONISMUS BIS ZUM JAHR 1945

Der Naturalismus hatte, angesichts der Fragwürdigkeit der Gesellschaftsverfassung des kaiserlichen Reichs, den Blick auf die soziale Wirklichkeit der Zeit gelenkt, aber diese nur in den Niederungen des dumpf und willenlos gebundenen Lebens gesehen. Im schroffen Gegensatz zu angeblich phantasieloser Elendsmalerei hatte sich die Neuromantik, durchglüht vom Ideal der Schönheit und eines heroisch-tragischen Lebens (Nietzsche), einer Welt der Träume, Sagen und Geschichte zugewandt. Der vom Naturalismus erstrebten Objektivität ging ein impressionistischer Subjektivismus parallel. Die Eindrucksfähigkeit und Erregbarkeit der Nerven und Sinne wurde äußerst gesteigert. Man suchte geheime Offenbarungen der eigenen Seele, man lauschte dunklen Ahnungen und Stimmen der Innenwelt. Seelengründe, die sich klarer Aussage entzogen, wurden im Symbol gedeutet; der Symbolismus fand eine neue Sprache der imaginativ-traumhaften Bilder. Das Lebensgefühl, das sich in die passive Hingabe an das Erfahrungsreich der Sinne und Nerven und des Unterbewußten zurückzog, wurde durch eine alles zum Gleiten bringende Relativität verwirrt und gelähmt. Die Psychologie hatte Tiefen und Abgründe der Seele entdeckt, aber auch das feste zielsichere Selbstbewußtsein aufgelöst. Man glaubte nicht mehr an bindende Werte, man floh aus einer stumpfen, toten Wirklichkeit der Dinge und Traditionen in sein einsames Ich, ohne aus dessen Isolierung, Skepsis und Melancholie heraus ein festes Weltbild gestalten zu können. Gerade die Dichter erkannten ungeahnte neue Erregungszustände der Seele, die aus einem rasch bewegten, aufreizende Anforderungen stellenden neuen Lebensstil erwuchsen. Je schärfer und radikaler der autonome Intellekt arbeitete und alle Weltanschauungen durchprobte, je nuancierter und virtuoser das Formbewußtsein wurde, je mehr die Seele in Rausch und Magie fremder und ferner Mythen, Gotteslehren und Weisheitsbücher floh, um neue Glaubensimpulse zu gewinnen, um so mehr gingen die unmittelbar fordernde Wirklichkeit, die Sicherheit des elementaren Gefühls und das schöpferische Vermögen verloren. Der Ausbruch des Welt-

krieges 1914 schien in der Bedrohung der Nation eine neue
Einheit des Fühlens und Denkens zu geben. Er wurde zuerst
nicht nur in der lärmenden patriotischen Kriegsliteratur, sondern
auch in der bedeutenden Dichtung als eine innere Notwendigkeit empfunden (Dehmel, Rilke, George, Thomas Mann u. a.).
Doch eben der Krieg erwies sich als Zusammenbruch aller überlieferten Werte. Er war die Katastrophe des bürgerlich-materia-
listischen Fortschrittglaubens. Mit ihm gingen nicht nur Kaiser
und Krone, nicht nur die offizielle Ideologie, auch das Erbe des
klassisch-romantischen Idealismus verloren. Die Grundlagen der
Gesellschaft und der Kultur wie Gesittung schienen fragwürdig
geworden zu sein. Das Gehäuse der bürgerlichen Lebensnormen
war aufgebrochen. Das Bewußtsein der Krise des europäischen
Geistes prägte sich tief ein, besonders in Deutschland angesichts
seiner Niederlage und der Revolution, die zunächst mehr als
ein Chaos denn als eine Neuordnung erschien. Die Republik war
zugleich das große Versprechen von neuem Staat und neuem
Geist. Sie konnte sich nur mühsam gegen viele Widerstände ihre
Konsolidierung erkämpfen. Mit ihr verband sich, nach dem
Verlust der Traditionen, ein neuer Glaube an die freie und
schöpferische Macht des Geistes. Ein reges, zukunftgläubiges
Geistesleben setzte nach 1918 ein. Man glaubte an das Deutschland Stefan Georges, „das land dem viel verheißung noch innewohnt", man verstand nun Rilkes Suchen, Hofmannsthals erlesene Kultur, Hauptmanns soziale Menschlichkeit, Hesses Ruf
nach Humanität, den umstürzlerischen Kunstwillen des Frühexpressionismus seit etwa 1910, des Kreises um den „Sturm"
von Herwarth Walden. Die Psychoanalyse Freuds versprach
durch das analytische Bekenntnis die Befreiung aus quälend be-
lastender Vergangenheit, eine seelische Reinigung durch offenes
Bewußtwerden. Man verlangte nach Verinnerlichung, sittlich-gei-
stigen Entscheidungen, absoluten Werten, nach einem willenshaft
angespannten Neubau der Zukunft aus metaphysischer Gewißheit. Der Gott, dessen Tod Nietzsche feierte, sollte aus eigener
Not heraus neu geboren werden. Thomas Mann nannte den
„Zauberberg" „ein Buch des Abschieds (von der Verzauberung
und Verführung der europäischen Dekadenz, vom Rausch des
Nihilismus) und pädagogischer Selbstdisziplinierung. Sein Dienst
ist Lebensdienst, sein Wille Gesundheit, sein Ziel die Zukunft".
Im Expressionismus, wie man die seit etwa 1910 sichtbar einsetzende revolutionäre Kunstbewegung formelhaft und nicht ohne
Mißverständnisse nannte, sammelte sich mit ekstatischem Pathos

der Glaube an eine neue Humanität. Er wollte alle Widerstände
der sich im Krieg so ruchlos erweisenden Wirklichkeit, alle Mächte
der Tradition, Bürgerlichkeit, Politik und Kunst, die in das Morden des Krieges geführt oder es nicht verhindert hatten, radikal
vernichten. Die Erregung des Krieges suchte im Expressionismus
ihren künstlerischen Ausdruck: als Ekstase, als Schrei, als Revolution der Sprache und Formen, als Revolution des gläubigen
Geistes gegen die stumpfen Tatsachen der erschütterten Zivilisation. Der schöpferische Mensch sollte die Welt formen: durch
die Vision, die freie Schöpfung, den entfesselten Geist, den zwingenden Glauben, durch den Aktivismus des Wortes. Hermann
Bahr schrieb: „Niemals war eine Zeit von solchem Entsetzen ge-
schüttelt, von solchem Todesgrauen. Niemals war die Welt so
grabesstumm. Niemals war der Mensch so klein. Niemals war
ihm so bang. Niemals war Friede so fern und Freiheit so
tot. Da schreit die Not jetzt auf: der Mensch schreit nach seiner
Seele, die ganze Zeit wird ein einziger Notschrei. Auch die Kunst
schreit mit, in die tiefe Finsternis hinein, sie schreit um Hilfe,
sie schreit nach dem Geist: das ist der Expressionismus."
Im engen Zusammenhang mit der bildenden Kunst (van Gogh,
Picasso, „Blauer Reiter", die „Brücke" in Dresden) bereitete sich
der Expressionismus einige Jahre vor dem Kriege vor.
Neue Zeitschriften kündigten nach dem Naturalismus, Impressionismus, Symbolismus, nach Neuromantik und Neuklassizis-
mus eine neue Stilbewegung an. Seit 1910 erschienen in Berlin
„Der Sturm" und „Die Aktion", seit 1913 „Das neue Pathos",
in München „Die Revolution". Die „Weißen Blätter", die René
Schickele in Zürich herausgab, sammelten die kriegsgegnerischen
Stimmen. In Österreich wurde Karl Kraus (1874–1936),
der Herausgeber der „Fackel" (seit 1899) der polemische Dia-
gnostiker des Zerfalls. Er war ein leidenschaftlicher Kritiker der
Zeit, der Advokat einer neuen Sittlichkeit. Er kämpfte für den
Frieden, gegen den Krieg mit blitzender Energie und Beweglichkeit des Wortes. *Die letzten Tage der Menschheit* (entst. 1915 bis
1919) wurden eins der großen und wirksamsten Zeitbücher. Er
nahm in dieser epischen Tragödie die Bilderform des expressionistischen Dramas an. Grausam entblößte er die Schwäche und Klein-
heit des österreichischen Bureaukratismus, den Taumel der Kriegs-
begeisterung. Ein Meister der Sprachkunst (*Die Sprache*, 1954),
wurden ihm Unbestechlichkeit des Wortes und Ethos der Kultur
zur Einheit.
Mit Max Brod und Franz Werfel vereinigte sich in Prag ein

Kreis. Der Expressionismus war nicht durch den Krieg entfacht,
aber er war eine durch ihn zu geistig-künstlerischer Konsequenz
gesteigerte Bewegung, die nach 1918 im Politischen eine radikale
Aktivität entfaltete. Seine Sprache war in Naturalismus, Neuromantik und Jugendstil vorbereitet; sie drängte zur Dynamik,
zur ekstatischen Bildlichkeit, zum Sprung über alle gegenständliche Wirklichkeit hinaus, zur Erweckung des Gefühls, zum
intensiven und entdinglichten Ausdruck. Expressionistisches Dichten wollte Leidenschaft, Sturz und Aufschwung zum Absoluten,
Erschütterungen, Inbrunst, Vision und Prophetie. Deshalb ergriff
es die Lyrik am stärksten; in ihr gelang eine originär verwandelnde
dichterische Form. In der Prosa kam es zu neuen Formen der
kurzen Erzählung; der expressionistische Roman glückte künstlerisch nur A. Döblin. Das expressionistische Drama gab wohl
dem Theater sehr fruchtbare Impulse, hinterließ aber keinen
über die Nachkriegsjahre hinaus dauernden Stil. 1911 taucht
das Wort Expressionismus im „Sturm" als Formel für die
neue Malerei auf; erst allmählich wird es auf die Literatur
übertragen. Um 1910 beginnt in ihr die neue Ausdruckskunst
sichtbar zu werden. Im Übergang blieb Däubler. Mombert gab
Anregungen, stand aber jenseits der Bewegung. Wie sich aus
einem verinnerlicht-träumerischen, von Farben und Musik magisch trunkenen, unendlicher Schwermut trauernd hingegebe-
nen Impressionismus eine neue Sprache der Visionen, der apokalyptischen Erschütterungen, der Sehnsucht nach erlösender
Menschlichkeit entfaltete, zeigt das schmale, aber kostbare Werk
des Salzburgers G e o r g T r a k l (1887–1914). Im Jahre 1914,
als er im Grauen des Krieges freiwillig sein Leben endete, erschienen *Gedichte* und *Sebastian im Traum* (*Dichtungen*, 1917).
Unter dem Zeichen Hofmannsthals setzte die Lyrik Trakls ein;
in wenige Jahre drängt sich eine Entwicklung, die in die Nähe
des hymnischen Spätstils Hölderlins, des damals Entdeckten
(Hellingraths Ausgabe der Spätdichtung) führt. Georg Heym
ging Trakl voran; beide fanden entscheidende Anregungen bei
Baudelaire, Rimbaud. Die alten Formen des Bekenntnis- und
Stimmungsgedichts zerbrachen; das Ich wird aufgesogen durch
eine Objektivität des Sagens, die an Mythisches grenzt. Die geordnete Welt zerfällt in die Kette antinomischer und simultaner
Bilder, welche wie hieroglyphenhafte Formeln auf einen sich
hermetisch abschließenden inneren Bedeutungskreis weisen, der
nicht mehr ausgedeutet wird. Sehr einsam ist diese Lyrik, Ent-
hüllung des Grauens im Schönen, Demaskierung in der Ver-

zauberung des Seins, Fragen in das Grenzenlose, ein Ruf nach
ekstatischer und nach stummer Entgrenzung des Ich. Trakls Gedicht ist ein Ringen um Erlösungen: vom Grausen des Todes,
aus der Schuld. Und über ihm schwebt die Ahnung einer in
der Stille des Naturhaften, des Göttlichen wartenden Heilung.
Mit großer Kraft hielt Trakl bis 1914 die Dämonie dieser Visionen durch, von denen er sich im traumhaften Gebilde des dichterischen Wohlklangs zu lösen suchte, ohne daß solche Erlösung
möglich wurde.

> Die Uhr, die vor der Sonne fünfe schlägt –
> Einsame Menschen packt ein dunkles Grausen,
> Im Abendgarten kahle Bäume sausen.
> Des Toten Antlitz sich am Fenster regt.
>
> Vielleicht, daß diese Stunde stillesteht.
> Vor trüben Augen blaue Bilder gaukeln
> Im Takt der Schiffe, die am Flusse schaukeln.
> Am Kai ein Schwesternzug vorüberweht.
>
> Im Hasel spielen Mädchen blaß und blind,
> Wie Liebende, die sich im Schlaf umschlingen.
> Vielleicht, daß um ein Aas dort Fliegen singen,
> Vielleicht auch weint im Mutterschoß ein Kind.
>
> Aus Händen sinken Astern blau und rot,
> Des Jünglings Mund entgleitet fremd und weise;
> Und Lider flattern angstverwirrt und leise;
> Durch Fieberschwärze weht ein Duft von Brot...

Else Lasker-Schülers (1876–1945) frühe Lyrik (*Styx*, 1902)
und frühe Prosa (*Das Peter-Hille-Buch*, 1906) begann unter dem
Einfluß des Jugendstils; sie fand rasch zu ihrer eigenen Sprache
und dichterischen Bilderwelt, in der sie sich in den Orient als
Urheimat ihrer Väter hineinträumte, in seine Leidenschaften,
seinen Glauben, seine Mythen, Feste und Gebete. Sie schuf sich
mitten im Berlin des 20. Jahrhunderts ein Traumleben in den
Masken eines Prinzen von Theben, einer Tino von Bagdad (*Die
Nächte Tino von Bagdads*, 1907), eines Joseph von Ägypten.
Ihre Gedichte (Erste Gesamtausgabe 1919/20, letzte Gesamtausgabe 1959/62), vorwiegend liedhaft, subjektive Erlebnislyrik, die
sich zum Religiösen, zum Kosmischen und zu den Bildern und
Rhythmen wie Klängen ältester hebräisch-orientalischer Poesie
weitet, haben der deutschen Lyrik einen neuen, zugleich archaischen und modernen Formenton hinzugefügt. Else Lasker-Schüler
war eine große Dichterin der Liebe und des Glaubens, der Ballade und des Liedes, als dies alles schon epigona. geworden war.

Auch ihre Prosa (u. a. *Mein Herz*, 1912; *Konzert*, 1932; *Das Hebräerland*, 1937) war Lyrik und Autobiographie ihrer Träume und Visionen; ebenso ihr Drama (*Die Wupper*, 1909; *Arthur Aronymus und seine Väter*, 1932). Sie verwandelte, was sie erfuhr und erlebte, in die Poesie, die ihr allein das Leben ermöglichte. Das Gedicht *Die Verscheuchte* aus dem letzten, in Jerusalem erschienenen Bande *Mein blaues Klavier* (1943) wurde eines der ergreifendsten dichterischen Zeugnisse der Emigration. Else Lasker-Schüler kann nicht mit einer Formel ‚Expressionismus‘ begriffen werden. Dies gilt eher für die frühen Gedichte *Die Straßen komme ich entlang geweht* (1912) von Ernst Blass (1890–1939), der dem Kreis um Heym und van Hoddis, dem Neuen Club zugehörte, die moderne Stadtwelt wie das Groteske in seine Gedichte aufnahm, jedoch später gleichsam regressiv unter dem Einfluß Stefan Georges kam (*Gedichte von Sommer und Tod*, 1918). Auch dies war eine Form der Zeitfeindschaft. Zu apokalyptischen Visionen voll atemberaubenden Grauens steigerte sich die Verzweiflung an der Zeit in den Gedichten von Georg Heym (1887–1912). Ihn bannte seit seiner Jugend, wohl im Vorgefühl seines frühen Lebensendes, die Wirklichkeit des Todes, der er die Welt der Großstädte entgegentaumeln sah (*Der ewige Tag*, 1911; *Umbra vitae*, 1912). Farben glühen gespenstisch, alle Umrisse verzerren sich, ekstatische Bilder von monumentaler Wucht und dämonischer Besessenheit werden aus dem Pathos nächtiger Visionen gespeist. Baudelaire und Rimbaud gaben Anregungen, aber Heym fand erstaunlich früh seine eigene, unheimlich-monotone Sprach- und Erlebnisform, welche das Pathos der Bilder in die herbe Wucht kunstloser Versfolgen oder Sonette einpreßt. Die Welt der Städte entblößt Dämonen, die Natur zeigt die wilde Leere des Untergangs oder weitet sich ins Unermeßliche. Der Mensch wurde ein Fremder, seine Welt verschließt sich im Gespenstischen, in Taumeln und Ekstasen. Wie Trakl deutet Heym seine Visionen nicht aus. Unzugänglich wurde das Sein, nur noch eine verschlossene Bilderreihe. Als dämonischen Gott sah er den Krieg voraus – so machtvoll, daß Rilke ihn in den *Gesängen* 1914 wiederholt hat.

> Aufgestanden ist er, welcher lange schlief,
> Aufgestanden unten aus Gewölben tief.
> In der Dämmrung steht er, groß und unbekannt,
> Und den Mond zerdrückt er in der schwarzen Hand ...
>
> In die Nacht er jagt das Feuer querfeldein,
> Einen roten Hund mit wilder Mäuler Schrein.

Aus dem Dunkel springt der Nächte schwarze Welt,
Von Vulkanen furchtbar ist ihr Rand erhellt...

Eine große Stadt versank in gelbem Rauch,
Warf sich lautlos in des Abgrunds Bauch.
Aber riesig über glühenden Trümmern steht,
Der in wilde Himmel dreimal seine Fackel dreht...

Heym prägte in seinen Novellen (*Der Dieb*, 1913) einen neuen
Erzählstil. Ernst Stadler (1883–1914), dessen Kriegstod große
Hoffnungen früh erlöschen ließ, brachte, nach neuromantischem
Einsatz (*Präludien*, 1905), die moderne Welt der Großstädte,
D-Züge, Abenteuer und Taten in den Schwung seiner breit und
hymnisch strömenden Verse (*Der Aufbruch*, 1914). „Ich bin nur
Flamme, Durst und Schrei und Brand." Rauschhaft öffnet sich in
stürmisch fließenden, die Sprache zu großer Mächtigkeit des Ausdrucks weitenden Rhythmen das Gefühl der Zeit und einer
kosmischen Unendlichkeit. Ein vitales jugendliches Pathos ist
adäquate künstlerische Form geworden, zwingende Öffnung des
äußeren und inneren Lebensraumes, Befreiung in ein Unbekanntes und Grenzenloses hinein.

Fühle: Licht und Regen deines Traumes sind zergangen,
Welt ist aufgerissen, Abgrund zieht und Himmelsbläue loht,
Sturm ist los und weht dein Herz in schmelzendes Umfangen,
Bis es grenzenlos zusammensinkt im Schrei von Lust und
                                                 Glück und Tod.

Ein Bekenntnis zur dämonischen Größe und zum Grauen der
Großstädte bot Armin T. Wegners (1886–1978) pathetisches
Versbuch *Das Antlitz der Städte* (1909/13) – „aus Stein gemischt und Eisen, Fleisch und Blut, ein Meer von Brunst, zer-
wühlter Wogen Schar". Schon früh erwies sich, daß der Expressionismus keine einheitliche geistige Bewegung war, vielmehr
eine Vielfalt von Stimmen, die jedoch das eine verband: die Erschütterung durch das Verhängnisvolle der Zeit, die Revolution
gegen alles Überlieferte, der Ruf nach neuer Menschheit, einem
neuen Glauben. Reinhard Johannes Sorge (1891–1916),
auch er ein Opfer des Krieges, gelangte in rascher Entwicklung
von Nietzsche (*Zarathustra, Eine Impression*, 1911) zu einer
Mystik der Liebe, Demut und Verzückung in der Art des heiligen Franziskus, dann zur katholischen Kirche. *Metanoeite* (Bekehrt euch!) hieß eine seiner letzten Dichtungen (1915); im
König David (1916) schrieb er das Weihespiel der erneut

Gläubigen. In dem Drama *Der Bettler* (1912) fand Sorge den lyrisch-ekstatischen Stil des expressionistischen Dramas: knappe Bilder, grelle Belichtungen, eine gesteigerte Seelensprache, eine irreale, symbolhafte Handlung, Typen statt psychologisch differenzierter Charaktere. Für Sorge war die Bühne eine „Stätte der Heiligung", eine „Sinndeutung" des innersten Daseins, eine Welt mystischer Zeichen. Zur Ewigkeit hin befreit sich der Bettler, fort von Familie, Werk und Welt.

> Aus tiefster Reinheit brennen meine Ziele:
> Ich will die Welt auf meine Schulter nehmen
> Und sie mit Lobgesang zur Sonne tragen...
> Wird's nicht bald Tag: O Qual!

> Erlösung! Höher! Aus Leibes Not
> Reckt sich die Seele frei zu ihrem Werk –
> Aus dumpfen Fragen spinnt sie Seile Lichtes,
> Aus ihrer Sehnsucht spinnt sie sich zu Gott.

Einem derart religiös-idealistischen Pathos steht als der kontrastierende Pol eine Sprache der lyrischen Groteske gegenüber, welche die Parodie der überlieferten und verbrauchten lyrischen Formen einschließt – nicht ohne neu belebte Nachwirkung H. Heines, aber mit einer modernen Thematik aus der Alltagswelt der Großstädte, mit Provokation der Bürgerkonventionen und aller ästhetischen Klischees. Das Gedicht *Weltende* (1911), das seinem einzigen publizierten Gedichtband (1918, Gesamtwerk 1958) den Namen gab, von J a k o b v a n H o d d i s (eigentl. Hans Davidsohn, 1887–1942) wurde der wirkungsvolle Impuls zu einer expressionistischen Grotesklyrik. Sie wurde zum Spielraum autonomer Phantasie, die von der Sprache, ihren Klängen, nicht mehr vom Gegenständlichen und Gefühlhaften ausging. Ihr folgte die sog. Unsinnspoesie des Dadaismus. Analog entwickelte sich eine Groteskprosa, zuerst bei M y n o n a (Salomo Friedländer, 1871–1946), der 1913 mit *Rosa die schöne Schutzmannsfrau* eine Serie von Groteskerzählungen begann. K u r t S c h w i t t e r s (1887–1948) führte diesen Groteskstil in seinem parodistischen Leidenschaftsgedicht *Anna Blume* (1919) und in kleiner Prosa zu neuen Effekten und in die Nähe des Dadaismus. Die Groteske wurde zum Mittel, die veränderte Zivilisationswelt aufzunehmen und sich ihrer zwischen Spiel und Aggression zu erwehren. Das Pathos der Menschheitserlösung und der „schwarze" Humor der Groteske wurden Spannungspole der vielstimmigen expressionistischen Dichtung. P a u l Z e c h (1881–1946, nach 1933 als Emigrant in Südamerika) wählte die Industriewelt der Kohlenreviere zum Initialpunkt seiner human-sozialistischen Aufruf- und Beschwörungslyrik, aber ihn ließ auch die Sehnsucht nach ländlicher Geborgenheit nicht los. *Waldpastelle* nannte sich sein erster noch suchender Gedichtband (1910). *Das schwarze Revier* (1912) und *Die eiserne Brücke* (1914) wurden nach Form und Motiven revolutionäre Versbücher des visionären und sozialen Expressionisten. Der Krieg vertiefte in dem Sozialisten die religiöse Sehnsucht. Leidenschaftliche Anklagen gegen den Krieg bergen die Gedichte *Der feurige Busch* (1919) und *Golgatha* (1920), die Passion *Das Grab der Welt* (1919). Die Zahl der expressionistischen Lyriker war groß; viel blieb, wie die Gedichte von Ernst Wilhelm Lotz (1890–1914) *Wolkenüberflaggt* (1916) und Alfred Lichtenstein (1889–1914) *Die Dämmerung* (1913) ein Frühwerk, dem die Entwicklung abgerissen wurde. Albert Ehrenstein (1886–1950) geriet in *Die weiße Zeit* (1914) und *Der Mensch schreit* (1916) in eine Forcierung der Sprache, die ihm nur den einen wiederkehrenden Ton erlaubte. Weit bedeutender war seine Prosa *Tubutsch* (1911), eine kurze, thematisch wie formal sehr symptomatische Erzählung, die, von Hofmannsthal ausgehend, in die Nähe der Frühprosa von Franz Kafka weist. Ehrenstein leitete, u. a. mit der Erzählung *Der Selbstmord eines Katers* (1912) den Wiener Expressionismus ein. Alfred Wolfenstein (1888–1945) erscheint originärer in seiner Prosa (*Die gottlosen Jahre*, 1914, *Der Lebendige*, 1918) als in seinen Gedichten. Im Expressionismus stellte sich rasch die Gefahr eines Epigonentums, des nur Rhetorischen, des Experiments aus zweiter Hand, der thematischen und sprachlichen Formeln ein. Unverkennbar ist auch der Mißbrauch des entfesselten Wortes, ein rasch einsetzender Sprachverbrauch, der die Revolution der Kunst als Sensation nutzte, mit einem ästhetischen Nihilismus zu spielen begann. Gerade hier war der eigene und volle Ton entscheidend.

Überblickt man die Fülle der Dichter und Gedichte dieser Jahre, die Kurt Pinthus in der Sammlung *Menschheitsdämmerung* (1920; neu 1959) herausgab, so ordnet sich das Gewirr der Stimmen zu einigen Grundlinien: neben soziales Mitleid tritt ein politisch-sozialistischer Aktivismus, neben religiös-kosmische Sehnsucht das radikale Prophetentum des von aller Realität entbundenen Geistes. Der expressionistische Stil, der ein Äußerstes an Ausbruch und Ekstase erstrebte, konnte nur geringe Entwicklungsmöglichkeiten haben. Um so radikaler war der Mut zum Experiment der Formen. Der Kreis des *„Sturm"* um Herwarth Walden (geb. 1878. In Rußland verschollen) suchte, parallel der einsetzenden gegenstandslosen Kunst der Kandinsky, Klee u. a. eine Dichtung aus der rhythmischen Abstraktion der reinen, das Inhaltliche verzehrenden Innerlichkeit der Seele. Konstruktivismus und Mystik wurden verschmolzen. In der Zeitschrift *„Der Sturm"* (gegr. 1910) sammelte sich die radikale Modernität: in der Prosa der junge Alfred Döblin, in der Lyrik vor allem August Stramm (1874–1915). Er verdichtete im knappesten Wort die Gewalt intensiven Erlebens. Jedes Wort war ihm ein Urelement, ein letzter Ausbruch seelischer Erregungen. Aus echtem Verlangen, nicht um der neuen Sensation willen, hat er unablässig an der Konzentration des Wortes auf sich selbst in den Gedichtbänden *Du* (1914), *Tropfblut* (1919) gearbeitet. Wie Blöcke sind die Worte und Zeilen aneinander geschoben, eine zwingende dumpfe Macht geht von ihnen aus.

Trieb

Schrecken Sträuben	Lösen Gleiten
Wehren Ringen	Stöhnen Wellen
Ächzen Schluchzen	Schwinden Finden
Stürzen	Ich
Du!	Dich
Grellen Gehren	Du.
Winden Klammern	
Hitzen Schwächen	
Ich und Du!	

Nur im Gedicht, nicht im Drama (*Dichtungen*, 1919) war dieser Stil von Stramm möglich. Er führte rasch bei seinen Nachahmern zu dem zwischen „Unsinn" und Groteske schwankenden Kunstsport des Dadaismus, der 1920 in Berlin als internationales Satyrspiel für kurze Zeit Sensationen entfesselte. Mit dem Dadaismus als ironisch-pessimistischer Selbstverhöhnung der sinnleer gewordenen Kunst hat allerdings das strenge künstlerische Ethos Stramms, das um den Sinngehalt jedes Wortes kämpfte, nichts zu tun. Diesen Willen zur äußersten Intensität des Wortes teilte Wilhelm Klemm (1881–1968), dessen Gedichtbände (*Gloria*, *Ergriffenheit*, *Traumschutt*) von 1915 bis 1921 in rascher Folge erschienen. Der zartere schlesische Mystiker und Arbeiterdichter Kurt Heynicke (geb. 1891) entwickelte sich bald fort vom Vorbild Stramms und des „Sturm"-Kreises, das in den Gedichten *Rings fallen Sterne* (1919) und *Das namenlose Angesicht* (1920) noch überwiegt. Führte im konzentrierten Gedicht die Ekstase nach innen, so entlud sie sich in den von dem Amerikaner Walt Whitman angeregten Langversen, die schon bei Paquet und Stadler, nun wiederum bei J. R. Becher begegnen, zu weit ausschwingendem Pathos. Bis ins Groteske steigert sich die Entfesselung des Wortes bei Johannes R. Becher (1891–1958). Er warf die traditionellen lyrischen Formen und Klänge beiseite, mit einem leidenschaftlichen agitatorischen Temperament, das die Verse zu weiten rhythmischen Dimensionen öffnete und die Kraftworte, die Metaphernketten zu Kaskaden häufte, sich atemlos, wie unter Überdruck, jagen ließ. Dies Pathos, in der Negation der Wirklichkeit wie in der Utopie erlöster Zukunft zum Exzentrischen getrieben, steigt aus dem Willen auf, mittels der aktivierenden Sprache Energien auszulösen, die fähig machen, die Welt zu verändern. „Laßt uns die Schlagwetteratmosphäre verbreiten! – Lernt! Vorbereitet! Übt euch!" So in der Sammlung *Das Neue Gedicht* (1918), die Lyrik und Prosa seit 1912 zusammenfaßt.

> Der Dichter meidet strahlende Akkorde,
> Er stößt durch Tuben, peitscht die Trommel schrill.
> Er reißt das Volk auf mit gehackten Sätzen.

„Dichter sein", so schrieb Becher, „soll von jetzt an heißen: nähren, Stoff zuführen, hochtreiben das Volk, lindern dessen Steinwege, seine Armeen organisieren... Aufrufer sein zum Anfang und zum Ende, die Throne dem Dürftigen reichen... Der Dichter rhythmisiert die Masse, versifiziert sie." Mit ekstatisch wirbelnder Sprachdynamik widmete er sich der politischen Agitation. „Auffüllend dich rings mit Strophen aus Oliven-Tränen Mäander umwandere dich! Stern Genächte dir schlagend als Mantel um, Durchwachsen von Astbahnen hymnischen Scharlachbluts" (Hymne an Rosa Luxemburg). Becher war als Politiker ein Schwärmer, als Dichter der revolutionäre Rhetoriker (*Verfall und Triumph*, 1914). „Utopia sei dein Traum, stets dich begleitender Wunsch, deine Lichtgestalt." – „So erlebe ich die Welt in einer mystisch-chaotischen Gebärde, darin sich überschwänglich Hohes mit Niederem eint", heißt es in *De profundis Domine*. 1922 entstanden die *Maschinenrhythmen* (1926); es folgte, in der Form versepischer Dichtung *Der große Plan* (1931), ein Bild des kommunistischen Rußland. Seit 1935 blieb Becher in Moskau; nachdem er 1945 nach Berlin zurückgekehrt war, gaben ihm hohe Ämter (bis 1958 Präsident des Kulturbundes, seit 1953 Präsident der Akademie der Künste, seit 1954 Minister für Kultur) eine bedeutende kulturelle Funktion. Aber seine reichliche literarische Produktion während und nach der Emigration zeigt eine überraschende Dämpfung und Rückwendung zu Traditionen des 19. Jahrhunderts: in den Formen von Erlebnislyrik, politischer Zwecklyrik, von national und sozialistisch erbaulichen Volksliedtönen. (*Heimkehr*, 1946; *Lob des Schwabenlandes*, 1947; *Wiedergeburt*, 1947; *Glück der Ferne, leuchtend nah*, 1951; *Sterne unendliches Glühen*, 1951 u. a. m.). Das ästhetische Prinzip des sozialistischen Realismus führte auch in der Prosa (*Abschied*, 1946) und im Drama (*Winterschlacht*, 1953) zu einem formalen Konservativismus. Charakteristisch ist, daß der Lyriker jetzt die feste Bauform des Sonetts bevorzugte (*Sonett-Werk 1913–1955*, 1956) daß Becher sich in mehreren Büchern der Reflexion über die Dichtung, ihr Verhältnis zur Wirklichkeit zuwandte. Seine Entwicklung ist symptomatisch für den Weg von der geistig-poetischen, zur Utopie zielenden expressionistischen Revolution zum geistigen Funktionär im stabilisierten politischen System, das von der Literatur die Bestätigung erwartet. Der Künstler ordnet sich dem Gesetz und Ziel des gesellschaftlichen Aufbaus ein; er unterstellte sein Subjektives dessen Objektivität.

Von der expressionistischen Ekstase des Wortes war der Lyriker F r a n z W e r f e l (1890–1945, seit 1938 in Frankreich, seit 1940 in USA) ergriffen. Er begann mit einer sprachlich hinreißenden Rhetortik, deren barocke Wortfülle von einer weichen, tönenden Musikalität erfüllt ist. Ein leidenschaftliches Verlangen nach Hingabe, Verströmen, All-Einheit im Kosmischen und Sozialen durchlebt seine lyrischen Sammlungen, die von *Der Weltfreund* (1911) über *Wir sind* (1913) und *Einander* (1915) bis zum *Gerichtstag* (1919) wesentlich um die gleichen Themen mit beschwörendem Pathos kreisen: um die Stiftung einer neuen Menschlichkeit, die Liebe, Demut, Ehrfurcht, Reinheit, Friede und Bruderschaft heißt. Gegen die Welt, gegen das triebhaft elende und vor Gott verworfene Ich, gegen den Morast der Zeit und das Morden der Völker wird Werfel zum Sänger einer Erlösungssehnsucht. Radikale Gegensätze stürmen in ihm gegeneinander: die bittere Verzweiflung am Ich und Dasein und ein unbändiger Lebenswille („O Erde, Abend, Glück, o auf der Welt sein"); die Eitelkeit des Schöpferrausches und der Zweifel an der Wahrheit des Wortes, die Bindung an das zwiespältige Ich und die Seligkeit, sich an das Niedrigste zu verschenken („Mein einziger Wunsch ist, dir, o Mensch, verwandt zu sein"). Immer geht es um Schuld und Erlösung, Selbstanklage und Verzückung;

Werfels Dichtertum wurzelt tief in der jüdisch-christlichen Glaubenswelt. Er wollte das Göttliche im Menschen entdecken, Gottes Bild in der aus Staub und Schwäche geschaffenen Kreatur befreien. In seiner Lyrik fand Werfels Ethos den reinsten, jedoch nicht von wirkungsbewußter Rhetorik freien Ausdruck; ihre Gedanklichkeit, die zur Schau und Prophetie, zu Visionen und Träumen wurde, ergoß sich in eine strömende Musik der Verse.

Er neigte zur Oper; die expressionistischen Dramen, die seinen zweiten Schaffensabschnitt ausfüllen, sind halb Vision, halb lyrische Oper. Er dichtete die *Troerinnen* des Euripides 1915 mit pathetischer Verzweiflungsklage aus dem Kriegserlebnis heraus nach; die magische Trilogie *Der Spiegelmensch* (1920) sollte sein „Faust" werden, aber der allegorische Kampf zwischen dem Schein-Ich und dem Seins-Ich war undurchsichtig, gedanklich überlastet, zu sehr an Zeittendenzen gebunden. Im Erlösungsdrama wollte Werfel das Theater mit magischem Tiefsinn vereinen, aber er blieb im Spekulativen und Artistischen befangen. In vielen seiner Werke zeigt sich ein Zwiespalt von Dichtertum und literarischer Absicht. Gerade weil er weniger von sich forderte, glückte ihm das historische Drama *Juarez und Maximilian* (1924), die Tragödie des reinen Herrschers, der an der neuen Weltherrschaft brutaler zweckbewußter Triebe und Mächte zerbricht. In der dramatischen Legende *Paulus unter den Juden* (1926) ging es um sein beständiges Thema: den Kampf des menschlich echten, einfältig-schöpferischen Glaubens gegen das starre tötende Gesetz. Nach Lyrik und Drama wuchs Werfel in der Erzählung rasch über den Expressionismus hinaus – allerdings mit der Neigung zum Absinken ins Belletristische.

Die frühe Novelle *Nicht der Mörder, der Ermordete ist schuldig* (1920), die den höchst aktuellen Konflikt der Väter und Söhne aufnimmt, erregte wie Werfels Lyrik eine Sensation. Mit dem akzentreichen, etwas forcierten Roman der Oper *Verdi* (1924), dessen südlich rauschhafter Musikalität sich Werfel nahe fühlte, löste der Erzähler sich noch nicht ganz vom Expressionismus. Mit dem Schicksal des Krieges, dem Untergang der habsburgischen Monarchie und dem geistigen Chaos der Nachkriegsjahre setzt sich der Roman *Barbara oder die Frömmigkeit* (1929) in eindringlicher, realistischer Beobachtungsfülle auseinander. Hinter dem Wahnsinn der Zeit steht die demütig gläubige, mit schlichter Liebe umhüllende Gestalt der alten Amme Barbara. „Die Grundformel aller Sünde ist: ‚Verfehlte oder versäumte Liebe'" (*Theologumena*, 1946). Die Gestalt der Magd, die, auf sich selbst verzichtend, ihr Dasein der Pflicht und dem Glauben hingibt, Verkörperung der schlichten Einfalt und Kraft der Demut, kehrt in dem Roman *Der veruntreute Himmel* (1939) wieder. Dieser Roman gehört zu den besten Leistungen des Erzählers Werfel; er enthält viel Autobiographisches, viel von Werfels ruheloser Sehnsucht nach einer Geborgenheit im christlichen Glauben. „Wann würde endlich der Tag kommen, an dem auch wir modernen Menschen, nicht mehr zur spitzfindigen Geistlosigkeit verurteilt, uns endlich einordnen können ohne Vorbehalt und überhebliche Nebengedanken in einen klarleuchtenden Weltenbau, der von unten bis oben reicht?". *Der Abiturientag* (1928), die Selbstanklage eines Richters, der eine Jugendschuld ungesühnt in sich trägt, nimmt Anregungen der Psychoanalyse auf. Der Roman *Die Geschwister von Neapel* (1931) erzählt vom Schicksal der sechs Kinder des kleinen Bankiers Pascarella, in deren Lebensläufen die Breite des Menschlichen sichtbar wird. *Das Reich Gottes in Böhmen* (1930) gestaltet dramatisch die Tragödie eines religiösen Führers. Zum großen geschichtlichen Roman wurden *Die vierzig Tage des Musa Dagh* (1933), wohl Werfels reifstes Erzählwerk, das den verhängnisvollen Kampf der Armenier gegen die Türken 1915 mit tiefem Wissen um die religiös-nationale Tragik der Verfolgten umfaßt. Als Dank für die Rettung vor dem deutschen Einmarsch in den französischen Wallfahrtsort Lourdes entstand 1940/41 das *Lied der Bernadette;* die Geschichte jenes rührend hilflosen Bauernmädchens, deren Vision der Gottesmutter zum Beginn der Wunder von Lourdes wurde. Frömmigkeit lebt in den letzten Büchern Werfels, ein dringlicher Ruf zum Glauben entgegen dem kollektiven Materialismus einer zum Brutalen verzerrten Welt. Die Komödie einer Tragödie *Jakobowsky und der Oberst* (1943) spiegelt mit tragischer Grundstimmung den Kampf der Verfolgten um ihr Leben während des Zusammenbruchs Frankreichs 1940. Wenige Tage vor seinem Tode konnte Werfel das letzte Werk beenden – *Stern der Ungeborenen* (1946), in dem der ganze Reichtum seiner Phantasie spielt. Ein dreitägiger Besuch führt im Jahre 101945 auf die Erde. Es ergibt sich mehr als eine technische Utopie, als eine polemische Satire und prophetische Vision. Es geht auch hier um den Glauben, die gläubige Liebe. Werfel notierte in den „Theologumena" Goethes Wort: „Das eigentliche, einzige und tiefste Thema der Welt- und Menschheitsgeschichte, dem alle anderen untergeordnet sind, bleibt der Konflikt des Glaubens und des Unglaubens". Der Dichter Werfel blieb sich seit seinen ersten Gedichten in diesem Grunderlebnis treu: dem Erlebnis des „göttlichen Geheimnisses und der menschlichen Heiligkeit" (Bernadette).

Die moderne technische Welt war zuerst bei Hauptmann, dann im Expressionismus nicht nur als Stoff und Problem, sondern als Existenz und Rhythmus aufgegriffen worden: auch als Verwandlung der Natur und Gebärde der Sprache. Die Technik bedeutete eine Revolution des Daseinsbewußtseins und Lebensgefühls. Anders wandte sich der Kreis der rheinischen Nyland-Dichter der technisch-sozialen Gegenwart zu. J o s e f W i n c k l e r (1881–1966), Mitbegründer des Bundes der „Werkleute auf Haus Nyland", verklärte in *Eisernen Sonetten* (1914) Leistungen und Geist der Maschine und Technik ähnlich wie der Flame Verhaeren. Der Krieg brachte die Ernüchterung (*Irrgarten Gottes*, 1922). Er nannte seine ungebärdig-wilden Verse die Komödie des Chaos. Der Schelmenroman *Der tolle Bomberg* (1923), die Biographie eines närrischen westfälischen Barons, war ein Buch des Protests; ebenso *Doctor Eisenbart* (1929) und der Roman einer Staatsgroteske *Ein König in Westfalen* (1934). Ein derb-vitaler, anekdotischer Humor durchzieht zusammen mit westfälischer Erdfestigkeit Wincklers beste Erzählungen. Zum Nyland-Kreis gehörte J a k o b K n e i p (1881–1958). Er wurde zum Vertreter einer neu ihrer Aufgabe bewußten katholischen Dichtung in legendenhaften Verserzählungen (*Der lebendige Gott*, 1919) und in zwei Priesterromanen *Porta nigra* (1932) und *Feuer vom Himmel* (1938). Aus katholischer Gläubigkeit heraus schrieb J o h a n n e s M u r o n (G. Keckeis, geb. 1884) *Die spanische Insel* (1926/28), einen meisterlichen Columbus-Roman.

Mit dem Kreis der Nyland-Leute blieb die Arbeiterdichtung nach dem Weltkrieg in Zusammenhang. Ihr Ziel war das Lied des Industriearbeiters, seiner Not und seines stählerngrauen Lebensrhythmus. Nicht mehr vom bürgerlichen Mitleid aus wurde er besungen, sondern mitten im Dröhnen der Maschinen hämmerte der Kesselschmied H e i n r i c h L e r s c h (1889–1936) seine unruhig-sehnsüchtigen, im Pathos der Rhythmen schwingenden Verse.

> Auf! Herz! Herz! auf!
> Glühe, rase, Herz!
> Zisch durch die Dämmerung roten Strahl!
> Höher als alle Himmel runde Bögen der Liebe!
> Leuchtender, strahlender hängst du in diesem
>   Firmament, Sonne – Herz!

Lersch glaubte an eine Wandlung der Zeit durch das Erlebnis des Kampfes (*Herz, aufglühe dein Blut*, 1916; *Deutschland*, 1917) und er dichtete eines der schönsten Lieder des Krieges. Tief getroffen wurde er dann zu seinem Ankläger, zum Sucher nach dem verlorenen Gott, nach der Einung von Mensch und Kosmos. „O Blindheit, o Irrtum! Ketten schmiedeten sie! Mit Ketten schmiedeten sie uns ans Schwert. Alles Schmiedewerk ist Ketten!" Die hymnischen Rhythmen von *Mensch im Eisen* (1925) wurden der Sang seines Lebens in der Werkstatt und auf Wanderungen. Mit dem Roman *Hammerschläge* (1930) aus der gleichen Sphäre und dem Roman der Arbeiterbewegung *Die Pioniere von Eilenburg* (1934) wandte er sich der Prosa zu. Auch dem Arbeiter K a r l B r ö g e r (1886–1944) wurde durch den Krieg die Stimme gelöst.

> Herrlich zeigte es aber deine größte Gefahr,
> Daß dein ärmster Sohn auch dein getreuster war,
> Denk es, o Deutschland.

Wie Lersch vertraute er auf eine verwandelnde Energie des völkischen Gemeinschaftserlebnisses im Kriege, auf eine Wiedergeburt durch Leid und Wahrheit (*Kamerad, als wir marschiert*, 1916; *Soldaten der Erde*, 1918). Eine weiche, klagend-wehrlose Schwermut durchzieht die sozialen Gedichte (*Menschen im Schatten*, 1920) des Wiener Arbeiterdichters A l f o n s P e t z o l d (1882 bis 1923). Als der Hoffnungsvollste im Nyland-Kreis galt G e r r i t E n g e l k e (1892–1918), der Anstreichergeselle aus Hannover, den Dehmel entdeckt hatte. Auch hier sprach ein Arbeiter von seinem Erleben und Erleiden. Sein *Rhythmus des neuen Europas* (1921) zeigt ihn in Leid und Gottverlangen Trakl verwandt, in der Bejahung der Technik Josef Winckler nahe, im Pathos der Sprachgebärden an Whitman geschult, der die literarische Jugend des Weltkrieges maßgeblich beeinflußte. Wie ein Bekenntnis der Zeit klingen Engelkes Zeilen an Jakob Kneip wenige Tage vor seinem Kriegstode: „Der in den letzten Jahrzehnten in allen Ländern Europas riesenhaft aufgestandene Industriematerialismus stürzt in blinder Tierheit gegenseitig aufeinander los und zertrümmert sich selbst. Möge dieser Selbstmord vollkommen sein, damit der reinen Vernunft zum Siege geholfen werde und ein neues Leben der Menschheit auf den Ruinen erstehe! Ein Durchbruch Deutschlands zum ‚Weltvolk', dafür mancher nach Kriegsausbruch den Zeitpunkt für gekommen hielt, hätte nur einen neuen gigantischen Triumph des Materialismus bedeutet. Das Schicksal prüft und schlägt uns und wirft uns in unser eigentliches Zentrum, durch das wir immer ‚Weltbeherrscher‘ sein werden, in unsere Geistigkeit zurück! Über alles triumphiert der Geist!"

Über den Expressionismus hinaus weist die Lyrik Oskar Loerkes (1884–1938), die lange wenig bekannt, zu großer, eigener Reife wuchs; wohl zeitweilig von der Revolution der Lyrik berührt (*Gedichte*, 1916; *Die heimliche Stadt*, 1921), aber über sie hinausführend im Fragen nach überpersönlichen Ordnungen, nach neuer welthafter Sinnlichkeit des Daseins, auch durch die Verfestigung der Formen. Man kann vielleicht von einem Nachexpressionismus im Sinne von Verwandlung durch ihn und Überwindung sprechen. Es geht um neue Sinneroberung nach dem Ausbruch aus dem Sinngefüge der Welt, um neue Aufnahme alter Formungen. Loerke fand in der Natur, der Erde, im Kosmos das wahrhafte Sein (*Der Atem der Erde*, 1930; *Der Silberdistelwald*, 1934. *Gesamtausgabe*, 1959). Das Gedicht als ein Sagen aus der inneren Wahrheit des Seins ist nicht mehr dem Subjektiven preisgegeben. Ihm war der „grüne Gott" im Mythisch-Traumhaften sinnliche Erfahrung. Loerke, obwohl seit 1933 unter schmerzlichem Ekel und Leiden in die Verfemung gedrängt, wie seine *Tagebücher 1903–1939*, die H. Kasack 1955 herausgab, bezeugen, hat einen bedeutenden erzieherischen Einfluß durch die Thematik und das Formethos seiner Gedichte und durch die Verwandlung der Traditionen in das neue, eigene Sagen ausgeübt: auf Wilhelm Lehmann, Elisabeth Langgässer, Hermann Kasack, Peter Huchel und noch die jüngeren wie Günter Eich oder Karl Krolow. Er hat einen Kreis und Stil von magischgleichnishafter, nicht idyllischer, sondern im Durchgang durch Angst und Chaos heilender Naturlyrik geöffnet, die im Einzelnen, im Sinnlichen durch ihre Bildsprache hindurch dem mythischen Sein begegnet. Wie Loerke ist bisher Konrad Weiss (1880 bis 1940) mit Lyrik, Prosa und Drama nicht über einen kleinen Kreis hinausgedrungen. Er ist in seinem christlich-katholischen Bewußtsein von der religiösen Gestimmtheit des Expressionismus bestärkt worden, er wurde auch von seiner Bewegung der Formen, seinem Zug zum Visionären berührt. Sonett, Legende erhalten in der *Cumäischen Sybille* (1921), in *Herz des Wortes* (1929) nicht nur formalen Bindungssinn. Und auch für ihn gewinnt die Natur neue Tiefe (*Sinnreich der Erde*, 1939). Nach den Zersprengungen gewinnt das künstlerische Wort neue Dichte, Geistigkeit (*Gesamtausgabe*, 1948).

Die Erneuerung des Menschen aus dem Geist war das durch-
waltende Thema des expressionistischen Dramas, das seine formale Erneuerung durch R. J. Sorge, durch Ernst Barlach (*Der
tote Tag*, schon 1906/07 geschr.) und durch Georg Kaiser (*Von
Morgens bis Mitternachts*, geschr. 1912) als Protagonisten fand.
Das expressionistische Drama brachte dem Theater ausdrucks-
technisch bedeutsame Anregungen, die bis heute nachwirken;
einen dauernden dramatischen Stil konnte es nicht entwickeln.
Das Drama übersteigerte die Ekstase zum steilen Schrei; feste
Formen wurden aufgelöst, Bildfetzen jagten vorüber. Expressive Bildimaginationen hoben die realistische Illusion auf; Stimmungen vom Grotesken bis zum Pathetischen wurden durcheinander gewirbelt. Die Saat Wedekinds und Strindbergs wurde
zur Überreife gebracht. Strindberg hatte sich vom Naturalismus entfernt und noch intensiver als Wedekind das lyrisch-
monologische Bekenntnisdrama („Nach Damaskus"), das hinter-
gründig-phantastische Theater der „offenen Dramenform" entwickelt. Walter Hasenclever (geb. 1890, gest. 1940 als
Emigrant) ließ seinen aktivistisch-revolutionären und zugleich
virtuosen Gedichten (*Der Jüngling*, 1913) das Schauspiel *Der
Sohn* (1914) folgen; es ist ein Schauspiel der rebellierenden Jugend, deren Maßlosigkeit an einen übersteigerten Sturm und
Drang erinnert. Hasenclever arbeitete hier, theatersicherer als
Sorge, den neuen symbolischen Bühnenstil aus. 1917 folgte die
Bearbeitung der *Antigone* von Sophokles mit schärfster Tendenz
gegen den Krieg. Sie blieb Hasenclevers stärkste Leistung. Ging
es bisher, auch in dem Drama *Die Menschen* (1918), um die
Befreiung der Seele – der spätere Hasenclever neigte einerseits
zum Okkultismus (*Gobseck*, 1922), andererseits zum leichten
Unterhaltungsspiel (*Ehen werden im Himmel geschlossen*, 1928).
Paul Kornfeld (1889, ermord. 1942) schritt vom ekstatischen
Erlösungsdrama (*Verführung*, 1913; *Himmel und Hölle*, 1918)
zur psychologischen Komödie (*Kilian und die gelbe Rose*, 1926).
Diese Wendung ist typisch: sie verrät, wie rasch das überreizte
Ausdruckspathos zum radikalen Gegensatz umschlug. „Nichts
mehr von Krieg und Revolution und Welterlösung! Laßt uns
bescheiden sein und uns anderen kleineren Dingen zuwenden –
einen Menschen betrachten, eine Seele, einen Narren, laßt uns
ein wenig spielen, ein wenig schauen, und wenn wir können,
ein wenig lachen oder lächeln." Darin lag die ironisch-trauernde
Resignation einer neuen „Sachlichkeit".
Die Dramen von Carl Sternheim (1878–1942) dürfen nur

bedingt mit dem Expressionismus in Zusammenhang gebracht werden. Er ging mit radikalerem Intellekt und mit größerer Beherrschung der dramatischen Architektur auf jenem Weg weiter, den Frank Wedekind gewiesen hatte. Er betrachtete sich als „Arzt am Leibe seiner Zeit", in eigentümlich verschränkter Mischung des Moralisten und des Panegyrikers eines alle moralischen Konventionen sprengenden, zu sich selbst entschlossenen Individualismus. Seine Satire bleibt mehrdeutig – in seinen Spielen wie in seiner Prosa. Sein Drama war Angriff, Desillusion durch Lachen und Karikatur – gegen das Bürgertum und dessen Ideale des ‚juste milieu', einer Sekurität ohne Anstand. Sternheim zielte darauf, der Moliere seiner Zeit zu werden. Angesichts der Lebenslügen der von ihm decouvrierten Gesellschaft wurde das Lustspiel zur Satire. Ihre Mehrdeutigkeit lag darin, daß Sternheim in sie zugleich eine Positivität des mit Brutalität sich selbst wollenden und lebenden Menschen einlegte. Er gab der Reihe seiner Komödien und Schauspiele (seit 1908) den ironischen Titel *Aus dem bürgerlichen Heldenleben*. Sie enthielten die „ätzende permanente Kritik jener Zustände, die zum Krieg geführt haben". Sternheim suchte den Bürger im Alltag auf; den Bürokraten in *Die Hose*, den Kleinbürger in *Bürger Schippel*, den Parteisozialisten in *Tabula rasa*, den Millionär im *Snob*. Antiromantisch, betont antiemotional und sachlich war seine äußerst verkürzte Sprache. Er schrieb die Komödie einer entfesselten Zeit, nicht ohne selbst dem Mondänen, Anspruchsvollen und Theatralischen zu verfallen (z. B. *Die Marquise von Arcis*, 1919). Auch als Erzähler war Sternheim Satiriker und Karikaturist der bürgerlichen Gesellschaft, zugleich Darsteller jener rücksichtslosen Willensmenschen, die, Verächter und Träumer, nur sich selbst leben (*Napoleon*, 1915 u. a.). Er gab der Erzählform scharfe Konturen, durch knappe Gestaltung und Sprache eine gesteigerte Intensität. Ekstatisches wird in sachliche Analyse eingefangen, Gegensätze werden bis zur Unauflösbarkeit verschränkt. Dieser Stil forderte die kurze Erzählform; Sternheims Roman *Europa* (1919) blieb hinter den Novellen *Chronik von des 20. Jahrhunderts Beginn* (1918/28) künstlerisch zurück.

Vielseitiger und gedanklich weiter gespannt ist das dramatische Schaffen des Sternheim in seiner dialektischen Intellektualität verwandten G e o r g K a i s e r (geb. 1878, gest. 1945 als Emigrant in der Schweiz). Er war, innerlich vom Werk besessen, in beständiger Bewegung: von der Posse und dem Ballett bis zur Tragödie und zur hellenischen Trilogie. Es gibt keine Formel für sein Werk. Nach vielen Versuchen brachten *Die Bürger von Calais* (1914) den ersten großen Erfolg. Er nahm in ihnen einen historischen Stoff auf. Einige patriotische, von Opferwillen erfüllte Bürger bekennen sich heldenhaft für ihre von den Engländern belagerte Stadt zum Tode, um damit den Hafen zu retten, die Stadt vor Zerstörung zu bewahren. Es ist ein Heldentum, das für den Frieden stirbt. Eine sittliche Leidenschaft erstarrte im höchsten seelischen Ausdruck zu monumentaler Ruhe; darin lag das Superlativische des expressionistischen Dramenstils. Kaiser entpersönlicht seine Gestalten, symbolisiert sie zu geistigen Begriffen. Im Schauspiel *Gas* (1918), das von der zerstörenden Dämonie und der Überwindung der entfesselten und versklavenden Industrie handelt, sind die Gestalten namenlose Typen geworden. Er war der technisch virtuose Konstrukteur seiner Dramen – „Denkspieler" nannte er sich. „Die letzte Form der Darstellung von Denken ist seine Überleitung in die Figur." Die Sinnlosigkeit alltäglichen Lebens soll erschrecken, aufrütteln. In der Gestaltung von Massen verwischt sich die Grenze zwischen Szene und Zuschauer. Kaiser war auf der Suche nach einem neuen Menschentum aus ethischen Grundkräften heraus; zugleich war er der Virtuose der theatralischen, fast schon kinomäßigen Spannungen, ein großer Techniker des epigrammatischen Dialogs „Von welcher Art ist die Vision? Es gibt nur eine: die von der Erneuerung des Menschen." Mit seiner Apotheose schließen die „Bürger von Calais". Aber das Stationen-Drama *Von Morgens bis Mitternachts* (1916), in der modernen Großstadt angesiedelt, innere Biographie eines Mannes im knappsten Zeitablauf, läßt den Sucher nach dem wahren Leben verzweifelt in christusähnlicher Symbolik am Kreuz endigen. Es ist die Tragödie des Kleinbürgers, der aus seinen Pflichten ausbricht, sich für eine Nacht in die Lockungen der Großstadt stürzt und dem Selbstmord entgegentaumelt: die Tragödie des Menschen im Durst nach dem Unerreichbaren. Am Ende von „Gas" bleibt die verzweifelte Frage: „Sage es mir: wo ist der Mensch? Wann tritt er auf – und ruft sich mit Namen: Mensch?... Wann besteht er den Fluch – und leistet die neue Schöpfung, die er verdarb: – den Menschen?! – Schaute ich ihn nicht schon an – wurde er mir nicht deutlich mit jedem Zeichen seiner Fülle – von großer Kraft mächtig – still in voller Stimme, die redet: – Mensch?!... Muß er nicht ankommen – morgen und morgen – und in stündlicher Frist?!... Soll ich noch verzweifeln?!!" Am Ende des zweiten Teils von *Gas* (1920) triumphiert die Selbstvernichtung, der

Weltuntergang. Kaisers dramatische und gesellschaftskritische Psychologie zielt immer wieder auf die Thematik des gespaltenen Menschen, der Widerspruchsaufspaltung im Ich – es ist ein generelles Thema expressionistischer Dichtung. Als „Denkspieler" forderte Kaiser das Recht, alle Standpunkte einzunehmen: war doch das Leben selbst eine dialektische Mischung von Ja und Nein, Glaube und Verzweiflung, Tragödie und Satyrspiel. Dies wurde der Sinn des an Platos Dialoge angelehnten Spiels *Der gerettete Alkibiades* (1920). Daneben finden sich leichte Komödien (*Kolportage*, 1924; die Revue *Zwei Krawatten*, 1930), Liebesspiele wie *Der Brand im Opernhaus* (1919), das Volksstück *Nebeneinander* (1923), das in drei Handlungen die chaotisch widersprüchliche Gesellschaft der Zeit vorführt. Der *Oktobertag* (1928) spielt theaterwirksam mit der mystischen Gemeinsamkeit von zwei Menschen. Seit 1933 war Kaiser die Bühne verboten; er arbeitete in der Stille, zuletzt in der Schweiz, ununterbrochen weiter. Der Roman *Villa Aurea* entstand, das grimmige Anklagestück gegen die Diktatur *Floß der Medusa* (1943), vorher das in seiner dramatischen Architektur meisterliche Spiel *Der Soldat Tanaka* (1940): die Geschichte von dem einfachen Soldaten, der, als einziger hellsichtig geworden, das Unrecht der Macht, der sich alle fügen, durchschaut, sich wehrt und erliegt. Kaisers Sinn für die straffe Form und für die Konzentration zum Typischen, Parabolischen führte ihn zuletzt zu antiken Stoffen, zum Versdrama nach klassischem Stil zurück (die Hellenische Trilogie *Amphitryon, Bellerophon, Pygmalion* 1934/44).

Der scharf geschliffenen Form des dramatischen Baus bei Sternheim und Kaiser stellt sich – ein anderer Pol expressionistischer Dramatik – in des jungen O s k a r   K o k o s c h k a (1886–1980) metaphysisch-symbolischen Dramen (*Der brennende Dornbusch*, 1911; *Orpheus und Eurydike*, 1918) eine Auflösung zum Lyrisch-Pathetischen entgegen. „Auf zur Geburt erwach' deine Seele, auf zur Geburt." Eine urtümliche, schwer ringende und grüblerisch angespannte Kraft spricht aus dem Drama des niederdeutschen Bildhauers und Graphikers E r n s t   B a r l a c h (1870–1938). Neben Bekenntnisse und Romane (*Ein selbsterzähltes Leben*, 1928; *Der gestohlene Mond*, 1936/48) treten sehr bedeutende Schauspiele (*Der tote Tag*, 1912; *Der arme Vetter*, 1918; *Die Sündflut*, 1924; *Der blaue Boll*, 1926 u. a.). Aus dem unbewußten Wissen vom Einssein mit allen Menschenwesen und der Unentrinnbarkeit vor dem mit ihm verketteten Fluch" wuchs das Drama Barlachs auf, aus der Erschütterung über die Ausgesetztheit des im Unendlichen vereinsamten Menschen. „Die menschliche Situation in ihrer Blöße zwischen Himmel und Erde" ist sein Grundthema; die Gestalten und Vorgänge werden zu Symbolen eines schwerblütigen Suchens nach dem Göttlichen im Dasein. Ihn zog es zu den mütterlich-schöpferischen Erdkräften in schroffer Ablehnung der geistigen Hybris einer formelhaft mechanisierten Zivilisation. Als Bildhauer von einsamer, zeitloser Größe rang er auch im Drama um die eigene, schwer zugängliche Form zwischen Wirklichkeit und mythisch-grotesker Irrealität. Erst nach 1945 wurde das Drama *Der Graf von Ratzeburg* bekannt, wurde die Erzählung *Seespeck* (1948) veröffentlicht – Zeugnisse eines bedeutenden, in tiefem Ernst eigenwillig, grüblerisch und auch mit tiefsinnigem Humor um den zwingenden Ausdruck ringenden Dichtertums. Barlachs Prosa und Drama hat aus dem Expressionismus heraus zur besonderen künstlerischen Form gefunden.

Barlachs Drama weist über den Expressionismus hinaus; seine schöpferische Entwicklung vollzog sich einsam und unabhängig von der Zeit. Dagegen wurde der Weltkrieg für F r i t z v o n U n r u h (1885–1970) das entscheidende Erlebnis. Der Sohn eines preußischen Generals wurde zum leidenschaftlich-pathetischen Ankläger des Krieges, der Macht, der preußischen Tradition. Er rief nach Liebe, neuer Menschlichkeit. Die Form seiner Dramen wurde vom lyrischen Pathos der Idee bestimmt, vom Drange, Wesenhaftes in äußerster Steigerung auszusagen. Vor dem Kriege hatte Unruh in *Offiziere* (1912) und in *Prinz Louis Ferdinand* (1913) das historische Drama mit an Kleist erinnernden Konflikten in die Oppositionsstimmung der Zeit und in jene bewegte, genrehafte Bildtechnik gestellt, die von Büchner zu Wedekind den Bogen schlägt. Seine ersten Kriegsbücher wurden Visionen eines höllischen Infernos (*Opfergang*, 1916/19). In der lyrisch-vulkanischen Tragödie *Ein Geschlecht* (1918) türmte er furchtbare Schrecken mit einer mit der griechischen Tragödie vergeblich wetteifernden Monumentalität. Nach dem Schauspiel *Stürme* (1922), das eine Reform des Verhältnisses der Geschlechter erstrebte, wurde Unruhs Stil gedämpfter, abgeklärter. *Bonaparte* (1926) lenkte zum Historiendrama ein, zum scharf gezogenen psychologischen Porträt. Dann folgten Komödien ironisch leichter Art (*Phaea*, 1930; *Zero*, 1932). Früh erkannte Unruh das Verhängnis eines radikalen Nationalismus; der Weltkrieg war ihm zur Warnung geworden. (Das Buch des Friedens *Flügel der Nike*, 1925). Der spätere Unruh gab die Leidenschaft des ekstatischen Wortes auf; er büßte damit an Kraft des Ausdrucks und der Idee ein. Dies war ein generelles Geschick der expressionistischen Generation: dem Verebben der sie tragenden geistig-literarischen Bewegung und der Erschöpfung der Ausdrucksmöglichkeiten, die sie geschaffen hatte, folgte ein Erlahmen der originären künstlerischen Potenz.

Die engste Verbindung fanden die Politik und das Drama, Zeit und Idee im Werk E r n s t   T o l l e r s (1893–1939). Er nannte sein agitatorisch-ekstatisches Drama *Masse Mensch* (1920), das mit lyrisch-revolutionärem Pathos und mit dem Wissen um den tragischen Zwiespalt von Ideal und Masse neue soziale Menschheitsideen verkündete, „ein Stück aus der sozialen Revolution des 20. Jahrhunderts". Schon *Die Maschinenstürmer* (1922) distanzierten sich von expressionistischer Ekstase; Toller nahm den englischen Weberaufstand 1815 zum Thema und zeigte das Märtyrertum eines jungen Helden des Proletariats, der der dumpfen Brutalität seiner eigenen Genossen zum Opfer fällt. Resignation angesichts zerschlagener Hoffnungen und zerstörter Existenz bestimmte die Tragödie *Hinkemann* (1924); die Nachkriegsentwicklung erfüllte nicht, was sein gläubiger Ideenenthusiasmus erhofft hatte. Toller ging 1933 ins Exil; 1939 schied er in New York freiwillig aus dem Leben. Eine Autobiographie (*I was a German*, 1934), seine Gefängnisbriefe (*Look through the Bars*, 1936) und eine Tragödie aus den Konzentrationslagern des Dritten Reichs *Pastor Hall* waren Werke der Verbannungszeit.

Die Erschütterung des Krieges und seine Alternative zwischen mörderischer Pflicht oder todesmutiger Meuterei gab dem Drama *Die Seeschlacht* (1917) von R e i n h a r d   G o e r i n g (1887 bis 1936) den starken Atem. Ein balladesker Ton, der die einzelnen individuellen Stimmen im Chor der Mannschaft in dem Panzerturm des Kriegsschiffes aufhob, und ein symbolisches Typisieren prägen den Stil dieses Dramas.

Der Roman setzte als eine epische Form der expressionistischen Sprache, ihrem symbolischen Lyrismus und Dynamismus, ihrer Vergeistigung, Abstraktion zum Typischen und ihrer Konzentration, diesem Stil der explosiven Intensität, Widerstände entgegen. Fabel, Milieu, Psychologie ließen sich schwer aus ihm eliminieren. Hingegen konnte die kürzere Erzählung den neuen Stil in sich aufnehmen und durch ihn erhebliche Veränderungen gegenüber der Novellenform der realistischen Tradition erfahren. Carl Sternheim, Albert Ehrenstein, Georg Heym, Alfred Döblin, Gottfried Benn, um nur einige zu nennen, erreichten,

Anregungen von Neuromantik, Jugendstil und Symbolismus entwickelnd, neue, sehr verschiedenartige Formen der kurzen expressionistischen Erzählung. Meyrink, Brod und vor allem,
immer wieder als Vorbild zitiert und gefeiert, Heinrich Mann
hatten eine expressive Steigerung und Verkürzung der Prosa,
thematisch den Hang zum Mythisch-Symbolischen, zum Grotesken und zum Ethos liebender Humanität je auf ihre Weise
vorbereitet. K a s i m i r E d s c h m i d (Eduard Schmid, 1890 bis
1966), der die neue Kunst programmatisch (*Über den Expressionismus in der Literatur und die Neue Dichtung*, 1919)
vertrat, gab 1915/16 mit einer an Sternheim geschulten, krampf-
haft übersteigerten Stilkonzentration Novellen heraus, deren sensationelle Wirkung rasch verblaßte. Er liebte das Fieberhafte,
Gehetzte (*Die sechs Mündungen*, 1915; *Das rasende Leben*,
1915 u. a.), andererseits eine fast snobistische europäische Modernität. Edschmid wollte verblüffen, ins Exotische verführen
(*Timur*, 1916), das Objekt durch das Erzähltemperament explodieren lassen. Beobachtung, Natur, Wirklichkeit und Psychologie wurden entbehrlich; die Prosa wurde intellektuell dämo-
nisiert.

Aus leidvollem Erleben gestaltete der Elsässer R e n é S c h i k -
k e l e (1883–1940) das Schicksal, zwischen den Völkern und
Nationen stehen zu müssen. Er lernte von der graziösen Eleganz
des Pariser Romans (*Meine Freundin Lo*, 1914), er warb für
den Frieden und die geistige Bruderschaft der Nationen. „Was
in aller Welt, kann der Geistige anders wollen als den Geist?
Der Geist aber ist der uralte Antipode der Materie, des dunkeln
Triebes, der Gewalt." Schickele war Europäer, Sozialist und
rastloser Abenteurer des Geistes und Lebens. Die Zerrissenheit
seines Lebens und seiner elsässischen Heimat spiegelt sein Drama
Hans im Schnakenloch (1916). Während des Krieges war Schik-
kele der Mittelpunkt des Kreises um die Züricher „Weißen
Blätter" (seit 1913); aber seine eigentümliche Gestaltungsenergie
war stärker als die expressionistischen Tendenzen. 1925/31 erschien der große Roman *Das Erbe am Rhein;* eine auf die Gemeinschaft der Nationen bedachte Auseinandersetzung mit den
Enttäuschungen der Nachkriegszeit. 1938 kam als letztes Buch
die *Flaschenpost,* 1940 eine lyrische Auswahl heraus.

Der schlesische Hang zur Mystik verband sich bei A r n o l d
U l i t z (1888–1971) mit expressionistischer Stildynamik; sein
Roman *Ararat* (1921), ein Roman der russischen Revolution,
kreiste um die Befreiung und Bildung eines neuen Menschen-

geschlechts. Im *Gaukler von London* (1938) ließ er einen biographischen Roman Defoes erscheinen, dessen „Robinson Crusoe"
zur Verkündigung eines utopischen Inselparadieses wird. Sinn-
bildlich für die Erregung und Ratlosigkeit der Zeit, die unter
dem Druck nahender Katastrophen stand, ist das wechselvolle
Schaffen K l a b u n d s (Alfred Henschke, 1890–1928). Sein Vagabundentum war Leid, Angst, Sehnsucht. Er nahm virtuos die
Stile aller Zeitalter in sein Dichten auf, ohne irgendwo Heimat
zu finden. Als Lyriker traf er seinen selig-unseligen Schicksals-
bruder in François Villon (geb. ca. 1431); er liebte die Ironie –
Himmel und Hölle waren ihm zugleich gegenwärtig (*Morgenrot!*
Klabund! Die Tage dämmern, 1912).

> Es hat ein Gott mich ausgekotzt,
> nun lieg ich da, ein Haufen Dreck,
> und komm und komme nicht vom Fleck...
> Doch hat er es noch gut gemeint,
> er warf mich auf ein Wiesenland,
> mit Blumen selig bunt bespannt.

Hinter ironischem Spiel verbirgt sich die Verzweiflung am
Menschlichen, eine verwundete Skepsis. Klabund floh in die
Ferne des Ostens (*Li-tai-pe*, 1916, *Das Blumenschiff*, 1921); er
schrieb Balladen und Mythen, Volkslieder, Gassenhauer, innig-
zarte Verse im bunten Gemisch (*Himmelsleiter*, entstanden 1912
bis 1916; *Das heiße Herz*, 1922). „Wir haben vergessen das erste
Wort, das uns alle einte. Wir haben verloren: / Den Sinn / Ver-
handelt: / Das Sein / Verwünscht: die Seele / Wir wollen zusammen schweigen / Mein Mensch / Vielleicht, daß wir uns dann
verstehn." Seine Romane des Soldaten *Moreau* (1916), des Propheten *Mohammed* (1918), des Zaren *Pjotr* (1923), später *Borgia*
und *Rasputin* (1928) entwickelten den expressionistischen Erzählstil in eigenwilliger Form. Im *Kreidekreis* (1925) gab er mit
geschmeidiger Einfühlung eine poetische Nachdichtung aus dem
Chinesischen, in *Bracke* (1918), dem Eulenspiegel-Roman, das
Porträt eines selig selbstgewissen Vagabundentums.
Ein Stichwort des expressionistischen Menschheitsglaubens lieferte
der Titel der 1918 erschienenen Novelle L e o n h a r d F r a n k s
(1882–1961): *Der Mensch ist gut*. Schon 1914 hatte er mit der
Würzburger Jungengeschichte *Die Räuberbande* einen großen
Erfolg. Hier wie in der gegen die Todesstrafe gerichteten psycho-
analytischen Novelle *Die Ursache* (1915) sprach ein kräftig anti-
bürgerlicher Geist. Frank wurde zum Romancier der sozialen
Revolution: „Die Menschen sind wahnsinnig, wirklich und wahr-

haftig wahnsinnig, weil sie die Liebe vergessen haben." Der Roman *Der Bürger* (1924) sprach vom Ideal einer klassenlosen sozialistischen Gemeinschaft in einer die Bilder und Szenen wechselnden Erzähltechnik, die das kollektive Nebeneinander der Menschen stilistisch verdeutlichen wollte. Frank wechselte zwischen Anklage und Beschwörung. In *Karl und Anna* (1926) schrieb er die Tragödie des heimkehrenden Soldaten, der seine ärmliche, aber seit Jahren ersehnte Mietsküche besetzt, sein Weib an einen Kameraden gebunden vorfindet. In russischer Gefangenschaft hatte der Ehemann, von Sehnsucht erfüllt, durch seine Erzählungen dem Kameraden den Weg zu seiner eigenen Frau gebahnt; die Tragik des Spiels liegt darin, daß gerade diese Liebe zur seelischen Verführung des anderen und so ihm zum Unheil wird. Der knappe, bei aller Realistik symbolisch vertiefte Dialog strahlt eine starke Wirkung aus. Hier geht es nicht um Schuld, sondern um ein unentrinnbares, dumpf zwingendes Geschick. Im *Ochsenfurter Männerquartett* (1927) ließ Frank mit süddeutscher Atmosphäre und knapper, scharf akzentuierter Prosa die zeitgemäße Fortsetzung der *Räuberbande* folgen.

Aus dem Expressionismus bezog der historische Roman dynamisch gesteigerte Akzente. Zwischen Aktualität, Phantasie und Historie, unerschöpflich in seiner Attraktionskraft für ein breites Publikum, kam er zu pseudowissenschaftlichen Reportagen (E m i l L u d w i g 1881–1948), zu zahlreichen Biographien und belletristischen Spannungserzählungen, in denen zeitgemäße Tendenzen geschichtlich maskiert wurden. A l f r e d N e u m a n n (1895–1952) entwickelte am geschichtlichen Geschehen mit zugespitztem Dialog und überhöhter Charakterzeichnung eine dämonisch-zwiespältige Tiefen erhellende Psychologie (*Der Patriot*, als Drama 1927; *Der Teufel*, 1926). In die italienische Revolution gegen Österreich zu Beginn des 19. Jahrhunderts führen die *Rebellen* und *Guerra* (1927/28). Noch stärker auf das Aktuelle waren die mit schriftstellerischer Virtuosität und psychologischer Intensität geschriebenen Romane von L i o n F e u c h t w a n g e r (1884 bis 1958) bezogen. In *Die häßliche Herzogin Margarete Maultasch* (1923) zeigte er auf dem stürmischen Hintergrund des 14. Jahrhunderts die dämonische Verbrüderung von Häßlichkeit und Machtwillen. Der Roman *Jud Süß* (1925) schilderte die Geschichte des Finanzmannes Süß im Württemberg des 18. Jahrhunderts, die idyllisch-romantischer bereits Hauff (vgl. S. 345) erzählt hatte. In den drei Jahren Geschichte einer Provinz *Erfolg* (1930) analysierte er das München der Inflation und des revolutionären Nationalismus. Aus politischer Aktualität erwuchsen *Der jüdische Krieg* (1932) und *Der Tag wird kommen* (1936); beide verfolgen den Kampf der spätrömischen Kaiser gegen das Judentum und wählen den altjüdischen Historiker Josephus zum Helden. Erfolgreicher als der Bühnenschriftsteller Feuchtwanger (*Die Petroleum-Inseln, Kalkutta 4. Mai,* zusammen mit B. Brecht) war B r u n o F r a n k (1887–1945) mit seinem historischen Schauspiel *Zwölftausend* (1927). Er begann als Lyriker (*Aus der goldenen Schale,* 1905) im Schatten Rilkes, ließ dann einen mäßigen mondänen Abenteuerroman *Die Fürstin* (1915) folgen und fand mit den um Friedrich den Großen kreisenden Büchern *Tage des Königs* (1924) und *Trenck* (1926) seinen lebhaft-gegenständlichen, das Anekdotische liebenden Stil. Ein europäisches Werk wurde die *Politische Novelle* (1928), die für die Verständigung Deutschlands und Frankreichs im Gespräch ihrer Staatslenker, die Stresemann-Briandsche Politik unterstützend, warb. Im Exil kam der Roman *Cervantes* (1934) heraus.

Konsequent behielt der Elsässer O t t o F l a k e (1880–1963) bei vielseitiger Produktivität und stark philosophischen Neigungen das Ziel eines deutschen Europäertums im Auge. Er liebte die Souveränität der Distanz, eine Sachlichkeit, die sich mit geistigem Temperament verbindet und in beständiger Auseinandersetzung mit deutschem Wesen oft scharfe Kritik übt. „An jedem Tage meines Daseins, in jeder Stunde ging es mir um Ausgleich und Besinnung." In dem *Ruland-Zyklus* (1913/28) zeichnete er im Roman das Ideal des gelassenen, weltfrohen und intellektuell selbständigen Europäers, der, immer Herr der Situation, durch alle Dinge aufnehmend und souverän beherrschend hindurchschreitet. Seit 1933 begann mit *Hortense* die Reihe von Flakes kulturgeschichtlich fundierten Baden-Baden-Romanen; seit 1946 erschien der *Fortunat*-Zyklus, dessen zweiter Teil den typischen Titel *Ein Mann von Welt* trägt Mit enzyklopädischer Stoffülle und glänzender Beherrschung einer verwickelten Handlung breitet Flake das Bild der europäischen Kultur des 19. Jahrhunderts um die Gestalt eines Deutsch-Franzosen aus, der sich, etwas snobistisch, auf allen Höhen der Wissenschaft, Kunst und Gesellschaft bewegt. Auch der Baltendeutsche F r a n k T h i e ß (1890–1977) bekannte sich zu einer europäischen Tradition, zu den Mächten der abendländischen Kultur: Recht, Menschlichkeit, Schönheit. Er sucht, wie Flake lebhaft allen Zeitfragen zugewandt, „das Deutsche in seinem wahren Bezirk, in der Welt des Geistes und der Forschung". Demokratie bedeutet ihm geistige

Elite, eine Philosophie der Zivilisation. Sein Roman *Der Tod von Falern* (1921), ein Buch gegen die Diktatur, ist von beständiger Aktualität; in vielen Essays (*Das Gesicht des Jahrhunderts*, 1923; *Erziehung zur Freiheit*, 1929) kämpfte er gegen den Mythos vom Untergang des Abendlandes. „Adel und Kirche haben ihre Führerschaft verloren, der Bürger hat sie verwirtschaftet, ein neuer geistiger Adel wird sie erobern müssen, falls das Wort Untergang nicht Wahrheit werden soll." Thieß hat viele Romane herausgegeben; eine zeittypische Industrialisierung des literarischen Schaffens wird deutlich. Der Zyklus *Jugend* (1924/31) ist aus dem Glauben an die Energie einer neuen Jugend und ihre geistig-sportliche Zucht entstanden. „Falls eine neue Kultur in Deutschland und damit in Europa erblühen sollte, wird dies keine Blutskultur, sondern eine geistige, von geistigen Schichten getragene Kultur sein, denn die zivilisatorische Verflochtenheit der Nationen läßt eine andere nicht zu." *Johanna und Esther* (1932) wurde ein Roman von der Fruchtbarkeit des Lebens, *Tsushima* (1936) ein „Lobgesang auf das Heldentum derer, die auf verlorenem Posten stehen". Thieß wich zeitweilig nach Italien aus, wo die romanhafte Biographie des großen Tenors Caruso entstand (*Neapolitanische Legende, Caruso in Sorrent*, 1942/46). Aus griechischen, römischen und byzantinischen Studien entwickelte er das Bild eines Jahrtausends *Das Reich der Dämonen* (1941), dessen Deutung des Dämonischen als Ausbruch unterweltlicher Kräfte sehr deutliche und mutige politische Parallelen zog. Wie bei Flake läßt sich bei Thieß die Fülle der Schriften nicht in einer kurzen Aufzählung erschöpfen; wie Flake sucht er den geistig-hellen, die Zeitprobleme souverän aus europäischer Weite und Klarheit bewältigenden Menschen als den Träger der Kultur in einer aufgerissenen Zeit.

Der politisch-sozialen Zeitgeschichte nahm sich mit einer virtuos begabten Erzähltechnik Hans Fallada (Rudolf Ditzen, 1893 bis 1947) an. Er folgte dem Kleinbürgertum in seinen mit stillem, duldendem Heroismus getragenen Lebenskampf. Das Buch *Bauern, Bonzen und Bomben* (1930) beleuchtete an der holsteinischen Bauernrevolte ein Stück alarmierender Zeitgeschichte; *Kleiner Mann was nun?* (1932) führte mit wehmütigem Humor in die tägliche Existenznot des kleinen Angestellten in der Großstadt. Damit nahm Fallada eine Lebenssphäre als Thema des Romans auf, die bisher kaum behandelt worden war: es ist die breite Schicht jener Menschen, deren Existenz durch die moderne Großstadt und alle Schwankungen der modernen Wirtschaft bedingt und bedroht ist und die im Bescheidenen ein zähes, mühsames Lebensringen auf sich zu nehmen haben. Noch weiter in der Analyse der bedrohten sozialen Zeitsituation ging der Roman *Wer einmal aus dem Blechnapf frißt* (1934). Nach 1933 mußte Fallada literarisch ausweichen: in das Bäuerliche mit *Wir hatten mal ein Kind* (1934), in das Idyllische mit *Damals bei uns daheim* (1942). In seinem Buche *Jeder stirbt für sich allein* (1947) gab er ein Bild des mit dem Tode endenden stillen Kampfes eines kleinbürgerlichen Ehepaars in Berlin gegen den Nationalsozialismus.

Der Zwiespalt der Generationen war seit Ibsens, Hauptmanns, Wedekinds Protest gegen die bürgerliche Welt eingeleitet, im Expressionismus radikal verstärkt worden. Der Roman der Jugend, ihrer Revolte gegen die lähmende Tradition, ihrer Heimatlosigkeit in einer schwankenden Zeit, ihres dumpfen Verlangens und Aufbegehrens wurde mit Ernst Glaesers (1902–1963) *Jahrgang 1902* (1928) zu einer raschen Konjunktur gebracht. Glaeser versuchte, im Bild dieser Jugend ein Stück Zeitgeschichte zu geben, wie er es später wieder in *Der letzte Zivilist* (1936), einer mit scharfer Kritik gesehenen Entwicklungsgeschichte des Nationalsozialismus tat. Es kam jetzt Wilhelm Speyer (1887 bis 1952) mit dem *Kampf der Tertia* (1928) heraus, W. E. Süskind (geb. 1901) mit dem Roman *Jugend* (1929), Peter Martin Lampel (1894–1965) mit dem radikalen Schauspiel *Revolte im Erziehungshaus* (1928). Echtes Aufbegehren und das Haschen nach sensationeller Wirkung hielten sich knapp die Waage. Um die innere Befreiung des jungen Menschen ging es in Hermann Kestens (geb. 1900) Erzählungen *Joseph sucht die Freiheit* (1928) und *Ein ausschweifender Mensch* (1929). Seine Menschen handeln und tappen im Ungewissen; das Leben kennt bei ihm keine Begründung. Daraus sprach die Erschütterung des humanen Lebensbewußtseins.

Aus der Einsicht in die Zermürbung der intellektuellen Gesellschaft stellte sich Anna Seghers (Netty Radvanyi, 1900–1983) die Aufgabe des politischen Romans. Die überzeugte Sozialistin floh 1933 nach Mexiko. Ihr Roman vom vergeblichen *Aufstand der Fischer von St. Barbara* (1928) erregte Aufsehen und verschaffte ihr frühe Anerkennung. In *Das siebte Kreuz* (1942) veröffentlichte sie den Roman der Widerstandsbewegung in der deutschen Arbeiterschaft und der Tragödie der Opfer des „Dritten Reiches", indem sie von einer Flucht aus dem Konzentrationslager und ihren Erschütterungen breit und vielfigurig erzählte.

Künstlerisch strebt Anna Seghers den Roman des Kollektivs an, der die Gestalten und Lebensflächen nebeneinander setzt, um die Breite des zeitgenössischen Daseins umfassend einzufangen. Darin zeigt sich eine neue, noch nicht voll bewältigte Gesetzlichkeit der durch den realistischen Sozialismus weltanschaulich bestimmten erzählerischen Form. In *Der Weg durch den Februar* (1935) hatte sie mit ähnlicher Gestaltungsweise die erfolglose österreichische Arbeiterrevolte vom Jahre 1934 geschildert. Auch ihre kleineren Erzählungen entnehmen ihre Motive dem Kampf der Kommunisten um Deutschland. Willi Bredel (1902–1964) ließ, auf dem Grund eigener Erfahrungen seit 1933, in London 1934 den Roman des Konzentrationslagers *Die Prüfung* erscheinen. Ebenso gab er eine größere Zahl von Erzählungen heraus, die den politischen Gesellschaftsroman, der in der deutschen Literatur seit langem fehlt, anstrebten. Bredel wurzelt in der sozialistischen Bewegung, die er in vielen Romanen und Erzählungen (u. a. *Maschinenfabrik N. & K.*, 1930; *Unter Türmen und Masten*, 1960), am umfangreichsten in der Trilogie *Verwandte und Bekannte* (*Die Väter*, 1941; *Die Söhne*, 1949/52; *Die Enkel*, 1953) dargestellt hat.

Den zeittypischen Entwicklungsweg von gesteigerter sprachlicher Dynamik zu einem sachlich präzisen, technisch und psychologisch neu nuancierten Realismus zeigt das umfangreiche Werk des früheren Berliner Arztes Alfred Döblin (1878–1957). Er entwickelte sich zu einem bedeutenden Erzähler aus der Faszination durch die strömend wandlungsreiche Fülle des Weltgesichts, aus einer ungewöhnlichen Empfängniskraft für das Atmosphärische, aus einer flutenden medialen Sprachkraft und der Lust am Experiment, die sich den Traditionsbindungen entriß und aus der Unmittelbarkeit des eigenen unabhängigen Sehens und Erlauschens sprach. Döblin hat für die Technik des deutschen Romans in diesem Jahrzehnt erfrischend Wesentliches geleistet. Er zwang ihn zum Dichterisch-Epischen zurück, hinter dem immer – ob in Geschichte oder im aktuellen Milieu – Mythisches gegenwärtig ist: für Döblins Sozialismus der Mythos vom kollektiven Leben und von der Bestimmung des Menschen zum tatlosen, geduldigen Erleiden. Die Fülle seiner Stoffe und Stilformen läßt sich schwer überblicken; neben eine bohrende Intellektualität tritt eine weit ausgreifende Phantasie, neben scharfe Skepsis ein religiöses Ringen, neben das Aktuelle treten Mythos, Geschichte und Utopie. *Die Ermordung einer Butterblume* (1913) gehört wie Georg Heyms *Der Dieb* (1913), Carl Sternheims

Napoleon (1915), Gottfried Benns *Gehirne* (1916), zu den exemplarischen Leistungen einer expressionistischen Umformung der Novelle. Sein erster Roman *Die drei Sprünge des Wang-lun* (1915), angesiedelt in den sozialen Völker- und Klassenkämpfen Chinas, wurde der erste bedeutende Roman im expressionistischen Stil, die Leistung eines grandiosen Erzählers, der vom bürgerlich-psychologischen Roman zum Epos als der Darstellung des Kollektiven und Überpersönlichen, der Menschheit im Bann von Natur und Geschichte zurücklenkte. Döblins Grundthema fand hier zuerst volle Sprache. „Die Welt erobern wollen durch Handeln, mißlingt. Die Welt ist von geistiger Art, man soll nicht an ihr rühren. Wer handelt, verliert sie; wer festhält, verliert sie." Dies Thema kehrt in dem Roman *Wadzeks Kampf mit der Dampfturbine* (1918), jetzt in dem modernen industriellen Berlin, in der Form einer Grotesktragödie wieder. *Wallenstein* (1920) führte eine neue Formenphase des historischen Romans ein – nicht nur durch die epische Konzentration von expressiver Gegenständlichkeit, einen neuen Stil gesteigerter Tatsächlichkeit, sondern auch dadurch, daß Döblin eine Perspektive jenseits der Geschichte wählte; ein Bild des Menschen im Chaos der geschichtlichen Welt. So wurde Kaiser Ferdinand II., der nicht handeln wollte, zum eigentlichen ‚Helden‘, nicht der der Geschichte verfallene Wallenstein. Immer sprach Döblin von der Macht, der Faszination und dem Grauen der kollektiven Lebenskräfte – im Kosmos, in der Geschichte wie in der Zivilisation der Städte und der Technik. In seinen Büchern lebte am konsequentesten das zeitgemäße Wissen um Massenbewegungen und -schicksale. *Berge, Meere und Giganten* (1924, 2. Fass. *Giganten* 1932) wurde zu einer monumentalen technischen Utopie. Hier wie in dem Epos *Manas* (1926), das zu den abgeschiedenen Seelen auf dem Totenfeld am Himalaya wandert, überwältigt der Wille, unermeßlich flutendes Leben einzufangen, zu enträtseln. In *Berlin Alexanderplatz* (1929), einem der interessantesten und bedeutsamsten Romane der Zeit, fand Döblin für die soziale und psychologische Situation der Großstadt, seine Heimat Berlin, eine eigentümlich neue Ausdrucksform. Stiltechnisch näherte er sich dem surrealistischen Psychologismus, der in dem „Ulysses" (1922) des Iren James Joyce (1882–1941) den viel diskutierten Ausdruck erhalten hatte. Döblins Geschichte eines Arbeiters Franz Biberkopf, der, aus dem Gefängnis entlassen, ein guter Mensch werden will und wieder auf die Bahn des Verbrechens gestoßen wird, ist eine große sprachliche und psychologische Leistung. Der schwache, einsame Mensch erliegt dem Druck der kollektiven Gewalten, betäubt von ihrem Strom, ein Opfer eines höchst intensivierten, entseelten, ihn mit blinden Antrieben überflutenden Daseins. Mit mimischer Unmittelbarkeit überfallen ihn alle Eindrücke. Eine spannungsvolle Gleichzeitigkeit des mechanisch-anonymen Geschehens außerhalb, des psychischen Geschehens im inneren Monolog des in der Masse verlorenen Ich wird durch pausenloses Aufblitzen und Überblenden der Motive, Eindrücke, Vorgänge erreicht. Die Großstadt erzählt sich selbst.

1933 ging Döblin nach Frankreich, 1940 nach Amerika. Die zahlreichen Arbeiten der Emigrationszeit erweisen seine geistige Universalität. Phantastisch-ironisch gibt sich der Roman *Babylonische Wanderung* (1934) von dem alten Gott, der wieder Mensch wird. „Geheimnisvolle Welt! Wir müssen Gott helfen. Ich fange an, zu sehen, zu leben, jetzt erst stehe ich am allerersten Anfang. Gesegnet, selig mein Leben". 1935 erschien der autobiographische soziale Zeitroman *Pardon wird nicht gegeben*. Danach erzählte Döblin mit ungeminderter Meisterschaft der Durchdringung riesiger Stoffmassen das Prosa-Epos von der Eroberung, Knechtung und Kolonisation Südamerikas, vom Kampf der Ausbeuter und der Kirche um diesen Erdteil des Goldes, der Urwälder und der versklavten Völker (*Amazonas*-Trilogie 1937/48). 1939 begann das vierbändige Werk *November 1918*, das die innere deutsche Geschichte vom Zusammenbruch des kaiserlichen Reiches bis zum Ende der Revolution mit sarkastischer Ironie, quer durch alle gesellschaftlichen Schichten schildert, zu erscheinen. Der Zyklus mündet in Döblins metaphysisch-mystisches Thema von der Erlösung des Menschen jenseits der Geschichte ein. Die Kraft epischer Bewältigung hat nachgelassen; das kollektive Panorama löst sich in Einzelbilder auf. In *Schicksalsreise* (1949) schilderte Döblin in schlichtem Realismus die Geschichte seiner Flucht vor den deutschen Truppen aus Frankreich und seiner Bekehrung zum katholischen Glauben. Das Buch ist in jenes Spannungsfeld zwischen Politik und Glauben, Geschichte und Transzendenz, Sozialismus und Mystik gestellt, das sein gesamtes episches Werk durchzieht und ihm die Mehrstimmigkeit gibt. Es folgte schließlich, als Spätwerk, der Roman *Hamlet oder die lange Nacht nimmt ein Ende* (1956). Er bringt mit psychologischer Erzähltechnik die Geschichte eines Soldaten, der, schwer verletzt ins Elternhaus zurückgekehrt, als ein unermüdlicher Frager nach der Wahrheit die inneren Zerfallskeime in seiner Familie aufdeckt und diese bis zur Zerstörung reißt. Es geht um Döblins Grundproblem – um das Verhältnis des Menschen zur Wirklichkeit, um das unausdeutbar Vielschichtige der Wahrheit und des Handelns um ihretwillen. Das epische Fabulieren wird durch einen fast konventionellen Realismusstil gedämpft; der Altersphase entspricht die Neigung zum reflektierenden Erzählen. Dem Surrealismus steht die kürzere Erzählung *Der Oberst und der Dichter* (1946) nahe; das große Religionsgespräch *Der unsterbliche Mensch* (1946) zeigt, wie Döblin, in beständig unruhiger dialektischer Wandlung, um die Erneuerung des Christentums ringt. Sein Weg führte von einer skeptischen Intellektualität und Naturwissenschaft zum intensiven Umgang mit östlicher Weisheit, mit Thomas von Aquino und zu einem christlichen Erlösungsglauben. Die Erkenntnis, „In der Welt im ganzen stellt sich vieldimensional ein Ursinn dar, und das einzelne ist real erst in diesem Zusammenhang", leitet zur Theologie des Christentums hin. Döblins Sozialismus – als „Freiheit, spontaner Zusammenschluß der Menschen, Ablehnung jeden Zwangs, Empörung gegen Unrecht und Zwang, Menschlichkeit, Toleranz, friedliche Gesinnung" – führt ihn zu einer verinnerlichten Humanität. „Durch den Menschen flutet der Schöpferstrom in die Welt; sein Versagen, sein Bruch und Riß kann ihn aufhalten. Durch ihn kann die ganze Welt Not leiden. Darum ist der Mensch keine gewöhnliche Spezies in der Natur, sondern eine zentrale Figur der Schöpfung." Gegenüber den Anfängen Döblins, die seit 1903 *(Der schwarze Vorhang)* alle Stadien der literarischen Entwicklung durchliefen und deren einzelne Zeugnisse in Dramen, Studien, Essays, Romanen und Grotesken sich kaum überblicken lassen, zeigt sich in dieser letzten Wandlung eine für das moderne Kulturbewußtsein symptomatische Wendung. Es ist die Ablösung vom Relativismus der Psychologie und vom kollektiven Materialismus der Naturwissenschaften zu dem Verlangen nach absoluten, transzendenten Werten. „Sie aufzudecken und zu entfalten ist dem Dichter zugefallen." Nicht zufällig trägt eine Erzählung in der humoristisch-phantastischen *Heiteren Magie* (1947) den Titel *Das Märchen vom Materialismus.*

Auf andere Weise als Döblin, vom französischen Symbolismus (Mallarmé, Baudelaire u. a.) bestimmt, lenkte C a r l E i n s t e i n (1885–1940) vom realistisch-psychologischen Roman zur Neukonzeption des Epischen fort: mit einer radikaleren Entscheidung zu ‚absoluter Prosa'. *(Behuquin oder die Dilettanten des Wun-*

ders, 1907/12.) Einsteins Essays zur Ästhetik (Gesammelte Werke, 1962) haben besonders für G. Benn viel bedeutet; er war der esoterische und klügste Programmatiker einer neuen Wort- und Bildkunst.

Fast gleichzeitig mit dem „Alexanderplatz" ließ H a n s H e n n y J a h n n (1894–1959) seinen Döblin und Joyce erzähltechnisch verwandten Roman *Perrudja* (1929) herauskommen. Jahnn hatte als Orgelbauer, Organist und als Wiederentdecker barocker Kirchenmusik in musikalischen Kreisen einen geachteten Namen gewonnen. 1933 bis 1947 lebte er als Pferdezüchter und Hormonforscher in Dänemark. Noch radikaler als Döblin, selbst mit Hilfe von Musiknoten, holte er Ungesagtes mit Betonung des Triebhaft-Erotischen aus dem Tiefen- und Unterbewußtsein heraus. Mystik und Sexualität, Psychoanalyse und die Anatomie des Satanischen beherrschen seine zahlreichen Dramen; zuerst *Pastor Ephraim Magnus* (1919), am künstlerisch kraftvollsten *Medea* (1926), Tragödien des Menschen unter dem Erbarmungslosen der Schöpfung. Die Bühnen schreckten lange vor ihrem thematischen und formalen Radikalismus zurück. Gemilderter zeigt sich sein späteres, nach langem aufgezwungenem Verstummen veröffentlichtes Drama aus der nordischen Bauernwelt *Armut, Reichtum, Mensch und Tier* (1933). Auch hier geht es um ein dumpfes, qualvoll vereinsamendes Ringen zwischen einer fast dämonisch besessenen Triebgebundenheit schwerblütiger Menschen und ihrer Sehnsucht nach Erlösung aus Schuld, Einsamkeit und Finsternis. Die Fülle eines mit starken Mitteln ins Breite schichtenden, ins Expressive steigernden, die Realität in das Gespenstische und Irreale verwandelnden Fabuliertemperaments spricht aus dem Romanzyklus *Das Holzschiff*, 1949, *Die Niederschrift des Gustav Anias Horn*, 1949, und *Epilog*, 1961. Realismus und Symbolismus formen eine Art epischer Hieroglyphik.

Dem Ende des Ersten Weltkrieges war eine starke geistige Aktivität gefolgt. Die Siegermächte konnten zu ihrem alten Kulturleben zurückkehren, das durch den Sieg gleichsam seine Legitimation erhalten zu haben schien. Deutschland sah sich durch die Niederlage zur Revision seines geistigen Daseins gezwungen. Das Pathos des Expressionismus forderte die Verantwortung des dichterischen Wortes vor einer neu zu formenden Wirklichkeit. Der Krieg hatte eine seit langem fragwürdige Welt zerstört; er wirkte als ein erregender Aufruf, ein neues menschliches Dasein zu erziehen. Er warf nicht nur in einen Abgrund, sondern er löste Energien aus, die nach einer neuen Bestimmung der mensch-

lichen Werte verlangten. Von zynischer Verzweiflung bis zum
enthusiastischen Prophetentum reicht der Umfang der Stimmen.
Mit neuem Willen zur Wahrhaftigkeit, zu einem unmittelbaren
Erleben aus der Unbedingtheit der Existenz heraus suchte die
Dichtung das Menschliche zu ergründen und zu bilden und die
Fundamente einer gewandelten sozialen Ordnung zu schaffen.
Selbst der scheinbar zeitferne Rilke deutete an, daß „irgendwann
eine ganz neue Seite der Zukunft aufzuschlagen ermächtigt sein
möge, auf die nicht die ganze Fehlersumme der verhängnisvollen
Vergangenheit übertragen werden muß. Die Revolution schien
mir ein solcher begabter Moment zu sein..." In R. Goerings
„Seeschlacht" (vgl. S. 558) hieß es:

> Nicht Hoffnung und nicht Götter
> Nehmen dem Tod das Grauen.
> Nur dies: Gedenken dessen
> Was war und sein kann zwischen Mensch und Mensch.
>
> Und wenn – wie ich nicht glaube –
> Hinter dieser neue Welten für uns rollen
> Und uns erreichbar:
> Dieser Gedanke ist der Sprung dorthin –
> Was sein kann zwischen Mensch und Mensch.

Aber so angestrengt der Expressionismus von einer neuen
Menschlichkeit der Liebe, Demut und Freiheit sprach – sein Ruf
griff zu weit über die Wirklichkeit in die Weite prophetischer
Visionen hinaus. Seinem Pathos folgte in jähem Umschlag aus
tiefer Enttäuschung eine neue „Sachlichkeit". Döblin äußerte:
„Wenn man ganz ehrlich ist, sagt man heute sogar: man will
überhaupt keine Dichtung, das ist eine überholte Sache; Kunst
langweilt, man will Fakta und Fakta." Es setzte ein Mißtrauen
gegenüber dem Wort ein. Klabund hatte schon gereimt:

> Was wollen die großen Worte?
> Sie rollen wie Kiesel klein
> Am Weg, an der Straßenborte
> In den Morgen ein...
>
> Ein Wort schon ist Mord schon am Himmel.
> So schweige und neig dich zum Herd.
> Stumm lenkt durch das Sternengewimmel
> Der Herr sein ewiges Gefährt.
>
> (Ballade vom Wort.)

Pathetischer Ekstase des Wortes folgte der Zweifel an seinem
Sinn, seiner Wahrheit. Was Hofmannsthals Chandos-Brief ausgesprochen hatte, wurde Erfahrung einer ganzen Generation,

die ihre Haltepunkte verlor und ein gefährliches, fast selbst-
mörderisches Spiel mit dem Begriff des Nihilismus begann. Das
Ich blickte vereinsamt in das Leere oder es floh in die Kollektivi-
tät des Massendaseins; Dichtung hieß, mit zurückgedrängtem
Gefühl das Leben zu demaskieren. Aus der Enttäuschung folgte
eine illusionslose Ironie, die in spöttischem Lachen und in der
Groteske die Wunde verbarg. Oder man lenkte zu einem sezierenden Intellektualismus, einer kühlen Verzweiflung am Sinn der
Existenz ein. Der Roman wird zur Reportage, die Lyrik zum
balladesken „Song". Eine geheime Romantik bleibt in dieser oft
betont nonchalanten Haltung der Sprache und Stimmung bewahrt. Daneben prägte sich eine andere Lebensstimmung aus:
die Flucht in eine abseitige, lyrisch verinnerlichte Abgeschiedenheit, die sich mit vollem Bewußtsein von der fragwürdigen Wirklichkeit abwandte.

In der Innerlichkeit noch unverstörter Humanität des einsamen
Ich wird die Insel der Einfalt, in der Verborgenheit der Seele die
Geborgenheit der menschlichen Substanz gesucht. Dem Radikalismus einer Dichtung, die in desillusionierendem Wahrheitswillen
seit Nietzsche die überlieferten Inhalte und Substanzen aufgelöst
hatte, bereit zum Aufruhr, selbst zum Nichts, stellte sich eine
andere, zur Formensprache des 19. Jahrhunderts vor Nietzsche
zurückgreifende Dichtung gegenüber, die ihren Sinn im Bewahren der „gewachsenen" und „humanen" Ordnungen, einer versöhnenden Lebensgläubigkeit fand. Drohte dort das Chaos des
Nihilismus, – hier lauerte die Gefahr eines romantisierenden, die
Verwandlungen des Lebens verleugnenden Traditionalismus, den
die politische Ideologie seit 1933 leicht mißbrauchen und verführen konnte. Doch entwickelte sich daneben auch ein unter
Bedrohungen echtes Wissen um die Notwendigkeit der Tradition.
Gestalt und Werk Goethes wurden neu gesichtet und gewannen
eine lebenzeugende Kraft. Man suchte die Besinnung auf die
verbliebenen Kräfte des im Täglich-Schlichten beseelten, einfach
gelebten Daseins. Viele der schon genannten Schriftsteller gehören mit ihren nun erscheinenden Werken in diese Zusammenhänge. Hofmannsthal und Schröder sprachen von einer „konservativen Revolution", einer „schöpferischen Restauration" und
begriffen darunter die Besinnung auf alle geistigen Werte, die
sich als unzerstörbar erwiesen und ebenso die Zeugnisse des
deutschen Geistes in der Geschichte wie die Pflichten und Bindungen des täglichen Daseins umgriffen. Dies bedeutete nicht
Flucht in die Geschichte, aber ein Aufnehmen und Nachleben

ihrer Werte im eigenen Dasein. „Verwandlung ist Leben des
Lebens, ist das eigentliche Mysterium der schöpfenden Natur;
Beharren ist Erstarren und Tod. Wer leben will, der muß über
sich selber hinwegkommen, muß sich verwandeln: er muß ver-
gessen. Und dennoch ist ans Beharren, ans Nichtvergessen, an die
Treue alle menschliche Würde geknüpft" (Hofmannsthal). Ein
Kulturphilosoph, Emil Utitz, schrieb 1927: „Was wir als trag-
bare Wirklichkeit brauchen, das läßt sich sehr einfach und naiv
ausdrücken: eben ein Sein, das selbst werterfüllt ist, das Wunderbare in ihm, nicht die Leugnung des Wunders und auch nicht das
Wunder, das irgendwo jenseits liegt." Hans Carossa schrieb im
„Arzt Gion": „Großen Worten haben sie abgeschworen: Herz,
Liebe, Gott, Freiheit, Heldentum – das sind Namen, die sie nicht
mehr gern aussprechen. Sie glauben, daß dies alles verpuppt in
winterlichen Tiefen schläft... Verwirklichen wollen sie was
ihnen die innere Stimme rät, wär's auch das kleinste Ding. Und
nur noch im Alltag erscheint ihnen manchmal die höhere Welt."
Und endlich entwickelte sich, vor allem im Katholizismus, eine
neue Bindung an die Objektivität des Glaubens.

Die Lyrik und das Drama traten seit der Mitte der zwanziger
Jahre mehr in den Hintergrund; die Prosa wird zum Ausdruck
des gewandelten Lebensgefühls. Sie setzt sich weniger direkt als
in geschichtlicher, biographischer und landschaftlich gebundener
Themenwahl mit den Spannungen und Konflikten der Zeit aus-
einander, um ihre Bewältigung anzustreben. Vom zeitfernen
Traum der Geschichte oder der ländlichen Idylle bis zur Aussprache der inneren Verlassenheit des modernen Existenzbewußt-
seins reicht ihr Umfang, so daß sich eine denkbar große Variabilität ergibt, die dem unverbundenen Nebeneinander verschiedener
Wirklichkeitskonzeptionen entspricht. Noch sichtbarer als im
Stofflich-Thematischen wird diese Vielfalt des Romans in seinen
Formen, d. h. im Widerstreit eines Traditionalismus, der die
Innerlichkeit der Erzähler des 19. Jahrhunderts fortentwickelt,
eines Romantizismus, der archaische Formen der Epik wie die
Saga oder Legende erneuert, und eines Experimentierens, das
mit einem Aufbrechen überlieferter Kunstgesetze den unmittel-
baren Ausdruck verwandelter Seinserfahrungen erstrebt.

Fremdartig, eigenwillig, mit allen Zeichen einsamer Genialität,
erscheint, langsam in seinen Voraussetzungen begriffen, das
die existentielle Erschütterung der Gegenwart in schwermütigen
Chiffren spiegelnde Werk des Pragers F r a n z K a f k a (1883
bis 1924). Prag war ihm Heimat und Stadt des Leidens. Er

hatte nahe Kontakte mit dem geistig-literarisch aktiven Leben in Prag, aber er hielt sich in der Distanz. Er nahm teil an den Bestrebungen zur jüdischen Selbsterneuerung, blieb aber auch hier in seiner Einsamkeit. Er teilte, bis 1923, sein Leben, mühsam genug, zwischen der äußeren Berufspflicht juristischer Tätigkeit für Versicherungsanstalten und der inneren Wirklichkeit seines Schreibens. Die Erkrankung, seit ca. 1917, erzwang Unterbrechungen in beidem. 1923 pensioniert, glaubte er in Berlin eine Freiheit errungen zu haben: die Freiheit vom Elternhaus, von Prag und zu sich selbst. Der Tod traf ihn nach einem Jahre in einem Sanatorium bei Wien. Kafkas frühe, erstaunlich unabhängige Prosa (*Beschreibung eines Kampfes*, ca. 1907) nahm Erzählformen des Expressionismus voraus. Sie wurde der Durchgang zu dem ihm unverwechselbar eigenen Stil, der sich vom Expressionistischen abhob und entfernte. Kafka publizierte wenig, kurze Prosa, Fragmente, jedoch teilweise in mehreren Auflagen, die beweisen, daß er kein Unbekannter blieb (1913 *Betrachtung; Das Urteil; Der Heizer;* 1915 *Die Verwandlung;* 1916 *Vor dem Gesetz;* 1918 *Ein Landarzt;* 1919 *In der Strafkolonie*). Ein umfangreiches Werk blieb lange verborgen. Drei fragmentarische Romane, deren Vernichtung nach seinem Tode er im Zweifel am Erreichen seines Ziels verlangte (*Amerika*, seit 1912; *Der Prozeß*, seit 1914, *Das Schloß*, seit 1920; *Ges. Schriften*, hrsg. von M. Brod, 1935/37, *Gesamtausgabe*, 1947 ff.), stehen neben einer Fülle meist unvollendeter Erzählungen und neben Tagebüchern höchsten geistigen Ranges. Das Fragment ist hier notwendige Form. Die Verzweiflung des modernen Menschen an der Existenz, sein Suchen und Fragen in das Antwortlose hinein, seine einsame Verfallenheit an das vielleicht Sinnlose, dem er vergeblich einen Ausweg, ein Zeichen Gottes zu entringen versucht, seine Sehnsucht als Angst, Schuld, Ruhelosigkeit lassen nicht mehr die geschlossene, im Ziel beruhigt-vollendete Form des Erzählens zu. Der Mensch Kafkas bleibt in der Fremde, unverwirklicht, ein Opfer des Unenträtselbaren, ohne metaphysische Sicherheit bei alles auf diese eine Frage sammelndem Verlangen. „Ich bin nicht von der allerdings schon schwer sinkenden Hand des Christentums ins Leben geführt worden wie Kierkegaard und habe nicht den letzten Zipfel des davonfliegenden jüdischen Gebetsmantels noch gefangen wie die Zionisten. Ich bin Ende oder Anfang." Ist diese Prosa ein Monolog des Verzweifelten? Oder ist sie ein Gebet? Immer läßt Kafkas magischer Realismus, der grotesken Humor mit lastendem Ernst, spielende

Phantastik mit intellektuell angespannter Dialektik, Traumhaftes
und nüchternen Realismus in eine nahtlose Stileinheit zusammen-
führt, in und hinter dem Wirklichen eine unzugängliche Wesen-
heit ahnen, ein unfaßbares, anderes Sein. Diese Prosa ist Dokument der Verlorenheit, äußerste Konsequenz eines „Nihilismus",
der bei Kafka zu tödlichem Selbstbewußtsein kommt – Ausdruck
einer unvergleichlich neuen Erfahrung des Mysteriums menschlichen Daseins. Kafka hat seine scheinbar unpersönliche, uner-
bittliche Sprache ganz mit sich selbst gefüllt; mit der Existenz-
verzweiflung eines sich selbst preisgebenden und zugleich fragend
sich festhaltenden Menschentums. Aus der Qual der Negationen
wächst eine ganz eigene Künstlerschaft auf, so daß in ihm einer
der größten Stilisten der deutschen Prosa begegnet; vielleicht
aus dem Radikalismus der Negation heraus einer der unbeding-
testen Ethiker der Neuzeit. Das dialektisch Doppelbödige seines
Sprechens ist Zeichen einer inneren Unerschöpflichkeit im Ja und
Nein, Verlust und Besitz, so daß jede Eindeutigkeit seiner Interpretation scheitert, vielmehr für ihn eigene ästhetische und existentielle Kategorien gefunden werden müssen. Und nicht zuletzt: durch Kafka erhielt die Sprache der Prosa einen unerbitt-
lichen Ernst. Denn es geht hier nicht um Stimmungen, Erlebnisse, Psychologie und Reproduktion, sondern um das Sein
schlechthin, um das Fundamentale der Existenz, für das der
parabelhafte Fall das Modell gibt, das in allen Variationen auf
die gleiche ontologische Grundsituation hinweist. Vielleicht erhellt sich Kafkas Lebensbewußtsein in den letzten Fragmenten,
den *Forschungen eines Hundes*.
Das Werk von Franz Kafka wird eine dauernde weltliterarische
Schlüsselgeltung behaupten. Die Wirkung des Erzählers H e r -
m a n n B r o c h (1886–1951) ist begrenzter, wohl mehr historisch
zeitgebunden. Ihn verbindet mit Robert Musil (vgl. S. 484) die
Mischung von Rationalität und Mystik. Beide sind Österreicher;
sie verdanken solcher Herkunft die analytische Hellsicht für die
Weltanschauungs- und Gesellschaftskrise der Zeit. Intellektualität und Sensibilität sind ihre produktive Voraussetzung. R. Musil
wie H. Broch durchbrachen die Grenzen des realistisch-psychologischen Romans – sie zielten auf ein Gefüge, das kritisch-reflexiv
und zugleich ethisch-mystisch die Totalität der gegenwärtigen
Bewußtseinswelt in sich aufnehmen konnte. R. Musil setzte alle
Kräfte für den einen großen Roman „Der Mann ohne Eigenschaften" ein; für H. Broch sind die Zyklusbildungen typisch.
In der Trilogie *Die Schlafwandler* (1931 ff.) zeichnet Broch in

der Mischung von Realität und Irrealem, im dritten Bande in höchst komplexer Verbindung von Lyrischem, Essayistischem und psychologischem Naturalismus, der zum Symbolischen hin entgrenzt wird, in drei Etappen das Zerbrechen der bürgerlichen Gesellschaft: als Sterben des preußischen Adels, als Ratlosigkeit des Bürgers, als Zusammenbruch 1918 außen und innen. Der Weg führt von nur noch scheinbarer Sicherheit der Werte zum Nihilismus des sittlich entwurzelten Menschen. Stellt sich die Trilogie als Kulturkritik dar, nicht denkbar ohne Einfluß von J. Joyce, so wird der große, in Amerika beendete Roman *Der Tod des Vergil* (1945) zum in seinem sprachlich-rhythmischen Strömen einzigartigen Versuch, in den letzten Lebensstunden des Römers alles Sichtbar-Wirkliche in das nur noch Innerliche, Visionäre, Traumhafte zu verwandeln, in das Zeit- und Raumlose, in dem sich die Seele des sterbenden Dichters, sehnsüchtig, zerfallener Wirklichkeit müde, dem Ewigen anheimgibt. Auch in dem „Roman in elf Erzählungen" *Die Schuldlosen* (1954) sucht Broch hinter nur scheinhafter Realität „das Wissen um die heilige Ferne". Aus dem Nachlaß erschien, von Broch in drei Fassungen nicht vollendet, der landschaftliche, politische und metaphysische Roman *Der Versucher* (1953), in dem sich gegenständliches Erzählen, an Stifters Stil erinnernd, und mystisches Sprechen trotz starker epischer Kraft nicht widerspruchslos verbinden. Auch hier war eine religiöse Gipfelung geplant. Denn in der mythischen Heilung einer im totalen Wertezerfall begriffenen Zeit sah Broch, Pessimist und Transzendentalist, den verbliebenen universalen Sinn der Dichtung, die eine soziale und eine religiöse Aufgabe hat. Die Frage nach dem Sinn der Kunst in diesem 20. Jahrhundert hat Broch mit bohrender Selbstkritik gestellt – „ob Dichten heute noch eine legitime Lebensäußerung ist, ob das, was man zu sagen hat, nicht auf ganz anderem Weg und viel lebendiger in die Zeit wirken müßte". Denn: „Das Ethische und Religiöse in die Welt zu tragen, ist Aufgabe und bleibt Aufgabe; es ihr in einer fremden Sprache aufzwingen zu wollen, wird nachgerade absurd." Doch reicht wissenschaftliche Erkenntnis nicht aus, die Totalität der Welt zu umfassen; sie läßt den „metaphysischen Rest" übrig, den zu erreichen nur die Dichtung fähig scheint; Dichtung als Verkündigung einer mythischen Einheit des Seins im Erfahren des Todes. In Brochs Werk vereinigt sich ein Erbe der Romantik mit radikal modernem Bewußtsein. Die *Gedichte* (1953) kreisen in fließenden Wortketten um die Sprachwerdung des Unausdrückbaren aus mystischer Intuition. Die Essays (2 Bde., 1955) enthalten bedeutsame Aussagen zur Wert- und Kulturkrise im europäischen Bewußtsein seit dem Ende des 19. Jahrhunderts, zum Problem der menschlichen Existenz, der Kunst, des Mythos und der Dichtung in der Zeit. Die Abhandlungen über Hofmannsthal und Joyce bezeichnen dichterische Ausgangspunkte Brochs. In welchem Umfange er den Durchbruch durch die Geschichte zum Mythos, damit zu einem neuen Wertzentrum der Existenz suchte, prägen *Das Weltbild des Romans* und die Abhandlung über *Die mythische Erbschaft der Dichtung* ein; gewichtige Dokumente zur Ästhetik und Kulturphilosophie aus unmittelbarer existentieller Betroffenheit durch die Zeitgeschichte – dies gilt auch für das Hauptwerk von E l i a s C a n e t t i (geb. 1905) *Masse und Macht* (1960), das in langjähriger Arbeit entstand; Ausdruck einer sich an den konkreten Phänomenen orientierenden Gedanklichkeit originärer Prägung. Wie universal sie ausgreift, erweisen die *Aufzeichnungen 1942–1972* (1973) und die psychologisch-physiognomischen Typenporträts *Der Ohrenzeuge – fünfzig Charaktere* (1974). Denken und Anschauen, das Erfassen von Allgemeinem im Spezifischen liegt auch dem Tagebuch einer Reise *Die Stimmen von Marrakesch* (1967) zugrunde. Den Roman *Die Blendung* (1935) interpretierte schon früh Hermann Broch in einer Wertung, die angesichts einer besonderen Intensität des Seelischen und einem Aufbau der Gestalt aus der Logik ihres Seins auf innere Gemeinsamkeit mit E. Canetti hinwies. Skurrile Phantastik und Ernst der Allegorie vereinigen sich in der Geschichte eines weltfernen Gelehrten, der wehrlos zur Beute der Tücke des Niedrigen und Bösen wird. Man hat von einem Hexensabbath gesprochen: er kehrt wieder in *Hochzeit* (entstanden 1931/32), dieser Entlarvung der psychischen Lüste und Verbrechertriebe der Kleinbürger, in der der Hauseinsturz zum vorausgenommenen Welteinsturz wird, und in *Komödie der Eitelkeiten* (entst. 1933/34), in der das Verbot von Photographie und Spiegel zur Klimax des Bedürfnisses nach beidem gesteigert wird, bis alles zum Ausgangspunkt gesättigter Eitelkeit zurückkehrt. Canetti hat für beide Stücke und für *Die Befristeten* (Dramen, 1964) eine eigene Form entwickelt: eine auf Totalität zielende Personenrevue, die sie zu Sprechfiguren, zu »akustischen Masken« macht; gestützt auf die Einsicht, daß dramatische Menschengestaltung sich als Sprache, in der Sprache, im Sprechakt vollzieht. Seine Kindheits- und Aufwuchsjahre auf dem Hintergrund der Krise Europas vor und nach dem Ersten Weltkrieg erzählt

Canetti mit stärkster atmosphärischer Sprachbegabung in *Die gerettete Zunge* (1977).

Die Wirklichkeit des endenden Österreich in diesen Jahren hat in J o s e p h R o t h (1894–1939) ihren produktiven, die geschichtliche, landschaftliche und gesellschaftliche Atmosphäre mit elastischer Kunst der Prosa spiegelnden, sie in allen Stimmungen aufzeigenden Erzähler gefunden. Der Offizier wechselte 1918 zur Journalistik in Wien, Berlin und Frankfurt über. Das Jahr 1933 zwang ihn zur Emigration. Er starb in Paris. Das umfangreiche Werk Roths, 1956 gesammelt, wird durch Roman und Erzählung bestimmt. Nur *Savoy Hotel* (1924), *Hiob* (1930), *Radetzkymarsch* (1932), *Die Kapuzinergruft* (1938) und *Die Legende vom heiligen Trinker* (1939) seien genannt. Neben sie tritt der Essay. Journalistik und Erzählkunst haben sich gegenseitig gefördert. Das Erlebnis- und Beobachtungsfeld Roths bietet die Donaumonarchie in ihren Provinzen, Völkerschaften vom Adel bis zum Bauerntum, eine Östlichkeit, die durch den Stil einer die europäische Tradition des Realismus umfassenden Erzählkunst geformt wird. Man mag an Fontane denken, an die Tradition von Saar, Hofmannsthal, Schnitzler; nur lebte Roth zwischen härteren Gegensätzen, in schärferen Krisen, die ihn von der Skepsis und einem rebellierenden Radikalismus zum Konservativ-Religiösen des altösterreichischen Kaisertums führten, seinem Wesen eine Vielfalt innerer Spannungen, seinem Stil eine bewußtere Pointierung in Ironie und Melancholie gaben.

Dichtung aus dem Sein, also ontologische Dichtung, ist die Grundform von Lyrik und Prosa G o t t f r i e d B e n n s (1886–1956), der als Arzt meist in Berlin gelebt hat: im Zentrum moderner Lebensspannungen. Den Ausgangspunkt bilden Nietzsche, der Expressionismus, eine radikale Desillusionierung und schließlich Negation aller überlieferten Weltanschauungen, Theoreme, Gehalte. Benns frühe Gedichte (*Morgue*, 1912; *Söhne*, 1913; *Schutt*, 1924, gesammelt 1927) waren die Sprache einer Skepsis, die die abendländische Existenz mit ihrem Primat der Wissenschaft, der Soziologie und Psychologie als einen Irrtum ansah: „Das Leben ist das Laster eines Gottes, der verborgen bleibt." Nahe lag, von einem Nihilismus zu sprechen, der noch an letzten Instanzen der Erkenntnis, am Sinn des Geistes überhaupt verzweifelt, den Menschen im Dunkel des Unbekannten preisgibt (*Drei alte Männer*, 1949; *Die Stimme hinter dem Vorhang*, 1952). Aber dem widersetzt sich Benns Sinngebung der Kunst wie das

aus ihm sprechende metaphysische und religiöse Bedürfnis. Der
zeittypische Riß zwischen Intellekt und Gefühl, Bewußtsein und
poetischer Imagination ist bei ihm zum Äußersten potenziert
und radikalisiert: als gegenseitige Herausforderung, als Leiden
und als thematischer und formaler Impuls seiner Gedichte und
seiner Prosa. Die Novellensammlung *Gehirne* (1916), ‚monologische‘ oder ‚absolute‘ Prosa im Sinne C. Einsteins (vgl. S. 568)
zeigte in konzentrierter Nominalprosa den Zerfall abständiger
Wirklichkeit, des psychologischen Ich, der sozialen Weltteilhabe,
zugleich einen Lyrismus der Bewußtseinsentgrenzung zu Traum,
Rausch, Erinnerung, Vision, Mythisch-Archaischem. Dazu gesellte sich das surrealistische ‚erkenntnistheoretische‘ Drama *Der
Vermessungsdirigent* (1919). Benns frühe Gedichte wurden härte-
ste Aussage der Dissonanzen des Seins; doch verbarg sich darin ein
sehnsüchtig weiches, zum Traumhaft-Lyrischen offenes Fühlen.
Benns gereizte Ironie gegen alle modernen Ideologien, als zerlösen-
de Diagnose des in allen Wissenschaften enzyklopädisch erfahrenen spätzeitlichen Gehirnmenschen, verstand sich künstlerisch als
Zusammenhangauflösung, als Zwang zu existentieller Vereinsamung (*Frühe Prosa*, gesammelt 1950). Dennoch: „es müßte etwas
geben dahinter, in dem Schleier, wo der Demiurg die Welten
mischte: eine Seele, ein Letztes, eine Ordnung, einen Sinn..."
Dem artistischen Intellektualismus in Benn steht ein Grundgefühl
entgegen, das mystisch in Tiefen und Höhen des mythischen
Seins führt, hineintreibt in Mysterien – Tod, Opfer, Meer, süd-
lich-archaische Urzeit, Leben im unendlichen Fühlen, reines Vergessen. Das Emotionale und das Rationale sind hier in der Spannung äußerster Antinomie gegenwärtig. Beides durchdringt die
Kette der Essays (*Das moderne Ich*, 1920; *Fazit der Perspektiven*,
1930; *Nach dem Nihilismus*, 1932; *Der neue Staat und die
Intellektuellen*, 1933; *Kunst und Macht*, 1934; *Ausdruckswelt*,
1949; *Der Ptolemäer*, 1949; autobiographisch *Doppelleben*, 1950;
Essays, 1951), ebenso die Gedichte in ihren Formzwängen und
Formzerlösungen und ihren mythischen, rauschhaften Entgren-
zungen (*Statische Gedichte*, 1948; *Trunkene Flut*, 1949; *Fragmente*, 1951; *Destillationen*, 1953 u. a.). Das Emotionale führt
in die Elegie der verlorenen mythischen Urzeiten, in die Sehnsucht nach Urträumen des Südens, nach der Seinswahrheit des
Ursprunghaften. „Ach wir rufen und leiden ältesten Göttern
zu." Es führt ebenso zu der Faszination durch das Liedhafte, zu
einer fast schwelgerischen Musikalität der Verse und zu der asso-
ziativen Metaphorik Benns – trotz zugleich gepreßter, gehärteter,

‚statischer' Form. In der Kunst erkannte Benn die einzige Selbstbehauptung gegen Chaos und Nihilismus im Wissen um das unabwendbare Ende eines Schöpfungszeitalters. In Nietzsche deutet er sich selbst: „Alles hat Nietzsche zerrissen zu dem einen Ziel: die Bruchflächen funkeln zu lassen auf jede Gefahr hin und ohne Rücksicht auf ihr Ergebnis – das war sein Leben... Sein inneres Leben mit Worten zu zerreißen, der Drang, sich auszudrücken, zu formulieren, zu blenden, zu funkeln – das war seine Existenz." Die absolute Form der Kunst erscheint als ursprünglicher Weltbezug, als verbliebenes Sein des Geistigen. „Und der Ausdruck in der geistigen Welt – immer das Reinste, immer das, wo die Vollendung am nahesten. Stil ist der Wahrheit überlegen, er trägt in sich den Beweis der Existenz. Form: in ihr ist Ferne, in ihr ist Dauer." Gottfried Benns Lyrik (*Gesammelte Gedichte*, 1956) und Prosa hat eine neue Dimensionen der dichterischen Sprache geöffnet und damit auf die junge Lyrik einen bedeutenden Einfluß ausgeübt, ohne daß die ihm eigene Spannungsintensität erreicht werden konnte, die in die Artistik der das Subjektiv-Emotionale aussparenden, kühlen Strenge der Formung eine tiefe Gefühlsschwingung klanglich, rhythmisch und imaginativ einsenkt. Seine *Probleme der Lyrik* (1951) sind ein Leitbuch, auch eine Verführung geworden. „Der große Dichter aber ist ein großer Realist... er belädt sich mit Wirklichkeiten, er ist sehr irdisch... Er wird das Esoterische und Seraphische ungeheuer vorsichtig auf harte realistische Unterlagen verteilen." Er wird sich ihm ebensowenig verschließen. „Ein Tausch, ein Reigen, ein Sagenlicht, ein Rausch aus Schweigen, mehr gibt es nicht." Der Einfluß, den Benn auf die Lyrik der jungen Generation nach 1945 gewann, war groß. Er löste die Wirkung Rilkes ab. Bei Benn fand man die Thematik, die Stimmungen, die Stichworte und Vokabeln d r Zeit, eine radikale Modernität, die eigene existentielle Problematik, die Legitimation des Dichterischen. „Der Dichter, eingeboren durch Geschick in das Zweideutige des Seins, eingebrochen unter acherontischen Schauern in das Abgründige des Individuellen, indem er es gliedert und bildnerisch klärt, erhebt es über den brutalen Realismus der Natur; über das blinde und ungebändigte Begehren des Kausaltriebes, über die gemeine Befangenheit niederer Erkenntnisgrade und schafft eine Gliederung, der die Gesetzmäßigkeit eignet. Das scheint mir die Stellung und Aufgabe des Dichters gegenüber der Welt." Neben Benn hat ein Anderer aus den Werdejahren des Expressionismus, der Bildhauer und Lyriker H a n s A r p (1887–1966), seit 1921 in Paris ansässig, auf die jüngste Lyrik zunehmend Einfluß gewonnen. Seine Entwicklung vom Dadaismus des Züricher Cabaret Voltaire (1916), der Unsinnspoesie im Kreis von H. Ball, R. Huelsenbeck, T. Tzara u. a. bis zur Schwermut seiner zur Symbolsprache der Erlebnis- und Bekenntnisdichtung zurückgewandten Alterslyrik fassen Auswahlbände wie *Wortträume und schwarze Sterne* (1953) und *Worte mit und ohne Anker* (1957) zusammen. Was zunächst nur als zerstörerisches Spiel mit der Sprache erschien, Rebellion des Grotesken und Sinnlosen gegen die Zeit, Demaskierung ihrer Sinnleere durch totale Sprachzerscherbung, erwies sich als fruchtbar im Aufdecken von Sprachmöglichkeiten, die im Automatismus der aus Unbewußtem niedergeschriebenen Wort- und Klangreihen Traumzusammenhänge sichtbar machten. „Ich wanderte durch viele Dinge, Geschöpfe, Welten, und die Welt der Erscheinung begann zu gleiten, zu ziehen und sich zu verwandeln wie in den Märchen... Die Dinge begannen mir zu sprechen mit der lautesten Stimme der Tiefe und Höhe... Das Leben ist ein rätselhafter Hauch, und die Folge daraus kann nicht mehr als ein rätselhafter Hauch sein." Arp hat in *Unsern täglichen Traum* (1955) den Sinn der Dada-Bewegung dargelegt. Seine späteren Gedichtbände erweisen ein mit innerer humaner Realität gefülltes Sprechen –, aus tiefer Schwermut der Entlarvungen, Warnungen und Klagen und mit eigener Ausformung des surrealistischen Stils. „Wir vereinsamen, verkümmern immer mehr, obwohl das Unbegreifliche selbst den kleinsten Keim hütet. Ja, oft ist uns zu Mut, als spiele das Unbegreifliche mit uns Blindekuh... Unsere Tage sind die von Träumenden, von rätselhaften Schwimmenden... Unsere Werke sind Schattenbilder, Schattenspiele wie zum Beispiel das Schattenspiel einer Mühle, die unter Eselsgeschrei ihre Flügel dreht und vorgibt, ein Engel zu sein... Grau in Grau verliert sich unser Leben. Es rinnt dahin wie eine graue Quelle mit erloschenen Zungen. Das Licht läuft weltauf weltab zwischen den Zeilen der Zeit. Wer zwischen den Zeilen zu lesen vermag, wird bald erfahren, warum die Seele in die widrige Rüstung des Körpers eingezwängt wurde. Mit solcher Gewalt schreit die Seele in ihrem Gefängnis, daß bis in fernste Fernen die Harfen, Leiern, Lauten von ihrem Schmerz widerhallen und singen." Arp hat viele Grenzen der Form gesprengt, aber er hat in der Phantastik und Realitätsnegation dieser Sprengungen das Humane in Gefühl und Vision, in Spiel und Traum als unverlierbare Substanz des Gedichts bewahrt und auf eigene Weise zum schwebenden Vernehmen gebracht. Das ist

das letztlich Unnachahmbare seiner Gedichte, die er in deutscher
wie französischer Sprache (*Le Siège de l'air*, 1946) schrieb. Im
französischen Vogesenland ist Yvan Goll (1891–1950) geboren. Er lebte in dem gleichen Züricher Kreise während des
Ersten Weltkrieges und seit 1919, bis zur Emigration nach New
York 1939, beständig in Paris. Goll gründete dort 1924 die Zeitschrift *Surréalisme*. Ein umfangreiches Werk (*Dichtungen*, 1960)
– Überdramen, Filmdichtungen, Essays, Romane, Lyrik in mannigfaltigen Formen und in französischer, deutscher und eng-
lischer Sprache – bezeugt das Ruhelose eines Ausdrucksringens,
das sich von allen Strömungen berühren ließ und wieder auf sie
zurückstrahlte. Das dichterische Gewicht liegt in den Gedichten.
Ihre Formentwicklung zeigt eine Benn und Arp in der Grund-
linie ähnliche Bewegung von dem bei Goll überströmend Dithy-
rambischen des deutschen Expressionismus fort („Ach, die Augen
aller trinken Brüderschaft / Aus der Weltliebe unendlich tiefer
Schale", *Der Panamakanal*, 1. Fass. 1912) zur Festigung, Einfachheit und Klärung: in einer eigenen, verdichteten, oft gehäuften
Bildlichkeit, durchflutet von Traumgesichten, Klängen, einem
schwermütigen Gefühlsstrom, der den Romantiker erkennen
läßt. Unbehaust, gejagt, ein Opfer in der fremden anonymen
Zeit, ein „Jean sans Terre", birgt er sich in den Verzauberungen
seiner im Wort geschaffenen visionären Welt; er weiß, ein un-
begrenzbar Liebender, in der Liebe seine Zuflucht geöffnet.
„Denn Liebender zu sein / Und wissender Bote / Ist höchster
Adel" (*Traumkraut*, 1951). Die lyrische Sprache Golls hat sich
wie die von Arp der jungen deutschen Lyrik nach 1945, im Anknüpfen an schon Vergessenes und fast ganz Verlorenes, ein-
gezeichnet; sie bedeutet einen Brückenschlag zum europäischen
Surrealismus. Ein einzigartiges Beispiel des lyrischen Zwiegesprä-
ches ist die *Antirose* (1967), in der sich Claire Goll (1891 bis
1977) als eine dem Gefährten ebenbürtige dichterische Stimme
erweist: in der Passion der Hingabe wie in der Totenklage. Mit
dem satirischen Spiel *Methusalem oder Der ewige Bürger* (1922)
entwickelte Goll aus dem expressionistischen Groteskstil heraus
einen neuen, das absurde Theater vorbereitenden Typus. Über-
realismus entlarvt die Scheinwelten des Realismus, die Alogik
wird geistiger Humor der Negation aller Phrasen, das Theater
wird frei von den Rücksichten auf Nachahmung und Wahrscheinlichkeit, zum in sich autonomen Spiel.
In einer frühen Schaffensschicht ist Bertolt Brecht (1898 bis
1956) wie G. Benn durch den Expressionismus hindurchgegangen.

Sein genialisches Drama vom heimkehrenden Soldaten und der
Revolution 1918 *Trommeln in der Nacht* (1922), der *Baal* (1922)
und die Marlowe-Umdichtung *Leben Eduards II. von England*
(1924, zusammen mit L. Feuchtwanger) gehören in diese Phase,
lassen den Romantizismus des jungen Brecht wie seine dramatische Energie erkennen, die dem Spiel eine Form zurückgab, die
sich im Expressionismus oft aufgelöst hatte. Brecht gab Dialog und
Szene als geistigem Spielraum – gegensätzlich zu C. Sternheim
und G. Kaiser – die mimische Fülle zurück. Es folgte 1927 die
Grotesktragödie vom vertauschten, verwandelten Menschen *Mann
ist Mann* – Demaskierung der menschlichen Situation unter der
Brutalität und Lüge der kollektiven Gewalt. Aus romantizisti-
schem Anarchismus, der zu der gegebenen gesellschaftlichen
Wirklichkeit ein Nein sagte, gelangte Brecht zum Marxismus;
es entstanden Lehrstücke (*Der Jasager und Der Neinsager*, 1930),
gipfelnd in *Die heilige Johanna der Schlachthöfe* (1932), der dramatischen Manifestation von der Schwäche der Güte und der
Notwendigkeit, gegen die Gewalt des Kapitalismus die Gewalt
des proletarischen Aufstandes zu stellen. Das Stück wurde zur
Parodie der expressionistischen Botschaft vom ‚guten Menschen',
eine Parodie des bürgerlichen Idealismus. Brechts epischer Ver-
fremdungs- und Zeigestil ist jetzt voll entwickelt und eröffnet
neue szenische Formen. Als heimlicher Romantiker dichtete er im
Stil der Bänkelsängerballade, des erzählenden Lieds des Kollektivs, von Villon und Rimbaud angeregt, Lieder voll Schauer,
Grausamkeit, Abenteuer, Ironie und Gefühl (*Hauspostille*, 1927).
Sein Selbstbildnis *Vom armen B. B.* wurde zum ironischen Todes-
lied der erkrankten Zivilisation.

> Wir sind gesessen ein leichtes Geschlechte
> In Häusern, die für unzerstörbare galten.
> (So haben wir gebaut die langen Gehäuse des Eilands
> 　　　　　　　　　　　　　　　　　　　Manhattan
> Und die dünnen Antennen, die das Atlantische Meer
> 　　　　　　　　　　　　　　　　　unterhalten).
> Von diesen Städten wird bleiben: der durch sie
> 　　　　　　　　　　　　　hindurchging, der Wind!
>
> Fröhlich machet das Haus den Esser: er leert es.
> Wir wissen, daß wir Vorläufige sind
> Und nach uns wird kommen: nichts Nennenswertes.
> … Bei den Erdbeben, die kommen werden, werde ich
> 　　　　　　　　　　　　　　　　　hoffentlich

Meine Virginia nicht ausgehen lassen durch Bitterkeit,
Ich, Bertolt Brecht, in die Asphaltstädte verschlagen
Aus den schwarzen Wäldern in meiner Mutter in früher Zeit.

Brechts Lyrik formt das Epische ein, spruchhaft, didaktisch, bewußt auf Dissonanzen gestellt, oft fast Prosa, oft mit zwingen-
dem synkopischem Rhythmus (*Hundert Gedichte*, 1951). 1928
wurde die *Dreigroschenoper* zur Sensation; die „Beggars Opera"
des Engländers John Gay (1728) bearbeitete Brecht als Experiment einer „epischen" Oper in der Verbindung von Sentimentalität und grausig-groteskem Spaß, von hintergründigem Pessimismus, Parodie und sozialer Anklage. „Songs", deren Stil und
Stimmung an den französischen Vagabundendichter François
Villon erinnern, verursachten eine aufreizende Wirkung. Schwächer fiel die Oper *Aufstieg und Fall der Stadt Mahagonny* (1929)
aus. Brecht hat ihr sein vielleicht schönstes Gedicht eingelegt: die
„Parabel von den Liebenden". In der ruhelosen Zeit der Emigration seit 1933, die nach Wien, nach Dänemark, nach Finnland,
zuletzt nach Kalifornien führte, entstand eine Reihe der großen
dramatischen Leistungen Brechts: als Antwort auf den spanischen
Freiheitskrieg *Die Gewehre der Frau Carrar* (1937), als Antwort
auf den Krieg schlechthin, nach Grimmelshausens Romanstoff,
Mutter Courage und ihre Kinder (1941). Es folgte in der Form
der durch die Groteske demaskierenden Parabel, die im Ver-
fremden signalisiert, das Porträt des Tyrannen *Der aufhaltsame
Aufstieg des Arturo Ui* (1941), das Drama von der Größe und
dem Versagen des Mannes, der die neue Wahrheit entdeckt:
Leben des Galilei (1943). *Der gute Mensch von Sezuan* (1942)
ist die Parabel von der Sehnsucht und Hilflosigkeit des guten
Menschen, ja selbst der Götter auf dieser schlechten und armen
Erde. „Denn wer könnte / Lange sich weigern, böse zu sein, wenn
da stirbt, wer kein Fleisch ißt?" In dem sachlichen, oft zynischen
Pessimismus Brechts lebt das geheime Pathos des verzweifelnden
Moralisten. Eine erneute Abwandlung der heiligen Jungfrau
Schillers begegnet in *Die Gesichte der Simone Machard* (1943,
zusammen mit L. Feuchtwanger), der Geschichte von dem armen
kleinen Mädchen, das, wo alle versagten, allein Verstand und
Mut hatte, den Frankreich okkupierenden deutschen Truppen
Widerstand zu leisten. Der Komödie von dem kleinen Mann,
der auf andere Weise, durch List, Ironie und Schlauheit Widerstand leistet, *Schweyk im zweiten Weltkrieg* (1944), folgten
die atmosphärisch dichten, sehr präzis geformten Szenen *Furcht
und Elend des Dritten Reiches* (1945). So intensiv Brecht sein

Theater mit politisch-moralischem Ernst, mit provokanter Wahrheit auffüllte, zur Waffe und Demonstration machte – er ließ nicht außer acht, daß seine Funktion nicht nur in der Herausforderung des Bewußtseins, auch im ‚Vergnügen‘ des Spiels liegt, das eine andere Form ästhetischer Freiheit herstellt. In *Herr Puntila und sein Knecht Matti* (1948), einem Volksstück mit kräftigen Schwankzügen, finnischer Volksromantik und Satire gegen die Unmenschlichkeit und Schwäche der Reichen, hat er seiner szenisch-mimischen Spielvirtuosität souverän freien Raum gelassen. So vielstimmig dieses umfangreiche, durch diese Beispiele keineswegs umfaßte dramatische Werk ist – es bildet eine Einheit in der Variationskonstanz der Motive, Figuren, Themen, in der Handhabung der dialogischen Sprachkunst, in den ihm eingelegten dramatischen und theatralischen Formen. Brechts Theorie und Praxis des epischen Verfremdungseffekts in Wort und Spiel des Dramas knüpft an alte Erfahrungen an, hat ihnen aber in Text und Regie eine programmatische Radikalität gegeben und gegenüber der realistischen Illusionsbühne eine fruchtbare Revolutionierung der Spielmethoden erbracht. Das *Kleine Organon für das Theater* (1948) wurde zum Grundbuch neuer Theatertheorie und -praxis. Der Marxist bindet, bei hoher Bewußtheit des seine Mittel virtuos einsetzenden Künstlers, das Theater an das kollektiv Volkhafte zurück (*Der kaukasische Kreidekreis*, 1947). Das Drama ist demonstrierte Wirklichkeit; Brecht will es von der Literatur ablösen. Dies gilt gleichfalls für seine Prosa (*Kalendergeschichten*, 1949). Auch die Oper wird politisches Lehrstück: *Das Verhör des Lukullus*, 1939, in zweiter, jetzt den Verteidigungskrieg offenbar auf politische Veranlassung hin bejahender Fassung als Oper *Die Verurteilung des Lukullus*, 1951. Nicht immer fanden der Dichter, der Dialektiker und der Marxist zu voller künstlerischer Einigung. Die experimentierende Vermannigfaltigung der theatralischen Mittel, der sozialistische Wirklichkeitsgehalt seines Dramas, in dessen Zeitkritik das Bewußtsein der Gegenwart und das bewegte, rebellierende und mitleidende Herz spricht, schließlich die starke Bild- und Sprachkraft des szenischen Dichters haben Brecht einen internationalen Rang gegeben und eine Wirkung gesichert, die nach seinem Tode in voller Breite sichtbar wurde. „Ich vermochte nur wenig. Aber die Herrschenden saßen ohne mich sicherer, das hoffe ich." Nicht zuletzt lebt diese Sprache aus der Energie des Epigrammatischen, der Umkehr, aus den Pointen der Paradoxie. Brecht gab dem Drama den geschichtlich-gesellschaftlichen Gehalt aus dem Kampf um die Freiheit der verändernden Erkenntnis. „Ich glaube an den Menschen, und das heißt, ich glaube an seine Vernunft!", sagt Galilei. In der Lyrik wie im Drama hat Brecht erreicht, „die heutige Welt, das heutige Zusammenleben der Menschen" in Blickfeld und Sprache zu bekommen. Hinter der Desillusion zu Ironie, Kälte, Vereinsamung, Lieblosigkeit, zu Grausamkeit und Tod sprechen Traum und Liebe, die Sehnsucht nach Menschlichkeit. „Fast ein jeder hat die Welt geliebt / Wenn man ihm zwei Hände Erde gibt." Eigenprägung und Qualität von Brechts epigrammatisch-dialektischer Lyrik, die mit einfachster Sprachführung, Kürze und ohne alle poetische Ornamentik nachhaltige ästhetische Wirkungen erreicht, Ausdruck eines ebenso polemisch-ironischen wie sensiblen humanitären Bewußtseins, kommen dank der Gesamtsammlung (*Gedichte*, 8 Bde., 1960 ff.) erst jetzt zu voller Erscheinung.

Verwandt ist ihm die sprachlich meisterhafte, das lyrische Wort als Funken und Messer nutzende politische Ironie K u r t T u c h o l s k y s (1890–1935). Er mußte wie Bertolt Brecht 1933 in die Verbannung gehen. Seine besten Satiren und Verse sammelte die Auswahl *Gruß nach vorn* (1946). Ähnlich wurde E r i c h K ä s t n e r (1899–1974) zum Kritiker der Zeit, hinter dessen oft geistvoll blitzendem Witz das Wissen um nahe Katastrophen stand. Er ist einer der seltenen deutschen Humoristen, ein Moralist, der gegen die Trägheit des Herzens und Geistes zu Felde zieht, ein Arzt am Leibe der Zeit. Seine Versbände *Herz auf Taille* (1927), *Lärm im Spiegel* (1928), der Roman *Fabian* (1931) wie die späteren Bände *Bei Durchsicht meiner Bücher* (1946) oder *Georg und die Zwischenfälle* (1938), um nur einiges zu nennen, wollen durch Ironie aufjagen, zur Umkehr rufen. „Der Moralist pflegt seiner Epoche keinen Spiegel, sondern einen Zerrspiegel vorzuhalten. Die Karikatur, ein legitimes Kunstmittel, ist das Äußerste, was er vermag." In seinem *Emil und die Detektive* (1928) liegt eine unzerstörbare abenteuernde Jugendlichkeit. In zahlreichen Erzählungen ist Kästner ein Fabulierer aus der Vernunft des kindlichen Herzens. Auf den Wegen Heines schritt A l f r e d K e r r (1867–1948) weiter, der die Kunst des kritischen Feuilletons virtuos, mit geistreichem Wortspiel entwickelte. Schwermütiger, menschlich wärmer sind die kleinen Erzählungen von A l f r e d P o l g a r (1875–1955), dem Meister des innig-gütigen Lächelns (z. B. *An den Rand geschrieben*, 1926).

Ein Grotesk-Komiker, Philosoph, Vagabund und Romantiker

zugleich war J o a c h i m R i n g e l n a t z (Hans Bötticher, 1883 bis
1934), der alkoholbeschwingte Sänger burlesk-frecher, tiefsinniger und sentimentaler Lieder, die er im Kabarett vortrug
und in vielen Gedichtbänden sammelte (*Turngedichte*, 1920;
Kuttel Daddeldu, 1923; *Reisebriefe eines Artisten*, 1927). Er
schien ein Kind, ein verbummelter Matrose, ein weltseliger
Vagabund zu sein und traf mitten im Unsinn der Wahrheit
ins Herz. Zwischen übermütigen, mitunter auch albernen Reimen finden sich ergreifende Verse der Einsamkeit und Schwermut. Auch ein Drama und ein Kriegsroman (*Als Mariner im
Krieg*, 1928) stammen von ihm, aber seine angeborene Form war
das improvisierte, sarkastische oder spielerische Gedicht mit oft
derben, oft zierlichen Pointen. In der Lyrik von Erich Kästner
und Joachim Ringelnatz zeichnet sich thematisch und formal ein
Stil der Sachlichkeit ab; ihm liegt, wie z. B. der Prosa von Hans
Fallada (s. o. S. 563) oder von I r m g a r d K e u n (1910–1983),
Das kunstseidene Mädchen (1932) das Bestreben zugrunde, Lite-
ratur zu entästhetisieren und zu entliterarisieren, um ihr nähere
Bezüge zur Lebenspraxis, zur gesprochenen Sprache, zur sozialen
Wirklichkeit mitzuteilen und diese nicht nur abzubilden, sondern
kritisch zu durchdringen. Die gleiche Tendenz zeigt sich darin,
wie Bertolt Brecht auf außerliterarische Stoffe, Motive und
Sprachmaterialien zurückgreift, wie sich Carl Zuckmayer und
Ödön von Horváth dem ,Volksstück' zuwenden, derart verschüt-
tete Traditionsformen aktualisieren, mit veränderten dramatischen und sozialkritischen Energien auffüllen.

Der Dramatiker C a r l Z u c k m a y e r (1896–1977) stand mit
seinem ursprünglichen, sehr vitalen Theatersinn in der Lebensstimmung dieser Gruppe nahe. Ihn traf 1933 das Schicksal der
Emigration. Seine Lyrik nahm in *Der Baum* (1926) die saftige,
burschikose Lebensphilosophie des Bänkelsangs auf. Jedoch treten Lyrik und die realistisch-konservative Erzählprosa (*Meister-
erzählungen*, 1956) hinter dem Bühnenspiel zurück. Der *Fröhliche Weinberg* (1925) war, mit modernen szenischen Mitteln,
ein aus Blut und Kraft der rheinischen Landschaft beschwing-
tes Volksstück; der *Schinderhannes* (1927), die Geschichte eines
Räuberhauptmannes zur napoleonischen Zeit, der eine Art
sozialer Heros, der Anwalt der Armen und Held des Volkes ist,
war eine technisch raffiniert gebaute „Bühnenmoritat". Mit
Katharina Knie (1929) wurde das abenteuerliche Zirkus- und
Artistenmilieu aufgenommen, mit dem „deutschen Märchen",
dem *Hauptmann von Köpenick* (1930), schuf er eine nachdenkliche

und idyllische Satire auf falschen Gehorsam und Preußengeist. 1946 erschien sein Drama *Des Teufels General;* mit der bei Zuckmayer gewohnten theatralischen Brillanz wird das ethisch-politische Problem des Dritten Reichs am Schicksal eines Fliegergenerals vorgeführt; nicht als Agitationsstück, sondern mit dem Versuch zeitnaher tragischer Spannung. Schwächer sind die Historienspiele *Der Schelm von Bergen* (1934) und *Barbara Blomberg* (1949), das Kriegsdrama *Der Gesang im Feuerofen* (1950) ausgefallen.

Der Dramatiker Ö d ö n   v o n   H o r v á t h (1901–1938) gelangte, nach 1933 verboten und 1938 zur Emigration aus Österreich nach Paris gezwungen, auf den deutschen Bühnen mit seinen Volksstücken (*Italienische Nacht,* 1930; *Geschichten aus dem Wiener Wald,* 1931; *Kasimir und Karoline,* 1932; *Glaube Liebe Hoffnung,* 1933) erst in den sechziger Jahren sehr verspätet zur breiten Wirkung. In seinem umfangreichen dramatischen Opus kommt ihnen das größte künstlerische Gewicht zu; neben sie gesellen sich das soziale und politische Zeitdrama *Sladek oder die schwarze Armee,* 1928; *Sladek, der schwarze Reichswehrmann,* 1929, Darstellung des hilflosen Mitläufers als Typus einer geistig haltlosen, ihrer Orientierung beraubten Kriegs- und Nachkriegsgeneration, das Kriminalschauspiel *Der jüngste Tag,* 1937 und eine beträchtliche Zahl von Komödien. Sie grenzen an Schwank, Posse, eine amüsant leichte Bühnenbelletristik, ausgenommen die originäre Variante der Figarotradition *Figaro läßt sich scheiden* (1937). Horváth hat in ihr eine enthistorisierte, metapolitische Komödie geschrieben, die in Revolution und Emigration den Sieg des Natürlich-Menschlichen festhält. Der Erzähler Horváth (*Der ewige Spießer,* 1930; *Jugend ohne Gott,* 1937; *Ein Kind unserer Zeit,* 1937) zeigt in witzig-ironisch pointiertem, kurzformigem Bilder- und Dialogstil die Handschrift des Dramatikers der ‚Volksstücke‘. Er hat sich mit ihnen einer österreichischen theatralischen Tradition eingereiht; er gab ihr zugleich das eigene Gepräge: in schilderndem Bilderablauf, mit außerliterarischem Sprachmaterial und Dialogstil, als illustrativ satirisches Spiel unter zeitgenössischen Menschen, als Aufdeckung der Faktizität ihrer kollektiven Alltäglichkeit unter der korrumpierenden Allmacht der ökonomischen Zwangsverhältnisse. Härte und Prägnanz der Gesellschaftsanalyse, geschildert an den Opfern, die dieser Gesellschaft ausgeliefert sind, geschildert an jenen, die von ihr profitieren, wird eingelegt in einen vielfigurigen, Typen zu Individuen differenzierenden Bilderbogenstil; nicht ohne Einschuß des

lyrisch Stimmungshaften, das seinerseits jedoch, wie in den Lied-
einlagen, ins Ironische gebrochen wird; in die tradierten Züge
des alten Volksstücks wird zugleich dessen Parodie eingelegt, die
Negation der falschen Idyllik. Das Tragische, dargestellt im Banalen der Alltäglichkeit, nähert sich dem Absurden. Wie in der
von ihm gewählten ‚offenen‘ Form des Volksstücks löst Horváth,
durchaus im Zuge der seit der Jahrhundertwende einsetzenden
Entwicklung, die traditionellen Gattungsgrenzen zwischen Tragischem und Komischem auf.

Horváth wurde zum ‚politischen‘ Dramatiker, indem er alle ökonomischen und politisch-ideologischen Zwangsprozesse, in denen
das Menschliche zerrieben wird, angriff. Die politische Linie Tol-
lers setzte, mit klarerer Zielsetzung, mehr auf das Faktische und
Aktuelle gerichtet, derart dem Stil der neuen Sachlichkeit nahe,
F r i e d r i c h W o l f (1888–1953) fort. Ihm lag weniger an
Experimenten der Form als an der gezielten, aktuelle Fragen
akzentuierenden Provokation, am Theater als Forum der kritisch-
aggressiven Diskussion, des Widerstandes und der politisch-
sozialen Bewußtseinsprüfung. Die Kunst war ihm eine Waffe
gegen die spätbürgerliche Gesellschaft. Er emigrierte 1933, lebte
seit 1941, bis zur Rückkehr 1945, in Rußland. Um die sozialistische Revolution kreist sein wohl bestes Spiel *Der arme Konrad*
(1925); um den Paragraphen 218 geht es in *Zyankali* (1929), um
die Diktatur des Proletariats in den *Matrosen von Cattaro* (1930),
um die Judenverfolgungen nach 1933 in *Professor Mamlock*
(1935). Zusammen mit Bertolt Brecht schrieb 1932 G ü n t h e r
W e i s e n b o r n (1902–1969) das Schauspiel nach Gorki *Die
Mutter;* schon 1931 wurde das antimilitaristische *U-Boot S 4* aufgeführt. Weisenborns Prosa bevorzugt das aufregend Abenteuerliche. Aus der deutschen Widerstandsbewegung erwuchs sein
tragisches, bei aller Sachlichkeit gefühlsmäßig starkes Schauspiel
Die Illegalen (1946). Als schmerzliches Dokument deutscher
Schmach berichtet das *Memorial* (1948) von Leidensjahren in
den Folterkammern der Gestapo. In eigenartiger Überblendung
läßt Weisenborn zwischen den einzelnen Absätzen die Weite
der „anderen“ Welt kontrapunktisch aufscheinen, dadurch die
Düsternis der Verbrechen vertiefend. In der *Ballade vom Eulenspiegel* stellte er in lockrer Bildfolge Eulenspiegel, den unzerstörbaren Abenteurer, Revolutionär und freien Geist, in die
Not des Bauernkriegs hinein. Die Freude am starken Akzent
der Sprache steigert die Klage zur Anklage und fängt sie im
holzschnittartig zusammengefaßten Geschehen auf. „Zeitstücke“

schrieb F e r d i n a n d B r u c k n e r (Theodor Tagger, 1891 bis
1958). Er ließ im Jahr 1929 die Dramen *Krankheit der Jugend*
und *Die Verbrecher* aufführen; sie behandeln Konflikte des Ge-
schlechtslebens und der Justiz in einer aufgerührten Zeit. Dann
nahm er mit anti-idealistischer, psychologischer Demaskierung
einen oft behandelten geschichtlichen Stoff in *Elisabeth von England* (1930) auf. Zur Geschichte ging H a n n s J o h s t (1890–1978)
nach seinem frühen ekstatischen Szenarium *Der junge Mensch*
(1916) und dem expressionistischen Grabbe-Drama *Der Einsame*
(1917) über, das die Tragödie des Genies in verdichteten Bildern
ablaufen läßt. Im Banne des Nationalsozialismus schrieb er
später geschichtliche Ideendramen (der amerikanische Freiheitskämpfer *Thomas Paine*, 1927; *Schlageter*, 1932), deren doktri-
närer Nationalismus das Soldatisch-Politische gewaltsam verherrlichte und deren historischer Realismus Reportage blieb und
nicht zu dem erstrebten Symbolgehalt durchdrang.

Neben der politischen Aktualisierung der Bühne durch thematische und zeitkritische Provokation und neben den Veränderungen der Szene durch Formen des Erzählerischen und Balladesken setzte sich eine traditionsgebundene, auf ästhetische Ei-
genwerte und konservative Formen gerichtete dramatische Dichtung fort; sie akzentuierte die Regeneration des Poetischen. Aus
dem Kreis um George kam der Balte H e n r y v o n H e i s e l e r
(1875–1928), der neben reife Novellen (*Wawas Ende*, 1933) ein
Drama von klassischer Form und christlicher Innerlichkeit stellte
(*Peter und Alexej*, 1906; *Die Magische Laterne*, 1909). Sein
Sohn B e r n t v o n H e i s e l e r (1907–1962) folgte, zunehmend
religiös bestimmt, mit zahlreichen Erzählungen (*Die Unverstän-
digen*, 1936), dichterischen Einaktern (*Kleines Theater*, 1940),
der Komödie *Des Königs Schatten* (1938) und dem klassizistisch
geformten politischen Gedankendrama *Caesar* (1941). Von Hofmannsthal beeinflußt wurde M a x M e l l (1882–1971), der aus
dem katholisch-barocken Erbe Österreichs und in neuer Besinnung auf den Glauben nach dem Weltkriege religiöse Legenden
(*Das Apostelspiel*, 1923/47; *Nachfolge-Christi-Spiel*, 1927) und
Laienspiele gestaltete und sich als ein gepflegter Erzähler und
Lyriker erwies (*Gedichte*, 1919; *Donauweibchen*, 1937). Aus dem
Barock und einem heidnisch-urtümlichen Bauerntum der Alpen
empfangen Lyrik und Bühnenspiel bei R i c h a r d B i l l i n g e r
(1893–1965) die Impulse. Seine lebenskräftigen, in schlichter
Sprache gedrängten Gedichte (*Über die Äcker*, 1923; *Sichel am
Himmel*, 1931) umfassen das bäuerliche Jahr: Saat, Ernte, Weib

und Gott. In Zauber- und Maskenspielen werden mit sinnlich-
vitaler Wucht bäuerliche Naturmythen beschworen, die an
heidnische Urtriebe anknüpfen (*Das Perchtenspiel*, 1928; *Rosse*,
1931; *Rauhnacht*, 1931). Bei Billinger wird das Drama zur von
Dämonie und Geheimnis dunkel umwitterten Ballade, so in dem
Schauspiel aus dem Bauernkriege *Die Hexe von Passau* (1935)
oder in der Mädchentragödie *Der Gigant* (1937). Gern wählt er
den Gegensatz von Stadt und Land zum Thema. Von seiner
vitalen, atmosphärisch kolorierten Prosa seien *Die Asche des
Fegefeuers* (1931) und die Liebesgeschichte im katholisch-bäuer-
lichen Innviertel *Leben aus Gottes Hand* (1935) genannt.

Trotz der Bemühungen um ein als kulturpolitische und staats-
politische Propaganda wirksames Theater blieb die Bühne seit
1933 von neuen Schöpfungen leer. Aus dem Kriegserlebnis
1914/18 war bereits früher in einer balladenhaften Form das
Drama einer Kompanie *Die endlose Straße* (1926) von S i g -
m u n d   G r a f f und C a r l   E r n s t   H i n t z e erwachsen. E r w i n
G u i d o   K o l b e n h e y e r (1878–1962) suchte eine aus dem Ge-
danklich-Symbolischen heraus neu geartete Tragödie zu schaffen,
ohne die Bühne zu gewinnen. Das Drama wurde ihm zum Ausdruck weltanschaulicher Gegensätze, die für ihn im Ringen der
germanisch-volkhaften Erlebniskräfte gegen eine christlich-
romanische, „mittelmeerische" Welt gipfeln. In den *Heroischen
Leidenschaften* (1903, endgültige Fassung 1928) opfert sich der
Philosoph eines dynamisch-mystischen Pantheismus, Giordano
Bruno, im Kampf gegen Rom und das Dogma, in *Gregor und
Heinrich* (1934) kämpfen Papst und Kaiser als Gestaltungen
politisch-weltanschaulicher Gegensätze gegeneinander. Kolbenheyer reihte sich damit in die breite Welle der geschichtlich-
mystischen Reichsdichtung ein, die, im Zusammenhang mit der
Geschichtsideologie des Nationalsozialismus, in romantischem
Blut- und Sendungsglauben das Traumbild des mittelalterlichen
Imperiums in die Gegenwart übertragen wollte. Weltanschauungsdramen blieben seine realistischen Zeitstücke *Die Brücke*
(1929) und *Jagt ihn, ein Mensch* (1930). Kolbenheyers eigentümliche künstlerische Leistung wurde der geschichtlich-philo-
sophische Roman, mit dem er, in ausschließlicher Betonung einer
faustisch-nationalen Bluts- und Gemeinschaftsmetaphysik, sein
mystisches Bild des Deutschen gegen die als ausgelebt betrachte-
ten Weltanschauungen des Humanismus, Christentums und liberalen Individualismus zu gestalten suchte. Seine Zeitalter waren
die Mystik, die Spätgotik und Renaissance, die Welt des Faust

und Jakob Böhmes, „Schwellenzeiten" des volklichen Werdens. Mit großem Aufgebot an geschichtlichem Wissen und metaphysischem Grüblertum ließ er um den vom alttestamentlichen Glauben abtrünnigen Philosophen des Pantheismus Spinoza den Roman *Amor Dei* (1908), dann um die Saat Jakob Böhmes den Roman *Meister Joachim Pausewang* (1910), endlich um Paracelsus die so benannte Trilogie (1917 ff.) entstehen. 1938 folgte, aus dem Umkreis spätmittelalterlicher Mystik, *Das gottgelobte Herz*. Kolbenheyer erstrebte den Mythos, aber er blieb bei einer dichterisch vertieften Kulturgeschichte. Die Erkenntnis, daß seine biologische Metaphysik der völkischen Blutgemeinschaft (*Bauhütte*, 1925) mit ihrer antirationalen und antichristlichen Tendenz stark dem Nationalsozialismus entsprach, schob ihn seit 1933 stark in den Vordergrund. Seine wesentlichen Werke waren indes längst abgeschlossen; neben den historischen Romanen der schwerfällige, mühsame Wiener Inflationsroman *Das Lächeln der Penaten* (1926) und seine Erzählungen, die *Karlsbader Novelle* (1929) um Goethe und die *Begegnung auf dem Riesengebirge* (1932). Aus dem Gedanklichen her sind seine Gedichte (*Lyrisches Brevier*, 1928) konzipiert.

An Kolbenheyers Werk wird die Gefahr besonders deutlich, der die Dichtung seit 1933 im vielfach idealistisch irregeleiteten und tragischen Zusammenhang mit dem Nationalsozialismus verfiel. Allerdings mit wesentlichen Ausnahmen und in sehr unterschiedlichem Ausmaße. Diese innere Gefährdung hatte sich bereits in einer längeren Entwicklung seit der Heimatkunstbewegung, der heroisierenden Kriegsdichtung nach 1914, seit dem stammestümlichen Bauernroman und dem national-mythischen Geschichtsroman vorbereitet. Es ist die Preisgabe der Universalität des deutschen Wesens, seiner christlichen und humanistisch-weltbürgerlichen Züge, die zu einer Übersteigerung des nationalen Denkens, zu der Isolierung eines heroisch-germanischen Lebensbegriffs, zu einem völkischen Determinismus und damit zu einer Abschnürung vom europäischen Denken führte. In dem Prinzip des totalitären und kollektiven Denkens ging das Wissen um eine freie geistige Verantwortlichkeit, die aus eigenem Denkvermögen und Gewissen hervorgeht, verloren. Es war ein gefährlicher Irrtum, in einseitiger Bindung an das Überindividuelle und Unbewußte das Denken um das Fühlens willen ausschalten zu wollen und das Irrationale, das ein zerstörend Dämonisches einschließt und in das Widerhumane umschlagen kann, aus seiner Bändigung durch die kritisch-humane Vernunft zu entlassen.

Aufschlußreich ist die Geschichte des Kriegsbuches. Der Enthusiasmus von 1914, der in zahllosen Kriegsgedichten patriotischer Färbung Ausdruck fand, verloderte rasch. Ein Romantiker des Krieges blieb W a l t e r F l e x (1887-1917) mit seinem *Wanderer zwischen beiden Welten* (1916), der idealistisch-gläubigen Schilderung einer Kriegskameradschaft, die in der Jugendbewegung großes Echo fand. Die Expressionisten erkannten die europäische Kulturkatastrophe des Krieges (Werfel, Becher, Unruh, Zech, Toller u. a.): sie riefen ihren Protest mit ekstatischem Pathos in die Welt hinein. Als jedoch die ersten mehr berichtenden Kriegsbücher erschienen, zeigten sich rasch die Fronten: gegen die Ablehnung des Krieges um des Menschlichen und Sozialen willen stellte sich die Reihe jener Kriegsbücher, die den Krieg als inneres Erlebnis einer nationalen oder existentiellen Sinndeutung zuführen wollten, ihn als schicksalhaftes Gemeinschaftserlebnis, als Symbol einer geschichtlich gesetzmäßigen Kulturwende bejahten. Diese Auseinandersetzung wurde durch das Jahr 1933 gewaltsam, mit eindeutig politischer Entscheidung beendet; der Protest gegen den Krieg konnte nicht das Bewußtsein des Volkes in wenigen Jahren durchdrungen haben. Erst zehn Jahre nach Kriegsende erschien E r i c h M a r i a R e m a r q u e s (Remark, 1898-1970) Kriegsbuch *Im Westen nichts Neues* (1929). Es war die Reportage des Alltags des Krieges, die eine Anklage erhob, die in allen Ländern verstanden werden konnte und die dem Buch einen internationalen Riesenerfolg bereitete. Dennoch versicherte Remarque: „Dieses Buch soll weder eine Anklage noch ein Bekenntnis sein. Es soll nur den Versuch machen, über eine Generation zu berichten, die vom Kriege zerstört wurde – auch wenn sie seinen Granaten entkam." Schwächer fielen Remarques folgende Kriegsromane *Der Weg zurück* (1932) und *Drei Kameraden* (1938) aus. Schon vor 1933 hatte er sich in der Schweiz angesiedelt. Erst sein 1945 erschienener Roman über das Schicksal der Emigration, der in Paris spielt, *Arch of Triumph* (1946) wurde erneut ein Welterfolg.

Jetzt erschien eine Flut von Kriegsbüchern. L u d w i g R e n n (Arnold Vieth von Gollßenau, 1889-1979) berichtet sachlich und mit straffem Realismus in den Romanen *Krieg* (1928) und *Nachkrieg* (1930) von seinen Erlebnissen im niederdrückenden Bewußtsein des Sinnlosen und Vernichtenden. Sein weit schwächerer Erinnerungsroman *Adel im Untergang* (1946) schildert dagegen die Kasernenwelt vor 1914 eher mit gewissem Behagen. A r n o l d Z w e i g (1887-1968) gab 1927 seinen *Streit um den*

Sergeanten Grischa in endgültiger Fassung heraus; ein Buch der Etappe und eine ironisch bittere Kritik des Militarismus. An den Grischa schloß er einen Zyklus an, dessen letzte Bände seit 1935 im Exil erschienen sind. Humor, Ironie und Ernst verband K a r l F e d e r n (1868–1942) in seiner Geschichte eines den Krieg mit immer größerer Verzweiflung durchleidenden ritterlichen Menschen *Hauptmann Latour* (1929). 1927 erschien der *Soldat Suhren* von G e o r g v o n d e r V r i n g (1889–1968); ein sachlich porträtierendes Buch des Alltags vom Rekrutendienst bis zum mörderischen Trommelfeuer. 1929 folgte mit *Camp Lafayette* die Geschichte seiner Gefangenschaft im ersten Weltkrieg. Noch 1938 warb Vring mit dem *Goldhelm* für die deutsch-französische Verständigung. Das dichterische Vermögen Vrings zeigt sich in seiner Lyrik, die einen in reiner Form schlicht und persönlich geprägten Ton findet (*Oktoberrose*, 1942). In den *Geächteten* (1930) schilderte E r n s t v o n S a l o m o n (1902–1972) die Revolution, den Kampf um das Baltikum, den Kapp-Putsch und die Verschwörungen für und wider die Republik von Weimar vom Geschick der jüngsten Generation aus. *Der Fragebogen* (1951) gibt autobiographisch die Geschichte dieses politischen Abenteurers vom Beginn der Republik 1919 bis zur Zeit von 1945: ein Zeitbuch und eine Entlarvung. Mit radikaler politischer Tendenz zeichnete T h e o d o r P l i e v i e r (1892–1955) in *Des Kaisers Kulis* (1929, Schausp. 1930) ein Bild des leiblich und seelisch bedrängten Lebens auf dem Kriegsschiff und jener Spannungen, aus denen sich die Revolution 1918 entzündete. Sachlichkeit verbindet sich hier mit unheimlich verdichteter Atmosphäre. Der Roman *Der Kaiser ging, die Generale blieben* (1932) wurde zum Kampfbuch des Sozialisten. In Rußland entstand aus Aussagen zahlloser Gefangener das Bild des Grauens des zweiten Weltkrieges, *Stalingrad* (1945). Eine dokumentarische Reportage, die aus vielen Szenen, Augenblicken zusammengesetzt wird; sie ist von einem Beobachter geschaffen, dem die vielfältige und grausamste Wirklichkeit zu einem kollektiven und symbolhaft gesehenen Verhängnis zusammenwächst, zu einem aus Schuld und Sühne gefügten Weltgericht. Plievier läßt die Wirklichkeit mit historischer Präzision und schonungsloser Brutalität sprechen. Eine Armee wird sinnlos geopfert, und aus der Summe ihrer Leiden steigt unausgesprochen eine furchtbare Anklage auf. Es folgten die Bände *Moskau* (1952) und *Berlin* (1954) als Chronik des deutsch-russischen Krieges bis zum Entsetzen des Endes. Sehr oft mußte jetzt dem Lebensdatum der Dichter und Schrift-

steller hinzugesetzt werden, daß sie seit 1933 in das Ausland zu
gehen gezwungen waren. Niemals in der Geschichte der deutschen Literatur hatte, trotz mancher Zensurkämpfe seit dem Mittelalter, das Politische als eine brutale und diktatorische Macht
so in das Leben des Geistes eingegriffen, es zum Gehorsam gezwungen oder zum Schweigen verurteilt. Während bisher das
geistig-literarische Leben bis zur Gefahr des Chaotischen durch
das Nebeneinander der verschiedensten, oft einander diametral
entgegengesetzten Richtungen und Tendenzen bestimmt war, die
sich mit Kritik und Polemik bekämpften, aber auch zu gegen-
seitiger Toleranz fanden, schien nun die Literatur auf ein ein-
heitliches Ziel von der Despotie des Staates „ausgerichtet" zu
sein. Aber dieser Eindruck bleibt an der Oberfläche; das literarische Leben in Deutschland bewahrte nach 1933 eine Vielfalt,
die es so wenig auf eine einheitliche Formel bringen läßt
wie die Literatur im Exil nicht als eine in sich geschlossene
Einheit betrachtet werden kann. Nicht der Rang der dichterischen Begabung entschied 1933 über das Schicksal des Schriftstellers, sondern seine „Verfemung" im rassischen oder politischen
Sinne; sei es als Zwang der Umstände, die ihm die Flucht auf-
nötigten, sei es als eigene freiwillige Entscheidung. Es war
Schuld und Irrtum des Nationalsozialismus, daß er die Wertungen des Dichterischen nur der politischen Ideologie entnahm und
damit das Wissen um dessen eigene Geltung aufhob. Ein sehr
großer Kreis führender Schriftsteller, die den aktivsten und
progressiven Teil des literarischen Lebens bildeten, wurde verboten und in das Ausland getrieben. Dennoch kann zwischen
den Schriftstellern im Exil und denen, die in Deutschland blieben, kein eindeutiger Strich gezogen werden, da neben die äußere
Emigration die sog. „innere" Emigration, eine versteckte Opposition trat, die sich erst langsam entwickelte, aber ihren Mut,
wie Ernst Wiechert, Günther Weisenborn u. a., im Konzentrationslager büßen mußte. Wie groß diese literarische Widerstandsbewegung war, sprach Wilhelm Hausenstein in einem offenen
Briefe an Thomas Mann aus, in dem er zu ihr Werner Bergengruen, Reinhold Schneider, Rudolf Alexander Schröder, Manfred
Hausmann, Ricarda Huch, Stefan Andres und Ernst Jünger zählen konnte. Das Werk Ernst Jüngers oder, anders gelagert, Josef
Weinhebers zeigt die Vieldeutigkeit der Situation, die sich nur
durch eine eindringliche Analyse und Interpretation der Entwicklung aller Schriften des Autors erhellen läßt, nicht aber mit
wenigen politischen Leitbegriffen entschieden werden kann.

Das literaturgeschichtliche Problem der Emigrationsliteratur liegt weiterhin darin, daß eine große Zahl von Schriftstellern, die bisher die geistige Entwicklung in Deutschland vorangetrieben hatten und mit ihr eng verbunden waren, in eine andersartige Lebensatmosphäre versetzt wurden, die ihrem Schaffen einen Bruch, eine Stockung, eine Zäsur oder eine neue Wendung gab. Zudem waren die Anlässe der freiwilligen oder aufgezwungenen Emigration verschieden. Neben „rassische" Motive traten politische Entscheidungen – sei es nach eigenem Entschlusse, sei es, weil der Nationalsozialismus durch die berüchtigten und planlos improvisierten Bücherverbrennungen im Mai 1933 ihre Verfemung bekanntgab. Vielfach zwang das bisherige Werk als „Belastung" zur Auswanderung, oft bestand der Wille zu einer wirkungsvollen Opposition von außen her, vielfach bestimmte die Abreise eine Hoffnung auf baldige Heimkehr oder rief das Verlangen nach geistiger Freiheit gegen den Druck der Gewalt ins Ausland. Oskar Maria Graf ging aus Protest gegen eine Bevorzugung seiner Bücher durch den Nationalsozialismus aus Deutschland, anderen drohte sofortige Verhaftung, andere wie Hermann Hesse, Hans Arp oder Remarque waren seit langem außerhalb der Grenzen ansässig. Thomas Mann konnte noch zwei Bände seines Joseph-Romans in Deutschland erscheinen lassen und verweigerte erst nach einigem kritischen Warten endgültig die Rückkehr. Georg Kaiser versuchte zu bleiben, Broch, Werfel u. a. wurden 1938 gezwungen, Österreich zu verlassen. Ernst Barlach, Oskar Loerke, Georg Hermann u. a. blieben, zur Stummheit verurteilt, verfemt und vergessen. Erich Kästner behielt die Freiheit in Deutschland zu leben und im Ausland zu veröffentlichen; Otto Flake und Frank Thieß behielten wie Kasimir Edschmid unter schweren Behinderungen die Möglichkeit zur Publikation. Thieß, Edschmid und Stefan Andres wichen zeitweilig nach Italien aus. Enttäuscht wurde die Erwartung, daß die nach 1945 zurückkehrenden Schriftsteller aus den Berührungen mit der ausländischen Literatur entscheidende Impulse auf eine zur Unabhängigkeit befreite deutsche Literatur übertragen würden. Die ältere Generation (die Brüder Mann, Hesse, Werfel, Musil, Broch, Kaiser) hatte ihr Werk aus seiner eigenen Gesetzlichkeit weitergebildet. Es rückte bereits in eine als geschichtlich anerkannte Abgeschlossenheit und Klassizität ein. Andere verstummten oder wurden der Heimat entfremdet, im Produktiven verstört, so daß sie nicht mehr zu der erwarteten Leistung und Auswirkung kamen. Einer Generation wurde die

Zeit ihrer Reife und Ausstrahlung geraubt. Sie überflutete zudem die seit 1945 einströmende Übersetzungsliteratur, die, vielfach ursprünglich deutsche Formanregungen seit dem Expressionismus weiterbildend, neue thematische und formale Perspektiven öffnete, deren Aufnahme, eigene Durchdringung und Bewältigung nur langsam geschehen konnte. Es ist nach 1945, gestützt durch die Literatur der Emigranten wie diese Literatur der Übersetzungen, das Bewußtsein selbstverständlich geworden, daß eine produktive Literatur nur im engsten Zusammenhang mit der Weltliteratur existent sein kann, Eingrenzungen in den nationalsprachlichen Bereich der Vergangenheit angehören und die Literatur in sich verarmen und verkümmern lassen. Dieser Offenheit zur Weltliteratur steht jedoch eine andere Problematik zur Seite: ein Verlust an geschichtlicher Tradition, der sich beständig verschärfende Abriß einer deutschen Kontinuität, der Bruch und Zwiespalt zwischen den Generationen, der sich in den Jahren nach 1945 zunehmend intensivierte und mit steigendem produktivem Selbstbewußtsein der jungen und jüngsten Generation der gegenwärtigen literarischen Situation das Gepräge gibt: in ihren inneren Auseinandersetzungen wie in ihren thematischen und formalen Entscheidungen.

Zu den Autoren, denen nach 1945 in polemischer Auseinandersetzung eine breite Wirkung zukam, gehört E r n s t   J ü n g e r (geb. 1895). Er veröffentlichte, aus dem unmittelbaren Kriegserlebnis, 1920 in Tagebuchform seinen Bericht *In Stahlgewittern;* das Grauen der Materialschlacht, einer dämonisierten Technik, war mit überragender Darstellungskraft aufgefangen. Jünger erkannte den Tod der alten bürgerlichen Gesellschaft; den christlich-humanistischen Werten setzte er, kollektiv und fatalistisch denkend, die autonome Technik als neue Weltmacht entgegen, die sich in zwei Menschentypen verwirklicht: dem Krieger und dem Arbeiter (*Der Arbeiter, Herrschaft und Gestalt,* 1932). Seine dem Tagebuch folgenden Kriegsbücher (z. B. *Der Kampf als inneres Erlebnis,* 1922) richteten sich auf eine metaphysische Deutung des Schicksals Krieg. „Es entsteht ein neuer Mensch... ein neuer Lebenswille... Hier deutet es sich im Furchtbaren symbolisch an, im blutigen Geschehen, das immer das erste ist." An anderer Stelle: „Hier erschien jener soldatische Typus, den die hart, nüchtern, blutig und pausenlos abrollenden Materialschlachten durchbildeten. Ihn kennzeichnet die nervige Härte des... Kämpfers, ihn der Ausdruck der einsameren Verantwortung, der seelischen Verlassenheit. In diesem Ringen... bewährte

sich sein Rang. Der Weg, den er ging, war schmal und gefährlich, aber es war ein Weg, der in die Zukunft führt." – „Ganz
andere Kräfte sind es jetzt, von denen unser Handeln bewegt
werden muß, sehr dumpfe und blutmäßige, aber man ahnt doch,
daß es eine tiefe Vernunft ist, die im Blute steckt... Wir sind
mit dem Boden wieder in Berührung gekommen." Darin lag eine
Mythisierung des Krieges, die sich besonders auf eine enttäuschte
junge Generation auswirkte.

In seinen späteren Büchern gewann Jünger eine durchsichtig-
präzise und in Bildern deutende Sprachkunst. Er wagte in vielen
Essays, in Traumgesichten und Visionen den Schritt zu einem
radikalen Denken und vollzog die Wandlung zu einer geistig
souveränen, aristokratischen Haltung, die den Heroismus des Einzelnen als Entscheidung in der Katastrophe lehrt und bejaht (*Das
abenteuerliche Herz*, 1929; *Afrikanische Spiele*, 1936). Die Wirkung der Prosa Jüngers liegt in ihrer hellen Klarheit als Ausdruck eines kompromißlosen Denkens und in ihrer Kraft, Ma-
gisch-Untergründiges bis in unsichtbare Verflechtungen zu verfolgen, bis in eine Hieroglyphik des Seins. Der Gedanke geht
bei ihm in die Vision über, das Visionäre wird durchgeformt zur
Erkenntnis. Er bezog in früher Ablehnung des Nationalsozialismus seinen eigenen, eigenwilligen und unabhängigen Standort.
Sein Kriegstagebuch des zweiten Weltkrieges *Gärten und Straßen*
(1942) und die magisch-symbolische Erzählung *Auf den Marmor-
klippen* (1939) bezogen eine Oppositionsstellung, die fast raffiniert maskiert und dennoch wirksam wurde. „Was sind Men-
schenrat und -wille, wenn in den Sternen schon der Untergang
beschlossen liegt? Indessen hält man Kriegsrat auch vor verlorener Schlacht." Die Anerkennung des Fatums lähmte nicht
den Willen, es zu überwinden. Dennoch erhebt sich die Frage,
ob aus der eisigen Erkenntniskraft, der Faszination durch das
Exzentrische und aus dem distanzierten, egozentrischen Aristokratismus der *Strahlungen* (1949) bei aller Schärfe der Diagnose
helfende Mächte aufschießen konnten. Jünger nennt diese sechs
Tagebücher seinen „geistigen Beitrag zum zweiten Weltkrieg";
es ist ein Beitrag aus oft erschreckender Unbetroffenheit, doch
wird von ihm das Merkmal des Tagebuchs in diesem Sich-Ab-
setzen des Geistes vom Gegenstand, in der Haltung von Beobachtung, stärkstem Bewußtsein, Einsamkeit und Schmerz gesehen.
In der Tat wurde das Tagebuch als Experiment des Geistes zu
einer zeittypischen literarischen Form. Dennoch – Lichtenbergs
oder Hebbels Tagebücher, Dokumente wachster Geister mit

überragender Einsicht, waren zurückhaltender und menschlicher zugleich. Viele der in Jüngers Tagebüchern verstreuten Gedanken kehren in dem allegorischen „Roman" *Heliopolis* (1949) wieder. Eine geistvoll gläserne Konstruktion politisch-menschlicher Auseinandersetzungen von unmittelbarer Aktualität wird in ein dichterisch gemeintes Gewand gekleidet, im Glauben, „daß echte Politik nur möglich sei, wo Dichtung vorausgegangen war". Wieweit aber bestimmt die Konstruktion das lebendig Zukünftige? Jünger nimmt hier die moderne Form des Romans als geistig konzentriertes Experiment auf, fern vom überlieferten Realismus, mit der Absicht, „ein vorbildliches Modell zu schaffen, das wie ein wirklicherer Kern in dem historischen Objekt enthalten war, und der es steuerte". Die Bücher *Der Waldgang* (1951) und *Besuch auf Godenholm* (1952) ließen den Eindruck aufkommen, daß Jünger sich in der Starrheit seiner intellektuellen Mythologismen, in der konstruktivistischen Egozentrik seiner geistigen Positionen zum Epigonen geworden war. Dem widersteht die Spannungsweite seiner Erfahrungen, seine Sensibilität für die in den Dingen und im Zeithaften sich kundgebenden Phänomene. In Reisebüchern verdichtet sich der alte Südtraum zu körperhafter Wirklichkeit; so, wenn Jünger eine auf den Menschen sich reimende ‚ganze' Natur in den Erinnerungen an Rhodos (*Ein Inselfrühling*, 1948) oder im Tagebuch einer sardischen Reise (*Am Sarazenenturm*, 1955) im pflanzenhaften Gewebe von Landschaft, Tieren, Geschichte und Menschengegenwart wie zeitlos aufleuchten läßt. Das „Unbemessene" umkreist meditierend das *Sanduhrbuch* (1954) an der Geschichte der Uhren, durch die das „Geheimnis unseres Seins in der Zeit" blickt – Gegengewicht gegen die Technik, die die Zeit abgrenzt und am unendlichen Raum zehrt. Noch ist möglich, daß ein Felsenstück sich mit seinen Kräutern, Flechten und Moosen zum Universum auswächst; noch sind Wildnis, Wald, Freiheit, Traum und Verzauberung, Kreatur und Kosmos, Gleichgewicht und Geheimnis erreichbar (*Über der Linie*, 1950). „Wir leben in einer Zeitenskala, nicht nur in unserer Gegenwart. Der Europäer gleicht seinen Städten, in denen immer noch alte Gassen und Paläste sind." In *Gläserne Bienen* (1957) steht ein „Einzelgänger mit defaitistischen Neigungen" monologisch-meditativ vor dem Verlust des Reiterzeitalters, vor der neuen Automatenwelt. „Die Perfektion strebt dem Berechenbaren, und das Vollkommene dem Unberechenbaren zu. Perfekte Mechanismen umstrahlt daher ein unheimlicher, aber auch faszinierender Glanz.

Sie rufen Furcht hervor, aber auch einen titanischen Stolz, den nicht die Einsicht, sondern nur die Katastrophe beugt. Die Furcht, aber auch die Begeisterung, die uns der Anblick perfekter Mechanismen mitteilt, ist das genaue Gegenstück zu dem Behagen, mit dem uns der Anblick des vollkommenen Kunstwerkes beglückt. Wir spüren den Angriff auf unsere Intaktheit, auf unser Ebenmaß." Daraus spricht ein romantisch untertönter Klassizismus Jüngers. Es gibt Gemeinsamkeiten zwischen ihm und Gottfried Benn.

Im Wesen verwandt, dennoch anders zeigt sich der Bruder, F r i e d r i c h   G e o r g   J ü n g e r (1898–1977). Reich an Heiterkeit, schwebender Anmut und geistreichem Spiel sind seine Gedichte (*Der Westwind*, 1946; *Die Silberdistelklause*, 1946; *Das Weinberghaus*, 1947, mit den Bodenseeliedern). Ein Bemühen um die schöne Form schließt sich mit frohem Ergreifen des vielstimmigen Lebens zusammen. Große Vorbilder – Antike, Klopstock, Goethe, Hölderlin – werden sehr spürbar; als Zeichen einer dichterischen Bildung, die sich der meisterlichen Tradition bewußt ist. Ein glückliches Lebensgefühl überspielt die Härten des Daseins mit oft scherzender Weisheit. Zu den *Gedichten* (gesammelt 1949) gesellen sich ein vielseitiges Essaywerk aus humanistisch-ästhetischer Geisteshaltung (u. a. *Rhythmus und Sprache des deutschen Gedichts*, 1952; *Die Spiele*, 1953; *Sprache und Denken*, 1962), erzählerische Prosa und Erinnerungen (*Grüne Zweige*, 1951; *Spiegel der Jahre*, 1958).

Neben den denkerischen und sprachlichen Höhenlage der einflußreichen Bücher Ernst Jüngers treten die übrigen Kriegsbücher in den Hintergrund, die in breiter Flut das Kriegserlebnis in das Heroisch-Mystische steigerten und damit einem nationalen Revisionsbedürfnis, dem Wiederherstellungsverlangen der völkischen Ideologie entgegenkamen. So, um nur einen lange viel gelesenen Autor zu nennen, E d w i n   E r i c h   D w i n g e r (1898 bis 1981). Er schrieb als Trilogie die *Deutsche Passion 1915 bis 1924*, deren erster Band von den Leiden in russischer Kriegsgefangenschaft berichtet (*Armee hinter Stacheldraht*, 1929), während der zweite Band (*Zwischen Weiß und Rot*, 1930) die Revolutionskämpfe in Rußland schildert. Im dritten Bande (*Wir rufen Deutschland*, 1932) sprach Dwinger einen Jünger verwandten Schicksalsglauben aus, dessen Heroismus und trotzende Härte eine rauschhaft dunkle Neigung zum Abgrund umschließt.

In welchem Ausmaß das Erlebnis des Krieges die geistige Haltung prägte, zeigt das künstlerisch nicht sichere, oft willenhaftheroisch gewaltsame, oft gefühlhaft sentimentalisierte, vielfach auf Gebärde und Effekt bedachte Werk von Rudolf G. Binding (1867–1938). Er hatte durch die Begegnung mit der Plastik Griechenlands und dem Anspruch des Soldatischen den Weg zum Dichterischen gefunden. In *Erlebtes Leben* (1928) verflocht er mit dem Selbstbildnis eine Auseinandersetzung mit der bürgerlichen Endzeit, in der er sich zu einer Aristokratie des Geistes bekannte, die das englische Gentleman-Ideal mit ritterlich-soldatischer Haltung und antiker Klarheit zu verbinden suchte. Er schrieb ironisch-heitere *Legenden der Zeit* wie *Coelestina* und die *Keuschheitslegende* (1919), psychologisch pointierte Novellen *(Opfergang, Waffenbrüder)*. Reizvoll ist die zierliche *Moselfahrt aus Liebeskummer* (1932). Binding kombinierte starke Gefühle mit strenger Haltung; er suchte die „äußerste, zwingende Bestimmtheit der Form". Seine Kriegsnovellen *(Unsterblichkeit*, 1921; *Wir fordern Reims zur Übergabe auf*, 1934) suchen bei aller Betonung männlich-soldatischer Haltung das Menschliche im Bewußtsein der tragischen Abgründe des Krieges. Bindings *Kriegstagebuch* (1925) sprach „im ungeheuren Übel" von der Besinnung auf das Geschick „Mensch zu sein". Er nannte seine Kriegsgedichte bezeichnend für diese Haltung *Stolz und Trauer* (1922); er bejahte einen moralischen Sinn des Krieges und drängte damit jenes ethisch-humanistische Erbe zurück, das ursprünglich in seinem konservativen Willen zur gültigen Form, zur Herrschaft des Geistes in ihr lag.

Paul Alverdes (1897–1979) gestaltete aus eigenen Lazarett-erinnerungen die Novelle *Die Pfeiferstube* (1929), die die gegnerischen Soldaten in der gleichen leidenden Menschlichkeit zueinander finden läßt. In *Grimbarts Haus* (1949) schildert er mit gepflegter und fester Sprache die Tragödie eines Vaters, dessen vier Söhne der Krieg mordet. Alverdes bevorzugte die kleinen Erzählformen; Ludwig Tügel (1889–1971) widmete sich ihnen neben dem expressionistisch gesteigerten Roman *Sankt Blehk* (1934) und der hintergründig-ironischen *Pferdemusik* (1935), einem der eigenwilligsten Bücher dieser Jahre. Seine Grunderlebnisse waren die niederdeutsche Küstenlandschaft mit ihrer schwermütigen Einsamkeit, ihrem Spuk und Dämmer (z. B. *Die See mit ihren langen Armen*, 1940) und der Krieg – als Frontkameradschaft und Verwandlung des Lebens, das nicht mehr zum Bürgerlichen zurückfinden kann. Niederdeutsch ist seine grüblerische Versponnenheit, sein besinnlich-grotesker Humor. Den Typus der germanischen Saga-Erzählung, der von den

Skandinaviern Knut Hamsun und Olav Duun beeinflußt wurde, nahm Tügel in *Frau Geske auf Trubernes* (1936) nicht glücklich auf. Mehr Rang gewinnen die Erzählbände *Das alte Pulverfaß* und *Auf der Felsentreppe* (1947). Locker gefügt, zeigt der umfängliche Roman *Die Charoniade* (1949) zwischen Humor und Schwermut, Ironie und Zartheit, Posse und Tragik das Versponnene des Tügelschen Weltbildes, sein Ringen um Wahrhaftigkeit des Menschlichen und sein Schweifen zwischen Wirklichkeit und innerem Gesicht. Tügel wählt, psychologisierender Analyse fern, eine Symbolsprache, die die Tradition des Romans des 19. Jahrhunderts aufnimmt.

Der Beunruhigung durch die Gesellschafts- und Bewußtseinsveränderungen, die sich seit den letzten Jahren vor dem Ersten Weltkriege in allen Lebensbereichen bemerkbar machten, Zeichen einer Jahrhundertablösung, hatte sich eine Rückwendung zu den Formen und der Sprache der Tradition entgegengerichtet. Der Abhängigkeit von der Zeit trat eine konservative, sich gleichwohl als Erneuerung empfindende Entscheidung zum Geschichtlichen als Bewahrung des Metaphysischen, Humanen und Poetischen gegenüber, die eines Gehäuses des Schutzes, der Sicherung bedurfte. Eine breite Generationsgruppe, im wesentlichen eine Gruppe nach der expressionistischen Generation und im konservativen Bürgertum beheimatet, fand es in zurückverpflichteten Formen, in einer Symbolsprache, deren Brüche und Verdünnungen in der seither gewonnenen historischen Distanz deutlich werden. Sie sind Signale einer Zwischensituation, in der sich Bindungen an das 19. Jahrhundert seit der Goethezeit noch nicht gelöst hatten, aber zunehmend lockerten.

Hans Carossa (1878–1956) erlebte den Krieg als Erschütterung und Besinnung. Sein *Rumänisches Tagebuch* (1924) forderte als Pflicht des geistigen Menschen die Bewahrung klarer innerer Werte im Zusammenbruch einer Welt. „Die Jahre des Wiederaufrichtens nach ungeheurem Einsturz, das sind die guten Wachstumsjahre der Völker. Zwar erkennen immer nur wenige besonnen-tätige Geister die Vorteile der Niederlage; aber auf diese wenigen kommt es an, und während andere genießen, anklagen, verfluchen und aufwühlen oder der Menschheit vorschreiben, wie sie sich von nun an zu entwickeln habe, bereiten jene still die Zukunft vor." Entscheidende Eindrücke für sein Dichtertum waren das Werk Goethes, die Innigkeit landschaftlich-heimatlicher Traditionen, der stille Dienst am täglichen Dasein als Zugang zu den ewigen Gesetzen der Welt und des Göttlichen. Hier wird das Ganze des Lebens als Fülle erweckter Kräfte bejaht und die Einheit von Natur und Geist, von Kosmos und Geschichte vom persönlich erfahrenen Leben aus bestätigt. Immer ist bei Carossa die Natur tröstendes Sinnbild des Lebens, zeichnet sich ein Ethos der Gemeinschaft ab und fühlt sich der Mensch zugleich dem Dämonischen und dem Göttlichen nahe. Carossa zog sich in die Innerlichkeit eines aus der Seele heraus reifenden Lebens zurück, das in allen Dingen die Symbole und Wahrheiten unzerstörbarer Ordnungen findet. Gerade weil er, empfindsam und sittlicher Pantheist, unter dem Ratlosen der Zeit litt, wollte er sein Werk als eine Stimme aus dem Geheimen der Seele und des Universums, als ordnende Macht über es hinausführen. *Doktor Bürgers Ende* (1913) wurde ein Buch innerer Verzweiflung, einer wertherhaften Krise. Der Roman *Der Arzt Gion* (1931) sprach von der unzerstörbaren Wirklichkeit erlösender Wachstumskräfte. Schon 1922 erschien der erste Band *Eine Kindheit* seiner großen dichterischen Autobiographie, die sich in *Verwandlungen einer Jugend* (1928), in *Führung und Geleit* (1933), in dem *Jahr der schönen Täuschungen* (1941) fortsetzt und auch die *Geheimnisse des reifen Lebens* (1936) durchzieht. Der alte südbayrische Kulturboden, ein lebensoffener Katholizismus, die humane Kultur des Vaterhauses geben die Grundlagen; die Münchner Studentenjahre, die ärztliche Tätigkeit sind die Erprobung, Wege zur Reife und inneren Sicherheit. Still geht Carossa durch die Dinge, ihren zarten Schwingungen hingegeben, „im engsten Kreise wachsam" für alles Heilende, Befreiende und Zeitlos-Wahre. „Die Wege der Finsternis werden immer bald zu Ende gegangen; als undurchmeßbar aber erweist sich das Mysterium des Lichts." Carossa neigt auch als Erzähler zum Lyrischen. Die Entwicklung seiner *Gedichte* (letzte Ausgabe 1948) von Dehmel und George zur Nähe Goethes ist das Zeichen einer Läuterung und Klärung, die die Offenheit für alles Dasein mit dem Wissen um seine Symbolkraft vereint. „Raube das Licht aus dem Rachen der Schlange", war das Motto des „Tagebuchs". In Carossas letztem Lyrikbande *Stern über der Lichtung* (1946) heißt es:

> Aus tiefem Abend glänzt ein heller Stern,
> Den wir vor lauter Wald sonst nie gesehen.
> Er mahnt zur Heimkehr, und wir folgen gern.
> Wir müssen vor dem klaren Licht bestehen.

Die *Aufzeichnungen aus Italien* (1947), von 1925 bis 1943, zwischen den Trümmern Münchens verlaufend, schwermütig gekrönt von der *Abendländischen Elegie*, sind Carossas Dank an die heilend-befreiende Wirklichkeit dieses Landes, zugleich ein vom Endgefühl durchzitterter Abschied von einer zerfallenden Epoche hoher Kultur. Mehr ein Bekenntnis als Dichtung, mehr ein Buch erinnernder Selbstbefragung als der Verwandlung ist Carossas Rückblick auf die zwölf Jahre des deutschen Verhängnisses *Ungleiche Welten* (1951). „Versöhne sich jeder mit seiner Seele; einmal wird er mit ihr allein sein. Weltverwandlung reift in totgesagten Völkern. Wer sich fügt in ein heilbringendes Werk, hilft die Tränen der Vertriebenen stillen. Die Stunde naht, wo auf dem bleichen, verstörten Antlitz wieder das Lächeln erscheint, das himmlische, das nur dem Menschen gelingt." *Der Tag des jungen Arztes* (1955) schließt das Lebenswerk ab.

Um die Bewahrung des Menschlichen im trotzend-harten und zu höchster Kunst zwingenden Kampf gegen eine entgötterte Wirklichkeit, gegen den Verrat des Erhabenen und des Schönen und gegen die Dämonen des Untergangs rang der Lyriker J o s e f W e i n h e b e r (1892–1945). Ihm waren Wien und seine Musik die Heimat, aber er maß sein Werk mit hohem Anspruch an den Meistern der Kunst und empfing von ihnen das Wissen um ihre Würde. Nach expressionistisch beeinflußten Anfängen (*Der einsame Mensch*, 1920) vollzog er die Ablösung vom Expressionismus, indem er sich zu der Strenge antiker Formen, zur Zucht bindender Werte als Gesetzgeber und Erzieher durch Wahrheit und Tiefe des Wortes bekannte. Sein Leben war lange ein einsamer Kampf um Berufung und Anerkennung; sein früher Roman *Das Waisenhaus* (1925) spricht von bitteren Jugendjahren. Zwei weitere Romane mit autobiographischer und zeitkritischer Thematik macht die *Gesamtausgabe* (1953 ff.) zugänglich, die auch eine Fülle unbekannter Gedichte bringt und so erst die Entwicklung des Lyrikers einsichtig werden läßt. Gegensätze berühren sich: Im Willen zur absoluten Form zeigen sich Weinheber und G. Benn verwandt, ebenso im Pessimismus des zum Untergang gewandten Lebensgefühls, in der Einsamkeit des Künstlers, nur daß Weinheber sich in die konservative Formtradition zurückgeschlossen hat und so epigonale Züge nicht verleugnen kann. Der lyrische Sammelband *Adel und Untergang* (1934) gab den ersten Einblick in den Reichtum seiner Sprachmöglichkeiten und den tragisch-pathetischen Ernst dieser dem Dichterischen als Leid, Schicksal und Adel zugewandten Seele.

Bittrer Becher, sei uns gesegnet! Ach, wer
leidet denn genügend – und wer denn wurde
je zu tief gehöhlt, dem die streng gespannte
Saite erbebte?

Josef Weinheber erneuerte antikisierend die Formen der Ode
und Hymne mit grüblerischer Gedanklichkeit, er folgte Michelangelo und Hölderlin, er fand volksliedhafte Töne. In den zwischen
Heimweh, Spiel, Parodie und Schwermut schwebenden Dialekt-
gedichten von *Wien wörtlich* (1935) rief er das Bild des alten
Wien herauf; in *O Mensch, gib acht* (1937), dem „Kalenderbuch
für Stadt und Land", begleitet er menschliches Leben im natürlichen Rhythmus des Jahreslaufes. Zur Kunst der Form kehrt
die *Späte Krone* (1936) zurück, die die Sonettenkränze an die
Dämonie der Nacht und über das Schicksal des Künstlers enthält. In den Oden *Zwischen Göttern und Dämonen* (1938) entfalten sich die Gesetze einer Leid und Zwiespalt einschließenden
Menschlichkeit, vom Wissen um die äußerste Bedrohtheit der
Zeit umschattet. Einzigartig erklingt die Musikalität von Weinhebers Sprache in dem Bande *Kammermusik* (1939). Er stellte
sich in Ernst und Verantwortung neben George und Rilke, ohne
aber in der virtuosen Vielfalt seiner Töne das Zwingende und
Eigene ihrer Geschlossenheit zu erreichen. Das letzte Gedicht-
buch *Hier ist das Wort*, postum 1948, wandelt seine Grundmotive ab und bestätigt seinen einsamen, schwermütigen Pessimismus, der sich am Ende der abendländischen Kultur als letzter
Sänger von Adel und Schönheit fühlte. Zugleich läßt dieser Band
in den Dichtungen um die Sprache, die Formen und Seinsweisen
der Lyrik seine Gefahr eines allzu der eigenen Kunst bewußten
Spiels mit den Möglichkeiten von Wort, Metrum und Form erkennen. Weinheber blieb einsam dem Zwange der Zeit auch
dann fern, als ihm nach langem Warten ein breiter Erfolg und
Ruhm zuteil wurde.

Furchtbar gehn wieder die Schlachten, o Schlachten
                    der Faust wie des Geistes,
zwecklose Träne, sie rinnt um der Getöteten Mal.
Was nicht taugt in des Tages gehäuftes Maß der
                    Verpflichtung,
stirbt, stehn Männer nicht auf, Zwecklosem Anwalt zu sein.
Wer behütet den Sinn und wagt das Unzeitgemäße,
haben die Dichter nicht Mut: Klage und Trauer und Traum?
Sie, doch ewig im Abschied, um ewig Heimat zu finden,
müßten sie, friedlicher Vers, Deines nicht leidvoll erneun?

Ach, versuch's, ersterbender Klang! Vielleicht daß der Götter
Segen noch einmal dir schenkt: Zukunft, Lebendigkeit, Glück.

Weinhebers freiwilliger Tod 1945 war die innere Konsequenz
des von ihm gestalteten Weltbildes.

Ähnlich wie bei Carossa und Weinheber ist bei Ernst Wiechert (1887–1950) das Werk eine im eigenen Schicksal ver-
ankerte Einheit. Dem schwermütig verinnerlichten Ostpreußen
wurde der Weltkrieg zur Erschütterung, in der er das radikal
Böse erfuhr, die Wirklichkeit des Brutalen auf Erden. Die Romane *Der Wald* (1922) und *Der Totenwolf* (1924) waren lyrisch
gesteigerte Bekenntnisse einsamer Verzweiflung. Der *Knecht
Gottes Andreas Nyland* (1926) gestaltete den mühsamen Weg
zu einer Liebe, die nichts mehr für sich will, nur in Demut zu
werden erwartet, was sie im Innersten sein soll. Wiechert fragte
nach heilenden Mächten – in der Stille unberührter Landschaft,
im gesetzhaften Atmen der Natur, im ursprünglich-reinen Dasein.
„Die herrliche Freiheit dessen, der im Einklang mit seiner Erde
lebt... so einfach ist das Leben, wenn jeder Tag in sich selber
ruht und nur die Speise verdienen will, die man am Abend
braucht, und den Schlaf, der zum neuen Tag stärkt." Er ist ein
lyrischer Träumer in der *Flöte des Pan* (1930) und der *Hirten-
novelle* (1935), ein grübelnder Sucher nach echtem Leben und
nach einem Gott, der sich immer wieder entzieht und den Menschen in Bitterkeit oder müde Resignation zurückstößt. Einsamkeit und Leid liegt über den Menschen Wiecherts und ihrem
stillen Dulden und Tun. 1932 erschien *Die Magd des Jürgen
Doskocil*, 1934 die Erzählung vom Kriegsheimkehrer *Die Ma-
jorin*. Wiecherts Sprache kommt aus dem Melodisch-Träume-
rischen, aus einem seiner Wirkung sehr bewußten Lyrismus des
Gefühls. Aus Sehnsucht und Erinnerung entstand das Buch der
ostpreußischen Landschaft *Wälder und Menschen* (1936), eine
Geschichte seiner Jugend. In *Das einfache Leben* (1939) gab er,
fern den Zeittendenzen, das Bekenntnis seines Glaubens an heilende Kräfte der Einsamkeit. Aus Wiecherts oft verzweifeltem
Ringen um die Wirklichkeit Gottes spricht eine flehende Glau-
benssehnsucht. Vom Christlich-Humanen aus nahm seine Erzählung *Der weiße Büffel* (veröff. 1946) das aktuelle Problem von
Macht und Recht auf – Wiechert litt unter der Brutalität der
Macht im Dritten Reich, und er, dem oft ein Mangel an Lebens-
wirklichkeit und Willen vorgeworfen wurde, hatte den Mut zum
Protest um des Rechtes willen. In dem Bericht *Der Totenwald*

(1945) zeichnete er mit erschütternder Ausweglosigkeit der
Seele die Monate seiner Gefangenschaft im KZ Buchenwald auf
– „den Toten zum Gedächtnis, den Lebenden zur Schande, den
Kommenden zur Mahnung". Bereits in dem *Spiel vom deutschen
Bettelmann* (1933) ging es ihm um die symbolische Darstellung
des deutschen Schicksalsweges seit der Vorkriegszeit; der Entwicklungsroman *Die Jerominkinder* (1945 f.), der nach Ostpreußen zurückführt, ist die Auseinandersetzung mit der Epoche am
Lebenswege eines Bauernknaben, der nach Gerechtigkeit sucht
und sie, in lastendem Pessimismus, jenseits des großen Lebens
und ohne Gott, mit tiefer Resignation nur im bescheidenen Dienst
am Täglichen und Menschlichen zu finden meint. Immer neu
gestaltet Wiechert den Mythos vom einfachen Leben; hingegeben
dem Geheimnis des Elementaren, den Mächten eines irrationalen
Natur- und Lebensgefühls. Seine Novellen *(Der silberne Wagen,
1928; Das heilige Jahr,* 1936) gehen in das Märchenhaft-Mythische
über. Die Schwächen der Prosa Wiecherts verrät am deutlichsten
sein letzter Roman *Missa sine nomine* (postum 1950). Die breite
Erzählung gerät in Kitsch und Kolportage hinein – eine dauernde Gefahr der subjektivistischen Formunsicherheit Wiecherts.
Mit diesem Mythos vom einfachen Leben als Abwehr der geistigen Krise der Zeit stand Wiechert dem Typus der landschaft-
lich-heimatlichen Bauerndichtung nahe; allerdings ohne sich in
ihre Enge und mythisch-rassische Ideologie zu verlieren. Aus
dem schöpferischen Grunde von „Blut und Boden" erwartete
man eine Gesundung der Zeit; der neue Bauernroman wurde
programmatisch gegen die Intellektualität der Zivilisation, gegen
die gestalthaft-klare Form einer christlichen Humanität mit starker Betonung des Mythischen, Heidnisch-Urtümlichen ausgespielt. Der aus Bestrebungen der Heimatkunst angeregte, durch
die landschaftlich-atmosphärische Anschauungskraft des Naturalismus sprachlich vertiefte Bauernroman, der seit 1933 politisch-
ideologisch sehr gefördert wurde und einer rationalen „Verstädterung" der Literatur „heilsame" Gegengewichte entgegen-
setzen sollte, arbeitete das Bindende und Beharrende, das bio-
logisch-rassisch Elementare und Emotionale stark heraus; er zog
sich aus den Fragen der Zeit in das Unbewußte, Überindividuelle und oft Idyllisch-Verinnerlichte zurück. Gerade bei seinen
zahlreichen Vertretern muß zwischen echtem Ausdruck und kon-
junkturbedingter Spekulation sorgsam geschieden werden. Mit
allen Kräften seiner Begabung ist der vagabundierende, vitale
Oskar Maria Graf (1894–1966) im bayrischen Volkstum

verwurzelt. Seinen derben Naturalismus mildert ein kräftiger Humor. 1918 schloß er sich der sozialistischen Revolution in München an. Wucht und Lebensfülle geht von ihm aus; er erzählt einfach, oft im Dialekt Bauerngeschichten, soziale Novellen, Chroniken, Kulturbilder aus Bayern. *Die Revolutionäre* (1918) war der Beginn; die *Chronik von Flechting* (1925) und der Eheroman des Bahnhofvorstehers *Bolwieser* (1931) sind aus urwüchsiger Heimatlichkeit gestaltet. Ebenso die prächtigen *Kalendergeschichten* (1929). Eine Selbstbiographie aus politischer Kampfzeit ist *Wir sind Gefangene* (1927). 1933 ging Graf ins Exil. 1946 kam *Das Leben meiner Mutter* heraus. Graf erzählt hier wie meist auf autobiographischer Grundlage, „von jenen unbeachteten, natürlichen Dingen... von der stillen, unentwegten Arbeit, von der standhaften Geduld und der friedfertigen, gelassenen Liebe". In solcher Verbindung von heimatlicher Bodenständigkeit und politisch revolutionärer Zeitnähe ist Graf eine Ausnahme geblieben.

Alle Landschaften fanden jetzt ihre Erzähler. Der Schwabe Peter Dörfler (1878–1955) schrieb die Trilogie vom Opfergang einer schwäbischen Müllerstochter, die mit ihrem Leben der Bewahrung des Geschlechts und ihres Erbes dient (*Die Lampe der törichten Jungfrau, Apollonias Sommer, Um das kommende Geschlecht*, 1930/32). Der Alemanne Hermann Eris Busse (1891–1947) gab als Geschichte von drei Generationen die Schwarzwald-Trilogie *Bauernadel* (1929/30). Seinen rheinischen Roman *Der Erdgeist* (1939) nannte er eine *Saga vom Oberrhein*. Unter dem Einfluß skandinavischer Erzähler, vor allem Knut Hamsuns, entwickelte sich ein eigener Typus des Saga-Romans, der von den überindividuellen und schicksalhaften Gemeinschaftskräften ausging. An die Stelle der Wirklichkeit trat eine romantisch-literarische Utopie, ein blinder Mythos. Der Mecklenburger Friedrich Griese (1890–1975) fügte den Menschen in den Ring des Jahres ein, in das dumpfe Gewebe der Erdkräfte. Das Bäuerliche wird ins Mythische gehoben – als Wesen, „das schwer und abgründig heimlich nur in sich selber hängt". Die Romane *Der ewige Acker* (1930) und *Das letzte Gesicht* (1934) spiegeln Krieg und Nachkriegszeit im Verfall und neuen Aufbau eines Dorfes. Der Roman *Winter* (1927) zeigte den Untergang kraftlos gewordener Bauerngeschlechter; das *Dorf der Mädchen* (1932) nahm den Gegensatz von Grundherrn und hörigen Bauern auf. In der *Wagenburg* (1935) wird von dem Bauernknecht erzählt, der in pflichtbewußter Treue aus dem

napoleonischen Feldzug für seinen Herrn Pferd und Wagen
rettet. Noch mehr als Griese stand der Österreicher Karl
Heinrich Waggerl (1897–1973) mit seinem Siedlerroman
Brot (1930) und dem ländlichen Roman *Das Jahr des Herrn*
(1933), der Landschaft und Glauben verwebt, unter dem Einfluß
Hamsuns. Unverkennbar ist dagegen die Einwirkung Dostojewskijs in dem Roman *Schwarze Weide* (1937) des Schlesiers
Horst Lange (1904–1971), der mit epischem Atem die ekstatische Entbundenheit eines triebhaften Menschentums in östlicher
Landschaft schildert. Der Pessimismus des Buches steigert die
Wirklichkeit ins expressiv Dämonische. Sichtbar wird, was Naturalismus und Expressionismus für die Umformung der Prosa
bedeutet haben; brutale Wirklichkeit erhält traumhaft Hinter-
gründiges. Der Realismus schließt das Mystische ein. Dieses Buch
hatte nichts mit der Blut- und Erdmystik des Bäuerlichen zu
tun. In die niederdeutsche Heide- und Moorlandschaft führt
Margarete zur Bentlage (1891–1954) mit ihren Romanen
Unter den Eichen (1933) und *Die Verlobten* (1938), – „darin die
Menschen und Dinge ihrem mythischen Sein zurückgegeben
sind". *Das Grimmingtor* (1926) der Österreicherin Paula
Grogger (geb. 1892) verbindet Heimat, Bauernleben und Geschichte in der napoleonischen Zeit. In allen diesen Büchern liegt
eine Flucht in ein erträumtes und ersehntes Reich ungebrochener
Naturkräfte, ein oft fragwürdiges Spiel mit dem Reiz des Primitiven und triebhaft Elementaren. Über das niederdeutsch Heimatliche weitete Hans Friedrich Blunck (1888–1961) mit einer
unerschöpflichen, allzu konjunkturbereiten Produktionskraft seinen Stoffraum hinaus – bis zur germanischen Urgeschichte. Er
schrieb eine halb geschichtliche, halb sagenhafte Trilogie aus der
hanseatischen Vergangenheit *Werdendes Volk* (1920/23), eine Romantrilogie aus der germanischen Frühgeschichte *Urvätersaga*
(1925/28). Er versenkte sich in Märchen und Spukgeschichten
Niederdeutschlands *(Märchen von der Niederelbe)*, sammelte
Kurzgeschichten *(Feuer im Nebel*, 1940) – wohl seine beste Leistung. Gerade bei Blunck zeigen sich die Gefahren einer tendenz-
bewußten, in das Politische gesteigerten Heimatkunst, die sich
als Programm gebärdet und damit an Wahrheit verliert.

Dies ist genau zu scheiden gegenüber jenen, bei denen, mit
einem anderen Spielraum des künstlerischen Vermögens, das
Verhältnis zum heimatlich Landschaftlichen sich weiteren geistigen Dimensionen einordnet; in ihnen eine Teilhabe erhält; dort
also, wo Naturbindung ins Geistige aufsteigt und sich in den

Eigenbezirk des Poetischen verwandelt. M a n f r e d H a u s -
m a n n (geb. 1898) ist ein lyrischer Romantiker, beheimatet in
der Atmosphäre der norddeutschen Tiefebene. Seine Sprache bewegt sich zwischen Traum und Spiel, Heiterkeit und Schwermut.
Dem innigen *Marienkind* (1927) folgen köstliche Erzählungen
wie *Lampioon küßt Mädchen und kleine Birken* (1928), *Salut gen
Himmel* (1929), der Reisebericht *Kleine Liebe zu Amerika*
(1931) und das heitere Buch *Abel mit der Mundharmonika*
(1932). Nach Island, in die inneren Kämpfe einer alternden Frau
führt der Roman *Abschied vom Traum der Jugend* (1937). Von
weicher Musikalität ist seine behutsame Lyrik (*Jahre des Lebens*,
1938; *Alte Musik*, 1941). Der Bühne gab Hausmann die ganz aus
norddeutscher Atmosphäre heraus gedichtete Ballade *Lilofee*
(1929) – es ist die Sage von der Braut des Wassermanns Smolk,
die sich, mitten in unserer Wirklichkeit, vom Irdischen schmerz-
lich-sehnsüchtig löst. Mysterienspiele seit 1946 deuten auf Haus-
manns aus dem Schicksal der Zeit erwachte Wendung zum
Christentum.

In Holstein lebte, lange wenig beachtet, als ein bedeutender Lyriker der verborgen-sichtbaren Kräfte und Chiffren der Natur,
dankend-demütig, heiter spielend, schwermütig-versponnen, ein
Dichter, dem die Natur Weltgleichnis ist, Zeichen aller Wirklichkeit, dennoch Befreiung über ihr: W i l h e l m L e h m a n n
(1882–1968). Seinen Gedichten (jetzt gesammelt in der Gesamtausgabe, 1962) ist eine eigene Einverwandlung der Naturphäno-
mene in das Poetische, eine neue Art ihrer Sicht, eine unverwechselbare Sprache, die Genauigkeit mit Leichtigkeit, Detail der
Anschauung mit weiter lyrischer Schwingung vereinigt, geglückt;
in strenger Bildung der Form, bis das Gedicht selbst wie ein aus
sich seiendes Naturwesen, als ein Kunstgebilde aus eigenem Gesetz erscheint. Das Lyrische ist die Grundstimme seines großen,
sich in kritischer Selbstreflektion noch erhöhenden dichterischen
Vermögens. Inspiration und Kunstverstand bestärken einander,
sie bestätigen sich gegenseitig. Dies zeigt Wilhelm Lehmann dem
20. Jahrhundert zugehörig, bei allem Zauber des Romantischen,
den er nicht preisgab, der jungen Generation nahe. Neben das
lyrische Hauptwerk gesellt sich, weniger weit wirkend, die Prosa:
ein nach innen blickendes, doch den Dingen und Menschen
wachsam zugewandtes Erleben und Erfahren durchzieht die
selbstbiographisch getönten Erzählungen (z. B. *Verführerin,
Trösterin*, 1948). Jean Paulsche Innigkeit und ein sorgfältiges
Beobachten und Kennen aller kleinsten Lebewesen im Wunder

der Natur mischen sich in dem *Bukolischen Tagebuch* (1948). „Die Phantasie der Natur ist grenzenlos." An Loerke und Lehmann hat sich fast eine „Schule" der Naturlyrik (H. Kasack, E. Langgässer, G. Eich, R. Huchel, K. Krolow u. a.) angeschlossen, deren Erlebnis eine magische Realität im Sinnlich-Geistigen des Pflanzenhaften ist, eine Aufmerksamkeit auf das kleinste Leben als Hieroglyphe des Ganzen und Unfaßbaren. Und nicht zuletzt erzog Wilhelm Lehmann durch die Intensität seiner knappen, geschlossenen, voll durchformten Sprache, durch ein Ethos des künstlerischen Formbewußtseins. Das Gedicht bedeutet ihm Öffnung von Wirklichkeit, die jenseits der Vergänglichkeit des Zeithaften im einzelnen sinnlichen Naturding, im genau angeschauten Dasein von Pflanze und Tier vom mehr als Wirklichen, von Mythos, von Sage und Märchen, von Urträumen und Urerinnerungen zeugt. Lehmann findet ihre Bilder in der Antike, im Mittelalter – mit leicht romantisierendem Anklang. So hebt sich im Sein der Natur, soweit es innerhalb der modernen Verstörungen noch bei sich selbst bleiben konnte, das Beständige und Überdauernde ab: Zeichen des Namenlosen in den unscheinbaren, vom Idyllischen in das Unbegrenzte weisenden Wirklichkeiten des Naturlebens.

Hans Leip (1893–1983) gelang nach expressionistischen Anfängen in *Godekes Knecht* (1925), der Geschichte der kommunistischen Vitalienbrüder im 15. Jahrhundert, das erste reife Buch. Er hat vielerlei veröffentlicht, getreu der Devise: „Ob berüchtigt, ob berühmt, selig sein im Rausch der Zeiten." Romantik und Abenteuer, Exotisches und Hafenstimmungen durchziehen alle seine Bücher (*Untergang der Juno*, 1930; *Jan Himp*, 1933; *Fähre VII*, 1937). In das Mittelalter kehrt das Epos vom niederdeutschen Leben *Das Muschelhorn* (1940) zurück. Humor und Sentimentalität des Seemanns spielen auf der lyrischen *Kleinen Hafenorgel* (1937/48). Im Hamburg der Vorkriegsjahre spielt der an Thomas Manns Sprachstil geschulte Kindheitsroman *Das magische Jahr* (1945) von Joachim Maass (1901–1972) – ein in seiner geistigen Klarheit und seelischen Wärme anziehendes Buch, dessen Hintergrund das Emigrantenschicksal seines Autors bildet, der seit 1930 mit mehreren Romanen (*Bohème ohne Mimi*, 1930; *Der Widersacher*, 1932) hervorgetreten war. Im Niederdeutschen beheimatet ist der Urenkel des „Wandsbecker Boten" (vgl. S. 214) Hermann Claudius (1878–1980). Seine platt- und hochdeutschen Gedichte aus Stadt und Land, aus Arbeitergassen und Kinderleben sind dem Volkslied nahe (Die Sammelbände *Und weiter wachsen Gott und Welt; Daß dein Herz fest sei).* Neben seine Chronik *Meister Bertram van Mynden* (1927), die Geschichte des niederdeutschen Malers, reiht sich die Zahl autobiographischer Erzählungen (*Armantje*, 1934; *Mein Vetter Emil*, 1938). Die Spannweite niederdeutscher Seelenstimmungen vom Todesgrauen bis zu ironischem Narrentum fängt M o r i t z J a h n s (1884–1979) Gedichtsammlung in ostfriesischer Mundart *Ulenspegel un Jan Dood* (1933/40) ein. In *Die Gleichen* (1939) gestaltete er mit großer Einfühlungskraft eine Seelenbiographie des Göttinger Balladendichters G. A. Bürger (vgl. S. 218), in *Boleke Roleffs* (1930) eine im Chronikstil an Meinholds „Bernsteinhexe" erinnernde niederdeutsche Geschichtserzählung. Ein Romantiker zwischen Traum und Wirklichkeit ist der Franke F r i e d r i c h S c h n a c k (1888–1977). Er begann als ein welttrunkener, verschwebenden Stimmungen lauschender Lyriker *(Gedichte*, 1938); er gab Legenden, Märchen *(Klingsor*, 1922) und Heimatromane (*Sebastian im Wald*, 1926; *Beatus und Sabine*, 1927; *Das Zauberauto*, 1928) heraus. „Das Heimatliche an diesen Schöpfungen ist mir lediglich der Angelpunkt: die Tür geht in die Welt auf." Größte Verbreitung fanden seine lyrisch beseelten Naturbücher, die vom Leben der Schmetterlinge (1928), vom Wunderreich der Falter (1930), von Feldblumen, Heilkräutern, Edelsteinen, Meereswundern und Pilzen erzählen. Zum Märchen wird die Welt in den *Goldenen Schlössern* (1935) von F r i e d r i c h B i s c h o f f (1896–1976), einem Schlesier, der, mit Landschaft und Mystik der Heimat vertraut, das ‚Wunderbare' als Seele und Schönheit zur Sprache bringt (*Der Wassermann*, 1937). Geschichte und Natur, Alltag und Geist der Heimat werden in seinem *Schlesischen Psalter* (1936) aufgerufen. A u g u s t S c h o l t i s (1901–1969) ist als Erzähler dem kleinen Mann, dem Land- und Stadtproletariat nahe, mit satirisch fabulierendem, aggressivem Humor, mit einer Sozial- und Zeitkritik, die ihn alte und neue Verbotstafeln nicht scheuen ließ (*Ostwind*, 1932; *Die Katze im schlesischen Schrank*, 1958; *Die Reise nach Polen*, 1962). Schlesien während und nach dem Nationalsozialismus ist Thema des Romans *Fluchtburg* (1955) von G e r h a r t P o h l (1902–1966), der als Herausgeber von „Die neue Bücherschau" (1924/32), als Erzähler den Erlebniskreis des Heimatlichen von Verfälschungen freihielt (*Die Brüder Wagemann*, 1936; *Engelsmasken*, 1954) und die alte Nord-Süd-Spannung (*Harter Süden*, 1957; *Wanderung auf dem Athos*, 1960) aufnahm.

Joseph Ponten (1883–1940), reiselustiger Rheinländer und verhinderter Architekt, stand in frühen Romanen (*Siebenquellen*, 1908; *Der Babylonische Turm*, 1918) dem Expressionismus nahe. Eine kulturgeschichtliche Meisterleistung waren seine *Studenten von Lyon* (1927); die Geschichte junger Kalvinisten, die der Inquisition verfallen. Der Roman *Salz* (1922) wurde in einzelnen entscheidenden, in sich selbständigen Situationen der Entwicklungsroman des modernen Menschen. Pontens Erzählkunst erreichte ihre größte Reife in der Novelle; *Der Meister* und die *Bockreiter* sind Zeugnisse. Er schrieb farbig bewegte Reisebücher (*Griechische Landschaften*, 1914; *Europäisches Reisebuch*, 1928). Ein „Reiseroman" in enzyklopädischer Steigerung sollte der Zyklus vom *Volk auf dem Wege*, der Geschichte der Wanderungen des deutschen Volkes in der Welt, werden. Fünf Bände wurden vollendet (*Im Wolgaland*, 1933; *Die Väter zogen aus*, 1934; *Rheinisches Zwischenspiel*, 1937; *Die Heiligen der letzten Tage*, 1938; *Zug nach dem Kaukasus*, 1940). Mit volkstümlichem Erzählton verband Ponten eine die Stoffmassen beweglich gliedernde Aufbautechnik. Aus einer Amerikafahrt entstand das *Grenzerbuch* (1927) des Österreichers Friedrich Freiherr von Gagern (1882–1947), dessen monumental angelegte Romane, epische Dichtungen großen Stils, in exotischen Fernen oder in der Geschichte von Kärnten und Krain Völkerschicksale formen: das innere Antlitz der Indianer im *Marterpfahl* (1925) und *Toten Mann* (1927), die Kämpfe und das Rebellentum der Kroaten in *Ein Volk* (1924), dem Heldenlied des scheiternden Freiheitspropheten. In *Die Straße* (1929) wird das Völkergemisch dieser südöstlichen Grenzlande, in „Kämpfen zwischen Klärung und verfinsterndem Aufdunst der Tiefen", mit dem Bau einer Straße verflochten, die Spuk und Dämonen des unbetretenen Landes aufstört. Eine Problematik mußte sich jedoch einstellen, wenn dieser erzählerische Weltausgriff, der die Verengungen der Heimatkunst auflöste, zumindest stofflich weitere Dimensionen öffnete, zur literarischen Manifestation eines aktuell bezogenen Weltanspruchs wurde; wenn aus der Geschichte, wie es sich im politisch zielenden Roman seit etwa Adam Müller-Guttenbrunns (1852–1923) Trilogie *Von Eugenius bis Josephus* (1913 ff.) anbahnte, Rechte der Gegenwart abgeleitet, der Roman in Ziele des nationalen Imperialismus eingespannt wurde. Hans Grimm (1875–1957) hätte in *Südafrikanische Novellen* (1913), im *Ölsucher von Duala* (1918), in der *Olewagen-Saga* (1918) die Kolonialwelt literarisch sichtbar gemacht: mit eigener künstlerischer Erfassung von Atmosphäre, Landschaft, der Lebensformen der Engländer und Deutschen. Knapp, herb, geschlossen im Stil, erreichte er in der kleinen Form einen erzählerischen Rang. Hingegen mißglückte der breite Entwicklungsroman eines Auswanderers *Volk ohne Raum* (1926); schleppend, mit Stoff und Gedanklichkeit überfüllt. Sein Programm, „ein nationales Menschenrecht sich von neuem zu erzwingen", ließ, wohl ohne seine Absicht, den Titel zum Schlagwort des machtgierigen nationalistischen Imperialismus werden.

Der im 19. Jahrhundert ausgearbeitete erzählerische Realismus bildete die stilistisch konservative Grundstruktur dieser Romane und Erzählungen, die unangefochten blieb, selbst wenn sich ihr Formelemente beimischten, die auf die Veränderungen der Prosa hinwiesen, die sich zwischen dem Naturalismus und dem Expressionismus eingestellt hatten. Dieser konservativen Grundstruktur entsprach die thematische Auswahl, exemplarisch in der Bevorzugung des Geschichtlichen. Sie wird auch dort auffällig, wo sich eine Wiederaufnahme religiöser Motive, Tendenzen abzeichnete, es sich geradezu um eine Regeneration einer religiösen Literatur aus beiden Konfessionen handelte, die als eine Erneuerung und Wandlung der Gegenwart, zugleich aber auch als eine Abwehr, als ein Schutz gegen sie verstanden wurde. Religiöse Literatur wurde notwendig Reflexion auf die Geschichte der Religion, auf ihre Verwirklichung als Geschichte. Dies wurde bekräftigt durch die noch von der sog. ‚Neuromantik' berührte Generationslage der Autoren. Es lag in der Unterschiedlichkeit der Konfessionen begründet, daß in dieser Regeneration religiöser Dichtung den katholischen Schriftstellern künstlerisch und in der thematischen Spannungsdimension ein Vorrang zukam.

Protestantischer Glaube, ererbter bürgerlicher Humanismus und die Ehrfurcht vor dem Volklich-Geschichtlichen bilden die Grundlage der Erzählkunst von I n a S e i d e l (1885–1974). Sie begann mit sanfter, schwermütiger Lyrik (*Weltinnigkeit*, 1918). Einsamkeit und Verwirrung des Herzens – das war das Grundthema des historisch und psychologisch meisterlich erzählten Romans um den Weltfahrer, Schriftsteller und Revolutionär Forster (vgl. S. 231), den sie *Das Labyrinth* (1922) nannte. Mit wechselndem Geschick ließ sie eine beträchtliche Reihe von Romanen herauskommen. Den größten Erfolg brachte *Das Wunschkind* (1930), ihr Hauptwerk, aus dem Ina Seidels Mütterlichkeit und Menschlichkeit mit gütiger Weisheit spricht. Es ist, in der napoleonischen Zeit, die Geschichte eines Knaben, der zum Manne wird und das von der Mutter vorausgeahnte Schicksal im Tode für das Vaterland erfüllt. Damit war einer der traditionellen deutschen Erziehungsromane gestaltet. Ina Seidel hob den Stoff zur „Bedeutsamkeit des Symbols", zum Gleichnis und Spiegel. „Der Tag wird kommen... da die Tränen der Frauen stark genug sein werden, um gleich einer Flut das Feuer des Krieges für ewig zu löschen." Um das Schicksal der Frau seit dem Weltkriege geht es in *Der Weg ohne Wahl* (1933). Ein protestantischer Geschichtsroman wurde das Buch vom Weg und Wandel des Protestantismus *Lennacker* (1938), das einem Heimkehrer aus dem Kriege in zwölf Träumen zwölf Generationen einer sächsischen Pastorenfamilie erscheinen läßt. Abseitige Pfade beschreitet ihre Erzählung *Unser Freund Peregrin* (1940), eine Nachdichtung der Gestalt des romantischen Dichters Novalis. 1937 erschienen, aus reiner Gefühlskraft in schlichter Schönheit gebildet, die *Gesammelten Gedichte* Ina Seidels. Der religiöse Roman *Das unverwesliche Erbe* (1954) schließt in einem konservativen und vom Sentimentalen aufgeweichten Realismus als Geschichte der Mütter zyklisch an den „Lennacker" an. Im Ausdruck der Sorge um die Bewahrung des christlichen Erbes, wie es sich im Pietismus und in der strengen Staatsväterlichkeit des preußischen Königs Friedrich Wilhelm I als menschliche Kraft und staatliche Bindung darstellte, erhielt der Roman *Der Vater* (1937) von J o c h e n K l e p p e r (1903–1942) eine mehr als literarische; nämlich politische Bedeutung. Aus der gleichen Glaubenstreue entstanden seine kirchlichen Lieder, bestimmt, dem protestantischen Gemeindegesang eine gegenwärtige, neue Sprache zu geben.

Tiefer griff mythisch-religiöses Erleben in den Hymnen und Erzählungen von G e r t r u d v o n L e F o r t (1876–1971). In *Hymnen* (1924 und 1932) feierte sie die überindividuellen, bindenden Mächte von Kirche und Reich in der Glorie des Mittelalters; im rhythmisch gehobenen Sprachstil der mittelalterlichen Chronik und Legende und mit einer Technik balladesker, oft dramatisch gebauter Szenen, die Bild an Bild mit glühenden Farben und oft jäher Leidenschaftlichkeit setzen, ist der Roman *Der Papst aus dem Ghetto* (1930), in hymnisch-chronikalischer Form die Geschichte von Reich und Glauben *Die Magdeburgische Hochzeit* (1937) geschrieben. *Das Schweißtuch der Veronika* (1928) birgt, mit autobiographischen Grundzügen, den Entwicklungsgang eines jungen Mädchens, das sich zum katholischen

Glauben bekehrt. Alle Dichtungen von Gertrud von Le Fort sind symbolisch, aus religiösem Bewußtsein, auf das Zeitlos-Gesetzliche gerichtet. Durch die Irrungen der Welt blickt der göttliche Wille, auch das Böse dient ihm -- als „Ohnmacht des Guten", zusammenfallend, wenn dies kraftvoll erscheint. Adel der Frauen, gesteigert im Raum großer Geschichte, wird in den Erzählungen *Die Tochter Farinatas* (1950) im Opfer für das Erbarmen, die Gerechtigkeit, die Liebe gestaltet. Denn „es gilt zu erkennen, daß Milde und Gerechtigkeit einen Teil der Weltvernunft bedeuten", wie es in *Plus Ultra* heißt. Hier liegt, aus menschlichem und religiösem Grunde, die Berufung der Frau: „Vom Motiv des Schleiers her eignet der Frau vor allem das Unscheinbare: alles, was unter die Bezirke der Liebe, der Güte, des Erbarmens, des Pflegens und Behütens gehört, also das eigentlich Verborgene und zumeist Verratene auf Erden." Nicht nur in der Kraft der Erneuerung katholischer Gläubigkeit aus dichterisch und human beseeltem Fühlen liegt die Bedeutung Gertrud von Le Forts; sie liegt ebenso in der Umformung des historischen Erzählens, das bei ihr nicht im Stoff oder in der Psychologie der Geschichte beharrt, sondern Geschichtliches zum Symbol erhöht, das Detail in der Verwandlung durch die dichterische Sprache aufzehrt und mythisiert. Vielleicht darf man in der seelischen Bewegtheit dieser Prosa eine fruchtbare Nachwirkung des Expressionismus vermuten. Es bezeichnet eine andere Generationslage, daß in E d z a r d   S c h a p e r s (1908–1984) Erzählen solcher Einbettung in das Mythische, Historische und Lyrische ein Realismus gegenübersteht, der sachlicher mehr die geistigen Konturen und Spannungen, das Parabelhafte herausarbeitet. Er lebte seit 1930 in Estland, Finnland, Schweden, bis 1947, dem Jahr seiner Beheimatung in der Schweiz. Er trat 1951 zur katholischen Kirche über. Viele Erzählungen finden im Norden und Osten den Schauplatz, unter Menschen, in denen christliche Mystik lebt, in der Einfalt einer Treue zum Evangelium unter brutalen Verfolgungen. (*Die sterbende Kirche*, 1935; *Der Henker*, 1940). Innerhalb der traditionellen realistischen Grundform, die Schaper in seinem umfangreichen Werk festhält, erweist sich eine in Menschengestaltung, Atmosphäre und Spannungsgefüge überlegensichere Erzählbegabung. Er wählte die Gegenwart, etwa in *Der letzte Advent* (1949), einer Geschichte der Leiden der Kirche in Rußland. Geschichtliches wird nicht in die Ferne des Historischen und Legendären, sondern in das Immer-Gegenwärtige transponiert. Die Paradoxie der Existenz unter christlichem

Aspekt, der Umschlag von Leiden in Überwinden (*Die Freiheit des Gefangenen*, 1950; *Die Macht der Ohnmächtigen*, 1951), das Motiv des Daseins an der Grenze *(Stern über der Grenze*, 1951; *Hinter den Linien*, 1952) werden in vielen Variationen zum Grundthema und beziehen das Christliche auf das gegenwärtige Erfahrungs- und Bewußtseinsfeld.

Den geschichtlichen Roman führte Otto Rombach (geb. 1904), der auch als Dramatiker gern historische Stoffe aufnahm, ins Gebiet der Kulturgeschichte zurück, das seinem sehr gewandten, farbigen Erzähltemperament in Weltweite, Abenteuerlichkeit, Humor und Ernst reiche Grundlagen lieferte. Stattliche Erfolge wurden die Romane *Adrian der Tulpendieb* (1936), *Der junge Herr Alexius* (1940), *Vittorino* (1947) und der heitere Roman aus der schwäbischen Landschaft, in der ein biedermeierlicher Streit um die Donauquellen tobt, *Der standhafte Geometer* (1938). Rombach färbt das Historische nicht ins Aktuelle um, sondern baut es aus seiner eigenen dokumentierten, aber fiktional umspielten und ins Menschlich-Idyllische humoristisch-anekdotisch getönten Wirklichkeit auf. (*Der gute König René*, 1964; *Peter der Taxasgraf*, 1972).

Mehrere Bücher von Werner Bergengruen (1892–1964) waren die Sprache einer verhüllten, aber intensiven Opposition. Eine Mischung von Phantasie und Realismus, Psychologie und Romantik, Denken und Dichten trieb ihn zur Geschichte, wobei es ihm in Geschick und Tragik einer großen historischen Gestalt um überzeitliche Erkenntnisse ging. 1927 erschien das Bild des Germanen Odoaker in *Kaiserreich in Trümmern*, 1930 *Herzog Karl der Kühne* mit dem Untertitel *Gemüt und Schicksal*. Novellen und Romane wie die *Feuerprobe* (1933) oder *Der Starost* (2. Fass. 1938) werden in Bergengruens baltischer Heimat verankert. Er entwickelte sich zu dem Meister einer klaren, sicheren Fügung, einer bei aller Stoff- und Lebensfülle geistig straffen und erhellten Komposition. In seinen reifsten Werken *Der Großtyrann und das Gericht* (1935) und *Am Himmel wie auf Erden* (1940) erreichte Bergengruen eine souveräne Erzähltechnik, ohne an Ernst und Intensität der geistigen Deutung und an Reichtum epischer Spannungen einzubüßen. In dem „Großtyrann" sprach er mit kaum verhülltem Hinweis auf die Frevel und Verirrungen der Zeit „von den Versuchungen der Mächtigen und von der Leichtverführbarkeit der Unmächtigen und Bedrohten" derart, „daß unser Glaube an die menschliche Vollkommenheit eine Einbuße erfahre". Und er fährt fort: „Vielleicht, daß an seine Stelle ein Glaube an des Menschen Unvollkommenheit tritt; denn in nichts anderem kann ja unsere Vollkommenheit bestehen als eben in diesem Glauben." Um dieses Problem von Recht und Gerechtigkeit, Unvollkommenheit der Welt und trotzender Schwäche des Menschen geht es in dem das Kohlhaas-Thema aufnehmenden Roman *Das Feuerzeichen* (1949), der Geschichte eines um seiner guten Tat willen angeklagten pommerschen Gastwirts. Im ethischen Fragen zeigt sich ein christliches Fühlen, das Bergengruen zum katholischen Glauben leitete und das aus seiner Lyrik spricht. Auch sie ist der Ausdruck menschlicher Gefährdung und des helfenden Glaubens an göttliche Gnade. Neben die lyrischen Sammlungen *Capri* vom Jahr 1930 und *Die verborgene Frucht* (1938) traten die Sonette über Not und Schuld der Deutschen, *Dies irae* (1945). An die Grenze des Virtuosen führt die Meisterschaft über Wort und Form in den Gedichten, die mit dem für sein Werk bezeichnenden Titel *Die heile Welt* (1950) erschienen. Die Schmerzen werden zum Lobgesang und alles Vergangene kehrt wieder im unendlichen Sein. Sie sind jener Fülle offen, die zu ständig neuen Gestaltungen ruft. „Wir kreisen mitten inne in Rhythmus und Gefäll und haben zu Gewinne den nie erschöpften Quell." Das Hauptgewicht liegt bei dem Erzähler, vor allem dem Fabulierer der Novelle (z. B. *Der spanische Rosenstock*). In Bergengruens Prosa verbindet sich eine aus dem Realismus des 19. Jahrhunderts ererbte sichere Technik mit der Bildkraft des ungewöhnlichen Falles und dem Ernst einer sich über dem Chaos bewahrenden christlichen Humanität. Die geistreiche Anmut seiner kultivierten, zur Anekdote geneigten Fabuliergabe spiegeln *Der letzte Rittmeister* (1952), mehr ein Nachklang, *Die Rittmeisterin* (1954), das umfangreiche Prosabuch *Der dritte Kranz* (1961) und die Auswahl *Novellenbuch* (1962).

Geistige Intensität und epische Anschauung kommen weniger ausgewogen in dem Erzählwerk von Stefan Andres (1906–1970) zur Erscheinung. Auf eigenen Erfahrungen in Kloster und Jesuitenschule baut der *Bruder Luzifer* (1933) auf; unter Winzern und Schiffern spielt der vom Duft der Weinberge durchwehte Moselroman *Die unsichtbare Mauer* (1934). Zum Süden führt der breit erzählte Läuterungsroman *Der Mann von Asteri* (1939). Unter seinen Novellen steht im Vordergrund die in Atmosphäre, Gedanklichkeit und Sprachzucht gleich vollkommene Erzählung *Wir sind Utopia* (1942), die vor dem Hintergrund des spanischen Bürgerkrieges die Frage nach dem Verhältnis des

Menschen zum Tode, zum Sakrament und vor Gott aufwirft.
Spannend in Komposition, Psychologie und Anschauung, bedeutend in seiner politischen Gerechtigkeit ist der Roman *Die Hochzeit der Feinde* (1947), der, im Schatten des Ersten Weltkriegs, an Gefährdung und Sieg einer Liebe symbolhaft die Verständigung zwischen deutschem und französischem Volk spiegelt. Alle Bücher von Stefan Andres durchzieht ein vitaler Lebensstrom, ein leidenschaftliches und sinnenhaftes Erzähltemperament. Alle kreisen um die Verwirklichung des Christlich-Humanen. Ein Mißgriff wurde die Romanreihe *Die Sintflut* (1949 ff.); grell in ihrer grotesk-zornigen Satire, im Niveau zu niedrig, um eine wesentliche Abrechnung mit dem Nationalsozialismus und der Diktatur der Genormten zu bedeuten. Der Humor sinkt in die Kolportage ab. Doch tritt neben massiv gesteigerte Szenen eine Fülle die Zeitsituation erhellender Gespräche. Geglückte erzählerische Leistungen sammeln die zwei Bände *Novellen, Erzählungen* (1962/64).

Die Satire steigert, der epische Bericht differenziert und deutet. B r u n o E. W e r n e r (1896–1964), bedeutend als Kunstkritiker, beschreibt in *Die Galeere* (1949) die Jahre des Nationalsozialismus aus Erfahrungen seines Berliner Lebenskreises. Gerade dadurch, daß hier alles aus eigenem Teilnehmen, Fürchten und Erleiden entstand, erhält diese Darstellung der „deutschen Tragödie" ihren überprivaten Ernst und Sinn. Man muß daneben die wahrhaft dichterische Autobiographie einer Kindheit eines anderen hervorragenden Kunstschriftstellers, des Südwestdeutschen W i l h e l m H a u s e n s t e i n (1882–1957), die als *Lux Perpetua* (1947) unter dem Pseudonym J o h a n n A r m b r u s t e r erschien, lesen, um die Wandlungen und Erschütterungen von Volk und Epoche seit Beginn des zwanzigsten Jahrhunderts ganz zu erfassen.

Der Ernst dieser Jahre ließ Stimmen erzählenden Humors wenig Spielraum. E r n s t P e n z o l d t (1892–1955), der als Bildhauer, Maler, Dichter die gleiche Doppelbegabung wie Kokoschka, Barlach, Morgenstern, Hesse u. a. zeigt, entwickelt ihn mit satirischer Laune in der „Zoologie einer Familie", der *Powenzbande* (1930); mit ans Grotesk-Dämonische streifender Psychologie in der *Portugalesischen Schlacht* (1930, als Novelle und Drama). Andere Erzählungen Penzoldts (*Idolino*, 1935) bewegen sich um Schönheit, Jugendjahre, Heiterkeit und ein wenig Tragik – etwa die Geschichte eines Wunderkindes *Der arme Chatterton* (1928), während die Komödie *So war Herr Brummel* (1934) geistreichironisch den tragikomischen Modekönig in Englands Gesellschaft im 19. Jahrhundert vorführt. Mit der Soldatenromanze *Korporal Mombour* (1941) rief er zur Menschlichkeit und Bruderschaft aller Soldaten mitten im Kriege. Die Neigung zur Heimat und Knabenwelt, zu ironischem Humor und zur sachlichen Psychologie des Dämonisch-Untergründigen kennzeichnet die Prosa von G e o r g B r i t t i n g (1891–1964); ins Groteske geht sein *Lebenslauf eines dicken Mannes, der Hamlet hieß* (1932) über; dunkle, unentrinnbare Schicksalsverflechtungen zeigen die Sammlungen *Der bekränzte Weiher* (1937), *Das gerettete Bild* (1938). Ähnlich wie Brittings Erzählungen zeigen seine in ihrer verhaltenen Sprödigkeit sehr ausdrucksvollen, im Lakonischen intensiv gespannten und eigenwüchsigen Gedichte eine knappe, das Wirkliche und das Geheime verdichtende Sprachenergie (*Der irdische Tag*, 1935; *Rabe, Roß und Hahn*, 1939). An Brittings Lyrik konnte, wie an jene von Wilhelm Lehmann (vgl. S. 608), eine jüngere Generation anschließen. In das Breite und Offene zielt dagegen die an den Realismus des 19. Jahrhunderts anknüpfende Erzählphantasie K u r t K l u g e s (1886–1940). Er war Maler und Bildhauer, Musiker, Gelehrter und Erzgießer. Um das Handwerk geht es im *Glockengießer Christoph Mahr* (1934); „das Handwerk ist es, das in der Welt den toten Stoff bewegt und ihn volkrecht formt". Griff er hier in soziale Zeitfragen hinein, sein umfangreicher *Herr Kortüm* (1938) zielt in Gefilde des Humors. Der Gastwirt und Weltfahrer Kortüm auf den Thüringer Bergen, Kauz und Weiser, Phantast und Kind, wird zum Helden von Kluges fabulierend flutender Erzähllaune, die nur in den letzten Teilen des Buches in das allzu Willkürlich-Spielerische übergeht. Kortüm erschien ihm in einem rückwärtsblickenden Romantizismus als die Legende des Deutschen schlechthin – ein träumender Wanderer auf fester Erde, der Weise, dem sich die Wirklichkeit auch in der Enge zum Märchen des Unendlichen verwandelt und dessen Einfalt zugleich voll überlegenen Lächelns, voll Kraft und Güte ist. Denn wo er erscheint, bildet sich um ihn eine ‚heile' Welt.

In der Schweiz hatte sich lange, allerdings im Absinken zu dem populären Unterhaltungsroman, mit Verflachungen zum Idyllischen, die Tradition des bürgerlichen Heimat-, Landschafts- und Familienromans erhalten; aus dem großen dichterischen Erbe von J. Gotthelf und G. Keller war an Spannungen, an kritischer Gesellschaftsbezogenheit, an Originärem der Sprache nichts geblieben. Die engen Grenzen unterhaltsamer Belletristik wurden fest-

gehalten: bei Heinrich Federer (1866–1926) mit christlichen Akzenten, bei Ernst Zahn (1867–1952) mit konser-
vativ-idyllischer Dominante. Jakob Schaffner (1875–1944)
geriet schließlich in den Bann der deutschen politischen Ideologie. Durchweg setzte sich, thematischen und formalen Radika-
lismen abgeneigt, in der Stoff-, Motiv- wie Formenwahl eine
Beständigkeit der bürgerlich-volklichen Lebensgesinnung fort,
wie sie noch aus der Prosa von Meinrad Inglin (1893–1971),
seinem *Schweizerspiegel* (1938), seinem Entwicklungsroman
Werner Amberg (1949) spricht. Aber es setzte auch in der
Schweiz die „große Unruhe" ein. Sie wird zur stillen, sehr sensiblen Sprache bei Robert Walser (1876–1956), die vom
Impressionismus ausgehend, eine eigene, von Einsamkeit und
ironisch-melancholischer Zeitabwehr zeugende Form in einigen
Romanen wie *Geschwister Tanner* (1907), *Jakob von Gunten*
(1909), in vielen kleinen Skizzen, Essays, Meditationen (*Dichtungen in Prosa*, 3 Bde., 1953) und Gedichten fand. Walser verstummte früh freiwillig. Er wurde ein bevorzugter Autor F. Kafkas, und er hat ihm manches mitgegeben. Von dem Schwanken
fester Lebensfundamente sprach Albin Zollinger (1895 bis
1941) in seinem 1939 erschienenen Roman *Die große Unruhe*.
Den Erzähler und bedeutenden Lyriker hat man als eine „Schlüs-
selgestalt" für die letzten Jahrzehnte in der Schweiz bezeichnet.
„Mitunter kommt mir die Vision eines Untergangs weit entsetz-
licher als dessen in Blut und Tränen: die Vision eines lautlosen
Todes in Sterilität, Mechanismus, Phäakentum – vergraste Provinz abseits der Geschichte." Sein Roman ist nicht nur Gesellschaftskritik, sondern innere Biographie, Analyse des gespaltenen
Ich, Sehnsucht nach ekstatischer Ferne, nach Icherfüllung, die
endlich sich doch im Heimatlichen befriedet, wie auch seine
Lyrik noch den Humor kennt – trotz Einsamkeit, Angst und Tod.
Neben ihm Otto Wirz (1877–1946), dessen Erzählstil sich
dem deutschen Expressionismus näherte: in einer antagonisti-
schen Mischung realistischer Tradition mit einem radikalen Subjektivismus, zwischen Pathetik und Groteske. Ein Rebell aus
Liebe zu einer höheren Aufgabe seines Volkes, der bitterste
Hasser jener Bürgerlichkeit, an der er sich wund rieb; zugleich
ein grandioser und willkürlicher Sprachphantast und Sprach-
spieler, Satiriker, Prediger und monologischer Einzelgänger
(postum *Rebellen und Geister*, 1965). Hier lagen Vorbereitungen für Max Frisch und Friedrich Dürrenmatt.

XIX

NACH DEM ZWEITEN WELTKRIEG
VON 1945 BIS ZUR GEGENWART

Der Versuch, Grundlinien der Entwicklung seit 1945 zu zeichnen, dem Jahr, das, mit der Rückgabe der Freiheit des Wortes, den gegenseitigen Bedingungszusammenhang von Politik und Literatur einprägte und für die folgende Zeit im Bewußtsein gehalten hat, muß unvermeidlich fragmentarisch bleiben. Mangelnde Distanz erschwert die Zusammenfassung; Wertungen werden von aktuellen Konstellationen und subjektiven Bindungen abhängig. Stichworte können Lagen, Strömungen, Tendenzen kennzeichnen, sind aber, da diese in ständiger Bewegung und Veränderung begriffen sind, ihrerseits einer Unsicherheit ausgesetzt. Ergänzungen, Erweiterungen, Abstriche werden nötig. Seit dem Jahr 1945 fand die deutsche Literatur zu den Kontakten mit einer jetzt ungemein erweiterten Weltliteratur zurück – Kontakten, die seit dem Ende des 19. Jahrhunderts zunehmend bedeutsam geworden waren. Sie orientierte sich an jenen thematischen und formalen Ergebnissen, die sich insbesondere in der anglo-amerikanischen und französischen Literatur eingestellt hatten: ebenso in der Lyrik wie im Erzählen und auf der Bühne. Die deutsche Literatur ist seither nur im Zusammenhang mit dem Horizont der Weltliteratur zu verstehen. Die in die Emigration gezwungene Literatur kehrte zurück, mit ihr eine bisher verbotene, unterdrückte, ins Verborgene getriebene Literatur, eine Vergangenheit, die jetzt erst zur Gegenwart werden konnte. Dies ergab Generations- wie historische Verschiebungen und Schichtungen, die sich z. B. im erneuten Anknüpfen an den Expressionismus bemerkbar machten (W. Borchert, A. Schmidt). Ein zentrales Ereignis wurde die Rückentdeckung und Wirkung Franz Kafkas, die sich der Erzählliteratur im Roman wie in der jetzt vielfältig ausgestalteten Kurzgeschichte einprägte. Die älteren Autoren, bisher in ihrer Wirkung eingeschränkt oder ihrer beraubt, bildeten Brücken zur abgerissenen Tradition und gaben Wegzeichen (z. B. W. Lehmann, R. Schneider, W. Bergengruen, E. Langgässer, G. Britting, H. Kasack). „Klassiker" progressiver Entwicklung (z. B. der spätere Th. Mann, R. Musil, H. Broch, B. Brecht) wurden erst jetzt gesichtet und einbezogen. Jüngere

Autoren (z. B. R. Hagelstange, H. E. Holthusen) reihten sich in
die Tradition ein, ohne sich in ihr zu verschließen, sondern um
ihr eigene, von der anderen Zeit- und Bewußtseinslage bestimmte
Inhalte und Formen mitzuteilen. In solcher Aufnahme der Tradition vollzogen sich Verwandlungen, die allmählich zur zunehmenden Distanzierung von ihr führten. Im Drama wurde Bertolt
Brecht zu dem dominierenden Orientierungspunkt – der Theoretiker der „nichtaristotelischen" Dramaturgie wie der Dichter
und der Regisseur neuer Szenen- und Spielgestaltung (*Kleines
Organon für das Theater*, 1948). In der Lyrik löste das spätere
Gedichtschaffen und die Poetik des Lyrischen von Gottfried Benn
(*Probleme der Lyrik*, 1951) die Wirkungen R. M. Rilkes ab. Es
ergab sich ein verwirrendes, komplexes Bild der Gleichzeitigkeit
mehrerer literarischer Generationsschichten, des Nebeneinanders
verschiedener literarischer Entwicklungs- und Stilphasen. Solche
Gleichzeitigkeit des geschichtlich Unterschiedlichen ist in jeder
Zeit gegeben und bestimmt im Mit- und Gegeneinander des
Älteren und Neueren die Differenzierungen des literarischen
Lebens. Es macht den Charakter dieser Jahre des Übergangs aus,
daß sie sich in ihnen potenzierten. Der Rhythmus der Generatio-
nenabfolge war gestört. Neben die Fülle dessen, was zurück bis
zum Jahrhundertbeginn nachgeholt, verarbeitet werden mußte,
stellten sich mehrere Generationseinsätze jener, die seit 1933 verstummen mußten, und jener, die nach 1945 zu eigener Stimme
fanden, ein. Es gab keinen gemeinsamen und einheitlichen Stil;
es überwog, in verschiedenartigen Anknüpfungen an die Tradition und in deren Durchbrechungen, an die Weltliteratur und in
deren Verarbeitungen, in der Gleichzeitigkeit des Ungleichzei-
tigen das individuelle Eigengepräge des einzelnen Autors. Darin
liegt eine Signatur der zeitgenössischen Lage. Die Zerstörung der
Kontinuität zersplitterte in eine Mannigfaltigkeit differenter
Anknüpfungen, die zum Zeugnis eines Bedürfnisses nach Stütz-
und Orientierungspunkten wurden, zunächst auch des Bedürfnisses, in den Sujets eine Distanz von der Realität, in den künstlerischen Formen Sicherungen zu gewinnen.

Dennoch wurde zunehmend in den folgenden Jahren eine gemeinsame Tendenz bemerkbar. Sie äußerte sich in der Entfer-
nung von den Traditionen des erzählerischen Realismus und
Naturalismus im 19. Jahrhundert, von den Formen des psychologischen und historischen Romans, von den Formen der Erlebnisdichtung, des individuellen Seelenliedes seit Goethe und der
Romantik, weiterhin in der Abneigung gegen den Psychologis-

mus und Illusionismus des klassisch-realistischen Dramas. Das
dargestellte Welt- und Selbstverständnis veränderte sich in das
Existentielle, in das Modellhafte, in das Typische, zur Parabel.
An die Stelle der persönlichen, nach innen gewandten Thematik
trat die Verpflichtung zum Sozialen, an die Stelle der individuellen Erlebnis- und Ausdruckssphäre die Sprache des Öffentlichen, des Gesellschaftlichen und Politischen. Damit verband
sich der Impuls zu moralischer Kritik und zu gesellschaftlicher
Veränderung der vorgegebenen Realität. Generell wurde ein
Mißtrauen gegen die Ästhetik des „Klassischen" und „Romantischen", gegen Pathos und Deklamation, gegen die Begriffe des
Inspiratorischen, des „Schönen" und des harmonisch „Stimmigen".
Der Autor akzentuierte ein methodisches und technisches Verhältnis zu seinem Schaffen. Hochtöne des Dichterischen schienen
veraltet und verbraucht. Die schon im 19. Jahrhundert flüssig
gewordenen Grenzen zwischen den Gattungen wurden fragwürdig und durch Formwandlungen ungültig: insbesondere in
der Episierung des Dramas (radikalisiert seit Bertolt Brecht), in
der Ablösung vom Inhaltlichen und Gegenständlichen im Roman, im Aufheben der lyrischen Formschemata, in der Bildung
neuer Formen wie der Kurzgeschichte und des Hörspiels. Damit
trat ein pointiert akzentuierter Bruch mit den Formtraditionen
der klassisch-romantischen Gattungen, auch mit den konventionellen Erwartungen des Lesers ein; es ergab sich zunehmend eine
Verfremdung der literarischen Gestaltung, die eine Verfremdung
gegenüber den empirisch-„natürlichen" Auffassungsformen der
außerliterarischen Wirklichkeit, eine Verfremdung gegenüber
den Lebensschemata der zeitgenössischen Wirklichkeit in sich ein-
schloß. Literarisches Darstellen – im Erzählen, im Lyrischen,
auch im Dramatischen – war auf dem Wege zu einer „anderen",
verbindlicheren, als das Eigentliche gemeinten Wirklichkeit – zu
einer Sprache der Zeichen und Chiffren, des Parabolischen, des
Fragmentarischen, der offenen, mehrstimmigen und bis ins Unbestimmbare vieldeutigen Perspektiven. Traditionelles konnte
nur noch mittels des distanzierenden Zitats und der Parodie
verarbeitet werden. Es ergab sich eine Faszination durch das
Disharmonische, Groteske und Absurde als die einzige Form,
noch Wirklichkeit und Wahrheit auszusprechen. Rundungen,
Harmonisierungen, Perspektiven der Erhebung und Erlösung
wurden in Erzählung, Drama wie Gedicht unglaubhaft, wenn
nicht trivial. Es dominierte der offene Schluß, die unaufgelöste
Frage. Was sich als Ganzes nicht mehr zu einer sinnvollen

geistigen Einheit zusammenbilden ließ, vielmehr ins Antinomische, Fratzenhafte und Sinnwidrige auseinanderbrach, nötigte zum Fragment, zum isolierten Einzelnen, in dem vielleicht noch, verborgen, nur als Hinweis und Ahnung, Sinnhaftes sich andeutete. Vereinzelung wurde das Los des Schriftstellers: Vereinzelung in seinem Schaffen – daher eine oft autobiographische, mehr noch monologische und introvertierte Tendenz, das Hervorheben innerer Bewußtseinsperspektiven, der Ich-Erzählung. Mit ihr verband sich die Vereinzelung gegenüber der anonymen Gesellschaft, in der die Ansprache des einzelnen Lesers, wie sie im 19. Jahrhundert gegeben war, nicht mehr möglich erscheint. Das Monologische hier – das öffentliche Adressat, die Wendung zum Kollektiven dort sind zwei Pole der gleichen Situation, getrennt je nach Temperament, Existenzerfahrung, Wirkungswillen des Autors. Dem gesellschaftskritischen Zeitroman (G. Grass, M. Walser u. a.) steht, naturgemäß in Mischungen mit ihm verbunden, als ein anderer Pol ein Erzählen aus der inneren Bewußtseinsperspektive (H. E. Nossack, H. Risse, H. Lenz u. a.) gegenüber; dem bis über den Rand des Unsagbaren in sich verschlüsselten Gedicht (G. Eich, P. Celan) die auf das Kollektiv zielende Rhetorik des moralisch-politischen Gedichts (H. M. Enzensberger, P. Rühmkorf u. a.); dem Drama aggressiver Gesellschaftsdemaskierung und Zeitveränderung (F. Dürrenmatt, M. Walser, P. Weiß) das Drama der inneren Bewußtseinskonflikte (H. G. Michelsen). Extrempole der Eliminierung des Sujets, der Entdinglichung des Gegenständlichen, der Entfremdung der Sprache und der Grenzauflösung zwischen Prosa und Lyrik sind bei H. Heißenbüttel, der Selbstparodie und -aufhebung des dramatischen Spiels bei P. Handke (*Publikumsbeschimpfung*, 1966) erreicht. Solche Namen sind Hinweise, einen Spielraum abzustecken, Generelles in knappsten Stichworten bemerkbar zu machen. Durchweg kennzeichnet weiterhin die zeitgenössische Literatur ein sehr differenziertes Bewußtsein der Problematik der Literatur: gegenüber der Gesellschaft und der ihr in ihr zukommenden und möglichen Funktion, zugleich angesichts der ihr immanenten Verbindlichkeit, ihrer Formen, ihrer Sprache und deren Wertkriterien. Die Distanz von der Tradition setzt den Autor frei, bringt ihn zugleich ins Ungewisse, in Zonen des Ansatzes, des Experiments. Produktion und Reflexion stellen sich gegenseitig in Frage, Praxis und Theorie fordern einander heraus, steigern einander. Der Schriftsteller reflektiert sein Werk auf gespannter Bewußtseinsstufe; er hält es unter theoretischkritischer Bewußtseinskontrolle. Dem entspricht nicht nur eine generelle Zunahme des Form- und Sprachniveaus, auch ein komplexeres und sublimiertes Verhältnis zur Sprache. Die gesteigerte literarische Reflexion, das Bewußtsein einer Problematik der Sprache haben eine Vorgeschichte, die um das Ende des 19. Jahrhunderts einsetzt; ihre radikalen Konsequenzen hat die zeitgenössische Literatur gezogen. Ihr eignet eine Sensibilität und Skepsis im Umgang mit der Sprache, die zugleich eine Distanzierung vom Inhaltlichen, Dinglichen, Weltanschaulichen und Erlebnishaften zugunsten der Konzentration auf die Eigenwelt der literarischen Darstellung, auf die Autonomie des Sprachlichen, dessen Möglichkeiten und dessen Grenzen bedeutet. Die Sprache ahmt nicht mehr äußere und innere Wirklichkeit nach, sie bildet sie nicht mehr ab, sondern sie ist bestimmt, eine „andere" Wirklichkeit aufzufinden, sich ihrer zu vergewissern, sie verbindlich zu machen. Sie setzt sich von der „Realistik" der Umgangssprache durch deren Austauschung zu einer poetischen Verschlüsselung oder durch deren Parodie und Demaskierung als „uneigentliches" Sprechen ab. Sie zerlöst den Schematismus von Wortgebrauch, Grammatik, Syntax, um eine eigene, wesentliche Sprache zu gestalten. Die bereits genannte Polarität zeichnet sich auch hier ab. Das Poetische verschlüsselt sich, bis zur Grenze des Esoterischen, des Unaufschließbaren, in Zeichen und Chiffren, im Komplexen, Entdinglichten der Bilder, Motive und Wortkombinationen. Es akzentuiert die kritische Erkenntnisfunktion der Sprache, indem es sie aus dem Verbrauchsbezirk der Umgangssprache herauszieht. Oder aber die Sprachparodie akzentuiert solche Funktion, indem sie den Verbrauch demaskiert, das Wort durch ein Wörtlichnehmen entlarvt. Beidem eignet die Abwehr des Fixierten, Ausgedeuteten, weltanschaulich-ideologisch Verdinglichten, damit die Opposition gegen Mechanismen und Schematismen einer versachlichten Wirklichkeit. Das erhöhte Sprachbewußtsein drückt sich einerseits in der Skepsis gegenüber dem Unzulänglichen des Wortes, gegenüber seiner objektiven Verläßlichkeit und „Wahrheit", in seiner Reduktion zum Einfachen und Kargen, in seiner Öffnung zu Dimensionen des Schweigens, in seiner Einfügung in einen Raum des Unsagbaren aus. Es drückt sich andererseits in einem neuen Verhältnis zum Rhetorischen, seiner Spielkraft und -freiheit, in der Faszination durch das sich verselbständigende Wort und die Fülle der in ihm sich anbietenden Assoziationen, Perspektiven, Allusionen, Schichtungen und Vielstimmigkeiten aus. (Im Roman z. B. G. Grass, M. Walser, P.

Handke, in lyrischem und Prosatext H. Heißenbüttel.) Das Verhältnis zur Sprache impliziert das Verhältnis zur zeitgenössischen
Gesellschaft: als Negation, Kritik, Satire, als radikale Distanzierung zur „anderen" Wirklichkeit oder als Polemik mittels des
Grotesken, Absurden, des Spiels und der Aggressivität der Karikatur. Der Widerstand gegen das Gegebene drückt sich im dichterischen Ausdruck von Erfahrungen aus, die es transzendieren,
oder aber in einer moralisch-gesellschaftlichen Kritik, die eine
politische Verantwortung thematisch macht, die ihrerseits darauf zielt, das Politische zum Humanen zu transzendieren.
Wer von den älteren Autoren diesen, wir müssen es wiederholen, eben mit größter Knappheit angedeuteten Tendenzen, sie
vorbereitend, ihnen in Theorie und Praxis Wege eröffnend, entgegenkam, ist in das zeitgenössische literarische Bewußtsein aufgenommen und in ihm produktiv geblieben. Es hat sich eine
„Klassik" der „Moderne" herausgebildet. Sie wird, wiederum
nur in knappsten Andeutungen, ohne Vollständigkeit und unter
Außerachtlassung der zahlreichen wirksamen außerdeutschen
Anregungen, durch Namen wie F. Kafka, Th. Mann, R. Musil,
H. Broch, A. Döblin, R. Walser im Bereich des Erzählens, durch
G. Trakl, E. Lasker-Schüler, O. Loerke, W. Lehmann, H. Arp,
G. Benn, B. Brecht in der Sprache der Lyrik, durch C. Sternheim
und bestimmend durch B. Brecht im Drama faßbar. Sie mar-
kieren die wesentliche Vorgeschichte der zeitgenössischen Litera-
tur. Höchst fragwürdig erscheint der Versuch, deren weitere
chronologische Abfolge zu fixieren. Der seit 1945 zu überblik-
kende Zeitraum ist zu kurz, um schon historisch bestimmbare
Gliederungen und Abläufe aufzufassen. Allenfalls lassen sich
Phasen andeuten, die den Generationsverschiebungen folgen. Das
Ende des ersten Jahrzehnts nach 1945 erscheint mit der Reihung
der Todesdaten (Th. Mann 1955, G. Benn und B. Brecht 1956,
A. Döblin 1957) als eine Art von Ende jener „Moderne", die ihre
Genesis und, bei aller individuellen Unterschiedlichkeit, eine
epochale Gemeinsamkeit in den Jahren vor und kurz nach dem
ersten Weltkrieg hat. Der Tod hat hier jeweils einen Zeit- und
Werkzusammenhang beendet. Eine neue Phase zeichnete sich bereits früher mit der Bildung der Gruppe 47 ab, Sammlungspunkt
einer Generation, die in Kindheit und Jugend durch die Erfahrungen des zweiten Weltkrieges, der ihm vorangegangenen Jahre
geprägt worden war. Es kennzeichnet die Situation, daß diese
Gruppe sich keine Programm- und ‚Schule‘-Bildung zum Ziel
machte, vielmehr dem Einzelnen, der sich ihr zugesellte, einen

eigenen freien Spielraum in Sujet und Stil ließ. „Die Summe der Disharmonien charakterisiert die Gruppe 47" (W. Jens). Eben dies gab ihr die produktive Ausstrahlung und lange andauernde Wirkung. Daß sie in ihrer Gesamtheit beanspruchen konnte, für etwa zwei Jahrzehnte die zeitgenössische deutsche Literatur zu repräsentieren und das literarische Leben in Produktion und Kritik (die Zeitschriften *Akzente* seit 1954, *Texte und Zeichen* 1955 bis 1957; *Almanach der Gruppe 47, 1947–1962*, hsg. H. W. Richter, 1962) im wesentlichen zu bestimmen, lag in Auswahl und Summe der literarischen Qualität, in der beständigen Erneuerungskraft durch hinzukommende Autoren und in der Manifestation eines gemeinsamen moralisch-politischen Bewußtseins. Keine spätere Gruppenbildung, wie die Gruppe 61, die mit engerer Zielsetzung die literarisch-künstlerische Beschäftigung mit der zeitgenössischen industriellen Arbeitswelt und deren sozialen Problemen sich zum Ziel setzte, erwies sich als ähnlich wirkungskräftig. Die Gemeinsamkeit blieb zu locker und zu kurzfristig. Es spaltete sich aus ihr der Werkkreis 1970 ab, dessen Folgen jedoch so schmal blieben wie die des sog. Hofer Literaturkreises. Doch hat der Impuls, Themen der industriellen Arbeitswelt sozialkritisch vom Alltag der Arbeiter und dessen Konflikten her aufzunehmen, Konflikten gegenüber dem Unternehmer, im Betrieb, in der Gesellschaft, die ihn umgibt und an die er gebunden ist, zunehmend Bedeutung und Ausstrahlung erhalten. Der Impuls ist in die siebziger Jahre übergesprungen, er hat sich in ihnen programmatisch verfestigt. Allerdings blieb eine ungelöste Frage, wie eine Literatur über den Arbeiter zur aktivierenden Literatur für den Arbeiter werden kann. Der Roman (M a x v o n d e r G r ü n (geb. 1926) mit *Irrlicht und Feuer*, 1963; *Stellenweise Glatteis*, 1973; daneben die Sammlung *Fahrtunterbrechung und andere Erzählungen*, 1965, und zuletzt *Etwas außerhalb der Legalität und andere Erzählungen*, 1980; A u g u s t K ü h n (geb. 1936) mit *Eis am Stecken*, 1974 und der umfangreichen Chronik einer Familie *Zeit zum Aufstehn*, 1975) blieb an die Grenzen gebunden, die ihm die Fiktionalität auferlegt. Dies gilt auch für *Zündschnüre*, 1973 und *Brandstellen*, 1975 von F r a n z J o s e f D e g e n h a r d t (geb. 1931). M. von der Grün setzte zusätzlich das Hör- und Fernsehspiel ein; G ü n t e r W a l r a f f (geb. 1942) entschied sich, bestätigt durch das Echo in Zustimmungen und Angriffen, für die sozialkritische Dokumentation (*13 unerwünschte Reportagen*, 1969). Größere Wirkungsenergie erreichte auch die sozialistische Lyrik, der F r i e d r i c h C h r.

Delius (geb. 1943) mit provokatorisch-agitatorischer Energie und sicherer Verwendung der künstlerischen Wirkungsmittel maßsetzenden Anstoß in den Sammlungen *Kerbholz*, 1965 und *Wenn wir, bei Rot*, 1969 gab. Die breiteste Wirkung erreichte F. J. Degenhardt durch musikalisch unterstützte sozialistische Balladen und Chansons; dem Druck (Sammlung: *Politische Lieder 1964–1972*, 1972) kam die Schallplatte zu Hilfe.

Was zunächst als Gemeinsamkeit geplant war, hat sich bald zu Programm und Leistung des einzelnen Autors individualisiert. Vielleicht ist aus zeitgeschichtlichen Gründen – dies zeigt sich auch in den Auswirkungen der sog. Studentenrevolte – der jüngeren Generationsgruppe eine größere Tendenz zu Einzelgang oder isolierter Einzelgruppierung eingelegt. Sie hebt sich nur schwer ab, wenn ihr die vorausgehende Generation nicht jene Reibungs- und Antagonismusflächen, die ein festes Stilprogramm erzeugt, entgegenstellt, vielmehr eine Offenheit bewahrt, die Kontakt, Diskussion und Zugliederung ermöglicht. Die jüngere Generation schließt sich an die Stiltendenzen an, die in der Gruppe 47 vorgezeichnet sind. Sie versteht sich aber mehr als diese als die Fortsetzung der Literaturrevolution der ‚Moderne‘. Eine Polarisierung ist deutlich: auf der einen Seite verstärken sich die sozialpolitischen Interessen mit der Tendenz, die Literatur so sehr wie möglich einem politischen Handeln zu nähern – auf der anderen Seite hat sich, mit Reduktion der Inhalte, die konkrete Poesie, die visuelle und akustische Poesie entwickelt. An beiden Positionen haben Mitglieder der älteren Generation (z. B. G. Grass *Dich singe ich, Demokratie*, 1965; H. M. Enzensberger als Herausgeber des *Kursbuch*, seit 1965) wie der jüngeren teil. Wird auf der einen Seite Literatur gesellschaftlich, didaktisch, als politische Gebrauchsliteratur verstanden – auf der anderen zieht sie sich in die ästhetische Linguistik zurück, in den freien Spielraum der Sprache. So entschieden zwar solche Polarisierung sich oft ausspricht, Übergänge, Mischungen, Kombinationen stellen sich vielfältig ein. Erhebt sich einerseits angesichts einer zum verändernden Handeln drängenden Zeit, die das Kollektive vor das Individuelle stellt, die skeptische Frage ‚wozu denn überhaupt noch Literatur‘ – die produktive Unruhe der literarischen Kreativität in der jüngeren und jungen Generation hebt sie zugleich wieder auf.

Daß sich innerhalb solcher Generationsbewegungen zugleich innerliterarische, thematisch und formal bestimmte Phasen oder Wellen, sie überschneidend, beobachten lassen, sei wiederum nur angedeutet. Sie gehen sowohl durch die Gattungsformen hindurch, wie sie sich auch innerhalb der einzelnen Gattungen abspielen. Der Brecht-Nachfolge im Drama antwortete ein Umschlag zum grotesk-absurden Spiel mit starker Akzentuierung des Mimisch-Pantomimischen, darauf ein neuer Umschlag zur auf Faktisches zielenden Sachlichkeit des Dokumentarstücks. In der Lyrik folgte der Reduktion des Gedichts eine andere Tendenz zum erzählenden Gedicht, zur Wiederaufnahme der Ballade. Im Roman lassen sich zeitliche Wellen des gesellschaftskritischen Zeitromans, des Kriegsbuches, des mythischen Romans beobachten; im Erzählerischen überhaupt Umschaltungen von der Kurzgeschichte, der reduzierten Erzählweise, zum Großgefüge des Romans. Es gibt zeitliche Häufungen in der Bevorzugung dieser oder jener Form; wieweit solche Phasen und Wellen geschichtlich gemeinte Gliederungen legitimieren, muß offen bleiben und bedürfte genauerer Erörterung, als der hier vorgelegte Überblick erlaubt.

Zeiten großer innerer Erregung suchen und finden zuerst ihren Ausdruck im Gedicht. Die Sammlung *De Profundis* (1946) hat die Stimmen unmittelbar nach dem Kriege vereinigt: neben den Älteren wie Werner Bergengruen, Ricarda Huch, Georg Britting, Gertrud von Le Fort Gedichte von Reinhold Schneiner, Rudolf Hagelstange, Albrecht Haushofer (1903 bis 1945). Er hatte, im politischen Gefängnis, von den Machthabern zum Tod verurteilt, der noch im letzten Kriegsjahr sein Leben abschnitt, aus Schmerz, Empörung und in tapferstolzem Dulden die *Moabiter Sonette* (1946) geformt. Vielfach ist die jetzt nach 1945 erscheinende Lyrik in Ernst und Schönheit des Wortes geschult an großer Tradition, jedoch im eigenen Klang gehemmt durch die Verfügbarkeit eines an Kunstmitteln überreichen Erbes. Das Gedicht strebt nach Rückkehr zu hoher Kultur, die ein Gesetzliches birgt, das im Anschauen dauernder Formen über Wirrsal und Grauen hinaushebt. Die Form wird Haltepunkt, Zeichen eines unzerstörbaren Daseins über bedrohendem Absturz. Die strenge, geistig klärende Form des Sonetts nahm mit einer an Rilke und Weinheber erzogenen Sprache Rudolf Hagelstange (geb. 1912) in seinem *Venezianischen Credo* (1945) auf. Die schmalen Gedichtbände *Es spannt sich der Bogen* (1943) und *Strom der Zeit* (1948) zwingen die ringende und nach innen gewandte Gedanklichkeit in eine feste und bildhaft verdichtende Sprache ein. Es gilt auch hier das Wort von der Würde und Reinigung des Men-

schen im Rückgang auf das wesenhaft-dauernde Dasein, nicht
ohne ein an die klassische Sprache erinnerndes Pathos. „Immer
noch adelt der Edle das fallende Beil. Nichts kann der Freie, und
nichts kann den Freien entehren." Strenge und Innigkeit der
Rhythmen, Pathos des Gestaltenden und Ergriffenheit des Leidenden werden wohl am schönsten zur Einheit in Hagelstanges
Meersburger Elegie (1950) und in der *Ballade vom verschütteten
Leben* (1952). Verwandt in Zeiterlebnis und Formziel erscheinen
die Gedichte *Hier in der Zeit* (1949) und *Labyrinthische Jahre*
(1952) von Hans E. Holthusen (geb. 1913) in ihrem erschütterten und gequälten Fragen, ihrer Betroffenheit durch die
Zeit: das Grauen des Krieges, das Übermaß der Verschuldungen,
der Tod des Bruders, die nochmals geschenkte Rückkehr ins Dasein. Sprachbahnen Rilkes verbinden sich mit Einflüssen von
Th. S. Eliot, G. Benn. Wiederum ähnlich wie Hagelstange hat
sich Holthusen später vornehmlich dem literaturkritischen und
kulturphilosophischen Essay in kultivierter, künstlerischer Prosa-
formung zugewandt, wie denn überhaupt der Essay in den letzten Jahrzehnten, seit Hugo von Hofmannsthal, Thomas und
Heinrich Mann, Robert Musil, Hermann Broch, seit W a l t e r
B e n j a m i n (1892–1940; *Schriften* 2 Bde. 1955), E u g e n G o t t -
l o b W i n k l e r (1912–1936; *Gesammelte Schriften* 1937), Ernst
Jünger, dem Schweizer M a x R y c h n e r (1897–1965; *Zur europäischen Literatur zwischen zwei Weltkriegen*, 1942; *Welt im
Wort*, 1948; *Sphären der Bücherwelt*, 1952; *Arachne*, 1957, u. a.),
E r n s t B l o c h (1885–1977, *Spuren*, 1935) und anderen, einen
bedeutenden, bisher in deutscher Prosa unbekannten Rang erhielt. Hagelstange veröffentlichte die Sammlung *Es steht in
unserer Macht* (1953), neben einem Roman *Spielball der Götter*
(1959), Holthusen faßte seine Essays in mehreren Bänden, zuerst *Der unbehauste Mensch* (1951), bisher zuletzt *Plädoyer für
den Einzelnen* (1967) zusammen. Das produktive Vermögen
geht in die kritische Reflexion über. Der schwäbische Lyriker
A l b r e c h t G o e s (geb. 1908) schrieb „Bemühungen" *Von
Mensch zu Mensch* (1949) und Gedichtdeutungen *Freude am
Gedicht* (1952). Er findet vornehmlich in der schwäbischen Landschaft seine dichterischen Ahnen. Die Gedichte einer Heimkehr
Die Herberge (1940, danach die Auswahl *Gedichte. 1930–1950*,
1950; *Tagwerk. Prosa und Verse*, 1976; *Lichtschatten du. Gedichte aus fünfzig Jahren*, 1978) sprechen mit zartem Klang träu-
merischen Fühlens vom Tröstend-Bewahrenden im schlichten
Dasein von Mutter und Kind, Natur und Liebe, Stille und Gläu-

bigkeit. „Aber noch immer tut über brennenden Augen ewige Heimat sich auf."

In dem Werk von R e i n h o l d S c h n e i d e r (1903–1958) tritt Lyrisches (*Die Sonette von Leben und Zeit, dem Glauben und der Geschichte*, 1954) und Dramatisches hinter der Prosa zurück, die, zwischen geschichtlichem Essay und dichterischem Erzählen, unter dem Einfluß seiner großen Geschichtsdarstellungen, Ausdruck einer christlichen Geschichtsphilosophie ist (*Die Leiden des Camoes*, 1930; *Die Hohenzollern*, 1933; *Das Inselreich*, 1936; *Macht und Gnade*, 1940). Dazu tritt die Reihe autobiographischer Schriften (*Der christliche Protest*, 1954; *Verhüllter Tag*, 1954; *Winter in Wien*, 1958, u. a.). Er sah schwermütig in das Dunkel des Irdischen, in Verknüpfungen von Macht und Sünde, aber es lebt in ihm gleichzeitig das Wissen um die göttliche Barmherzigkeit und gläubige Verantwortung (*Las Casas vor Karl V.*, 1938). Sein christliches Bewußtsein führte ihn in die politische Opposition; er sprach von der Notwendigkeit des Opfers und Leidens als einzig verbliebenem Wert in der Geschichte. „Am Menschen, am Ebenbilde, das von Christus über seinen Fall erhöht wurde, ist der furchtbarste Frevel geschehen. Ein rätselhafter Haß auf den Menschen war durchgebrochen. Vielleicht fühlten diejenigen, die diesem Haß sich hingaben, daß in ihnen das Ebenbild zertrümmert war." Die Geschichte als Verschuldungen der Macht – die Geschichte als Heilsgeschichte: in beiden wiederholt sich die Agonie Christi. Der gläubige Katholik stellte der Geschichte eine Hilfe aus „verborgen glaubensreinem Sinn" entgegen. Es schien jetzt zunächst die Stunde einer Erneuerung christlicher Dichtung angebrochen zu sein; sie verband sich mit einer Faszination durch das Mythische. Vom Mythos der Natur, der Antike (*Proserpina*, 1933, die Erzählungen *Triptychon des Teufels*, 1932) gelangte E l i s a b e t h L a n g g ä s s e r (1899–1950) zum christlichen Roman, unter dem Einfluß des französischen renouveau catholique. Sie verfügte über ein Sprachvermögen, das, sich bis zum Barock-Pathetischen steigernd, formal sehr bewußt, auf das Vielschichtige, Offene des äußeren und inneren Lebens gerichtet war und, nicht ohne Berührung mit dem Surrealismus, von hier aus die antirealistische und antipsychologische Form des christlichen Erzählens bestimmte (*Das Christliche der christlichen Dichtung*, 1961). Der Roman erfuhr eine erneuernde Umstrukturierung unter religiösem Aspekt. Sie ließ nach erzwungenem Schweigen neben dem lyrischen Zyklus *Der Laubmann und die Rose* (1947) den Roman einer Bekehrung

Das unauslöschliche Siegel (1946) erscheinen, der in eigenwilliger Form eine bedeutende dichterische Leistung war. Gegen eine heillos gewordene, vom grauenhaft-sinnlosen Tanz der Leidenschaften erfüllte Welt rief sie den Glauben auf: nicht im Sinne der liberalen Theologie des 19. Jahrhunderts, sondern als existentielle Ergriffenheit und Erkenntnis. Denn gegen eine Welt, in der Frevel toben und die von der Angst der Gottverlassenheit durchzogen ist, kann nur die stärkste Macht beschworen werden. Christlicher Glaube heißt hier Schwäche, Not, Sünde des Menschen und gleichwohl eine Gewißheit der Gnade, die ihn in eine Rückkehr, in den Ursprung zurückführt, in das Erinnern. Der getaufte Jude und Rationalist Herr Belfontaine, der Mensch des Unterwegs, wird zum Lazarus, zum heimatlosen Bettler, zur Gestalt des von der Gnade ergriffenen Christen. Elisabeth Langgässers zweiter Roman *Die Märkische Argonautenfahrt* (1950) wölbt über die Pilgerschaft einiger vom Schicksal der Zeit getriebener Menschen, die von den Ruinen Berlins fort im stillen Kloster in der Mark Zuflucht ahnen, einen Mythos von Verwirrung, Suchen und Gnade. Alles Wirkliche wird so erzählt, daß es sich zum Raum- und Zeitlosen des schicksalhaftgöttlichen Seins transzendiert. Solchem Blick zum Urbildhaften werden auch Sagen und Mythen der Antike zu Stufen christlicher Weltwerdung. Wirklichkeit ist zeitlos mystische Wirklichkeit, Kreisbildung zwischen Ausgang und Rückkunft. Die Form, auf Fabel und Kausalität im realistischen Sinne verzichtend, droht im Andrang der Bilder, Szenen, Erinnerungen, Meditationen zu zerfließen; sie wird transparent, Form der Offenheit zum unbekannten Sein mittels einer symbolischen oder allegorischen Bildersprache.

Solche Tendenz zum Mythischen, zur parabolischen Allegorie zeigte ähnlich H e r m a n n K a s a c k s (1896–1966) Roman *Die Stadt hinter dem Strom* (1947). Sie war hier nicht vom Glauben, sondern, spekulativer, abstrakter, vom Willen zur Wahrheit der Erkenntnis bestimmt. Kasack hatte unter dem Einfluß des Expressionismus begonnen; er war als Lyriker durch Oskar Loerke gebildet worden. Eine hohe und schwermütige, immer wieder vom Geheimnis des Vergehens betroffene Sensibilität schwingt in seinen sprachlich makellos durchformten Gedichten (*Das ewige Dasein*, 1934; zuletzt *Wasserzeichen*, 1964). Sie suchen die Entzifferung magischer Zeichen der Dinge, vom Ich fort ihrer Bildersprache zugewandt. Lyrisches Sprechen wird Meditation zum Unerkennbaren – Aufspüren des Mythischen wie in alten südlichen Kulturen und Landschaften. Dem großen Roman folgte die allegorische Parabel *Der Webstuhl* (1949), die bitter-ironische Groteske der Staatsvergötzung bis zum Ende im Wahnsinn, dann *Das große Netz* (1952), die Satire auf menschliches Verfallen an den Wahn, an die Verfälschung, schließlich, mit dem Kasacks erzählerisches Grundthema aufnehmenden Titel die Erzählung *Fälschungen* (1953). „Es hilft nicht, sich an eine Idyllik zu halten, die die Erschütterung der Gegenwart nicht wahrhaben will. Helfen kann nur eine veränderte Haltung des einzelnen zum Tode und damit seinem Leben gegenüber", sagte Kasack leitmotivisch in einer Selbstdeutung. Dies ist das Ethos der „Stadt hinter dem Strom", seines Hauptwerkes. Im Mechanismus der Stadt der Lemuren, die nach dem Sterben vor dem letzten Erlöschen in einer Zwischenzeit für kurze Weile ein Schattenleben fortführen, steigert sich das Sinnlose ins Apokalyptische. Kasack nutzt Stilmittel des Surrealismus, auch F. Kafkas; Traumhaftes wird, mit einer ihm eigenen Logik, in das Bewußtsein gehoben. Realität entläßt aus sich, zum Mythischen transparent gemacht, das Exemplarische, Modellhafte. Die Utopie wendet sich zur eigenen Negation. Der Roman wurde Vision und Allegorie der Ruinenstädte, des Zerfalls der Zivilisation, ihrer Entmenschlichung. Es lag, in spröde Bildsachlichkeit zurückgedrängt, Verzweiflung über dem Buch. „Was sich im 20. Jahrhundert vollzog, war ... die unaufhaltsame Liquidation der abendländischen Idee. Die materielle Vernichtung bot nur die äußerliche Bestätigung des innerlichen Bankrotts. Kein Versteckspiel, kein Schönfärben hob das Urteil auf, das der Schicksalsgeist der Geschichte vollzog." Dies meinte keinen „Nihilismus": vielmehr die Positivität eines Willens zur den Tod einschließenden Erkenntnis, zur Wahrheit, um das geistig Daseiende freizulegen, wie es in Kasacks Essay-Sammlung *Mosaiksteine* (1956) heißt. In ihr wird auch die Erzählung *Das Birkenwäldchen* (1944), ein Dokument verhüllter Sprache in der Zeit der Diktatur, wieder zugänglich.

Der christliche Roman, der philosophisch-allegorische Roman – beide durchbrachen die Traditionen des Realismus zum Archetypischen, Figurativen, Modellhaften, Parabolischen, zum Ausdruck des Geistigen, das das Bewußtsein tiefer legt. Darin liegt ein Grundzug zeitgenössischen Erzählens. Diese Entdinglichung war im geschichtlichen Roman schwerer vollziehbar. Auffällig ist, daß er zur bevorzugten Form in der Literatur der Emigration gehört. Die schriftstellerische Energie von H e r m a n n K e s t e n

(vgl. S. 564), im Erzählerischen und Bühnenschrifttum seit den
dreißiger Jahren erprobt, wurde durch die 1933 aufgezwungene
Auswanderung nicht gebrochen. In der Trilogie *Ferdinand und
Isabella* (1936), *König Philipp II.* (1938, später *Ich, der König*,
1950) und *Um die Krone* (1952) sprach er, mit knapper, beweg-
ter, stark pointierender Prosa, durch die Geschichte des gegen-
reformatorischen Spanien hindurch von dem Problem Macht und
Freiheit, Herrschaft und Ordnung, Maske und Wahrheit, Gewalt und Humanität; ein Moralist der Aufrichtigkeit, der mit
Herz und Vernunft auf der Seite der Leidenden ist, im Verworrenen nach Freiheit und Güte der Menschen sucht. Der historische Roman wird transparent zum Aktuellen und Zeitlosen,
wie in den während der Emigration entstandenen Romanen von
A. Döblin, Heinrich Mann, L. Feuchtwanger. Gleiches hat Kestens
Roman *Die Kinder von Gernika* (1939), aus dem Wahnsinn des
spanischen Bürgerkrieges, im Mörderischen der Fliegerbomben,
die beschwörende Stimme gegeben. Der Schmerz des Kindes
wurde Symbol einer gequälten Menschheit. Das mit starken Wirkungen arbeitende Erzähltemperament Kestens erhält sein Fundament aus diesem humanen Ethos. Kestens kritisches Literatur
verhältnis verdichtet sich in Porträts, Erinnerungen (*Meine
Freunde die Poeten*, 1953; *Lauter Literaten*, 1963), erlebter Literaturgeschichte, verfaßt von einem Mitlebenden, der nicht stets
übereinstimmte, gleichwohl der Freund blieb.
Die angedeutete Bewegung zwischen Tradition und deren Verwandlung, die Attraktion durch Mythisches, die zunehmende
Transposition vom Individuellen zum Generellen, Existentiellen
und Parabelhaften, die Offenheit der Perspektiven zum rational-
empirisch Unfaßbaren erscheint für das dichterische Werk von
Marie Luise Kaschnitz (1901–1975) signifikant. Die *Rückkehr nach Frankfurt* (1947) hielt die strenge Dichtungsform als
Widerstand und Überwindung fest, die *Gedichte* (1947; *Ewige
Stadt*, 1952; *Neue Gedichte*, 1957) tauchen in den Zauber südlicher Landschaften, in die archaische Mythenwelt ein, beschwö-
ren den Geist heimatlicher Landschaft und dringen durch klassische Formordnungen zu eigenen, zeitgenössisch umgebildeten
Formungen durch. Das Lyrische bildet in ihrem Werk die Grund-
substanz; ihm entspricht das Autobiographische. Aber der Spielraum ist weit: in der eigenen Ausgestaltung des Hörspiels, in
den Erzählungen (*Lange Schatten*, 1960; *Ferngespräche*, 1967),
in meditativen, skizzierenden Stadt- und Landschaftsbildern
(*Engelsbrücke*, 1955; *Orte*, 1973). Der Blick verliert sich nicht

im Dunkel, so wenig er sich ihm verschließt. Dem gleichen Jahrgang gehört H a n s E. N o s s a c k (1901–1977) an; sein Erzählen erscheint exemplarisch für den Hinaustritt aus der Tradition, für Veränderungen in Sujet und Form, die nicht im Ansatz bleiben, sondern eine eigene Geschlossenheit, innere Konsequenz, den unverwechselbaren Gehalt und Rhythmus gewonnen haben. Mythisches erscheint hier nicht jenseits, vielmehr in dieser zeitgenössischen Wirklichkeit und macht, unausgedeutet, als Ahnung und innerer Bewußtseinsvorgang, das Alltägliche traumhaft, gleichwohl mit gedanklicher Präzision, transparent. Dieser Präzision dient die sorgsame, verhaltende Formkontrolle der Sprache. Sie ist spröde, sachlich, bei anscheinend einfacher Leichtigkeit tief- und hintergründig. Nossacks *Interview mit dem Tode* (1948; späterer Titel *Dorothee*) brachte eine Reihe von Erlebnisfragmenten, die im Bericht vom Flammenmeer Hamburg gipfelten. Die Aussage drängt zu unbedingter Wahrhaftigkeit. „Wie aber soll einer die Tiefe unseres Falles ermessen, wenn wir alle abseits gehen und immer nur so tun, als wäre es gut so, wie es ist?" Im Übergang vom Tatsächlichen zum Irrealen, dem das eigentliche und „andere" Wirkliche innewohnt, zeigt sich mit technischen Mitteln des Surrealismus ein existentieller Erzählstil; nach innen gerichtet, monologisch, dennoch objektiviert im Hindeuten auf eine Transzendenz, die unaussprechbar und unbestimmbar bleibt. Nossack hat seit dem Roman einer schlaflosen Nacht *Spirale* (1956) seinen Stil, sein Thema von der Entleerung der Wirklichkeit des Alltags, vom Schrecken vor der eigenen Vergangenheit, von der Entfremdung des Ich und der Welt, vom Aufbruch aus ihrer Sicherheit durch das Wagnis zum „Unversicherbaren", durch den Anruf aus dem Unerfahrbaren, in Abwandlungen fortgeführt. Der Mensch bleibt in der Unruhe, ein Fragment, er bleibt in der Einsamkeit, im Ungewissen. „Wer spricht denn von Heimkehr? Ich spreche von Scheitern." Um das gleiche Thema kreist, mit einer noch zunehmenden Subtilität der Komposition und Sprachgestaltung, der Roman *Der jüngere Bruder* (1958); eingelagert in die Zeit, über ihr schattenhaft Wesenloses hinausgreifend im Suchen nach existentieller Selbstfindung des Menschen. Es ist eine unerlöste Zeit, die Zeit der verdeckten Vergangenheit, dicht am Rande des Sinnleeren, und der Mensch in ihr, der ihr gegenüber die „andere" Sprache spricht, die „andere" Wirklichkeit ahnt, bewegt sich am Rande einer Einsamkeit, des Verstummens und des Untergangs (*Unmögliche Beweis-*

aufnahme, 1959; *Nach dem letzten Aufstand*, 1961). Der Einzelne muß der Vereinzelte bleiben; in ihm liegt, vielleicht vergeblich, die Möglichkeit der Sinnbewahrung, die religiöser Artung ist. Allerdings jenseits, ja gegensätzlich allem Konfessionellen (*Das Testament des Lucius Eurinus*, 1964). „Was wir in der heutigen Literatur sehen, kann als ein Versuch betrachtet werden, den ‚homo religiosus‘ über ein Zeitalter abstrakter Rationalisierung hinüberzuretten... Das Wort Religion ist heute nur mit Vorsicht zu gebrauchen, da es von Systemdenkern und Pragmatikern mißbraucht wird. Bemühen wir uns daher lieber nicht um eine Definition, die auch nur wieder zu einem sektirerischen System führen könnte. Verstehen wir unter dem homo religiosus ganz schlicht den Menschen, der sich seiner einzigartigen Stellung in der Welt bewußt zu bleiben bemüht und die Verantwortung für diese Einzigartigkeit auf sich nehmen möchte" (*Die schwache Position der Literatur*, 1966). Auch in dieser Erfahrung stellt sich eine Reduktion auf den Einzelnen, monologisch Vereinzelten am Rande des Unfaßbaren und Unerreichbaren ein. *Die gestohlene Melodie* (1972), *Bereitschaftsdienst* (1973), *Ein glücklicher Mensch* (1975) sind Variationen des konstanten Grundthemas.

Bei aller Wandlung in Inhalt und Form scheint hier ein Grundzug deutscher Erzähltradition, die metaphysische Unruhe, die Konzentration zum einzelnen Ich als Sinn und Wert, zum Innenvorgang bewahrt zu sein. Die Konstanz in Thema und Form macht H. E. Nossack zu einem zeitgenössischen Erzähler von repräsentativem Rang. Verwandtschaft mit ihm zeigt H e i n z R i s s e (geb. 1898). Es geht ihm um den Bezug des Einzelnen in einer tiefst fragwürdigen Zeitwelt zu einer sie transzendierenden Macht, um Selbstfindungen des Menschen in seinem Gewissen, vor dem Gericht der Schuld und im Aufsichnehmen der Buße, im Erfahren höherer Gerechtigkeit (*Wenn die Erde bebt*, 1950; *Große Fahrt und falsches Spiel*, 1956; *Einer zuviel*, 1957, u. a.). Er kombiniert Sphären der modern-realen Wirklichkeit mit gedanklicher Reflexion und Schichtungen des Traumhaften, Unbewußten, zugleich spannender Erzähler und grüblerischer Moralist, der, wie H. E. Nossack, auf letzthin Unsagbares, Offenes weist. Er hält die Fabel fest, aber weitet sie zum Parabolischen in gesteigerten Geschehnissen und komplizierten Erzählgestaltungen. Sie arbeiten das Reflexive und Monologische heraus, sie geben dem Einzelfall einen Modellcharakter. Hinter empirischer Wirklichkeit lebt die „andere" und eigentliche Wirklichkeit. Denn, wie es in der Sammlung seiner Kurzgeschichten *Buchhalter Gottes* (1958) heißt, „Zusammenhänge, die man sehen kann, sind meist keine – überdecken die wahren." Gesellschaftskritik wird zu moralischer Kulturkritik und Bewußtseinskritik, Appell zu innerer Verwandlung des sich verfehlenden Menschen.

Wo Fabel, Aktion und Psychologie, Genre und Weltpanorama derart fragwürdig werden, erschwert sich die Aufgabe des Romans. Wesentliche künstlerische Einsätze der neuen dichterischen Prosa gelangen zuerst in der Kurzgeschichte: bei W o l f - g a n g   B o r c h e r t (1921–1947, *Das Gesamtwerk*, 1949), bei H e i n r i c h   B ö l l (vgl. S. 655 ff.), bei H a n s   B e n d e r (geb. 1919, *Wölfe und Tauben*, 1957; *Mit dem Postschiff*, 1962); mit anderer Tongebung bei W o l f g a n g   H i l d e s h e i m e r (geb. 1916; *Lieblose Legenden*, 1952) und mit größtem künstlerischem Anspruch bei I l s e   A i c h i n g e r (geb. 1921). Die Kurzgeschichte verknappt und verdichtet zu dem einzelnen Fall, zum Fragment, sie akzentuiert das Detail mit offenen Rändern zum Unvertrauten, sie bildet Inseln des Erzählkerns im Raum des Schweigens und lädt das Bruchstück mit einer Mehrdeutigkeit auf, die das Unfixierbare der Welt- und Selbsterfahrung bezeichnet. Sie wird zur Form, von der Realität auf eine surreale Weise zu sprechen. Und ihr eignet eine Elastizität, die bei gleichem Grundmuster eine große Variabilität in Sujets und erzählerischer Durchbildung zuläßt. Der Kurzgeschichte entsprechen, formal wie im Schaffenszusammenhang des einzelnen Autors, der Einakter (W. Hildesheimer, *Spiele in denen es dunkel wird*, 1958), das Hörspiel (z. B. *Herr Walsers Raben*, 1960, des gleichen Autors). Die Verkürzung der Form ermöglicht ihre Entstofflichung und die größere künstlerische Durchbildung, die Ilse Aichinger in Erzählungen wie *Der Gefesselte* (1953), *Spiegelgeschichte* (1954) und Dialogszenen (*Wo ich wohne*, 1963) exemplarisch geglückt ist. Menschliche Existenz ist hier gespiegelt, im knappen Einzelfall, derart jedoch, daß ihr Ganzes in vielstimmig-offener Perspektive faßbar wird. Allerdings deuten sich auch Überspitzungen formaler Sprachexperimente, einer zu dichten ‚hermetischen' Verschlossenheit an (*Eliza, Eliza*, 1965; *schlechte Wörter*, 1976).

Der gleiche Vorgang zur Verknappung von Weltausschnitt und Sprache zeichnet sich im Versuch künstlerischer Bewältigung des Kriegserlebnisses ab. Nach dem ersten Weltkrieg folgte das Erzählen vom Kriege, soweit nicht wie von F. v. Unruh (vgl.

(S. 557) in die Sprache des Expressionismus hereingeholt, dem traditionellen Realismus; jetzt setzte, wie in Plieviers Zyklus (vgl. S. 593) und in dem *Tagebuch aus dem Kriege (Gesamtwerk,* 1955) von F e l i x H a r t l a u b (1913–1945) ein Berichtstil ein, der, in sachlicher Konzentration, auf Wertungen verzichtend, mit beträchtlicher Stilkunst große atmosphärische Dichte erreicht. Das „Gesamtwerk" von Hartlaub macht den Verlust einer früh zu hohen Graden gereiften Erzählbegabung bewußt. Albrecht Goes (vgl. S. 630) wählte in *Unruhige Nacht* (1949), mit Abwandlung der traditionellen Form, die Novelle. Die Reihe der Kriegsbücher (H. W. Richter, *Die Geschlagenen,* 1949; W. Heinrich, *Das geduldige Fleisch,* 1955; Gert Ledig, *Die Stalinorgel,* 1955; *Vergeltung,* 1956; Hans W. Pump, *Vor dem großen Schnee,* 1956) hat mit Schwierigkeiten künstlerischer Einformung zu tun, die am meisten, neben W. Borchert und H. Böll, von Hans Bender in dem Roman *Wunschkost* (1959) und in den zur Kurzgeschichte und sprachlich sorgsam durchgefeilten Skizze neigenden Büchern von J o s e f W. J a n k e r (geb. 1922; *Zwischen zwei Feuern,* 1960; *Mit dem Rücken zur Wand,* 1964; *Der Umschuler,* 1971) gelöst erscheinen. Die kurze Form komprimiert die Akzente der inneren Auseinandersetzung mit dem, „was diese ruchlosen Jahre dem einzelnen aufgebürdet hatten". Der Außenseiter und Alleingänger, der nicht vergessen kann und will und der sich „der kulinarischen Ironie, die das Verharmlosen als widerwärtigste Form des Freispruchs betreibt", versagt, bestimmt die Zeit- und Weltperspektive der Erzählbücher von J. W. Janker. Im Fragment des Details, seiner Isolierung und fast traumartigen Protokollierung wird das Ganze vergegenwärtigt.

Das Werk zweier bedeutender Frauen blieb lange unbekannt. Erst 1955 wurde *Das Lyrische Werk* (erw. Ausgabe 1960) von G e r t r u d K o l m a r (eig. Chodziesner, 1894–1943, verschleppt und ermordet) zugänglich; der Band *Die Frau und die Tiere* (1938) wurde nach Erscheinen vernichtet. Eine kraftvolle Bildphantasie spricht aus der Vielfalt ihrer Formen, der strömenden, dem Anschaulichen nahen, in das Erlebniseigene vertiefenden Sprache. Das reich Imaginative verbindet sich mit der Präzision von Vers und Strophe. Ihr ist das Zarte, Stimmungshafte wie die weite große Schwingung, die weite rhythmische Dimension zugänglich. Daß diese Gedichte erhalten blieben, bedeutet den von schwerer Tragik umdüsterten Gewinn großer Dichtung aus Seele und Sprache einer Frau. N e l l y S a c h s (1891–1970) wurde spät, doch nicht zu spät, Wirkung und Ruhm (Nobelpreis 1966) gegönnt. Ihre Gedichte und szenischen Dichtungen gelangten erst durch die Ausgaben von 1961/62 *(Fahrt ins Staublose; Zeichen im Sand)*, zuletzt *Glühendes Rätsel* (1964), zusammengefaßt in *Gedichte* (1961/71) und *Szenische Dichtungen* (1962) zu einem breiteren deutschen Leserkreis. Ähnlich wie Else Lasker-Schüler formt sie Traditionen der Psalmen, deren Bildlichkeit und Rhythmen in die deutsche Sprache ein; auf die gleiche Tradition geht wohl ihr zyklisches Bauen, gleichsam im Strom unbegrenzbarer Abwandlung und Offenheit, zurück. Was sie von Else Lasker-Schüler scheidet, ist eine geringere Bild- und Klangsinnlichkeit, das eigentümlich Schwebende, Transparente ihrer Sprache und von deren Bildverkettungen; wie in einem unbegrenzbaren Strömen der Imagination, die zu einem hohen, oft nicht leicht erschließbaren, weil ganz im Poetisch-Visionären erwachsenen Grad der Vergeistigung gelangt. Das Geschick ihres Volkes ist das Thema einer Klage, die im dauernden Erinnern, im Zeugnis retten will, Heilung des Unverheilbaren, Verkündigung einer Liebe, die keine Wiederkehr des Schrecklichen zuläßt.

Es gibt im jüdischen mystischen Erbe, in Gefühlston, Sprachlage und Bildrepertoire Gemeinsamkeiten zwischen R o s e A u s l ä n - d e r (geb. 1907) und Nelly Sachs; kaum aber hätte sie auch den Weg zur Nähe von Paul Celan gefunden. Verlorene Heimat in der Bukowina, Verfolgung ihres Volkes, Flucht, Exil, Alleinsein, Klage sind Themen der lyrischen Innensprache, doch auch die Natur, die Jahreszeiten, vor allem Traumflucht und Traumgeborgenheit, das Vertrauen in jene Sprache, die hinter der Sprache Dichtung, Traumwort ist. Die Entwicklung führt von Gefühls- und Bilderfülle zu einem fast asketischen Sprachlakonismus, einer Art von Verhaltenheit, die mit wenigem ein Ganzes sagt. Die *Gesammelten Gedichte* (1976) deuten auf viele Bezüge von E. Lasker-Schüler, G. Trakl bis zu M. L. Kaschnitz; gleichwohl ist der eigene Ton unüberhörbar.

Die genannten Tendenzen zur Entdinglichung und Verschlüsselung, zur Aufhebung des Gegenüber von Ich und Welt, zur Reduktion der Sprache am Rande des Unversicherbaren und Unsagbaren haben der Lyrik neue Formen mitgeteilt: sie prägen der Fülle individueller Abwandlungen, persönlicher Stimmen eine Gemeinsamkeit ein, die erlaubt, von einem relativ einheitlichen zeitgenössischen Stil des Gedichts zu sprechen. Die frühen *Gedichte* (1930) von G ü n t e r E i c h (1907–1972) weisen auf die Schulung an Wilhelm Lehmanns (vgl. S. 609) magischem Naturgedicht. Aber die Möglichkeiten zur Aufhebung der Widersprüche im Lobend-Harmonischen sind eingebüßt. Der Mensch steht schutzlos, mit schwermütigem Fragen vor dem Unerkennbaren. Die Sprache ist in dem Band *Abgelegene Gehöfte* (1948) knapper, spröder geworden. Sie nennt gegenständlich die Dinge – Landschaft, Krieg, Gefangenschaft –, aber sie bleiben entfremdet, nicht entzifferbare Hieroglyphen einer fremden „anderen" Wirklichkeit. Der zweite Gedichtband *Untergrundbahn* (1949), danach erneut, in kritischer Sparsamkeit der Auswahl, *Botschaften des Regens* (1955), *Zu den Akten* (1964) und die Sammlungen meisterlicher Hörspiele (*Träume*, 1953, neu 1959; *Stimmen* 1958) erweisen bei aller schlichten Sachlichkeit eine Sensibilität und Transparenz der Sprache, die durch die scheinbar vertraute Wirklichkeit hindurch das Unbekannte andeutet, die Vorgänge und Dinge zu seinen Botschaften, Chiffren macht. Ihre Zeichen weisen auf das Vielschichtige im Realen, auf Tiefen des Ungewissen im Offenbaren. Denn: „Wir wissen nichts und wir verstehen die Zeichen nicht, die uns bisweilen gegeben werden". Diese Zeichen werden zu einem konstanten Bilderkreis in Eichs Dichtung. Eich teilt mit der mittleren und jüngeren Generation nach 1945 den Pessimismus gegenüber der Geschichte, die Zurückhaltung gegenüber allen vorgegebenen Antworten, gegenüber dem melodisch-subjektiven Pathos der Innerlichkeit. Das Vertraute wird aufgestört, die Welt zerbricht ins Widersprüchliche, die assoziativ gereihten Bilder akzentuieren Schwermut, Verlorenheit, das Dasein im Unbekannten. Einsamkeit spricht mit der Angst von Erfahrungen, die noch aus dem Nächsten und Beiläufigen blickt. „Wer mit dem Entsetzen gut Freund ist, / kann seinen Besuch in Ruhe erwarten. / Wir richten uns immer wieder auf das Glück ein, / aber es sitzt nicht gern auf unseren Sesseln." Verknappung und Sachlichkeit der lyrischen Bildsprache geben dem Gedicht eine herbe Intensität zurück. Sprache, Rhythmus erscheinen wie aus dem jeweils einzigen lyrischen Augenblick entstanden. Eine Werkanthologie hat G. Eich selbst als *Lesebuch*, (1972) zusammengestellt. Aus der ähnlichen Strenge und Sensibilität der Sprache hat Eich dem Hörspiel den Rang des Dichterischen mitgeteilt. Eichs Hörspiele waren lange die bestimmenden Muster adäquater thematischer und gestalterischer Verwirklichung der neuen Form; sie waren das Kriterium, an dem gemessen wurde. Solche Maßstäblichkeit dokumentiert die Sammlung *Werke* (4 Bde, 1973). Zu Günter Eich muß, nicht nur um des gemeinsamen Ausgangspunktes in der

Naturlyrik und um einer Generationsnähe willen P e t e r H u c h e l (1903–1981) gesellt werden, dessen *Gedichte* (1948) dinglich-gegenständlicher, mehr erzählerisch, mit geringerer Verhaltenheit der Sprache erscheinen. Die Natur ist der Raum, in dessen kosmisch Unbegrenztem der aufgestörte Mensch, mehr als ein erlebnishaft individuelles Ich erfahren und ausgesprochen, eine Heimkehr, eine Selbstfindung sucht. Diese Natur ist dem Idyllischen fern; Schrecken bricht in sie ein, das Unheimliche des Schweigens, sie wird Ort der Verlorenheit, des Unerkennbaren. Das Gedicht nimmt ihre Zeichensprache auf. Es erinnert an Günter Eich: „Wer schrieb / Die warnende Schrift, / Kaum zu entziffern? / Ich fand sie am Pfahl, / Dicht hinter dem See. / War es das Zeichen?" Die Bände *Chausseen, Chausseen* (1963), *Gezählte Tage* (1972), *Die neunte Stunde* (1979) haben, nach langem Schweigen, Huchels lyrische Gestaltungskraft bestätigt, auch wenn er sich gegenüber der zeitgenössischen Stilveränderung mehr zurückhält – ähnlich wie Johannes Brobowski (vgl. S. 644), was wohl auch Gründe in der anderen staatlichen Lebenssituation hatte. Huchel gelang es, der in Ostberlin erscheinenden Zeitschrift „Sinn und Form" von 1948 bis 1962, bis man ihm zwangsweise die Redaktion abnahm, ein Niveau und Gesicht von internationaler Bedeutung zu geben.

Es zeichnet sich ein Darstellungsstil ab, der von der Lyrik des Expressionismus weit entfernt und gleichwohl durch ihn und seine Auswirkungen hindurchgegangen ist: gedämpft im Ton, mit äußerster Verhaltenheit der Sprache, um ihr eine neue Verbindlichkeit abzugewinnen, Wahrheit gegenüber ihrem Verbrauch zu sichern. Das Gedicht wendet sich zur inneren Erfahrung, nicht im individualistischen, sondern existentiellen, das Menschliche schlechthin meinenden Sinne, abseitig, einsam, monologisch, vom nicht nachlassenden Suchen nach einer fernen und eigentlichen Wirklichkeit bestimmt. P a u l C e l a n (1920–1970) kommt mit den schmalen, sehr sorgsam gefeilten Bänden *Mohn und Gedächtnis* (1952), darin die berühmte *Todesfuge*, mit *Von Schwelle zu Schwelle* (1955), schließlich mit *Sprachgitter* (1959), *Die Niemandsrose* (1963), den Bänden *Atemwende* (1967), *Fadensonnen* (1968), *Lichtzwang* (1970), den Letzten Gedichten *Schneepart* (1971) und den spätesten Gedichten aus dem Nachlaß *Zeitgehöft* (1976) der führende, die zeitgenössische Lyrik weithin bestimmende Rang zu. In Celans Werk gipfelte die ‚hermetische' Lyrik: die Distanz zeigt, daß in ihm zugleich eine lange Tradition des Verständnisses von Lyrik, der Bestimmung und

Deutung des lyrischen Sprechens zu einem Endpunkt gelangte.
Celans lyrische Bildsprache setzt sich jenseits von Bindungen an
die Wahrnehmungswelt absolut, sie verwandelt sie ins rein
Imaginative, und sie wird, nach seinem eigenen Wort, Ausdruck
einer Individuation (nicht eines Subjektivismus), die sich der ihr
von der Sprache gezogenen Grenzen und der von ihr erschlosse-
nen Möglichkeiten bewußt bleibt. Grenzsituation des Poetischen:
„...das Gedicht behauptet sich am Rande seiner selbst; es ruft
und holt sich, um bestehen zu können, unausgesetzt aus seinem
Schon-nicht-mehr in sein Immer-noch zurück." Die Notwendigkeit des Verstummens ist dieser Sprache eingelegt; Zeichen zugleich des Bruchstückhaften, Offenen, Ungewissen der erfahrenen
Wirklichkeit und der in ihr noch versuchten Kunst. Dies setzt
sich um in Chiffrenhaftes der Bilder, in die Magie der Klänge,
einer suggestiven Tonführung. Es gilt für die Lyrik dieser Generation, daß sie „ein Hinaustreten aus dem Menschlichen, ein
Sichhinausgeben in einen dem Menschlichen zugewandten und
unheimlichen Bereich" als ihren Sinn begreift. So ergibt sich die
Affinität zum Mythischen. Eine durchweg eigene Bildwelt, vom
französischen Symbolismus und vom Surrealismus berührt und
abgehoben, ist in Celans zart-verletzlicher wie kühn-visionärer
Sprache, ihren Metaphern, Assoziationsketten, Wiederholungs-
fügungen erreicht. Die Worte, Zeilen, Bilder, eigene, rational
und empirisch nicht auflösbare Zusammenhänge schaffend, bleiben offen zu Räumen des Schweigens. Formelhaftes erscheint
wie in der Litanei. Man denkt an Urelemente des dichterischen
Sprechens, deren Sprünge, Abbrüche, jedoch gefiltert im höchst
Artifiziellen. „Daß bewahrt sei / ein durchs Dunkel getragenes
Zeichen, / vom Sand (oder Eis) einer fremden / Zeit für ein
fremderes Immer / belebt und als stumm / vibrierender Mitlaut
gestimmt." Ähnlich wie G. Eichs durchzieht Celans Lyrik eine
Konstanz des Thematischen, der Tongebung. In deren immer
größerer Differenzierung liegt allerdings auch eine Gefahr des
Manierismus (Ges. Werke 5 Bde 1983).
Eine eigene Prägung in ihrer Bildersprache, deren gleitender
Symbolik, die wiederholt an das barock Emblematische erinnert, in Weite und Kraft der rhythmischen Durchbildungen
hat die Österreicherin Ingeborg Bachmann (1926 bis
1973) in den Gedichtbänden *Die gestundete Zeit* (1953) und
Anrufung des großen Bären (1956) erreicht. Dazu gesellen sich
Hörspiel (*Der gute Gott von Manhattan*, 1958) und Prosa,
die Erzählsammlungen *Das dreißigste Jahr* (1961), *simultan*

(1972) und der Roman in der lyrisch getönten Ichperspektive *Malina* (1970). I. Bachmann hat, wie Celan, der vornehmlich aus dem Französischen und Russischen übersetzte, einen Bezug zur europäischen Lyriksprache, die bei ihr durch Namen wie Valéry, Eliot, neben Rilke, umschrieben werden kann. Elegisches Leiden an der Zeit (antike Formen der Elegie und Hymne werden abgewandelt), an der Geschichte, Bewußtsein einer Endzeit, Zweifel am Zulänglichen der Sprache, Bewußtsein der Obdachlosigkeit und Notdurft des Menschen – doch andererseits ringt hier das Gedicht mit leidenschaftlicher Anspannung um die Macht dichterischen Sprechens als Sinnstiftung und Sinnbewahrung. Das Gedicht wird Zuflucht zum Unbedingten, Beschwörung des Naturhaften, des kosmisch Weiträumigen, einer panvitalen Liebe, des Mythischen. Kraft und hymnisch-elegische Tönung, Bildfülle und Bildprägung dieser Lyrik sind unverwechselbar. „Nur Sinken um uns von Gestirnen. Abglanz und Schweigen. / Doch das Lied überm Staub danach / wird uns übersteigen."

Wie G. Eich, wie I. Bachmann war K a r l K r o l o w (geb. 1915) in seinen Anfängen von der durch O. Loerke, W. Lehmann, G. Britting geschaffenen Tradition bestimmt worden (*Hochgelobtes, gutes Leben*, 1943, *Gedichte*, 1948). Er bezog Ausstrahlungen des europäischen Surrealismus (Eluard, Aragon, Lorca u. a.) in seine Sprache ein. Er erweiterte derart, zugleich durch eine wachsame Kunstreflexion (*Aspekte zeitgenössischer deutscher Lyrik*, 1961), seinen lyrischen Spielraum. In kurzen Abständen reihten sich die Sammlungen *Die Zeichen der Welt* (1952), *Wind und Zeit* (1954), *Tage und Nächte* (1956), *Fremde Körper* (1959), *Unsichtbare Hände* (1962) bis zu vorläufiger *Auswahl* (1962), *Gesammelte Gedichte 1* und *2* (1965, 1975), *Zwischen Null und Unendlich* (1982).

Der Dichter ist für Krolow auch ein „heiterer Zauberer, dem eine ganze Welt der Imagination zur Verfügung steht, wenn er nur will". Aber diese bukolische, oft spielerische und verspielte Heiterkeit, virtuos gelenkig (auch in Übersetzungen aus dem Französischen und Spanischen), weiß um das Makabre, um Grauen, das Verwüstete und Schattenhafte, um die „Wildnis des Schrekkens". Und das Spiel bindet sich an knapp gefaßte, genau kontrollierte Reduktionsformen der Bilder und der Sprache, die Vers und Strophe eine erfrischte Fülle, Intensität, Spannung geben. Das Gedicht ringt um das Gleichgewicht zwischen dem Dunklen, Nichtigen, Verfall, Ekel und einer einmal, jetzt, im lyrischen Sprachaugenblick erhellten Gegenwärtigkeit. Es ist

Widerstand und Befreiung. Es bleibt in der exakten Ordnung konzentrierter Formen. Es sucht die sprachliche Essenz in der Kombination des Abstrakten und Sinnlichen, Einmaligen und Allgemeinen. Freiheit der Imagination – aber Aussprache von Welt, nicht des Subjektiven. Die Bilder werden Weltzeichen, Gehege und Gitter des Unaussprechbaren. Es wäre falsch, hier nach Grenzen zwischen visionär Spontanem und artistisch Konstruktivem zu suchen. Beides ist im geglückten sprachlichen Gebilde „aufgehoben". Kategorien der „Unmittelbarkeit" sind in das Kunstgebilde eingegangen. Es lebt eigenständig oberhalb der Erlebniswirklichkeit, der gewohnten Wahrnehmungs- und Sprachordnung, bereits deren Widerlegung – eine Widerlegung unter jeweils sehr verschiedenen Voraussetzungen, die der zeitgenössischen Lyrik trotz der angedeuteten Grundelemente der Poetik des Gedichts eine große Variationsbreite geben. Zu solchen Grundelementen gehört das Aufheben des Gegenübers von Subjekt und Objekt, die Wendung vom Persönlichen zum Existentiellen, vom Inhaltlichen zur „absoluten" sprachlichen Figur, die Verschmelzung von Wahrnehmung und Imagination, die Affinität zum Mythischen, die Aufsplitterung, Überkreuzung, Instabilität und Entfremdung im Bildgebrauch, das sprunghaft Assoziative, die Kombination von Sinnlichem und Abstraktem, die Verschlüsselung zur Chiffre, die Verknappung zur Zone des Wortlosen – Elemente, die jeweils im Kontext verschiedenartige Funktionen erhalten können. Der Hinweis auf einige Autoren, bzw. Werkkomplexe muß genügen; bei beträchtlicher Variabilität der individuellen Themenwahl, der Ausdruckslagen und der Poetologie zeigen sie verwandte Generationszüge, u. a. im Abstoß von der Naturlyrik, in Berührungen durch den Surrealismus, in der Neigung zu hermetischen Lakonismen und in der Distanz gegenüber emotionalen Aufhöhungen. Hilde Domin (geb. 1912) konnte erst nach Rückkehr aus der Emigration den Zugang zum deutschen Publikum erreichen; vor allem durch ihre Lyrik, die seit *Nur eine Rose als Stütze* (1959), *Rückkehr der Schiffe* (1962) und *Hier* (1964) bis zu *Ich will dich* (1970) sich immer selbstmächtiger entwickelt und auch theoretisch (*Wozu Lyrik heute*, 1966) unterbaut hat. Ernst Meister (1911 bis 1979) hat zwischen *Ausstellung* (1932) und *Im Zeitspalt* (1976) mit unbeirrbarer Konsequenz und Eigenständigkeit zahlreiche, in sich verschlossene, der breiteren Wirkung noch wartende Sammlungen publiziert. Diese Wirkung erreichte hingegen in der zeitgenössischen Rezeption Johannes Bobrowski (1917–

1965) nicht allein dank seiner östlichen Thematik, sondern dank der Verschmelzung von Landschaft, Geschichte, Traum und Wirklichkeit im atmosphärisch dichten Sprach- und Klangkörper des Gedichts. (*Sarmatische Zeit*, 1961; *Schattenland Ströme*, 1962; *Wetterzeichen*, 1966). Seine hohe künstlerische Qualität bedeutete für Bobrowski eine Sonderposition in der Literatur und im sozialistischen literarischen Leben. Er ließ sich nicht in politische Dienste nehmen. Intensiver beteiligt sich S t e p h a n H e r m l i n (geb. 1915), aber auch er hat sich die Rechte für eine Sonderposition vor allem durch seine Lyrik erworben. Man warf ihm vor, mit der avantgardistischen Literatur seit dem Expressionismus und französischen Surrealismus infolge seiner Emigrationsgeschichte zu vertraut zu sein; dies bezeugen viele Essays mit selbständigen Perspektiven und Urteilen. Seine Welt waren die großen Städte, nicht die Landschaften. Darin folgte er Bertolt Brecht (*Zwölf Balladen von den großen Städten*, 1945). Ihn unterscheiden von Brecht harmonisierende Klangtönungen und eine Annäherung zum Pathetischen (*Gesammelte Gedichte*, 1979). Er bevorzugt Langformen mit epischem Duktus und wählt häufig politisch-öffentliche Themen, in die Gefühlsstimmungen eingeschmolzen werden. Sie verlieren sich nicht im Privat-Innerlichen, sondern wenden sich an das kollektive Wir, an Gemeinschaftliches. Modernität und klassische Sprachführung geraten zum Gleichgewicht. Hermlins Lyrik zeigt eine starke Profilierung – sie hebt ihn aus der Lyrik der Zeitgenossen heraus. Es ist schon eine Ungerechtigkeit, nur einige Namen zu nennen: W o l f g a n g B ä c h l e r (geb. 1925) seit *Tangenten am Traumkreis* (1950), *Türen aus Rauch* (1963) und *Ausbrechen. Gedichte aus 30 Jahren* (1975), P e t e r J o k o s t r a (geb. 1912) seit *Magische Straße* (1960) und *Die gewendete Hand* (1967), H e i n z P i o n t e k (geb. 1925), der 1975 die erste Gesamtausgabe *Gesammelte Gedichte* veröffentlicht hat, W a l t e r H ö l l e r e r (geb. 1922) mit *Der andere Gast* (1952, 1964), zugleich Erzähler (*Die Elephantenuhr*, 1973) und einflußreicher Literaturtheoretiker. J o h a n n e s P o e t h e n (geb. 1928) hat sein lyrisches Werk in *Gedichte 1940–1971* (1973) und wieder in *ach erde, du alte* (1981) zusammengefaßt. C h r i s t a R e i n i g (geb. 1926) zeigt selbständige thematische und formale Entwicklungen zwischen *Die Steine von Finisterre* (1960) und *Schwalbe von Olevano* (1969). Dieser Generationsgruppe lassen sich auch Walter Helmut Fritz und Christoph Meckel zuordnen, beide zugleich Lyriker und Erzähler. Die Titel der Lyrikbände von Walter Helmut Fritz (geb. 1929) wie *Achtsam sein* (1956), *Die Zuverlässigkeit der Unruhe* (1966), *Aus der Nähe* (1972), *Schwierige Überfahrt* (1976) treffen sehr genau die innere Haltung und Sprachlage dieser Gedichte: lakonisch, präzis im Abmessen von Sprache und Rhythmus, sachlich gelassen im Duktus, das Emotionale eher in Gedanklichem verbergend und doch kaum eine tief beunruhigte Sensibilität zurückhaltend, die gleichsam immer unter den Zeilen bemerkbar ist. Fritz distanziert das Gedicht und rückt es gerade dadurch nahe (*Gesammelte Gedichte*, 1979; *Wunschtraum Alptraum. Gedichte und Prosagedichte 1979–1981*, 1981). Hingegen läßt Christoph Meckel (geb. 1935) in Lyrik, Kurzprosa, Erzählung (*Nachricht für Baratynski*, 1981), Hörspielen (*Werkauswahl*, 1971; *Ausgewählte Gedichte 1955–1978*, 1979) einer spielerisch-skurrilen, ironisch-ernsten Phantasie bewegliche Sprachräume. So unzulänglich ein gewiß nicht lückenloses Katalogverfahren ist, es wird vielleicht durch die derart mögliche Andeutung der Vielfalt produktiver Stimmen legitimiert, die in den Jahren nach dem Zweiten Weltkrieg hörbar wurden, einer Gemeinsamkeit im Unterschiedlichen, die sich zur Fülle und Variabilität eigener Stimmen, eigener Handhabungen in Sujet, Form, Sprache differenziert. Welche Veränderungen sich strukturell vollzogen haben, läßt die Sammlung *Transit* (1956), von W. Höllerer herausgegeben, in erster entscheidender Phase erkennen. Den internationalen Zusammenhang, in den die deutsche Lyrik eingefügt, an dem sie gemessen werden kann, verdeutlicht das von H. M. Enzensberger zusammengestellte *Museum der modernen Poesie* (1960). Produktive Praxis und kritisch kommentierende Reflexion verbinden Hans Benders Sammelband *Mein Gedicht ist mein Messer* (1955) und, mit Ausgriff zur wiederum jüngeren Generation, Hilde Domins *Doppelinterpretationen* (1966), eine Situationsbestimmung zeitgenössischer Lyrik zwischen Autor und Leser.

Gottfried Benns Lyrik war der eine entwicklungsgeschichtliche Schwellenpunkt; Bertolt Brechts Lyrik war der andere. Brecht hat, gegensätzlich zu Benns „absoluter" Poesie, eine neue Bestimmung der Sprache des Gedichts als „Gebrauchslyrik", als gesellschaftliche, politisch-moralische Rede gegeben. Dem Gedicht, das Benn als Ausdruckswelt in Worten verstanden wissen wollte, wurde durch Brecht eine Funktion innerhalb von Geschichte, Zeit und Gesellschaft, ein instrumentaler Charakter zugesprochen, bestimmt, „die Summe des Bösen zu vermindern und die Summe des Guten zu vermehren…, daß niemals geschehe, was gestern geschah". Das ihm folgende Gedicht nimmt das öffentliche Thema auf – kritisch-lehrhaft, satirisch-moralisch, aggressiv und parodierend. Es gewinnt eine agitatorische, rhetorisch-provokative und epigrammatische Sprache. Sie ist gegenüber der politischen Lyrik der zwanziger Jahre (K. Tucholsky, E. Kästner) härter, schärfer geworden. So die Sammlungen *An die Wand geschrieben* (1950) und *Gesang um nicht zu sterben* (1956) von Wolfgang Weyrauch (1907–1980). Kurze Prosa, Hörspiel, Gedichte, zueinander offen, bemüht, die politische Wirkung durch formale Kunst zu steigern, dominieren in seinem Schaffen. Der Pessimismus gegenüber Zeit und Geschichte kann zu einem Humor des Grauens umschlagen, in dem sich das Schreckliche und das Groteske zur Entlarvung einer sinnleeren Welt verschwistern. Die Sammlung *Kassiber* (1956; erweitert zu *Kassiber und neue Gedichte*, 1979) von Wolfdietrich Schnurre (geb. 1920) pointiert das Gedicht – als eine Sprache der Erkenntnis, die sich an Brecht geschult hat – zum Epigrammatischen. Mit verknappter, sicher zielender Sprachenergie setzt Erich Fried (geb. 1921) seine ironisch aggressive, das Weltleid des Moralisten und die eigene Verwundbarkeit verschlüsselnde Lyrik (*Zeitfragen*, 1968; *Unter Nebenfeinden*, 1970; *Gegengift*, 1974) zusammen. Seine Sprache wird zunehmend schärfer und bitterer, sie formt mit ätzender Ironie und dahinter verborgenem Leiden Merksprüche für die Zeitgenossen und die, die ihnen folgen werden (u. a. *100 Gedichte ohne Vaterland*, 1978; *Zur Zeit und zur Unzeit*, 1981; *Lebensschatten*, 1981). Epigrammatisch akzentuiert, pointiert ist Frieds Prosa (*Fast alles Mögliche*, 1975; *Das Unmaß aller Dinge*, 1982).

Das Schwergewicht der Leistung von Peter Rühmkorf (geb. 1929) liegt in der Lyrik – trotz der intellektuellen Einfallsenergie und Sprachbeweglichkeit seiner kritischen und essayistischen Prosa, die auch gegenüber dem Geschichtlichen den eigenen Zugriff ausspielt. (*Walther von der Vogelweide, Klopstock und ich*, 1975). Der Lyriker nutzt virtuos die Parodie tradierter Sujets und Formen als Mittel kritischer Zeitanalyse, den Witz als Zündkraft der polemischen Erkenntnis. Die Ironie kehrt sich gegen den Gegenstand und die Form, hält zugleich aber den Bezug zu deren Geschichte offen (*Irdisches Vergnügen in g*, 1959, mit Bezug auf B. H. Brockes, vgl. S. 177; *Kunststücke. 50 Gedichte nebst einer Anleitung zum Widerspruch*, 1962; das lyrische, bisherige, Gesamtwerk in *Gesammelte Gedichte* (1976).

Der Österreicher H a n s C a r l A r t m a n n (geb. 1921) kombiniert *(Med ana schwoazzn Dintn*, 1958) Wiener Mundart, Volkshumor mit Parodie, Aggression und einer an der ‚konkreten Poesie' (s. u.) orientierten Formensprache, die seiner Begabung zu witzig-ironischem Sprach- und Wortspiel, zum in den Sprachketten und -kombinationen enthaltenen Esprit des Grotesken und Absurden entgegenkommt (*ein lilienweißer brief aus lincolnshire, gedichte aus 21 jahren*, 1969; daneben die Anthologie aus Lyrik, Theater, Prosa, Essays *The Best of H. C. Artmann*, 1970, und die *Gesammelte Prosa*, 3 Bde., 1979).

G ü n t e r K u n e r t (geb. 1929), Lyriker, Erzähler, Essayist, Verfasser von Hörspielen, ohne in dieser Mannigfaltigkeit je die Individualität seines Stils zu verwischen, auch Autor eines zornig-ironischen, in Kriegs- und Nachkriegsjahren erfahrene Realität verdichtenden Romans *Im Namen der Hüte* (1967), verknappt, an Brecht geschult, das Gedicht mit zeitkritisch-moralischem Impuls zum sachlich Spruchhaften, zum Lehrgedicht der Beobachtung und Erkenntnis unter ironisch-aggressiven Reflexen (*Erinnerung an einen Planeten*, 1963; *Warnung vor Spiegeln*, 1970). Er schreibt mit der gleichen Prägnanz des Bildstils kurze Erzählungen (*Die Beerdigung findet in aller Stille statt*, 1968), die wie Parabeln chiffrieren und aufdecken und den Leser zu eigenen Anwendungen in seiner Lebenspraxis auf vermittelte Weise aktivieren. Konzentration der Sprache, bei fast raffiniertem Einsatz rhetorischer Formen, ist Widerstand gegen die vergängliche Augenblicklichkeit der Zeit, gegen die falschen Wahrheiten in ihr; diese Prosa bewegt sich dicht am Rand des Schweigens, damit der „wahren Wahrheit, von der noch keine Rede war". (*Tagträume in Berlin und anderswo*, 1972; *die geheime bibliothek*, 1973; *Verspätete Monologe*, 1981, und die Aufsätze *Diesseits des Erinnerns*, 1982).

Die Sprache von W o l f B i e r m a n n (geb. 1936; *Die Drahtharfe*, 1965; *Mit Marx- und Engelszungen*, 1968; *Genossen*, 1973; *Preußischer Ikarus. Lieder, Balladen, Gedichte, Prosa*, 1978), durchdrungen von Temperament und Vitalität, bestimmt von Zorn und Schwermut, rhetorisch geformter und musikalisch potenzierter Unmittelbarkeit der Rede, knüpft hingegen an Chanson, Ballade, das zugleich volkstümliche und politisch agitatorische Lied, das erzählt und alarmiert, an – mit einer Freiheit der provokativen Ironie, Anklage und Parodie, die dem Wort eine Schlagkraft und Wirkung zurückgibt, die die staatlichen Machthaber veranlaßte, ihn zum Verstummen und schließlich aus

dem Land hinauszuzwingen. Verstummen mußte auch G e r u l f
P a n n a c h (geb. 1948), nach Biermanns Wort der beste junge
Liedermacher der DDR. Die Sprache der vom Sozialismus
erwarteten humanen Freiheit muß zur Provokation und Sa-
tire gegenüber jeglichem Systemzwang werden. Biermann und
G. Grass rücken einander nahe. „Angewandte Poesie" und
Erkenntnislyrik ist, bei allem phantastisch Spielhaften, das in
der Steigerung zum Absurden zugleich eine Entlarvung und
Drohung enthält, die Lyrik von G ü n t e r G r a s s (geb. 1927).
Er nähert die Form in Sammlungen wie *Die Vorzüge der Wind-
hühner* (1956) und *Gleisdreieck* (1960) den Formen der Fabel,
des Epigrammatischen, der äußerst konzentrierten Erzählung.
Mit großer Virtuosität bezieht H a n s M a g n u s E n z e n s -
b e r g e r (geb. 1929) alle diese Mittel in seine akzentuiert poli-
tisch-satirische und gesellschaftsmoralische Lyrik ein (*Verteidigung der Wölfe*, 1957; *Landessprache*, 1960; *Blindenschrift*,
1964, zuletzt die Sammlung *Gedichte*, 1983). Formen des Volks-
und Kinderliedes werden zitierte und verwandelte Muster; auf
dem von Benn und Brecht vorgebildeten Fundament erhält die
Sprachparodie, mit allen modernen Mitteln von Zitat, Sprach-
einblendung, Wortspiel, Sprachwitz, Paradoxie, mit der Ein-
montage der banalen Alltagssprache, des Jargons der Zivilisation und der „verwalteten Welt" (K. Korn) eine wesentliche
satirische und ästhetische Funktion. Mit der Aggression, die sich
aller rhetorischen Wirkungsmittel bedient, verbindet sich der
Sentimentalismus eingebüßter Idyllik. Es spricht sich hier ein
Ich aus, es geht um Fragen der Gesellschaft, der sozialen Moral,
um die Akzentuierung der öffentlichen Ansprache, um eine Passion zur Wirkung. Das Formale ist an ihr orientiert, mit neuen,
artistisch raffinierten Mitteln.
Sehr weit entfernt sich von traditionellen Erwartungen und An-
sprüchen das Programm der ‚konkreten Poesie‘ und der mit ihm
verbundenen ‚visuellen Poesie‘ und ‚akustischen Poesie‘. Charakteristisch ist hier die Gruppenbildung, die Teamarbeit (Helmut
Heißenbüttel und die Stuttgarter Gruppe, Franz Mon als Herausgeber von *movens*, 1960, Eugen Gomringer, ferner die *Wiener
Gruppe* [Dokumentarbuch unter diesem Titel 1967] mit H. C.
Artmann, Konrad Bayer, Friedrich Achleitner, Gerhard Rühm,
Ernst Jandl, die Grazer Gruppe mit der Zeitschrift *manuskripte*
seit 1960, aus der Peter Handke hervorging u. a. m.). Konkrete
Poesie bedeutet, „bewußt mit sprachlichem Material dichten",
das Gedicht nicht aus einem positiven oder negativen Bezug zum

Empirisch-Gegenständlichen, sondern in und mit der Sprache, mittels ‚Konstellationen‘ der Wörter aufzubauen (F r a n z M o n (geb. 1926) *Lesebuch*, 1967, und *Herzzero*, 1968; E u g e n G o m r i n g e r (geb. 1925) *worte sind schatten. die konstellationen 1951–1968*, 1969; E r n s t J a n d l (geb. 1925) *Laut und Luise*, 1966, *sprechblasen*, 1968, die lyrische Auswahl von 1952 bis 1971 *Dingfest*, 1973, und die Sammlung *ernst jandl für alle*, 1974). Hier ist ein anderer, der politisch-gesellschaftlichen Funktionalität extrem entgegengesetzter, wenn auch so wenig wie sie sich integrierender Pol zeitgenössischer Lyrik markiert: konkrete Poesie verzichtet auf Informationen über real, emotional und sentenziös Inhaltliches, auf die Vergegenwärtigung eines lyrischen oder ausgesprochenen Ich, auf traditionelle Formen wie Vers, Reim, Strophe, auf Gattungsgrenzen und Gattungsmuster; sie entzieht sich den Normen der Grammatik und der Syntax, die die Sprache in vorgebahnte Denkformen pressen und dem Wort als Wort die Eigenständigkeit nehmen. Sie bildet ihre Textgefüge aus den Spannungsfeldern der Wörter – „als formelhafte Destillate der Erfahrung und des Gedankens, Bruchstücke am Rand des Verstummens“. Die Sprache wird zu Stichwörtern, Formeln, Zersplitterungen, zu Kombinationen, Topographien reduziert und mittels ihrer verkettet. Sie erhält zugleich aber, von Zwängen des Inhaltlichen frei gesetzt, eine autonome Bewegung in Wortspielen, Wortreihungen und seriellen Wiederholungen. Spannungs- und Bewegungsfunktionen der Wörter fügen die ästhetisch-linguistische Textur zusammen; Emotionales und Psychologisches wird abgelöst durch eine Phantasie des Intellekts, eine Offenheit zum Assoziations- und Meditationsstrom. Sinn-Interpretation muß hier der linguistischen Interpretation weichen. Wiederholt stellen sich Verwandtschaften zur Litaneiform ein (etwa bei F r i e d e r i k e M a y r ö c k e r (geb. 1924) *Tod durch Musen. Poetische Texte*, 1966; Prosa in *Das Licht in der Landschaft*, 1975; letzte Gedichtsammlung *Gute Nacht, guten Morgen. Gedichte 1978–1981*, 1982). Mit Ernst Jandl hat F. Mayröcker eine Reihe von Hörspielen verfaßt. Programm, Theorie und Praxis von Textkompositionen in und aus der autonomisierten Sprache sind von H e l m u t H e i ß e n b ü t t e l (geb. 1921) mit strengster artistischer Konsequenz durchdacht und ausgeformt worden (*Kombinationen*, 1954; danach die Folge der *Textbücher* I–VI, 1960–1967, zusammengefaßt in *Das Textbuch*, 1970; ferner *Das Durchhauen des Kohlhaupts, Dreizehn Lehrgedichte*, 1974). Dieser Zyklus der Textbücher, fortgeführt in der Serie der Projekte von Nr. 1, *D'Alemberts Ende* (1970), bis *Das Ende der Alternative*, Projekt 3,3 (1980), erweist zusammen mit der Gedichtsammlung *Ödipuskomplex made in Germany* (1981) in Gedicht und Prosa eine fortschreitend gefestigte, zugleich an Variationen reiche Handhabung der formalen und sprachlichen Mittel. Sie wird begleitet von Heißenbüttels kritischer Arbeit an einer neuen Poetik (*Über Literatur*, 1966; *Zur Tradition der Moderne, Aufsätze und Anmerkungen 1964 bis 1971*, 1972), welche die Stadien des nur Experimentellen hinter sich läßt und das produktive Werk einer exakten Reflexion unter dem Aspekt der gesamten europäischen ‚Moderne‘, der sogenannten Literaturrevolution, unterzieht. In dem Gedicht „Von der Übung zum Sterben" (Textbuch III, 1962), einem konstanten existentiellen Grundthema, ist, aus der Reduktion des Lyrischen und seiner Formrequisiten heraus, eine neue Möglichkeit lyrischer Redeform gesichert. Die Genauigkeit, mit der Heißenbüttel die Sprache der konkreten Poesie und Prosa einer Prüfung auf Ausdrucksfähigkeit und Wahrhaftigkeit unterwirft, seine hohe Formsensibilität im ernsten Spiel mit der Sprache haben auf viele der jüngeren Generation als Faszination gewirkt und von ihm eine Art Schulgründung ausgehen lassen. Mag sich auch manchmal die Verführung zu einem formalistisch zum Wortmosaik entleerten Sprachspiel einstellen, unverkennbar ist die Wirkung auf eine gesteigerte kritische Empfindlichkeit des zeitgenössischen literarischen Bewußtseins gegenüber dem Verbrauch der Sprache, einer Inflation von Rede- und Ausdrucksklischees, ist weiterhin die Befreiung zum produktiven Durchproben von durch sie unverfälschten Form- und Sprachhandhabungen. Das gewandelte Verhältnis zur Sprache wird zum Signal zeitgenössischer Literatur; aus ihm geht eine Sensibilität für die Suggestionskraft des aus sich selbst heraus wirkenden Wortes hervor. Dies zeigt sich auch, wo es im fiktionalen Sprechen, im Erzählen eingesetzt wird; insbesondere bei kurzer Prosa wie die 78 Lektionen der *Sprechstunden*, 1971 von L u d w i g H a r i g (geb. 1927). Schwierigkeiten setzt der Roman (Helmut Heißenbüttel, *D'Alemberts Ende*, 1970) entgegen. Der ‚konkreten Poesie‘ ist die ‚visuelle Poesie‘ (sogenannte Sehtexte) nahe. Sie setzt mit simultan-flächenhafter Kombination typographisch Buchstaben, Silben, Wörter zu Bildkomplexen, Bilderspielen zusammen und aktiviert derart optisch Phantasie und Intellekt des Betrachters. Das Textgefüge wird, wie bereits im Bildgedicht des 17. Jahrhunderts, zur optischen Figur, mit allerdings radikalerer Tendenz, den Klangkörper aufzuzehren. Die Kritik, die der konkreten und visuellen Textgestaltung mangelnde Gesellschaftsbezüge vorrechnet, ist nur soweit berechtigt, als vom literarischen Text direkt und pragmatisch zielende gesellschaftliche Inhalte und Zwecke erwartet werden; sie verfehlt ihren Anspruch, soweit reflektiert wird, in welchem Umfange diese Texte indirekt durch ein Verschweigen, eine Abwendung, durch ihr Verhalten gegenüber der Sprache kritische Gesellschaftsbezüge in sich enthalten, die nachdrücklicher werden können als direkte Agitation und Appelle.

Gegenüber der ‚hermetischen‘ Lyrik, ihrer Affinität zu einer Metaphysik des Poetischen, ihren Symbolverschlüsselungen, weiterhin gegenüber der ‚konkreten‘ Lyrik und deren Sproßformen, die gegen Ende der sechziger Jahre Höhe- und Endpunkt erreichte, und in der Enttäuschung durch die zu begrenzte Wirkungskraft der politischen Protest- und Agitationslyrik, die sich in den sechziger Jahren zu mannigfaltigen Sprech- und Vortragsweisen differenzierte, hat sich bereits gegen Mitte der sechziger Jahre eine Veränderung von Lyrikprogrammatik und -verständnis eingeleitet. Sie zielt zu neuer Offenheit des Gedichts für die persönliche, selbst private, und soziale Realität in Themen, Sprache und Leserbezug – auch um den Preis von deren Simplifizierung und ästhetischer Reduktion; wird doch das Ästhetische überhaupt als falsche Harmonisierung verdächtig. Es gilt, „ein Gedicht einfach genug zu machen, wie Songs, wie eine Tür aufzumachen, aus der Sprache und den Festlegungen heraus." (R. D. Brinkmann). Grundelemente solcher Veränderung zeigen sich im Griff nach Erfahrungen der Alltagswirklichkeit mit erzählerischem, protokollierendem Duktus, nach Alltagssprache, in der Absage gegen Metaphern, Symbolik und ästhetischer Selektion, in der Vermittlung zwischen Gesellschaftlichem und Subjektivem, in dem Bestreben, Widersprüche, Brüche, radikale Entfremdungen und Verzweiflungen nicht zu überdecken, ästhetisch aufzulösen. Das Gedicht soll von der täglichen sozialen, physischen und psychischen Wirklichkeit zu allen Lesern sprechen; es soll, seinem Gegenstand thematisch und sprachlich so nahe wie möglich, die Barrieren der ästhetischen Tradition durchbrechen, sich nicht im Verstummen entfernen, sondern die fragwürdige Wirklichkeit der Gesellschaft angreifen, sie anzeigen, über sie berichten und eine noch unbestimmte, ersehnte Zukunft vorausnehmen. Eine relative Gleichstimmigkeit in solchen Grundelementen schmälert nicht eine individuelle Vielstimmigkeit in der kreativen Praxis; gleichwohl läßt sich von einer Generationsgruppierung sprechen, die von der Studentenrevolte und deren Enttäuschungen geprägt ist – zwischen Bitterkeit und festgehaltener Hoffnung. Zu ihr zählen – ohne annähernde Vollständigkeit der Namen, aber vielleicht repräsentativ – F. C. D e l i u s (vgl. S. 627) mit *Ein Bankier auf der Flucht* (1975, G ü n t e r H e r b u r g e r (vgl. S. 661) mit *Training* (1970), *Operette* (1973), N i c o l a s B o r n (1937–1979) mit *Marktlage* (1967), *Wo mir der Kopf steht* (1970), *Das Auge des Entdeckers* (1972) und *Die erdabgewandte Seite der Geschichte* (1976), der zum Formen- und Sprachanarchismus neigende R o l f D i e t e r B r i n k m a n n (1940–1975) mit *Gras* (1970) und *Westwärts 1 & 2, Gedichte* (1975), J ü r g e n T h e o b a l d y (geb. 1944) mit *Sperrsitz* (1973), *Blaue Flecken* (1974), *Zweiter Klasse* (1976) und den Romanen von einer Großstadtjugend, die sich als ins Sinnlose verstoßen erlebt, (*Sonntags Kino*, 1978) und von einer enttäuschten, ratlosen studentischen Rebellengeneration (*Spanische Wände*, 1981); endlich die im Zwang der Inhaftierung zu Gesellschaftshaß gejagten Wortfolgen von P e t e r - P a u l Z a h l (geb. 1944) in *Schutzimpfung* (1975).

Die Form des Romans war mit dem Abbau des bürgerlich-psychologischen Realismus in eine erfrischende, verjüngende Bewegung geraten; indem man Thema und Sprache von der Tradition ablöste, gab man ihnen neue Dimensionen, neue Ausdrucksprägungen. Seit Th. Mann, A. Döblin, R. Musil, H. Broch, F. Kafka, naturgemäß zugleich im Zusammenhang internationaler Entwicklungen in Erzähltheorie und Erzählpraxis, wurde der Roman zu der Form, in der sich in der Breitenwirkung am sichtbarsten der Prozeß eines veränderten Welt- und Selbstverständnisses abspiegelte. Dies bestätigten die nach 1945 erschienenen Romane (vgl. S. 633 ff.). Jedoch stellte sich heraus, daß mit der eingreifenden Wandlung des Kunstverständnisses sich zunehmend Schwierigkeiten einstellten, den Roman zu bewältigen, da er sich nur langsam, nur widerstrebend und unter Bedrohungen der Form aus den ihm immanenten Traditionsbindungen herauslösen ließ. Sie widersprachen der generellen Tendenz zur Entdinglichung, zur Negation von Aktion, Kausalität, Psychologie und Genre, zur Reduktion der Sprache, zur Unbestimmtheit der Perspektiven. Die Kurzgeschichte erwies sich als freizügiger; sie entsprach der gewandelten Welterfahrung und dem aus ihr heraus sich einstellenden Erzählverfahren. Bereits im expressionistischen Erzählen vollzog sich eine Verlagerung des künstlerischen

Gewichts zur erzählerischen Kurzform; dies hat sich – entgegen
einer neuen Ausbreitung des Romans in den späteren zwanziger
Jahren unter den Zeichen der Wende zur „Neuen Sachlichkeit" –
im zeitgenössischen Schrifttum intensiviert. Die Kurzgeschichte,
die klassische Novellenform ablösend, hat eine vielstimmige Entfaltung in einer beträchtlichen Zahl geglückter Leistungen erreicht. Einige Autoren wurden schon früher genannt. W o l f -
d i e t r i c h   S c h n u r r e (vgl. Seite 647) stellt neben einen
epigrammatischen Vers- und Fabelstil (*Der Spatz in der Hand*,
1973) eine nicht minder ironisch pointierte, mitunter dialogisierte
Kurzprosa (*Man sollte dagegen sein*, 1960; *Ich brauch dich*,
1976; die Sammlung der *Erzählungen 1945–1965*, 1977; als ein
Hauptwerk *Der Schattenfotograf*, 1978); R e i n h a r d   L e t t a u
(geb. 1929) akzentuiert in *Schwierigkeiten beim Häuserbauen*
(1962) und in *Immer kürzer werdende Geschichten* (1973) das
artistische Element des aphoristischen Form- und Sprachver-
fügens. Doch scheint die Bevorzugung der Kurzgeschichte, die
nach 1945 einsetzte, zu versiegen; Sammlungen wie Benno von
Wieses *Deutschland erzählt* (1962/64) signalisieren einen rela-
tiven Abschluß. Die Rückwendung zu dem oft schon verab-
schiedeten und gleichwohl stets wiederkehrenden umfangreichen Roman ist erkennbar; nicht nur als Kontinuität des Erzählens bei der älteren Generation, auch als eine neue Form-
entscheidung der Jüngeren. Dazu hat der Ausgriff zu großen gesellschaftlichen Zusammenhängen, zu ihrer kritischen Deskription,
Analyse und Entlarvung wie eine Tendenz zum Biographisch-Chro-
nikhaften und Autobiographischen beigetragen. Doch läßt sich der
Pluralismus der sich darbietenden Erzählentscheidungen, diese Plu-
ralität der verfügbaren erzählerischen Möglichkeiten nicht auf be-
grenzende Tendenzen reduzieren. Ihre Vielfalt bezeugt sich in Veränderungen des realistischen oder expressionistischen Stils, in der
Annäherung an Dokument und Reportage (wie z. B. bei A l e x -
a n d e r   K l u g e, geb. 1932; *Lebensläufe*, 1962; *Schlachtbeschrei-
bung*, 1964), an Tagebuch und Autobiographie, an Parabel und
Märchen, an die Spiele freier Imagination bis zum Grotesken
und Absurden, weiterhin in der Tendenz, an die Stelle des Indi-
viduell-Gegenständlichen Grundmuster des Typischen zu setzen.
Die Kurzgeschichte erlaubt die Ablösung von empirischen Wahr-
nehmungskonventionen, eine Stilisierung von Weltblick und
Form, und sie vermag sich, im Prozeß radikaler Entdinglichung,
einer „absoluten" Prosa zu nähern. Formexperimente fallen in
ihr leichter als in dem schwerfälligere Ansprüche stellenden Ro-

man, in dem ältere Formmodelle stärker nachwirken. Jedoch stellen sich für ihn Möglichkeiten der Regeneration durch die formal genau durchkomponierte Verknappung zur gekürzten Form ein, wie sie, um nur wenige symptomatische Beispiele anzuführen, in *Litauische Claviere* (1967) von Johannes Bobrowski (vgl. S. 644), in *Abschied für länger* (1965) von Gabriele Wohmann, in *Die Jahreszeiten* (1967) und *Geschichten zur falschen Zeit* (1979) von Peter Bichsel (geb. 1935) erscheint.

Das Großgefüge des psychologisch-gesellschaftlichen Figuren- und Zeitromans hat der Wiener Heimito von Doderer (1896–1966) in der *Strudlhofstiege* (1951) und den *Dämonen* (1956) bewahrt. Sein Erzählen ist auf eine Totalität des Weltbildes in der Bündelung einer Vielzahl von simultanen Perspektiven aus Geschichte und Gegenwart (*Die Merowinger oder die totale Familie*, 1962) und auf das Zyklische angelegt. Die *Wasserfälle von Slunj* (1963) sollten eine Tetralogie einleiten, die geplant war, die Geschichtsjahre zwischen 1880 und 1960 zu einem epischen Panorama zu umfassen. Die beiden ersten Großromane haben im Thematischen und Erzählerischen, auch in der humoristisch-ironischen Tonführung eine lange Ahnenreihe, die, mit nur scheinbarem Widerspruch, von Jean Paul und W. Raabe bis zu R. Musil reicht. Doderer scheint die Erfahrung zu bestätigen, daß zwischen episch ausgedehntem Erzählen und dem Humor, mit allen Spielarten bis zum Skurrilen und Grotesken, eine notwendige Beziehung besteht. Er erzählt die noch nahe Zeitgeschichte des von Krisen geschüttelten, gleichwohl im Alltag fortdauernden Österreich seiner Generation, seit den letzten Jahren vor dem ersten Weltkrieg. Doderer kehrt derart zu dem von H. Broch skeptisch abgetanen „Geschichtenerzählen" zurück; jedoch mit anderer Bauform. Das epische Gefüge zerlöst sich in das Einzelne, Episodische, in Assoziation, Reflexion und Kommentar. Es gelingt dieser springenden, unerschöpflich wirkenden Fabuliergabe, ihren Häufungen, ihrer Freude an der Akzentuierung und der Analyse des Details nicht, zu einer Einheitsbildung des Epischen zu gelangen. Ihr steht eine Bauform der Vielheit entgegen. „Quälte er sich nicht eigentlich geradezu darum, unvergleichbare Erscheinungen, Zustände oder innere und äußere Örtlichkeiten unter die bannende Macht der Vergleichbarkeit zu zwingen, welche allein die Dinge bewältigen kann durch den reihenden Faden des Gedächtnisses, der ansonst immer von neuem zerstückt würde?", heißt es in der „Strudlhofstiege". Phantasie, Illusion und Wirklichkeit sind, im Gegensatz

zum Realismus des 19. Jahrhunderts, auseinandergeraten; aber
was Doderer als eine dämonische Verwirrung und Gefährdung
der Zeit auffaßt, wird im ironisch-kritischen Humor und mitunter Lustspielhaften dieses Erzählens aufgefangen. Eine psychologische Erzählkomödie, zugleich Bürgerkritik, nicht ohne Forcierung des Stils, ist der Roman *Die erleuchteten Fenster, oder
die Menschwerdung des Amtsrates Julius Zihal* (1951). Die
Kombination von Naturalistischem und Sprengung seiner Grenzen zu einem reflektierenden Ergründen des Seelischen, des
Innerlichen, „als einen Raum, der nach irgendeiner Seite hin nicht
abgeschlossen gedacht werden müsse, von welcher Seite denn
auch immer noch Unbekanntes...", noch nie Erlebtes auftauchen
könne", deutet auf eine Zwischenlage zwischen Tradition und
zeitgenössischem künstlerischem Bewußtsein, dem die gedeutete
Welt in die Offenheit der unbestimmbaren Perspektiven sich
entfernt.

Die Affinität zum konservativen Realismus ist bei H e i n r i c h
B ö l l (geb. 1917) unverkennbar, zugleich die Anspannung, ihn
zu durchbrechen. Er begann nicht zufällig mit Kurzgeschichten;
ihre Formtechnik bleibt als Grundfigur in seinen Romanen erkennbar. Verlassenheit, ironische Bitterkeit, eine hoffnungslos
erscheinende Sehnsucht jener Jugend, die ohne einen Augenblick
für eigenes erträumtes Leben in das teuflische Grauen von Krieg
und Nachkriegsjahren gestoßen wurde, spricht aus den Kurzgeschichten *Wanderer kommst du nach Spa...* (1950) und dem
Kriegsbuch *Der Zug war pünktlich* (1949). Mit Böll – wie mit
W. Borchert – gewann die aus dem Krieg zurückgekehrte Jugend
ihre literarische Sprache. Sie bedeutete den Einsatz einer neuen
Generation, einer neuen Literatur. Sie hat den Krieg und seine
Folgen anders erfahren als jene ältere Generation, die in E r -
h a r t K ä s t n e r s (1904–1974) *Zeltbuch von Tumilad* (1949) zu
Wort kam. Hier werden die Jahre in der ägyptischen Wüste, der
Kriegsgefangenschaft 1945/48 in scheinbar völliger Verlassenheit
zum Spiegel der Zeit, zugleich aber, von der Erkenntnis der
Kunst durchleuchtet, Symbol der Bewahrung des Menschlichen
in Kerker und Armut, in der Wanderung durch eine Traum-
landschaft, in der das Wirkliche zum Zufälligen zerfällt und ein
Wissen um die „Heimat der Klarheit" aufsteigt. Die Schönheit
der Sprache, der Humor, die Liebe zur Kunst sind Überwindungen des Übels durch den Geist, Zeichen der Freiheit im preis-
gegebenen Dasein in der „Wüste". Das Tagebuch bewegte sich
zwischen Erzählung, Autobiographie und Essay, wie später

Kästners *Stundentrommel vom Heiligen Berg Athos* (1956) und
Lerchenschule (1964). Solche Rettung des Humanen durch die
Kunst ist der jüngeren Generation nicht mehr möglich. Ihre Erfahrung ist bitterer, strenger, ihr Blick skeptischer, enttäuschter,
unerbittlicher. Die sprödere Schlichtheit der Sprache, die sich das
Schöne versagt, bezeugt die Wahrhaftigkeit der Aussage. Solche
Wahrhaftigkeit bestimmt Bölls kritischen Moralismus, seine
ethisch-satirische Auseinandersetzung mit der zeitgenössischen
Gesellschaft, den Ernst seiner Polemik gegen jegliche Art von
juste-milieu – auch in der Kirche, zu der er sich bekennt und
gegen die sich seine Kritik richtet (*Brief an einen jungen Katholiken*, 1958). Zu sehen, zu sagen und zu erkennen, was ist –
darum geht es in der Geschichte eines Mannes aus dem städtischen Alltag dieser Tage, der einen Sinn seines Lebens verlor,
in die Wüste der Einsamkeit flüchtete, bis er in ihr Unzerstör-
bares unter Verschüttetem fand und zu Frau und Kind heim-
kehrte (*Und sagte kein einziges Wort*, 1953). Die herbe Sachlichkeit dieser Prosa läßt im lakonischen Handhaben der Sprache
das Unausgesprochene der inneren Stimmungen transparent
werden. Reduktion der Sprache bedeutet erhöhte Intensität,
Widerstand gegen das schlechte Allgemeine, ein Verhältnis zur
Wahrheit. Böll hat, neben Hörspielen, mit wechselndem Niveau
ein umfangreiches Erzählwerk aufgebaut: feindlich allem Seelenlosen, Geschäftigen, herzlos Erfolgssicheren, allen Lügen und
Masken der Gesellschaft, bemüht um eine humane Redlichkeit
und Ordnung – angesichts der Verschuldungen der jüngsten
deutschen Vergangenheit, angesichts der Vergeßlichkeit und
falschen Sicherungen der Gegenwart. Seine Begabung für die
knappe, konzentrierende und offene Erzählform (*So ward Abend
und Morgen*, 1956; *Unberechenbare Gäste*, 1956; *Doktor Murkes
gesammeltes Schweigen*, 1958; *Der Bahnhof von Zimpren*, 1959)
überwiegt, doch glückte es ihm, die schwierige Form des mora-
listisch-zeitkritischen Romans aufzunehmen, der Psychologie und
Fabel nicht preisgibt, doch dem Einzelfall symptomatischen Sinn
verleiht, ihn zum Ganzen transparent macht. So *Haus ohne Hüter*
(1954), die Geschichte von der Not der hilflos gelassenen Kinder
angesichts der Selbstpreisgabe der älteren Generation im Anarchischen der Nachkriegszeit, so *Das Brot der frühen Jahre*
(1955), die Geschichte eines im Alltag eingerichteten Menschen,
in dessen Sicherheit die Spontaneität des Menschlichen einbricht,
so *Billard um halb zehn* (1959). An der Geschichte einer Kölner
Familie wird die Geschichte der Jahrzehnte seit bald nach der

Jahrhundertwende sichtbar: als Leiden, Dulden, Kämpfen, Irren,
Verschulden. Böll experimentiert hier mit moderneren Formen:
Zeitschichtungen, Rück- und Überblendungen, Assoziationen
und inneren Monologen. Er gibt nicht Ideologien, Reformpro-
gramme; er baut von innen her auf, vom Menschlichen im Alltäglichen her, sachlich, genau im Bezeichnen, mit dichter Atmosphäre – ein Moralist, ein Satiriker, der jedoch zum Humor und
zur Gläubigkeit fähig ist und den der Zorn über das zeitgenössisch Schlechte-Allgemeine in produktiver Unruhe hält. Der Nah-
blick, das persönliche Engagement können allerdings, wie in
Ansichten eines Clowns (1963) die überlegene erzählerische Perspektive, deren Dimension verkümmern lassen. Ein anderes Erzählverfahren hat Böll in dem Roman *Gruppenbild mit Dame*
(1971) und in *Die verlorene Ehre der Katharina Blum* (1974) gewählt. Der Erzähler nimmt, um der Authentizität willen, die Methode sachlich-minutiösen Protokollierens von Fakten und Nachrichten an und baut aus ihren Unstimmigkeiten den Polyperspek-
tivismus des vielfigurigen, zeitlich mehrschichtigen, zwischen Vergangenheit und Gegenwart sich bewegenden kritischen Gesellschaftsromans zusammen. Der Roman als Bericht entspricht einer
neuen Welle literarischer Sachlichkeit; das punktuelle Erzählverfahren, dessen Mosaik der Daten, wie es auch im letzten Roman von
Uwe Johnson begegnet, suggeriert Faktizität. Darin zeichnet sich
eine Abwendung von der Subjektivierung der Erzählperspektive
ab, die bisher bestimmend war: bei M. Frisch, G. Grass, M. Walser,
S. Lenz, H. Fichte, Th. Bernhard, P. Handke und Alfred Andersch (*Efraim*, 1967); mit verwandter Tendenz *Tynset* (1965),
der künstlerisch originäre, alle ausgetretenen Wege verachtende
Roman von W o l f g a n g   H i l d e s h e i m e r (vgl. S. 637). Die
Sparsamkeit seiner Produktion hat einen Grund in dem Kunstanspruch seiner Prosa, ihrer ungewöhnlichen Niveau- und Sprach-
sensibilität (*Masante*, 1973; die fiktive Biographie eines englischen Kunstphilosophen *Marbot*, 1981, die so authentisch erschien, daß viele Leser sich täuschen ließen). Die Wahl dieser
Form entspricht den zeitgenössischen Tendenzen; wo Objektives
nicht mehr sagbar erscheint, wird die dargestellte Welt in Fragmenten, offenen Stellen, in den Erfahrungen, Assoziationen,
Reflexionen der inneren Bewußtseinsperspektive, in deren Verfü-
gen über Dingliches, Zeitliches, Räumliches aufgefaßt. A l f r e d
A n d e r s c h (1914–1980) ließ zuvor dem autobiographischen
Erzählbericht von der Desertation unter totaler Diktatur *Die
Kirschen der Freiheit* (1952) den objektiviert erzählten Roman

Sansibar oder der letzte Grund (1957) folgen, der Not und Flucht, Widerstand und Opfer unter dem Zugriff des totalen Herrschaftssystems am Neben- und Miteinander einiger Menschen schilderte. *Winterspelt* (1974) ist ein vielfigurig angelegter Roman von Möglichkeiten, Masken und Verhaltensweisen des Sich-Verweigerns an einer nicht nur im militärischen Sinne undichten Frontlinie gegen Kriegsende. Den moralisch-gesellschaftlichen Zeitbezug dokumentieren weiterhin die *Gesammelten Erzählungen* (1971), die Stellungnahmen zur aktuellen Literatur *Öffentlicher Brief an einen sowjetischen Schriftsteller, das Überholte betreffend – Reportagen und Aufsätze* (1977).

Eine Welle von Zeitromanen, oft satirisch-bitter aggressiv, zugleich mit erhöhtem künstlerischem Form- und Sprachbewußtsein, setzte in den fünfziger Jahren ein. W o l f g a n g K o e p p e n (geb. 1906) veröffentlichte in rascher Folge *Tauben im Gras* (1951), *Das Treibhaus* (1953) und *Der Tod in Rom* (1954). Liegt Symptomatisches darin, daß er sich lange in das Gebiet des Reiseberichtes (aus Rußland, Amerika, Frankreich) zurückzog? Stieß der Zeitroman auf Grenzen seiner künstlerischen Gestaltung? Es gibt dafür eine Reihe von Signalen. Prosa als Dichtung ist nach langem Schweigen W. Koeppen erneut in *Jugend* (1976) geglückt; seine Sprachverfügung hat sich noch mehr differenziert. Assoziativ gehen Autobiographisches, Zeitgeschichtliches vor und nach dem Ersten Weltkrieg, Erinnerungsträume und Fiktionales ineinander; zu einem atmosphärisch dichten Porträt von zerquälter, trotzig im aufgezwungenen Außenseitertum rebellierender und in undurchdringbarer Fremdheit zu sich selbst zurückgestoßener Aufwuchsjahre. Nach langem skrupulösem Zögern ließ Koeppen 1983 einen frühen Roman *Die Mauer schwankt* (1935), auch unter dem Titel *Die Pflicht*, erneut erscheinen. Ein Vorspruch berichtet von der Entstehung dieses Jugendwerkes im holländischen freiwilligen Exil und seiner Geschichte. Es ist die Lebens- und Familiengeschichte eines Zweiflers, der sich asketisch an seine vom Vater ererbte Moral der Pflicht klammert, obwohl sie zunehmend zur toten Form und der sittliche wie politische Zusammenbruch zur unausweichlichen Gewißheit wird. Figuren, Vorgänge, Örtlichkeiten werden bei aller dichten sinnlichen Herausarbeitung gleichnishaft für den Schwund der Werte, ohne daß andere Sinnordnungen faßbar werden. Die meisterhafte, verhalten intensive Sensibilität von Koeppens Erzählfähigkeit, die das Faktische, das Atmosphärische und das Symbolische wie von selbst zur nahtlosen Übereinstimmung bringt, ist hier bereits sorgsam ausgebildet. Koeppen wird seit Jahren von vielen übertönt; es sind nur wenige unter ihnen, die eine ihm gleiche Aussicht auf literarische Wertbeständigkeit haben.

Die Wendung zum Autobiographischen, zugleich eine Spiegelung des Zeitgeschichtlichen im Ausdruck der Selbsterfahrung ist ein Indiz jener Schwierigkeiten, welche die Zeitrealität und -aktualität der künstlerischen Durchformung entgegensetzt. Die Autobiographie kann das lediglich Faktische zugunsten erlebter Wirklichkeit zurücklassen. Aus ihrer gegenwärtigen Bevorzugung (z. B. Christa Wolf, *Kindheitsmuster*, 1976, Elias Canetti, *Die gerettete Zunge*, 1977, Heinz Piontek, *Dichterleben*, 1976 oder Walter Helmut Fritz (vgl. S. 645) *Bevor uns Hören und Sehen vergeht*, 1975, ferner G ü n t e r S t e f f e n s (geb. 1922) *Die Annäherung an das Glück*, 1977, schließlich G e r t r u d L e u t e n e g g e r (geb. 1948), eine sich früh profilierende Schweizer Erzählerin, (*Vorabend*, 1975), und F r a n z I n n e r - h o f e r (vgl. S. 680) im Roman einer landproletarischen Stiefkindschaft mit der bitter-haßvollen Aufschrift *Schöne Tage* (1974).) spricht weiterhin das Bewußtsein einer säkularen Zäsur, des Ablaufes einer sozialen Epoche, der zu Selbstauseinandersetzung, Selbstvergewisserung und Widerstand nötigt. Zeitgeschichte wird autobiographisch verpersönlicht, damit als innere Geschichte vergegenwärtigt und zur Rechenschaft gebracht. Im Geworden-Sein reflektiert sich der Prozeß des Werdens.

Die Entwicklung des Erzählers W a l t e r J e n s (geb. 1923) hat zunehmend vom Roman zum kritischen Essayismus, vom Erzählen zur öffentlichen Rede geführt. Aus soziologisch-politischer Perspektive, mit fast technologischem Konstruktivismus schrieb er in *Nein – die Welt der Angeklagten* (1950) die teuflische Utopie des absoluten Staates, dem der letzte freie Mensch in schrecklichem Martyrium, aber in klarer Entscheidung, sich nicht in die allein noch vorhandene hierarchische Welt der Richter, der Zeugen und der Angeklagten einzureihen, zum Opfer fällt. Das war ein Rück- und ein Vorausblick, ein Dokument der negativen Utopie. Der Erzähler Jens erarbeitete sich mit virtuoser Elastizität einen beträchtlichen Variationsraum in *Der Blinde*, 1951, *Vergessene Gesichter*, 1952; *Der Mann der nicht alt werden wollte*, 1955. Der letzte Roman *Herr Meister. Dialog über einen Roman* (1963) wurde zu dem Roman des Zeitromans, der nicht mehr geschrieben werden konnte; in Analogie zu Max Frischs „Mein Name sei Gantenbein" und zuletzt „Efraim" von Alfred

Andersch. Das Buch wurde eine mit artistischer Präzision der Brechungen und Spiegelungen gestaltete Reflexion über die Möglichkeiten und Grenzen des zeitgeschichtlichen Erzählens, ein Fragment vieler Romane in einem Roman, der keiner mehr sein kann, sich selbst zum Problem geworden ist. Es gibt Autoren, die an den Roman als fiktiver Geschichte mit fiktiven ‚Helden' angeschlossen, an beobachteter Wirklichkeit noch festhalten: als eine Manifestation eines kritischen gesellschaftlichen Bewußtseins, das Tarnungen auflöst, richte es sich gegen Unwahrhaftigkeiten, die sich in der Pietät gegenüber Familientraditionen verkleiden (P e t e r H ä r t l i n g, geb. 1933, *Das Familienfest oder das Ende der Geschichte*, 1969) oder gegen die Hinterlassenschaften der vorangegangenen Generation und jene Zwänge, die die Zukunft schon bereithält (G ü n t e r H e r b u r g e r, geb. 1932, *Die Messe*, 1969). Härtling zog sich mit dem Roman *Eine Frau* (1974) zu einem mehr konservativen, chronikalischen Erinnerungserzählen, wenn auch mit perspektivischen Brechungen, zurück. Nach der Geschichte vom inneren Zerfall des Dichters Lenau (vgl. S. 363 f.) *Niembsch oder der Stillstand* (1964) hat er, in Mischungen von historischer Authentizität, subjektivem Entwurf und Fiktion eine Romanbiographie *Hölderlin* (1976) veröffentlicht, die trotz der Lockerung des Erzählverfahrens von der Problematik der psychologisch orientierten Künstlerbiographie, dieser Spiegelung von Literatur mittels Literatur, und unangemessener Identifikation nicht frei wird.

Wo der Trieb zum erzählerisch Unmittelbaren die erzählpoetologischen Widerstände überwiegt und sich nicht zeitgenössischen Bewußtseinsveränderungen preisgibt, setzt eine Affinität zu einem stilistischen und erzähltechnischen Konservativismus sich durch, die nur gedämpft, entsprechend im Thematischen, eine Erzähl- und Sprachskepsis einläßt. Dies gilt für die Romane von G e r d G a i s e r (1908–1976), die künstlerisch hinter seinen Erzählungen (*Einmal und oft*, 1956; *Gib acht in Domokosch*, 1959) zurückbleiben. Der Roman *Eine Stimme hebt an* (1950) läßt einen Heimkehrer im schwäbischen Schwarzwald durch die Verwirrungen der ersten Nachkriegsjahre gehen und im Einfach-Elementaren wieder beginnen, so daß sich über dem Zerfall alter Bürgerlichkeit und hinter der Grimasse aufgescheuchter Begierden die Ahnung neuer Ordnungen abzeichnet. War hier, mit zu kunstgewerblich überlasteter Sprache, ein Anschluß an die Heimatkunst vollzogen – das Buch der Kampfflieger *Die sterbende Jagd* (1953) zielte auf einen spannend bewegten Bericht-

realismus. *Schlußball* (1958) wurde, der schon bezeichneten Welle
der Zeitromane zugehörig, zum Ansatz des zeit- und gesellschaftskritischen Romans der jüngeren Gegenwart; scharfsichtig
im Aufdecken des leeren Prosperitätsoptimismus der übersättigten
Wirtschaftswelt, doch zu begrenzt im kleinstädtischen Panorama
und fragwürdig in klischeehafter Typisierung der Figuren. Zwischen Tradition und neuartigen Erzählmöglichkeiten sucht S i e g -
f r i e d   L e n z (geb. 1926) einen Weg in seinen Romanen (*Es
waren Habichte in der Luft*, 1951, *Stadtgespräch*, 1963) und
Erzählungen (*Das Feuerschiff*, 1960). Moralisches Engagement,
bezogen auf die Kriegs- und Nachkriegsjahre (die Hörspiele
Zeit der Schuldlosen und *Zeit der Schuldigen*, 1960/61, auch auf
der Bühne dargestellt) verbindet sich mit der Fähigkeit zu span-
nungskräftigem, atmosphärisch gesättigtem Erzählen. Der
Roman *Deutschstunde* (1968), dessen innerer Mittelpunkt das
Geschick des Malers Emil Nolde während der Zeit seines Mal-
verbots unter dem Nationalsozialismus ist und der tief ironisch
unter das fragwürdige Motto der ‚Freuden der Pflicht‘ gestellt
ist, wurde, gestützt durch dieses mühelos erscheinende Erzähl-
talent, zu einem Welterfolg. Siegfried Lenz bewahrt einen landschaftlich und psychologisch darstellenden Realismus – am Rande
der Gefahr verbrauchter Sprache. H e r m a n n L e n z (geb. 1913)
erweitert die Dimensionen der dargestellten Welt durch innere
Bewußtseins- und Traumperspektiven. Er suchte in den drei
Erzählungen *Das doppelte Gesicht* (1949) durch die Wirklichkeit
des Tages hindurch die Spuren des eigentlichen und wahren
Seins zu finden. Schicksale der Gegenwart, von Schuld und Leid
durchschattet, werden traumhaft sichtbar: nicht nur als Geschehnisse, sondern aus Tiefen unbewußten Seelentums erfahren. Einwirkungen Kafkas, des Surrealismus werden bemerkbar. Spätere
Bücher von Lenz (*Der russische Regenbogen*, 1960; *Nachmit-
tag einer Dame*, 1961) machen die generellen Schwierigkeiten der
epischen Integration im größeren Gefüge bemerkbar; ebenso die
Schwierigkeiten, die zeitgenössische Realität adäquat zu bewältigen. Konstantes Thema wird das Abseitsgehen, das sich Her-
aushalten, die Begrenzung auf die Perspektive des kritischen Be-
obachters (*Die Augen eines Dieners*, 1964; *Verlassene Zimmer*,
1966; *Der Kutscher und der Wappenmaler*, 1972; *Dame und
Scharfrichter*, 1973; *Neue Zeit*, 1975 und die Erzählung *Der
Tintenfisch in der Garage*, 1977). Der Zeitroman verengt sich
zur Perspektive des erzählenden Ich, zu seinem verpersönlichten
Lebensbereich (*Andere Tage*, 1978; *Die Begegnung*, 1979; *Das*

stille Haus, 1982). Ähnliches gilt für die Lyrik (*Zeitlebens. Gedichte 1934–1980,* 1981).

Die Erzählerin L u i s e   R i n s e r (geb. 1911) hat den Kreis der von ihr beherrschten Formen erzählerischer und essayistischer Artung sehr weit gezogen: seit ihrem ersten Roman *Die gläsernen Ringe* (1940) ist bis zu *Der schwarze Esel* (1974) eine lange Reihe gefolgt. Bestimmende Einsätze wurden das *Gefängnistagebuch* (1946), geschrieben aufgrund eigener Erfahrungen in der Zeit des Nationalsozialismus, die Geschichte von dem versteckten jüdischen Bürger *Jan Lobel aus Warschau* (1948) und *Die Stärkeren* (1948), ein Buch vom moralischen Versagen des deutschen Bürgertums. Zum Tagebuch ist L. Rinser in *Baustelle. Eine Art Tagebuch 1967–1970,* 1970 zurückgekehrt; daneben findet sich die Reisereportage, ein Porträt von Südkorea *Wenn die Wale kämpfen* (1976) und eine Sammlung von Briefen *Hochzeit der Widersprüche* (1973), die auf Probleme des zeitgenössischen Bewußtseins- und Alltagslebens antworten. Die Unmittelbarkeit dieses Erzählens setzt dem Leserverständnis keine Barrieren; sie erlaubt ihm die Identifikation mit der menschlichen Substantialität und sichert ihm das Zutrauen zum Duktus der Sprache. Mit einer zornig-kritischen Härte hat hingegen das in seiner Vielzahl nur noch schwer überschaubare Erzählwerk von G a b r i e l e   W o h m a n n (geb. 1932) mit *Jetzt und nie* (1958, neu 1982) und *Sieg über die Dämmerung* (1960) eingesetzt. Ihr immer wieder abgewandeltes Thema, in knappem Realismus gestaltet, ist die Darstellung und das Aufdecken von Einkerkerungen in fremdbestimmte Zwänge, die Rebellion gegen starre Formen der Sozialisation, ein so trotziger wie empfindlicher Widerstand gegen Gewaltsysteme der Familie, der Eltern, der Ehe, gegen die tückisch-banalen Alltäglichkeiten des Alltags und dessen Terror der Erniedrigungen. Realität wird, bei präziser Detailgenauigkeit, unter diesen Aspekten selektiert und ins monologisch Subjektive eingebettet (zuletzt: *Ernste Absicht,* 1970; *Paulinchen war allein zu Haus,* 1974). Die Frau verweigert die erstickende Einschnürung in das Familien- und Gesellschaftssystem; sie hinterfragt dessen Rechte und entlarvt dessen falsche Ansprüche.

Ähnlich lehnt sich K a r i n   S t r u c k (geb. 1947) in *Klassenliebe* (1973), *Die Mutter* (1975) gegen eine Preisgabe des Individuell-Subjektiven, gegen die Zwänge von Kollektiv und Ideologie und die Eingrenzungen durch Verhaltensnormen auf. Der Widerspruch zwischen Ehe und Selbstfindung wird in *Wie kommt das*

Salz ins Meer (1977) zum Thema der österreichischen Erzählerin B r i g i t t e S c h w a i g e r (geb. 1949).
G ü n t e r G r a s s (geb. 1927) hat, mit einer unerschöpflich erscheinenden erzählerischen Phantasie, mit vital-sinnlichem Temperament, die Gefahren der Begrenzung zum Autobiographischen, Provinziellen, zur Ichperspektive hinter sich gelassen. In den umfangreichen Romanen *Die Blechtrommel* (1959), *Hundejahre* (1963), schmaler gehalten, *örtlich betäubt* (1969) und *Aus dem Tagebuch einer Schnecke* (1972) ist eine Vielheit von tradierten Formmöglichkeiten mit einer erzählerischen Originalität verbunden, die, nach eigenem Wort, wesentliche Impulse von A. Döblin empfing. Eine vermeintlich zerstörte Tradition wird derart neu bewußt gemacht. Autobiographisches, gesättigt von erfahrenem östlichem Stadt- und Kleinbürgermilieu, von durchlebter Atmosphäre, gibt das Fundament des Zeit- und Sozialkritischen, das auf realistischer Grundlage deren Grenzen sprengt: einerseits zum Grotesk-Absurden, einer frei imaginierten Fabelwelt, andererseits zum Mythischen, Archetypischen. Die Kritik potenziert sich zu aggressiver Bürgersatire, bis zu provokativer Entblößung, sie wird zugleich mit souveränem Fabulieren ins Skurrile getrieben, ins Gelächter über das Absurde verwandelt. Grass' Weltaufnahme vom Körperlichen, vom Materiellen der Dinge her wird aufgewogen durch die Produktivität der Phantasie, die, bei aller Bindung an das Sinnliche, an das Detail, die Eigenständigkeit des Fabulierens bewahrt. Die Stoff- und Gestaltenfülle führt zu der Aufladung mit Episodischem, zur Panoramaform einer Zeit- und Weltwanderschaft, die an den barocken Schelmenroman erinnert. Der Zwerg und Krüppel, zugleich Magier, wird, außerhalb der Gesellschaft, zu ihrem kritisch schärfsten Beobachter, zugleich zum herausfordernden Kobold. Der epische Reichtum, über den dies Erzähltemperament zumindest in dem ersten Roman – der zweite neigt zur Wiederholung – verfügt, wird durch einen auf Architektur und Wirkungen aufmerksamen Kunstverstand beherrscht, der das Stoffliche, die Effekte, auch wo sie zu überborden scheinen, genau ordnet und kalkuliert. Grass vermochte den Anspruch auf eine Erneuerung der Novelle in *Katz und Maus* (1961) zu erheben, mit Tieferlegungen der Symbole zum Psychoanalytischen, die gleichwohl die sinnlich epische Aktion, Figur, Atmosphäre durchaus nicht vermindern. Ein derbhumoristisches Fest der ins Phantastische und Groteske auswuchernden Fabulierlust, die die verschiedensten Geschichtszeiten in lustiger Wiederkehr kombiniert, ist der umfangreiche Ro-

man *Der Butt* (1977). In *Das Treffen in Telgte* (1979) wird ein
ähnliches Kombinationsspiel inszeniert. In einem Dichtertreffen
im 17. Jahrhundert spiegelt sich mit Ironie und heiteren Verschlüsselungen ein Treffen der Gruppe 47. Zum Maskenspiel
mit den Figuren und Vorgängen gesellt sich der Witz des Sprachspiels im Zusammenstoßen und Zusammenwirken von barockem
und gegenwärtigem Deutsch. Bis zum Exzessiven steigert Grass
in *Kopfgeburten oder Die Deutschen sterben aus* (1980) seine
hier deutlich am Film orientierte Technik der Gleichzeitigkeit
unterschiedlicher Erzählstränge. Reale und fiktive Figuren werden vermischt, Eindrücke und Erinnerungen (vor allem an Ni-
colas Born, vgl. S. 653), Fakten, Dialoge, Aus- und Randblicke,
Stellungnahmen zu deutschen Problemen wie den Problemen
der sog. Dritten Welt werden fragmentarisch gehäuft. Privates
und Öffentliches gehen ineinander über, viel an aktuellem Hin-
tergrundwissen, Literatur- und Autorenkenntnis wird souverän
vorausgesetzt. Solche mehrdimensionale Spielfreiheit des ele-
mentar Epischen ist P e t e r W e i s s (1916–1982) verwehrt. Er
zeichnet in knapp konzentrierter, zum Objektiven gebildeter
Prosa Zeit- und Bewußtseinsgeschichte in autobiographischer
Form auf (*Abschied von den Eltern*, 1961; *Fluchtpunkt*, 1962).
Es ist die Autobiographie eines jungen Mannes, der, aus allen
Zugehörigkeiten herausgerissen, einsam, stets im Widerspruch
und im Beziehungslosen, in eine bis zum Absurden entfremdete
Welt getrieben wurde. Weiss bleibt wie Grass dicht am Gegenständlichen, unerbittlich zugleich in der Selbstanalyse, im Aufdecken einer bei aller nächsten Realität unfaßbaren und zusammenhanglosen Wirklichkeit. Der Begrenzung der Perspektive,
die sich das epische Fabulieren verbietet, entspricht die bis in die
Satzführungen dominante Begrenzung der Erzählform, der Typus des „Mikro-Romans" (*Der Schatten des Körpers des Kut-
schers*, 1960; *Das Gespräch der drei Gehenden*, 1963, der bedeutende Roman *Die Ästhetik des Widerstands*, 3 Bde., 1976 bis
1981). M a r t i n W a l s e r (geb. 1927) zielt hingegen darauf,
diese Eingrenzungen durch das Breitengefüge des zeitkritischen
Gesellschaftsromans zu durchbrechen. Es ist die Gesellschaft des
mittelschichtigen bundesrepublikanischen Bürgertums, das sich
anpaßt, eine Gesellschaft des „juste-milieu", des Kollektivs, in das
das Individuelle hineinverschwindet. Er wählte in *Ehen in Phi-
lippsburg* (1957) einen ironischen Perspektivismus, in *Halbzeit*
(1960) einen Ich-Erzähler, in *Das Einhorn* (1966) wiederum ein
Erzählen aus innerem, erinnerndem Bewußtseinsvorgang, zu-

gleich eine Form, die den Roman als Roman, hier als Liebesroman problematisiert. Die gesellschaftsmoralische Satire ist auf
einen pointierten Realismus in Panorama, Episoden und Psychologie angewiesen; ähnlich wie Grass verfügt Walser über eine
eminente Sprachfähigkeit, die allerdings das Gleichgewicht zwischen Sprachdetail und Formbindung gefährdet. Die Virtuosität
der Sprache neigt zur Verselbständigung der Freude an Spiel und
Brillanz der Formulierungen. Walser etikettiert den ‚Eigen-
bericht' *Die Gallistl'sche Krankheit* (1972) distanzierend als
Roman. Die monologischen Meditationsstufen eines Ich-Erzäh-
lers, an Tagebuchformen angenähert, lösen sich aus der Krankheit eines solipsistischen Individualismus, aus dessen Entfremdungen, Isolierungen, Erstarrungen, um sich einem, noch als
Realität oder Utopie befragten Sozialismus zu nähern, der Zukunft verspricht. Die Selbstanalyse zielt auf einen symptomatischen Entwicklungsprozeß, in ihm fragend, tastend nach einer
Moral der Positivität, die Gemeinsamkeiten bewirkt und in das
Soziale eingliedert. *Jenseits der Liebe* (1976) setzt hingegen die
Negativitätsrevue der spätkapitalistischen, zeitgenössischen Ge-
sellschaft mit dem bitter-ironischen Porträt des in Selbsthaß und
Zusammenbruch scheiternden Kleinbürgers fort. In dessen Mi-
lieu findet Walser seine ergiebigsten und beredt ausgestalteten
Figuren und Konflikte, die Anlässe einer virtuos ausgespielten
Erzählironie (*Ein fliehendes Pferd*, 1978; *Das Schwanenhaus*,
1980). Das Bühnenspiel *In Goethes Hand* (1982), gedacht als
Satire, mißriet zur Verzerrung.
Ein wesentliches Mittel der Veränderung von Struktur und
Stil des Erzählens wurde seit der letzten Jahrhundertwende
(A. Schnitzler, A. Döblin, H. Broch u. a.) der innere Monolog,
die „erlebte Rede". Sie löst das „formulierte" Denken der Figuren auf, sie erweitert den Wirklichkeitsbezug um eine innere,
assoziativ sich äußernde Unbegrenztheit im Bewußten und Unbewußten, zeichnet den reagierenden Menschen im Gemisch
seiner psychologischen Triebe und Impulse und verdeutlicht Verwobenheit und Zusammenstoß von äußerer und innerer Wirklichkeit in mannigfaltigen Spiegelungen und Schichtungen. Die
Grenzen zwischen innen und außen, zwischen Subjektivem und
Objektivem fallen. Der innere Monolog wird Sprache des vereinzelten Menschen in einer undurchsichtigen Welt, in der nur
Assoziationen, Sprünge, Fragmente, Augenblicke bleiben. „Der
Hang zum Skizzenhaften…, die Vorliebe für das Fragment, die
Auflösung überlieferter Einheiten, die schmerzliche oder necki-

sche Betonung des Unvollendeten" erscheint, um Sätze aus dem *Tagebuch 1946/49* (1950) von dem Schweizer M a x   F r i s c h (geb. 1911) aufzunehmen, als die einzig noch mögliche Ausdrucksform. „Die Skizze als Ausdruck eines Weltbildes, das sich nicht mehr schließt oder noch nicht schließt; als Scheu vor einer förmlichen Ganzheit, die der geistigen vorauseilt und nur Entlehnung sein kann; als Mißtrauen gegen eine Fertigkeit, die nur verhindert, daß unsere Zeit jemals eine eigene Vollendung erreicht." Solcher Offenheit der Aspekte und Form entspricht das *Tagebuch* (dem 1. Band von 1950 ist ein zweiter Band 1966–1971 1972, gefolgt), das das Grundmuster von Frischs Romanen *Stiller* (1956), *Homo Faber* (1957) bildet. Es ist Medium jener Selbstreflexion, zu der Frischs konstantes Thema der Gespaltenheit, der verlorenen Identität des Menschen hinführt. Die Gesellschaftsproblematik konzentriert sich zunehmend zur Problematisierung des Selbstbewußtseins, zur Frage nach der Selbstgewißheit des Ich. Max Frischs Roman *Mein Name sei Gantenbein* (1964) verknüpft mit ihr die symptomatische Problematisierung der Romanform: der Roman gliedert sich zu einer Mehrzahl von fragmentarischen Kurzromanen auf. Eine Vielheit von Ausschnitten und Perspektiven löst die geschlossene, gerundete Vorgangsfabel und deren Kausalnetz ab. Eine Logik der äußeren und inneren Vorgänge und Abläufe ist unglaubhaft geworden. Dieser Roman bezeichnet wie „Herr Meister" von W. Jens (vgl. S. 660) eine Position radikaler Infragestellung der Romankonvention. Die Brechung des Erzählens durch dessen kritische Selbstreflexion, durch die Skepsis gegenüber faßbarer Fabel und ,Geschichte' und deren Erzählbarkeit macht sich auch in der Prosa, die in den sechziger Jahren in der Schweiz entstand, bemerkbar – so in den Prosasammlungen *Eigentlich möchte Frau Blum den Milchmann kennenlernen* (1964), *Die Jahreszeiten* (1967) von P e t e r B i c h s e l (vgl. S. 655). Sie wirkt sich im Erzählwerk von A d o l f M u s c h g (geb. 1934) aus. Schweizerische epische Tradition (R. Walser, M. Frisch) ist in ihm gegenwärtig – nur kompliziert und differenziert sich in ihm seit *Im Sommer des Hasen* (1965), in den souverän erzählten Romanen *Mitgespielt* (1969) und *Albissers Grund* (1974) wie in den *Liebesgeschichten* (1972) noch mehr das Aufbrechen des Erzählverfahrens: mittels eines Erzählens in Fragmenten, Verkürzungen und Abbrüchen, der Selbstreflexion im Erzählprozeß, des distanzierenden Rollenspiels, der Vielschichtigkeit, die offen läßt und verrätselt. Zeitsymptomatisch ist in *Albissers Grund* der Außenseiter, der sich

Zwängen verweigert und im Einzelgängertum innere Festigkeit
verteidigt. Muschg vernachlässigt nicht Tradition und Erfahrungen der älteren Erzählkultur und -technik. Der Roman
Baiyun oder die Freundschaftsgesellschaft (1980) schildert eine
Gruppenreise im gegenwärtigen China mit psychologischen, politischen und kriminalistischen Akzenten. Wenn er von sich
selbst spricht, unterlegt er distanzierend eine historische Figur
(*Gottfried Keller*, 1977); er geht vom Psychologischen und Psychoanalytischen aus, nicht vom Existentiellen, wie z. B. Christa
Wolf in *Kein Ort. Nirgends,* die dort Heinrich von Kleist und
Karoline von Günderode zu eigenen Problem- und Existenz-
chiffren umbildet. Der Schweizer verfügt über eine größere Unbefangenheit in Aufbau, Spannungen und Offenheit seines Erzählens (*Noch ein Wunsch,* 1979; *Leib und Leben,* 1982).

Außenseitertum und Erzählbrechung radikalisieren sich in der
Prosa von A r n o   S c h m i d t (1914–1979). In kritischer Thematik, Formen- und Sprachbehandlung sucht er, mit kräftig aus-
greifendem Erzähl- und Fabuliertemperament, eine Aktualisierung des Erzählens, dessen Konfrontation mit einer veränderten
Weltzuständlichkeit und einem Bewußtsein, das alle Konventionen mit Hohn verwirft und bis zur Karikatur parodiert. Erzählen
versteht sich als Parodie des Erzählens. Zugleich zeigt sich in seinem umfangreichen Prosawerk ein unkonventioneller Traditions-
bezug; Schmidt greift zu vernachlässigten Erzählern der Aufklärung und der Romantik zurück (*Fouqué und einige seiner Zeitgenossen,* 1958; *Dy na sore, Gespräche in einer Bibliothek,* 1958;
Belphegor. Nachrichten von Büchern und Menschen, 1961). Diese
Mischung ist so charakteristisch wie die erzählerische Rückknüp-
fung zum Expressionismus. Ein gereizt kritisches Verhältnis zur
Gegenwart verbindet sich mit einem nicht minder akzentuierten
Subjektivismus. Der „historische Roman aus dem Jahre 1954"
Das steinerne Herz (1956) stellt sich symptomatisch als Ich-Erzählung dar. Bis zur Karikatur hyperbolisierte Zeitverachtung
paart sich mit der erzählerischen Passion für originelles Formen-
und Sprachspiel, das jedoch, in Wiederholungen und Überspitzungen, zu Formel und Manier wird. Schmidt faßt die Kette
seiner Erzählbücher seit *Leviathan* (1949) und *Brand's Haide*
(1951) bis zu der Trilogie *Nobodaddy's Kinder* (1963) und *Kühe
in Halbtrauer* (1964) als „Versuchsreihe" auf; aber die Wiederholung der Mittel bringt sie zum egozentrischen Kreislauf. Die
Erneuerung der Prosa verengt sich, im Widerspruch zu der
intendierten Unmittelbarkeit und Zeitgerechtheit von Formen

und Sprache, zum Subjektivismus der Negation; ähnlich die Souveränität der weltverachtenden Einzelgänger- und Einsiedlergeste. Gleichwohl: Fabuliertemperament, Sprachvitalität und -virtuosität geben dieser eigensinnig-verkauzten Prosa einen unübersehbaren Rang, der sich auch in seinen Kurzgeschichten (*Trommler beim Zaren*, 1966) manifestiert. Schmidts Monumentalgefüge *Zettels Traum* (1970) widerspricht nur scheinbar dieser erzählerischen Reduktion. Der antiepische Impuls manifestiert sich im diskontinuierlichen, aphoristischen Aufreihen, in der Punktualität und Verselbständigung linguistischer Assoziationen, im Prinzip der Vielheit und Abbreviatur des Details. Wo die Kontinuität des Erzählens so radikal negiert wird, setzt allerdings auch eine Kontinuität des Lesens aus.

Auf andere Weise hat sich U w e J o h n s o n (geb. 1934) von Traditionen gelöst. Der Zeitroman wird hier zum Roman des zwischen dem Westen und dem Osten aufgespaltenen Deutschland; in *Mutmaßungen über Jakob* (1959) und *Das dritte Buch über Achim* (1961) nicht nur thematisch, sondern mit eigener sprachlicher Komposition und Führung. Welt und Mensch sind in den Zustand der Unbestimmbarkeit geraten; er löst nicht nur die Konturen von Handlung und Umwelt auf, auch die Möglichkeit der Orientierung der inneren Bewußtseinsperspektiven. Johnson baut den Roman aus ihren Überkreuzungen in Erinnerung, Dialog, innerer Rede, Augenblicksfragmenten, Bruchstücken realer Welt auf. Er erzeugt derart in den Figuren wie im Ganzen des Ablaufes eine Suggestion des Unfaßbaren, Unbestimmbaren, die nur Raum für Mutmaßungen läßt – Zeichen der Existenz des Menschen in einer durchaus entfremdeten Welt. Die Geschichte eines mitteldeutschen Radfahrmatadors in dem zweiten Roman nimmt diese Erfahrung des Hineingestelltseins in eine undurchsichtige Umwelt, in eine Welt der Verdeckungen, in die mit ihr verbundene Unbestimmbarkeit der Identität der Dinge und Menschen, entsprechend das Problem, im Roman einen Roman schreiben zu können, noch programmatischer auf. Die Erzählführung wird komplizierter, erreicht aber nicht die suggestive Dichte der „Mutmaßungen über Jakob", in denen Intention und Stil zur vollen Deckung gelangen und eine epische Dimension gewonnen ist, die der zeit- und bewußtseinsgeschichtlichen Situation des im Zwischenbereich des geteilten Deutschland lebenden Menschen entspricht. Dies hebt Johnsons Prosa über das nur ‚Experimentelle' weit hinaus. Der Roman *Jahrestage. Aus dem Leben von Gesine Cresspahl* (4 Bde. 1970–1983), ein sehr umfangreicher, vielfiguriger, zeitgeschichtlicher und biographischer Zyklus, baut, die mecklenburgische Kleinstadt und Landschaft einerseits, die amerikanische Welt in New York andererseits, die nahe deutsche Vergangenheit und die gesellschaftlich-politische Gegenwart Nordamerikas ineinanderschichtend und -verschachtelnd, um die Figur einer jungen Frau und ihr Kind, mit vielen Nebenfiguren ein immenses episches Zeit- und Weltpanorama auf. Es ist überfüllt von minuziös beobachtetem und erfahrenem Detail, fast pedantisch in der atomistischen Genauigkeit des sachlichen Protokollierens und der atmosphärischen Vergegenwärtigung. Doch bleibt es nicht bei diesem punktualisierten Realismus; zwischen dem Damals und dem Jetzt, dem Dort und Hier ergibt sich eine nicht geringere Fülle kritischer innerer Bezüge, die auf die Innenstruktur der zeitgenössischen Gesellschaft und der menschlichen Existenz in ihr hinweisen. Eine weiträumig und vielfigurig komponierende erzählerische Kraft ist am Werk.

Die deutsche Teilung hat, wenn auch mit umstrittenen Gründen, zu der These der zwei Literaturen geführt, die sich historisch aus einer Kontinuität der sozialistischen, bzw. proletarisch-revolutionären Literatur seit den zwanziger Jahren (u. a. J. R. Becher, W. Bredel, B. Brecht, F. Wolf, A. Seghers, L. Renn) legitimiert. Vom Drama, von der Lyrik ist an anderer Stelle gesprochen; das Erzählen erweist den engen Zusammenhang zwischen dem gesellschaftlichen Zeitroman, der über das Private hinausfragt, und einem Konservativismus der Form- und Stiltraditionen, der sich – mehr oder weniger – am Programm des sozialistischen Realismus orientiert und, sei es mit Affirmation, sei es mit verschlüsselter Kritik am Widerspruch von Ideologie und Wirklichkeit, Probleme des sozialistischen Gesellschaftslebens aufnimmt. Wesentlich wurden für die literarische Entwicklung in der Deutschen Demokratischen Republik das Programm einer sozialistischen Nationalliteratur, die Ablehnung des ‚Formalismus‘ (5. ZK-Tagung der SED), die Festlegung auf den Stil des sozialistischen Realismus; literarisch wenig folgenreich erwies sich der sogenannte ‚Bitterfelder Weg‘ (1959), der die Schriftsteller in die Arbeitsproduktion, die Arbeiter zum Schreiben führen sollte, um derart das zeitgenössische Arbeitsleben und die Kunst im Sinne des sozialistischen Aufbaus zu vereinigen. Hier ist vor allem E r i k N e u t s c h (geb. 1931) mit den *Bitterfelder Geschichten* (1961) und dem Roman *Spur der Steine* (1964), der in einem mitteldeutschen Industriekombinat spielt, zu nennen. Hingegen

bevorzugt E r w i n S t r i t t m a t t e r (geb. 1912) das ländliche
und kleinstädtische Leben als Umwelt seiner Motive und
Figuren (*Ole Bienkopp 1963*). H e r m a n n K a n t (geb. 1926)
hat den Stil des sozialistischen Realismus mit den Mitteln der
Ich-Erzählung und der mehrperspektivischen Rückblendung in
der Geschichte der Studenten einer Arbeiterfakultät, die nach
jugendlichem Idealismus in der Alltagsroutine der stabilisierten
Gesellschaft ihr Leben führen, *Die Aula* (1966), aufgelockert.
Kants Bereitschaft, den Leitlinien der offiziellen Literaturpolitik
im sozialistischen Realismus zu folgen, wirkt sich in späteren Romanen (z. B. *Der dritte Nagel*, 1982) aus. Aufmüpfiger und tem-
peramentvoller verhält sich S t e f a n H e y m (geb. 1913). Die
Sammlung seiner „streitbaren Schriften" *Wege und Umwege*
(1980) läßt den wachen Beobachter und Kritiker erkennen, dem
die Einheit von Schreiben und politischer Teilnehmung selbstverständlich ist. Es gibt viel Prosa von ihm, mitunter allzu breit
berichtend oder erzählend. Seine Stoffe entnimmt er dem Mythos oder der Sozialgeschichte (z. B. die Romanbiographie *Las-
salle*, deutsch 1969; *Der König David. Bericht*, 1972; *Ahasver*,
1981) und der Zeitgeschichte, auch wenn sie unerwünscht ist,
(*5 Tage im Juni*, 1974, – es geht um die Vorgänge des Berliner
Arbeiteraufstandes – oder, mit autobiographischen Zügen, *Col-
lin*, 1979).
Das hier als unbeantwortete Frage offen gelassene Thema der
Flucht wird zum zentralen Gegenstand des Romans *Der geteilte
Himmel* (1963) von C h r i s t a W o l f (geb. 1929), der Geschichte
der Trennung eines jungen Paares zwischen dem Osten und dem
Westen in der Form der Rückblickserzählung. Ihr zweiter Roman
Nachdenken über Christa T. (1969) erzählt vom Außenblick her
die Geschichte des Ringens einer jungen Frau um die Bewahrung
der eigenen inneren Existenz in einer mit Selbstverständlichkeit
zum Konformen eingestimmten Umwelt, in der sie wie Rätsel-
haftes, faszinierend, befremdend, mit innerer Verborgenheit erscheint und vergeht – als die Einzige, die sich selbst will und sich
nicht einpassen kann. In der Autobiographie *Kindheitsmuster*
(1976) schildert Christa Wolf atmosphärisch eindringlich, ins
Persönliche gestimmt, gedanklich überdehnt, das Suchen und
Entdecken ihrer Kindheit in einer ostdeutschen Kleinstadt – im
ständig reflektiven Bezug auf die Möglichkeiten und Grenzen
des Erinnerns, im Wechsel von unmittelbarer Vergegenwärtigung und kritischer Distanz, zwischen dem Jetzt und dem Damals. Rückkehr, Wiederkehr vollzieht sich als Reise in die jetzt

polnische Stadt; das führt zur Reflexion der Zeitgeschichte damals und heute. So gelingt die Einknüpfung des Privaten in das politisch Öffentliche, seine Verhängnisse und deren Überwindung, die im eigenen Staat verfestigt wird – bei markierter Skepsis gegenüber dem Westen. Eine zusätzliche Spiegelung der eigenen Kindheit bedeutet die Präsenz der Tochter, einer anderen Generation. Christa Wolfs Erzählen bewegt sich in der Spannung zwischen Ichaussprache und Distanzierung, zwischen dem kritischen und bedrohten, suchenden und fragenden Selbst, das sich Grenzen auferlegt oder auferlegen muß, und einem historischen oder mythischen Stoff, der diese Grenzen wiederum öffnet und weitet. Aus dieser Spannung hat sie sich eine eigene Schreibart geschaffen (*Kein Ort. Nirgends*, 1979; *Kassandra*, 1983). Ihre bisherigen *Erzählungen* sind seit 1980 in einer Sammlung zugänglich.

Vermehrte Unbefangenheit des Erzählens und eine Lockerung der Formen hat sich in der Literatur der DDR gegenüber der eng eingrenzenden Doktrin des sozialistischen Realismus in den siebziger Jahren eingestellt. Die Zurückhaltung gegenüber radikalen Formproblematisierungen hat Möglichkeiten eines erzählerischen Realismus offen gehalten und das Vertrauen zu ihm nicht einbüßen lassen. Signifikant ist, wie dies Erzählen, ohne gesellschaftliche Bezüge zu verleugnen, zu dem einzelnen Ich, seinen Innenvorgängen zurücklenkt, es nicht mehr im Typischen, im Didaktischen auflöst. Das Gesellschaftliche wird ihm zu- und entgegengeordnet. Es bleibt nicht das einzige moralisch normierende Kriterium. J u r e k   B e c k e r (geb. 1937) schildert in *Jakob der Lügner* (1969) die unheroische Geschichte eines heroischen Mannes, eines gegen Kriegsende im Ghetto eingekerkerten Juden, der, mittels Fiktion des mit Todesstrafe bedrohten Besitzes eines Radioapparates, unter seinen Leidensgefährten die Hoffnung auf Überleben gegen den Verzweiflungstod wachhält, wenn auch er, Helfer für alle, ihr Geschick nicht abwenden kann. In *Der Boxer* (1976) folgt die Geschichte eines Mannes, der, aus dem Konzentrationslager befreit, sich, ein einsam Entfremdeter, nicht von ihm befreien kann. *Irreführung der Behörden* (1973) zeichnet Lebensjahre eines Schriftstellers im Alltag der Ambivalenz von Treue zu sich selbst und aufgenötigter Anpassung. R o l f   S c h n e i d e r (geb. 1932) erzählt in *Die Reise nach Jaroslaw* (1974) den Ausbruch eines jungen Mädchens aus steril normierter Alltäglichkeit zu einem Traumziel in Polen, von Flucht aus und Rückkehr zur Gesellschaft, nachdem sie ihre Fähigkeit zur Unabhängigkeit erprobt hat; in *Das Glück* (1976) geht es um eine wieder und wieder ausbrechende und enttäuschte Suche nach persönlicher Lebenserfüllung, die sich innerhalb der gesellschaftlichen Verhaltensregeln nicht einstellt. U l r i c h P l e n z d o r f (geb. 1934) läßt auf der Parallel- und Kontrastfolie von Goethes ,Werther' in *Die neuen Leiden des jungen W.* (1973) einen jungen Arbeiter auf der Suche nach sich selbst, im Überdruß an den Umweltzwängen und im unklaren Freiheitsverlangen ,aussteigen'; er gibt ihm die Möglichkeit des gesellschaftlichen Selbstbeweises und läßt ihn umkommen – die Gründe und Umstände seines Todes bleiben ungesagt. Die Kombination der Perspektiven auf ihn, der Sprachschichten zwischen Werther und gegenwärtigem Jugendjargon, der inneren Prozesse zwischen Auflehnung, Willen zum Ich, vergeblicher Liebe und Arbeit an der Selbstbewährung ist schriftstellerisch überzeugend geleistet. „Freiheit ist, wo du sie verwendest", heißt es in dem Spiel *Die Kipper* (*Stücke* 1, 1975) von V o l k e r   B r a u n (geb. 1939). Er hat sich als Lyriker (*Wir und nicht sie*, 1970; *Gegen die symmetrische Welt*, 1974), als Erzähler (*Das unbezwungene Leben Kasts*, 1971; *Unvollendete Geschichte*, 1977) und als Dramatiker (u. a. *Simplex Deutsch*, 1980; *Dmitri*, 1982; *Schmitten*, 1982) profiliert. Das Ich widersetzt sich starr vorgeordneten Verhaltensnormen, es bedarf der Freiheit zur Selbst- und Idealverwirklichung innerhalb sozialer Gemeinsamkeit, der Durchbildung des sozialistischen Lebens aus eigenem Impuls und aus Zukunftsdynamik, kein Leben nach Vorschrift und in der Lüge. Kritik und Solidarität sind zusammen die Grundstimme – „Das meiste/Ist noch zu erwarten". Von „Hoffnung aus der Skepsis" spricht R e i n e r   K u n z e (geb. 1933), doch hat sich in seinen Gedichten (*Zimmerlautstärke*, 1972; *Brief mit blauem Siegel*, 1973; *auf eigene hoffnung*, 1981) und seiner epigrammatischen Prosa (*Die wunderbaren Jahre*, 1976), die noch knapper und offener als die von Günter Kunert spricht, die Skepsis bis zur ironischen Verwerfung verschärft. Die Sparsamkeit im Wort lädt es mit um so mehr Gewicht und Bezug auf; bittere Ironie noch dort, wo es zum Schweigen abbricht. Sprachreduktion als Intensivierung und Mehrschichtigkeit des Erzählens kehrt wieder in der Sammlung *Vor den Vätern sterben die Söhne* (1977) des nach Westberlin geflüchteten T h o m a s   B r a s c h (geb. 1945). Auf eine Deckung von Kunst und Realität zielt die appellative Kurzprosa von J ü r g e n   F u c h s (geb. 1950) in *Gedächtnisprotokolle* (1977) oder *Pappkameraden* (1981).

Ungewöhnlich in Sprachkraft und -weiträumigkeit ist die Lyrik
von S a r a h K i r s c h (geb. 1935): *Gedichte* (1969), *Zaubersprüche* (1973), *Rückenwind* (1977), *Erdreich* (1982). Gesellschaftliche Thematik deutet sich nur spärlich, verdeckt an. Um so größer die Vielheit der Tonlagen – Melancholie und Hoffnung,
Idylle und Ironie, Traum, Märchen und Alltag, elegische Liebeslyrik und eine Naturlyrik, die das Fremde der Natur und
die Widersprüche nicht romantisierend überklingt. Das Sprach-
zutrauen ist zurückgewonnen, bei aller Sensibilität für das Vielschichtige und die Nuancen in der Sprache; auch in ihr ungemein weiträumig zwischen Volksliedhaftem, durchaus Verper-
sönlichtem und geradezu artistischer Virtuosität im Einsatz der
formalen Mittel.

Dem Erzählen, das den gesellschaftlichen Bezug festhält und ihn
noch dadurch steigert, daß Abweichungen und Widersprüche
auf den Entwurf konkreter Korrekturen einer als negativ erfahrenen Gesellschaftszuständlichkeit zielen, steht in der Literatur außerhalb der DDR eine Grundtendenz gegenüber, die die
Vereinzelung des Menschen und damit das Monologische herausarbeitet. Der gesellschaftliche Zustand wird schlechthin verworfen, er wird negiert. Das Erzählen umkreist nur innere Vorgänge, innere Bewußtseinsprozesse, gleichsam ohne eine Tür zur
sozialen Außenwelt öffnen zu können, die das Ich von seiner
Eingrenzung auf sich selbst lösen könnte. Auch dies kann, bei
gezielter Monotonie der Wiederholungen, zur Verknappung des
epischen Duktus, damit aber auch, infolge eines Mechanismus
der Repetition, zu erhöhter Intensität der Sprache führen. Dieser
Monologismus erreicht eine extreme Ausformung bei dem Österreicher T h o m a s B e r n h a r d (geb. 1931), dessen Sprachführung so in sich eingeschlossen ist wie die von ihm erzählten
Figuren und deren verengte Welt. Die Romane *Frost*, 1963, *Das
Kalkwerk*, 1970, *Korrektur*, 1975, die vielen Erzählungen wie *Am-
ras*, 1964, *Verstörung*, 1967, *Ungenach*, 1968, *Watten, Ein Nachlaß*, 1969, wie *Die Ursache*, 1975, *Der Atem*, 1978, *Die Kälte*,
1981, – es sollen hier gewiß nicht alle Titel ausführlich aufgezählt
werden, mit denen Bernhard alljährlich seine Leser in Aufmerksamkeit hält – kreisen um das gleiche, monotone und varia-
ble Thema. Im Gesamtwerk setzt sich fort, was für die Selektion
des Erzählten und den Stil des Erzählens gilt. In sich verschlossen
sind die durchweg in der Tiroler Landschaft lokalisierten Räume,
Kerker und zugleich Refugium, sind ebenso die Bewußtseinsvor-
gänge der in ihnen dargestellten Personen. Das Spezifische wird

Universelles: Auflösung, Zerfall, Verfinsterung des Seins, das
Leben als Krankheits- und Todesprozeß, die unaufhebbare Einsamkeit der Spätgeborenen, die als Fragmente übrig geblieben
sind. „Alles bleibt immer in Finsternis." Zwischen Bewußtsein
und Wirklichkeit ist ein Abgrund aufgebrochen, der auch die
Sprache aufsaugt. „Die Wörter, mit denen wir reden, existieren
eigentlich gar nicht mehr, das ganze Wortinstrumentarium, das
wir gebrauchen, existiert gar nicht mehr. Aber es ist auch nicht
möglich, vollkommen zu verstummen." Österreichische Traditionen sind im Erzählwerk Bernhards entzifferbar: die Nähe zur
Natur, die allerdings jeglichen Anflugs von Idyllik beraubt ist,
zu unveränderbar Fürchterlichem wird, die humanistische Substanz in der Verzweiflung an verlorenen Sinngebungen des
Lebens, die soziale Selektion in der Schwermut der Erben. Rationalität überdeckt eine stark lyrische Grundkomponente, welche
die Ränder des Sagbaren durchbricht, um nur Auslöschungen
zu finden. Monologe der ins Abgründige gewandten Introver-
sion – und dennoch von einer Reichweite, die über Subjektives,
Psychologisches weit hinausgeht. Denn was in dem Einzelnen
vorgeht, meint einen Untergang überhaupt, es wird zum Todes-
theater der Welt. Die Konzentration auf dies zentrale Thema
mittels beständiger Wiederholungen, die Engführung zum Scheitern in Bewußtseins- und Bühnenvorgang kehrt in Bernhards
Schauspielen wieder (*Die Salzburger Stücke*, 1975, *Die Berühmten* und *Minetti*, 1976), die, obwohl quer zu den traditionellen
Forderungen von Drama und Theater, daraus eine so spröde wie
suggestive Wirkung erlangen, die aber wie in Bernhards zu
reichlicher Prosa sich durch Wiederholungen in der Konfigura-
tion und im Dialog abnutzt.

Die Folge der Bühnenspiele von B o t h o S t r a u ß (geb. 1944)
wirkt wie eine Demonstration des Zerfalls des Dramas. Keine
Handlungen, nur private Mißhelligkeiten, ein beziehungsleeres
Nebeneinander in sich selbst isolierter Figuren. Zwischen ihnen
kommt der Dialog nur bruchstückhaft zustande. Möglichkeiten
der Identifikation mit ihnen werden verworfen, die Bühne bleibt
anonymer Raum. Im Spiel löst Strauß das Spiel in Fragmente
ohne Folgen und ohne durchgehende Spannungen auf. Alltag
wird abgebildet, aber das Abbild führt nur tiefer in seine Mi-
serabilität hinein (*Bekannte Gesichter, Gemischte Gefühle*, 1975;
Trilogie des Wiedersehens, 1977; *Groß und Klein*, 1978; *Der
Park*, 1983). Der Erzähler Botho Strauß führt Menschen vor;
denen ihre Wirklichkeit – zwischen Realität und Innenwelt, zwi-

schen Brutalität ihres Daseins und Wahnbildern zu einer Hölle
von Vergeblichkeiten wird. Ihre Krankheit ist interpretierbar als
Erkrankungen der Gesellschaft, aber sie bleibt doch primär im
privaten Raum, aus dem es keinen Ausweg, auch nicht zu einer
Partnerschaft gibt. Bei Strauß bestätigt sich erneut die Wendung
zum Subjektiven im gegenwärtigen Erzählen, auch wenn er ihm
in der Mischung von Ich- und Er-Erzählung, von Innen- und
Außensicht eine steigernde Variante einlegt. Der Erzähler dürfte
(wie in *Die Widmung*, 1977, und *Rumor*, 1980) auch sprachlich,
in zugleich gedehnten und gehetzten Langsätzen, dem Dramatiker überlegen sein.

Bernhards Schreiben bezeichnet eine literarische Grenzposition –
ähnlich wie das Werk des anderen Österreichers P e t e r H a n d -
k e (geb. 1942), dessen Entwicklung jedoch, sie verändernd, neu
auffüllend, zu einer Art Dialog mit den literarischen Traditionen
zurückgekehrt ist und das sich, ähnlich wie das von Bernhard,
von einer direkt zielenden politischen Thematik distanziert.
Vielseitigkeit in Methoden und Formen, originäre Radikalität
des Durchprobens der literarischen Mittel, ruhelos-energische
Entwicklungsfähigkeit sind Signaturen dieses schon erstaunlich
umfangreichen literarischen Opus. Sprechstücke (*Publikumsbeschimpfung*, 1966) neben Hörspielen (*Wind und Meer*, 1970),
Bühnenspiele (*Kaspar*, 1968) und erzählende Prosa, die in
Die Hornissen, 1966; *Der Hausierer*, 1967 noch mit den Anstrengungen und Schwierigkeiten des Experiments mit inno-
vierenden Erzählmethoden zu kämpfen hatte. Eine 1969 publizierte Sammlung fügt Gedichte und literarische, filmkritische
Aufsätze hinzu. Das Bewußtsein der Fragwürdigkeit der überlieferten Formen von Drama und Roman, des Verbrauchs der Sprache ist bei Handke produktiv geworden. Von seiner Verhöhnung
aller Erwartungen des Publikums, von der Negation der Welt-
und Sinnbilder und der Reduktion des theatralischen Spiels auf die
„natürlichen" Formen der Äußerung in Worten führt ein konsequenter Weg zu *Kaspar* (*Stücke 1,2* 1972/73), dem Spiel von
der „Sprechfolterung". Denn indem der Welt- und Sprachlose in
die Dinge, Worte, Begriffe eingeübt wird, zwingen ihn die Stimmen von außen zum Einverständnis und derart zur Unterwerfung. Das Ich, das ein ,Selbst' werden will, wird zum ‚man' des
Kollektivs, der Konformität umfunktioniert. Sprache wird Ver-
gewaltigung. Ein Grundthema Handkes ist hier gegenwärtig: der
immer wieder von der Angst aufgejagte Kampf um das Ich-
Selbst, um ein nicht jedoch in sich abgeschlossenes, sondern der

Veränderung offenes Ich, das sich aus eigenen Zwängen zu lösen vermag. Dies kennzeichnet auch den Autor, der Normen der Literatur sprengt. „Es interessiert mich ... übrigens gar nicht, die Wirklichkeit zu zeigen oder zu bewältigen, sondern es geht mir darum, *meine* Wirklichkeit zu zeigen (wenn auch nicht zu bewältigen)." Der Erzähler begann mit dem Zerlösen trivialisiert vertrauter Methoden, mit dem Durchbruch durch fragwürdige Fiktionen, mit linguistischen Analysen von Wirklichkeit, die zugleich Verschlüsselungen waren. Gewiß nicht ohne Einfluß von Kafka, des französischen roman nouveau. Jedoch setzt seit der Erzählung *Die Angst des Tormanns beim Elfmeter* (1970) – es folgten seither *Der kurze Brief zum langen Abschied* (1972), *Wunschloses Unglück* (1972), *Die Stunde der wahren Empfindung* (1975), *Die linkshändige Frau* (1976) – bei durchaus eigener Prägung eine umwandelnde Orientierung an älteren Erzählmodellen ein. Die Rückwendung zur Tradition des Erzählens ist hier zu einer Erneuerung von novellistisch erzählter Geschichte und erzählender Sprache geworden; nicht von ungefähr werden im letztgenannten Erzählbuch, einer Ich-Erzählung, als spiegelnde und kontrastierende Bezugspunkte K. Ph. Moritz und G. Kellers ‚Grüner Heinrich‘, also Grundmodelle des psychologischen Entwicklungsromans, zitiert. Keine andere Prosa Handkes vollzieht solche räumlich-atmosphärische und personale Vergegenwärtigung und kommentiert sich mit vergleichbarer Transparenz. Vielleicht kündigt sich hier eine Gegenbewegung an, die dem Erzählen aus außersprachlicher Objektwelt, aus Psychologie und Lebensvorgängen eine neue Chance zuerkennt. Dem widerspricht jedoch eine zu beharrlich nach innen gewandte reflexive und zu empfindsamen Nuancierungen geneigte Subjektivität, das Übergewicht des privat Autobiographischen und privat Stimmungsvollen, das mehr ausmalt als verwirklicht (*Langsame Heimkehr*, 1979; *Die Lehre der Sainte Victoire*, 1980; *Kindergeschichte*, 1981).

Die Außenseiterperspektive und die Reduktion des Erzählten zum Punktuellen, Zersplitterten, Zusammenhanglosen potenziert H u b e r t F i c h t e (geb. 1935) in den Romanen *Das Waisenhaus* (1965), *Die Palette* (1968) und, Momentaufnahmen, knappe Dialogportraits aus der subkulturellen Gammlerschicht Hamburgs, *Detlevs Imitationen ‚Grünspan‘* (1971) und *Versuch über die Pubertät* (1974). Er verzichtet auf ein Kontinuum des Erzählablaufes, auf ausgeführte Entwicklungen, Motivationszusammenhänge. Ein Kind, derart in seiner Rand- und Beobachterstellung als Au-

ßenseiter potenziert, schildert in Bruchstücken sinnlichen Details
die bis zum Grotesken, Absurden, zur Lüge deformierte Welt der
Erwachsenen, ihre Kriegs- und Nachkriegswelt. Solcher Deformation entsprechen die linguistischen Deformationen, die autonomisierten und höhnischen Sprachspiele. Eine „Zeit vor der restlosen
Zerstörung" ist adäquat nur durch Desintegration von Erzählge-
füge und -sprache wiederzugeben; in dieser Wirklichkeit der Schau-
und Scheinspieler, der Kriminellen, Homosexuellen, die die über-
lebende Gesellschaft signalisieren, sind Sinnrelationen nicht mehr
auffindbar. Kunst, Literatur wird – reichlich – nur als Schutt,
Nichtigkeit zitiert. Das Literarische wird provokativ durch In-
sistieren auf abnormale Sexualität, auf Fäkalien, auf Grausamkeit, Blutiges entstellt; einziger integrer Bezugspunkt bleibt in
diesem Romanzyklus die Figur der Mutter. Die Desintegration
des Zusammenhangs als Abbild einer zerstörungsnahen zeitgenössischen Wirklichkeit gibt der spezifischen Erzählbegabung
H. Fichtes freien Spielraum: sie liegt in der Phantasie und Intensität der Momentdetails, der kurzen Vorgänge, Dialoge und
Szenen, in der ungemein variablen Treffsicherheit der sinnlich
zugreifenden Sprache, des Atmosphärischen und Gestischen, das
sich auch in den linguistischen Spielen manifestiert. Die totale
Entfremdung zwischen Ich und Welt führt hier nicht zu mono-
logischem Realitätsverlust, sondern zu aggressiv präziser Beobachtung von deren denaturalisierten Zersplitterungen und Defor-
mierungen.

Sinnliche Sprachfülle, die Lust am linguistischen Spiel, an Sprach-
phantastik und Sprachkomik, die Abbreviatur zum Punktuellen,
zum Bruchstückhaften kennzeichnen ähnlich die Prosa von R o r
W o l f (geb. 1932), wie *Fortsetzung des Berichts* (1964); *Pilzer
und Pelzer* (1967), die Sammlung *Danke schön. Nichts zu danken* (1969), *Die Gefährlichkeit der großen Ebene* (1977), *Die
heiße Luft der Spiele* (1980). Es geht um handlungslos ge-
reihte Situationsfolgen, um ein anonymes Erzähl-Ich in einer
deliriumhaft entwirklichten, ‚uneigentlichen‘ Welt. Komik kann
umschlagen ins Aggressive, Grausame; sie analysiert, sie läßt,
in der Deformation zum Grotesken und Absurden, das Wi-
dersinnige und Unmenschliche bewußt werden. (*mein famili.
sämtliche moritaten*, 1971). Noch mehr als R. Wolf bricht
J ü r g e n B e c k e r (geb. 1932) die Klammern von Reproduktion und Fiktion, von Fabel und erzählten, bzw. sich erzählenden
Figuren auf; er bildet nicht ab und er erzählt keine Geschichten. Er reiht in *Felder* (1964), *Ränder* (1968), *Umgebungen*

(1970) fließende Momente, Erinnerungs- und Möglichkeits-
punkte, Stichworte, Assoziationen. Äußeres, weitgehend ver-
fremdet, wird Projektion des Inneren, eines alle Fixierungen auf-
hebenden Bewußtseinsstromes, der mit beträchtlicher sprachlicher
Sensibilität durch die Dinge hindurchgeht: aphoristisch, offen gehalten in das unbekannt Nächste hinein: „den Zustand auflösen in
Bewegung und einen Ort nicht aus dem Stand betrachten, sondern
seine Stimmengemische wie Zeiten durchschreiten." An die Stelle
epischer Kontinuität tritt die Intensität des isolierten, sprachlich
erfaßten und aufgehobenen, im rhythmisierten Sprachfluß zer-
lösten Augenblicks. Wo Sinnbezüge zerfallen, dominieren die
strukturalen Züge des Sprache gewordenen Bewußtseinsverhal-
tens. In dieser Sprache ist der Absprung zum lyrischen Ausfor-
men angelegt (*Erzähl mir nichts vom Krieg*, 1977; *Gedichte
1965–1980*, 1981).

Um erzählte Strukturen geht es in der präzis gearbeiteten
und gleichwohl nicht kalkulierten, knappen Prosa des Österreichers G e r t J o n k e (geb. 1946); er selbst nennt es
ein Erzählen mittels vieler Erzählungen, die sich als Einsätze, Fragmente, Splitter verschachteln. Ein chiffrierter Humor
deckt in *Glashausbesichtigung* (1970) das Absurde auf; „weil die
Erzählung in der Luft liegt, glauben alle daran. Indem aber alle
nicht daran glauben, glauben in Wirklichkeit alle doch daran".
Mit gleichem sachlichen Gestus der Sprache führt *Vermehrung
der Leuchttürme* (1971) in Kurzparabeln anhand der zeitgenössischen Industriewelt die Absurdität einer verkehrten Welt vor.
Die beiden verflochtenen Erzählungen *Schule der Geläufigkeit*
(1977) sprechen, autobiographisch durchstimmt, fast empfindsam sensitiv und ironisch verzweifelt, von der Existenz des
Künstlers, der Kunst (Musik) überhaupt im Banalen und Bösar-
tigen der Alltagswirklichkeit, in deren mechanisch-fruchtlosen
Wiederholungsritualen; von dem Leiden am Leben und der
Sehnsucht nach dessen schönerer, freierer Überwindung in einem
Traum, den die Kunst trotz aller Desillusionen in der Ferne verspricht. G. Jonke bleibt der ausgeprägten Konstanz seiner Welt-
sicht und seines Stils treu und gewinnt dadurch verläßliche Substantialität (*Die erste Reise zum unerforschten Grund des stillen Horizonts*, 1980; *Erwachen zum großen Schlafkrieg*, 1982).

Gegensätzlich zu solcher Existentialität unter dem Aspekt der
Kunst hat sich eine neue Gruppe österreichischer Erzähler der
konkreten, aktuellen, gesellschaftlichen Realität konfrontiert; der
Realität jener, die, unterprivilegiert, aus der proletarischen

Schicht, unter der Repression ihrer Zwänge am härtesten und hilflos leiden; im Stich gelassen, auf sich zurückgeworfen, ausweglos in der inneren Auflehnung oder passiven Resignation. Diesem harten Blick auf die Opfer der Wirtschaftswelt entspricht ein nichts verdeckender Realismus der sozialen Wirklichkeitswiedergabe: in dem Roman *Die Schattseite* (1975) von F r a n z I n n e r h o f e r (geb. 1944) und in G e r n o t W o l f g r u - b e r s (geb. 1944) Roman *Herrenjahre* (1976), danach *Niemandsland*, 1978; *Verlauf eines Sommers*, 1981). Bei Innerhofer (*Der Emporkömmling*, 1982) wie bei Wolfgruber geht es um den kleinen Mann am Rand der Gesellschaft, der, gedemütigt und gefangen in seiner engen Umwelt, sie zu wenig durchschaut, um sich von ihr zu lösen. Um das Hereinholen einer literarisch zu oft verschwiegenen Sozialschicht geht es weiterhin M i c h a e l S c h a r a n g (geb. 1941) in den Romanen *Charly Traktor* (1973) und *Der Sohn eines Landarbeiters* (1976). Der Titel eines Erzählbandes *Schluß mit dem Erzählen und andere Erzählungen* (1970) deutet mit gezielter Paradoxie auf eine Nötigung, die Grenzen des Fiktionalen um der Wahrhaftigkeitsbeziehung zur gesellschaftlichen Realität und um des Bedürfnisses, anders, intensiver auf sie einzuwirken, zu sprengen. Deshalb die Zuwendung zum Hörspiel, zum Film, zu politischen Lesebuchtexten wie *Bericht an das Stadtteilkomitee* (1974). Es geht um die Überführung des Ästhetischen zur Authentizität der gesellschaftlichen Realität, um die Direktheit von Kritik und Wirkung.

In einer Art Rückschlag gegen das hochgetrieben Artifizielle des Erzählens, dessen Differenzierungen in den Formen seiner skeptischen Selbstreflexion, ist in den siebziger Jahren eine Wendung zu erkennen, die zu einer bewußten Einfachheit zielt und das Ästhetische in die Konfrontation mit dem Realen zurückholt. Realität wird nicht nur als das ‚Uneigentliche‘ gegenüber dem inneren, reflektierenden Bewußtseinsprozeß entwertet, sie wird nicht nur als gesellschaftliche Realität wahrgenommen und selektiert. Eine neue Akzentuierung ihrer subjektiven, verpersönlichten Erfahrung ist bemerkbar. Sie schließt in sich einen freieren Spielraum für das Emotionale, für Erfindungs- und Fabulierfreiheit der Phantasie und ihrer Möglichkeit zu utopistischen Imaginationsspielen ein. Dies bedeutet keine Minderung der gesellschaftlichen, politischen Bezugsetzungen, doch werden sie mehr in die Selbsterfahrung und -darstellung hereingeholt, sodaß das Außen zugleich zum verpersönlichten Innern wird. Der Sub-

jektivismus sucht sich gegen die enttäuschende Realität zurückzugewinnen, er spiegelt sich monologisch in der inneren Auseinandersetzung mit ihr oder er vollzieht in der Phantasie deren
vorgreifende Auflösung. Er vollzieht sie imaginativ: dessen bewußt, daß sie sich, entgegen allen Enthusiasmen und Anstrengungen als nicht auflösbar erwies und gleichwohl in der Hoffnung, sich und sie von ihren Systemzwängen und Faktizitäten
befreien zu können. Unter diesem Aspekt getäuschter Hoffnung
und gleichwohl Nachhaltigkeit der Erwartung erweist sich diese
Wendung auch als durch den Ausgang der Revolte der jungen
Generation, der Studentenrevolte begründet, so wenig hier
monokausale Ableitung statthaft ist. Die Mischung von Skepsis
und Zuversicht, von zum Anarchischen tendierender Ungeduld
und Resignation ist für diese Generation so charakteristisch wie
ihre Wendung zum Persönlichen, zur verkappten Autobiographie – einer Autobiographie der verweigerten Integration in die
existente Gesellschaft. Dies gilt für die Lyrik ebenso wie
für das Erzählen. Der Widerstand gegen die artifizielle Subli-
mierung des Erzählens äußert sich ebenso in einem anderen Verhältnis zur Sprache. Das Vertrauen zu ihr ist wiedergewonnen,
sie wird als wirksames Mittel der Verweigerung der Integration
anerkannt, sie wird der Gesellschaft entgegengeworfen. Bei
Herbert Achternbusch (geb. 1938) bricht geradezu
ein Sturm subjektivistisch-assoziativer Eloquenz aus (die Romane
Die Alexanderschlacht, 1971, *Happy oder der Tag wird kommen,* 1973; *Die Stunde des Todes,* 1975 oder die Erzählung *Die
Macht des Löwengebrülls,* 1970). Zertrümmerung der Sprache
bedeutet Zertrümmerung einer schlechten Realität, die nichts als
Demütigungen, Schrecken, Leiden enthält. Gegen deren Summe
helfen nicht Didaktik, nicht eine Ideologie der Aufklärung, keine
Detaillösungen. Verbittert und ruhelos, egozentrisch in totaler
Aggression, bis zum Sentimentalen empfindlich und einer Utopie
zugewandt, die letzthin ein Griff nach dem Unerreichbaren ist,
stellt Achternbusch seine Prosa der von ihm gesichteten Realität
entgegen. Er drängt so über ihr Konkretes hinaus wie über die
Grenzen des Erzählens: *Land in Sicht* (1977) kombiniert Autobiographisches mit Filmtexten, deren Autor und Regisseur er ist –
ein Einzelgänger in beiden Kunstformen mit der Unerbittlichkeit
seines Widerstands gegen alles Etablierte, der sich um so mehr
intensiviert als er Leser und Zuschauer Schwierigkeiten konfrontiert, die eine Verständnisbarriere aufrichten.
Peter Schneider (geb. 1940) stützt in der Erzählung

Lenz (1973) seine Introperspektive der Enttäuschung und inneren Verstörung eines revolutionären Studenten, der die Vergeblichkeit abstrakter Theorie-Ideologien erkannt hat, am Sinn dieser Bestrebungen verzweifelt und in die Entfremdung des Sinnlosen sich verirrt, durch Zitate aus G. Büchners ,Lenz' ab. Doch die Doppelperspektive ist nicht schlüssig: denn dieser Student findet angesichts konkreter revolutionärer Arbeit unter italienischen Arbeitern zu einer Festigkeit des Handelns zwischen Resignation und Hoffnung zurück. N i c o l a s B o r n (1937–1979) stellt in dem Roman *Die erdabgewandte Seite der Geschichte* (1970) das „Kollektivgespenst gegen das Individualgespenst". Das gesellschaftliche Leben erweist sich als „atemloser Stillstand in der Bewegung" – die politische und erotische Existenz des sich selbst erzählenden Ich in fiktionaler Autobiographie scheitert in allen Beziehungen, in sich selbst, in der Welt-, Sinn- und Ichentfremdung. Solcher Sicht eines „einzigen bewegungslosen Rasen und Flakkern", die auch in den Stil des Romans eingegangen ist, widerspricht das Erzählwerk von G ü n t e r H e r b u r g e r (geb. 1932). Auch er verweigert die Integration, aber er bejaht die Außenseiterschaft als kraftvolle Selbstbestätigung, die Zweifeln nicht erliegt. Ein vitales und subjektiviertes Phantasie- und Fabuliertemperament, gleichsam mit Selbstsicherheit frei gelassen, versteht sich als Revolte gegen die überständig erstarrte Gesellschaft, als kreativen Versuch, „eine bessere Ordnung oder deren verzweifeltes Spiegelbild herzustellen". Verzweiflung entlädt sich im Anarchischen, in dem ein Triumph der Überlegenheit steckt, Hoffnung steigert sich zur Utopie. Politisches Engagement, enttäuscht durch Wirklichkeit und Theorie, ist offen für das Emotionale und Ästhetische, ist doch eine bessere Ordnung, um wirklich zu werden, auf Kühnheit und Schönheit, auf die Provokation durch die Anschauung, die das Zukünftige vorwegnimmt, und die Sprache, die Anschauung erzeugt, angewiesen. Daher Herburgers Vertrauen auf die das Soziale mit dem Ästhetischen vereinigende Kraft des Erzählens: in dem Roman *Jesus in Osaka* (1970), in den fünf Erzählungen *Die Eroberung der Zitadelle* (1977), deren Titelgeschichte das Glück von Rache und Befreiung der Arbeitssklaven beim Bau einer Villa am Mittelmeer zugleich realistisch und märchenhaft schildert – denn beides ist in Herburgers Erzählen, das jetzt zu einer Romantrilogie *Flug ins Herz* (1977) ausgegriffen hat, nicht zu trennen. Die Phantasie hat bei ihm ihre Rechte gegenüber der Soziologie zurückerobert; ebenso die Utopie gegenüber dem Dogma der Realität. Und nicht zuletzt: er verteidigt Ansprüche und Rechte des lyrischen Sprechens (*Orchidee*, 1979; *Makadam*, 1982) gegen die zeittypische Übermacht der Prosa.

Ähnlich vielschichtig wie die Stilsituation des Erzählens erweist sich die des zeitgenössischen Dramas. Es ist, zielender Ausdruck aktuellen Bewußtseins, insbesondere auf Verwandlung, Experiment, andere und eigene Wege gespannt; es ist zugleich aber durch Bühne und Szene an Traditionen, Grundmuster und Spielbedingungen gebunden, von denen es sich schwer zu lösen vermag. Die Bühne diktiert Revolutionierungen der Form eine Grenze. Das Hörspiel hat nicht mit solchen Grenzen zu tun: es hat deshalb viele produktive Kräfte an sich gezogen. Sie haben vielfach erst über seine Form zum Drama, zum Theater zurückgefunden. Symptomatisch dafür ist Wolfgang Borcherts (vgl. S. 637) erstes, einziges Drama *Draußen vor der Tür* (1947), ein bitterer und ekstatischer Notschrei einer betrogenen, um alles beraubten Jugend, die, zerstört von den Schlachtfeldern, zu Ruinen, einer in Gleichgültigkeit und Egoismus verhärteten Heimat zurückkehrt. Der vergebliche Ruf nach einer ‚Antwort‘ sprach für eine ganze Generation. Borchert lehnte sich an den Expressionismus an; er griff hinter den noch kaum bekannten späteren Brecht zurück. Dies war, seit dessen Theorie und Praxis eine neue Konzeption des Dramas und Theaters, seiner Mittel, seiner Funktion, begründet hatte, nicht mehr möglich. Das zeitgenössische Drama konnte sich Brecht nicht entziehen; es mußte ihm folgen, ihn verarbeiten, auch wo es sich wieder von ihm zu lösen versuchte. P e t e r H a c k s (geb. 1928) ist Brecht sehr nahe geblieben, hat jedoch die Spannungen dialektischer Offenheit, welche Vorgang, Sprache und Szene des Brechtschen Werkes die provokative dramatische Brisanz geben, zugunsten von Rundungen, Entschärfungen, eines gesellschaftlich-politischen Optimismus abgeschwächt. Die Dialektik droht zum Schema des Wirklichkeitsbildes zu werden. Hacks bevorzugt, mit dem Einsatz beträchtlicher szenischer und sprachlicher Einfälle, das das Historische zum Aktuellen uminterpretierende Drama; er dehnt Brechts epische Dramaturgie zu erzählerischen Bilderreihen (*Eröffnung des indischen Zeitalters*, 1954; *Das Volksbuch des Herzog Ernst oder Der Held und sein Gefolge*, 1956, gesammelt in *Theaterstücke*, 1957). Er vereinfacht zum humoristischen Volksstück (*Die Schlacht bei Lobositz*, 1956) und nähert sich Traditionsmustern des Lustspiels (*Der Müller von Sanssouci*, 1958). Der Rückzug in die Geschichte, mit der Tendenz zum genrehaft Illustrativen, zur

Reduktion des dialektischen Prinzips, zum Volksstück und zur Komödie (*Vier Komödien* 1971) war eine Folge jener Schwierigkeiten zeitgenössischer Stoffe, die äußere wie innere Gründe haben. Ähnlich suchte H a r t m u t L a n g e (geb. 1937) in *Marski* (1963), einer Puntila-Nachfolge mit potenzierten, vergröberten Mitteln, einen distanzierenden Stoffbereich. Peter Hacks ist zur Bearbeitung von des jungen Goethe Jahrmarktsfest von Plundersweilern und des klassischen Goethe *Pandora* (1981), zu einem Thema der Antike (*Senecas Tod,* 1980) in der Form des verschlüsselten Gegenwartsdramas und zu einem Dramatisieren eines literaturgeschichtlichen Themas in *Ein Gespräch im Hause Stein über den abwesenden Herrn von Goethe* (1976), einem eloquenten Ein-Person-Pseudodialog, ausgewichen. Ungleich konsequenter und politischer orientiert in Auseinandersetzung mit Brechts Theater H e i n e r M ü l l e r (geb. 1929) seine dramatische Arbeit am durch sozialistische Kunst geforderten Dialektischen Theater (*Theaterarbeit,* 1975; *Geschichten aus der Produktion* I,II 1974/75). Er zielt auf eine neuartige ‚Zuschaukunst‘ die ein Primat des Ästhetischen vor dem Sozialen, des Besonderen vor dem Nachahmbaren, der Routine vor dem Experiment beenden und die politische Qualität und Funktion der Bühne wider einen oberflächlichen Konsensus der Identifikation potenzieren soll. Das Drama soll nicht nur aktuelle soziale Prozesse darstellen, es soll sich selbst als ein Lern- und Fortschrittsprozeß vorführen.

Die künstlerische Produktivität eignet der aufnehmenden und zugleich umwandelnden Auseinandersetzung, nicht der Nachfolge. Dies erweist sich bei den beiden dramatischen Dichtern der Schweiz, bei Max Frisch und Friedrich Dürrenmatt. M a x F r i s c h (vgl. S. 667) folgte Brechts Konzeption des kritisch-moralischen Gesellschaftsdramas, ohne jedoch seine politischen Folgerungen, seine formalen Konsequenzen zu vollziehen. Er hielt am Grundmodell des szenischen Realismus fest, bemüht, am Zeitgeschichtlichen, der Erfahrung der Diktatur, Typisches herauszuarbeiten (*Als der Krieg zu Ende war,* 1945; *Nun singen sie wieder, Versuch eines Requiems,* 1946; *Die Chinesische Mauer,* 1947; gesammelt in *Stücke,* seit 1962). Daneben griff er zur Spielstruktur der Komödie: *Don Juan oder Die Liebe zur Geometrie* (1953), das ironische Spiel von den Vertauschungen und Verwirrungen der Identität. Das „Unversicherte menschlichen Wesens“ wird zentrales Thema des Dramatikers wie des Erzählers. Es scheidet nicht nur zwischen Diktatur und Freiheit des Intellekts, sondern spaltet den Menschen selbst auf, macht ihn sich

selbst gegenüber ungewiß und rätselhaft. Befreiung ist nur im Wissen um solche Spaltungen möglich; als Befreiung zu kompromißloser Wahrhaftigkeit. Der Mensch ist nahe dem Chaos; so in dem Spiel *Graf Öderland* (1951) mit dem Leiden am Ausweglosen des Kreislaufes der Wiederholungen, so in der bitteren Groteske *Biedermann und die Brandstifter* (1958, ursprünglich Hörspiel). Die seit Ibsen geläufige Bürgersatire ist in diesem Spiel – Lehrstück ohne Lehre, Parabel, Farce, Anklage – in die Ironie des Absurden gesteigert. Bürgerlüge hier, das Chaos dort – es gibt keine Erhebungen über beides. Das mit bewährter realistischer Bühnentechnik wirkungsvoll gebaute Spiel *Andorra* (1962) ist in der Geschichte der Verfemung eines Juden, der kein Jude ist, eine psychologisch und zeitkritisch genau treffende Demaskierung des Massenwahns. Was sich in dem kleinen Bürgerdorf abspielt, ist als exemplarisch, als Modell einer Grundsituation in der zeitgenössischen Kollektivgesellschaft gemeint. Nach der tragischen Satire folgt die ernste Komödie: *Biografie* (1967), ein Spiel zwischen Realität und der inneren Bewußtseinsperspektive, die das eigene Leben zurückruft, prüft, kritisch reflektiert und es gleichwohl in Wiederholungen nicht ändern kann. Denn es ist als Geschichte die Wirklichkeit des Mannes Kürmann geworden. „Keine Szene nämlich paßt ihm so, daß sie nicht auch anders sein könnte. Nur er kann nicht anders sein."
Friedrich Dürrenmatt (geb. 1921) ist Frisch in der Aufnahme Brechts, in der Zeit- und Bürgerkritik, im moralisch-humanen Impuls, in der Einsicht in das Absurde als Spuk und Groteske verwandt; seine szenische Phantasie gönnt sich eine größere, oft parodistische, kabarettartige, die Pointen überhöhende Freiheit in Bau und Führung des Spiels. Er hat dem Hörspiel in einer von Einfällen sprudelnden Produktion erfolgreiche Impulse, in seinen besten Komödien dem gegenwärtigen Theater Spiele gegeben, die über den Experimentalcharakter hinausgelangen. Sein vitales Spieltemperament, seine Neigung zum Kriminalistischen, zur ironischen Karikatur, zu Groteske und Paradoxie leben sich in der Komödie aus, die für ihn die unmöglich gewordene Tragödie abgelöst hat (*Theaterprobleme*, 1955). Die Komödie ist die Form, in der allein noch eine „ungestaltete, im Werden, im Umsturz begriffene Welt" literarisch ausgesprochen werden kann (*Komödien I, II* 1957/64). Aus Groteskem und Absurdem spricht der christlich begründete Ernst des zeitkritischen Moralismus, des Gewissensanrufes. „Denn eine Gewalt bewirkt eine andere, eine Tyrannei eine andere, immer wieder,

immer aufs neue, wie die sinkenden Spiralen der Hölle" (*Nächtliches Gespräch mit einem verachteten Menschen*, 1957). Dennoch bleibt Hoffnung: „Eine ewige Komödie / Daß aufleuchte Seine Herrlichkeit, / genährt durch unsere Ohnmacht." Die Komödie *Romulus der Große* (1950) hielt noch, trotz Brechtscher Einschläge, am traditionellen Bautypus fest; Dürrenmatts bisher bestes Werk *Der Besuch der alten Dame* (1956) unterlegt das Satirisch-Groteske mit Unheimlichem, Widerhumanem – so ergibt sich ein Geflecht von Fatum, Schuld und Schwäche, von Gier des Kollektiven und Ohnmacht des einsam Einzelnen, der, ein Geopferter, demütig wird in der Stunde seines Todes. Dürrenmatts Neigung zur abstrusen Situation, zur menschlichen Karikatur, zur Potenzierung skurriler Wirkungen hat sich zunehmend gesteigert. *Die Physiker* (1962) stellen die Weltbedrohung durch die Atomphysik in Formen des kriminalistischen, makabergrotesken Spiels dar. Seither droht, eine zu breit ausgesponnene effektvolle Bühnendrastik den intendierten Ernst aufzuheben (*Frank V, Oper einer Privatbank*, 1960; *Der Meteor*, 1964). Dürrenmatt hat eine schon ‚klassisch' gewordene Kurzgeschichte *Der Tunnel* (*Erzählungen*, 1964) geschrieben. Der parodistisch umfunktionierte Kriminalroman *(Der Verdacht*, 1953; *Das Versprechen*, 1958) erhält bei Dürrenmatt eine vertiefte Spannungsthematik, seinerseits Zeitsatire, Exempel menschlicher und gesellschaftlicher Verstörung. „So droht kein Gott mehr, keine Gerechtigkeit, kein Fatum wie in der fünften Symphonie, sondern Verkehrsunfälle, Deichbrüche infolge Fehlkonstruktion, Explosion einer Atombombenfabrik..., falsch eingestellte Brutmaschinen. In diese Welt der Pannen führt unser Weg" (*Die Panne*, 1956). Dürrenmatt ist repräsentativ für Erneuerungen des Spiels – mit starkem Einbezug des Mimischen, Clownhaften, Marionettenhaften – aus Mitteln des Grotesken, des Absurden als Spiegel einer verkehrten Welt. In den gleichen Zusammenhang gehören die Einakter von Günter Grass (vgl. S. 664) wie *Onkel, Onkel*, 1957, *Noch zehn Minuten bis Buffalo*, 1957 u. a., die Akzentuierung des Absurden im Hörspiel (W. Hildesheimer, *Herrn Walsers Raben*, 1960), in der Kurzgeschichte und im Roman. Einen Extrempunkt in dramatischer Gestaltung bezeichnet *Die Verfolgung und Ermordung Jean Paul Marats, dargestellt durch die Schauspielgruppe des Hospizes zu Charenton unter Anleitung des Herrn de Sade* (1964) von P e t e r W e i s s (vgl. S. 665). Das historische Thema wird zur aktuellen Zeit transparent; es deutet zugleich parabolisch auf das transhistorische

Thema des Konflikts zwischen revolutionär weltverwandelndem, sozialistisch-humanitärem Tätertum (Marat) und einem welt- und tatverachtenden, radikal solipsistischen Nihilismus (Sade) – beide vor dem Hintergrund einer Welt des Irrsinns, des absurd Ausweglosen, in dessen Bann die Geschichte sich im Kreislauf von Wahnsinn und Anarchie bewegt. Peter Weiss hat Brecht verdankte Anregungen in der Szenen- und Spielgestaltung in das Mimisch-Pantomimische, eine Entfesselung des Theatralischen zu Groteske und Grauen potenziert. Aber er ist kein Analytiker wie Brecht. Er neigt mehr zu einem lyrischen Pathos, zur Entfesse- lung von Trieb- und Massendynamik auf der Bühne, zu Explo- sionen des Emotionalen. Es erscheint symptomatisch für die pro- duktive Ungeduld gegenüber der Bühne, für die Bemühungen, sie dichter an Wirklichkeit und gesellschaftliche Wirkungen zu binden, daß sein nächstes Stück *Die Ermittlung* (1965), auf andere Weise als fast gleichzeitig *Die Plebejer proben den Aufstand* (1966) von Günter Grass, aber mit der gleichen Grundtendenz, zum Dokumentarstück aus der jüngsten Zeitgeschichte umschal- tete. Überwiegt bei Grass noch die freie Ausgestaltung des Kon- flikts, in den Brecht, zwischen politischem Handeln und der Über- setzung des Politischen in das Ästhetische, zwischen der Aktion der konkreten Revolution und der Kunst, die sie nur spiegelt, getrieben wird – Weiss gibt, konzentriert, zu Dialogen geformt, Fakten und Aussagen des Auschwitz-Prozesses. Entfesselter Ima- gination des freien Spiels auf historischem Hintergrunde in seinem ersten Drama folgt in dem zweiten, dem „Oratorium", die Bin- dung an das Faktische, ein Stil der Sachlichkeit, der objektiven Sprache der Realität. Das Dokumentarstück schien die Bühne aus ihrer ästhetischen Distanz, aus dem Literarisch-Fiktionalen zu lösen; es versprach dem, was auf ihr sich zeigt, eine Identifikation mit der gesellschaftlich-politischen Wirklichkeit und derart eine erhöhte Schlagkraft der Wirkung. Eine generelle Tendenz zum Dokumentarischen, die sich auch im Roman, in der Lyrik, im Hörspiel (z. B. Ludwig Harig, *Staatsbegräbnis*, 1969), und im Fernsehspiel abzeichnet, hat auf der Bühne die deutlichste Ausprä- gung erhalten. „Das dokumentarische Theater", so P. Weiss, „über- nimmt authentisches Material und gibt dies, im Inhalt unver- ändert, in der Form bearbeitet, von der Bühne aus wieder." Aber es war doch anders: die von der Bühne erfordte Selektion, Typi- sierung und Stilisierung des Materials blieb nicht formal, sie mußte auch ins Inhaltliche eingreifen. Damit wurde die Authen- tizität angegriffen, wenn sich nicht sogar wie bei R. Hochhuth

und in P. Weiss' *Hölderlin* (1971) fragwürdige Mischungen von
Historizität und Fiktion einstellten. Das Dokumentarstück blieb
an das sogenannte ‚Theatertheater' gebunden; das lange disku-
tierte ‚Straßentheater' aber löste das Theater, in die Zufälle der
Wirklichkeit hineinversetzt, als ein geformtes und gezieltes Spielen überhaupt auf. So begründet die Kritik am traditionellen
ästhetischen Bildungstheater, an seinem Museums- und Relikt-
charakter ist – eine Gegengründung glückte bisher trotz gehäuf-
ter Versuche nicht. Zu ihnen gehören Weiss' *Gesang vom Lusi-
tanischen Popanz* (1967) und *Viet Nam Diskurs* (1968) – als
Theatralisierungen von Kollektivprozessen aus der Perspektive
eines radikalen moralisch-politischen Engagements. Damit fallen
Fabel, Handlung, individuelle Personen, ein Realismus des
Milieus fort; sie werden abgelöst durch choreographische Gruppierungen, Chöre, ein deklamatorisches und pantomimisch-
gestisches Kollektivgeschehen, durch rhythmisierte Musik. Die
Sprache erhält lyrisch-pathetische und rhetorisch-agitatorische
Akzente; unter dem Gewicht des moralischen Engagements leidet
die intendierte politisch-kritische Erkenntnis. Die Wendung zum
dokumentarischen Theater hatte thematisch, nicht sprachlich
Rolf Hochhuth (geb. 1931) mit *Der Stellvertreter* (1963),
dem Drama von Gewissen und Verantwortung der Kirche angesichts der Judenmorde unter Hitler eingeleitet. So wirkungskräftig und -wichtig dieser Griff zur jüngsten, nahen Geschichte
war – der moralische Impuls trieb Hochhuth in Figuren- und
Sprachgestaltung in ein Schiller-Epigonentum. In Hochhuths folgenden Dramen *Soldaten, Nekrolog auf Genf* (1967), im England
der Kriegszeit angesiedelt, und *Guerillas* (1970), stofflich auf
dem Wirtschaftskampf Nordamerikas gegen die sich gegen Aus-
beutung wehrenden südamerikanischen Staaten beruhend, setzt
sich zunehmend im Spiel selbst das fiktionale Element durch,
während die dokumentarischen Materialien, welche die Basis bilden, im Anmerkungskommentar gehäuft werden. Spiel und Dokumentation gabeln sich; zudem verleiht deren Kumulierung dem
Spiel eine Breitenführung, die es, von der Bühne her, zum Spiel-
entwurf macht, aus dem das Theater erst jeweils seinen Aufführ-
rungstext selektiert. Das Drama wird gleichsam Material zum
Drama. Dies wiederholt sich in Hochhuths Dramen *Die Juristen*
und *Die Ärztinnen* (beide 1980). Dieser Breitenführung ist auch
Hans Magnus Enzensbergers *Das Verhör von Habana* (1970),
das an die Invasion in Cuba im April 1961 aus der Perspektive
der siegreichen Republikaner anknüpft und im Verhör der Ge-

fangenen deren soziologische Analyse ausarbeitet, nicht entgangen. Der Spieltext ist zum Lesetext geworden. H e i n a r K i p p - h a r d t (1922–1982) kam in dem Dokumentarstück *In der Sache J. R. Oppenheimer* (1964) eine Dramatik entgegen, die bereits in der Sprache der Akten lag und sich zudem im Problem der Verantwortung des Forschers, der in der Atomphysik mörderische Kräfte entbindet, konzentrierte. Grenzen dieser zweiten ‚neuen Sachlichkeit' machte sein *Joel Brand. Die Geschichte eines Geschäfts* (1965) bemerkbar. Das komplexe Geschehen um den Handel mit Juden zu Ende des zweiten Weltkrieges zerlöst sich zum Breitenpanorama in historischem Bilderstil. Einen Überblick sichert die Sammlung *Stücke* (2 Bde, 1972). Der Ansatz zum dokumentarischen politischen Theater hat in P. Weiss' *Die Ermittlung* seinen Höhepunkt und auch wohl Endpunkt gefunden. Schon Heinar Kipphardt bringt in *Bruder Eichmann* (1983) nur noch begrenzte Variationsmöglichkeiten auf, eher bereits Rückgriffe, wie denn wohl symptomatisch ist, daß er zur Prosa (*März*, 1976, dràm. 1980) auswich. Die Ansätze zum chorisch-kollektiven, oratorienhaften Spiel bieten zu wenig Entwicklungschancen; problematisch erscheint endlich auch der Umweg über eine Aktualisierung und polemische wie agitatorische Ideologisierung der Geschichte, also ein neuer Griff zum historischen Drama: von Peter Weiss *Trotzki im Exil* (1970) und *Hölderlin* (1971), von T a n k r e d D o r s t (geb. 1925) *Toller* (1968), von D i e t e r F o r t e (geb. 1935) *Martin Luther & Thomas Münzer oder Die Einführung der Buchhaltung* (1970) und *Jean Henry Dunant oder Die Einführung der Zivilisation* (1978). Der ahistorisch und plakativ auf Formeln reduzierten Historie werden Stoff und Motive zwecks aktuell-polemischer Umzeichnung entnommen; das Historische wird zum Paradigmatischen stilisiert und mit dem Anspruch auf dokumentarische Belegbarkeit, unter Nutzung historischen Textmaterials, der Ideologiekritik unterzogen, entmythologisiert bzw. als ein Modell sich wiederholender Konstellationen auf die Gegenwart bezogen. Allerdings hat Tankred Dorst, der sich vorher mit *Die Kurve* (1960) in einer Kombination von Clownerie, heimtückischer Idylle und makabrer Mörderkriminalität dem absurden Theater und mit *Große Schmährede an der Stadtmauer* (1961) dem Parabelstil und den China-Assoziationen von Bertold Brecht angeschlossen hatte, abgelehnt, in seinem ‚Toller' ein historisch-politisches Dokumentarstück geschrieben zu haben. Er berief sich auf das, seit Lessing gesicherte, Recht einer freien Umbildung der historischen Stoffe, während

Dieter Forte auf einer Entlarvung einer bisher verschwiegenen
historischen Faktizität mit gelehrtem Rüstzeug insistiert – auf
Kosten allerdings der prägnanten dramatischen Form.
Solcher historischen Verankerung und erzählerischen Anreicherung steht ein Drama der inneren Bewußtseinsperspektiven
gegenüber, das, mit Verzicht auf Aktion, Mimus, szenisch bewegten Realismus H a n s G ü n t e r M i c h e l s e n (geb.
1920), nicht ohne Einfluß von Beckett, entwickelt hat (*Stienz*, 1963;
Lappschiess, 1964; *Drei Akte*, 1965; *Helm*, 1965; *Planspiel*, 1967;
zuletzt die monologische Parabel vom über den Rand der Gesellschaft hinausgedrängten Arbeiter, zugleich Gesellschaftskritik
und Kritik des Anarchismus *Ein Leben*, 1977). Das Spiel lebt bei
ihm – auch in späteren Bühnenstücken wie z. B. *Alltag* (1978)
und *Kindergeburtstag* (1981) weicht er nicht von diesem auf der
Bühne sich schwer vermittelnden Verfahren ab – aus dem Dialog,
seinen Unbestimmtheiten und Verfremdungen. Zentrales Thema
ist der vergebliche Versuch, sich aus einer Vergangenheit herauszulösen, die immer wieder in die Gegenwart einbricht und sie
überholt. Die Askese gegenüber dem Theatralischen grenzt allerdings, da das Spielhafte ganz in die inneren Prozesse zurückgezogen wird, die Bühnenwirksamkeit ein.
Das Dokumentartheater konnte sich nicht der Einsicht verschließen, daß es endlich doch ein Produkt der Kunst bleiben mußte
und nicht mit dem Wirklichkeitsgehalt der authentischen politischen Manifestation konkurrieren konnte. So radikal Peter
Handke in der ‚Publikumsbeschimpfung‘ die geltende Relation
zwischen Theater und Wirklichkeit und dessen Abbildcharakter
verkehrte, er beharrte auf dem eigenständigen Bedeutungsraum
des Theaters, in dem zum Spiel wird, was außerhalb von ihm
Ernsthaftigkeit, Anliegen, Eindeutigkeit und Finalität ist. Hingegen drängte die Straßentheaterbewegung (z. B. Max von der
Grün, ‚Notstand oder das Straßentheater kommt‘, 1968) dazu,
mittels des sozialistischen Arbeiter- und Laientheaters, mittels
des aus Nordamerika importierten ‚Happening‘, mittels des Stra-
ßentheaters revoltierender Studenten das Theater als ästhetische
Institution und Organisation, als ein Spiel- oder Theatertheater
aufzuheben und es zum in der Realität aktiven politischen Forum
zu machen, was bedeutete, es überhaupt von der Literatur zu
entfernen. An Drama und Theater exemplifiziert sich insbesondere die zeitgenössische Skepsis gegenüber der bisherigen Literatur und ihren Vermittlungsformen. Daß jedoch auch mit literarischen Mitteln ein Auffüllen mit erfahrener Realität möglich ist,

kennzeichnet eine andere zeitgenössische dramatisch-theatralische Tendenz zum Realismus; zusammenhängend mit der verspäteten Wirkung von Ö. von Horvath, mit einer neuen ‚Sachlichkeits‘-welle, bedroht aber auch von einer Verengung ins Provinzielle und Familienhafte. Dies gilt für Martin Sperrs (geb. 1944) *Bayrische Trilogie* (1965–1971), die mit den *Jagdszenen aus Niederbayern* (1965), einsetzte, für Jochen Ziems (geb. 1932) *Die Einladung* (1967). Der szenische Porträt- und Dialogrealismus, so weit wie möglich entliterarisiert, demaskiert die brutale Eng- und Hartherzigkeit von im Materialismus eingeklemmten, mit Lebensangst in erbärmlich-widerhumane Sicherungen verkrochenen Menschen. Dies hat Franz Xaver Kroetz (geb. 1946) in der hart objektivierten Vorführung alltäglicher, zugleich brutaler Vorgänge, Situationen, Verhaltensweisen, die er vornehmlich im dörflichen oder kleinbürgerlichen Familienkreis vorfindet, radikalisiert. Er knüpft, mit erheblich anderen Akzentsetzungen, an das bürgerliche Trauerspiel an (z. B. *Stallerhof* mit dem Folgestück *Geisterbahn*, 1972, *Wildwechsel* 1973, *Oberösterreich*, 1973, ferner die Bearbeitung von Hebbels ‚Maria Magdalene‘ 1974; *Gesammelte Stücke*, 1975). Die Ideologie der Familie wird ihrer traditionellen Wertansprüche beraubt, sie wird zur grausam-tückischen Interessenvereinigung auf dem Zwangshintergrund sozialökonomischer Gegebenheiten. Kroetz erreicht die beklemmende Dichte der szenischen Lebensausschnitte durch äußerste Verknappung des Dialogs; sie entspricht dem Sozialmilieu sprach- und bewußtseinsgehemmter Personen; die Wortarmut, oft mundartlich getönt, wird durch Ausdrücklichkeit des Gestischen und Mimischen, durch deren unmittelbare Anschaulichkeit ergänzt. Diese Technik gipfelt in der Ein-Spieler-Pantomime vom Selbstmord einer vereinsamten Frau in *Wunschkonzert* (1971); mit anderen gestischen Mitteln hat P. Handke in *Das Mündel will Vormund sein* (1969) die verstärkende und verallgemeinernde, weil übertragbare Ausdrucksfähigkeit der Pantomime herausgearbeitet. Kroetz verwandelt theatersicher Traditionen; damit gelingt es ihm, die mimischen und gestischen Möglichkeiten der Bühne mit einer Ausdruckssuggestivität zu füllen, die nicht von außertheatralischen Mitteln ihre Wirkung abborgen muß. Trotz aller Reduktionen stimmen Bühne und Spiel überein (*Mensch Meier*, 1978; *Strammer Max*, 1980; *Nicht Fisch, nicht Fleisch*, 1981). Rainer Werner Fassbinder (1946–1982) wehrt sich noch provokativer gegen die Routine der Bühne: mittels Bearbeitungen (Gay, Goldoni), mittels der Parodie des bürgerlichen Trauerspiels (*Bremer Freiheit, Antiteater* 1, 2, 1972), durch Massierung von Brutalität und Groteske und durch radikale Dialogreduktion. Seine Wendung zum Film ist Signal des Überdrusses an der Bühne. Das Theater als Versuchsfeld – das Theater als variables Traditionsgehäuse: in diesem Spannungsraum bewegt sich mit produktiver Unruhe die gegenwärtige dramatische und szenische Produktion; entlassen aus festen Normen, im Erproben aller Möglichkeiten, zu denen nicht zuletzt Hörspiel und Fernsehspiel viel beitragen.

Vielleicht konnte dieser kurze Umblick verdeutlichen, wie sich die Bindungen an Schemata der Konvention in den Jahren nach 1945 gelöst haben. Was noch an ihnen unreflektiert, unkritisch festhält, ist in die unteren literarischen Ränge abgesunken. Eine deutsche Literatur hat sich, im engen Kontakt mit der Weltliteratur und an ihr mit eigenen Stimmen teilhabend, neu gebildet. Gemeinsame Grundtendenzen, Signale der Gleichzeitigkeit, lassen sich in der beträchtlichen Vielzahl individueller Handhabungen von Thema, Stil und Sprache bemerken. Es gilt für sie im Gesamt ein kritisches Verhältnis zur Tradition wie zum Geschichtlichen überhaupt, ein kritisches Verhältnis zur gesellschaftlichen und moralischen Zuständlichkeit der Zeit; ebenso ein kritisches Verhältnis gegenüber Anspruch und Funktion der Literatur. Sie bietet keinen gesicherten Besitz, sie stellt nicht mehr ein fragloses Erbe dar. Die historische und zeitgenössische Literatur wird unter vielen kritischen Aspekten problematisiert; zugleich verbindet sich damit die Bemühung, ihren Umfang über die konventionellen ‚klassischen‘ Grenzen hinaus zu erweitern. Dazu verhelfen Impulse der Linguistik, die Entwicklungen neuer Formen vom Happening und Straßentheater über Fernsehspiel und -erzählung bis hin zur Computerdichtung, die Aufmerksamkeit, in Distanzierung von Traditionen des ‚Schönen‘ und ‚Poetischen‘, auf alle Arten von Gebrauchs- und Zweckliteratur und die sich in ihnen sprachlich abzeichnenden Verhaltensmodelle. Ästhetik und Poetik sind beschäftigt, Umfang, Art und Funktionen der Literatur neu zu definieren. Was die jetzt schon mittlere Generation an die nun jüngste Generation weitergibt, ist die Offenheit zum thematischen und formalen Experimentieren, die produktive Unruhe, die nichts so scheut wie Konventionen, ist die Provokation des kritischen künstlerischen und sozialen Bewußtseins und die Skepsis gegen ein Einverständnis. Es sind Elemente, auf denen das Selbstbewußtsein der jüngeren

Generation und deren Wille zu produktiver Freiheit beruht. Der vor einigen Jahren laut gewordenen These von dem Tod oder der Vermagerung der in Wort und Buch primär vermittelten Literatur widerspricht, daß nicht wenige jüngere und junge Autoren nachgewachsen sind, in deren kreativen Begabungen die Zukunft der deutschen Literatur sich verspricht oder bereits abzeichnet. Einige von ihnen sollen vorgestellt werden – zugegeben in einer vielleicht ungerechten, fehlgreifenden und von Zufälligkeiten bestimmten Auswahl.

Die Motivationen zu vornehmlich ästhetischen Formexperimenten, zu einem Aufbrechen der Gattungen, zur Anbindung der Literatur an transliterarische Formen und der Überdruß an mehr traditionellen Ausdrucksweisen haben abgenommen. Die Tradition ist zeitlich ferngerückt; seitdem man sich nicht mehr von ihr befreien muß, hat sich ein unbefangneres Verhältnis zu ihr ergeben. Gruppierungen zwecks gemeinsamer Frontbildung haben sich wieder aufgelöst. Die Gruppe 47 schien nach dem zweiten Weltkrieg eine Art Gemeinsamkeit der progressiven Literatur zu stabilisieren, doch konnte sie nicht dauern. Eine andere Gruppierung, mit weit größerer Übereinstimmung im literarischen Programm fand sich in Wien zusammen. Bei ihr ging es um eine Fortsetzung der radikalen Ansätze einer literarischen Erneuerung, die aber sich in sich selbst erschöpfen mußten und nur geringe Ausstrahlung erreichten (H. C. A r t m a n n, vgl. S. 649; F r i e d e r i k e   M a y r ö c k e r, vgl. S. 650; G e r h a r d   R ü h m (geb. 1930), *Gesammelte Gedichte und visuelle Texte*, 1970; F r i e d r i c h   A c h l e i t n e r (geb. 1930), *Prosa konstellationen, montagen, dialektgedichte, studien*, 1970; K o n r a d   B a y e r (1932–1964), *Das Gesamtwerk*, 1977; G e r h a r d   R o t h (geb. 1942)). Die Grazer Gruppe hält noch mit anderer Zielsetzung, aber in unverminderter Ausstrahlung zusammen, vor allem durch den „Steirischen Herbst" und die Zeitschrift *manuskripte*, die von dem Lyriker (*Im Vorfeld der Augen*, 1982) und Erzähler (*Die grüne Seite*, 1974) A l f r e d   K o l l e r i t s c h (geb. 1931) herausgegeben wird.

Auffällig ist, daß die kreativen Impulse, die seit der letzten Jahrhundertwende von Österreich auf die deutsche Literaturlandschaft ausstrahlten, bis heute keine Erschöpfung zu kennen scheinen. Die Ursachen dafür lassen sich nur spekulativ abschätzen, nicht beweiskräftig aufzählen. Sicherlich spielt dabei die Existenz kleinerer dialogischer Literaturgruppen eine Rolle, wenn sie dem einzelnen den individuellen Spielraum seiner Ent-

wicklung abstützen und nicht beschneiden; wenn eine liberale Zusammengehörigkeit sich nicht zu Programm und Dogma versteift; wenn weiterhin ein politisches Engagement nicht die Entdeckungslust in der Produktion, in der Sprache überdeckt. Zunächst haben die beiden Gruppen aus Wien und Graz die Einsätze der avantgardistischen ‚Experimental'-Literatur mit einer literaturimmanenten Spielfreude, ohne Rücksicht auf die Reaktionen von Buchmarkt und Buchpublikum, fortgesetzt. Radikalität in der Veränderung der ästhetischen Mittel, das Überbordwerfen aller Konventionen verbindet sich mit einer anarchischen Provokationslust, die selbst mit der Sprache aufräumen und sie in Freiheit von allen Gegenständen setzen will. „Je weiter zurückliegende eindrücke ich wachrufe, desto größer ist die anzahl der verfaulten sätze, der kehrichtwörter, die ich wegwischen muß." So heißt es in den fünf Kurzromanen *Die Autobiographie des Albert Einstein* (1972) von G e r h a r d R o t h (geb. 1942). Man hat Roth neben Thomas Bernhard und Peter Handke einen ranggleichen Platz zugewiesen, allerdings mit dem Unterschied, daß bei Roth das Ungewisse und Abgründige der Existenz mit leichterer Handschrift, mit einer Inklination zum fabulierenden Erzählen dargestellt wird. Seine Romane (*Ein neuer Morgen*, 1976; *Winterreise*, 1978; *Der stille Ozean*, 1980) variieren das Thema Flucht – Flucht aus dem Unheimlichen, Pathologischen, aus dem Sinnleeren oder in die Utopie. Wie Roth ist G e r t H o f m a n n (geb. 1932) von dem österreichischen Experimentalkreis ausgegangen. Bei ihm findet sich eine Virtuosität der sprachlichen Führung (z. B. in *Die Fistelstimme*, 1980) mit komplexer Stimmungs- und Tonmischung zusammen. In diesem Roman wird eine totale Verunsicherung der Realitätswahrnehmung in eine groteske Komik verfehlter Situationen und Kontakte, in einen absurden Leerlauf aller Intentionen übergeführt. In *Die Denunziation* (1979) scheitert die Suche nach der Realität in der Vergangenheit an der Ungreifbarkeit der Vorgänge. Bei beiden Autoren geht es, mit der Wendung zum Innen des Außen, mit der Umrätselung des sogenannt Faktischen um Fragen der Selbsterfahrung, der Identität, um Probleme des gespaltenen Selbst. Ungewißheit in der Wirklichkeit löst auch die Wirklichkeit des Ich-Selbst auf. „Die Fistelstimme" ist Franz Kafka nahe, aber Hofmann erzählt und reiht mit einer spielerischen Phantastik des Komischen.
Von einem Plädoyer für Spiel, Witz, Unfug, Phantasie kann auch der Schweizer U r s W i d m e r (geb. 1938) sprechen, der

seit Jahren in der Bundesrepublik lebt. Er ist Erzähler, Dramatiker, ein oft gespielter Hörspielautor. Es verbindet ihn mit den eben genannten und anderen zeitgenössischen Autoren, daß die Faßbarkeit von Raum und Zeit schwindet, Realität und Traum untrennbar werden und das primäre Thema, wenn nicht das reale Ich, so doch ein imaginiertes Ich wird. Auch hier also zieht sich das Erzählen auf ein ungesichertes Ich, auf eine Existenz im Ungesicherten außen und innen zurück (*Schweizer Geschichten*, 1975; *Vom Fenster meines Hauses aus*, 1977; *Liebesnacht*, 1982). Bei dem Schweizer Erzähler G e r o l d S p ä t h (geb. 1939) blickt, bei aller Änderung der Erzählverfahren, noch immer etwas Gottfried Kellers Seldwyla über die Schultern – vital, phantasie- und fabulierlustig, mit grotesken Übersteigerungen. Die Kleinstadt und ihre Kleinbürger bilden einen skurrilen Narrenkosmos (*Balzapf oder als ich auftauchte*, 1977).

Fragt man nach Gemeinsamem, was bei der Nahsicht zu Zeitgenossen ein fast halsbrecherisches Unterfangen ist, aber auch zeitsymptomatischen Einblick erlauben kann, gelangt man zu der Einsicht, zumindest die Leitfigur, ob nun ein sich selbst erzählendes oder erzähltes Ich, erfährt sich als allein, einer ungesicherten Welt und Wirklichkeit preisgegeben, ausweg- und resultatlos. Es sucht einen Haltepunkt im Erinnern, verliert jedoch auch ihn. Es hilft ihm in seinem Suchen und Fragen keine Instanz mehr, keine Orientierungsautorität. Es muß sich selbst bestimmen und zurechtfinden. Von dieser Not zu sprechen, bedeutet die Legitimation seines Schreibens gegenüber den anderen, in denen sie noch stumm und sprachohnmächtig ist. Diese Erfahrung äußert sich als Melancholie, als Pathographie, als Umschlag zum Grotesken und Absurden, oder sie erträumt sich eine Utopie der Hoffnung und der Stille. Die Subjektivierung des Erzählens erscheint als eine Gemeinsamkeit der jungen Generation, die nicht immer den Rückzug auf das nur Private vermeidet. Damit hängt eine Tendenz zum Erinnerungserzählen, zum kleinräumlichen Provinziellen zusammen. Die Großstadt hat, weil von vornherein negativ erfahren, an literarischer Geltung eingebüßt. Dorf oder Kleinstadt sind bevorzugte Erzählräume geworden und begrenzen die Dimensionen, aus denen heraus das Erzählte zum Lebenszeugnis wird. Es gibt wieder eine latente Sehnsucht nach der Idylle. Gewiß nicht im traditionellen oder billig-nostalgischen Sinne. Wo man einst den Ort der Befriedung und Harmonie zu finden glaubte, erkennt man jetzt täuschende Masken, und hinter den Kulissen ländlicher Simpli-

zität lauert das Niederträchtige, Häßliche, Brutale und Mörderische mit einer gewissenlosen Selbstverständlichkeit. Typisch
dafür etwa „Der stille Ozean" von Gerhard Roth, der in ver-
blüffender Abwendung von seinen anfänglichen Ansätzen, in
diesem Roman die Erzählmittel von Stifter und Bernhard ins
Extreme treibt. Gerät hier ein Eklektizismus ins Spiel, der bei aller Suggestion gelebter Realität nur Literatur aus Literatur pro-
duziert?

Das Provinzielle als Negation der Idylle, die als Sehnsucht gleichwohl im Gedächtnis bleibt, die Subjektivierung, sei es des Erzählers, sei es des erzählten Ich, die Negation der Fabel, die reflexive Wendung zum Innen, die Fragmentarisierung des Außen,
die Wendung zum Erzählen aus der Erinnerung dürften Kennzeichen gegenwärtiger gemeinsamer Tendenzen sein. Die politische und gesellschaftliche Wendung der älteren Generation verblaßt unter Einfluß einer hochentwickelten, sehr differenzierten,
technisch virtuosen und raffinierten Erzähl- und Sprachführung.
Das Interesse an der sprachlichen Durchformung läßt Inhaltliches an zweite Stelle rücken.

Dies gilt jedoch nicht für eine Gruppe von Erzählern, für die
stellvertretend W a l t e r K e m p o w s k i (geb. 1929) und
H o r s t B i e n e k (geb. 1930) genannt seien. In der „Blechtrommel" von Günter Grass und in dem mehrbändigen Roman von
Uwe Johnson wird aus politischen Ursachen verlorenes Land
literarisch zurückgeholt; nicht mit herkunfts- und heimatsehn-
süchtigen Stimmungen; überhaupt nicht mit Besitzansprüchen,
sondern in kritisch-sachlicher Rekapitulation, die, ohne es auf-
zuschminken, Preisgegebenes im Erinnern festhält. Mit epischer
Weiträumigkeit wird im engen Ausschnitt und mit präziser Detailgenauigkeit ein vielfiguriges Panorama entfaltet. Es geht um
Zeugenschaft aus sinnlicher Anschauung und Erfahrung, aus
einem Erinnern, das noch mitgelebt hat. Was einmal war, wird
von einem sprachmächtigen Chronisten vergegenwärtigt. Walter
Kempowski schrieb den „bürgerlichen Roman" vom Geschick
einer bürgerlichen Familie in der Ostseestadt Rostock während
der Zeit des Nationalsozialismus, während des zweiten Weltkrieges und in der Zeit danach mit der Faktengenauigkeit eines
Geschichtsschreibers (*Tadellöser & Wolff*, 1971; *Uns geht's ja
noch gold*, 1972, und die „Alltags-Minimigeschichten" *Alle
unter einem Hut*, 1978). Der Ernst des Zurückdenkens wird von
Humor durchtönt. Horst Bienek setzte mit autobiographischer
Zeugnisablegung ein, die parabelhaft für viele, für die Tausende

politischer Gefangenen in dieser Zeit sprach: *Traumbuch eines Gefangenen*, 1957; *Die Zelle* 1968. Sein episches Hauptwerk ist die umfangreiche Romanfolge, die er mit *Die erste Polka* (1975) einleitete und mit *Erde und Feuer* (1982) abgeschlossen hat. Sie wurde begleitet durch den Gedichtband *Gleiwitzer Kindheit. Gedichte aus 20 Jahren*, 1976. In dem Rahmen einer verzweigten, vielköpfigen Familiengeschichte wird das Oberschlesien der ‚kleinen‘ Leute präsent, eine Fülle von Geschichten unter dem Druck der großen Geschichte. Bienek ruft mit unübertrefflicher sinnlicher Anschaulichkeit der Vorgänge und Figuren, der Atmosphäre und Sprache zurück, was unwiderruflich verloren ist. Die großen epischen Linien verlieren sich nicht im Strom der Details; Ironie, Witz und der Ernst der Zeit seit dem Kriegsausbruch zwischen dem Nationalsozialismus und den Polen im August 1939 widersprechen einander nicht, sie akzentuieren sich gegenseitig. Bienek orientiert sich am Faktischen – so die bittere Geschichte des jüdischen Schriftstellers Silbergleit, der um des Krieges und der Heimat willen aus Berlin nach Gleiwitz zurückkehrte – aber das Faktische wird zugleich durch Bieneks fabulierende Phantasie zum poetischen Stoff. Nicht zufällig wird oft, als eine Stimme Oberschlesiens, Eichendorff zitiert; als Zeuge des poetischen Lebensgrundes dieser Landschaft, des Volkes, ihrer Stimmungen. Bienek hat diesem Typus des heimatlichen Erinnerungsromans ein dichterisches Niveau mitgeteilt, das man in seinen vielen anderen Ausformungen vermißt.

Eine andere Gruppierung stellt sich in der häufigen erzählerischen Auseinandersetzung mit der Elterngeneration ein. Auch sie kann hier nur pauschal genannt werden, zumal es sich um ein Themengeflecht handelt, in dem Privates mit Zeitgeschichtlichem, das Fragen nach der eigenen Lebensgeschichte mit dem Fragen nach dem Grund der deutschen Verirrungen eng verbunden sind. Es geht im kritischen Prüfen und Messen der eigenen Herkunft auch um die Strukturen der Gesellschaft, die daran teilhat, von denen sich der Erzähler abstößt, die ihn verfolgen, auch wenn er sich zu anderen Wert- und Normsetzungen von ihnen entfernt. In dieser Absetzung von der Elterngeneration, wie verschiedenartig auch immer sie bei den einzelnen Autoren sich darstellt, findet eine Beunruhigung der jungen Generation eine mehr als persönliche Sprache, die letzthin auf die Identitätsfindung in der generellen Verunsicherung außen und innen zielt. Wir beschränken uns auf einige Autoren:

Elisabeth Plessen (geb. 1944) *Mitteilung an den Adel*
(1976), Ruth Rehmann, (geb. 1922) *Der Mann auf der
Kanzel. Fragen an einen Vater* (1979), Christoph Meckel
(vgl. S. 646) *Suchbild. Über meinen Vater* (1980), Bernward
Vesper (1938–1971) *Die Reise* (1977), Einar Schleef
(geb. 1944) *Gertrud* (1980) und die Erzählungen von der deutschen Situation zwischen Flucht und Heimat *Die Bande* (1982),
Hanns-Josef Ortheil (geb. 1951) *Hecke* (1983). Eltern-
geschichte erweitert sich zur Familien-, Orts- und Zeitgeschichte,
verengt sich jedoch auch zum Autobiographischen. Darin bleibt
eine Tradition des deutschen Erzählens gegenwärtig, die seine
Weltwirkung seit der Entstehung des europäischen Romans eingeschränkt, ja, verhindert hat.
Diese Verpersönlichung des Erzählens prägt auch die Gruppe
der Romane, die von Frauen, aber gewiß nicht nur für Frauen,
geschrieben sind, auch wenn sie vorwiegend von Fraueninteres-
sen ausgehen und sie zum Problemthema wählen. Das Thema
ist auf einen weiteren Hintergrund bezogen: Familien- und
Zeitgeschichte, Generations- und Gesellschaftsgeschichte. Man
sollte diese Produktionen nicht mit Schlagworten wie Emanzipation oder Feminismus absiegeln. Solche Begriffe verschließen,
was in diesen Büchern geöffnet wird und, so möchten wir meinen, in das Zukünftige hineinweist. Schreibende und publizie-
rende Frauen sind seit dem Anbruch der Neuzeit, seit dem
15. Jahrhundert bekannt; sie lebten bis in das 19. Jahrhundert
in gesellschaftlichen Bindungen, die ihre Kraft zur eigenen Stimme begrenzten. Nur langsam konnten und durften sie sich von
ihnen lösen. Die Geschichte der Literatur von Frauen ist noch
nicht unter diesen soziologischen Aspekten geschrieben worden.
Erst im 20. Jahrhundert haben sie sich – Ausnahmen immer vorbehalten – aus ihnen herauskämpfen können und zu einem
eigenen literarischen Ausdruck gefunden. Viele von ihnen wurden schon genannt; zwei seien hier nachgetragen: Helga M.
Novak (geb. 1935) mit den Gedichten *Grünheide Grünheide,
Gedichte 1965–1980* (1983) und dem Roman *Die Eisheiligen*
(1982) und Elfriede Jelinek (geb. 1946) mit ihrer Prosa
Die Liebhaberinnen (1975) und *Die Ausgesperrten* (1980).
In einem Briefe von Karoline Schlegel an A. W. Schlegel aus
dem Jahr 1801 findet sich ein dauernd gültiges Wort: „O mein
Freund, wiederhole es Dir unaufhörlich, wie kurz das Leben ist,
und daß nichts so wahrhaftig existiert als ein Kunstwerk. –
Kritik geht unter, leibliche Geschlechter verlöschen, Systeme

wechseln, aber wenn die Welt einmal aufbrennt wie ein Papier-
schnitzel, so werden die Kunstwerke die letzten lebendigen
Funken sein, die in das Haus Gottes gehn, – dann erst kommt
Finsternis."

BIBLIOGRAPHIE

Dies Verzeichnis soll auf einige Hilfsmittel zu einem Studium der deutschen Literaturgeschichte, über unseren knapp zusammenfassenden Überblick hinaus, hinweisen. Eine vollständige Bibliographie der Veröffentlichungen von Einzelforschungen oder der gesamten älteren Literatur soll nicht gegeben werden. Genannt werden vorwiegend Gesamtdarstellungen oder neuere grundlegende Untersuchungen; hier wie dort finden sich meist ausführliche bibliographische Register, die weiterleiten.

Nachschlagewerke

K. Goedeke, Grundriß z. Geschichte d. dt. Dichtung aus d. Quellen, fortgef. v. E. Goetze Bd. 1–14 1884–1959[2] – Allgemeine dt. Biographie 56 Bde 1875–1912 – Neue Dt. Biographie, 1953, 1966[3] – W. Kosch, Dt. Literaturlexikon 4 Bde 1966[3] ff. – R. F. Arnold, Allg. Bücherkunde z. neueren dt. Literaturgeschichte 1966[4] – Bibliograph. Handbuch d. dt. Literaturwissenschaft 1945–1969, 1979 – Jahresberichte f. neuere dt. Literaturgeschichte 1892 ff. – Reallexikon d. dt. Literaturgeschichte, hsg. P. Merker, W. Stammler, 4 Bde 1925 ff., neu hsg. W. Kohlschmidt, W. Mohr 1955[2] ff. – Dt. Literaturgeschichte in Tabellen, F. Schmitt, G. Fricke, 3 Bde 1949/52[2] – Josef Körner, Bibliograph. Handbuch d. dt. Schrifttums 1966[3] – O. Olzien, Bibliographie z. dt. Literaturgeschichte. 2. Erg.-Heft zu Annalen d. dt. Literatur, hsg. H. O. Burger 1962[2] – H. W. Eppelsheimer, Bibliographie d. Dt. Literaturwissenschaft 6 Bde 1957 ff. – Klein. literar. Lexikon 3 Bde 1968[4], hsg. W. Kayser, H. Rüdiger (Dt. Autoren seit 1600 v. F. Martini) – G. v. Wilpert, Sachwörterbuch d. Literatur 1969[5] – Lexikon d. Weltliteratur, hsg. G. v. Wilpert, 2 Bde 1963–1967 – ders. Dt. Dichterlexikon 1963 – J. Hansel, Bücherkunde für Germanisten, 1968[5] – H. A. u. E. Frenzel, Daten dt. Dichtung, 2 Bde, 1970[6] – P. Raabe, Quellenrepertorium z. neueren dt. Literaturgeschichte, 1966[2]; P. Raabe, Einführung in d. Quellenkunde z. neueren dt. Literaturgeschichte, 1966[2] – F. A. Schmitt, Stoff- u. Motivgeschichte d. dt. Literatur, 1965[2] – Kindlers Literaturlexikon 1965 ff. – Literatur, Fischer-Lexikon, hsg. W. H. Friedrich, W. Killy 1/2, 2 1965 – G. v. Wilpert, Dt. Lit. in Bildern 1965[2] – Biobibliogr.-Literar.-Lexikon Österreichs, hsg. Giebisch/Gugitz, 1964. – G. v. Wilpert, A. Gühring, Erstausgaben dt. Dichtung, 1967 –

W. Sternfeld, E. Tiedemann, Dt. Exilliteratur 1933–1945, 1970² –
Dtsprachige Exilliteratur (Dt. Institut Stockholm) 1970 ff. –
Dt. sozialistische Literatur, 1918–1945, 1975 – K. Böttcher u. a.,
Schriftsteller d. DDR, 1975 – E. Enders, Autorenlexikon d. dt.
Gegenwartsliteratur 1945–1975, 1975 – Kritisches Lexikon z.
dt.sprachigen Gegenwartsliteratur, hsg. H. L. Arnold 1978 ff. –
Internationale Germanistische Bibliographie, hsg. H. A. u. U.
Koch Bd. 1 1980 ff. – Die dt. Literatur. Biograph. u. bibliograph.
Lexikon (seit 1979).

Textsammlungen

Dt. Nationalliteratur, Hist. krit. Ausgabe, hsg. J. Kürschner u. a.
1882/99, 163 Bde – Dt. Literatur in Entwicklungsreihen, hsg.
H. Kindermann u. a. 1930 ff. – Bibliothek d. literar. Vereins
Stuttgart, 1843 ff. – Dt. Texte d. Mittelalters, hsg. Preuß. Akad.
d. Wiss., 1904 ff. – Neudrucke dt. Literaturwerke des 16. und
17. Jahrh., hsg. W. Braune 1876 ff. – Dt. Literaturdenkmale des
18. u. 19. Jahrh. in Neudrucken, hsg. B. Seuffert 1881 f. – Dt.
Texte, hsg. R. Alewyn u. a., 1954, neu hsg. G. Wunberg – Dt.
Neudrucke, hsg. K. Stackmann, E. Trunz, P. Böckmann, F. Sengle,
1964 ff. – Klass. Dt. Dichtung, hsg. F. Martini, W. Müller-Seidel,
B. v. Wiese 1962 ff.

Zeitschriften, Jahrbücher

Zeitschrift f. dt. Altertum begr. v. M. Haupt 1841 ff. – Zeitschrift f. dt. Philologie begr. v. J. Zacher 1869 ff. – Euphorion,
Zeitschrift f. Literaturgeschichte, hsg. v. A. Sauer u. a. 1894 ff.,
1934/43 als „Dichtung u. Volkstum" hsg. v. J. Petersen, seit 1950
unter altem Titel, hsg. A. Henkel u. a. – Germanisch-Romanische
Monatsschrift 1909 ff. – Dt. Vierteljahresschrift f. Literaturwissenschaft u. Geistesgeschichte, hsg. R. Brinkmann, H. Kuhn,
1923 ff. – Goethe-Jahrbuch 1880 ff., 34 Bde, fortges. als Jahrbuch
d. Goethe-Gesellschaft 1914 ff. – Jahrbuch d. Freien Dt. Hoch-
stifts 1902 ff., neu hsg. D. Lüders, 1963 ff. – Jahrbuch d. Dt.
Schillergesellschaft, hsg. F. Martini, W. Müller-Seidel, B. Zeller,
1957 ff. – Lit.wiss. Jahrbuch d. Görres-Gesellschaft, hsg. H. Kunisch, 1960 – Der Deutschunterricht, hsg. H. Helmers, F. Martini,
R. Ulshöfer 1948 ff. – Wirkendes Wort, hsg. H. Brinkmann u. a.
1950 ff. – Akzente, hsg. W. Höllerer 1954 ff. – Germanistik, Inter-
nat. Referatenorgan, 1960 ff. – Sprache im techn. Zeitalter, hsg.
W. Höllerer, 1961 ff. – Arcadia, Ztschr. f. vergl. Lit.wiss., hsg.
H. Rüdiger u. a. 1966 ff. – Poetica, Ztschr. f. Sprach- u. Lit.wiss,
hsg. K. Maurer. 1966 – Basis, Jahrb. f. dt. Gegenwartsliteratur,
hsg. R. Grimm, J. Hermand 1970 ff. – Literaturwissenschaft u.

Linguistik, hsg. H. Kreuzer u. a. 1970 ff. – International. Archiv
f. Sozialgeschichte d. dt. Literatur, hsg. G. Jäger, A. Martino,
F. Sengle 1976 ff. – Wolfenbütteler Studien, 1974 ff.

Einführung

R. Newald, Einführung i. d. dt. Sprach- u. Literaturwissenschaft
1949[2] – J. Petersen, D. Wissenschaft von d. Dichtung 1944[2] –
E. Staiger, Grundbegriffe d. Poetik 1963[6] – W. Kayser, D. sprachl.
Kunstwerk 1963[9] – Dt. Philol. i. Aufriß, hsg. W. Stammler
1966[2] ff. – H. Seidler, Allgem. Stilistik 1963[2] – E. Staiger, D.
Kunst d. Interpretation 1963[4] – E. Lämmert, Bauformen d. Er-
zählens 1955 – R. Wellek, A. Warren, Theorie d. Literatur 1959 –
K. Hamburger, D. Logik d. Dichtung 1968[2] – Meisterwerke dt.
Literaturkritik, hsg. Hans Mayer 3 Bde 1954 f. – B. Markwardt,
Geschichte d. dt. Poetik, 5 Bde 1937 ff. – R. Wellek, Geschichte d.
Literaturkritik 1750–1830, dt. Übers. 1959 – H. Seidler, Die Dichtung. Wesen, Form, Dasein, 1965[2] – H. Lausberg, Handbuch d.
literar. Rhetorik, 2 Bde 1960 – W. Müller-Seidel, Probleme d.
literar. Wertung, 1965 – K. O. Conrady, Einführung in d. Neuere
dt. Litwiss., 1966 – A. Behrmann, Einführung in d. Analyse v.
Prosatexten, 1967 – Die Werkinterpretation, hsg. H. Enders,
1967 – G. R. Kaiser, Einführung i. d. vergl. Literaturwissenschaft 1980 – Erzählforschung, hsg. E. Lämmert 1982 – G.
Reiss, Materialien z. Ideologiegeschichte d. dt. Literaturwissenschaft. Von W. Scherer bis 1945, 1973 – G. Ueding, Einführung
i. d. Rhetorik 1976 – Utopieforschung, hsg. W. Voskamp, 3 Bde,
1983 – Ch. Wagenknecht, Dt. Metrik 1981.

Gesamtdarstellungen

W. Scherer, O. Walzel, Geschichte d. dt. Literatur. Mit Biblio-
graphie v. J. Körner 1928[4] – Annalen d. dt. Literatur, hsg. H. O.
Burger, 4. 2 Erg.-Hefte 1961[2] – J. Nadler, Literaturgeschichte d.
dt. Volkes 4 Bde 1938 ff. (mit sehr ausführl. Bibliographie) –
A. Eloesser, D. dt. Literatur vom Barock bis z. Gegenwart, 2 Bde
1930/31 – B. Boesch, Dt. Literaturgeschichte in Grundzügen 1967[3]
– H. de Boor u. R. Newald, Gesch. d. dt. Lit. 1949 ff., bisher
Bd. I–VII – E. Ermatinger, Deutsche Dichter 1750–1900, 1961[2] –
O. Walzel, Die dt. Dichtung v. Gottsched bis z. Gegenwart,
Handbuch d. Literaturwissenschaft 2 Bde 1927/32 – W. Kohl-
schmidt, Geschichte d. dt. Literatur vom Barock bis zur Klassik
(1, 1965), Von der Romantik bis zum späten Goethe (2, 1974),
Vom jungen Deutschland bis zum Naturalismus (3, 1975) –
Geschichte d. dt. Literatur, Von den Anfängen bis 1160 (Hsg. E.
Erb) 2 Bde, 1965, Von 1480–1600, hsg. K. Gysi u. a. 1961, Von
1830 bis zum Ausgang des 19. Jahrhunderts, hsg. K. Böttcher u. a.

2 Bde 1975 – Vom Ausgang d. 19. Jahrhunderts bis 1917, 2 Bde 1974, Von 1917–1945 hsg. H. Kaufmann u. a., 1973 – Gesch. d. dt. Literatur, hsg. H. Rüdiger 9 Bde, 1966 ff. – Nagl-Zeidler-Castle, Dt.-Österr. Literaturgeschichte 4 Bde 1899/1937 – A. Schmidt, Dichtung und Dichter Österreichs im 19. u. 20. Jahrh. 2 Bde 1964 – J. Nadler, Literaturgeschichte d. dt. Schweiz 1932 – E. Ermatinger, Dichtung u. Geistesleben d. dt. Schweiz 1933 – A. Hauser, Sozialgeschichte d. Kunst u. Literatur, 2 Bde 1953 – P. Böckmann, Formgeschichte d. dt. Dichtung Bd. 1 1965² – P. Böckmann, Formensprache, 1966 – Neues Handbuch der Literaturwissenschaft, hsg. K. v. See 1976 ff. – G. Kaiser, Aufklärung, Empfindsamkeit, Sturm und Drang ²1976 – V. Zmegac, Geschichte d. dt. Literatur vom 18. Jahrh. bis z. Gegenwart, 4 Bde, 1979 ff. – Deutsche Literatur. Eine Sozialgeschichte, hsg. H. A. Glaser 1980 ff. – Hansers Sozialgeschichte d. dt. Literatur vom 16. Jahrh. bis z. Gegenwart, hsg. R. Grimminger, H.-J. Simm 1980 – M. Wehrli, Geschichte d. dt. Literatur vom frühen Mittelalter bis z. Ende d. 16. Jahrh. 1980 – F. Sengle, Arbeiten zur dt. Literatur 1750–1850, 1965 – H. Mayer, Dt. Literatur u. Weltliteratur 1957 – H. Mayer, Von Lessing bis Th. Mann 1959 – O. Seidlin, Von Goethe zu Th. Mann, 1963 – Formkräfte d. dt. Dichtung v. Barock bis z. Gegenwart, hsg. H. Steffen 1963 – H. O. Burger, „Dasein heißt eine Rolle spielen", 1964 – H. Pongs, Das Bild in d. Dichtung 2 Bde 1960² – A. Schöne, Säkularisation als sprachbildende Kraft 1958 – R. Petsch, Das Drama, Allg. Dramaturgie Bd. 1 1935, betr. Bd. 2 F. Martini, Dt. Vjschr. 1953 – R. F. Arnold, D. dt. Drama 1925 – H. Prang, Geschichte d. Lustspiels 1968 – E. Catholy, D. dt. Lustspiel 1969 – B. von Wiese, Die dt. Tragödie von Lessing bis Hebbel 1964⁶ – Dt. Dramaturgie vom Barock bis z. Klassik, hsg. B. von Wiese 1967³ – F. Sengle, Das dt. Geschichtsdrama 1952 – K. S. Guthke, Geschichte u. Poetik d. dt. Tragikkomödie 1961 – Das dt. Drama, Vom Barock bis z. Gegenwart, hsg. von Wiese 2 Bde 1958 – H. Knudsen, Dt. Theatergeschichte 1970² – O. Mann, Geschichte u. Poetik d. dt. Tragikomödie 1961 – Das dt. Dramas 1956 – O. Mann, Poetik d. Tragödie 1958 – V. Klotz, Geschlossene u. offene Form im Drama, 1960 – ds, Dramaturgie des Publikums, 1976 – M. Sträßner. Analytisches Drama 1980 – R. Petsch, Wesen und Formen d. Erzählkunst 1942² – H. H. Borcherdt, Geschichte d. Romans Bd. 1/2 1926/49 – M. Gerhard, Der dt. Entwicklungsroman 1925 – R. Pascal, The German Novel 1956 – W. Kayser, Entstehung u. Krise d. mod. Romans 1954² – Hermann Meyer, Das Zitat in d. Erzählkunst 1961 – Der dt. Roman, hsg. B. v. Wiese 1963 – Zur Poetik d. Romans, hsg. V. Klotz, 1965 – B. Hillebrand, Theorie d. Romans 2 Bde, 1972 – V. Klotz, Die erzählte Stadt, 1969 – J. Klein, Geschichte der dt. Novelle 1960⁴ – E. Kritsch-Neuse, Die dt. Kurz-

geschichte 1980 – B. v. Wiese, Die dt. Novelle, 2 Bde 1956 bis 1964 – B. von Arx, Novellistisches Dasein 1953 – W. Silz, Realism and Reality 1954 – H. Himmel, Geschichte d. dt. Novelle 1963 – Novelle, hsg. J. Kunz 1971² – J. Kunz, Die dt. Novelle zw. Klassik u. Romantik 1966 – B. Berger, Der Essay 1964 – L. Rohner, Der dt. Essay 1966 – K. Doderer, Die Kurzgeschichte in Deutschland 1953 – E. Ermatinger, Die dt. Lyrik v. Herder bis z. Gegenwart 3 Bde 1925² – R. Haller, Geschichte der dt. Lyrik, 1967 – Lyrik-Diskussion, hsg. R. Grimm 1966 – K. Viëtor, Geschichte d. dt. Ode 1923 – G. Müller, Geschichte des dt. Liedes 1959² – W. Kayser, Geschichte der dt. Ballade 1936 – G. Weißert, Ballade 1980 – Balladenforschung, hsg. W. Müller-Seidel 1980 – F. Beissner, Geschichte der dt. Elegie 1961² – H. O. Burger u. a., Gedicht u. Gedanke 1942 – W. Segebrecht, Das Gelegenheitsgedicht 1977 – W. Mönch, Das Sonett 1955 – S. S. Prawer, German Lyric Poetry 1952 – Die dt. Lyrik, hsg. von B. v. Wiese 2 Bde 1956 – W. Killy, Wandlungen d. lyr. Bildes 1964⁴ W. Killy, Elemente d. Lyrik 1972 – J. Klein, Geschichte der dt. Lyrik 1960² – Geschichte d. politischen Lyrik in Deutschland, hsg. W. Hinderer 1978 – H. J. Frank, Handbuch d. dt. Strophenformen 1980 – W. Kayser, Geschichte des dt. Verses 1960 – P. Requadt, Die Bildersprache d. dt. Italiendichtung von Goethe bis Benn 1962 – E. Rotermund, Die Parodie in d. mod. dt. Lyrik 1963 – A. Liede, Dichtung als Spiel Bd. 1, 1963 – K. Riha, Moritat. Song. Bänkelsang, 1965 – W. Ruttkowski, das lit. Chanson in Deutschland, 1966 – F. Trommler, Sozialistische Literatur in Deutschland, 1976 – Literatur als Geschichte. Dokument und Forschung, hsg. G. Sautermeister 1972–75.

Frühzeit und Mittelalter

Grundriß d. german. Philologie, hsg. H. Paul u. a., Neubearb. 1911 ff.⁶ – K. Müllenhoff, Dt. Altertumskunde 1890–1920 – L. Schmidt, Geschichte d. german. Frühzeit 1925 – L. Schmidt, Geschichte d. dt. Stämme Bd. 1–3 1934/40³ – E. Norden, Germanische Urgeschichte 1920 – S. Gutenbrunner, Germanische Frühzeit in d. Berichten d. Antike 1939 – J. de Vries, Die geistige Welt d. Germanen 1945² – A. Heusler, Altgermanische Dichtung 1957³ H. Schneider, Germanische Altertumskunde 1951² – W. Lange, Studien z. christl. Dichtung d. Nordgermanen 1958 – J. de Vries, Kelten u. Germanen 1960 – Zur german. Heldensage, hsg. H. Hauck 1961 – G. Baesecke, Vor- u. Frühgeschichte d. dt. Schrifttums 2 Bde 1941/51 – Die dt. Literatur des Mittelalters. Verfasserlexikon, begr. W. Stammler, K. Langosch, 2. Aufl. hsg. K. Ruh, W. Keil 1978 ff. – Lexikon des Mittelalters, hsg. R. Auty 1977 ff. – G. Ehrismann, Geschichte d. dt. Literatur bis z. Ausgang d. Mittelalters 4 Bde, 1965⁴ – P. Wapnewski, Dt. Literatur

d. Mittelalters, 1972[2] – K. Bertau, Dt. Literatur i. europäischen Mittelalter 2 Bde, 1972 ff. – H. Walz, D. dt. Literatur im Mittelalter, 1976 – F. P. Pickering, Literatur u. darstellende Kunst im Mittelalter 1966 – E. R. Curtius, Europ. Literatur u. latein. Mittelalter 1969[7] – K. Ruh, Höfische Epik d. dt. Mittelalters, 2 Bde, [2]1977, 1980 – J. Szöverffy, D. latein. Hymnendichtung, 1964 – G. Meissburger, Grundlagen z. Verständnis d. dt. Mönchsdichtung i. 11. u. 12. Jahrh. 1970 – G. Hess, Dt. latein. Narrenzunft 1971 – J. Bumke, D. romanisch-dt. Literaturbeziehungen im Mittelalter 1967 – L. Wolff, D. dt. Schrifttum bis zum Ausgang d. Mittelalters 1951[2] – W. Hoffmann, Mittelhochdeutsche Heldendichtung 1974 – A. Heusler, Nibelungensage u. Nibelungenlied 1944[4] – G. Weber, W. Hoffmann, Nibelungenlied [4]1974 – B. Nagel, Das Nibelungenlied, Stoff, Form, Ethos 1965 – W. Schröder, Nibelungenlied-Studien 1967 – R. Wisniewski, Kudrun 1969[2] – F. Maurer, D. relig. Dichtungen d. 11. u. 12. Jahrh. 3 Bde 1964/70 – F. Maurer, Dichtung u. Sprache d. Mittelalters 1963 – F. Maurer, Leid. Stud. z. Bedeutungsu. Problemgeschichte Bd. 1 1961[2] – Ritterliches Tugendsystem, hsg. G. Eifler 1970 – J. Bumke, Studien z. Ritterbegriff im 12. u. 13. Jahrh. 1964 – Hsg. D. Richter, Literatur im Feudalismus 1975 – J. Bumke, Ministerialität u. Ritterdichtung 1976 – Die Große Heidelberger (Manessische) Liederhandschrift, hsg. U. Müller, 1971 – Des Minnesangs Frühling, hsg. H. Moser, H. Tervooren [37]1977 – C. v. Kraus, Dt. Liederdichter d. 13. Jahrh. 2 Bde 1951/52 – G. Jungbluth, Interpretationen mittelhochdeutscher Lyrik 1969 – D. dt. Minnesang, hsg. H. Fromm 1969[4] – H. Kuhn, Minnesangs Wende 1952 – H. Kuhn, Text und Theorie 1969 – C. v. Kraus, Walther v. d. Vogelweide 1966[2] – K. H. Halbach, Walther v. d. Vogelweide 1968[2] – U. Müller, Politische Lyrik d. dt. Mittelalters 1972 – ds. Untersuchungen z. polit. Lyrik d. dt. Mittelalters 1974 – J. Bumke, D. Wolfram von Eschenbach-Forschung seit 1945, 1970 – P. Wapnewski, Hartmann v. Aue 1968[4] – G. Weber, W. Hoffmann, Gottfried v. Straßburg [5]1981 – B. Langmeier, Forschungsbericht zu G. v. Straßburgs ‚Tristan' 1978 – K. A. Brogsitter, Artusepik 1965 – W. J. Schröder, Spielmannsepik 1967[2] – K. Stackmann, D. Spruchdichter Heinrich v. Mügeln 1958 – E. Lämmert, Reimsprecherkunst i. Mittelalter 1970 – H. Fischer, Studien z. dt. Märendichtung 1968 – L. Roehrich, Erzählungen d. Spätmittelalters 2 Bde 1962 – Das Drama d. Mittelalters, hsg. E. Hartl 2 Bde 1964[2] – W. Michael, D. dt. Drama d. Mittelalters 1971 – D. Brett-Evans, Von Hrotsvit bis Folz u. Gengenbach 1975 – H. Kuhn, Dichtung u. Welt i. Mittelalter 1959 – Texte u. Zeugnisse: Mittelalter hsg. H. de Boor 2 Bde 1965 – A. Schreier-Hornung, Spielleute, Fahrende, Außenseiter; Künstler der mittelalterl. Welt 1981 – W. Hartung, Die Spielleute 1982 – W. Salmen, Der Spielmann im

Mittelalter 1983 – F. J. Schweitzer, Der Freiheitsbegriff d. dt.
Mystik 1981 – H. F. u. H. Rosenfeld, Dt. Kultur im Spätmittelalter 1250–1500, 1978.

Reformation und Humanismus

J. Huizinga, Herbst d. Mittelalters dt. Übers. 1969[10] – W. An-
dreas, Deutschland vor d. Reformation 1948[5] – H. Gumbel, Dt.
Kultur von d. Mystik bis z. Gegenreformation 1936/39 – W.
Stammler, Von d. Mystik z. Barock 1950[2] – H. de Boor, D. dt.
Literatur im spät. Mittelalter 1967 – F. W. u. E. Wentzlaff-
Eggebrecht, Dt. Literatur im spät. Mittelalter 1971 – G. F. Jones,
Spätes Mittelalter 1971 – Spätmittelalter, Humanismus, Refor-
mation. Texte, Zeugnisse, hsg. H. Heger 1975 – I. Spriewald
Grundpositionen d. dt. Literatur i. 16. Jahrh. 1976[2] – A. Buck,
Renaissance u. Barock 1972 – H. Rupprich, D. dt. Literatur v.
späten Mittelalter bis z. Barock 1970 – H. O. Burger, Renaissance,
Reformation 1969 – F. Gaede, Humanismus, Barock, Aufklärung
1971 – R. Newald, D. dt. Literatur v. Späthumanismus z. Emp-
findsamkeit 1570–1750 1967[6] – F. Gaede, Humanismus, Barock,
Aufklärung 1972 – H. Maschek, Lyrik d. spät. Mittelalters 1939 –
F. Martini, D. Bild d. Bauerntums im dt. Schrifttum, von d. An-
fängen b. z. 16. Jahrh. 1944 – W. E. Peuckert, D. große Wende,
Das Apokalyptische Saeculum u. Luther 1948 – B. Könneker,
D. dt. Literatur d. Reformationszeit 1975 – F. W. Wentzlaff-
Eggebert, Dt. Mystik zw. Mittelalter u. Neuzeit 1950[2] – G. El-
linger, Geschichte d. neulatein. Literatur Deutschlands 2 Bde
1928/29 – H. Gumbel, Dt. Sonderrenaissance in d. Prosa 1965[2] –
C. Lugowski, D. Form d. Individualität i. Roman 1932 – W.
Liepe, Elisabeth v. Nassau-Saarbrücken, Entstehung u. Anfänge
d. Prosaromans 1920 – L. Mackensen, D. dt. Volksbücher 1927 –
Vom Mittelalter z. Reformation, Forsch. z. Geschichte d. dt. Bildung, hsg. K. Burdach 1912 ff. – M. Hermann, Forsch. z. dt.
Theatergeschichte d. Mittelalters u. d. Renaissance 1935 – H. H.
Borcherdt, D. europ. Theater i. Mittelalter u. Renaissance 1935 –
E. Catholy, D. Fastnachtspiel d. Spätmittelalters 1961 – E. Catholy, Fastnachtspiel 1966 – H. Brinkmann, D. Anfänge d. modernen Dramas i. Deutschland 1933 – J. Maaßen, Drama u. Theater
d. Humanistenschulen 1929 – K. Burdach, Reformation, Renaissance, Humanismus 1963[3] – B. Nagel, Meistersang 1971 – D. dt.
Meistersang hsg. B. Nagel 1967 – U. Gaier, Satire 1967 – H.
Sommerlader, J. Fischarts Werk 1960 – P. Hankamer, D. Sprache
im 16. u. 17. Jahrh. 1927.

Barock

Bibliographie zur dt. Literaturgeschichte d. Barockzeitalters, hsg.
I. Pyritz 1979 ff. – P. Hankamer, Dt. Gegenreformation u. dt.
Barock 1964³ – W. Flemming, Dt. Kultur i. Zeitalter d. Barock
1963² – K. Vietor, Probleme d. Barockliteratur 1928 – G. Müller, Dt. Dichtung v. d. Renaissance b. z. Ausgang d. Barock
1957² – D. Kunstformen d. Barockzeitalters, 14 Vorträge 1956 –
Aus der Welt d. Barock 1957 – Dt. Barockforschung hsg. R.
Alewyn 1965 – H. H. Müller, Barockforschung 1973 – Stadt,
Schule, Universität ... u. d. dt. Literatur i. 17. Jahrh., hsg. A.
Schöne, 1974 – W. Bahner, Renaissance, Barock, Aufklärung
1976 – H. Schoeffler, Dt. Geistesleben zw. Reformation u. Aufklärung 1956² – Formkräfte d. dt. Dichtung v. Barock b. z. Gegenwart, hsg. H. Steffen 1963 – M. Szyrocki, D. dt. Literatur
d. Barock 1968 – H. Jaumann, Die dt. Barockliteratur 1975 –
W. Emrich, Die Literatur d. Barockzeit 1981 – W. Voßkamp,
Romantheorie von Opitz bis Blanckenburg 1973 – C. Wiedemann, Literatur u. Gesellschaft im dt. Barock 1979 – Ch. Wagenknecht, Hoffeste, 2 Bde, 1979 – K. Garber, Europ. Bukolik
u. Georgik 1976 – Emblemata, Handbuch z. Sinnbildkunst, hsg.
A. Henkel, A. Schöne 1967 – H. Cysarz, Dt. Barock i. d. Lyrik
1936 – M. Wehrli, Dt. Barocklyrik 1967 – R. Alewyn, Vor-
barocker Klassizismus u. griech. Tragödie 1962² – W. Barner,
Barockrhetorik 1970 – L. Fischer, Gebundene Rede 1968 – E.
Lunding, D. schles. Kunstdrama 1940 – B. v. Wiese, Dt. Dramaturgie v. Barock b. z. Klassik 1962 – H. Heckmann, Elemente
d. barocken Trauerspiels 1959 – A. Schoene, Emblematik u.
Drama i. Zeitalter d. Barock 1964 – J. Jöns, D. Sinnenbild 1966
– W. Steinhagen, Wirklichkeit u. Handeln i. barocken Drama
1977 – J. Dyck, Tichtkunst. Dt. Barockpoetik und rhetor. Tradition 1966 – M. Windfuhr, D. barocke Bildlichkeit u. ihre Kritiker 1966 – K. O. Conrady, Latein. Dichtungstradition u. dt.
Lyrik d. 17. Jahrh. 1962 – K. Berger, Barock u. Aufklärung i.
geistl. Lied 1951 – A. Beckmann, Motive u. Formen d. dt. Lyrik
d. 17. Jahrh. 1960 – J. Müller, D. Jesuitendrama 1930 – E. M.
Szarota, Das Jesuitendrama im dt. Sprachgebiet 1979 – K. Rei-
chelt, Barockdrama u. Absolutismus 1981 – Die Fruchtbringende
Gesellschaft, hsg. M. Bircher 1970 – E. Vogt, D. gegenhöfische
Strömung i. d. dt. Barockliteratur 1930 – W. E. Peuckert, D. Ro-
senkreutzer 1928 – E. Cohn, Gesellschaftsideale u. Gesellschaftsroman d. 17. Jahrh. 1967² – D. Kimpel, K. Wiedemann, Theorie
u. Technik d. Romans i. 17. u. 18. Jahrh. 1970 – A. Hirsch, Bürgertum u. Barock i. dt. Roman 1957 – A. Haslinger, Epische Formen i. höf. Barockroman, 1970 – G. Weydt, Nachahmung u.
Schöpfung i. Barock, 1968 – H. G. Roetzer, D. Roman d. Barock
1972 – V. Meid, D. dt. Barockroman 1974 – U. Herzog, D. dt.

Roman d. 17. Jahrh. 1976 – H. Singer, D. dt. Roman zw. Barock
und Rokoko 1963 – H. Singer, Der galante Roman 1961 – W.
Hinck, D. dt. Lustspiel d. 17. u. 18. Jahrh. 1965 – H. Tintelnot,
Barocktheater u. barocke Kunst 1939 – P. Hankamer, Jakob
Böhme 1924 – M. Szyrocki, Martin Opitz 1956 – W. Voßkamp,
Zeit- u. Geschichtsauffassung im 17. Jahrh. (Gryphius) 1967 –
G. Fricke, D. Bildlichkeit i. d. Dichtung v. A. Gryphius 1967
(Ndr.) – F. Wentzlaff-Eggebrecht, Dichtung u. Sprache d. jun-
gen Gryphius 1966[2] – D. Dramen d. A. Gryphius, hsg. G.
Kaiser 1968 – S. Streller, Grimmelshausens Simplicianische Schrif-
ten 1957 – G. Weydt, D. Simplicissimusdichter 1969 – M. Kosch-
lig, Das Ingenium Grimmelshausen 1977 – H. Pyritz, Paul
Flemings Liebeslyrik 1963[2] – B. L. Spahr, The Archives of the
Pegnesischer Blumenorden, 1960 – B. L. Spahr, Anton Ulrich u.
Aramena 1966 – K. G. Just, Die Trauerspiele Lohensteins 1961 –
A. M. Martino, D. C. v. Lohenstein. Geschichte s. Rezeption.
Bd. 1 1978.

Das 18. Jahrhundert

E. Ermatinger. Dt. Kultur i. Zeitalter d. Aufklärung, 1935 –
H. Hettner, Literaturgeschichte d. 18. Jahrh. 3 Bde 1925/26[2] –
W. H. Bruford, Germany in the 18th Century 1934 dt. 1936 –
F. J. Schneider, D. dt. Dichtung d. Aufklärungszeit 1949 – R.
Newald, Von Klopstock b. z. Goethes Tod 1750–1832 1967[5] –
G. Kaiser, Von d. Aufklärung b. z. Sturm u. Drang 1730–1785
1966 – E. Staiger, Stilwandel, Studien z. Vorgeschichte d. Goethe-
zeit 1963 – H. M. Wolff, D. Weltanschauung d. dt. Aufklärung
1963[2] – E. Cassirer, D. Philosophie d. Aufklärung 1932 – W.
Dilthey, Leibniz u. s. Zeitalter, D. 18. Jahrh. u. d. geschichtliche
Welt, Ges. Schriften Bd. 3 1927 – P. Hazard, D. Herrschaft d.
Vernunft 1949 – W. Kraus, Studien z. dt. u. französ. Aufklärung
1963 – Aufklärung, hsg. K. Böttcher u. a. 1974 – H. A. Korff,
Voltaire i. liter. Dtl. d. 18. Jahrh. 2 Bde 1917 – R. Mortier,
Diderot i. Dtl. 1967 – G. Mattenklott, K. Scherpe, Literatur d.
bürgerlichen Emanzipation i. 18. Jahrh. 1973 ff. – P. Szondi,
Theorie d. bürgerl. Trauerspiels i. 18. Jahrh. 1973 – ds. Lektüren
und Lektionen 1973 – Aufklärung, Absolutismus, Bürgertum, hsg.
F. Kopitzsch 1976 – H. Kiesel, P. Münch, Gesellschaft u. Litera-
tur i. 18. Jahrh. 1977 – K. S. Guthke, Literar. Leben i. 18. Jahrh.
1975 – P. Michelsen, L. Sterne u. d. dt. Roman 1962 – P. K.
Kapitza, Ein bürgerlicher Krieg i. d. gelehrten Welt. Geschichte
der Querelle des Anciens et des Modernes in Dtld. 1981 – H. G.
Rötzer, Traditionalität und Modernität 1979 – Literarische Zeitschriften d. 18. Jahrh. (1688–1789), 2 Tle., hsg. J. Wilke 1978 –
N. Merker, Die Aufklärung i. Dtld. 1982 – W. Martens, D.
Botschaft d. Tugend 1968 – W. Mahrholz, D. dt. Pietismus

1921 – A. Langen, D. Wortschatz d. dt. Pietismus 1968[2] – G. Kaiser, Pietismus u. Patriotismus i. literar. Deutschland 1961 – B. Böhm, Sokrates im 18. Jahrh. 1929 – W. Rasch, Freundschaftskult u. Freundschaftsdichtung i. dt. Schrifttum d. 18. Jahrh. 1936 – H. Schöffler, D. literar. Zürich 1709–1750 1925 G. Sauder, Empfindsamkeit 3 Bde 1974 ff. – N. Miller, D. empfindsame Erzähler 1968 – W. Doktor, D. Kritik d. Empfindsamkeit 1975 – P. Mog, Ratio u. Gefühlskultur 1976 – H. J. Schings, Melancholie u. Aufklärung 1977 – ders., Der mitleidigste Mensch ... Von Lessing bis Büchner 1980 – R. H. Heitner, German Tragedy in the Age of Enlightment 1963 – R. Daunicht, D. Entstehung d. bürgerl. Trauerspiels 1965[2] – A. Wierlacher, D. bürgerl. Drama 1968 – L. Pikulik, Bürgerl. Trauerspiel u. Empfindsamkeit 1966 – H. A. Glaser, D. bürgerl. Rührstück 1969 – H. Steinmetz, D. Komödie d. Aufklärung 1971[2] – H. Arntzen, D. ernste Komödie 1968 – K. Scherpe, Gattungspoetik i. 18. Jahrh. 1968 – H. Boetius, Dichtungstheorien d. Aufklärung 1971 – Chr. Sigrist, D. Lehrgedicht d. Aufklärung 1976 – Die Fabel, hsg. P. Hasubek 1982 – A. Anger, Dichtung d. Rokoko 1969 – K. Wiedemann, D. galante Stil 1680–1730 1969 – A. Anger, Literar. Rokoko 1962 – H. Schlaffer, Musa jocosa, Gattungsgeschichte u. Gattungspoetik d. erot. Dichtung, 1971 – H. Zeman, D. dt. anakreontische Dichtung 1972 – D. Kimpel, D. Roman d. Aufklärung 1967 – J. Jacobs, Prosa d. Aufklärung 1976 – F. Wahrenburg, Funktionswandel d. Romans 1976 – M. Spiegel, D. Roman u. s. Publikum i. früh. 18. Jahrh. 1700–1767 1967 – J. Schoenert, Roman u. Satire i. 18. Jahrh. 1969 – G. Jaeger, Empfindsamkeit u. Roman 1969 – J. Schönert, G. Jäger, Die Leihbibliotheken als Institution des lit. Lebens im 18. u. 19. Jahrh. 1980 – E. Becker, D. dt. Roman um 1780 1964 – W. Promies, D. Bürger u. d. Narr 1966 – H. Küntzel, Essay u. Aufklärung 1969 – K. Lazarowicz, Verkehrte Welt. Vorstudien z. Geschichte d. Satire 1963 – K. May, D. Weltbild i. Gellerts Dichtung 1928 – F. Muncker, Klopstock 1900[2] – G. Kaiser, Klopstock. Religion u. Dichtung 1963 – K. L. Schneider, Klopstock u. d. Erneuerung d. dt. Dichtersprache i. 18. Jahrh. 1960 – K. S. Guthke, Haller u. d. Literatur 1962 – E. Schmidt, Lessing 1923[4] – W. Ritzel, G. E. Lessing 1966 – G. u. S. Bauer, Lessing 1968 – K. S. Guthke, Lessing [3]1979 – D. Hildebrandt, Lessing 1979 – W. Barner u. a., Lessing 1981 – ders., Lessing und die Tragödien Senecas 1973 – K. Justi, Winckelmann, s. Werke u. s. Zeitgenossen 2 Bde 1898 – W. Rehm, Winckelmann u. Lessing 1941 – F. Sengle, C. M. Wieland 1949 – C. Sommer, C. M. Wieland 1971 – P. Requadt, Lichtenberg 1947 – F. H. Mautner, Lichtenberg 1968 – K. Richter, Literatur u. Naturwissenschaft 1972 – U. im Hof, Das gesellige Jahrh. Gesellschaft u. Gesellschaften

im Zeitalter d. Aufklärung 1982 – G. Hämmerling, Die Idylle
von Geßner bis Voß 1981.

Sturm und Drang

Dichtungen aus d. Geniezeit, hsg. K. Freye 2 Bde 1911 – Sturm
u. Drang 2 Bde, hsg. H. Nicolai 1971 – Sturm u. Drang, Krit.
Schriften, hsg. E. Loewenthal 1972[3] – H. Hettner, D. Sturm- u.
Drangperiode 1893[4] – H. A. Korff, Geist d. Goethezeit I 1923/40
– E. Jenisch, Die Entfaltung d. Subjektivismus. Von d. Aufklä-
rung z. Romantik 1929 – H. B. Garland, Storm and Stress 1952 –
R. Pascal, D. Sturm u. Drang, dt. 1963 – W. D. Robson-Scott,
The Literary Background of the Gothic Revival 1965 – Sturm
u. Drang, Klassik, Romantik. Texte u. Zeugnisse hsg. H. E. Hass
2 Bde 1966 – R. Unger, Hamann u. d. Aufklärung 2 Bde 1925[2] –
F. Gundolf, Shakespeare u. d. dt. Geist 1947[9] – H. Wolffheim,
D. Entdeckung Shakespeares 1959 – K. S. Guthke, Englische Vor-
romantik u. dt. Sturm u. Drang 1958 – A. Huyssen, Drama des
Sturm u. Drang. Kommentar zu einer Epoche 1980 – K. Gerth,
Studien z. Gerstenbergs Poetik 1960 – W. Brecht, Heinse u. d.
ästhet. Immoralismus 1911 – M. L. Baeumer, D. Dionysische i.
d. Werken W. Heinses 1964 – G. Mattenklott, Melancholie i. d.
Dramatik d. Sturm u. Drang 1968 – M. Sommerfeld, F. Nicolai
u. d. Sturm u. Drang 1921 – R. Bäsken, D. Dichter d. Göttinger
Hains 1937 – R. Haym, Herder 2 Bde 1954[2] – B. v. Wiese, Her-
der 1939 – A. Gillies, Herder dt. 1949 – H. R. Günther, Jung-
Stilling 1928 – O. Rudolf, J. M. R. Lenz 1970 – J. G. Hamann,
Briefwechsel, hsg. A. Henkel, Bd. 1–7 1955–1979 – Ch. Hering,
F. M. Klinger 1966 – H. Segeberg, F. M. Klingers Romandich-
tung 1974 – U. Roedl, Matthias Claudius 1950[2] – G. Peters,
D. zerrissene Engel. Genieästhetik u. lit. Selbstdarstellung 1982.

Goethe und Schiller

Internationale Bibliographie z. dt. Klassik 1750–1850 hsg. H.
Henning, S. Seifert 1970 – F. Koch, Dt. Kultur des Idealismus,
Handbuch f. Kulturgeschichte 1936 – F. Schultz, Klassik u. Romantik d. Deutschen 2 Bde 1952[2] – H. A. Korff, Geist d. Goethezeit 3 Bde 1930 ff. – N. Hartmann, D. Philosophie d. dt. Idealismus 1929 – E. Spranger, Wilhelm von Humboldt u. d. Humanitätsidee 1928[2] – F. Strich, Dt. Klassik u. Romantik od. Vollendung
u. Unendlichkeit 1949[4] – K. Burdach, Goethe u. s. Zeitalter, Vorspiel 2, 1925 – W. Lütgert, D. Religion d. dt. Idealismus u. ihr
Ende 1923 – E. Cassirer, Freiheit u. Form 1926 – J. Petersen,
Aus d. Goethezeit 1932 – E. Franz, Dt. Klassik u. Reformation
1937 – E. Busch, D. Idee d. Tragischen in d. dt. Klassik 1942 –
G. Fricke, Vollendung u. Aufbruch 1943 – J. Hoffmeister, Heim-

kehr d. Geistes 1946 – F. Martini, D. Goethezeit 1949 – A. Bettex, D. Kampf um d. klass. Weimar 1935 – W. H. Bruford, Kultur u. Gesellschaft im klass. Weimar, 1967 – W. H. Bruford, Theatre, Drama and Audience in Goethe's Germany 1957[2] – W. Rehm, Griechentum u. Goethezeit 1952[3] – W. Rehm, Späte Studien, 1964 – W. v. d. Steinen, Das Zeitalter Goethes 1949 – R. Benz, Die Zeit d. dt. Klassik 1953 – Begriffsbestimmung d. Klassik u. d. Klassischen, hsg. H. O. Burger, 1972 – D. Klassik-Legende, hsg. J. Hermand, R. Grimm, 1971 – J. Müller, Wirklichkeit u. Klassik 1955 – H. Mayer, Z. dt. Klassik u. Romantik 1963 – D. Borchmeyer, Die Weimarer Klassik 1980 – W. Müller-Seidel, Die Geschichtlichkeit d. dt. Klassik 1983 – K. Richter, J. Schönert, Klassik u. Moderne 1983 – Goethe-Bibliographie vgl. Goedeke, Grundriß aaO, IV. Band (1910–13[3]); H. Pyritz 1955 ff. – Goethe-Literatur seit 1945 s. G. Müller, Dt. Vjschr. 1952 – Goethe-Wörterbuch, hsg. W. Schadewaldt u. a. 1966 ff. – Goethe-Handbuch, hsg. J. Zeitler, neu A. Zastrau 1955 ff. – Ausgaben: Weimarer Ausgabe 132 Bde 1887/1918 (Textkritik ohne Anmerkungen). Cottasche Jubiläumsausgabe 40 Bde 1902/07 – Festausgabe z. 100jähr. Bestehen d. Bibliograph. Instituts hsg. R. Petsch u. a., 18 Bde, 1926 (mit Einleitungen u. Erläuterungen). Hamb. Ausgabe 14 Bde hsg. E. Trunz u. a. 1948/60 – Akad. Ausg. hsg. E. Grumach u. a. 1957 ff. – Goethe über s. Dichtungen hsg. H. G. Gräf 9 Bde 1901/14 – Der junge Goethe hsg. M. Morris 6 Bde 1909/12. Neu bearb. H. Fischer-Lamberg 1964 ff. – Goethes Gespräche, hsg. W. von Biedermann 5 Bde 1909/11[2], bearb. von F. von Biedermann – Goethes Gespräche, hsg. W. Herwig 1965 ff. – Goethe, Begegnungen u. Gespräche, hsg. E. u. R. Grumach 1965 ff. – Briefe an Goethe, hsg. K. R. Mandelkow, 1965 ff. – Goethe in Deutschland. Rezeptionsgeschichte eines Klassikers, hsg. K. R. Mandelkow 1975/79 – Kanzler v. Müller, Unterhaltungen mit Goethe, hsg. E. Grumach 1956 – O. Fambach, Ein Jahrhundert dt. Lit.-Kritik 3 Bde 1959 – M. Mommsen, Die Entstehung v. Goethes Werken 2 Bde 1958 – H. Ruppert, Goethes Bibliothek 1958 – Goethe-Biographien: F. Gundolf 1916 u. ö.; G. Simmel 1925[5]; G. Brandes, vollst. Ausgabe, dt. Übers. 1930; E. Kühnemann 2 Bde 1930; Ph. Witkop 1931; G. Schaeder 1947; G. Müller, Kleine Goethe-Biographie 1948[2]; Hermann Grimm, Das Leben Goethes, hsg. R. Buchwald 1959[6] (Sammlung Kröner 162); K. Viëtor 1949; G. Lukacs 1950[2]; H. Meyer 1951; B. Fairley, dt. Übers. 1953; E. Staiger, Bd. 1/3 1952 ff.; R. Friedenthal 1963 – H. Mayer, Spiegelungen Goethes in uns. Zeit 1949 – K. Viëtor, Der junge Goethe 1950[2] – S. P. Atkins, The Testament of Werther 1949 – K. R. Scherpe, Werther u. Wertherwirkung 1970 – P. Müller, Zeitkritik u. Utopie i. Goethes Werther 1965 – R. Ch. Zimmermann, D. Weltbild d. jung. Goethe 1969 – H. Nicolai,

Goethe u. Jacobi, 1965 – E. Beutler, Goethe-Essays 2 Bde o. J. –
W. Keller, Goethes dichterische Bildlichkeit 1972 – I. Graham,
Goethe u. Lessing 1973 – R. Peacock, Goethe's Major Plays
1959 – Goethes Dramen, hsg. W. Hinderer 1980 – H. Reiss,
Goethes Romane 1963 – K. D. Müller, Autobiographie u. Dich-
tung 1976 – K. Mommsen, Goethe u. 1001 Nacht 1960 – H.
Baumgart, Goethes lyr. Dichtung 2 Bde 1931/33 – M. Kom-
merell, Gedanken üb. Gedichte 1943 – E. Beutler, Westöstl.
Divan o. J. – F. Sengle, Goethes Verhältnis z. Drama 1937
– M. Wünsch, Der Strukturwandel i. d. Lyrik Goethes 1975 –
E. Spranger, Goethes Weltanschauung 1946 – P. Hankamer,
Spiel u. Mächte 1960² – W. Flitner, Goethe im Spätwerk o. J. –
F. Strich, Goethe u. d. Weltliteratur 1945 – R. Buchwald, Goethe
u. d. dt. Schicksal 1948 – W. Mommsen, Goethes polit. Anschau-
ungen 1949 – Dt. Literatur z. Zeit d. Klassik, hsg. K. O. Con-
rady 1977 – D. Borchmeyer, Höfische Gesellschaft u. Französi-
sche Revolution 1977 – M. Jolles, Goethes Kunstanschauung 1957
– R. Buchwald, Führer durch Goethes Faustdichtung (Sammlung
Kröner 183) 1983⁸ – H. Rickert, Goethes Faust 1932 – K. May,
Faust II in d. Sprachform gedeutet 1962² – B. von Wiese, Faust
als Tragödie, o. J. – W. Böhm, Faust in neuer Deutung 1950 –
W. Emrich, Symbolik in Faust II 1964³ – H. Arens, Kommentar zu Goethes Faust I 1982 – H. Schlaffer, Faust zweiter Teil.
Die Allegorie d. 19. Jahrh. 1981 – P. Requadt, Faust 1972 – P.
Stöcklein, Wege z. spät. Goethe 1960² – J. Petersen, D. Entste-
hung d. Eckermannschen Gespräche 1926 – H. Schlaffer, Wilhelm
Meister. Das Ende d. Kunst u. d. Wiederkehr d. Mythos 1980 –
H. Thomé, Roman u. Naturwissenschaft. Studie z. Vorgeschichte
d. dt. Klassik 1978 – A. Schöne, Götterzeichen, Liebeszauber, Sa-
tanskult. Neue Einblicke in alte Goethetexte 1982 – W. Rasch,
Tasso 1954 – A. Henkel, Entsagung. Stud. zu Goethes Altersro-
man 1954 – H. J. Schrimpf, D. Weltbild d. spät. Goethe 1956 –
H. A. Korff, Goethe im Bildwandel s. Lyrik, 2 Bde 1958 – H.
Schmitz, Goethes Altersdenken 1959 – W. Leppmann, Goethe u.
d. Deutschen 1962 – H. Schwerte, Faust u. d. Faustische 1962 –
H. Pyritz, Goethe-Studien 1962 – W. Schadewaldt, Goethe-Stu-
dien 1963 – H. Mayer, Goethe. Ein Versuch über d. Erfolg 1973
– P. Szondi, Poetik u. Geschichtsphilosophie 1974 – Dt. Lit. z.
Zeit d. Klassik, hsg. O. Conrady 1977 – H. Tümmler, D. klass.
Weimar u. d. große Zeitgeschehen 1976 – B. Lutz (Hsg.), Dt.
Bürgertum u. literar. Intelligenz 1750–1800 1974 – H. Althaus,
Ästhetik, Ökonomie u. Gesellschaft 1971 – R. Brinkmann, Dt.
Literatur u. Französische Revolution 1974 – D. Französische Re-
volution i. Spiegel d. dt. Literatur 1975 – Hsg. W. Grab u. a.,
Dt. revolutionäre Demokraten 1971 ff. – I. Stephan, Literar.
Jakobinismus i. Dtld. 1796–1806 1976 – P. Stein, Politisches Be-

wußtsein und künstlerischer Gestaltungswille i. d. polit. Lyrik 1780–1848, 1971.
Schiller-Bibliographie Goedeke Grundriß aaO, Bd. 5 – W. Vulpius 1959 – Ausgaben: Cottasche Säkularausgabe, hsg. E. v. d. Hellen 16 Bde 1904/05 – Sämtl. Werke, Hist. krit. Ausgabe hsg. O. Günther u. G. Witkowski 20 Bde 1909/11 – Werke, hsg. B. von Wiese, 12 Bde 1937 – Nationalausgabe, hsg. J. Petersen u. a. 1943 ff. – Schillers Briefe hsg. F. Jonas 7 Bde 1892/96 – Schiller-Biographien: K. Berger, 2 Bde 1905, E. Kühnemann 1920[6] – H. Binder, Schiller, Wille u. Werk 1928 – H. H. Borcherdt, Schiller. Seine geistige u. künstler. Entwicklung 1929 – H. Cysarz 1934, H. Schneider 1934, R. Buchwald 1959[3] – B. v. Wiese, Schiller 1959 – G. Storz, Der Dichter F. Schiller 1963[3] – E. Staiger, F. Schiller, 1967 – H. Koopmann 2 Bde 1966 – I. Graham 1974 – Schiller, Zeitgenosse aller Epochen, hsg. N. Oellers 1970 – Schillers Leben u. Werk in Daten u. Bildern, hsg. B. Zeller, 1966 – N. Oellers, Schiller. Geschichte seiner Wirkung 1967 – B. v. Wiese, Die Dramen Schillers 1938 – P. Böckmann, Schillers Geisteshaltung als Bedingung s. dramat. Schaffens 1925 – G. Fricke, D. religiöse Sinn d. Klassik Schillers 1927 – E. Müller, D. junge Schiller 1946 – W. Keller, D. Pathos i. Schillers Jugendlyrik 1964 – G. Storz, D. Drama Schillers 1938 – K. May, Schiller 1948 – E. Spranger, Schillers Geistesart 1941 – G. Baumecker, Schillers Schönheitslehre 1937 – G. Sautermeister, Idyllik u. Dramatik im Werk F. Schillers 1971 – W. Hinderer, Der Mensch i. d. Geschichte (Wallenstein) 1980 – D. Borchmeyer, Tragödie u. Öffentlichkeit. Schillers Dramaturgie 1973 – G. Ueding, Schillers Rhetorik 1971 – Schillers Dramen, hsg. W. Hinderer 1979 – M. Kommerell, Geist u. Buchstabe in d. Dichtung o. J. – Schiller-Reden 1955 1959 – K. May, Form u. Bedeutung. Interpretationen dt. Dichtung d. 18. u. 19. Jahrh. 1957 – G. v. Wilpert, Schiller-Chronik 1959 – Commemorative Studies, hsg. J. R. Frey 1959 – K. Müller-Vollmer, Poesie u. Einbildungskraft. Zur Dichtungstheorie W. v. Humboldts 1967

Jean Paul, Hölderlin, Kleist

Jean Paul Bibliographie, hsg. E. Berend 1963 – W. Harich, Jean Paul 1925 – M. Kommerell, Jean Paul 1939[2] – E. Berend, Jean Pauls Ästhetik 1909 – R. Unger, Jean Paul u. Novalis 1925 – U. Profitlich, D. seelige Leser 1968 – H. Vinçon, Topographie: Innen- u. Außenwelt b. Jean Paul 1970 – P. H. Neumann, Flegeljahre 1966 – U. Schweikert, Komet 1971 – Jean Paul im Urteil seiner Kritiker. Dokumente z. Wirkungsgeschichte, hsg. P. Sprengel 1980 – Hölderlin-Jahrbuch 1948 ff. – W. Böhm, Hölderlin 2 Bde 1928/30 – L. Ryan, Hölderlins Hyperion, 1965 – J. Peter Walser, Hölderlins Archipelagus, 1962 – P. Böckmann,

Hölderlin u. s. Götter 1935 – F. Beißner, Hölderlins Übersetzungen 1933 – R. Guardini, Hölderlin 1939 – K. Hildebrandt, Hölderlin 1940[2] – W. Michel, Das Leben Friedrich Hölderlins 1942[2] – L. Ryan, F. Hölderlin 1962 – Hölderlin-Gedenkschrift hsg. P. Kluckhohn 1944[2] – M. Heidegger, Erläuterungen zu Hölderlins Dichtung 1951[2] – L. Ryan, Hölderlins Lehre v. Wechsel d. Töne 1960 – B. Boeschenstein, Hölderlins Rheinhymne 1968 – U. Gaier, Der gesetzl. Kalkül. Hölderlins Dichtungslehre 1962 – F. Beißner, Hölderlin, Reden u. Aufsätze, 1961 – P. Szondi, Hölderlin-Studien, 1967 – A. Pelegrini, F. Hölderlin. Sein Bild in der Forschung, 1965 – Hölderlin. Beiträge zu seinem Verständnis in unserm Jahrhundert, hsg. A. Kelletat, 1961 – G. Thurmaier, Einfalt u. einfaches Leben. Zum Motivbereich d. Idyllischen im Werk F. Hölderlins 1980 – D. Lüders, D. Welt im verringerten Maßstab 1968 – H. U. Hauschild, D. idealist. Utopie 1977 – G. Mieth 1978 – R. Zuberbühler, D. Sprache d. Herzens 1982 – H. Bachmaier u. a., Transzendentale Reflexion 1979 – M. Prill, Bürgerl. Alltag u. pietist. Denken 1983 – P. Bertaux, H. 1983 – U. H. Peters, H. 1982 – U. Häussermann, H. in Selbstzeugnissen 1982 – C. Lugowski, Wirklichkeit und Dichtung 1936 – F. Martini, H. v. Kleist und die geschichtliche Welt 1940 – R. Unger, Herder, Novalis, Kleist 1922 – H. Koch, H. v. Kleist 1958 – G. Blöcker, H. v. Kleist 1960 – W. Müller-Seidel, Verstehen und Erkennen 1961 – H. Ide, Der junge Kleist 1961 – W. Silz, H. v. Kleist 1961 – H. H. Holz, Macht und Ohnmacht der Sprache 1962 – Kleist-Reden 1962 – Kleist und Frankreich, hsg. W. Müller-Seidel 1968 – H. Turk, Dramensprache als gesprochene Sprache 1965 – Kleists Dramen, hsg. W. Hinderer 1981 – Jahrbuch d. Kleist-Gesellschaft 1980 (1982) – H. J. Kreutzer, D. dichter. Entwicklung H. v. Kleists 1968 – W. Müller-Seidel, Aufsätze u. Essays 1967 – ds., Kleists Aktualität 1981 – E. Siebert, Kleist im Bild 1980 – H. Sembdner, Kleist-Bibliographie 1803–1862, 1966.

Romantik

R. Haym, Die romantische Schule, ein Beitrag zur Geschichte des dt. Geistes, mit Bibliographie von J. Körner 1949[6] – R. Huch, Die Romantik, Blütezeit, Ausbreitung und Verfall 2 Bde 1951 – Begriffsbestimmung d. Romantik, hsg. H. Prang 1970 – Dt. Dichter d. Romantik, hsg. B. v. Wiese 1971 – P. Kluckhohn, Die Auffassung der Liebe in der Literatur des 18. Jahrh. und in der dt. Romantik 1931[2] – J. Petersen, Die Wesensbestimmung der dt. Romantik 1926 – F. Gundolf, Romantiker 2 Bde 1930/31 – C. Schmitt, Politische Romantik 1925 – P. Kluckhohn, Persönlichkeit und Gemeinschaft, Studien zur Staatsauffassung der dt. Romantik 1925 – Romantikforschung, hsg. P. Kluckhohn 1929 –

P. Kluckhohn, Das Ideengut der dt. Romantik 1953[3] – R. Haller, Die Romantik in der Zeit der Umkehr 1800–1808 1941 – Romantik, hsg. Steinbüchel 1948 – R. Thymm, German Romantic Literature 1954 – H. Mayer, Zur dt. Klassik u. Romantik 1963 – K. K. Polheim (Hsg.), Der Poesiebegriff d. Romantik 1972 – R. Heine, Transzendentalpoesie 1974 – F. N. Mennemeier, F. Schlegels Poesiebegriff 1971 – H. D. Weber, F. Schlegels Transzendentalphilosophie 1973 – P. Arendt, D. poetische Nihilismus i. d. Romantik 2 Bde 1972 – Romane u. Erzählungen d. dt. Romantik, hsg. P. M. Lützeler 1981 – R. Benz, Märchendichtung 1926[2] – J. Tismar, Kunstmärchen 1977 – P. Scheidweiler, D. Roman der dt. Romantik 1916 – J. Körner, Die Botschaft der dt. Romantik an Europa 1929 – W. Rehder, Die Philosophie der unendlichen Landschaft 1932 – P. Kluckhohn, Die Idee des Volks im Schrifttum der dt. Bewegung 1934 – R. Ulshöfer, Theorie des Dramas in der Romantik 1935 – R. Benz, Die dt. Romantik 1956[5] – H. A. Korff, Geist d. Goethezeit Bd. 3, 4, 1949/53 – F. Strich, D. Dichter u. d. Zeit 1947 – K. Viëtor, Geist u. Form 1952 – W. Kohlschmidt, Form u. Innerlichkeit 1955 – B. Alleman, Ironie u. Dichtung 1956 – W. Rehm, Begegnungen u. Probleme 1957 – J. Strohschneider-Kohrs, D. romant. Ironie in Theorie u. Gestaltung 1960 – K. K. Polheim, Die Arabeske, 1966 – H. Reiss, Politisches Denken in d. dt. Romantik, 1966 – D. dt. Romantik, hrsg. H. Steffen, 1967 – H. Schanze, Romantik u. Aufklärung, 1966 – G. Storz, Schwäb. Romantik, 1967 – E. C. Mason, Dt. u. englische Romantik 1959 – H. Meixner, Romantischer Figuralismus 1971 – H. Hillmann, Bildlichkeit d. dt. Romantik 1971 – G. Ruf, Wege der Spätromantik 1970 – M. Thalmann, Romantik u. Manierismus 1963 – M. Thalmann, D. Romantik d. Trivialen 1970 – D. andere Romantik, hsg. H. Schanze 1967 – M. Thalmann, Romantik i. kritischer Perspektive 1976 – D. Bänsch (Hsg.), Zur Modernität d. Romantik 1977 – Novalis, hsg. P. Kluckhohn/R. Samuel/H. J. Mähl 1960 ff. – Novalis, hsg. G. Schulz 1970 – W. Rehm, Orpheus. D. Dichter u. d. Toten 1950 – H. W. Kuhn, D. Apokalyptiker u. d. Politik 1961 – H. J. Mähl, D. Idee d. gold. Zeitalters im Werk d. Novalis, 1965 – W. Malsch, Europa. Poet. Rede d. Novalis, 1966 – W. Vordtriede, Novalis u. d. franz. Symbolisten 1963 – E. Heftrich, Novalis 1969 – E. Staiger, D. Zeit als Einbildungskraft d. Dichters 1953[2] – F. Schlegel, Hist. krit. Ausg. hsg. E. Behler u. a., 1958 ff. – Literary Notebooks, hsg. H. Eichner 1957 – K. Peter, F. Schlegel 1978 – A. W. Schlegel, Sprache u. Poetik, hsg. E. Lohner 1962 ff. – A. W. Schlegel, Klassiker d. Kritik, hsg. E. Staiger, 1962 – B. Brentano, A. W. Schlegel 1949[2] – W. Dilthey, Das Leben Schleiermachers 1922[2] – M. Thalmann, L. Tieck 1960 – P. Hankamer, Zacharias Werner 1920 – W. Hoffmann, Clemens Brentano 1966 – H. M. Enzensberger, Brentanos Poetik 1961 – R. Steig, Achim von

Arnim u. d. ihm nahestanden 1894 f. – F. Schultz, D. Verfasser
d. Nachtwachen, Untersuchungen z. dt. Romantik 1909 – R.
Brinkmann, Nachtwachen v. Bonaventura, 1966 – M. Thalmann,
Romantiker entdecken d. Stadt, 1965 – R. Fahrner, E. M. Arndt
1937 – E. von Schenck, E. Th. A. Hoffmann 1939 – J. F. A. Ricci,
E. Th. A. Hoffmann 1948/49 – J. Kunz, Eichendorff 1951 –
Eichendorff heute, hsg. P. Stöcklein 1960 – O. Seidlin, Versuche
üb. Eichendorff, 1965 – R. Habel, J. Görres 1960 – D. Nachleben d. Romantik hsg. W. Paulsen 1969

Das 19. Jahrhundert

Angesichts der umfangreichen Literatur zu diesem und den folgenden Abschnitten werden nur einige zusammenfassende Darstellungen aufgeführt: R. M. Meyer und H. Bieber. Die dt. Literatur
des 19. u. 20. Jahrh. 1923[7] – F. Martini, Dt. Literatur d. bürgerl.
Realismus 1972[3] (mit ausführl. Bibliographie) – Dt. Dichter d.
19. Jahrh., hsg. B. v. Wiese 1969 – H. H. Houben, Jungdeutscher
Sturm und Drang 1911 – H. Koopmann, D. junge Deutschland
1970 – Das junge Deutschland, hsg. J. Hermand, 1966 – Der
deutsche Vormärz, hsg. J. Hermand, 1967 – W. Dicke, Junges
Deutschland u. d. dt. Klassik 1957 – W. Weiss, Enttäuschter
Pantheismus 1962 – F. Sengle, Biedermeierzeit 2 Bde 1971 f. –
E. Neubuhr (Hsg.) Begriffsbestimmung d. Biedermeier 1974 –
F. Sengle, Biedermeierzeit. 3 Bde, 1971 f. – W. Gebhard,
Der Zusammenhang d. Dinge. Weltgleichnis u. Naturver-
klärung i. Totalitätsbewußtsein d. 19. Jahrh. 1983 – Z. Literatur d. Restaurationsperiode 1815–1848 hsg. J. Hermand,
M. Windfuhr 1970 – E. Sagarra, Tradition u. Revolution 1830–
1890, 1971 – W. Behrens, D. literar. Vormärz 1976 – P. Stein,
Epochenproblem Vormärz 1815–1848 1974 – H. Denkler, Restauration u. Revolution (Drama) 1973 – H. G. Werner, Geschichte d. politischen Gedichts 1815–1840 1969 – A. Gerlach, Dt.
Literatur im Schweizer Exil 1975 A. Mádl, Politische Dichtung
i. Österreich 1830–1848 1969 – Texte u. Zeugnisse: D. 19. Jahrh.
hsg. B. v. Wiese 1965 – C. David, Zw. Romantik u. Symbolismus,
1820–1885, 1966 – G. Lukács, D. Grablegung d. alten Deutschland 1967 – K. Löwith, Von Hegel b. Nietzsche 1941 – W. Stammler, Geschichte d. niederdt. Literatur 1920 – K. K. Klein, Literaturgeschichte d. Deutschtums im Ausland 1939 – E. Alker, Die dt.
Literatur im 19. Jahrh. 1969[2] – R. Kassner, Das 19. Jahrh. 1947 –
E. Staiger, Meisterwerke d. dt. Sprache 1957[3] – G. Lukacs, Dt.
Realisten des 19. Jahrh. 1950 – ders.: D. histor. Roman 1955 –
W. Silz, Realism and Reality, 1954 – R. Brinkmann, Wirklich-
keit u. Illusion, 1966[2] – W. Höllerer, Zw. Klassik u. Moderne.
Lachen u. Weinen in d. Dichtung einer Übergangszeit, 1958 – H.

Schlaffer, Lyrik im Realismus, 1966 – W. Killy, Wirklichkeit u. Kunstcharakter 1963 – W. Preisendanz, Humor als dichter. Einbildungskraft 1963 – H. Steinecke, Theorie u. Technik d. Romans i. 19. Jahrh. 1970 – ds. Romantheorie u. Romankritik i. Dtld. 1 1975 – ds., Literaturkritik d. Jungen Deutschland 1982 – R. Brinkmann, Begriffsbestimmung d. literar. Realismus 1969 – H. Widhammer, Realismus u. klassizist. Tradition 1972 – ds. D. Literaturtheorie d. dt. Realismus 1848–1860 1977 – R. Grimm, J. Hermand, Realismustheorien 1975 – W. Hahl, Reflexion u. Erzählung 1971 – H. Kinder, Poesie als Synthese 1973 – H. Aust, Literatur d. Realismus 1977 – U. Eisele, Realismus u. Ideologie 1976 – M. Bucher u. a., Realismus u. Gründerzeit 2 Bde 1975 – B. Hillebrand, Raum u. Zeit i. Roman 1971 – R. Schröder, Novelle u. Novellentheorie i. frühen Biedermeier 1970 – H. Eggert, Studien z. Wirkungsgeschichte d. dt. historischen Romans 1971 – F. Ch. Delius, D. Held u. sein Wetter 1971 – A. Schmidt, Dichtung u. Dichter Österreichs im 19. u. 20. Jahrh. 1964 – K. Fehr, D. Realismus in d. schweizer. Literatur 1965 – Für die einzelnen Dichter wird auf O. Olzien, Annalen der dt. Literatur 2. Erg.-Heft 1953 verwiesen, ferner auf F. Martini, Dt. Literatur in der Zeit des bürgerlichen Realismus, Dt. Vjschr. 1960, G. Weydt, Biedermeier u. Junges Deutschland, Dt. Vjschr. 1951 – Einige Monographien seien hervorgehoben: zu C. Büchner, H. Mayer 1960[2] – G. Baumann 1961 – W. Martens 1965 – W. Hinderer, Büchner-Kommentar 1977 – W. Witkowski 1978 – Komment. Ausgabe Werke u. Briefe, hsg. K. Pörnbacher 1980 – zu Heine: Begegnungen mit Heine hsg. M. Werner 2 Bde. 1973. Neue Ausgaben: M. Windfuhr u. a. 1973 ff. – Säkularausgabe Berlin–Paris 1970 ff. – K. Briegleb 1968 ff. – J. Perfahl, 1972 ff. – St. Atkins 1973 ff. – Bibliographie hsg. J. L. Sammons, 1982 – F. Mende. H. H. Chronik s. Lebens [2]1981 – ds., H. H. 1983 – H. Koopmann 1975 – J. Hermand, Streitobjekt H. 1975 – F. Raddatz, H. H. 1977 – J. Brummack, Satir. Dichtung 1979 – K. Hamburger, H. u. d. Judentum 1982 – B. Fairley 1960 – L. Hofrichter 1966 – E. Galley 1967[2] – M. Windfuhr 1969 – G. Storz 1971 – D. Sternberger 1972 – W. Preisendanz 1973 – B. v. Wiese 1976 – W. Kuttenkeuler (Hsg.) Artistik u. Engagement 1977; zu K. L. Immermann: B. v. Wiese 1969; zu E. Mörike: H. Meyer 1950 – B. v. Wiese 1950 – G. Storz 1967; zu F. Grillparzer: J. Kaiser 1961 – G. Baumann 1966 – W. Naumann 1967[2] – J. Müller 1966[2]; zu J. N. Nestroy: F. H. Mautner 1967; zu J. Gotthelf: W. Muschg 1960[2] – K. Fehr 1967; zu A. Stifter: W. Rehm, Nachsommer 1966; zu F. Hebbel: H. Kreuzer, Hebbel in neuer Sicht 1969[2] – H. Kraft, Poesie d. Idee. Tragische Dichtung F. Hebbels 1971; zu G. Keller: K. Th. Locher 1969 – K. Winter 1970 – G. Kaiser 1981; zu Th. Fontane: H. Nürnberger, D. junge Fontane 1967 – P. Demetz 1964 – R.

Brinkmann, 1967 – H. H. Reuter 1967 – W. Müller-Seidel 1976
– H. Aust 1980; zu W. Raabe: B. Fairley 1961 – H. Helmers
1968 – H. Kolbe 1981.

Vom Naturalismus bis zum ersten Weltkrieg

K. G. Just, Von der Gründerzeit bis z. Gegenwart 1973 – H.
Kreuzer (Hsg.) Jahrhundertende – Jahrhundertwende 1976 – E.
Ruprecht, Manifeste d. Naturalismus 1962 – R. Hamann, J. Hermand, Naturalismus 1959 – H. Scheuer (Hsg.) Naturalismus
1974 – O. Mahal, Naturalismus 1975 – S. Hoefert, Drama d.
Naturalismus 1973 – M. Brauneck, Literatur u. Öffentlichkeit
1974 – B. Pinkerneil, Literatur u. Gesellschaft 1973 – R. Hamann, J. Hermand, Impressionismus 1961 – Dies., Gründerzeit 1965 – Dies., Stilkunst um 1900 1967 – J. Hermand, Jugendstil 1971 – Dt. Dichter d. Moderne, hsg. B. v. Wiese
1965 – W. D. Rasch, Z. dt. Literatur s. d. Jahrhundertwende
1967 – E. Ruprecht, D. Bänsch (Hsg.) Manifeste der Jahrhundertwende 1890–1910 1970 – H. Kreuzer, D. Bohème 1971² – H.
Steinecke, Theorie u. Technik d. Romans i. 20. Jahrh. 1972 –
B. v. Wiese, Dt. Dramaturgie v. Naturalismus b. Gegenwart
1970 – F. Schlawe, Literarische Zeitschriften 1885–1910 1961 –
F. Martini, D. Wagnis d. Sprache 1970⁶ – H. Sommerhalder,
Z. Begriff d. literar. Impressionismus 1961 – G. Wunberg,
D. literar. Moderne 1973 – ds. Das junge Wien 2 Bde 1976 –
J. Hermand, Der Schein d. schönen Lebens 1972 – Fin de Siècle
hsg. W. D. Rasch, R. Bauer u. a. 1977 – Texte u. Zeugnisse:
20. Jahrhundert, hsg. W. Killy 1967 – H. Friedrich, D. Struktur
d. modernen Lyrik 1967⁹ – J. M. Fischer, Fin de siècle. Kom-
mentar zu einer Epoche 1978 – P. Szondi, Theorie d. modernen
Dramas 1966³ – M. Dietrich, D. moderne Drama 1974³ – Dt.
Literaturkritik i. 20. Jahrh. hsg. H. Mayer 1966 – C. Heselhaus,
Dt. Lyrik d. Moderne 1962² – D. Sternberger, Über d. Jugendstil 1956 – F. Horst, Literar. Jugendstil u. Expressionismus 1969 –
S. T. Madsen, Jugendstil 1967 – D. Jost, Literar. Jugendstil 1969
– P. Zimmermann, D. Bauernroman 1975 – R. Dithmar, Indu-
strieliteratur 1973.

Vom Expressionismus bis zum Jahr 1945

A. Soergel, Dichtung u. Dichter der Zeit 1928¹⁵, N. F. Im Banne
d. Expressionismus 1925, neu bearb. C. Hohoff 1961 – M. Rych-
ner, Z. europ. Literatur zw. zwei Weltkriegen 1943 – W. Rothe
(Hsg.) D. dt. Literatur i. d. Weimarer Republik 1974 – B. Diebold,
Anarchie i. Drama 1921 – J. Bab, D. Theater d. Gegenwart 1928
– Dt. Literatur im 20. Jahrh. hsg. H. Friedmann, O. Mann, W.
Rothe 1967⁵ – F. J. Schneider, D. expressive Mensch u. d. dt.

Lyrik 1927 – W. Paulsen, Expressionismus u. Aktivismus 1935 –
R. Samuel, H. Thomas, Expressionism in German Language,
Literature and the Theatre 1910–1924 1939 – Expressionismus,
hsg. H. Friedmann, O. Mann 1956 – W. H. Sokel, Der lit. Expressionismus dt. 1960 – K. Mautz, Mythologie u. Gesellschaft
im Expressionismus 1961 – K. Edschmid, Lebendiger Expressionismus 1961 – W. Muschg, Von Trakl zu Brecht 1961 – W.
Muschg, D. Zerstörung d. dt. Literatur 1958³ – P. Pörtner, Lite-
ratur-Revolution 1910–1925 1960 f. – Manifeste u. Dokumente z.
dt. Literatur 1918–1933, hsg. A. Knaes 1983 – P. Raabe, D. Zeit-
schriften u. Sammlungen d. literar. Expressionismus 1964 – D. dt.
Expressionismus hsg. H. Steffen 1965 – Expressionismus, Aufz. u.
Erinn. d. Zeitgenossen hsg. P. Raabe 1965 – Expressionismus,
D. Kampf um eine literar. Bewegung, hsg. P. Raabe 1965 – A.
Arnold, D. Literatur d. Expressionismus 1966 – H. Kaufmann,
Krisen und Wandlungen d. dt. Literatur von Wedekind bis
Feuchtwanger 1966 – E. Denkler, D. Drama d. Expressionismus
1967 – P. U. Hohemdahl, D. Bild d. bürgerl. Welt i. express.
Drama 1967 – K. L. Schneider, Zerbrochene Formen 1967 –
Aspekte d. Expressionismus 1968 – Expressionismus als Literatur,
hsg. W. Rothe 1969 – E. Kolinsky, Engagierter Expressionismus
1970 – F. Martini, Prosa d. Expressionismus 1970 – H. J. Schmitt,
D. Expressionismus-Debatte 1973 – Chr. Eykmann, Denk- u.
Stilformen d. Expressionismus 1974 – Expressionismus i. d.
Schweiz, hsg. M. Stern, 2 Bde, 1981 – G. P. Knapp, Die Literatur
d. dt. Expressionismus 1979 – Expressionismus. Manifeste u.
Dokumente z. dt. Literatur 1910–1920, hsg. Th. Anz, M. Stark
1982 – Phantasien über d. Wahnsinn. Expressionistische Texte,
hsg. Th. Anz 1980 – H. Kemper, Vom Expressionismus zum
Dadaismus 1974 – E. Philipp, Dadaismus. Einführung 1980 –
E. Viviani, Drama d. Expressionismus 1970 – S. Vietta, H.
Kemper, Expressionismus 1975 – R. Meyer, Dada in Zürich u.
Berlin 1916–1920 1973 – J. Rühle, Literatur u. Revolution 1960
– Episches Theater, hsg. R. Grimm 1966 – Die sog. Zwanziger
Jahre hsg. R. Grimm, J. Hermand 1970 – G. Martens, Vitalis-
mus u. Expressionismus 1971 – H. Richter, Dada – Kunst u.
Antikunst 1964 – H. Lethen, Neue Sachlichkeit 1924–1932 1970
– F. Trommler, Roman u. Wirklichkeit 1966 – Die dt. Lite-
ratur i. d. Weimarer Republik, hsg. W. Rothe 1974 – F. W.
Knellesen, Agitation auf d. Bühne, D. polit. Theater d. Wei-
marer Republik 1970 – Drama u. Klassenkampf 1970 – Ch.
Rülcker, Ideologie d. Arbeiterdichtung 1914–1933 1970 – N.
Langer, D. dt. Dichtung seit d. Weltkrieg 1941² – H. Lan-
genbucher, Volkhafte Dichtung d. Zeit 1944¹⁰ – E. Keller, Na-
tionalismus u. Literatur 1970 – U. K. Ketelsen, Heroisches
Theater 1968 – ds. Vom heroischen Sein u. völkischen Tod.
Z. Dramatik d. Dritten Reiches 1970 – F. Schonauer, Dt. Li-

teratur i. Dritten Reich 1961 – J. Wulf, Literatur u. Dichtung
i. Dritten Reich 1963 – R. Geißler, Dekadenz u. Heroismus
1964 – H. Denkler, K. Prümm (Hsg.) D. dt. Literatur i. Dritten
Reich 1976 – R. Schnell, Literarische innere Emigration 1933–
1945 1976 – M. Wegner, Exil u. Literatur 1967 – D. Strothmann,
Nationalsoz. Literaturpolitik 1968³ – K. Jarmatz, Literatur i.
Exil 1966 – H. A. Walter, Dt. Exilliteratur 1933–1950, 1972 ff. –
Exil, Literatur u. polit. Texte 1933–1945, hsg. E. Loewy u. a.
1979 – M. Durzak (Hsg.) D. dt. Exilliteratur 1973 – Gegen-
wartslit. u. Drittes Reich, hsg. Wagener 1977.

Nach dem zweiten Weltkrieg. Von 1945
bis zur Gegenwart

Handbuch d. Gegenwartsliteratur, hsg. H. Kunisch 1969² –
Schriftsteller d. Gegenwart. Dt. Literatur, hsg. K. Nonnemann
1963 – D. Lattmann (Hsg.) D. Literatur d. Bundesrepublik.
Kindlers Lit. Gesch. d. Gegenwart 1973 – K. Franke (Hsg.) D.
Literatur d. dt. demokrat. Republik ebd. 1974 – H. Spiel (Hsg.),
D. zeitgenöss. Literatur Österreichs ebd. 1976 – M. Gsteiger, D.
zeitgenöss. Literatur d. Schweiz ebd. 1974. – Zwischenbilanz, Anthologie österreich. Gegenwartsliteratur hsg. W. Weiss, S. Schmid
1976 – Dt. Literatur d. Gegenwart i. Einzeldarstellungen Bd I,
hsg. D. Weber 1970³, Bd II 1977 – Tendenzen d. dt. Literatur
seit 1945, hsg. Th. Koebner, 1971 – D. dt. Literatur d. Gegenwart hsg. M. Durzak ²1981 – Deutsche Literatur in der BRD
seit 1965, hsg. P. M. Lützeler, E. Schwarz 1980 – O. Knörrich,
D. dt. Lyrik seit 1945 ²1978 – P. Demetz, D. süße Anarchie 1970 – H. Heißenbüttel, Z. Tradition d. Moderne 1972 –
F. J. Raddatz, Traditionen u. Tendenzen, Materialien z. Literatur d. DDR 1972 – Literatur der DDR, hsg. H. J. Geerdts 1972 –
Literaturlexikon d. 20. Jahrh., hsg. H. Olles 1971 – W. Zimmermann, Dt. Prosadichtungen d. Gegenwart 2 Bde 1954/1956 –
K. A. Horst, D. Spektrum d. modernen Romans 1960 – H.
Arntzen, D. moderne dt. Roman 1962 – W. Welzig, D. dt. Roman d. 20. Jahrh. 1970² – K. Migner, Theorie d. modernen Romans 1970 – H. Arntzen, Literatur i. Zeitalter d. Information
1971 – H. L. Arnold, Th. Buck, Positionen d. Erzählens 1976 –
H. Wagener (Hsg.), Zeitkritische Romane d. 20. Jahrhs. 1975 –
K. Doppeler, Wirklichkeit i. Spiegel d. Sprache 1975 – W. Kuttenkeuler (Hsg.), Poesie u. Politik 1973 – Literaturmagazin
rowohlt 1973 ff. – K. A. Horst, Krit. Führer durch d. dt. Literatur
d. Gegenwart 1962 – Dt. Literatur i. unserer Zeit (W. Kayer,
B. v. Wiese, W. Emrich, F. Martini u. a.) 1959² – Christliche
Dichter d. Gegenwart, hsg. H. Friedmann, O. Mann 1967⁵ – W.
Jens, statt einer Literaturgeschichte 1962⁵ – W. Jens, Dt. Literatur d. Gegenwart 1961³ – H. Mayer, Zur dt. Literatur d. Zeit

1967 – S. Kienzle, Schauspielführer d. Gegenwart 1973² – M.
Dietrich, D. moderne Drama 1974³ – D. dt. Drama v. Expres-
sionismus b. z. Gegenwart hsg. M. Brauneck 1970 – R. Steinweg,
Das Lehrstück 1972 – R. N. Mennemeier, Modernes dt. Drama
2 Bde 1973/75 – H. Kreuzer (Hsg.) Dt. Dramaturgie d. sechzi-
ger Jahre 1974 – H. Daiber, Dt. Theater seit 1945 1976 – W.
Buddecke, H. Fuhrmann, Das dt.sprachige Drama seit 1945.
Kommentar z. einer Epoche 1981 – W. Höllerer, Theorie d.
modernen Lyrik 1965 – K. Krolow, Aspekte zeitgenöss. dt.
Lyrik 1961 – H. Hoeck, Formen heutiger Lyrik 1969 – J.
Theobaldy, G. Zürcher, Veränderung d. Lyrik. Über westdt.
Gedichte seit 1965 1976 – J. Theobaldy (Hsg.) Und ich be-
wege mich doch. Gedichte vor und nach 1968 1977 – R. Let-
tau, D. Gruppe 47, Bericht, Kritik, Polemik 1967 – Die Wiener
Gruppe hsg. G. Rühm 1967 – H. Schwitzke, D. Hörspiel 1963 –
A. Huefner, Straßentheater 1970 – H. Moebius, Arbeiterliteratur
i. d. BRD 1970 – Literatur d. Arbeiterklasse hsg. J. Hiebel 1971
– M. H. Ludwig, Arbeiterliteratur i. Dtld. 1976 – Die Frau als
Heldin u. Autorin, hsg. W. Paulsen 1979 – K. H. Hilzinger,
Dramaturgie d. dokumentarischen Theaters 1976 – Drama u.
Theater im 20. Jahrh., hsg. H. D. Irmscher, W. Keller 1983 –
Gegenwartsliteratur u. Drittes Reich, hsg. H. Wagener 1977 –
Die dt. Kurzgeschichte d. Gegenwart, hsg. M. Durzak 1980.

NAMENVERZEICHNIS